16 Years 2025-2010

ICSE

खण्डवार अध्यायवार
प्रश्न बैंक

हिन्दी
कक्षा 10

16 Years 2025-2010

ICSE

खण्डवार अध्यायवार

प्रश्न बैंक

हिन्दी

कक्षा 10

लेखक

रितिका खरबंदा

arihant

SUCCESS AND NOTHING LESS

arihant
SUCCESS AND NOTHING LESS

अरिहन्त प्रकाशन
(स्कूल डिवीज़न सीरीज़)

卐 रजि. कार्यालय
'रामछाया' 4577/15, अग्रवाल रोड, दरिया गंज, नई दिल्ली-110002
फोन: 011-47630600, 43518550; फैक्स: 011-23280316

मुख्य कार्यालय
कालिन्दी, टी०पी० नगर, मेरठ (यूपी)-250002 फोन: 0121-7156203, 7156204

卐 शाखा कार्यालय
आगरा, अहमदाबाद, बरेली, बंगलुरु, चेन्नई, दिल्ली, गुवाहाटी, हैदराबाद, जयपुर, झाँसी, कोलकाता, लखनऊ, नागपुर तथा पुणे

卐 **PO No :** TXT-XX-XXXXXXX-X-XX

Published By Arihant Publications (India) Ltd.
'अरिहन्त' की पुस्तकों के बारे में अधिक जानकारी के लिए हमारी वेबसाइट www.arihantbooks.com पर लॉग इन करें या info@arihantbooks.com पर सम्पर्क करें।

卐 मूल्य ₹345.00

Follow us on

Achieving 99+
Marks in Board Exams

Achieving 99+ marks in board exams is definitely an ambitious goal, but with the right approach and these 7 tips from toppers, you can definitely increase your chances of success!

Here are the 7 Topper Tips to ace your board exams:

1. Master the art of consistency
Consistency builds understanding and confidence, both crucial for excelling in exams.

2. Build a winning study strategy
Create a personalised timetable that prioritises subjects based on your strengths and weaknesses.

3. Befriend the syllabus
Focus on high-weightage topics and prioritise mastering core concepts before moving on to advanced ones.

4. Embrace active learning
Explain concepts to yourself or in study groups to solidify understanding.

5. Conquer the past
Solve Past years' papers and Sample Papers under timed conditions to practice time management and understand paper pattern.

6. Seek help, when needed!
Don't hesitate to clarify doubts with teachers, tutors, or study groups. Asking questions strengthens your understanding and prevents confusion.

7. Prioritise well-being
Eat nutritious meals, get enough sleep, have regular exercise practice stress management techniques like meditation to stay calm and focused during exams.

These tips are just a starting point, and you can personalise them to fit your learning style and preferences.

आमुख

किसी भी विद्यार्थी के जीवन में विद्यालयी परीक्षाएँ बहुत महत्त्वपूर्ण भूमिका अदा करती हैं। वर्तमान समय में, विद्यालयी परीक्षाओं का महत्त्व पहले से भी अधिक बढ़ गया है, क्योंकि सरकार ने उच्च शिक्षा से संबंधित पाठ्यक्रमों में प्रवेश लेने की प्रकिया में इनमें प्राप्तांकों की अंकभारिता निर्धारित कर दी है।

अब प्रश्न यह उठता है कि विद्यालयी परीक्षाओं में अधिकाधिक प्रतिशत अंक प्राप्त करने के लिए किस प्रकार अध्ययन करना चाहिए। इसका सबसे सरल तरीका यह है कि हमें अपनी अध्ययन योजना कुछ इस तरह बनानी चाहिए जिससे हमारा ध्यान विद्यालयी अध्ययन के साथ–साथ पूर्व वर्ष की परीक्षाओं में पूछे गए प्रश्नों पर भी रहे। इसके लिए, इससे अच्छा क्या हो सकता है कि हम अध्यायवार अध्ययन करते हुए प्रत्येक विषय से संबंधित पूर्ववर्ती परीक्षाओं में पूछे गए प्रश्नों का भी अभ्यास करें। अध्ययन की यह प्रक्रिया कक्षा–शिक्षण की प्रक्रिया के समान ही है।

इस उद्देश्य की प्राप्ति हेतु हम ICSE खण्डवार अध्यायवार सॉल्वड पेपर्स प्रस्तुत कर रहे हैं। इसमें ICSE कक्षा 10 की विगत वर्षों (2025 से 2010 तक) में पूछे गए प्रश्न हल सहित दिए गए हैं। प्रत्येक विषय के प्रश्न निर्धारित अंक योजना को ध्यान में रखते हुए दिए गए हैं। इसके अतिरिक्त, इस पुस्तक की प्रमुख विशेषता यह है कि सभी प्रश्नों के उत्तर ICSE द्वारा निर्धारित अंक योजना को केन्द्र में रखकर ही दिए गए हैं। यह पुस्तक निश्चित रूप से आपको ICSE कक्षा 10 की परीक्षा में उच्च श्रेणी दिलाने में सर्वाधिक महत्त्वपूर्ण साधन बनेगी।

इस पुस्तक को बनाने में मैने सर्वश्रेष्ठ प्रयास किए हैं फिर भी यदि कहीं कोई त्रुटि हो या कोई महत्त्वपूर्ण बिन्दु छूट गया हो तो उससे मुझे अवगत कराएँ। इस पुस्तक को और उपयोगी बनाने के लिए आपकी ओर से मुझे जो भी सुझाव प्राप्त होंगे मैं उनका स्वागत करूँगा।

हम इस पुस्तक का संकलन करने में सहयोग करने वालों के अतिरिक्त करिश्मा यादव (प्रोजेक्ट मैनेजर) और मनीष कुमार (प्रोजेक्ट कॉर्डिनेटर) का विशेष रूप से आभार प्रकट करते हैं।

अंत में पाठकों को मेरी ओर से शुभकामना

लेखक
रितिका खरबंदा

विषय-सूची

ICSE खण्डवार अध्यायवार प्रश्न बैंक 2025-2010

खंड 'क'

खंड 'ख'

साहित्य सागर

पाठ्यक्रम

कक्षा 10

Papers will be set in the following languages:

There will be one paper of three hours duration carrying 80 marks and Internal Assessment of 20 marks. The paper will be divided into two sections, Section A and Section B.

SECTION A: Language (40 Marks)

SECTION B: Prescribed Texts (40 Marks)

Candidates will be required to attempt all questions from Section A. They must attempt four questions from Section B from ONLY two of the prescribed textbooks.

SECTION A LANGUAGE (40 Marks)

This section will consist of four questions, all of which will be compulsory.

1. **Composition** (15 Marks)

   Candidates will be required to write one composition, in the language, which may include short explanations, directions, descriptions or narratives. There will be a choice of subjects, which will be varied and may be suggested by language or other stimuli such as pictures and objects.

2. **Letter** (7 Marks)

   Candidates will be required to write a letter from a choice of two subjects. Suggestions may be given. The layout of the letter with address, introduction, conclusion, etc., will form part of the assessment.

3. **Comprehension** (10 Marks)

   An unseen passage of about 250 words will be given in the language. Questions on the passage will be set for answers in the language, designed to test the candidates' understanding of the content of the passage.

4. **Grammar** (8 Marks)

   This will consist of tests in the use of language vocabulary, syntax and idioms, synthesis in sentence construction, formation of sentences in the language correctly embodying given words or forms. The question will not require any knowledge of grammatical terms.

SECTION B PRESCRIBED TEXTS (40 Marks)

Candidates will be required to answer four questions from ONLY two of the prescribed text books. All questions will be set in the language and candidates will be required to answer in the language. The questions set will be designed to test the candidates' understanding of the subject matter of the prescribed books.

The Class X – ICSE examination paper will be set on the entire syllabus prescribed for the subject. The Class IX internal examination is to be conducted on the portion of this syllabus that is covered during the academic year. The Council has not prescribed bifurcation of the syllabus prescribed for this subject.

Recommended for background work:

- Saras Hindi Vyakaran (Evergreen Publications, New Delhi)
  (Only two of the following books are to be offered)
- Sahitya Sagar: A collection of ICSE Short Stories & Poems. (Evergreen Publications, New Delhi)

पाठ्यपुस्तकों में संकलित अध्याय

संक्षिप्त कहानियाँ

1. बात अठन्नी की *(सुदर्शन)*
2. काकी *(सियारामशरण गुप्त)*
3. महायज्ञ का पुरस्कार *(यशपाल)*
4. नेताजी का चश्मा *(स्वयं प्रकाश)*
5. अपना-अपना भाग्य *(जैनेन्द्र कुमार)*
6. बड़े घर की बेटी *(प्रेमचन्द)*
7. संदेह *(जयशंकर प्रसाद)*
8. भीड़ में खोया आदमी *(लीलाधर शर्मा पर्वतीय)*
9. भेड़े और भेड़िए *(हरिशंकर परसाई)*
10. दो कलाकार *(मन्नू भण्डारी)*

पद्य भाग

1. साखी *(कबीरदास)*
2. गिरिधर की कुंडलियाँ *(गिरिधर कवि राय)*
3. स्वर्ग बना सकते हैं *(रामधारी सिंह 'दिनकर')*
4. वह जन्मभूमि मेरी *(सोहनलाल द्विवेदी)*
5. मेघ आए *(सर्वेश्वर दयाल सक्सेना)*
6. सूर के पद *(सूरदास)*
7. विनय के पद *(तुलसीदास)*
8. भिक्षुक *(सूर्यकान्त त्रिपाठी 'निराला')*
9. चलना हमारा काम है *(शिवमंगल सिंह 'सुमन')*
10. मातृ-मंदिर की ओर *(सुभद्रा कुमारी चौहान)*

एकांकी संचय

1. संस्कार और भावना *(विष्णु प्रभाकर)*
2. बहू की विदा *(विनोद रस्तोगी)*
3. मातृभूमि का मान *(हरि कृष्णा 'प्रेमी')*
4. सूखी डाली *(उपेन्द्रनाथ 'अश्क')*
5. महाभारत की एक साँझ *(भारत भूषण अग्रवाल)*
6. दीपदान *(राम कुमार वर्मा)*

उपन्यास : नया रास्ता *(सुषमा अग्रवाल)*

ICSE खण्डवार अध्यायवार सॉल्वड पेपर्स

खंड 'क'

01

संक्षिप्त लेखन

संक्षिप्त लेखन से अभिप्राय है–लघु या छोटा लेखन। किसी भी विषय पर सीमित शब्दों में अपने विचारों को प्रकट करना ही संक्षिप्त लेखन कहलाता है। इसमें मुख्यत: सरल व गद्यमयी भाषा का ही प्रयोग होता है, परंतु कहीं-कहीं विषय को आकर्षक बनाने के लिए प्रसिद्ध उक्ति, दोहा, काव्य पंक्ति आदि का प्रयोग किया जा सकता है।

अर्थ के आधार पर देखा जाए, तो इसे निबंध शैली के समकक्ष मानना ही उचित होगा।

संक्षिप्त लेखन के अंग

लेखन उत्तम तथा क्रमबद्ध होना चाहिए तथा लेखन से पूर्व ही इसकी पूर्ण रूपरेखा बना लेनी चाहिए। संक्षिप्त लेख के निम्न मुख्य अंग होते हैं

- **प्रारंभ** इसमें विषय की प्रस्तावना या भूमिका का वर्णन होता है। लेख का यह अंश संक्षिप्त एवं रोचक होना चाहिए।
- **कथ्य विवेचन** यह लेख का प्रमुख भाग होता है। इसमें तर्कपूर्वक विचार, विषय-वस्तु, उदाहरण आदि को प्रस्तुत करना होता है। इसमें भाषा प्रभावमयी होनी चाहिए।
- **उपसंहार** इसमें अपने निष्कर्ष, विचार या सुझावों को इस प्रकार व्यक्त करना होता है कि पाठक पर स्थायी प्रभाव पड़े।

संक्षिप्त लेखन हेतु ध्यान देने योग्य बातें

- संक्षिप्त लेखन हेतु **विषय-वस्तु** पर गंभीरता से विचार करना आवश्यक है, अन्यथा लेख विषय से भटक सकता है।
- संक्षिप्त लेखन के दौरान भावों का **शृंखलाबद्ध** होना आवश्यक है तथा विषय से संबंधित सभी विचार क्रमबद्ध तरीके से व्यवस्थित होने चाहिए।
- लेखन की भाषा **प्रभावमयी** तथा **विषयानुरूप** होनी चाहिए; जैसे– गंभीर विषय पर तत्सम शब्दों, सरल विषय पर क्षेत्रीय बोलचाल की भाषा का प्रयोग होना चाहिए। ऋतु वर्णन या उत्सव वर्णन में मनमोहक भाषा का प्रयोग, लयात्मक उक्ति, दोहों आदि के प्रयोग द्वारा लेख को आकर्षक बनाने में किया जा सकता है।
- संक्षिप्त लेखन में शब्दों का सटीक प्रयोग अर्थानुरूप होना आवश्यक है। इससे विषय प्रभावी होता है तथा भटकने से बचा जा सकता है।
- लेखन के साक्ष्य पुष्ट करने के लिए विद्वानों के तर्क, उक्ति, मतों का सहारा लिया जाना चाहिए, अन्यथा कथन अप्रामाणिक प्रतीत होता है।

संक्षिप्त लेखन के प्रकार

संक्षिप्त लेखन के विषय अत्यंत विस्तृत होने के कारण, इनको व्यवस्थित करना अत्यंत जटिल है, परंतु इसे सरलता से आत्मसात् करने के उद्देश्य से मुख्यत: चार वर्गों में विभाजित किया गया है, जो निम्न हैं

- **विचार प्रधान/विचारात्मक लेखन** इसमें विचारों से संबंधित पूर्ण लेखन को रखा जा सकता है। यह लेखन कला का सबसे विशाल वर्ग है। इसमें किसी भी प्रकार की विचारधारा, विषय आदि का समावेश होता है। **विषय के पक्षीय-विपक्षीय विचार** भी इसी के अंतर्गत आते हैं।
- **वर्णनात्मक लेखन** इसके अंतर्गत किसी घटना, चित्रण, वस्तु, स्थान आदि पर लेख लिखा जाता है। इसमें वर्णन तथा चित्रण पर अधिक ध्यान दिया जाता है।
- **भाव प्रधान/भावात्मक लेखन** इसमें मन की भावनाओं से संबंधित सभी विषय; यथा–करुणा, प्रेम, वात्सल्य, विराग आदि पर लेखन किया जाता है।
- **विवरणात्मक लेखन** इसमें किसी भी प्रकार के विवरण को प्रमुखता दी जाती है। यह अधिकांश गतकालीन घटना से जुड़ा होता है।
- पिछले वर्षों की वार्षिक परीक्षाओं में पूछे गए संक्षिप्त लेखन इस प्रकार हैं
  (क) विचारात्मक एवं वर्णनात्मक लेखन
  (ख) भावनात्मक एवं भाव वर्णन लेखन
  (ग) विषय के पक्ष-विपक्ष में लेखन
  (घ) कहानी लेखन

PYQs विगत वर्षों के प्रश्न व महत्त्वपूर्ण प्रश्न

(क) विचारात्मक एवं वर्णनात्मक लेखन

1. 'प्लास्टिक मुक्त भारत स्वच्छ भारत' इस अभियान को सफल बनाने हेतु सरकार के तथा अपने प्रयासों पर एक प्रस्ताव लिखिए। (ICSE 2023)

उत्तर **प्लास्टिक मुक्त भारत स्वच्छ भारत**

''जन-जन को जागृत कर प्लास्टिक दूर भगाएँ।
आओ मिलकर प्लास्टिक मुक्त भारत बनाएँ''।।

प्रस्तावना

वैश्विक स्तर पर आज हमारी धरती पर कई ऐसे पदार्थों की मौजूदगी हो गई है, जिससे प्रदूषण की समस्या बढ़ती जा रही है ऐसे ही पदार्थों में से एक है प्लास्टिक। यह एक ऐसा पदार्थ है, जो उपयोग करने में बहुत ही आसान है।

यह एक बार उपयोग में लाने के बाद इसे फेंक दिया जाता है इसलिए यह बहुत सस्ता भी होता है, लेकिन आपको बता दें कि प्लास्टिक उपयोग में जितना आसान एवं सस्ता होता है उससे कहीं अधिक यह हमारे पर्यावरण को हानि पहुँचाती है, इसलिए विश्व के बहुत-से देशों की भाँति हमारे देश में भी प्लास्टिक मुक्ति हेतु अभियान चलाया जा रहा है।

प्लास्टिक मुक्त भारत अभियान की शुरुआत

प्लास्टिक मुक्त भारत की शुरुआत गाँधी जयंती के अवसर पर 2 अक्टूबर, 2019 में हुई थी, जिसकी घोषणा हमारे देश के माननीय प्रधानमंत्री श्री नरेन्द्र मोदी जी ने की थी। इस अवसर पर उन्होंने जनता को प्लास्टिक से होने वाली हानि से अवगत कराया था। उन्होंने प्लास्टिक प्रयोग न करके प्लास्टिक मुक्त भारत के निर्माण हेतु जनता से आग्रह किया है।

भारत को प्लास्टिक मुक्त बनाने हेतु सरकार के तथा हमारे प्रयास

- भारत को प्लास्टिक मुक्त बनाने के लिए यह आवश्यक है कि कई महत्त्वपूर्ण एवं कठोर कदम उठाए जाएँ, जिससे पर्यावरण एवं जीव-जन्तुओं के अस्तित्व की रक्षा हो सकें।
- खरीदारी करते समय प्लास्टिक के कैरी बैग के स्थान पर हम कपड़े के थैलों का प्रयोग करें।
- कई देशों की सरकारों द्वारा प्लास्टिक बैग का उपयोग प्रतिबंधित कर दिया गया है, क्योंकि इसके द्वारा ही सबसे ज्यादा प्लास्टिक प्रदूषण फैलता है, हालाँकि भारत जैसे कुछ देशों में इन प्रतिबंधों को सही ढंग से लागू नहीं किया गया है, किंतु यदि भारत को प्लास्टिक मुक्त बनाना है तो सरकार को प्लास्टिक बैग के उपयोग को रोकने के लिए कड़े फैसले लेने ही होंगे।
- इसके साथ ही जनता में प्लास्टिक कचरे के पर्यावरण पर नकारात्मक प्रभाव को लेकर जागरूकता फैलाने की भी आवश्यकता है। यह कार्य टेलीविजन और रेडियो व विज्ञापनों आदि के माध्यम से आसानी से किया जा सकता है।
- हम चाहे जितना भी प्रयास कर लें, परंतु प्लास्टिक उत्पादों के उपयोग को पूर्ण रूप से बंद नहीं कर सकते। लेकिन हम चाहें तो इसके उपयोग को निश्चित रूप से कम अवश्य कर सकते हैं। भारत को प्लास्टिक मुक्त करना मात्र सरकार की ही जिम्मेदारी नहीं हैं और सरकार अकेले इस विषय में कुछ भी नहीं कर सकती। एक जिम्मेदार नागरिक होने के नाते यह हमारा कर्त्तव्य है कि प्लास्टिक प्रदूषण को कम करने में हम भी अपना महत्त्वपूर्ण योगदान दें।

उपसंहार

आज प्लास्टिक मुक्त भारत की माँग बढ़ती जा रही है, क्योंकि आने वाले दिनों में प्लास्टिक अत्यंत गंभीर समस्याओं को जन्म दे सकती है। भारत को प्लास्टिक मुक्त बनाने के लिए भारत के नागरिकों को कई महत्त्वपूर्ण कदम उठाने की आवश्यकता है। प्रत्येक नागरिक का कर्त्तव्य है कि वह प्लास्टिक का उपयोग कम करें एवं हमारे देश को स्वच्छ बनाने की ओर आगे बढ़े। यदि आज हम प्लास्टिक प्रदूषण को कम करने के लिए एक साथ कदम बढ़ाते हैं तो निश्चित है कि जल्द ही हम प्लास्टिक मुक्त भारत का निर्माण करने में सफल हो सकते हैं।

''प्लास्टिक है जहरीला, जीवों को इससे बचाना है,
बंद करके इसका प्रयोग हमें मानवता का धर्म निभाना है
जन-जन की भागीदारी से प्लास्टिक मुक्त भारत बनाना है।''

2. समाज में फैली समस्याओं में मँहगाई तथा जनसंख्या वृद्धि एक गंभीर समस्या है। इसके कारणों तथा दुष्परिणामों का उल्लेख करते हुए यह भी बताइए कि सरकार तथा जनता इससे मुक्त होने के लिए क्या-क्या प्रयास कर रही है? अपने विचारों को प्रस्ताव के रूप में लिखिए। (ICSE 2023)

उत्तर **मँहगाई तथा जनसंख्या वृद्धि**

प्रस्तावना भारत की आर्थिक समस्याओं के अन्तर्गत मँहगाई की समस्या एक प्रमुख समस्या है। वस्तुओं के मूल्यों में वृद्धि का क्रम इतना तीव्र है कि आप जब किसी वस्तु को दोबारा खरीदने जाते हैं, वस्तु का मूल्य पहले से अधिक बढ़ा हुआ होता है।

मँहगाई से बढ़ती समस्याएँ मँहगाई देश की एक आर्थिक समस्या ही नहीं है, बल्कि इसका प्रभाव कई अन्य समस्याओं को भी जन्म देता है।

- व्यापारी वस्तुओं का कृत्रिम अभाव उत्पन्न कर देते हैं, इस कारण वस्तुओं के मूल्यों में अनियंत्रित वृद्धि हो जाती है। परिणामस्वरूप कम आय वाले व्यक्ति बहुत-सी वस्तुओं और सेवाओं के उपभोग से वंचित रह जाते हैं।
- मँहगाई के बढ़ने से कालाबाज़ारी को प्रोत्साहन मिलता है। व्यापारी अधिक लाभ कमाने के लिए वस्तुओं को अपने गोदामों में छिपा देते हैं।
- विकास के लिए जो साधन उपलब्ध होते भी हैं, वे अपर्याप्त होते हैं और देश प्रगति की दौड़ में पिछड़ता चला जाता है।

मँहगाई तथा जनसंख्या वृद्धि एक गंभीर समस्या है रोज़गार न मिलने के कारण युवावर्ग निराशावादी बन जाता है। बेरोज़गारी किसी भी देश अथवा समाज के लिए अभिशाप है। इससे एक

ओर निर्धनता, भुखमरी और मानसिक अशांति फैलती है, तो दूसरी ओर युवकों में आक्रोश तथा अनुशासनहीनता को भी प्रोत्साहन मिलता है। चोरी, डकैती, हिंसा, अपराधवृत्ति एवं आत्महत्या आदि समस्याओं के मूल में एक बड़ी सीमा तक बेरोज़गारी ही विद्यमान है। बेरोज़गारी एक ऐसा भयंकर विष है, जो संपूर्ण देश के आर्थिक, सामाजिक एवं राजनीतिक जीवन को दूषित कर देता है।

महँगाई तथा जनसंख्या वृद्धि के कारण हमारे देश में बेरोज़गारी के निम्न कारण हैं–दोषपूर्ण शिक्षा प्रणाली, जनसंख्या में वृद्धि, कुटीर उद्योगों की उपेक्षा, औद्योगीकरण की उपेक्षा, औद्योगीकरण की मन्द प्रक्रिया, कृषि का पिछड़ापन, कुशल एवं प्रशिक्षित व्यक्तियों की कमी आदि। इसके अतिरिक्त मानसून की अनियमितता, भारी संख्या में शरणार्थियों का आगमन, अत्यधिक मशीनीकरण के फलस्वरूप होने वाली श्रमिकों की छँटनी, श्रम और माँग की पूर्ति में असंतुलन, स्वरोज़गार के साधनों की कमी इत्यादि इन कारणों से भी बेरोज़गारी में वृद्धि हुई है। देश को बेरोज़गारी से उभारने के लिए इसका समुचित समाधान नितान्त आवश्यक है।

जनसंख्या वृद्धि के कारण जनसंख्या वृद्धि के विभिन्न महत्त्वपूर्ण कारणों में जन्म एवं मृत्यु-दर के बीच अधिक दूरी, विवाह के समय कम आयु, अत्यधिक निरक्षरता, परिवार नियोजन के प्रति धार्मिक दृष्टिकोण, निर्धनता (अधिक हाथ अधिक आमदनी का सिद्धान्त) आदि है।

जनसंख्या वृद्धि का कुप्रभाव जनसंख्या वृद्धि का प्रत्यक्ष प्रभाव लोगों के जीवन-स्तर पर पड़ता है। यही कारण है कि स्वतंत्रता प्राप्ति के बाद से कृषि एवं औद्योगिक क्षेत्रों में चमत्कारिक प्रगति के बावजूद यहाँ प्रतिव्यक्ति आय में संतोषजनक वृद्धि नहीं हो पाई है।

सरकार तथा जनता द्वारा महँगाई और जनसंख्या को दूर करने के प्रयास

- बेरोज़गारी को दूर करने के लिए हमें जनसंख्या वृद्धि पर नियंत्रण, शिक्षा प्रणाली में व्यापक परिवर्तन, कुटीर उद्योगों का विकास, औद्योगीकरण, सहकारी खेती, सहायक उद्योगों का विकास, राष्ट्र-निर्माण संबंधी विभिन्न कार्य आदि का विस्तार करना चाहिए।
- सबसे अधिक बल इस बात पर दिया जाना चाहिए कि परिवार नियोजन कार्यक्रम में अत्यधिक बल बन्ध्याकरण पर देने की अपेक्षा 'फासले' की विधि को प्रोत्साहित किया जाए जिससे इसके अनुरूप जनांकिकीय प्रभाव प्राप्त किया जा सके।

भारत जैसे विकासशील देश में बढ़ती जनसंख्या पर नियंत्रण पाना अत्यंत आवश्यक है अन्यथा इसके परिणामस्वरूप देश में अशिक्षा, गरीबी, बीमारी, भूख, बेरोज़गारी, आवासहीनता जैसी अनंक समस्याएँ उत्पन्न होंगी और देश का विकास अवरुद्ध हो जाएगा। अतः जनसंख्या को नियंत्रित करने के लिए केंद्र एवं राज्य सरकारों के साथ-साथ देश के प्रत्येक नागरिक को इस विकट समस्या से लड़ना होगा। समाज-सेवी संस्थाओं की भी इस समस्या के समाधान हेतु महत्त्वपूर्ण भूमिका होनी चाहिए। जनसंख्या वृद्धि रोकने हेतु शिक्षा का व्यापक स्तर पर प्रचार-प्रसार अतिआवश्यक है।

उपसंहार

महँगाई की वृद्धि के कारण हमारी अर्थव्यवस्था में अनेक प्रकार की जटिलताएँ उत्पन्न हो गई हैं। घाटे की अर्थव्यवस्था ने इस कठिनाई को और अधिक बढ़ा दिया है, यद्यपि सरकार की ओर से प्रत्यक्ष अथवा परोक्ष रूप में किए जाने वाले प्रयासों द्वारा महँगाई को रोकने का निरन्तर प्रयास किया जा रहा है, तथापि इस दिशा में अभी तक पर्याप्त सफलता नहीं मिल सकी है।

3. भारत विविधताओं (Diversity) का देश है, यहाँ के प्रत्येक राज्य (State) की अपनी ही विशेषताएँ हैं। विषय को ध्यान में रखते हुए किसी एक राज्य की यात्रा का वर्णन करें तथा वहाँ के खान-पान, रहन-सहन तथा प्राकृतिक-सौंदर्य को स्पष्ट करते हुए प्रस्ताव लिखिए। (ICSE 2023)

उत्तर **भारत विविधताओं का देश**

प्रस्तावना भारत विविधताओं का देश है, क्योंकि यहाँ के लोग विभिन्न भाषाएँ बोलते हैं, एवं विभिन्न प्रकार का खाना खाते हैं, अलग-अलग त्योहार मनाते हैं एवं भिन्न-भिन्न धर्मों का पालन करते हैं तथा अलग-अलग पहनावा पहनते हैं। ये विभिन्नताएँ विविधता के पहलू हैं।

भारत के राज्य भारत दुनिया का 7वाँ सबसे बड़ा और दुनिया का दूसरा सबसे अधिक आबादी वाला देश है। कुल 28 राज्यों और 8 केंद्रशासित प्रदेशों के साथ, यह भारत को राज्यों का एक संघ बनाता है। भारत राज्यों का एक संघ है और राज्यों में राज्यपाल, राष्ट्रपति के प्रतिनिधि के रूप में कार्यपालिका का प्रमुख होता है।

भारत के राज्यों की अपनी-अपनी विशेषताएँ हैं भारत के प्रत्येक राज्य की अपनी-अपनी अलग-अलग विशेषताएँ हैं, जिसके कारण वह बहुत प्रसिद्ध है। जिनमें से एक राजस्थान है।

राजस्थान की यात्रा का वर्णन राजस्थान भारत के सबसे खूबसूरत राज्यों में से एक है। यहाँ की संस्कृति दुनिया भर में प्रसिद्ध है। राजस्थान की संस्कृति विभिन्न समुदायों और शासकों का योगदान है। आज भी जब कभी राजस्थान का नाम लिया जाता है तो हमारी आँखों के आगे थार रेगिस्तान, ऊँट की सवारी, घूमर और कालबेलिया नृत्य और रंग-बिरंगे पारम्परिक परिधान आ जाते हैं। राजस्थान अपने सभ्य स्वभाव और शालीन मेहमाननवाजी के लिए जाना जाता है। ये राज्य चाहे स्वदेशी हो या विदेशी, यहाँ की संस्कृति तो किसी का भी मन चुटकियों में मोह लेती है, जिन्होंने राजस्थान की संस्कृति का अनुभव किया है वह बहुत खुशनसीब है। इस शाही शहर की सरल, आकर्षक संस्कृति के बारे में सुनकर हम अपने आप को यहाँ जाने से रोक नहीं पाएँगे।

राजस्थान का खान-पान राजस्थानी खाना विशेष रूप से शाकाहारी भोजन होता है और यह अपने स्वाद के कारण सारे विश्व में प्रसिद्ध हो गया है। अपनी भौगोलिक परिस्थितियों के कारण पारम्परिक राजस्थानी खाने में बेसन, दाल, मट्ठा, दही, सूखे मसाले, सूखे मेवे, घी, दूध का अधिकाधिक प्रयोग होता है। हरी सब्जियों की तात्कालिक अनुपलब्धता के कारण पारम्परिक राजस्थानी खाने में इसका प्रयोग कम ही रहा है। राजस्थान के प्रमुख व्यंजन हैं- भुजिया, सान्गरी, दाल बाटी चूरमा, पिटौर की सब्जी, दाल की पूरी, मावा मालपुआ, बीकानेरी रसगुल्ला, घेवर,

हल्दी का साग, झाजरिया, लापसी, बालूशाही, गौंदी, पंचकूट, गट्टे की सब्जी आदि।

राजस्थान का रहन-सहन राजस्थान के लोगों का पहनावा तथा भाषा सादगी के साथ-साथ अपनेपन का भी अहसास कराती है। राजस्थान के रीति-रिवाज, वेशभूषा तथा भाषा सभी बहुत अच्छे हैं। राजस्थान के लोगों का रहन-सहन सादा और सहज है। राजस्थान के लोग रंगीन कपड़े और आभूषण के शौकीन है। राजस्थान के लोगों का पहनावा रंग-रंगीली है। रेत और पहाड़ियों के सुस्त रंगों के बीच चमकीले रंगों की पोशाक राजस्थान के लोगों को जीवंत बनाती है।

प्राकृतिक सौंदर्य राजस्थान की राजधानी जयपुर है। यह अपने शाही इतिहास किले व महलों के कारण।

यहाँ के ऐतिहासिक शहर जयपुर, जोधपुर, उदयपुर, जैसलमेर, चित्तौड़गढ़ के किले, दुर्ग महल व प्राचीन स्थल आज भी इतिहास को ताजा कर देते हैं। राज्य का सबसे बड़ा शहर जयपुर है जिसे गुलाबी नगर भी कहा जाता है।

यहाँ जंतर-मंतर, हवा महल, उदयपुर का सिटी पैलेस, बिरला मंदिर, जयगढ़, मेहरानगढ़ किराडू मंदिर, जलमहल, आमेर दुर्ग और अनेक अभ्यारण देखने को मिल जाते हैं।

उपसंहार भारत विविधताओं का देश है यहाँ के प्रत्येक राज्य की अपनी-अपनी विशेषताएँ हैं। राजस्थान भी भारत के सबसे खूबसूरत राज्यों में से एक है। राजस्थान का भविष्य उज्ज्वल है। यह प्रदेश निरंतर विकास के राजमार्ग पर आगे बढ़ रहा है। लोगों में शिक्षा और समृद्धि बढ़ रही है। वे राजस्थान के नवनिर्माण में लगे हुए हैं। राजस्थान के रंगों को चटकीला बनाने में यहाँ के परिश्रमी लोगों का भारी योगदान है।

4. जीवन में खेलकूद मनोरंजन प्रदान करने के साथ-साथ सुख समृद्धि भी देते हैं। विद्यार्थी जीवन में इसकी उपयोगिता बहुत अधिक है। अपने किसी प्रिय खेल का वर्णन करें तथा यह खेल भविष्य में आपको कैसे लाभांवित कर सकता है? एक निबंध में अपनी भविष्य की योजनाएँ भी बताइए। (ICSE Spec 2022-23)

उत्तर **खेलकूद मनोरंजन**

हमारे जीवन में खेलकूद का महत्त्वपूर्ण स्थान है। स्वस्थ तन और स्वस्थ मन प्रत्येक व्यक्ति के लिए अत्यंत आवश्यक हैं। हमें ये दोनों चीजें उपलब्ध कराने में खेलों की महत्त्वपूर्ण भूमिका होती है। खेल स्वास्थ्य और मनोरंजन दोनों ही दृष्टि से महत्त्वपूर्ण होते हैं। ये जीवन की नीरसता को समाप्त करने में सहायक होते हैं। नियमित दिनचर्या में यदि खेलकूद का समावेश कर लिया जाए, तो व्यक्ति के जीवन में उल्लास-ही-उल्लास होता है। अवकाश के समय घरों में खेले जाने वाले खेलों से न केवल मनोरंजन होता है, बल्कि ये आपसी मेल-जोल बढ़ाने में भी सहायक होते हैं। खेलकूद जीवन में मनोरंजन प्रदान करने के साथ-साथ सुख-समृद्धि भी देते हैं।

विद्यार्थी जीवन में खेल की उपयोगिता विद्यार्थी जीवन में भी खेलकूद का महत्त्वपूर्ण स्थान है। इसकी उपयोगिता को देखते हुए ही आज शिक्षा के क्षेत्र में खेल को पाठ्यक्रम या एक विषय के रूप में शामिल किया गया है। विद्यार्थी के शारीरिक एवं मानसिक विकास के लिए खेल अत्यंत आवश्यक हैं। इसी कारण से आज विद्यालयों में पढ़ाई के साथ खेल का समय भी निर्धारित कर दिया गया है। इतना ही नहीं किसी विद्यालय को मान्यता देते समय खेल के मैदान को भी आवश्यक माना जाने लगा है। इससे विद्यार्थियों में समूह में कार्य करने की आदत का विकास होता है। यह उनके अंदर संगठन, सहयोग, परस्पर विश्वास, अनुशासन और आज्ञाकारिता, साहस, सहनशीलता आदि गुणों का विकास करता है।

मेरा प्रिय खेल हॉकी क्रिकेट, बैडमिंटन, हॉकी, फुटबॉल अनेक खेल मैदान में खेले जाते हैं। इन सभी खेलों में से मेरा प्रिय खेल हॉकी है। हॉकी भारत का राष्ट्रीय खेल है। यह भारत के लोकप्रिय खेलों में से एक है। हॉकी की शुरुआत कब हुई इसका निश्चित प्रमाण नहीं मिला है, किंतु ऐतिहासिक साक्ष्यों से सैकड़ों वर्ष पहले भी इस प्रकार के खेल के प्रमाण मिले हैं। आधुनिक हॉकी का जन्मदाता इंग्लैंड को माना जाता है। भारत में आधुनिक हॉकी खेल ही खेला जाता है। यह मैदान में तथा दो दलों के बीच खेला जाने वाला खेल है। इसमें दोनों दलों के 11-11 खिलाड़ी भाग लेते हैं। इस खेल में दोनों दल स्टिक की सहायता से रबड़ या कठोर प्लास्टिक की गेंद को विरोधी टीम के नेट या गोल में डालने का प्रयास करते हैं। यदि विरोधी दल के नेट में गेंद चली जाती है, तो उसे एक गोल कहा जाता है। जो टीम विपक्षी टीम के विरुद्ध अधिक गोल बनाती है, उसे विजेता घोषित कर दिया जाता है।

भविष्य की संभावना मैं हॉकी के क्षेत्र में ही अपना भविष्य बनाना चाहता हूँ, क्योंकि यह रोजगार की दृष्टि से भी अत्यधिक महत्त्वपूर्ण है। वैसे भी खेलकूद के व्यवसायीकरण के कारण आज खेल रोजगार का अच्छा माध्यम बन गया है। मैं एक अच्छा हॉकी खिलाड़ी बनकर देश का नाम रोशन करना चाहता हूँ।

5. "परोपकार की भावना लोक-कल्याण से पूर्ण होती है। हमें भी परोपकार से भरा जीवन ही जीना चाहिए।" विषय को स्पष्ट करते हुए अपने विचार लिखिए। (ICSE Spec 2022-23)

उत्तर **परोपकार की भावना**

परोपकार से तात्पर्य दूसरों की सहायता करने से है। जब हम अपने स्वार्थ से प्रेरित होकर दूसरों की सहायता करते हैं, तो वह परोपकार नहीं होता है। परोपकार स्वार्थपूर्ण मन से नहीं हो सकता है, उसके लिए हृदय की पवित्रता और शुद्धता आवश्यक है। परोपकार क्षमा, दया, बलिदान, प्रेम, ममता आदि गुणों का ही रूप है। परोपकार मनुष्य का धर्म होता है। भूखे को अन्न, प्यासे को जल, वस्त्रहीन को वस्त्र, बूढ़े-बुजुर्गों की सेवा ही मानव का परम धर्म है। संसार में ऐसे ही व्यक्तियों का नाम अमर होता है, जो अपना जीवन दूसरों के हित के लिए जीते हैं। परोपकार को इतना महत्त्व इसलिए दिया जाता है, क्योंकि इससे मनुष्य की पहचान होती है। इस प्रकार सच्चा मनुष्य वहीं है, जो दूसरों के लिए अपना सर्वस्व न्योछावर करने को तत्पर रहता है।

परोपकार की भावना लोक कल्याण से ही पूर्ण होती है। परोपकार मानव समाज का आधार है। समाज में व्यक्ति एक-दूसरे की सहायता और सहयोग हेतु सदा लालायित रहता है। परोपकार सामाजिक जीवन की धुरी है, उसके बिना सामाजिक जीवन गति प्राप्त नहीं कर सकता है। परोपकार

मानव का सच्चा आभूषण है। इसलिए कहा गया है कि ''परोपकाराय संतां विभूतयः'' अर्थात् सत्पुरुषों का अलंकार तो परोपकार ही है। हमारा कर्त्तव्य है कि हम परोपकारी महात्माओं से प्रेरित होकर अपने जीवन-पथ को प्रशस्त करें और ''वही मनुष्य है कि जो मनुष्य के लिए मरे'' के लोक कल्याणकारी संदेश को चारों ओर प्रसारित करें।

6. स्वच्छता अभियान में सरकारी तंत्र की अपेक्षा नागरिकों की जागरूकता अधिक प्रभावपूर्ण मानी जाती है। जनता के सहयोग से ही देश स्वच्छ सुंदर बन सकता है। आप इस कथन से कहाँ तक सहमत है? स्पष्ट करें। (ICSE Spec 2022-23)

उत्तर **स्वच्छता अभियान**

प्रस्तावना स्वच्छता प्रत्येक व्यक्ति के लिए अत्यंत आवश्यक है चाहे वह कोई भी और किसी भी क्षेत्र में क्यों न हो, सदैव इसका पालन करना चाहिए। स्वच्छता अनेक प्रकार की हो सकती है; जैसे– सामाजिक, व्यक्तिगत, वैचारिक आदि। हमें प्रत्येक क्षेत्र में स्वच्छता के नियमों को अपनाना चाहिए, क्योंकि प्रत्येक प्रकार की स्वच्छता का अर्थ अलग-अलग होता है। विचारों की स्वच्छता से हमें स्वच्छ विचार, तेज मस्तिष्क व सुदृढ़ दृष्टिकोण प्राप्त होता है। इसी प्रकार शारीरिक स्वच्छता हमें अनेक प्रकार की बीमारियों से बचाती है, इसलिए हमें स्वच्छता के सार्वभौमिक विकास हेतु सदैव प्रयासरत रहना चाहिए।

प्रत्येक आयु वर्ग के लोगों को स्वच्छता के कुछ महत्त्वपूर्ण नियमों का पालन अवश्य करना चाहिए, जैसे कि- सदैव खाने से पहले और बाद में हाथों को साबुन से धोना, प्रतिदिन स्नान करना, अपने मुख की आंतरिक स्वच्छता करना, नीचे गिरी हुई व खुली खाने की वस्तुओं को न खाना, अपने घर को साफ रखना, घर में उचित सूर्य के प्रकाश की व्यवस्था करना, अपने नाखूनों को साफ रखना आदि। प्रत्येक व्यक्ति को केवल अपने घर को ही नहीं अपितु अपने आस-पास के परिवेश को भी स्वच्छ रखना चाहिए। अतः अपने स्कूल, कॉलेज या कोई भी सार्वजनिक स्थान पर कूड़ा नहीं फैलाना चाहिए। सूखे और गीले कचरे को अलग-अलग हरे और नीले कूड़ेदान में डालना चाहिए। इसके अतिरिक्त भी अनेक कार्य हैं जिनके द्वारा आप अपने और अन्य लोगों में स्वच्छता संबंधी आदतों को विकसित कर सकते हैं। स्वच्छता के अनेक लाभ हैं, जैसे कि- स्वच्छता संबंधी अच्छी आदतें हमें कई बीमारियों से बचाती है। अतः कोई भी बीमारी न केवल शरीर के लिए हानिकारक होती है अपितु खर्च भी बढ़ा देती है।

स्वच्छता अभियान में सरकार की पहल भारत सरकार ने स्वच्छता की आवश्यकता को समझते हुए स्वच्छ भारत नामक अभियान को भी चलाया, जिसकी शुरुआत 2 अक्टूबर, 2014 को गाँधी जयंती के अवसर पर की गई, परंतु कोई भी अभियान केवल सरकार द्वारा सफलता से नहीं चलाया जा सकता है इसके लिए आवश्यक है कि जनता भी सरकार के साथ इस अभियान में पूर्णरूप से सहयोग करें।

इस अभियान के अंतर्गत सरकार ने शहर एवं ग्रामीण दोनों क्षेत्रों में स्वच्छता को बढ़ावा दिया है और पूरे भारत को खुले में शौच से मुक्त करने का प्रण लिया है। अब तक 98 प्रतिशत भारत को खुले में शौचमुक्त बनाया जा चुका है। इसी प्रकार के अनेक अभियान है; जैसे– निर्मल भारत बाल स्वच्छता अभियान आदि सबका उद्‌देश्य भारत में स्वच्छता को बढ़ावा देना है। ''जो परिवर्तन आप दुनिया में देखना चाहते हैं वह सबसे पहले अपने आप में लागू करें'' यह महात्मा गाँधी जी ने कहा है। यदि महात्मा गाँधी जी की ये बात स्वच्छता पर भी लागू होती है, तो सर्वप्रथम हमें स्वयं में बदलाव लाना होगा। अतः हमें स्वच्छता के प्रति जागरूकता फैलानी होगी।

हमें यह किसी और के लिए नहीं वरन् स्वयं के लिए करना है। हमें इसके लिए जमीनी स्तर पर कार्य करना चाहिए। हमें बचपन से ही बच्चों में सफाई की आदत डालनी होगी तथा उसकी आवश्यकता बतानी होगी। उन्हें सिखाना होगा कि एक कुत्ता भी जहाँ बैठता है उस जगह को साफ करके बैठता है। जब जानवरों में साफ-सफाई के प्रति इनती जागरूकता है। फिर हम तो इंसान हैं। सरकार द्वारा की गई इस पहल में नागरिकों की महत्त्वपूर्ण भूमिका है। यदि हर व्यक्ति अपनी जिम्मेदारी को समझे और स्वच्छता संबंधी नियमों का पालन करें तो इस देश को स्वर्ग बनने में देर नहीं लगेगी। इसके लिए देश के प्रत्येक नागरिक का कर्त्तव्य है कि वह सरकार द्वारा शुरू किए गए इस अभियान का हिस्सा बनकर इसे सफल बनाने का भरपूर प्रयास करे। इसके लिए वह स्वच्छता अभियान के प्रचारक के रूप में शामिल हो और अभियान के लिए अपना समय देने की शपथ लें। स्वच्छता संबंधी कार्यों में भाग लेने के लिए अन्य लोगों को निमंत्रण भेजें और उन्हें प्रेरित करें।

उपसंहार प्रधानमंत्री नरेंद्र मोदी जी ने लोगों में स्वच्छता के प्रति जागरूकता फैलाने के लिए दिल्ली की वाल्मीकि बस्ती में सड़कों पर झाड़ू लगाई थी जिसका दूर दृष्टिकोण यह था कि जनता में जागरूकता उत्पन्न हो। यदि हमारे देश के प्रधानमंत्री देश को स्वच्छ करने के लिए स्वयं योगदान दे रहे हैं तो हमें भी अपने देश को स्वच्छ रखने के लिए आस-पास सफाई रखनी होगी। इसलिए हम सबको मिलकर आगे आना होगा और इस मिशन को पूरा करना होगा।

7. आज विश्व के अधिकांश देश हमारी भारतीय संस्कृति के उपहार 'योग' को अपना चुके हैं। जीवन में योग की अनिवार्यता तथा उससे मिलने वाले लाभों का वर्णन करते हुए अपने विचार लिखिए। (ICSE Semester II 2022)

उत्तर **जीवन में योग की अनिवार्यता व लाभ**

भूमिका योगासन शरीर और मन को स्वस्थ रखने की प्राचीन भारतीय प्रणाली है। शरीर को किसी ऐसे आसन या स्थिति में रखना, जिससे स्थिरता और सुख का अनुभव हो, योगासन कहलाता है। योगासन शरीर की आंतरिक प्रणाली को गतिशील करता है। इससे रक्त-नलिकाएँ साफ होती हैं तथा प्रत्येक अंग में शुद्ध वायु का संचार होता है, जिससे उनमें स्फूर्ति आती है। फलतः व्यक्ति में उत्साह और कार्य-क्षमता का विकास होता है तथा एकाग्रता आती है।

'योग' 'यज्' धातु से बना है, जिसका अर्थ है–संचालित करना, संबद्ध करना, सम्मिलित करना अथवा जोड़ना। शरीर और आत्मा का मिलन ही योग कहलाता है। यह भारत के छः दर्शनों में से एक है, जिन्हें षड्दर्शन कहा जाता है। इसकी उत्पत्ति

भारत में 5000 ई. पू. में हुई थी। लगभग 200 ई. पू. में महर्षि पतंजलि ने योग-दर्शन को योग-सूत्र नामक ग्रंथ के रूप में लिखित रूप में प्रस्तुत किया।

योग की अनिवार्यता शरीर के स्वस्थ रहने पर ही मस्तिष्क स्वस्थ रहता है। मस्तिष्क से ही शरीर की समस्त क्रियाओं का संचालन होता है। इसके स्वस्थ और तनावमुक्त होने पर ही शरीर की सारी क्रियाएँ भली-भाँति संपन्न होती हैं। अतः योग हमारे शारीरिक, मानसिक, बौद्धिक व आत्मिक विकास के लिए अति आवश्यक है।

योग के लाभ मानसिक और शारीरिक स्वास्थ्य को ध्यान में रखते हुए हमारे जीवन में योग अत्यंत लाभदायक है। योग की प्रक्रियाओं में जब तन, मन और आत्मा के बीच संतुलन तथा योग स्थापित होता है, तब आत्मिक संतुष्टि, शांति एवं चेतना का अनुभव होता है। योग शरीर को शक्तिशाली एवं लचीला बनाए रखता है साथ ही तनाव से भी मुक्ति दिलाता है। यह शरीर के जोड़ों एवं माँसपेशियों में लचीलापन लाता है तथा उन्हें मजबूत बनाता है। यह शारीरिक विकृतियों को दूर करते हुए शरीर में रक्त प्रवाह को सुचारु करता है तथा पाचन तंत्र को मजबूत बनाता है। इन सबके अतिरिक्त यह शरीर की रोग-प्रतिरोधक क्षमता को बढ़ाता है तथा अनेक प्रकार की बीमारियों; जैसे—अनिद्रा, तनाव, थकान, उच्च रक्तचाप, चिंता आदि को दूर करता है साथ ही शरीर को ऊर्जावान बनाता है। योग के द्वारा शरीर पुष्ट होता है तथा बुद्धि तेज होती है।

उपसंहार आज की आवश्यकता को देखते हुए योग शिक्षा की बेहद आवश्यकता है, क्योंकि सबसे बड़ा सुख शरीर का स्वस्थ होना है। यदि आपका शरीर स्वस्थ है, तो आपके पास दुनिया की सबसे बड़ी दौलत है। स्वस्थ व्यक्ति ही देश व समाज का हित कर सकता है। अतः आज की भाग-दौड़ भरी जिंदगी में खुद को स्वस्थ व ऊर्जावान बनाए रखने के लिए योग बेहद आवश्यक है। वर्तमान परिवेश में योग न केवल हमारे लिए लाभकारी है, बल्कि विश्व में बढ़ते प्रदूषण व मानवीय व्यस्तताओं से उपजी समस्याओं के निवारण के संदर्भ में इसकी सार्थकता और बढ़ गई है।

8. वर्तमान समय में डिजिटल होना किसी वरदान से कम नहीं है। इसकी अच्छाइयाँ तथा बुराइयाँ बताते हुए एक प्रस्ताव लिखिए।
(ICSE Sem II 2022)

उत्तर **डिजिटल होना -वरदान या अभिशाप**

भूमिका वर्तमान समय में डिजिटल होने से तात्पर्य है—मनुष्य द्वारा जीवन के प्रत्येक क्षेत्र में तकनीकी उपकरणों व अध्ययन सामग्री का अधिकाधिक उपयोग करना। इसके अंतर्गत कंप्यूटर, इंटरनेट, मोबाइल आदि तकनीकी सेवाएँ आती हैं। वर्तमान समय एक वैज्ञानिक युग है, जिसमें कंप्यूटर का महत्त्व सर्वोपरि है। आज प्रत्येक क्षेत्र में कंप्यूटर का प्रयोग हो रहा है। यदि हम आज के युग को डिजिटल या कंप्यूटर का युग कहें, तो यह कोई अतिशयोक्ति नहीं होगी। रेलवे, हवाई जहाज, शिक्षा, खेल, पर्यटन आदि प्रत्येक क्षेत्र में आज डिजिटल की विशेष भूमिका है।

डिजिटल के लाभ डिजिटल से वर्तमान समय में बहुत लाभ प्राप्त हो रहे हैं। आज डिजिटल होना एक अनिवार्यता बन गई है। विश्व के विकसित देशों में भारत को लाने के लिए भारत सरकार ने भी 'डिजिटल भारत कार्यक्रम' की शुरुआत की है। इस योजना का मुख्य उद्देश्य देश को विज्ञान और तकनीकी के क्षेत्र में सशक्त रूप से आगे बढ़ाकर भारत को डिजिटल बनाना है, क्योंकि आज के आधुनिक युग में जिस देश ने विज्ञान और तकनीक को अपना लिया है, वह देश एक शक्तिशाली और महासत्ता बनकर उभरा है। इस अभियान के अंतर्गत ई-शिक्षा, ई-स्वास्थ्य, डिजिटल लॉकर, राष्ट्रीय छात्रवृत्ति पोर्टल जैसी अनेक अलग-अलग योजनाएँ शुरू की गईं। डिजिटल सेवाओं से ऑनलाइन शिक्षा, ई-लॉकर आदि अनेक लाभ हुए हैं। फोन और इंटरनेट की सुविधा ने ऑनलाइन शिक्षा को तो बढ़ावा दिया ही है, साथ ही इससे भ्रष्टाचार में कमी होने के भी अवसर मिले हैं।

कर्मचारियों के वेतन से लेकर कार्यालयों के आय-व्यय तक के सारे विवरण व असंख्य खातों के हिसाब भी कंप्यूटर में सुरक्षित रखे जाते हैं। बिजली, पानी, टेलीफोन, गृह आदि के टैक्स भी कंप्यूटर द्वारा प्राप्त व चुकाए जा सकते हैं। अतः जीवन के हर क्षेत्र में डिजिटल होने के बहुत-से लाभ हैं।

डिजिटल से हानियाँ आज के समय में डिजिटल होने का जितना लाभ हुआ है, उतना ही इसका हानिकारक रूप भी हमारे सामने आया है। डिजिटलीकरण ने मनुष्य को सामाजिक रूप से दूर कर दिया है, क्योंकि मानव पूरी तरह से मशीनों पर निर्भर हो चुका है। इंटरनेट के प्रयोग से हमारी कोई भी चीज अब गोपनीय नहीं रह गई है। अब हर कोई हमारे बारे में जान सकता है। इससे अपराध को भी बढ़ावा मिला है।

उपसंहार वैज्ञानिकों के अनुसार विकसित और विकासशील देशों के बीच केवल विज्ञान व तकनीक की ही दीवार है, जो देश इस दीवार को पार कर जाएगा, वही विकसित देशों की श्रेणी में आ जाएगा। अतः हमें डिजिटलीकरण का उपयोग देखभाल कर करना होगा। जिससे इसका उपयोग सही दिशा व उचित कार्यों में किया जाए।

9. पुस्तकालय व्यक्ति को अज्ञान के अंधकार से निकालकर ज्ञान के प्रकाश की ओर ले जाता है। इस कथन को ध्यान में रखते हुए पुस्तकालय के महत्त्व पर प्रकाश डालिए।
(ICSE Spec Sem II 2021)

उत्तर **भूमिका** हमारे जीवन में पुस्तकालय का विशेष महत्त्व है। पुस्तकालय विद्यार्थियों एवं पाठक वर्ग के लिए ज्ञान का मंदिर है, जहाँ देश-विदेश के विद्वानों द्वारा लिखी ज्ञान-विज्ञान की पुस्तकें अत्यंत सुगमता से प्राप्त हो जाती हैं। पुस्तकालय दो शब्दों के मेल से बना है—पुस्तक + आलय = पुस्तकालय। जिसका अर्थ होता है—पुस्तकों का घर। पुस्तकालय के अंतर्गत अध्ययन हेतु कला, साहित्य, ज्ञान-विज्ञान आदि से संबंधित पुस्तकों का संग्रह उपलब्ध होता है। पुस्तकालय के द्वारा विद्यार्थियों में पुस्तक पढ़ने से संबंधित रुचि का विकास होता है। पुस्तकालय को ज्ञान का भंडारगृह भी कहा जाता है, जहाँ पुस्तकों को संरक्षित करके रखा जाता है। पुस्तकालय में पुस्तकों के अतिरिक्त समाचार-पत्र, पत्रिकाओं को भी संगृहीत किया जाता है। पुस्तकालय समस्त पाठक वर्ग के लिए अत्यंत लाभप्रद साबित होते हैं, जो पुस्तकें शोधार्थियों को बाज़ार में उपलब्ध नहीं हो पातीं वे पुस्तकालय में आसानी से उपलब्ध हो जाती हैं।

पुस्तकालय के प्रकार पुस्तकालय दो प्रकार के होते हैं—निजी पुस्तकालय एवं सार्वजनिक पुस्तकालय। निजी पुस्तकालय वे होते हैं, जिन्हें लोग अपने घरों में स्थापित करते हैं। इस प्रकार के पुस्तकालय पुस्तक प्रेमियों के होते हैं तथा सार्वजनिक पुस्तकालय वे होते हैं, जो विद्यालय, विश्वविद्यालय, राजकीय आदि स्तर पर होते हैं।

भारत सरकार द्वारा स्थापित 'दिल्ली पब्लिक लाइब्रेरी' इसी के अंतर्गत आती है, जहाँ कोई भी व्यक्ति जाकर पुस्तकों, समाचार-पत्रों आदि का अध्ययन कर सकता है।

पुस्तकालय का महत्त्व पुस्तकालय मानव जीवन में महत्त्वपूर्ण भूमिका निभाता है। देश के विकास एवं शिक्षा के प्रचार-प्रसार में पुस्तकालय की उपयोगिता को नकारा नहीं जा सकता। पुस्तकालय की सुविधाओं का लाभ उठाकर मनुष्य जीवन में प्रगति कर सकता है। जो व्यक्ति पुस्तकें खरीदने में असमर्थ होते हैं, वे पुस्तकालय में जाकर पुस्तकें पढ़ सकते हैं।

पुस्तकालय में समय-समय पर प्रकाशित नवीन पुस्तकों का अध्ययन किया जा सकता है। हालाँकि भारत की बड़ी जनसंख्या के अनुपात में देश में पुस्तकालयों की संख्या कम है। हमें पुस्तकालय का एक नया रूप भी देखने को मिलता है, जिसे चल-पुस्तकालय के नाम से जाना जाता है, जो बस अथवा गाड़ी में चलाया जाता है।

पुस्तकालय मनुष्य के विकास में सहायक है। पुस्तकालयों में पुस्तकों का चयन करते समय पुस्तकों की गुणवत्ता पर ध्यान दिया जाना अत्यंत आवश्यक है, क्योंकि पुस्तकालय पाठक वर्ग के ज्ञान का स्रोत होते हैं। पुस्तकालय मनुष्य को अंधकार से प्रकाश व अज्ञान से ज्ञान की ओर ले जाने का माध्यम है, जहाँ हम शांत वातावरण में पत्र-पत्रिकाओं, पुस्तकों आदि का अध्ययन कर सकते हैं। अतः पुस्तकालय में हमें अनुशासन एवं शिष्टाचार के नियमों का पालन करते हुए, उनका सुरक्षापूर्ण प्रयोग करना चाहिए।

10. हर व्यक्ति के जीवन का कोई-न-कोई लक्ष्य होता है। आपके जीवन का क्या लक्ष्य है? इस विषय पर एक लेख लिखिए। **(ICSE Spec Sem II 2021)**

उत्तर **मेरे जीवन का लक्ष्य**

भूमिका संसार में प्रत्येक व्यक्ति का अपना उद्देश्य होता है। विद्यार्थी जीवन तो कल्पना तथा उद्देश्य का भंडार होता है। दसवीं कक्षा में आने पर कल्पना साकार करने के लिए विद्यार्थी में लक्ष्य निर्धारित करने की समझ आ जाती है। मेरे पिताजी एक अध्यापक हैं। वे चाहते हैं कि मैं भी अध्यापक बनूँ, किंतु मेरा लक्ष्य कुछ और है।

मेरे जीवन का उद्देश्य मैं उच्च शिक्षा प्राप्त कर डॉक्टर बनना चाहता हूँ। मैं जानता हूँ कि डॉक्टरी करना बहुत ही मुश्किल है। इसके लिए मुझे अपने घर से दूर छात्रावास में रहना होगा। सर्वप्रथम मुझे मेडिकल कॉलेज में प्रवेश के लिए कड़ी मेहनत करनी होगी, फिर एमबीबीएस का पाठ्यक्रम भी बहुत विस्तृत होता है, लेकिन मैं डॉक्टर बनने हेतु कुछ भी करने के लिए तत्पर हूँ।

आजकल भारत में अच्छे डॉक्टरों की आवश्यकता है। अधिकतर डॉक्टर इस व्यवसाय को केवल धन कमाने का माध्यम मानते हैं। उन्हें लोगों की दुःख-तकलीफ से कोई मतलब नहीं होता। मैं यह कार्य केवल धन कमाने के लिए नहीं करना चाहता, बल्कि मैं यह कार्य लोगों की दुआएँ पाने के लिए भी अपनाना चाहता हूँ। कहते हैं कि डॉक्टर भगवान का दूसरा रूप है, इसलिए मैं डॉक्टर बनकर समाज की सेवा करना चाहता हूँ। मैं गरीबों का इलाज कम-से-कम खर्च में करूँगा और दवाइयाँ भी निःशुल्क दूँगा तथा धनी लोगों से पूरी फीस लूँगा। मेरा प्रयास रहेगा कि नई-नई तकनीकों का प्रयोग कर सस्ता और अच्छा इलाज कर सकूँ।

आज से दस वर्ष बाद की कल्पना इस सपने को देखते हुए मैं कल्पना करता हूँ कि आज से दस वर्ष बाद तो मैं एक उच्च श्रेणी का डॉक्टर बन चुका हूँ और मेरे द्वारा जिनका इलाज किया गया है, वे लोग स्वस्थ होकर अपने घर जाते हैं और मुझे आशीष देते हैं।

उपसंहार मैंने अपने जीवन से जुड़े जो भी सपने देखे हैं, उन सपनों को सच्ची निष्ठा और मेहनत से पूरा करूँगा तथा मानव जाति की सेवा करते हुए एक प्रख्यात डॉक्टर बनूँगा। इस अभिलाषा को मैं अपने मन में कब से सँजोए हुए हूँ।

11. आपके विद्यालय में एक मेले का आयोजन किया गया था। यह किस अवसर पर, किस उद्देश्य से किया गया था? उसके लिए आपने क्या-क्या तैयारियाँ कीं? आपने और आपके मित्रों ने एवं शिक्षकों ने उसमें क्या सहयोग दिया था? इन बिंदुओं को आधार बनाकर एक प्रस्ताव विस्तार से लिखिए। **(ICSE 2019)**

उत्तर **भूमिका** पिछले सप्ताह हमारे विद्यालय में बाल मेले का आयोजन किया गया था। बाल दिवस के उपलक्ष्य पर विद्यालय के प्रधानाचार्य ने बाल मेले के आयोजन की घोषणा की थी। इस मेले का मुख्य उद्देश्य छात्राओं के मनोरंजन के साथ-साथ उनके ज्ञानार्जन तथा आपसी सहयोग की भावना विकसित करना था।

मेले के लिए तैयारियाँ बाल मेले को लेकर मैं हमेशा से ही उत्सुक रहा हूँ। जब मैंने सुना कि विद्यालय में बाल मेले का आयोजन होने जा रहा है, तो मेरी खुशी का ठिकाना ही नहीं था। मेले के लिए मैंने अपने स्तर पर तैयारियाँ आरंभ कर दीं। इस संदर्भ में मैंने एक भाषण तैयार किया। इस भाषण के लिए मैंने अपने अध्यापक महोदय से कुछ बिंदुओं पर विचार-विमर्श किए, साथ ही मेले में लगने वाले स्टॉल के लिए सैंडविच भी बनाए।

मित्रों तथा शिक्षकों का सहयोग मेरे साथ-साथ मेरे मित्र भी इस मेले को लेकर बहुत उत्साहित थे। मित्रों ने मेरे साथ मिलकर विद्यालय में लगने वाले मेले के लिए मेरे स्टॉल को आकर्षक बनाने तथा स्टॉल में खाद्य पदार्थ बनाकर लाने में अपना पूर्ण सहयोग दिया। मेले का आरंभ प्रधानाचार्य एवं मुख्य अतिथि द्वारा द्वीप प्रज्वलित करके किया गया। उसके बाद सभी शिक्षकों ने विद्यार्थियों के साथ मिलकर मेले को सफल बनाने में अपना सहयोग दिया। अन्य छात्रों ने भी अनेक तरह की खाने-पीने की वस्तुओं के स्टॉल लगाए थे। इस अवसर पर हमारे स्टॉल को प्रथम पुरस्कार प्राप्त हुआ, साथ ही भाषण प्रतियोगिता में मुझे द्वितीय स्थान प्राप्त हुआ। सभी छात्रों ने मेले का आनंद लिया। इस मेले के द्वारा विद्यार्थियों का अन्य कक्षा के छात्रों के साथ भी संपर्क हुआ तथा विभिन्न विषयों पर हुई भाषण

प्रतियोगिताओं से सभी का ज्ञानार्जन हुआ। अंत में विजेता छात्रों को पुरस्कार वितरित किए गए तथा प्रधानाचार्य ने सभी विद्यार्थियों तथा शिक्षकों के सहयोग की सराहना करते हुए इसे एक सफल मेला घोषित किया।

उपसंहार इस प्रकार विद्यालय में लगने वाले बाल मेले का उद्देश्य भी पूर्णतः सफल हुआ। यह मेला मेरे लिए सदैव स्मरणीय रहेगा।

12. यात्रा एक उत्तम रुचि है। यात्रा करने से ज्ञान तो बढ़ता ही है, साथ ही स्थान विशेष की संस्कृति तथा परंपराओं का परिचय भी मिलता है। अपनी किसी यात्रा के अनुभव तथा रोमांच का वर्णन करते हुए एक प्रस्ताव लिखिए। (ICSE 2019)

उत्तर **भूमिका** यात्रा मानव जीवन का एक अभिन्न अंग है। यात्रा करने से न केवल व्यक्ति का मनोरंजन होता है, बल्कि इससे ज्ञानार्जन में भी वृद्धि होती है, साथ ही व्यक्ति को स्थान विशेष की संस्कृति तथा परंपराओं का परिचय भी मिलता है। मुझे भी यात्रा करने का बहुत शौक है। पिछले वर्ष गर्मियों की छुट्टियों में मैंने अपने मित्रों के साथ भुवनेश्वर की यात्रा की।

यात्रा के रोमांच का वर्णन मैं दिल्ली से रेल यात्रा का आनंद उठाते हुए अपने सभी साथियों के साथ सुबह लगभग दस बजे भुवनेश्वर पहुँच गया था। हमने पहले ही होटल बुक करवा लिया था। वहाँ पहुँचकर सबसे पहले हम होटल में गए। मैं इस शहर के बारे में पहले ही काफी कुछ सुन चुका था। मेरे सभी दोस्त चाहते थे कि उस दिन आराम किया जाए, लेकिन मैं उनके इस विचार से सहमत नहीं था। मेरी व्याकुलता को देखते हुए सभी ने थोड़ी देर आराम करने के बाद तैयार होकर यात्रा पर निकलने का निर्णय लिया। भुवनेश्वर के बारे में जैसा हमने सुना था, उससे कहीं अधिक दर्शनीय पाया।

भुवनेश्वर, भारत के खूबसूरत एवं हरे-भरे प्रदेश ओडिशा की राजधानी है। यहाँ की प्राकृतिक सुंदरता देखते ही बनती है। ऐतिहासिक ही नहीं, बल्कि धार्मिक दृष्टिकोण से भी यह शहर भारत के प्रमुख दर्शनीय स्थलों में से एक है। इसे 'मंदिरों का शहर' भी कहा जाता है। हम जिस होटल में ठहरे थे, उसके निकट ही राजा-रानी मंदिर है, इसलिए सबसे पहले हम उसी के दर्शनों के लिए पहुँचे। इस मंदिर की स्थापना ग्यारहवीं शताब्दी में हुई थी। अगली सुबह हम लोग जल्दी तैयार होकर लिंगराज मंदिर समूह देखने गए। इस मंदिर के आस-पास सैकड़ों छोटे-छोटे मंदिर बने हुए हैं, इसलिए इसे 'लिंगराज मंदिर समूह' कहा जाता है। 185 फीट लंबा यह मंदिर भारत की प्राचीन शिल्पकला का अप्रतिम उदाहरण है। मंदिरों की दीवारों पर निर्मित मूर्तियाँ शिल्पकारों की कुशलता की परिचायक हैं।

यात्रा का अनुभव भुवनेश्वर की यात्रा इतिहास की यात्रा के समान है। इस शहर की यात्रा करते हुए ऐसा लगता है कि मानो हम उस काल में चले गए हों, जब इस शहर का निर्माण किया जा रहा था। शहर के मध्य स्थित भुवनेश्वर संग्रहालय में प्राचीन मूर्तियों एवं हस्तलिखित ताड़पत्रों का अनूठा संग्रह इस आभास को और भी अधिक बल प्रदान करता है। सैर के बाद हम लोगों ने ओडिशा के स्थानीय भोजन का आनंद उठाया। भुवनेश्वर की यात्रा को अविस्मरणीय बनाने के लिए हमने जमकर फोटोग्राफी की थी, किंतु फोटो के साथ-साथ हम सभी ने कई प्रकार की वस्तुएँ खरीदीं। ये वस्तुएँ हमें हमेशा भुवनेश्वर की प्राचीन कला की याद दिलाती हैं।

उपसंहार भुवनेश्वर की यात्रा मेरे लिए ही नहीं मेरे सभी साथियों के लिए भी एक अविस्मरणीय यात्रा बन गई, वस्तुतः किसी भी व्यक्ति की यात्रा का उद्देश्य केवल मनोरंजन ही नहीं, बल्कि मानसिक शांति प्राप्त करना भी होता है। वास्तव में भुवनेश्वर के वातावरण में अजीब-सी पवित्रता घुली हुई है। इस यात्रा से हमारी मित्र-मंडली को जिस मानसिक शांति का अनुभव हुआ, उसे शब्दों में बयाँ नहीं किया जा सकता। इस अविस्मरणीय यात्रा से मैं भी डॉ. जॉनसन के इस कथन से पूर्णतः सहमत हो गया कि ''यात्रा कल्पना को वास्तविकता में व्यवस्थित कर देती है।''

एक्सपर्ट्स कमेंट्स

- यात्रा वर्णन विषय को अधिकांश छात्रों ने चुना। छात्र इस प्रश्न के उत्तर में संस्कृति, परंपरा तथा यात्रा का सांस्कृतिक महत्त्व नहीं बता सके।
- कुछ छात्रों ने यात्रा के स्थान पर मित्रों के साथ पिकनिक, उद्यानिक भ्रमण का उल्लेख किया।

स्टूडेंट्स के लिए एडवाइज़

- छात्रों को 'यात्रा भ्रमण' आदि विषय पर कक्षा में मौखिक चर्चा करनी चाहिए।
- छात्रों को शब्दों का भंडार बढ़ाने का प्रयास करना चाहिए तथा यात्रा संबंधी त्रुटियों को सुधारने हेतु श्रुतलेख का अभ्यास करना चाहिए।

13. आजकल देश में आवासीय विद्यालयों (Boarding Schools) की बाढ़-सी आ गई है। आवासीय विद्यालयों की छात्रों के जीवन में क्या उपयोगिता हो सकती है? इस प्रकार के विद्यालयों की अच्छाइयों एवं बुराइयों के बारे में बताते हुए वर्तमान में इनकी आवश्यकता पर अपने विचार लिखिए। (ICSE 2018)

उत्तर मानव जीवन के विकास के लिए शिक्षा का अहम योगदान होता है। यद्यपि शिक्षा का आरंभ एक व्यक्ति अपने घर-परिवार से ही कर देता है, परंतु औपचारिक शिक्षा ग्रहण करने हेतु उसे विद्यालय में प्रवेश लेना पड़ता है। हमारे देश में विद्यालयों के कई रूप देखने को मिलते हैं; जैसे—निजी विद्यालय, सरकारी विद्यालय, अर्द्धसरकारी विद्यालय, ट्रस्टी विद्यालय, आवासीय विद्यालय (निजी/सरकारी) आदि। इन सभी विद्यालयों के नाम भिन्न तो ज़रूर हैं, परंतु इनका उद्देश्य एक है-बच्चों का सर्वांगीण विकास करना। हम आज आवासीय विद्यालयों की छात्रों के जीवन में उपयोगिता विषय पर चर्चा निम्न रूप में कर सकते हैं-

आवासीय विद्यालय एक ऐसा विद्यालय होता है जहाँ छात्रों को विद्यालयी परिसर में ही रहना अनिवार्य होता है। छात्रों के जीवन पर आवासीय विद्यालय के सकारात्मक एवं नकारात्मक दोनों प्रभाव पड़ते हैं। यदि सकारात्मक पर चर्चा की जाए, तो देखा जा सकता है कि आवासीय विद्यालय में कड़ा अनुशासन होता है।

विद्यार्थी जीवन में इसी प्रकार के अनुशासन की आवश्यकता पड़ती है। इसका प्रभाव विद्यार्थी के भविष्य पर पड़ता है। आवासीय विद्यालय में छात्र अपने परिवार से दूर रहते हैं। इस परिस्थिति में उन्हें बहुत-सी समस्याओं का सामना करना पड़ता है। इन समस्याओं का समाधान भी छात्रों को स्वयं ही करना पड़ता है और इस प्रकार वे आत्मनिर्भरता के गुण को अर्जित कर लेते हैं। कहने का आशय यह है कि आवासीय विद्यालय छात्रों को आत्मनिर्भर बनाते हैं।

इसी आत्मनिर्भरता के कारण वे अपने भविष्य का निर्धारण करने में भी सक्षम हो जाते हैं। आवासीय विद्यालयों के वातावरण में छात्र के अंतर्गत सामाजिक गुणों का विकास होता है। इन सभी अच्छाइयों के साथ ही आवासीय विद्यालयों में कुछ बुराइयाँ भी देखी जा सकती हैं। आवासीय विद्यालय में परिवार से अलग रहना एक बच्चे के लिए बहुत बड़ी समस्या होती है। वह अन्य बच्चों की तरह परिवार के साथ सामंजस्य स्थापित नहीं कर पाते। आवासीय विद्यालय में अकसर विद्यार्थी बुरी संगति में फँस जाते हैं और इस स्थिति से निकल पाने में वह सक्षम नहीं होते। इस कारण वे तनावग्रस्त जीवन व्यतीत करने लगते हैं और स्वयं के जीवन को बर्बादी की कगार पर खड़ा कर देते हैं।

निष्कर्ष रूप से कहा जाए तो आवासीय विद्यालय की शिक्षा व्यवस्था उच्च दर्जे की जरूर है, परंतु कुछ नकारात्मक पक्ष भी हैं, जिन पर प्रशासन का ध्यान देना अनिवार्य है।

एक्सपर्ट्स कमेंट्स

- आवासीय विद्यालयों के विषय को अनेक छात्रों ने लिखा, परंतु कुछ छात्र इसका अर्थ समझने में असमर्थ रहे साथ ही सरकारी विद्यालय का वर्णन कर दिया।
- कुछ छात्र आवासीय विद्यालयों के लाभ–हानि को स्पष्ट नहीं कर पाए।

स्टूडेंट्स के लिए एडवाइज़

- छात्रों को कक्षा में भिन्न–भिन्न विषयों पर चर्चा करनी चाहिए। इससे छात्रों के सामान्य ज्ञान व शब्द भंडार में वृद्धि होगी।
- छात्रों को ध्यान रखना अनिवार्य है कि निबंध में भूमिका, निष्कर्ष तथा शीर्षक लिखने का महत्त्व होता है।
- वर्तनी संबंधी अशुद्धियों को दूर करने के लिए श्रुतलेख का अभ्यास करना चाहिए।

14. संयुक्त परिवार के किसी ऐसे उत्सव के आनंद का विस्तार से वर्णन कीजिए, जहाँ आपके परिवार के बच्चे-बुज़ुर्ग सभी उपस्थित थे। (ICSE 2018)

उत्तर हम लोग संयुक्त परिवार में रहते हैं। हमने पिछले वर्ष अपने परिवार के साथ दीवाली का त्योहार बड़े ही हर्षोल्लास के साथ मनाया था। मेरे पिताजी ने सभी बच्चों के लिए नए कपड़े खरीदे थे। दादाजी हम सबके लिए फुलझड़ियाँ, अनार, पटाखे आदि खरीद कर लाए। माताजी गणेश-लक्ष्मी जी की मूर्ति लेकर आई थी। चाची जी घर में तरह-तरह के पकवान बना रही थीं और चाचा जी घर में सजावट का कार्य कर रहे थे।

मैं, रघु, राजीव और राधिका नए-नए कपड़े पहन कर गणेश-लक्ष्मी की पूजा की प्रतीक्षा कर रहे थे। पूजा समाप्त होने के पश्चात् हम सभी लोगों ने प्रसाद ग्रहण किया। रात के 8 बज गए थे, मैं और राधिका अब पटाखे छोड़ने की तैयारी में लग गए थे। माँ और राजीव गली-मोहल्ले में मिठाइयाँ बाँट रहे थे। पिताजी मेरी और राधिका की देखभाल में खड़े थे। मैंने और राधिका ने खूब सारी फुलझड़ियाँ जलाईं और रॉकेट भी छोड़े। हम सभी लोग एक-दूसरे से गले मिलते हुए दीवाली की बधाइयाँ दे रहे थे। सभी बच्चे, बड़े-बुजुर्गों के पैर छूकर आशीर्वाद ले रहे थे। हमारे घर में मेहमानों का आना-जाना लगा हुआ था। इस प्रकार हम सभी ने बड़े ही हर्षोल्लास से दीवाली का त्योहार मनाया।

15. प्रदूषण वर्तमान युग की सबसे बड़ी समस्या है। इसके कारण एवं निदान पर अपने विचार लिखिए। (ICSE 2017)

उत्तर **प्रदूषण समस्या**

पर्यावरण प्रदूषण का अर्थ प्राकृतिक वातावरण तथा वायुमंडल में अवांछित तत्त्वों का होना (जो मानव तथा जीव-जंतुओं को प्रभावित करे), पर्यावरण प्रदूषण कहलाता है। प्रदूषण एक ऐसी समस्या है, जो केवल मानवता के लिए ही नहीं, अपितु संपूर्ण प्रकृति के लिए भी खतरा है।

प्रदूषण मुख्यत: तीन प्रकार के माने जाते हैं—जल प्रदूषण, वायु प्रदूषण और ध्वनि प्रदूषण। वर्तमान युग वैज्ञानिक युग है, जिसे मशीनों तथा कल-कारखानों का युग भी कहा जा सकता है। विज्ञान जहाँ एक ओर वरदान बनकर हमारी सोच को विकसित कर रहा है, वहीं अभिशाप बनकर विश्व को महाविनाश की ओर भी ले जा रहा है। जल प्रदूषण का मुख्य कारण कारखानों से निकलने वाला गंदा पानी है, जो समीपस्थ नदियों के माध्यम से समुद्र तक जाता है। इससे संपूर्ण जल भंडार प्रदूषित होकर सिंचाई, वाष्पीकरण आदि के माध्यम से हमारे जीवन को विषैला बना रहा है।

वायु प्रदूषण के अंतर्गत अनेक प्रकार के वाहनों, चिमनियों आदि से निकलने वाले विषैले धुएँ, कारखानों से उत्पन्न होने वाली दुर्गंध आदि से साँस संबंधी अनेक बीमारियाँ उत्पन्न होती हैं। विश्व में कार्बन डाइ-ऑक्साइड की मात्रा बढ़ती जा रही है। ध्वनि प्रदूषण ध्वनि विस्तारक यंत्रों, औद्योगिक संस्थाओं की मशीनों की घड़घड़ाहट भरी आवाज़ों, महानगरों में अनेक प्रकार के वाहनों द्वारा विस्तारित किया जाता है। जल, वायु तथा ध्वनि प्रदूषण को रोका जाना चाहिए। इसके लिए 5 जून को 'विश्व पर्यावरण दिवस' भी मनाया जाता है, परंतु प्रदूषण में कोई कमी नहीं आती। प्रकृति तथा मानवता को स्वस्थ रखने के लिए प्रदूषण को किसी भी स्थिति में रोकना चाहिए।

16. सदाचारी व्यक्ति जीवन के हर पहलू में सकारात्मक सोच रखते हैं। मानव जीवन में सदाचार का महत्त्व स्पष्ट करते हुए समझाइए। (ICSE 2017)

उत्तर **सदाचार**

सदाचार शब्द दो शब्दों के मेल से बना है– सत् + आचार। इसका अर्थ है–अच्छा आचरण। सत्य, अहिंसा, प्रेम, उदारता, सदाशयता आदि सदाचार के कुछ प्रमुख लक्षण हैं। जो व्यक्ति अपने जीवन में इन्हें चरितार्थ करता है, वह सदाचारी कहलाता

है। सदाचरण से व्यक्ति अपने जीवन में तो सुख और शांति का अनुभव करता ही है साथ ही उससे दूसों का भी भला होता है। हर व्यक्ति अपने निजी जीवन में सदाचार के कुछ विशिष्ट नियम या सिद्धांत स्थिर कर सकता है। यह बात स्मरणीय है कि सदाचरण वह है जिससे व्यक्ति के साथ पूरे समाज के जीवन में सुख, शांति, समृद्धि और नैतिकता को प्रश्रय मिले। सदाचार का नैतिकता से गहरा संबंध है।

इन्हें एक-दूसरे का पर्याय कहा जाए तो अत्युक्ति न होगी। सदाचार का संबंध मनुष्य के मन की भावनाओं और उसके बाहरी आचरण या व्यवहार से भी है।

किसी विद्यालय, महाविद्यालय अथवा कार्यालय में व्यक्ति का व्यवहार संस्थान के नियमों के अनुकूल होना चाहिए। अशिष्ट आचरण युद्ध, झगड़े एवं गलतफहमी का कारण बनता है। अशिष्ट आचरण के परिणामस्वरूप व्यक्ति अपने उद्देश्य में असफल हो सकता है। यदि दुकानदार अपने ग्राहकों से अशिष्टता करे, तो उसके यहाँ आने वाले ग्राहकों की संख्या निस्संदेह कम होती चली जाएगी और एक दिन ऐसा भी हो सकता है कि उसे अपनी दुकान ही बंद करनी पड़े। यदि विद्यालय में शिक्षक का आचरण सही न हो, तो इसका दुष्प्रभाव छात्रों पर भी पड़ सकता है और ऐसी स्थिति में कोई भी समझदार प्राचार्य या विद्यालय प्रबंधक ऐसे शिक्षक को अपने संस्थान में रहने नहीं देना चाहेगा। इस तरह, यदि कर्मचारी कार्यालय में अपने संस्थान के नियमानुकूल व्यवहार न करे, तो उसे उसकी नौकरी से वंचित किया जा सकता है। शिष्टाचार व्यक्ति को अनुशासन की प्रेरणा देता है। मनुष्य एक सामाजिक प्राणी है। अनुशासन के बिना किसी भी समाज में अराजकता का माहौल व्याप्त होना स्वाभाविक है। इसी तरह, एक परिवार के सदस्य यदि अनुशासित न हों, तो उस परिवार का अव्यवस्थित होना स्वाभाविक है। सरकारी कार्यालयों में यदि कर्मचारी अनुशासित न हों, तो वहाँ भ्रष्टाचार का बोलबाला हो जाएगा। अनुशासन न केवल व्यक्तिगत हित, बल्कि सामाजिक हित के दृष्टिकोण से भी अनिवार्य है, किंतु वही मनुष्य अनुशासित रह सकता है, जो शिष्टाचारी हो।

व्यक्ति को शिष्ट आचरण की शिक्षा अपने घर, परिवार, समाज एवं स्कूल से मिलती है। बच्चे का जीवन उसके परिवार से प्रारंभ होता है। यदि परिवार के सदस्य गलत आचरण करते हैं, तो बच्चा भी उसी का अनुसरण करेगा। परिवार के बाद बच्चा अपने समाज एवं स्कूल से सीखता है।

17. पुस्तकें ज्ञान का भंडार होती हैं तथा हमारी सच्ची मित्र एवम् गुरु भी होती हैं। हाल ही में पढ़ी गई अपनी किसी एक पुस्तक के विषय में बताते हुए लिखिए कि वो आपको पसंद क्यों आई और आपने उससे क्या सीखा? (ICSE 2017)

उत्तर हाल ही में मैंने प्रेमचंद का 'गोदान' उपन्यास पढ़ा। कथा सम्राट प्रेमचंद वर्ष 1936 में प्रकाशित अपने उपन्यास 'गोदान' के माध्यम से अपने देश के किसानों की दयनीय ज़िंदगी से सीधा साक्षात्कार कराते हैं। यह उपन्यास भारतीय किसानों की मर्मस्पर्शी, करुण एवं त्रासद स्थिति को दर्शाता है। इसका नायक होरी कर्मफल एवं सामंती व्यवस्था से दबा हुआ है। वह सचेतन पात्र नहीं है, क्योंकि उसे अपनी शक्ति का बोध नहीं है। उसमें विपत्तियों को झेलने की अपार क्षमता है, किंतु वह दमघोंटू व्यवस्था से संघर्ष नहीं कर सकता। उसका जीवन धीमा एवं त्रस्त है। 'गोदान' उपन्यास के कथानक तथा होरी के जीवन में समान धीमापन है। होरी उन सभी गरीब किसानों की विशेषताएँ लिए हुए है, जो जमींदारों एवं महाजनों की धीमे-धीमे, लेकिन बिना रुके चलने वाली चक्की में पिसा करते हैं।

होरी में सहनशक्ति है, लेकिन व्यवस्था और शोषण के प्रति उसमें वर्गगत चेतना नहीं है। वह निरक्षर, अंधविश्वासी, चेतनाहीन व्यवस्था को सिर झुकाकर स्वीकार करने वाला गरीब भारतीय किसान है, जिसके जीवन की सबसे बड़ी इच्छा दरवाजे पर सिर्फ़ एक गाय बाँधने की है। होरी से उसकी पैतृक जमीन भी छीन ली जाती है। जिसके पश्चात् वह मज़दूरी करता है और मज़दूरी करते-करते लू लगने से दम तोड़ देता है। वही होरी जिसने पहलवान मेहता को पटक दिया था, आज वह लू खाकर मैदान में गिर पड़ता है और मर जाता है।

होरी यदि प्रेमचंद के जमाने का मिटता हुआ किसान है, तो उसका बेटा गोबर नए जमाने का संभावित सर्वहारा (सब को लेकर चलने वाला)। प्रेमचंद ने होरी और गोबर के चित्रण के माध्यम से बाप-बेटे, पुरानी एवं नई पीढ़ी का ही नहीं, बल्कि नए एवं पुराने भारत का चित्रण भी किया है। वास्तव में, होरी का चरित्र भारत के अजेय किसान का चरित्र है। 'गोदान' उसके भगीरथ परिश्रम की गाथा है तथा होरी के मरने के बाद गोबर मानो पिता के हत्यारों के लिए एक चुनौती की तरह जीवित रहता है। सरल एवं सहज भाषा प्रेमचंद के लेखन की एक अनन्य विशेषता है।

यह पुस्तक मुझे इसलिए पसंद आई, क्योंकि इसमें जीवन की यथार्थता एवं जटिलता का सजीव चित्रण किया गया है। इस पुस्तक को पढ़कर हमें यह सीख मिलती है कि व्यक्ति केवल आदर्श के आधार पर ही जीवन नहीं जी सकता। इसलिए मनुष्य को यथार्थपरक जिजीविषा को अपने जीवन में अपनाना चाहिए। साहित्यिक अभिरूचि रखने वाले पाठकों को ही नहीं, बल्कि प्रत्येक भारतीय को ग्रामीण भारत की विशेषताओं को जानने-समझने के लिए 'गोदान' जैसा कालजयी उपन्यास एक बार अवश्य पढ़ना चाहिए।

18. 'पर्यावरण है तो मानव है' विषय को आधार बनाकर पर्यावरण सुरक्षा को लेकर आप क्या-क्या प्रयास कर रहे हैं? विस्तार से लिखिए। (ICSE 2017)

उत्तर मानव के चारों ओर का वह आवरण (वायु, जल, मृदा, पेड़-पौधे तथा जीव-जंतु) जिससे वह घिरा है, पर्यावरण कहलाता है। मानव हो या अन्य जीव-जंतु, सभी के लिए पर्यावरण एक आधार है। उनकी उत्पत्ति, विकास, वर्तमान स्वरूप एवं भावी अस्तित्व सभी पर्यावरण की परिस्थिति पर निर्भर है। इस प्रकार पर्यावरण तथा मानव का घनिष्ठ संबंध है। 'पर्यावरण है तो मानव है' यह कथन पूर्ण रूप से सत्य है। मानव प्रकृति की सर्वश्रेष्ठ रचना है। जब तक वह प्रकृति के कार्य में हस्तक्षेप नहीं करता, तब तक उसका जीवन सहज और स्वाभाविक गति से चलता रहता है। विज्ञान की प्रगति के कारण औद्योगिक विकास में मनुष्य की रुचि इतनी बढ़ गई है कि वह प्रकृति के साथ अपने सामंजस्य को प्रायः समाप्त ही करता जा रहा है। यही कारण है कि प्रकृति जो उसकी सहचरी है, उससे दूर होती जा रही है। औद्योगीकरण के कारण आज पर्यावरण प्रदूषण तीव्र गति से बढ़ता जा रहा है।

पर्यावरण संरक्षण से तात्पर्य पर्यावरण की सुरक्षा करना है। वृक्ष-वनस्पतियों का मानव जीवन में अत्यधिक महत्त्व है। वे मनुष्य के लिए अत्यंत उपयोगी हैं तथा मानव-जीवन का आधार हैं, परंतु आज मानव इनके महत्त्व को न समझते हुए इनकी उपेक्षा कर रहा है। अपने गौण लाभों को महत्त्व देते हुए इनका लगातार दोहन करता चला जा रहा है। जितने वृक्ष काट देते हैं, उतने लगाने भी चाहिए, परंतु ऐसा नहीं हो रहा है। परिणामस्वरूप अनेक समस्याएँ मनुष्य के सामने उपस्थित हो रही हैं।

पर्यावरण की सुरक्षा से ही मानव-जीवन की रक्षा संभव है। पर्यावरण सुरक्षा के लिए जंगल व पहाड़ों का होना अत्यंत जरूरी है। पर्यावरण की सुरक्षा के लिए हम कई प्रकार के उपाय कर रहे हैं; जैसे–अधिक मात्रा में पेड़-पौधे लगाना, पॉलीथिन व प्लास्टिक को उपयोग में न लाकर कपड़े के थैले प्रयोग करना , दिन के समय सूरज की रोशनी का अधिक प्रयोग करना, काम नहीं किए जाने की स्थिति में बिजली से चलने वाले उपकरणों के स्विच बंद करना आदि। पर्यावरण की सुरक्षा एक गंभीर मुद्दा है। भारत में ही नहीं, बल्कि विश्व में अंतर्राष्ट्रीय स्तर पर इस संबंध में प्रयास किए जा रहे हैं। आज पर्यावरण से उत्पन्न खतरे इतने भयावह होते जा रहे हैं कि विश्व समुदाय इससे चिंतित हो उठा है और पर्यावरण संतुलन के प्रति लोगों को जागरूक करने के उपाय किए जा रहे हैं। आज पर्यावरण संबंधी जो समस्याएँ उत्पन्न हो रही हैं, वे मानवजनित हैं। अगर हम वर्तमान समय में इन समस्याओं के प्रति जागरूक नहीं होंगे, तो स्थिति अत्यंत भयावह हो जाएगी।

19. कंप्यूटर तथा मोबाइल मनोरंजन के साथ-साथ हमारी जरूरत के साधन अधिक बन गए हैं। हर क्षेत्र में इनसे मिलने वाले लाभों तथा हानियों का वर्णन करते हुए अपने विचार लिखिए। **(ICSE 2017)**

उत्तर वर्तमान वैज्ञानिक युग ने हमें बहुत कुछ दिया है, जिसमें कंप्यूटर आज सर्वोपरि हो गया है। आज प्रत्येक क्षेत्र में कंप्यूटर का प्रयोग हो रहा है। यदि हम आज के युग को 'कंप्यूटर का युग' कहें, तो कुछ अनुचित न होगा। इससे ज्ञान के क्षेत्र में क्रांति आ गई है। आज प्रायः सभी कार्यालयों में इनके प्रयोग के बिना कोई काम नहीं होता है। रेलवे, हवाई जहाज आदि के टिकटों की आरक्षण व्यवस्था में भी कंप्यूटर की विशेष भूमिका है। कंप्यूटर पर नवीनतम जानकारियाँ उपलब्ध रहती हैं, जिनसे हम घर बैठे ही सभी सुविधाएँ प्राप्त कर सकते हैं। न सिर्फ यही, बल्कि लेखा-विभाग में तो कंप्यूटर की भूमिका अद्वितीय है। कर्मचारियों के वेतन से लेकर कार्यालयों के आय-व्यय तक के सारे विवरण एवं असंख्य खातों के हिसाब भी कंप्यूटर में सुरक्षित रखे जाते हैं। इतना ही नहीं बिजली, पानी, टेलीफोन, गृहकर आदि के बिल भी कंप्यूटर पर तैयार किए जाते हैं और प्राप्तियों को भी कंप्यूटर पर ही रिकॉर्ड कर लिया जाता है। पुस्तक-प्रकाशन के कार्य में भी कंप्यूटर का योगदान है। प्रिंटिंग तथा डिजाइनिंग में भी कंप्यूटर का इस्तेमाल किया जा रहा है, जिसके अच्छे परिणाम देखने को मिल रहे हैं।

आज चाहे शादी-विवाह के कार्ड हों अथवा जन्म कुंडलियाँ, सभी कुछ हम कंप्यूटर पर देख सकते हैं, उनका मिलान कर सकते हैं। मनोरंजन जगत में भी कंप्यूटर का कम योगदान नहीं है। आज तरह-तरह के खेल कंप्यूटर स्क्रीन पर खेले जाते हैं। आजकल के बच्चे इन खेलों में अत्यधिक रुचि लेते हैं और अपना मनोरंजन करते हैं। सभी सुविधाएँ होने के बावजूद आज इंटरनेट के कुछ दुष्परिणाम भी सामने आ रहे हैं, जिनमें अफ़वाहें फैलाना, धमकियाँ देना, अश्लीलता आदि मुख्य हैं। कंप्यूटर यद्यपि मानव-मस्तिष्क की तरह कार्य करता है, परंतु यह मानव की तरह सोच-विचार नहीं सकता है। वह केवल दिए गए निर्देशों का पालन ही कर सकता है, जिसका कुछ अराजक व्यक्ति दुरुपयोग भी करते हैं। निष्कर्षतः हम कह सकते हैं कि आज का समय कंप्यूटर का समय है और अपनी बहु-उपयोगिता के कारण यह हमारे जीवन का एक अनिवार्य अंग बन गया है।

कम्प्यूटर के साथ-साथ वर्तमान युग में मोबाइल भी उपयोगी है। मोबाइल फोन एक ऐसा वरदान है, जो केवल कुछ खास लोगों को नहीं, बल्कि सभी को आसानी से उपलब्ध है। प्रत्येक व्यक्ति के पास इसे देखा जा सकता है। अमीर, गरीब, बुजुर्ग, नौजवान या बच्चे सबके हाथ में यह समान रूप से देखने को मिलता है और हो भी क्यों न, यह है ही इतना सुविधाजनक। इसके द्वारा विभिन्न कार्य आसानी से किए जा सकते हैं। अनेक प्रकार के खेल, गाने, फेसबुक की सुविधा, समाचार, चुटकुले, चटपटी बातें, ये सब आपका मनोरंजन करती रहती हैं। आजकल इसमें एसएमएस, कैमरा, ई-मेल आदि की सुविधा भी उपलब्ध है। जहाँ मोबाइल इतना अधिक सुविधाजनक है, वहीं यह असुविधा या मुसीबत का घर भी है। मोबाइल का प्रयोग करते हुए बच्चे अपनी पढ़ाई ध्यानपूर्वक नहीं करते, जिसके कारण उनके माता-पिता को उनकी चिंता होती है। कुछ अपरिपक्व बुद्धि वाले व्यक्ति बिना सोचे-समझे इसका उपयोग करते हैं; जैसे–फेसबुक पर बातें करना, अश्लील फोटो खींचकर इधर-उधर भेजना आदि। ऐसे कार्यों से भी यह अहितकर है। हम मोबाइल के विषय में स्पष्ट रूप से कह सकते हैं कि यदि इसका उपयोग सही दिशा व उचित कार्यों के लिए किया जाए, तो अन्य आविष्कारों की तरह यह भी सुविधाजनक एवं उपयोगी होकर वरदान सिद्ध होगा, अन्यथा यही वरदान हमारे लिए अभिशाप बन जाएगा।

20. पश्चिमी सभ्यता के प्रभाव से फ़ैशन एवं प्रदर्शन की प्रवृत्ति बढ़ती जा रही है, जिसके कारण अनेक प्रकार की समस्याओं का जन्म हो रहा है तथा नैतिक मूल्यों का ह्रास हो रहा है। अपने विचार द्वारा स्पष्ट कीजिए। **(ICSE 2016)**

उत्तर आधुनिक युग में भारतीयों का पश्चिमी सभ्यता के प्रति मोह बढ़ रहा है। भारतीय लोग पश्चिमी सभ्यता को अंधाधुंध अपना रहे हैं, जिसके कारण आज भौतिकतावाद को बढ़ावा मिल रहा है। पश्चिमी सभ्यता के प्रभाव ने न केवल हमारी संस्कृति व सभ्यता को प्रभावित किया है, अपितु हमारे जीवन के नैतिक मूल्य भी विघटित होते जा रहे हैं। पश्चिमी देशों के प्रति मोह ने फैशन को इतना बढ़ावा दिया है, जिसके फलस्वरूप फैशन के नाम पर अपराध, अश्लीलता आदि को बढ़ावा मिल रहा है। पश्चिमी सभ्यता से प्रभावित होकर भारतीय लोग न केवल प्रौद्योगिकी के क्षेत्र में, अपितु खान-पान, पहनावे, नैतिक मूल्य आदि सभी क्षेत्रों में पश्चिमी सभ्यता के प्रति आकर्षित होकर उन्हीं की नकल करने लगे हैं।

वैश्वीकरण के कारण वर्तमान में अंतर्राष्ट्रीय संबंधों में वृद्धि हुई है, जिससे एक देश की संस्कृति ने दूसरे देश की संस्कृति को प्रभावित किया है। पूरे विश्व में यूरोपीय संस्कृति का प्रभाव इस बात का उदाहरण है। आज युवा वर्ग विभिन्न चैनलों को देखकर अपने आप को मॉडर्न एवं ऊँचे स्थानों वाला समझते हैं।

इससे यह प्रदर्शित हो रहा है कि आज के युवा अधिक भ्रमित हैं एवं अपनी संस्कृति को लेकर उनका झुकाव पाश्चात्य संस्कृति एवं सभ्यता की ओर ही अधिक है, जो भारतीय संस्कृति के लिए बहुत दुःख की बात है। आज युवाओं के लिए फैशन व सौंदर्य के मापदंड ही बदल गए हैं। युवा वर्ग अपने को पाश्चात्य संस्कृति में ढालने मात्र को ही अपना विकास समझते हैं, जिसके कारण आज के युवाओं के आंतरिक मूल्य और सिद्धांत भी बदल गए हैं।

भारत जैसा देश जो एक लम्बे समय तक पश्चिमी राष्ट्र का उपनिवेश रहा है, उसके लिए विदेशी लोगों के आचरण और उनके तरीकों को अपनाना कोई नई बात नहीं है, लेकिन कपड़े पहनने के ढंग और तौर-तरीकों में पाश्चात्य प्रभाव से शुरू हुआ यह सिलसिला अब भारत की संस्कृति और मौलिकता तक आ पहुँचा है। पाश्चात्य फैशन और प्रदर्शन की प्रवृत्ति का सबसे ज़्यादा प्रभाव देश का भविष्य कही जाने वाली युवा पीढ़ी पर पड़ा है, जो अब पूरी तरह से विदेशी संस्कृति से ओत-प्रोत हो चुकी है। स्पष्टतः पाश्चात्य सभ्यता के प्रभाव ने भारतीय युवा को विशेष रूप से प्रभावित किया है। जिससे वे श्रेष्ठ व उच्च गुणों की ओर से आँखें मूँद रहे हैं, जो किसी भी प्रकार से लम्बी दूरी की सोच के अनुकूल नहीं है।

21. "सादगी भी लोगों के दिलों में अमिट छाप छोड़ सकती है" कथन को ध्यान में रखते हुए अपने देश के किसी ऐसे व्यक्तित्व के विषय में लिखिए जिन्होंने 'सादा जीवन उच्च विचार' को आधार मानकर अपना जीवन बिताया, आपके ऊपर उस व्यक्ति का प्रभाव किस प्रकार का रहा, यह भी स्पष्ट कीजिए। (ICSE 2016)

उत्तर 'सादा जीवन, उच्च विचार' जन सामान्य में प्रचलित एक सामान्य-सी सूक्ति है, लेकिन इसका अर्थ बहुत ही गहरा है। वास्तव में, यह जीवन को सफल और अर्थपूर्ण बनाने का रहस्य है। जो व्यक्ति इस रहस्य को जान जाते हैं, विश्व उनका अभिनंदन करता है और उनके द्वारा प्रशस्त किए गए मार्ग का अनुकरण करता है।

जिस व्यक्ति के आदर्श उच्च होते हैं, उसके विचार स्वतः ही उच्च हो जाते हैं। उच्च विचार वाले व्यक्ति ही आगे बढ़कर विश्व का नेतृत्व कर पाते हैं।

किसी भी प्रकार के आडंबर को अपनाए बगैर जीवन जीना ही सादगी है, फिर वह चाहे रहन-सहन हो या कार्य-शैली, जो व्यक्ति सादगी का सही अर्थ समझ जाता है, उसके प्रत्येक कर्म और व्यवहार में इसकी झलक मिलती है। यही सादगी व्यक्ति को उच्च विचारों की ओर अग्रसर करती है। टॉलस्टॉय, गौतम बुद्ध, महात्मा गाँधी, स्वामी विवेकानंद, डॉ. राजेंद्र प्रसाद, लालबहादुर शास्त्री, प्रेमचंद आदि कुछ ऐसे महान् व्यक्ति हैं, जो 'सादा जीवन, उच्च विचार' की कसौटी पर खरे उतरते हैं। इन लोगों के पास सुविधाओं की कोई कमी नहीं थी या फिर इनके जीवन में ऐसे अवसरों की कोई कमी नहीं थी, जिनका लाभ उठाकर, ये सुविधा संपन्न बन सकते थे, परंतु इन्होंने अपने जीवन में सादगी को अपनाया और अपने उच्च विचारों के कारण करोड़ों दिलों पर राज किया।

एक समृद्ध परिवार के होते हुए भी गाँधीजी ने देश की सेवा हेतु उच्च विचारों को ध्यान में रखते हुए सादा जीवन व्यतीत किया। वे वस्त्रों के नाम पर मात्र एक धोती से ही काम चला लेते थे। ऐसा वे सादगी के कारण करते थे। मानव का उत्थान इसी में निहित है। अपने सादगीपूर्ण जीवन व विचारों के द्वारा उन्होंने देश को आज़ाद कराने में महत्त्वपूर्ण भूमिका निभाई, देश को सत्य व अहिंसा का पाठ पढ़ाया।

उनके इस प्रकार के विचारों व व्यवहार ने मुझे अत्यधिक प्रभावित किया। उनसे प्रेरित होकर मैंने अपने व्यक्तित्व में सादगी को आत्मसात् किया। सादगी से चरित्र उज्ज्वल बनता है तथा विचारों में भी शुद्धता आती है। जो व्यक्ति सादगी का आश्रय नहीं लेता, वह सांसारिक द्वेष-ईर्ष्या, लड़ाई-झगड़े, स्वार्थ आदि से घिरा रहता है, जिसके कारण उसके विचार समृद्ध नहीं हो पाते और न ही उसकी आत्मा ऊपर उठ पाती है।

निष्कर्ष रूप से कहा जा सकता है कि यदि हम अपने जीवन को प्रासंगिक बनाना और दूसरों की तुलना में ऊँचा उठाना चाहते हैं, तो इसकी एकमात्र कसौटी 'सादा जीवन, उच्च विचार' है। आधुनिक समय में बहुत सारे लोगों के लिए 'सादगी' एक हास-परिहास का विषय बन चुकी है, परंतु आज हमारे समाज को 'सादा जीवन, उच्च विचार' में निहित आदर्श को अपनाने की आवश्यकता है। इसी में पूरे विश्व का कल्याण और उत्थान निहित है।

22. भारतीय तथा पाश्चात्य संस्कृति का वर्णन करते हुए पाश्चात्य संस्कृति की कुछ अपनाने योग्य बातों पर प्रकाश डालिए। (ICSE 2014)

उत्तर **भारतीय तथा पाश्चात्य संस्कृति**

भारतीय संस्कृति आध्यात्म एवं दर्शन से ओत-प्रोत है। हमारे देश की संस्कृति अद्वितीय है। पावन भारतभूमि से ही मानव मंगल की कामना का स्वर संपूर्ण विश्व में गूँजा है। भारतीय संस्कृति का ध्येय मानव मूल्यों की प्रतिष्ठा रहा है। भारतीय संस्कृति, भारतीय वेद ऋचाएँ (श्लोक)तथा पुराण अत्यंत प्राचीन हैं। इनमें कुछ ऐसी विशेषताएँ हैं, जो आज भी इन्हें महत्त्वपूर्ण बनाए हुए हैं। इस वैज्ञानिक युग में भी हम भारतीय आस्थावादी हैं और धर्म हमारे जीवन का आधार है। हमारी संस्कृति में भौतिक सुख को नहीं, वरन् आत्मिक संतुष्टि को महत्त्व दिया गया है।

भारतीय संस्कृति में आत्मा को परमात्मा का अंश मानकर आत्मिक ज्ञान पर बल दिया जाता है। वास्तविक सुख-शांति तो संतोष, परोपकार, दया, अहिंसा आदि गुणों को अपनाने पर प्राप्त होती है। आत्मा के सुख के सम्मुख सभी सुख नगण्य हैं। इन्हीं सिद्धांतों को जन्म देने के कारण ही भारत को 'विश्व गुरु' कहा गया है। पाश्चात्य सभ्यता उपभोगवाद को जन्म देती है। कुछ महत्त्वपूर्ण आविष्कार; जैसे–एक्स-रे, कंप्यूटर, इंटरनेट, मोबाइल फोन, टेलीविजन आदि पाश्चात्य संस्कृति की ही देन हैं। वहाँ की संस्कृति में स्वतंत्रता के नाम पर स्वच्छंदता देखी जाती है। वहाँ की संस्कृति हमारी संस्कृति से मेल नहीं खाती और दोनों संस्कृतियों में काफी विरोधाभास है, परंतु इन सबके

बावजूद उसमें कुछ श्रेष्ठ बातें भी हैं, जो अपनाने योग्य हैं। पाश्चात्य संस्कृति में राष्ट्रीय चरित्र, ईमानदारी अनुशासन तथा कर्मनिष्ठा, भ्रष्टाचार रहित जीवन, पर्यावरण संबंधी चेतना को महत्त्व दिया गया है। आज आवश्यकता है कि हम पश्चिमी संस्कृति के उन उदात्त मूल्यों को अपनाएँ जिससे हमारा जीवन भ्रष्टाचार मुक्त, कर्तव्यनिष्ठ, अनुशासित बन सके तथा हम राष्ट्रभक्त बनकर अपने देश को उन्नति के शिखर पर पहुँचा सकें।

वर्तमान में भारतीय संस्कृति पर पश्चिमी सभ्यता का प्रभाव बढ़ता जा रहा है और भारत वैज्ञानिक युग में भौतिक सिद्धांतों की प्राप्ति के लिए उसी दृष्टिकोण से सोचने लगा है। यह पाश्चात्य सभ्यता-संस्कृति का भारतीय सभ्यता-संस्कृति पर एक अच्छा प्रभाव समझा जा सकता है।

23. अपने जीवन में घटी उस घटना का वर्णन कीजिए, जिसे याद करके आप आज भी हँसे बिना नहीं रहते तथा इससे आपको क्या लाभ मिलता है? (ICSE 2014)

उत्तर **जीवन में घटी एक हास्य घटना**

मानव जीवन विभिन्न अवस्थाओं से गुजरता है। शैशवावस्था, युवावस्था और वृद्धावस्था से होकर मानव अपने जीवन को व्यतीत करता है। वर्तमान युग में एकल परिवार तथा व्यक्तिगत दायित्वों के कारण मानव अत्यंत व्यस्त होने लगा है और इस कारण जीवन में दुःख ज़्यादा तथा खुशी कम दिखाई देती है। यह सत्य है कि बालपन मानव का श्रेष्ठतम काल है। इस दौरान अनेक घटनाएँ घटती हैं, जो सहसा ही हृदय को खुशी का आभास देती हैं तथा उस घटना के स्मरण मात्र से ही चेहरे पर एक मुस्कान आ जाती है। ऐसी ही एक घटना मुझे भी याद आ रही है। मैं उस वक्त पाँचवीं कक्षा का विद्यार्थी था। हमारा विद्यालय विद्याध्ययन के साथ-साथ सांस्कृतिक कार्यक्रमों के लिए भी प्रसिद्ध था। क्षेत्रीय स्तर की सांस्कृतिक प्रतियोगिताओं में हमारा विद्यालय मुख्यतः प्रथम स्थान प्राप्त करता था।

एक बार प्रतियोगिता की तैयारी के दौरान हम विद्यालय में ही अभ्यास कर रहे थे, तब मधु जो हमारे ग्रुप की नृत्यांगना थी, किसी कारण विद्यालय नहीं आ सकी। पूरी रिहर्सल उसकी वज़ह से बाधित हो रही थी। हम सभी परेशान थे। तभी मैंने निर्णय लिया कि मैं मधु के स्थान पर महिला पोशाक में नृत्य करूँगा। हमने अभ्यास शुरू कर दिया, तभी अचानक प्रधानाचार्य जी हमारी रिहर्सल देखने पहुँच गए, परंतु हमने नृत्य ज़ारी रखा। प्रधानाचार्य जी के जाते ही मधु भी विद्यालय पहुँच गई, परंतु तब तक अभ्यास समाप्त हो चुका था। सभी ने मेरे इस नृत्य की सराहना की, परंतु मधु थोड़ा क्रोधित थी, क्योंकि उसके देर से आने के कारण मुझे सराहना मिल रही थी। अंत में प्रधानाचार्य जी को पूर्ण घटना की जानकारी हुई, तो वे आश्चर्यचकित हुए और मुझे प्रोत्साहित किया। सहसा ही आज यह घटना स्मरण होने मात्र से मुझे एक खुशी का अहसास हो रहा है कि वो भी क्या दिन थे। काश! .... बाल्यकाल, कभी समाप्त ही न हो।

हिंदी के श्रेष्ठ कवि तथा वात्सल्य सम्राट 'सूरदास' जी ने भी बाल्यकाल को जीवन में श्रेष्ठ माना है। वर्तमान जीवन की कठिन परिस्थितियों में जहाँ मानव हँसने के लिए तरसता रहता है, वहाँ इस प्रकार की घटना हृदय में खुशी का संचार करती है, जो हमारे मानसिक और शारीरिक स्वास्थ्य के लिए अति लाभकारी होती है।

24. अपने परिवार के किसी ऐसे सदस्य का वर्णन कीजिए, जिसने आपको प्रभावित किया हो। बताइए कि उस व्यक्ति के प्रभाव ने आपके जीवन को किस प्रकार परिवर्तित किया? आपके गुणों को निखारने में और अवगुणों को दूर करने में उस व्यक्ति ने आपकी किस प्रकार सहायता की? (ICSE 2013)

उत्तर **मेरे जीवन को प्रभावित करने वाला पारिवारिक सदस्य**

परिवार में माता का स्थान सर्वोपरि है। पुत्र माता के ऋण से कभी उऋण नहीं हो सकता। कहा गया है कि पुत्र कुपुत्र हो सकता है, परंतु माता कभी कुमाता नहीं होती।

माँ एवं मातृभूमि को स्वर्ग से भी श्रेष्ठ बताते हुए श्रीराम ने लक्ष्मण से कहा

''अपि स्वर्णमयी लंका न मे लक्ष्मण रोचते, जननी जन्मभूमिश्च स्वर्गादपि गरीयसी।''

अर्थात् श्रीराम जी कहते हैं–''हे लक्ष्मण! मुझे स्वर्णयुक्त लंका में ज़रा भी रुचि नहीं है। यह लंका मुझे आकर्षित नहीं करती। मुझे तो जन्म देने वाली माँ तथा जन्मभूमि के चरणों में ही स्वर्ग प्राप्त होता है।''

माँ अपने पुत्र के लिए स्वयं कष्ट सहती है, उसकी रक्षा करती है, उचित पालन-पोषण करती है, उसे चलना सिखाती है और जब तक वह अपने पैरों पर खड़ा नहीं हो जाता है, तब तक वह उसका सही मार्गदर्शन करते हुए उसकी प्रथम गुरु होती है।

मेरे जीवन में तो मेरी माता का प्रमुख स्थान है। उन्होंने मेरी हर आवश्यकता को समझा तथा उसे पूरा किया है। मेरे स्कूल जाने के समय मुझे तैयार करने से लेकर गृहकार्य करने तक में मेरी सहायता की। मेरी माँ कहती है कि स्वस्थ मस्तिष्क स्वस्थ शरीर में ही रहता है। अतः वह मुझे शाम के समय खेलने के लिए अवश्य भेजती थी। वह मुझे संत-महापुरुषों के जीवन की कथाएँ सुनाकर मेरे चरित्र का निर्माण करती थी। मेरी माँ ने मुझे सत्य, न्यायप्रियता, ईमानदारी, परोपकार एवं गुरुजनों की आज्ञा का पालन करना सिखाया।

ईश्वर की प्रार्थना करने का भाव भी मेरे हृदय में तब ही जागा, जब मैं छुट्टी के दिनों में माँ के साथ मंदिर जाने लगा। जैसे शिवाजी का पालन-पोषण करते हुए, उचित संस्कार एवं मार्गदर्शन से उन्हें मराठा साम्राज्य का सम्राट, उनकी माँ जीजाबाई ने बनाया, वैसे ही मुझे भी इस समाज सेवा की ऊँचाई तक मेरी माँ ने ही पहुँचाया। उन्होंने मुझे कुमार्ग पर न चलने की शिक्षा देकर सदैव संमार्ग पर चलना सिखाया। मुझे मेरे अवगुणों से परिचित करवाकर और उन्हें दूर करके मेरे चरित्र निर्माण में सहायक बनीं। मेरे विचार से हमारे प्रत्यक्ष कोई ईश्वर है, तो वह माँ ही है।

25. वर्तमान युग में इंटरनेट अपनी उपयोगिता के कारण एक आवश्यकता बनता जा रहा है, इस विषय पर अपने विचार प्रकट कीजिए और बताइए कि इंटरनेट जीवन में सुविधा के साथ-साथ मुसीबत किस प्रकार बन जाता है? (ICSE 2013)

उत्तर **इंटरनेट उपयोग के लाभ तथा हानि**

मानव एक विकासशील प्राणी है। उसने समय-समय पर अपनी अवस्था में सुधार एवं परिवर्तन किया है। पाषाणकाल से लेकर वर्तमानकाल तक मानव ने अनेक अवस्थाओं को पार करते हुए अपना विकास किया है।

वर्तमान युग विज्ञान का युग है। मानव ने आकाश-पाताल लगभग सभी जगह विज्ञान द्वारा विजय प्राप्त कर ली है। इसी विज्ञान की एक महत्त्वपूर्ण उपलब्धि है– 'इंटरनेट'।

वर्तमान समय में इंटरनेट मानव जीवन की आवश्यकता बन गया है। अब एकल परिवार का युग है, इसी कारण व्यक्ति को अपने समस्त कार्य स्वयं ही करने पड़ते हैं। इंटरनेट ने इस समस्या को काफ़ी हद तक हल कर दिया है। आज मानव घर बैठे ही पूरे विश्व के घटनाक्रम की जानकारी इंटरनेट से प्राप्त कर लेता है। कोई भी परीक्षा हो, उसके लिए आवेदन करना हो, सब इंटरनेट के द्वारा ही संपन्न होते हैं।

टिकट बुक कराना हो, घरेलू सामान मँगवाना हो, बैंक के कार्य, बिल का भुगतान करना हो इत्यादि कार्य घर बैठे ही इंटरनेट द्वारा संभव हो जाते हैं। इसके अतिरिक्त सामाजिक कार्य; जैसे–मेल-जोल बढ़ाने, दोस्तों से बातचीत करने, शादी-विवाह कराने, इत्यादि में भी इंटरनेट सहायक हो रहा है। सत्य कहा जाए तो वर्तमान दौर में इंटरनेट के बिना जीवन की कल्पना करना तक असंभव हो गया है, परंतु हर सिक्के के दो पहलू हैं। इसी प्रकार इंटरनेट की कुछ हानियाँ भी हैं; जैसे– कभी-कभी पैसों के लेन-देन में असावधानीवश पैसा गलत हाथों में चला जाता है। अनेक धोखेबाज़ आजकल साइबर अपराधों को अंजाम दे रहे हैं।

इंटरनेट पर सोशल नेटवर्किंग वेबसाइट्स के द्वारा अनेक कुंठाग्रस्त व अपराधी प्रवृत्ति के लोग भोली-भाली महिलाओं के फोटो इत्यादि प्राप्त कर लेते हैं, दोस्ती का झूठा जाल बुनते हैं, जिससे उस महिला की ज़िंदगी तथा अस्मिता पर प्रश्नचिह्न लग जाता है। इस तरह के अपराधों के प्रति इंसान को सावधान रहने की आवश्यकता है। तब पूर्णतः उम्मीद है कि इंसान इंटरनेट के संपूर्ण लाभ को प्राप्त कर पाएगा।

26. ज्ञान प्राप्त करने के बहुत-से साधन हैं। यात्रा पर जाना भी किसी पाठशाला में जाकर शिक्षा प्राप्त करने से कम नहीं है। ऐसी ही किसी यात्रा का वर्णन कीजिए। बताइए कि उस यात्रा से आपने क्या-क्या सीखा? **(ICSE 2012)**

उत्तर **यात्रा-वर्णन**

यात्रा ज्ञान प्राप्त करने वाले साधनों में प्रमुख है। यात्रा करने से स्थान, नगर, क्षेत्र की जानकारी मिलती है। ऐतिहासिक, सांस्कृतिक एवं धार्मिक स्थलों को देखने से ज्ञान के साथ-साथ विशेष आनंद का अनुभव भी होता है। विद्यालय द्वारा भी इसी ज्ञान के विकास हेतु विद्यार्थियों को शैक्षणिक भ्रमण पर ले जाया जाता है।

गत वर्ष की भाँति इस वर्ष भी पिताजी ने माताजी तथा हम दोनों भाई-बहनों के साथ, शीतकालीन अवकाश में संगम स्नान तथा प्रयाग भ्रमण का कार्यक्रम बनाया। हमने गाज़ियाबाद से प्रयागराज नामक ट्रेन से यात्रा आरंभ की और प्रयाग पहुँच गए। स्टेशन से हम एक रिक्शा द्वारा संगम स्थल पर पहुँचे। वहाँ चारों ओर अत्यंत भीड़ थी। तभी मेरी अटैची को एक व्यक्ति ने उठाना चाहा, परंतु मैंने उसे तुरंत टोक दिया और कहा कि यह अटैची मेरी है। उसी दौरान पता चला कि वहाँ से किसी की एक अटैची गायब हो गई तथा दो यात्रियों की जेब भी काट ली गई। पिताजी ने मेरी इस सचेतता के लिए मुझे शाबाशी दी। इसके पश्चात् हम सब संगम के पास गए और वहाँ सरस्वती घाट तक नाव द्वारा पहुँचे। उसके बाद सबने स्नान का आनंद लिया। कुछ समय बाद हम सबने भोजन किया तथा फिर इलाहाबाद भ्रमण को रवाना हुए। हमने वहाँ अकबर का किला, वट वृक्ष आदि दर्शनीय स्थल देखे। उसके बाद हम आज़ाद पार्क पहुँचे, जिसे अल्फ्रेड पार्क भी कहते हैं।

चंद्रशेखर आज़ाद जी ने अंग्रेज़ों से लड़ते हुए इसी स्थान पर अंत में खुद को गोली मार ली थी, क्योंकि अंत में वह अकेले रह गए थे और उनकी बंदूक की गोलियाँ तक खत्म हो गई थीं। चंद्रशेखर जीते जी अंग्रेज़ों की गिरफ्त में नहीं आना चाहते थे, इसलिए उन्होंने स्वयं को गोली मार ली थी। यह यात्रा बहुत ही आनंदमयी और ज्ञानवर्द्धक रही, जिसके दौरान मुझे राजनीतिक, धार्मिक, ऐतिहासिक ज्ञान के साथ-साथ यात्रा करते समय सतर्क रहने की सीख भी मिली।

27. प्रातःकालीन भ्रमण से क्या-क्या लाभ हैं? क्या आप प्रातः भ्रमण के लिए जाते हैं? बताइए कि प्रातःकाल का दृश्य कैसा होता है? **(ICSE 2011)**

उत्तर **प्रातःकालीन भ्रमण से लाभ**

'भ्रमण' शब्द से ही अंतर्मन में स्वाभाविक प्रसन्नता की अनुभूति होने लगती है। इसी प्रसन्नता के लिए ही व्यक्ति एक स्थान से दूसरे स्थान की यात्रा करता हुआ सुखानुभूति करता है। भ्रमण करना एक प्रकार का वैयक्तिक शौक होता है, जिसकी पूर्ति हेतु हम सुदूर-दुर्गम स्थानों, पहाड़ियों तथा समुद्री स्थानों पर घूमने के लिए जाते हैं। ब्रह्ममुहूर्त में सूर्योदय से पहले भ्रमण के अनेक लाभ हैं। अथर्ववेद के अनुसार, रात्रि के अंतिम पहर में सूर्योदय से पूर्व की वायु अमृत-तुल्य होकर व्यक्ति के लिए स्वास्थ्यवर्द्धक सिद्ध होती है। वहीं दूसरी ओर प्रातःकालीन भ्रमण व्यक्ति को प्रसन्नता भी प्रदान करता है। प्रातःकालीन भ्रमण से व्यक्ति के शरीर तथा मन-मस्तिष्क में तरोताज़गी का संचार होता है एवं तन, मन तथा आत्मा में नवीन उत्साह का संचार होता है। प्रातःकालीन भ्रमण करने वाला व्यक्ति अपने प्रत्येक कार्य तथा जीवन के प्रत्येक क्षेत्र में हमेशा सफलता प्राप्त करता है।

मैं भी प्रतिदिन प्रातःकाल भ्रमण करने के लिए अपने दादाजी के साथ गाँधी पार्क में जाता हूँ। यह मेरे घर के पास ही है। वहाँ जाना मेरी दिनचर्या का नियमित कार्य बन चुका है, परंतु जब विद्यालय प्रातःकाल जल्दी खुलता है, तब मैं भ्रमण के लिए नहीं जा पाता हूँ तथा मन मारकर विद्यालय चला जाता हूँ।

प्रातःकालीन दृश्य वास्तव में, बहुत ही सुहावना एवं मनभावन होता है। भोर में चिड़ियों का चहचहाना, फूलों की भीनी-भीनी सुगंध, खुला-खुला-सा आसमान, धुला-धुला-सा वातावरण मन को लुभाता रहता है। मेरे लिए तो प्रातःकालीन भ्रमण का अर्थ है– पूरे दिन के लिए तरोताज़ा महसूस करना, जिससे मैं अपना प्रत्येक कार्य फुर्ती के साथ समाप्त करता हूँ।

28. बचपन की मधुर स्मृतियाँ मनुष्य के हृदय पर अंकित हो जाती हैं, उन मधुर स्मृतियों की याद आते ही हृदय अनोखे आनंद से भर जाता है और मुँह से अपने आप ये शब्द निकल पड़ते हैं– "काश! वे दिन फिर लौट आते।" अपने बचपन की उन आनंदमय बातों का वर्णन कीजिए, जिन्हें याद कर आप आज भी आनंदित होते हैं। (ICSE 2010)

उत्तर **बचपन की मधुर स्मृतियाँ**

जीवन अनेक अवस्थाओं से गुज़रता है, परंतु बचपन मानव जीवन की सर्वाधिक आनंदमयी अवस्था मानी जाती है। संसार के छल-कपट, अच्छाई-बुराई से परे अपनी मासूमियत और भोलेपन से भरपूर बचपन अपना अलग ही महत्त्व रखता है।

बचपन में, सच्चाई और ईमानदारी की मूर्ति 'बच्चा' संसार की मलिनता से अछूता रहता है। वह अपने मन का राजा होता है। जहाँ बच्चा किसी भी गलती पर छोटी-सी डाँट पड़ते ही आँसुओं की झड़ी लगा देता है, वहीं वह माँ की गोद में आकर आनंद से भर जाता है। यही स्मृतियाँ मनुष्य के हृदय पर अंकित हो जाती हैं।

सभी बच्चों की तरह मेरा बचपन भी बहुत मधुर था। मुझे माता-पिता के साथ-साथ, दादी-दादा का भी भरपूर प्यार मिला। मैं दादीजी के जिगर का टुकड़ा था। सुबह जब दादाजी पूजा करते थे, तो उनके शंख की आवाज़ सुनकर मैं पूजा स्थल पर पहुँच जाता था। वहाँ पहुँचते ही दादाजी चंदन का टीका लगाकर काजू, किशमिश तथा मिश्री के साथ एक तुलसी का पत्ता प्रसादस्वरूप दे देते थे। दादीजी, दादाजी से कहती थीं कि यह बिना नहाए-धोए पूजा स्थल पर आ गया है। दादाजी हँसकर कहते थे कोई बात नहीं संस्कार तो आ रहे हैं।

मैं बड़े बच्चों के साथ बगीचे के चारों ओर चौकड़ी लगाकर तीन-चार चक्कर लगाता था, पीछे-पीछे दादी भी दौड़ती रहती थीं। जब बड़े बच्चे दूर तक चले जाते थे, तब दादीजी रुक जाती थीं और मैं रोते हुए घर चला आता था, यह कहते हुए कि दूध की मलाई खा जाऊँ गा, तो मक्खन कैसे निकालोगी। दादीजी हँसती थीं और मैं रोता था। फिर दादीजी दूध की मलाई तथा चीनी कटोरी में लाती थीं, जिसे मैं मज़े से खाता था। ये सब याद करके मैं यह कहने से खुद को रोक नहीं पाता कि "काश! वे दिन फिर लौट आते।"

29. आज के युग में समाचार-पत्र हमारी दैनिक आवश्यकताओं में से एक है। समाचार-पत्र की उपयोगिता स्पष्ट करते हुए बताइए कि एक आदर्श समाचार-पत्र में किन-किन बातों का समावेश होना चाहिए? (ICSE 2010)

उत्तर **समाचार-पत्रों की उपयोगिता**

समाचार शब्द सम्आचार से मिलकर बना है, जिसका अर्थ होता है–बिना भेदभाव के सबसे समान आचरण करना अर्थात् समाज की प्रत्येक जाति, धर्म, समुदाय, वर्ग तथा क्षेत्र के लिए समान व्यवहार होना। समाचार-पत्र को फोर्थ स्टेट अर्थात् 'चौथे स्तंभ' के रूप में भी जाना जाता है। आज समाचार-पत्र के बिना सुबह अधूरी लगती है। समाचार-पत्र जन-जन का सर्वप्रिय, जन-जागरण का सर्वश्रेष्ठ, सस्ता तथा सुलभ साधन है। समाचार-पत्र वर्तमान युग का दर्पण है। प्रातःकाल ही विश्व में घटित घटनाओं को जानने को उत्सुक समाचार-पत्र पढ़ने वाला वर्ग इसके अभाव में बेचैन हो उठता है। वर्तमान में समाचार-पत्र अनेक भाषाओं के साथ-साथ दैनिक, संध्याकालीन, साप्ताहिक, मासिक एवं वार्षिक अनेक रूपों में उपलब्ध हैं। उपयोगिता की दृष्टि से देखा जाए तो समाचार-पत्र समाज, उप-जनपद, जनपद, राज्य, देश तथा विदेश की सभी सूचनाएँ देते हैं और हमें छोटे-बड़े, अच्छे-बुरे, युद्ध-सन्धि, जल, थल, नभ, सीमा सुरक्षा, नए आविष्कार आदि की जानकारियाँ उपलब्ध कराते हैं।

एक आदर्श समाचार-पत्र में विश्व के राजनीतिक घटनाक्रम, न्यायालय संबंधी सूचनाएँ, खेल समाचार आदि होने चाहिए तथा ऐसे लेखों का संकलन होना चाहिए, जिससे लोग जातीय दुश्मनी तथा सांप्रदायिक हिंसा की भावना छोड़कर परस्पर शांति, सद्भावना एवं भाईचारे की भावना से ओत-प्रोत होकर जीवनयापन करें। समाचार-पत्र सूई से तलवार तक, तोप से गोले तक तथा थल से गगन तक के नए आविष्कारों की जानकारी से युक्त होने चाहिए। समाचार-पत्रों में बेरोज़गारों के लिए रोज़गार संबंधी विवरण दिए जाने चाहिए। समाचार-पत्रों में बच्चों के ज्ञानवर्द्धन के लिए लघु नाटिका, चित्र व कार्टून होने चाहिए, जिसमें देश की संस्कृति तथा देश-प्रेम की भावना दृष्टिगोचर होती हो।

प्रत्येक राष्ट्र के विकास के लिए समाचार-पत्र जनता के अंधकार को मिटाकर प्रकाश करते हुए अत्यंत उपयोगी होते हैं। अतः निःसंकोच कहा जा सकता है कि आज के युग में समाचार-पत्र हमारी दैनिक आवश्यकताओं में से एक है।

30. आजकल की भागदौड़ भरी ज़िंदगी में रिश्ते-नातों की अहमियत खत्म होती जा रही है, इसके क्या कारण हैं? आप इन रिश्तों को सँजोने के लिए क्या करेंगे? (ICSE 2010)

उत्तर **वर्तमान युग में रिश्ते-नातों की अहमियत**

मानव जीवन में रिश्ते-नातों का बहुत महत्त्व है। इनके अभाव में तो जीवन की कल्पना तक नहीं की जा सकती। अकेला मानव, जीवन जी ही नहीं सकता। सृष्टि निर्माण के समय, प्रलय के दौरान जब चारों ओर जल ही जल था, तब केवल मनु पृथ्वी पर अकेले थे। उन्होंने भी यही उपासना की थी कि उनके उद्धार व लक्ष्य प्राप्ति हेतु पृथ्वी पर किसी को भेजा जाए, तब परमात्मा ने उनकी प्रार्थना स्वीकार करके श्रद्धा को भेजा था।

प्राचीनकाल से संयुक्त परिवारों का चलन रहा है, जिससे इंसान में अपनापन, प्रेम, त्याग, भ्रातृत्व, सहयोग की भावना विद्यमान रहती थी। इंसान उन रिश्तों के कारण प्रसन्नचित्त जीवनयापन करता था। इन रिश्तों के द्वारा ही इंसान सामाजिक जीवन जी पाता है तथा यही मानव जीवन में महत्त्वपूर्ण भी है।

वर्तमान समय एकल परिवारों का समय का है, जिसमें इंसान अपने दायित्ववश इतना ज़्यादा व्यस्त रहने लगा है कि रिश्ते-नातों को भी भूलने लगा है। इस कारण उसमें अपनेपन की भावना समाप्त होने लगी है तथा स्वार्थ व धन-लालसा जीवन में महत्त्वपूर्ण हो गई है। इस कारण परस्पर ईर्ष्या की भावना बढ़ती जा रही है। अकेला मानव सुखद जीवन जी ही नहीं सकता। अपने मानसिक सुख के लिए उसे समाज से मिलकर रहना ही होगा, जिसके लिए रिश्तों को निभाना अत्यंत आवश्यक है।

(ख) भावनात्मक एवं भाव वर्णन लेखन

1. ईमानदारी बरगद के पेड की तरह होती है, जिसका प्रभाव देर से पड़ता है, परंतु चिरस्थायी होता है। उपयुक्त कथन को स्पष्ट करते हुए ईमानदारी पर एक मौलिक कहानी लिखिए। (ICSE Sem II 2022)

उत्तर ईमानदारी बरगद के पेड़ की तरह होती है, जिसका प्रभाव देर से पड़ता है, परंतु चिरस्थायी होता है। वस्तुतः जिस प्रकार बरगद का पेड़ कई वर्षों में जाकर फलता-फूलता है, लेकिन वह इतना घना होता है कि उसकी छाया कलांत मन की अशांति हर लेती है अर्थात् उसकी छाया की शीतलता में धूप और गर्मी से बेहाल मन को बहुत सुखद आराम मिलता है। इसी तरह ईमानदारी भी भले ही देर से फले-फूले, लेकिन उसका प्रभाव चिरकाल तक बना रहता है। इस कथन को एक कहानी के माध्यम से भली-भाँति समझ सकते हैं।

एक बार एक राज्य में वीरसेन नामक राजा राज्य करते थे। उनके राज्य में सभी प्रजा निर्भीक और शांति से रहती थी। वास्तव में राजा वीरसेन नेक, दयालु और ईमानदार राजा थे। लेकिन उनकी कोई संतान नहीं थी। अब वे बूढ़े हो चुके थे। अतः वे चाहते थे कि अपने राज्य का कोई उत्तराधिकारी प्रजा में से ही चुन लें, लेकिन उन्हें योग्य व ईमानदार उत्तराधिकारी की तलाश थी। उन्होंने बहुत यत्न किया, लेकिन उन्हें ऐसा कोई व्यक्ति नहीं मिला, जो उनकी सोच पर खरा उतरे। एक दिन उनके मन में एक योजना ने जन्म लिया और अगले ही दिन उन्होंने अपने राज्य के सभी नौजवानों को राजदरबार में आने का आदेश दे दिया।

राजा के आदेशानुसार, सभी नौजवान राजदरबार में उपस्थित हो गए। राजा ने सभी नौजवानों को एक-एक बीज दिया और कहा, ''यह बहुत ही खास बीज है। मैं चाहता हूँ कि आप सब इस बीज को ले जाएँ और इससे एक पौधा तैयार करें। एक वर्ष बाद मैं उस पौधे को देखूँगा, जिसका भी पौधा मुझे सबसे सुंदर लगेगा, उसे ही मैं इस राज्य का अगला राजा घोषित कर दूँगा, लेकिन ध्यान रहे यदि मुझे किसी के पास भी वह पौधा नहीं मिला, उसे मैं दंड भी दूँगा।''

सभी नौजवान बीज लेकर खुशी-खुशी चले गए। सभी ने अपने-अपने बीज को एक मजबूत व सुंदर गमले में बो दिया और नियमित रूप से खाद, पानी देने लगे। लेकिन दो-तीन माह गुजर जाने के बाद भी उस बीज से कोई पौधा नहीं निकला। सभी को हैरानी के साथ-साथ दंड मिलने की चिंता व भय भी सताने लगा कि राजा क्रोधित होकर न जाने क्या दंड दे दे। अतः लगभग सभी नौजवानों ने एक साल बाद पौधशाला से नया पौधा लाकर राजा के पास ले जाने का निर्णय ले लिया। उन्हीं नौजवानों में रामसिंह नाम का एक युवक भी था, जो बीज में से पौधा न निकलने के कारण बहुत ही हैरान व परेशान था। वह एक साल तक बीज की अच्छे तरह से सेवा करता रहा, लेकिन उसमें से पौधा नहीं निकला। धीरे-धीरे राजा के पास पौधों को ले जाने का समय भी आ गया। सभी नौजवान पौधशाला से एक सुंदर पौधा खरीदकर राजा के पास आ गए, परंतु रामसिंह को इस तरह से पौधा खरीदना गलत कार्य लगा। वह 'जो होगा देखा जाएगा' सोचकर अपने बिना पौधे वाले खाली गमले को लेकर राजा के पास चला आया जिसने भी उसे खाली गमले के साथ देखा, वही उसे मूर्ख कहकर उस पर हँसता।

राजा ने बारी-बारी से सभी के पौधे का निरीक्षण किया और अपने मंत्री के साथ गुफ्तगू की। उन्होंने देखा कि सबके पास एक से बढ़कर एक सुंदर पौधे थे। अचानक उनकी नजर रामसिंह तथा उसके वाले गमले पर पड़ी। उन्होंने अपने सैनिकों को आदेश किया कि 'उस लड़के को हमारे सामने लाया जाए।' रामसिंह यह सुनकर भयभीत हो गया। उसने सोचा, ''शायद राजा क्रोधित हो गया है, अब वह मुझे मृत्युदंड ही न दे दे।'' जब रामसिंह को राजा के पास लाया गया, तो राजा ने उसे अपने पास बुलाया और अपने राज्य का उत्तराधिकारी घोषित कर दिया। रामसिंह को इस पर विश्वास ही नहीं हुआ कि यह कैसे हो गया। सभी लोगों को हैरान देखकर राजा ने कहा, ''एक वर्ष पहले जो बीज मैंने तुम्हें दिए थे, वह सब उबले हुए थे, उनसे पौधा बिल्कुल भी नहीं निकलता, लेकिन रामसिंह को छोड़कर अन्य सभी नौजवानों के पास सुंदर-सुंदर पौधे थे। उन्होंने मेरे साथ धोखा किया और पौधशाला से पौधा खरीदकर मेरे पास ले आए, लेकिन दंड मिलने का भय होते हुए भी रामसिंह ने ईमानदारी दिखाई और खाली गमला लेकर मेरे पास आ गया। इस राज्य को ऐसे ही ईमानदार व्यक्ति की आवश्यकता है, न कि ऐसे धोखेबाज नौजवानों की।''

2. 'सादा जीवन, उच्च विचार' ही मनुष्य के जीवन को अनुकरणीय और महान बनाते हैं। किसी महान व्यक्ति के अच्छे गुणों का वर्णन कीजिए। जिन्हें आप अपने जीवन में सबसे अच्छा मानते हैं, वह आपके गुरु, माता-पिता या कोई महान व्यक्ति हो सकता है। (ICSE 2020)

उत्तर भूमिका 'सादा जीवन, उच्च विचार' जन सामान्य में प्रचलित एक सामान्य सूक्ति है, लेकिन इसका अर्थ बहुत ही गूढ़ है। वास्तव में, यह जीवन को सफल और अर्थपूर्ण बनाने का रहस्य है। जो व्यक्ति इस रहस्य को जान जाते हैं, विश्व उनका अभिनंदन करता है और उनके द्वारा प्रशस्त किए गए मार्ग का अनुकरण करता है।

सादा जीवन, उच्च विचार का मनुष्य जीवन में महत्त्व सादगी पूर्ण जीवन उन्हीं लोगों का होता है, जो वैचारिक रूप से बहुत उच्च होते हैं, अर्थात् विचारशील व्यक्ति की पहचान 'सादगी' ही है। इसे इस प्रकार भी समझा जा सकता है कि जिनके विचार उच्च होते हैं, वे ही सादगी के महत्त्व को समझकर अपने जीवन के प्रत्येक अंग में सादगी का आचरण करते हैं। सादगी और सफलता दोनों एक-दूसरे के पूरक हैं, इन्हीं के प्रभाव से व्यक्ति के आदर्श उच्च होते हैं।

जिस व्यक्ति के आदर्श उच्च होते हैं, उसके विचार स्वतः ही उच्च हो जाते हैं। उच्च विचार वाले व्यक्ति ही आगे बढ़कर विश्व का नेतृत्व कर पाते हैं। अब, सबसे बड़ा प्रश्न है कि 'सादगी' वास्तव में है क्या? क्या रहन-सहन और वेशभूषा संबंधी मानक ही सादगी को परिभाषित करते हैं? इसका उत्तर है नहीं। देखा जाए, तो इनके आधार पर सादगी को समझना पर्याप्त नहीं है। ऊपरी तौर पर देखा जाए तो रहन-सहन, खान-पान, पहनावे, कार्य-पद्धति आदि को ही सादगीपूर्ण जीवन

के अंतर्गत शामिल किया जा सकता है, परंतु सादगी एक व्यापक विषय है। यह एक प्रकार से जीवन जीने की शैली है।

महान व्यक्ति के गुण यह मनुष्य के जीवन को अनुकरणीय और महान बनाती है। किसी भी प्रकार के बाह्य आडंबर को अपनाए बिना जीवन जीना ही सादगी है, फिर वह चाहे रहना-सहन हो या कार्य शैली। जो व्यक्ति सादगी का अर्थ समझता है उसके आचरण एवं प्रत्येक कार्य में इसकी झलक मिलती है। उनकी यही सादगी उसे उच्च विचारों की ओर अग्रसर करती है।

सादगी से चरित्र उज्ज्वल बनता है और व्यक्ति के विचारों में शुद्धता आती है। इसके परिणामस्वरूप वह मानसिक स्तर से ऊँचा उठता है। जिस व्यक्ति के विचार ही ऊँचे न हो वह कभी जीवन में आगे नहीं बढ़ सकता। जो व्यक्ति सादगी का सहारा नहीं लेता वह सांसारिक द्वेष, ईर्ष्या, लड़ाई-झगड़े, स्वार्थ, बाह्य आडंबर आदि से सदैव घिरा रहता है। कारण उसके विचार उच्च नहीं हो पाते। यदि अपने जीवन को प्रासंगिक बनाना और दूसरों की तुलना में ऊँचा उठाना चाहते है।, तो इसकी एकमात्र कसौटी 'सादा जीवन, उच्च विचार ही है।'

मेरे जीवन के महान व्यक्ति टॉलस्टॉय, गौतम बुद्ध, महात्मा गाँधी, स्वामी विवेकानंद, डॉ. राजेंद्र प्रसाद, लालबहादुर शास्त्री आदि कुछ ऐसे महान व्यक्ति हैं, जो 'सादा जीवन, उच्च विचार' की कसौटी पर खरे उतरे हैं। इन सभी महान व्यक्तियों में, मैं महात्मा गाँधी जी के गुणों से बहुत प्रभावित हूँ तथा उन्हें अपने जीवन में शामिल करना चाहता हूँ। महात्मा गाँधी के पास पर्याप्त सुविधा होते हुए भी उन्होंने अपने जीवन में सादगी को अपनाया। इनके पास ऐसे किसी अवसरों की कमी नहीं थी, जिनका लाभ उठाकर ये सुविधा संपन्न बन जाते, परंतु फिर भी इन्होंने अपने जीवन में सादगी को अपनाया तथा अपने उच्च विचारों के कारण लोकप्रिय बने। गाँधी जी एक समृद्ध परिवार से थे फिर भी एक धोती में ही काम चला लेते थे। वे भोजन भी सादा ग्रहण करते थे। उनके अनुसार मनुष्य के जीवन का उत्थान सादगी में ही निहित है। उनके उच्च विचार एवं अथक प्रयास के कारण ही आज भारत स्वतंत्र है। हमें उनके विचारों को अपने जीवन में शामिल करना चाहिए। वे 'सादा जीवन, उच्च विचार' के अच्छे उदाहरण हैं।

3. एक मौलिक कहानी लिखिए, जिसका अंत प्रस्तुत वाक्य से किया गया हो और मैंने राहत की साँस लेते हुए सोचा कि आज मेरा मानव जीवन सफल हो गया। (ICSE 2019)

उत्तर कहानी एक दिन मैं अपने मित्रों के साथ 'कमला नगर' घूमने गया। हम सभी मित्र मस्ती करते हुए घूमने का आनंद ले रहे थे। तभी मेरी नज़र एक बच्चे पर पड़ी, जो वजन तौलने की मशीन लिए बाजार में बैठा था उसके पास एक किताब थी। जब मैंने उस बच्चे से पूछा कि तुम स्कूल जाते हो तो बहुत दीन वचनों के साथ बोला कि हम गरीबों को कौन स्कूल भेजता है। यदि स्कूल जाएँगे तो काम कौन करेगा, लेकिन मेरा पढ़ने तथा स्कूल जाने का बहुत मन करता है। उसकी बातें सुनकर मुझे बहुत दुःख हुआ कि पढ़ने की आयु में उस बच्चे को काम करना पड़ रहा है। उस समय तो मैं वहाँ से अपने मित्रों के साथ चला आया, किंतु घर आकर मुझे बार-बार उस बच्चे की बातें याद आने लगीं। मैंने मन-ही-मन निर्णय लिया कि उस बच्चे के लिए मुझे अवश्य कुछ करना चाहिए। अगले ही दिन मैं उस बच्चे से मिलने के लिए फिर से कमला नगर गया। मैंने देखा वह कल की ही भाँति आज भी एक मशीन लिए बाज़ार में बैठा हुआ था। मैं उसके पास गया और उसके पूछने लगा कि यदि तुम्हें स्कूल जाने का मौका मिले तो तुम स्कूल जाना चाहोगे। उसने तुरंत 'हाँ' में उत्तर दे दिया, परंतु दूसरे ही क्षण वह शांत हो गया। शायद उसे लगा कि मैं उसके साथ मजाक कर रहा हूँ। उसी समय मैंने एक एन.जी.ओ. के विषय में उसे बताया, जो उस जैसे गरीब और असहाय बच्चों को मुफ्त में शिक्षा देता है। मैंने उसके परिवार के सदस्यों से बात करके उसका एन.जी.ओ में नाम लिखवा दिया। जब वह बच्चा एन.जी.ओ. में पढ़ने के लिए जाने लगा और मैंने राहत की साँस लेते हुए सोचा कि आज मेरा मानव जीवन सफल हो गया।

इस प्रकार परिस्थिति अनुरूप एक-दूसरे की सहायता करना मनुष्य का परम मानवीय गुण है। एक कवि ने कहा है कि मंदिर में दीप जलाने और तिलक लगाने से श्रेष्ठ है कि आप गरीब लोगों का कष्ट दूर कीजिए। प्रत्येक मनुष्य अपने सामर्थ्य के अनुसार ही परोपकार करने में सक्षम है। अतः गरीब असहाय व्यक्ति की सहायता करने में सच्चा परोपकार होता है।

4. एक ऐसी मौलिक कहानी लिखिए, जिसके अंत में यह वाक्य लिखा गया हो–"अंततः मैं अपनी योजना में सफल हो सका/हो सकी।" (ICSE 2018)

उत्तर मैं बचपन में अकसर अपने दादा जी से एक बात सुना करता था कि तुम्हारा जीवन तभी सफल है, जब तुम दूसरों के काम आ सको। तब ये बातें मेरे समझ नहीं आती थीं, लेकिन पिछले दिनों मेरे साथ एक ऐसी घटना घटी जिसने मुझे अंदर तक झकझोर दिया और दादा जी की बातें बार-बार स्मरण होकर अपनी सत्यता को सिद्ध करने लगीं।

उस दिन मैं रात को ऐसे ही टहलने के लिए घर से बाहर निकला था। मन में पहले से ही बहुत-सी बातों को लेकर उधेड़-बुन चल रही थी, तभी अचानक मेरी नजर सड़क की दूसरी ओर बने कूड़ेदान पर पड़ी। मैंने देखा वहाँ सात से आठ साल के कुछ बच्चे कूड़ा उठा रहे थे, पर एकदम से मेरी नजर एक बच्चे पर आकर रुक गई। मैं सड़क पार करके उनके पास गया, तो देखा वह बच्चा कूड़ेदान में फेंकी गई खाने से भरी हुई पॉलिथीन ढूँढ़ रहा था और उनमें से खाना निकालकर खा रहा था। मेरा शरीर उस दृश्य को देखकर निःस्तब्ध रह गया।

पूरे रास्ते मेरे मन में वही दृश्य चलता रहा। मैंने घर पहुँचकर निर्णय किया कि भूख से तड़पते इन बच्चों के लिए अपने स्तर पर कुछ-न-कुछ कार्य अवश्य करूँगा। मैंने अपने कुछ साथियों को इस घटना के विषय में बताया और मिलकर उनकी सहायता करने के लिए कहा। मैंने उन्हें सुझाव दिया कि हम लोग शाम के समय मोहल्ले के ढाबों और रेस्टोरेंट से उनका बचा हुआ खाना सस्ते दामों पर खरीदकर इन बच्चों में बाँट देंगे। सभी ने मेरे निर्णय की प्रशंसा करते हुए अपने स्तर पर सहयोग करने की बात कही। अगले दिन शाम को हमने अपनी योजना अनुसार कार्य किया और कुछ बच्चों को भोजन कराया। अंततः अपने दोस्तों की सहायता से मैं अपनी योजना में सफल हो सका।

5. अरे मित्र! "तुमने तो सिद्ध कर दिया कि तुम ही मेरे सच्चे मित्र हो" इस पंक्ति से आरंभ करते हुए कोई कहानी लिखिए। (ICSE 2018)

उत्तर अरे मित्र! ''तुमने तो सिद्ध कर दिया कि तुम ही मेरे सच्चे मित्र हो''- पंकज ने सुरेंद्र के बारे में कुछ ऐसा ही कहा था आज।

पंकज और सुरेंद्र दोनों बचपन से ही बहुत अच्छे मित्र थे। एक साथ स्कूल जाना, एक साथ खेलना, एक साथ खाना खाना आदि सभी गतिविधियाँ साथ-साथ करते थे। दोनों की मित्रता इतनी घनिष्ठ थी कि उन्हें एक-दूसरे की परछाई कहा जा सकता था। पंकज और सुरेंद्र की मित्रता के किस्से पूरे मोहल्ले में प्रसिद्ध थे। एक ओर जहाँ पंकज का स्वभाव गुस्सैल था, वहीं दूसरी ओर सुरेंद्र धीर, गंभीर व शांत स्वभाव का था। पंकज सदैव सुरेंद्र से कहा करता कि ''मित्र, आज के इस जमाने में तुम्हारे जैसे लोग मिलना कठिन है।'' सुरेंद्र उसकी बात सुनकर हँसने लगता।

एक दिन पंकज को घर का सामान खरीदने के लिए बाजार जाना था। वह सुरेंद्र के घर गया और दरवाजा खटखटाया। दरवाजा सुरेंद्र की माँ ने खोला। पंकज, 'आंटी जी, नमस्ते! सुरेंद्र घर पर है क्या? वे बोली, नहीं बेटा! सुरेंद्र तो नहीं है, वह पड़ोस में अपने चाचा के यहाँ कुछ काम से गया है। क्या हुआ बेटा कुछ काम था क्या? नहीं आंटी कुछ काम तो नहीं था। वैसे वह कब तक आएगा?

बेटा यह तो नहीं बता सकती, लेकिन जैसे ही आएगा मैं तुम्हारे बारे में बता दूँगी।

सुरेंद्र की माता का जवाब सुनकर पंकज बाजार के लिए चला गया। शाम के 7:00 बज गए थे। अंधेरा हो गया था और बिजली भी नहीं थी। इस कारण रास्ते में कुछ साफ-साफ दिखाई नहीं दे रहा था। पंकज गाने सुनते हुए चले जा रहा था, तभी किसी ने पीछे से उस पर किसी भारी हथियार से हमला कर दिया। वह संभल पाता, इतनी देर में तीन-चार लड़कों ने उसे पकड़ लिया और उसके हाथों से उसका फोन और पैसे छिनने लगे। पंकज ने स्वयं को छुड़ाने की कोशिश तो की, लेकिन वह असफल रहा। उसने अपनी मदद के लिए जोर-जोर से आवाज़ लगानी शुरू की।

संयोगवश सुरेंद्र उसी समय रास्ते से चलता हुआ अपने घर को जा रहा था। उसे कुछ आवाज़ सुनाई दी, वह जान गया कि यह पंकज की आवाज़ है। उसने कुछ लोगों को अपने साथ लेकर वहाँ पहुँचकर देखा कि पंकज को कुछ लड़कों ने पकड़ा हुआ है और वे उसे मार रहे हैं। लोगों को अपनी ओर आता देखकर लड़के पंकज को छोड़कर भाग गए। सुरेंद्र के पास आते ही पंकज ने उसका शुक्रिया अदा किया और कहा कि मित्र, आज तुम न होते, तो न जाने क्या हो जाता। सुरेंद्र ने उसे ढाँढ़स बँधाया और उसे घर ले गया। पंकज रास्ते में उसे कहता जा रहा था कि आज तुमने सिद्ध कर दिया कि तुम ही मेरे सच्चे मित्र हो।

6. किसी ऐसी यात्रा का वर्णन कीजिए जब आपको एक रात स्टेशन पर बितानी पड़ी। (ICSE 2017)

उत्तर **स्टेशन पर एक रात का वर्णन**

मैं और मेरे कुछ मित्रों ने एक दिन वैष्णो देवी जाने का निर्णय किया। हमने अपनी ऑनलाइन टिकट आरक्षित की। हमारी ट्रेन रात 12 बजे की थी। हम सभी मित्र पुरानी दिल्ली रेलवे स्टेशन पर पहुँचे। ट्रेन छूट न जाए, इसलिए हम 8 बजे ही स्टेशन पहुँच गए थे। हम सभी बहुत प्रसन्न थे। एक-एक मिनट का इंतज़ार हमें सदियों की भाँति लग रहा था। हम सभी को बस 12 बजने का इंतज़ार था। स्टेशन पर बहुत भीड़ थी। अनेक प्रकार की खाद्य-सामग्री व स्टेशनरी (पत्र-पत्रिका इत्यादि) की दुकानें व पट्टियाँ लगी हुई थीं। हम सभी ने वहाँ खाद्य-सामग्री व घर से लाए भोजन को मिलकर खाया। 11:45 बजे अचानक प्लेटफॉर्म अधिकारी ने लाउडस्पीकर द्वारा सूचना दी कि श्री शक्ति एक्सप्रेस 12 बजे नहीं आ पाएगी। कुछ तकनीकी असुविधा के कारण यह ट्रेन प्रातःकाल 5 बजे आएगी। हम सभी परेशान हो गए कि हम यहाँ स्टेशन पर एक रात कैसे व्यतीत करेंगे। फिर हम सोचने लगे कि किस प्रकार और कैसे पूरी रात व्यतीत की जाएगी। हमने देखा कि सभी यात्री अपनी-अपनी सुविधानुसार सोने के लिए स्थान घेरने लगे। हमने भी एक बेंच को घेर लिया जिस पर हमने अपने-अपने सामान को इकट्ठा करके रख दिया तथा नीचे एक चादर बिछाकर उस पर लेट गए। सभी लोग धीरे-धीरे सोने लगे परंतु हमें नींद ही नहीं आ रही थी। तभी हमने अंत्याक्षरी खेलने का सोचा। हम लोग अंत्याक्षरी खेलते-खेलते कब सुबह हो गई हमें पता भी न चला। हम सभी ने हाथ-मुँह धोए और चाय पी। तभी लाउडस्पीकर से कहा गया कि श्री शक्ति एक्सप्रेस प्लेटफॉर्म नं. 4 पर आने वाली है यह सुनते ही हमने अपना-अपना सामान लिया और प्लेटफॉर्म नं. 4 पर पहुँचे तो देखा कि ट्रेन आ गई थी। हम सभी उसमें चढ़ गए और अपने गंतव्य स्थान के लिए रवाना हुए। इस प्रकार, स्टेशन पर बिताई गई रात हमारे जीवन में अविस्मरणीय बन गई।

7. योग के माध्यम से हम शरीर तथा मन दोनों को स्वस्थ कर सकते हैं, जीवन में योग की अनिवार्यता तथा उससे मिलने वाले लाभों का वर्णन करते हुए अपने विचार लिखिए। (ICSE 2016)

उत्तर योग से तात्पर्य उन शारीरिक क्रियाओं से है, जिनको करने से शरीर स्वस्थ और रोगमुक्त होता है। इन क्रियाओं को योगासन कहकर भी संबोधित किया जाता है। इनके निरंतर अभ्यास से मनुष्य दैहिक व्याधियों (शारीरिक समस्याओं) पर सरलता से विजय पा सकता है।

योग प्राचीन समय से ही भारतीय संस्कृति का अंग रहा है। हमारे पूर्वजों ने बहुत समय पहले ही इसका आविष्कार कर लिया था और इसके महत्त्व को पहचान लिया था। इसलिए योग पद्धति सदियों बाद भी जीवित है। योग प्रत्येक दृष्टिकोण से लाभदायक है। योग करने से व्यक्ति का शरीर सुगठित तथा सुडौल बनता है।

वह क्रियाशील बना रहता है। योग से न केवल तन की थकान दूर होती है, बल्कि मन की थकान भी दूर हो जाती है। योग करने वाला व्यक्ति अपने अंग-प्रत्यंग में नए उत्साह एवं स्फूर्ति का अनुभव करता है। योग करने से शरीर के प्रत्येक अंग में रक्त का संचार सुचारु रूप से होता रहता है तथा शरीर रोगमुक्त रहता है। योग से पाचन-तंत्र भी ठीक रहता है। ध्यान रहे कि पाचन-तंत्र के अनियमित होने पर ही अधिकांश बीमारियाँ जन्म लेती हैं।

यह आश्चर्यजनक तथ्य है, परंतु उतना ही सत्य भी है कि नियमित रूप से योग करने से शरीर स्वस्थ तो रहता ही है, साथ ही यदि कोई रोग है, तो योग के द्वारा उसका उपचार भी किया जा सकता है। कुछ रोगों में तो दवा से अधिक लाभ योग करने से होता है। इसलिए कहा गया है

''आसनं विजितं येनल जितं तेन जगत्रयम्।
अनेक विधिनायुक्तः प्राणायाम सदा कुरु।।''

अर्थात् जिसने आसन को जीत लिया है, उसने तीनों लोकों को जीत लिया। इसलिए विधि-विधान से प्राणायाम और योग का अभ्यास करना चाहिए।

मानसिक एवं शारीरिक स्वास्थ्य को ध्यान में रखकर ही योग का विकास किया गया था। यह हमारे शारीरिक एवं मानसिक स्वास्थ्य के लिए लाभकारी है। इसका उद्देश्य शरीर, मन एवं आत्मा के बीच संतुलन अर्थात् योग स्थापित करना होता है। यह मन को शांत एवं स्थिर रखता है, तनाव को दूर कर सोचने की क्षमता, आत्मविश्वास तथा एकाग्रता को बढ़ाता है।

यह विद्यार्थियों, शिक्षकों एवं शोधार्थियों के लिए विशेष रूप से लाभदायक सिद्ध होता है, क्योंकि यह उनके मानसिक स्वास्थ्य को बढ़ाने के साथ-साथ उनकी एकाग्रता भी बढ़ाता है, जिससे उनके लिए अध्ययन-अध्यापन की प्रक्रिया सरल हो जाती है। अतः वर्तमान परिवेश में योग न सिर्फ हमारे लिए लाभकारी है, बल्कि विश्व के बढ़ते प्रदूषण एवं मानवीय व्यस्तताओं से उपजी समस्याओं के निवारण में इसकी सार्थकता और भी बढ़ गई है। योगाभ्यास की जटिलताओं को देखते हुए इसे अनुभवी योग प्रशिक्षक की देख-रेख में ही करना चाहिए।

8. आज खेलों में फैला भ्रष्टाचार एक नया ही रूप ले रहा है। विषय को स्पष्ट करते हुए अपने प्रिय खेल का वर्णन कीजिए तथा जीवन में खेलों की आवश्यकता पर प्रकाश डालिए। (ICSE 2014)

उत्तर वर्तमान में जहाँ भी देखिए वहीं भ्रष्टाचार व्याप्त है। भ्रष्टाचार का अर्थ केवल रिश्वत के रूप में रुपये लेना ही नहीं, बल्कि भाई-भतीजावाद, खाद्य पदार्थों में मिलावट करना, मुनाफाखोरी, अनैतिक ढंग से जान-बूझकर धन संग्रह करना, कानूनों की अवहेलना करना आदि भी भ्रष्टाचार के रूप हैं। खेलों में भी यही भ्रष्टाचार व्याप्त है। सक्षम अधिकारी अपने अधिकारों का दुरुपयोग करके अयोग्य लोगों का चयन करते हैं। आज समाचार-पत्र हाथ में लेते ही खेल पृष्ठ पर कॉमनवेल्थ घोटाले या मैच फ़िक्सिंग के मामले प्रकाश में आते रहते हैं, जो अति निंदनीय कृत्य हैं। मैच फ़िक्सिंग में तो खिलाड़ियों तक का हाथ होने की सूचनाएँ मिलती हैं, जिससे खेल प्रेमियों को गहरा आघात लगता है, वहीं विश्व स्तरीय मंच पर हमारे देश की छवि भी धूमिल होती है।

जीवन में खेलों का अति महत्त्व है। पहले कहा जाता था, 'खेलोगे—कूदोगे होंगे खराब', अब कहा जाता है, 'खेलोगे—कूदोगे बनोगे नवाब'।

आज पढ़ाई के साथ ही विद्यालयों में खेलों की आवश्यकता पर भी बल दिया जा रहा है, जिसमें विभन्न खेल प्रतियोगिताओं का आयोजन किया जाता है। खेल शारीरिक व्यायाम की एक अच्छी प्रक्रिया है। खेल बच्चों के शारीरिक विकास में सहायक होता है और उनमें अनुशासन को विकसित करता है।

मेरा प्रिय खेल क्रिकेट है, जिससे मैं भावनात्मक रूप से जुड़ा हूँ। यह खेल सर्वप्रथम यूरोपीय देश इंग्लैंड से प्रारंभ होकर भारत आया। इस खेल को पहले भारत में शौकिया रूप से नवाबों, राजाओं तथा राजकुमारों ने अपनाया। आजकल तो यह खेल अति लोकप्रिय होकर प्रत्येक जगह खेला जाने लगा है, चाहे वह विद्यालय हो या महाविद्यालय, शहर हो या गाँव। इस खेल में दो टीमें होती हैं। दोनों टीमों में ग्यारह-ग्यारह खिलाड़ी होते हैं। इसका मैदान वृत्ताकार होता है। इस खेल में निश्चित दूरी पर आमने-सामने तीन-तीन विकेट भूमि पर गाड़ दिए जाते हैं। इस खेल में एक अंपायर होता है। अंपायर ही निर्णय देता है कि खिलाड़ी आउट हुआ है या नहीं। खिलाड़ियों द्वारा लगाए गए चौके, छक्के, नो बॉल आदि का निरीक्षण भी अंपायर ही करता है। जिस टीम के रन अधिक होते हैं, वही टीम विजयी होती है।

9. त्योहार हमें उमंग एवं उल्लास से भरकर अपनी संस्कृति से जोड़े रखते हैं। आजकल लोगों में त्योहारों को मनाने के प्रति उत्साह एवं आस्था का अभाव देखा जाता है। लोगों की इस मानसिकता के कारण बताते हुए जीवन में त्योहारों के महत्त्व का वर्णन कीजिए। (ICSE 2013)

उत्तर हमारा देश भारत त्योहारों का देश है। यहाँ राष्ट्रीय तथा धार्मिक दोनों प्रकार के त्योहार बहुत ही उत्साह तथा उल्लास से मनाए जाते हैं। राष्ट्रीय पर्वों में 15 अगस्त, 26 जनवरी, 2 अक्टूबर आदि मनाए जाते हैं तथा धार्मिक पर्वों में दीपावली, दशहरा, महाशिवरात्री, होली, रक्षाबंधन आदि मनाए जाते हैं।

आजकल लोगों में त्योहार मनाने के प्रति उत्साह एवं आस्था का अभाव देखा जाता है। इसका कारण है– स्वार्थी प्रवृत्ति, अति व्यस्त जीवन शैली, धन का अभाव, अपनत्व की कमी, आस्था एवं भावना का मृतप्राय होना। पहले लोग भावनात्मक रूप से जुड़कर आपसी मतभेद तथा रंग, जाति, ऊँच-नीच का भेद-भाव भुलाकर आपस में मिल-जुलकर प्रेमपूर्वक त्योहार मनाते थे, परंतु अब स्थिति बदल गई है।

प्रायः सभी त्योहार भावना प्रधान हैं, जैसे–दीपावली, होली, दशहरा, ईद, क्रिसमस आदि। भारतीयों के सभी त्योहार जहाँ प्रेम, उत्साह, उपासना के साथ देवी-देवताओं की श्रद्धा से जुड़े हुए हैं, वहीं वे समृद्धि तथा प्रकाश के प्रदाता भी हैं। होली के समय लहलहाती गेहूँ की खेती, दीपावली के पूर्व धान की उपज आदि इसके सीधे उदाहरण हैं। 'दशहरा' रावण पर राम की विजय के उपलक्ष्य में मनाया जाता है, जिसे हम बुराई पर अच्छाई की जीत के रूप में मनाते हैं।

वर्तमान में असामाजिक तत्त्वों द्वारा त्योहारों के अवसरों पर मद्यपान आदि किया जाता है तथा वे समाज में अशोभनीय व्यवहार का प्रयोग करके त्योहारों की पवित्रता, स्वच्छता तथा उपादेयता को कलंकित करते हैं। हमें इन बुराइयों को छोड़कर त्योहार का आनंद उठाना चाहिए।

त्योहार हमारे देश की सभ्यता एवं संस्कृति के ही परिचायक नहीं होते हैं, बल्कि सुख-समृद्धि के भी परिचायक होते हैं। ये बुराई पर अच्छाई, अन्याय पर न्याय और असत्य पर सत्य की जीत के प्रतीक होते हैं।

10. **कल्पना कीजिए कि आपको किसी प्रसिद्ध व्यक्ति का साक्षात्कार (Interview) लेने की ज़िम्मेदारी सौंपी गई है। बताइए कि वे प्रसिद्ध व्यक्ति कौन हैं और आप उनसे कौन-कौन-से तीन प्रश्न पूछेंगे व क्यों?** **(ICSE 2012)**

उत्तर सभी के जीवन में बहुत-से महत्त्वपूर्ण दिन आते हैं। मेरे जीवन का अत्यंत महत्त्वपूर्ण दिन वह था, जब हमारे विद्यालय के प्रधानाचार्य जी ने मुझे कैलाश स्टेडियम में आने वाले अपने देश के पूर्व राष्ट्रपति एपीजे अब्दुल कलाम साहब का साक्षात्कार लेने का दायित्व सौंपा।

प्रधानाचार्य जी ने मुझे बताया कल विद्यालय की ओर से परिचय तथा अनुमति-पत्र की व्यवस्था कर दी जाएगी और तुम्हें कल दोपहर दो बजे कैलाश स्टेडियम अवश्य पहुँचना है।

अगले दिन मैं विद्यालय पहुँचा। वहाँ मुझे कार्यालय से साक्षात्कार लेने का अनुमति-पत्र तथा पहचान-पत्र दिलवा दिया गया। मैं स्टेडियम में पहुँचकर पूर्व राष्ट्रपति एपीजे अब्दुल कलाम साहब की प्रतीक्षा करने लगा। थोड़ी देर में कलाम जी स्टेज पर आ गए। उन्हें 'मिसाइल मैन' की उपाधि प्राप्त है। उनका पूरा नाम अबुल पाकिर जैनुलाब्दिन अब्दुल कलाम है। वह हमारे देश के राष्ट्रपति रह चुके हैं।

मैंने उन्हें देखा, जो सामने स्टेज पर विराजमान थे। उनका छोटा कद, उत्साहयुक्त सुदृढ़ शरीर, माथे पर आगे की ओर झुके हुए बाल तथा मनमोहक मुस्कान। अनेक लोग अपनी-अपनी तरह से प्रश्न पूछ रहे थे। वे सभी के प्रश्नों का उत्तर बड़ी ही सहजता से दे रहे थे।

अपनी बारी आने पर, मैंने उनका अभिवादन किया और कहा-सर! मैं अपने को अति सौभाग्यशाली समझता हूँ कि आपका साक्षात्कार करने का अवसर मिला। मेरा पहला प्रश्न है—आपके जीवन का सबसे सुनहरा पल कौन-सा है? वे मुस्कराकर बोले—भारत जैसे विशाल राष्ट्र का राष्ट्रपति बनकर, जनता की सेवा करना जीवन का सबसे सुनहरा पल रहा। मेरा दूसरा प्रश्न है—मिसाइल बनाने की प्रेरणा आपको कहाँ से मिली? उन्होंने उत्तर दिया अपने ग्रंथ रामायण के आधार पर मंचित नाटक में श्रीराम के अग्नि बाण से। मैंने उनसे तीसरा प्रश्न किया– इतना उच्च स्थान प्राप्त करने का श्रेय आप किसे देना चाहते हैं? उन्होंने उत्तर दिया—अपनी माँ को, जिन्हें मैं ईश्वर का प्रत्यक्ष अवतार मानता हूँ।

अंत में मैंने अपने विद्यालय की ओर से निर्मित उन्हीं का चित्र उन्हें उपहारस्वरूप भेंट दिया। सबने तालियाँ बजाईं, बाद में, मैं विद्यालय पहुँचा और प्रधानाचार्य जी ने मुझे शाबाशी दी।

11. **कल्पना कीजिए कि आप "कौन बनेगा करोड़पति" में पाँच करोड़ रुपये जीत गए हैं, उससे आपको कोई तीन कार्य करने हैं। आप कौन-कौन-से कार्य करेंगे, जिससे आपको अधिकतम संतुष्टि हो सके?** **(ICSE 2011)**

उत्तर धन सब कुछ न होते हुए भी बहुत कुछ है। धन न होने से दुःख निश्चित ही मिलता है, किंतु धन होने पर सुख मिले यह निश्चित नहीं है। धन का आना और जाना निश्चित है।

मैं 'कौन बनेगा करोड़पति' कार्यक्रम बहुत ही ध्यान से देखता हूँ। मेरा भी सपना है कि मैं अभिताभ बच्चन जी के सामने बैठकर उनके द्वारा पूछे गए प्रश्नों का जवाब देकर करोड़पति बन जाऊँ।

अगर मैं 'कौन बनेगा करोड़पति' कार्यक्रम में पाँच करोड़ रुपये जीतता हूँ, तो सबसे पहले अपने क्षेत्र में एक विद्यालय खोलूँगा, जिसमें गरीब, अनाथ तथा बेसहारा बच्चे पढ़कर भविष्य में देश के सच्चे एवं अच्छे नागरिक बन सकें। मेरा दूसरा कार्य होगा, जल के संरक्षण हेतु गाँव में एक विशाल जलाशय बनवाना, जिसके चारों ओर जाल लगाया जाएगा और उस जलाशय के आसपास बहुत-से पेड़-पौधे लगवाए जाएँगे, जिससे पर्यावरण प्रदूषण कम होगा।

मेरा तीसरा कार्य होगा कि मैं गाँव को मुख्य मार्ग से जोड़ने के लिए एक सड़क बनवाऊँगा जिससे लोग अपने वाहनों से जल्दी तथा आसानी से मुख्य मार्ग तक पहुँच सकें। इस वर्ष वर्षा ऋतु में जल भराव से मार्ग क्षतिग्रस्त होकर बाधित हो गया था। मेरे गाँव में एक सेवानिवृत्त पीसीएस अधिकारी थे, उन्हें दिल का दौरा पड़ा। हमने फ़ोन करके एम्बुलेंस बुलाई, परंतु उनके घर तक एम्बुलेंस नहीं पहुँची। गाँव के लोग चारपाई पर ही उन्हें उठाकर एम्बुलेंस तक ले गए, जिसमें बहुत समय लगा। ऐसी स्थिति दोबारा न उत्पन्न हो, इसलिए मैं सड़क बनवाऊँगा।

इस प्रकार मैं अपने धन का उपयोग सामाजिक कार्यों की प्रगति में करके अपने को धन्य समझूँगा।

12. **आपकी प्रिय ऋतु कौन-सी है और क्यों? इस ऋतु के मनाए जाने वाले किसी त्योहार का महत्त्व बताइए।** **(ICSE 2009)**

उत्तर भारतवर्ष ऋतुओं का देश है। यहाँ पर क्रमशः छः ऋतुएँ– ग्रीष्म, वर्षा, शरद, शिशिर, हेमंत, वसंत आती हैं। जहाँ वर्षा ऋतु ऋतुओं की रानी कहलाती है, वहीं वसंत ऋतु को ऋतुराज या ऋतुपति कहा जाता है।

वसंत ऋतु में प्रकृति अत्यन्त मनमोहक होकर अपने पुत्र वसंत का सज-धजकर स्वागत करते हुए कहती है

''बह रही है फागुनी बयार यार क्या कहें।
प्यार के आधार हेतु कौन किससे क्या लहें।
चहुँ ओर पराग भरे सुमनों के नए बिरवा लगवा दिए हैं।
ऋतुराज! तुम्हारे ही स्वागत में सरसों के दिए जलवा दिए हैं।।''

वसन्त ऋतु फाल्गुन महीने के शुक्ल पक्ष के अंतिम दिनों में आती है, जिसका समय 22 फरवरी से 22 अप्रैल तक का होता है। इस ऋतु में मनाया जाने वाला होलिकोत्सव सभी को प्रेम तथा भाईचारे का संदेश देता है। फाल्गुन मास की पूर्णिमा तिथि को मनाया जाने वाला होली का त्योहार बुराई पर अच्छाई की जीत का संदेश देता है।

पौराणिक कथा के अनुसार, हिरण्यकश्यप नाम का एक राजा था। उसके पुत्र का नाम प्रह्लाद था। वह विष्णु भगवान का भक्त था, किंतु हिरण्यकश्यप स्वयं को ही भगवान मानता था। अतः वह प्रह्लाद को मारना चाहता था। एक बार हिरण्यकश्यप ने प्रह्लाद को मारने के लिए होलिका को बुलाया, क्योंकि होलिका को ब्रह्मा जी का वरदान प्राप्त था कि आग उसे जलाएगी नहीं, बल्कि शीतल लगेगी, इसलिए वह आग से स्नान करती थी।

अवसर पाकर हिरण्यकश्यप की प्रार्थना पर होलिका प्रह्लाद को गोद में लेकर बैठी। आग लगाई गई, होलिका जल गई, परंतु प्रह्लाद सुरक्षित रहा। इसलिए होली की रात को होलिका दहन किया जाता है और अगले दिन रंगों से यह उत्सव मनाया जाता है। ऋतुराज वसंत का यह पर्व प्रकृति की नवीनता का प्रतिनिधि बनकर धर्म, सत्य, प्रेम तथा अच्छाई के पथ पर सदैव अग्रसर होने की प्रेरणा देता है।

13. **"प्रेम से सामाजिक तथा राष्ट्रीय संबंध बढ़ते हैं।" प्रस्तुत पंक्ति के आधार पर अपने विचार प्रस्तुत कीजिए।** **(ICSE 2008)**

उत्तर **प्रेम से सामाजिक तथा राष्ट्रीय संबंध बढ़ते हैं**

मनुष्य एक सामाजिक प्राणी है और प्रेम से ही सामाजिक तथा राष्ट्रीय संबंध बढ़ते हैं। व्यक्ति अपने परिवार, पड़ोस, समाज, राष्ट्र तथा संपूर्ण विश्व से कुछ-न-कुछ शिक्षा प्राप्त करता है। जिससे व्यक्ति कुछ प्राप्त करता है, उसके प्रति समर्पित होना व्यक्ति का एक स्वाभाविक गुण बन जाता है।

''न कश्चिद् कश्चिद् मित्रम्, न कश्चिद् कश्चिद् रिपुः
व्यवहारेण जायंते, मित्राणि, रिपवस्तथा।।''

न कोई किसी का मित्र है, न कोई किसी का शत्रु, व्यवहार से ही व्यक्ति, मित्र तथा शत्रु बन जाता है। विश्व में जितने भी महापुरुष हुए हैं, वे सभी प्रेम, सत्य तथा अहिंसा के पुजारी एवं प्रचारक रहे हैं; जैसे– महात्मा बुद्ध, ईसा मसीह, मुहम्मद साहब आदि। महात्मा गाँधी ने तो प्रेम के साथ अपने दो अस्त्रों–सत्य एवं अहिंसा से देश को आज़ाद कराया तथा संपूर्ण विश्व में प्रेम एवं सहिष्णुता का बिगुल बजाया।

हमारी संस्कृति का आधार 'बहुजन हिताय बहुजन सुखाय' रहा है। प्रेम के द्वारा ही लोगों के दिलों को जीता जा सकता है और समाज में व्याप्त बुराइयों को मिटाया जा सकता है। इसी प्रकार प्रेम से ही अन्य देशों के लोगों से हाथ मिलाकर देश को उन्नति के शिखर तक पहुँचाया जा सकता है।

मानव, जन्म से ही माँ के प्रेम से ओत-प्रोत होकर बढ़ता है तथा प्रेम में ही सारा जीवन व्यतीत करता है। युवावस्था, वृद्धावस्था तथा शैशवावस्था में, यहाँ तक कि मृत्यु के एक क्षण पूर्व भी मानव प्रेम ही चाहता है। प्रेम की महानता सिद्ध करते हुए 'कबीर' ने कहा है, ''ढाई आखर प्रेम का, पढ़े सो पंडित होय'' अर्थात् जिसने प्रेम के ढाई अक्षर पढ़ लिए हैं, वही विद्वान् है और सचमुच वही परिवार, समाज तथा राष्ट्र के साथ-साथ संपूर्ण विश्व को एक सूत्र में बाँध सकता है।

14. **आपके जीवन का उद्देश्य क्या है? आज से दस वर्ष बाद की कल्पना कीजिए। बताइए आप स्वयं को कहाँ, किस रूप में देखना चाहते हैं?** **(ICSE 2007)**

उत्तर **जीवन का उद्देश्य**

संसार में प्रत्येक व्यक्ति का अपना उद्देश्य होता है। विद्यार्थी जीवन तो कल्पना तथा उद्देश्य का भंडार होता है। दसवीं कक्षा में आने पर कल्पना साकार करने के लिए विद्यार्थी में लक्ष्य निर्धारित करने की समझ आ जाती है। मेरे पिताजी एक अध्यापक हैं। वे चाहते हैं कि मैं भी अध्यापक बनूँ, किंतु मेरा लक्ष्य कुछ और है।

मैं उच्च शिक्षा प्राप्त कर डॉक्टर बनना चाहता हूँ। मैं जानता हूँ कि डॉक्टरी करना बहुत ही मुश्किल है। इसके लिए मुझे अपने घर से दूर छात्रावास में रहना होगा। सर्वप्रथम मुझे मेडिकल कॉलेज में प्रवेश के लिए कड़ी मेहनत करनी होगी, फिर एमबीबीएस का पाठ्यक्रम भी बहुत विस्तृत होता है, लेकिन मैं डॉक्टर बनने हेतु कुछ भी करने के लिए तत्पर हूँ। आजकल भारत में डॉक्टरों की बहुत आवश्यकता है। अधिकतर डॉक्टर इस व्यवसाय को सिर्फ़ धन कमाने का ज़रिया मानते हैं। उन्हें लोगों की दुःख-तकलीफ़ से कोई मतलब नहीं होता। मैं कोई भी कार्य सिर्फ़ धन कमाने के लिए नहीं करना चाहता, बल्कि मैं यह पेशा लोगों की दुआएँ पाने के लिए भी अपनाना चाहता हूँ। कहते हैं कि डॉक्टर भगवान का दूसरा रूप है। इसलिए मैं डॉक्टर बनकर समाज की सेवा करना चाहता हूँ। मैं गरीबों का इलाज कम-से-कम खर्च में करूँगा और दवाइयाँ भी मुफ़्त दूँगा तथा धनी लोगों से पूरी फीस लूँगा। मेरा प्रयास रहेगा कि नई-नई तकनीकों का प्रयोग कर सस्ता और अच्छा इलाज कर सकूँ।

इस सपने को देखते हुए मैं सोचता हूँ कि आज से दस वर्ष बाद तो मैं एक उच्च श्रेणी का डॉक्टर बन चुका हूँ और मेरे द्वारा जिनका इलाज किया गया है, वे लोग स्वस्थ होकर अपने घर जाते हैं और मुझे आशीष देते हैं। मैंने अपने जीवन से जुड़े जो भी सपने देखे हैं, उन सपनों को सच्ची निष्ठा और मेहनत से पूरा करूँगा तथा मानव जाति की सेवा करते हुए एक प्रख्यात डॉक्टर बनूँगा। मैं इस अभिलाषा को अपने मन में कब से सँजोए हुए हूँ।

15. **कल्पना कीजिए कि आप किसी दूसरे ग्रह की यात्रा पर गए थे, जहाँ आपकी मुलाकात उस ग्रह के प्राणियों से हुई। अपने अनुभवों का वर्णन कीजिए।** **(ICSE 2006)**

उत्तर **दूसरे ग्रह की यात्रा**

मानव के जीवन में नित्यप्रति कहीं-न-कहीं की यात्रा चलती ही रहती है, किंतु मेरे जीवन की यह यात्रा पृथ्वी ग्रह से अलग दूसरे ग्रह मंगल की है। यह मेरे लिए सदैव स्मरणीय रहेगी। मैं और मेरा मित्र विमान में बैठे और अंतरिक्ष की ओर बढ़े। विमान से बाहर, हमें अंधकार ही दिखाई दिया। कुछ समय बाद हमें भूख लगी, तो हमने कंप्यूटर में लगा बटन दबाया, जिससे हमें कैप्सूल मिला। हमने दो कैप्सूल पानी के साथ खा लिए और हमारी भूख खत्म हो गई। अब हमारा विमान मंगल ग्रह के धरातल पर उतरा। हमने अंतरिक्ष के सूट और हेलमेट पहने ही हुए थे।

शीघ्र ही हम मंगल ग्रह के वातावरण के अनुकूल ढल गए। हमने आसपास के क्षेत्र का भ्रमण किया। अचानक ही हमें एक विशाल आकृति दिखाई दी। उसका चेहरा सपाट और बहुत ही खराब-सा था। वह बहुत ही लंबे कद का था। पहले तो हम भयभीत हो गए, किंतु बाद में हमें उससे प्राप्त होने वाले संकेतों से वह सही प्रवृत्ति का इंसान लगा। उसने हमें अपना घर दिखाया। उसका घर बहुत छोटा और उजाड़ था। उसके घर में अन्य सदस्य भी थे, जो उससे भी लंबे व पतले थे। आश्चर्यचकित छवि प्रदर्शित हो रही थी। हमने मंगल पर अनेक छोटी-छोटी पहाड़ियाँ देखीं और उन पर कभी न देखी हुई सुंदर झाड़ियाँ, लताएँ उगी हुई देखीं।

अब समय हो गया था कि हम वापस अपने विमान से पृथ्वी की ओर चलें। अब हम पुनः अपने विमान पर आ गए और आकर सो गए। ईश्वर की कृपा से हम सुरक्षित मुस्कराते हुए वापस पृथ्वी पर आ गए और भारत आकर हमने ये सभी बातें अपने परिवार और मित्रों को बताईं। यह यात्रा मेरे जीवन की सभी यात्राओं में से सबसे अधिक सुखद और सफल रही।

(ग) विषय के पक्ष–विपक्ष में लेखन

1. समाज में मद्य-निषेध अनिवार्य रूप से होना ही चाहिए। इस कथन के पक्ष या विपक्ष में अपने विचार प्रस्तुत कीजिए। **(ICSE Spec Sem II 2021)**

उत्तर **मद्य शब्द का शाब्दिक अर्थ** 'मादक' है। मद्यपान का अर्थ मादक पदार्थ का सेवन करना है। मदिरा एक नशीला पेय पदार्थ है, जिसका प्रयोग लोग नशा करने के लिए करते हैं।

नशा करने के बाद लोग अपनी सुध-बुध खो बैठते हैं और अपराधी प्रवृत्ति की ओर अग्रसर हो जाते हैं। इसके कारण भारत के कई राज्यों में मद्य-निषेध कानून लागू किया गया है। मद्यपान का समाज में अनिवार्य रूप से निषेध होना चाहिए।

यह एक सामाजिक बुराई है। यह समाज एवं स्वास्थ्य दोनों के लिए हानिकारक है। हैरानी की बात यह है कि आज पढ़े-लिखे व्यक्ति भी मदिरापान को फैशन मानते हैं। यहाँ तक कि स्थिति ऐसी बन गई है कि मदिरापान न करने वाला व्यक्ति असामाजिक, रूढ़िवादी और पिछड़ा हुआ माना जाता है।

मद्यपान से देश की स्थिति हमारे देश में सरकार तथा अन्य सामाजिक संस्थाएँ शराबबंदी की बातें करते हैं, परंतु ये सभी किसी-न-किसी रूप में इससे जुड़े हैं। इनके कर्मचारी भी शराब की लत के शिकार हैं। मद्य-निषेध के जो कानून हमारे देश में हैं, उनका विपरीत परिणाम ही सामने आया है। मद्य-निषेध के परिणामस्वरूप अवैध रूप से शराब बेचने व बनाने का कार्य किया जाने लगा। इस प्रकार से देश व समाज पर बहुत बुरा प्रभाव पड़ा है। मजदूर वर्ग शराब की लत के कारण बहुत बुरी तरह फँसा है। उन लोगों की पारिवारिक स्थिति अत्यंत दयनीय है जो शराब पीने के कारण अनेक प्रकार के रोग से (लिवर संबंधित) ग्रसित हैं, क्योंकि वे जितना कमाते हैं उससे अधिक शराब में उड़ा देते हैं।

सरकार ने उन स्थानों पर शराब बिक्री पर रोक लगा दी है, जहाँ ये निवास करते हैं। इनके घर की आर्थिक स्थिति अच्छी नहीं है तथा ये अपनी बुनियादी आवश्यकताएँ भी पूरी नहीं कर पाते। मदिरा चाहे किसी भी कारण से पी जाए, परंतु समाज में इसका सम्मान नहीं किया जा सकता। यह पश्चिमी सभ्यता से हमारे देश में प्रचलित हुआ है। हमारे देश में लोग अंग्रेजों की नकल करने को ही अपना गौरव समझते हैं। होली, दिवाली जैसे पवित्र त्योहार या शादी विवाह में भी लोग शराब को शान एवं खुशी का प्रतीक मानते हैं। समाज में शराब का प्रचलन चाहे जितना भी हो गया हो, परंतु यह एक स्वस्थ समाज के लिए स्वीकार्य नहीं है। नशा करने वाले व्यक्ति पर भरोसा करना बहुत मुश्किल होता है। नशा करने वाले कुछ लोग आपराधिक प्रवृत्ति से भी जुड़े होते हैं।

मद्यपान छुड़ाने के उपाय शराब छुड़ाना देश या समाज के लिए एक विकट समस्या है। इससे धन और स्वास्थ्य दोनों पर विपरीत प्रभाव पड़ता है। इसके लिए सरकार द्वारा जागरूकता कार्यक्रम करवाने चाहिए। परिवार में भी इसके संबंध में शिक्षा देनी चाहिए। इसके दुष्प्रभावों से सबको अवगत कराया जाना चाहिए।

उपसंहार अतः मैं इस बात से सहमत हूँ कि समाज में मद्य-निषेध कानून अनिवार्य रूप से लागू किया जाना चाहिए, जिससे समाज के सभी वर्गों की भलाई तथा प्रगति हो सके।

2. "ऊँचे लक्ष्य को प्राप्त करने के लिए माता-पिता तथा अध्यापकों द्वारा बच्चों पर डाला जाने वाला दबाव अनुचित है।" विषय के पक्ष और विपक्ष में अपने उत्तर दीजिए। **(ICSE 2012)**

उत्तर

पक्ष

ऊँचे लक्ष्य को प्राप्त करने के लिए माता-पिता तथा अध्यापकों द्वारा बच्चों पर डाला जाने वाला दबाव अनुचित है। मैं इस विषय के पक्ष में अपने विचार प्रस्तुत करने जा रहा हूँ।

लक्ष्यहीन जीवन सर्वथा निरर्थक है। प्रत्येक बच्चे की एक कल्पना होती है, उसी कल्पना के अनुसार वह लक्ष्य रखता है तथा उसे प्राप्त करने के लिए हमेशा प्रयास करता रहता है। बिना किसी लक्ष्य के व्यक्ति का जीवन पशु जैसा व्यतीत होता है, जैसा कि किसी कवि ने लिखा है

''लक्ष्यहीन है जीवन जिसका, थाली के बैंगन-सा लुढ़कता।
खाता, पीता मौज उड़ाता, पशु सदृश है जीता-मरता।।''

सभी विद्यार्थियों में कोई-न-कोई प्रतिभा होती है। खिलाड़ी बनने की प्रतिभा रखने वाला चिकित्सक नहीं बन सकता। चिकित्सक बनने की प्रतिभा रखने वाला लेखक नहीं बन सकता तथा लेखक बनने की प्रतिभा रखने वाला अध्यापक नहीं बन सकता। व्यक्ति अपनी प्रतिभा के अनुरूप ही अपना लक्ष्य निर्धारित करे तथा उसी के अनुरूप ही प्रयास करे, तो सफलता निश्चित ही उसके कदम चूमेगी।

अंग्रेज़ी में भी कहा गया है 'सेट द टारगेट एंड शूट द टारगेट'। यह कदापि आवश्यक नहीं कि इंजीनियर का बेटा इंजीनियर बनेगा तथा अधिवक्ता का बेटा अधिवक्ता, इसलिए बच्चे की रुचि तथा प्रतिभा के अनुरूप ही माता-पिता तथा अध्यापकों को बच्चों का सहयोग करना चाहिए तथा संसाधनों को उपलब्ध कराना चाहिए; जैसे– कोई बच्चा क्रिकेट का खिलाड़ी बनना चाहता है, तो उसे क्रिकेट का कोच उपलब्ध कराना आपका प्रथम कर्त्तव्य तथा नैतिक ज़िम्मेदारी होनी चाहिए। माता-पिता तथा गुरु को बच्चों की निगरानी करनी चाहिए कि बालक कहीं मार्ग से भटक तो नहीं रहा है और उसे पुनः लक्ष्य की ओर प्रेरित करना चाहिए, न कि बच्चों पर लक्ष्य के चयन को लेकर दबाव डालना चाहिए।

विपक्ष

"ऊँचे लक्ष्य को प्राप्त करने के लिए माता-पिता तथा अध्यापकों द्वारा बच्चों पर डाला जाने वाला दबाव अनुचित है।'' मैं इस विषय के विपक्ष में अपने विचार प्रस्तुत करने जा रहा हूँ।

एक बच्चा केवल कल्पना कर सकता है, वह कोई भी निर्णय लेने में समर्थ नहीं होता। हमारे संस्कारों में शिक्षा दी जाती है कि

''अभिवादनशीलस्य नित्य वृद्धोपसेविनः।
चत्वारि तस्य वर्द्धंते आयुर्विद्यायशोबलम्।।''

अभिवादनशील अर्थात् सदैव बड़ों की सेवा करने वालों की चार चीज़ें बढ़ती हैं–आयु, विद्या, यश और बल। ऐसे में माता-पिता तथा अध्यापकों के विचार तथा दबाव, विद्यार्थी को उत्तम लक्ष्य निर्धारित करने में पूर्ण सहयोगी होंगे। जिस प्रकार से एक माली पेड़ों को लगाता है, उनकी सिंचाई करता है, खरपतवार तथा घास निकालता है तथा यदि पेड़ टेढ़ा होने लगता है तो उसके पास एक बाँस का लट्ठा गाड़कर रस्सी से कसकर बाँध देता

है, जिससे पेड़ सीधा हो जाता है, ठीक उसी प्रकार माता-पिता तथा अध्यापकों को भी बच्चों के विकास तथा लक्ष्य निर्धारण में उनकी अभिरुचि को ध्यान में रखते हुए दबाव डालना पूरी तरह उचित है, न कि अनुचित।

बच्चों की अभिरुचि तथा लक्ष्य की कल्पना तो अपने मित्रों, विज्ञापनों, समाचार-पत्रों में प्रकाशित विभिन्न क्षेत्रों में प्राप्त उपलब्धियों को देखकर बदलती रहती है। ऐसे में माता-पिता तथा अध्यापक द्वारा दबाव डालकर ऊँचे लक्ष्य की ओर प्रेरित करना उचित ही है। अंततः मैं यही चाहूँगा कि ऊँचे लक्ष्य को प्राप्त करने के लिए माता-पिता तथा अध्यापकों द्वारा डाला जाने वाला दबाव, दबाव नहीं, बल्कि बच्चे के विकास का प्रथम चरण है। अतः यह उचित है।

3. "असफलता ही सफलता का आधार है।" विषय के पक्ष या विपक्ष में अपने विचार प्रकट कीजिए। (ICSE 2011)

उत्तर

पक्ष

''असफलता ही सफलता का आधार है।'' मैं इस विषय के पक्ष में अपने विचार प्रस्तुत करने जा रहा हूँ।

''ठोकरों से डर न साथी, ये सफलता की निशानी,
राह पर जाते देख तुझे कहती है अपनी कहानी।''

मेरे विचार से असफलता ही सफलता का मार्ग बताती है। दुनिया में जितने भी महान् व्यक्ति हुए हैं वे सभी असफल होकर ही सफल हुए, चाहे सिकंदर हो, चाहे सम्राट अशोक हो या फिर देश को आज़ाद कराने वाले महात्मा गाँधी। सभी ने असफलता के बाद ही सफलता प्राप्त की। असफल होने को ही लोग विपरीत परिस्थिति भी कहते हैं। जब परिस्थिति कठिन हो तब भी व्यक्ति को अपने पथ पर चलते रहना चाहिए, तभी उसकी जीत होती है। कहा भी गया है कि

''उस पथ पर पथिक कुशलता क्या, जिस पथ पर बिखरे शूल न हों।
उस नाविक की धैर्य कुशलता क्या जब धाराएँ प्रतिकूल न हों।।''

मैं कहना चाहता हूँ कि किसी को भी सफलता की आशा का त्याग नहीं करना चाहिए। संकट पर संकट आएँ फिर भी आशा का त्याग न करने वाले का ही सफलता वरण करती है। जैसा कहा भी गया है कि

''जिसने मरना सीख लिया है, जीने का अधिकार उसी को,
जो काँटों के पथ पर आया, फूलों का उपहार उसी को।''

आज नरेंद्र मोदी को ही लीजिए। वे चाय बेचकर, लोगों को निःशुल्क जल पिलाकर, मन में सदैव जीत का लक्ष्य रखते थे। परिणामस्वरूप आज वह भारत जैसे विशाल जनतांत्रिक देश के प्रधानमंत्री हैं। अतएव असफलता से हार नहीं माननी चाहिए, असफलता तो सफलता पाने का सोपान होती है।

विपक्ष

''असफलता ही सफलता का आधार है।'' मैं इस विषय के विपक्ष में अपने विचार व्यक्त करने जा रहा हूँ।

'असफलता ही सफलता का आधार है', उक्ति सुनने में भले ही अच्छी लगती हो, लेकिन सच्चाई यह है कि असफल व्यक्ति सफल हो ही नहीं सकता, क्योंकि किसी में भी इतना साहस नहीं कि कर्म की गति को टाल सके। जैसा इस श्लोक से स्पष्ट होता है–

''कर्मणा जायते जन्तु कर्मणैव विलीयते।
सुखं दुःखं भयं क्षेमं कर्मणैवाभिपद्यते।।''

अर्थात् कर्म से व्यक्ति का जन्म होता है। कर्म से ही मृत्यु, कर्म से सुख-दुःख, भय तथा अभय होता है। तभी तो कहा गया है– ''बोया पेड़ बबूल का तो आम कहाँ से होय'' अर्थात् यदि कर्म असफलता का किया है तो व्यक्ति सफल कैसे हो सकता है।

दुनिया में बहुत-से लोग ऐसे हैं, जो असफल हुए और दोबारा सफलता उनसे कोसों दूर चली गई, चाहे वह त्रेतायुग का रावण रहा हो, चाहे द्वापर युग का कंस या फिर कलियुग का ओसामा बिन लादेन। ये सभी जीवन में असफल हुए तो असफल ही होते गए।

''जाको प्रभु दारुण दुःख दीना, ताकी मति पहले हर लीना।''

ईश्वर ने जिसे अनेक प्रकार का कष्ट देना चाहा उसकी बुद्धि को ही नष्ट कर दिया, जिससे वह अकर्मण्य हो जाए या अनुचित कार्य करने लगे। उसके बाद कर्म के अकाट्य नियम के अनुसार उस व्यक्ति को असफलता ही मिलती है, सफलता तनिक मात्र भी नहीं। महाराजा दशरथ हाथी को मारने में असफल रहे और श्रवण कुमार को मार दिया। महाराजा दशरथ श्रवण कुमार के माता-पिता को जल पिलाने में असफल हुए, अंततः अपनी पत्नी को मनाने में भी असफल हुए और अपने प्राणों को त्याग दिया। अतः यह स्पष्ट है कि असफल व्यक्ति कभी भी सफल नहीं होता।

4. "अपराध की समाप्ति के लिए मृत्युदंड आवश्यक है।" इस पंक्ति के पक्ष या विपक्ष में अपने विचार दीजिए। (ICSE 2006)

उत्तर

पक्ष

''अपराध की समाप्ति के लिए मृत्युदंड आवश्यक है।'' मैं इस विषय के पक्ष में अपने विचार प्रस्तुत करने जा रहा हूँ। अपराध की समाप्ति के लिए मृत्युदण्ड आवश्यक है। यह प्रथा बहुत ही प्राचीन है। यह प्रथा राजतंत्र तथा लोकतंत्र दोनों में समान रूप से चलती रही है। यदि समाज में मृत्युदंड का भय समाप्त हो जाएगा तो व्यक्ति स्वछन्द तथा स्वेच्छाचारी हो जाएगा, सर्वत्र जंगलराज हो जाएगा। कानूनविदों से लेकर साहित्यिक लेखकों ने भी दुष्टों के लिए उनके अनुरूप दंड देने की पैरवी की है। यथा रहीम जी ने कहा है

''खीरा सिर ते काटिए, मलियत नौन लगाय।
रहिमन करुए मुखन को, चहियत इहै सजाय।।''

सतयुग से लेकर आज तक दंड का प्रावधान है। दंड के बिना कोई भी समाज अपराध तथा अपराधियों से मुक्त नहीं हो सकता। यदि किसी व्यक्ति ने किसी के प्राण लेने का अपराध किया है तो उसे मृत्युदंड अवश्य ही मिलना चाहिए, नहीं तो समाज में अत्याचार, दुराचार, भ्रष्टाचार व्याप्त हो जाएगा तथा ईश्वर की सर्वश्रेष्ठ कृति मानव का पूर्ण विनाश होगा।

मराठों के सरदार शिवाजी ने एक बार एक मुगल सैनिक को उसकी गलती पर छोड़ दिया। शिवाजी जब पुनः शिकार खेलने जा रहे थे तब उन्होंने देखा कि वही मुगल दोबारा वही गलती कर रहा है, तब उन्होंने उसे मृत्युदंड दिया। पृथ्वीराज चौहान

तथा मोहम्मद गौरी के मध्य अनेक बार युद्ध लड़ा गया, युद्ध के दौरान, पृथ्वीराज चौहान ने उसे पकड़ लिया तथा उसको प्राण दान दे दिया। वह इस प्रकार अनेक बार प्राण दान दे चुके थे, लेकिन मोहम्मद गौरी दुष्ट प्रवृत्ति का था। अंत में उसने पृथ्वीराज को बंदी बना लिया और चंदबरदाई भी बंदी बनाए गए। मोहम्मद गौरी ने एक सभा आयोजित की, जिसमें पृथ्वीराज तथा चंदबरदाई की हत्या की योजना थी। चंदबरदाई को इस योजना का पता चल गया और उसने अपने राजा को सचेत किया कि इस बार इसे प्राणदान मत देना और कहा–

''चार हाथ चौबीस गज अँगुल अष्ट प्रमाण।
ता ऊपर सुल्तान है, अब न चूक चौहान।।''

पृथ्वीराज ने अपने शब्द भेदी बाण को छोड़ा और गौरी को मृत्युदंड दिया। अतः मेराकहना उचित है कि अपराध को रोकने के लिए मृत्युदंड आवश्यक है।

विपक्ष

''अपराध की समाप्ति के लिए मृत्युदंड आवश्यक है।'' में इस विषय के विपक्ष में अपने विचार प्रस्तुत करने जा रहा हूँ।

अपराध की समाप्ति के लिए मृत्यदंड कदापि आवश्यक नहीं है, क्योंकि तुलसीदास जी कहते हैं कि

''सुनहु भरत भावी प्रबल विलखि, कहयो मुनि राऊ।।''

अर्थात् हानि-लाभ, जीवन-मरण, यश-अपयश सब भगवान के हाथ में है। कोई भी अपराधी किसी की हत्या नहीं करता, बल्कि संयोगवश मृत्यु को प्राप्त हो जाता है। भगवान श्रीकृष्ण ने गीता का उपदेश देते हुए अर्जुन से कहा आत्मा अजर, अमर है। जो इसे मारने वाला जानता है या जो इसे मरा हुआ जानता है, वे दोनों कुछ भी नहीं जानते।

''य एनं बेत्ति हन्तारं यश्चैनं मन्यतेहतम्।
उभौ तौ न विजानीतो नायं हन्ति न हन्यते।।''

इसलिए मृत्युदंड का प्रावधान ही निरर्थक है।

भारतीय दर्शन के प्रमुख ज्ञाता राष्ट्रपिता महात्मा गाँधी ने भी कहा है, ''पाप से घृणा करो पापी से नहीं।''

अनेक उदाहरण ऐसे हैं, जिन्हें दंड से मुक्त कर दिया गया तो उन लोगों ने महान् कार्य किए। साहित्य के क्षेत्र में महर्षि वाल्मीकि उनमें से एक हैं। वे पहले डाकू के रूप में कुख्यात थे, लेकिन बाद में उन्होंने 'रामायण' जैसे महाकाव्य की रचना की। महाभारत काल में जरासन्ध के कारागार में जितने भी राजा कैदी थे, उन्हें कारागार से मुक्त कराकर भगवान श्रीकृष्ण, अर्जुन तथा भीम ने दंड से मुक्त करा दिया, जिसके परिणामस्वरूप उन्होंने धर्मराज युधिष्ठिर के राजसूय यज्ञ में योगदान देकर एक स्वस्थ समाज के निर्माण में महत्त्वपूर्ण भूमिका निभाई।

अतः मैं कहना चाहता हूँ कि अपराध की समाप्ति के लिए मृत्युदंड आवश्यक नहीं है।

5. **"संसद में महिला आरक्षण आवश्यक है।" इस विषय के पक्ष या विपक्ष में अपने विचार दीजिए।** **(ICSE 2004)**

उत्तर

पक्ष

''संसद में महिला आरक्षण आवश्यक है।'' में इस विषय के पक्ष में अपने विचार प्रस्तुत करने जा रहा हूँ। नारी मानव सभ्यता एवं मानवता का साक्षात प्रतिरूप है और एक माँ के रूप में तो ईश्वर ही है। नारी कोमलता में गुलाब, तो भावुकता में छुई-मुई है। वह एक ओर जहाँ समाज की पोषिका है, दूसरी ओर पुरुष समाज की जन्मदात्री है। उसके विषय में कहा गया है कि

''नारी निंदा मत करो, नारी नर की खान।
नारी के सुत होत हैं, ध्रुव प्रह्लाद समान।।''

नारी ममता की मूर्ति है, गृहलक्ष्मी है और समाजरूपी रथ के एक पहिए के रूप में जानी जाती है।

महिलाओं की उपमा परामर्श के समय मंत्री के समान देते हुए कहा गया है कि 'कार्येषु मंत्री' अर्थात् कार्यों के चयन में वह मंत्री सदृश परामर्शदात्री है। अतः संसद में महिला आरक्षण आवश्यक है, जिससे लोगों को उचित परामर्श मिल सके तथा रथ के एक पहिए को गति प्रदान की जा सके।

इतिहास गवाह है कि भारतीय नारी ने आदिकाल से ही पुरुषों का साथ दिया चाहे वह युद्ध क्षेत्र में दशरथ की पत्नी कैकेयी रही हो या ''आपत्ति काले गृहिणी परीक्षा'' का पर्याय बनकर सीता। चाहे विदुषी के रूप में मैत्रेयी एवं गार्गी या शासन के क्षेत्र में रजिया, चाँदबीबी, झाँसी की रानी लक्ष्मीबाई तथा भूतपूर्व प्रधानमंत्री इंदिरा गाँधी हों। इन सभी ने अपनी कार्यकुशलता से प्रसिद्धि पाई है।

हमारा देश पुरुष प्रधान समाज का प्रतिनिधित्व करता है, फिर भी वह महिला के बिना अपूर्ण है। उसी तरह हमारी संसद भी महिलाओं के बिना अपूर्ण है। अतः संसद में महिला आरक्षण आवश्यक है।

विपक्ष

''संसद में महिला आरक्षण आवश्यक है।'' मैं इस विषय के विपक्ष में अपने विचार प्रस्तुत कर रहा हूँ। यहाँ पक्ष में विचार रखते हुए त्रेतायुग से लेकर आज तक की नारियों की विशेषताओं के बारे में बताया गया है और संसद में महिला आरक्षण को आवश्यक माना, लेकिन मेरे विचार ठीक इसके विपरीत हैं।

हमारी मातृ शक्तियाँ, जो समस्त गुणों से संपन्न हैं, यदि वे एक बार भी राजनीति में आ गईं तो उनकी गुणवत्ता समाप्त हो जाएगी। दशकुमार, चरित के लेखक आचार्य दंडी ने कहा है, ''यदि किसी को भ्रष्टाचार देखना हो तो राजनीतिज्ञ का अवलोकन करो'' इसका भाव यह है कि राजनीति भ्रष्टता की चरम सीमा है। संसद में राजनीतिज्ञों का जमावड़ा होता है, इसलिए संसद में महिलाओं की संख्या निश्चित करने के लिए विधेयक नहीं लाना चाहिए।

समाचार-पत्रों में तथा समाचार चैनलों पर आजकल देखा जाता है कि आज संसद भवन में नेतागण पानी की बोतल, कुर्सी, मेज़ या अपने चश्मे से एक-दूसरे पर प्रहार करते हैं। ऐसी स्थिति में संसद में महिलाओं के लिए आरक्षण का प्रावधान करने का क्या लाभ? क्या महिलाएँ, जहाँ उनकी संख्या नगण्य है अपने कृतित्व, व्यक्तित्व एवं नेतृत्व शक्ति के बल पर पुरुषों से मुकाबला कर सकती हैं?

संसद में चयनित महिलाएँ किसी भी निर्णय के लिए अपने दल के वरिष्ठ पदाधिकारियों का मुँह देखती रहती हैं। यह वर्ग नारी को अपने बराबर कभी भी देखना पसंद नहीं करेगा। राजनीति में नैतिकता केवल उसके सिद्धांतों और व्यवहार में हो ऐसा आवश्यक नहीं है। मेरे विचार से संसद में महिला आरक्षण आवश्यक नहीं है। अतः मैं संसद में महिलाओं के आरक्षण के विचार से असहमत हूँ।

02

कहानी लेखन

कहानी से आशय

कहानी लेखन हिंदी गद्य साहित्य की नवीनतम विधा है, जो वर्तमान में अत्यंत लोकप्रिय है। इसके अंतर्गत सामाजिक या व्यावहारिक समस्याओं तथा जीवन मूल्यों को कम-से-कम शब्दों में रोचक रूप में प्रस्तुत किया जाता है।

कहानी लेखन हेतु ध्यान देने योग्य बातें

- कहानी लेखन करते समय विद्यार्थी को कहानी के तत्त्वों का ध्यान रखना आवश्यक है।
- परीक्षा में दिए गए मुहावरे एवं लोकोक्ति के अर्थ को अच्छी तरह से समझ लेना चाहिए तथा कहानी इसी पर आधारित होनी चाहिए।
- कहानी मौलिकता एवं रोचकता पूर्ण होनी चाहिए।
- कहानी में कठिन शब्दों का अनावश्यक प्रयोग नहीं करना चाहिए।
- कहानी की भाषा सरल होनी चाहिए।
- कहानी के अंत में दिया गया शीर्षक सार्थक होना चाहिए।
- कहानी के अंत में उससे मिलने वाली शिक्षा का उल्लेख होना चाहिए।

PYQs विगत वर्षों के प्रश्न व महत्त्वपूर्ण प्रश्न

1. 'कोशिश करने वालों की कभी हार नहीं होती' पंक्ति से आरम्भ करते हुए अपने जीवन से सम्बन्धित एक मौलिक कहानी लिखिए। (ICSE 2023)

उत्तर **उक्ति का अर्थ** ''कोशिश करने वालों की कभी हार नहीं होती'' उक्ति का अर्थ है जो लोग अपने जीवन में एक बार किसी चीज में असफल हो जाते हैं तो वह कभी सफल नहीं हो सकते। यह सोच बिलकुल गलत है, क्योंकि जो व्यक्ति कठिन परिश्रम करता है या अपने लक्ष्य को पाने के लिए कोशिश करता रहता है तो वह व्यक्ति एक न एक दिन अवश्य ही सफल होता है।

कहानी सुरेश नाम का एक विद्यार्थी था। वह पढ़ने में बहुत कमजोर था। उसके भाई-बहन हमेशा अच्छे अंकों से उत्तीर्ण होते थे परंतु सुरेश को कम अंक मिलने के कारण शर्मिंदा होना पड़ता था। नौवीं कक्षा में सुरेश दोबारा अनुत्तीर्ण हुआ तो उसे बहुत दुःख हुआ। निराशा के कारण उसका दिल टूट गया। उसने सोचा कि अब मैं कौन-सा मुहँ लेकर घर जाऊँ? इस बदनामी को झेलने की अपेक्षा मर जाना अच्छा है।

सुरेश ने आत्महत्या करने का निश्चय किया। वह अपने गाँव के निकट सुनसान जंगल में गया। वहाँ एक पेड़ की डाल से रस्सी बाँधते-बाँधते एकाएक उसकी दृष्टि एक मकड़ी पर पड़ी। वह पेड़ पर चढ़ने का प्रयत्न कर रही थी, पर बार-बार नीचे फिसल जाती थी। वह कई बार पेड़ पर चढ़ी और गिरी, फिर भी उसने अपनी कोशिश जारी रखी। अंत में वह पेड़ की डाल पर पहुँच गई।

मकड़ी की यह सफलता देखकर सुरेश की निराशा गायब हो गई। मकड़ी से उसे पढ़ाई के लिए जी तोड़ मेहनत करने की प्रेरणा मिली। उसने सोचा जब छोटी-सी मकड़ी अपने प्रयत्न से सफल हो सकती है तो मैं क्यों नहीं हो सकता? मुझे भी असफलता से निराश नहीं होना चाहिए। सुरेश घर लौट गया। उस दिन से वह बहुत ध्यान लगाकर पढ़ने लगा। इस बार परीक्षा में उसे सुनहरी सफलता मिली।

सीख मनुष्य को असफलता से निराश नहीं होना चाहिए। मेहनत और लगन से काम करते रहने पर ही सफलता मिलती है। इस प्रकार ही हम कह सकते हैं कि कोशिश करने वालों की कभी हार नहीं होती।

2. **एक मौलिक कहानी लिखिए, जिसके अंत में ये स्पष्ट हो ''जाको राखे साइयाँ मार सके ना कोय।''**

(ICSE Spec 2023, 2014, 05)

उत्तर **उक्ति का अर्थ** ''जाको राखे साइयाँ मार सके न कोय'' इस उक्ति का अर्थ यह है कि जिस प्राणी पर ईश्वर की कृपा दृष्टि होती है उस प्राणी को कोई भी हानि नहीं पहुँचा सकता है।

बहुत समय पहले की बात है, किसी गाँव में एक किसान रहता था। उसके पास बहुत बड़ी मात्रा में पशु थे। उन्हीं पशुओं में से एक गधा भी उसके पास था। एक दिन की बात है, वह गधा चरते-चरते एक खेत में जा पहुँचा और वह उस खेत में चरने लगा। उस खेत में एक पुराना कुआँ था, जिसको वह गधा न देख पाया और चरते हुए उसमें फिसल कर गिर गया, जैसे ही वह गधा उस कुएँ में गिरा, वह जोर-जोर से ढेचू-ढेचू करने लगा। उसकी आवाज सुनकर खेत में काम कर रहे किसान और आस-पास के कई किसान वहाँ पर इकट्ठा हो गए।

कुछ समय में ही गधे के मालिक को यह बात पता चली तो वह भी वहाँ आ गया। किसान ने स्थिति को परखा। उसे उस गधे पर दया आई, लेकिन उसने मन में सोचा कि इस बूढ़े गधे को बचाने से कोई लाभ नहीं और इसमें मेहनत भी बहुत लगेगी। साथ ही इस कुएँ की भी कोई जरूरत नहीं है। उसने बाकी लोगों से कहा की मुझे नहीं लगता कि हम किसी भी तरह इस गधे को बचा सकते हैं। तो आप सभी अपने-अपने काम पर लग जाइए। यहाँ समय मत गँवाइए।

ऐसा कह कर वह आगे बढ़ने लगा। उसको देखकर एक मजदूर ने बोला कि मालिक इस गधे ने कई वर्षों तक आपकी सेवा की है इसे ऐसे मरने के लिए छोड़कर मत जाइए। इसे छोड़कर जाने से अच्छा होगा कि हम इसे इसी कुएँ में दफना दें। किसान सहमत हो गया और बोला कि आओं मिलकर इस कुएँ में मिट्टी डालते हैं।

गधा यह सब सुन रहा था अब वह डर गया, गधे को लगा कि उसका मालिक उसे नहीं बचाना चाहता है, परंतु उसने हिम्मत नहीं हारी और भगवान को याद कर वहाँ से निकलने की सोचने लगा। सब लोगों ने मिलकर उस पर मिट्टी डालना शुरू किया। गधे ने सोचा कि कुछ भी हो जाए वह हार नहीं मानेगा। वह पूरी ताकत से उछाल मारने लगा। किसान ने भी लोगों की तरह मिट्टी उस कुएँ में डाल दी और देखने लगा। जैसे ही मिट्टी गधे के ऊपर पड़ती वह उसे नीचे गिरा देता और उस मिट्टी के ऊपर खड़ा हो जाता। किसान को भी यह बात समझ आ गई। वह भी मिट्टी डालने लगा और देखते-देखते ही गधा ऊपर आ गया और अंत में इस प्रकार गधे की जान बच गई।

सीख इस कहानी से हमें यह सीख मिलती है कि हमें हमेशा कर्म करते रहने चाहिए और भगवान पर विश्वास रखना चाहिए। जब तक ईश्वर की इच्छा नहीं होगी तब तक हमारा कोई कुछ नहीं बिगाड़ सकता है। इसलिए कहा गया है कि ''जाको राखे साइयाँ मार सके न कोय।।''

3. **'करत-करत अभ्यास के जड़मति होत सुजान'- इस कहावत को आधार बनाकर एक मौलिक कहानी लिखिए।**

(ICSE Spec Sem II 2021)

उत्तर **उक्ति का अर्थ** ''करत-करत अभ्यास के जड़मति होत सुजान'' उक्ति का अर्थ है कि निरंतर अभ्यास करने से मूर्ख-से-मूर्ख व्यक्ति भी सफलता प्राप्त करता है। कालिदास निरंतर अभ्यास के द्वारा ही उच्चस्तरीय विद्वान् बन पाए, वहीं अर्जुन महान् धनुर्धर बने, तो केवल अपने परिश्रम और अभ्यास के बल पर। प्राचीनकाल से ही ऋषि-मुनियों द्वारा हम परिश्रम व अभ्यास के महत्त्व को देख व समझ सकते हैं। आज के आधुनिक युग में भी परिश्रम और अभ्यास की महत्ता उतनी ही अधिक है।

कहानी एक बालक था। वह पढ़-लिख नहीं सकता था। उसके सहपाठी उसका मजाक उड़ाते थे। वह बहुत दु:खी था। परेशान होकर वह किसी ज्योतिषि के पास गया। ज्योतिषि ने कहा–''तुम पढ़ नहीं पाओगे। तुम्हारे हाथ में विद्या की रेखा नहीं है।'' एक दिन रास्ते में जाते हुए उसने कुएँ की जगह पर रस्सी के निशान को देखा। उसने सोचा यदि कठोर पत्थर पर निरंतर रस्सी की रगड़ के निशान पड़ सकते हैं, तो मैं भी निरंतर पढ़ने का अभ्यास करके विद्वान् बन सकता हूँ फिर उसने पढ़ाई का अभ्यास किया और एक बड़ा विद्वान् बन गया।

निरंतर अभ्यास व्यक्ति की कार्यकुशलता को निखारता है। अभ्यास के दौरान कभी-कभी नकारात्मक भाव भी उत्पन्न होते हैं, परंतु उसे स्वयं पर हावी नहीं होने देना चाहिए, क्योंकि वह विकास के पथ में बाधा उत्पन्न करते हैं। अभ्यास के द्वारा व्यक्ति अपनी बाधाओं का डटकर मुकाबला करता है तथा विषम परिस्थितियों पर नियंत्रण पा लेता है। अभ्यास ही व्यक्ति को कर्त्तव्य के पथ पर ले जाता है एवं सफलता प्राप्त करने में सहायता करता है। कोई भी व्यक्ति सर्वगुण संपन्न नहीं होता, न ही ज्ञान का भंडार लेकर पैदा होता है।

सीख हमें निरंतर अभ्यास के द्वारा अपने ज्ञान को बढ़ाने का प्रयास करना चाहिए। अपनी योग्यता पर विश्वास तो होना चाहिए, किंतु अतिविश्वासी नहीं होना चाहिए, इसलिए कहा गया है

''करत-करत अभ्यास के जड़मति होत सुजान
रसरी आवत जात ते सिल पर परत निसान।''

4. **एक ऐसी मौलिक कहानी लिखो, जिसके अंत में आपके विचार से यह स्पष्ट हो कि 'बिना विचारे जो करे, सो पाछे पछताए।'**

(ICSE 2020)

उत्तर **उक्ति का अर्थ** ''बिना विचारे जो करे, सो पाछे पछताए'' उक्ति का अर्थ यह है कि किसी भी कार्य को बिना सोच-विचार किए अनायास नहीं करना चाहिए, अन्यथा हानिकारक या नकारात्मक परिणाम भुगतने पड़ सकते हैं। कोई भी कार्य संभावित परिणामों पर सावधानीपूर्वक विचार करने के बाद ही संपन्न करना चाहिए। आतुर होकर काम करने से कार्य बिगड़ जाता है।

कहानी बहुत समय पहले की बात है। एक राजा था उसे पशुओं से बहुत अधिक प्रेम था। उसने अपने राज्य में अनेक प्रकार के पशुओं को पाल रखा था। उन पशुओं में उसे ऐरावत नामक हाथी सर्वाधिक प्रिय था। राजा को ऐरावत हाथी के साथ समय व्यतीत करना बहुत अच्छा लगता था। वह जब भी राज्य से बाहर जाता, ऐरावत हाथी को अपने साथ ले जाना नहीं भूलता था।

कुछ वर्षों के बाद राजा का पुत्र पैदा हुआ। वह अपने पुत्र को ऐरावत हाथी के साथ खिलाता था। उसकी पत्नी को राजा का ऐसा व्यवहार

बिलकुल भी पसंद नहीं था। उसके मन में ऐरावत हाथी को लेकर भय बना रहता था कि कहीं ऐरावत हाथी उसके पुत्र को किसी प्रकार की क्षति न पहुँचा दे। एक दिन जब रात में सब सो रहे थे, तब अचानक एक विषैला साँप उनके महल में घुस आया। ऐरावत हाथी को जब किसी साँप की उपस्थिति का आभास हुआ, तो उसने सबको जगाने का भरपूर प्रयास किया, किंतु सभी ने उसकी आवाज को अनसुना कर दिया।

अनहोनी की आशंका से भयभीत हो ऐरावत स्वयं महल के दरवाजे तोड़कर अंदर घुस गया। जब उसने साँप को राजा के पुत्र के कमरे में घुसते देखा तो स्वयं भी दरवाजा तोड़कर कमरे में घुस गया और साँप को मार डाला। तभी राजा जागकर पुत्र के पास पहुँचा, परंतु वह ऐरावत की पशु भाषा न समझ सका। राजा को लगा कि ऐरावत पागल हो गया है, तभी वह ऐसा व्यवहार कर रहा है। अतः उसने अपने पुत्र को बचाने के लिए ऐरावत को मार डाला। जब राजा को इस सत्य का पता चला कि ऐरावत उसके पुत्र को बचाने के लिए ऐसा व्यवहार कर रहा था, तब उसे अपने बिना सोचे-समझे किए गए कार्य पर बहुत पछतावा हुआ।

सीख इस कहानी से हमें यह सीख मिलती है कि हमें बिना सोच-विचारे कोई कार्य नहीं करना चाहिए और न कोई निर्णय लेना चाहिए अन्यथा परिणाम अहितकर हो सकता है।

5. एक मौलिक कहानी लिखिए, जिसका अंत प्रस्तुत वाक्य से पूरा किया गया हो–और मैंने राहत की साँस लेते हुए सोचा कि आज मेरा मानव जीवन सफल हो गया। **(ICSE 2019)**

उत्तर **कहानी** एक दिन मैं अपने मित्रों के साथ 'कमला नगर' घूमने गया। हम सभी मित्र मस्ती करते हुए घूमने का आनंद ले रहे थे। तभी मेरी नजर एक बच्चे पर पड़ी, जो वजन तौलने की मशीन लिए बाजार में बैठा था। उसके पास एक किताब थी। जब मैंने उस बच्चे से पूछा कि तुम स्कूल जाते हो, तो वह बहुत दीन वचनों के साथ बोला कि हम गरीबों को कौन स्कूल भेजता है।

यदि स्कूल जाएँगे तो काम कौन करेगा, लेकिन मेरा पढ़ने तथा स्कूल जाने का बहुत मन करता है। उसकी बातें सुनकर मुझे बहुत दु:ख हुआ कि पढ़ने की आयु में उस बच्चे को काम करना पड़ा रहा है। उस समय तो मैं वहाँ से अपने मित्रों के साथ चला आया, किंतु घर आकर मुझे बार-बार उस बच्चे की बातें याद आने लगीं। मैंने मन-ही-मन निर्णय लिया कि उस बच्चे के लिए मुझे अवश्य कुछ करना चाहिए। अगले ही दिन मैं उस बच्चे से मिलने के लिए फिर से कमला नगर गया। मैंने देखा वह कल की ही भाँति आज भी एक मशीन लिए बाजार में बैठा हुआ था। मैं उसके पास गया और उससे पूछने लगा कि यदि तुम्हें स्कूल जाने का मौका मिले तो तुम स्कूल जाना चाहोगे। उसने तुरंत 'हाँ' में उत्तर दे दिया, परंतु दूसरे ही क्षण वह शांत हो गया। शायद उसे लगा कि मैं उसके साथ मजाक कर रहा हूँ। उसी समय मैंने एक एन.जी.ओ. के विषय में उसे बताया, जो उस जैसे गरीब और असहाय बच्चों को मुफ्त में शिक्षा देती है। मैंने उसके परिवार के सदस्यों से बात करके उसका एन.जी.ओ. मैं नाम लिखवा दिया। जब वह बच्चा एन.जी.ओ. में पढ़ने के लिए जाने लगा तो मैंने राहत की साँस लेते हुए सोचा कि आज मेरा मानव जीवन सफल हो गया।

इस प्रकार परिस्थिति अनुरूप एक-दूसरे की सहायता करना मनुष्य का परम मानवीय गुण है। एक कवि ने कहा है कि मंदिर में दीप जलाने और तिलक लगाने से श्रेष्ठ है कि आप गरीब लोगों का कष्ट दूर कीजिए। प्रत्येक मनुष्य अपने सामर्थ्य के अनुसार ही परोपकार करने में सक्षम है। गरीब असहाय व्यक्ति की सहायता करने में सच्चा परोपकार होता है।

सीख इस कहानी से हमें यह सीख मिलती है कि हमें अपने सामर्थ्य के अनुसार जरूरतमंदों की सहायता करनी चाहिए। दूसरों की सहायता करना ही सच्चा धर्म है।

एक्सपर्ट्स कमेंट्स

- छात्रों ने कहानी लेखन तो किया लेकिन कहानी में मौलिकता का अभाव था।
- किसी–किसी छात्र के उत्तर में ''परोपकार की भावना'' का अभाव था।
- कुछ छात्रों ने अपनी कहानी नहीं लिखी अपितु किसी अन्य के जीवन के सफल होने का वर्णन कर दिया।

स्टूडेंट्स के लिए एडवाइज़

- छात्र को कक्षा में **मौलिक कहानी** का अभ्यास करना चाहिए। छात्रों को मौखिक कहानियाँ सुननी चाहिए जिससे छात्रों में कल्पनाशीलता की वृद्धि होगी।
- छात्र को **मुहावरे** व **लोकोक्तियों** के प्रयोग का अभ्यास भी करते रहना चाहिए।

6. एक ऐसी मौलिक कहानी लिखिए, जिसके अंत में यह वाक्य लिखा गया हो—"अंततः मैं अपनी योजना में सफल हो सका/हो सकी।" **(ICSE 2018)**

उत्तर **कहानी** मैं बचपन में अकसर अपने दादा जी से एक बात सुना करता था कि तुम्हारा जीवन तभी सफल है, जब तुम दूसरों के काम आ सको। तब ये बातें मेरे समझ नहीं आती थीं। लेकिन पिछले दिनों मेरे साथ एक ऐसी घटना घटी जिसने मुझे अंदर तक झकझोर दिया और दादा जी की बातें बार-बार स्मरण होकर अपनी सत्यता को सिद्ध करने लगी।

उस रात मैं ऐसे ही टहलने के लिए घर से बाहर निकला। मन में पहले से ही बहुत-सी बातों को लेकर उधेड़-बुन चल रही थी, तभी अचानक मेरी नजर सड़क की दूसरी ओर बने कूड़ेदान पर पड़ी। मैंने देखा वहाँ सात से आठ साल के कुछ बच्चे कूड़ा उठा रहे थे। एकदम से मेरी नजर एक बच्चे पर आकर रुक गई। मैं सड़क पार करके उनके पास गया तो देखा वह बच्चा कूड़ेदान में फेंकी गई खाने से भरी हुई पॉलिथीन ढूँढ़ रहा था और उनमें से खाना निकालकर खा रहा था। मेरा शरीर उस दृश्य को देखकर नि:स्तब्ध रह गया।

पूरे रास्ते मेरे मन में वही दृश्य चलता रहा। मैंने घर पहुँचकर निर्णय किया कि भूख से तड़पते इन बच्चों के लिए अपने स्तर पर कुछ-न-कुछ कार्य अवश्य करूँगा। मैंने अपने कुछ साथियों को इस घटना के विषय में बताया और मिलकर उनकी सहायता करने के लिए कहा। मैंने उन्हें सुझाव दिया कि हम लोग शाम के समय मोहल्ले के ढाबों और रेस्टोरेंट से उनका बचा हुआ खाना सस्ते दामों पर खरीदकर इन बच्चों में बाँट देंगे। सभी ने मेरे निर्णय की प्रशंसा करते हुए अपने स्तर पर सहयोग करने की बात कही। अगले दिन शाम को हमने अपनी योजना अनुसार कार्य किया और कुछ बच्चों को भोजन कराया। अंततः अपने दोस्तों की सहायता से मैं अपनी योजना में सफल हो सका।

सीख इस कहानी से हमें सीख मिलती है कि यदि संभव हो तो हमें ऐसे लोगों के लिए अवश्य कुछ कार्य करना चाहिए, जो भरपेट भोजन करने में भी असमर्थ हैं। भूखे को खाना खिलाना सबसे बड़ा परोपकार है।

एक्सपर्ट्स कमेंट्स

- अधिकांश छात्रों द्वारा कहानी के लिए आवश्यक बिंदुओं की अवहेलना की गई। छात्रों द्वारा लिखी गई कहानी में मौलिकता व रोचकता का अभाव पाया गया। भाषा बड़ी सरल व साधारण प्रयोग की गई।
- भाषा संबंधी अशुद्धियों के साथ-साथ मुहावरों के प्रयोग पर बल नहीं दिया गया।
- अधिकाशं छात्रों ने प्रस्तावना तथा उपसंहार पर यथोचित ध्यान नहीं दिया।

स्टूडेंट्स के लिए एडवाइज़

- छात्रों को कक्षा में कहानी-लेखन का अभ्यास तथा कहानी-लेखन से संबंधित मुख्य बिंदुओं को याद रखना चाहिए।
- छात्रों को कहानी में **भूमिका, निष्कर्ष, मौलिकता** तथा **रोचकता** लाने पर बल देना चाहिए। भाषा संबंधी त्रुटियाँ दूर करने के लिए निरंतर अभ्यास की आवश्यकता होती है। अत: छात्रों को निरंतर काल्पनिक कहानियों का अभ्यास करते रहना चाहिए।
- छात्रों को मुहावरों तथा अच्छी भाषा के प्रयोग पर बल देना चाहिए।

7. अरे मित्र! "तुमने तो सिद्ध कर दिया कि तुम ही मेरे सच्चे मित्र हो।" इस पंक्ति से आरंभ करते हुए कोई कहानी लिखिए। **(ICSE 2017)**

उत्तर **भूमिका** अरे मित्र! "तुमने तो सिद्ध कर दिया कि तुम ही मेरे सच्चे मित्र हो।" यही कथन था उस दिन मनोज का जब सुरेंद्र ने उसे कुछ अज्ञात हमलावरों से बचाया था।

कहानी मनोज और सुरेंद्र दोनों बहुत अच्छे मित्र थे। दोनों की आयु में भी कोई ज्यादा अंतर नहीं था। दोनों बचपन से एक साथ रहे थे, एक साथ खेलते, स्कूल जाते थे तथा एक साथ ही दोनों ने कॉलेज में प्रवेश लिया। उनकी मित्रता के चर्चे पूरे गली-मोहल्ले में हुआ करते थे। किसी एक को ढूँढ़ना हो, तो दूसरा अपने आप मिल जाता था।

घटना उस रात की थी जब मनोज के कॉलेज में पार्टी थी और उसे घर आने में देरी हो गई। बस स्टैंड से घर की दूरी ज्यादा तो नहीं थी, लेकिन रास्ते में रोशनी न होने के कारण पूरे रास्ते में अँधेरा और सन्नाटा पसरा रहता था।

मनोज जब घर की ओर लौट रहा था, तो दोनों ओर खड़ी ऊँची-ऊँची झाड़ियों से उसे किसी के गुजरने की आवाज़ आई। वह डर तो रहा था, लेकिन फिर भी वहाँ उस आवाज के बारे में जानने के लिए रुक गया। उसने झाड़ियों की ओर कान लगाकर सुनने की कोशिश की, पर उसे कुछ सुनाई नहीं दिया और वह उस आवाज को भ्रम मानकर आगे बढ़ गया।

वह थोड़ी दूर ही आगे बढ़ा था कि उसे वह आवाज फिर से सुनाई दी, लेकिन इस बार वह जैसे ही पीछे मुड़ा वैसे ही कुछ लोगों ने उस पर हमला कर दिया और उससे उसका मोबाइल व पैसे छीनने लगे। मनोज उनसे लड़ता रहा और ज़ोर-ज़ोर से मदद के लिए पुकारने लगा। वहाँ से सुरेंद्र के घर की दूरी ज्यादा न होने के कारण सुरेंद्र बाहर से आने वाले शोर को सुनकर घर से बाहर निकला और टॉर्च लेकर उसी रास्ते की ओर चल दिया, जहाँ से आवाज आ रही थी। थोड़ी दूर ही चलने पर उसने मनोज को पहचान लिया और ज़ोर-ज़ोर से आवाज लगाते हुए गली के अन्य लोगों को बुलाकर मनोज की मदद करने के लिए पहुँच गया। जैसे ही मनोज पर हमला करने वाले बदमाशों ने लोगों को आते देखा वे मनोज को छोड़कर भाग गए।

सुरेंद्र ने जख्मी हालत में रास्ते पर पड़े मनोज को उठाया और उसे घर लेकर आ गया। ऐसी मुसीबत की घड़ी में अपनी मदद के लिए पहुँचे सुरेंद्र का धन्यवाद करते हुए उस दिन मनोज ने कहा था अरे मित्र! "तुमने तो सिद्ध कर दिया कि तुम ही मेरे सच्चे मित्र हो।"

सीख इस कहानी से हमें यह सीख मिलती है कि एक सच्चा मित्र ही मुसीबत में पड़े मित्र के काम आता है तथा उसकी सहायता करता है। वास्तव में, सच्चा मित्र वही है, जो संकट में पड़े मित्र की सहायता करे।

8. 'वही मनुष्य है कि जो मनुष्य के लिए मरे' उक्ति को आधार बनाकर एक कहानी लिखिए। **(ICSE Spec 2017, 2011)**

उत्तर **"वही मनुष्य है कि जो मनुष्य के लिए मरे"**

सृष्टि के प्रारंभ से ही हम दो प्रकार के मानवों से परिचित होते आए है, जिनमें प्रथम हैं सत्य और मानवीय गुणों से युक्त मानव और द्वितीय है असत्य मार्गी और राक्षसीय गुणों से युक्त मानव। यह शाश्वत सत्य है कि बुराई पर भलाई की सदा जीत होती है। सत्य के मार्ग पर चलने वाला, गुणी और मानवतावादी दृष्टिकोण रखने वाला मनुष्य सदा श्रेष्ठ होता है। जो इंसान मनुष्यता की भलाई के लिए स्वयं के जीवन को भी झोंक देता है, वह मनुष्य देवता के समान है और वही श्रेष्ठ मानव है। ऐसी ही एक घटना कुछ दिन पहले घटी, जिसने मेरे मन-मस्तिष्क को बहुत ज़्यादा प्रभावित किया है।

कहानी पिछले महीने मैं अपने परिवार के साथ मनाली घूमने गया था और बस में हमारे साथ तीस छात्रों का एक समूह भी था, जो अपने दो अध्यापकों के साथ पिकनिक मनाने आया था। हमने दो दिन एक साथ गुज़ारे और विभिन्न दर्शनीय स्थलों के दर्शन किए। तीसरे दिन हम सब एक साथ व्यास नदी के समीप भ्रमण के लिए गए। मेरे पिताजी ने नदी के बीच में जाने से मना कर दिया, परंतु उस समूह के 15 छात्र नदी के बीच में जाकर फोटोग्राफ़ी करने लगे। कुछ समय उपरांत अचानक तीव्र गति से नदी का जल स्तर बढ़ गया। सभी छात्र चिल्लाने लगे। चारों ओर हाहाकार मच गया। छात्र स्वयं को बचाने के लिए विशाल पत्थर को पकड़े थे। कोई भी छात्रों को बाहर निकालने की हिम्मत न दिखा सका। तभी अचानक दो युवा फरिश्ता बनकर आए और नदी में कूद गए, उन्होंने कठिन संघर्ष करके उन छात्रों को रस्सी द्वारा बाहर निकाला। अब अंतिम छात्र को निकालना शेष था। बचाव करने वाला एक युवा बेहद थक चुका था, किंतु उसने हिम्मत नहीं हारी और उस छात्र को किनारे तक पहुँचा दिया, लेकिन काल के चक्र से वह स्वयं को न बचा सका। अंतिम लहर की तेज़ गति से वह लहरों में समा गया। अगले दिन उसका शव गोताखोरों को प्राप्त हुआ। वह युवा अपने प्राणों की परवाह किए बिना 15 छात्रों की जान बचा गया। इस पूरे दृश्य ने हम सबकी आँखों को नम कर दिया और न भूलने वाली घटना

हमारे मन-मस्तिष्क में कैद हो गई। उस युवा के त्याग ने हमें नमन करने को मज़बूर कर दिया और यह कहावत चरितार्थ कर दी कि

''वही मनुष्य है कि जो मनुष्य के लिए मरे''

9. नीचे लिखी उक्ति को आधार बनाकर एक कहानी लिखिए।

''मजहब नहीं सिखाता, आपस में बैर रखना।'' **(ICSE 2016)**

उत्तर उक्ति का अर्थ ''मजहब नहीं सिखाता, आपस में बैर रखना'' इस उक्ति का अर्थ यह है कि कोई भी धर्म आपस में भेदभाव करने का पाठ नहीं पढ़ाता।

मानव की उस असीम शक्ति में गहरी आस्था रही है और यह शाश्वत सत्य है कि सभी मानव एक ही ईश्वर की संतानें हैं। विभिन्न धर्मों से संबंधित होने के कारण सबकी धर्म संबंधी मान्यताएँ अलग-अलग हैं, परंतु सबका ध्येय एक ही है, उस परमपिता की प्राप्ति और साथ ही श्रेष्ठ कार्यों द्वारा अमन-चैन की प्राप्ति।

इसी उक्ति से संबंधित एक कहानी प्रस्तुत है

कहानी तीन मित्र थे–राम, असलम और गुरमीत। वे सब एक-दूसरे के घर सभी त्योहारों, उत्सव और विवाह समारोह में सपरिवार सम्मिलित होते थे। उनकी इस एकता से कुछ राजनेता खिन्न थे। वे अपने स्वार्थवश इनमें द्वेष भावना पैदा करने का प्रयास करते और तीनों को उनके धर्म और दंगों से संबंधित बातें बताकर भड़काने की कोशिश करते थे। वे तीनों थोड़ा विचलित होने लगे। उनका मिलना-जुलना लगभग खत्म हो गया, पर वे द्वेष भावना का शिकार नहीं हुए।

वे एक-दूसरे के धर्म का सम्मान करते थे, क्योंकि वे अच्छी तरह जानते थे कि धर्म कभी बाँटता नहीं, बल्कि जोड़ता है। धर्म तो मानवीय पथ पर चलने की प्रेरणा देता है। तभी ईद के दिन, राम और गुरमीत सपरिवार असलम के घर पहुँचते हैं और सबको ईद की मुबारकबाद देते हैं। कुछ दिन पश्चात् दीपावली के अवसर पर असलम भी सपरिवार गुरमीत और राम के घर मुबारकबाद देने आता है। तीनों परिवार खुशी-खुशी समय व्यतीत करते हैं तथा मिठाई व पकवानों का आनंद लेते हैं। उपरोक्त घटना ने इस उक्ति को साक्षात् कर दिया

''मजहब नहीं सिखाता, आपस में बैर रखना।''

सीख प्रस्तुत कहानी से हमें यह सीख मिलती है कि धर्म के आधार पर भेदभाव करना अनुचित है। अतः हमें सभी धर्मों का आदर करना चाहिए और मिल-जुलकर रहना चाहिए।

10. एक मौलिक कहानी लिखिए जिसका आधार निम्नलिखित उक्ति हो-"मन के हारे हार है, मन के जीते जीत।" **(ICSE 2015)**

उत्तर उक्ति का अर्थ ''मन के हारे हार है, मन के जीते जीत'' प्रस्तुत उक्ति का अर्थ है–यदि हमारे मन में किसी कार्य के प्रति दृढ़ संकल्प है, तो कोई भी कार्य असंभव नहीं है। यदि हमारे मन ने हार मान ली तो हार निश्चित हो जाएगी और यदि हमारे मन में आत्मविश्वास है, जीतने की इच्छा है तो जीत निश्चित होती है। यह उक्ति निम्नलिखित कहानी द्वारा स्पष्ट रूप से समझी जा सकती है।

कहानी एक बार की बात है, दो राजाओं के बीच भयंकर युद्ध हुआ। जैसा होता है कि युद्ध में एक की ही विजय होती है और एक की हार निश्चित होती है।

इस युद्ध में भी ऐसा ही हुआ। एक राजा इस युद्ध में हार गया। उसे जन-धन की बहुत हानि हुई। उसके सैनिक पराजित राजा को ढूँढ़ रहे थे। पराजित राजा अपना जीवन बचाने के लिए भागा-भागा फिर रहा था। उसने छिपते-छिपाते एक गुफा में शरण ली। वह मन से पूरी तरह पराजित हो चुका था। गुफा में छिपा हुआ भी वह मानो अपनी मृत्यु की प्रतीक्षा कर रहा था। उसे इस बात का पूरा विश्वास था कि शत्रु की तलवार कभी भी उसका काम तमाम कर देगी। वह इन्हीं विचारों में खोया हुआ था कि उसकी नज़र एक मकड़ी पर पड़ी, जो गुफा के दरवाजे पर जाला बनाने में व्यस्त थी, उसकी कोशिशें बार-बार नाकाम साबित हो रही थीं, लेकिन उसने प्रयास करना नहीं छोड़ा। राजा ने सोचा कि वह बेकार ही प्रयत्न कर रही है। भला आधार के बिना जाला कैसे बन सकता है, लेकिन थोड़ी देर बाद राजा ने देखा कि मकड़ी जाला बनाने में सफल हो गई। कुछ ही समय में पूरी गुफा के मुँह पर जाला बनाया जा चुका था। तभी शत्रु सैनिक वहाँ आ पहुँचे, लेकिन खोह के मुँह पर मकड़ी का जाला बना देख लौट गए। करीब आई हुई मृत्यु तो टल गई, पर राजा एक गहरे विचार में पड़ गया। उसने सोचा कि मैं स्वयं तन-मन से पराजित था। अतः मैंने मकड़ी को भी हारा हुआ मान लिया, लेकिन वह छोटी-सी मकड़ी हारी हुई नहीं थी। वह बार-बार गिरकर भी निराश और परास्त नहीं हुई। क्या मैं मनुष्य होकर भी इस मकड़ी से दुर्बल हूँ? उसने अपने मन को मजबूत किया और संकल्प लिया कि वह अपने शत्रुओं को अवश्य पराजित करेगा। वह तुरंत उस गुफा से बाहर आया। अब वह एक हताश-निराश, पराजित राजा नहीं था, वरन् मजबूत इरादे वाला व्यक्ति था, जिसे हर हाल में विजय प्राप्त करनी थी। उसने अपने साथियों को एकत्र किया और अंत में अपने शत्रु को हराकर अपना राज्य पुनः प्राप्त किया। अतः यह सच ही है कि

"मन के हारे हार है, मन के जीते जीत"

सीख प्रस्तुत कहानी से हमें यह शिक्षा मिलती है कि हमें अपने मन को मजबूत और दृढ़-संकल्प करके कार्य करना चाहिए, तभी हमें सफलता प्राप्त हो सकती है।

11. "संगठन में शक्ति होती है" कहावत को आधार बनाकर मौलिक कहानी लिखिए।

उत्तर उक्ति का अर्थ ''संगठन में शक्ति होती है'' अर्थात् साथ मिलकर बड़े से बड़ा कार्य भी आसानी से संभव हो जाता है, इसलिए कहा गया है ''शक्ति ही जीवन है।'' हमें आशावादी, दृढ़ व अनुकूल विचारों को अपनाकर एक साथ संगठन में रहकर कर्म करना चाहिए। संगठन में शक्ति होती है, अकेला व्यक्ति उचित प्रकार से कार्य नहीं कर सकता। इसे निम्न कहानी द्वारा भली प्रकार समझा जा सकता है।

कहानी एक बार अँगुलियों का आपस में झगड़ा हो गया। पाँचों स्वयं को दूसरे से बड़ा सिद्ध करने में लगी थीं। अँगूठा बोला मैं सबसे बड़ा हूँ, उसके पास वाली अँगुली बोली मैं सबसे बड़ी हूँ। इसी प्रकार स्वयं को एक-दूसरे से बड़ा सिद्ध करने में जब निर्णय नहीं हो पाया, तो वह सब अदालत में गए। न्यायाधीश ने सारी बात सुनी और सबसे कहा कि आप लोग सिद्ध करो कि आप कैसे बड़े हैं। अँगूठे ने कहा, मैं सबसे ज्यादा पढ़ा-लिखा हूँ, क्योंकि लोग मुझे हस्ताक्षर के लिए प्रयोग करते हैं। पास वाली अँगुली बोली मुझे लोग किसी इंसान की पहचान करने के तौर पर उपयोग करते हैं।

उसके पास वाली ने कहा कि आप लोगों ने मुझे नापा नहीं अन्यथा मैं ही सबसे बड़ी हूँ। उसके पास वाली अँगुली बोली मैं सबसे ज्यादा अमीर हूँ, क्योंकि लोग हीरे और जवाहरात की अँगूठी मुझमें ही पहनाते हैं। तभी अंतिम अर्थात् पाँचवीं अँगुली बोली मैं सबसे

ताकतवर हूँ, क्योंकि भगवान श्रीकृष्ण ने मेरे द्वारा ही गोवर्धन पर्वत उठाया था। तभी न्यायाधीश ने एक रसगुल्ला मँगवाया और अँगूठे को उठाने के लिए कहा। अँगूठे ने भरपूर जोर लगाया, लेकिन रसगुल्ला नहीं उठा सका तब सारी अँगुलियों ने एक-एक करके कोशिश की, लेकिन सब विफल रहीं।

अंत में न्यायाधीश ने सबको मिलकर रसगुल्ला उठाने को कहा, तो झट से सबने मिलकर रसगुल्ला उठा दिया, तब न्यायाधीश ने कहा कि तुम सब एक-दूसरे के बिना अधूरे हो, अकेले रहकर तुम्हारी शक्ति का कोई अस्तित्व नहीं है, जबकि संगठित रहकर तुम कठिन-से-कठिन काम आसानी से कर सकते हो। इसी प्रकार यदि एक लकड़ी को तोड़ा जाए, तो वह आसानी से टूट सकती है, परंतु यदि लकड़ियों को एकत्रित कर उसे मजबूती से बाँध दें, तो उन लकड़ियों के गट्ठे को तोड़ पाना असंभव है।

सीख एक साथ मिलकर संगठन में रहकर किसी भी कार्य को उचित प्रकार से किया जा सकता है। कहा जाता है–''संगठन में शक्ति होती है'' अकेला चना कभी भाड़ नहीं फोड़ सकता।

12. **''लालच बुरी बला है'' उक्ति को आधार बनाकर मौलिक कहानी लिखिए।**

उत्तर **उक्ति का अर्थ** ''लालच बुरी बला है'' अर्थात् मनुष्य लालच के वशीभूत होकर पथ-भ्रष्ट हो जाता है। इस उक्ति को पढ़कर एक कहानी स्मरण हो आती है, जो निम्न प्रकार है

कहानी एक गाँव में एक सेठ रहता था। उसके बंगले के पास एक गरीब मोची की छोटी-सी दुकान थी। उस मोची की आदत थी कि वह, जब भी जूते सिलता भगवान का भजन करता था, लेकिन सेठ का भजन की तरफ कोई ध्यान नहीं था। एक दिन सेठ व्यापार के सिलसिले में विदेश गया। घर लौटते समय उसकी तबीयत बहुत खराब हो गई, पैसे की कमी न होने से देश-विदेश से डॉक्टरों को बुलाया गया, पर कोई भी सेठ की बीमारी का इलाज नहीं कर सका। अब सेठ की तबीयत इतनी अधिक खराब हो गई कि वह चल भी नहीं पाता था। एक दिन बिस्तर पर लेटे हुए उसे मोची के भजन गाने की आवाज सुनाई दी, उसे आज मोची के भजन अच्छे लग रहे थे।

सेठ भजन सुनकर ऐसा मंत्र मुग्ध हो गया कि उसे लगा जैसे उसे साक्षात् परमात्मा के दर्शन हो गए। मोची का भजन सेठ को उसकी बीमारी से दूर ले जा रहा था। भगवान के भजन में लीन होकर वह अपनी बीमारी भूल गया और उसे आनंद की प्राप्ति हुई तथा उसके स्वास्थ्य में भी सुधार आने लगा। एक दिन सेठ ने मोची को बुलाकर ₹ 1000 का इनाम देते हुए कहा कि मेरी बीमारी का इलाज बड़े-से-बड़े डॉक्टर नहीं कर पाए, पर तुम्हारे भजन ने यह काम कर दिया मैं तुम्हें रहने के लिए एक घर भी दूँगा। मोची इनाम पाकर बहुत खुश हुआ, वह रात-दिन पैसों के और घर के बारे में सोचता रहा। अगले दिन वह काम पर भी नहीं गया। लालच के कारण धीरे-धीरे उसकी दुकानदारी चौपट होने लगी, उधर सेठ की बीमारी फिर से बढ़ती जा रही थी। मोची को जब लालच का एहसास हुआ, तो वह सेठ को पैसे वापस करने के लिए सेठ के बंगले में आया। उसने सेठ से निवेदन किया कि आप यह पैसे वापस रख लीजिए, मुझे आपका घर भी नहीं चाहिए, क्योंकि इसके कारण मेरा धंधा चौपट हो गया है, मैं भजन भूल गया हूँ। इस धन ने मेरा परमात्मा से नाता तुड़वा दिया। मोची पैसे वापस करके पुन: अपने काम में जुट गया।

वस्तुत: पैसों और घर के लालच ने मोची का पथ-भ्रष्ट कर दिया था। वह अपने काम को यहाँ तक कि परमात्मा को भी भूलकर पैसों और घर के लालच में ही डूब गया था। अंत में मोची जान गया था कि ''लालच बुरी बला है।''

सीख इस कहानी से हमें यह सीख मिलती है कि हमें लालच नहीं करना चाहिए, क्योंकि लालच बुरी बला है।

13. **''सावधानी हटी और दुर्घटना घटी'' कहावत के आधार पर मौलिक कहानी लिखिए।**

उत्तर **उक्ति का अर्थ** ''सावधानी हटी और दुर्घटना घटी'' उक्ति का अर्थ है कि जब सावधानी नहीं बरती जाती, तब दुर्घटनाएँ घट जाती हैं। मनुष्य आज अपने जीवन में इतना अधिक व्यस्त हो गया है कि वह जल्द-से-जल्द अपने कार्य पूर्ण कर लेना चाहता है। देश में वाहनों की संख्या में प्रतिदिन वृद्धि होती जा रही है। सड़कों पर ट्रैफिक (परिवहन) इतना अधिक हो गया है कि कभी-कभी 15 मिनट की दूरी के लिए 45 मिनट या उससे भी अधिक समय लग जाता है। घंटों जाम में फँसकर व्यक्ति तीव्र गति से वाहनों को चलाते हैं, जिससे दुर्घटनाओं की संभावना बढ़ जाती है, क्योंकि मनुष्य कम-से-कम समय में ज्यादा-से-ज्यादा कार्य कर लेना चाहता है।

अत्यधिक ट्रैफिक होने के साथ-साथ लोग भी लापरवाह होते जा रहे हैं। सड़क पर तीव्र गति से वाहनों को चलाते समय लोग ट्रैफिक के नियमों का पालन नहीं करते। दो पहिए वाले वाहनों को चलाते समय हैलमेट आदि का प्रयोग नहीं करते, तो दूसरी ओर कार, बस, स्कूटर आदि चलाने वाले व्यक्ति शराब पीकर वाहन चलाते हैं, यही सब खामियाँ दुर्घटना को अंजाम देती हैं।

कहानी एक दिन ऐसी ही दुर्घटना सड़क के चौराहे पर हुई, जिसमें तेज रफ़्तार से चली आ रही कार की साइकिल से टक्कर हो गई। टक्कर होने से साइकिल सवार व्यक्ति सड़क के दूसरी ओर जा गिरा। साइकिल पूरी तरह क्षतिग्रस्त हो गई। कार चालक को भी बुरी तरह चोट आई। यह दुर्घटना तीव्र गति से वाहन चलाने व ट्रैफिक नियम का पालन न करने से हुई। घटनास्थल पर उपस्थित लोगों ने दोनों व्यक्तियों को पास के ही अस्पताल में पहुँचाया। घटनास्थल पर पुलिस कुछ देर पश्चात् आई। पुलिस ने उन व्यक्तियों का पूरा ब्यौरा लिखा साथ ही कुछ चश्मदीद गवाहों से पूछताछ कर रिपोर्ट तैयार की। अस्पताल में पीड़ित व्यक्तियों का इलाज करवाया गया। इस दुर्घटना ने सभी को एक सीख दी, जैसे ही सावधानी हटती है वैसे ही दुर्घटना घटित हो जाती है।

सीख हमें निजी वाहनों का प्रयोग कम-से-कम करना चाहिए। सड़क पर चलते समय मोबाइल आदि का प्रयोग नहीं करना चाहिए। सबसे महत्वपूर्ण बात यह है कि दुर्घटना होने पर हमें घायल व्यक्ति की सहायता करनी चाहिए, उसे जल्द-से-जल्द अस्पताल ले जाना चाहिए, ताकि उसकी जान बचाई जा सके। यह प्रत्येक नागरिक का कर्तव्य और दायित्व होना चाहिए। अतः सड़क पर वाहनों को चलाते समय हमें हमेशा निम्न उक्ति का स्मरण रखना चाहिए–

''दुर्घटना से देर भली।''

14. **''अभिमान विनाश का कारण है'' इस उक्ति को आधार बनाकर कहानी लिखिए।**

उत्तर **उक्ति का अर्थ** ''अभिमान विनाश का कारण है'' इस उक्ति का अर्थ है कि घमंड और अहंकार व्यक्ति को विनाश की ओर ले जाता है। अभिमान विनाश का कारण होता है, यह बिलकुल सटीक कथन है। महाभारत, रामायण आदि धार्मिक ग्रंथों में इस तथ्य को

उजागर किया गया है। रावण ज्ञानी, बलशाली और शक्तिशाली होते हुए भी अपने अभिमान, अहंकार के कारण अजेय रहा। रावण का अहंकार, उसके पतन का कारण बना। ऐसी ही एक कहानी अभिमानी व्यक्ति के घमंड को चूर करती है।

कहानी एक नगर में दो अत्यंत धनवान व्यक्ति रहते थे। एक व्यक्ति का स्वभाव विनम्र था, वहीं दूसरा व्यक्ति धनी होने के कारण अभिमानी था। अभिमानी व्यक्ति किसी की सहायता नहीं करता था, उसे अपने बड़प्पन पर घमंड था, वहीं दूसरी ओर विनम्र धनी व्यक्ति विनम्रतापूर्वक सबकी सहायता करने के लिए हमेशा तत्पर रहता था। एक दिन अचानक रात को अभिमानी व्यक्ति की साँप के काटने से तबीयत बिगड़ने लगी। उस समय उसके पास घर का कोई सदस्य नहीं था। वह दर्द से कराह रहा था। साँप का ज़हर उसके शरीर में फैलता जा रहा था, तभी एक गरीब किसान ने वहाँ से गुजरते हुए घर से आ रही आवाज़ सुनी। उसने पास जाकर देखा तो उस अभिमानी व्यक्ति की हालत बिगड़ती जा रही थी। उसने तुरंत साँप का विष निकाला और विनम्र धनी व्यक्ति को सूचित किया और वह उसी समय उस व्यक्ति को अस्पताल ले गया तथा उसकी जान बचा ली तभी अभिमानी व्यक्ति को अपने अभिमान पर पश्चाताप हुआ उसने सबसे माफी माँगी और सबको धन्यवाद दिया।

सीख वस्तुतः यह कहानी हमें संदेश देती है कि जो लोग घमंड और अहंकार में रहते हैं, उनका सर्वथा सर्वनाश होता है और जो व्यक्ति शक्तिशाली, बलशाली होने पर घमंड न करके सबकी सहायता करते हैं, वे सर्वथा विजयी होते हैं।

15. एक मौलिक कहानी लिखिए, जिसका आधार निम्नलिखित उक्ति हो
''परिश्रम ही सफलता का सोपान है।'' **(ICSE 2013)**

उत्तर **उक्ति का अर्थ** ''परिश्रम ही सफलता का सोपान है'' इस उक्ति का अर्थ है कि मेहनत करने से ही सफलता मिलती है। वर्तमान युग कर्म प्रधान है। प्रत्येक इंसान अपने कर्म और मेहनत के बल पर ही अपना भविष्य निर्मित करता है। कुछ लोग जन्मजात प्रतिभाशाली होते हैं, परंतु वे निरंतर कठिन मेहनत के बल पर ही कामयाबी पाते हैं, जो परिश्रम से जी चुराते हैं, वे अपने जीवन को नष्ट कर लेते हैं।

इस विषय को और बेहतर समझने के लिए एक कहानी प्रस्तुत है

कहानी मेरे मित्र के बड़े भाई ने वर्ष 1993 में एल.एल.बी. की परीक्षा पास की, परंतु घर की आर्थिक स्थिति ठीक न होने के कारण उन्होंने आगे की पढ़ाई छोड़कर नौकरी करनी आरंभ कर दी और साथ-साथ प्रतियोगी परीक्षाओं की तैयारी भी करने लगे।

वर्ष 2005 तक नियमित अध्ययन और मेहनत के बावजूद उन्हें कामयाबी नहीं मिली, परंतु उन्होंने हार नहीं मानी। एक वकील के अधीन कार्य करते हुए, उन्होंने एल.एल.एम. की परीक्षा दी और प्रथम श्रेणी से उत्तीर्ण हुए। उसके बाद पुनः एक अध्यापक के परामर्श से परीक्षाओं की तैयारी आरंभ की। उन्हें सफलता मिली और उन्होंने क्लर्क की नौकरी प्राप्त की। अब थोड़ा आर्थिक स्थिति में सुधार हो गया था, परंतु मन में अभी भी 'जज' बनने की इच्छाशक्ति कम नहीं हुई थी। उन्होंने पुनः स्वयं को अध्ययन करने के लिए तैयार किया। दिन में कार्यालय से आने के बाद वे रात 10 से 2 बजे तक प्रतिदिन मेहनत और लगन से परीक्षा की तैयारी करते थे। अपने शुरू के प्रयासों में उन्हें असफलता मिली, वह मायूस तो हुए, परंतु स्वयं पर उन्हें पूरा विश्वास था। अपने अंतिम प्रयास को लक्षित करते हुए उन्होंने 3 महीने के लिए कार्यालय से अवकाश लेकर दिन-रात अथक परिश्रम किया और परीक्षा दी।

2 महीने पश्चात् रिजल्ट आया और इस बार उनकी मेहनत और विश्वास का फल उन्हें मिला। उन्होंने प्रथम रैंक के साथ जज की परीक्षा पास की और परमात्मा की कृपा से उनको हमारे शहर में ही पद सँभालने का अवसर मिला। नियमित अभ्यास, कठोर परिश्रम और आत्मविश्वास से उन्हें लक्ष्य की प्राप्ति हुई।

सीख इस कहानी से हमें यह सीख मिलती है कि परिश्रम कभी निष्फल नहीं होता। मेहनत करने से ही सफलता पाई जा सकती है। ठीक ही कहा गया है, ''परिश्रम ही सफलता का सोपान है।''

16. एक मौलिक कहानी लिखिए, जिसका आधार निम्नलिखित उक्ति हो
''दूर के ढोल सुहावने'' **(ICSE 2010)**

उत्तर **उक्ति का अर्थ** ''दूर के ढोल सुहावने'' इस उक्ति का अर्थ है कि दूर से सब आकर्षक और लुभावना लगता है, लेकिन पास जाने पर ही वास्तविकता का पता चलता है। यह एक कटु सत्य है कि मानव का वास्तविक परिचय उसके व्यवहार व आचरण से ही पता चलता है, अन्यथा दूर से तो सब आकर्षक ही प्रतीत होते हैं। उपरोक्त उक्ति इसी का पर्याय है, जिसकी पुष्टि हेतु कहानी प्रस्तुत है।

कहानी मेरी माताजी के दूर के रिश्ते के भाई थे। माताजी उनका खूब सम्मान एवं प्रशंसा करती थीं। दस वर्षों के अंतराल के बावजूद वह उनसे पुराने स्नेह की उम्मीद रखती थीं। वह उनके बारे में सदैव यही कहती थीं कि वे अत्यंत नेक व मिलनसार हैं। माताजी जब भी उनसे फोन पर बात करतीं, तब वे उनके घर दिल्ली आने का मौखिक निमंत्रण देते रहते थे। इसी स्नेह को हकीकत मानकर माताजी उनका गुणगान करती रहती थीं। एक दिन उन्होंने उनसे मिलने का निश्चय कर लिया, इसकी सूचना उनको दे दी गई।

मैं माताजी सहित बस द्वारा दिल्ली की ओर रवाना हुआ। माताजी बेहद खुश और भावुक थीं। उन्होंने अत्यंत स्नेह से अपने हाथों से बने कुछ पकवान और एक स्वेटर साथ रख लिया। दिल्ली पहुँचने पर उन्हें सूचना दे दी गई थी, परंतु उन्होंने व्यस्तता दिखाते हुए थोड़ा इंतज़ार करने को कहा। इस घटना से माताजी थोड़ी विचलित हुईं, परंतु मेरे समझाने पर शांत हो गईं। एक घंटे पश्चात् उनका ड्राइवर अकेले आया, जबकि वे घर पर मौजूद थे।

हम उनके घर पहुँचे, ड्राइवर ने हमें बैठक में बैठाया। कुछ समय पश्चात् उनके आने पर माताजी अत्यंत भावुक हो गईं और हालचाल पूछा, परंतु उनके व्यवहार से ऐसा प्रतीत हुआ कि वे हमसे मिलकर ज्यादा प्रसन्न नहीं हुए, तब माताजी ने उन्हें सस्नेह पकवान तथा स्वेटर भेंट किए, परंतु उन्होंने कोई बहाना बनाते हुए वह भेंट ड्राइवर को दे दी।

इस घटनाक्रम से माताजी का हृदय व्यथित हो चुका था। मैंने तब माँ को सँभाला और यथार्थ को समझाने की कोशिश की। अब वहाँ ठहरना माताजी को कष्टप्रद हो रहा था। हमने किसी तरह रात गुजारी और अगले दिन प्रातःकाल ही अपने घर के लिए प्रस्थान कर गए। घर पहुँचने पर मैंने माताजी को सांत्वना दी, तब माताजी शांत हुईं। मुझे उस समय माताजी पर स्नेह और हँसी आ रही थी। मैंने उन्हें स्पष्टतः समझाया कि देखा आज यह उक्ति चरितार्थ हो गई है कि

''दूर के ढोल सुहावने होते हैं।''

सीख इस कहानी से हमें यह सीख मिलती है कि दूर से अच्छी और लुभावनी लगने वाली प्रत्येक वस्तु और व्यक्ति अच्छा नहीं होता। अतः जो हमारे पास है, उसका महत्त्व समझना चाहिए।

03

चित्र वर्णन

लेखन कला में चित्र वर्णन एक महत्त्वपूर्ण कला है। किसी भी चित्र को देखकर संक्षेप में उसका सर्वाधिक उपयुक्त वर्णन करना भाषा कौशल, कल्पनाशक्ति, शब्दों पर अधिकार आदि को प्रकट करता है। चित्र को देखकर उसका वर्णन करना इस बात को भी प्रमाणित करता है कि किसी भी विषय पर शीघ्रातिशीघ्र किस प्रकार लेखन किया जा सकता है।

चित्र वर्णन के समय ध्यान रखने योग्य बातें

- सबसे पहले चित्र का भली-भाँति अवलोकन कर लेना चाहिए, जिससे ताकि उसके हर पक्ष को अच्छी तरह से समझा जा सके।
- कई बार चित्रों के साथ शब्दों की सूची भी दी जाती है। ऐसे में उन शब्दों का चित्रों के साथ मिलान करते हुए इस पर विचार करें कि किस प्रकार अपनी बात को रोचक तरीके से कहा जाए।
- भाषा सरल तथा स्पष्ट होनी चाहिए। वाक्य न अधिक बड़े और न अधिक छोटे होने चाहिए।
- वाक्यों का चयन इस प्रकार होना चाहिए कि वे एक-दूसरे से संबंधित हों, न कि विरोधाभासी तथ्यों को प्रकट कर रहे हों।
- यदि चित्र के साथ शब्द सूची दी हुई है, तो उन शब्दों में आवश्यकतानुसार लिंग, वचन, कारक, काल आदि का परिवर्तन किया जा सकता है। इस बात का विशेष ध्यान रहे कि चित्र में जो बात कही जा रही है, उसका मूलभाव परिवर्तित न हो।
- चित्र में स्थित एक ही भाव अथवा विचार को आगे बढ़ाना चाहिए।
- चित्र वर्णन में भूमिका अथवा उपसंहार आदि की आवश्यकता नहीं होती। अत: इससे बचना चाहिए।
- यदि हो सके तो चित्र का केंद्रीय भाव प्रारंभ अथवा अंत में अवश्य लिखना चाहिए।
- लेखन संक्षिप्त, लेकिन सटीक एवं प्रभावी होना चाहिए।

PYQs विगत वर्षों के प्रश्न व महत्वपूर्ण प्रश्न

1. नीचे दिए गए चित्र को ध्यान से देखिए और चित्र को आधार बनाकर कोई लेख, घटना अथवा कहानी लिखिए, जिसका सीधा व स्पष्ट संबंध चित्र से होना चाहिए। **[ICSE 2023]**

उत्तर प्रस्तुत चित्र में कुछ बालिकाओं को दिखाया गया है। उनकी वेशभूषा देखकर ऐसा लग रहा है कि वे किसी सरकारी विद्यालय की बालिकाएँ हैं। चित्र में एक बालिका के हाथ में एक पोस्टर जैसा प्रतीत हो रहा है, जिस पर अखबार की कुछ कटिंग चिपकाई गई है, इसमें कुछ वाहनों के चित्र दिखाई दे रहे हैं। बालिकाओं की देखने की स्थिति से यह पता चल रहा है कि उनके सामने अध्यापक है जो उनको पढ़ा रहे हैं। जैसा की पोस्टर में वाहनों के चित्र दिखाई दे रहे हैं संभवतः अध्यापक उनको यातायात के साधनों के विषय में बता रहे हैं कि आज हम यातायात के साधनों द्वारा दूर-दूर तक बिखरे गाँवों को शहरों से जोड़ रहे हैं। यातायात के साधनों के विकास से राष्ट्र समृद्ध और शक्तिशाली बनता जा रहा है। यातायात के साधनों द्वारा तैयार माल, खाद्यान्न, कृषि उपजें तथा खनिज उत्पाद माँग के अनुसार, सुविधापूर्वक भेजे जाते हैं। सुरक्षा की दृष्टि से यातायात के साधनों का बहुत महत्त्व है। बाह्य आक्रमण के समय सेना तथा आवश्यक सामग्री लड़ाई के मोर्चे तक यातायात के साधनों द्वारा आसानी से पहुँचाई जाती है। आधुनिक युग अन्तर्राष्ट्रीय सम्पर्क का युग है। राष्ट्र का औद्योगिक तथा आर्थिक विकास यातायात के साधनों पर ही निर्भर करता है।

अतः हम कह सकते हैं कि यातायात के साधन जितने सुलभ और द्रुतगामी होंगे, देश में आर्थिक विकास भी उतनी ही तीव्रता से होगा।

2. **नीचे दिए गए चित्र को ध्यान से देखिए और चित्र को आधार बनाकर उसका परिचय देते हुए कोई लेख, घटना अथवा कहानी लिखिए, जिसका सीधा व स्पष्ट सम्बन्ध चित्र से होना चाहिए।**

(ICSE Spec 2023)

प्रस्तुत चित्र देखकर ऐसा प्रतीत होता है कि यह चित्र भारत के किसी पिछड़े हुए इलाके या गाँव का है। यहाँ किसी सार्वजनिक स्थान पर बैठकर सात बच्चें पत्तल पर रखकर खाना खा रहे हैं। पत्तल में खाने को देखकर ऐसा प्रतीत हो रहा है कि इन बच्चों के लिए ऐसे खाने का प्रबंध किया गया है, जिससे उनको आवश्यक पोषण मिल सकें।

भारत के कई राज्य ऐसे हैं, जहाँ पर बच्चों की लगभग आधी जनसंख्या गरीबी रेखा से नीचे के परिवारों में जीवन-यापन करती है। इस वजह से यह जनसंख्या कुपोषण का शिकार हो जाती है। इनको दिन में दो बार तो क्या, एक बार का खाना भी नहीं मिल पाता है। जिसके परिणामस्वरूप बच्चें कमजोर हो जाते हैं तथा अनेक बिमारियों का शिकार हो जाते हैं अर्थात् कुपोषित होते हैं। ऐसे में सरकार का यह प्रयास होना चाहिए कि वह गरीबी रेखा से नीचे जीवन-यापन करने वाले परिवारों को सरकारी सहायता उपलब्ध करवाएँ।

ऐसा कहा जाता है कि बच्चे देश का भविष्य होते हैं और उनमें देश को बदलने की क्षमता होती है, परंतु ऐसा तभी संभव होगा जब देश के प्रत्येक बच्चे को पोषण युक्त भोजन प्राप्त होगा।

इसके लिए देश एवं समस्त राज्यों की सरकारों तथा देश के सक्षम व्यक्तियों को आगे आकर हमारे बच्चों के हितों के लिए कार्य करने होंगे। तभी हमारे देश से गरीबी और कुपोषण को दूर किया जा सकता है।

अतः यह दृश्य इसी दिशा में उठाए गए एक कदम का चित्र हो सकता है।

3. **नीचे दिए गए चित्र को ध्यान से देखिए और चित्र को आधार बनाकर उसका परिचय देते हुए कोई लेख, घटना अथवा कहानी लिखिए, जिसका सीधा व स्पष्ट संबंध चित्र से होना चाहिए।**

(ICSE Sem II 2022)

प्रस्तुत चित्र में लड़की एक स्कूल की छात्रा लग रही है और प्रसन्न होकर एक पौधा लगा रही है। संभवतः उनके स्कूल में वन महोत्सव कार्यक्रम के दौरान पौधारोपण का कार्यक्रम हुआ होगा, जिसके अंतर्गत वह पौधा लगा रही है।

वस्तुतः वृक्ष हमारे जीवन की प्रमुख आवश्यकता है। यदि वृक्ष न होंगे तो हम नहीं रहेंगे। वृक्षों से हमारा अभिन्न संबंध है, जो निरंतर है। हमें वृक्षों की आवश्यकता सर्वोपरि होने के कारण हमें इनका रक्षण व रोपण करना चाहिए। मनुष्य का जीवन ऑक्सीजन पर निर्भर है, जो हमें साँस लेने के लिए आवश्यक है और ऑक्सीजन हमें शुद्ध तथा स्वच्छ हवा से प्राप्त होती है और यह शुद्ध व स्वच्छ हवा हमें वृक्षों के द्वारा ही प्राप्त होती है। अतः कहा जा सकता है कि वृक्ष ही हमारे जीवन का आधार है। वृक्ष के बिना मानव जीवन का धरती पर अस्तित्व ही नहीं रहेगा। यदि हमें पर्यावरण को बचाना है, तो पृथ्वी पर अधिकाधिक संख्या में पौधारोपण या वृक्षा रोपण करना होगा। प्रत्येक व्यक्ति का दायित्व है कि हमें अपने पूरे जीवन में कम-से-कम एक वृक्ष तो अवश्य लगाना चाहिए।

वृक्ष हमारे जीवन के प्रत्येक क्षेत्र में काम आते हैं। ये हमें फल, सब्जी ही प्रदान नहीं करते, बल्कि जीवन की सभी मूलभूत आवश्यकताओं की पूर्ति करते हैं।

मनुष्य अपने स्वार्थों की पूर्ति हेतु पृथ्वी से लगातार वनों को काटता जा रहा है। कृषि के लिए भूमि प्राप्त करना, घरों व कारखानों का निर्माण करना, फर्नीचर बनाने एवं लकड़ी का उपयोग ईंधन के रूप में करना आदि अपने अनेक स्वार्थों के लिए मनुष्य द्वारा वनों की कटाई की जा रही है, जिसके कारण वातावरण में प्रदूषण की मात्रा बढ़ती जा रही है, और स्वस्थ हवा प्रदूषित होती जा रही है। यदि ऐसा ही चलता रहा तो एक दिन पृथ्वी से सारे वृक्ष समाप्त हो जाएँगें और पृथ्वी पर साँस लेने के लिए स्वच्छ हवा नहीं बचेगी और पृथ्वी से जन-जीवन पूर्ण रूप से नष्ट हो जाएगा।

अतः आवश्यक है कि पृथ्वी पर प्रकृति का उचित संतुलन बनाए रखने हेतु हम निरंतर वृक्षारोपण करें, जिससे पृथ्वी पर वनों का अभाव न हो सके और पृथ्वी पर जीवन का अस्तित्व बना रहे। वृक्षारोपण ही एकमात्र यह विकल्प है कि पृथ्वी पर वनों का अभाव न हो। इसी गंभीर समस्या पर ध्यान देते हुए सरकार ने नई वन नीति की घोषणा करके वन महोत्सव की प्रेरणा दी। इससे वन रोपण के कार्य में तेजी आई है।

4. नीचे दिए गए चित्र को ध्यान से देखिए और चित्र को आधार बनाकर उसका परिचय देते हुए कोई लेख, घटना अथवा कहानी लिखिए। जिसका सीधा संबंध चित्र से होना चाहिए।

(ICSE Spect Sem II 2021)

प्रस्तुत चित्र में एक छोटी बालिका हाथ में एक बर्तन में दूध लेकर सामने बैठे कुत्ते को पिलाने का प्रयास कर रही है। कुत्ता शांत भाव से बैठा हुआ दिखाई दे रहा है। यह चित्र किसी सड़क का लग रहा है। इसमें बालिका का कुत्ते के प्रति प्रेम भाव स्पष्ट दिखाई दे रहा है। बचपन सबसे सुंदर समय होता है। इस समय बालक का मन साफ, स्वच्छ तथा निश्छल होता है। वह न केवल अपने परिवार, बल्कि अन्य प्राणियों के प्रति प्रेम भाव से परिपूर्ण होता है। यह चित्र मानवता का सबसे सुंदर उदाहरण प्रस्तुत कर रहा है। हमारे जीवन में पशु-पक्षी बहुत ही महत्त्वपूर्ण भूमिका निभाते हैं। हम जिस समाज में रहते हैं वहाँ गाय, कुत्ता आदि पशु दिखाई देते हैं। बहुत सारे लोग उनके प्रति अच्छा व्यवहार नहीं करते हैं, लेकिन यह हमारी नैतिक जिम्मेदारी बनती है कि हम पशुओं से प्रेम रखे तथा उनके साथ अच्छा व्यवहार करें। कुत्ता एक वफादार जानवर समझा जाता है। उसके प्रति हमारे मन में सहानुभूति होनी चाहिए। कभी-कभी देखा जाता है कि कुत्ता अपने मालिक के प्रति वफादारी व्यक्त करने हेतु अपनी जान तक खतरे में डाल देता है। हम जैसा उसे दिखाते हैं वह वैसा ही करता है। न केवल पालतू पशु, बल्कि सड़क पर घूमते आवारा पशु भी प्रेम के बदले प्रेम ही देते हैं। मनुष्य में सोचने, समझने तथा तर्क करने की शक्ति अन्य जीव जंतुओं से अधिक होती है। मनुष्य चालाक होता है, लेकिन जानवर चालाक नहीं होते। वह किसी से छल-कपट करना नहीं जानते। वह तो अपना कर्त्तव्य ईमानदारी से निभाते हैं। इसलिए हमें पशुओं से प्रेम रखना चाहिए। पशु भी प्रकृति का एक रूप हैं। अतः उन्हें भी प्रेम पाने का पूरा अधिकार है। हमें प्रत्येक जीव के प्रति प्रेम तथा दया भाव रखनी चाहिए। मानवता का यही धर्म है। पालतू पशुओं के साथ आवारा पशुओं का भी ध्यान रखना चाहिए।

5. नीचे दिए गए चित्र को ध्यान से देखिए और चित्र को आधार उसका परिचय देते हुए कोई लेख, घटना अथवा कहानी लिखिए, जिसका सीधा व स्पष्ट संबंध चित्र से होना चाहिए। **(ICSE 2020)**

प्रस्तुत चित्र में किसी ऐसे स्थल या क्षेत्र को दिखाया गया है, जहाँ अत्यधिक वर्षा होने के कारण या बाढ़ आने के कारण पानी भर गया है। इस चित्र में कुछ राहत बचाव दल के व्यक्ति दिखाई दे रहे हैं, जो वहाँ के लोगों को बाहर निकाल रहे हैं। वहाँ के घर एवं गाड़ियाँ पानी में डूबी हुई दिखाई दे रही हैं। बाढ़ एक प्राकृतिक आपदा है, जो वर्षा के अत्यधिक होने या किसी नदी के बाँध टूटने आदि के कारण आती है। अत्यधिक वर्षा होने के कारण जो बाढ़ आती है, उसे प्राकृतिक माना जाता है तथा बाँध टूटने के कारण आई बाढ़ को अप्राकृतिक माना जाता है। बाढ़ चाहे प्राकृतिक हो या अप्राकृतिक दोनों ही स्थिति में जनमानस को भारी हानि होती है।

बाढ़ आने के कारण वह क्षेत्र पानी में डूब जाता है। यहाँ तक कि कई बार स्थिति इतनी भयावह हो जाती है कि पशु या आदमी उस पानी में बह जाते हैं। वहाँ के लोगों के पास खाने-पीने व अन्य आवश्यक सामान का अभाव हो जाता है एवं यातायात ठप्प हो जाता है। कई लोग तो घर की छत पर रहने को विवश हो जाते हैं, क्योंकि उनके घरों में पानी भर जाता है और बिजली आदि की सुविधा भी समाप्त हो जाती है। वहाँ के लोगों की दशा दयनीय एवं असहनीय हो जाती है। कुछ लोगों को अपना घर छोड़कर सरकार द्वारा बनाए गए कैंप में रहना पड़ता है।

बाढ़ में फँसे लोगों तक राहत पहुँचाना सरल नहीं होता है फिर भी सेना के जवान एवं स्वयं सेवक संघ के लोग वहाँ के लोगों

तक खाने-पीने का सामान एवं अन्य आवश्यक वस्तुएँ पहुँचाते हैं। यहाँ तक कि वे वहाँ के लोगों को हेलीकॉप्टर या नाव की मदद से बाहर निकालकर सुरक्षित स्थल तक लाने का कार्य भी करते हैं। बचाव दल के सदस्य एवं भारतीय सेना एक मसीहा की भाँति ही उन तक राहत पहुँचाते हैं तथा उन्हें इस मुसीबत से बाहर निकालने का कार्य करते हैं।

बाढ़ आना एक प्राकृतिक आपदा है, जिसे हम मानव कभी नहीं रोक सकते हैं। लेकिन हम इस स्थिति से स्वयं को बचाने के लिए कुछ तैयारी कर सकते हैं। जिन क्षेत्रों में बाढ़ आने की संभावना अधिक होती है, वहाँ बड़े-बड़े बाँधों का निर्माण किया जा सकता है जिससे अत्यधिक मात्रा में जल को संचित किया जा सके तथा जल निकास का अधिक प्रयास किया जा सके। सरकार द्वारा आपदा की सूचना जनता तक पहुँचाने की व्यवस्था का निर्माण किया जाना चाहिए, जिससे कि लोगों को यथासंभव सुरक्षित स्थान पर पहुँचने का समय मिल सके और लोगों को हानि कम हो।

6. नीचे दिए गए चित्र को ध्यान से देखिए और चित्र को आधार बनाकर उसका परिचय देते हुए कोई लेख, घटना अथवा कहानी लिखिए, जिसका सीधा व स्पष्ट सम्बन्ध चित्र से होना चाहिए। (ICSE 2019)

प्रस्तुत चित्र बालक द्वारा अपने कार्य को निष्ठापूर्वक किए जाने को दर्शाता है। यह चित्र बालक द्वारा मज़दूरी करने के दृश्य को दिखाता है। बालक ने मिट्‌टी खोदने के लिए हाथ में फावड़ा लिया है। यह दृश्य बाल श्रम जैसी समस्या को इंगित करता है। बाल श्रम जैसी समस्या आज हमारे समाज के लिए अभिशाप बन रही है। बचपन, एक बालक के जीवन का स्वर्णिम समय होने के साथ ही उसके शारीरिक व मानसिक विकास का बहुमूल्य समय होता है। उस आयु में घर की आर्थिक स्थिति कई बालकों को पैसे कमाने को बाध्य कर देती है।

आजादी के इतने वर्षों के बाद भी आज हमारा समाज उच्च वर्ग व निम्न वर्ग में विभक्त है। निम्न वर्ग के लोग अपनी मूलभूत आवश्यकताओं की पूर्ति न होने के कारण अपने बच्चों को कारखानों, फैक्ट्रियों आदि में कार्य करने के लिए भेज देते हैं। आज भारत ब्रिटिश की गुलामी से तो आजाद हो गया, परंतु गरीबी ने निम्न वर्ग को बेड़ियो में बाँधा हुआ है। यह चित्र हमारे समाज में फैली निर्धनता व आर्थिक समस्या की ओर संकेत करता है।

भारत सरकार बच्चों की शिक्षा के लिए कानून बनाए, जिसमें बालकों के लिए 'शिक्षा के अधिकार' को आवश्यक बताया है। इसमें सभी बालकों के लिए 'मुफ्त व अनिवार्य' शिक्षा का प्रावधान है, परंतु फिर भी आज हमारे समाज में बाल श्रम प्रमुख समस्या बनी हुई है। आज भी 16 वर्ष की आयु से कम के बालक कारखानों में काम करते हैं तथा उच्च वर्ग उनका शोषण करते हैं। बाल श्रम एक विकराल समस्या का रूप धारण करता जा रहा है। आज जगह-जगह विभिन्न नुक्कड़-नाटक, जागरूकता अभियान आदि चलाए जाते हैं, लेकिन जब तक भारत का प्रत्येक नागरिक इस गंभीर समस्या पर चिंतन या मनन नहीं करेगा अर्थात् इन समस्या के समाधान के लिए प्रयत्न नहीं करेगा, तब तक इस समस्या से मुक्ति पाना कठिन होगा।

इस चित्र में बालक अपनी दृढ़ इच्छाशक्ति और लगन से कार्य तो कर रहा है, परंतु दूसरी ओर वह अपने शिक्षा के अधिकार को खो रहा है। अतः संविधान के 86वें संशोधन का ध्यान रखते हुए हमें इस समस्या के प्रति सचेत हो जाना चाहिए तथा बालक की शिक्षा के अधिकार को संरक्षित कर उसे पढ़ने का अवसर प्रदान करके उसके शारीरिक व मानसिक विकास में वृद्धि करने हेतु प्रयास करना चाहिए, तभी हमारा देश पूर्णरूप से आजाद कहा जाएगा।

एक्सपर्ट्स कमेंट्स

- छात्रों द्वारा किए गए चित्र लेखन में मजदूरी करते बच्चों को ही ध्यान में रखकर **बालश्रम** का वर्णन किया। चित्र लेखन करते समय छात्रों ने मुख्य बिंदुओं को छोड़ दिया।
- चित्र लेखन में वर्तनी तथा वाक्य संरचना संबंधी अशुद्धियाँ भी पाई गई।

स्टूडेंट्स के लिए एडवाइज़

- छात्रों को चित्र लेखन का अधिकाधिक अभ्यास करना चाहिए जिससे छात्र चित्र लेखन संबंधी सभी बिंदुओं पर गौर कर सकें।
- चित्र लेखन करते समय चित्र का आशय, भली-भाँति समझकर उससे संबंधित कहानी, घटना तथा लेख का विधिवत अभ्यास करते रहना चाहिए।

7. नीचे दिए गए चित्र को ध्यान से देखिए और चित्र को आधार बनाकर उसका परिचय देते हुए कोई लेख, घटना अथवा कहानी लिखिए, जिसका सीधा व स्पष्ट संबंध चित्र से होना चाहिए। (ICSE 2018)

प्रस्तुत चित्र में कुछ विद्यार्थियों को दिखाया गया है, जो शायद विद्यालय से घर आ रहे हैं। उनकी वेश-भूषा देखकर वे किसी सरकारी विद्यालय के विद्यार्थी लग रहे हैं। उनके पास बैग हैं, जिनमें किताबें हैं। उनके पास टैबलेट जैसा यंत्र भी दिखाई दे रहा है, जो शायद उन्हें विद्यालय से प्राप्त हुआ होगा। वर्तमान शिक्षा में विज्ञान एवं प्रौद्योगिकी का अत्यंत महत्त्व है।

वर्तमान समय में विद्यार्थियों की पुस्तकों की जगह कंप्यूटर, लैपटॉप, टैबलेट इत्यादि ने ले ली है। अब विद्यार्थी शिक्षा के लिए, शिक्षण सहायक सामग्रियों में ग्लोब व मानचित्रों का प्रयोग करने के साथ-साथ कंप्यूटर का भी प्रयोग करते हैं। उन्हें कोई भी प्रोजेक्ट पूरे करने हों उनमें वैज्ञानिक आविष्कार का प्रयोग अवश्य होता है। शिक्षक अब केवल विद्यालय तक ही सीमित नहीं रहे, बल्कि कंप्यूटर व इंटरनेट के रूप में प्रत्येक क्षण विद्यार्थियों के साथ जुड़े रहते हैं। प्रस्तुत चित्र में सरकारी स्कूल के विद्यार्थियों को दिए गए टैबलेट्स विज्ञान एवं प्रौद्योगिकी के इसी महत्त्व को रेखांकित करते हुए प्रतीत होते हैं।

शिक्षा किसी भी परिवार, समाज एवं राष्ट्र की उन्नति एवं प्रगति का एकमात्र रास्ता है। शिक्षा वह हथियार है, जो लोगों में चेतना का विकास करती है और समाज एवं राष्ट्र को दिन-प्रतिदिन बेहतर-से-बेहतर बनाने में महत्त्वपूर्ण भूमिका निभाती है। हमारी सरकारें भी शिक्षा के इस महत्त्व को पहचानती हैं। वे यह नहीं चाहती कि हमारे सरकारी विद्यालयों के बच्चे निजी विद्यालयों के बच्चों से पीछे रहें, इसलिए वह उन विद्यार्थियों को हर संभव सहायता प्रदान करने के लिए तत्पर रहती है। प्रस्तुत चित्र शिक्षा के इसी महत्त्व को रेखांकित करता है।

एक्सपर्ट्स कमेंट्स

- अधिकांश छात्रों ने चित्र लेखन के प्रश्न को नहीं चुना। जिन छात्रों ने चित्र वर्णन किया उनमें से कुछ छात्र चित्र के मुख्य बिंदु का वर्णन नहीं कर पाए। कुछ छात्रों ने टेब को ही पुस्तक समझ लिया।
- चित्र वर्णन करने वाले कुछ छात्रों ने कहीं **सर्व शिक्षा अभियान** का वर्णन किया तो कहीं **कंप्यूटर शिक्षा** पर लिखा परंतु छात्र दोनों विचारों का मिश्रण करने में अक्षम रहे।
- लेखन में वर्तनी तथा **वाक्य संरचना संबंधी अशुद्धियाँ** पाई गईं।

स्टूडेंट्स के लिए एडवाइज़

- छात्रों को चित्र लेखन का अधिकाधिक अभ्यास करना चाहिए जिससे छात्र चित्र लेखन संबंधी सभी बिंदुओं पर गौर कर सकें।
- चित्र लेखन करते समय चित्र का आशय भली-भाँति समझकर उससे संबंधित कहानी, घटना तथा लेख का विधिवत अभ्यास करते रहना चाहिए।

8. प्रस्तुत चित्र को ध्यान से देखिए और चित्र को आधार बनाकर उसका परिचय देते हुए कोई लेख, कहानी अथवा घटना लिखिए जिसका सीधा व स्पष्ट संबंध चित्र से होना चाहिए। **(ICSE 2017)**

प्रस्तुत चित्र में दो महिलाएँ तथा दो बालिकाएँ दिखाई दे रही हैं, जिनकी गोद में एक-एक टोकरी रखी हुई है तथा वे हाथ से कुछ बनाने में व्यस्त हैं। टोकरी में कुछ पत्ते तथा तंबाकू दिखाई दे रहा है। अतः वह बीड़ी बना रही हैं।

बीड़ी बनाने का काम समस्त भारत में फैला हुआ है और इसमें महिलाएँ तथा बच्चियाँ बहुतायत मात्रा में जुड़ी हैं। नीति निर्माताओं एवं प्रशासकों का ध्यान अभी तक इस ओर नहीं गया है। लाखों की संख्या में ग्रामीण और शहरी गरीब महिला कामगार अपना परिवार इससे पालती हैं। उत्तर प्रदेश के इलाहाबाद जिले में बीड़ी बनाने वाला देश का सबसे बड़ा उद्योग है, जिसमें-लाखों कामगार काम करते हैं। गरीब परिवारों में भी बहुत परिवार ऐसे हैं, जो सरकारी गरीबी रेखा से नीचे आते हैं और जिनकी आय का प्रमुख स्रोत बीड़ी बनाना ही है। हालाँकि इस प्रणाली को गैर कानूनी घोषित किया जा चुका है, पर फिर भी यह अभी तक जारी है।

लगभग 50% महिलाएँ इस उद्योग से जुड़ी हैं, जो कांट्रेक्टर द्वारा दिए गए कच्चे माल को घर ले जाती हैं और प्रतिदर के हिसाब से कार्य करती हैं। बीड़ी बनाने की प्रक्रिया सरल है और इसमें बहुत कम कौशल की आवश्यकता होती है। अतः कुछ बच्चे एवं अपाहिज लोग भी इस काम को कर लेते हैं। बीड़ी बनाने का अधिकांश कार्य घरों पर किया जाता है, जिसे फैक्ट्री नहीं कहा जा सकता और न ही निर्माता फर्म एवं कामगारों के बीच मालिक-मजदूर संबंध होते हैं। बीड़ी बनाने की सरल प्रक्रिया ने तथा सामान घर ले जाने की सुविधा ने ही महिलाओं का ध्यान अपनी ओर खींचा है। वास्तव में, देखा जाए तो औरतों से अधिक लड़कियाँ इस काम में जुटी हुई हैं।

एक शोध में पाया गया है कि बीड़ी उद्योग से जुड़े परिवार द्वारा अपना काम बच्चों में बाँट दिया जाता है। इससे बड़े परिवार की आय के साथ-साथ प्रति व्यक्ति आय में भी वृद्धि होती है। इसके लाभ के अतिरिक्त इससे होने वाली हानियाँ कहीं अधिक हैं। एक स्थिति में बैठकर घंटों काम करना, गंदी जगह में बैठना और दिन-रात तंबाकू सूँघना मजदूरों के स्वास्थ्य पर बुरा प्रभाव डालता है।

9. नीचे दिए गए चित्र को ध्यान से देखिए और चित्र को आधार बनाकर उसका परिचय देते हुए कोई लेख, घटना अथवा कहानी लिखिए। जिसका सीधा संबंध चित्र से होना चाहिए। **(ICSE Spec 2017)**

प्रस्तुत चित्र में चिमनियों से निकलने वाले धुएँ को दिखाया गया है। यहाँ पर बहुत सारी चिमनियाँ दिखाई दे रही हैं जिनमें से काला धुआँ

निकल रहा है, जो वातावरण को प्रदूषित कर रहा है। चारों ओर भारी मात्रा में कचरा फैला हुआ है, जिसके कारण वायु प्रदूषण हो रहा है। यह चित्र महानगरों में स्थापित कल-कारखानों का है। यहाँ चौबीस घंटे कल-कारखानों से काला तथा ज़हरीला धुआँ निकलता रहता है, जो स्वच्छ वातावरण में फैलकर उसे प्रदूषित कर रहा है। इसके कारण सभी मनुष्यों को जीवन में अनेक प्रकार की स्वास्थ्य संबंधी परेशानियों का सामना करना पड़ रहा है, उन्हें अस्वच्छ वातावरण में जीना पड़ रहा है। इस प्रकार, स्वच्छ वायु में साँस लेना दूभर हो गया है। यह समस्या वहाँ अधिक है, जहाँ आबादी अधिक होती है और वृक्षों का अभाव होता है।

प्रदूषण के कारण मानव के स्वस्थ जीवन को खतरा पैदा हो गया है। खुली हवा में लंबी साँस लेने तक को आदमी तरस गया है। अस्वच्छ वायु शरीर में पहुँचकर घातक बीमारियाँ पैदा करती है। पर्यावरण प्रदूषण के कारण न समय पर वर्षा होती है, न सर्दी-गर्मी का चक्र ठीक प्रकार से चलता है। सूखा, बाढ़, ओला आदि प्राकृतिक प्रकोपों का कारण भी प्रदूषण है। प्रदूषण को बढ़ाने में कल-कारखाने, वैज्ञानिक साधनों का अधिकाधिक उपयोग; जैसे—फ्रिज, कूलर, ऊर्जा संयंत्र आदि दोषी हैं। वृक्षों की अंधाधुंध कटाई से मौसम का चक्र बिगड़ा है। घनी आबादी वाले क्षेत्रों में हरियाली न होने से प्रदूषण बढ़ा है। इस प्रकार, प्रदूषण को रोकने तथा उससे बचने के लिए चाहिए कि अधिकाधिक वृक्ष लगाए जाएँ, हरियाली की मात्रा अधिक हो, सड़कों के किनारे घने वृक्ष हों, आबादी वाले क्षेत्र खुले हों, हवादार हों, हरियाली से ओतप्रोत हों। कल-कारखानों को आबादी से दूर रखना चाहिए और उससे निकले प्रदूषित कचरे को नष्ट करने के उपाय सोचने चाहिए।

10. **नीचे दिए गए चित्र को ध्यान से देखिए और चित्र को आधार बनाकर उसका परिचय देते हुए कहानी अथवा लेख लिखिए, जिसका सीधा संबंध चित्र से होना चाहिए।** **(ICSE 2016)**

प्रस्तुत चित्र में दो बालिकाओं को दर्शाया गया है, जो नल से पानी लेते समय प्रसन्नचित मुद्रा में दिखाई दे रही हैं। जल मानव की मूल आवश्यकता है। पृथ्वी पर जल की उपलब्धता के कारण ही प्राणियों का अस्तित्व और पदार्थों में उपयोगिता का गुण कायम है, कहा भी जाता है—'जल ही जीवन है'। जल के बिना न तो मनुष्य का जीवन संभव है और न ही वह किसी कार्य को संचालित कर सकता है।

प्रस्तुत चित्र में भी बालिकाओं द्वारा पानी का आनंद लेना जल की महत्ता को दर्शाता है। जल के बिना जीवन की कल्पना ही नहीं की जा सकती। रक्त के संचालन, शरीर के विभिन्न अंगों को स्वस्थ रखने, शरीर के विभिन्न उत्तकों को मुलायम व लोचदार रखने के अतिरिक्त शरीर की कई अन्य प्रक्रियाओं के लिए भी जल की समुचित मात्रा की आवश्यकता होती है। जल के अभाव में मनुष्य की मृत्यु निश्चित है। जल की आवश्यकता दैनिक जीवन के कार्यों में भी होती है। मनुष्य के साथ-साथ प्रकृति में पेड़-पौधे, पशु-पक्षी सभी अपने जीवन के लिए जल पर ही निर्भर रहते हैं। फसलों की सिंचाई, विभिन्न प्रकार के उद्योगों में जल की आवश्यकता पड़ती है। इन सभी दृष्टिकोणों से जल की उपयोगिता मनुष्य के लिए बढ़ जाती है। जीवन के लिए सामान्य उपयोगिता एवं दैनिक आवश्यकताओं के अतिरिक्त जल ऊर्जा का भी एक प्रमुख स्रोत है।

जल की इन सभी आवश्यकताओं को देखते हुए भी मनुष्य ने अपने स्वार्थ के लिए प्रकृति का संतुलन बिगाड़ दिया है और अपने लिए खतरे की स्थिति उत्पन्न कर ली है। प्रकृति का श्रेष्ठतम प्राणी होने के नाते उसका कर्तव्य बनता है कि वह जल का समुचित मात्रा में प्रयोग करे।

11. **नीचे दिए गए चित्र को ध्यान से देखिए और चित्र को आधार बनाकर वर्णन कीजिए अथवा कहानी लिखिए, जिसका सीधा व स्पष्ट संबंध चित्र से होना चाहिए।** **(ICSE 2014)**

प्रस्तुत चित्र में जल-समस्या को प्रदर्शित किया गया है। चित्र में कुछ महिलाएँ विभिन्न पात्रों में पानी भर रही हैं। प्रत्येक महिला लगभग चार-पाँच पात्रों को भरने की कोशिश कर रही है, जिसका अर्थ है कि वहाँ पानी का अत्यंत संकट है। सभी पानी की कमी से जूझ रहे हैं। इसके अतिरिक्त अंतिम छोर पर खड़े कुछ लोग भी अपनी बारी के इंतज़ार में हैं। कुछ युवा व बालक अत्यंत व्याकुल प्रतीत हो रहे हैं, शायद उन्हें इस पानी से स्नान आदि के उपरांत विद्यालय या कार्यस्थल आदि की ओर प्रस्थान करना हो।

जल प्लावन सृष्टि की प्रारंभिक घटना है। तब पृथ्वी पर चारों ओर जल ही जल था, जिसका वर्णन छायावादी कवि जयशंकर प्रसाद जी ने 'कामायनी' में 'मनु' के माध्यम से निम्न पंक्तियों में व्यक्त किया है

''हिमगिरी के उत्तुंग शिखर पर बैठ शिला की शीतल छाँह एक पुरुष....

भीगे नयनों से देख रहा था जल प्रवाह।

नीचे जल था ऊपर हिम था, एक तरल था, एक सघन....

एक तत्त्व की ही प्रधानता, कहो उसे जड़ या चेतन।।''

यह हैरानी का विषय है कि तब से लेकर आज तक युग कितना परिवर्तित हो गया है, परंतु जल की महत्ता बनी हुई है। जल के अभाव में मानव का जीवन व्यर्थ हो जाएगा। यह एक गंभीर विषय है।

वन-कटाव, जनसंख्या वृद्धि, खनन व प्राकृतिक आपदाओं से प्रकृति इतनी अस्त-व्यस्त हो गई है कि पानी का अभाव गंभीरता की सीमा पार कर गया है। औद्योगिक गतिविधियों द्वारा नदियों एवं जलाशयों का जल इतना प्रदूषित हो चुका है कि जल प्रदूषण की समस्या भी अपनी चरम सीमा पर है। इस दूषित जल के प्रयोग से इंसान हैज़ा, श्वास, रक्त संबंधी अनेक रोगों से इंसान पीड़ित है। दूसरी ओर, पानी की कमी के कारण इसकी प्राप्ति में बहुत समय बर्बाद हो जाता है, जिस कारण मनुष्य को रोज़ी-रोटी की समस्या से भी जूझना पड़ता है।

अचानक इतने विशाल परिवर्तन का कारण क्या है? इसका उपाय प्रशासन को करना पड़ेगा, क्योंकि इसका समाधान करना प्रशासन का उत्तरदायित्व है। प्रशासन को स्थानीय लोगों का सहयोग लेते हुए प्राकृतिक जल संसाधनों की रक्षा करनी होगी और पर्यावरण को प्रदूषण मुक्त करना होगा।

इसके साथ ही अंतर्राष्ट्रीय स्तर पर भी इस विषय को प्रमुखता से उठाना होगा, जिससे कि पूरा विश्व इस जल-समस्या को दूर करने हेतु आवश्यक प्रयास कर सके अन्यथा भावी पीढ़ी जल की समस्या का सामना करेगी और इस कारणवश उनका जीवन संकटग्रस्त हो जाएगा।

12. नीचे दिए गए चित्र को ध्यान से देखिए और चित्र को आधार बनाकर वर्णन कीजिए अथवा कहानी लिखिए, जिसका सीधा व स्पष्ट संबंध चित्र से होना चाहिए। **(ICSE 2013)**

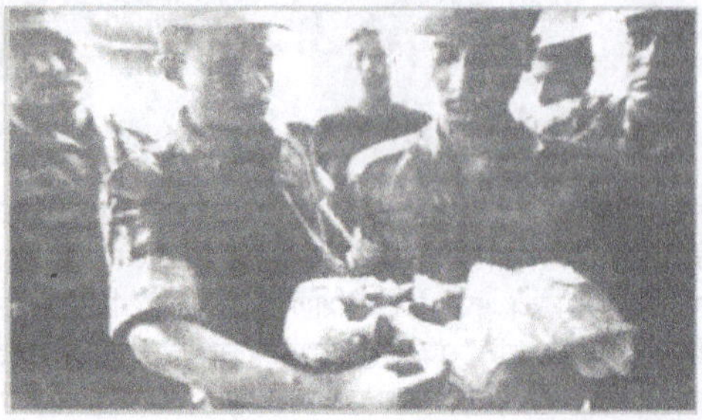

प्रस्तुत चित्र में सेना के कुछ जवान नज़र आ रहे हैं, जिनमें से दो जवानों की गोद में एक बालिका शिशु है। सभी जवान उसकी मासूम गतिविधियों से वात्सल्यता का अहसास कर रहे हैं, वे प्रसन्न भी हैं और शायद बालिका के जन्म से संबंधी वार्ता भी कर रहे हैं। पिछले माह की बात है, सेना के कुछ जवान अपने मिशन के समापन के बाद छुट्टियाँ लेकर अपने-अपने घरों की ओर जाने के लिए तैयार थे। विभाग द्वारा जवानों के लिए रेलगाड़ी में एक बोगी आरक्षित कर दी गई थी। वे जवान स्टेशन पर जैसे ही अपनी बोगी में चढ़े, तभी उन्हें एक बालिका के रोने की आवाज़ सुनाई दी। उन्होंने देखा एक नवजात बालिका कपड़े में लिपटी खिड़की के पास वाली सीट पर ज़ोर-ज़ोर से रो रही है। शायद कोई उसे वहाँ छोड़कर चला गया था। जवानों ने उसे गोद में उठाया और चुप कराने लगे। बाद में, किसी ने यह जानकारी दी कि सेना के एक अधिकारी ने उस बालिका को कानूनी प्रक्रिया पूरी करने के उपरांत गोद ले लिया है। सभी जवान खुशी-खुशी उस बालिका को दुआएँ दे रहे थे। जवानों को यह आभास हुआ कि शायद यह कन्या-हत्या से संबंधित घटना हो। हमारे देश में बालक-बालिका के संबंध में प्रचलित भेदभाव अत्यंत गंभीर विषय है। आधुनिक युग में भी लिंग भेदभाव की समस्या यथावत् विकराल रूप धारण किए हुए है। अनेक परिवार पुत्र प्राप्ति के मोह में पुत्रियों की हत्या कर देते हैं या फिर जन्म के बाद इस तरह उन्हें मरने के लिए छोड़ देते हैं।

यह एक गंभीर विषय है कि किस प्रकार कोई माता-पिता अपने अंश तथा कलेजे के टुकड़े को अपने से अलग कर देते हैं? ऐसे निर्दयी माता-पिता हेतु सख़्त सज़ा का प्रावधान होना चाहिए। हमारे देश में लड़के-लड़की में भेदभाव करने एवं लड़के को श्रेष्ठ समझने की मानसिकता अत्यंत प्रबल है। उत्तर भारत में यह समस्या अधिक है। प्रशासन व न्यायपालिका को इस गंभीर समस्या के समाधान के लिए कठिन प्रयास करने होंगे। भ्रूण-हत्या के विरुद्ध और सख़्त कानून बनाने होंगे।

बालिकाओं की शिक्षा एवं उत्थान के लिए और अधिक सार्थक योजनाएँ लानी होंगी। महिलाओं को शिक्षा व रोज़गार से जोड़ना होगा। समाज को पूर्ण जागरूक करना होगा, ताकि इस विकराल समस्या को यथासंभव कम किया जा सके।

13. नीचे दिए गए चित्र को ध्यान से देखिए और चित्र को आधार बनाकर वर्णन कीजिए अथवा कहानी लिखिए, जिसका सीधा व स्पष्ट संबंध चित्र से होना चाहिए। **(ICSE 2012)**

प्रस्तुत चित्र में एक महिला केतली से कप में चाय डाल रही है। वह वेशभूषा से अत्यंत निर्धन प्रतीत हो रही है। उसके पास एक चूल्हा है तथा कुछ लकड़ियाँ मौजूद हैं, जिन्हें वह भोजन आदि बनाने के लिए ईंधन के रूप में प्रयोग करती है। उसके पास ही कोई घास-फूँस पर लेटा हुआ है, जो ज्वर से पीड़ित है। शायद वह महिला का पुत्र या पति है।

घर की दयनीय अवस्था देखकर ही यह अनुमान लगाया जा सकता है कि उनकी आर्थिक दशा चिंतनीय है। हमारे देश में आज भी काफी जनसंख्या गाँवों में ही निवास करती है। गरीब तो शहरों में भी मौजूद हैं, परंतु ग्रामीण स्तर पर गरीबों की दयनीय अवस्था की तो कल्पना मात्र से ही रोंगटे खड़े हो जाते हैं। आज भी ग्रामीण व आदिवासी क्षेत्रों में लोगों के पास न खाने को अन्न है और न पहनने को वस्त्र। यह मकान भी इतना जर्जर व कच्चा है कि उसमें मौसम की विकरालता का सामना करने का सामर्थ्य नहीं है। सच कहा जाए तो इस घर में रहने वाले लोग

जीवित तो हैं, परंतु मृत समान। भारत में आर्थिक असमानता चिंता का विषय है। एक ओर तो टाटा, अंबानी, बिरला जैसे धनी लोग हैं, तो दूसरी ओर ऐसे लोग हैं जो अपने रहने-खाने की व्यवस्था करने में भी असमर्थ हैं। इस अंतर को दूर करने के लिए समाज के धनी वर्ग तथा प्रशासन को अपना योगदान देना होगा।

लाखों ऐसे निम्न जाति के लोग हैं, जो आर्थिक रूप से अत्यंत सक्षम हैं, तो उच्च समझी जाने वाली जातियों में भी ऐसे लोग हैं, जो आर्थिक तंगी के कारण भूखे मरने को मजबूर हैं। अब इस अंतर को दूर करने का वक्त आ गया है। प्रशासन को राजनीतिक विचारधारा से ऊपर उठकर उन लोगों को आरक्षण देना होगा, जिन्हें वास्तव में, इसकी आवश्यकता है। आरक्षण आर्थिक स्थिति के अनुरूप होना चाहिए न कि जाति के आधार पर। इसके अतिरिक्त धनी लोगों को भी सामर्थ्यानुसार गरीबों के उत्थान के लिए संगठन बनाकर उनके उत्थान में योगदान देना चाहिए।

गरीबी एक अभिशाप है। अपने देश को गरीबी-मुक्त बनाने में हम सभी को अपना-अपना योगदान देना होगा।

14. **दिए गए चित्र को ध्यान से देखिए। चित्र को आधार बनाकर वर्णन कीजिए अथवा कहानी लिखिए, जिसका सीधा व स्पष्ट संबंध चित्र से होना चाहिए।** **(ICSE 2011)**

प्रस्तुत चित्र में एक बालक पूर्ण निष्ठा के साथ किसी के जूतों पर पॉलिश कर रहा है। यह बालक 5 वर्ष का प्रतीत हो रहा है, परंतु अपने मज़बूत इरादों और इच्छाशक्ति से अपने कार्य में लीन है। संभवतः यह दृश्य रेलवे स्टेशन का है और यह बालक सीढ़ियों पर बैठा हुआ है।

एक समय की बात है। एक स्त्री अपने 4-5 वर्ष के पुत्र के साथ रहती थी। स्त्री के पति का देहांत हो चुका था। पुत्र के पालन-पोषण का भार पूरी तरह उसी पर था। वह स्त्री आस-पास के घरों में मज़दूरी आदि द्वारा घर चलाती थी और अपने पुत्र का पालन-पोषण करती थी। अतिरिक्त समय मिलने पर वह घर पर ही सिलाई का कार्य करती, जिससे बेटे को शिक्षित कर सके और कामयाब बना सके। इतनी मेहनत करने पर भी वह पर्याप्त धन नहीं जुटा पाती थी।

वह बालक की शिक्षा के खर्च को वहन करने में भी कठिनाई महसूस कर रही थी। अपनी माता की इस चिंता व निराशा का आभास होने पर उस बालक ने माता की मदद करने का निर्णय लिया। इसलिए विद्यालयी शिक्षा के साथ-साथ अतिरिक्त समय में वह जूते पॉलिश करने का कार्य करने लगा, जिससे कि माता का आर्थिक सहयोग कर सके।

वार्षिक परीक्षा में कठिन मेहनत करके बालक ने कक्षा में सर्वोच्च स्थान प्राप्त किया। वह विद्यालय में मन लगाकर पढ़ाई करता और विद्यालय से आने के बाद जूते पॉलिश करता। उसका कठिन परिश्रम रंग लाया और वह अपनी कक्षा के मेधावी विद्यार्थियों में गिना जाने लगा। लगातार मेधावी प्रदर्शन के चलते उसे छात्रवृत्ति प्राप्त होने लगी। इसके उपरांत समय बीतता गया और वह आगे बढ़ता गया। कॉलेज की पढ़ाई पूरी करने के बाद उसने प्रशासनिक सेवा की परीक्षा उत्तीर्ण की और उच्च पद पाया। बालक अधिकारी बन गया।

इस कहानी से यह विश्वास मज़बूत होता है कि दृढ़ इच्छाशक्ति तथा मेहनत से किसी भी लक्ष्य को पाया जा सकता है। संसाधनों का अभाव भी मज़बूत इरादों को रोक नहीं पाता। शायर मोहम्मद इकबाल ने सही कहा है कि

''खुदी को कर बुलंद इतना कि हर तकदीर से पहले।
खुदा बंदे से खुद पूछे, बता तेरी रज़ा क्या है।।''

15. **नीचे दिए गए चित्र को ध्यान से देखिए और चित्र को आधार बनाकर वर्णन कीजिए अथवा कहानी लिखिए, जिसका सीधा व स्पष्ट संबंध चित्र से होना चाहिए।** **(ICSE 2010)**

प्रस्तुत चित्र में बहुत-से बच्चे दिखाई दे रहे हैं, जो अपनी कक्षा में अध्ययनरत हैं। उनमें तीन बालकों के हाथ में स्लेट है जिस पर (गिनती) लिखित है। देखने में ये बच्चे प्राथमिक स्तर के विद्यार्थी प्रतीत होते हैं। इन बच्चों को देखकर अनायास ही बालपन की स्मृतियों ने मुझमें एक कंपन-सी पैदा कर दी।

बालपन को जीवन का श्रेष्ठ काल कहना उचित होगा। बचपन के दिन तनावरहित व मस्ती-भरे होते थे और सभी मित्र होते थे। किसी से कोई भेदभाव नहीं था। निःस्वार्थ और अबोध हृदय केवल खेलने और मस्ती का अर्थ समझता था, परंतु हमारे देश में सभी बच्चों को ऐसा बचपन नसीब नहीं होता।

भारत सरकार ने शिक्षा का अधिकार कानून के अंतर्गत सभी बच्चों की शिक्षा को अनिवार्य कर दिया है। इस कानून के तहत देश में प्राथमिक तथा उच्च प्राथमिक स्तर पर निःशुल्क शिक्षा की व्यवस्था की गई है। इसके साथ ही बालकों के स्वास्थ्य को ध्यान में रखते हुए निःशुल्क भोजन (मिड-डे-मील) की व्यवस्था भी की गई है।

हमारे देश में आज भी लाखों बच्चे ऐसे हैं, जो कुपोषण का शिकार हैं। उन्हें न पर्याप्त खाना मिलता है और न ही उचित शिक्षा। कहते हैं, बच्चे देश का भविष्य होते हैं, लेकिन जिस देश के बच्चे शिक्षा से वंचित हों, कुपोषित हों, वे देश के भविष्य को भला किस प्रकार सँवार सकते हैं?

यदि हम बच्चों में देश का भविष्य देखते हैं तो हमें आज उन्हें वे सभी अवसर उपलब्ध कराने होंगे, जिससे उनके व्यक्तित्व का सर्वांगीण विकास हो सके। इस दिशा में 'शिक्षा का अधिकार' निश्चय ही सराहनीय कदम है, लेकिन हमें यह भी सुनिश्चित करना होगा कि इस अधिकार का लाभ समाज के सभी वर्गों के बच्चों को मिले, ताकि शिक्षा का प्रचार-प्रसार हो। जिस प्रकार, इस चित्र में बच्चों के चेहरों पर मुस्कान है, ठीक उसी तरह भारत के हर बच्चे के चेहरे पर मुस्कान और खुशी हो।

16. **नीचे दिए गए चित्र को ध्यान से देखिए और चित्र को आधार बनाकर वर्णन कीजिए अथवा कहानी लिखिए, जिसका सीधा व स्पष्ट संबंध चित्र से होना चाहिए। (ICSE 2009)**

प्रस्तुत चित्र में दस से बारह वर्ष का बालक चाय बना रहा है, जिसके आगे स्टोव जल रहा है। जिस छोटी आयु में अबोध बच्चे शिक्षा प्राप्त करते हैं तथा खूब खेलते हैं, यह बदनसीब परिस्थितिवश चाय बनाने को मजबूर है। यद्यपि भारत सरकार इस प्रकार के बालश्रम को रोकने के लिए प्रयासरत है, परंतु फिर भी बालश्रम की समस्या समाप्त नहीं हो पा रही है। शायद सरकार को और सख़्त कानून बनाने होंगे, ताकि इस तरह का शोषण रोका जा सके।

चित्र में इस बच्चे को देखकर मुझे अपने बचपन की एक घटना का स्मरण हो आया। एक बार मैं सपरिवार शिमला घूमने गया था। हम सड़क मार्ग से अपनी कार द्वारा शिमला पहुँचे। यात्रा के दौरान हम जलपान के लिए एक ढाबे पर रुके। वहाँ मेरी ही आयु का एक बालक जल्द ही हमसे घुल-मिल गया। वह चाय बना रहा था। साथ ही तीस से बत्तीस वर्ष का एक आदमी चाय पीने वालों से पैसे वसूल रहा था। वह बालक मेरे साथ खेलने को व्याकुल था, परंतु दुकानदार की आज्ञानुसार शांत था। अचानक मेरे पिता ने ढाबे वाले से उस बालक की शिक्षा आदि के बारे में पूछ लिया। तब उसने बताया कि वह बालक अनाथ है और पढ़ाई-लिखाई नहीं करता। कोई उसे यहाँ छोड़कर चला गया था और तब से वह उसके साथ है। पिताजी ने उससे कहा कि बालक को शिक्षा दिलवाओ, क्योंकि छोटी उम्र के बच्चों से काम करवाना अपराध है, किंतु दुकानदार नहीं माना। तब पिताजी ने उस बालक की पूरी शिक्षा का खर्च स्वयं उठाने को कहा। थोड़ी-बहुत बहस के बाद इस पर दुकानदार सहमत हो गया।

पिताजी ने औपचारिकताएँ पूरी करने के बाद उस बालक का नज़दीकी विद्यालय में दाखिला करवा दिया। फिर कुछ दिनों बाद हम सब वापस घर आ गए। पूरी मेहनत और लगन से उस बालक ने प्रथम श्रेणी से दसवीं कक्षा उत्तीर्ण की। अब छात्रवृत्ति प्राप्ति के उपरांत उसने छात्रावास में ही रहना आरंभ कर दिया है। इस दौरान हम प्रतिवर्ष सपरिवार शिमला जाते रहे हैं, अब उस बालक से हमारे आत्मीय संबंध हो गए हैं। हमने पिताजी से प्रार्थना की कि उसे हमारे साथ ही रहने दें और हम-सा स्नेह-दुलार दें। माता-पिता ने यह अनुरोध सहर्ष स्वीकार कर लिया। अब वह हमारे परिवार का एक हिस्सा है और हम सब एक साथ खुशी-खुशी रहते हैं। पिताजी के एक प्रयास से उस बच्चे की ज़िंदगी बदल गई। हम सभी को इसी प्रकार के नेक प्रयास की आवश्यकता है, जिससे किसी भी बच्चे का जीवन व्यर्थ न जाए।

17. **नीचे दिए गए चित्र को ध्यान से देखिए और चित्र को आधार बनाकर वर्णन कीजिए अथवा कहानी लिखिए, जिसका सीधा व स्पष्ट संबंध चित्र से होना चाहिए। (ICSE 2008)**

प्रस्तुत चित्र में एक बालक साइकिल चला रहा है और सभी बालक खुशी-खुशी चारों ओर से उसे घेरकर दौड़ रहे हैं। पीछे कुछ स्थानीय निवासी भी मौजूद हैं। संपूर्ण दृश्य पहाड़ी क्षेत्र का प्रतीत होता है। गर्मी का मौसम है और तेज़ धूप है। बालकों की परछाईं भी दिखाई दे रही है। एक घटनावश सभी बच्चे और बड़े प्रसन्नचित्त हैं। साइकिल चलाने वाला बालक 15 वर्षीय राज है, जो इसी गाँव का निवासी है तथा पास के ही विद्यालय में दसवीं कक्षा का छात्र है। अभी कुछ दिनों पहले सरकार ने एक प्रतियोगिता का आयोजन किया था, जिसमें जिले के उच्च विद्यालयों में अध्ययनरत बालकों को भाग लेने की अनुमति थी। यह 3 किमी लंबी साइक्लिंग मैराथन प्रतियोगिता थी। इस प्रतियोगिता में भाग लेने हेतु गाँव के विद्यालय से राज का चयन किया गया था। यह प्रतियोगिता अत्यंत कठिन व उतार-चढ़ाव भरी थी। निर्धारित दिवस पर सभी प्रतियोगी समय से प्रतियोगिता-स्थल पर पहुँच गए। इस प्रतियोगिता में पूरे जिले के लगभग 10 प्रतिभागी हिस्सा लेने पहुँचे थे। प्रतियोगिता संपन्न कराने की ज़िम्मेदारी जिला-स्तर के खेल अधिकारी की थी। उनके नेतृत्व में आयोजक दल ने प्रतियोगिता का शुभारंभ किया। आयोजक किसी अप्रिय घटना से बचने हेतु प्रतियोगियों पर नज़र रखे हुए थे। राज बचपन से ही साइकिल चलाने में तेज़ था। सभी को उसकी जीत पर विश्वास था। राज ने कठोर परिश्रम से यह प्रतियोगिता 5 सेकंड के अंतर से जीती।

अंततः आयोजकों द्वारा राज को स्वर्ण पदक एवं प्रशस्ति-पत्र द्वारा पुरस्कृत किया गया। पूरा गाँव इस घटना से गौरवान्वित था। सभी बालक इस सफलता से गद्‌गद् थे और इसी उपलक्ष्य में गाँव पहुँचने पर सभी बालकों ने राज को घेर लिया। वर्तमान समय में शिक्षा के साथ-साथ खेलों के महत्त्व में भी बढ़ोतरी हो रही है। आज खेलों को इतना ज़्यादा महत्त्व मिलने लगा है कि वो रोज़गारपरक हो गए हैं। खेल स्वास्थ्य के लिए भी लाभदायक होते हैं। अतः हमें बच्चों को खेलने के लिए भी प्रोत्साहित करना चाहिए।

04

पत्र लेखन

पत्र लेखन से आशय

पत्र लेखन एक आवश्यक कौशल है। अपने विचारों एवं भावों की अभिव्यक्ति के लिए पत्र-लेखन का प्रयोग किया जाता है। अपने सगे-संबंधियों, पदाधिकारियों, मित्रों, संपादकों आदि से जोड़ने की कला पत्र लेखन कहलाती है। पत्र लेखन हमारे जीवन का महत्त्वपूर्ण अंग है, जो लोगों को समाज से जोड़कर रखता है।

पत्र के प्रकार

पत्र के सामान्यत: दो प्रकार होते हैं

1. औपचारिक पत्र (Formal Letters)
2. अनौपचारिक पत्र (Informal Letters)

पत्र के अंग

पत्र को जिस क्रम में लिखा जाता है, वे पत्र के अंग कहलाते हैं। सामान्यत: किसी भी पत्र में निम्नलिखित अंग होते हैं

- **शीर्षक या प्रारंभ** पत्र में सर्वप्रथम शीर्षक के रूप में **पत्र लिखने वाले का नाम व पता** लिखा जाता है। तत्पश्चात् पत्र लिखने की **तिथि** का उल्लेख किया जाता है। परीक्षा में पूछे गए औपचारिक एवं अनौपचारिक पत्र में नाम का उल्लेख न होने पर परीक्षा भवन लिखा जाता है। यह सब पत्र के बाएँ ओर सबसे ऊपर लिखा जाता है। औपचारिक पत्रों के अंतर्गत **विषय** का उल्लेख सीमित शब्दों में स्पष्ट रूप से किया जाता है। अनौपचारिक पत्रों में इसका उल्लेख नहीं होता।
- **संबोधन का उल्लेख** पत्र में संबोधन का महत्त्वपूर्ण स्थान होता है। औपचारिक पत्र के अंतर्गत **मान्यवर**, **महोदय** आदि सूचक शब्दों का प्रयोग किया जाता है तथा अनौपचारिक पत्र के अंतर्गत **पूजनीय**, **स्नेहमयी प्रिय** आदि सूचक शब्दों का प्रयोग किया जाता है।
- **अभिवादन अथवा शिष्टाचार संबंधी शब्दों का उल्लेख** पत्र में संबोधन के अनुरूप ही अभिवादन या शिष्टाचार संबंधी शब्दों का प्रयोग किया जाता है। इसका प्रयोग अनौपचारिक पत्रों में बड़ों के लिए प्रणाम, नमस्कार, सादर चरण-स्पर्श तथा छोटों के लिए आशीर्वाद, शुभाशीष, चिरंजीव रहो आदि शब्द-सूचक का प्रयोग किया जाता है। औपचारिक पत्रों में इसका प्रयोग नहीं किया जाता।
- **विषय-वस्तु** विषय-वस्तु पत्र लेखन का महत्त्वपूर्ण अंग है। इसे पत्र का मुख्य भाग भी कहते हैं। इस भाग में अपने भावों एवं विचारों को प्रकट किया जाता है।
- **समाप्ति अथवा अंत** पत्र के अंत में अपने विषय में लिखते हुए पत्र को समाप्त किया जाता है। औपचारिक पत्र में धन्यवाद लिखते हुए **भवदीय**, **प्रार्थी**, **आज्ञाकारी** आदि शब्द-सूचक का प्रयोग किया जाता है तथा अनौपचारिक पत्र में **प्यारा**, **स्नेहाकांक्षी**, **हितैषी**, **शुभाकांक्षी** इत्यादि शब्दों का प्रयोग किया जाता है। औपचारिक व अनौपचारिक दोनों पत्रों के अंत में यदि परीक्षा में, पूछे गए पत्र में नाम व पता का उल्लेख न किया गया हो, तब वहाँ क. ख. ग. का प्रयोग किया जाता है।

पत्र लिखने के लिए ध्यान देने योग्य बातें

- पत्र लिखते समय लिखने वाले तथा पत्र प्राप्त करने वाले का नाम व पता, दिनांक के साथ लिखा जाना चाहिए।
- पत्र का विषय स्पष्ट होना चाहिए तथा अनावश्यक बातों को पत्र में नहीं लिखना चाहिए।
- पत्र लिखते समय क्रमबद्धता का विशेष ध्यान दिया जाना चाहिए।
- पत्र का आकार संक्षिप्त होना चाहिए तथा विषय के अनुकूल होना चाहिए। कम शब्दों में अधिक बात कहने की कोशिश करनी चाहिए।
- पत्र की भाषा सरल, सामान्य, मधुर एवं आदर सूचक एवं शुद्ध होनी चाहिए।
- पत्र अधूरा नहीं होना चाहिए अर्थात् पत्र को इस प्रकार समाप्त किया जाना चाहिए कि पत्र का संदेश स्पष्ट हो सके।

औपचारिक पत्र

प्रधानाचार्य, पदाधिकारियों, व्यापारियों, ग्राहकों, पुस्तक विक्रेता, संपादक आदि को लिखे गए पत्र 'औपचारिक पत्र' कहलाते हैं। औपचारिक पत्र उन लोगों को लिखे जाते हैं, जिनसे हमारा निजी या पारिवारिक संबंध नहीं होता है।

औपचारिक पत्रों को निम्नलिखित वर्ग में विभाजित किया जा सकता है।

1. आवेदन पत्र/प्रार्थना-पत्र 2. कार्यालयी पत्र 3. संपादकीय पत्र 4. शिकायती पत्र 5. व्यावसायिक पत्र

औपचारिक पत्र के संबोधन, अभिवादन तथा अभिनिवेदन

पत्र के प्रकार	पत्र पाने वाले	संबोधन	अभिनिवेदन
प्रार्थना-पत्र/आवेदन-पत्र	प्रधानाचार्य संबंधित अधिकारी	महोदय, महोदया, मान्यवर	आपका, कृपाकांक्षी, भवदीय
शिकायती पत्र	संबंधित अधिकारी	महोदय, महोदया	भवदीय, भवदीया, प्रार्थी
संपादकीय पत्र	संपादक	महोदय, महोदया	भवदीय/भवदीया, प्रार्थी
व्यावसायिक पत्र	पुस्तक विक्रेता, बैंक प्रबंधक, व्यावसायिक संस्था	श्रीमान, महोदय	भवदीय, आपका
कार्यालयी पत्र	संबंधित अधिकारी	मान्यवर, महोदय	भवदीय, विनीत

औपचारिक पत्र का प्रारूप

अपने क्षेत्र में भारी यातायात के कारण होने वाली असुविधाओं का वर्णन करते हुए क्षेत्र के सांसद को पत्र लिखकर उन्हें दूर करने का अनुरोध कीजिए।

भेजने वाले का पता
सर्वप्रथम जिसके द्वारा पत्र भेजा जाता है, उसका पता लिखते हैं।

परीक्षा भवन
दिल्ली।

दिनांक
पते के बाद, जिस दिन पत्र लिखा जाता है, उस दिन की दिनांक लिखते हैं।

दिनांक 12 जनवरी, 20XX

प्राप्त करने वाले का पता
जिसके लिए पत्र लिखा जा रहा है, उसका पता लिखते हैं।

सेवा में,
श्रीमान सांसद,
दिल्ली।

विषय
इसके अंतर्गत मुख्य विषय लिखा जाता है।

विषय राष्ट्रीय राजमार्ग के यातायात को नियंत्रित करने के संदर्भ में।

अभिवादन
इसके अंतर्गत पत्र प्राप्त करने वाले को माननीय या महोदय लिखकर संबोधित किया जाता है।

महोदय,

पत्र का मुख्य भाग
यह पत्र का मुख्य भाग होता है। इस भाग को पैराग्राफ में बाँटकर लिखना चाहिए।

आपके क्षेत्र का जागरूक नागरिक होने के नाते मैं आपका ध्यान राष्ट्रीय राजमार्ग के यातायात की ओर दिलाना चाहता हूँ। हमारे नगर के जिस भाग से राष्ट्रीय राजमार्ग (दिल्ली-देहरादून) गुजरता है, वहाँ हमेशा दुर्घटनाओं का खतरा बना रहता है। नगरवासी लंबी दूरी के वाहनों और नगर की भीड़ से परेशान रहते हैं।

यह समस्या स्थायी है। इसका समाधान करने के लिए दीर्घकालीन और सुविचारित योजना का होना अत्यंत आवश्यक है। मेरा आपसे विनम्र निवेदन है कि आप एक सांसद होने के नाते अपने प्रभाव का प्रयोग करते हुए अपने नगर से गुजरने

सराहनीय समापन
पत्र की समाप्ति धन्यवाद के साथ की जाती है।

धन्यवाद।
प्रार्थी
क.ख.ग.

लिखने वाले का नाम
पत्र के अंत में जो पत्र लिख रहा है, उसका पूरा नाम लिखा जाता है। यदि परीक्षा में नाम नहीं दिया, तब उसके स्थान पर क.ख.ग. लिखना चाहिए।

अनौपचारिक पत्र

सगे-संबंधियों, मित्रों, रिश्तेदारों, परिचितों आदि को लिखे गए पत्र (अनौपचारिक पत्र) कहलाते हैं। इन्हें व्यक्तिगत पत्र भी कहा जाता है। इस प्रकार के पत्रों में व्यक्ति से संबंधित सुख-दुःख, हर्ष, उत्साह आदि का वर्णन किया जाता है। अनौपचारिक पत्रों की भाषा आत्मीय व हृदय को स्पर्श करने वाली होती है।

अनौपचारिक पत्रों में आने वाले संबोधन, अभिवादन तथा अभिनिवेदन

पत्र पाने वाले के साथ संबंध	संबोधन	अभिवादन	अभिनिवेदन
अपने से बड़े संबंधी (माता, पिता, बड़ा भाई, बड़ी बहन, शिक्षक इत्यादि)	पूजनीया (माता), पूज्य (पिता), आदरणीय, पूजनीय, आदरणीया (माता, बहन)	चरण-स्पर्श, सादर प्रणाम	आज्ञाकारी, स्नेहाकांक्षी, प्यारा इत्यादि
अपने से छोटे संबंधी (छोटा भाई, छोटी बहन, पुत्र, पुत्री, भतीजा, भतीजी इत्यादि)	चिरंजीवी, प्रिय, केवल नाम	शुभाशीर्वाद, प्रसन्न रहो	शुभेच्छु, शुभाकांक्षी, हितैषी इत्यादि
मित्र, सहपाठी	प्रिय, मित्रवर, केवल नाम	सप्रेम नमस्कार, नमस्ते	तुम्हारा सहृदय, मित्र इत्यादि
विदेशी पत्र-मित्र	प्रिय, मित्र	नमस्ते	आपका, आपका मित्र
अपरिचित पुरुष	महाशय, श्रीमान (नाम), महोदय	नमस्ते, नमस्कार	भवदीय, भवदीया, हितैषी
अपरिचित महिला	महाशया, श्रीमती (नाम), महोदया	नमस्ते, नमस्कार	भवदीय, हितैषी

अनौपचारिक पत्र का प्रारूप

आप दिव्यांशु गुप्ता हैं। आप स्थानीय संगठन के अध्यक्ष हैं। आप अपने क्षेत्र में स्वच्छ भारत अभियान के तहत एक स्वच्छता कार्यक्रम आयोजित करना चाहते हैं। इस स्वच्छता कार्यक्रम में अपने मित्र को आमंत्रित करने के लिए उसे पत्र लिखिए।

भेजने वाले का पता — सर्वप्रथम जिसके द्वारा पत्र भेजा जाता है, उसका पता लिखते हैं।

परीक्षा भवन
उत्तर प्रदेश।

दिनांक — पते के बाद, जिस दिन पत्र लिखा जाता है, उस दिन की दिनांक लिखते हैं।

दिनांक 12 अगस्त, 20XX

अभिवादन — इसके अंतर्गत पत्र प्राप्त करने वाले को प्रिय या मेरे प्रिय लिखकर संबोधित किया जाता है।

प्रिय मित्र

पत्र का मुख्य भाग — यह पत्र का मुख्य भाग होता है। इस भाग को पैराग्राफ में बाँटकर लिखना चाहिए।

आशा करता हूँ कि तुम सकुशल होंगे। मैं यह पत्र 'स्वच्छ भारत अभियान' के संबंध में लिख रहा हूँ।
मित्र! मैं प्रधानमंत्री के स्वच्छता अभियान से बहुत प्रभावित हूँ। अपने आस-पास के परिवेश को सुंदर बनाने एवं स्वास्थ्य संबंधी परेशानियों से बचने के लिए स्वच्छता अत्यंत आवश्यक है। मैं चाहता हूँ कि इस अभियान में अपने क्षेत्र के युवा बढ़-चढ़कर भाग लें और स्थानीय परिवेश को साफ़-सुथरा रखने में अपना योगदान दें। इस कड़ी में, मैं तुम्हें 'स्वच्छ भारत अभियान' का हिस्सा बनने के लिए आमंत्रित करता हूँ। इसे युवा संगठन के अध्यक्ष का नहीं, अपितु मित्र का स्नेहशील निमंत्रण समझना।

मुझे आशा ही नहीं, वरन् पूर्ण विश्वास है कि तुम निमंत्रण को स्वीकार करते हुए आगामी रविवार को इस अभियान का

सराहनीय समापन — पत्र की समाप्ति धन्यवाद के साथ की जाती है।

तुम्हारा मित्र
दिव्यांशु

लिखने वाले का नाम — पत्र के अंत में जो पत्र लिख रहा है, उसका पूरा नाम लिखा जाता है। यदि परीक्षा में नाम नहीं दिया, तब उसके स्थान पर क.ख.ग. लिखना चाहिए।

PYQs विगत वर्षों के प्रश्न व महत्वपूर्ण प्रश्न

औपचारिक पत्र

1. आपने एम.आई (MI) कंपनी अथवा किसी अन्य कंपनी का मोबाइल ऑनलाइन खरीदा था। उसमें कुछ खराबी आ गई है। वह अभी गारण्टी टाइम में भी है। उसे बदलने का अनुरोध करते हुए उस कंपनी के प्रबंधक को पत्र लिखिए। **(ICSE 2023)**

परीक्षा भवन
दिल्ली।
दिनांक 27 मार्च, 2023
सेवा में,
प्रबंधन महोदय
ऑनलाइन सेवा कंपनी
दिल्ली।
विषय खराब मोबाइल फोन बदलने के संबंध में
महोदय,

सविनय निवेदन यह है कि मैंने एक सप्ताह पहले आपकी ऑनलाइन कंपनी से एप्पल का एक फोन मँगवाया था। जब वह फोन आया था तब तो वह ठीक से काम कर रहा था, लेकिन अब एक सप्ताह बाद वह ठीक से काम नहीं कर रहा है, जिसकी वजह से मैं अपना काम समय पर पूरा नहीं कर पा रहा हूँ। फोन भी ठीक से चार्ज नहीं हो रहा है जैसे ही फोन खोलते हैं, वह बंद हो जाता है जिसके कारण मुझे बहुत परेशानी उठानी पड़ रही है। अभी यह फोन 'गारण्टी टाइम' में है।

अतः मेरा आपसे निवेदन है कि मेरे फोन को जल्द से जल्द बदलने की कृपा करें।

धन्यवाद
भवदीया
क.ख.ग.

2. आपके क्षेत्र में मलेरिया तथा डेंगू का प्रकोप बढ़ गया है। इसकी रोकथाम के लिए नगर-निगम के अध्यक्ष को पत्र लिखिए। **(ICSE Spec 2022-23)**

परीक्षा भवन
दिल्ली।
दिनांक 22 अक्टूबर, 20XX
सेवा में,
स्वास्थ्य अधिकारी,
नगर निगम,
भलस्वा, दिल्ली।
विषय मलेरिया और डेंगू के बढ़ते प्रकोप की रोकथाम हेतु पत्र।
महोदय,

सविनय निवेदन यह है कि मैं 'अंकित त्रिपाठी', भलस्वा दिल्ली का निवासी हूँ। इस पत्र के माध्यम से मैं आपका ध्यान हमारे क्षेत्र में बढ़ रहे मलेरिया और डेंगू के प्रकोप की ओर आकर्षित करवाना चाहता हूँ। पिछले कुछ दिनों से हमारे मोहल्ले में मच्छरों का आतंक बढ़ता जा रहा है जिसके कारण यहाँ के निवासियों को कठिनाइयों का सामना करना पड़ रहा है। मच्छरों के कारण हमारे क्षेत्र में मलेरिया और डेंगू के मरीजों की संख्या में वृद्धि होती जा रही है।

अभी दो दिन पहले ही हमारी गली में एक बुजुर्ग तथा दो बच्चों की डेंगू व मलेरिया की चपेट में आने के कारण मृत्यु हो गई। इसके अतिरिक्त अन्य लोगों में भी डेंगू व मलेरिया के लक्षण देखे जा रहे हैं। इस संबंध में पहले भी सफाई कर्मचारियों व मोहल्ले के विधायक को इस बात की जानकारी दी गई थी, परंतु उनकी ओर से कोई उचित कार्यवाही नहीं की गई। यदि समय रहते इन मच्छरों की रोकथाम के लिए उचित कदम न उठाए गए, तो पूरा मोहल्ला डेंगू तथा मलेरिया का शिकार हो जाएगा।

इसकी रोकथाम के लिए मोहल्ले की नालियों की नियमित सफाई की जानी चाहिए तथा कूड़े को प्रतिदिन हटाया जाना चाहिए। साथ ही मच्छरों के प्रकोप को कम करने के लिए कीटनाशक दवाओं का छिड़काव भी किया जाना चाहिए। ताकि डेंगू व मलेरिया फैलाने वाले मच्छर अधिक भयंकर रूप न ले लें। आशा है कि आप इस दिशा में अवश्य कार्यवाही करेंगे।

उचित कदम की प्रतीक्षा में
धन्यवाद।
भवदीय
अंकित त्रिपाठी

3. एक दिन आप किसी होटल में गए। वहाँ आपने बालश्रम होते हुए देखा। इसकी शिकायत करते हुए महिला एवं बाल विकास मंत्री को पत्र लिखिए। **(ICSE Sem II 2022)**

परीक्षा भवन
दिल्ली।
दिनांक 5 मार्च, 20XX
सेवा में,
श्रीमान बाल विकास मंत्री
लखनऊ।
विषय बालश्रम की शिकायत हेतु महिला एवं बाल विकास मंत्री को पत्र।
महोदय,

सविनय निवेदन यह है कि कल मैं अपने परिवार के साथ लखनऊ के खाना-खजाना होटल में सपरिवार रात के खाने हेतु गया हुआ था। वहाँ मैंने कुछ अनुचित कार्य होते देखा, जो मुझे अपराध की श्रेणी में लगा। वास्तव में वहाँ मैंने 10-12 वर्ष के बच्चों को फटेहाल व गंदी अवस्था में कार्यरत् देखा। उनके चेहरे से स्पष्ट झलक रहा था कि वे वहाँ मजबूरीवश कार्य कर रहे हैं, जोकि बलात् श्रम की श्रेणी में आता है। यह मेरे लिए बहुत

परेशान करने वाला कार्य था। मैं चाहता हूँ कि आप इसे अपने संज्ञान से लेकर होटल के अधिकारियों व मालिकों के विरुद्ध कार्यवाही करें, क्योंकि इतने छोटे बच्चों से कार्य कराना अनुचित कार्य है।

आशा है कि आप मेरी शिकायत को गंभीरता से लेंगे और 'खाना-खजाना' होटल के मालिक के विरुद्ध बाल श्रम कराने के अपराध में कार्यवाही करेंगे और उस होटल को बंद करने का आदेश भी देंगे।

सधन्यवाद

भवदीय

वरुण देशवाल

4. विद्यालय की विज्ञान प्रयोगशाला को अत्याधुनिक बनाने की आवश्यकता समझाते हुए विद्यालय के प्रधानाचार्य को पत्र लिखिए। (ICSE Spec Sem II 2021)

परीक्षा भवन

दिल्ली।

दिनांक 22 दिसंबर, 20XX

सेवा में,

प्रधानाचार्य महोदय,

प्रतिभा विकास विद्यालय,

पहाड़गंज, दिल्ली

विषय विज्ञान-प्रयोगशाला को अत्याधुनिक बनाने के संबंध में।

महोदय,

सविनय निवेदन यह है कि मैं आपके विद्यालय की कक्षा दसवीं 'ब' की छात्रा हूँ। मेरी विज्ञान विषय में बहुत रुचि है। मैं विद्यालय की प्रयोगशाला में कुशल प्रशिक्षण पाना चाहती हूँ, परंतु प्रयोगशाला में उपर्युक्त उपकरण नहीं हैं। हमारे विद्यालय की प्रयोगशाला के उपकरण बहुत पुराने हो चुके हैं तथा विद्यार्थियों की वर्तमान आवश्यकता के अनुरूप नहीं हैं।

आधुनिक युग में जीवन में प्रत्येक क्षेत्र में विज्ञान की बढ़ती उपयोगिता से परिचित होंगे। विज्ञान की विषय-वस्तु को प्रायोगिक कार्यों द्वारा सरलता से आत्मसात किया जा सकता है। इसलिए प्रयोगशाला में नवीन तथा आधुनिक उपकरण की अनिवार्यता अपरिहार्य है।

अतः आपसे विनम्र निवेदन है कि विद्यालय की विज्ञान प्रयोगशाला को अत्याधुनिक बनाने हेतु आवश्यक कदम उठाएँ। आशा है कि आप हमारी इस प्रार्थना को स्वीकार करते हुए एक नवीनतम तथा आधुनिक उपकरणों से युक्त प्रयोगशाला का निर्माण अवश्य करेंगे।

धन्यवाद

भवदीय

क. ख. ग.

5. दिन-प्रतिदिन बढ़ते हुए जल संकट की ओर ध्यान आकर्षित करते हुए नगरपालिका के अध्यक्ष को एक पत्र लिखिए, जिसमें वर्षा के जल का संचयन (Rain Water Harvesting) करने के लिए व्यापक स्तर पर परियोजना चलाने का सुझाव दिया गया हो। (ICSE 2019)

परीक्षा भवन

दिल्ली।

दिनांक 9 मार्च, 20XX

सेवा में

नगरपालिका अध्यक्ष,

दिल्ली नगर निगम,

आजादपुर, दिल्ली।

विषय जल संकट की ओर ध्यान आकर्षित कराने हेतु पत्र।

महोदय,

इस पत्र के माध्यम से मैं आपका ध्यान आजादपुर क्षेत्र में पेयजल की समस्या की ओर आकर्षित कराना चाहता हूँ। इस क्षेत्र में पिछले पंद्रह दिनों से पेयजल की आपूर्ति ठीक ढंग से नहीं हो पा रही है। आजकल क्षेत्र में जल का संकट इतना गहरा है कि यहाँ के निवासियों का जीना दुभर हो गया। नलों में सुबह-शाम केवल आधे घंटे ही पानी आता है, जोकि साफ नहीं होता और न ही पीने योग्य होता है। वर्तमान समय में सीमित जलराशि का बड़ा भाग प्रदूषित हो चुका है, फलस्वरूप पेयजल की समस्या उत्पन्न हो गई है, इसलिए जल संसाधन, संरक्षण और संवर्धन की आवश्यकता है, जिसमें जनता का सहयोग अपेक्षित है।

इस संदर्भ में मैं वर्षा के जल को संचयन करने के लिए व्यापक स्तर पर परियोजना चलाने का सुझाव देना चाहता हूँ कि ऐसी परियोजनाएँ बनाई जाएँ, जिससे जल का संचयन किया जाए, ताकि उस जल का उचित प्रयोग किया जा सके। आशा करता हूँ कि आप इस दिशा में उचित कदम उठाएँगे, जिससे जल संकट की समस्या से निपटा जा सके।

धन्यवाद

भवदीय

क.ख.ग.

एक्सपर्ट्स कमेंट्स

- अधिकांश छात्रों ने इस विकल्प को सराहनीय ढंग से लिखा परंतु कुछ छात्रों ने पता व दिनांक अंग्रेजी में लिखा।
- कुछ छात्रों ने पत्र में **भवदीय** के स्थान पर आपका **आज्ञाकारी** जैसे शब्दों का प्रयोग किया तथा पत्र में औपचारिक शब्दों; जैसे-'सविनय निवेदन यह है' या **धन्यवाद का लोप** पाया गया।
- छात्रों ने 'जल संचय' की अपूर्ण एवं असंतोषजनक जानकारी दी।
- प्रारूप में वर्तनी संबंधी त्रुटियाँ पाई गई।

स्टूडेंट्स के लिए एडवाइज़

- औपचारिक पत्र में अपना **पता, संबोधन, अभिवादन** आदि का लिखित रूप में अभ्यास करते रहना चाहिए।
- छात्रों को प्रतिदिन समाचार-पत्र पढ़ना चाहिए जिससे औपचारिक भाषा छात्रों के दैनिक जीवन में प्रयोग में आए।
- छात्रों को पत्र लेखन में प्रारंभ, संबोधन, समाधान आदि सभी तत्त्वों का लिखित रूप में अभ्यास करना चाहिए।

6. आप अपने विद्यालय के सफाई अभियान दल के नेता हैं। एक योजना के अंतर्गत आप छात्रों के एक दल को किसी इलाके में सफाई के प्रति जागरूक करने हेतु ले जाना चाहते हैं। अपने विद्यालय के प्रधानाचार्य/प्रधानाचार्या जी को इसके लिए स्वीकृति हेतु पत्र लिखिए। (ICSE 2018)

परीक्षा भवन
दिल्ली।
दिनांक 16 मार्च, 20XX
सेवा में,
श्रीमान प्रधानाचार्य जी,
राजकीय बाल विद्यालय
पंजाबी बाग, दिल्ली।
विषय सफाई के प्रति लोगों में जागरूकता फैलाने हेतु स्वीकृति पत्र।
महोदय,
सविनय निवेदन यह है कि मैं प्रकाश, विद्यालय के सफाई अभियान दल का नेता हूँ। महोदय, हमारे विद्यालय के निकट में ही भगत कॉलोनी है, जहाँ गलियों में गंदगी फैली रहती है, नालियों से पानी बाहर निकलकर सड़कों पर बहता है, जिस कारण वहाँ अनेक प्रकार के रोगों के फैलने का डर बना रहता है।
महोदय, स्वच्छ भारत अभियान के द्वारा माननीय प्रधानमंत्री संपूर्ण देश के लोगों को अपने आस-पास के वातावरण को स्वच्छ रखने का संदेश दे रहे हैं। विद्यालय के सफाई अभियान दल का नेता होने के कारण हमने निर्णय किया है कि हम भगत कॉलोनी के लोगों को सफाई के प्रति जागरूक करके उन्हें सफाई का महत्त्व व गंदगी से होने वाले नुकसान के विषय में बताना चाहते हैं।
अतः हमारा आपसे अनुरोध है कि लोगों को स्वच्छता के प्रति जागरूक करने के लिए हमारे दल को स्वीकृति दी जाए।
आपकी अति कृपा होगी।
धन्यवाद
आपका आज्ञाकारी शिष्य
क.ख.ग

एक्सपर्ट्स कमेंट्स

- अधिकांश छात्रों ने पत्र का प्रारूप सही दिशा अर्थात् बायीं दिशा में नहीं लिखा। कुछ छात्रों ने पता व दिनांक लिखते समय अंग्रेजी भाषा का प्रयोग किया।
- दल का नेता बनकर अनुमति किस प्रकार प्राप्त करनी चाहिए इसमें अनेक छात्र विफल रहे।
- प्रारूप में भाषा व वर्तनी संबंधी अशुद्धियाँ पाई गई।
- कुछ छात्रों ने पत्र के अंत में 'आज्ञाकारी शिष्य' के स्थान पर 'भवदीय' शब्द का प्रयोग किया। पत्र में औपचारिक शब्दों जैसे–'सविनय निवेदन', 'धन्यवाद' का लोप पाया गया।

स्टूडेंट्स के लिए एडवाइज़

- छात्रों को पत्र का प्रारूप ठीक से समझना चाहिए तथा उसका यथोचित अभ्यास करना चाहिए। पत्र को बाईं ओर लिखने का अभ्यास करना चाहिए।
- पत्र लिखते समय औपचारिक शब्द; जैसे–सविनय निवेदन तथा धन्यवाद जैसे शब्दों का प्रयोग करना चाहिए।
- छात्रों को ध्यान रखना चाहिए कि पत्र में अंग्रेजी भाषा का प्रयोग वर्जित होता है।

7. रेलवे कर्मचारी के दुर्व्यवहार की शिकायत करते हुए स्टेशन मास्टर को पत्र लिखिए। **(ICSE Spec 2017)**

सेवा में,
रेलवे अधिकारी
रेलवे विभाग,
दिल्ली।
दिनांक 16 मई, 20XX
विषय रेलवे कर्मचारी के दुर्व्यवहार की शिकायत संबंधी।
महोदय,
बहुत खेद के साथ मैं अपने क्षेत्र पुरानी दिल्ली रेलवे स्टेशन के रेलवे कर्मचारी की ओर से हो रही लापरवाही तथा इससे होने वाली परेशानियों की ओर आपका ध्यान आकृष्ट करना चाहती हूँ। कुछ दिन पूर्व मैं रेल द्वारा यात्रा कर रही थी। मेरी सामने वाली सीट पर एक महिला अपने बच्चे के साथ बैठी थी। बच्चे ने खेलते समय सीट पर खाने का सामान गिरा दिया जिससे सीट और उसके आस-पास का स्थान गंदा हो गया। यह देखकर मैंने रेलवे कर्मचारी से उस महिला की सीट साफ़ करने का अनुरोध किया, किंतु वह रेलवे कर्मचारी एक तो काफ़ी समय के पश्चात् आया जिसके कारण उस महिला को काफ़ी समय तक परेशानी उठानी पड़ी। दूसरा आते ही महिला से अपशब्द कहने लगा। यह देख मुझसे रहा नहीं गया जैसे ही मैंने उस महिला के पक्ष में कुछ बोला वैसे ही वह मेरे साथ भी दुर्व्यवहार करने लगा। मेरे समझाने पर भी वह नहीं माना और न ही सीट को साफ़ किया।
इस तरह की कई घटनाएँ अन्य व्यक्तियों के साथ भी घटित हो चुकी हैं। रेलवे कर्मचारी अपनी मनमानी करते हैं तथा यात्रियों के साथ दुर्व्यवहार करते हैं।
अतः मेरा आपसे विनम्र निवेदन है कि संबंधित व्यक्ति के विरुद्ध विभागीय कार्यवाही करें, जिससे यात्रियों को असुविधा न हो।
धन्यवाद सहित।
भवदीय
अनीता शर्मा

8. आपके क्षेत्र में एक ही साधारण-सा सरकारी अस्पताल है, जिसके कारण आम जनता को बहुत अधिक परेशानियों का सामना करना पड़ रहा है। उन परेशानियों का उल्लेख करते हुए, एक और सुविधायुक्त सरकारी अस्पताल खुलवाने का अनुरोध करते हुए स्वास्थ्य अधिकारी को पत्र लिखिए। **(ICSE 2017)**

परीक्षा भवन
दिल्ली।
दिनांक 18 अप्रैल, 20XX
सेवा में,
स्वास्थ्य अधिकारी, स्वास्थ्य मंत्रालय,
दिल्ली सरकार,
दिल्ली।
विषय सुविधायुक्त सरकारी अस्पताल खुलवाने के संबंध में।
माननीय महोदय,
मैं आपका ध्यान अपने क्षेत्र भलस्वा गाँव की ओर ले जाना चाहती हूँ। भलस्वा गाँव में अस्पताल की कमी से आम जनता को इलाज संबंधी कई कठिनाइयों का सामना करना पड़ रहा है।

हमारे क्षेत्र की जनसंख्या लगभग बीस हजार से भी अधिक है। पूरे क्षेत्र में केवल एक ही साधारण-सा सरकारी अस्पताल है, जिसमें आवश्यक सुविधाएँ भी उपलब्ध नहीं हैं, न तो इलाज के लिए उचित मशीनें हैं और न ही उचित चिकित्सक। इस स्थिति में आम जनता को इलाज के लिए दूर-दराज के क्षेत्रों में जाना पड़ता है। इसका फायदा झोलाछाप डॉक्टर उठाते हैं, जो यहाँ आस-पास दुकानें खोलकर बैठे हैं और मनमाना पैसा वसूलते हैं। महिलाओं और वृद्धों को इलाज के लिए दूरस्थ अस्पतालों में ले जाने पर बहुत परेशानी होती है। अनेक वृद्ध तो अस्पताल पहुँचते-पहुँचते ही दम तोड़ देते हैं। ऐसे में यहाँ चिकित्सीय सुविधा होना बहुत जरूरी हो जाता है।

आपसे प्रार्थना है कि व्यक्तिगत रुचि लेकर यहाँ एक सुविधायुक्त सरकारी अस्पताल खुलवाने की कृपा करें। हम क्षेत्रवासी आपके अभारी रहेंगे।

सधन्यवाद

भवदीय

क.ख.ग.

9. **आजकल टेलीविजन द्वारा विभिन्न चैनलों पर अंधविश्वास तथा तंत्र-मंत्र से संबंधित कार्यक्रम दिखाकर जनता को भ्रमित किया जा रहा है। भारत सरकार के सूचना एवं प्रसारण मंत्री को इसकी जानकारी देते हुए ऐसे कार्यक्रमों पर रोक लगाने का अनुरोध कीजिए।** **(ICSE 2016)**

परीक्षा भवन

दिल्ली।

दिनांक 15 अप्रैल, 20XX

सेवा में,

सूचना एवं प्रसारण मंत्री,

भारत सरकार,

नई दिल्ली।

विषय अंधविश्वास तथा तंत्र-मंत्र से संबंधित कार्यक्रम दिखाने के संबंध में।

महोदय,

सविनय निवेदन यह है कि आजकल टेलीविजन पर अंधविश्वास तथा तंत्र-मंत्र बढ़ाने वाले अनेक कार्यक्रम प्रसारित किए जा रहे हैं, जो समाज के लिए अत्यंत घातक हैं। इन कार्यक्रमों के कारण जन सामान्य का दृष्टिकोण संकुचित होता है। इसका बच्चों एवं अशिक्षित लोगों पर अत्यधिक दुष्प्रभाव पड़ता है। उनके मस्तिष्क का विकास वैज्ञानिक एवं आधुनिक दृष्टिकोण के साथ नहीं हो पाता। इसके अतिरिक्त, इसके कारण समाज के लोगों के बीच अनेक भ्रांतियाँ भी फैलती हैं। आज 21वीं सदी में दूरदर्शन के चैनलों द्वारा इस प्रकार के अंधविश्वासों व तंत्र-मंत्र को बढ़ावा देने वाले कार्यक्रम दिखाना अत्यंत शर्मनाक एवं मूर्खतापूर्ण है।

अतः मेरा आपसे निवेदन है कि ऐसे कार्यक्रम दिखाने वाले चैनलों को इसके विरुद्ध आवश्यक निर्देश दिए जाएँ या उन्हें पूरी तरह प्रतिबंधित कर दिया जाए।

धन्यवाद।

भवदीय

क.ख.ग.

10. **आप किसी स्थान विशेष की यात्रा करना चाहते हैं। उस स्थान की जानकारी प्राप्त करने के लिए, पर्यटन विभाग के अधिकारी को पत्र लिखकर पूछताछ कीजिए।** **(ICSE 2014)**

परीक्षा भवन

दिल्ली।

दिनांक 09 जुलाई, 20XX

सेवा में,

पर्यटन अधिकारी,

पर्यटन विभाग, नालंदा,

बिहार।

विषय नालंदा के प्रमुख स्थलों की जानकारी हेतु पत्र।

आदरणीय महोदय,

मैं और मेरा मित्र सपरिवार आपके शहर नालंदा आने के इच्छुक हैं। हम सब वहाँ के ऐतिहासिक व प्रमुख स्थलों के साथ-साथ विश्व प्रसिद्घ विश्वविद्यालय के भ्रमण के लिए अत्यंत उत्सुक हैं। हम अगले माह की 10 तारीख को नालंदा पहुँच जाएँगे तथा 15 तारीख की रात को ही रेल द्वारा वापसी का कार्यक्रम निश्चित है।

अतः आपसे विनम्र निवेदन है कि हमें नालंदा के सभी प्रमुख स्थलों की जानकारी प्रदान करें तथा साथ ही उपरोक्त कार्यक्रम के अनुसार ठहरने के लिए उचित स्थान व आवागमन के लिए वाहन आदि की व्यवस्था के विषय में भी अवगत कराएँ। मैं इस सहयोग व स्नेह के लिए आपका हृदय से आभारी रहूँगा।

सधन्यवाद।

भवदीय

क. ख. ग.

11. **आपके क्षेत्र में सड़कों पर अधिक पानी जमा हो जाता है, क्योंकि अधिकांश सड़कें टूटी हुई हैं। जगह-जगह 'स्पीड ब्रेकर' यातायात में सहायक न होकर बाधक बन गए हैं। परिस्थिति की पूर्ण जानकारी देते हुए नगर निगम के अधिकारी को पत्र लिखिए।** **(ICSE 2013)**

परीक्षा भवन

दिल्ली।

दिनांक 19 जुलाई, 20XX

सेवा में,

मुख्य स्वास्थ्य अधिकारी,

नगर निगम, दिल्ली।

विषय टूटी सड़कों एवं गतिरोधकों के कारण होने वाली असुविधाओं के संदर्भ में।

माननीय महोदय,

मैं आपका ध्यान हमारे क्षेत्र के सड़क मार्ग नं. 07 की ओर आकर्षित करना चाहता हूँ, क्योंकि पिछले काफी समय से इस मार्ग पर अत्यधिक परेशानी होने लगी है। सड़कें पूर्णतः टूट चुकी हैं, रास्ता ऊबड़-खाबड़ हो गया है, जिस कारण मार्ग पर जगह-जगह पानी जमा होने लगा है। इस दूषित वातावरण में वहाँ से गुज़रना कठिन हो गया है और गंदगी व कीचड़ के कारण बीमारियाँ फैलने का खतरा भी बना हुआ है।

वहीं कर्मचारियों ने अत्यधिक गतिरोधक (स्पीड ब्रेकर) बना दिए हैं, जिससे यह मार्ग और संकरा हो गया है। गंदगी और थोड़ी-थोड़ी दूरी पर बने गतिरोधकों के कारण, इस मार्ग से गुज़रना जोखिम भरा काम है।

मान्यवर, आपसे विनम्र अनुरोध है कि हमारी समस्या को समझें तथा इसके समाधान हेतु संबंधित अधिकारी को यथाशीघ्र निर्देश दें, ताकि हमें शीघ्र इस समस्या का समाधान मिल सके।

सधन्यवाद।

भवदीय

क. ख. ग.

12. **आपके नगर में एक विज्ञान कार्यशाला का आयोजन किया जा रहा है। इस कार्यशाला के संयोजक को पत्र लिखकर बताइए कि आप भी इसमें सम्मिलित होना चाहते हैं।** **(ICSE 2012)**

परीक्षा भवन

दिल्ली।

दिनांक 11 अगस्त, 20XX

सेवा में,

संयोजक महोदय,

मंगल विज्ञान केंद्र,

दिल्ली।

विषय विज्ञान कार्यशाला में सम्मिलित होने हेतु निवेदन पत्र।

माननीय महोदय,

आज के समाचार-पत्र के माध्यम से मुझे ज्ञात हुआ है कि आपके संयोजन व मार्गदर्शन में शहर में विज्ञान कार्यशाला का आयोजन किया जा रहा है। मुझे विज्ञान में अत्यंत रुचि है तथा भविष्य में विज्ञान के क्षेत्र में ही उच्च शिक्षा प्राप्त करना चाहता हूँ। इसी कारण मैं इस कार्यशाला का नियमित सदस्य बनना चाहता हूँ तथा भविष्य में भी होने वाली सभी कार्यशालाओं में सम्मिलित होना चाहता हूँ।

महोदय, आपसे विनम्र अनुरोध है कि मुझे इस विज्ञान कार्यशाला में शामिल होने का अवसर देकर कृतार्थ करें, ताकि मैं विज्ञान क्षेत्र से संबंधित नए तथ्यों, उपकरणों आदि की जानकारी प्राप्त कर सकूँ। मैं इस कार्यशाला में शामिल होने की सभी औपचारिकताएँ पूरी करने एवं निर्धारित शुल्क अदा करने के लिए तैयार हूँ।

मुझे पूर्ण आशा है कि आप मुझे इस कार्यशाला में सम्मिलित करके कृतार्थ करेंगे। आपके इस सहयोग व स्नेह के लिए मैं आपका अत्यंत आभारी रहूँगा।

सधन्यवाद।

भवदीय

क. ख. ग.

13. **आपने नया कंप्यूटर खरीदा है, कितु खरीदने के एक महीने बाद ही उसमें खराबी आ गई। आपकी शिकायत पर दुकानदार ने कोई ध्यान नहीं दिया। कंपनी के मुख्य मैनेजर को पत्र लिखकर घटना की जानकारी देते हुए अनुरोध कीजिए कि वे आपके साथ न्याय करें।** **(ICSE 2011)**

परीक्षा भवन

दिल्ली।

दिनांक 09 अगस्त, 20XX

सेवा में,

मुख्य प्रबंधक महोदय,

शिवम् कंप्यूटर्स, गुड़गाँव।

विषय कंप्यूटर में खराबी होने की सूचना देते हुए।

आदरणीय महोदय,

मैं इस पत्र के माध्यम से आपके पास अपनी शिकायत दर्ज कराना चाहता हूँ। मैंने 'एकता कंप्यूटर' से आपकी कंपनी का एक कंप्यूटर पिछले माह ही खरीदा था, परंतु आरंभ से ही मुझे अत्यंत परेशानी हो रही है। इसका सीपीयू सही से काम नहीं कर रहा है और स्क्रीन भी धुँधली-सी हो गई है। मैंने इसकी शिकायत स्थानीय दुकानदार से की, परंतु आज 10 दिन बीत जाने के बाद भी कंप्यूटर ठीक नहीं किया गया। पुनः शिकायत करने पर उनके कर्मचारी भी असभ्य भाषा का प्रयोग करते हैं।

महोदय, इस प्रकार के व्यवहार से मुझे अत्यंत निराशा हुई है और यह घटना आपकी कंपनी की प्रतिष्ठा के लिए चिंताजनक है। मैं विवशतापूर्वक आपको यह पत्र लिख रहा हूँ और आशा करता हूँ कि आप मेरी समस्या का समाधान करवाने में मेरा सहयोग करेंगे।

सधन्यवाद।

भवदीय

क. ख. ग.

14. **आप पिछले दो दिनों से विद्यालय में ठीक समय पर उपस्थित नहीं हो पा रहे थे। प्रधानाचार्य को विद्यालय में विलंब से पहुँचने का कारण बताते हुए क्षमादान के लिए पत्र लिखिए।** **(ICSE 2010)**

परीक्षा भवन

दिल्ली।

दिनांक 11 जुलाई, 20XX

सेवा में,

प्रधानाचार्य महोदय,

अखिल भारतीय शिक्षा संगठन,

मेरठ।

विषय विलंब से विद्यालय पहुँचने के संदर्भ में क्षमादान पत्र।

आदरणीय महोदय,

मैं राज शर्मा आपके विद्यालय में कक्षा द (क) का विद्यार्थी हूँ। मेरी माताजी का स्वास्थ्य पिछले दो दिनों से सही नहीं है। मुझे उनकी देखभाल के साथ-साथ प्रातःकालीन सभी घरेलू कार्य भी स्वयं करने पड़ रहे हैं। इस कारणवश पिछले दो दिनों से मैं विद्यालय में विलंब से पहुँच रहा हूँ।

महोदय, मैं भली-भाँति समझता हूँ कि अनुशासन व समय-प्रबंधन विद्यालय व विद्यार्थी दोनों के लिए अत्यंत महत्त्वपूर्ण है। मैं विश्वास दिलाता हूँ कि मैं भविष्य में यथाशीघ्र सभी कार्य निपटाकर, समय पर विद्यालय पहुँच जाऊँगा। अतः आपसे प्रार्थना है कि मेरी इन दो दिनों की गलती को क्षमा करें तथा

कक्षा अध्यापक को संबंधित निर्देश दें। आशा है आप समस्या को समझते हुए मुझे क्षमा कर देंगे।
सधन्यवाद।
आपका आज्ञाकारी शिष्य
राज शर्मा
कक्षा द (क)

15. आपके मोहल्ले में जल-आपूर्ति नियमित रूप से नहीं हो रही है। जल संस्थान के अधिकारी को शिकायती पत्र लिखिए और उन्हें अपनी समस्याओं के विषय में बताकर उनसे अनुरोध कीजिए कि वे तत्काल जल-आपूर्ति नियमित कराने की व्यवस्था करें। (ICSE 2009)

परीक्षा भवन
दिल्ली।
दिनांक 18 जून, 20XX
सेवा में,
मुख्य अधिकारी महोदय,
जल संस्थान, दिल्ली।
विषय क्षेत्र में जल-आपूर्ति नियमित करने हेतु पत्र।
माननीय महोदय,
मैं राहुल, दरियागंज, दिल्ली निवासी आपका ध्यान अपने क्षेत्र की जल-आपूर्ति की समस्या की ओर आकर्षित करना चाहता हूँ। आजकल हमारे यहाँ जल-आपूर्ति की दशा अत्यंत चिंतनीय हो गई है। कई दिनों से नियमित आपूर्ति के अभाव में दिनचर्या अत्यंत अस्त-व्यस्त हो गई है। पिछले सप्ताह दो-तीन बार पाइप लाइन टूट चुकी है।
कर्मचारियों को शिकायत करने पर जल्दबाजी में इतनी लापरवाही से कार्य किया गया कि दो दिन बाद ही पानी की आपूर्ति पुनः बंद हो गई। कभी-कभी पानी आता भी है, तो अत्यधिक कम मात्रा में और उसका भी कोई निश्चित समय नहीं है।
महोदय, इस कारण हम सभी क्षेत्रवासी बहुत समस्याग्रस्त हैं। वयस्क लोग नौकरी पर तथा बच्चे विद्यालय तक नहीं जा पा रहे हैं। आपसे विनम्र अनुरोध है कि हमारी समस्या का समाधान करें, ताकि हम सुचारु रूप से अपने दैनिक कार्य कर सकें।
सधन्यवाद।
भवदीय
राहुल त्यागी

16. अपने नगर के स्वास्थ्य अधिकारी को पत्र लिखिए, जिसमें आपके क्षेत्र में फैली गंदगी तथा उसके दुष्परिणामों की ओर ध्यान आकर्षित किया गया हो। (ICSE 2008)

परीक्षा भवन
दिल्ली।
दिनांक 14 सितंबर, 20XX
सेवा में,
स्वास्थ्य अधिकारी,
कमला नगर, दिल्ली।
विषय क्षेत्र में गंदगी की समस्या के निदान हेतु।
माननीय महोदय,
हमारे क्षेत्र की वर्तमान दशा अत्यंत चिंताजनक है। हमारे क्षेत्र में पिछले 15-20 दिनों से सफ़ाई व्यवस्था बुरी तरह चरमराई हुई है, जिससे दुर्गंध और गंदगी के कारण हम सबका जीना दूभर हो गया है। कई बार शिकायत करने के बाद भी सफ़ाई कर्मचारी इस ओर ध्यान नहीं दे रहे हैं। जगह-जगह कूड़े के ढेर लग गए हैं तथा सड़कें पूरी तरह से जलमग्न हो गई हैं। मच्छरों के कारण गंभीर बीमारियाँ होने तक का खतरा भी मँडराने लगा है।
अतः आपसे विनम्र अनुरोध है कि तुरंत कार्यवाही कीजिए तथा संबंधित कर्मचारियों को निर्देश देते हुए, हमें इस समस्या से छुटकारा दिलाइए। हम सभी क्षेत्रवासी आपके अत्यंत आभारी रहेंगे।
सधन्यवाद।
भवदीय
क्षेत्र के समस्त निवासी
कमला नगर, दिल्ली।

17. आप किसी पत्रिका के नियमित ग्राहक बनना चाहते हैं। पत्रिका के प्रकाशक से पत्र लिखकर पूछिए कि पत्रिका का वार्षिक मूल्य क्या है और आपको वह पत्रिका क्यों पसंद है? (ICSE 2007)

परीक्षा भवन
दिल्ली।
दिनांक 04 मई, 20XX
सेवा में,
प्रकाशक महोदय,
साहित्य अकादमी,
नई दिल्ली।
विषय साहित्यिक पत्रिका का नियमित ग्राहक बनने हेतु।
माननीय महोदय,
मैं आपकी मासिक पत्रिका का नियमित पाठक हूँ, क्योंकि मैं हिंदी साहित्य का विद्यार्थी हूँ। साहित्य से मेरा गहरा संबंध है। वर्तमान समय में, मैं उपलब्धता के आधार पर पड़ोस में स्थित पुस्तक केंद्र से यह पत्रिका लेता रहता हूँ, परंतु सभी अंक नहीं पढ़ पाता हूँ।
अपने नियमित अध्ययन हेतु, अब मैंने आपकी पत्रिका का पूर्णकालिक सदस्य बनने का निश्चय कर लिया है। अतः आपसे अनुरोध है कि वार्षिक ग्राहक बनने की पूरी प्रक्रिया बताने का कष्ट करें तथा साथ ही डाक खर्च एवं अन्य शुल्क की जानकारी भी दें, जिससे मैं पूर्ण शुल्क अदा कर सकूँ।
आपसे पुनः निवेदन है, सभी औपचारिकताओं के उपरांत मेरी प्रति निम्न पते पर पहुँचाने का कष्ट करें।
सधन्यवाद।
भवदीय
क. ख. ग.

अनौपचारिक पत्र

1. इस बार आपने आजादी का अमृत महोत्सव एक अनाथ-आश्रम में छोटे बच्चों के साथ मनाया। उन बच्चों के साथ बिताए हुए पल तथा खुशियों का वर्णन करते हुए अपने मित्र को पत्र लिखिए।

परीक्षा भवन **(ICSE Spec 2023)**

दिल्ली।

दिनांक 30 मार्च, 2023

प्रिय मित्र रोहित

नमस्कार।

आशा करता हूँ कि तुम सकुशल होंगे और घर के अन्य सदस्य भी कुशल-मंगल होंगे। प्रिय मित्र रोहित मैं तुम्हें यह बताना चाहता हूँ कि इस बार हमारे देश भारत को स्वतंत्र हुए 75 साल पूरे हो चुके हैं। इस खुशी में पूरा देश आजादी का अमृत महोत्सव मना रहा है तो मैं भी इस उत्सव को मनाने के लिए एक अनाथ आश्रम में गया था। वहाँ मैंने उस आश्रम के छोटे-छोटे बच्चों के साथ इस उत्सव को मनाया। इस अवसर पर मैंने उन बच्चों को उपहार तथा उनकी जरूरत की चीजें दी तथा हमने पूरे दिन बहुत मस्ती भी की थी। मैंने बच्चों के साथ मिलकर खेल खेले, पौधे लगाएँ, कार्ड बनाएँ, झूला-झूला और बहुत खेल-कूद किया। जिससे उन बच्चों को बहुत खुशी हुई और मुझे भी मेरा बचपन याद आ गया।

अतः आशा करता हूँ कि तुम भी मेरी बातों को पढ़कर खुश होंगे और कभी अवसर मिले तो तुम भी इन बच्चों से मिलने अवश्य आना। तुम्हें यहाँ आकर बहुत अच्छा लगेगा।

तुम्हारा मित्र

पंकज

2. आपका भाई अधिकांश समय मोबाइल फ़ोन के उपयोग में बिताता है। मोबाइल फ़ोन का अधिक उपयोग करने से होने वाली हानियों का उल्लेख करते हुए उसे पत्र लिखिए।

(ICSE Spec 2022-23)

परीक्षा भवन

दिल्ली।

दिनांक 03 जून, 20XX

प्रिय अनुज,

शुभाशीष।

हम सब यहाँ पर कुशलमंगल हैं और साथ ही कामना करते हैं कि तुम भी कुशलपूर्वक होंगे। आज सुबह ही माताजी तुम्हें याद करके भावुक हो रही थीं।

मेरे पास आज तुम्हारे अध्यापक महोदय का फ़ोन आया था, उन्होंने मुझे जानकारी दी कि आजकल पढ़ाई से ज्यादा मोबाइल फ़ोन पर तुम्हारा वक्त गुज़रता है। तुम घर की आर्थिक स्थिति से भली-भाँति परिचित हो कि पिताजी ने कितनी कठिनाइयों से तुम्हें छात्रावास पढ़ने के लिए भेजा है, ताकि तुम कामयाब हो सको। आजकल मोबाइल फ़ोन आवश्यक है, परंतु यह सिर्फ मित्रों-परिवार इत्यादि संबंधियों से आवश्यक बातचीत के लिए है। इसके अतिरिक्त इसका अत्यधिक उपयोग करना बेहद हानिकारक है। इससे समय तो व्यर्थ होता ही है, साथ ही यह मानसिक और शारीरिक पीड़ा भी देता है।

इससे एकाग्रता में भी कमी आती है। इसलिए उम्मीद है कि भविष्य में तुम मोबाइल फ़ोन का अत्यधिक उपयोग नहीं करोगे तथा पूर्ण एकाग्रचित्त होकर शिक्षा पर ध्यान दोगे।

माता-पिता की ओर से तुम्हें स्नेह व आशीर्वाद तथा मेरी ओर से ढेर सारा प्यार।

तुम्हारा अग्रज

क. ख. ग.

3. आपकी बड़ी बहन डॉक्टर बनना चाहती है जिसके लिए व जोरों-शोरों से तैयारी कर रही है। उस परीक्षा में वह सफल हो जाए, ऐसी कामना करते हुए अपनी बड़ी बहन को पत्र लिखिए।

(ICSE Sem II 2022)

परीक्षा भवन

दिल्ली

दिनांक 18 अक्टूबर, 20XX

आदरणीय बड़ी बहन (या आदरणीय दीदी)

सादर प्रणाम।

मुझे यह सुनकर बहुत खुशी हुई कि आप डॉक्टर बनने के लिए काफी मेहनत कर रही हैं। आप मेडिकल में प्रवेश पाने के लिए खूब जोरो-शोरों से प्रयास कर रही हैं। कल चाचा जी मेरे पास आए थे और उन्होंने ही यह सूचना मुझे दी। वैसे मैं जानता हूँ कि आप बचपन से ही बहुत मेहनती हैं और आपने प्रत्येक परीक्षा अच्छे नंबरों और प्रथम श्रेणी से उत्तीर्ण की है। लेकिन मेरी ईश्वर से यह कामना है कि आपका मेडिकल में प्रवेश पाने का प्रयास सफल हो और आप आगामी मेडिकल प्रवेश परीक्षा में अच्छे अंकों से उत्तीर्ण हों।

वैसे मेरा आपसे एक सुझाव है कि मेरा एक मित्र अनुभव शर्मा हमारी कॉलोनी में ही रहता है, उसने कुछ दिनों पहले ही एम बी. बी. एस. की परीक्षा उत्तीर्ण कर एम. डी. में प्रवेश लिया है। मैं आपको उसका पता व फोन नं. भेज रहा हूँ। वह आपका संभवतः उचित मार्गदर्शन कर सकता है।

एक बार पुनः मैं आपकी परीक्षा में उत्तीर्ण होने की ईश्वर से कामना करता हूँ। आप अनुभव शर्मा से सुझाव अवश्य ले लेना। आशा है कि इससे आपको अच्छे अंक लाने में अवश्य सफलता मिलेगी।

माता-पिता व आपको मेरा प्रणाम। छोटी को आशीर्वाद व स्नेह।

आपका अनुज

वैदिक शर्मा

4. आपका छोटा भाई किसी दूसरे शहर में पढ़ने गया है। वहाँ पर वह खेलने के लिए समय नहीं निकाल पा रहा है। खेलों का महत्त्व समझाते हुए उसे एक पत्र लिखिए। **(ICSE Sem II 2021)**

परीक्षा भवन
दिल्ली।
दिनांक 22 दिसंबर, 20XX
प्रिय अनुज साहिल,
स्नेह आशीष।

आज ही तुम्हारा पत्र मिला। यह जानकर बहुत खुशी हुई कि तुमने स्वयं को छात्रावास के वातावरण में ढाल लिया है। साथ ही तुम्हारी पढ़ाई भी सही चल रही है। तुम खूब मन लगाकर पढ़ रहे हो। लेकिन मुझे ज्ञात हुआ है कि तुम केवल पढ़ने में लगे रहते हो और खेलों की ओर ध्यान नहीं देते हो। इसी कारण तुम्हारा स्वास्थ्य बिगड़ गया है।

पढ़ाई के साथ-साथ खेलों का भी हमारे जीवन में विशेष महत्त्व है। खेलों से तन और मन स्वस्थ रहता है। खेलों से शरीर हृष्ट-पुष्ट होता है। खेलने से शरीर के सभी अंगों की कसरत हो जाती है। इससे शरीर स्वस्थ तथा मजबूत बनता है। खेलों से शरीर को चुस्ती-फुर्ती तथा शक्ति मिलती है। इस प्रकार खेल मनुष्य के शारीरिक और मानसिक विकास में महत्त्वपूर्ण भूमिका निभाते हैं।

आशा है तुम मेरी बात से सहमत होंगे और अपने जीवन में खेलों को महत्त्व दोगे तथा खेलों में भाग लोगे।

माताजी और पिताजी की ओर से आशीर्वाद।

तुम्हारा अग्रज
क. ख. ग.

5. आप अपने परिवार के साथ किसी सुंदर शहर की यात्रा करके आए हैं। आपने वहाँ क्या-क्या देखा? वह शहर इतना प्रसिद्ध क्यों है? अपने मित्र को पत्र लिखकर वर्णन करें। (ICSE 2020)

परीक्षा भवन
दिल्ली।
दिनांक 22 अक्टूबर, 20XX
प्रिय मित्र रोहित,
प्यार भरा नमस्कार।

आशा है कि तुम स्वस्थ और प्रसन्न होंगे। इस पत्र के द्वारा मैं तुम्हें अपनी यात्रा के विषय में बताना चाहता हूँ। पिछले सप्ताह, मैं अपने परिवार के साथ भुवनेश्वर की यात्रा पर गया था। भुवनेश्वर भारत के खूबसूरत एवं हरे-भरे प्रदेश ओडिशा की राजधानी है। यहाँ की प्राकृतिक सुंदरता देखते ही बनती है। ऐतिहासिक ही नहीं धार्मिक दृष्टिकोण से भी यह शहर भारत के प्रमुख धार्मिक स्थलों में से एक है। इसे 'मंदिरों का शहर' भी कहा जाता है।

हम जिस होटल में ठहरे थे उसके निकट ही राजा-रानी मंदिर है, इसलिए सबसे पहले हम उसी के दर्शन के लिए पहुँचे। इस मंदिर की स्थापना ग्यारहवीं शताब्दी में हुई थी। अगली सुबह हम लिंगराज मंदिर देखने गए।

इस मंदिर के आस-पास सैंकड़ों छोटे-छोटे मंदिर हैं, इसलिए इसे लिंगराज मंदिर समूह कहा जाता है। 185 फीट ऊँचा यह मंदिर भारत की प्राचीन शिल्पकला का अप्रतिम उदाहरण है। मंदिरों की दीवारों पर निर्मित मूर्तियाँ शिल्पकारों की कुशलता की परिचायक हैं।

यह शहर मंदिरों के लिए बहुत प्रसिद्ध है, क्योंकि यहाँ के मंदिर विश्वभर में ख्याति प्राप्त हैं। भुवनेश्वर की यात्रा इतिहास की यात्रा के समान है। भुवनेश्वर संग्रहालय में प्राचीन मूर्तियों एवं हस्तलिखित ताड़पत्रों का अनूठा संग्रह है। इस यात्रा का मेरे परिवार ने खूब आनंद लिया।

शेष मिलने पर।
आंटी-अंकल को मेरा प्रणाम।
तुम्हारा अभिन्न मित्र
क.ख.ग.

6. आप अपने परिवार के साथ किसी एक प्रदर्शनी (Exhibition) को देखने गए थे। वहाँ पर आपने क्या-क्या देखा? वहाँ कौन-कौन-सी चीजों ने आपको आकर्षित किया? जीवन में उनकी क्या उपयोगिता है? अपना अनुभव बताते हुए अपने प्रिय मित्र को पत्र लिखिए।

(ICSE 2019)

परीक्षा भवन
दिल्ली।
दिनांक 9 मार्च, 20XX
प्रिय मित्र रोहित,

आशा करता हूँ कि तुम सकुशल होंगे। मैं इस पत्र के माध्यम से तुम्हें हस्तकला प्रदर्शनी के संदर्भ में बताना चाहता हूँ। दिल्ली एक महानगर है। वर्षभर, यहाँ छोटी-बड़ी अनेक प्रदर्शनियाँ लगती रहती हैं।

महात्मा गाँधी के जन्मदिन पर प्रगति मैदान में प्रतिवर्ष लगने वाली प्रदर्शनी की कोई समानता ही नहीं है। इस वर्ष मुझे इस प्रदर्शनी को देखने का अवसर मिला। मैं अपने परिवार के सदस्यों के साथ हस्तकला प्रदर्शनी देखने गया। इस प्रदर्शनी में भारत के कोने-कोने से आए कलाकारों ने अपनी कला के प्रदर्शन हेतु स्टॉल लगाए हुए थे, जिनमें कश्मीर कढ़ाई वाली शॉल, गलीचे, लकड़ी के बने फर्नीचर, राजस्थान के बंधनी काम के वस्त्र, तमिलनाडु की ताम्र मूर्तियाँ आदि अनेक हस्तकला से संबंधित वस्तुएँ थीं। वहाँ हाथ से बनी सुंदर मूर्तियों, बिहार की मधुबनी चित्रकारी तथा जूट के बने बैग ने मुझे बहुत आकर्षित किया।

हस्तकला के इन उपकरणों का जीवन में बहुत महत्त्व है। एक ओर जहाँ कलाकार की कला को प्रदर्शित कर उनकी जीविका का साधन मानते हैं, तो वहीं दूसरी ओर भारत की सांस्कृतिक कला को जीवित रखे हुए हैं। इनके माध्यम से राज्यों की सांस्कृतिक झाँकियों की झलक भी देखने को मिलती है। इस प्रदर्शनी में मनोरंजन के भी अनेक साधन उपलब्ध थे। प्रत्येक स्टॉल बहुत विशाल और सुंदर था तथा उसमें सभी वस्तुएँ अच्छी तरह से रखी हुई थीं।

स्टॉल के बाहर उन प्रदेशों के लोकनृत्य तथा लोकगीतों का आयोजन भी किया गया था। यह सब बहुत ही आकर्षक था। इस प्रकार यह प्रदर्शनी मुझे बहुत अच्छी लगी।

शेष फिर कभी। अंकल-आंटी को मेरा नमस्कार कहना।

भवदीय
क.ख.ग.

7. पिछले महीने कुछ प्रयासों द्वारा आपके विद्यालय के छात्रों ने कुछ धनराशि एकत्रित कर मूक-बधिर विद्यालय के विद्यार्थियों की सहायता की थी। इसका वर्णन करते हुए अपने मित्र को एक पत्र लिखिए और बताइए कि हमें समाज के विकलांग लोगों के प्रति कैसा व्यवहार रखना चाहिए व उनकी सहायता के लिए किस प्रकार के प्रयास करने चाहिए। (ICSE 2018)

परीक्षा भवन

दिल्ली।

दिनांक 16 मार्च, 20XX

प्रिय सुरेंद्र,

नमस्कार

आशा करता हूँ कि तुम सकुशल होगे और घर के अन्य सदस्य भी कुशल-मंगल से होंगे।

प्रिय मित्र सुरेंद्र मैं तुम्हें अपने विद्यालय के छात्रों द्वारा किए गए प्रशंसनीय कार्य से अवगत कराना चाहता हूँ। हमारे विद्यालय के निकट में ही एक मूक-बधिर विद्यार्थियों का विद्यालय है। विद्यालय में शिक्षकों की संख्या तो पूर्ण है, लेकिन विद्यार्थियों के लिए आवश्यक शिक्षण सहायक सामग्रियों का अभाव था।

विद्यार्थियों की इस समस्या का समाधान करने के लिए हमारे विद्यालय के लिए कुछ विद्यार्थियों ने विद्यालय के छात्रों से कुछ धनराशि एकत्रित करके उनके लिए आवश्यक सामग्रियाँ उपलब्ध कराके उनकी मदद की। हमें भी विद्यार्थियों से सीख लेकर भिन्न-भिन्न रूप से विकलांग बच्चों की सहायता करनी चाहिए।

उनका विद्यालय में दाखिला करवाकर, शिक्षा के लिए आवश्यक सामग्री प्रदान करके, साथ ही उनके साथ सामान्य बच्चों की तरह व्यवहार करके हम उन बच्चों को समाज की मुख्य धारा से जोड़ने का कार्य कर सकते हैं।

विकलांग बच्चों को भी देश के भविष्य निर्माण में सहायक बनाने का कार्य सिर्फ सरकार या उनके माता-पिता का ही नहीं है, अपितु उसमें संपूर्ण समाज का योगदान भी आवश्यक है।

अतः आशा है कि तुम भी मेरी बातों से सहमत होंगे और अपने स्तर पर उनकी सहायता करने का प्रयास करोगे।

छात्रों के कुछ अन्य कार्यों का वर्णन मैं तुम्हें अगले पत्र में बताऊँगा।

तुम्हारा मित्र

राजेंद्र

एक्सपर्ट्स कमेंट्स

- अधिकांश छात्रों ने पत्र के प्रारूप में त्रुटियाँ की तथा अभिवादन हेतु शब्द नहीं लिखा।
- अधिकांश छात्र मूकबधीर विद्यालय का वर्णन नहीं कर पाए तथा मूकबधीर विद्यालय की सहायता के लिए किस प्रकार प्रयास करने चाहिए? इस बिंदु को स्पष्ट करने में भी अक्षम रहे।
- पत्र में मुख्य बिंदु जैसे प्रारूप तथा सटीक उत्तर के अभाव के साथ-साथ वर्तनी तथा भाषा संबंधी अशुद्धियाँ भी दृष्टिगोचर हुईं।

स्टूडेंट्स के लिए एडवाइज़

- छात्रों को अनौपचारिक-पत्र को लिखने का नियमित अभ्यास करना चाहिए।
- छात्रों को ध्यान रखना चाहिए कि संबोधन के पश्चात् अभिवादन हेतु महत्त्वपूर्ण शब्दों का प्रयोग करना चाहिए।
- छात्रों को पत्र से संबंधित मुख्य बिंदुओं को ध्यान रखकर पत्र लिखना चाहिए तथा पत्र लेखन के प्रारम्भ तथा समापन संबंधी मुख्य बिंदुओं पर ध्यान केंद्रित करना चाहिए।

8. ओलंपिक में अपने देश के बढ़ते कदम देखकर आपको बहुत ही प्रसन्नता हो रही है। इस वर्ष के ओलंपिक की उपलब्धियों को बताते हुए अपने मित्र को पत्र लिखिए। (ICSE 2017)

परीक्षा भवन

दिल्ली।

दिनांक 22 अप्रैल, 20XX

प्रिय मित्र सौरभ,

आशा है कि तुम स्वस्थ एवं प्रसन्न होंगे। इस पत्र के माध्यम से मैं, तुम्हें ओलंपिक में देश के बढ़ते कदम के विषय में बताना चाहता हूँ। आधुनिक ओलंपिक खेल वर्ष 1896 में आरंभ हुए, लेकिन इसके 4 वर्ष बाद 1900 में पेरिस में आयोजित हुए दूसरे ओलंपिक खेलों में भारत ने पहली बार भाग लिया। इस प्रकार भारत भी ओलंपिक की दौड़ में शामिल हो गया। धीरे-धीरे भारत की ओर से कई खिलाड़ी ओलंपिक के लिए भेजे जाने लगे।

वर्ष 2016 में रियो-डी-जेनेरियो ब्राजील के शहर में 5 से 21 अगस्त, 20XX के मध्य ओलंपिक खेलों का आयोजन किया गया। खेलों के इस महाकुंभ में 207 देशों के 1,100 एथलीटों ने अपने प्रदर्शनों के साथ विश्व में नई खेल संस्कृति को जन्म दिया।

रियो ओलंपिक 20XX में भारत की ओर से 119 खिलाड़ियों का दल प्रतिस्पर्धा में शामिल हुआ। इस बार का प्रदर्शन भले ही निराशाजनक रहा, परंतु देश की बेटियों ने एक बार फिर तिरंगे की शान बढ़ाई। इस वर्ष भारत को केवल दो ही मेडल मिले। जिसमें पी.वी. सिंधु (सिल्वर) और साक्षी मलिक (ब्रॉन्ज) मेडल जीत पाईं। दो मेडल के साथ भारत को ओलंपिक की मेडल लिस्ट में 67 वाँ स्थान मिला।

कुछ खिलाड़ियों ने अपना बेहतर प्रदर्शन कर भारत का गौरव बढ़ाया, जिनमें दीपा करमाकर भारत की पहली महिला जिमनास्ट तथा धाविका ललिता बाबर का प्रदर्शन शानदार रहा। इस प्रकार रियो ओलंपिक से सीख लेते हुए भारत को ओलंपिक में और अधिक मेहनत करने की जरूरत है। आशा है कि आगे होने वाले ओलंपिक में भारत बेहतर प्रदर्शन कर विश्व स्तर पर अपनी पहचान बनाएगा।

तुम्हारा मित्र

क. ख. ग.

9. **अस्वस्थ दादा जी के स्वास्थ्य की जानकारी लेने के लिए दादी जी को पत्र लिखिए।** **(ICSE Spec 2017)**

परीक्षा भवन
नई दिल्ली।
दिनांक 16 मई, 20XX
पूज्य दादीजी,
सादर प्रणाम।

मुझे ज्ञात हुआ कि दादाजी का स्वास्थ्य काफ़ी समय से ठीक नहीं है। मैं उनके स्वास्थ्य को लेकर अत्यंत चिंतित हूँ। मुझे पूरा विश्वास है कि आप दादाजी का पूरा ध्यान रखती होंगी, किंतु फिर भी मैं उनके स्वास्थ्य के विषय में जानना चाहता हूँ।

पिछली बार दादाजी का स्वास्थ्य समय पर दवाई न लेने के कारण बिगड़ गया था, क्या अब वे समय पर दवाई लेते हैं? आप उनको समय पर दवाई देना तथा उनके खाने-पीने का भी ध्यान रखना। साथ ही साथ उन्हें कुछ समय खुली हवा में सैर आदि भी करवाना, जिससे कि कि वे जल्दी स्वस्थ हो जाएँ। मैं शीघ्र ही आप दोनों से मिलने आऊँगा। आप अधिक चिंता न करें तथा दादाजी को भी हौंसला दें। आपके पत्र की प्रतीक्षा में।

दादाजी को मेरा प्रणाम कहिएगा।

आपका पोता
क. ख. ग.

10. **आपकी चचेरी बहन जो गाँव में रहती है, उसकी दसवीं के बाद शिक्षा रोक दी गई है अत: उसकी आगे की शिक्षा जारी रखने का निवेदन करते हुए अपने चाचाजी को पत्र लिखिए, जिसमें नारी शिक्षा की आवश्यकता और उसके लाभों की भी चर्चा कीजिए।** **(ICSE 2016)**

परीक्षा भवन
दिल्ली।
दिनांक 20 जून, 20XX
पूजनीय चाचाजी,
सादर प्रणाम।

आशा करता हूँ घर पर आप सब कुशलपूर्वक होंगे। चाचाजी मुझे यह जानकर बेहद दु:ख हुआ कि स्नेहा द्वारा दसवीं की परीक्षाएँ प्रथम श्रेणी से उत्तीर्ण करने के उपरांत भी आपने उसके लड़की होने के कारण आगे की शिक्षा जारी रखने की अनुमति नहीं दी है। आपके द्वारा लिया गया यह निर्णय पूर्णत: अनुचित है। आज विश्व में महिलाएँ अपनी काबिलियत के कारण विभिन्न देशों की राष्ट्राध्यक्ष, वैज्ञानिक इत्यादि होने के साथ ही उच्च पदों पर आसीन हैं। वर्तमान समय में ही नहीं, बल्कि प्राचीनकाल में भी रानी लक्ष्मीबाई, बेगम हजरत महल आदि वीरांगनाएँ हुई हैं, जिन्होंने स्त्री होने के उपरांत भी अपना सर्वस्व न्यौछावर कर दिया।

वहीं आज आप 21वीं सदी में स्नेहा के लड़की होने के कारण उसकी पढ़ाई रुकवाना चाहते हैं, जो बिलकुल अनुचित है। वर्तमान समय में पश्चिमी सभ्यता से अत्यधिक प्रभावित होने के कारण युवाओं में अनैतिकता बढ़ी है, लेकिन स्नेहा होशियार व समझदार लड़की है और आपके द्वारा दिए गए संस्कार उसे गलत राह पर नहीं जाने देंगे।

अत: मेरा आपसे विनम्र निवेदन है कि आप उसकी पढ़ाई न रुकवाएँ अन्यथा उसका भविष्य अंधकारमय हो सकता है।

आपका स्नेहाकांक्षी,
क. ख. ग.

11. **आपके विद्यालय में कुछ अतिथि आए थे, जिनकी देखभाल की ज़िम्मेदारी आपको सौंपी गई थी। अपनी माताजी को पत्र लिखकर बताइए कि वे अतिथि विद्यालय में क्यों आए थे और आपने उनके लिए क्या-क्या किया?** **(ICSE 2013)**

परीक्षा भवन
दिल्ली।
दिनांक 13 मार्च, 20XX
पूजनीय माताजी,
चरण-स्पर्श।

मैं यहाँ कुशलपूर्वक हूँ और कामना करता हूँ कि आप भी सपरिवार कुशलपूर्वक होंगी। माँ! आज मैं अत्यंत प्रसन्न हूँ। मुझे विद्यालय में हुए समारोह में सबके सामने प्रशस्ति-पत्र देकर सम्मानित किया गया, जिसका वर्णन निम्न प्रकार है–

हमारे विद्यालय में जिला स्तर पर संगीत प्रतियोगिता का आयोजन किया गया था, जिसमें बाहर से बड़े-बड़े अधिकारी, प्रतियोगी व अध्यापक हमारे विद्यालय में आए हुए थे। प्रतियोगिता दो दिवसीय थी। इन दो दिनों के दौरान प्रधानाचार्य जी ने सभी अतिथिगण व प्रतियोगियों के खाने-पीने तथा आतिथ्य करने का दायित्व मुझको सौंप दिया।

मैंने पूर्ण निष्ठा और ईमानदारी से इस दायित्व को निभाने का प्रयास किया। दो दिन के बाद प्रतियोगिता का समापन हुआ तो विदाई समारोह में शीर्ष अधिकारी ने मेरे प्रबंधन व व्यवहार के लिए मेरी खूब सराहना की। अंत में पारितोषिक वितरण समारोह के दौरान मुझे भी मुख्य अतिथि द्वारा प्रशस्ति-पत्र देकर पुरस्कृत किया गया।

मैं अत्यंत गौरवान्वित महसूस कर रहा था। शेष सब बाद में। पिताजी को मेरा प्रणाम कहना व बहन को प्यार।

आपका पुत्र
क. ख. ग.

12. **छात्रावास में रहने वाली अपनी छोटी बहन को फ़ैशन की ओर अधिक रुझान न रख, ध्यानपूर्वक पढ़ाई करने की सीख देते हुए पत्र लिखिए।** **(ICSE 2012)**

परीक्षा भवन
दिल्ली।
दिनांक 03 अप्रैल, 20XX
प्रिय लता,
सस्नेह आशीष।

हम सब यहाँ सकुशल हैं और सदैव परमात्मा से तुम्हारी कुशलता की कामना करते हैं। माताजी-पिताजी तुम्हें याद करके कभी-कभी अत्यंत भावुक हो जाते हैं। लता! तुम्हें ज्ञात है कि पिताजी ने कितनी कठिनाइयाँ सहकर हमारा पालन-पोषण किया है और उनका सपना है कि तुम आईएएस की परीक्षा उत्तीर्ण करो, परंतु तुम्हारे अध्यापकों व छात्रावास प्रभारी से मुझे ज्ञात

हुआ है कि आजकल तुम्हारा ध्यान फैशन की ओर अधिक है और इस कारण तुम्हारा लक्ष्य प्रभावित होने लगा है।

मैं यह सुझाव देना चाहूँगा कि तुम खुद को एकाग्रचित्त करो तथा केवल अपने अध्ययन और लक्ष्य पर ध्यान केंद्रित करो। वार्षिक परीक्षा आने वाली है। यदि तुम समय रहते नहीं सँभली तो अत्यंत गंभीर परिणामों का सामना करना पड़ सकता है और साथ ही तुम्हारा भविष्य भी अंधकारमय हो जाएगा। इसलिए मेरी सलाह है कि अध्ययन पर ध्यान दो तथा माता-पिता का स्वप्न व अपना लक्ष्य साकार करो।

माता-पिता की ओर से तुम्हें स्नेहशील आशीर्वाद।

तुम्हारा बड़ा भाई

क. ख. ग.

13. **2011 में दिए जाने वाले 'बच्चों के वीरता पुरस्कार' के लिए आपको चुना गया है। अपने मित्र को पत्र द्वारा प्रसन्नता तथा उत्तेजना की भावनाओं से अवगत कराते हुए, उस घटना का संक्षिप्त वर्णन कीजिए, जिसके कारण आपको इस पुरस्कार के लिए चयनित किया गया।** **(ICSE 2011)**

परीक्षा भवन

दिल्ली।

दिनांक 16 मई, 20XX

प्रिय मित्र राज,

बहुत दिनों से तुम्हारा कोई पत्र नहीं मिला, आशा करता हूँ कि तुम सकुशल होंगे। मुझे तुम्हें यह बताते हुए अत्यंत हर्ष हो रहा है कि अभी-अभी मुझे सरकार द्वारा भेजा गया पत्र प्राप्त हुआ, जिसमें लिखा है कि मुझे वर्ष 2011 के वीरता पुरस्कार के लिए चयनित कर लिया गया है और गणतंत्र दिवस के अवसर पर मुझे यह पुरस्कार राष्ट्रपति द्वारा प्रदान किया जाएगा। पूरा परिवार इस सूचना को पाकर गौरवान्वित अनुभव कर रहा है।

मालूम है राज, यह सब तुम्हारे सहयोग और सलाह का परिणाम है। अन्यथा न हम वह घटना सरकार को बताते और न ही आज यह पुरस्कार प्राप्त होता।

आज फिर पुनः वह घटना स्मरण हो रही है। मैं रात को 8 बजे छत पर खड़ा था, अचानक मुझे पड़ोस वाले घर से कुछ शोर सुनाई दिया। मैंने जाकर देखा कि 2-3 नकाबपोश बुजुर्ग दंपति को बाँध रहे हैं और उनका एक साथी लूट-पाट कर रहा है। मैंने तुरंत 100 नंबर पर फोन करके घटना की पूर्ण जानकारी पुलिस को दे दी।

पुलिस ने तत्काल कार्यवाही करते हुए घर पर धावा बोलकर सभी लुटेरों को गिरफ़्तार कर लिया व बुजुर्ग दंपति को सकुशल बचा लिया गया। बुजुर्ग दंपति ने हमें खूब दुआएँ दीं। मुझे तो यह घटना विस्मृत हो गई थी, परंतु इस पत्र ने सब याद दिला दिया। मैं बहुत प्रसन्न हूँ। आशा है, उस दिन तुम भी पूरा दिन मेरे साथ ही मौजूद रहोगे। अच्छा, अब समाप्त करता हूँ, तुम्हारे पत्र की प्रतीक्षा में।

तुम्हारा मित्र,

रजत

14. **आप अपने मित्रों के साथ किसी पर्वतीय क्षेत्र की यात्रा के लिए गए थे। वहाँ के प्राकृतिक सौंदर्य का वर्णन करते हुए अपनी माताजी को पत्र लिखिए।** **(ICSE 2010)**

परीक्षा भवन

दिल्ली।

दिनांक 06 मई, 20XX

पूजनीय माताजी,

सादर प्रणाम।

मैं यहाँ कुशलपूर्वक हूँ तथा कामना करता हूँ कि आप भी सपरिवार सकुशल होंगी। आपका स्वास्थ्य ठीक है ना? आपकी बड़ी याद आती है। माताजी, मैंने आपको बताया था कि इस बार मेरी और मेरे मित्रों की वार्षिक परीक्षा अच्छी हुई है, इसलिए इस बार हम कुछ मित्रों ने मनाली जाने का निश्चय किया।

हम सब तय कार्यक्रम के अनुसार इस पर्वतीय प्रदेश की यात्रा हेतु वहाँ पहुँच गए थे। वहाँ का मौसम बहुत ही ठंडा तथा मनमोहक था। पर्वतीय क्षेत्रों में कार द्वारा यात्रा करना बहुत ही रोमांचकारी व मज़ेदार अनुभव सिद्ध हुआ। पहले दिन हम प्रातःकाल ही हिडिंबा मंदिर में गए। वहाँ के अप्रतिम सौंदर्य, शांति और देवदार के वृक्षों ने हृदय को बड़ा सुकून प्रदान किया। उसके बाद हम रोहतांग दर्रे पर बर्फ़ीले पहाड़ों पर पहुँचे तथा वहाँ खूब आनंद लिया। दूसरे दिन हमने घाटी तथा बाज़ार जाने की योजना बनाई और कुछ खरीदारी भी की। घाटी के साथ ही बहती व्यास नदी के नाद-सौंदर्य से सहसा ही निम्न पक्तियाँ स्मरण हो आईं

''कहाँ ढूँढें नदी-सा बहता हुआ दिन।''

अच्छा, अब पत्र का समापन करता हूँ। समय मिले तो आप भी पिताजी सहित इस शहर के प्राकृतिक सौंदर्य का आनंद अवश्य लेना। पिताजी को प्रणाम व गुड़िया को प्यार।

आपका पुत्र

नयन

15. **आपका मित्र किसी खेल प्रतियोगिता में भाग लेने के लिए विदेश यात्रा पर जा रहा है। मंगलकामना करते हुए उसे पत्र लिखिए।** **(ICSE 2009)**

परीक्षा भवन

दिल्ली।

दिनांक 10 जुलाई, 20XX

प्रिय मित्र, वंदे!

आशा है कि तुम स्वस्थ और प्रसन्न होंगे। मुझे आज ही तुम्हारा पत्र प्राप्त हुआ है और यह जानकर अति प्रसन्नता हुई कि तुम्हारा चयन राष्ट्रीय फुटबॉल टीम में हो गया है तथा तुम इस महीने ही प्रतियोगिता हेतु पुर्तगाल की यात्रा पर जा रहे हो। मुझे अनायास ही वह कॉलेज का समय याद आ गया, जब तुम विद्यार्जन के साथ-साथ दिन-रात फुटबॉल का अभ्यास करते रहते थे। आज तुम्हें उस परिश्रम और अभ्यास का ही फल मिला है। मित्र, मैं बहुत खुश हूँ और तुम्हें इस स्वर्णिम अवसर पर बधाई देता हूँ। मैं ईश्वर से कामना करता हूँ कि तुम इस खेल प्रतियोगिता में अत्यंत सफलता प्राप्त करो और देश का नाम रोशन करो।

मैं सपरिवार गौरवान्वित महसूस कर रहा हूँ। अच्छा, अब पत्र समाप्त करता हूँ। मेरी शुभकामनाएँ सदैव तुम्हारे साथ हैं। अपने माता-पिता को मेरा प्रणाम कहना।

तुम्हारा मित्र

राजेश अग्रवाल

05

अपठित गद्यांश

अपठित गद्यांश का अर्थ

''गद्य का ऐसा अंश, जिसे पहले नहीं पढ़ा गया हो।''

पाठ्य-पुस्तकों के गद्यांशों पर आधारित प्रश्नों के उत्तर देना सरल होता है, जबकि अपठित गद्यांशों पर आधारित प्रश्नों के उत्तर देना कठिन होता है, क्योंकि यह निर्धारित पाठ्यक्रम का अंश नहीं होता। इस प्रकार के गद्यांश प्राय: हिंदी की विभिन्न पुस्तकों, पत्र-पत्रिकाओं, समाचार-पत्रों आदि से चुने जाते हैं।

अपठित गद्यांश के लिए आवश्यक तथ्य

गद्यांश के शाब्दिक अर्थ एवं भावार्थ को ठीक से समझने के लिए भाषा के व्याकरणिक पक्ष की जानकारी होना भी आवश्यक है, जिसके लिए संज्ञा, सर्वनाम, विशेषण, प्रविशेषण, विराम चिह्न प्रयोग, पर्यायवाची शब्द, श्रुतिसम भिन्नार्थक शब्द, अनेक शब्दों के लिए एक शब्द, विपरीतार्थक शब्द, मुहावरे, लोकोक्तियाँ आदि का भी समुचित ज्ञान होना आवश्यक है।

अपठित गद्यांशों को देने का उद्देश्य

- विद्यार्थियों की अर्थग्रहण क्षमता में वृद्धि हो सके।
- विद्यार्थियों के बौद्धिक स्तर का परीक्षण किया जा सके।
- विद्यार्थियों की अभिव्यक्ति क्षमता का विकास किया जा सके।
- विद्यार्थियों की अध्ययनशीलता, एकाग्रता तथा संवेदनशीलता का परीक्षण किया जा सके।

अपठित गद्यांश को हल करते समय ध्यान रखने योग्य बातें

- दिए गए अपठित गद्यांश को ध्यानपूर्वक दो-तीन बार पढ़ना चाहिए, इससे उस गद्यांश का मूल भाव समझने में आसानी रहेगी।
- गद्यांश में दिए गए कठिन शब्दों तथा पूछे गए प्रश्नों के सर्वाधिक उचित उत्तर को रेखांकित कर लेना चाहिए।
- प्रत्येक प्रश्न का उत्तर गद्यांश में ही खोजना चाहिए। गद्यांश के बाहर के मिलते-जुलते भाव वाले उत्तरों पर ध्यान नहीं देना चाहिए।
- गद्यांश का शीर्षक लिखते समय यह ध्यान रहे कि वह गद्यांश की मूल भावना को प्रकट करता हो। शीर्षक संक्षिप्त, आकर्षक तथा सार्थक होना चाहिए।
- प्रश्न के उत्तर निर्धारित अंक सीमा को ध्यान में रखकर ही लिखने चाहिए।
- प्रश्नों को ध्यानपूर्वक पढ़ने व समझने के पश्चात् ही उनका उत्तर लिखना प्रारंभ करना चाहिए।
- कई बार ऐसा होता है कि विद्यार्थी को किसी शब्द विशेष का अर्थ ज्ञात नहीं होता है अथवा किसी वाक्य का एक भाग बहुत कठिन लगता है।
  विद्यार्थियों को ऐसी बातों से घबराना नहीं चाहिए, बल्कि प्रस्तुत गद्यांश के प्रसंग में उस वाक्य या शब्द के अर्थ को समझने का प्रयास करना चाहिए और उसके अनुसार सर्वाधिक उचित उत्तर देना चाहिए।

PYQs विगत वर्षों के प्रश्न व महत्वपूर्ण प्रश्न

1. निम्नलिखित गद्यांश को ध्यानपूर्वक पढ़कर उसके नीचे दिए गए प्रश्नों के उत्तर हिंदी में दीजिए। उत्तर यथासम्भव आपके अपने शब्दों में होने चाहिए।

बसंत ऋतु का आगमन हो चुका था, परन्तु कोयल और मोर उदास थे। जंगल के राजा ने एक जाँच आयोग का गठन करवाया जिसका प्रमुख कौवा बनाया गया। कौवे द्वारा पता चला कि कोयल और मोर एक ही घर की मुंडेर पर बैठे थे कि तभी उनकी नज़र घर पर चल रहे टेलीविजन पर पड़ी जिस पर नृत्य का कार्यक्रम दिखाया जा रहा था। दोनों ही बड़े चाव से कार्यक्रम देखने लगे। नृत्यांगना मोर पंख पहनकर नाच रही थी, गायिका मधुर स्वर में गा रही थी। कार्यक्रम की समाप्ति पर दोनों को सम्मानित किया गया। यह कार्यक्रम देखकर दोनों उदास हो गए। वे सोचने लगे कि हम दिन-रात मधुर वाणी और मनमोहक अदाओं से सबका मन बहलाते हैं पर हमारी प्रशंसा में किसी ने कुछ नहीं कहा।

कौवे को जब इन बातों का पता चला तो उसने दोनों को समझाया कि पक्षियों में सबसे अधिक निरादर की भावना से मुझे देखा जाता है। मेरे सारे गुणों को ताक पर रख दिया जाता है। हम आस-पास से गंदगी साफ कर देते हैं। हम अन्य पक्षियों की तरह झगड़ते नहीं है। हमारे जैसा भाईचारा तो मनुष्यों में भी नहीं होता। जब हमारा साथी मर जाता है तो हम सभी एकत्र होकर काँव-काँव कर अपना दुख प्रकट करते हैं। हम मित्रों और मेहमानों के आगमन की सूचना देते हैं। लोग हमारी कद्र नहीं करते। गीता के उपदेश की तरह हम अपने कार्य को करते हैं, फल की इच्छा नहीं करते। क्या तुम आज तक प्रशंसा और पुरस्कार के लिए गाते और नाचते रहे। इस पर्यावरण को खुश रखने में क्या तुम्हारी सबसे अहम भूमिका नहीं है?

कौवे की बातें उन दोनों की समझ में आ गई। उसी समय जंगल में काले बादल छा गए। कोयल ओर मोर झूम-झूम कर नाचने और गाने लगे। सारे जंगल में खुशी की लहर दौड़ गई। उनके साथ-साथ सभी पशु-पक्षी, पेड़-पौधे झूमने, गाने और चहचहाने लगे। मोर नाचता रहा, उसके आँसू बहते रहे। कौवे ने कहा, भगवान कृष्ण तुम्हारे पंख अपने सिर पर लगाते हैं। क्या इससे भी बढ़कर तुम्हारा पुरस्कार हो सकता है? इसी भाव से कोयल को भी समझाया कि तुम ही तो बंसत के आगमन की सूचना देती हो। आमों की बहार आने की खुशियाँ देती हो। यह सब सुनकर दोनों की आँखों में खुशी के आँसू थे। **(ICSE 2023)**

प्रश्न

I. मोर और कोयल क्यों उदास थे?

II. जंगल के राजा ने उनकी उदासी का पता लगाने के लिए क्या किया?

III. कौवे ने अपना उदाहरण क्या कहकर दिया?

IV. कौवे की बातों का दोनों पर क्या प्रभाव पड़ा?

V. उन्हें अपने-अपने पुरस्कार किस रूप में प्राप्त हुए थे?

उत्तर

I. मोर और कोयल इसलिए उदास थे, क्योंकि वे दोनों मधुरवाणी और मनमोहक अंदाज से सबका दिल बहलाते हैं फिर भी किसी ने उनकी प्रशंसा कभी नहीं की।

II. जंगल के राजा ने कोयल और मोर की उदासी का पता लगाने के लिए जाँच आयोग का गठन करवाया जिसका प्रमुख कौवे को बनाया गया था।

III. कौवे ने अपना उदाहरण देकर कहा की हम आस-पास में होने वाली गंदगी को साफ करते हैं तथा हम झगड़ते भी नहीं है। जब हमारा कोई साथी मर जाता है तो हम सभी एकत्र होकर दुख प्रकट करते हैं। हम लोगों को मित्र तथा मेहमान के आने की सूचना देते हैं फिर भी लोग हमारी कद्र नहीं करते हैं।

IV. कौवे की बात मोर व कोयल के समझ में आ गई वे दोनों झूम-झूम कर जंगल में नाचने लगे और चारों ओर खुशियों की लहर दौड़ गई।

V. उन्हें अपना-अपना पुरस्कार भिन्न-भिन्न रूप में प्राप्त हुआ जैसे मोर को अपना पुरस्कार भगवान श्री कृष्ण के मस्तक पर मोर पंख लगने से, कोयल को बसन्त के आगमन की पूर्व सूचना प्राप्त होने से तथा कौवे को आमों की बहार आने की खुशी देनें से आदि।

2. संत कबीर ने स्थान-स्थान पर जाकर पर्याप्त भ्रमण किया था। घुमक्कड़ होने के कारण ही उनकी भाषा में अरबी,फारसी, भोजपुरी, मगही, पंजाबी, राजस्थानी आदि अनेक भाषाओं के शब्द आ गए हैं। उनकी बोलचाल की अनपढ़ भाषा विविध आंचलिक शब्दों, उक्तियों तथा अपभ्रंश शब्दों से युक्त है। इसलिए आचार्य रामचंद्र शुक्ल इसे सधुक्कड़ी भाषा कहकर पुकारते हैं। वैसे उनकी भाषा किसी प्रकार की हो, परंतु उन्हें भाषा पर पूर्ण अधिकार था। वे जानते थे कि किस भाव को व्यक्त करने के लिए कौन-सा शब्द उपयुक्त होगा। यही कारण है कि भाषा चुपचाप उसी भाव को प्रकट करने लगती है। इसी ओर संकेत करते हुए आचार्य हजारी प्रसाद द्विवेदी ने लिखा है— "भाषा पर कबीर का जबरदस्त अधिकार था। वे वाणी के डिक्टेटर थे। जिस बात को उन्होंने जिस रूप में प्रकट करना चाहा, उसे उसी रूप में भाषा से करवा दिया है—बन आया है तो सीधे-सीधे नहीं तो दविश देकर, भाषा कबीर के सामने कुछ लाचार सी नजर आती है। उसमें मानो हिम्मत नहीं है कि इस लापरवाह फक्कड़ को इनकार कर सके। जैसी ताकत कबीर की भाषा में है, वैसी बहुत कम लेखकों में पाई जाती है। इस प्रकार बोलचाल की चलताऊ तथा विविध भाषाओं के शब्दों से युक्त तथा व्याकरण के बंधनों से मुक्तभाषा के माध्यम से कबीर ने गंभीर विषय का अत्यंत सरल रूप प्रस्तुत किया है। आचार्य हजारी प्रसाद द्विवेदी का कथन सत्य ही है। सच पूछा जाए तो आज तक हिंदी में ऐसा जबरदस्त व्यंग्य लेखक पैदा ही नहीं हुआ। उसकी साफ चोट करने वाली भाषा, बिना कहे भी सब कुछ कह देन वाली शैली अत्यंत सही, किंतु अत्यंत तेज प्रकाशन अनन्य असाधारण है। **(ICSE Spec 2022-23)**

प्रश्न

I. कबीर का स्वभाव कैसा था और उसके कारण उन्हें क्या कहा जाता था?

II. कबीर की भाषा में कौन-सी विशेषताएँ पाई जाती हैं?

III. आचार्य शुक्ल ने कबीर की भाषा के विषय में क्या कहा है?

IV. आचार्य हजारी प्रसाद द्विवेदी जी ने कबीर की भाषा के संबंध में क्या कहा है?

V. कबीर की भाषा को मुक्त भाषा क्यों कहा गया है?

उत्तर

I. संत कबीरदास जी का स्वभाव घूमने वाला था। वह स्थान-स्थान पर जाकर भ्रमण किया करते थे इसलिए उन्हें घुमक्कड़ कहा जाता था।

II. संत कबीरदास की भाषा में निम्न विशेषताएँ पाई जाती हैं जैसे कि उनकी भाषा में अरबी, फारसी, भोजपुरी, मगही, पंजाबी, राजस्थानी आदि अनेक भाषाओं के शब्द पाए जाते हैं। उनकी बोलचाल की अनपढ़ भाषा विविध आंचलिक शब्दों, उक्तियों तथा अपभ्रंश शब्दों से युक्त है।

III. आचार्य शुक्ल के अनुसार, कबीर की भाषा में आंचलिक शब्द, उक्तियाँ तथा अपभ्रंश शब्दों का प्रयोग देखने को मिलता है। इसी कारण शुक्ल जी ने कबीर की भाषा को सधुक्कड़ी कहा है।

IV. आचार्य हजारी प्रसाद द्विवेदी जी ने कबीर की भाषा के संबंध में कहा है कि भाषा पर कबीरदास जी का अधिकार था। वे वाणी के डिक्टेटर थे। जिस बात को उन्होंने जिस रूप में प्रकट करना चाहा, उसे उसकी रूप में भाषा से करवा दिया है। भाषा भी कबीरदास जी के सामने कुछ लाचार सी नजर आती है। इसलिए द्विवेदी जी कहते हैं कि जैसी ताकत कबीर की भाषा में थी, वैसी बहुत कम लेखकों में पाई जाती है।

V. संत कबीर की भाषा को मुक्त भाषा इसलिए कहा गया है, क्योंकि संत कबीर की भाषा बोलचाल की चलताऊ तथा विविध भाषाओं के शब्दों से बनी और व्याकरण के नियमों से मुक्त भाषा थी जिससे वे गंभीर विषयों को भी बड़ी सरलता से प्रस्तुत करते थे।

3. प्रात:काल प्रकृति की शोभा निराली होती है। सूर्य की सुनहरी किरणों के पड़ने से प्रत्येक वस्तु सुनहर-सी लगने लगती है। हरी-भरी घास पर ओस की बूँदें ऐसी प्रतीत होती हैं मानो सुन्दर चमकीले मोती हों। पेड़ों की चोटियों को छूती हुई सूर्य की किरणें अद्भुत शोभा प्रदान करती हैं। पर्वत शिखर स्वर्ण रेखा से खचित प्रतीत होते हैं। चारों ओर एक स्वर्गीय आभा, एक अलौकिक शोभा होती है। बाग-बगीचों में फूल मुस्कुराने लगते हैं। सरोवर में कमलों ने उनींदी पलकें खोल डाली। पशु अपने बच्चों को प्यार से पुकारने लगे। पक्षियों ने कलरव गाना आरंभ कर दिया। प्रात:काल की शोभा का स्वर्गीय आनंद सभी ले रहे हैं। यह शोभा निराली है। यह विकास की किरण है। यह मन में आशा और उमंग भर रही है।

(ICSE Spec Sem I 2021)

I. हरी घास पर मोती से क्या चमकते हैं?
(क) वर्षा की बूँदें (ख) रक्त की बूँदें
(ग) ओस की बूँदें (घ) मोती

II. पर्वत शिखर कैसे प्रतीत होते हैं?
(क) स्वर्ण रेखा से खचित (ख) काले रंग से खचित
(ग) बादलों से गिरे हुए (घ) पेड़-पौधों से भरे हुए

III. चारों ओर कैसी शोभा है?
(क) अलौकिक (ख) रहस्यमई
(ग) लौकिक (घ) चमत्कारी

IV. प्रात:काल की शोभा किसकी किरण है?
(क) विनाश की (ख) विकास की
(ग) स्वास्थ्य की (घ) प्रगति की

V. मन में क्या भर जाता है?
(क) दु:ख और आलस (ख) असंतोष
(ग) आशा और उमंग (घ) करुणा

VI. प्रात:काल में पशु क्या करते हैं?
(क) भागने लगते हैं
(ख) गाना गाने लगते हैं
(ग) अपने बच्चों को प्यार से पुकारने लगते हैं
(घ) चिल्लाने लगते हैं

VII. यह शोभा .... है। सही शब्द भरो।
(क) निराली (ख) मतवाली
(ग) अनोखी (घ) खुशहाली

VIII. 'अद्भुत' शब्द का अर्थ बताइए
(क) अनोखा (ख) अच्छा
(ग) मतवाला (घ) अधूरा

IX. पक्षियों ने कलरव कब आरंभ किया?
(क) प्रात:काल में (ख) संध्या काल में
(ग) दोपहर में (घ) रात में

X. 'उनींदी' शब्द का अर्थ है
(क) नींद से भरी हुई (ख) तरोताजा
(ग) नींद न आना (घ) जाग जाना

उत्तर

I. (ग) ओस की बूँदें
II. (क) स्वर्ण रेखा से खचित
III. (क) अलौकिक
IV. (ख) विकास की
V. (ग) आशा और उमंग
VI. (ग) अपने बच्चों को प्यार से पुकारने लगते हैं
VII. (क) निराली
VIII. (क) अनोखा
IX. (क) प्रात:काल में
X. (क) नींद से भरी हुई

4. अल्वा एडिसन एक महान् आविष्कारक थे। आज भी पूरी दुनिया इनके आविष्कारों का लोहा मानती है। अल्बर्ट आइंस्टीन जैसे चोटी के वैज्ञानिक भी इनके बहुत बड़े प्रशंसक थे। एडिसन बचपन में ही बहरे हो गए थे, लेकिन इस कमी का उन्हें कभी एहसास नहीं हुआ। उल्टे इसे उन्होंने वरदान ही माना। जीवनभर वह अनुसंधान करते रहे। बिजली का बल्ब, ग्रामोफोन, वोट रिकॉर्डर, चलचित्र कैमरा जैसे 2,500 आविष्कारों से उन्होंने मानव को सुख-समृद्धि प्रदान की।

पोर्टहरन से डेट्रायट तक रेलगाड़ी के डिब्बे में सब्जी बेचने, अखबार निकालने से लेकर टेलीग्राफ ऑपरेटर के रूप में अपनी जीवन-यात्रा शुरू करने वाले एडिसन दुनिया भर में अपने आविष्कारों के लिए चर्चित हुए। उनका कहना था कि "बहरेपन ने मुझे गपशप के आनंद से वंचित कर दिया पर इसकी मुझे खुशी ही है। रात को जिस होटल में मैं खाना खाने जाता, वहाँ जब दूसरे लोग गपशप में लगे होते, मैं अपनी समस्याओं के बारे में सोचता रहता। यदि मैंने भी वे सब फिजूल की बातें और आवाजें सुनी होती जो सामान्य आदमियों को सुननी पड़ती हैं तो शायद आज मुझमें इतना मनोबल न होता।'' इस तरह से एडिसन ने बहरेपन अभिशाप को वरदान में परिवर्तित कर दिखाया। **(ICSE Sem I 2021)**

I. बचपन से ही एडिसन को किस समस्या का सामना करना पड़ा था?
(क) बहरेपन की समस्या का (ख) गूंगेपन की समस्या का
(ग) लंगड़ेपन की समस्या का (घ) अंधेपन की समस्या का

II. कौन से जाने-माने वैज्ञानिक थामस अल्वा एडिसन के बहुत बड़े प्रशंसक थे?
(क) अजब सिंह पोखरवाल (ख) अल्बर्ट आइंस्टीन
(ग) संदीप शर्मा 'हंस' (घ) चार्ल्स डार्विन

III. निम्न में से कौन-सा आविष्कार एडिसन के द्वारा नहीं किया गया था?
(क) बिजली का बल्ब (ख) चलचित्र कैमरा
(ग) ग्रामोफोन (घ) टेलीफोन

IV. एडिसन के जीवन के शुरुआती दौर में कौन-सा कार्य उनके द्वारा किया गया था?
(क) दूध बेचने का कार्य (ख) गाड़ी चलाने का कार्य
(ग) सब्जी बेचने का कार्य (घ) बागवानी का कार्य

V. एडिसन दुनिया भर में क्यों चर्चित हुए?
(क) लेखन प्रतिभा के कारण
(ख) रेलगाड़ी के डिब्बे बनाने के कारण
(ग) अपने आविष्कार के कारण
(घ) अखबार निकालने के कारण

VI. एडिसन को किस बात की खुशी होती थी?
(क) धन कमाने की खुशी
(ख) नाम कमाने की खुशी
(ग) गपशप के आनंद से वंचित होने की खुशी
(घ) घूमने-फिरने के आनंद से वंचित होने की खुशी

VII. जब होटल में खाना खाते समय लोग बातों में लगे रहते थे, तब एडिसन क्या किया करते थे?
(क) घूमने जाया करते थे
(ख) कहानी सोचा करते थे
(ग) पत्र लिखा करते थे
(घ) समस्याओं के बारे में सोचा करते थे

VIII. एडिसन के कार्यों से संपूर्ण मानव-जाति को क्या प्राप्त हुआ?
(क) धन-दौलत
(ख) सुख-समृद्धि
(ग) शांति और सहयोग
(घ) आचार-विचार की शुद्धता

IX. 'एडिसन जीवनभर अनुसंधान करते रहे।' इस कथन के माध्यम से उनकी कौन-सी विशेषताएँ स्पष्ट होती हैं?
(क) मेहनत और लक्ष्य के लिए समर्पण
(ख) सादगी और चतुराई
(ग) परोपकार और अहिंसा
(घ) सहनशक्ति और ईश्वर भक्ति

X. किस शक्ति के बल पर एडिसन ने अपनी एक शारीरिक कमी के अभिशाप को वरदान में बदल कर दिखा दिया था?
(क) धनबल (ख) भुजबल
(ग) मनोबल (घ) तपबल

उत्तर

I. (क) बहरेपन की समस्या का
II. (ख) अल्बर्ट आइंस्टीन
III. (घ) टेलीफोन
IV. (ग) सब्जी बेचने का कार्य
V. (ग) अपने आविष्कार के कारण
VI. (ग) गपशप के आनंद से वंचित होने की खुशी
VII. (घ) समस्याओं के बारे में सोचा करते थे
VIII. (ख) सुख-समृद्धि
IX. (क) मेहनत और लक्ष्य के लिए समर्पण
X. (ग) मनोबल

5. जापान के विरुद्ध दूसरे विश्व महायुद्ध में अमेरिका ने अणुबम का प्रयोग किया। वर्ष 1945 की गर्मियों में जापान खंडहरों का देश बन गया। लाखों आदमी मर गए थे। 40% नगर नष्ट हो गए थे। शहर की आबादी आधी रह गई थी। भूखा जापान-चिथड़ों में लिपटी जनता दीन-हीन, स्तब्ध, हैरान और क्षत-विक्षत हो गई थी। जापान में न कोयला होता है, न लोहा, न तेल और न ही यूरेनियम। बस थोड़ी-सी कृषि योग्य भूमि। इस पराजय, दुःख और विनाश के बावजूद भी जापान फिर खड़ा हो गया। यह दुनिया का सबसे ज्यादा विकसित और औद्योगिक राष्ट्र बन गया। यह चमत्कार कैसे हुआ? जापान की समृद्धि और प्रगति के लिए संभवतः राष्ट्रीय गुणों को टटोलना होगा, जो कि वहाँ की जनता की स्वाभाविक खूबियों और चरित्र से मिलता है।

जापान की पराजय के पश्चात् एक अमेरिकी व्यापारिक संस्था ने अपनी शाखा जापान में खोली। उसने शाखा में सभी कर्मचारी जापानी रखे। अमेरिकी नियम के अनुसार जापान में सप्ताह में पाँच दिन काम करने का निश्चय किया गया। दो दिन शनिवार और रविवार की छुट्टी रखी गई। उसने सोचा था कि उसकी उदारता का जापानी कर्मचारी और कारीगर स्वागत करेंगे लेकिन यह देखकर संस्था के व्यवस्थापक को आश्चर्य हुआ कि जापानी कर्मचारी इस व्यवस्था का सामूहिक विरोध कर रहे थे। उसने कर्मचारियों को बुलाया और उसका कारण पूछा।

जापानी कर्मचारी एक आवाज में बोले-"हमें कष्ट है। हम दो दिन खाली नहीं रहना चाहते। हमारे लिए सप्ताह में केवल एक दिन का ही अवकाश काफी है। ज्यादा आराम से हम प्रसन्न नहीं होंगे। इससे हम आलसी बन जाएँगे, मेहनत के काम में हमारा दिल नहीं

लगेगा, हमारा स्वास्थ्य गिरेगा। हमारा राष्ट्रीय चरित्र गिरेगा। अवकाश की वजह से हम व्यर्थ ही घूमेंगे-फिरेंगे, हम फिजूलखर्ची बनेंगे। जो छुट्टी हमारी सेहत बिगाड़े तथा आदत खराब करे, आर्थिक स्थिति खराब करे, हमें ऐसा अवकाश नहीं चाहिए।''

अमेरिकी व्यवस्थापक ने अपनी टोपी सिर से नीचे उतारी। उसने जापानी कारीगरों का अभिवादन करते हुए कहा - ''आप जापानी भाइयों की समृद्धि और सफलता का रहस्य आपका परिश्रम और लगन है। आप कभी भी बीमार तथा गरीब नहीं रह सकते।''

(ICSE 2020)

प्रश्न

I. जापान में विनाशकारी दुर्घटना कब और कैसे हुई? उसका क्या परिणाम हुआ?

II. उस देश के पास अपने प्राकृतिक संसाधन क्या हैं? वह पुन: विकसित और समृद्ध राष्ट्र कैसे बना?

III. व्यापार की दृष्टि से जापान में कौन आया? उसके आश्चर्यचकित होने का क्या कारण था?

IV. जापानी कर्मचारी उस व्यापारिक संस्था का विरोध क्यों कर रहे थे? उन्होंने व्यवस्थापक से क्या कहा?

V. व्यवस्थापक पर कर्मचारियों की बात का क्या प्रभाव पड़ा? उसने उनसे क्या कहा?

उत्तर

I. जापान में विनाशकारी दुर्घटना वर्ष 1945 में हुई, क्योंकि दूसरे विश्वयुद्ध में अमेरिका ने जापान के विरुद्ध अणुबम का प्रयोग किया था, परिणामस्वरूप जापान पूरी तरह से नष्ट हो गया। जापान में लाखों आदमी मर गए, 40% नगर नष्ट हो गए थे, शहर की आबादी आधी रह गई थी और भूखा जापान-चिथड़ों में लिपटी जनता दीन-हीन, स्तब्ध, हैरान और क्षत-विक्षत हो गई थी।

II. जापान के पास कोई प्राकृतिक संसाधन नहीं हैं बस थोड़ी-सी कृषि योग्य भूमि है और इसके अतिरिक्त जापान की जनता की कार्य के प्रति लग्न, मेहनत, ईमानदारी, कड़ी मेहनत आदि उनके मुख्य प्राकृतिक संसाधन हैं।

III. व्यापार की दृष्टि से अमेरिकी व्यापारिक संस्था जापान में आई और उसने जापान में अपनी शाखा खोली। संस्था ने अमेरिकी नियमों के अनुसार सप्ताह में पाँच दिन काम करने का निश्चय किया तथा शनिवार व रविवार की छुट्टी रखी गई लेकिन संस्था के संस्थापक को आश्चर्य हुआ कि जापानी कर्मचारी इस व्यवस्था का सामूहिक विरोध कर रहे थे।

IV. जापानी कर्मचारी व्यापारिक संस्था का विरोध शनिवार, रविवार का अवकाश रखने के कारण कर रहे थे। उन्होंने व्यवस्थापक से कहा की, हमें कष्ट है। हम दो दिन खाली नहीं रहना चाहते। हमारे लिए सप्ताह में केवल एक दिन का ही अवकाश काफी है। हम इससे प्रसन्न नहीं है। इससे हम आलसी बन जाएँगे, मेहनत के काम में हमारा मन नहीं लगेगा, हमारा स्वास्थ्य गिरेगा। हमारा राष्ट्रीय चरित्र गिरेगा तथा अवकाश की वजह से हम व्यर्थ ही घूमेगे-फिरेंगे, तथा फिजूलखर्ची करेंगे। इसलिए हमें ऐसा अवकाश नहीं चाहिए।

V. व्यवस्थापक समितियों की बातों से बहुत प्रभावित हुआ। उसने अपनी टोपी सिर से नीचे उतारी और कारीगरों का अभिवादन करते हुए कहा ''आप जापानी भाइयों की समृद्धि और सफलता का रहस्य आपका परिश्रम और लगन ही है। आप कभी भी बीमार तथा गरीब नहीं रह सकते।

6. एक रियासत थी। उसका नाम था कंचनगढ़। वहाँ बहुत गरीबी थी। लोग कमजोर थे और धरती में कुछ उगता न था। चारों ओर भुखमरी थी। एक दिन राजा कंचनदेव राज्य की दशा से चिंतित हो उठे। अचानक उनके पास एक साधु आए। राजा ने उन्हें प्रणाम किया। राजा ने साधु को अपने राज्य के बारे में बताया और कुछ उपाय करने की प्रार्थना की। साधु मुस्कराकर बोले- ''कंचनगढ़ के नीचे सोने की खान है।'' इतना कहकर साधु चले गए।

राजा ने खुदाई करवाई। वहाँ सोने की खान निकली। राजा का खजाना सोने से भर गया। राजा ने अपने राज्य में जगह-जगह मुफ्त भोजनालय बनवाए, दवाखाने खुलवाए, चरागाह बनवाए तथा अन्य साख-सुविधा के साधन उपलब्ध करा दिए। अब वहाँ कोई दु:खी नहीं था। सब लोग खुश थे। धीरे-धीरे लोग आलसी हो गए। कोई काम नहीं करता था। भोजन तक मुफ्त में मिलने लगा था। मंत्री ने राजा को बहुत समझाया और कहा-''महाराज, लोग आलसी होते जा रहे हैं। उनको काम दिया जाए।'' परंतु राजा ने मंत्री की बात को टाल दिया।

कंचनगढ़ की समृद्धि को देखकर पड़ोसी रियासत के राजा को ईर्ष्या हुई। उसने अचानक कंचनगढ़ पर चढ़ाई कर दी और माँग की- ''सोना दो या लड़ो।'' कंचनगढ़ के आलसी लोगों ने राजा से कहा-''हमारे पास बहुत सोना है, कुछ दे दीजिए। बेकार खून क्यों बहाया जाए?'' राजा ने लोगों की बात मान ली और सोना दे दिया। कुछ दिनों बाद उसी पड़ोसी राजा ने कंचनगढ़ पर फिर चढ़ाई कर दी। इस बार उसका लालच और बढ़ गया था। इसी प्रकार उसने कई बार चढ़ाई कर-करके कंचनगढ़ से सोना ले लिया। यह सब देखकर राजा का मंत्री बहुत परेशान हो गया। वह राजा को समझाना चाहता था, किंतु राजा के सम्मुख कुछ बोलने की हिम्मत नहीं हो पा रही थी। अंत में उसने युक्ति से काम लिया।

एक दिन वह मंत्री कंचनदेव को घुमाने के लिए नगर के पूर्व की ओर बने गुलाब के बाग की ओर ले गया। राजा कंचनदेव ने देखा कि बाग में दाने बिखरे पड़े हैं। कबूतर दाना चुग रहे हैं। थोड़ी दूर कुछ कबूतर मरे पड़े हैं। कुछ भी समझ में न आने पर राजा ने मरे हुए कबूतरों के बारे में मंत्री से पूछा।

मंत्री ने बताया-''महाराज, इन्हें शिकारी पक्षियों ने मारा है।'' राजा ने पूछा-''तो कबूतर भागते क्यों नहीं'' ''भागते हैं लेकिन लालच में फिर से आ जाते हैं, क्योंकि उनके लिए यहाँ, आपकी आज्ञा से दाना डाला जाता है।'' मंत्री ने बताया। राजा के कहा— ''दाना डलवाना बंद कर दो।'' मंत्री ने वैसा ही किया।

राजा अगले दिन फिर घूमने निकले। उन्होंने देखा कि दाना तो नहीं है, किंतु कबूतर आ-जा रहे हैं। राजा ने मंत्री से इसका कारण पूछा। मंत्री ने बताया- ''महाराज, इन्हें बिना प्रयास के ही दाना मिल रहा था। ये अब दाने-चारे की तलाश की आदत भूल चुके हैं, आलसी हो गए हैं। शिकारी पक्षी इस बात को जानते हैं कि कबूतर तो यही आएँगे। अत: वे इन्हें आसानी से मार डालते हैं।''

राजा चिंता में पड़ गए। उन्होंने शाम को मंत्री को बुलाकर कहा–"नगर के सारे मुफ्त भोजनालय बंद करवा दो, जो मेहनत करें, वहीं खाए। लोग निकम्मे और आलसी होते जा रहे हैं और हाँ, एक बात और। मैं अब शत्रु को सोना नहीं दूँगा, बल्कि उससे लड़ाई करूँगा। जाओ, सेना को मज़बूत करो।" मंत्री राजा की बात सुनकर बहुत खुश हो गया। **(ICSE 2019)**

प्रश्न

I. राजा कंचनदेव की चिंता का क्या कारण था? उन्होंने साधु से क्या प्रार्थना की?

II. साधु ने राजा को क्या बताया? उसके बाद राजा ने राज्य के लिए क्या-क्या कार्य किए?

III. पड़ोसी राजा के आक्रमण करने पर कंचनगढ़ का राजा क्या करता था और क्यों?

IV. कबूतरों की दशा कैसी थी? उस दशा को देखकर राजा ने क्या सीखा?

V. राजा ने मंत्री को क्या आदेश दिए? आदेश सुनकर मंत्री की क्या स्थिति हुई?

उत्तर

I. राजा कंचनदेव की चिंता का कारण उनके राज्य में व्याप्त गरीबी तथा भुखमरी की स्थिति थी। उन्होंने साधु से इस विकट स्थिति से बाहर निकले के लिए कुछ उपाय करने की प्रार्थना की।

II. साधु ने राजा को बताया कि कंचनगढ़ के नीचे सोने की खान है। उसके बाद राजा ने राज्य के लिए जगह-जगह मुफ्त भोजनालय बनवाएँ, दवाखाने खुलवाएँ, चारागाह बनाए तथा अन्य सुख-सुविधा के साधन उपलब्ध करवाने के कार्य किए।

III. पड़ोसी राजा के आक्रमण करने पर कंचनगढ़ का राजा उन्हें सोना दे देता था, क्योंकि कंचनगढ़ के आलसी लोगों ने राजा को ऐसा करने को कहा कि हमारे पास बहुत सोना है उसमें से कुछ सोना पड़ोसी राजा को दे दीजिए, बेकार में क्यों खून बहाया जाए। अतः राजा ने उनकी बात मान ली।

IV. कबूतरों की दशा आलसी मनुष्य के समान हो गई थी। वह अपने आलस के कारण दाने की तलाश भी नहीं कर रहे थे। उनकी दशा को देखकर राजा ने यह सीखा कि अब वह शत्रु को सोना नहीं देगा, बल्कि उससे युद्ध करेंगे।

V. राजा ने मंत्री को यह आदेश दिए कि नगर के सारे मुफ्त भोजनालय बंद करवा दो, जो मेहनत करेगा वही खाएगा। जाओ जाकर सेना को मज़बूत करो। आदेश सुनकर मंत्री की स्थिति यह हुई कि वह बहुत खुश हो गया।

एक्सपर्ट्स कमेंट्स

- अनेक छात्रों ने अपनी भाषा में उत्तर नहीं लिखे बल्कि गद्यांश की भाषा में ही उत्तर लिख दिए। छात्रों को ऐसा नहीं करना चाहिए।
- अधिकांश छात्रों ने अपूर्ण उत्तर लिखे कुछ छात्रों ने कहीं-कहीं ऐसे उत्तर लिखे जिनका प्रश्न से मेल खाना संभव नहीं था।

स्टूडेंट्स के लिए एडवाइज़

- छात्रों को प्रश्न-पत्र ध्यानपूर्वक पढ़ने का निर्देश देना चाहिए।
- छात्रों को सभी पूछे गए प्रश्नों के उत्तर अपनी भाषा में लिखने का अभ्यास करना चाहिए।
- छात्रों को गद्यांश का भाव ग्रहण करने के लिए गद्यांश को दो-तीन बार ध्यान से पढ़ना चाहिए।
- छात्रों को शुद्ध-लेखा के लिए वर्तन पर ध्यान देना चाहिए।

7. सूर्य अस्त हो गया था। पक्षी चहचहाते हुए अपने नीड़ की ओर जा रहे थे। गाँव की कुछ स्त्रियाँ अपने घड़े लेकर कुएँ पर जा पहुँची। पानी भरकर कुछ स्त्रियाँ तो अपने घरों को लौट गईं, परंतु चार स्त्रियाँ कुएँ की पक्की जगत पर ही बैठकर आपस में बातचीत करने लगीं। तरह-तरह की बातचीत करते-करते बात बेटों पर जा पहुँची। उनमें से एक की उम्र सबसे बड़ी लग रही थी। वह कहने लगी– "भगवान सबको मेरे जैसा ही बेटा दे। वह लाखों में एक है। उसका कंठ बहुत मधुर है। उसके गीत को सुनकर कोयल और मैना भी चुप हो जाती है। सच में, मेरा बेटा तो अनमोल हीरा है।" उसकी बात सुनकर दूसरी अपने बेटे की प्रशंसा करते हुए बोली– "बहन मैं तो समझती हूँ कि मेरे बेटे की बराबरी कोई नहीं कर सकता। वह बहुत ही शक्तिशाली और बहादुर है। वह बड़े-बड़े पहलवानों को भी पछाड़ देता है। वह आधुनिक युग का भीम है। मैं तो भगवान से कहती हूँ कि वह मेरे जैसा बेटा सबको दे।" दोनों स्त्रियों की बात सुनकर तीसरी भला क्यों चुप रहती? वह भी अपने को रोक न सकी। वह बोल उठी–"मेरा बेटा साक्षात् बृहस्पति का अवतार है। वह तो कुछ पढ़ता है, एकदम याद कर लेता है। ऐसा लगता है बहन, मानों उसके कंठ में सरस्वती का वास हो।" तीनों की बात सुनकर चौथी स्त्री चुपचाप बैठी रही। उसका भी एक बेटा था, परंतु उसने अपने बेटे के बारे में कुछ नहीं कहा। जब पहली स्त्री ने उसे टोकते हुए पूछा कि उसके बेटे में क्या गुण है, तब चौथी स्त्री ने सहज भाव से कहा– "मेरा बेटा न गंधर्व-सा गायक है, न भीम-सा बलवान और न ही बृहस्पति-सा बुद्धिमान।" यह कहकर वह शांत बैठ गई। कुछ देर बाद जब वे घड़े सिर पर रखकर लौटने लगीं, तभी किसी के गीत का मुधर स्वर सुनाई पड़ा, गीत सुनकर सभी स्त्रियाँ ठिठक गईं। पहली स्त्री शीघ्र ही बोल उठी– "मेरा हीरा गा रहा है। तुम लोगों ने सुना, उसका कंठ कितना मधुर है।" तीनों स्त्रियाँ बड़े ध्यान से उसे देखने लगीं। वह गीत गाता हुआ उसी रास्ते से निकल गया। उसने अपनी माँ की ओर ध्यान नहीं दिया।

थोड़ी देर बाद दूसरी का बेटा दिखाई दिया। दूसरी स्त्री ने बड़े गर्व से कहा, "देखो मेरा बलवान बेटा आ रहा है। वह बातें कर रही थी कि उसका बेटा भी उसकी ओर ध्यान दिए बगैर निकल गया।" तभी तीसरी स्त्री का बेटा उधर से संस्कृत के श्लोकों का पाठ करता हुआ निकला। तीसरी ने बड़े गद्गद् स्वर में कहा "देखो, मेरे बेटे के कंठ में सरस्वती का वास है। वह भी माँ की ओर देखे बिना आगे बढ़ गया। वह अभी थोड़ी दूर गया होगा कि चौथी स्त्री का बेटा भी अचानक उधर से आ निकला। वह देखने में बहुत सीधा-सादा और सरल प्रवृत्ति का लग रहा था। उसे देखकर चौथी स्त्री ने कहा, "बहन, यही मेरा बेटा है।" तभी

उसका बेटा पास आ पहुँचा। अपनी माँ को देखकर रुक गया और बोला, ''माँ लाओ मैं तुम्हारा घड़ा पहुँचा दूँ। माँ ने मना किया, फिर भी उसने माँ के सिर से पानी का घड़ा उतारकर अपने सिर पर रख लिया और घर की ओर चल पड़ा। तीनों स्त्रियाँ बड़े ही आश्चर्य से देखती रहीं। एक वृद्ध महिला बहुत देर से उनकी बातें सुन रही थी। वह उनके पास आकर बोली, ''देखती क्या हो। यही सच्चा हीरा है।'' **(ICSE 2018)**

प्रश्न

I. पहली तथा दूसरी स्त्री ने अपने-अपने बेटे के विषय में क्या कहा?

II. तीसरी स्त्री ने अपने बेटे को 'बृहस्पति का अवतार' क्यों कहा?

III. पहली स्त्री द्वारा पूछे जाने पर चौथी स्त्री ने क्या कहा?

IV. चौथी स्त्री के बेटे ने अपनी माँ के साथ कैसा व्यवहार किया, यह देखकर तीनों स्त्रियों को कैसा लगा?

V. बच्चों को अपने माता-पिता के साथ कैसा व्यवहार करना चाहिए? समझाइए।

उत्तर

I. पहली स्त्री ने अपने बेटे के विषय में कहा कि ''मेरा बेटा लाखों में एक है। उसका कंठ बहुत मधुर है। उसके गीत को सुनकर कोयल और मैना भी चुप हो जाती है। सच में मेरा बेटा तो अनमोल हीरा है।'' दूसरी स्त्री ने अपने बेटे के विषय में कहा कि मेरे ''बेटे की बराबरी कोई नहीं कर सकता। वह बहुत ही शक्तिशाली और बहादुर है। वह बड़े-बड़े पहलवानों को भी पछाड़ देता है। वह आधुनिक युग का भीम है।''

II. तीसरी स्त्री ने अपने बेटे को 'बृहस्पति का अवतार' इसलिए कहा, क्योंकि वह उसे बुद्धिमान मानती है। वह जो कुछ पढ़ता है उसे तुरंत याद कर लेता है। बृहस्पति ज्ञान एवं शिक्षण का प्रतिनिधित्व करते हैं। इसी कारण तीसरी स्त्री ने अपने बेटे को बृहस्पति का अवतार माना।

III. पहली स्त्री द्वारा पूछे जाने पर कि तुम्हारे बेटे में क्या गुण है, चौथी स्त्री ने सहज भाव से कहा कि ''मेरा बेटा न गंधर्व-सा गायक है, न भीम-सा बलवान और न ही बृहस्पति-सा बुद्धिमान'' अर्थात् उसके बेटे में अन्य तीनों स्त्रियों के बेटों के समान कोई गुण नहीं है।

IV. चौथी स्त्री के बेटे ने अपनी माँ के साथ उचित व्यवहार किया। उसने अपनी माँ के सिर से पानी के घड़े को उतारकर अपने सिर पर रख कर घर पहुँचाया। इस प्रकार उसने अपनी माँ की सहायता की। यह देखकर तीनों स्त्रियाँ आश्चर्यचकित रह गईं।

V. बच्चों को अपने माता-पिता के साथ सद्व्यवहार करना चाहिए तथा उनकी सेवा करनी चाहिए। साथ ही उनके दैनिक कार्यों में सहायता भी करनी चाहिए, जिस प्रकार गद्यांश में चौथी स्त्री के बेटे ने उसकी सहायता की, उसी प्रकार हमें भी अपने माता-पिता की सहायता करनी चाहिए।

8. अंतरिक्ष यात्री नियुक्त होने के दो वर्ष पश्चात् ही 1776 ई. में कल्पना के जीवन में यह अवसर आया, जबकि उन्हें अंतरिक्ष यान कोलंबिया के अट्ठारह दिवसीय अंतरिक्ष अभियान का सदस्य चुना गया। इस तरह वे अंतरिक्ष भ्रमण करने वाली पहली भारतीय महिला बन गई। बाद में उन्होंने अंतरिक्ष के अपने अनुभवों के बारे में कहा है- ''मैं यान की खिड़की से ही अपनी धरती पर हो रहे दिन और रात वाले भागों को निहारती रहती। महाद्वीप और महासागर धीरे-धीरे घूमते होते और धरती अपने सौंदर्य की मनोहारी छटा बिखेरती होती। मैं यह देखकर हैरत में पड़ जाती कि सिर्फ 60 मिनट में हमारा यान धरती की परिक्रमा कर लेता है- सिर्फ 60 मिनट, मैं सोचती कि हमारा ग्रह वास्तव में कितना लघु, कितना क्षण भंगुर है।''

कल्पना चावला को अंतरिक्ष यात्रा का दूसरा अवसर 17 जनवरी, 2003 को मिला, जबकि वे सौलह दिवसीय अभियान के लिए एक बार फिर कोलंबिया यान में अपने छः सहयोगियों समेत सवार हुई, किंतु इस बार कोलंबिया की वापसी की यात्रा सुरक्षित न रह सकी। कल्पना समेत छः अंतरिक्ष यात्री दुर्घटना के शिकार होकर काल-कवलित हो गए।

आज कल्पना चावला नहीं हैं, लेकिन अपने पीछे ये दृढ़ निश्चय और कठिन परिश्रम के द्वारा असंभव को संभव बनाने वाली विस्मयकारी विरासत छोड़ गई हैं।

आसमान की ऊँचाइयों को नापते हुए भी कल्पना ने अपनी जड़ों की विस्मृति नहीं की। वे अपने शहर व अपने स्कूल 'टैगोर बाल निकेतन' के संपर्क में जीवनभर बनी रहीं। उन्हीं के प्रयासों का फल है कि प्रतिवर्ष उनके स्कूल से दो छात्राओं को नासा अपने यहाँ आमंत्रित करता है। कल्पना भारतीय युवाओं विशेषकर लड़कियों के लिए प्रेरणा का प्रकाश-स्तंभ हैं। **(ICSE Spec 2017)**

प्रश्न

I. कल्पना चावला किस विद्यालय में पढ़ती थीं? उनकी वजह से आज विद्यालय को क्या सौभाग्य प्राप्त है?

II. कल्पना चावला को प्रथम बार अंतरिक्ष अभियान का सदस्य कब चुना गया? यान की खिड़की से वे क्या निहारा करती थीं?

III. अंतरिक्ष-यान कितने मिनट में पृथ्वी की परिक्रमा पूरी कर लेता है? उसे देखकर कल्पना अपने मन में क्या विचार करती थीं?

IV. कल्पना को दूसरी यात्रा का अवसर कब मिला और वापसी में क्या घटना घटी?

V. कल्पना चावला के जीवन से नवयुवतियों को क्या शिक्षा मिलती है?

उत्तर

I. कल्पना चावला 'टैगोर बाल निकेतन' विद्यालय में पढ़ती थी। उनकी वज़ह से आज विद्यालय को यह सौभाग्य प्राप्त है कि प्रतिवर्ष उनके स्कूल से दो छात्राओं को नासा अपने यहाँ आमंत्रित करता है।

II. कल्पना चावला को प्रथम बार अंतरिक्ष अभियान का सदस्य अंतरिक्ष यात्री नियुक्त होने के दो वर्ष पश्चात् ही वर्ष 1996 में अंतरिक्ष-यान कोलंबिया के अट्ठारह दिवसीय अंतरिक्ष अभियान का सदस्य चुना गया। यान की खिड़की से वे अपनी धरती पर हो रहे दिन और रात वाले भागों को निहारा करती थीं।

III. अंतरिक्ष-यान 60 मिनट में पृथ्वी की परिक्रमा पूरी कर लेता है। उसे देखकर कल्पना अपने मन में विचार करती है कि हमारा ग्रह वास्तव में कितना लघु, कितना क्षण-भंगुर है।

IV. कल्पना को दूसरी यात्रा का अवसर 17 जनवरी, 2003 को मिला और वापसी की यात्रा सुरक्षित न रह सकी। वापसी के समय कल्पना समेत छः अंतरिक्ष यात्री दुर्घटना के शिकार होकर काल-कवलित हो गए।

V. कल्पना चावला के जीवन से नवयुवतियों को यह शिक्षा मिलती है कि अपने दृढ़ निश्चय और कठिन परिश्रम के द्वारा असंभव कार्य को भी संभव बनाया जा सकता है। कल्पना भारतीय युवाओं विशेषकर लड़कियों के लिए प्रेरणा का प्रकाश-स्तंभ हैं।

9. पंजाब में उस वर्ष भयंकर अकाल पड़ा था। उन दिनों वहाँ महाराणा रणजीत सिंह का राज था। उन्होंने यह घोषणा करवा दी, ''महाराज के आदेश से शाही भंडार-गृह हर जरूरतमंद के लिए खुला है। प्रत्येक जरूरतमंद एक बार में जितना अनाज उठा सके, ले जाए।'' यह घोषणा सुनते ही गाँवों व शहरों से जरूरतमंदों की भीड़ राजमहल में उमड़ पड़ी। उन दिनों लाहौर में एक सद्गृहस्थ बूढ़े सज्जन रहते थे। वे कट्टर सनातनी विचारों के थे। उन्होंने जीवन में कभी भी किसी के आगे अपना हाथ नहीं फैलाया था। अँधेरा होने पर वह शाही भंडार के दरवाजे पर पहुँचे। द्वार खुला था, किसी तरह की कोई जाँच-पड़ताल नहीं हुई। उन्होंने बड़े संकोच से अपनी चादर को फैलाया, उसके कोने में थोड़ा-सा अनाज बाँध लिया। ज्यादा अनाज उठाना उनके लिए मुश्किल था। इतने में पगड़ी बाँधे एक व्यक्ति वहाँ आया। उसने कहा, ''भ्राताजी आपने तो काफी कम अनाज लिया है।'' बूढ़े सज्जन ने कहा, ''असल में मैं बूढ़ा लाचार हूँ। इस अकाल में तो थोड़ा अनाज लेना ही सही है, जिससे सब जरूरतमंदों को मिल जाए।''

उस व्यक्ति ने बूढ़े की गठरी खोल दी। उसमें भरपूर अनाज भर दिया। बूढ़े सज्जन ने कहा, ''मैं इतना अनाज नहीं उठा सकता और न ही इसकी मज़दूरी का पैसा दे सकता हूँ।'' इतने में उस अजनबी ने बूढ़े की गठरी अपने कंधों पर ले ली और बूढ़े के पीछे-पीछे चल पड़ा। जब वे बूढ़े के घर के द्वार पर पहुँचे, तो वहाँ दो बच्चे उनकी प्रतीक्षा कर रहे थे। उन्हें देखते ही वे बोले— ''बाबा, कहाँ चले गए थे?'' बूढ़ा खामोश रहा। अजनबी ने कहा, ''घर में कोई बड़ा लड़का नहीं है?'' बूढ़ा बोला, ''लड़का था लेकिन काबुल की लड़ाई में शहीद हो गया। अब बहू है तथा मेरे ये पोते हैं।'' वह अजनबी बोला, ''भाई जी धन्य हैं आप, जिनका बेटा देश के लिए शहीद हो गया।''

रोशनी में बूढ़े ने उस अजनबी को पहचान लिया। वे खुद महाराज रणजीत सिंह थे। बूढ़े ने पोतों से कहा, ''इनके सामने दंडवत प्रणाम करो।'' और स्वयं भी प्रणाम करने लगे और थोड़ी देर बाद बोले, ''आज मुझसे बड़ा पाप हो गया। आपसे बोझा उठवाया।'' ''नहीं, यह पाप नहीं, मेरा सौभाग्य था कि मैं शहीद के परिवार की सेवा कर सका। आप सबकी सेवा करना मेरा फ़र्ज है। अब आप जीवन-भर हमारे साथ रहिए और हमें कृतार्थ कीजिए।''

(ICSE 2017)

प्रश्न

I. राज्य को किस विपत्ति का सामना करना पड़ा था? उन दिनों वहाँ के राजा कौन थे और उन्होंने उस समस्या का क्या समाधान निकाला?

II. राजा ने राज्य में क्या घोषणा करवाई और क्यों?

III. बूढ़े आदमी के बारे में आप क्या जानते हैं? उनका पूर्ण परिचय दीजिए।

IV. बूढ़े आदमी ने थोड़ा-सा अनाज ही क्यों लिया था? कारण स्पष्ट करते हुए बताइए कि उस अज़नबी व्यक्ति ने उस बूढ़े की सहायता कैसे की?

V. इस गद्यांश से मिलने वाली शिक्षाओं पर प्रकाश डालिए।

उत्तर

I. राज्य को भयंकर अकाल का सामना करना पड़ा था। उन दिनों वहाँ के राजा महाराणा रणजीत सिंह थे। उन्होंने उस समस्या का यह समाधान निकाला कि शाही भंडार-गृह के द्वार खोल दिए, जिससे हर जरूरतमंद अनाज ले सकता है।

II. राजा ने राज्य में यह घोषणा करवाई कि ''महाराज के आदेश से शाही भंडार-गृह हर जरूरतमंद के लिए खुला है। प्रत्येक जरूरतमंद एक बार में जितना अनाज उठा सके, ले जाए।'' यह घोषणा इसलिए करवाई गई, क्योंकि राज्य में भयंकर अकाल पड़ा था।

III. बूढ़े आदमी के बारे में हम यह जानते हैं कि सद्गृहस्थ बूढ़े सज्जन लाहौर में रहते थे। वे कट्टर सनातनी विचारों के थे। उन्होंने जीवन में कभी किसी के आगे हाथ नहीं फैलाया था। बूढ़े आदमी का एक लड़का था, जो काबुल की लड़ाई में शहीद हो गया था। अब बहू और दो पोते उसके साथ रहते हैं।

IV. बूढ़े आदमी ने थोड़ा-सा अनाज इसलिए लिया था, क्योंकि ज्यादा अनाज उठाना उनके लिए मुश्किल था। उस अजनबी व्यक्ति (महाराणा रणजीत सिंह) ने उस बूढ़े व्यक्ति की सहायता इस प्रकार की, उसने बूढ़े की गठरी में भरपूर अनाज भर दिया तथा गठरी को अपने कंधों पर रखकर उसके घर के द्वार तक पहुँचा दिया।

V. इस गद्यांश से हमें यह शिक्षा मिलती है कि व्यक्ति पद में बड़ा होने से महान् नहीं बनता, बल्कि अपने व्यवहार एवं कर्मों के द्वारा महान् बनता है। जैसे महाराणा रणजीत ने अकाल के समय उचित निर्णय लेकर जनता को भूखे मरने से बचाया। साथ ही, यह शिक्षा मिलती है कि व्यक्ति को किसी के आगे हाथ नहीं फैलाने चाहिए अर्थात् स्वावलंबी बनना चाहिए तथा स्वार्थपूर्ण जीवन नहीं जीना चाहिए।

10. बहुत समय पहले एक गाँव में हरिहर नाम का एक दयालु और सीधा-सच्चा किसान रहता था। वह खेती-बाड़ी का काम करता था। वह पूरा दिन अपने खेत में जी-तोड़ मेहनत करता था और शाम का समय ईश्वर की प्रार्थना में बिताता था। जीवन में उसकी मात्र एक इच्छा थी कि वह उडुपि के मंदिर में भगवान श्रीकृष्ण के दर्शन करना चाहता था। उडुपि कर्नाटक का प्रमुख तीर्थस्थान है। वह अपनी गरीबी के कारण तीर्थयात्रा की इच्छा पूरी नहीं कर पाता था। इसी तरह कुछ वर्ष बीत गए। समय के साथ-साथ हरिहर की

आर्थिक स्थिति भी सुधरती गई। अब उसने तीर्थयात्रा की योजना बनाई। उसकी पत्नी ने उसके लिए पर्याप्त भोजन बाँध दिया।

हरिहर तीर्थयात्रियों के एक दल के साथ उडुपि की ओर चल दिया। मार्ग में उसे एक स्थान पर एक बूढ़ा आदमी मिला। उसकी दशा बहुत ही दयनीय थी। वह कई दिनों से भूखा-प्यासा था और पीड़ा के कारण कराह रहा था। जैसे ही हरिहर की नज़र उस पर पड़ी, उसका हृदय करुणा से भर गया। उसने बूढ़े के पास जाकर पूछा, "बाबा, क्या तुम भी तीर्थयात्रा करने उडुपि जा रहे हो?" बूढ़े आदमी ने उत्तर दिया, मेरा एक बेटा बीमार है और दूसरे बेटे ने भी तीन दिनों से कुछ नहीं खाया। फिर मैं तीर्थयात्रा कैसे करूँ।"

हरिहर समझता था कि दीन-दुखियों की सेवा ही ईश्वर की सबसे बड़ी सेवा है, इसलिए उसने उडुपि जाने से पहले उस बूढ़े के घर जाने का निश्चय किया। उसके साथियों ने उसे बहुत समझाया। "बहुत मुश्किल से तुमने धन एकत्र किया है, अगर यह नष्ट हो गया तो फिर तुम कभी तीर्थयात्रा नहीं कर पाओगे।" हरिहर पर उनकी बातों का कोई प्रभाव न पड़ा। वह बूढ़े के घर पहुँचा। उसने सबसे पहले घर के सभी व्यक्तियों को भरपेट भोजन कराया। फिर वह बीमार बच्चे के लिए दवा ले आया। उसने बूढ़े आदमी को खेत में बोने के लिए बीज भी ला दिए। वह कुछ दिन वहाँ रुका। उसने बूढ़े आदमी के बेटे की सेवा की, जिससे वह कुछ दिनों में स्वस्थ हो गया, लेकिन इन सारे कार्यों में उसके सारे पैसे खर्च हो गए।

अब उसने तीर्थयात्रा बीच में ही छोड़कर वापस घर लौटने का निश्चय किया। उसे उडुपि न जा पाने का बिल्कुल भी दु:ख न था, क्योंकि वह जानता था कि उसने अपना सारा धन दीन-दुखियों की सेवा में खर्च किया था। घर पहुँचकर उसने अपनी पत्नी को सारी बातें बता दीं। पत्नी भी इस पर प्रसन्न हुई, क्योंकि वह भी धार्मिक स्वभाव की महिला थी। उस रात हरिहर ने सपने में भगवान श्रीकृष्ण को देखा, जो उससे कह रहे थे, "हरिहर तुम मेरे सच्चे भक्त हो। तुमने उस बूढ़े आदमी की सहायता की और अपनी इच्छा का बलिदान कर दिया। वह बूढ़ा आदमी कोई और नहीं मैं ही था। तुम्हारी परीक्षा के लिए मैं उस बूढ़े आदमी का वेश धारण कर वहाँ आया था। तुम मेरे सच्चे सेवक हो।" इस तरह हरिहर बगैर तीर्थयात्रा पर गए पुण्य का भागीदार बना।

प्रश्न

I. हरिहर क्या काम करता था? उसकी एकमात्र इच्छा क्या थी?

II. हरिहर को तीर्थयात्रा के मार्ग में कौन मिला? उसकी क्या स्थिति थी?

III. हरिहर ने बूढ़े व्यक्ति की सहायता कैसे की?

IV. हरिहर ने घर लौटने का निश्चय क्यों किया? वहाँ लौटने पर हरिहर ने क्या स्वप्न देखा?

V. इस गद्यांश से आपको क्या शिक्षा मिलती है?

उत्तर

I. हरिहर गाँव का किसान था, जो खेती-बाड़ी का काम करता था। हरिहर पूरा दिन खेत में जी-तोड़ मेहनत करता था और शाम का समय ईश्वर की प्रार्थना में बिताता था। जीवन में उसकी एकमात्र इच्छा यह थी कि वह उडुपि के मंदिर में भगवान श्रीकृष्ण के दर्शन करना चाहता था, जो दक्षिण कर्नाटक का प्रमुख तीर्थस्थान है।

II. हरिहर की तीर्थ यात्रा के मार्ग में एक बूढ़ा आदमी मिला जिसकी दशा बहुत ही दयनीय थी। वह कई दिनों से भूखा-प्यासा था और पीड़ा के कारण कराह रहा था। जैसे ही हरिहर की नज़र उस बूढ़े आदमी पर पड़ी उसका हृदय करुणा से भर गया।

III. हरिहर जानता था कि दीन-दुखियों की सेवा करना ही ईश्वर की सबसे बड़ी सेवा है, इसलिए तीर्थयात्रा के लिए एकत्र किए गए धन को लेकर हरिहर बूढ़े आदमी के घर पहुँचा, पहले उसने सभी को भरपेट भोजन कराया, फिर वह बीमार बच्चे के लिए दवा ले आया, उसने बूढ़े आदमी को खेत में बोने के लिए बीज लाकर दिए। कुछ दिन बूढ़े आदमी के घर रुककर उसके बेटों की सेवा की। इस प्रकार, हरिहर ने बूढ़े व्यक्ति की सहायता की।

IV. बूढ़े आदमी की सहायता करने में हरिहर के सारे पैसे खर्च हो गए, इसलिए उसने अपनी तीर्थयात्रा को बीच में ही छोड़कर वापस घर लौटने का निश्चय किया। घर लौटने पर हरिहर ने अपने स्वप्न में भगवान श्रीकृष्ण को देखा, जो उससे कह रहे थे कि तुम ही मेरे सच्चे भक्त हो तुमने बूढ़े आदमी की सहायता करके अपनी इच्छा का बलिदान दिया। वह बूढ़ा आदमी मैं ही था अर्थात् मैं वेश बदलकर तुम्हारी परीक्षा ले रहा था।

V. प्रस्तुत गद्यांश से हमें कठिन परिस्थितियों में दूसरों की सहायता करने की शिक्षा मिलती है। जिस प्रकार हरिहर ने अपनी इच्छा का बलिदान करके कठिन परिस्थितियों में अपना जीवन व्यतीत कर रहे बूढ़े आदमी की सहायता की ठीक उसी प्रकार हम सभी को यह शिक्षा ग्रहण करना चाहिए कि हमें भी सर्वदा दूसरों की सहायता करने के लिए तत्पर रहना चाहिए।

11. महान् रसायनशास्त्री आचार्य नागार्जुन को अपनी प्रयोगशाला के लिए दो सहायकों की आवश्यकता थी। अनेक युवक उनके पास आए और निवेदन किया कि वे उन्हें अपने सहायक के रूप में नियुक्त कर लें, लेकिन परीक्षा लेने पर सभी प्रत्याशी अयोग्य सिद्ध हुए। अंत में आचार्य निराश हो गए। उनकी निराशा का कारण यह था कि युवकों में रसायनशास्त्र के ज्ञाता तो बहुत थे और अपने विषय से परिचित भी, लेकिन एक रसायनशास्त्री के लिए जो एक पवित्र ध्येय होता है, उसका सभी में अभाव था। प्रत्याशियों में से किसी को अपने वेतन की चिंता थी, किसी को अपने परिवार की, तो किसी को अपना भविष्य उज्जवल बनाना था, पर आचार्य नागार्जुन को ऐसे सहायक की आवश्यकता नहीं थी। उनके मन और विचार में कुछ और ही था। निराश होकर उन्होंने सहायक की आवश्यकता होते हुए भी स्वयं ही सारा कार्य करने का निश्चय कर लिया।

कुछ दिन बाद ही दो युवक आचार्य के पास आए, उन्होंने उनसे निवेदन किया कि वे उन्हें अपना सहायक नियुक्त कर लें। आचार्य ने पहले तो उन्हें लौटा देना चाहा, लेकिन युवकों के अधिक आग्रह पर उन्होंने उनकी परीक्षा लेने का निश्चय किया। आचार्य ने दोनों युवकों को एक पदार्थ देकर दो दिन के भीतर ही उसका रसायन तैयार कर लाने को कहा। दोनों युवक पदार्थ लेकर अपने घर लौट गए।

दो दिन बाद एक युवक रसायन तैयार करके सुबह-सुबह ही उनके पास पहुँचा और रसायन का पात्र उन्हें देते हुए बोला "लीजिए आचार्य जी, रसायन तैयार है।" रसायन के पात्र की ओर बिना देखे ही आचार्य ने प्रश्न किया, "तो रसायन तैयार कर लिया तुमने?"

रसायन का पात्र एक ओर रखते हुए युवक ने कहा, 'जी हाँ'।

आचार्य ने दूसरा प्रश्न किया, "रसायन तैयार करते समय किसी भी प्रकार की कोई बाधा तो उपस्थित नहीं हुई?" युवक ने सकुचाते हुए उत्तर दिया, "बाधाएँ तो बहुत आई थीं, लेकिन मैंने किसी भी बाधा की चिंता किए बिना अपना कार्य चालू ही रखा तथा रसायन तैयार कर लिया। यदि मैं बाधाओं में उलझ गया होता, तो रसायन तैयार हो ही नहीं सकता था। एक ओर तो पिता के पेट में भयंकर शूल था, दूसरी ओर माता ज्वर से पीड़ित थी। ऊपर से मेरा छोटा भाई टाँग तुड़वाकर पीड़ा से कराह रहा था, परंतु ये बातें मुझे रसायन बनाने से विचलित नहीं कर सकीं।" तभी दूसरा युवक खाली हाथ आकर वहाँ खड़ा हो गया। आचार्य जी ने उससे पूछा, "रसायन कहाँ है?" युवक ने झिझकते हुए उत्तर दिया, "आचार्य जी, मैं क्षमा चाहता हूँ। मैं रसायन तैयार नहीं कर सका, क्योंकि जाते समय मार्ग में एक वृद्ध व्यक्ति मिल गया था। वह एक सड़क दुर्घटना में घायल हो गया था। मेरा सारा समय उसकी सेवा में ही व्यतीत हो गया।"

आचार्य ने पहले युवक से कहा, "तुम जा सकते हो। मुझे तुम्हारी आवश्यकता नहीं। रसायनशास्त्री यदि पीड़ा से कराहते हुए व्यक्ति की उपेक्षा करे, तो वह अपने शास्त्र में अपूर्ण है।" दूसरे युवक को उन्होंने अपना सहायक नियुक्त कर लिया। भविष्य में वही युवक उनका दायाँ हाथ बना और उन्हें अति प्रिय लगने लगा।

(ICSE 2014)

प्रश्न

I. आचार्य को कैसे सहायकों की आवश्यकता थी और क्यों?

II. आचार्य की निराशा का क्या कारण था? निराश होकर उन्होंने क्या किया?

III. आचार्य ने दोनों युवकों की परीक्षा लेने का क्या उपाय सोचा तथा क्यों?

IV. दूसरा युवक रसायन क्यों तैयार नहीं कर सका? इससे उसके चरित्र का कौन-सा गुण स्पष्ट होता है?

V. आचार्य ने अपना सहायक किसे और क्यों चुना?

उत्तर

I. आचार्य नागार्जुन को अपनी प्रयोगशाला के लिए दो ऐसे सहायकों की आवश्यकता थी, जो आत्मीय रूप एवं पूर्ण तन्मयता से उनका सहयोग कर सकें। इसके साथ ही उन सहायकों का ध्येय भी पवित्र होना चाहिए, ताकि वे पूर्ण मानवीयता तथा ईमानदारी से कार्य कर सकें।

II. अनेक युवकों ने आचार्य के पास आकर सहायक बनने का अनुरोध किया। अपने विषय के अच्छे ज्ञान व भली-भाँति परिचय के बावजूद वे सब अपने स्वार्थ, वेतन, परिवार आदि के लिए अत्यधिक चिंतित प्रतीत हुए, परंतु उनमें पवित्र ध्येय का अभाव था। इसी कारण आचार्य जी अत्यंत निराश हुए और अंततः उन्होंने पूरा कार्य स्वयं करने का निश्चय किया।

III. कुछ समय पश्चात् दो युवक सहायक बनने पहुँचे। प्रथमतः इंकार करने के उपरांत उन युवकों के अत्यंत आग्रहवश आचार्य ने उन्हें एक पदार्थ देकर दो दिनों में रसायन तैयार करने का आदेश दिया। वस्तुतः आचार्य उनके मानवीय एवं नेक दृष्टिकोण की परीक्षा लेना चाहते थे कि उनमें निःस्वार्थ पवित्र ध्येय मौजूद भी है या नहीं।

IV. दूसरा युवक अपने मानवीय व निःस्वार्थ ध्येय के कारण अपना रसायन तैयार नहीं कर पाया, क्योंकि उसे मार्ग में एक घायल वृद्ध व्यक्ति मिल गया था और उसने उनकी सेवा-सुश्रूषा को ही प्रथम ध्येय समझा। इसी कारण समय व्यतीत हो गया। इस घटना से उसके मानवतारूपी ध्येय का पता चलता है।

V. आचार्य नागार्जुन ने द्वितीय युवक को, उसके पवित्र निःस्वार्थ ध्येय व मानवीय गुण से प्रसन्न होकर, अपना सहायक चुना और आगे चलकर वही युवक उनका दायाँ हाथ भी बना।

12. नामू की माँ ने अपने बेटे से कहा, "जा, कुल्हाड़ी लेकर पलाश के पेड़ से कुछ छाल उतार ला।"

"अभी लाया माँ।" कहकर नामू ने कुल्हाड़ी उठाई और जंगल की ओर निकल गया। वहाँ उसने पलाश के पेड़ की छाल उतारी और फिर घर की ओर चल पड़ा। रास्ते में विचार करने लगा कि जब मैं कुल्हाड़ी से पेड़ पर प्रहार करता था, तो एक आवाज़ पेड़ से निकलती थी, कहीं वह आवाज़ पेड़ की कराह तो नहीं थी? जब मैं कुल्हाड़ी से पेड़ पर प्रहार करता होऊँगा, तो पेड़ को पीड़ा भी तो होती होगी।

नामू ने घर आकर पलाश की छाल माँ को सौंप दी और स्वयं घर से दूर कुल्हाड़ी लेकर जा बैठा। वहाँ बैठकर उसने कुल्हाड़ी से अपना पैर रगड़ना शुरू किया। रगड़ के साथ पाँव में पीड़ा भी होती थी, खून बहता था और नामू के मुँह से हल्की-हल्की चीखें भी निकलती थीं। यह सब उसने पेड़ की पीड़ा का अनुभव करने के लिए किया था।

कुछ देर बाद वह घर लौट आया और माँ से खाना माँगा। उसके चेहरे पर पीड़ा की स्पष्ट रेखाएँ उभर आई थीं, मगर वह चुप था। माँ ने देखा, लेकिन कुछ समझी नहीं। एकाएक माँ की दृष्टि उसके कपड़ों पर पड़ी, जो खून से लाल हो चुके थे। माँ ने घबराकर पूछा, "यह क्या हुआ, नामू?"

"कुछ नहीं माँ, तुम चिंता मत करो।"

माँ और अधिक घबराकर बोली, "चिंता कैसे न करूँ बेटा, तेरे शरीर का खून देखकर मैं चिंता नहीं करूँ गी, तो फिर और कौन चिंता करेगा?"

नामू कहने लगा, "माँ, तुमने पलाश की छाल मँगवाई थी, तो कुल्हाड़ी से छाल उतारते हुए, मुझे ऐसा अनुभव हुआ कि पेड़ कराह रहा है जैसे उसे पीड़ा हो रही हो। अपने पाँव पर कुल्हाड़ी की रगड़ से मैं यह जानना चाहता था कि क्या सभी को एक-सी पीड़ा होती है?"

बेटे की बात सुनकर, माँ का हृदय भर आया। माँ की आँखों से आँसुओं की धारा बह निकली। उसने नामू को गले लगाते हुए कहा, "लगता है, मेरे पुत्र के रूप में किसी संत ने जन्म लिया है।

बेटे, तू पराए दु:ख से दु:खी होकर, उस दु:ख का अनुभव करना चाहता था; पराया दु:ख भी पेड़ का, जिसमें तुझे प्राण दिखाई दिए। अवश्य ही, तू एक दिन बड़ा संत बनेगा।'' इस प्रकार माँ ने उसे संत बनने का आशीर्वाद दिया। आगे चलकर यह 'नामू' नामदेव के नाम से महाराष्ट्र का प्रसिद्ध संत हुआ।

वास्तव में दया, धर्म का भाव रखना और दूसरे के दु:ख को महसूस करना संतों का स्वभाव होता है। आज अपने पर्यावरण को बचाने के लिए नामदेव जैसे संतों की आवश्यकता है, जिनके मन में न केवल जीवों के प्रति ही दया की भावना हो, बल्कि पेड़, पौधों के लिए भी अपनेपन का भाव हो। आज के स्वार्थी मानव ने प्रकृति के प्रति जिस प्रकार का व्यवहार किया है, वह निंदनीय है, क्योंकि मानव के लोभ ने धरती के अस्तित्व को ही संकट में डाल दिया है। **(ICSE 2013)**

प्रश्न

I. नामू को माँ ने क्या आदेश दिया था? माँ के आदेश का पालन करते समय उसने क्या विचार किया?

II. घर आकर नामू ने क्या किया और क्यों?

III. माँ क्या देखकर चिन्तित हुईं? उनका हृदय क्यों भर आया?

IV. सन्त के स्वभाव की क्या विशेषता होती है? आगे चलकर नामू किस रूप में प्रसिद्ध हुआ?

V. आपको इस गद्यांश से क्या शिक्षा मिली? पेड़-पौधों की सुरक्षा क्यों आवश्यक है?

उत्तर

I. माँ ने नामू को पलाश के पेड़ से कुल्हाड़ी द्वारा थोड़ी-सी छाल काटकर लाने का आदेश दिया था। माँ की आज्ञानुसार नामू ने पेड़ की छाल उतारी, तो उसने विचार किया कि कुल्हाड़ी द्वारा पेड़ पर प्रहार करने से उसे भी पीड़ा होती होगी।

II. नामू ने घर आकर, पेड़ की पीड़ा का अनुभव करने हेतु कुल्हाड़ी द्वारा अपना पैर रगड़ना आरंभ किया, क्योंकि वह उसी अनुभूति का अनुभव करना चाहता था कि यथा उसे इस कुल्हाड़ी से दर्द होता है, तो सम्भवत: कुल्हाड़ी के प्रहार से पेड़ को भी पीड़ा होती है।

III. नामू के वस्त्रों पर लगे खून को देखकर माँ चिंतित हुई। माँ द्वारा इस खून का कारण पूछने पर, नामू द्वारा सहृदयता व दर्द के पूर्ण घटनाक्रम को सुनकर माँ का हृदय भर आया था। वह अपने बेटे के मानवीय गुण, दयालुता के अहसास को देखकर भावुक हो गईं थी।

IV. संत लोग मानवीय गुणों से ओत-प्रोत होते हैं तथा दूसरे के दु:ख में भी समान दु:ख की अनुभूति करते हैं। वे परोपकारी प्रवृत्ति के तथा सबसे प्रेम करने वाले होते हैं। उनको जड़-चेतन प्रत्येक में सजीव अनुभूति का अहसास होता है। भविष्य में यही 'नामू' नामदेव के नाम से महाराष्ट्र के संत के रूप में प्रसिद्ध हुए।

V. प्रस्तुत गद्यांश हमें मानवीय गुणों तथा दयालुता के भाव को समझने की शिक्षा देने के साथ-साथ 'अहिंसा परमो धर्म:' की शिक्षा प्रदान करता है। पर्यावरण की सुरक्षा पेड़-पौधों द्वारा ही संभव है। अत: हमें पेड़-पौधों, जड़ या चेतन सभी के संरक्षण व संवर्द्धन में सहयोग देना चाहिए।

13. एक चोर किसी मंदिर का घंटा चुराकर ले गया था। वन में जाते हुए उसका सामना बाघ से हो गया और चोर बाघ के द्वारा मारा गया। उसी वन में वह घंटा बंदरों के हाथ में पड़ गया। वन बहुत घना था। बंदर झाड़ियों के अंदर रहते थे, जब उनकी मौज होती, वे घंटा बजाते। घंटे की आवाज़ सुनकर समीप के नगर में यह अफ़वाह फैल गई कि जंगल में भूत रहता है और उसका नाम घंटाकरण है। उसके कान घण्टे के समान हैं, जब वह हिलता है, तो कानों से घंटे की आवाज़ आती है। इस अफ़वाह से लोग ऐसे भयभीत हुए कि जंगल की ओर भूलकर भी कोई न जाता था। सब जंगल से दूर-दूर ही रहते थे। जंगल से लकड़हारे लकड़ियाँ न लाते थे, चरवाहे जंगल में पशुओं को चराने न ले जाते थे। किसी में इतनी हिम्मत न थी कि जंगल में जाने का प्रयत्न कर पाता।

इस प्रकार सारा का सारा जंगल किसी भी काम में न आकर कल्पित घण्टाकरण भूत की राजधानी बन गया। अब तो राजा को भी बड़ी चिंता हुई। उसने सयानों और जादूगरों को इकट्ठा किया और कहा कि भाई इस भूत को जंगल से निकालो, क्योंकि सारा जंगल और हज़ारों रुपये की सालाना आमदनी हाथ से बेकार जा रही है।

सब लोगों ने अपने-अपने उपाय करने प्रारंभ किए। पंडितों ने चंडी का जाप किया, हनुमान चालीसा का पाठ किया। मुल्लाओं ने कुरान का पाठ आरंभ किया। किसी ने भैरों को याद किया, किसी ने काली माता की मन्नत की, किसी ने पीर-पैगंबर को मनाया, किसी ने जादू-टोना किया। इस पर भी घंटाकरण किसी के काबू में न आया। घंटे का शब्द सदा की भाँति सुनाई देता रहा और लोग समझते रहे कि घंटाकरण घंटा बजा रहा है। तभी एक चतुर मनुष्य उधर कहीं से आ निकला। वह भूत-प्रेत, चंडी-मुंडी, पीर-पैगंबर, जादू-टोने आदि कपोल-कल्पित मिथ्या बातों पर विश्वास नहीं करता था। उसने विचारा कि वन में हो न हो कोई विशेष बात होगी। संभव है कि वन में डाकू रहते होंगे और उन्होंने वन को अपने रहने के लिए सुरक्षित बनाने को यह पाखंड रचा हो या कहीं बंदरों के हाथ में घंटा न पड़ गया हो।

ऐसा दृढ़ निश्चय कर वह चतुर मनुष्य साधु का वेश धरकर जंगल में घुसा। अंदर जाकर देखा तो उसने अपने अनुमान को सही पाया। लौटकर उसने नगर निवासियों से कहा, ''भाइयों! मैंने भूत को पकड़ने का उपाय विचार लिया है। आप लोग मुझे एक गाड़ी भुने चने दें, तो मैं कल ही भूत को पकड़ लेता हूँ।''

नगर के निवासी और राजा भूत के नाश के लिए सब कुछ करने को तैयार थे, झटपट सब सामान इकट्ठा कर दिया। चतुर मनुष्य ने जंगल में जाकर चने बंदरों के आगे डाल दिए। इधर सब बंदर चने खाने में लगे, उधर उसने घंटा उठाकर नगर की राह ली। अब क्या था, सारे नगर में और राजसभा में उस चतुर मनुष्य को बड़ा आदर मिला, फिर उसने सब भेद खोलकर लोगों के मिथ्या विश्वास को तोड़ा। उन्हें भ्रम के भूत से मुक्ति दिलाई। इस कहानी के समान अनेक बातों के भ्रम में पड़कर मनुष्य ने भूत-प्रेत, जादू-टोना आदि अनेक प्रकार की कल्पनाएँ कर ली हैं। लोग भय और मिथ्या विश्वास के कारण वास्तविकता का पता नहीं लगाते हैं और झूठे उपाय कर-करके थकते हैं। वास्तव में भूत-प्रेत आदि

यह सब ठग-लीला है। जादू-टोने सब लूटने-खाने के बहाने हैं। इनसे सदा बचने में ही मानव की भलाई है। मिथ्या विश्वास से ही मनुष्य तरह-तरह के कष्टों में पड़ जाता है। अत: यथासंभव मिथ्या विश्वास दूर करने का प्रयत्न करना चाहिए। **(ICSE 2012)**

प्रश्न

I. नगर में क्या अफ़वाह फैल गई थी और इस अफ़वाह का क्या कारण था?

II. जंगल किसकी राजधानी बन गया था? इससे नगर निवासियों पर क्या प्रभाव पड़ा?

III. राजा की चिंता का क्या कारण था? भूत को जंगल से निकालने के क्या-क्या उपाय किए गए?

IV. चतुर मनुष्य का क्या अनुमान था? उसने नगर निवासियों को भूत से किस प्रकार मुक्ति दिलाई?

V. प्रस्तुत गद्यांश से आपको क्या शिक्षा मिली?

उत्तर

I. बाघ द्वारा चोर के मारे जाने पर चोर द्वारा चोरी किया घंटा, वन में रहने वाले बंदरों के हाथ लग जाता है। तब मस्ती के दौरान, उनके द्वारा बजाए गए घंटे की आवाज़ सुनकर, सारे नगर में यह अफ़वाह फैल गई कि वन में घंटाकरण नामक कोई भूत रहता है। उन्होंने यहाँ तक कल्पना कर ली कि उसके कान घंटे के समान हैं तथा इन कानों के हिलाने से ही घंटा बजने की आवाज़ सुनाई देती है।

II. नियमित घंटों की आवाज़ के कारण, जंगल उन लोगों द्वारा कल्पित एक घंटाकरण नामक भूत की राजधानी बन गया था। नगर निवासी इसी भय के कारण जंगल में जाने तक का सामर्थ्य नहीं जुटा पाए तथा जंगल से दूर रहना ही हितकर समझते थे।

III. घंटाकरण भूत की घटना से राजा अत्यंत चिंताग्रस्त थे, जिसका मुख्य कारण था– जंगल से हज़ारों रुपये की आमदनी का प्राप्त न होना। भूत को जंगल से बाहर करने के लिए अनेक ओझा-साधुओं को बुलाया गया तथा सबने अपने-अपने सामर्थ्यानुसार; यथा–पंडितों ने जाप, हनुमान चालीसा तथा मुल्लाओं ने कुरान का पठन किया तथा सभी प्रकार के जादू-टोनों का सहारा लिया गया।

IV. एक बुद्धिजीवी (चतुर) व्यक्ति, जो भूत-प्रेत, जादू-टोनों पर विश्वास नहीं रखता था, ने स्वविवेक द्वारा इस घटना पर शंका जाहिर की कि कुछ डाकुओं ने इस प्रकार की अफ़वाह द्वारा खुद को बचाने का मार्ग खोजा हो या कोई बंदर इत्यादि हो।

योजनानुसार साधु के वेश में वह जंगल में पहुँचा और भुने हुए चनों को दिखाकर, सभी बंदरों को चने खाने में व्यस्त करके, उस घंटे को उठा लाया तथा राजा को दे दिया। राजा ने उसे इस कृत्य के लिए सम्मानित किया। इस प्रकार उसने लोगों के अंधविश्वास को समाप्त किया।

V. वर्तमान वैज्ञानिक युग में भी लोग, व्यर्थ की अफ़वाहों, कल्पित कथानकों तथा अंधविश्वासों पर यकीन करते हैं। उन्हें इस तरह की घटनाओं पर विश्वास नहीं करना चाहिए तथा यथासम्भव अपने विवेक और बुद्धि का प्रयोग करना चाहिए।

14. राणा संग्राम सिंह वीरगति प्राप्त कर चुके थे। चित्तौड़ के सिंहासन पर उनके बड़े पुत्र विक्रमादित्य बैठे, किंतु उनकी अयोग्यता के कारण राजपूत सरदारों ने उन्हें गद्दी से हटा दिया। राणा साँगा के छोटे पुत्र उदयसिंह राज्य के उत्तराधिकारी घोषित किए गए, किंतु वे अभी छ: वर्ष के बालक थे। अतएव दासी-पुत्र बनवीर को उनका संरक्षक और उनकी ओर से राज्य का संचालनकर्ता बनाया गया, क्योंकि महारानी करुणावती का भी स्वर्गवास हो चुका था।

राज्य का लोभ मनुष्य को मनुष्य नहीं रहने देता। बनवीर भी राज्य के लोभ से पिशाच बन गया। उसने सोचा कि यदि राणा साँगा के दोनों पुत्रों को मार दिया जाए, तो चित्तौड़ का सिंहासन उसके लिए निष्कंटक हो जाएगा। इसी विचार से एक रात नंगी तलवार लिए वह अपने भवन से निकला। उसने लालच में अंधे होकर विक्रमादित्य की हत्या कर दी।

राजकुमार उदयसिंह सायंकाल का भोजन करके सो चुके थे, उनका पालन-पोषण करने वाली पन्ना धाय को बनवीर के बुरे अभिप्राय का कुछ पता न था। कीरत बारी रात में जूठे पत्तल हटाने आया। उसने पन्ना को बनवीर द्वारा विक्रमादित्य की हत्या का समाचार दिया। बारी उस समय वहीं था और बनवीर का यह कुकृत्य देखकर किसी प्रकार भागता हुआ, पन्ना के पास आया। उसने कहा—'वह यहाँ आता ही होगा'।

पन्ना चौंकी और उसे अपना कर्तव्य स्थिर करने में क्षणभर भी न लगा। उसने बालक उदयसिंह को उठाकर बारी को दे दिया और कहा—''इन्हें लेकर चुपचाप निकल जाओ। मैं तुम्हें बेरिस नदी के तट पर मिलूँगी।''

उदयसिंह सो रहे थे, उन्हें टोकरे में लिटाकर, ऊपर से पत्तलें ढककर बारी राजभवन से निकल गया। इधर पन्ना ने अपने पुत्र चन्दन को कपड़ा ओढ़ाकर उदयसिंह के पलंग पर सुला दिया। दोनों बालक लगभग एक ही अवस्था के थे। अपने स्वामी के बालक और राज्य के उत्तराधिकारी की रक्षा के लिए उस धर्मनिष्ठ धाय ने अपने कलेजे के टुकड़े का बलिदान करने का निश्चय कर लिया था। नंगी रक्त सनी तलवार लिए बनवीर कुछ क्षणों के बाद ही आ धमका। उसने कड़क कर पूछा—'उदय कहाँ है?'

पन्ना धाय ने अँगुली से अपने सोते पुत्र की ओर संकेत कर दिया। तलवार उठी और उस अबोध बालक का सिर धड़ से अलग हो गया। बनवीर चला गया। कर्त्तव्यनिष्ठ पन्ना धाय के मुख से न चीख निकली, न नेत्रों से आँसू गिरे। उसे तो अभी अपना धर्म निभाना था, उसका हृदय फटा जा रहा था। पुत्र का शव लेकर वह राजभवन से निकली।

बेरिस नदी के तट पर उसने पुत्र का अंतिम संस्कार किया और चित्तौड़ के नन्हे निंद्रित अधीश्वर को लेकर रात्रि में ही चित्तौड़ से बाहर निकल गई। बेचारी धाय! कोई उसे आश्रय देकर बनवीर से शत्रुता मोल लेना नहीं चाहता था। अत: वह एक से दूसरे ठिकानों में भटकती फिरी। अंत में देयरा के आशाशाह ने उसे आश्रय दिया। बनवीर को उसके कर्म का दंड मिलना था, मिला। राणा उदयसिंह जब गद्दी पर बैठे, पन्ना धाय की चरणधूलि अपने मस्तक पर लगाकर उन्होंने अपने को धन्य माना। पन्ना चित्तौड़ की सच्ची धात्री सिद्ध हुई और सेवक धर्म के आदर्श का पाठ दुनिया को सिखा गई। पन्ना धाय की उज्जवल कीर्ति अमर है। **(ICSE 2011)**

प्रश्न

I. बनवीर कौन था? लोभ में पड़कर उसने क्या सोचा?

II. पन्ना धाय को बनवीर के बुरे अभिप्राय का कब व किस प्रकार पता चला?

III. पन्ना धाय नेक्या निर्णय लिया और क्यों?

IV. पन्ना धाय बेरिस नदी के तट पर क्यों पहुँची? उसे अनेक ठिकानों पर क्यों भटकना पड़ा?

V. प्रस्तुत गद्यांश से आपको क्या शिक्षा मिली?

उत्तर

I. बनवीर दासी का पुत्र था। राणा साँगा की मृत्यु के उपरांत उनके बड़े पुत्र विक्रमादित्य को अयोग्यता के कारण गद्दी से हटा दिया गया। इसके पश्चात् उदयसिंह को उत्तराधिकारी घोषित कर बनवीर को उनका संरक्षक बनाया गया तथा राज्य संचालन का भार सौंपा गया, परंतु लोभ के वशीभूत होकर उसने राजा के दोनों पुत्रों की हत्या करने की योजना बनाई, ताकि स्वयं चित्तौड़ के सिंहासन पर कब्ज़ा कर सके।

II. बनवीर अपने लक्ष्य के वशीभूत रात में नंगी तलवार द्वारा विक्रमादित्य की हत्या कर देता है तथा उदय की हत्या के लिए बढ़ता है, परंतु तभी जूठी पत्तल उठाने वाला बारी, उसे विक्रमादित्य की हत्या करते देख लेता है। बारी तुरंत उदय की संरक्षिका पन्ना धाय को पूरी घटना बताकर बनवीर के क्रूर कृत्य तथा उसके इरादों की जानकारी देता है।

III. पन्ना धाय को जब उदयसिंह के प्राण संकट में नज़र आए तो उन्होंने अपनी कर्त्तव्यपरायणता का परिचय देते हुए अपने पुत्र चंदन को उदय के स्थान पर लिटाकर, बलिदान कर देने का निर्णय लिया, ताकि राज्य के उत्तराधिकारी की रक्षा हो सके। अपने इस कर्त्तव्य द्वारा उन्होंने अपनी कर्त्तव्यनिष्ठता का परिचय दिया तथा चित्तौड़ के उत्तराधिकारी को बचाने के लिए अपने पुत्र तक का बलिदान दे दिया।

IV. पन्ना धाय के बेरिस नदी के तट पर पहुँचने के मुख्य दो कारण थे– प्रथम तो नदी का तट नगर के बाहर होने के कारण उदयसिंह के लिए सुरक्षित था तथा द्वितीय पन्ना धाय को अपने मृत पुत्र का अंतिम संस्कार भी करना था।
इसके पश्चात् वह रात्रि के अँधेरे में ही 'उदय' को लेकर चित्तौड़ से बाहर निकल गई, परंतु बनवीर के भय से किसी ने उसे आश्रय नहीं दिया। अतः उसे अनेक जगह भटकना पड़ा।

V. प्रस्तुत गद्यांश से यह प्रेरणा मिलती है कि मानव को अपनी कर्त्तव्यपरायणता के लिए सर्वस्व त्याग करने से भी नहीं हिचकिचाना चाहिए एवं अपने कर्त्तव्य पालन के लिए कठिन-से-कठिन परिस्थितियों में भी सदैव तत्पर रहना चाहिए।

15. बादशाह अकबर एक दिन शिकार खेलते हुए जंगल में भटक गए। शाम हो रही थी। अतः वह घोड़े को एक पेड़ से बाँधकर नमाज़ पढ़ने बैठ गए। बादशाह अकबर ने नमाज़ पढ़ना आरंभ ही किया था कि एक औरत उनसे टकराती हुई, उनके पास से निकल गई। बादशाह का ध्यान भंग हो गया। आँख खोलकर देखा, एक बदहवास औरत तेज़ी से भागी चली जा रही थी। उसका धक्का खाकर बादशाह अकबर को बहुत बुरा लगा। उन्होंने जल्दी-जल्दी नमाज़ पढ़ी और फिर घोड़े पर सवार होकर उस औरत के पीछे भागे। भागती हुई औरत को उन्होंने शीघ्र ही जा पकड़ा और पूछा, "क्यों री, बदतमीज़! तूने मुझे धक्का क्यों दिया?"

वह औरत बादशाह अकबर की बात सुनकर हैरान हुई। उसने पूछा, "कौन हैं आप? कैसा धक्का? कब लगा? कहाँ थे आप?"

यह बात सुनकर बादशाह अकबर उत्तेजित हो गए। उस औरत की यह गुस्ताखी उन्हें अच्छी नहीं लगी। उन्हें अपने सम्राट होने का अहसास था, इसलिए आँखें लाल करके बोले—"अरी गुस्ताख! मैं नमाज़ पढ़ रहा था, तू पास से भागती हुई आई और धक्का देकर निकल गई। तूने मेरी नमाज़ में खलल डाल दिया।"

औरत ने घबराए बिना सहज स्वभाव से कहा, "इस बारे में मुझे कुछ नहीं मालूम। मैंने आपको नहीं देखा। हो सकता है, भागते हुए मेरा धक्का आपको लग गया हो, मगर आपका धक्का तो मुझे नहीं लगा। धक्के का लगना और उसका अनुभव दोनों ओर से होता है, एक तरफ़ से तो नहीं होता। आपको मेरा धक्का लगा, मगर मुझे तो कुछ भी पता नहीं।"

बादशाह अकबर और भी अधिक क्रोधित होकर बोले, "तो क्या मैं झूठ बोल रहा हूँ? नमाज़ पढ़ते हुए धक्का दे गई और अब ऊपर से बदज़बानी और मुँहजोरी करती है।"

वह औरत हँसते हुए बोली, "मुझे क्या पड़ी है, आपको धक्का देने की! मैं तो अपने प्रिय पुत्र से मिलने जा रही हूँ, जो समुद्री यात्रा से लौटा है। पुत्र से मिलने के विचार से, पुत्र-प्रेम में अपना आपा खोकर हो सकता है मैं आपसे टकरा गई होऊँगी, मगर ताज्जुब तो इस बात का है कि आप दुनिया के मालिक, सबसे बड़े प्रेमी के ध्यान में, उनके प्रेम में कैसे कच्चे ढंग से बैठे थे कि आपको मेरे धक्के का पता लग गया, जबकि मैं अपने प्रिय पुत्र के ध्यान में, उसके प्रेम में किसी भी धक्के को न जान सकी।"

वह प्रेम ही क्या, जो संसार की अनेकरूपता को मिटाकर प्रेम-पात्र के प्रति समानता न स्थापित कर सके। लंबे समय के बाद पुत्र से मिलने की प्रेम-भावना ने माँ के सामने पुत्र के अतिरिक्त सब कुछ ओझल कर दिया था। उस समय वह बड़े-छोटे, बादशाह या प्रजा सभी भेदों को मिटा चुकी थी। अकबर के लिए यह आँख खोलने वाली घटना थी। वह अल्लाह की इबादत करते हुए, अपने प्रिय के प्रति प्रेम-भाव प्रकट करते हुए भी एकाग्र न हो सके थे।

वास्तव में, सब कुछ छोड़कर केवल ईश्वर को पाने की इच्छा जगाना ही, उसके प्रति सच्ची भक्ति होती है, सच्चा प्रेम होता है। अपने अहम् से मुक्ति पाए बिना व्यक्ति परमात्मा से एकरूपता स्थापित नहीं कर सकता, परमात्मा को नहीं पा सकता। जिस व्यक्ति के हृदय में प्रेम-भाव उत्पन्न नहीं होता, वह जीवित होते हुए भी मृत के समान है। प्रेम परायों को भी अपना बनाता है, जबकि घृणा और अभिमान मनुष्य को मनुष्य से दूर करता है। **(ICSE 2010)**

प्रश्न

I. बादशाह अकबर कहाँ नमाज़ पढ़ रहे थे और क्यों?

II. औरत तेज़ी से क्यों भागी जा रही थी? उसका धक्का लगने पर बादशाह अकबर को कैसा अनुभव हुआ?

III. औरत की किस बात को सुनकर बादशाह अकबर उत्तेजित हुए और क्यों?

IV. बताइए कि बादशाह अकबर ने धक्के को क्यों महसूस किया तथा औरत ने धक्के को क्यों महसूस नहीं किया?

V. प्रस्तुत गद्यांश से आपको क्या शिक्षा मिली?

उत्तर

I. एक बार घने जंगल में शिकार के दौरान, बादशाह अकबर अपना मार्ग भटक गए। इसी दौरान शाम की नमाज़ का वक्त हो गया, तब उन्होंने अपना घोड़ा, वहीं मौजूद एक वृक्ष से बाँध दिया तथा वृक्ष के नीचे बैठकर नमाज़ पढ़ने लगे।

II. एक औरत जिसका पुत्र बहुत समय बाद समुद्री यात्रा से लौटा था, उस प्रिय पुत्र से मिलने की आतुरता में बेसुध होकर दौड़ी आ रही थी। तभी उसका धक्का, वहाँ मौजूद बादशाह अकबर को लगा। इस धक्के से बादशाह अकबर अत्यंत क्रोधित हुए तथा नमाज़ पढ़ने के बाद, उस औरत को पकड़ने हेतु उसके पीछे-पीछे घोड़े पर पहुँचे।

III. बादशाह अकबर ने उस औरत को शीघ्र ही पकड़ लिया तथा उससे धक्का मारने का कारण पूछा, परंतु वह औरत बड़े अचरज से बोली कि कैसा धक्का? कौन हैं आप? इस जवाब को सुनकर अकबर अत्यंत उत्तेजित एवं क्रोधित हुए, क्योंकि उन्हें उस औरत के इस व्यवहार व झूठ पर अत्यंत क्रोध आ रहा था।

IV. नमाज़ के दौरान बादशाह अकबर पूरी तन्मयता से अपने आराध्य के साथ लीन नहीं हुए थे, तभी उन्हें अपनी क्षीण मग्नता के कारण, उस औरत के धक्के का अहसास हुआ, परंतु वह औरत अपने पुत्र-प्रेम में पूर्णतः लीन थी, इसी कारण उसे इस धक्के का आभास नहीं हुआ।

V. यह गद्यांश प्रेरणा देता है कि हमें पूर्ण सच्चे हृदय, मग्नता तथा समर्पण के साथ ही किसी के साथ संबंध स्थापित करना चाहिए तभी उस प्रेम की प्राप्ति संभव है, चाहे वह मानव के प्रति हो या उस असीम परमात्मा के प्रति। यही सच्चा प्रेम व सच्ची भक्ति है। अहम् को त्यागकर, पूर्ण समर्पण से ही किसी से एकात्म स्थापित हो सकता है।

16. किसी नगर में एक जुलाहा रहता था, स्वभाव का वह बड़ा अच्छा था। सभी से मीठा बोलता था और कभी किसी से नाराज़ नहीं होता था। लोग उसे संत कहा करते थे। एक दिन कुछ शरारती लड़के उसके यहाँ पहुँचे। वे उसकी परीक्षा लेकर देखना चाहते थे कि उसे कैसे गुस्सा नहीं आता। उनमें से एक बहुत धनी व्यक्ति का लड़का था। उसे अपने पैसे का घमंड था, उन लड़कों को देखते ही जुलाहे ने बड़े प्यार से कहा, "आओ बेटा, तुम लोगों को क्या चाहिए?" सामने रखी साड़ियों में से एक की ओर इशारा करके एक लड़के ने कहा, "मुझे वह साड़ी चाहिए, उसका क्या लोगे?"

जुलाहे ने कहा, 'दो रुपये।'

उस लड़के ने वह साड़ी हाथ में ले ली और उसके दो टुकड़े कर डाले। बोला, "मुझे पूरी नहीं, आधी चाहिए, इसका क्या लोगे?"

जुलाहे ने बड़ी शान्ति से कहा, 'एक रुपया।'

नौजवान ने उस आधी साड़ी के भी दो टुकड़े करके पूछा, "इसका क्या दाम होगा?"

'आठ आना'। जुलाहे ने बिना किसी प्रकार की नाराज़गी के कहा।

लड़का तो उसको चिढ़ाना चाहता था। वह साड़ी के टुकड़े पर टुकड़े करता गया, पर जुलाहे ने न उसको रोका, न डाँटा, न अपने माथे पर शिकन तक आने दी।

जब साड़ी के बहुत से टुकड़े हो गए तो लड़का हँसकर बोला, "ये टुकड़े मेरे किस काम के! मैं इन्हें नहीं खरीदूँगा।"

जुलाहे ने शांत भाव से कहा, "तुम ठीक कहते हो बेटा, ये टुकड़े अब तुम्हारे क्या, किसी के भी काम नहीं आ सकते।" लड़के को इस बात पर कुछ शर्म आई। उसने कहा, "यह लो मैं तुम्हें पूरी साड़ी के दाम दिए देता हूँ।" जुलाहे ने रुपये नहीं लिए। बोला "मैं इन टुकड़ों को जोड़कर काम में ले आऊँगा। पर ये तुम्हारे काम नहीं आ सकते तो मैं इनका दाम कैसे ले सकता हूँ।" लड़के के ऊपर तो अपने धन का नशा चढ़ा था।

उसने कहा, "मेरे पास बहुत रुपये हैं, पर तुम गरीब हो। मैंने तुम्हारी चीज़ खराब कर दी, उसका घाटा मुझे पूरा करना चाहिए।" जुलाहे ने धीमी आवाज़ में कहा, "क्या तुम इसका घाटा पूरा कर सकते हो? क्या तुम समझते हो कि रुपये से यह घाटा पूरा हो जाएगा? देखो किसानों की मेहनत से कपास पैदा हुई। उसकी रुई से मेरी स्त्री ने सूत काता है। मैंने उस सूत को रंगा, फिर उससे साड़ी बुनी। हमारी मेहनत तब कारगर होती, जब कोई उस साड़ी को पहनता और तुमने तो उसके टुकड़े-टुकड़े कर डाले। इतने लोगों की मेहनत बेकार गई। रुपये इस घाटे को कैसे पूरा कर सकते हैं।"

जुलाहे की आवाज़ में तनिक भी आवेश नहीं था। वह तो उसे ऐसे समझा रहा था, जैसे बाप बेटे को समझाता है।

लड़का पानी-पानी हो गया। उसकी आँखें भर आईं। वह जुलाहे के पैरों पर गिर गया। जुलाहे ने उसे उठाकर अपनी छाती से लगाते हुए कहा, "बेटा, अगर मैं लालच करके दो रुपये ले लेता, तो तुम्हारी ज़िंदगी का वही हाल हुआ होता, जो इस साड़ी का हुआ। वह किसी के काम न आती। अब तुम समझ गए। आगे ऐसी गलती कभी नहीं करना। एक साड़ी खराब हुई, दूसरी तैयार हो सकती है, लेकिन ज़िंदगी बिगड़ गई, तो कैसे सुधारोगे।" लड़का और उसके साथी बहुत शर्मिंदा हुए और सिर नीचा करके अपने-अपने घर चले गए। यह जुलाहे थे दक्षिण के महान् संत तिरुवल्लुवर, जिनका लिखा 'कुरल' आज दो हज़ार वर्ष बाद भी बड़ी श्रद्धा से पढ़ा जाता है। **(ICSE 2009)**

प्रश्न

I. जुलाहा कौन था? उसका स्वभाव कैसा था?

II. लड़के जुलाहे की परीक्षा क्यों लेना चाहते थे? वे साड़ी के टुकड़े पर टुकड़े क्यों कर रहे थे?

III. लड़के द्वारा चिढ़ाए जाने पर जुलाहे ने क्या कहा? जुलाहे ने साड़ी के दाम क्यों नहीं लिए?

IV. लड़के पर जुलाहे की बात का क्या प्रभाव पड़ा?

V. प्रस्तुत गद्यांश से आपको क्या शिक्षा मिली?

उत्तर

I. किसी नगर में एक व्यक्ति रहता था, जो कपड़ा बुनने का कार्य करता था और अपने इस कार्य के कारण ही उसे जुलाहा कहा जाता था। वह बहुत ही शांत, मधुरभाषी तथा मिलनसार था, इसी कारण उसे सब संत कहते थे। विशेषतः अपनी उदारता के कारण वह कभी क्रोधित नहीं होता था।

II. जुलाहा अपनी क्रोध न करने की विशेषता के कारण अत्यंत प्रसिद्ध था, परंतु कुछ चंचल बालक उसकी परीक्षा लेते हैं और उनका यही ध्येय था कि किसी भी तरह जुलाहे को उत्तेजित व क्रोधित करें। इसी कारण सब बालक साड़ी के छोटे-छोटे टुकड़े करते हैं, ताकि जुलाहे को क्रोधित कर सकें।

III. साड़ी के टुकड़े-टुकड़े करने तथा जुलाहे को चिढ़ाने के उपरांत भी जुलाहे के चेहरे पर शिकन नहीं आई तथा उसने बालकों को नहीं टोका। अंत में बालक द्वारा साड़ी खरीदने से इनकार करने के बाद भी जुलाहे ने उसे कुछ नहीं कहा तथा बालक से मूल्य नहीं लेते हुए जुलाहे ने कहा कि ''जो चीज़ तुम्हारे काम में आई ही नहीं, उसका दाम मैं कैसे ले सकता हूँ?''

IV. बालक द्वारा उस क्षतिग्रस्त साड़ी का दाम लेने का आग्रह करने के बाद जुलाहा बोला, ''वह पैसे से इसकी भरपाई न कर पाएगा, क्योंकि इसमें कई लोगों की मेहनत लगी है। फिर कहा– ''किसान ने कपास उगाया, उसकी स्त्री ने सूत काता। जुलाहे ने फिर उसे रंगा, फिर साड़ी बुनी। यह पूर्ण मेहनत तभी सफल होती, जब यह पहनी जाती, जबकि आपने तो इसके टुकड़े-टुकड़े कर दिए।'' यह सम्पूर्ण वक्तव्य शांतिपूर्वक कहे जाने के कारण बालक शर्मिंदगीवश जुलाहे के चरणों में गिर गया तथा भावुक होकर क्षमा माँगने लगा।

V. प्रस्तुत गद्यांश यह शिक्षा देता है कि क्रोध पर विजय पा लेना संसार में सबसे बड़ी विजय है तथा स्वयं हाथों से की गई मेहनत की कीमत उसका उपयोग है तथा इस मेहनत को मेहनत से ही अनुभव किया जा सकता है।

17. काशी नरेश ने कोसल पर आक्रमण कर दिया था। कोसल के राजा की चारों ओर फैली कीर्ति उन्हें असह्य हो गई थी। युद्ध में उनकी विजय हुई। पराजित नरेश वन में भाग गए थे; किंतु प्रजा उनके वियोग में व्याकुल थी और विजयी को अपना सहयोग नहीं दे रही थी। विजय के गर्व से मत्त काशी नरेश प्रजा के असहयोग से क्रुद्ध हुए। शत्रु को सर्वथा समाप्त करने के लिए उन्होंने घोषणा करा दी—''जो कोसलराज को ढूँढ लाएगा, उसे सौ स्वर्ण मुद्राएँ पुरस्कार में मिलेंगी।''

इस घोषणा का कोई प्रभाव नहीं हुआ। धन के लोभ में अपने धार्मिक राजा को शत्रु के हाथ में देने वाला अधम वहाँ कोई नहीं था। कोसलराज वन में भटकते घूमने लगे। जटाएँ बढ़ गईं, शरीर कृश हो गया। वे एक वनवासी के समान दिखने लगे। एक दिन उन्हें देखकर एक पथिक ने पूछा—''यह वन कितना बड़ा है? वन से निकलने तथा कोसल पहुँचने का मार्ग कौन-सा है?''

नरेश चौंके! उन्होंने पूछा—''आप कोसल क्यों जा रहे हैं?''

पथिक ने कहा—''विपत्ति में पड़ा व्यापारी हूँ। माल से लदी नौका नदी में डूब चुकी है। अब द्वार-द्वार कहाँ भिक्षा माँगता एवं भटकता डोलूँ। सुना है कि कोसल के राजा बहुत उदार हैं। अत: उनके पास जा रहा हूँ।''

''तुम दूर से आए हो, वन का मार्ग बीहड़ है। चलो, तुम्हें वहाँ तक पहुँचा आऊँ।'' कुछ देर सोचकर राजा ने पथिक से कहा। पथिक के साथ वे काशी नरेश की सभा में आए। अब उन जटाधारी को कोई पहचानता न था। काशी नरेश ने पूछा—''आप दोनों कैसे पधारे?'' तब उस महात्मा ने कहा— ''मैं कोसल का राजा हूँ। मुझे पकड़ने के लिए तुमने पुरस्कार घोषित किया है। अब पुरस्कार की वे सौ स्वर्ण मुद्राएँ इस पथिक को दे दो।'' सभा में सन्नाटा छा गया। सब बातें सुनकर काशी नरेश अपने सिंहासन से उठे और बोले—''महाराज! आप जैसे धर्मात्मा, परोपकारी-निष्ठ को पराजित करने की अपेक्षा उसका चरणाश्रित होने का गौरव कहीं अधिक है। यह सिंहासन अब आपका है। मुझे अपना अनुचर स्वीकार करने की कृपा कीजिए।''

व्यापारी को मुँह माँगा धन प्राप्त हुआ। कोसल और काशी उस दिन से मित्र राज्य बन गए।

मानव जीवन की सार्थकता परहित के लिए बलिदान करने की भावना में निहित है। मनुष्य के चरित्र की परीक्षा उसके परोपकारी कामों के आधार पर होती है, न कि व्यक्तिगत वैभव अर्जन पर। जो मनुष्य सबके दु:ख दूर करने में जितना प्रयत्नशील होता है, वह उतना ही सभ्य, सुसंस्कृत एवं उच्च विचारों वाला माना जाता है, क्योंकि परोपकार का विशद भाव ही मानव की अंतरात्मा की महानता की कसौटी है। **(ICSE 2008)**

प्रश्न

I. कोसल पर आक्रमण किसने और क्यों किया था?

II. काशी नरेश ने क्या घोषणा की और क्यों कराई थी?

III. पथिक ने कोसलराज से क्या कहा था? उसके कथन को सुनकर कोसलराज ने क्या निर्णय लिया?

IV. कोसलराज को सभा में कोई क्यों न पहचान पाया था? सभा में सन्नाटा क्यों छा गया था?

V. प्रस्तुत गद्यांश से आपको क्या शिक्षा मिली?

उत्तर

I. कोसल नरेश अत्यंत दयालु, परोपकारी व धर्मात्मा प्रवृत्ति के थे, उनका गौरव सर्वत्र फैला हुआ था। इसके विपरीत काशी नरेश ईर्ष्यालु प्रवृत्ति के थे, जिस कारण कोसल नरेश की कीर्ति उन्हें असहनीय थी। अपना अधिकार स्थापित करने हेतु उन्होंने कोसल पर आक्रमण कर दिया तथा विजय प्राप्त की।

II. कोसल नरेश पराजय के साथ ही जंगलों में छिप गए तथा अत्यंत खोजने पर भी नहीं मिले। कोसल की प्रजा राजभक्त थी तथा इसी कारणवश उन्होंने काशी नरेश को किसी तरह का सहयोग नहीं किया। विजय के अहंकार तथा प्रजा के असहयोग से क्रुद्ध होकर काशी नरेश ने यह घोषणा कर दी कि जो भी कोसल नरेश को खोज कर लाएगा, उसे सौ स्वर्ण मुद्राएँ दी जाएँगी।

III. कोसल नरेश दीर्घ वन जीवन के कारण अस्त-व्यस्त वेशभूषा वाले हो गए थे, जिस कारण उन्हें कोई न पहचान पाता था। इसी तरह एक पथिक ने जंगल में कोसल जाने का मार्ग पूछा। पथिक ने अपनी विपत्ति बयान की तथा उसकी नाव डूब जाने की घटना बताई और अब वह कोसल नरेश की उदारतावश उनसे मदद माँगने जाना चाहता था। इस कथन को सुन कोसल नरेश भावुक हो गए तथा उस पथिक के साथ काशी नरेश के पास पहुँचे, ताकि इनाम रूपी सौ स्वर्ण मुद्राएँ पथिक को दिला सकें।

IV. काफ़ी दिनों तक जंगल में निवास करने के कारण हुई अस्त-व्यस्त दशा के कारण कोई कोसल नरेश को न पहचान सका। काशी नरेश द्वारा उन दोनों के आने का कारण पूछने तथा कोसल नरेश द्वारा खुद की पहचान बताने और उस पथिक की मदद हेतु सौ स्वर्ण मुद्राओं के आग्रह की पूरी बात सुनकर सभा में सन्नाटा छा गया था।

V. प्रस्तुत गद्यांश से हमें शिक्षा मिलती है कि मानव की महानता उसके पवित्र परोपकारी रूप से ही है। मनुष्य का चरित्र धन-धान्य से नहीं, उसके बलिदान, कर्त्तव्य तथा परोपकार से आँका जाता है। अत: दु:ख हरने वाला मानव ही श्रेष्ठ व सभ्य मानव है।

06

हिंदी व्याकरण

पर्यायवाची शब्द

पर्याय का अर्थ है– समान। इस प्रकार, कहा जा सकता है कि समान अर्थ रखने वाले शब्द 'पर्यायवाची' शब्द कहलाते हैं। यहाँ यह बात ध्यान रखने योग्य है कि समान अर्थ रखने पर भी वह अपनी स्वतंत्र सत्ता रखते हैं अर्थात् परिस्थिति एवं संदर्भ के अनुरूप ही इनका प्रयोग होता है। अत: 'पर्याय' का प्रयोग अवसर के प्रतिकूल नहीं होना चाहिए;

जैसे– किसी अत्याचारी से छुटकारा पाने के लिए जब हम भगवान कृष्ण को याद करते हैं, तो इस अवस्था में उन्हें, हे गोपिका रमण, हे मुरलीधर आदि कहकर नहीं पुकारेंगे, अपितु हे कंस निकंदन आदि कहकर संबोधित करेंगे।

उदाहरणार्थ– अमृत = मधु, सुधा, पीयूष
आँख = नयन, चक्षु, नेत्र

विगत वर्षों की परीक्षाओं में पूछे गए पर्यायवाची शब्द

शब्द		पर्यायवाची शब्द	शब्द		पर्यायवाची शब्द	
तालाब	=	सर, सरोवर	अग्नि	=	पावक, अनल	(ICSE Spec 2023)
दास	=	सेवक, नौकर	अनुराग	=	नेह, प्रेम	(ICSE Spec 2022-23)
उत्तम	=	श्रेष्ठ, उत्कृष्ट	इच्छा	=	अभिलाषा, कामना	(ICSE 2019)
आदेश	=	हुक्म, आज्ञा	शिक्षक	=	अध्यापक, गुरु	
धनवान	=	धनी, अमीर	किनारा	=	कूल, तट	
दूध	=	दुग्ध, क्षीर	पुत्र	=	बेटा, सुत	(ICSE 2018)
आनंद	=	हर्ष, उल्लास	राक्षस	=	दानव, असुर	(ICSE 2017)
अग्नि	=	दहन, ज्वाला	मंदिर	=	देवालय, देवस्थान	(ICSE Spec 2017)
स्वतंत्र	=	आज़ाद, मुक्त	बादल	=	मेघ, जलद	(ICSE 2016)
बाधा	=	अड़चन, विघ्न	पीड़ा	=	दर्द, वेदना	(ICSE 2014)
मार्ग	=	राह, पथ	माता	=	माँ, जननी	(ICSE 2013)
पुत्री	=	सुता, आत्मजा	घमंड	=	अहंकार, दर्प	(ICSE 2012, 09)
भाग्य	=	किस्मत, नसीब	पवित्र	=	शुद्ध, पावन	(ICSE 2011)
कपड़ा	=	वस्त्र, परिधान	मछली	=	मत्स्य, मीन	(ICSE 2010)
आकाश	=	नभ, व्योम	उन्नति	=	विकास, प्रगति	
आँख	=	नयन, चक्षु, नेत्र	रात	=	रात्रि, रजनी	(ICSE 2008, 07)
अमृत	=	सोम, सुधा	पक्षी	=	खग, पंछी	

दिन	=	दिवस, बार	देवता	=	सुर, देव	(ICSE 2006)
नभ	=	आकाश, अंबर	पृथ्वी	=	धरती, वसुधा	(ICSE 2005)
भ्रम	=	संशय, संदेह	समुद्र	=	सागर, सिंधु	
अज्ञान	=	मूर्खता, जड़ता	ब्रह्म	=	शून्य, अनंत	(ICSE 2004)
वृक्ष	=	पेड़, द्रुम	नूतन	=	नवीन, नया	
इच्छा	=	अभिलाषा, कामना	दु:ख	=	पीड़ा, कष्ट	(ICSE 2003)

अभ्यास प्रश्नावली

1. 'अग्नि' का पर्यायवाची बताइए **(ICSE Spec 2023)**
(a) अनल-अनिल (b) वासर-पावन
(c) पावक-अनल (d) पवन-पाहुना

2. 'तालाब' का पर्यायवाची बताइए **(ICSE Spec 2023)**
(a) सरि-सरिता (b) सर-सरोवर
(c) तड़ाग-पराग (d) पोखर-पाथर

3. अनुराग का पर्यायवाची बताइए **(ICSE Spec Sem I 2021)**
(a) प्रेम-ममता (b) राग-विराग
(c) आदर-बिरादर (d) नेह-प्रेम

4. 'शिव' का पर्यायवाची है
(a) शिवालय (b) रुद्र
(c) रुद्राक्ष (d) हरि

5. 'सूरज' किसका पर्यायवाची है?
(a) अंशुमाली (b) आदित्य
(c) भास्कर (d) ये सभी

6. हिमांशु का पर्यायवाची शब्द है
(a) कलकण्ठ (b) सुधाकर
(c) उत्कृष्ट (d) शार्दूल

7. जाह्नवी का पर्यायवाची शब्द है
(a) संसार (b) जानने वाली
(c) सुरसरि (d) जहन्नुम

8. 'हिरण्य' का पर्यायवाची है
(a) कुरंग (b) सारंग
(c) कंचन (d) केशरी

9. 'माहवार' किसका पर्यायवाची है?
(a) महावर (b) मंगलवार
(c) प्रतिमाह (d) महावत

10. 'जीभ' का पर्यायवाची है
(a) वचन (b) रसना
(c) ध्वनि (d) जीव

11. 'तरंग' किसका पर्यावाची है?
(a) क्षीण (b) काया
(c) ऊर्मि (d) प्रतिकृति

12. 'इंद्र' का पर्यायवाची है
(a) पुरन्दर (b) महेश
(c) महीसुर (d) देवासुर

13. 'मृषा' किस शब्द का पर्यायवाची है?
(a) मिथ्या (b) मृत्यु
(c) मुक्ति (d) मित्र

14. आनंद' का पर्यायवाची है
(a) सहकार (b) स्पृहा
(c) प्रमाद (d) प्रमोद

15. 'सिवा' शब्द का पर्यायवाची है
(a) शंकर (b) अतिरेक
(c) रिश्तेदार (d) अलावा

16. मृगेंद्र का पर्यायवाची है
(a) अहि (b) कुरंग
(c) हय (d) शार्दूल

17. 'युद्ध' का/के पर्यायवाची शब्द है/हैं
(a) रण (b) समर
(c) संग्राम (d) ये सभी

18. निम्न में से 'लक्ष्मी' का पर्यायवाची शब्द कौन-सा है?
(a) श्री (b) पुष्पासव
(c) राज्ञी (d) महीसुर

उत्तरमाला

1. (c)	2. (b)	3. (d)	4. (b)	5. (d)	6. (b)	7. (c)	8. (c)	9. (c)	10. (b)
11. (c)	12. (a)	13. (a)	14. (d)	15. (d)	16. (d)	17. (d)	18. (a)		

विपरीतार्थक शब्द

विलोम और विपरीत दोनों पर्यायवाची शब्द हैं अर्थात् दोनों समान अर्थ रखते हैं। विलोम शब्द का अर्थ है– 'उल्टा' तथा विपरीत का अर्थ है–उस शब्द का विपरीत या उल्टा अर्थ रखने वाला।

रचना के स्रोत

विपरीतार्थक शब्दों की रचना सामान्यत: निम्न छ: प्रकार से की जा सकती है

1. सामान्य प्रचलित शब्दों द्वारा
2. उपसर्ग परिवर्तन की स्थिति द्वारा
3. सामान्य उपसर्गों के आधार पर
4. स्वतंत्र शब्दों द्वारा
5. लिंग परिवर्तन द्वारा
6. एकसाथ आने वाले विपरीतार्थी शब्दों द्वारा

विगत वर्षों की परीक्षाओं में पूछे गए विपरीतार्थक शब्द

शब्द		विपरीतार्थक शब्द		शब्द		विपरीतार्थक शब्द	
कौटिल्य	=	मृदुलता		आदि	=	अंत	**(ICSE Spec 2023)**
निश्चेष्ट	=	सचेष्ट		अंतरंग	=	बहिरंग	**(ICSE Spec Sem I 2021)**
अपना	=	पराया		नवीन	=	प्राचीन	
देव	=	दानव		सम्मानित	=	अपमानित	**(ICSE 2019)**
कीर्ति	=	अपकीर्ति		निर्मल	=	मलिन	
विजय	=	पराजय		निर्दोष	=	सदोष	**(ICSE 2018)**
आलस्य	=	स्फूर्ति		सदाचार	=	दुराचार	
अस्त	=	उदय	**(ICSE Spec 2017)**	उपकार	=	अपहार	
साकार	=	निराकार	**(ICSE Spec 2017)**	ऊँचा	=	नीचा	**(ICSE Spec 2017)**
सामिष	=	निरामिष		कृत्रिम	=	प्राकृतिक	**(ICSE 2017)**
उपकार	=	अपकार	**(ICSE Spec 2017)**	कोमल	=	कठोर	**(ICSE 2016)**
नूतन	=	पुरातन		स्वामी	=	सेवक/दास	**(ICSE 2016)**
अंत	=	आदि	**(ICSE Spec 2023)**	पवित्र	=	अपवित्र	**(ICSE 2014)**
जय	=	पराजय		शांत	=	अशांत	**(ICSE 2013, 02)**
अपमान	=	सम्मान		निंदा	=	प्रशंसा	**(ICSE 2012)**
आदि	=	अंत		विस्तृत	=	संकुचित	**(ICSE 2011)**
भाग्यवान	=	भाग्यहीन		सगुण	=	निर्गुण	**(ICSE 2010)**
गुप्त	=	प्रकट		त्यागी	=	गृहस्थ	
शीतल	=	उष्ण		मूक	=	वाचाल	**(ICSE 2009)**
बूढ़ा	=	जवान		इष्ट	=	अनिष्ट	**(ICSE 2008)**
विख्यात	=	कुख्यात		विकास	=	पतन	**(ICSE 2007)**
आग्रह	=	अनाग्रह		पुरस्कृत	=	दंडित	**(ICSE 2006)**
उत्तीर्ण	=	अनुत्तीर्ण		गौरव	=	गौरवहीनता	**(ICSE 2005)**
आंतरिक	=	बाह्य		विस्तार	=	संकुचन	**(ICSE 2004)**
सहायक	=	प्रमुख		नाश	=	सृष्टि	
विशाल	=	सूक्ष्म		धर्मात्मा	=	पापात्मा	
अपमानित	=	सम्मानित		भलाई	=	बुराई	
सख्त	=	नरम		नुकसान	=	फ़ायदा	
मामूली	=	असाधारण		दंड	=	पुरस्कार	**(ICSE 2001)**

अभ्यास प्रश्नावली

1. 'निश्चेष्ट' का विलोम शब्द बताइए। **(ICSE 2023)**
(a) सतर्क (b) प्रवेष्ट
(c) सचेष्ट (d) सजग

2. अंतरंग का का विलोम शब्द बताइए। **(ICSE 2023)**
(a) बहिरंग (b) काला रंग
(c) संगीत (d) रंगीन

3. 'आदि' का विलोम शब्द बताइए। **(ICSE Spec 2023)**
(a) आरंभ (b) इत्यादि
(c) अंत (d) श्री गणेश

4. 'अभिज्ञ' का विलोम शब्द बताइए।
(a) अज्ञ (b) नज्ञ
(c) प्रज्ञ (d) चतुर

5. 'निरर्थक' शब्द का विलोम शब्द बताइए।
(a) सार्थक (b) अर्थक
(c) निरर्थ (d) निपक्ष

6. 'त्यक्त' शब्द का सही विलोम बताइए।
(a) गृहीत (b) त्याज्य
(c) तुच्छ (d) प्रिय

7. 'निषिद्ध' का विलोम शब्द बताइए।
(a) विहित (b) संदिग्ध
(c) अनुपयोगी (d) प्रतिबंधित

8. 'उद्धत' शब्द का विलोम बताइए।
(a) विनय (b) अवनति
(c) अनुदार (d) विनीत

9. 'संमार्ग' शब्द का विलोम बताइए।
(a) सहज मार्ग (b) सुमार्ग
(c) अमार्ग (d) कुमार्ग

10. 'आविर्भूत' का सही विलोम शब्द बताइए।
(a) अनास्था (b) अनेकता
(c) तिरोभूत (d) अनावृष्टि

11. 'सूक्ष्म' शब्द का विलोम बताइए।
(a) सूक्ष्म (b) सूक्ष्महीन
(c) स्थूल (d) अस्थूल

12. 'शोषक' शब्द का विलोम बताइए।
(a) शोषित (b) पोषक
(c) पोसक (d) पोषित

13. 'कृतज्ञ' का विलोम शब्द बताइए।
(a) कृतघ्न (b) कृतार्थ
(c) निन्दक (d) प्रत्युपकार

14. 'मसृण' का विलोम बताइए।
(a) कम (b) रुक्ष
(c) साबुत (d) काफिल

15. 'ऋजु' का विलोम शब्द बताइए।
(a) त्रिकोण (b) सरल
(c) सीधा (d) वक्र

16. 'ऐश्वर्य' का विलोम शब्द बताइए।
(a) अनैश्वर्य (b) वैभव
(c) विलासिता (d) दरिद्रता

17. 'वारुण' का विलोम शब्द बताइए।
(a) कृतघ्न (b) कृथित
(c) शीलवान (d) निष्ठुर

18. 'उद्घाटन' का विलोम शब्द बताइए।
(a) समाप्ति (b) लोकार्पण
(c) विमोचन (d) समापन

19. 'मिथ्या' का विलोम शब्द कौन-सा है?
(a) आडम्बर (b) धुंधला
(c) दिखाना (d) सत्य

20. 'सुस्ती' का विलोम बताइए।
(a) तन्दुरुस्ती (b) चुस्ती
(c) ताज़गी (d) सुस्तीविहीन

उत्तरमाला

1. (c)	2. (a)	3. (c)	4. (a)	5. (a)	6. (a)	7. (a)	8. (d)	9. (d)	10. (c)
11. (c)	12. (b)	13. (a)	14. (b)	15. (d)	16. (a)	17. (d)	18. (d)	19. (d)	20. (b)

विशेषण

जिस शब्द द्वारा संज्ञा या सर्वनाम की विशेषता का बोध हो, उसे विशेषण कहा जाता है अर्थात् संज्ञा या सर्वनाम की विशेषता बताने वाले शब्द 'विशेषण' कहलाते हैं। विशेषण का प्रयोग संज्ञा की व्यापकता को संकुचित कर देता है;

जैसे– 'गाय' शब्द से सभी प्रकार की गायों का बोध होता है, परंतु 'काली गाय' में 'काली' शब्द गाय का विशेषण है और इस से 'गाय' संज्ञा की व्याप्ति संकुचित हो गई है।

सामान्यत: विशेषण निम्न पाँच प्रकार के होते हैं

1. गुणवाचक विशेषण
2. संख्यावाचक विशेषण
3. संबंधवाचक विशेषण
4. सार्वनामिक विशेषण
5. परिमाणवाचक विशेषण

विशेषण मुख्यत: मूल रूप में ही होते हैं, परंतु कहीं-कहीं प्रत्यय, उपसर्ग, अव्यय, क्रिया द्वारा भी विशेषणों का निर्माण होता है;

जैसे– धर्म (संज्ञा) से धार्मिक (इक प्रत्यय द्वारा)।

अधिक (संज्ञा) से अधिकतम (भाव की मूलावस्था)।

विगत वर्षों की परीक्षाओं में पूछे गए विशेषण शब्द

शब्द		विशेषण	शब्द		विशेषण	
			श्रम	=	श्रमिक	(ICSE Spec 2023)
भारत	=	भारतीय	अर्थ	=	आर्थिक	(ICSE Spec Sem I 2021,22, 23)
अपेक्षा	=	अपेक्षित	गुण	=	गुणी	(ICSE 2018)
लोभी	=	लोभी	इतिहास	=	ऐतिहासिक	(ICSE 2016)
रसायन	=	रासायनिक	नुकसान	=	नुकसानदायक	(ICSE 2014)
नीति	=	नैतिक	साहित्य	=	साहित्यिक	(ICSE 2013)
अनुभव	=	अनुभवी	पूजा	=	पूजनीय	(ICSE 2012)
दिन	=	दैनिक	माया	=	मायावी	(ICSE 2011)
नमक	=	नमकीन	ईमानदार	=	ईमानदारी	(ICSE 2010)
रोग	=	रोगी	परिवार	=	पारिवारिक	(ICSE 2009)
अहिंसा	=	अहिंसक	दर्शन	=	दर्शनीय	(ICSE 2008)
अच्छा	=	अच्छाई	बुद्धि	=	बुद्धिमान	(ICSE 2007)

अभ्यास प्रश्नावली

1. 'श्रम' का विशेषण बताइए **(ICSE Spec 2023)**

(a) श्रमिक (b) आश्रमिक
(c) श्रममय (d) श्रमण

2. 'भारत' का विशेषण बताइए **(ICSE Spec 2022-23)**

(a) भारतीयता (b) भारतवर्ष
(c) भारती (d) भारतीय

3. 'अर्थ' का विशेषण बताइए। **(ICSE Spec Sem I 2021)**

(a) अर्थी (b) अंकित
(c) आर्थिक (d) अधर्म

4. 'उत्कर्ष' का विशेषण बताइए।

(a) अपकर्ष (b) अवकर्ष
(c) उत्कृष्ट (d) उत्की

5. 'आलस्य' शब्द का विशेषण बताइए।

(a) आलस (b) अलसना
(c) अलसाना (d) आलसीपन

6. 'मानव' शब्द का विशेषण बताइए।

(a) मनुष्य (b) मानवीकरण
(c) मानवता (d) मानवीय

7. 'आदर' शब्द का विशेषण बताइए।

(a) आदरकारी (b) आदरपूर्वक
(c) आदरणीय (d) इनमें से कोई नहीं

8. 'संस्कृति' का विशेषण बताइए।

(a) संस्कृत (b) सांस्कृति
(c) संस्कृतिक (d) सांस्कृतिक

9. 'पशु' शब्द का विशेषण बताइए।
(a) पाशविक (b) पशुत्व
(c) पशुपति (d) पशुता

10. शिव का विशेषण बताइए।
(a) शिवेश (b) शंकर
(c) शैव (d) शैल

11. 'आकार' का विशेषण बताइए।
(a) साकार (b) निराकार
(c) अकार (d) निर्विकार

12. 'किस्मत' का विशेषण बताइए।
(a) बदकिस्मत (b) बेकिस्मत
(c) किस्सा (d) नसीब

13. नोंक का विशेषण बताइए।
(a) नुकील (b) नुक्ता
(c) नुकीला (d) नूकिला

14. 'उपज' का विशेषण बताइए।
(a) उपजाऊपन (b) ऊपजाऊ
(c) उपजाऊ (d) ऊपज

15. 'अंश' का विशेषण बताइए।
(a) आंशिक (b) अंस
(c) अंशु (d) ये सभी

16. 'प्रतिष्ठा' का विशेषण बताइए।
(a) प्रतिष्ठावान (b) प्रतिष्ठित
(c) प्रतिष्ठामान (d) प्रतिष्ठ

17. 'अधिकार' का विशेषण बताइए।
(a) अधिकारिक (b) अधिकारी
(c) अधिकारपूर्वक (d) अधिकारपूर्ण

18. 'धी' का विशेषण बताइए।
(a) धीरज (b) धीरतापूर्वक
(c) धीमान (d) धैर्यपूर्वक

19. 'लोभ' का विशेषण बताइए।
(a) लाभ (b) लोभी
(c) लालच (d) लुभावना

20. 'रसायन' का विशेषण बताइए।
(a) रासायन (b) रसानिक
(b) रासायनिक (d) रसतापूर्ण

उत्तरमाला

1.	(a)	2.	(d)	3.	(c)	4.	(c)	5.	(a)	6.	(d)	7.	(c)	8.	(d)	9.	(a)	10.	(c)
11.	(b)	12.	(a)	13.	(c)	14.	(c)	15.	(a)	16.	(b)	17.	(b)	18.	(c)	19.	(b)	20.	(b)

भाववाचक संज्ञा

भाववाचक संज्ञा, क्रियापदों, जातिवाचक संज्ञापदों, व्यक्तिवाचक संज्ञापदों, विशेषण एवं कुछ अन्य शब्दों द्वारा बनाई जाती है। प्रत्ययों की सहायता से भी भाववाचक संज्ञाओं का निर्माण होता है;

जैसे–

	क्रिया	भाववाचक संज्ञा
क्रियापद से भाववाचक संज्ञा	उठना, कमाना	उठान, कमाई
जातिवाचक संज्ञा से भाववाचक संज्ञा	इंसान, चोर	इंसानियत, चोरी
व्यक्तिवाचक संज्ञा से भाववाचक संज्ञा	शिव, कुंती	शैव, कौंतेय
विशेषण से भाववाचक संज्ञा	उदार, अपना	उदारता, अपनापन

विगत वर्षों की परीक्षाओं में पूछी गई भाववाचक संज्ञा

शब्द		भाववाचक संज्ञा में परिवर्तन	शब्द		भाववाचक संज्ञा में परिवर्तन	
मिलना	=	मिलाप	मीठा	=	मिठास	**(ICSE Spec 2023)**
काला	=	कालिमा	उड़ना	=	उड़ान	**(ICSE Spec Sem I 2022-23, 2021,11,10)**
सफेद	=	सफेदी	हिंसक	=	हिंसकता	
युवा	=	यौवन	जागना	=	जागरण	**(ICSE 2019)**
अधिक	=	अधिकता	भक्त	=	भक्ति	**(ICSE 2016)**
अतिथि	=	आतिथ्य	निपुण	=	निपुणता	**(ICSE 2014)**

ईश्वर	=	ईश्वरत्व	उत्तम	=	उत्तमता	**(ICSE 2013)**
सेवक	=	सेवा	बच्चा	=	बचपन	**(ICSE 2012)**
एक	=	एकता	देव	=	देवत्व	
सेवक	=	सेवा	राष्ट्र	=	राष्ट्रीयता	
प्रतिनिधि	=	प्रतिनिधित्व	पूर्ण	=	पूर्णता	**(ICSE 2008)**
चिकित्सक	=	चिकित्सा	घबराना	=	घबराहट	**(ICSE 2007)**
मीठा	=	मिठास	चढ़ना	=	चढ़ाई	**(ICSE 2006)**
लड़का	=	लड़कपन	पंडित	=	पांडित्य	**(ICSE 2005)**

अभ्यास प्रश्नावली

1. 'मीठा' की भाववाचक संज्ञा **(ICSE Spec 2023)**
(a) मिठाई (b) चीनी
(c) मिश्रित (d) मिठास

2. 'काला' की भाववाचक संज्ञा बताइए। **(ICSE Spec Sem 2022-23)**
(a) काली (b) कलिमा
(c) कलात्मक (d) कालिमा

3. 'उड़ान' की भाववाचक संज्ञा बताइए। **(ICSE Spec Sem I 2021)**
(a) चढ़ना (b) उड़ान
(c) पढ़ना (d) पंख फैलाना

4. पुरुष की भाववाचक संज्ञा बताइए।
(a) पुरुषत्व (b) पौरुष
(c) पुरुष (d) मनुष्य

5. 'ईश्वर' की भाववाचक संज्ञा बताइए।
(a) ऐश्वर्य (b) ईश्वरत्व
(c) 'a' और 'b' दोनों (d) ईश्वरता

6. 'राम' की भाववाचक संज्ञा बताइए।
(a) रामत्व (b) रामा
(c) रावणत्व (d) रामायण

7. 'अपना' से भाववाचक संज्ञा बनाइए।
(a) अपनापन (b) आप
(c) आपा (d) अपनत्व

8. 'निज' की भाववाचक संज्ञा बताइए।
(a) निजत्व (b) निजपन (c) निजी (d) निरा

9. 'चौड़ा' से भाववाचक संज्ञा बनाइए।
(a) चौड़ापन (b) चौराहा (c) चौड़ाई (d) चौड़ी

10. 'अधिक' की भाववाचक संज्ञा बताइए।
(a) अधिकता (b) कमी
(c) ज्यादा (d) आवधिक

11. 'मिलना' की भाववाचक संज्ञा बताइए।
(a) मिलाप (b) मिलनसार
(c) मिलीभगत (d) मेल

12. 'मना' की भाववाचक संज्ञा बताइए।
(a) मान (b) मनाही
(c) सम्मान (d) मनाना

13. 'भक्त' से भाववाचक संज्ञा बनाइए।
(a) भक्ति (b) भक्तिपन
(c) दास (d) दासता

14. 'उत्तम' की भाववाचक संज्ञा बताइए।
(a) उत्तमता (b) श्रेष्ठ
(c) प्रश्वर (d) उत्तीर्ण

15. 'पूर्ण' से भाववाचक संज्ञा बनाइए।
(a) पूरा (b) पूर्णरूप
(c) पूर्णता (d) पूर्णरूपेण

16. 'लड़का' से भाववाचक संज्ञा बनाइए।
(a) लड़कपन (b) लड़ाई
(c) लड़के (d) छात्र

17. 'बुरा' से भाववाचक संज्ञा बनाइए।
(a) बुराई (b) बुरे
(c) व्यर्थ (d) निंदा

18. 'परस्पर' की भाववाचक संज्ञा बताइए।
(a) परस्पर्श (b) पारस्पर्श
(c) परस्परता (d) परस्पर

19. 'विद्वान' की भाववाचक संज्ञा बताइए।
(a) विदुषी (b) विधाता
(c) विद्वत्ता (विद्वता) (d) वरदान

20. 'राष्ट्र' की भाववाचक संज्ञा बताइए।
(a) राष्ट्री (b) राष्ट्रीय (c) सौराष्ट्र (d) राष्ट्रीयता

उत्तरमाला

1.	(d)	**2.**	(d)	**3.**	(b)	**4.**	(a)	**5.**	(c)	**6.**	(a)	**7.**	(d)	**8.**	(a)	**9.**	(c)	**10.**	(a)
11.	(a)	**12.**	(b)	**13.**	(a)	**14.**	(a)	**15.**	(c)	**16.**	(a)	**17.**	(a)	**18.**	(a)	**19.**	(c)	**20.**	(d)

वाक्य

शब्द यदि भाषा की प्रारंभिक अवस्था है, तो वाक्य उसकी विकसित अवस्था है, इसी कारण वाक्यों को शब्दों का विकसित रूप कहा जाता है। वाक्य हमारे भावों व विचारों के वाहक हैं। मानव अपने विचारों को वाक्यों द्वारा ही अभिव्यक्त कर पाता है।
यही कारण है कि वाक्य को भाषा की संपूर्ण सार्थक इकाई कहा जाता है।

वाक्य के भेद

रचना के आधार पर वाक्य के तीन भेद हैं

1. सरल या साधारण वाक्य 2. मिश्र वाक्य 3. संयुक्त वाक्य

वाक्य रूपांतरण हिंदी व्याकरण अत्यंत समृद्ध है, इसी कारणवश कई बार बिना अर्थ बदले किसी वाक्य को दूसरे प्रकार के वाक्य में परिवर्तित कर दिया जाता है। वाक्य परिवर्तन की यही क्रिया वाक्य रूपांतरण कहलाती है।

जैसे– **सरल वाक्य** राम ने अपने चाचा के घर भोजन किया।
परिवर्तित वाक्य राम ने उस घर में भोजन किया, जो उसके चाचा का था।

विगत वर्षों की परीक्षाओं में पूछे गए वाक्य में निर्देशानुसार परिवर्तन

1. निम्नलिखित शब्दों में से किन्हीं दो शब्दों के शुद्ध रूप लिखिए। **(ICSE 2019)**
कवित्रि = कवयित्रि **आशीरवाद** = आशीर्वाद **कृतग्य** = कृतज्ञ **विदूशी** = विदूषी

2. निम्नलिखित शब्दों के शुद्ध रूप लिखिए। **(ICSE 2018)**
पदर्षनी = प्रदर्शषी **लच्छमी** = लक्ष्मी **अपरीचीत** = अपरिचित

3. निम्नलिखित शब्दों के शुद्ध रूप लिखिए। **(ICSE 2017)**
प्रतीष्ठा = प्रतिष्ठा **गृंथ** = ग्रंथ **परीस्थिति** = परिस्थिति

4. (i) प्राचीनकाल में लोग <u>पत्तों की बनी कुटिया</u> में रहते थे।
(रेखांकित का एक शब्द लिखते हुए वाक्य को पुन: लिखिए।) **(ICSE 2019)**
उत्तर प्रचीनकाल में लोग पर्णकुटी में रहते थे।
(ii) बीमार होने के कारण सुमन समारोह में नहीं आ सकी। ('इसलिए' का प्रयोग कर वाक्य पुन: लिखिए।)
उत्तर सुमन बीमार थी, इसलिए समारोह में नहीं आ सकी।
(iii) बच्चे आम तोड़ने केलिए वृक्षों पर चढ़ गए थे। (वचन बदलिए)
उत्तर बच्चा आम तोड़ने केलिए वृक्षों पर चढ़ गया था।

5. (i) मोहन और रमेश सच्चे मित्र थे। ('मित्रता' शब्द का प्रयोग कीजिए) **(ICSE 2018)**
उत्तर मोहन और रमेश में सच्ची मित्रता थी।
(ii) मुझसे कोई भी बात <u>कहने में संकोच न</u> करें (रेखांकित के लिए एक शब्द का प्रयोग करते हुए वाक्य को पुन: लिखिए)
उत्तर मुझसे कोई भी बात नि:सकोच करें।
(iii) शिक्षक ने अपने शिष्य को आदेश दिया।
उत्तर शिक्षक ने अपने शिष्यों को आदेश दिए।

6. (i) विद्यार्थी को <u>जानने की इच्छा रखने वाला</u> होना चाहिए। (रेखांकित शब्दों के स्थान पर एक शब्द का प्रयोग कीजिए) **(ICSE 2017)**
उत्तर विद्यार्थी को उत्सुक होना चाहिए।
(ii) इतनी आयु होने पर भी वह विवाहित नहीं है। ('नहीं' हटाइए, परंतु वाक्य का अर्थ न बदल)
उत्तर इतनी आयु होने पर भी अविवाहित है।
(iii) रात में सर्दी बढ़ जाएगी। (अपूर्ण वर्तमान काल में बदलिए)
उत्तर रात में सर्दी बढ़ रही है।
(iv) अन्याय का सब <u>विरोध</u> करते हैं। (रेखांकित का विशेषण लिखते हुए वाक्य पुन: लिखिए)
उत्तर अन्याय के सब विरोधी होते हैं।

7. (i) रामचंद्र जी का आदेश था इसलिए लक्ष्मण को जाना था। (सरल वाक्य बनाइए) **(ICSE Spec 2017)**

उत्तर रामचंद्र जी का आदेश पूरा करने के लिए लक्ष्मण को जाना था।

(ii) बालक गुड्डे से खेल रहा है। (वाक्य में लिंग बदलिए)

उत्तर बालिका गुड़िया से खेल रही है।

(iii) मोहन कल विद्यालय गया था। (भविष्यकाल में परिवर्तित कीजिए)

उत्तर मोहन कल विद्यालय जाएगा।

8. (i) महाराणा प्रताप के <u>साहस की तुलना</u> नहीं की जा सकती है। (रेखांकित शब्दों के स्थान पर एक शब्द का प्रयोग कीजिए) **(ICSE 2016)**

उत्तर महाराणा प्रताप का साहस अतुलनीय है।

(ii) मेरे घर में जो नौकर काम करता है वह भाग गया है। (सरल वाक्य बनाइए)

उत्तर जो नौकर मेरे घर में काम करता है वह भाग गया है।

(iii) राजा का सेवक बहुत बुद्धिमान था। (लिंग बदलकर वाक्य दोबारा बनाइए)

उत्तर रानी की सेविका बहुत बुद्धिमान थी।

9. (i) अंत में आचार्य निराश हो गए। ('आशा' शब्द का प्रयोग कीजिए) **(ICSE 2014)**

उत्तर अंत में आचार्य को आशा न रही।

(ii) वह मुझे अतिप्रिय लगने लगा। (वाक्य को भविष्यत्काल में बदलिए)

उत्तर वह मुझे अतिप्रिय लगने लगेगा।

(iii) उसका कार्य <u>प्रशंसा के योग्य</u> था। (रेखांकित शब्दों के लिए एक शब्द का प्रयोग करते हुए वाक्य पुनः लिखिए)

उत्तर उसका कार्य प्रशंसनीय था।

10. (i) असफल हो जाने पर, उसे भारी दुःख हुआ। (वाक्य शुद्ध कीजिए) **(ICSE 2013)**

उत्तर असफल हो जाने पर उसे बहुत दुःख हुआ।

(ii) परिश्रमी व्यक्ति विपत्तियों से नहीं घबराता है। (वचन बदलिए)

उत्तर परिश्रमी व्यक्ति विपत्तियों से नहीं घबराते हैं।

(iii) <u>जीवन-भर</u> मैं इसी आचरण का पालन करता आया हूँ।
(रेखांकित शब्दों के लिए एक शब्द लिखकर वाक्य को पुनः लिखिए)

उत्तर आजीवन मैं इसी आचरण का पालन करता आया हूँ।

11. (i) वह दुश्मन. की सेना पर टूट पड़ा। ('टूट पड़ा' के स्थान पर 'हमला किया' का प्रयोग कीजिए) **(ICSE 2012)**

उत्तर उसने दुश्मन की सेना पर हमला किया।

(ii) विद्यार्थी पुस्तक पढ़ रहा है। (बहुवचन में बदलिए)

उत्तर विद्यार्थी पुस्तक पढ़ रहे हैं।

(iii) अन्ना हजारे ने सरकार का लोकपाल <u>बिल मानने से इनकार</u> कर दिया।
(रेखांकित शब्द का विपरीतार्थक शब्द लिखिए। ध्यान रहे वाक्य का अर्थ न बदले)

उत्तर अन्ना हजारे ने सरकार का लोकपाल बिल स्वीकार नहीं किया।

12. (i) घर जाने में एकमात्र चार दिन शेष हैं। (वाक्य शुद्ध कीजिए) **(ICSE 2011)**

उत्तर घर जाने में मात्र चार दिन शेष हैं।

(ii) एक नवयुवक को यह बंधन पसंद नहीं आया। ('पसंद' के स्थान पर 'अच्छा' का प्रयोग कीजिए)

उत्तर एक युवक को यह बंधन अच्छा नहीं लगा।

(iii) विद्यार्थियों ने एक निबंध लिखा। (वाक्य को वर्तमानकाल में बदलिए)

उत्तर विद्यार्थी एक निबंध लिख रहे हैं।

13. (i) विष्णु शर्मा अच्छे कुल में जन्म लेने वाले ब्राह्मण थे। **(ICSE 2010)**
(रेखांकित शब्दों के स्थान पर एक शब्द का प्रयोग कीजिए)

उत्तर विष्णु शर्मा कुलीन ब्राह्मण थे।

(ii) आसमान में चिड़िया उड़ रही है। (बहुवचन में बदलिए)

उत्तर आसमान में चिड़ियाँ उड़ रही हैं।

(iii) बालक गुड्डे से खेल रहा है। (रेखांकित शब्दों के लिंग बदलकर वाक्य दोबारा लिखिए)

उत्तर बालिका गुड़िया से खेल रही है।

14. (i) पंडित जी कथा सुना रहे हैं। (द्वारा शब्द का प्रयोग कीजिए) **(ICSE 2009)**

उत्तर पंडित जी द्वारा कथा सुनाई जा रही है।

(ii) हलवाई ने जलेबियाँ बनाई थीं। (भविष्यत्काल में बदलिए)

उत्तर हलवाई जलेबियाँ बनाएगा।

(iii) साँझ होते ही पक्षी अपने-अपने नीर को लौट जाते हैं।
(रेखांकित शब्द के स्थान पर सही शब्द का प्रयोग कीजिए)

उत्तर साँझ होते ही पक्षी अपने-अपने नीड़ को लौट जाते हैं।

15. (i) कर्त्तव्य का पालन नहीं करने में दु:ख है। ('नहीं' हटाइए, किंतु वाक्य का अर्थ न बदले) **(ICSE 2008)**

उत्तर यदि कर्त्तव्य का पालन न किया जाए तो मनुष्य दु:खी रहता है।

(ii) गर्मी की छुट्टियों में मैंने अपने मित्रों के साथ मसूरी घूमने जाने का निर्णय किया।
(रेखांकित शब्दों के स्थान पर एक शब्द का प्रयोग कीजिए)

उत्तर ग्रीष्मावकाश में मैंने अपने मित्रों के साथ मसूरी घूमने जाने का निर्णय किया।

(iii) मुसाफ़िर धर्मशाला में विश्राम करते हैं। (भूतकाल में बदलिए)

उत्तर मुसाफ़िर धर्मशाला में विश्राम करते थे।

16. (i) उनका जीवन सुरक्षित था। ('नहीं' का प्रयोग कीजिए, किंतु वाक्य का अर्थ न बदले) **(ICSE 2007)**

उत्तर उनका जीवन असुरक्षित नहीं था।

(ii) कृपया मुझे घर पहुँचाने की कृपा करें। (वाक्य शुद्ध कीजिए)

उत्तर कृपया मुझे घर पहुँचाने का कष्ट करें।

(iii) इन फूलों का रंग कितना निराला है। (वचन बदलिए)

उत्तर इस फूल के रंग कितने निराले हैं।

17. (i) बुद्धिमान पुरुष सत्य के मार्ग से नहीं हटता है। (वाक्य को स्त्रीलिंग में बदलिए) **(ICSE 2006)**

उत्तर बुद्धिमती स्त्री सत्य के मार्ग से नहीं हटती है।

(ii) को एक बार बुलाया बीरबल ने अकबर। (उचित वाक्य रचना के लिए शब्दों को पुन: क्रम से लगाइए)

उत्तर एक बार अकबर ने बीरबल को बुलाया।

(iii) जंगल के राजा शेर ने पशु-समाज की असुरक्षा से चिंतित होकर पशुओं की एक सभा बुलाई। (भविष्यत्काल में बदलिए)

उत्तर जंगल का राजा शेर पशु-समाज की असुरक्षा से चिंतित होकर पशुओं की एक सभा बुलाएगा।

(iv) धर्म का मानव-मन पर प्रभाव पड़ता है। (वाक्य में 'प्रभावित' शब्द का प्रयोग कीजिए)

उत्तर धर्म से मानव का मन प्रभावित होता है।

18. (i) उस लड़की ने आज एक पुस्तक पढ़ी। (वाक्य को बहुवचन में बदलिए) **(ICSE 2005)**

उत्तर उन लड़कियों ने आज अनेक पुस्तकें पढ़ीं।

(ii) विद्वान् पुरुष सम्राट के साथ रहता है। (वाक्य को स्त्रीलिंग में बदलिए)

उत्तर विदुषी स्त्री साम्राज्ञी के साथ रहती है।

(iii) मेरा छोटा भाई मेरी बात अवश्य सुनेगा। (वाक्य में 'चाहिए' शब्द का प्रयोग कीजिए)

उत्तर मेरे छोटे भाई को मेरी बात अवश्य सुननी चाहिए।

19. (i) सतत अध्ययन मनुष्य की आंतरिक सत्प्रवृत्तियों को विकसित करता है। **(ICSE 2004)**
('सतत अध्ययन से' का प्रयोग कर वाक्य पुन: लिखिए)

उत्तर सतत अध्ययन से मनुष्य की आंतरिक सत्प्रवृत्तियाँ विकसित होती हैं।

(ii) समुद्र का एक मेंढक कुएँ में आ पहुँचा। (रेखांकित शब्द का वचन बदलकर वाक्य पुन: लिखिए)

उत्तर समुद्र के अनेक मेंढक कुएँ में आ पहुँचे।

(iii) कुएँ के मेंढक ने समुद्र नहीं देखा था। (वाक्य का अर्थ बदले बिना 'नहीं' हटाइए)

उत्तर कुएँ का मेंढक समुद्र से अपरिचित था।

20. (i) प्रशंसा के योग्य जीवन तो उन लोगों का है, जो दूसरों के लिए जीते हैं। **(ICSE 2003)**
(वाक्य को भविष्यत्काल में बदलिए)

उत्तर प्रशंसा के योग्य जीवन तो उन लोगों का होगा, जो दूसरों के लिए जिएँगे।

(ii) तुमने छोटों का कभी अपमान नहीं किया। (स्वीकारात्मक वाक्य में बदलिए)

उत्तर तुमने छोटों का सदा सम्मान किया।

(iii) बाज मनुष्य की-सी भाषा में उदार हृदय राजा से बोला। ('बाज ने' का प्रयोग कर वाक्य पुन: लिखिए)

उत्तर बाज ने मनुष्य की-सी भाषा में उदार हृदय राजा से कहा।

21. (i) माँ ने पुत्र को तप करने के लिए प्रेरित किया। (वाक्य को 'वर्तमानकाल' में बदलिए) **(ICSE 2002)**

उत्तर माँ पुत्र को तप करने के लिए प्रेरित करती है।

(ii) तप करने जाते हुए ध्रुव को मार्ग में नारद मिले। (वाक्य में 'जब' और 'तब' का प्रयोग कीजिए)

उत्तर जब ध्रुव तप करने जा रहा था, तब मार्ग में उसे नारद मिले।

(iii) ध्रुव के आगे यक्षों की एक न चली और अंत में उन्होंने घुटने टेक दिए।
(वाक्य में 'क्योंकि' का प्रयोग कीजिए)

उत्तर क्योंकि ध्रुव के आगे यक्षों की एक न चली, इसलिए अंत में उन्होंने घुटने टेक दिए।

22. (i) वे कारागार में गए, सेवक से सारी बात की जानकारी ली। **(ICSE 2001)**
(गए के स्थान पर 'जाकर' का प्रयोग कीजिए)

उत्तर उन्होंने कारागार में जाकर सेवक से सारी बात की जानकारी ली।

(ii) महाराज की अनुमति से तीनों फूलदान उसके सम्मुख लाए गए। ('वे' से वाक्य शुरू कीजिए)

उत्तर वे तीनों फूलदान महाराज की अनुमति से उसके सम्मुख लाए गए।

(iii) ये फूलदान मनुष्यों के जीवन से अधिक कीमती नहीं हैं। ('कीमती' की जगह 'कीमत' का प्रयोग कीजिए)

उत्तर इन फूलदानों की कीमत मनुष्य के जीवन से अधिक नहीं है।

23. (i) रोम का राजा भीषण रोग से पीड़ित हो गया। (कर दिया) **(ICSE 2000)**

उत्तर भीषण रोग ने रोम के राजा को पीड़ित कर दिया।

(ii) राजा के रोग से सारे देश में उदासी छा गई। (राजा के रोग ने कर दिया)

उत्तर राजा के रोग ने सारे देश को उदास कर दिया।

(iii) एक विशेष औषधि के सेवन से आपके रोग का निदान सम्भव है। (निदान कर सकता है।)

उत्तर एक विशेष औषधि का सेवन ही आपके रोग का निदान कर सकता है।

अभ्यास प्रश्नावली

1. निर्देशानुसार उचित वाक्य **(ICSE Spec 2023)**
निर्गुण भक्ति के अनुसार ईश्वर का कोई आकार नहीं (रेखांकित स्थान पर एक शब्द का प्रयोग करें)
(a) निर्गुण भक्ति के अनुसार ईश्वर साकार है।
(b) निर्गुण भक्ति के अनुसार ईश्वर निराकार है।
(c) निर्गुण भक्ति के अनुसार ईश्वर ओंकार है।
(d) निर्गुण भक्ति के अनुसार ईश्वर निर्विकार है।

2. हमें तैरना नहीं आता (हमें के स्थान पर 'हम' का प्रयोग कीजिए।) **(ICSE Spec 2023)**
(a) हम तैरना नहीं सकता। (b) हम तैर नहीं सकता।
(c) हम तैरना नहीं जानते। (d) हम तैर नहीं पाता।

3. निर्देशानुसार उचित वाक्य बताइए। **(ICSE Spec 2022-23)**
धर्म का मानव मन पर प्रभाव पड़ता है। (वाक्य में 'प्रभावित' शब्द का प्रयोग कीजिए।)
(a) धार्मिक मानव सबको प्रभावित करता है।
(b) धर्म मानव मन को प्रभावित करता है।
(c) मानव के मान को धर्म प्रभावित करता है।
(d) मन को प्रभावित करने वाला मानव धर्म है।

4. निर्देशानुसार उचित वाक्य बताइए। **(ICSE Spec 2022-23)**
रोम का राजा भीषण रोग से पीड़ित हो गया। (वाक्य में 'कर दिया' का प्रयोग कीजिए।)
(a) रोम के राजा को भीषण रोग ने पीड़ित कर दिया।
(b) रोम के राजा को एक भीषण रोग ने पीड़ित कर दिया।
(c) रोम के राजा को एक भयानक रोग ने पीड़ित कर दिया।
(d) रोम के राजा को एक रोग ने भयानक पीड़ित कर दिया।

5. निर्देशानुसार वाक्य शुद्ध करें।
मुसाफिर धर्मशाला में विश्राम करते हैं। (भूतकाल में बदलें) **(ICSE Spec Sem I 2021)**
(a) मुसाफिरों ने धर्मशाला में विश्राम किया
(b) मुसाफिर धर्मशाला में विश्राम करने जाएँगे
(c) मुसाफिर धर्मशाला में विश्राम करेंगे
(d) धर्मशाला में मुसाफिर विश्राम करेंगे

6. निर्देशानुसार उचित वाक्य बताइए।
आज भी मुझे पहाड़ों की चोटियाँ और वहाँ का शीतल वातावरण याद है। (वाक्य में 'आता है' शब्द का प्रयोग कीजिए।)
(a) आज भी हमको पहाड़ों की चोटियाँ और वहाँ का समुद्री वातावरण याद है।
(b) मुझे आज भी पहाड़ों की चोटियाँ और वहाँ का वातावरण याद आता है।
(c) आज भी मुझे पहाड़ों की चोटियाँ और वहाँ का शीतल वातावरण याद आता है।
(d) आज भी हमें पहाड़ों की चोटियाँ तथा शीतल वातावरण याद आता है।

7. निर्देशानुसार उचित वाक्य बताइए।
अंत में विद्यार्थी निराश हो गया। (वाक्य में 'आशा' शब्द का प्रयोग करें।)
(a) अंत में विद्यार्थी को आशा न मिली।
(b) अंत में विद्यार्थी ने आशा की।
(c) अंत में विद्यार्थी को आशा न रही।
(d) इनमें से कोई नहीं।

8. निर्देशानुसार उचित वाक्य बताइए।
सिपाही चोर पर टूट पड़ा। (वाक्य में 'टूट पड़ा' के स्थान पर हमला का प्रयोग करें।)
(a) सिपाही ने चोर पर हमला किया।
(b) चोर सिपाही पर हमला कर रहे थें।
(c) सिपाही के द्वारा चोरों पर हमला किया गया।
(d) सिपाही ने चोर का सर्वनाश किया।

9. राम मुझसे घर आने को कहता है। (मिश्रवाक्य में परिवर्तित करें)
(a) राम ने मुझसे घर आने को कहा।
(b) राम मुझसे कहता है कि मेरे घर आओ।
(c) राम मुझसे मेरे घर आने के लिए कह रहा है।
(d) राम मुझसे कह रहा था कि मेरे घर आओगे।

10. अच्छे विचारों का मानव मन पर प्रभाव पड़ता है। (वाक्य से 'प्रभावित' शब्द का प्रयोग करें)
(a) अच्छे विचारों ने मानव मन को प्रभावित किया।
(b) अच्छे विचारों से मानव मन प्रभावित होता है।
(c) अच्छे विचारों द्वारा मानव मन को प्रभावित किया गया।
(d)अच्छे विचारों से मानव मन को प्रभावित किया गया।

11. कर्त्तव्य का पालन नहीं करने में दुःख है। ('नहीं' हटाइए किंतु वाक्य का अर्थ न बदले)
(a) कर्त्तव्य का पालन करने में सुख है।
(b) कर्त्तव्य का पालन करना चाहिए।
(c) कर्त्तव्य का पालन करना आवश्यक है।
(d) कर्त्तव्य का पालन नहीं करना चाहिए।

12. तप करने जाते हुए मुनि को मार्ग में नारद मिले। (वाक्य में 'जब' व 'तब' का प्रयोग करें।)
(a) जब मुनि तप करने जा रहा था, तब मार्ग में उसे नारद मिले
(b) मुनि जब तप कर रहा था, मार्ग में उसे तब नारद मिले
(c) मुनि जब तप कर रहा है, तब मार्ग में उसे नारद मिलते हैं
(d) उपरोक्त में से कोई नही

13. इतनी आयु होने पर भी वह बीमार नहीं है। (नहीं हटाइए परंतु वाक्य का अर्थ न बदले)
(a) इतनी आयु होने पर भी वह बीमार था
(b) इतनी आयु होने पर वह बीमार हुआ
(c) इतनी आयु होने पर भी वह स्वस्थ है
(d) इतनी आयु पश्चात् भी वह स्वस्थ है

14. तुमने बड़ों का कभी अपमान नहीं किया। (स्वीकारात्मक वाक्य में बदलें)
(a) तुमने बड़ों का सम्मान किया
(b) तुम्हारे द्वारा बड़ों का सम्मान किया गया
(c) तुमने बड़ों का सदा सम्मान किया
(d) तुमने सबका सम्मान किया

15. राम पत्र लिखता है। (कर्मवाच्य में परिवर्तित करें।)
(a) राम ने पत्र लिखा (b) राम को पत्र लिखा
(c) राम द्वारा पत्र लिखा जा रहा है (d) राम द्वारा पत्र लिखा जाता है

16. राजेश से बैठा नहीं जाता। (कर्तृवाच्य में परिवर्तित करें।)
(a) राजेश द्वारा बैठा नहीं जाता (b) राजेश बैठता नहीं है
(c) राजेश बैठेगा नहीं (d) राजेश बैठता नहीं था

17. आप परिवार के साथ हमारे घर आइएगा। (रेखांकित स्थान पर एक शब्द का प्रयोग करें)
(a) आप पारिवारिक रूप पर हमारे घर आइएगा
(b) आप सपरिवार हमारे घर पधारे
(c) आप सपरिवार हमारे घर आइएगा
(d) आप सपरिवार हमारे घर आएँगे

18. सूर्योदय हुआ और कुहासा जाता रहा। (सरल वाक्य में परिवर्तित करें)
(a) सूर्योदय होने पर कुहासा जाता रहा
(b) सूर्योदय होता रहा, कुहासा जाता रहा
(c) सूर्योदय पर कुहासा गया
(d) सूर्योदय पश्चात् कुहासा जाता रहा

19. रमेश सुरेश से बड़ा है। (प्रश्नवाचक वाक्य में परिवर्तित करें।)
(a) रमेश सुरेश से क्या बड़ा है?
(b) क्या रमेश व सुरेश बड़े हैं?
(c) रमेश बड़ा है, सुरेश छोटा है।
(d) क्या रमेश सुरेश से बड़ा है?

20. निर्देशानुसार उचित वाक्य बताइए।
मेरा छोटा भाई मेरी बात अवश्य सुनेगा। (वाक्य में 'चाहिए' शब्द का प्रयोग कीजिए।)
(a) मेरे भाई को मेरी बात अवश्य सुननी चाहिए।
(b) मेरे छोटे भाई को मेरी बात अवश्य सुननी चाहिए।
(c) मेरा जो छोटा भाई है उसे मेरी बात अवश्य सुननी चाहिए।
(d) मेरा छोटा भाई उसको मेरी बात माननी तथा सुननी चाहिए।

उत्तरमाला

1.	(b)	2.	(c)	3.	(b)	4.	(a)	5.	(a)	6.	(c)	7.	(c)	8.	(a)	9.	(b)	10.	(b)
11.	(a)	12.	(a)	13.	(c)	14.	(c)	15.	(d)	16.	(b)	17.	(c)	18.	(a)	19.	(d)	20.	(b)

मुहावरे

ऐसा वाक्यांश जो लिखने, बोलने या सुनने में अपने शब्दों के सामान्य अर्थ के अतिरिक्त किसी विलक्षण अर्थ का बोध कराए, वह मुहावरा कहलाता है। यद्यपि बिना मुहावरे के भी अर्थ प्रकट किया जा सकता है, परंतु मुहावरे के समुचित प्रयोग से वाक्य के भाव सौंदर्य में वृद्धि हो जाती है अर्थात् किसी वाक्य के भावों को ऊर्जा तथा सौंदर्य प्रदान करने वाला तत्त्व मुहावरा कहलाता है।

मुहावरा शब्द मूलत: अरबी भाषा का शब्द है, अरबी में इसे 'मुहावर:' कहा जाता है, जिसका अर्थ होता है–'अभ्यास करना'। उर्दू में यही शब्द 'मुहाविरा' के रूप में प्रयुक्त होता है, जिसका अर्थ है–'बातचीत करना'। हिंदी में यही मुहावरा शब्द 'रोज़मर्रा' व 'पारिभाषिक' शब्द के रूप में प्रयोग किया जाता है। मुहावरों का प्रयोग इस प्रकार होना चाहिए कि सुनने वाला भी समझ जाए तथा कही हुई बात प्रभावशाली भी हो।

विगत वर्षों की परीक्षाओं में पूछे गए मुहावरे

मुहावरा	अर्थ	वाक्य प्रयोग
पापड़ बेलना	*संघर्ष करना*	सरकारी दफ्तर में हर बार काम निकलवाने के लिए काफी पापड़ बेलने पड़ते हैं। **(ICSE Spec 2023)**
घी के दिये जलाना	*खुशी मनाना*	भगवान राम 14 साल के वनवास काटने के बाद जब वह अयोध्या में वापस लौटे तो अयोध्यावासियों ने खुशी से अपने घरों में घी के दीपक जलाए थे। **(ICSE Spec Sem I 2021)**
गले का हार	*बहुत प्रिय*	श्री कृष्ण जी सुदामा को इतना प्रेम करते थे की मानो सुदामा उनके गले का हार हो। **(ICSE Spec Sem I 2021)**
चंपत होना	*भाग जाना*	पुलिस को आता देख चोर चंपत हो गया। **(ICSE 2019)**
डींग हाँकना	*बढ़ा-चढा कहना*	रवि को भाषा को कोई ज्ञान नहीं है। वह सिर्फ डींग हाँकता रहता है। **(ICSE 2019)**

मुहावरा	अर्थ	वाक्य प्रयोग	
आसमान से बातें करना	*काफी ऊँचा होना*	दिल्ली में आसमान से बातें करती बहुत-सी इमारते है	**(ICSE 2016)**
उड़ती चिड़िया पहचानना	*दूरदर्शी होना*	हमसे चाल मत चलो, हम भी उड़ती चिड़िया पहचानते हैं	**(ICSE 2018)**
अपना उल्लू सीधा करना	*स्वार्थ सिद्ध करना*	श्याम केवल अपना उल्लू सीधा करना जानता है, उसे किसी से कोई लगाव नहीं है।	
आँखों का तारा	*अतिप्रिय होना*	रोहित ने विद्यालय में सबसे अधिक नम्बर प्राप्त किए जिसकी वजह से वह सभी अध्यापकों की आँखों का तारा बन गया।	**(ICSE Spec 2017)**
हाथ मलना	*पश्चाताप करना*	क्रोध में तुमने अपना घर तो जला ही दिया, अब हाथ मलने से क्या लाभ।	**(ICSE 2017)**
अपने पैर पर आप कुल्हाड़ी मारना	*अपना नुकसान स्वयं करना*	समय से पहले ही रोहन के पिताजी ने सेवानिवृत्ति का आवेदन देकर अपने पैर पर आप कुल्हड़ी मार ली।	
बाल-बाल बचना	*बिल्कुल बच जाना*	चंद्रबाबू नायडू नक्सलवादी हमले में बाल-बाल बच गए।	**(ICSE 2016)**
टका-सा जवाब देना	*तुरंत इनकार कर देना*	हर बात पर टका-सा जवाब देना अच्छी आदत नहीं है।	
सिक्का जमाना	*प्रभाव छोड़ना*	दीपक ने कक्षा में प्रथम आकर अपना सिक्का जमा लिया।	**(ICSE 2014)**
आँख पर पर्दा पड़ना	*वास्तविकता का ज्ञान न होना*	क्रोध के कारण राज की आँखों पर पर्दा पड़ गया है।	
घुटने टेकना	*हार स्वीकार कर लेना*	मैच में पाकिस्तान ने भारत के आगे घुटने टेक दिए।	**(ICSE 2013)**
मुँह में पानी भर आना	*खाने की लालसा होना*	रसमलाई देखकर मेरे मुँह में पानी भर आया।	
टाँग अड़ाना	*बाधा डालना*	व्यर्थ में ही किसी के कार्यों में टाँग अड़ाना बुरी बात है।	**(ICSE 2012)**
ज़हर का घूँट पीना	*अपमान सहन करना*	बेकसूर होने के बावजूद डाँट पड़ने पर भी राम ज़हर का घूँट पीकर रह गया।	
नाक रख लेना	*इज़्ज़त बचा लेना*	बुरे वक्त में मेरी मदद करके मोहित ने मेरी नाक रख ली।	**(ICSE 2011)**
चेहरा उतरना	*उदास होना*	राम ने सबके सामने मोहन को डाँटा तो उसका चेहरा उतर गया।	
गले का हार	*अत्यंत प्रिय होना*	मैं अपनी माताजी के गले का हार हूँ।	**(ICSE 2010)**
मुट्ठी गर्म करना	*रिश्वत देना*	सरकारी कार्यालयों में आजकल सभी कार्य मुट्ठी गर्म करने पर ही सम्भव होते हैं।	
हाथ-पैर मारना	*अत्यंत प्रयास करना*	सफलता प्राप्त करने के लिए बहुत हाथ-पैर मारने पड़ते हैं।	**(ICSE 2009)**
सिर नीचा होना	*अत्यंत शर्मिंदा होना*	मेरी असफलता से मेरे माता-पिता का सिर नीचा हो गया।	
कान खड़े होना	*सतर्क होना*	रात में पड़ोसी के यहाँ शोर सुनकर मेरे कान खड़े हो गए।	**(ICSE 2008)**
दोनों हाथों में लड्डू होना	*सभी ओर से लाभ होना*	किशन आज वार्षिक परीक्षा में प्रथम आया तथा आज ही छात्रवृत्ति भी मिली। उसके दोनों हाथों में लड्डू हैं।	
कान भरना	*चुगली करना*	सुनीता को हर वक्त कान भरने की बहुत बुरी आदत है।	
फूला न समाना	*बहुत प्रसन्न होना*	मेरे कक्षा में प्रथम आने पर पिताजी फूले नहीं समा रहे हैं।	**(ICSE 2007)**
दौड़-धूप करना	*अत्यंत प्रयत्न करना*	मुझे पढ़ाने के लिए पिताजी ने बहुत दौड़-धूप की है।	
नाकों चने चबाना	*कठिनाई उत्पन्न करना*	मेरे भाई ने कुसंगति में आकर पिताजी को नाकों चने चबाने पर मज़बूर कर दिया।	
फलना-फूलना	*उन्नति करना*	माता-पिता की सेवा करने पर वे हृदय से फलने-फूलने का आशीर्वाद देते हैं।	
दूर के ढोल सुहावने	*दूर की अनदेखी चीज़ आकर्षक लगती है*	पड़ोस के गाँव के प्रधान की बड़ी प्रशंसा सुनी थी कि वह बड़े दयावान और दानी हैं। एक दिन मैं उनके यहाँ गया तो एक भिखारी को उन्हें बुरी तरह फटकारते हुए देखा। मैंने मन में सोचा कि दूर के ढोल सुहावने ही लगते हैं।	**(ICSE 2006)**
मिट्टी का माधो	*मूर्ख व्यक्ति*	हमारे गाँव में एक लड़का है, जिसका मस्तिष्क कुछ अविकसित है। सभी बच्चे उसे मिट्टी का माधो कहकर चिढ़ाने का प्रयत्न करते हैं, लेकिन वह हँसता रहता है।	
कलई खुलना	*भेद खुलना*	धोखे से किया गया व्यापार थोड़े दिन ही चलता है। अन्त में उसकी कलई खुल ही जाती है।	
रंग में भंग पड़ना	*चलते काम में बाधा आना*	मोहन के घर में शादी की खुशी में नाच-गाना हो रहा था, लेकिन अचानक ही उसके घर में लुटेरों ने आक्रमण करके सब सामान लूट लिया, जिससे शादी के रंग में भंग पड़ गया।	**(ICSE 2005)**

मुहावरा	अर्थ	वाक्य प्रयोग
काल के गाल में जाना	*मृत्यु की चपेट में आना*	गुजरात में आए भूकंप से हज़ारों आदमी काल के गाल में समा गए।
मन मसोस कर रह जाना	*मायूस होकर रह जाना*	उसे मेला जाने के लिए मना कर दिया गया, तो वह मन मसोस कर रह गया।
एक न चलना	*कोई उपाय काम न करना*	पुलिस के सामने चोर की एक न चली और उसने चोरी का सब माल बता दिया। **(ICSE 2002)**
मन भाना	*मन को अच्छा लगना*	पिताजी के लाए हुए खिलौने बच्चों को इतने मन भा गए कि वे खाने-पीने की सुध भूल गए।
आग-बबूला होना	*अत्यधिक क्रोध करना*	श्रीकृष्ण की युद्ध-चेतावनी सुनकर दुर्योधन आग-बबूला हो गया और उसने दूत बनकर आए श्रीकृष्ण को बंदी बनाने का आदेश दे दिया।
अपना-सा मुँह लेकर रह जाना	*अपमान सहकर रह जाना*	सेठ जी ने किसी बात पर अपने नौकर को ज़ोर से डाँट दिया, तो वह बेचारा अपना-सा मुँह लेकर रह गया।
आव देखा न ताव	*बिना सोचे-समझे*	राम के द्वारा अपशब्द बोलने पर, अध्यापक ने आव देखा न ताव और राम को ज़ोर से तमाचा जड़ दिया। **(ICSE 2001)**
आँखों पर पर्दा डालना	*यथार्थ स्थिति को छिपाना*	अंकित ने सुधीर की आँखों पर पर्दा डाल दिया है, तभी तो उसने बिना कुछ सोचे-समझे अपनी फैक्ट्री अंकित के नाम कर दी।
घर का दीपक	*घर की शान बढ़ाने वाला*	मोहन को अपने इकलौते पुत्र से बहुत आशाएँ हैं, वह उस घर का दीपक है।
अंकुर फूटना	*किसी बात का आरंभ होना*	राम और श्याम पहले बहुत अच्छे मित्र थे, लेकिन व्यापार में कुछ ऐसी बात हुई कि वे आमने-सामने आ गए और अब उनमें दुश्मनी के अंकुर फूटने लगे हैं।
आँखें खुलना	*यथार्थ का सामना करना*	सोहन के पिता अपने बेटे से व्यापार में सावधानी बरतने की बात करते थे, लेकिन उसने ध्यान नहीं दिया। जब उसे घाटा हुआ, तो उसकी आँखें खुल गईं। **(ICSE 2000)**

अभ्यास प्रश्नावली

1. 'पापड़ बेलना' मुहावरे का अर्थ **(ICSE Spec 2023)**
(a) काम करना (b) संघर्ष करना
(c) निश्चिंत होना (d) लज्जित होना

2. 'पारा उतरना' मुहावरे का अर्थ बताइए
(a) तापमान कम होना (b) क्रोध कम होना
(c) बुखार उतरना (d) सर्दी पड़ना

3. 'बाधा डालना' मुहावरे का अर्थ बताइए।
(a) पाला पड़ना (b) रोड़ा अटकाना
(c) बरस पड़ना (d) दाँतों में जीभ होना

4. 'आँखे फेर लेना' का अर्थ बताइए।
(a) दूसरी तरफ देखना
(b) किसी और की चाहत
(c) उदासीन हो जाना (प्रतिकूल हो जाना)
(d) नाराज हो जाना

5. 'गंगाजली उठाना' मुहावरे का अर्थ बताइए।
(a) गंगा नहाना (b) एक पात्र में गंगाजल भरना
(c) कसम खाना (d) बड़बोलापन

6. 'अवसर का लाभ उठाना' मुहावरे का अर्थ बताइए।
(a) बहती गंगा में हाथ धोना
(b) आकाश-पाताल एक करना
(c) फूले न समाना
(d) अंगारों पर पैर रखना

7. 'किताब का कीड़ा होना' मुहावरे का अर्थ बताइए।
(a) बहुमूल्य वस्तु को नष्ट करने वाला
(b) अनुपयुक्त जगह रहने वाला
(c) बहुत अधिक पढ़ने वाला
(d) ज्ञान का दुश्मन

8. 'गोल कर जाना' मुहावरे का अर्थ बताइए।
(a) मोटा होना (b) भाग जाना
(c) गुस्सा होना (d) गायब कर देना

9. नीचे दिए गए मुहावरे का अर्थ बताइए।
(a) स्पष्ट कहना (b) कलंक लगना
(c) बहुत रुलाना (d) हर संभव कष्ट देना

10. 'आँख खुलना' मुहावरे का अर्थ बताइए।
(a) ज्ञान होना (b) भ्रम में पड़ना
(c) आँख किरकिराना (d) लज्जा दूर होना

11. 'मिट्टी का माधो' मुहावरे का अर्थ बताइए।
(a) समझदार होना (b) बहुत ही मूर्ख
(c) कृष्णा की मूर्ति (d) मिट्टी की मूर्ति

12. 'आँख उठाकर न देखना' मुहावरे का अर्थ बताइए।
(a) पलकें बंद रखना
(b) आँख न खोलना
(c) उपेक्षा करना
(d) तपस्या करना

13. 'सिर पर सवार रहना' मुहावरे का अर्थ बताइए।
(a) पीछे पड़ना
(b) मरने-मारने पर उतारू होना
(c) भाग जाना
(d) बाधक होना

14. 'सिर आँखों पर बैठाना' इस मुहावरे का अर्थ बताइए।
(a) बहुत सम्मान देना (b) बगावत करना
(c) जबरदस्ती का लगाव (d) पास आकर बैठना

15. 'घड़ों पानी पड़ जाना' मुहावरे का अर्थ बताइए।
(a) स्नान करना (b) परेशान करना
(c) अत्यंत लज्जित होना (d) सिर पर पानी डालना

16. 'नाक का बाल होना' मुहावरे का अर्थ बताइए।
(a) अधिक समीप होना (b) कष्ट होना
(c) अधिक प्रिय होना (d) पालतू होना

17. 'अपना हाथ जगन्नाथ' मुहावरे का अर्थ बताइए।
(a) मनमानी करना
(b) अपना हाथ पूजनीय होता है
(c) अपने आप से काम करना ही उपयुक्त होता है
(d) अपने हाथ से दान करना

18. 'कलेजे पर साँप लोटना' मुहावरे का अर्थ बताइए।
(a) दु:खी होना (b) ईर्ष्या से जल उठना
(c) दुश्मनी निकालना (d) दीनता प्रकट करना

उत्तरमाला

1.	(b)	**2.**	(b)	**3.**	(b)	**4.**	(c)	**5.**	(c)	**6.**	(a)	**7.**	(c)	**8.**	(d)	**9.**	(b)	**10.**	(a)
11.	(b)	**12.**	(c)	**13.**	(a)	**14.**	(a)	**15.**	(c)	**16.**	(c)	**17.**	(c)	**18.**	(b)				

अभ्यास प्रश्न

संक्षिप्त लेखन

(क) विचारात्मक एवं वर्णनात्मक लेखन

1. 'पर्यावरण है तो मानव है' इस विषय को आधार बनाकर पर्यावरण के विषय में विस्तार से लिखिए।
2. राष्ट्र निर्माण में युवाओं का क्या योगदान है? समझाइए।

(ब) भावनात्मक एवं वर्णनात्मक लेखन

3. 'मेरी अभिलाषा' प्रस्तुत कथन पर अपने विचार व्यक्त कीजिए।
4. 'यदि मैं प्रधानमंत्री होता' इस विषय पर अपने जीवन की कल्पना करते हुए एक लेख लिखिए।

(स) पक्ष-विपक्ष लेखन

5. वर्तमान युग में इंटरनेट अपनी उपयोगिता के कारण आवश्यक बनता जा रहा है। इसके पक्ष और विपक्ष में अपने विचार प्रस्तुत कीजिए।

कहानी लेखन

1. एक मौलिक कहानी लिखिए जिसका आधार निम्नलिखित उक्ति हो- " आलस्य मनुष्य का महान शत्रु है।"
2. एक ऐसी मौलिक कहानी लिखिए जिसका अंतिम वाक्य हो ……. "काश! ऐसा पल मेरे जीवन में भी आया होता।"
3. एक मौलिक कहानी लिखिए जिसका अंत प्रस्तुत वाक्य से किया गया हो और मैंने राहत की साँस लेते हुए सोचा की आज मेरा जीवन सफल हो गया।
4. "मन के हारे हार है मन के जीते जीत" कहावत के आधार पर मौलिक कहानी लिखिए।
5. 'संगठन में ही शक्ति है' पंक्ति को आधार बनाकर एक मौलिक कहानी लिखिए।

चित्र लेखन

1. नीचे दिए गए चित्र को ध्यान से देखिए और चित्र को आधार बनाकर उसका परिचय देते हुए कोई लेख, घटना अथवा कहानी लिखिए। जिसका सीधा सम्बन्ध चित्र से होना चाहिए।

2. नीचे दिए गए चित्र को ध्यान से देखिए और चित्र को आधार बनाकर उसका परिचय देते हुए कोई लेख, घटना अथवा कहानी लिखिए। जिसका सीधा सम्बन्ध चित्र से होना चाहिए।

3. नीचे दिए गए चित्र को ध्यान से देखिए और चित्र को आधार बनाकर उसका परिचय देते हुए कोई लेख, घटना अथवा कहानी लिखिए। जिसका सीधा सम्बन्ध चित्र से होना चाहिए।

पत्र लेखन

औपचारिक-पत्र

1. भारत सरकार के शिक्षा मंत्रालय की ओर से महाराष्ट्र सरकार को नई शिक्षा नीति लागू करने के लिए पत्र लिखिए।
2. कॉलेज प्रबंधक को प्राध्यापक की नौकरी के लिए आवेदन-पत्र लिखिए।
3. अपने प्रधानाचार्य को प्रार्थना पत्र लिखिए, जिसमें पुस्तकालय के लिए नई पुस्तकों और बाल-पत्रिकाओं को मँगाने की प्रार्थना की गई हो।

अनौपचारिक पत्र

4. आपका छोटा भाई दसवीं की परीक्षा में अच्छा ग्रेड लाने पर मोटरसाइकिल उपहार स्वरूप पिताजी से लेना चाहता है। उसे समझाते हुए पत्र लिखिए कि इस उम्र में मोटरसाइकिल लेना उचित नहीं है।
5. अपने पिताजी को पत्र लिखकर बताइए कि आपके विद्यालय में वार्षिकोत्सव किस तरह मनाया गया?

अपठित गद्यांश

1. निम्नलिखित गद्यांश को ध्यान से पढ़िए तथा नीचे लिखे गए प्रश्नों के उत्तर हिन्दी में लिखिए। उत्तर यथासंभ्व आपके अपने शब्दों में होने चाहिए।

पतझड़ ऋतु आने पर जेल के हमारे आँगन में नीम के पेड़ से पत्तों के गिरने पर मन में कभी-कभी चिंता होने लगती है कि यह पेड़ का काल आया है या उसकी केवल कायापलट हो रही है? वो तो पत्तों को गिरते देखकर मन में विषाद का भाव उत्पन्न होना चाहिए, किंतु ऐसा बिलकुल नहीं होता, उल्टा मजा आता है— पत्ते इतने झड़ते हैं मानो टिड्डी दल फैल गया हो, मालूम होता है पत्तों को कितने ही गोल-गोल चक्कर काटने पड़ते हैं; उन्हें नीचे उतरने की थोड़ी भी जल्दी नहीं होती।

और फिर गिरने के बाद क्या वे चुपचाप पड़े रहेंगे? नहीं, कदापि नहीं। छोटे बच्चे जिस प्रकार दौड़ने का और एक-दूसरे को पकड़ने का खेल खेलते हैं, उसी प्रकार ये पत्ते भी इधर से उधर और उधर से इधर गोल-गोल चक्कर काटते रहते हैं। हवा के झोंकों के साथ ये हँसते-कूदते मेरी ओर दौड़ आते हैं। मुझे लगता है कि इन पत्तों को थोड़ी देर बाद पेड़ से फूटने वाली कोपलों को झटपट जगह दे देने की ही अधिक जल्दी होती होगी। साँप जिस प्रकार अपनी केंचुली उतारकर फिर से जवान बनता है, उसी प्रकार पुराने पत्ते त्यागकर पेड़ भी बसंत ऋतु का स्वागत करने के लिए फिर से जवान बनने की तैयारी करता होगा। इसलिए यह कहने का मन नहीं होता कि ये पत्ते टूटते हैं या गिरते हैं।

ये पत्ते तो छूट जाते हैं। हाथ में पकड़ रखा हुआ कोई पक्षी जैसे पकड़ कुछ ढीली होते ही चकमा देकर उड़ जाता है, उसी प्रकार से पत्ते तेज़ी से छूट जाते हैं। यह विचार भी मन में आता है कि ये पत्ते गिरने वाले तो हैं ही, तो फिर सबके सब एक साथ क्यों नहीं गिरते। पर्णहीन वृक्ष की मुक्त शोभा तो देखने को मिलेगी। जिस पेड़ पर एक भी पत्ता नहीं रहा और अँगुलियाँ टेढ़ी-मेढ़ी करके जो पागल के समान खड़ा है और जो आकाश के पर्दे पर कालीन के चित्र के समान मालूम हो रहा है, उसकी शोभा कभी-कभी आपने ध्यान देकर निहारी है? पर्णहीन टहनियों की जाली सचमुच ही बहुत सुंदर दिखाई देती है।

(i) पेड़ से पत्तों का झड़ना-गिरना देखकर लेखक ने क्या सोचा और क्यों?

(ii) पत्तों की तुलना टिड्डी दल से क्यों की गई है?

(iii) हवा के झोंके से पत्तों पर क्या प्रभाव पड़ा और लेखक ने उसकी तुलना किससे की है?

(iv) पत्तों के टूटने को लेखक ने छूटने की संज्ञा क्यों दी है? उसकी तुलना किससे की है?

(v) लेखक के स्वभाव में उतावलापन है— यह किस प्रकार पता चला?

2. प्राचीनकाल से ही भारत में संयुक्त परिवारों का प्रचलन रहा है। एकल परिवार कभी भारतीय सोच में नहीं रहे। संयुक्त परिवार में प्रत्येक सदस्य अपनी सुरक्षा के प्रति आश्वस्त रहता था और परिवार के प्रति सम्मिलित उत्तरदायित्व और एक प्रकार से सामाजिकता का बोध जागृत रहता था। सन्तान के लालन-पालन, शिक्षा-दीक्षा, विवाह आदि सुख-दु:ख की चिन्ता सभी को रहती थी और सन्तान भी माँ-बाप के अतिरिक्त घर-परिवार के बड़े-बूढ़ों के हाथों पलकर बड़ी होती, उनके संस्कारों से पल्लवित होती, आजीवन निश्चिंत रहने का सुख भोगती हुई बड़ों के प्रति अपने उत्तरदायित्व को महसूस करती। इस प्रकार संयुक्त परिवारों में बचपन, यौवन और बुढ़ापा सभी आनंद में बीतते।

अब संयुक्त परिवार प्रथा के टूटने से परिवारों में बिखराव आ गया है। चूँकि व्यक्ति परिवार की और परिवार समाज की इकाई है, इसलिए परिवारों के टूटने से समाज में भी बिखराव और अलगाव दिखाई पड़ रहा है। इसकी कल्पना शायद किसी ने भी नहीं की होगी। समाज के मूल्य बदल रहे हैं। मान्यताएँ बदल रही हैं और यह बदलाव की प्रक्रिया व्यक्ति से परिवार और परिवार से समाज में परस्पर हो रही है। लगता है जैसे नई पीढ़ी अनुशासन को बन्धनों का नाम देती हुई धीरे-धीरे उच्छृंखलता की ओर बढ़ रही है।

परिवारों में बिखराव के पीछे पुरानी पीढ़ी और नई पीढ़ी का वैचारिक संघर्ष भी है। पुरानी पीढ़ी अपनी रूढ़ियों, परंपराओं को त्याग नहीं पाती और अपनी सोच को ज़बरदस्ती लादना अपना कर्त्तव्य समझती है। नई पीढ़ी का आकाश बहुत विस्तृत है, उसे पाने के लिए उसे पुरातनता सहायक नहीं लगती। विचारों का संघर्ष तो है ही, नई पीढ़ी पर नए आकर्षणों का दबाव भी है। उनकी धनलिप्सा, स्वार्थ-भावना, सुख-चैन की ज़िंदगी जीने की ललक आदि का प्रभाव भी है। उनमें 'स्व' और 'अहं' प्रधान होता जा रहा है। पुरानी पीढ़ी अपने संस्कारों और मर्यादाओं में बँधी है और नई पीढ़ी उन पर कुठाराघात करने को उतारू है, जब तक इन दोनों में सामंजस्य न हो, परिवारों का विघटन होता रहेगा। देश के लिए यह शुभ लक्षण नहीं है। दोनों पीढ़ियों को समय और परिस्थिति के अनुकूल अपने-अपने दृष्टिकोण में परिवर्तन लाना होगा। जब परिवारों में परस्पर सद्भावना, सहयोग, प्रेम, त्याग आदि की भावनाएँ प्रबल होंगी तो हर व्यक्ति सुखी होगा। परिवारों में खुशहाली होगी।

(i) 'संयुक्त परिवार' और 'एकल परिवार' से क्या तात्पर्य है?

(ii) संयुक्त परिवार के लाभों का वर्णन कीजिए।

(iii) संयुक्त परिवारों के टूटने से नैतिक मूल्यों का विघटन कैसे हो रहा है?

(iv) नई पीढ़ी संयुक्त परिवार में क्यों नहीं रहना चाहती?

(v) व्यक्ति, परिवार और समाज के अन्त:संबंधों पर टिप्पणी कीजिए।

3. महिलाओं की मर्यादा और उनसे दुर्व्यवहार के मामले भी अन्य मामलों की तरह न्यायालयों में ही जाते हैं, किंतु पिछले कुछ दिनों से ऐसे आचरण के लिए स्वयं न्यायपालिका पर अंगुली उठाई जा रही है। काफ़ी हद तक यह समस्या न्यायपालिका की नहीं, बल्कि हमारे पूरे समाज की कही जा सकती है। जज भी समाज के ही अंग हैं, इसलिए यह समस्या न्यायपालिका में भी दिखाई देती है।

हमारे समाज में कानून के पालन को लेकर बहुत शिथिलता है और अकसर कानून का पालन न करने को सामाजिक हैसियत का मानक मान लिया जाता है। वी.आई.पी. संस्कृति का मूल सिद्धांत ही यह है कि जिसे सामान्य नियम-कानून नहीं पालन करने होते, वह महत्त्वपूर्ण व्यक्ति होता है। छोटे शहरों, कस्बों में सरकारी अफसरों की हैसियत बहुत बड़ी होती है और जज भी उन्हीं हैसियत वाले लोगों में शामिल होते हैं। ऐसे में, अगर कुछ जज यह मान लें कि वे तमाम सामाजिक मर्यादाओं से भी ऊपर हैं, तो यह हो सकता है।

माना यह जाना चाहिए कि जितने ज़्यादा ज़िम्मेदार पद पर कोई व्यक्ति है, उस पर कानून के पालन की ज़िम्मेदारी भी उतनी ही ज़्यादा है। खास तौर से जिन लोगों पर कानून की रक्षा करने और दूसरों से कानून का पालन करवाने की ज़िम्मेदारी है, उन्हें तो इस मामले में बहुत ज़्यादा सतर्क होना चाहिए, लेकिन वास्तव में, इससे बिल्कुल उलटा होता है। एक समस्या की ओर कई वरिष्ठ जज और न्यायविद ध्यान दिला चुके हैं कि न्यायपालिका में निचले स्तर पर अच्छे जज नहीं मिलते। इसकी एक बड़ी वजह यह है कि अच्छे न्यायिक शिक्षा संस्थानों से निकले अच्छे छात्र न्यायपालिका में नौकरी करना पसंद नहीं करते, क्योंकि उन्हें कामकाज की परिस्थितियों और आमदनी, दोनों ही आकर्षक नहीं लगती। नेशनल लॉ इंस्टीट्यूट को तो बनाया ही इसलिए गया था कि अच्छे स्तर के जज और वकील वहाँ से निकल सकें, लेकिन देखा यह गया है कि वहाँ से निकले ज़्यादातर छात्र कॉरपोरेट जगत में चले जाते हैं। अन्य प्रतिष्ठित संस्थानों के छात्र भी बजाय जज बनने के प्रैक्टिस करना पसंद करते हैं। जजों की चुनाव प्रक्रिया में भी कई खामियाँ हैं, जिन्हें दूर किया जाना ज़रूरी है, ताकि हर स्तर पर बेहतर गुणवत्ता के जज मिल सकें।

(i) प्रस्तुत गद्यांश का एक उपयुक्त शीर्षक दीजिए।

(ii) वी. आई. पी. संस्कृति का क्या तात्पर्य है, और उसका सिद्धांत क्या बताया गया है?

(iii) छोटे शहरों में जज अपने को सारी सामाजिक मर्यादाओं से ऊपर क्यों मान लेते हैं?

(iv) कानून पालन के मामले में किन्हें अधिक सतर्क होना चाहिए और क्यों?

(v) न्यायपालिका को निचले स्तरों के लिए अच्छे जज क्यों नहीं मिले पाते?

हिंदी व्याकरण

1. 'पन्नग' का पर्यायवाची शब्द है

(a) उरग (b) पिक
(c) पिनाक (d) केशरी

2. 'चपला' का पर्यायवाची है

(a) ज्वाला (b) कंजूस
(c) भामिनी (d) दामिनी

3. 'कौटिल्य' का विलोम शब्द बताइए।

(a) मृदुलता (b) आर्तव
(c) मार्दव (d) आर्जव

4. 'सम्मुख' शब्द का विलोम बताइए।

(a) विमुख (b) प्रमुख
(c) पार्श्व (d) समक्ष

5. 'दिन' का विशेषण बताइए।

(a) दैनिक (b) दिवस
(c) दीन (d) दीनता

6. 'एक' का विशेषण बताइए।

(a) इकहरा (b) एकहरा
(c) एकता (d) एकैक

7. 'हरा' की भाववाचक संज्ञा बताइए।

(a) हरियाली (b) हराना
(c) हरियाना (d) हरीयाली

8. 'बच्चा' की भाववाचक संज्ञा बताइए।

(a) शिशु (b) बचपन
(c) बच्चे (d) बच्चों

9. निर्देशानुसार उचित वाक्य बताइए।
पिता की आकस्मिक मृत्यु से बेटा हताश हो गया।
(वाक्य में 'हतोत्साहित' शब्द का प्रयोग कीजिए।

(a) पिता के आकस्मिक जाने से बेटा हतोत्साहित हो गया।
(b) पिता के अचानक मौत से बेटा हतोत्साहित हो गया।
(c) पिता की आकस्मिक मृत्यु से बेटा हतोत्साहित हो गया।
(d) पिता के एकाएक मौत से बेटा हतोत्साहित हो गया।

10. निर्देशानुसार उचित वाक्य बताइए।
बच्चा बिना किसी को साथ लिए अकेला ही सड़क पर गया।
(वाक्य में 'चला गया' शब्द का प्रयोग कीजिए)

(a) बच्चा बिना कोई को साथ लिए अकेला ही सड़क पर चला गया।
(b) बच्चा किसी को बिना लिए साथ में अकेला ही सड़क पर चला गया।
(c) बच्चा किसी को लिए ही अकेला सड़क पर चला गया।
(d) बच्चा बिना किसी को साथ लिए अकेला ही सड़क पर चला गया।

11. 'अपना उल्लू सीधा करना' मुहावरे का अर्थ बताइए।

(a) अपना मतलब निकालना
(b) कार्य पूरा हो जाना
(c) दूसरे से कार्य करवाना
(d) अपना कार्य पूरा करना

12. 'गाँठ का पूरा' मुहावरे का अर्थ बताइए।

(a) ईमानदार (b) दुकानदार
(c) लापरवाह (d) मालदार

ICSE खण्डवार अध्यायवार सॉल्वड पेपर्स

खंड 'ख'

01

बात अठन्नी की

सुदर्शन

लेखक परिचय

सुदर्शन जी का जन्म 1895 ई. में सियालकोट में हुआ था। इनका वास्तविक नाम बदरीनाथ था। ये मूलतः उर्दू में लेखन करते थे। इन्होंने उर्दू में प्रकाशित होने वाले दैनिक-पत्र 'आर्यगजट' के संपादक के रूप में कार्य किया। सुदर्शन जी मुख्यतः समाज व राष्ट्र के कवि थे। इनकी कहानियों का मुख्य उद्देश्य समाज व राष्ट्र को स्वच्छ व सुदृढ़ बनाना था।

इनकी पहली कहानी 'हार की जीत' वर्ष 1920 में सरस्वती पत्रिका में प्रकाशित हुई थी। पुष्पलता, सुप्रभात, सुदर्शन सुधा और पनघट इनके प्रसिद्ध उपन्यास हैं। इनकी भाषा सहज, स्वाभाविक, प्रभावी एवं मुहावरेदार है।

सुदर्शन जी को गद्य व पद्य दोनों में महारत प्राप्त थी। इन्होंने अनेक फिल्मों की पटकथा और गीत भी लिखे। बंबई में 16 दिसंबर, 1967 को इनका निधन हो गया।

पाठ की रूपरेखा

सुदर्शन जी की प्रसिद्ध कहानी 'बात अठन्नी की' न्यायिक व्यवस्था पर व्यंग्य करती है। यह अत्यंत मार्मिक कहानी है। इस कहानी का ताना-बाना आद्योपांत इंजीनियर बाबू जगत सिंह के नौकर रसीला के चारों ओर घूमता रहता है। रसीला ने अपने बच्चे के अस्वस्थ होने पर जिला मजिस्ट्रेट शेख सलीमुद्दीन के नौकर रमज़ान से कुछ पैसे उधार लिए थे, किंतु जब बच्चा स्वस्थ हो गया तो उसने रमज़ान से जो पैसे कर्ज़ के रूप में लिए थे, वे लौटा दिए, परंतु आठ आना देना बाकी रह गया।

यद्यपि रमज़ान ने उससे पैसे नहीं माँगे, परंतु फिर भी वह कर्ज़ के बोझ से शर्मिंदा होकर रमज़ान से नज़रें नहीं मिला पा रहा था। एक दिन बाबू जगत सिंह ने रसीला को पाँच रुपये की मिठाई खरीदकर लाने को कहा, रसीला ने साढ़े चार रुपये की मिठाई खरीदी और बाकी बची अठन्नी रमज़ान को लौटाकर समझा कि कर्ज़ उतर गया, लेकिन रसीला की आठ आने की चोरी पकड़ी गई।

इस अठन्नी की चोरी के लिए उस पर मुकदमा चला और छः महीने की सज़ा हुई। 'अठन्नी की चोरी' पर रसीला को कठोर दंड दिया गया था। यह फैसला सुनकर रमज़ान को बहुत दुःख हुआ। रमज़ान ने इस दुनिया को न्याय नगरी नहीं, अपितु अँधेर नगरी की संज्ञा दी, क्योंकि इस दुनिया में बड़े-बड़े अपराधी पकड़े नहीं जाते और गरीबों पर ही कानून का डंडा चलता है।

पाठ का सार

रसीला एक गरीब नौकर

रसीला एक गरीब व्यक्ति था। वह कई सालों से बाबू जगत सिंह के घर मासिक वेतन पर कार्यरत् था। रसीला के घर की स्थिति बहुत दयनीय थी। उसका परिवार गाँव में रहता था। उसके पिता, पत्नी तथा बच्चे सबका भार उसी के कंधों पर था। वह सारी तनख्वाह घर भेज देता था, किंतु फिर भी घर की हालत ठीक नहीं रहती थी। वह अपने मालिक से वेतन बढ़ाने की प्रार्थना बार-बार करता था, किंतु इंजीनियर बाबू जगत सिंह उसे ठुकरा दिया करते थे। अंततः उसे इन्हीं रुपयों से अपने परिवार का पालन-पोषण करना पड़ता था।

मियाँ रमज़ान, शेख सलीमुद्दीन साहब के चौकीदार

रमज़ान बहुत ही नेक, ईमानदार और परोपकारी व्यक्ति था, लेकिन उसकी आर्थिक स्थिति कमज़ोर थी, किंतु वह अपने कार्य के प्रति कर्त्तव्यनिष्ठ था। वह शेख सलीमुद्दीन साहब के घर चौकीदार के रूप में कार्यरत् था। किसी को परेशानी में देख वह चुप नहीं रह सकता था। 'रसीला' से उसकी अच्छी मित्रता थी।

रसीला और रमज़ान के मैत्रीपूर्ण संबंध

रसीला और रमज़ान दोनों में अच्छी मित्रता थी। वे दोनों घंटों साथ बैठकर बातें किया करते थे। रसीला की उदासी का कारण जान रमज़ान ने उसकी मदद कर अपनी मित्रता का परिचय दिया है। इसी कारण रसीला ने रमज़ान की तुलना देवता से की है, क्योंकि रमज़ान ने गरीब होते हुए भी रसीला की मदद की, किंतु इंजीनियर बाबू ने दुःख में रसीला का साथ नहीं दिया।

इंजीनियर साहब के रिश्वत लेने का रसीला को पता चलना

इस कहानी के माध्यम से सुदर्शन जी ने ईमानदारी का मुखौटा पहने उच्च वर्ग के लोगों के असली चेहरे को सामने लाने का प्रयास किया है, जब रसीला ने सुना कि इंजीनियर साहब कमरे में रिश्वत ले रहे हैं, तो वह सोचने लगा कि यह रुपया कमाने का कितना अच्छा तरीका है। मैं पूरे दिन मेहनत-मज़दूरी करता हूँ तब दस रुपये हाथ आते हैं।

रसीला द्वारा रिश्वत की बात रमज़ान को बताना

इंजीनियर साहब की रिश्वत की बात सुनकर रसीला ने बाहर आते ही सारी बात रमज़ान को बताई। रमजान से उसे पता चला कि शेख साहब भी कुछ कम न थे, वे इंजीनियर साहब के भी गुरु थे। वे सोचने लगे कि हम लोग इतना परिश्रम करते हैं, किंतु फिर भी कुछ नहीं पाते और इंजीनियर व शेख साहब जैसे लोग ऐसी ही कमाई से कोठियों में रहते हैं।

इंजीनियर साहब द्वारा मिठाई मँगाना और रसीला की विवशता

इंजीनियर साहब द्वारा पाँच रुपये की मिठाई मँगाने पर रसीला साढ़े चार रुपये की मिठाई खरीदता है और बची हुई अठन्नी रमज़ान को लौटाकर सोचता है कि कर्ज़ उतर गया। अपनी विवशता के कारण रसीला ने आठ आने के लिए अपने मालिक इंजीनियर बाबू से झूठ बोला और दुर्भाग्य से वह पकड़ा भी गया।

बाबू जगत सिंह द्वारा क्रूरता एवं निर्दयता की सीमा पार करना

रसीला की चोरी पकड़े जाने पर उसे अपने मालिक व पुलिस की मार भी खानी पड़ती है। मात्र आठ आने के लिए बाबू जगत सिंह निर्दयता की सारी सीमा पार कर देता है। वे रसीला द्वारा सालों से की गई सेवा को कुछ ही क्षणों में भुला देता है। यहाँ तक कि इंजीनियर साहब रसीला को घसीटते हुए पुलिस थाने भी ले जाते हैं एवं पुलिस को उसे पीटने के लिए पाँच रुपये भी रिश्वत के रूप में देते हैं। यहाँ जगत सिंह की निर्दयता व क्रूरता के दर्शन होते हैं।

शेख सलीमुद्दीन की कचहरी व रसीला द्वारा अपराध को स्वीकार करना

शेख साहब की कचहरी में रसीला पर मुकदमा चलाया गया। रसीला ने अपने स्वभावानुसार अपना अपराध स्वयं ही स्वीकार कर लिया। चाहता तो वह भी झूठ बोल सकता था, किंतु उसने ऐसा नहीं किया। वह हाथ जोड़कर बोला–हुज़ूर मेरा पहला अपराध है, माफ कर दीजिए आगे फिर कभी गलती नहीं होगी, किंतु रसीला की अपराध स्वीकार की भावना को दरकिनार करते हुए शेख साहब ने उसे छः महीने की सजा सुना दी और स्वयं उसी रूमाल से मुँह पोंछा, जिसमें एक दिन पहले किसी से रिश्वत के पैसे लिए थे।

इंजीनियर साहब व शेख साहब के प्रति विरोध की भावना

रमज़ान ने दुनिया के प्रति रोष प्रकट करते हुए दुनिया को अँधेर नगरी कहा है। उसकी नज़रों में रसीला के प्रति किया गया फैसला, फैसला नहीं, बल्कि इंजीनियर साहब द्वारा रसीला पर किया गया अन्याय था। शेख साहब व इंजीनियर साहब समाज में ईमानदारी का मुखौटा पहने रहते हैं। उनकी चोरी पकड़ी नहीं जाती और वे आराम से अपनी ज़िंदगी गुज़ार लेते हैं, किंतु रसीला जैसे लोगों को छोटी-सी गलती के लिए भी सजा भुगतनी पड़ती है।

शब्दार्थ

तनख्वाह *वेतन;* **सौगंध** *कसम;* **हठ** *ज़िद;* **पेशगी** *पहले दिया जाने वाला धन;* **रिश्वत** *घूस;* **इंसाफ** *न्याय;* **पेशी** *अभियोग में उपस्थिति, हाज़री।*

PYQs विगत वर्षों के प्रश्न व महत्त्वपूर्ण प्रश्न

बहुविकल्पीय प्रश्न

1. रमजान कौन था? **(ICSE Spec Sem I 2021-22)**

(a) चौकीदार (b) जमादार
(c) हवलदार (d) नौकर

उत्तर (a) चौकीदार

2. बाबू जगत सिंह पेशे से क्या थे? **(ICSE Spec Sem I 2021-22)**

(a) डॉक्टर (b) इंजीनियर
(c) वकील (d) अध्यापक

उत्तर (b) इंजीनियर

3. "हुजूर मेरा पहला अपराध है। एक बार माफ कर दीजिए।" कथन के वक्ता और श्रोता कौन हैं? **(ICSE Sem I 2021-22)**

(a) रमज़ान (वक्ता) और इंजीनियर बाबू (श्रोता)
(b) रसीला (वक्ता) और इंजीनियर बाबू (श्रोता)
(c) रसीला (वक्ता) और सलीमुद्दीन (श्रोता)
(d) रसीला (वक्ता) और पुलिस वाला (श्रोता)

उत्तर (c) रसीला (वक्ता) और सलीमुद्दीन (श्रोता)

4. "यह इंसाफ नहीं अँधेर है। सिर्फ एक अठन्नी की ही तो बात थी।" इस कथन का वक्ता कौन हैं? **(ICSE Sem I 2021-22)**

(a) दासी (b) बाबू जगतसिंह
(c) रसीला (d) रमज़ान

उत्तर (d) रमज़ान

गद्यांश पर आधारित प्रश्न

1. निम्नलिखित गद्यांश को पढ़िए और उसके नीचे लिखे प्रश्नों के उत्तर हिन्दी में लिखिए।

'दोनों घण्टों साथ बैठते, बातें करते'। **(ICSE Spec 2023)**

(i) 'दोनों' शब्द से किस-किस की ओर संकेत है?

उत्तर प्रस्तुत गद्यांश में यहाँ 'दोनों' शब्द रमजान और रसीला की ओर संकेत करता है। इन दोनों में गहरी मित्रता थी तथा घण्टों बैठकर एक-दूसरे से दोनों अपना दुःख-सुख बाँटा करते थें।

(ii) वे दोनों किस-किस के यहाँ काम करते थें?

उत्तर पाठ 'बात अठन्नी की' के अनुसार, रसीला बाबू जगतसिंह के घर दस रुपये मासिक वेतन पर काम करता था तथा रमजान जिला मजिस्ट्रेट शेख सलीमुद्दीन के यहाँ चौकीदार था।

(iii) वे दोनों जिन लोगों के यहाँ काम करते थें, उनमें कौन-सी बात समान थी?

उत्तर रमजान और रसीला इंजीनियर बाबू जगतसिंह व जिला मजिस्ट्रेट शेख सलीमुद्दीन के यहाँ काम करते थें, इंजीनियर बाबू जगतसिंह व जिला मजिस्ट्रेट शेख सलीमुद्दीन में यह समानता थी कि वे दोनों ही भ्रष्ट, कुटिल व रिश्वतखोर थे।

(iv) किस घटना से स्पष्ट होता है कि दोनों में बहुत मैत्री थी?

उत्तर रमजान व रसीला में घनिष्ठ मित्रता थी। यह एक घटना से पता चलता है, जब रसीला पैसों की तंगी को लेकर उदास होता है और रसीला की उदासी को रमजान समझ जाता है। रसीला की आर्थिक तंगी को देखते हुए रमजान रसीला को 5 रुपये उधार देता है, जबकि रसीला ने पहले मालिक से पैसे माँगें थे तो उन्होंने मना कर दिया था। इस घटना से ही स्पष्ट होता है कि उन दोनों में गहरी मित्रता थी। दोनों एक-दूसरे के सुख-दुःख को समझते थें।

2. निम्नलिखित गद्यांश को पढ़कर उसके नीचे दिए गए प्रश्नों के उत्तर हिंदी में लिखिए

रमजान ने ठंडी साँस भरी। उसने रसीला को ठहरने का संकेत किया और स्वयं कोठरी में चला गया। थोड़ी देर बाद उसने कुछ रुपये रसीला की हथेली पर रख दिए। रसीला के मुँह से एक शब्द भी न निकला। सोचने लगा बाबू साहब की मैंने इतनी सेवा की पर दुःख में उन्होंने साथ न दिया। रमजान को देखो गरीब है, परंतु आदमी नहीं देवता है। ईश्वर उसका भला करें। **(ICSE 2020)**

(i) रमजान कौन है? उसका परिचय दीजिए।

उत्तर रमजान शेख सलीमुद्दीन के घर का चौकीदार है जो बहुत ईमानदार, परोपकारी और कर्त्तव्यनिष्ठ व्यक्ति है। उसकी आर्थिक स्थिति कमजोर होते हुए भी वह किसी को परेशान देखकर चुप नहीं रह सकता है।

(ii) रसीला और रमजान किस-किस के यहाँ काम करते थे? उन दोनों में क्या समानता थी?

उत्तर रसीला इंजीनियर बाबू जगत सिंह के यहाँ काम करता था तथा रमजान शेख सलीमुद्दीन के यहाँ काम करता था। वे दोनों ही गरीब व ईमानदार (नौकर) थे।

(iii) रसीला ने रमजान को देवता क्यों कहा? समझाकर लिखिए।

उत्तर रसीला ने रमजान को देवता इसलिए कहा, क्योंकि रमजान ने गरीब होते हुए भी रसीला की मदद की जबकि दूसरी ओर बाबू जगतसिंह एक धनसंपन्न व्यक्ति होते हुए भी उसे पेशगी देने से मना कर देते हैं। इसी कारण रसीला ने रमजान को देवता कहा।

(iv) कहानी के शीर्षक की सार्थकता पर प्रकाश डालिए।

उत्तर कहानी का शीर्षक 'बात अठन्नी की' में रसीला ने अपने मित्र रमजान से कुछ पैसे उधार लिए थे उसमें से उसने सारे पैसे लौटा दिए थे परंतु अठन्नी देना बाकी रह गया था। उस अठन्नी को लौटाने के लिए उसने अपने मालिक से चोरी की और वह पकड़ा गया एवं उसे कठोर दण्ड दिया गया। सिर्फ अठन्नी के लिए उसे इतना सब कुछ सहन करना पड़ा।

3. निम्नलिखित गद्यांश को पढ़कर उसके नीचे दिए गए प्रश्नों के उत्तर हिंदी में लिखिए

"उसने कोई बहाना न बनाया। चाहता तो कह सकता कि यह साजिश है। मैं नौकरी नहीं करना चाहता इसलिए हलवाई से मिलकर मुझे फँसा रहे हैं, पर एक और अपराध करने का साहस वह न जुटा पाया। उसकी आँखें खुल गई थीं।" **(ICSE 2017)**

(i) किसे कौन फँसा रहा था?

उत्तर इंजीनियर जगतसिंह अपने नौकर रसीला को चोरी के जुर्म में इसलिए फँसा रहा था, क्योंकि रसीला ने कर्ज़ चुकाने के लिए अपने मालिक के आठ आने चुराने का अपराध किया था।

(ii) रसीला कौन है? उसका परिचय दीजिए।

उत्तर रसीला एक गरीब व्यक्ति था। वह कई वर्षों से बाबू जगतसिंह के घर दस रुपये मासिक वेतन पर कार्यरत् था। उसके घर की स्थिति अत्यंत दयनीय थी। वह किसी तरह मजदूरी कर अपना घर चला रहा था, किंतु फिर भी उसे चोरी के जुर्म में फँसाया गया।

(iii) हमें अपने नौकरों से कैसा व्यवहार करना चाहिए? कहानी के आधार पर उदाहरण देकर समझाइए।

उत्तर हमें अपने नौकरों के साथ अच्छा व्यवहार करना चाहिए। कहानी में इंजीनियर जगतसिंह ने अपने नौकर रसीला के साथ दुर्व्यवहार किया। मात्र आठ आने के लिए बाबू जगतसिह निर्दयता की सारी हद पार कर देता है। वह रसीला द्वारा की गई वर्षों की सेवा भूल जाता है। यहाँ तक कि वह रसीला को घसीटते हुए पुलिस स्टेशन ले जाता है और पुलिस को उसे पीटने के लिए पाँच रुपये की रिश्वत भी देता है। कहानी में बाबू जगतसिंह की निर्दयता एवं क्रूरता के दर्शन होते हैं। मालिक द्वारा नौकर के साथ इस तरह का व्यवहार करना निंदनीय है।

(iv) इस कहानी में लेखक ने समाज की कौन-सी बुराई को प्रकट करने का प्रयास किया है? क्या वे अपने प्रयास में सफल हुए? समझाकर लिखिए।

उत्तर इस कहानी में लेखक ने समाज की इस बुराई को प्रकट करने का प्रयास किया है कि समाज के उच्चवर्ग ईमानदारी का मुखौटा पहने रहते हैं। वे खुलेआम रिश्वत लेते हैं, परंतु पुलिस व प्रशासन भी उनका कुछ नहीं बिगाड़ पाता। उनकी चोरी पकड़ी नहीं जाती और वे आराम से अपनी ज़िंदगी गुजार लेते हैं, किंतु रसीला जैसे लोगों को छोटी-सी गलती के लिए भी सजा भुगतनी पड़ती है। लेखक समाज की इस बुराई को सामने लाने के अपने प्रयास में पूर्ण रूप से सफल हुए हैं।

4. निम्नलिखित गद्यांश को पढ़कर उसके नीचे दिए गए प्रश्नों के उत्तर हिंदी में लिखिए

वह सोचता, "यहाँ इतने सालों से हूँ। अमीर लोग नौकरों पर विश्वास नहीं करते, किंतु मुझ पर यहाँ कभी किसी ने संदेह नहीं किया। यहाँ से जाऊँ तो शायद कोई ग्यारह-बारह दे दे, पर ऐसा आदर न मिलेगा।"

(i) रसीला कौन था? उसके परिवार में कौन-कौन था एवं उसका परिवार कहाँ रहता था?

उत्तर रसीला एक गरीब व्यक्ति था। वह कई सालों से बाबू जगत सिंह के घर दस रुपये मासिक वेतन पर कार्यरत् था। उसके परिवार में उसके पिता, पत्नी तथा बच्चे थे जो गाँव में रहते थे।

(ii) रसीला के घर की स्थिति का संक्षेप में वर्णन कीजिए।

उत्तर रसीला के घर की स्थिति बड़ी ही दयनीय थी। वह जो कुछ भी कमाता था, उसे अपने घर के लिए भेज देता था, किंतु उतने से भी उसके परिवार का गुज़ारा नहीं हो पाता था।

(iii) 'वह' शब्द किसके लिए प्रयोग किया गया है? वह क्या सोचता था?

उत्तर 'वह' शब्द 'रसीला' के लिए प्रयोग किया गया है। वह सोचता था कि अमीर लोग नौकरों पर विश्वास नहीं करते हैं, किंतु मुझ पर यहाँ किसी ने संदेह नहीं किया। यहाँ से जाऊँ, तो शायद कोई ग्यारह-बारह दे दे, पर ऐसा आदर सम्मान नहीं मिलेगा। जो मुझे सद्व्यवहार यहाँ मिलता है वह कही भी नहीं मिलेगा।

(iv) उपरोक्त पंक्तियों के आधार पर रसीला के स्वभाव का वर्णन कीजिए।

उत्तर रसीला अत्यंत ही परिश्रमी व संकोची स्वभाव का व्यक्ति था। वह कई सालों से बाबू जगतसिंह के घर काम कर रहा था। वह सोचता था कि अमीर लोग नौकरों पर विश्वास नहीं करते, किंतु अपने मालिक बाबू जगतसिंह पर उसे विश्वास था कि वे उस पर संदेह नहीं करते। यहाँ से जाऊँ तो अधिक वेतन मिल जाए, किंतु आदर-सम्मान नहीं मिलेगा।

5. निम्नलिखित गद्यांश को पढ़कर उसके नीचे दिए गए प्रश्नों के उत्तर हिंदी में लिखिए

"तो मालिक से पेशगी माँग लो।"

"कहते हैं, एक पैसा भी न दूँगा।"

रमज़ान ने ठंडी साँस भरी। उसने रसीला को ठहरने का संकेत किया और स्वयं कोठरी में चला गया। थोड़ी देर बाद उसने कुछ रुपये रसीला की हथेली पर रख दिए। रसीला के मुँह से एक शब्द भी न निकला। सोचने लगा, "बाबू साहब की मैंने इतनी सेवा की, पर दुःख में उन्होंने साथ न दिया। रमज़ान को देखो गरीब है, परंतु आदमी नहीं, देवता है। ईश्वर उसका भला करे।"

(i) रसीला की उदासी का क्या कारण था? इससे उसके स्वभाव के विषय में क्या ज्ञात होता है?

उत्तर रसीला की उदासी का कारण घर से आया पत्र था, जिसमें उसके बच्चे के बीमार होने की ख़बर थी। वह रमज़ान को अपनी समस्या नहीं बता पा रहा था। इससे रसीला के संकोची स्वभाव का पता चलता है।

(ii) मालिक से पेशगी माँगने की सलाह किसने, किसे एवं क्यों दी?

उत्तर मालिक से पेशगी माँगने की सलाह रमज़ान ने रसीला को दी, क्योंकि गाँव में उसका बच्चा बीमार था इसलिए रसीला को बच्चे के इलाज़ के लिए पैसों की अत्यंत आवश्यकता थी।

(iii) रमज़ान कौन था? रसीला की उदासी का कारण जानकर रमज़ान ने क्या किया?

उत्तर रमज़ान इंजीनियर बाबू के पड़ोसी शेख सलीमुद्दीन का चौकीदार व रसीला का घनिष्ठ मित्र था। रसीला का बच्चा अस्वस्थ होने के कारण उसे पैसे की जरूरत थी इसलिए वह उदास था। रसीला की उदासी का कारण जानकर उससे रहा नहीं गया और उसने कुछ रुपये लाकर रसीला के हाथ पर रख दिए।

(iv) रसीला ने रमज़ान की तुलना देवता से क्यों की है?

उत्तर रमज़ान व रसीला अत्यंत घनिष्ठ मित्र थे। दोनों घंटों साथ बैठकर बातें किया करते थे। रमज़ान ने गरीब होते हुए भी

रसीला की मदद की, जबकि दूसरी ओर बाबू जगतसिंह एक धनसंपन्न व्यक्ति होते हुए भी पेशगी देने से मना कर देते हैं। अतः रमज़ान ने रसीला की मदद कर अपनी मित्रता का परिचय दिया है। इसी कारण रसीला ने रमज़ान की तुलना देवता से की है।

6. **निम्नलिखित गद्यांश को पढ़कर उसके नीचे दिए गए प्रश्नों के उत्तर हिंदी में लिखिए**

''वह बाहर आया और रमज़ान को सारी बात सुना दी। रमज़ान बोला, ''बस इतनी-सी बात ! हमारे शेख साहब तो उनके भी गुरु हैं। आज भी एक शिकार फँसा है। हज़ार से कम तय न होगा। भैया, गुनाह का फल मिलेगा या नहीं, यह तो भगवान जाने, पर ऐसी ही कमाई से कोठियों में रहते हैं और एक हम हैं कि परिश्रम करने पर भी हाथ में कुछ नहीं रहता।''

(i) इंजीनियर साहब के रिश्वत लेने की बात रसीला के सामने कैसे आई?

उत्तर एक दिन रसीला ने इंजीनियर साहब को किसी से कमरे में बात करते हुए सुना ''बस पाँच सौ! इतनी-सी रकम देकर, आप मेरा अपमान कर रहे हैं।'' वह समझ गया कि इंजीनियर साहब कमरे में रिश्वत ले रहे हैं।

(ii) रसीला की नज़रों में पैसा कमाने का आसान तरीका कौन-सा था?

उत्तर रसीला की नज़रों में पैसा कमाने का आसान तरीका अपने मालिक द्वारा कमरे में चुपचाप रिश्वत लेना था, जब उसने सुना कि इंजीनियर साहब कमरे में रिश्वत ले रहे हैं, तो वह सोचने लगा कि यह रुपया कमाने का कितना अच्छा व आसान तरीका है।

(iii) ''हमारे शेख साहब उनके भी गुरु हैं।'' शेख साहब कौन थे? इन पंक्तियों के आधार पर शेख साहब के चरित्र पर प्रकाश डालिए।

उत्तर शेख साहब 'जिला मजिस्ट्रेट' थे। उपरोक्त पंक्तियों के आधार पर कहा जा सकता है कि शेख साहब समाज में प्रतिष्ठित उन व्यक्तियों में से एक थे, जो समाज में ईमानदारी व न्याय प्रियता का मुखौटा पहने हुए थे और पीठ पीछे रिश्वत लिया करते थे तथा कचहरी में उसके अनुसार न्याय करते थे।

(iv) कोठियों में रहने वाले लोगों की किस प्रवृत्ति की ओर संकेत किया गया है एवं किस प्रकार के व्यक्तियों के हाथ कुछ नहीं रहता? उपरोक्त गद्यांश के आधार पर बताइए।

उत्तर कोठियों में रहने वाले लोगों की रिश्वत लेने की प्रवृत्ति की ओर संकेत किया गया है, जब रसीला को इंजीनियर साहब की रिश्वत लेने की बात पता चलती है, तो वह सोचने लगता है कि पैसा कमाने का यह कितना अच्छा तरीका है, क्योंकि गरीब, मेहनती व ईमानदार लोग जो दिन-रात मेहनत करते हैं, उनके हाथ कुछ नहीं रहता। वे सदैव गरीबी से जूझते रहते हैं।

02

काकी

सियाराम शरण गुप्त

लेखक परिचय

सियारामशरण गुप्त जी का जन्म 1895 ई. में **चिरगाँव** में हुआ था। इनके पिता श्री रामचरण एक आस्थावान रामभक्त थे। गुप्त जी **महात्मा गाँधी** और **विनोबा भावे** के विचारों के अनुयायी थे। इसकी झलक इनकी रचनाओं में देखने को मिलती है। अपनी रचनाओं के माध्यम से इन्होंने देश की ज्वलंत घटनाओं और समस्याओं का जीवंत चित्र प्रस्तुत किया है। अपनी प्रारंभिक शिक्षा पूरी करने के बाद इन्होंने घर पर ही गुजराती, अंग्रेज़ी और हिंदी भाषा सीखी। गुप्त जी को दीर्घकालीन साहित्य सेवाओं के लिए वर्ष 1962 में 'सरस्वती हीरक जयंती' के अवसर पर सम्मानित किया गया तथा 'नागरी प्रचारिणी' सभा वाराणसी द्वारा **सुधाकर पदक** से भी विभूषित किया गया। अनाथ, आर्द्रा, दूर्वादल– इनके काव्य खंड; 'मानुषी'– कहानी संग्रह; 'पुण्य पर्व' नाटक; अनुरूपा तथा अमृत पुत्र-कविता संग्रह; नारी और गोद–उपन्यास तथा झूठा-सच निबंध संग्रह उल्लेखनीय हैं। गुप्त जी की भाषा सरल, सहज तथा व्यावहारिक है। इनका निधन 9 मार्च, 1963 को हुआ।

पाठ की रूपरेखा

सियारामशरण गुप्त जी की कहानी 'काकी' एक अबोध बालक की स्थिति को दर्शाती हुई अत्यंत मार्मिक कहानी है। यह कहानी श्यामू की माँ (काकी) के इर्द-गिर्द घूमती है। श्यामू कहानी का मुख्य पात्र है। वह अपनी माँ से अत्यधिक प्रेम करता है। 'काकी' की मृत्यु पर वह बड़ा कोहराम मचाता है और उन्हें शमशान घाट पर ले जाने से रोकता है, वहाँ उपस्थित लोगों ने जैसे-तैसे उसे शांत किया, किंतु कुछ दिनों बाद उसे ज्ञात हुआ कि उसकी माँ राम के घर चली गई है।

यह जानकर कि उसकी माँ राम के घर चली गई है, उसने अपनी बाल-बुद्धि के अनुसार एक योजना बनाई और योजना के अनुसार वह अपनी काकी को पतंग के द्वारा राम के घर से नीचे उतारना चाहता था। यहाँ लेखक ने उसके मातृ-प्रेम की पराकाष्ठा को दर्शाने का प्रयास किया है।

पाठ का सार

श्यामू की व्याकुलता

कहानी का केंद्रीय पात्र श्यामू है, जिसके चारों ओर कहानी घूमती है। एक दिन प्रात:काल श्यामू की नींद खुली तो उसने देखा कि घर में चारों ओर कोहराम मचा हुआ था, घर के सभी लोग उसकी माँ को चारों ओर से घेरकर विलाप कर रहे थे, जब लोग उसकी माँ के पार्थिव शरीर को शमशान घाट ले जाने लगे, तो उसने बड़ा उपद्रव मचाया। वह अपनी माँ से बहुत प्यार करता था। अपनी माँ को शमशान घाट ले जाने से रोकता है।

सत्य छिपाए नहीं छिपता

श्यामू एक नादान बालक था। वह बचपन में ही अपनी माँ को खो देता है। माँ की मृत्यु के बाद श्यामू को लोगों ने यह कहकर सांत्वना दी कि उसकी माँ मामा के घर गई है, किंतु असत्य के आवरण में सत्य अधिक समय तक छिप नहीं सकता। श्यामू की माँ मर चुकी थी। यहाँ असत्य के आवरण में यही सत्य छिपा था, लेकिन आस-पास के मासूम बच्चों से उसे सत्य का पता चल गया कि उसकी माँ अब इस दुनिया में नहीं है, वह राम के घर चली गई है।

श्यामू की आंतरिक मन:स्थिति

श्यामू के मन में जो दु:ख का भाव था, वह समाप्त नहीं हुआ था। माँ की मृत्यु के बाद कई दिनों तक रोते-रोते उसका रुदन धीरे-धीरे शांत तो हो गया था, किंतु उसका अंत:करण अत्यंत दु:खी था, जिस प्रकार वर्षा के बाद धरती पर जमा हुआ पानी तो चला जाता है, परंतु पृथ्वी के अंदर पानी की नमी बनी रहती है। उसी प्रकार 'श्यामू' का मन भी अंदर से दु:खी था।

श्यामू के हृदय का खिल उठना व विश्वेश्वर की मन:स्थिति

श्यामू नासमझ बालक था। उसे मालूम था कि उसकी माँ भगवान के घर गई है, इसलिए वह एकांत में बैठकर चुपचाप ऊपर आसमान की ओर देखा करता था। जब उसने आसमान में उड़ती पतंग देखी तो उसका मन खिल उठा और भाग कर अपने पिता विश्वेश्वर के पास गया और बोला, काका मुझे एक पतंग मँगा दो, किंतु पत्नी की मृत्यु के बाद से श्यामू के पिता विश्वेश्वर कुछ खोए से रहते थे, उन्होंने श्यामू की बात को भी अनसुना कर दिया और चले गए।

भोलापन व समवयस्क मित्र 'भोला'

आसमान में उड़ती पतंगों को देख श्यामू को ख्याल आया कि क्यों न इन उड़ती हुई पतंगों को काकी के पास भेजकर उन्हें आसमान से नीचे बुला लिया जाए। श्यामू द्वारा बनाई गई यह योजना उसके भोलेपन को दर्शाती है। श्यामू ने जब अपनी योजना अपने समवयस्क मित्र 'भोला' को बताई, तो दोनों ने पतंग की पतली डोर की जगह 'मोटी रस्सी' के सहारे काकी को नीचे उतारने की योजना बनाई। श्यामू और भोला द्वारा बनाई गई योजना से उनके भोलेपन का परिचय मिलता है।

श्यामू की चिंता का कारण

श्यामू और भोला ने मोटी रस्सी द्वारा काकी को नीचे उतारने की योजना तो बना ली, किंतु समस्या यह थी कि मोटी रस्सी मँगाई कैसे जाए? श्यामू के पास पैसे नहीं थे और वह जानता था कि घर के सदस्य उसे इस कार्य के लिए पैसे नहीं देंगे। इसी चिंता के कारण उसे रातभर नींद नहीं आई।

श्यामू का अपने पिता विश्वेश्वर की पॉकेट से रुपया निकालना

अपनी योजना को एक सफल रूप प्रदान करने के लिए श्यामू ने अगले दिन विश्वेश्वर की पॉकेट से एक रुपया निकाला और भोला को देकर कहा कि किसी को मालूम नहीं होना चाहिए, दो अच्छी-अच्छी रस्सियाँ मँगा दे। एक रस्सी तो छोटी पड़ेगी। मैं पतंग पर काकी का नाम लिखवा लेता हूँ, ताकि पतंग सीधे 'काकी' के पास ही पहुँचे।

विश्वेश्वर का उग्र रूप

श्यामू द्वारा विश्वेश्वर की पॉकेट से एक रुपया निकालने वाली बात विश्वेश्वर को पता चल गई और उसने क्रोध में आकर श्यामू को थप्पड़ मार दिया और श्यामू की पतंग फाड़ दी, जिस पर लिखा था 'काकी'।

शब्दार्थ

कुहराम *रोना, कल्पना*; **आवरण** *पर्दा*; **अनंतर** *उसके बाद*; **अंतस्तल** *भीतर स्थित*; **अन्यमनस्क** *जिसका मन कहीं और लगा हो*; **उत्कंठित** *उत्सुक*; **ओछी** *छोटी*; **समवयस्क** *समान आयु का*; **अबोध** *नासमझ*; **विघ्न** *बाधा* ; **उग्र** *रौद्र*; **मुखबिर** *भेद खोलने वाला*; **हतबुद्धि** *जो कुछ सोचने की अवस्था में न हो।*

PYQs विगत वर्षों के प्रश्न व महत्त्वपूर्ण प्रश्न

बहुविकल्पीय प्रश्न

1. श्यामू की माँ कौन थी? **(ICSE Spec Sem I 2021-22)**
(a) उमा (b) सुखिया
(c) दासी (d) काकी
उत्तर (d) काकी

2. घर में कोहराम क्यों मचा हुआ था? **(ICSE Spec Sem I 2021-22)**
(a) काकी की मृत्यु के कारण (b) बच्चे की मृत्यु के कारण
(c) दासी की मृत्यु के कारण (d) सुखिया की मृत्यु के कारण
उत्तर (a) काकी की मृत्यु के कारण

3. श्यामू को किसने बताया था कि उसकी माँ भगवान के घर गई है? **(ICSE Spec Sem I 2021-22)**
(a) उसके दोस्तों ने (b) अबोध/मासूम बालकों ने
(c) दासी ने (d) सुखिया ने
उत्तर (b) अबोध/मासूम बालकों ने

4. आकाश में उड़ती पतंग देखकर श्यामू को कैसा लगा? **(ICSE Spec Sem I 2021-22)**
(a) खुश हुआ (b) दु:खी हुआ (c) आनंदित हुआ (d) व्याकुल हुआ
उत्तर (a) खुश हुआ

5. 'काकी' कहानी का प्रमुख संदेश क्या है? **(ICSE Sem I 2021-22)**
(a) एक बच्चे के खेलने के शौक को समझना।
(b) एक बच्चे के पतंग उड़ाने के जोश को समझना।
(c) एक बच्चे के माँ के खोने के दर्द को समझना।
(d) एक बच्चे की पढ़ाई न करने की आदत को समझना।
उत्तर (c) एक बच्चे के माँ के खोने के दर्द को समझना।

6. भोला सकपका कर एक ही डाँट में .... हो गया। 'काकी' नामक कहानी के आधार पर रिक्त स्थान में उचित शब्द भरें। **(ICSE Sem I 2021-22)**
(a) हतबुद्धि (b) मुखबिर (c) बेहोश (d) सचेत
उत्तर (c) हतबुद्धि

गद्यांश पर आधारित प्रश्न

1. निम्नलिखित गद्यांश को पढ़िए और उसके नीचे लिखे प्रश्नों के उत्तर हिंदी में लिखिए

उसके अंतस्तल में वह शोक जाकर बस गया था। वह प्राय: अकेला बैठा-बैठा शून्य मन से आकाश की ओर ताका करता। एक दिन उसने ऊपर आसमान में पतंग उड़ती देखी। न जाने क्या सोचकर उसका हृदय एकदम खिल उठा। विश्वेश्वर के पास जाकर बोला, "काका! मुझे एक पतंग मँगा दो।"

'काकी'-सियारामशरण गुप्त **(ICSE 2019)**

(i) 'उसके' शब्द का प्रयोग किसके लिए किया गया है? उसके दु:खी होने का क्या कारण था?

उत्तर 'उसके' शब्द का प्रयोग श्यामू के लिए किया गया है। उसके दु:खी होने का कारण उसकी माँ की मृत्यु होना था। वह अपनी माँ से बहुत प्रेम करता था, इसलिए उसकी मृत्यु होने पर वह दु:खी था।

(ii) क्या देखकर उसका हृदय खिल उठा था? उसने अपने पिता से क्या माँगा?

उत्तर पतंग देखकर उसका हृदय खिल उठा था। वह पतंग लाने के लिए बहुत उत्सुक था, इसलिए उसने अपने पिता से एक पतंग माँगी।

(iii) उसने उस चीज का प्रबंध कैसे किया? क्या उसके इस कार्य को अपराध कहना उचित होगा?

उत्तर उसने (श्यामू) उस चीज (पतंग) का प्रबंध करने के लिए अपने पिता के कोट से पहले चवन्नी तथा दूसरी बार एक रुपया चुराया। उसके इस कार्य को हम अपराध कहेंगे, क्योंकि चोरी करना बुरी बात है। इस प्रकार पैसे चुराकर अपनी इच्छा को पूरा करना किसी भी दृष्टि से उचित नहीं है।

(iv) विश्वेश्वर ने बालक के साथ कैसा व्यवहार किया? संक्षेप में समझाते हुए उनके इस तरह के व्यवहार का कारण तथा सच्चाई जानने के बाद की स्थिति का भी वर्णन कीजिए।

उत्तर विश्वेश्वर ने बालक के साथ बुरा व्यवहार किया। उसने क्रोध में आकर श्यामू को दो थप्पड़ मार दिए तथा उसकी पतंग फाड़ दी। उसके इस व्यवहार का कारण श्यामू द्वारा चोरी करना था। भोला के मुख से सच्चाई जानने के बाद कि श्यामू भैया पतंग तानकर काकी को राम के यहाँ से नीचे उतारने की योजना बना रहे थे विश्वेश्वर की यह स्थिति हुई कि वे हतबुद्धि रह गए और अपने किए पर पछतावा भी हुआ। वह सोचने लगे कि वह अपने ही दुख को बड़ा समझ रहे थे परंतु उन्होंने बालक के विषय में तो सोचा ही नहीं था जिसकी माँ की मृत्यु हुई है।

टीचर्स कमेंट्स

- प्रश्न (iii) में पतंग लाने का प्रबंध कैसे किया इस भाग को तो सभी परीक्षार्थियों ने सही से लिखा लेकिन 'उसका यह कार्य अपराध है अथवा नहीं।' इस बात को परीक्षार्थी ठीक से नहीं समझा पाए।
- प्रश्न (iv) में विद्यार्थी, विश्वेश्वर का श्यामू के साथ व्यवहार बदलने का सही कारण नहीं बता पाए।
- वाक्य रचना तथा वर्तनी में भी त्रुटियाँ पाई गई।

स्टूडेंट्स के लिए एडवाइज़

छात्रों को कहानी बार-बार पढ़नी चाहिए, सभी पात्रों के नाम तथा उनके चरित्र को भली प्रकार याद करना चाहिए। कहानी की मुख्य शिक्षा नैतिक शिक्षा तथा कहानी का संदेश भी समझना चाहिए। छात्रों को कहानी से संबंधित छोटे-छोटे प्रश्नों की Quiz सहपाठियों के साथ करनी चाहिए। जिसके परिणामस्वरूप विद्यार्थियों की बौद्धिक क्षमता विकसित होगी। व्याकरण संबंधी अशुद्धियों के निवारण हेतु कक्षा में नियमित अभ्यास करना चाहिए।

2. निम्नलिखित गद्यांश को पढ़कर उसके नीचे दिए गए प्रश्नों के उत्तर हिंदी में लिखिए

शोक शांत न हो सका। वर्षा के अनंतर एक दो दिन में ही पृथ्वी के ऊपर का पानी तो अगोचर हो जाता है, परंतु भीतर-ही-भीतर उसकी आर्द्रता जैसे बहुत दिन तक बनी रहती है, वैसे ही उसके अंतस्तल में वह शोक जाकर बस गया था। वह प्राय: अकेला बैठा-बैठा शून्य मन से आकाश की ओर ताका करता।

(i) घर के लोग करुण ढंग से विलाप क्यों कर रहे थे?

उत्तर घर के लोग करुण ढंग से विलाप इसलिए कर रहे थें, क्योंकि श्यामू की माँ का स्वर्गवास हो गया था और घर के सभी लोगों ने उसकी माँ को नीचे लिटाकर कपड़े से ढक दिया था।

(ii) श्यामू ने उपद्रव क्यों मचाया?

उत्तर श्यामू ने उपद्रव इसलिए मचाया, क्योंकि उसकी माँ का स्वर्गवास हो गया था और जब उसकी माँ को लोग शमशान ले जाने लगे, तो वह अपनी माँ को कहीं नहीं ले जाने देना चाहता था।

(iii) 'सत्य छिपाए नहीं छिपता' कहानी के आधार पर स्पष्ट कीजिए।

उत्तर यह सत्य है कि 'सत्य छिपाए नहीं छिपता' श्यामू की माँ का स्वर्गवास हो जाने के बाद भी लोगों ने श्यामू को कहा था कि उसकी माँ मामा के घर गई है, किंतु यह असत्य अधिक दिनों तक छिप न सका और श्यामू के सामने सच आ गया।

(iv) पृथ्वी की आर्द्रता की तुलना श्यामू के मन से किस प्रकार की गई है?

उत्तर जिस प्रकार वर्षा के बाद पृथ्वी पर इकट्ठा हुआ पानी तो सूख जाता है, किंतु पृथ्वी के अंदर पानी की नमी बनी रहती है, ठीक उसी प्रकार माँ की मृत्यु पर श्यामू का रोना तो क्रमश: शांत हो गया, किंतु उसका मन अत्यंत दु:खी था।

3. निम्नलिखित गद्यांश को पढ़कर उसके नीचे दिए गए प्रश्नों के उत्तर हिंदी में लिखिए

"मैं यह पतंग ऊपर राम के यहाँ भेजूँगा। इसे पकड़कर काकी नीचे उतरेंगी। मैं लिखना नहीं जानता, नहीं तो इस पर उनका नाम लिख देता।"

(i) श्यामू का हृदय प्रसन्न क्यों हो गया? श्यामू ने क्या सोचकर अपने पिता विश्वेश्वर से पतंग माँगी?

उत्तर आसमान में उड़ती पतंग देख श्यामू का हृदय प्रसन्न हो गया और आसमान में उड़ती पतंगों को देखकर उसने मन में विचार किया कि क्यों न 'काकी' को पतंग के द्वारा ही नीचे उतारा जाए यही सोचकर उसने अपने पिता विश्वेश्वर से पतंग माँगी।

(ii) 'अन्यमनस्क' शब्द का अर्थ बताएँ? विश्वेश्वर 'अन्यमनस्क' क्यों रहा करते थे?

उत्तर 'अन्यमनस्क' शब्द का अर्थ है–जिसका मन कहीं और लगा हो। पत्नी की मृत्यु के कारण विश्वेश्वर 'अन्यमनस्क' रहा करते थे।

(iii) श्यामू ने अपनी इच्छापूर्ति किस प्रकार की? स्पष्ट कीजिए।

उत्तर श्यामू ने अपनी इच्छापूर्ति के लिए एक उपाय सोचा कि वह अपनी दिवंगत माँ तक अपना संदेश पहुँचाने के लिए एक पतंग पर अपनी माँ का नाम लिखकर उड़ाएगा। यह पतंग आसमान में उड़कर उसकी माँ के पास पहुँच जाएगी और उसकी माँ को उसका संदेश मिल जाएगा। इस तरह उसने भोला से एक पतंग और डोरी मँगाई और पतंग पर अपनी माँ का नाम लिखकर उसे उड़ाया। इस प्रकार श्यामू ने अपनी इच्छापूर्ति की।

(iv) उपरोक्त पंक्तियों के आधार पर बताएँ कि 'मैं' शब्द किसके लिए प्रयोग किया गया है? वह राम के घर क्या भेजना चाहता था और वह पतंग पर क्या लिखना चाहता था?

उत्तर 'मैं' शब्द श्यामू के लिए प्रयोग किया गया है। वह राम के घर पतंग भेजना चाहता था, जिसकी डोर पकड़कर काकी आसानी से नीचे उतर आएगी और वह पतंग पर 'काकी' लिखना चाहता था, ताकि पतंग सीधे काकी के पास ही पहुँचे।

4. निम्नलिखित गद्यांश को पढ़कर उसके नीचे दिए गए प्रश्नों के उत्तर हिंदी में लिखिए

"देख भोला, किसी को मालूम न होने पाए। अच्छी–अच्छी दो रस्सियाँ मँगा दे। एक रस्सी ओछी पड़ेगी। जवाहर भैया से मैं एक कागज़ पर 'काकी' लिखवा के रखूँगा। नाम की चिट रहेगी, तो पतंग उन्हीं के पास पहुँच जाएगी।"

(i) भोला कौन था? भोला व श्यामू की चिंता का क्या कारण था?

उत्तर भोला सुखिया दासी का लड़का व श्यामू का समवयस्क मित्र था। उनकी चिंता का कारण यह था कि वह मोटी रस्सी के लिए पैसे कहाँ से लाए?

(ii) श्यामू को देर रात तक नींद क्यों न आई? श्यामू ने विश्वेश्वर के पॉकेट से क्या निकाला?

उत्तर श्यामू को रातभर यही चिंता सताती रही कि वह मोटी रस्सी के लिए पैसे किससे माँगेगा? इसलिए उसे देर रात तक नींद नहीं आई। श्यामू ने विश्वेश्वर के पॉकेट से एक रुपया निकाला।

(iii) "किसी को मालूम न होने पाए। अच्छी-अच्छी दो रस्सियाँ मँगा दे।" यह किसने व किससे कहा? श्यामू जवाहर भैया से पतंग पर क्या लिखवाना चाहता था?

उत्तर "किसी को मालूम न होने पाए। अच्छी-अच्छी दो रस्सियाँ मँगा दे।" यह कथन श्यामू ने भोला से कहा और श्यामू जवाहर भैया से पतंग पर 'काकी' लिखवाना चाहता था, क्योंकि उनके नाम की चिट रहेगी, तो पतंग सीधे उन्हीं के पास पहुँचेगी।

(iv) 'ओछी' शब्द का अर्थ क्या है तथा श्यामू ने भोला से क्या लाने को कहा?

उत्तर 'ओछी' शब्द का अर्थ है–छोटी। श्यामू को जब यह पता चला कि डोर पतली है, इसे पकड़कर काकी नीचे नहीं उतर पाएगी, पतंग में मोटी रस्सी होती तो 'काकी' आसानी से नीचे उतर पाती। उसने भोला से अच्छी-अच्छी दो रस्सियाँ लाने को कहा।

03

महायज्ञ का पुरस्कार

यशपाल

लेखक परिचय

स्वतंत्रता सेनानी यशपाल जी को हिंदी साहित्य के यशस्वी **कथाकार** और **निबंधकार** के रूप में जाना जाता है। इनका जन्म 3 दिसंबर, 1903 में फिरोजपुर छावनी में हुआ था। यशपाल जी बचपन से ही क्रांतिकारी गतिविधियों में जुट गए थे। इनकी आरंभिक शिक्षा स्थानीय स्कूल व उच्च शिक्षा लाहौर में हुई। इन्होंने **विप्लव** नामक पत्र निकाला व साहित्य सृजन में लग गए। इनके प्रमुख कहानी संग्रह हैं– ज्ञानदान, तर्क का तूफ़ान, पिंजड़े की उड़ान, फूलों का कुर्ता, उत्तराधिकारी आदि। कहानियों के अतिरिक्त इन्होंने उपन्यास, आत्मकथा, निबंध, नाटक आदि भी लिखे हैं। देशद्रोही, दादा कामरेड, झूठा-सच आदि इनके प्रमुख उपन्यास हैं। सिंहावलोकन, न्याय का संघर्ष तथा देखा-सोचा-समझा में इनके निबंध, संस्मरण और रेखाचित्र संगृहीत हैं। यशपाल जी की साहित्य सेवा से प्रसन्न होकर रीवा सरकार ने इन्हें 'देव पुरस्कार', सोवियत लैंड सूचना विभाग ने 'सोवियत लैंड नेहरू पुरस्कार', हिंदी साहित्य सम्मेलन ने मंगला प्रसाद पारितोषिक तथा भारत सरकार ने **पद्मभूषण** की उपाधि से नवाज़ा। यशपाल जी की रचनाओं में हिंदी के साथ-साथ उर्दू व अंग्रेज़ी के शब्दों का प्रयोग भी देखने को मिलता है। इनकी भाषा सहज, स्वाभाविक व प्रभावपूर्ण है। 26 दिसंबर, 1976 को इनका स्वर्गवास हो गया।

पाठ की रूपरेखा

कुंदनपुर नगर से दस-बारह कोस की दूरी पर एक सेठ रहता था, जो स्वभाव से अत्यंत विनम्र, उदार व धर्मपरायण प्रवृत्ति का था। सेठ की धर्मपरायणता दूर-दूर तक फैली हुई थी, जो भी उनके द्वार पर आ जाता, कभी निराश होकर नहीं लौटता था।

एक दिन अचानक सेठ के दिन फिरे और सेठ को विपरीत स्थितियों का सामना करना पड़ा। सेठ व सेठानी ने अपनी विपरीत स्थितियों से बाहर निकलने के लिए कुंदनपुर नाम के कस्बे में रहने वाले धन्ना सेठ को एक यज्ञ के पुण्य को बेचने का निर्णय लिया।

धन्ना सेठ के कस्बे की ओर जाते समय सेठ ने मार्ग में एक भूखे कुत्ते को अपने मार्ग के भोजन की चारों रोटी खिलाकर उसके प्राणों की रक्षा की। यह उनका सबसे बड़ा पुण्य (यज्ञ) बन गया। कुंदनपुर की सेठानी ने इसी महायज्ञ को खरीदने का प्रस्ताव सेठ के समक्ष रखा, किंतु सेठ ने इस प्रस्ताव को अस्वीकार करते हुए कहा कि भूखे को खाना खिलाना महायज्ञ नहीं, अपितु मानव-हित है, लेकिन जब सेठ घर पहुँचा, तो उसे एक बड़ा ख़जाना मिल गया जो उस 'महायज्ञ का पुरस्कार' था।

पाठ का सार

सेठ की धार्मिक प्रवृत्ति

सेठ धार्मिक प्रवृत्ति का एवं स्वभाव से अत्यंत ही विनम्र व उदार व्यक्ति था। अपनी इसी प्रवृत्ति के कारण सेठ ने न जाने कितना ही धन दीन-दुःखियों में बाँट दिया था। उसकी धर्मपरायणता दूर-दूर तक फैली हुई थी, जो भी साधु-संत उसके द्वार पर आता था, वह निराश होकर कभी न लौटता था।

सेठ की विपरीत स्थितियाँ

एक दिन अचानक सेठ के दिन फिरे और सेठ को विपरीत स्थितियों का सामना करना पड़ा। उनके सभी संगी-साथियों ने उनसे मुँह फेर लिया। दिन-प्रतिदिन उनकी स्थिति खराब होती गई और नौबत यहाँ तक आ गई कि सेठ व सेठानी की भूखे मरने की हालत हो गई। अपनी गरीबी

से बाहर निकलने के लिए सेठ व सेठानी ने एक यज्ञ के पुण्य को बेचने का निर्णय लिया।

धन्ना सेठ व समाज में प्रचलित प्राचीन मान्यताएँ

सेठ व सेठानी ने धन्ना सेठ को अपने एक यज्ञ के पुण्य को बेचने का निर्णय लिया। धन्ना सेठ कुंदनपुर नाम के एक नगर में रहते थे। इनके पास अपार धन-संपत्ति थी, इसलिए लोग इन्हें 'धन्ना सेठ' कहते थे। उस समय समाज में प्राचीन मान्यताएँ प्रचलित थीं; जैसे यज्ञ के फल या पुण्य को खरीदने व बेचने की प्रथा। इसी प्रकार, धन्ना सेठ की पत्नी के विषय में भी कहा जाता था कि उनके पास कोई दैवीय शक्ति है, जिसके कारण वे तीनों लोकों की बात जान लेती हैं।

सेठ की कुंदनपुर यात्रा

सेठ को कुंदनपुर के लिए निकलना था, इसलिए सेठानी पड़ोसी से आटा माँग लाई और चार रोटियाँ बनाकर सेठ को दे दीं। सेठ सुबह उठ धन्ना सेठ के कस्बे की ओर चल दिए। सेठ के लिए जब चलना कष्टप्रद हो गया और भूख भी सताने लगी, तो सेठ ने सोचा थोड़ी देर विश्राम और भोजन कर लिया जाए। वृक्षों का कुंज देखकर सेठ वहीं रुक गए।

कुत्ते की दुर्बल स्थिति

सेठ जब विश्राम करने के लिए वृक्षों के कुंज में बैठे और जैसे ही रोटियाँ निकालीं, तभी उनकी नज़र पास ही पड़े एक अधमरे कुत्ते पर पड़ी, जो छटपटा रहा था। उसकी स्थिति इतनी दुर्बल थी कि उसके पेट व कमर का पता ही नहीं चल पा रहा था।

सेठ की दयालुता

सेठ अत्यंत दयालु प्रवृत्ति के व्यक्ति थे। उनका स्वभाव केवल मनुष्य मात्र के लिए नहीं था, अपितु वे किसी जीव को भी दु:खी नहीं देख सकते थे। कुत्ते को देख सेठ को दया आ गई और सेठ ने एक-एक कर अपनी सारी रोटियाँ बीमार पड़े कुत्ते को खिला दीं और स्वयं पानी पीकर आगे की यात्रा पर चल पड़े।

सेठ का कुंदनपुर पहुँचना

धन्ना सेठ की हवेली में पहुँचने पर सेठ ने अपनी सारी परेशानी धन्ना सेठ के समक्ष रखीं, तभी धन्ना सेठ की पत्नी ने कहा कि आप अपना आज का किया हुआ महायज्ञ बेचने को तैयार हो, तो हम उसे अवश्य ही खरीदेंगे, अन्यथा नहीं।

सेठ की विस्मित-विमूढ़ अवस्था

सेठ को धन्ना सेठ की पत्नी की बात समझ न आई। वे कुछ बोल पाने की स्थिति में न थे, क्योंकि वर्तमान में उनकी स्थिति ऐसी नहीं थी कि वे महायज्ञ कर सकें और धन्ना सेठ की पत्नी उनसे आज के किए गए महायज्ञ को बेचने की बात कर रही थी। पूछने पर उन्हें पता चला कि उन्होंने जो कुत्ते को रोटियाँ खिलाई थीं धन्ना सेठ की पत्नी उसी महायज्ञ को बेचने की बात कर रही थी, किंतु सेठ को मानवोचित कर्त्तव्य का मूल्य लेना उचित न लगा और उन्होंने अपना सामान उठाया व खाली हाथ घर आ गए।

विपत्ति में भी सेठ का धर्म न छोड़ना

सेठानी घर पर बड़ी-बड़ी आशाएँ लगाए बैठी थी। सेठ के खाली हाथ आने पर वह घबरा जाती है, किंतु जब सेठ उसे शुरू से अंत तक सारी बात बताते हैं, तो उसका हृदय प्रसन्नता से खिल उठता है। उसे अपने पति पर गर्व होता है, क्योंकि सेठ ने विपत्ति में भी अपनी धर्मपरायणता को बनाए रखा। सेठानी-सेठ के चरणों की धूल को माथे पर लगाते हुए सेठ का साहस बढ़ाती है और भगवान पर विश्वास करने के लिए कहती है।

सेठ व सेठानी पर ईश्वरीय कृपा

कहानी के अंत में सेठ व सेठानी को ईश्वरीय कृपा के रूप में एक खज़ाना मिला, जिसे देख दोनों की आँखें आश्चर्यचकित रह गईं। सेठ ने जिस अधमरे कुत्ते को अपनी रोटियाँ खिलाई थीं यह खज़ाना उसी का पुरस्कार था। अंतत: यही कहा जा सकता है कि हर प्राणी के लिए हमारे मन में प्रेमभाव व दयाभाव होना चाहिए, वास्तव में, यही महायज्ञ है।

शब्दार्थ

धर्मपरायण *धर्म के मार्ग पर चलने वाला;* **अकस्मात** *अचानक;* **क्रय-विक्रय** *खरीदना-बेचना;* **विपदाग्रस्त** *मुसीबत, संकट;* **कृतज्ञता** *एहसान मानना;* **याचना** *प्रार्थना;* **मूक** *गूँगा;* **बेबस** *लाचार;* **विस्मित** *चकित, हैरान;* **पौ-फटना** *सूर्य की प्रथम किरण के दर्शन;* **आद्योपांत** *शुरू से लेकर अंत तक;* **चौंधियाने** *अधिक प्रकाश के कारण दृष्टि की अस्थिरता;* **कृतकृत्य** *धन्य-धन्य होना।*

PYQs विगत वर्षों के प्रश्न व अन्य महत्त्वपूर्ण प्रश्न

बहुविकल्पीय प्रश्न

1. यज्ञ बेचने के लिए सेठ जी कहाँ गए? **(ICSE Sem I 2021-22)**

(a) कुंदनपुर (b) फूलपुर (c) कुंदन नगर (d) सीतापुर

उत्तर (a) कुंदनपुर

2. 'मैंने तो बरसों से कोई यज्ञ नहीं किया। मेरी स्थिति ही ऐसी नहीं थी।' यहाँ सेठ जी अपनी किस स्थिति की बात कर रहे हैं? **(ICSE Sem I 2021-22)**

(a) अपनी बीमारी की (b) अपनी गरीबी की
(c) अपने शौक की (d) अपनी दुकान की

उत्तर (b) अपनी गरीबी की

3. धन्ना सेठ की पत्नी के पास कौन-सी शक्ति थी? **(ICSE Sem I 2021-22)**

(a) दैवी शक्ति (b) दानवी शक्ति
(c) तांत्रिक शक्ति (d) दैवीय शक्ति

उत्तर (d) दैवीय शक्ति

4. सेठ का स्वभाव कैसा था? **(ICSE Sem I 2021-22)**

(a) विनयशील और अनुदार (b) कर्त्तव्यपरायण और क्रोधी
(c) लोभी और कृपण (d) विनम्र और उदार

उत्तर (d) विनम्र और उदार

गद्यांश पर आधारित प्रश्न

1. निम्नलिखित गद्यांश को पढ़िए और उसके नीचे लिखे प्रश्नों के उत्तर हिन्दी में लिखिए।

उन दिनों एक प्रथा प्रचलित थी। यज्ञ के फल का क्रय-विक्रय हुआ करता था। **(ICSE Spec 2023)**

(i) क्रय-विक्रय शब्द का अर्थ लिखें।

उत्तर प्रस्तुत गद्यांश के आधार पर क्रय का अर्थ खरीदना और विक्रय का अर्थ बेचना है, परंतु इस अध्याय में यज्ञों के फल का क्रय-विक्रय हुआ है।

(ii) यज्ञों के क्रय-विक्रय का क्या आशय है?

उत्तर प्रस्तुत गद्यांश के अनुसार, प्राचीन काल में यज्ञों के क्रय-विक्रय की प्रथा प्रचलित थी। इसमें यज्ञों को खरीदा और बेचा जा सकता था। उस समय ऐसा माना जाता था कि यज्ञ करने वाले व्यक्ति को जो फल मिलता था उस यज्ञ को बेचने पर खरीदने वाले को भी वही फल मिलेगा। यज्ञ के अनुसार उसका मूल्य तय किया जाता था।

(iii) सेठ जी यज्ञ बेचने कहाँ गए थे और क्यों?

उत्तर सेठ जी यज्ञ बेचने के लिए दस-बारह कोस दूर कुंदनपुर नगर के एक बहुत बड़े सेठ के पास गए थे। कुंदनपुर के सेठ जी के विषय में लोग मानते थें कि उनकी सेठानी के पास कोई दैवी शक्ति है जिससे वह तीनों लोकों की बात जान लेती है। सेठ जी ने उन्हें ही अपना यज्ञ बेचने का निश्चय किया, क्योंकि वह धनवान थे और यज्ञ का उचित मूल्य भी चुका सकते थें।

(iv) सेठानी द्वारा अपना यज्ञ बेचने का सुझाव दिए जाने पर सेठ की क्या प्रतिक्रिया हुई?

उत्तर सेठानी द्वारा अपना यज्ञ बेचने के सुझाव दिए जाने पर पहले सेठ बहुत दु:खी हो गए, उन्होंने सपने में भी यज्ञ बेचने का विचार नहीं किया था, परंतु अपनी तंग परिस्थितियों को देखते हुए वह यज्ञ बेचने के लिए तैयार हो गए, क्योंकि उनकी स्थिति बहुत दयनीय हो गई थी। उनके भूखे मरने की नौबत आ गई थी।

2. निम्नलिखित गद्यांश को पढ़कर उसके नीचे दिए गए प्रश्नों के उत्तर हिंदी में लिखिए—

"पर, 'सब दिन होत न एक समान' अकस्मात् दिन फिरे और सेठ को गरीबी का मुँह देखना पड़ा। संगी-साथियों ने भी मुँह फेर लिया और नौबत यहाँ तक आ गई कि सेठ व सेठानी भूखे मरने लगे।" **(ICSE 2018)**

(i) अकस्मात् बुरा समय किसका आ गया था तथा बुरा समय आने से पहले उसकी दशा कैसी थी?

उत्तर अकस्मात् बुरा समय 'सेठ' का आ गया था तथा बुरा समय आने से पहले वह बहुत धनी था। सेठ न जाने कितना ही धन दीन-दु:खियों में बाँट देता था।

(ii) अपना बुरा समय दूर करने के लिए सेठ ने क्या उपाय सोचा? इस उपाय के लिए उन्हें किसके पास जाना पड़ा?

उत्तर अपना बुरा समय दूर करने के लिए सेठ ने एक यज्ञ बेचने का उपाय सोचा। इस उपाय के लिए उन्हें कुंदनपुर नाम के नगर में रहने वाले सेठ 'धन्ना सेठ' के पास जाना पड़ा।

(iii) सेठ ने मार्ग में कौन-सा महायज्ञ किया था? क्या वह वास्तव में महायज्ञ था? समझाकर लिखिए।

उत्तर सेठ बहुत ही दयालु व परोपकारी प्रवृत्ति का व्यक्ति था। आधा रास्ता तय करने के बाद जब सेठ भूख से व्याकुल हो उठा, तो उसने सोचा कहीं रुककर भोजन और विश्राम कर लिया जाए, किंतु जैसे ही वह भोजन करने बैठा तभी उसकी दृष्टि एक दुर्बल कुत्ते पर पड़ी। अत: उसने भूखे-दुर्बल कुत्ते को चारों रोटियाँ खिला दीं। उसके द्वारा भूखे व दुर्बल कुत्ते को अपनी चारों रोटियाँ खिलाना ही सेठ का महायज्ञ था। हाँ, वह वास्तव में महायज्ञ था। अत: नि:स्वार्थ भाव से किया गया कार्य महायज्ञ कहलाता है।

(iv) कहानी का उद्देश्य लिखिए।

उत्तर 'महायज्ञ का पुरस्कार' कहानी में लेखक ने 'सेठ जी' के माध्यम से इस तथ्य को सजीव ढंग से उजागर किया है कि मानव का प्रथम कर्त्तव्य प्राणियों की सेवा करना है, क्योंकि यही ईश्वर की वास्तविक उपासना है। स्वयं कष्ट सहते हुए अन्य प्राणियों की सेवा करना मानवोचित कार्य होने के साथ-साथ संसार में किया जाने वाला सबसे बड़ा यज्ञ है, जिसका कर्मफल अवश्य मिलता है। यही इस पाठ का मूल उद्देश्य है।

परीक्षकों की टिप्पणियाँ

कुछ विद्यार्थियों ने प्रश्न (i), (ii) व (iii) के प्रथम भाग का तो उत्तर सटीक लिखा परंतु दोनों प्रश्नों के दूसरे भाग का उत्तर देने में भ्रमित प्रतीत हुए। भाषागत अशुद्धियाँ भी दृष्टिगोचर हुई।

स्टूडेंट्स के लिए एडवाइज़

विद्यार्थी को प्रश्न के प्रत्येक भाग को ध्यानपूर्वक पढ़ना चाहिए तथा प्रश्न के मुख्य बिंदु तथा निर्धारित अंकों को ध्यान में रखकर ही उत्तर लिखना चाहिए। कहानी अथवा नाटक को पढ़ते हुए विद्यार्थी को उनकी कल्पना चित्रण करना चाहिए।

3. निम्नलिखित गद्यांश को पढ़िए और उसके नीचे लिखे प्रश्नों के उत्तर हिन्दी में लिखिए।

"सामने वृक्षों का एक कुंज और कुआँ देखकर सेठ ने विचार किया कि थोड़ी देर रूककर भोजन और विश्राम कर लेना चाहिए। यह सोचकर वे कुंज की ओर बढ़े।" **(ICSE Spec 2017)**

(i) सेठजी कहाँ जा रहे थें? और क्यों?

उत्तर सेठजी कुंदनपुर नामक नगर में 'धन्ना सेठ' के पास जा रहे थें, क्योंकि अचानक ही ऐसा वक्त आ गया था कि सेठ व सेठानी को गरीबी का मुँह देखना पड़ा। सभी ने उनसे मुँह फेर लिया था। उनके भूखे मरने की नौबत आ गई थी। अतः गरीबी से लड़ने के लिए सेठ एक यज्ञ के पुण्य को बेचने के लिए 'धन्ना सेठ' के पास जा रहे थें।

(ii) उन्हें विश्राम करने की आवश्यकता क्यों पड़ी? उन्होंने कहाँ विश्राम किया?

उत्तर सेठजी ने सुबह उठते ही अपनी यात्रा शुरू कर दी थी। गर्मी के दिन थे और धूप तेज़ होने के कारण उनसे अधिक चला नहीं गया। उनका सारा शरीर पसीने से लथ-पथ हो गया। इसलिए उन्हें विश्राम करने की आवश्यकता पड़ी और उन्होंने वृक्षों के एक कुंज में विश्राम किया।

(iii) उनकी पोटली में क्या-क्या था? क्या वे भोजन और विश्राम कर पाए?

उत्तर सेठजी को लंबी मंजिल तय करनी थी, इसलिए सेठानी पड़ोस के घर से आटा माँगकर लाई और रास्ते में खाने के लिए चार रोटियाँ बनाकर सेठ को दे दीं। उनकी पोटली में सेठानी द्वारा बनाई गई चार रोटियाँ और लोटा-डोरी थे। वे विश्राम तो कर पाए, किंतु जैसे ही उन्होंने भोजन करने के लिए अपनी पोटली से रोटियाँ निकालीं, तो उनके सामने एक मरियल-सा कुत्ता आ गया। कुत्ते को देखकर सेठ को दया आ गई और उन्होंने अपनी सारी रोटियाँ एक-एक करके कुत्ते को खिला दीं, इसलिए सेठ जी भोजन नहीं कर पाए।

(iv) 'महायज्ञ का पुरस्कार' कहानी से आपको क्या शिक्षा मिलती है?

उत्तर 'महायज्ञ का पुरस्कार' कहानी से हमें यह शिक्षा मिलती है कि हर प्राणी के लिए हमारे मन में प्रेम, करुणा और सहानुभूति की भावना होनी चाहिए और इन्हीं भावनाओं को कर्त्तव्य मानकर सबकी भलाई करनी चाहिए। यही महायज्ञ है, यही सच्चा यज्ञ होता है, क्योंकि अच्छे कर्म का फल अच्छा ही होता है वही सच्चा पुरस्कार होता है।

अतः भूखे कुत्ते को अन्न खिलाकर उस सेठ ने जो पुण्य कमाया था, वह उसे बेचना नहीं चाहता था। सेठ की दृष्टि से यह उसका कर्त्तव्य था, किंतु जब अपने इसी कर्त्तव्य के बदले सेठ को ईश्वरीय कृपा के रूप में एक खजाना मिला तब उसे विश्वास हुआ कि यही सच्चा महायज्ञ था।

4. निम्नलिखित गद्यांश को पढ़कर उसके नीचे दिए गए प्रश्नों के उत्तर हिंदी में लिखिए

सुनकर पहले तो सेठ बहुत दुःखी हुए, पर बाद में अपनी तंगी का विचारकर एक यज्ञ बेचने के लिए तैयार हो गए। सेठ के यहाँ से दस-बारह कोस की दूरी पर कुंदनपुर नाम का एक नगर था, जिसमें एक बहुत बड़े सेठ रहते थे। लोग उन्हें 'धन्ना-सेठ' कहते थे। यह अफ़वाह थी कि उनकी सेठानी को कोई दैवीय शक्ति प्राप्त है, जिससे वह तीनों लोकों की बात जान लेती है।

(i) सेठ का परिचय संक्षेप में दीजिए।

उत्तर सेठ धार्मिक प्रवृत्ति के व्यक्ति थे। अपनी इसी प्रवृत्ति के कारण सेठ ने न जाने कितना धन दीन-दुःखियों में बाँट दिया था। उनकी धर्मपरायणता दूर-दूर तक फैली हुई थी, जो भी साधु-संत उनके द्वार पर आता वह निराश होकर कभी न जाता।

(ii) अपनी व्यथा को दूर करने के लिए सेठ व सेठानी ने क्या निर्णय लिया?

उत्तर अपनी व्यथा/गरीबी को दूर करने के लिए सेठ व सेठानी ने एक यज्ञ के पुण्य को बेचने का निर्णय लिया, उस समय यज्ञ के पुण्य का क्रय-विक्रय हुआ करता था कि यज्ञ के फल को बेचकर कुछ धन प्राप्त किया जाए, ताकि कुछ गरीबी दूर कर अपनी स्थिति को सुधारा जा सके।

(iii) कुंदनपुर नगर के सेठ का क्या नाम था? उसकी प्रसिद्धि का क्या कारण था?

उत्तर कुंदनपुर नगर में एक बहुत बड़े सेठ रहते थे, जिसका नाम धन्ना सेठ था। धन की उनके पास कोई कमी नहीं थी यानी उसके पास अपार धन-संपत्ति थी। लोग उन्हें धन्ना सेठ के नाम से जानते थे। यही उसकी प्रसिद्धि का कारण था।

(iv) उपरोक्त गद्यांश के आधार पर बताइए कि दैवीय शक्ति किसे प्राप्त थी? उनके चरित्र पर संक्षेप में विचार व्यक्त करें।

उत्तर धन्ना सेठ की पत्नी के बारे में अफ़वाह थी कि उन्हें दैवीय शक्ति प्राप्त है, जिसके द्वारा वे भूत व भविष्य जान लेती हैं। वे स्वभाव से धार्मिक विचारों वाली महिला थीं। वे सदा धर्म-कर्म के कार्यों में विशेष रुचि दिखाती थीं।

04

नेताजी का चश्मा

स्वयं प्रकाश

लेखक परिचय

सशक्त उपन्यासकार तथा कहानीकार स्वयं प्रकाश का जन्म 20 जनवरी, 1947 को मध्य प्रदेश के इंदौर नामक शहर में हुआ। इन्होंने अपनी प्रारंभिक शिक्षा इंदौर में ही प्राप्त की और उच्च शिक्षा प्राप्त करते हुए इन्होंने लेखन कार्य आरंभ किया। वर्तमान में स्वयं प्रकाश जी भोपाल में रहकर साहित्य सृजन कर रहे हैं, साथ ही वे **वसुधा** नामक पत्रिका के संपादन से भी जुड़े हैं।

स्वयं प्रकाश जी के अब तक तेरह कहानी संग्रह प्रकाशित हो चुके हैं। इनमें 'सूरज कब निकलेगा', 'आएँगे अच्छे दिन भी' तथा 'आदमी जात का आदमी' बहुचर्चित हैं। 'विनय' और 'ईंधन' इनके लोकप्रिय उपन्यास हैं। 'हमसफ़रनामा' इनके रेखाचित्रों का संकलन है। स्वयं प्रकाश जी को राजस्थान साहित्य अकादमी के **रांगेय राघव पुरस्कार**, पहल सम्मान, बनमाली पुरस्कार आदि से सम्मानित किया गया है। स्वयं प्रकाश जी को वर्ष 2011 के प्रतिष्ठित 'आनंद सागर कथाक्रम सम्मान' से भी सम्मानित किया गया है। इन्होंने अपनी रचनाओं में मध्यमवर्गीय जीवन के विविध पक्षों को यथार्थ रूप में चित्रित किया है।

पाठ की रूपरेखा

देश-प्रेम की भावना को व्यक्त करती हुई यह कहानी नेताजी की प्रतिमा के एक छोटे से हिस्से पर आधारित है। हालदार साहब एक प्रतिष्ठित व्यक्ति थे, जिन्हें काम के सिलसिले से अकसर बाहर जाना पड़ता था। रास्ते में एक छोटा-सा कस्बा पड़ता था, जिसके चौराहे पर नेताजी की एक संगमरमर की मूर्ति बनी हुई थी। हालदार साहब जब भी कस्बे से निकलते, उन्हें मूर्ति में परिवर्तन देखने को मिलता। कभी मूर्ति पर चश्मे का न होना, कभी दूसरा चश्मा होना, कभी तीसरा चश्मा होना। चश्मे बदलने का काम एक चश्मे वाला करता था। किंतु उसकी मृत्यु के पश्चात् चश्मे बदलने का काम बंद हो गया और पुनः नेताजी की मूर्ति बिना चश्मे की हो गई। एक दिन हालदार साहब ने मूर्ति को ध्यान से देखा तो मूर्ति पर एक सरकंडे से बना चश्मा था। उसे देखकर वह भावुक हो गए तथा उनकी आँखों से आँसू निकल आए।

पाठ का सार

हालदार साहब एक ज़िम्मेदार नागरिक

हालदार साहब एक ज़िम्मेदार नागरिक थे। वे जब भी काम के सिलसिले से कस्बे से निकलते थे, तो नगरपालिका द्वारा किए गए कार्यों की चर्चा अवश्य किया करते थे। कस्बा बहुत बड़ा नहीं था, किंतु नगरपालिका समय-समय पर कुछ-न-कुछ करती ही रहती थी। कभी कोई सड़क पक्की करवा दी, कभी कुछ पेशाबघर बनवा दिए, कभी कबूतरों की छतरी बनवा दी, तो कभी कवि सम्मेलन करवा दिया। हालदार साहब ने जब कस्बे के चौराहे पर नेताजी की मूर्ति देखी तो अत्यधिक प्रसन्न हुए और कस्बे के लोगों की प्रशंसा भी की।

नेताजी की संगमरमर की मूर्ति

यह कहानी नेताजी सुभाषचंद्र बोस की संगमरमर की प्रतिमा के एक हिस्से पर आधारित है। नेताजी की मूर्ति टोपी की नोंक से कोट के दूसरे बटन तक कोई दो फुट ऊँची थी। वह बहुत ही सुंदर मूर्ति थी। फौजी वर्दी में नेताजी सुंदर व मासूम लग रहे थे। मूर्ति ऐसी बनाई गई थी, जिसे देख 'दिल्ली चलो' और 'तुम मुझे खून दो ....' जैसे नारे याद आने लगते थे।

नेताजी की मूर्ति में खटकती कमी

नेताजी की मूर्ति पर एक कमी थी, जो देखते ही खटकती थी। नेताजी की आँखों पर चश्मा नहीं था या यूँ कहें कि चश्मा तो था, लेकिन संगमरमर का नहीं था। एक सामान्य व सचमुच के चश्मे का काला फ्रेम मूर्ति को पहना दिया गया था। हालदार साहब का ध्यान मूर्ति के चश्मे ने ही अपनी ओर आकर्षित किया और उनके चेहरे पर एक कौतुकभरी मुसकान फैल गई। उन्हें यह आइडिया भी ठीक लगा। मूर्ति पत्थर की, लेकिन चश्मा सचमुच का।

नेताजी की मूर्ति के बदलते चश्मे

हालदार साहब जब कस्बे से निकलते, उन्हें मूर्ति में अंतर दिखाई देता। उन्होंने ध्यान से देखा, तो पता चला कि चश्मा दूसरा है। पहले मोटे फ्रेमवाला चौकोर चश्मा था, अब तार के फ्रेमवाला गोल चश्मा था। यह देख हालदार साहब का कौतुक बढ़ गया, किंतु उन्हें यह आइडिया भी अच्छा लगा, मूर्ति कपड़े नहीं बदलती, किंतु चश्मा ज़रूर बदलती है। तीसरी बार फिर नया चश्मा। यह सिलसिला यूँ ही चलता रहा। एक बार हालदार साहब ने पानवाले से पूछ ही लिया कि नेताजी का चश्मा हर बार बदल कैसे जाता है?

पानवाला, एक खुशमिज़ाज़ आदमी

पानवाला एक काला, मोटा और खुशमिज़ाज़ आदमी था। वह स्वयं पान खाता था। हालदार साहब के प्रश्न पर वह हँसा और दाँत दिखाते हुए बोला कि नेताजी के चश्मे कैप्टन चश्मेवाला बदलता है, किंतु हालदार साहब को उसके द्वारा बताई गई बात समझ नहीं आई, तब पानवाले ने हालदार साहब को समझाया कि मानो कोई ग्राहक आ गया और उसको चौड़े-चौखट चाहिए तो कैप्टन कहाँ से लाएगा, इसलिए कैप्टन उसे मूर्तिवाला चश्मा दे देता है और मूर्ति पर दूसरा चश्मा पहना देता है।

नेताजी का ओरिज़िनल चश्मा और मूर्तिकार मास्टर मोतीलाल

हालदार साहब ने एक बार फिर पानवाले से पूछा कि नेताजी का ओरिजिनल चश्मा कहाँ गया? पानवाले से हालदार साहब को पता चला कि मास्टर बनाना भूल गया। यह सुन हालदार साहब चकित हुए और उन्हें लगा कि वह ठीक ही सोच रहे थे। नेताजी की मूर्ति के नीचे मूर्तिकार मास्टर मोतीलाल लिखा हुआ था, जो कस्बे का एक अध्यापक था। उसने महीनेभर में मूर्ति बना देने का वायदा किया होगा तथा बना भी दी होगी, किंतु चश्मा बनाने पर उसने सोचा होगा, तय नहीं कर पाया होगा, कोशिश की होगी, किंतु सफलता प्राप्त नहीं हुई होगी।

कैप्टन चश्मेवाले की देशभक्ति की भावना

कैप्टन चश्मेवाला एक सच्चा देशभक्त था। हालदार साहब चश्मे वाले की देशभक्ति के प्रति नतमस्तक हुए और पानवाले से एक बार फिर पूछ ही लिया कि क्या कैप्टन चश्मेवाला नेताजी का साथी है या आज़ाद हिंद फौज़ का भूतपूर्व सिपाही? किंतु पानवाले द्वारा यह बोलना कि वह लँगड़ा क्या फौज़ में जाएगा? पागल है पागल! हालदार साहब को अच्छा नहीं लगता। हालदार साहब जब कैप्टन चश्मेवाले को देखते हैं, तो अवाक् रह जाते हैं। कैप्टन सिर पर गाँधी टोपी और आँखों पर काला चश्मा पहने, एक हाथ में छोटी-सी संदूकची व दूसरे हाथ में बाँस पर टँगे बहुत से चश्मे लिए हुए था। वह अपाहिज होने के बावजूद भी नेताजी का चश्मा बदलना नहीं भूलता था।

मूर्ति के बदलते चश्मों का सिलसिला

लगभग दो साल तक लगातार हालदार साहब अपने काम के सिलसिले में उस कस्बे से गुज़रते रहे और नेताजी की मूर्ति के बदलते चश्मों को देखते रहे। कभी गोल चश्मा, तो कभी चौकोर, कभी लाल, कभी काला, कभी धूप का चश्मा, कभी बड़े काँचों वाला गोगो चश्मा...कोई-न-कोई चश्मा होता अवश्य था। नेताजी की मूर्ति के बदलते चश्मे ही हालदार साहब का ध्यान अपनी ओर आकर्षित करते थे।

हालदार साहब की संवेदनशील व भावुक प्रवृत्ति

हालदार साहब भावुक प्रवृति के व्यक्ति थे। एक दिन उन्होंने देखा कि मूर्ति पर कोई भी चश्मा नहीं था। चौराहे पर दुकानें भी बंद थीं। पूछने पर पता चला कि कैप्टन मर गया है। यह पता चलने पर हालदार साहब गाड़ी में बैठे और चले गए। वे अत्यंत दु:खी हो गए। पंद्रह दिन बाद हालदार साहब को फिर उसी कस्बे से निकलना था, किंतु कैप्टन की मृत्यु की बात जान उनका मन अब कस्बे में रुकने का नहीं करता था। अंत में जब हालदार साहब ने देखा कि एक सरकंडे से बना चश्मा नेताजी के चेहरे पर था। यह देखकर उनकी आँखें भर आईं।

शब्दार्थ

ऊहापोह *अनिश्चय की स्थिति में मन में उत्पन्न होने वाला तर्क-वितर्क;* **कसर** *कमी;* **लक्षित** *देखना;* **सराहनीय** *प्रशंसनीय;* **कौतुक** *आश्चर्य से;* **दुर्दमनीय** *जिसे दबाना कठिन हो;* **दरकार** *ज़रूरत;* **भूतपूर्व** *पहले के समय का;* **होम** *त्याग;* **प्रतिष्ठापित** *स्थापित;* **सरकंडा** *एक पौधा।*

PYQs विगत वर्षों के प्रश्न व महत्त्वपूर्ण प्रश्न

बहुविकल्पीय प्रश्न

1. हालदार साहब कस्बे सेपहली बार गुजरते समय कहाँ रूके? **(ICSE Spec Sem I 2021-22)**

(a) चौराहे पर पान खाने (b) विद्यालय के सामने
(c) हलवाई की दुकान पर (d) मूर्ति को देखने

उत्तर (d) मूर्ति को देखने

2. मूर्ति किस चीज की बनी थी? **(ICSE Spec Sem I 2021-22)**

(a) सफेद पत्थर की (b) काले पत्थर की
(c) मिट्टी की (d) संगमरमर की

उत्तर (d) संगमरमर की

3. मूर्ति में नेताजी कैसे लग रहे थें? **(ICSE Spec Sem I 2021-22)**

(a) सुंदर और वृद्ध (b) सुंदर, मासूम और कमसिन
(c) कुरूप (d) आक्रमक फौजी

उत्तर (b) सुंदर, मासूम और कमसिन

4. जिस कस्बे से हालदार साहब गुज़रते थे वह कैसा था? **(ICSE Sem I 2021-22)**

(a) कस्बा बहुत बड़ा नहीं था (b) उद्योग धंधों से युक्त था
(c) अत्यधिक विकसित था (d) बहुत बड़ा था

उत्तर (a) कस्बा बहुत बड़ा नहीं था

5. 'नेताजी का चश्मा' कहानी के अंत में हालदार साहब ने नेताजी की मूर्ति पर कैसा चश्मा देखा? **(ICSE Sem I 2021-22)**

(a) सुनहरे फ्रेम वाला चश्मा
(b) पतले तार वाला गोल चश्मा
(c) सरकंडे से बना छोटा-सा चश्मा
(d) काले रंग का चौड़े फ्रेम वाला चश्मा

उत्तर (c) सरकंडे से बना छोटा-सा चश्मा

6. 'नेताजी का चश्मा' नामक पाठ में हालदार साहब को पानवाले की कौन-सी बात अच्छी नहीं लगी थी? **(ICSE Sem I 2021-22)**

(a) पानवाले का बहुत बोलना
(b) पानवाले का अधिक पान खाना
(c) एक देशभक्त का मजाक उड़ाना
(d) पानवाले का अपनी ही दुकान के नीचे पान थूकना

उत्तर (c) एक देशभक्त का मजाक उड़ाना

गद्यांश पर आधारित प्रश्न

1. निम्नलिखित गद्यांश को पढ़कर उसके नीचे दिए गए प्रश्नों के उत्तर हिंदी में लिखिए

महत्त्व मूर्ति के रंग रूप या कद का नहीं, उस भावना का है वरना तो देशभक्ति भी आजकल मजाक की चीज होती जा रही है। दूसरी बार जब हालदार साहब उधर से गुजरे तो उन्हें मूर्ति में कुछ अंतर दिखाई दिया। ध्यान से देखा तो पाया कि चश्मा दूसरा है। **(ICSE 2023)**

(i) यहाँ किस मूर्ति की बात की जा रही है? वह मूर्ति कहाँ स्थित थी?

उत्तर प्रस्तुत गद्यांश में सुभाषचंद्र बोस की मूर्ति की बात की जा रही है, जो टोपी की नोंक से कोट के दूसरे बटन तक कोई दो फुट ऊँची थी। वह मूर्ति शहर के मुख्य बाजार के मुख्य चौराहे पर स्थित थी।

(ii) पहली बार हालदार साहब ने मूर्ति पर कैसा चश्मा देखा था? दूसरी बार उन्हें चश्में में क्या परिवर्तन दिखाई दिया था?

उत्तर पहली बार हालदार साहब ने मूर्ति पर मोटे फ्रेम वाला चौकोर चश्मा देखा था और जब दूसरी बार हालदार साहब ने मूर्ति को देखा तब उसमें तार के फ्रेम वाला गोल चश्मा था।

(iii) 'कौतुक' का अर्थ लिखकर बताइए कि हालदार साहब का कौतुक क्यों बढ़ने लगा? उन्होंने किस व्यक्ति से क्या प्रश्न किया और क्यों?

उत्तर 'कौतुक' का अर्थ हैरानी होता है। मूर्ति के चश्में के निरंतर बदलते स्वरूप को देखकर हालदार साहब का कौतुक बढ़ने लगा था। उन्होंने पान वाले से पूछा कि यह नेताजी का चश्मा हर बार कैसे बदल जाता है, क्योंकि हालदार साहब यह समझ नहीं पा रहे थे कि जब भी मैं इस मूर्ति को देखता हूँ यह बदलती हुई नजर आती है। यह मूर्ति कपड़े नहीं बदलती, किंतु चश्मा अवश्य बदलती है।

(iv) मूर्तिकार का नाम बताइए। हालदार साहब के अनुसार मूर्तिकार द्वारा मूर्ति पर पत्थर का चश्मा न बना पाने के क्या-क्या कारण हो सकते थे?

उत्तर मूर्तिकार का नाम मास्टर मोतीलाल था। हालदार साहब के अनुसार मूर्तिकार द्वारा मूर्ति पर पत्थर का चश्मा न बना पाने का कारण समय की कमी या पैसों की कमी भी हो सकती थी। इसलिए उस पर संगमरमर का चश्मा नहीं था, बल्कि सचमुच के चश्में का चौड़ा फ्रेम था, जिससे की उसको बार-बार बदला जा सकता था।

अथवा

(i) मूर्ति किसकी थी और मूर्ति को किस प्रकार का चश्मा पहनाया गया था?

उत्तर मूर्ति नेताजी सुभाषचंद्र बोस की थी तथा वह पत्थर की बनी हुई थी। मूर्ति को सामान्य और सचमुच के चश्मे का फ्रेम पहनाया गया था।

(ii) क्या देख हालदार साहब के चेहरे पर कौतुक भरी मुसकान फैल गई?

उत्तर हालदार साहब ने जब मूर्ति को ध्यान से देखा, तो उनके चेहरे पर कौतुक भरी मुसकान फैल गई, क्योंकि मूर्ति पत्थर की थी और चश्मा सचमुच का।

(iii) किसने नागरिकों के प्रयास की सराहना की है और क्यों?

उत्तर हालदार साहब ने नागरिकों के प्रयास की सराहना की है, क्योंकि हालदार साहब ने मात्र मूर्ति को ही नहीं देखा,

अपितु मूर्ति बनाने के पीछे छिपी भावना को भी पहचाना था, इसलिए हालदार साहब ने नागरिकों के प्रयास की सराहना की है।

(iv) मूर्ति बनाने के पीछे छिपी हुई भावना का वर्णन अपने शब्दों में कीजिए। आज के समय में मज़ाक की चीज़ किसे बताया गया है?

उत्तर नेताजी की मूर्ति मात्र रंग-रूप या कद को दर्शाने के लिए ही नहीं थी, अपितु मूर्ति को बनवाने के पीछे लोगों की देशभक्ति की भावना छिपी हुई थी और आज के समय में देशभक्ति की भावना को ही मज़ाक की चीज़ बताया गया है।

2. निम्नलिखित गद्यांश को पढ़कर उसके नीचे दिए गए प्रश्नों के उत्तर हिंदी में लिखिए–

"नेताजी सुंदर लग रहे थे। कुछ-कुछ मासूम और कमसिन। फ़ौजी वर्दी में। मूर्ति को देखते ही 'दिल्ली चलो' और 'तुम मुझे खून दो ....' वगैरह याद आने लगते थे। इस दृष्टि में यह सफल और सराहनीय प्रयास था। केवल एक चीज़ की कसर थी, जो देखते ही खटकती थी।" (ICSE 2017)

(i) मूर्ति किसकी थी और वह कहाँ लगाई गई थी?

उत्तर मूर्ति नेताजी सुभाषचंद्र बोस की थी और वह मूर्ति शहर के मुख्य बाज़ार के मुख्य चौराहे पर लगाई गई थी।

(ii) यह मूर्ति किसने बनाई थी और इसकी क्या विशेषताएँ थीं?

उत्तर यह मूर्ति हाईस्कूल के इकलौते ड्राइंग मास्टर मोतीलाल ने बनाई थी। इसकी विशेषता यह थी कि मूर्ति को देखते ही 'दिल्ली चलो' और 'तुम मुझे खून दो.......' जैसे नारे याद आने लगते थे।

(iii) मूर्ति में क्या कमी थी? उस कमी को कौन पूरा करता था और कैसे?

उत्तर मूर्ति में एक कमी थी, जो देखते ही खटकती थी। नेताजी की आँखों पर चश्मा नहीं था या यूँ कहें कि चश्मा तो था, लेकिन संगमरमर का नहीं था। एक सामान्य व सचमुच के चश्मे का काला फ्रेम मूर्ति को पहना दिया गया था। मूर्ति की इस कमी को कैप्टन चश्मेवाला पूरी करता था। पैर से अपाहिज होने के बावजूद वह नेताजी की मूर्ति को नया चश्मा पहना देता था।

(iv) नेताजी का परिचय देते हुए बताइए कि चौराहे पर उनकी मूर्ति लगाने का क्या उद्देश्य क्या रहा होगा? क्या उस उद्देश्य में सफलता प्राप्त हुई? स्पष्ट कीजिए।

उत्तर नेताजी सुभाषचंद्र बोस भारत के स्वतंत्रता सेनानी थे। उन्होंने भारत को स्वतंत्रता दिलाने में महत्त्वपूर्ण भूमिका निभाई। उन्होंने 'तुम मुझे खून दो, मैं तुम्हें आजादी दूँगा' तथा 'दिल्ली चलो' जैसे नारे दिए। चौराहे पर उनकी मूर्ति लगाने का उद्देश्य देश-प्रेम की भावना को बढ़ावा देना रहा होगा। कहानी में हालदार साहब जब भी नेताजी को देखते थे, उनमें देश-प्रेम की भावना भर जाती थी। इस प्रकार कह सकते हैं कि मूर्ति लगाने के उद्देश्य में सफलता प्राप्त हुई है।

3. निम्नलिखित गद्यांश को पढ़कर उसके नीचे दिए गए प्रश्नों के उत्तर हिंदी में लिखिए

मूर्ति को देखते ही 'दिल्ली चलो' और 'तुम मुझे खून दो ......' वगैरह नारे याद आने लगते थे। इस दृष्टि से यह सफल और सराहनीय प्रयास था। केवल एक चीज़ की कसर थी, जो देखते ही खटकती थी।

(i) नगरपालिका द्वारा चौराहे पर बनाई गई मूर्ति किसकी थी? स्पष्ट कीजिए।

उत्तर नगरपालिका द्वारा चौराहे पर बनाई गई मूर्ति नेताजी सुभाषचंद्र बोस की थी। नगरपालिका समय-समय पर कुछ-न-कुछ करवाती रहती थी। यह कहानी उसी प्रतिमा के बारे में है।

(ii) नगरपालिका द्वारा किए गए कार्यों का वर्णन संक्षेप में कीजिए।

उत्तर नगरपालिका समय-समय पर कुछ-न-कुछ करती रहती थी; जैसे–कभी सड़क पक्की करवा दी, कभी पेशाबघर बनवा दिए, कबूतरों की छतरी बनवा दी, कवि सम्मेलन करवा दिए, कभी किसी की मूर्ति लगवा दी आदि।

(iii) 'दिल्ली चलो' और 'तुम मुझे खून दो .....' के नारे क्यों याद आने लगते थे और यह हालदार साहब की किस विशेषता की ओर संकेत करते हैं?

उत्तर कस्बे के चौराहे पर नेताजी की बहुत ही सुंदर मूर्ति बनी हुई थी। फौज़ी वर्दी में नेताजी सुंदर व मासूम लग रहे थे। मूर्ति ऐसी बनाई गई थी, जिसे देख 'दिल्ली चलो' और 'तुम मुझे खून दो' जैसे नारे याद आने लगते थे। यह हालदार साहब के देश-प्रेमी होने की ओर संकेत करते हैं।

(iv) यह कहानी किस प्रतिमा के बारे में है तथा 'प्रतिमा' में किस चीज़ की कमी खटकती थी?

उत्तर यह कहानी नेताजी की प्रतिमा के एक छोटे से हिस्से के बारे में है। नेताजी की मूर्ति पर एक कमी थी, जो देखते ही खटकती थी। नेताजी की आँखों पर चश्मा नहीं था या यूँ कहें कि चश्मा तो था, लेकिन संगमरमर का नहीं था। एक सचमुच व सामान्य चश्मे का काला फ्रेम मूर्ति को पहना दिया गया था।

4. निम्नलिखित गद्यांश को पढ़कर उसके नीचे दिए गए प्रश्नों के उत्तर हिंदी में लिखिए

"क्यों भई! क्या बात है? यह तुम्हारे नेताजी का चश्मा हर बार कैसे बदल जाता है?"

(i) हालदार साहब को मूर्ति में बार-बार क्या अंतर देखने को मिलता है?

उत्तर हालदार साहब जब कस्बे से निकलते तो उन्हें हर बार मूर्ति पर एक नया चश्मा देखने को मिलता था। यही मूर्ति का अंतर था।

(ii) हालदार साहब का कौतुक बढ़ता ही जा रहा था। क्यों?

उत्तर मूर्ति के चश्मे के निरंतर बदलते स्वरूप को देखकर हालदार साहब का कौतुक बढ़ता ही जा रहा था, क्योंकि पहले उन्होंने मूर्ति पर मोटे फ्रेमवाला चौकोर चश्मा देखा था, लेकिन अब तार के फ्रेमवाला गोल-चश्मा था।

(iii) हालदार साहब की आदत का वर्णन अपने शब्दों में कीजिए।

उत्तर हालदार साहब अक्सर कंपनी के काम से उस कस्बे से निकलते थे और कस्बे से निकलते समय चौराहे पर अवश्य ही रुकते थे, पान खाते और मूर्ति को ध्यान से देखते थे। ये कार्य उनकी आदत में शामिल हो गए थे।

(iv) किसका कौतूहल दुर्दमनीय हो उठा और उसने पानवाले से क्या पूछा और उन्हें बदलते चश्मे के विषय में क्या पता चला?

उत्तर हालदार साहब का कौतूहल दुर्दमनीय हो उठा था और उन्होंने पानवाले से पूछा कि यह नेताजी का चश्मा हर बार कैसे बदल जाता है और उन्हें बदलते चश्मे के विषय में पता चला कि एक बूढ़ा-लँगड़ा चश्मेवाला नेताजी को चश्मा पहना जाता था, इसलिए नेताजी का चश्मा हर बार बदल जाता था।

5. निम्नलिखित गद्यांश को पढ़कर उसके नीचे दिए गए प्रश्नों के उत्तर हिंदी में लिखिए

''कोई गिराक आ गया समझो। उसको चौड़े चौखट चाहिए, तो कैप्टन किदर से लाएगा? तो उसे मूर्तिवाला दे दिया। उदर दूसरा बैठा दिया।''

(i) कैप्टन चश्मेवाला कौन था?

उत्तर कैप्टन चश्मेवाला एक बूढ़ा-लँगड़ा चश्मेवाला था। पैर से अपाहिज़ होने के बावजूद भी वह नेताजी को नया चश्मा पहना देता था। वह बहुत ही परिश्रमी व एक सच्चा देशभक्त था।

(ii) कैप्टन चश्मेवाला क्या करता था? हालदार साहब क्या नहीं समझ पा रहे थे?

उत्तर कैप्टन चश्मेवाला नेताजी की मूर्ति का चश्मा बदल दिया करता था और मूर्ति के बदलते चश्मे की बात ही हालदार साहब समझ नहीं पा रहे थे कि मूर्ति का चश्मा कैसे बदल जाता है।

(iii) ''कोई गिराक आ गया समझो। उसको चौड़े चौखट के चश्मे चाहिए, तो कैप्टन किदर से लाएगा?'' यह किसने व किससे कहा? इसी आधार पर पानवाले के व्यक्तित्व का वर्णन अपने शब्दों में कीजिए।

उत्तर ''कोई गिराक आ गया समझो। उसको चौड़े चौखट के चश्मे चाहिए, तो कैप्टन किदर से लाएगा?'' यह पानवाले ने हालदार साहब से कहा। पानवाला एक काला, मोटा व खुशमिज़ाज व्यक्ति था। उसे देखकर ऐसा प्रतीत होता था कि जैसे उसे कोई फ़िक्र ही नहीं है। वह हमेशा मुँह में पान भरे रहता था। वह जब भी हँसता था, तो उसका मोटा पेट हिलता था।

(iv) पानवाले ने हालदार साहब को बदलते चश्मों का क्या राज बताया?

उत्तर पानवाले ने हालदार साहब को बताया कि जब कोई ग्राहक कैप्टन से उसी चश्मे का फ्रेम माँगता है, जो नेताजी की मूर्ति पर लगा होता है, तो कैप्टन वही चश्मा उतार कर दे देता है और मूर्ति को नया चश्मा पहना देता है।

05

अपना-अपना भाग्य

जैनेंद्र कुमार

लेखक परिचय

हिंदी कथा साहित्य में महत्त्वपूर्ण स्थान रखने वाले जैनेंद्र कुमार का जन्म वर्ष 1905 में अलीगढ़ जिले के कोडियागंज नामक कस्बे में हुआ था।
हस्तिनापुर के जैन गुरुकुल में जैनेंद्र कुमार ने अपनी स्कूली उच्च शिक्षा प्राप्त की तथा उच्च शिक्षा प्राप्त करने के लिए काशी हिंदू विश्वविद्यालय गए। इनकी रचनाओं में जगह-जगह **गांधीवादी विचारों** का प्रभाव देखने को मिलता है।

सुनीता, सुखदा, मुक्तिबोध इनके प्रसिद्ध उपन्यास व साहित्य का श्रेय और प्रेय, मंथन-प्रसिद्ध निबंध संग्रह तथा फाँसी, जय संधि, वातायन, नीलम देश की राजकन्या, एक रात, दो चिड़ियाँ, पाज़ेब इनके प्रसिद्ध कहानी संग्रह हैं। जैनेंद्र कुमार को अनेक पुरस्कारों से भी सम्मानित किया गया। इनका निधन वर्ष 1990 में हुआ।

पाठ की रूपरेखा

इस कहानी के माध्यम से जैनेंद्र कुमार ने समाज में व्याप्त गरीब व अमीर वर्ग के बीच के अंतर को दिखाने की कोशिश की है। 'अपना-अपना भाग्य' अत्यंत ही मार्मिक कहानी है।
यह कहानी एक ऐसे गरीब बच्चे के चारों ओर घूमती है, जो अपनी गरीबी से लड़ने के लिए नैनीताल के ठंडे प्रदेश में आता है और यहाँ आकर मृत्यु को गले लगाता है। इस कहानी के माध्यम से लेखक यह बताना चाहता है कि समाज का प्रतिष्ठित वर्ग गरीबों के साथ किस प्रकार व्यवहार करता है और उनकी मृत्यु होने पर उनके भाग्य को ही दोषी मानता है।
गरीब बच्चे की मृत्यु का कारण केवल नैनीताल की ठंड ही नहीं, अपितु कहीं-न-कहीं अमीरों के मानवीय मूल्यों की समाप्ति को भी दर्शाता है। उनके मन में गरीबों के प्रति कोई दयाभाव या करुणा की भावना नहीं है।
सुविधा संपन्न वर्ग उस गरीब बच्चे की सहायता नहीं करता और न ही उसके प्रति करुणा व सहानुभूति रखता है। वह गरीब बच्चे को नैनीताल की ठंड में मरने के लिए छोड़ देता है। अंततः वह गरीब बच्चा मर जाता है। उसकी मृत्यु के बाद उसके भाग्य को कोसा जाता है।

पाठ का सार

नैनीताल का प्राकृतिक सौंदर्य

नैनीताल अपनी प्राकृतिक शोभा के लिए विश्वविख्यात है। कहानी के शुरू में नैनीताल के सौंदर्य का वर्णन इस प्रकार किया गया है–शाम के समय कुछ ऐसा प्रतीत हो रहा था मानो भाप से बादल हमारे सिरों को छू-छूकर घूम रहे हों। हल्के प्रकाश व अँधेरे में बादल कभी नीले दिखते, कभी सफ़ेद तो कभी लाल से दिखाई देते। बादलों को देख ऐसा प्रतीत हो रहा था मानो वे हमारे साथ खेलना चाह रहे हों।

गरीब व असहाय लड़का

यह कहानी एक गरीब बच्चे की है, जो काम की तलाश में दर-दर ठोकरें खा रहा था। वह नंगे पैर, नंगे सिर व एक मैली-सी कमीज़ पहने हुए था। उसे कहाँ जाना था व कहाँ उसके पैर पड़ रहे थे उसे कुछ पता नहीं था। वह करीब दस-बारह साल का लड़का था। गोरा रंग, आँखें बड़ी,

किंतु सूजी हुई थी। माथा मानो अभी से झुर्रियाँ खा रहा था। वह अत्यंत ही असहाय था, जिसकी सहायता करने वाला इस संसार में कोई नहीं था।

लेखक के मित्र की गरीब बच्चे के प्रति सहानुभूति

लेखक के मित्र को गरीब बच्चे पर दया आ जाती है और वह उसे आवाज़ लगाकर अपने पास बुलाता है और पूछता है पूरी दुनिया सो गई, किंतु तू क्यों घूम रहा है? बालक चुप खड़ा रहता है, किंतु उसकी शक्ल देख ऐसा लगता है, जैसे कुछ बोलना चाहता है, किंतु बोल नहीं पाता।

मित्र फिर पूछता है कहाँ सोएगा? तो बालक द्वारा जवाब दिया जाता है, यहीं कहीं। इसी प्रकार कई प्रश्न लेखक के मित्र द्वारा पूछे जाने पर बालक जवाब देता है। इसी बीच लेखक के मित्र को पता चलता है कि बालक काम की तलाश में दर-दर ठोकरें खा रहा है तथा गरीबी के ही कारण वो अपना घर छोड़ आया है। उसके पास खाने व पहनने के लिए कुछ न था। उसका एक और साथी था, जिसके साथ वह गाँव से भाग आया था, किंतु अब वह इस दुनिया में नहीं था। अपने मालिक के मारने पर वह मर गया था। लेखक का मित्र उस गरीब बच्चे को अपने साथ वकील साहब के होटल में ले आता है।

वकील साहब का गरीब बच्चे के प्रति दृष्टिकोण

लेखक का मित्र उस गरीब बच्चे को काम दिलाने के लिए वकील साहब के पास लाता है, किंतु वकील साहब कुछ लापरवाह प्रवृत्ति के व्यक्ति थे। वे कश्मीरी शॉल लपेटे हुए थे। पैरों में मोज़े और चप्पलें पहने हुए थे। वकील साहब को गरीब बच्चे को देख दया नहीं आती, अपितु उनकी गरीबी के प्रति अलग ही विचारधारा थी। वे गरीबों पर विश्वास नहीं करते थे। वकील साहब उस गरीब बच्चे के लिए भी कहते हैं कि ये पहाड़ी बच्चे बहुत शैतान होते हैं। इनमें अनेक बुराइयाँ होती हैं। क्या जाने कब-क्या लेकर चंपत हो जाएँ?

लेखक के मित्र की असमंजस की स्थिति

लेखक का मित्र गरीब बच्चे की सहायता करने के लिए उसे वकील साहब के पास काम दिलाने के उद्देश्य से ले आता है, किंतु लेखक के मित्र द्वारा यह बताने पर कि यह लड़का अन्य सभी काम करने वाले लड़कों-सा नहीं निकलेगा, फिर भी वकील साहब द्वारा पहाड़ी गरीब बच्चे को काम के लिए मना करने पर लेखक का मित्र असमंजस की स्थिति में था।

गरीब बच्चे की दर्दनाक मौत

यह कहानी शुरू से अंत तक गरीब बच्चे के चारों ओर घूमती है। इस गरीब बच्चे की मृत्यु एक लावारिस बच्चे की तरह हो जाती है। उसके मुँह, छाती, मुट्ठियों और पैरों पर, बर्फ़ की हल्की-सी चादर चिपक गई थी, उसका सारा शरीर अकड़ गया था। बालक सड़क के किनारे पेड़ के नीचे, ठिठुरकर मर गया था।

शब्दार्थ

अरुण *लाल;* **सनक** *धुन, पागलपन;* **बेटोक** *बिना बाधा के;* **चुँगी** *कर वसूली का स्थान;* **निठुराई** *क्रूरता, निर्दयता;* **बेहयाई** *बेशर्मी;* **आँखें फाड़ना** *आश्चर्य से देखना;* **मूक** *चुपचाप;* **अवगुण** *दोष, बुराइयाँ;* **असमंजस** *दुविधा;* **चंपत हो जाना** *भाग जाना;* **शव** *लाश।*

PYQs विगत वर्षों के प्रश्न व महत्त्वपूर्ण प्रश्न

गद्यांश पर आधारित प्रश्न

1. निम्नलिखित गद्यांश को पढ़िए और उसके नीचे लिखे प्रश्नों के उत्तर हिंदी में लिखिए—

मैंने देखा कि कुहरे की सफेदी में कुछ ही हाथ दूर से एक काली-सी मूर्ति हमारी तरफ आ रही थी। मैंने कहा "होगा कोई।" तीन गज की दूरी से दिख पड़ा, एक लड़का, सिर के बड़े-बड़े बाल खुजलाता चला आ रहा था। नंगे पैर, नंगे सिर, एक मैली-सी कमीज लटकाए है। **(ICSE 2019)**

(i) यहाँ पर किस बालक के संदर्भ में कहा गया है? उस समय उसकी क्या स्थिति थी?

उत्तर यह पंक्तियाँ गरीब बालक के संदर्भ में कही गई हैं। उस समय उसकी दयनीय स्थिति थी, वह काम की तलाश में दर-दर की ठोकरें खा रहा था। वह नंगे पैर, नंगे सिर तथा एक मैली-सी कमीज पहने हुआ था।

(ii) बालक ने अपने घर-परिवार के संबंध में क्या-क्या बताया?

उत्तर बालक ने अपने घर-परिवार के संबंध में यह बताया कि उसके कई भाई-बहन हैं। माँ तथा बाप भूखे रहते तथा रोते रहते हैं। वहाँ न काम है, न खाने को रोटी, इसलिए वह वहाँ से भाग आया।

(iii) इस समय उस बालक के सामने कौन-सी समस्या थी? क्या उस समस्या का हल हो पाया? यदि नहीं तो क्यों?

उत्तर इस समय उस बालक के सामने काम की तलाश तथा गरीबी की समस्या थी।

काम न होने के कारण उसे कई समस्याओं का सामना करना पड़ा। उसकी समस्या का हल नहीं हो पाया, क्योंकि लेखक तथा उसके मित्र ने गरीब बालक की कोई सहायता नहीं की तथा उसे ठंड में मरने के लिए छोड़कर वे स्वयं अपने कमरे में सोने के लिए चले गए।

(iv) इस कहानी के माध्यम से लेखक ने हमें क्या संदेश देना चाहा है? उदाहरण सहित स्पष्ट कीजिए।

उत्तर इस कहानी के माध्यम से लेखक ने हमें यह संदेश दिया है कि हमारी छोटी-सी मदद भी किसी की जान बचा सकती है, इसलिए हमें एक अच्छा इंसान बनकर परोपकारी होना चाहिए न कि सिर्फ अपने वर्गगत स्वार्थ की ओर ध्यान देना चाहिए।

यदि कहानी में लोगों ने उस गरीब बालक की मदद की होती तो उसकी जान बचाई जा सकती थी तथा उसे समाज का एक जिम्मेदार नागरिक बनाया जा सकता था।

2. निम्नलिखित गद्यांश को पढ़कर उसके नीचे दिए गए प्रश्नों के उत्तर हिंदी में लिखिए

तीन गज की दूरी से दिख पड़ा, एक लड़का, सिर के बड़े-बड़े बाल खुजलाता चला आ रहा था। नंगे पैर, नंगे सिर, एक मैली-सी कमीज़ लटकाए है।

(i) लेखक और उसका मित्र कहाँ आकर बैठ गए थे और उसने अपने मित्र से क्या कहा? स्पष्ट कीजिए।

उत्तर लेखक और उसका मित्र निरुद्देश्य घूमने के बाद सड़क के किनारे बेंच पर बैठ गए। लेखक को वहाँ चुपचाप बैठना अच्छा नहीं लग रहा था। अतः उसने अपने मित्र से वापस चलने के लिए कहा।

(ii) कुहरे की सफ़ेदी में काली-सी मूर्ति किसकी एवं किसे दिखाई देती है?

उत्तर कुहरे की सफ़ेदी में काली-सी मूर्ति एक गरीब बच्चे की थी, जो लेखक को दिखाई देती है।

(iii) कहानी में नैनीताल की सुंदरता का वर्णन किस प्रकार किया गया है?

उत्तर नैनीताल अपनी प्राकृतिक शोभा के लिए विश्वविख्यात है। शाम के समय नैनीताल ऐसा प्रतीत हो रहा था मानो भाप से बादल सिरों को छू-छूकर घूम रहे हों, हल्के प्रकाश के अँधेरे में बादल कभी नीले दिखते, कभी सफ़ेद, तो कभी लाल से दिखाई देते।

(iv) नंगे पैर, नंगे सिर, एक मैली-सी कमीज़ द्वारा लड़के की स्थिति का वर्णन करें।

उत्तर नंगे पैर, नंगे सिर, एक मैली-सी कमीज़ उस बच्चे की पूरी स्थिति को उजागर कर देती हैं। वह बच्चा अत्यंत गरीब था। उसके पास पहनने व खाने के लिए कुछ भी न था। मैली-सी कमीज़ उसकी गरीबी को दर्शाती है।

3. निम्नलिखित गद्यांश को पढ़कर उसके नीचे दिए गए प्रश्नों के उत्तर हिंदी में लिखिए

"अजी, ये पहाड़ी बड़े शैतान होते हैं। बच्चे-बच्चे में अवगुण छिपे रहते हैं, आप भी क्या अज़ीब हैं, उठा लाए कहीं से-लो जी यह नौकर लो।"

(i) लड़का अपना घर छोड़ नैनीताल क्यों आया था?

उत्तर अत्यधिक गरीबी के कारण लड़का अपना घर छोड़ नैनीताल पैसा कमाने के उद्देश्य से आया था, क्योंकि लड़के के कई भाई-बहन थे एवं उसके गाँव में कोई काम नहीं था। उसके घर की स्थिति अत्यंत ही दयनीय थी।

(ii) अपने मित्र के विषय में लड़के ने क्या बताया?

उत्तर अपने मित्र को विषय में लड़के ने बताया कि उसका एक साथी और था, जिसके साथ वह गाँव से भाग आया था, किंतु वह अब इस दुनिया में नहीं है। उसके मालिक ने उसे मार दिया था।

(iii) लेखक का मित्र बच्चे को वकील साहब के पास क्यों लाया? वकील साहब की वेशभूषा का वर्णन अपने शब्दों में कीजिए।

उत्तर लेखक का मित्र बच्चे को वकील साहब के पास बच्चे की सहायता करने के लिए ले गया था, क्योंकि गरीब बच्चे को देख लेखक के मित्र को दया आ गई थी। वकील साहब लापरवाह प्रवृत्ति के व्यक्ति थे। वह कश्मीरी शॉल लपेटे हुए थे। पैरों में मोज़े व चप्पलें पहने हुए थे।

(iv) "अजी, ये पहाड़ी बड़े शैतान होते हैं।" यह किसने व किससे कहा? वकील साहब का पहाड़ी बच्चों के प्रति दृष्टिकोण कैसा था?

उत्तर "अजी, ये पहाड़ी बच्चे बड़े शैतान होते हैं।" यह वकील साहब ने लेखक के मित्र से कहा। वकील साहब का मानना था कि पहाड़ी बच्चे शैतान होते हैं। छोटे-छोटे बच्चों में बुराइयाँ होती हैं। वे अपने अवगुणों को छुपाए रहते हैं।

4. निम्नलिखित गद्यांश को पढ़कर उसके नीचे दिए गए प्रश्नों के उत्तर हिंदी में लिखिए

"मैं असमंजस में रहा। तब वह तेज़ गति से एक ओर बढ़ा और कुहरे में मिल गया। हम भी होटल की ओर बढ़े।"

(i) वकील साहब क्या मानने को तैयार नहीं थे?

उत्तर लेखक के मित्र द्वारा यह बताने पर कि यह लड़का अन्य सभी काम करने वाले लड़कों-सा नहीं निकलेगा। यह बात वकील साहब मानने को तैयार नहीं थे।

(ii) उपरोक्त पंक्तियों में 'मैं' शब्द किसके लिए प्रयोग किया गया है और वह असमंजस की स्थिति में क्यों था?

उत्तर यहाँ 'मैं' शब्द लेखक के मित्र के लिए प्रयोग किया गया है और वकील साहब द्वारा पहाड़ी गरीब बच्चे को काम के लिए मना करने पर लेखक का मित्र असमंजस की स्थिति में था।

(iii) "तब वह तेज़ गति से एक ओर बढ़ा और कुहरे में मिल गया।" 'वह' शब्द किसके लिए प्रयोग किया गया है और कुहरे में कौन मिल गया?

उत्तर तब वह तेज़ गति से एक ओर बढ़ा और कुहरे में मिल गया यहाँ 'वह' शब्द गरीब बच्चे के लिए प्रयोग किया गया है। लेखक का मित्र गरीब बच्चे की सहायता करना चाहता था। इसलिए वह उस बच्चे को वकील के पास ले जाता है, किंतु वकील साहब द्वारा काम पर न रखने पर, वह गरीब बच्चा कुहरे में जाकर मिल गया।

(iv) लेखक के मित्र के चरित्र की विशेषता का वर्णन अपने शब्दों में कीजिए।

उत्तर लेखक का मित्र बहुत ही भावुक प्रवृत्ति का व्यक्ति था। उसे गरीब बच्चे को देख दया आ जाती है। वह उस बच्चे को काम दिलाने के लिए वकील साहब के पास भी लाता है, किंतु सफल नहीं हो पाता। लेखक का मित्र इस बात पर दुःखी भी होता है।

06

बड़े घर की बेटी

मुंशी प्रेमचंद

लेखक परिचय

हिंदी साहित्य में कथा सम्राट के नाम से प्रसिद्ध मुंशी प्रेमचंद का जन्म 31 जुलाई, 1880 को वाराणसी के पास लमही नामक गाँव में हुआ था। इनका वास्तविक नाम **धनपतराय** था। पिता की मृत्यु के बाद इन्हें अनेक समस्याओं का सामना करना पड़ा। आर्थिक संकट के कारण इन्हें प्राइमरी विद्यालय में शिक्षक की नौकरी भी करनी पड़ी। प्रेमचंद जी ने 'सब डिप्टी इंस्पेक्टर ऑफ स्कूल्स' के पद पर भी कार्य किया, किंतु अधिक समय तक वे इस पद का कार्यभार न सँभाल सके। नौकरी छोड़कर साहित्य सृजन के क्षेत्र में आ गए। प्रेमचंद ने 300 के लगभग कहानियाँ लिखीं। इनकी कहानियाँ मानसरोवर नाम से आठ खंडों में संगृहीत हैं, इन्होंने कई प्रसिद्ध उपन्यास भी लिखे। 8 अक्टूबर, 1936 को इनका स्वर्गवास हो गया।

पाठ की रूपरेखा

प्रेमचंद की प्रस्तुत कहानी 'बड़े घर की बेटी' पारिवारिक संबंधों के महत्त्व को उजागर करती है। यह एक संयुक्त परिवार की कहानी है, जो परिवार में रहते व्यक्तियों के आपसी मतभेदों को दर्शाती है। गाँव के ज़मींदार बेनीमाधव सिंह के दो बेटे थे–श्रीकंठ और लालबिहारी। श्रीकंठ का विवाह एक प्रतिष्ठित ज़मींदार घराने की पुत्री आनंदी से हुआ था। आनंदी ने जल्दी ही स्वयं को नई परिस्थितियों के अनुसार ढाल लिया। एक दिन लालबिहारी, आनंदी को मांस बनाने के लिए कहता है। जिसके कारण दोनों के बीच कहा-सुनी हो जाती है और लालबिहारी आनंदी को खड़ाऊँ फेंककर मारता है। श्रीकंठ को जब आनंदी व लालबिहारी के मध्य हुए झगड़े के विषय में ज्ञात होता है, तो वह दोनों भाइयों में से किसी एक के घर में रहने की बात पिता के समक्ष रखता है।

श्रीकंठ की बात सुन लालबिहारी घर से जाने को तैयार हो जाता है, किंतु आनंदी अपने मधुर व्यवहार से उसे जाने से रोकती है, तभी बाहर से आते बेनीमाधव सिंह ने कहा कि 'बड़े घर की बेटी' ऐसी ही होती हैं, जो बिगड़ा काम बना लेती हैं।

पाठ का सार

गौरीपुर गाँव के जमींदार 'बेनीमाधव सिंह'

बेनीमाधव सिंह गाँव के जमींदार थे। उनके दादा के पास अधिक धन-संपत्ति थी। गाँव के पुराने तालाब, मंदिर, कुएँ आदि उन्हीं के द्वारा बनवाए गए थे। बेनीमाधव सिंह के दो पुत्र थे। किसी समय में वे धन-धान्य से संपन्न लोग कहे जाते थे, किंतु वर्तमान समय में उनकी आय एक हजार रुपये वार्षिक थी। घर की स्थिति कुछ ज्यादा अच्छी नहीं थी। बेनीमाधव सिंह के बड़े बेटे श्रीकंठ ने बी. ए. की डिग्री प्राप्त की थी और एक दफ्तर में कार्यरत् थे, वहीं दूसरा बेटा लालबिहारी दोहरे बदन का सजीला जवान था, जो श्रीकंठ से एकदम विपरीत था।

प्राचीन सभ्यता का गुणगान करते श्रीकंठ

श्रीकंठ सिंह एक ऐसे चरित्र के रूप में सामने आए हैं, जो प्राचीन सभ्यता के नियमों पर चलते हैं। वे स्वयं अंग्रेज़ी के ज्ञाता थे, किंतु अंग्रेज़ी की निंदा करने में भी पीछे नहीं रहे। वे रामलीला में भी बड़े उत्साह से भाग लिया करते थे। उनका मानना था कि परिवार में एकजुटता की भावना

होनी चाहिए। वे संयुक्त परिवार के पक्षधर थे। श्रीकंठ के ऐसे विचारों पर गाँव की औरतें उनकी निंदा भी करती थीं। स्वयं उनकी पत्नी ने भी उनका विरोध किया है।

ठाकुर साहब 'भूपसिंह' का धर्मसंकट

भूपसिंह एक छोटी-सी रियासत के बड़े जमींदार थे। भूपसिंह अत्यधिक धन-धान्य से संपन्न व्यक्ति थे। आनंदी उनकी चौथी व अति सुंदर पुत्री थी। दुर्भाग्य से इनका कोई लड़का न था। वे अपनी पुत्री आनंदी से अधिक प्रेम करते थे। इस बात को लेकर वे धर्मसंकट में थे कि आनंदी का विवाह कहाँ करें? भूपसिंह अपनी पुत्री आनंदी का ऐसी जगह विवाह करना चाहते थे, जिससे न तो उन पर अधिक ऋण का बोझ हो और न ही स्वयं को भाग्यहीन समझना पड़े। वे एक अच्छे और कुशल व्यक्ति की तलाश में थे। श्रीकंठ को देख भूपसिंह उसके स्वभाव पर रीझ गए और आनंदी का विवाह श्रीकंठ के साथ हो गया।

आनंदी का नई परिस्थितियों को स्वीकार करना

आनंदी एक उच्चकुलीन परिवार की बेटी थी। उसने कभी भी आर्थिक संकट नहीं झेला था। वो बचत करना नहीं जानती थी, किंतु ससुराल की स्थितियाँ उसके लिए अलग थीं। यहाँ मकान में खिड़कियाँ तक न थीं, न जमीन पर फर्श और न दीवार पर तस्वीरें। यह एक देहाती गृहस्थ मकान था, किंतु आनंदी ने इनसे मुँह नहीं मोड़ा, अपितु अपने स्वभाव के अनुसार उसने स्वयं को परिस्थितियों के अनुसार ढाल लिया। एक दिन लालबिहारी सिंह द्वारा माँस पकाने के लिए कहने पर आनंदी ने सारा घी माँस में डाल दिया। लालबिहारी को दाल में 'घी' न मिलने पर आनंदी व लालबिहारी में नोक-झोंक हो जाती है और वह आनंदी को खड़ाऊँ फेंककर मारता है। लालबिहारी के इस व्यवहार को देखकर आनंदी खून का घूँट पीकर रह जाती है।

आनंदी का कोपभवन में जाना

लालबिहारी द्वारा खड़ाऊँ फेंककर मारने पर आनंदी को अधिक क्रोध आता है, किंतु वह करती क्या? श्रीकंठ भी घर में नहीं था। आनंदी का गुस्सा मानो सातवें आसमान पर था। दो दिन तक वह कोपभवन में रही और न कुछ खाया न पिया तथा श्रीकंठ की प्रतीक्षा करती रही।

श्रीकंठ के आने पर लालबिहारी ने कहा भाई आप भाभी को समझा दीजिएगा नहीं तो बेकार में ही अनर्थ हो जाएगा। बेनीमाधव सिंह ने भी लालबिहारी का पक्ष लेते हुए कहा बहू-बेटियों का मर्दों के मुँह लगना अच्छा नहीं।

श्रीकंठ सिंह का क्रोधित होना व उनके सिद्धांतवादी विचार

श्रीकंठ सिंह अत्यंत ही धैर्यवान व शांत स्वभाव वाले पुरुष थे, उन्हें क्रोध नहीं आता था, किंतु अपने भाई द्वारा किए गए कार्य पर उन्हें अत्यधिक क्रोध आया। श्रीकंठ सिंह सिद्धांतवादी विचारधारा के पक्षधर थे। वे विद्रोहपूर्ण बातें कहने पर अपने मित्रों को आड़े हाथों लिया करते थे। उनके सिद्धांतवादी विचारों ने ही गाँव के घरों को सँभाल रखा था। वे स्त्रियों के प्रति होते अत्याचार के विरोधी थे।

वे स्त्रियों की मान-प्रतिष्ठा पर बल दिया करते थे, किंतु दुर्भाग्यवश आज स्वयं उनके घर की स्त्री पर अन्याय व अत्याचार किया जा रहा था, जो बातें वे लोगों से कहते थे वे उन्हें आज स्वयं अपने घर के लिए अपने मुँह से कहनी पड़ी।

गाँव वालों की प्रवृत्ति

श्रीकंठ अत्यधिक क्रोध में थे। बेनीमाधव सिंह को भी गुस्सा आ गया, उन्होंने कहा लालबिहारी तुम्हारा भाई है। गलती की है सजा दे दो, किंतु यह कहना कि मैं लालबिहारी को अपना भाई नहीं समझता उचित नहीं है। श्रीकंठ सिंह व पिता बेनीमाधव के बीच होती बहस को सुन गाँव के लोग हुक्के-चिलम के बहाने वहाँ आ गए। गाँव के कुछ लोग जो इनकी नीतिपूर्ण गति से जलते थे, उन्हें मन-ही-मन प्रसन्नता हो रही थी। गाँव के लोग तमाशा देखना चाहते थे, किंतु बेनीमाधव सिंह ने गाँव के लोगों की मनसा को जान लिया और बात को पलट दिया।

श्रीकंठ सिंह का अंतिम निर्णय

श्रीकंठ सिंह अत्यधिक क्रोध में थे। वे लालबिहारी की दुष्टता को कभी भी माफ नहीं कर सकते थे। अत: उन्होंने अपना अंतिम निर्णय पिता के सामने रख दिया। उनका अंतिम निर्णय यह था कि दोनों भाइयों में से कोई एक ही घर में रहेगा, उन्होंने पिता से कहा यदि आपको वह अधिक प्यारा है, तो मुझे विदा कीजिए। यदि मुझे रखना चाहते हैं, तो उसे कहिए यहाँ से चला जाए। यही मेरा अंतिम निर्णय है।

लालबिहारी का ग्लानि भाव

श्रीकंठ की बातें सुन लालबिहारी को अपनी गलती पर पछतावा होता है और वह रोने लगता है। वह अपने भाई से आँखें नहीं मिला पाता। लालबिहारी की आँखें शर्म से झुक जाती हैं, वह अपने भाई के सामने आने पर भी झिझकता है। उसे अपनी गलती का बहुत दु:ख हो रहा था।

आनंदी की दयालु प्रवृत्ति

आनंदी ने बेशक अपने देवर की शिकायत की थी, किंतु अपने स्वभाव के अनुसार उसे अब पछतावा हो रहा था। आनंदी दया की मूर्ति थी। लालबिहारी के माफी माँगने पर उसका क्रोध मानो कहीं खो जाता है और उसकी आँखें नम हो जाती हैं।

श्रीकंठ का हृदय परिवर्तन

कहानी के अंत में भाई द्वारा माफी माँगने पर श्रीकंठ का हृदय अधिक समय तक कठोर नहीं रह सका। दोनों भाई खूब फूट-फूट कर रोए। श्रीकंठ ने लालबिहारी को जाने से रोक लिया। बाहर से आते बेनीमाधव सिंह जब दोनों भाइयों को इस प्रकार देखते हैं, तो खुशी से फूले नहीं समाते और आनंदी की प्रशंसा में कहते हैं 'बड़े घर की बेटियाँ' ऐसी ही होती हैं।

शब्दार्थ

पितामह *दादा;* **कुटुंब** *पारिवारिक, कुनबे से संबंधित;* **बाट** *मार्ग, रास्ता;* **कीर्ति स्तंभ** *वह खंभा जो किसी के महान् कार्य को बताता है;* **ताल्लुकेदार** *जमींदार, भूमिपति;* **टीम-टाम** *बनाव शृंगार;* **किफायत** *बचत;* **खड़ाऊँ** *लकड़ी की बनी खुली खूँटीदार पादुका।* **गुमान** *घमंड;* **उपद्रव** *उत्पात, अशांति;* **त्योरी चढ़ाई** *क्रोध आ गया;* **शाउर** *लियाकत;* **ग्लानि** *अपनी गलती का अहसास होना, शर्मिंदगी महसूस होना;* **उदारता** *विशाल हृदय;* **असह्य** *न सहने योग्य;* **हर्ष** *खुशी;* **कलह** *लड़ाई, झगड़ा;* **वृत्तांत** *बीती बात का वर्णन।*

PYQs विगत वर्षों के प्रश्न व महत्त्वपूर्ण प्रश्न

गद्यांश पर आधारित प्रश्न

1. निम्नलिखित गद्यांश को पढ़कर उसके नीचे दिए गए प्रश्नों के उत्तर हिंदी में लिखिए

आनंदी की त्यौरी चढ़ गई। झुँझलाहट के मारे बदन में ज्वाला-सी दहक उठी। बोली "जिसने तुमसे यह आग लगाई है, उसे पाउँ तो मुँह झुलस दूँ।" **(ICSE 2018)**

(i) आनंदी की त्यौरी क्यों चढ़ी हुई थी? वह किसका इंतजार कर रही थी?

उत्तर श्रीकंठ सिंह के यह कहने पर कि तुमने आजकल यह क्या उपद्रव मचा रखा है? आनंदी की त्यौरी चढ़ गई थी। वह (आनंदी) अपने पति श्रीकंठ की प्रतिक्षा कर रही थी।

(ii) श्रीकंठ सिंह ने आनंदी से क्या जानना चाहा?

उत्तर श्रीकंठ सिंह ने आनंदी से उसके क्रोध का कारण जानना चाहा, क्योंकि श्रीकंठ सिंह घर में नहीं थे। वे शनिवार को ही घर आया करते थे। उनको घर में हुए झगड़े का पता नहीं था।

(iii) इससे पहले लालबिहारी और बेनीमाधव सिंह श्रीकंठ सिंह से क्या कह चुके थे?

उत्तर लालबिहारी ने श्रीकंठ से कहा कि भैया आप भाभी को समझा लीजिए कि मुँह सँभालकर बातचीत करें, कभी-कुछ अनर्थ हो जाएगा। तभी बेनीमाधव सिंह ने लालबिहारी की बात को सही मानते हुए कहा कि घर कि बहू-बेटियों का यह स्वभाव अच्छा नहीं कि मर्दों के मुँह लगें।

(iv) आनंदी से घटना का हाल जानकर श्रीकंठ सिंह को कैसा लगा? उन्होंने अपने पिता से क्या कहा?

उत्तर आनंदी से घटना का हाल जानकर श्रीकंठ की आँखें लाल हो गईं अर्थात् उन्हें क्रोध आ गया। जबकि श्रीकंठ सिंह को कदाचित ही क्रोध आता था। उन्होंने अपने पिता से कहा कि अब इस घर में मेरा निर्वाह नहीं होगा।

एक्सपर्ट्स कमेंट्स

- प्रश्न (i) में अधिकांश विद्यार्थी त्यौरी चढने का अर्थ नहीं समझ पाए।
- कुछ छात्रों ने प्रश्न के दूसरे भाग के उत्तर में विस्तर से कहानी का वर्णन किया।
- प्रश्न (ii) के उत्तर में अधिकांश विद्यार्थियों द्वारा दिए गए मुख्य बिंदुओं का अभाव पाया गया।
- प्रश्न (iii) का उत्तर लिखते समय कुछ विद्यार्थी लाल बिहारी और बेनीमाधव सिंह के कथन को लेकर भ्रमित रहे।
- प्रश्न (iv) के दूसरे भाग के उत्तर में कुछ विद्यार्थी श्रीकंठ के क्रोध के बाद की स्थिाति को स्पष्ट नहीं कर पाए वाक्य संरचना तथा वर्तनी की त्रुटियाँ भी दृष्टिगोचर हुई।

स्टूडेंट्स के लिए एडवाइज़

- छात्रों को पढ़ते समय पात्रों के मुख्य बिंदुओं पर आधारित प्रश्नोत्तर का मौखिक व लिखित अभ्यास निरंतर करते रहना चाहिए।
- छात्रों को पाठ को पढ़ते समय पात्र की मुख्य विशेषताएँ रेखांकित करनी चाहिए और उन्हें याद करना चाहिए
- छात्रों को प्रत्येक भाग को ध्यानपूर्वक पढ़ना चाहिए तथा प्रश्न से संबंधित उत्तर देना चाहिए।

2. निम्नलिखित गद्यांश को पढ़िए और उसके नीचे दिए गए प्रश्नों के उत्तर हिन्दी में लिखिए। **(ICSE Spec 2017)**

"पर जिस स्त्री की मान-प्रतिष्ठा का मैं ईश्वर के दरबार में उत्तरदाता हूँ, उसके प्रति ऐसा घोर अन्याय और पशुवत व्यवहार असह्य है।"

(i) उपर्युक्त कथन किसने किससे कहा है?

उत्तर प्रस्तुत कथन श्रीकंठ सिंह ने अपने पिता बेनीमाधव सिंह से तब कहा जब बेनीमाधव अपने छोटे बेटे लालबिहारी का पक्ष लेते हुए कहते हैं कि लालबिहारी तो नादान है वह नासमझ है उसकी गलती है सजा दे दो, किंतु यह कहना कि मैं लालबिहारी को अपना भाई नहीं समझता उचित नहीं है।

(ii) वक्ता के लिए कौन-सी बात असह्य थी तथा क्यों?

उत्तर वक्ता अर्थात् श्रीकंठ सिंह हिंदू सभ्यता के पक्षधर थे। हिंदू परिवारों के संयुक्त रूप को स्वीकार करते थे। वे स्त्रियों के प्रति अन्याय को सहन नहीं कर सकते थें। वे अपने जीवन में स्त्रियों की मान-प्रतिष्ठा को विशेष महत्त्व देते थें। अतः स्त्रियों के प्रति होते घोर अन्याय और पशुवत व्यवहार ही उनके लिए असह्य था।

(iii) वक्ता ईश्वर के दरबार में किस बात के लिए उत्तरदाता है और क्यों?

उत्तर वक्ता ईश्वर के दरबार में स्त्री की मान-प्रतिष्ठा का उत्तरदाता है, क्योंकि वह हर परिस्थिति में अपने सिद्धांतों की रक्षा करता है। स्त्रियों पर होते अत्याचार का विरोध करता है तथा स्त्रियों के प्रति होते अत्याचारों का विरोध करते हुए वह अपने सिद्धांतों को प्रकट करने में भी झिझकता नहीं है। वह अपने स्वभाव के अनुसार गाँवों के अन्य परिवारों को भी कलह से बचाता है, उन्हें जोड़ने का प्रयास करता है।

(iv) वक्ता के प्रस्तुत कथन से उसके चरित्र की किन-किन विशेषताओं का पता चलता है? उदाहरण सहित स्पष्ट कीजिए।

उत्तर 'श्रीकंठ सिंह' इस कहानी का प्रमुख पात्र है। वह एक परिश्रमी युवक है। वह पढ़े-लिखे युवकों का प्रतिनिधित्व करता है। उसमें अहं का भाव भी विद्यमान है। वह हिंदू सभ्यता का पक्षधर है। हिंदू परिवारों के संयुक्त रूप को स्वीकार करता है। श्रीकंठ

अपने व्यक्तित्व के अनुसार गाँव के अन्य लोगों को समझाने-बुझाने का कार्य भी करता था। वह हर परिस्थिति में अपने सिद्धांतों की रक्षा करता था।

स्त्रियों पर अत्याचार का विरोध करते हुए श्रीकंठ अपने सिद्धांतों को प्रकट करने में झिझकता नहीं है। अपने भाई के अत्याचार का विरोध करते हुए अपने पिता से वह कहता है कि "लालबिहारी को मैं अपना भाई नहीं समझता।" यह उदाहरण श्रीकंठ के सिद्धांतवादी प्रवृत्ति का परिचय देता है।

3. निम्नलिखित गद्यांश को पढ़कर उसके नीचे दिए गए प्रश्नों के उत्तर हिंदी में लिखिए

"दशहरे के दिनों में वे बड़े उत्साह से रामलीला में सम्मिलित होते और स्वयं किसी-न-किसी पात्र का अभिनय करते थे। प्राचीन सभ्यता का गुणगान उनकी प्रकृति का प्रधान अंग था। सम्मिलित कुटुंब के तो वे एकमात्र उपासक थे।"

(i) श्रीकंठ के पिता का क्या नाम था? वे क्या कार्य करते थे?

उत्तर श्रीकंठ के पिता का नाम बेनीमाधव सिंह था। वे गौरीपुर गाँव के ज़मींदार और नंबरदार थे, किंतु वर्तमान समय में उनकी आय एक हज़ार रुपये वार्षिक थी, जिसके कारण घर की स्थिति कुछ ज़्यादा अच्छी नहीं थी।

(ii) पाश्चात्य सामाजिक प्रथाओं के निंदक कौन थे?

उत्तर श्रीकंठ पाश्चात्य सामाजिक प्रथाओं के निंदक थे। बेशक स्वयं उन्होंने अंग्रेज़ी की डिग्री प्राप्त की हुई थी, किंतु वे इसकी निंदा करने से भी पीछे नहीं हटते थे।

(iii) परिवार में एकजुटता की भावना पर बल किसने दिया है और क्यों?

उत्तर श्रीकंठ ने परिवार की एकजुटता की भावना पर बल दिया है। उनका मानना था कि परिवार में एकजुटता की भावना का होना आवश्यक है। मिल-जुलकर रहने का भाव सबके मन में होना चाहिए। अतः संयुक्त परिवार ही एक सफल परिवार की नींव है। हम कह सकते हैं कि वे सम्मिलित कुटुंब के उपासक थे।

(iv) उपरोक्त पंक्तियों के आधार पर श्रीकंठ की धार्मिक प्रवृत्ति का वर्णन अपने शब्दों में करें।

उत्तर श्रीकंठ धार्मिक प्रवृत्ति के व्यक्ति थे। धर्म-कर्म के प्रति उनकी विशेष रुचि थी। अपनी इसी प्रवृत्ति के कारण वे बड़े ही उत्साह से रामलीला में अभिनय भी करते थे। वे प्राचीन हिंदू परिवारों के संयुक्त रूप को भी स्वीकार करते थे। वे सभ्यता के पक्षधर भी थे।

4. निम्नलिखित गद्यांश को पढ़कर उसके नीचे दिए गए प्रश्नों के उत्तर हिंदी में लिखिए

"विशाल भवन, एक हाथी, तीन कुत्ते, झाड़-फानूस, आनरेरी मजिस्ट्रेटी और ऋण, जो एक प्रतिष्ठित ताल्लुकेदार के योग्य पदार्थ हैं, सभी यहाँ विद्यमान थे। नाम था भूपसिंह।"

(i) आनंदी के पिता का नाम क्या था? वे किस कुल से संबंधित थे?

उत्तर आनंदी के पिता का नाम भूपसिंह था। भूपसिंह अत्यधिक धन-धान्य से संपन्न व्यक्ति थे। वे छोटी-सी रियासत के ताल्लुकेदार थे तथा उच्च कुल से संबंधित थे।

(ii) 'ताल्लुकेदार' शब्द का अर्थ क्या है तथा छोटी रियासत के ताल्लुकेदार कौन थे?

उत्तर ताल्लुकेदार शब्द का अर्थ है-ज़मींदार या भूमिपति है तथा छोटी रियासत के ताल्लुकेदार आनंदी के पिता भूपसिंह थे।

(iii) गाँव की औरतें किसकी निंदक थीं और उन्हें अपना शत्रु क्यों समझती थीं?

उत्तर गाँव की औरतें श्रीकंठ की निंदक थीं, क्योंकि वे एकजुट परिवार को अधिक महत्त्व देते थे। उनका मानना था कि आजकल की स्त्रियों में मिल-जुलकर रहने के प्रति अरुचि होती है। श्रीकंठ औरतों की इस अरुचि को जाति और देश के लिए हानिकारक समझते थे, इसलिए स्त्रियाँ श्रीकंठ को अपना शत्रु समझती थीं।

(iv) भूपसिंह कौन था? उसकी आर्थिक स्थिति का वर्णन अपने शब्दों में करें।

उत्तर आनंदी के पिता भूपसिंह एक छोटी-सी रियासत के ताल्लुकेदार थे तथा उनकी आर्थिक स्थिति सुदृढ़ थी। वे धन-धान्य से परिपूर्ण व्यक्ति थे। सुख-सुविधाओं के पर्याप्त साधन उनके पास थे। किसी प्रकार की कमी उनके यहाँ दिखती नहीं थी।

5. निम्नलिखित गद्यांश को पढ़कर उसके नीचे दिए गए प्रश्नों के उत्तर हिंदी में लिखिए

"जिस तरह सूखी लकड़ी जल्दी से जल उठती है, उसी तरह क्षुधा से बावला मनुष्य ज़रा-ज़रा-सी बात पर तिनक जाता है।"

(i) धर्मसंकट की स्थिति में कौन था व क्यों?

उत्तर धर्मसंकट की स्थिति में भूपसिंह था, क्योंकि आनंदी भूपसिंह की अति सुंदर पुत्री थी। उसका विवाह कहाँ करें? भूपसिंह अपनी पुत्री आनंदी का ऐसी जगह विवाह करना चाहते थे, जिससे न तो उन पर अधिक ऋ ण का बोझ हो और न ही स्वयं को भाग्यहीन समझना पड़े।

(ii) आनंदी के नए घर की स्थिति का वर्णन अपने शब्दों में कीजिए।

उत्तर आनंदी के नए घर की स्थिति कुछ अलग ही थी, जिस प्रकार के वातावरण में वह बचपन से रही थी वैसा वातावरण उसके नए घर (ससुराल) में नाममात्र को भी न था। उसका नया घर किसी देहाती घर से कम न था।

(iii) लालबिहारी कौन था? उसने आनंदी को क्या पकाने को कहा?

उत्तर लालबिहारी, बेनीमाधव सिंह का छोटा बेटा व आनंदी का देवर था। वह स्वभाव से अत्यंत ही कठोर प्रवृत्ति का था। एक दिन लालबिहारी ने आनंदी को माँस बनाने को कहा। जिसके कारण दोनों के बीच कहा सुनी हो जाती है।

(iv) लालबिहारी के क्रोध का क्या कारण था? सूखी लकड़ी की तुलना किससे की गई है?

उत्तर लालबिहारी जब खाना खाने बैठा तो उसे दाल में घी न मिला। पूछने पर पता चला कि घी तो खत्म हो गया है। इसी कारण लालबिहारी को गुस्सा आ गया। सूखी लकड़ी की तुलना भूख से पीड़ित व्यक्ति से की गई है।

07

संदेह

जयशंकर प्रसाद

लेखक परिचय

हिंदी साहित्य में महत्त्वपूर्ण स्थान रखने वाले जयशंकर प्रसाद का जन्म काशी के एक प्रतिष्ठित वैश्य परिवार में 1889 ई. को हुआ था। इन्हें अंग्रेज़ी, संस्कृत, हिंदी, उर्दू तथा फारसी भाषाओं का ज्ञान था। बाल्यकाल से ही इनकी कविता के प्रति विशेष रुचि थी। प्रारंभ में इनकी रचनाओं पर ब्रज-भाषा का प्रयोग देखने को मिलता है, किंतु बाद में इन्होंने खड़ी बोली को अपनाया। प्रसाद जी ने कहानी के साथ-साथ नाटक, उपन्यास आदि भी लिखे हैं। **अजातशत्रु, चंद्रगुप्त, ध्रुवस्वामिनी** इनके प्रसिद्ध नाटक हैं। कंकाल और तितली-उपन्यास; काव्य और कला-निबंध; कामायनी, आँसू, लहर, झरना-काव्य तथा आकाशदीप, इंद्रजाल, आँधी और छाया-कहानी संग्रह हैं। प्रसाद जी एक देशभक्त कवि के रूप में सामने आए। इनकी रचनाओं में भारतीय संस्कृति के प्रति अनुराग देखने को मिलता है। वर्ष 1937 में 48 वर्ष की छोटी आयु में ही प्रसाद जी का निधन हो गया था।

पाठ की रूपरेखा

यह कहानी द्वंद्व उत्पन्न करती हुई एक ऐसे पुरुष की ओर संकेत करती है, जो असमंजस की स्थिति में रहता है। रामनिहाल एक ऐसा व्यक्ति, जो काम करने के लिए घर से दूर किराये पर रहने के लिए आता है और किराये के घर की मालकिन 'श्यामा' के घर में रह रहा है, जिसका पति अब इस दुनिया में नहीं था। श्यामा को उस पर संदेह होता है कि वह उससे प्रेम करता है।

दूसरी ओर रामनिहाल के पास मनोरमा का पत्र आता है कि वह उसकी मदद के लिए उसके पास चला आए। इससे रामनिहाल को यह संदेह होता है कि मनोरमा उससे प्रेम करने लगी है। रामनिहाल इसी कारण असमंजस की स्थिति में है, वह श्यामा के घर को छोड़कर नहीं जाना चाहता, किंतु मनोरमा की मदद के लिए उसे श्यामा का घर छोड़कर जाना ही होगा। इसी कारण रामनिहाल की आँखों से निरंतर आँसू बहते रहते हैं। इसके साथ ही वह श्यामा के प्रति अपने प्रेमभाव को छुपाता है, किंतु श्यामा, रामनिहाल के हाथ में बने चित्र को देख समझ जाती है और उसके इस कार्य पर हँसती है और उसे मनोरमा की मदद कर वापस लौट आने के लिए कहती है।

पाठ का सार

रामनिहाल की असमंजस व भावुक प्रवृत्ति

रामनिहाल अत्यंत भावुक प्रवृत्ति का व्यक्ति था। वह अपना बिखरा हुआ सामान बाँधने में लगा था। शीशे पर पड़ती धूप उसे तड़पा रही थी। उसके हाथों में कागज़ों का एक बंडल था, जिसे संदूक में रखने से पहले वह खोलना चाहता था। वह उसे पढ़ना चाहता था, किंतु स्वयं ही खुद को मना कर रहा था। उसे कुछ समझ नहीं आ रहा था। उसके हाथों में एक चित्र था और आँखों में आँसू थे। रामनिहाल की आँखों में आँसू निर्झरिणी बनकर लगातार बह रहे थे।

श्यामा पवित्रता की मूरत

श्यामा एक समृद्ध व पवित्र स्त्री थी। बेशक वह एक विधवा का जीवन व्यतीत कर रही थी, किंतु उसके चरित्र में कोई दोष नहीं था। वह रामनिहाल को मात्र अपना अच्छा दोस्त समझती थी। रामनिहाल ने श्यामा के वैधव्य का आदर्श देखकर विश्वास जताया है। श्यामा को देख उन्हें लगा

कि मनुष्य अपनी वासनाओं का दमन कर सकता है, उनके अनुसार श्यामा ने न जाने कितनी ही देवप्रतिमाओं को अपने हृदय की कोठरी में दबा रखा है।

रामनिहाल का श्यामा के घर किराये पर रहना

रामनिहाल एक पढ़ा-लिखा व्यक्ति था, जो मकान की तलाश में था। रामनिहाल श्यामा के घर किराये पर रहता है। रामनिहाल स्वयं पर श्यामा का बहुत बड़ा एहसान मानता है, वह बोलता है कि श्यामा ने मुझे उस समय सहारा दिया जब मैं गृहहीन था, जब मुझे घर की ज़रूरत थी। रामनिहाल के मन में उसके प्रति प्रेमभाव उत्पन्न हो जाता है, किंतु श्यामा, रामनिहाल को मात्र अपना दोस्त समझती थी।

रामनिहाल की परोपकारी प्रवृत्ति

रामनिहाल के मन में परोपकार की भावना विद्यमान थी। ब्रजकिशोर बाबू , रामनिहाल के सहकर्मी थे। समय के अभाव के कारण ब्रजकिशोर ने रामनिहाल को एक काम की ज़िम्मेदारी दे दी। ब्रजकिशोर के घर अतिथियों के रूप में आए मोहन व मनोरमा को बनारस के घाटों पर घुमाने की ज़िम्मेदारी अब रामनिहाल के ऊपर थी। रामनिहाल सहर्ष ब्रजकिशोर द्वारा रखे गए प्रस्ताव को स्वीकार कर लेता है व मोहन बाबू और मनोरमा को घाटों पर घुमाता है। इसी बीच रामनिहाल, मनोरमा के संपर्क में आता है।

मोहन बाबू का संदेह

भ्रमण के दौरान मोहन बाबू को मनोरमा के चरित्र पर संदेह होता है। वह सोचता है कि उसकी पत्नी (मनोरमा) और ब्रजकिशोर ने मिलकर षड्यंत्र रचा है। वह सोचता है कि ये लोग मुझे पागल बनाना चाहते हैं। मोहन बाबू संसार द्वारा दिए गए विश्वासघात से परेशान हो उठने की बात कहते हैं। वे मनोरमा से कहते हैं कि मुझे नि:स्वार्थ प्रेम की आवश्यकता है, जो मुझे जीवन में कभी नहीं मिला, किंतु मनोरमा, मोहन के संदेह को व्यर्थ का बताती है।

मनोरमा की दयनीय स्थिति

मनोरमा की स्थिति बड़ी ही दयनीय थी। उसका पति उसके चरित्र पर संदेह करता था। मनोरमा, रामनिहाल को अपनी पारिवारिक स्थिति व कलेश के बारे में बताती है। मनोरमा न केवल अपनी दयनीय स्थिति के बारे में बताती है, अपितु उसकी आँखें सहायता के लिए लगातार रामनिहाल की ओर टकटकी लगाए रहती हैं मानो रामनिहाल से मदद की गुहार लगाती हों। मनोरमा अपने पति से दु:खी थी, क्योंकि वह सदैव उसकी आलोचना किया करता था।

श्यामा एक समझदार महिला

श्यामा एक समझदार महिला थी। वह कहानी में शुरू से अंत तक अपनी समझदारी का परिचय देती है, जब उसे पता चलता है कि रामनिहाल उसे एकतरफा प्रेम करता है, तो वह रामनिहाल को समझाती है, वहीं दूसरी तरफ अंत में भी रामनिहाल को समझाती है कि एक दु:खी स्त्री मनोरमा तुम्हें सहायता के लिए बुला रही है, जाओ तुम उसकी सहायता करो और फिर वापस आ जाना। तुम्हारा सामान यहीं रहेगा। तुमको अभी यहीं रहना है। तुमको मेरी संरक्षता की आवश्यकता है।

शब्दार्थ

ध्यानमग्न *ध्यान में डूबा हुआ;* **निर्झरिणी** *नदी;* **विस्मृत** *भूला हुआ;* **प्रायश्चित** *किसी अपराध के ग्लानिवश किया गया कठोर आचरण;* **प्रतिबिंब** *प्रतिच्छाया, परछाईं;* **वैधव्य** *विधवापन;* **अवलंब** *सहारा;* **उत्तराधिकार** *विरासत, बाप–दादा की संपत्ति का हक;* **महत्त्वाकांक्षा** *बड़ा बनने की इच्छा;* **मृग मरीचिका** *ऐसी तृष्णा जो संभव न हों;* **बाजरा** *बड़ी नाव;* **नि:श्वास** *गहरी साँस;* **विश्वासघात** *धोखा देना;* **विक्षिप्त** *परेशान;* **निश्चेष्ट** *जिसमें हलचल न हो;* **संखिया** *एक विष;* **ऊभ–चुभ** *आशा और निराशा की अवस्था;* **उपहास** *मज़ाक उड़ाना या हँसी;* **अवाक्** *मौन, न बोल सकने वाला;* **दुश्चरित्रा** *बुरे चरित्र वाली स्त्री।*

PYQs विगत वर्षों के प्रश्न व महत्त्वपूर्ण प्रश्न

गद्यांश पर आधारित प्रश्न

1. निम्नलिखित गद्यांश को पढ़िए और उसके नीचे लिखे प्रश्नों के उत्तर हिंदी में लिखिए।

"भारत के भिन्न-भिन्न प्रदेशों में छोटा-मोटा व्यवसाय, नौकरी और पेट पालने की सुविधाओं को खोजता हुआ जब तुम्हारे घर आया, तो मुझे विश्वास हुआ कि मैंने घर पाया।" **(ICSE 2023)**

(i) 'मैं' शब्द का प्रयोग किसके लिए किया गया है? यहाँ वक्ता किसके घर की बात कर रहा है?

उत्तर प्रस्तुत गद्यांश में 'मैं' शब्द का प्रयोग रामनिहाल के लिए किया गया है। रामनिहाल एक शिक्षित युवक था, परंतु नौकरी की तलाश में वह इधर-उधर भटक रहा था। यहाँ वक्ता श्यामा के घर की बात कर रहा है।

(ii) वक्ता घर किसे समझता था और क्यों?

उत्तर वक्ता (रामनिहाल) श्यामा के घर को अपना घर समझता है, क्योंकि वहाँ पर उसे अपनापन महसूस होता है। वह श्यामा को बताता है कि मैं जब से संसार को जानने लगा, तभी से गृहहीन था और मुझे यहाँ पर ऐसा एहसास होता है कि मैंने अपना घर पाया है।

(iii) वक्ता अपने जीवन की सच्चाई बताते हुए क्या-क्या कहता है?

उत्तर वक्ता अपने जीवन की सच्चाई बताते हुए कहता है कि मैं जब से संसार को जानने लगा, तभी से गृहहीन था और जब से मैं यहाँ आया हूँ मुझे यह अहसास होता है कि मैंने अपना घर पा लिया है। ऐसा कहकर वह श्यामा को विश्वास दिलाना चाहता था कि वह उससे प्रेम करता है और उसके घर को अपना घर समझता है।

(iv) प्रस्तुत पाठ के शीर्षक की सार्थकता स्पष्ट कीजिए।

उत्तर प्रस्तुत पाठ का शीर्षक 'संदेश' नितांत सार्थक एवं सटीक है। इस पाठ में रामनिहाल श्यामा से प्रेम करता है और श्यामा रामनिहाल को प्रेम करती है। यह सब संदेह ही है। इस कहानी में सभी पात्र संदेह के कारण ही परेशान रहते हैं तथा कहानी आरंभ से अंत तक संदेह के दायरे में घूमती रहती है।

2. निम्नलिखित गद्यांश को पढ़कर उसके नीचे दिए गए प्रश्नों के उत्तर हिंदी में लिखिए

"तुम लोगों ने मुझे पागल समझ लिया है, मैं यह जानता हूँ ओह! संसार की विश्वासघात की ठोकरों ने मेरे हृदय को विक्षिप्त बना दिया है।" **(ICSE 2020)**

(i) ब्रजकिशोर बाबू स्वयं गंगा घाट पर क्यों नहीं गए?

उत्तर आवश्यक काम एवं समयाभाव के कारण ब्रजकिशोर बाबू स्वयं अपने अतिथियों के साथ गंगा घाट पर नहीं जा सके और उन्होंने रामनिहाल को इस कार्य की जिम्मेदारी दे दी।

(ii) मनोरमा कौन थी व उसके पति की मानसिक स्थिति का वर्णन करें?

उत्तर मनोरमा एक दुखिया स्त्री थी, उसके पति की मानसिक स्थिति कुछ ठीक नहीं थी। वह कभी-कभी पागल जैसा व्यवहार भी करता था, जिसके कारण मनोरमा दु:खी रहती थी और वह सदा उसकी आलोचना किया करता था।

(iii) "तुम लोगों ने मुझे पागल समझ लिया" यह किसने व किससे कहा है तथा यहाँ पागल समझने की बात किसके लिए कही गई है?

उत्तर "तुम लोगों ने मुझे पागल समझ लिया" यह मोहन बाबू ने मनोरमा व ब्रजकिशोर के लिए कहा है। यहाँ मोहन बाबू को ही पागल समझने की बात कही गई है, क्योंकि वह अपनी पत्नी मनोरमा पर संदेह करता था।

वह समझता था कि मनोरमा और ब्रजकिशोर दोनों मिलकर कोई षड्यंत्र रच रहे हैं तथा वे दोनों मुझे पागल बनाना चाहते हैं।

(iv) 'विश्वासघात' शब्द का अर्थ बताते हुए बताएँ कि उपरोक्त पंक्तियों में 'मैं' शब्द किसके लिए प्रयोग किया गया है?

उत्तर 'विश्वासघात' शब्द का अर्थ है-धोखा देना। उपरोक्त पंक्तियों में 'मैं' शब्द मोहन बाबू के लिए प्रयोग किया गया है, क्योंकि मोहन बाबू यह समझने लगे थे कि उनकी पत्नी ने उन्हें धोखा दे दिया है। इस कारण वे कहते हैं कि तुम लोगों ने मुझे पागल समझ लिया है।

3. निम्नलिखित गद्यांश को पढ़कर उसके नीचे दिए गए प्रश्नों के उत्तर हिंदी में लिखिए

एक दुखिया स्त्री तुमको अपनी सहायता के लिए बुला रही है। जाओ, उसकी सहायता करके लौट आओ। तुम्हारा सामान यहीं रहेगा। तुमको अभी यहीं रहना होगा। समझे! अभी तुमको मेरी संरक्षता की आवश्यकता है। उठो, नहा-धो लो। जो ट्रेन मिले, उससे पटना जाकर ब्रजकिशोर की चालाकियों से मनोरमा की रक्षा करो और और फिर मेरे यहाँ चले आना। यह सब तुम्हारा भ्रम था। संदेह था। **(ICSE 2020)**

(i) प्रस्तुत कथन के वक्ता और श्रोता कौन हैं? उनका परिचय दीजिए।

उत्तर प्रस्तुत कथन के वक्ता श्यामा तथा श्रोता रामनिहाल हैं। श्यामा मकान मालकिन है जिसके मकान में रामनिहाल किराये पर रहता है।

(ii) वक्ता ने यह कथन कब और क्यों कहा?

उत्तर वक्ता श्यामा ने यह कथन तब कहे जब रामनिहाल के पास मनोरमा का पत्र आता है और वह उसे मदद के लिए बुलाती है, किंतु रामनिहाल असमंजस की स्थिति में पड़ जाता है तब वह उसे समझाती है।

(iii) मनोरमा कौन थी? उसे रक्षा की आवश्यकता क्यों थी? उसने किसे सहायता के लिए बुलाया?

उत्तर मनोरमा, ब्रजकिशोर की अतिथि थी। उसका पति मोहन बाबू उसके चरित्र पर संदेह करता है कि मनोरमा व ब्रजकिशोर कोई षड्यंत्र रच रहे हैं। वह मनोरमा को परेशान करता है, इसलिए वह रामनिहाल को अपनी सहायता के लिए पत्र लिखकर गुहार लगाती है कि वह उसकी मदद कर सकता है।

(iv) 'संदेह' का क्या अर्थ है? इस कहानी का नाम 'संदेह' क्यों रखा गया है? समझाकर लिखिए। इस कहानी में कौन-कौन किस-किस पर कैसे संदेह करता हैं?

उत्तर संदेह का क्या अर्थ-शंका (जब हम किसी भी चीज के लिए पूर्णरूप से आश्वस्त नहीं होते वह शक है) इस कहानी का नाम संदेह इसलिए रखा गया है, क्योंकि एक पुरुष के द्वारा स्त्री पर संदेह किया जा रहा है।

इस कहानी में मोहन बाबू ब्रजकिशोर तथा अपनी पत्नी मनोरमा के संबंधों पर संदेह करने लगते हैं तथा रामनिहाल को संदेह है कि मनोरमा उससे प्रेम करने लगी है। रामनिहाल को यह भी संदेह हो जाता है कि उसे श्यामा से प्रेम हो गया है।

4. निम्नलिखित गद्यांश को पढ़कर उसके नीचे दिए गए प्रश्नों के उत्तर हिंदी में लिखिए

किशोरी ने आकर हल्ला मचा दिया—"भाभी, अरे भाभी! देखा नहीं तूने, न! निहाल बाबू रो रहे हैं। अरे, तू चल भी!"

(i) रामनिहाल के हाथों में क्या था?

उत्तर रामनिहाल के हाथों में कागज़ों का एक बंडल था, जिले संदूक में रखने से पहले वह खोलना चाहता था। वह उसे पढ़ना चाहता था, किंतु स्वयं ही खुद को मना कर रहा था।

(ii) रामनिहाल की असमंजस की स्थिति का क्या कारण था?

उत्तर रामनिहाल की असमंजस की स्थिति का कारण यह था कि वह हाथों में रखे कागज़ के बंडल को न तो पढ़ पा रहा था और न ही उसे संदूक में रख पा रहा था। कागज़ के बंडल को वह संदूक में रखने से पूर्व खोलना चाहता था। रामनिहाल को पढ़ने की इच्छा थी, किंतु वह उसे पढ़ने से हिचक रहा था।

(iii) कमरे में विद्यमान प्रतिमाओं का वर्णन अपने शब्दों में कीजिए।

उत्तर कमरे में दो प्रतिमाएँ विद्यमान थीं, जिसमें एक बुद्धदेव की तथा दूसरी रामनिहाल की थी। कमरे में रखी बुद्ध की प्रतिमा चमक रही थी तथा ऐसा प्रतीत हो रहा था कि उस प्रतिमा का मुख प्रसन्न था। बुद्धदेव अपनी विराग-महिमा में निगमन से प्रतीत

हो रहे थे, किंतु दूसरी प्रतिमा रामनिहाल की, जिसमें वह एक अचल व्यक्ति की तरह प्रतीत हो रहा था मानो वह प्रसन्न नहीं था।

(iv) ''भाभी, अरे भाभी! देखा नहीं तूने, न! निहाल बाबू रो रहे हैं।'' यह किसने, किससे व क्यों कहा?

उत्तर ''भाभी, अरे भाभी! देखा नहीं तूने, न! निहाल बाबू रो रहे हैं।'' यह किशोरी ने श्यामा से कहा। रामनिहाल की आँखों में आँसू देख किशोरी ने हल्ला मचाना शुरू कर दिया। वस्तुतः वह किसी कारण से दुःखी था और अपना दुःख किसी से बाँटना नहीं चाहता था। इसलिए एकांत में चुपचाप रो रहा था, किंतु किशोरी ने उसे रोता हुआ देख शोर मचा दिया और अपनी भाभी को यह बात बता दी।

5. निम्नलिखित गद्यांश को पढ़कर उसके नीचे दिए गए प्रश्नों के उत्तर हिंदी में लिखिए

भारत के भिन्न-भिन्न प्रदेशों में, छोटा-मोटा व्यवसाय, नौकरी और पेट पालने की सुविधाओं को खोजता हुआ, जब तुम्हारे घर में आया, तो मुझे विश्वास हुआ कि मैंने घर पाया। मैं जब से संसार को जानने लगा, तभी से मैं गृहहीन था।

(i) नौकरी की तलाश में कौन था और वह किसके घर में किराये पर रहता था?

उत्तर नौकरी की तलाश में रामनिहाल था। वह एक शिक्षित युवक था, जो नौकरी की तलाश में इधर-उधर भटक रहा था। रामनिहाल नौकरी की तलाश में घर से दूर किराये पर रहने के लिए आया था और वह श्यामा के घर में किराये पर रहता था।

(ii) श्यामा कौन थी? स्पष्ट कीजिए।

उत्तर श्यामा एक समृद्ध एवं समझदार स्त्री थी। बेशक वह एक विधवा का जीवन व्यतीत कर रही थी, किंतु उसके चरित्र में कोई दोष नहीं था। वह पवित्रता की मूरत थी। वह रामनिहाल की बहुत मदद करती है। पूरी निष्ठा, पवित्रता और दृढ़ता के साथ रामनिहाल को अपना मित्र मानती है।

(iii) रामनिहाल ने श्यामा के किस आदर्श पर विश्वास जताया है?

उत्तर रामनिहाल ने श्यामा के वैधव्य का आदर्श देखकर विश्वास जताया है, उन्होंने कहा कि मनुष्य किस प्रकार अपनी वासनाओं का दमन कर सकता है, किंतु तुम्हारा अवलंब बड़ा दृढ़ है। तुम्हारे सामने बालकों का झुंड हँसता है, खेलता है, लड़ता है, झगड़ता है, किंतु फिर भी तुमने जैसे बहुत-सी देवप्रतिमाएँ अपने हृदय की कोठरी में दबा रखी हैं।

(iv) ''तो मुझे विश्वास हुआ कि मैंने घर पाया। मैं जब से संसार को जानने लगा, तभी से गृहहीन था।'' यह किसने, किससे एवं क्यों कहा है? यहाँ 'मैं' शब्द किसके लिए प्रयोग किया गया है?

उत्तर ''तो मुझे विश्वास हुआ कि मैंने घर पाया। मैं जब से संसार को जानने लगा, तभी से गृहहीन था।'' यह रामनिहाल ने श्यामा से कहा, क्योंकि रामनिहाल श्यामा को विश्वास दिलाना चाहता था कि वह श्यामा के घर को अपना घर समझता है। रामनिहाल श्यामा से प्रेम करने लगा। वह श्यामा से विवाह करना चाहता था और अपनी इसी भावना को प्रकट करने के लिए रामनिहाल ने श्यामा से कहा था कि उसने अपना घर पा लिया है। यहाँ 'मैं' शब्द रामनिहाल के लिए ही प्रयुक्त किया गया है।

6. निम्नलिखित गद्यांश को पढ़कर उसके नीचे दिए गए प्रश्नों के उत्तर हिंदी में लिखिए

''मैंने स्वीकार कर लिया। ऑफिस में बैठा रहा। थोड़ी देर में भीतर से एक पुरुष के साथ एक सुंदर स्त्री निकली और मैं समझ गया कि मुझे इन्हीं लोगों के साथ जाना होगा।''

(i) ब्रजकिशोर बाबू कौन थे?

उत्तर ब्रजकिशोर बाबू रामनिहाल के ऑफिस में ही काम करते थे। ब्रजकिशोर बाबू व रामनिहाल दोनों ही सहकर्मी थे।

(ii) मोहन व मनोरमा कौन थे और वे किसके घर आए थे और क्यों?

उत्तर मोहन व मनोरमा पति-पत्नी थे। वे ब्रजकिशोर के संबंधी थे तथा ब्रजकिशोर के घर अतिथि के रूप में बनारस के घाटों में घूमने के लिए आए थे।

(iii) ''मैंने स्वीकार कर लिया।'' यह किसने कहा व इसमें क्या स्वीकार करने की बात छिपी है?

उत्तर ''मैंने स्वीकार कर लिया।'' यह रामनिहाल ने कहा समयाभाव के कारण ब्रजमोहन रामनिहाल से अपने अतिथियों को बनारस के घाटों के भ्रमण करवाने की ज़िम्मेदारी सौंपता है। अतः इसमें ब्रजकिशोर के अतिथियों को गंगा के घाट पर घुमाने ले जाने की स्वीकारात्मक भावना छिपी हुई है।

(iv) उपरोक्त पंक्तियों के आधार पर बताओ कि 'मैं' शब्द किसके लिए प्रयोग किया गया है तथा इसमें कहाँ जाने की बात की है?

उत्तर 'मैं' शब्द रामनिहाल के लिए प्रयोग किया गया है तथा इसमें गंगा के तट पर भ्रमण के लिए जाने की बात की गई है।

मोहन बाबू व मनोरमा जोकि ब्रजमोहन के अतिथि थे। वे भ्रमण के लिए जाना चाहते थे किंतु समय अभाव के कारण वह न जा सका तब उसने रामनिहाल को भ्रमण के लिए जाने को कहा।

08

भीड़ में खोया आदमी

लीलाधर शर्मा पर्वतीय

लेखक परिचय

प्रसिद्ध साहित्यकार एवं स्वतंत्रता संग्राम के क्रांतिकारी 'लीलाधर शर्मा पर्वतीय' का जन्म 1 जनवरी, 1919 को अल्मोड़ा, (उत्तर प्रदेश) में एक कृषक परिवार में हुआ था। अपने विद्यार्थी जीवन में प्रेमचंद के उपन्यासों से प्रभावित होकर वे कांग्रेस के सदस्य बन गए। उन्होंने काशी विद्यापीठ वाराणसी से 'शास्त्री' की परीक्षा भी उत्तीर्ण की।

स्वाधीन भारत में उन्होंने विभिन्न पत्र-पत्रिकाओं का संपादन किया था। वे कई वर्षों तक उत्तर प्रदेश सरकार की हिंदी समिति के सचिव रहे तथा उपसूचना निदेशक के पद से वर्ष 1979 में सेवानिवृत्त हुए।

लीलाधर जी की भाषा सरल, सुबोध एवं सहज है। उनकी रचनाएँ कथा, रिपोतार्ज, निबंध आदि शैली में लिखी गई हैं। उनकी एक रचना **भारतीय चरित कोश** भारत के कला, साहित्य, विज्ञान, उद्योग, खेलकूद, पत्रकारिता, मनोरंजन आदि क्षेत्रों के 2000 महत्त्वपूर्ण व्यक्तियों की जानकारी देती है। इसके अतिरिक्त उनकी कुछ मुख्य रचनाएँ हैं–भारतीय संस्कृति कोश, संयुक्त राष्ट्र संघ, स्वतंत्रता की पूर्व संध्या, कांग्रेस के सौ बरस और उत्तर प्रदेश की भूमिका, भारत के प्रमुख तीर्थ तथा छोटे कद का बड़ा आदमी आदि। उनकी दो महत्त्वपूर्ण रचनाएँ संयुक्त राष्ट्र संघ एवं स्वतंत्रता की पूर्व संध्या उत्तर प्रदेश सरकार से पुरस्कृत हैं।

हिंदी में उन्होंने राष्ट्रीय विषयों को अनूठे ढंग से जोड़ा है। हिंदी के विकास में उनका योगदान अतुलनीय है।

पाठ की रूपरेखा

'भीड़ में खोया आदमी' निबंध में लेखक ने वर्तमान समय की सबसे बड़ी समस्या 'जनसंख्या वृद्धि' और 'पर्यावरण प्रदूषण' के संबंध में विचार व्यक्त किए हैं। लेखक ने अपने मित्र श्यामला कांत के परिवार के माध्यम से बढ़ती हुई जनसंख्या से उत्पन्न होने वाले संकटों और समस्याओं की ओर ध्यान आकर्षित करवाया है। हमारे देश में बढ़ती हुई जनसंख्या बहुत बड़ी चिंता का विषय बनता जा रहा है।

यातायात के साधनों की कमी, आवास की कमी, भोजन की कमी, स्वास्थ्य तथा चिकित्सा सुविधाओं की कमी, उपभोक्ता सेवाओं की कमी आदि को जनसंख्या वृद्धि बढ़ावा दे रही है। इसके कारण घरों, दफ्तरों, राशन की लाइनों, स्टेशनों, सड़कों आदि पर लोगों की भीड़ बढ़ती जा रही है जिससे अनेक समस्याएँ उत्पन्न हो रही हैं। यदि समय रहते जनसंख्या वृद्धि को रोकने के उपाय नहीं किए गए, तो वह दिन दूर नहीं जब हम स्वयं इस भीड़ तथा इससे उत्पन्न समस्याओं में खो जाएँगे। देश की खुशहाली और प्रगति के लिए आवश्यक है कि जनसंख्या वृद्धि की समस्या का समय रहते ही उचित समाधान किया जाए।

इसके लिए लोगों को स्वयं जागरूक होना होगा तथा अपनी ज़िम्मेदारियों के प्रति सचेत होना होगा तभी इस समस्या से छुटकारा पाया जा सकेगा।

पाठ का सार

लेखक द्वारा मित्र का परिचय

लेखक ने अपने मित्र बाबू श्यामला कांत के विषय में बताया है कि वह सीधे-सादे, परिश्रमी तथा ईमानदार व्यक्ति हैं, किंतु अपनी निजी जिंदगी के प्रति बहुत लापरवाह हैं। उन्होंने परिवार नियोजन को नहीं अपनाया है। वे लेखक से आयु में छोटे हैं, फिर भी उनके सात बच्चे हैं। अपने इसी मित्र की पुत्री के विवाह में सम्मिलित होने के लिए लेखक को हरिद्वार जाना था।

लेखक द्वारा गाड़ी में बिना आरक्षण के यात्रा करना

लेखक ने हरिद्वार जाने वाली गाड़ी में आरक्षण करवाना चाहा, किंतु भीड़ अधिक होने के कारण उन्हें आरक्षण नहीं मिला। लेखक का जाना आवश्यक था इसलिए उन्होंने बिना आरक्षण

के ही जाने का निर्णय किया। जब गाड़ी आई तो गाड़ी में बहुत भीड़ थी। प्लेटफॉर्म पर गाड़ी में चढ़ने वाले लोगों की भीड़ में धक्का-मुक्की होने लगी थी। लेखक को चढ़ने के लिए कुली की सहायता लेनी पड़ी। कुली ने खिड़की से ही लेखक को गाड़ी के भीतर धकेल दिया।

गाड़ी में जबरदस्त भीड़ होना

लेखक को लक्सर स्टेशन से दूसरी गाड़ी लेनी थी, किंतु गाड़ी में भीड़ अधिक होने के कारण उसे खिड़की से ही कूदकर बाहर आना पड़ा। गाड़ी से उतरकर लेखक देखता है कि ट्रेन की पूरी छत लोगों की भीड़ से भरी हुई है। यह देखकर लेखक सोचता है कि लोग अपने प्राणों को संकट में डालकर ट्रेन की छत पर यात्रा करने पर क्यों मजबूर हुए? इन लोगों को रेल के नियमों, व्यवस्था और अनुशासन का ध्यान क्यों नहीं है?

हरिद्वार स्टेशन पर लेखक को दीनानाथ द्वारा लेने आना

लेखक को हरिद्वार स्टेशन पर श्यामला कांत का बड़ा पुत्र दीनानाथ लेने आया। उसे पढ़ाई पूरी किए दो वर्ष हो गए, परंतु अभी भी वह नौकरी की तलाश में भटक रहा है। उसे रोजगार कार्यालय के अफसर द्वारा नौकरी पाने की आशा न रखने की हिदायत दी जाती है, क्योंकि उसी की योग्यता के हजारों व्यक्ति पहले से ही नौकरी के लिए लाइन में लगे हुए हैं। यह बात लेखक को सोचने पर मजबूर करती है कि जब छोटे शहर का यह हाल है, तो बड़े शहरों में तो बेरोज़गारों की कितनी भीड़ भटक रही होगी।

श्यामला कांत बाबू के छोटे से कमरे को देख लेखक का दम घुटना

लेखक जब अपने मित्र श्यामला कांत बाबू के घर पहुँचा, तो छोटे से मकान में भरे हुए सामान और बच्चों की भीड़ देखकर उनका दम घुटने लगा। लेखक ने श्यामला कांत जी से पूछा कि क्या तुम्हारे पास यही दो कमरे हैं? तब श्यामला कांत बाबू बोले कि दो वर्ष भटकने के बाद उन्हें सिर छिपाने के लिए यह छत मिली है। लेखक सोचता है कि शहर पहले की तुलना में कई गुना फैल चुके हैं। नई कॉलोनियाँ बन गई हैं फिर भी लोग मकानों के लिए भटक रहे हैं। जनसंख्या बढ़ रही है, परंतु मकान और खाद्यान्न कम हो रहे हैं।

श्यामला कांत बाबू की पत्नी का आगमन

लेखक श्यामला कांत बाबू से बातचीत कर रहा था। तभी उनकी पत्नी जलपान लेकर आई। उनके पीछे उनकी तीन छोटी पुत्रियाँ और साड़ी का पल्लू पकड़े दो छोटे पुत्र थे। उनकी पत्नी की दुर्बल काया और पीले चेहरे को देखकर लेखक ने उनसे पूछा कि क्या डॉक्टर को दिखाकर वे अपना इलाज करवा रही हैं? मित्र की पत्नी ने बताया कि वह डॉक्टर को दिखाने गई थीं, परंतु आजकल अस्पतालों में इतनी भीड़ होती है कि डॉक्टर भी मरीजों को ठीक से नहीं देख पाते। मित्र की पत्नी बोली कि तबीयत ठीक न रहने के कारण वह अपनी बेटी के विवाह पर पहने जाने वाले कपड़े दर्जी से सिलवाना चाहती थीं, किंतु दर्जी की दुकान में भी भीड़ होने के कारण हर दर्जी ने पहले से सिलने आए कपड़ों का ढेर दिखाकर उनके कपड़े न सिल पाने की अपनी मजबूरी व्यक्त की। दुकानें पहले से कहीं अधिक खुल गई हैं, परंतु ग्राहकों की बढ़ती भीड़ के कारण अब वे भी कम पड़ रही हैं।

श्यामला कांत बाबू के दूसरे बेटे का झुँझलाना

श्यामला कांत बाबू का दूसरा बेटा सुमंत थका-हारा झुँझलाता हुआ आया और अपनी माँ से एक कप चाय बनाने के लिए कहता है, क्योंकि वह थक गया था। उसका सारा दिन राशन की दुकान पर लाइन में लगे निकल गया, फिर भी पूरा सामान नहीं मिला।

लेखक द्वारा इन सब समस्याओं के कारण के विषय में सोचना

लेखक सोच में पड़ जाता है कि सुख-सुविधाओं का विस्तार होने के पश्चात् भी लोगों की आवश्यकताएँ पूरी क्यों नहीं हो पा रही हैं? जहाँ देखो भीड़-ही-भीड़ है। यह भीड़ क्यों बढ़ती जाती है? क्या आदमी स्वयं इसके लिए उत्तरदायी नहीं है?

भीड़ का समस्या बन जाना

लेखक विचार करता है कि घर में बच्चों के पालन-पोषण, रहन-सहन और शिक्षा की यदि पूरी व्यवस्था न हो, तो बच्चों की यह भीड़ दु:खदायी बन समस्या के रूप में सामने आ जाती है। बीमारी कुपोषण, गंदे और संकीर्ण मकानों के दूषित वातावरण से होती है। यदि सीमित परिवार हो, स्वच्छ जलवायु हो और खाने के लिए भरपूर भोजन सामग्री हो, तो बीमारी से बचा जा सकता है।

बढ़ती जनसंख्या भीड़ का मुख्य कारण

लेखक कहता है कि सब जगह बढ़ रही भीड़ का कारण बढ़ती हुई जनसंख्या है। बढ़ती जनसंख्या के कारण अनुशासन नहीं रहता, दुर्घटनाएँ बढ़ती हैं। समय, शक्ति और धन व्यय करके भी व्यक्ति के कार्य सिद्ध नहीं हो पाते। वह स्वयं भी भीड़ में खो जाता है। लेखक को अपने मित्र को इस भीड़ का रहस्य बताने की आवश्यकता नहीं है, क्योंकि वे स्वयं इस विपदा को झेल रहे हैं। अंत में लेखक इस समस्या के समाधान खोजने के विषय में कहता है कि यदि समय रहते हमारा देश जागृत नहीं हुआ, तो वह दिन दूर नहीं जब वह इस भीड़ और इससे पैदा होने वाली समस्याओं में पूरी तरह खो जाएँगे।

कहानी का भाव/उद्देश्य/शीर्षक की सार्थकता

प्रस्तुत निबंध 'भीड़ में खोया आदमी' के माध्यम से लेखक ने वर्तमान समय की एक बड़ी समस्या बढ़ती हुई जनसंख्या के कारण तथा उसके समाधान पर अपने विचार व्यक्त किए हैं। लेखक ने बढ़ी हुई जनसंख्या से उत्पन्न होने वाली समस्याओं की ओर प्रकाश डालते हुए घरों, दफ्तरों, राशन की लाइनों, स्टेशनों, सड़कों आदि का उदाहरण दिया है। बढ़ती हुई जनसंख्या के प्रति जनता के मन में जागरुकता लाने के उद्देश्य से इस निबंध की रचना की गई। लेखक ने जनसंख्या वृद्धि की रोकथाम के लिए परिवार को सीमित करने का संदेश दिया है। इस प्रकार प्रस्तुत निबंध देश की ज्वलंत समस्या जनसंख्या वृद्धि पर आधारित है। आज व्यक्ति अपनी शक्ति एवं धन व्यय करने के बाद भी अपना काम पूरा नहीं कर पाता है, क्योंकि बढ़ती हुई भीड़ में आदमी का अपना अस्तित्व खो जाता है। यह दिखाने में लेखक पूर्णत: सफल रहा है। अत: इसका शीर्षक 'भीड़ में खोया आदमी' पूर्णत: सार्थक है।

शब्दार्थ

नियंत्रण–*वश में रखना;* **अग्रसर**–*आगे बढ़ा हुआ;* **अनियोजित**–*जो क्रम में न हो;* **लेखा-जोखा**–*हिसाब-किताब;* **संपन्न**–*धनी;* **लापरवाह**–*जिसे किसी चीज की चिंता न हो;* **भीषण**–*भयानक, डरावना;* **तलाश**–*खोज;* **दर्ज**–*लिखा हुआ, अंकित;* **दुष्परिणाम**—*कुपरिणाम, कुफल;* **खाद्यान्न**—*खाने योग्य अन्न ;* **स्तब्ध**—*सुन्न, निश्चेष्ट;* **उत्तरदायी**–*जवाब देने वाला, जिम्मेदार ;* **दुःखदायी**–*पीड़ादायक :* **संकीर्ण**–*सँकरा, तंग।*

PYQs विगत वर्षों के प्रश्न व महत्त्वपूर्ण प्रश्न

गद्यांश पर आधारित प्रश्न

1. निम्नलिखित गद्यांश को पढ़कर उसके नीचे दिए गए प्रश्नों के उत्तर हिंदी में लिखिए।

मेरे एक अभिन्न मित्र हैं-बाबू श्यामला कांत। सीधे-सादे, परिश्रमी, ईमानदार, किंतु निजी जिंदगी में बड़े लापरवाह। आयु में मुझसे छोटे हैं, पर अपने घर में बच्चों की फौज खड़ी कर ली है।

(i) लेखक ने अपने मित्र को लापरवाह क्यों कहा है?

उत्तर लेखक ने अपने मित्र को लापरवाह इसलिए कहा है, क्योंकि वे परिवार नियोजन के प्रति सतर्क नहीं थे। लेखक के मित्र श्यामला कांत की बहुत-सी संतानें थीं। बड़ा परिवार होने के कारण वे सुख-सुविधाओं से वंचित थे। इसलिए लेखक ने उन्हें सीधे-सादे, परिश्रमी तथा ईमानदार होने के बाद भी निजी जीवन में लापरवाह कहा है।

(ii) 'बच्चों की फौज खड़ी करने' से लेखक का क्या आशय है?

उत्तर 'बच्चों की फौज खड़ी करने' से लेखक का आशय है-किसी व्यक्ति की दो से अधिक संतान होना या परिवार नियोजन को न अपनाना। परिवार नियोजन की जानकारी न होने पर, परिवार को बढ़ाना जनसंख्या वृद्धि में योगदान देना है।

(iii) आपके अनुसार क्या सच में अधिक संतान निजी जीवन में लापरवाही है?

उत्तर अधिक संतान निजी जीवन में लापरवाही ही है, क्योंकि संतान अधिक होने के कारण प्रत्येक बच्चे का लालन-पालन उचित प्रकार से नहीं हो पाता। परिवार बड़ा होने के कारण सभी सदस्यों को आवश्यक सुख-सुविधाएँ भी उपलब्ध नहीं हो पातीं जिससे उनके जीवन में अनेक समस्याएँ उत्पन्न हो जाती हैं।

(iv) 'भीड़ में खोया आदमी' पाठ के आधार पर बताइए कि लेखक ने किस समस्या को उजागर किया है?

उत्तर 'भीड़ में खोया आदमी' पाठ के आधार पर लेखक ने जनसंख्या वृद्धि की समस्या को उजागर किया है। इसके माध्यम से लेखक ने वर्तमान समय में बढ़ती 'जनसंख्या के कारण तथा उसके समाधान' पर विचार व्यक्त किया है। लेखक के अनुसार जनसंख्या वृद्धि के कारण आज व्यक्ति अपनी शक्ति एवं धन व्यय करने पर भी सुविधाएँ प्राप्त नहीं कर पा रहा है।

2. निम्नलिखित गद्यांश को पढ़कर उसके नीचे दिए गए प्रश्नों के उत्तर हिंदी में लिखिए

पिछली गर्मियों में मुझे उनकी पुत्री के विवाह में सम्मिलित होने के लिए हरिद्वार जाना था। पंद्रह दिन पूर्व आरक्षण के लिए स्टेशन पर गया तो वहाँ पहले से ही लोगों की लंबी कतार खड़ी थी।

(i) लेखक कहाँ जाना चाहता था और क्यों?

उत्तर लेखक विवाह में सम्मिलित होने के लिए हरिद्वार जाना चाहता था, क्योंकि उसके करीबी मित्र श्यामला कांत की बेटी का विवाह था जो हरिद्वार में रहते थे।

(ii) यात्रा से 15 दिन पूर्व स्टेशन पर आरक्षण के लिए जाने के बाद भी लेखक को आरक्षण क्यों नहीं मिला?

उत्तर यात्रा से 15 दिन पूर्व स्टेशन पर आरक्षण के लिए जाने के बाद भी लेखक को आरक्षण नहीं मिला, क्योंकि वहाँ पहले से ही लोगों की लंबी लाइन लगी थी। काफी देर प्रतीक्षा करने के बाद जब लेखक की बारी आई तो लेखक को ज्ञात हुआ कि सभी गाड़ियाँ पहले से ही भरी हुई हैं किसी में भी खाली सीट नहीं है।

(iii) आरक्षण लेते समय घंटों लंबी लाइन में खड़े होने का लेखक को क्या फल मिला?

उत्तर आरक्षण लेते समय घंटों लंबी लाइन में खड़े होने के पश्चात् जब लेखक का नंबर आया, तो उसे आरक्षण नहीं मिला क्योंकि उससे पहले नंबर पर ही सभी गाड़ियों में सभी सीटों पर आरक्षण पूरा हो चुका था। लेखक का जाना आवश्यक था, इसलिए उसने बिना आरक्षण के ही ट्रेन में यात्रा करने का निर्णय किया।

(iv) लेखक के किन प्रयासों से यह पता चलता है कि श्यामला कांत उसके करीबी मित्र थे?

उत्तर लेखक अपने मित्र की पुत्री की शादी में हरिद्वार जाने के लिए 15 दिन पूर्व ही आरक्षण लेने जाते हैं, परंतु उन्हें कोई आरक्षण वाली सीट नहीं मिलती है। इसके पश्चात् भी वह भीड़ वाली रेलगाड़ी में बिना आरक्षण के जाते हैं।

उस गाड़ी में इतनी भीड़ होती है कि उसके दरवाजे से प्रवेश करना बहुत कठिन था, फिर भी कुली की सहायता से वे खिड़की से रेलगाड़ी में प्रवेश करते हैं। लेखक अपने मित्र की पुत्री की शादी में जाने के लिए अनेक कठिनाइयों का सामना करते हुए भी शादी में पहुँच जाते हैं। अतः उनके इन प्रयासों से स्पष्ट होता है कि वह उसके करीबी मित्र थे।

3. **निम्नलिखित गद्यांश को पढ़कर उसके नीचे दिए गए प्रश्नों के उत्तर हिंदी में लिखिए**

जब गाड़ी आई तो क्या देखता हूँ कि उसके अंदर तिल रखने को भी जगह नहीं और प्लेटफॉर्म पर चढ़ने वालों की भीड़ जबरदस्त धक्कम-धक्का करने में लगी है। मेरे पास सामान बहुत कम था, फिर भी कुली की सहायता लेनी पड़ी।

(i) स्टेशन पर रेलगाड़ी के आने का वर्णन अपने शब्दों में कीजिए।

उत्तर स्टेशन पर जब रेलगाड़ी आई, तो प्लेटफॉर्म पर लोगों की बहुत भीड़ थी। रेलगाड़ी भी ठसा-ठस भरी हुई थी। उसमें पैर रखने की भी जगह नहीं थी। प्लेटफॉर्म पर रेलगाड़ी में चढ़ने वाले लोगों की भीड़ में जबरदस्त धक्का-मुक्की हो रही थी।

(ii) गाड़ी एवं स्टेशन पर अत्यधिक भीड़ होने पर भी लेखक हरिद्वार जाने में कैसे सफल हुआ?

उत्तर गाड़ी एवं स्टेशन पर अत्यधिक भीड़ होने पर लेखक ने भीड़ को देखते हुए कुली कर लिया था तथा कुली ने खिड़की से लेखक को गाड़ी में चढ़ा दिया, जिससे वह हरिद्वार जाने में सफल हो सका।

(iii) सामान कम होने पर भी लेखक को कुली क्यों करना पड़ा?

उत्तर लेखक जब बिना आरक्षण के स्टेशन पर हरिद्वार जाने के लिए पहुँचा, तो वहाँ वह देखता है कि प्लेटफॉर्म एवं गाड़ी में अत्यधिक भीड़ है। वह गाड़ी में भीड़ के कारण अकेले चढ़ने में समर्थ नहीं था, इसलिए सामान कम होने पर भी उसने कुली कर लिया और कुली ने उसे खिड़की से रेलगाड़ी में जाने में सहायता की।

(iv) रेलगाड़ी की खिड़की से बाहर निकलने के बाद लेखक ने क्या देखा तथा उस पर किस प्रकार प्रतिक्रिया व्यक्त की?

उत्तर रेलगाड़ी की खिड़की से बाहर निकलने के बाद लेखक ने देखा कि पूरी गाड़ी की छत यात्रियों से भरी है। लेखक ने इस पर प्रतिक्रिया व्यक्त करते हुए कहा कि लोग अपने प्राण जोखिम में डालकर रेलगाड़ी की छत पर यात्रा करने को मजबूर क्यों हैं?

अतः लेखक के अनुसार लोगों को इस तरह अपनी जान जोखिम में डालकर रेलगाड़ी की छतों पर यात्रा नहीं करनी चाहिए।

4. **निम्नलिखित गद्यांश को पढ़कर उसके नीचे दिए गए प्रश्नों के उत्तर हिंदी में लिखिए**

"भाई नाम तो तुम्हारा लिख लेता हूँ पर जल्दी नौकरी पाने की कोई आशा मत करना। तुम्हारी योग्यता के हजारों व्यक्ति पहले से ही इस कार्यालय में नाम दर्ज करा चुके हैं।"

(i) प्रस्तुत कथन का श्रोता कौन है? उसका परिचय दीजिए।

उत्तर प्रस्तुत कथन का श्रोता दीनानाथ है। वह श्यामला कांत का बड़ा बेटा है। उसे पढ़ाई पूरी किए हुए दो वर्ष हो गए हैं, किंतु अभी तक नौकरी की तलाश में भटक रहा है। वह एक पढ़े-लिखे बेरोज़गार युवा का प्रतिनिधित्व करता है।

(ii) श्यामला कांत का पुत्र रोजगार कार्यालय में क्यों गया था?

उत्तर श्यामला कांत का पुत्र रोजगार कार्यालय में अपना नाम दर्ज करवाने गया था, ताकि उसे योग्यतानुसार नौकरी मिल जाए, क्योंकि दीनानाथ को पढ़ाई पूरी किए पूरे दो वर्ष बीत गए थे, परंतु अभी तक उसे कोई रोजगार नहीं मिला था।

(iii) उपयुक्त वाक्य सरकारी अफसर ने दीनानाथ को क्यों कहा होगा?

उत्तर सरकारी अफसर ने उक्त वाक्य दीनानाथ को इसलिए कहा होगा, क्योंकि वहाँ पहले से ही बेरोज़गार लोगों की संख्या बहुत थी, अनेक युवा पढ़े-लिखे होकर भी बेरोज़गार घूम रहे थे। दीनानाथ से पहले उनके समान योग्यता रखने वाले कई लोग कार्यालय में अपना नाम दर्ज करवा चुके थे। बेरोज़गार लोगों के अनुपात में काम कम था। इसी तथ्य से परिचित होने के कारण ही सरकारी अफसर ने दीनानाथ को उपयुक्त वाक्य कहा था।

(iv) बेरोज़गारी जनसंख्या वृद्धि के कारण उत्पन्न हुई है। स्पष्ट कीजिए।

उत्तर बेरोज़गारी जनसंख्या वृद्धि के कारण उत्पन्न हुई है, क्योंकि जनसंख्या वृद्धि के कारण उपलब्ध सभी सुविधाएँ कम पड़ रही हैं। साधन सीमित हैं तथा लोग अधिक हो गए हैं। ठीक उसी प्रकार एक नौकरी के लिए ढेरों आवेदन किए जाते हैं। देश में बहुत-से पढ़े-लिखे युवा बेरोज़गार हैं। उनके पास उनकी योग्यता के अनुरूप नौकरी नहीं है। अतः हम कह सकते हैं कि बेरोज़गारी के कई कारणों में से एक कारण जनसंख्या वृद्धि भी है।

5. **निम्नलिखित गद्यांश को पढ़कर उसके नीचे दिए गए प्रश्नों के उत्तर हिंदी में लिखिए**

घर पहुँचा तो छोटे से मकान में सामान की ठूसमठास और बच्चों की भीड़ देखकर मेरा दम घुटने लगा। मैंने श्यामला कांत बाबू से पूछा–"क्या तुम्हारे पास यही दो कमरे हैं?"

(i) लेखक ने अपने मित्र से कमरे के विषय में प्रश्न क्यों पूछा?

उत्तर लेखक ने अपने मित्र से कमरे के विषय में प्रश्न इसलिए पूछा, क्योंकि लेखक के मित्र के घर में केवल दो ही कमरे थे और उसमें रहने वाले सदस्यों की संख्या अधिक थी। लेखक के अनुसार इतने बड़े परिवार के लिए वह घर छोटा था।

(ii) अपने मित्र के घर पहुँचकर लेखक का दम क्यों घुटने लगा था?

उत्तर अपने मित्र के घर पहुँचकर लेखक का दम इसलिए घुटने लगा था, क्योंकि मित्र का घर बहुत छोटा था। उसमें केवल दो ही कमरे थे और उनमें सामान ठूस-ठूसकर भरा हुआ था। अतः अत्यधिक सामान और साथ ही बच्चों की भीड़ के कारण लेखक को असुविधा लग रही थी।

(iii) लेखक के मित्र ने अच्छा घर न मिलने के विषय में क्या बताया?

उत्तर लेखक के मित्र ने अच्छा घर न मिलने के विषय में उससे कहा कि वह दो वर्ष पूर्व इस शहर में आया था। उसी समय से वह इस शहर में मकान ढूँढ़ने का प्रयास कर रहा है। पूरे शहर का चक्कर काटकर उसके जूते घिस गए, परंतु कोई अच्छा मकान नहीं मिला। अंत में हारकर उसे यह दो कमरे वाला मकान ही लेना पड़ा।

(iv) शहर पहले की तुलना में क्यों फैलते जा रहे हैं?

उत्तर शहर पहले की तुलना में फैलते जा रहे हैं, क्योंकि जनसंख्या बढ़ने के कारण लोगों के पास रहने के लिए स्थान की कमी हो गई है। लोग मकान की तलाश में इधर-उधर भटक रहे हैं। लोगों को उनकी आवश्यकता के अनुसार वस्तुएँ नहीं मिल रही हैं। दूर-दूर तक नई कॉलोनी बन गई हैं, जिसके परिणामस्वरूप शहरों का विस्तार हो रहा है।

6. निम्नलिखित गद्यांश को पढ़कर उसके नीचे दिए गए प्रश्नों के उत्तर हिंदी में लिखिए

उसी समय श्यामला जी की पत्नी जलपान लेकर आई। उनके पीछे उनकी तीन छोटी पुत्रियाँ और पल्ला पकड़े दो छोटे पुत्र। मैं उनकी दुर्बल काया और पीला चेहरा देखकर स्तब्ध रह गया।

(i) लेखक के मित्र की पत्नी ने ऐसा क्यों कहा कि "पहले ग्राहक का स्वागत होता था, अब ग्राहक को भी चिरौरी करनी पड़ती है?"

उत्तर "पहले ग्राहक का स्वागत होता था, अब ग्राहक को भी चिरौरी करनी पड़ती है" लेखक के मित्र की पत्नी ने ऐसा इसलिए कहा, क्योंकि लेखक के मित्र की पत्नी को शादी के लिए कपड़े सिलवाने थे, लेकिन दर्जी ने पहले से आए कपड़ों का ढेर दिखाकर कपड़े सिलने से मना कर दिया था।

(ii) लेखक को मित्र की पत्नी कैसी लग रही थी?

उत्तर लेखक को मित्र की पत्नी काफी दुबली-पतली लग रही थी। उनका चेहरा पीला पड़ गया था जिस कारण वह देखने में बहुत बीमार लग रही थी। इसलिए लेखक ने उनसे स्वास्थ्य के बारे में पूछा था।

(iii) लेखक के मित्र की पत्नी ने अपना इलाज न करवाने का क्या कारण बताया है?

उत्तर लेखक के मित्र की पत्नी ने अपना इलाज न करवाने के पीछे यह कारण बताया है कि उनका परिवार बहुत बड़ा है। प्रतिदिन कोई-न-कोई बीमार रहता है। उसे उनका ध्यान रखना पड़ता है। इसके अतिरिक्त अस्पतालों में भी भीड़ रहती है। घंटों इंतजार के बाद नंबर आता है। भीड़ के कारण डॉक्टर मरीजों को ठीक से नहीं देख पाते। अतः वे इलाज ठीक से नहीं कर पाते हैं।

ऐसा लगता है कि सारा शहर ही अस्पताल में उमड़ आया है। इतनी भीड़ के कारण उनका इलाज नहीं हो पाया।

(iv) बढ़ती जनसंख्या ने देश के अस्पतालों पर क्या प्रभाव डाले हैं?

उत्तर देश की बढ़ती जनसंख्या ने अस्पतालों पर बहुत बुरा प्रभाव डाला है। बीमारों की तुलना में अस्पतालों की संख्या कम है। जितने अस्पताल हैं उनमें भी डॉक्टरों की संख्या बहुत कम है। लोगों को इलाज के लिए कई-कई दिन तक इंतजार करना पड़ता है। रोगियों की संख्या अधिक होने के कारण डॉक्टर भी ठीक से इलाज नहीं कर पाते हैं। अस्पतालों को देखने से ऐसा लगता है कि रोगी तथा उसके संबंधी डॉक्टर को मधुमक्खी के छत्ते की तरह घेरे हुए हैं। इसलिए डॉक्टर को समय नहीं मिल पाता और वह रोगी का ठीक से इलाज नहीं कर पाते।

लघु उत्तरीय प्रश्न

1. "भाई नाम तो तुम्हारा लिख लेता हूँ पर जल्दी नौकरी पाने की कोई आशा मत करना।" यह संवाद किसने, किससे और कब कहा?

(ICSE Spec Sem II 2021-22)

उत्तर "भाई नाम तो तुम्हारा लिख लेता हूँ पर जल्दी नौकरी पाने की कोई आशा मत करना" यह संवाद सरकारी अफसर ने दीनानाथ, श्यामला कांत के पुत्र से तब कहा, जब वह रोजगार कार्यालय में अपना नाम दर्ज करवाने गया था, जिससे उसे योग्यतानुसार नौकरी मिल जाए।

सरकारी अफसर ने उक्त कथन इसलिए कहा, क्योंकि वहाँ पहले से ही बेरोजगार लोगों ने कार्यालय में अपना नाम दर्ज करवा दिया था। बेरोजगार लोगों के अनुपात में काम कम था। इस तथ्य से परिचित कराने के लिए सरकारी अफसर ने दीनानाथ से उपर्युक्त वाक्य कहा था।

2. 'भीड़ में खोया आदमी' पाठ में लेखक के मित्र ने छोटे से घर में रहने का क्या कारण बताया था? उनके कितने बच्चे थे?

(ICSE Spec 2021 Sem II 2021-22)

उत्तर 'भीड़ में खोया आदमी' में लेखक के मित्र बाबू श्यामला कांत के सात बच्चे थे। उनकी चार पुत्रियाँ व तीन पुत्र थे।

जब लेखक ने अपने मित्र बाबू श्यामला कांत से अच्छा घर न मिलने व छोटे से घर में रहने का कारण पूछा तो उन्होंने बताया कि वह दो वर्ष पूर्व इस शहर में आए थे।

उसी समय से वह इस शहर में मकान ढूँढ़ने का प्रयास कर रहे हैं। पूरे शहर का चक्कर काटकर उसके जूते घिस गए, परंतु कोई अच्छा मकान नहीं मिला।

अंत में हारकर उन्हें यह दो कमरे वाला छोटा मकान ही लेना पड़ा।

09

भेड़ें और भेड़िए

हरिशंकर परसाई

लेखक परिचय

श्री हरिशंकर परसाई का जन्म मध्य प्रदेश के होशंगाबाद जिले में 22 अगस्त, 1922 को हुआ था। परसाई जी को **व्यंग्य लेखक** के रूप में प्रसिद्धी प्राप्त थी, इन्होंने अपनी कृतियों के माध्यम से सामाजिक और राजनीतिक जीवन में व्याप्त भ्रष्टाचार व शोषण पर करारा व्यंग्य किया है।

परसाई जी ने 'वसुधा' नामक साहित्यिक मासिक पत्रिका का प्रकाशन भी किया। परसाई जी की भाषा का अपना एक अलग ही अंदाज था, जिसके कारण वह पाठकों के हृदय को छू लेते हैं। इनके प्रमुख कहानी संग्रह हैं- हँसते हैं, रोते हैं, जैसे उनके दिन फिरे, भोलाराम का जीव आदि।

रानी नागफनी की कहानी, तट की खोज, ज्वाला और जल इनके प्रसिद्ध उपन्यास हैं व तिरछी रेखाएँ-संस्मरण तथा तब की बात और थी, भूत के पाँव पीछे, सदाचार का ताबीज़, ठिठुरता हुआ गणतंत्र तथा शिकायत मुझे भी है, विकलांग श्रद्धा का दौर इनके उल्लेखनीय निबंध संग्रह हैं। 'विकलांग श्रद्धा का दौर' के लिए परसाई जी को साहित्य अकादमी पुरस्कार से भी सम्मानित किया जा चुका है। 10 अगस्त, 1955 में इनका निधन हो गया।

पाठ की रूपरेखा

'भेड़ें और भेड़िए' सामाजिक व्यवस्था पर व्यंग्य करती हुई एक प्रतीकात्मक कहानी है। 'भेड़ें' आम जनता का प्रतीकात्मक रूप धारण किए हुए हैं और भेड़िए आम जनता का शोषण करने वाले उच्च वर्ग से संबंधित हैं, जो लगातार मासूम 'भेड़ रूपी' जनता का शोषण व उनके अधिकारों का हनन करते रहते हैं। कहानी का ताना-बाना वन प्रदेश के भीतर प्रजातंत्र की स्थापना के चारों ओर घूमता है। एक बार पशु समाज में प्रजातंत्र की स्थापना की बात उठती है, जिसे सुन वन प्रदेश में रहने वाली 'भेड़ें' खुश हो जाती हैं। वे अपने मत से अच्छे प्रतिनिधि का चुनाव करना चाहती थीं, किंतु दूसरी ओर प्रजातंत्र की स्थापना की बात सुन भेड़िए चिंतित थे, उन्हें अपना संकटकाल निकट आता नज़र आ रहा था।

भेड़ें अत्यंत सीधी और आशावादी थीं, लेकिन भेड़िए ने उन्हें बहलाकर अपना चुनाव करा लिया, उसने भेड़ों पर कोई उपकार नहीं किया, बल्कि अपने स्वार्थ की पूर्ति की। बूढ़ा सियार बहुत ही चतुर व चालाक था, वह भेड़िए की चिंता का कारण जानता था, किंतु फिर भी वह अनजान बना हुआ था। भेड़िए से उसकी चिंता का कारण जानकर बूढ़े सियार ने एक योजना बनाई और योजना के अनुसार, उसने तीन रँगे हुए सियारों की सहायता से भेड़ियों को भेड़ों की सभा में प्रस्तुत कर दिया और भेड़ों को विश्वास दिलाया कि भेड़ियों का हृदय परिवर्तन हो गया है, उन्होंने अब परमात्मा का रूप धारण कर लिया है, वे दयावान व परोपकारी बन गए हैं। बहुमत पाते ही भेड़ियों ने भेड़ों की भलाई के लिए सबसे पहला कानून यह बनाया कि नाश्ते में भेड़ का मुलायम बच्चा, दोपहर में एक पूरी भेड़ व शाम को आधी भेड़ दी जाए। अंततः बहुमत पाते ही भेड़ियों का असली चेहरा सामने आ गया।

पाठ का सार

वन प्रदेश में प्रजातंत्र की स्थापना

यह कहानी वन प्रदेश में प्रजातंत्र की स्थापना के चारों ओर घूमती है। पशु समाज में क्रांतिकारी परिवर्तन की लहर दौड़ गई थी। भेड़ें जो स्वभाव से निहायत ही नेक, ईमानदार, कोमल, दयालु व निर्दोष थीं, उनमें प्रजातंत्र की स्थापना से खुशी की लहर फैल गई थी, वहीं दूसरी ओर भेड़िए प्रजातंत्र की स्थापना से चिंतित थे।

उन्हें अपना संकटकाल निकट आता नज़र आ रहा था, क्योंकि भेड़ों की संख्या अधिक थी व बहुमत उन्हीं को प्राप्त होगा और यदि भेड़ों ने कानून बना दिया कि कोई पशु किसी को न मारे तो हम खाएँगे क्या? इसी कारण चुनाव के पास आते-आते भेड़ियों का दिल बैठता जा रहा था।

भेड़ियों की चिंता व बूढ़े सियार की ध्यानमग्न अवस्था

वन प्रदेश में नई सरकार बनने वाली थी। भेड़ियों की चिंता का कारण यही था। नई सरकार बनने की बात जानकर भी बूढ़ा सियार बात के जानने से अनजान बनता है और स्वयं भेड़िए से उसकी चिंता का कारण जानता है। कारण जानने के बाद वह भेड़िए को पहले सर्कस में भर्ती होने की सलाह देता है, फिर अजायबघर चले जाने की सलाह देता है और अंत में स्वयं ध्यानमग्न अवस्था में जाकर भेड़ियों को बहुमत में लाने की योजना बनाता है और अपनी योजना के अनुसार, वह भेड़िए का रूप परिवर्तित कर देता है व तीन रँगे हुए सियारों को अपनी योजना में शामिल करता है।

रँगे हुए सियारों की प्रवृत्ति

रँगे हुए सियारों ने बूढ़े सियार की योजना को सफल बनाने में बहुत ही महत्त्वपूर्ण भूमिका निभाई। कपटी भेड़िए के प्रचार-प्रसार की ज़िम्मेदारी रँगे हुए सियारों की ही थी। इन्हीं के बल पर भेड़िए को चुनाव लड़ना था। पीला सियार बड़ा विद्वान्, विचारक, कवि व लेखक की भूमिका में था। नीला सियार नेता और पत्रकार तथा हरा धर्मगुरु की भूमिका में विद्यमान था।

भेड़ों की सभा व भेड़ियों का हृदय परिवर्तन

मस्तक पर तिलक, गले में कंठी, मुख में घास के तिनके, अत्यंत गंभीरतापूर्वक सिर झुकाए भेड़िया महाराज रँगे हुए सियारों के बीच चलते हुए भेड़ों की सभा में पहुँचे। जैसे ही भेड़ों ने देखा कि यह तो भेड़िया है, तो वे भागने लगी, किंतु बूढ़े सियार ने भेड़ों का विश्वास जीतने के लिए भेड़ियों के हृदय परिवर्तन की बात 'भेड़ों' की सभा में रखी। उसने कहा कि भेड़ियों का हृदय परिवर्तन हो गया है। वे केवल घास ही खाते हैं। भेड़ों पर किए गए अत्याचारों से वे स्वयं लज्जित हैं, अब वे अपना तमाम जीवन भेड़ों की रक्षा व सुरक्षा में व्यतीत करना चाहते हैं।

बूढ़े सियार की चतुराई

बूढ़ा सियार अपने द्वारा बनाई गई योजना को बड़ी ही चतुराई से भोली-भाली भेड़ों के सामने प्रस्तुत करता है। बूढ़ा सियार भरी सभा में भेड़ियों के गुणों का बखान करता है और तीन रँगे हुए प्राणियों (सियारों) को सभा में प्रस्तुत कर उनकी विशेषताओं को भेड़ों के सामने रखता है और अपनी बनाई गई योजना में बड़ी चतुराई से सफल भी होता है व भोली-भाली भेड़ों को भेड़ियों के मुँह का निवाला बना देता है।

बहुमत पाते ही भेड़ियों द्वारा बनाया गया पहला कानून

भोली-भाली भेड़ें बूढ़े सियार द्वारा बनाई गई योजना में फँस गईं और उन्होंने अपना मत भेड़ियों को ही दे दिया। भेड़ों ने अपने हित की रक्षा के लिए भेड़ियों का चुनाव किया, किंतु हुआ इसके विपरीत। बहुमत पाते ही भेड़ियों द्वारा बनाया गया कानून था–प्रत्येक भेड़िए को प्रातःकाल नाश्ते में भेड़ का एक मुलायम बच्चा, दोपहर में पूरी भेड़ व शाम को आधी भेड़ दी जाए।

शब्दार्थ

प्रजातंत्र *लोकतंत्र*; **बंधुत्व** *भाईचारा*; **अजायबघर** *संग्रहालय*; **ध्यानमग्न** *एकाग्रता*; **मुखार विंद** *सुंदर मुख*; **भावातिरेक** *भावों की अधिकता*; **शंका** *संदेह*; **संकट** *मुसीबत*; **प्रतिनिधि** *आगे आकर सबकी ओर से बात रखने वाला।*

PYQs विगत वर्षों के प्रश्न व महत्त्वपूर्ण प्रश्न

गद्यांश पर आधारित प्रश्न

1. निम्नलिखित गद्यांश को पढ़िए और उसके नीचे लिखे प्रश्नों के उत्तर हिंदी में लिखिए।

ज्यों-ज्यों चुनाव समीप आता, भेड़ों का उल्लास बढ़ता जाता।
ज्यों-ज्यों चुनाव समीप आता, भेड़ियों का दिल बैठता जाता।

(ICSE 2023)

(i) चुनाव कहाँ होने वाला था और क्यों?

उत्तर चुनाव वन में होने वाला था क्योंकि वन में भेड़ियों की संख्या अधिक हो गई थी और भेड़िए पूरे वन पर अपना शासन न स्थापित कर लें। इसके लिए ही चुनाव की व्यवस्था की गई।

(ii) भेड़ों के उल्लासित होने का क्या कारण था? क्या उनका उल्लास चिर स्थायी रहा?

उत्तर भेड़ों के उल्लासित होने का कारण वन प्रदेश में प्रजातंत्र की स्थापना होने की बात थी। नहीं उनका उल्लास चिर स्थायी नहीं रहा।

(iii) 'दिल बैठना' मुहावरे का अर्थ लिखिए। भेड़ियों का दिल बैठने का क्या कारण था? क्या उन का दिल बैठना उचित था?

उत्तर 'दिल बैठना' मुहावरे का अर्थ 'दुखी होना' है। जब भेड़ियों ने भेड़ों की वन-प्रदेश में प्रजातंत्र की स्थापना करने की बात सुनी तो उनका दिल बैठ गया था। उनका दिल बैठना उचित था, क्योंकि वे सोच रहे थे कि यदि भेड़े चुनाव में जीत गई और यह कानून बना दिया गया कि कोई पशु किसी को न मारे तो हम क्या खाएँगे।

(iv) 'भेड़ें और भेड़िए' कहानी वर्तमान प्रजातांत्रिक चुनाव प्रणाली का सच्चा स्वरूप प्रस्तुत करती है कैसे? पाठ के उदाहरण से कथन को स्पष्ट कीजिए।

उत्तर 'भेड़े और भेड़िए' कहानी वर्तमान प्रजातांत्रिक चुनाव प्रणाली का सच्चा स्वरूप प्रस्तुत करती है। इस कहानी में भेड़ और भेड़ियों को प्रतीक बनाकर लेखक ने समाज में व्याप्त राजनेताओं के चरित्र को उजागर किया है कि वह किस तरह आम जनता को अपने लुभावने वादों में फँसाकर वोट हथिया लेते हैं और सत्ता में आने के बाद इन्हीं आम लोगों को भूल जाते हैं।

2. निम्नलिखित गद्यांश को पढ़कर उसके नीचे दिए गए प्रश्नों के उत्तर हिंदी में लिखिए

"उनका 'हृदय परिवर्तन' हो गया है। वे आज सात दिनों से घास खा रहे हैं। रात-दिन भगवान के भजन और परोपकार में लगे रहते हैं। उन्होंने अपना जीवन जीव-मात्र की सेवा में अर्पित कर दिया है।"

(ICSE 2020)

(i) प्रस्तुत कथन किसने, किससे और क्यों कहा? स्पष्ट कीजिए।

उत्तर प्रस्तुत कथन बूढ़े सियार ने भेड़ों से इसलिए कहा, क्योंकि वे वन प्रदेश में होने वाले चुनाव में अपना बहुमत चाहते थे अब भेड़िये संत बन गए हैं उन्होंने हिंसा को त्याग दिया है इनका हृदय परिवर्तन हो गया है।

(ii) वक्ता ने किसके 'हृदय परिवर्तन' की बात कही? उसने उसके बारे में क्या-क्या कहा?

उत्तर वक्ता (बूढ़े सियार) ने भेड़ियों के हृदय परिवर्तन की बात कही कि वे सात दिनों से घास खा रहे हैं, रात-दिन भगवान के भजन और परोपकार में लगे रहते हैं तथा अपना जीवन जीव मात्र की सेवा में अर्पित कर दिया है।

(iii) वक्ता का चरित्र-चित्रण कीजिए। यह चुनावी सभा में किसे जिताना चाहता था और कैसे?

उत्तर इसमें बूढ़ा सियार वक्ता है जो बहुत ही चालाक व चतुर था। वह जानता था कि भेड़िए की चापलूसी करके ही वह जीवन को सुखमय बना सकता है। वह चुनावी सभा में भेड़ियों को जीतना चाहता था। वह भेड़ों को विश्वास दिलाना चाहता था कि अब इनका हृदय परिवर्तन हो गया है भेड़िये अब उन पर अत्याचार नहीं करेगें इस तरह वह चुनाव जिताना चाहता था।

(iv) चुनाव का क्या परिणाम हुआ? इस कहानी के माध्यम से लेखक क्या स्पष्ट करना चाहते हैं? चुनाव जीतने वाले ने सबसे पहला क्या नियम बनाया और इस नियम से किसका अधिक लाभ हुआ?

उत्तर चुनाव में भेड़ियों को बहुमत मिल गया और वे चुनाव जीत गए। इस कहानी में पशु समाज के द्वारा प्रजातांत्रिक व्यवस्था को बताया गया है किस प्रकार प्रजातंत्र में जनता का शोषण होता है। चुनाव जीतने वाले भेड़ियों ने यह कानून बनाया कि प्रत्येक भेड़िए को प्रातःकाल नाश्ते में भेड़ का एक मुलायम बच्चा दोपहर में पूरी भेड़ व शाम को आधी भेड़ दी जाए। इस नियम से भेड़ियों को सबसे अधिक लाभ हुआ।

3. निम्नलिखित गद्यांश को पढ़कर उसके नीचे दिए गए प्रश्नों के उत्तर हिंदी में लिखिए

"बड़े भोले हैं आप सरकार! अरे मालिक रूप-रंग बदल देने से तो सुना है, आदमी तक बदल जाते हैं। फिर ये तो सियार हैं।"

(ICSE 2017)

(i) उपयुक्त कथन कौन, किससे और क्यों कह रहा है?

उत्तर उपर्युक्त कथन सियार ने भेड़िए से कहा, क्योंकि भेड़िए ने शंका जताई कि भेड़ें सियार की बातें नहीं मानेंगी। अपनी बात को स्पष्ट करने के लिए ही सियार ने कहा कि रंग-रूप बदल देने से तो आदमी तक बदल जाते हैं, ये तो फिर भी सियार हैं।

(ii) बूढ़े सियार ने भेड़िए का रूप किस प्रकार बदला?

उत्तर बूढ़े सियार ने भेड़िए का रूप इस प्रकार बदला-मस्तक पर तिलक लगाया, गले में कंठी पहनाई, मुख में घास के तिनके लगाए। इस प्रकार अत्यंत गंभीरतापूर्वक सिर झुकाए भेड़िया महाराज रँगे हुए सियारों के बीच चलते हुए भेड़ों की सभा में पहुँचे।

(iii) यह कैसी कहानी है, बूढ़े सियार ने किन तीन बातों का ख्याल रखने के लिए कहा? क्यों कहा?

उत्तर 'भेड़ें और भेड़िए' सामाजिक व्यवस्था पर व्यंग्य करती हुई एक प्रतीकात्मक कहानी है। बूढ़े सियार ने जिन तीन बातों का ख्याल रखने के लिए कहा, वे इस प्रकार हैं-अपनी हिंसक आँखों को ऊपर मत उठाना, हमेशा जमीन की ओर देखना और कुछ मत बोलना। वहाँ बहुत-सी भेड़ें आएँगी, सुंदर-सुंदर, मुलायम-मुलायम, तो किसी को तोड़कर मत खा जाना। बूढ़े सियार ने यह इसलिए कहा, क्योंकि ऐसा करने से सबकी पोल खुल जाने का खतरा था।

(iv) सियारों को किन-किन रंगों में रँगा गया? वे किसके प्रतीक थे? इस कहानी से आपको क्या शिक्षा मिलती है?

उत्तर सियारों को पीले, नीले तथा हरे रंगों में रँगा गया। पीला सियार बड़ा विद्वान, विचारक, कवि तथा लेखक की भूमिका में था। नीला सियार नेता और पत्रकार तथा हरा धर्मगुरु की भूमिका में था। इस कहानी से हमें यह शिक्षा मिलती है कि सत्ता पाने के लिए नेता-गण प्रजा (आम जनता) को अपनी मीठी बातों के जाल में फँसाकर उनसे बहुमत प्राप्त कर लेते हैं, परंतु बहुमत पाते ही उनका असली चेहरा सामने आ जाता है और वे चुनाव के दौरान किए गए वादों को भूलकर आम जनता का शोषण करते हैं।

4. निम्नलिखित गद्यांश को पढ़कर उसके नीचे दिए गए प्रश्नों के उत्तर हिंदी में लिखिए

ज्यों-ज्यों चुनाव समीप आता, भेड़ों का उल्लास बढ़ता जाता।
ज्यों-ज्यों चुनाव समीप आता, भेड़ियों का दिल बैठता जाता।

(i) पशु समाज में हर्ष की लहर क्यों दौड़ गई?

उत्तर भेड़ें अत्यंत ही सीधी, सरल और आशावादी थीं, वे वन प्रदेश में अपने मत से अच्छे प्रतिनिधि का चुनाव चाहती थीं, इसलिए 'वन प्रदेश' में प्रजातंत्र की स्थापना की बात सुन पशु समाज में हर्ष की लहर दौड़ गई।

(ii) 'वन प्रदेश' में विद्यमान भेड़ों के चरित्र पर प्रकाश डालिए।

उत्तर 'वन प्रदेश' में विद्यमान भेड़ें निहायत ही नेक, ईमानदार, कोमल, विनयी, दयालु, निर्दोष, एकदम भोली-भाली थीं, जो घास तक को फूँक-फूँककर खाती थीं।

(iii) चुनाव के समीप होने पर भेड़ों की खुशी का क्या कारण था?

उत्तर चुनाव के समीप होने पर भेड़ों की खुशी का कारण यह था कि वे सोचती थीं कि प्रजातंत्र की स्थापना के बाद हमें डर-डरकर जीने की आवश्यकता नहीं होगी। वे एक ऐसे प्रतिनिधि का चुनाव चाहती थीं, जिससे समाज में शांति, स्नेह और बंधुत्व की भावना का विकास हो सके। कोई जीवधारी किसी को न सताएँ।

(iv) भेड़ियों की चिंता का क्या कारण था?

उत्तर भेड़ियों की चिंता का कारण उनके प्रजातंत्र की स्थापना थी, उन्हें अपना संकटकाल समीप आता नज़र आ रहा था। वे सोच रहे थे यदि कानून बना दिया गया कि कोई पशु किसी को न मारे, तो हम खाएँगे क्या।

5. निम्नलिखित गद्यांश को पढ़कर उसके नीचे दिए गए प्रश्नों के उत्तर हिंदी में लिखिए

"हम क्या जानें महाराज! हमारे तो आपे ही 'माई-बाप' हैं। हम तो कोई और सरकार नहीं जानते। आपका दिया खाते हैं, आपके गुन गाते हैं।"

(i) किसके मुख पर चिंता के बादल छाए हुए थे और क्यों?

उत्तर भेड़ियों के मुख पर चिंता के बादल छाए हुए थे, क्योंकि वन प्रदेश में नई सरकार बनने वाली थी और भेड़ों की संख्या अधिक थी, बहुमत उन्हीं को प्राप्त होना था। यदि उन्होंने कानून बना दिया कि कोई पशु किसी को न मारे तो हम (भेड़िए) खाएँगे क्या।

(ii) वन प्रदेश में किसके शासन पर खतरा बना हुआ था और क्यों?

उत्तर वन प्रदेश में भेड़ियों के शासन पर खतरा बना हुआ था, क्योंकि भेड़ों की संख्या अधिक थी, उनके बहुमत से यदि कानून बनाया जाएगा, तो उनको खाने के लिए कुछ न मिलेगा।

(iii) "हम क्या जानें महाराज! हमारे तो आप ही 'माई-बाप' हैं।" यह किसने, किससे और क्यों कहा?

उत्तर "हम क्या जानें महाराज! हमारे तो आप ही माई-बाप हैं।" यह बूढ़े सियार ने भेड़िए से कहा। वन प्रदेश में नई सरकार के बनने की बात से अनभिज्ञ बने सियार को जब भेड़िए ने बताया कि चुनाव द्वारा नई सरकार बनाई जा रही है, तो वह जानते हुए भी अनभिज्ञ बना रहा और बोला हम क्या जानें महाराज.....।

(iv) उपरोक्त पंक्तियों में 'आपका' शब्द किसके लिए प्रयोग किया गया है तथा यह भी बताएँ कि कौन किसका दिया खाता था?

उत्तर 'आपका' शब्द भेड़िए के लिए प्रयोग किया गया है। भेड़िए द्वारा अपना शिकार खा लेने के बाद सियार हड्डियों में लगे माँस को कुतरकर खाते थे, इसलिए सियार द्वारा कहा गया है कि आपका दिया खाते हैं, आपके गुन गाते हैं। हम तो कोई सरकार नहीं जानते, हमारे तो आप ही माई बाप हैं।

6. निम्नलिखित गद्यांश को पढ़कर उसके नीचे दिए गए प्रश्नों के उत्तर हिंदी में लिखिए

"आप खिन्न मत होइए सरकार! एक दिन का समय दीजिए। कल तक कोई योजना बन ही जाएगी, मगर एक बात है। आपको मेरे कहे अनुसार कार्य करना पड़ेगा।"

(i) सियार भेड़िए की चिंता का कारण जानते हुए भी अनजान क्यों बन रहा था?

उत्तर बूढ़ा सियार बहुत ही चतुर व चालाक था। वह भेड़िए को यह नहीं बताना चाहता था कि वह बुद्धिमान है और उसे सब पता है। वह स्वयं को भेड़िए के सामने सीधा-सादा प्रकट करना चाहता था।

(ii) बूढ़े सियार ने भेड़िए को कहाँ चले जाने की सलाह दी?

उत्तर बूढ़े सियार ने भेड़िए को पहले सर्कस में भर्ती होने की सलाह दी, फिर अजायबघर चले जाने की सलाह दी और अंत में जंगल में रहकर बहुमत प्राप्त करने की योजना बताई।

(iii) बूढ़ा सियार ध्यानमग्न अवस्था में क्या सोच रहा था? बूढ़े सियार की योजना पर भेड़िया चिढ़ क्यों गया?

उत्तर बूढ़ा सियार ध्यानमग्न अवस्था में भेड़िया जाति का बहुमत प्राप्त करने की बात सोचने लगा और भेड़िए से बोला! यदि पंचायत में आपकी भेड़िया जाति का बहुमत हो जाए तो। सियार की यह बात सुन भेड़िया चिढ़ गया, क्योंकि उसे लग रहा था कि भेड़ों की संख्या अधिक है और हमारी कम। ऐसे में बहुमत भेड़ों को ही प्राप्त होगा। भेड़िए को सियार की यह बातें आसमानी बातें लग रही थीं, इसलिए वह चिढ़ गया।

(iv) "आप खिन्न मत होइए सरकार! एक दिन का समय दीजिए।" किसने व किससे कहा? भेड़िए को सियार द्वारा बनाई गई योजना पर विश्वास क्यों नहीं हुआ?

उत्तर आप खिन्न मत होइए सरकार! एक दिन का समय दीजिए, बूढ़े सियार ने मुसीबत में फँसे भेड़िए से कहा। ज़िंदगी अपने को मौत के हाथ तो सौंप नहीं सकती और बूढ़े सियार द्वारा बनाई गई योजना में यही था, इसलिए भेड़िए को सियार द्वारा बनाई गई योजना पर विश्वास नहीं हुआ।

लघु उत्तरीय प्रश्न

1. 'भेड़ और भेड़िए' पाठ का उद्देश्य लिखिए।

(ICSE Sem II 2021-22)

उत्तर 'भेड़ और भेड़िए' कहानी के माध्यम से लेखक ने यह तथ्य उजागर किया है कि भेड़िए (नेता), भेड़ (जनता) का प्रजातंत्र के नाम पर किस प्रकार मूर्ख बनाते हैं और उन्हें ठगने का प्रयास करते हैं। वे बड़ी ही धूर्तता के साथ उनका शोषण करते हैं। प्रस्तुत कहानी से हमें समाज की राजनैतिक अवस्था के प्रति जागृत होने तथा अपने मत का सही प्रयोग करने का संदेश मिलता है। लेखक ने कहानी में भेड़ों और भेड़ियों को प्रतीक बनाकर राजनेता और राजनीति व्यवस्था का चित्रण किया है। राजनेता चुनाव जीतने के लिए भोली-भाली जनता को तरह-तरह के वादे और प्रलोभन देकर चुनाव जीतने का प्रयत्न करते हैं और जनता का शोषण करते हैं। अतः हमें सदैव सतर्क रहते हुए अपने अधिकारों का सही प्रयोग करना चाहिए।

2. भेड़िए की बात सुनकर बूढ़े सियार ने उसे क्या सलाह दी और भेड़िए ने उसे क्या उत्तर दिया? (ICSE Spec Sem II 2021-22)

उत्तर भेड़िए की बात सुनकर बूढ़े सियार ने उसे चुनाव लड़ने की सलाह दी। वह बोला कि यदि पंचायत में आपकी भेड़िया जाति का बहुमत हो जाए। सियार की यह बातें सुनकर भेड़िया चिढ़ गया, क्योंकि उसे यह लग रहा था कि भेड़ों की संख्या अधिक है और हमारी (भेड़िए) कम। ऐसे में बहुमत भेड़ों को ही प्राप्त होगा। उसे सियार की बातें आसमानी (फालतू) लग रही थीं। अतः वह चिढ़ गया।

10

दो कलाकार

श्रीमती मन्नू भंडारी

लेखक परिचय

श्रीमती मन्नू भंडारी का जन्म 3 अप्रैल, 1931 को मध्य प्रदेश के मंदसौर जिले के भानपुरा नामक गाँव में हुआ था। इनको बचपन में महेंद्र कुमारी के नाम से जाना जाता था। एक प्लेट सैलाब, मैं हार गई, तीन निगाहों की एक तस्वीर, यही सच है, त्रिशंकु, आँखों देखा झूठ इनके प्रसिद्ध कहानी संग्रह हैं। आपका बंटी, एक इंच मुसकान, महाभोज इनके उपन्यास तथा 'बिना दीवारों का घर' प्रसिद्ध नाटक है।

मन्नू भंडारी की कहानी 'यही सच है' पर आधारित रजनीगंधा नामक फिल्म को वर्ष 1974 में सर्वश्रेष्ठ फिल्म का पुरस्कार प्राप्त हुआ। इन्हें हिंदी अकादमी दिल्ली के **शिखर सम्मान,** राजस्थान संगीत नाटक अकादमी के **व्यास सम्मान** से भी सम्मानित किया गया है।

पाठ की रूपरेखा

यह कहानी दो ऐसी सहेलियों के चारों ओर घूमती है, जिनके बीच घनिष्ठ मित्रता थी। उनकी आपसी मित्रता ही लोगों की ईर्ष्या का कारण बनती है। दोनों ही शिक्षा प्राप्त करने के लिए घर से दूर हॉस्टल में रहने के लिए आई थीं। 'चित्रा' धनी परिवार से संबंधित थी। उसके पास सुख-सुविधा के सभी साधन उपलब्ध थे। किसी भी वस्तु का अभाव उसके जीवन में नहीं था। 'चित्रा' को चित्रकला में दक्षता प्राप्त थी।

दूसरी ओर अरुणा एक साधारण परिवार से संबंधित थी। वह परोपकारी व दयावान लड़की थी। वह गरीबों की सेवा करने को ज़्यादा महत्त्व दिया करती थी। इस कहानी के माध्यम से लेखिका ने यह बताने का प्रयास किया है कि इसमें एक चित्रकार चित्रा, जिसने मरी हुई भिखारिन और उसके दो बच्चों का चित्र बनाया था और दूसरी ओर समाज-सेविका अरुणा है, जिसने भिखारिन के बच्चों को गोद लेकर, उन्हें अपनी पहचान दी।

अंततः जब चित्रा को यह पता चलता है कि उसके जाने के पश्चात् 'अरुणा' ने भिखारिन के बच्चों को गोद ले लिया था। यह सुन चित्रा के पास शब्द ही नहीं थे कि वह किस प्रकार 'अरुणा' के बड़प्पन पर विचार व्यक्त करे।

पाठ का सार

चित्रा की कला : चित्रकारी

'चित्रा' धनी परिवार से संबंधित थी। उसके पास सुख-सुविधा के सभी साधन उपलब्ध थे। किसी भी वस्तु का अभाव उसके जीवन में नहीं था। 'चित्रा' को चित्रकारी में दक्षता प्राप्त थी। वह जीवन की प्रत्येक घटना को अपने चित्रों में उतार लेती थी। वह स्वयं को चित्रकारी में व्यस्त रखा करती थी।

अपने द्वारा बनाए गए चित्र को दिखाने के लिए वह सोती हुई अरुणा को भी जगा देती है, किंतु अरुणा उसके द्वारा बनाए गए चित्र को घनचक्कर के नाम से संबोधित कर, कुछ समझ में न आने की बात कहती है।

'चित्रा' की भौतिकवादी प्रवृत्ति

'चित्रा' भौतिकवादी प्रवृत्ति की लड़की थी। वह धनी परिवार से संबंधित थी। वह जीवन में पैसे व शोहरत को अधिक महत्त्व दिया करती थी। दिन-प्रतिदिन की घटनाओं से यदि उसके चित्र को कोई आधार नहीं मिलता था, तो वह घटना उसके लिए व्यर्थ ही होती थी। संवेदना का भाव उसके मन में नहीं था।

अरुणा की त्यागमय व परोपकारी प्रवृत्ति

अरुणा त्यागमय व परोपकारी प्रवृत्ति की लड़की थी। वह एक साधारण परिवार से संबंधित थी। वह अपने जीवन में गरीबों की सेवा को अधिक महत्त्व दिया करती थी। वह गरीब लोगों की सेवा के लिए सदैव तत्पर रहा करती थी। वह बस्ती के गरीब नौकरों, चपरासियों, चौकीदारों के बच्चों को पढ़ाया करती थी, इसके साथ ही वे स्वयं-सेवकों के साथ बाढ़-पीड़ितों की सेवा करने चली जाती थी। गरीब भिखारिन के बच्चों को गोद लेकर उनका पालन-पोषण करना 'अरुणा' के समाज-सेविका के रूप को सामने लाता है।

चित्रा व अरुणा के मैत्रीपूर्ण संबंध

दोनों के बीच घनिष्ठ मित्रता थी। उनकी घनिष्ठ मित्रता ही लोगों की ईर्ष्या का कारण थी। वे दोनों छ: साल से साथ रह रही थीं, किंतु जब अपनी आगे की पढ़ाई के लिए 'चित्रा' हॉस्टल छोड़कर जाने लगती है, तो 'अरुणा' उसके चले जाने पर दु:ख व्यक्त करते हुए बोलती है कि तू चली जाएगी, तो मैं कैसे रहूँगी? काफ़ी समय से साथ रहते-रहते यह बात मैं तो भूल ही गई कि एक दिन तो हमें दूर होना ही होगा। यह अरुणा व चित्रा के स्नेहभाव को दर्शाता है।

गरीब भिखारिन व उसके बच्चों का रफ-स्केच

'चित्रा' अपने 'गुरुओं' से आशीर्वाद लेने जाती है, किंतु काफी देर तक लौटती नहीं है। आने पर वह अपनी देरी का कारण बताती है–''गर्ग स्टोर के सामने पेड़ के नीचे अकसर एक भिखारिन बैठी रहती थी, आज अचानक वह मरी पड़ी थी और उसके दोनों बच्चे उससे चिपककर रो रहे थे, इसी कारण उसे आने में देरी भी हो गई। इस दृश्य को देख 'चित्रा' स्वयं को रोक न सकी और गरीब भिखारिन व उसके बच्चों का एक रफ-स्केच बना लिया और इसी रफ-स्केच के कारण 'चित्रा' देश-विदेश में प्रसिद्धि प्राप्त करती है।''

कर्मठता की प्रतीक 'चित्रा' व 'अरुणा'

'चित्रा' व 'अरुणा' दोनों ही कर्मठता की प्रतीक थीं, जहाँ एक ओर 'चित्रा' अपने काम के प्रति वफ़ादार थी वहीं 'अरुणा' भी कुछ पीछे नहीं थी। 'चित्रा' अपना काम पूरी ईमानदारी व लगन से करती थी। वहीं अरुणा भी कर्मठ लड़की थी। अपनी सुख-सुविधाओं को त्याग कर वह बाढ़-पीड़ितों की सहायता करने जाती थी, इसके साथ ही वह गरीब बच्चों को भी पूरी मेहनत व लगन से पढ़ाती थी।

चित्रा के चित्रों की प्रदर्शनी का आयोजन

चित्रा विदेश जाकर तन-मन से अपने कार्य में लग जाती है। विदेशों में उसके चित्रों की धूम मच जाती है। भिखारिन व उसके दो अनाथ बच्चों का चित्र उसकी प्रसिद्धि का कारण बनता है। दिल्ली में चित्रा के चित्रों की एक प्रदर्शनी का आयोजन किया गया और उसके उद्घाटन के लिए चित्रा को ही बुलाया गया। वहाँ चित्रा की भेंट अरुणा से हुई और चित्रा को पता चला कि अरुणा ने गरीब भिखारिन के दोनों बच्चों को गोद लेकर उनके पालन-पोषण की ज़िम्मेदारी ली है। अरुणा के इस कार्य पर चित्रा के पास उसकी प्रशंसा में कहने के लिए शब्द ही नहीं थे।

शब्दार्थ

घनचक्कर *चक्कर में डालने वाला;* **प्रतीक्षा** *इंतजार;* **इकलौती** *एकमात्र संतान;* **तूलिका** *चित्रकार का ब्रुश;* **मूसलाधार वर्षा** *लगातार तेज़ वर्षा;* **ईर्ष्या** *जलन;* **प्रदर्शनी** *दिखाना, प्रदर्शन करना;* **विस्मय** *आश्चर्य, हैरानी।*

PYQs विगत वर्षों के प्रश्न व महत्त्वपूर्ण प्रश्न

गद्यांश पर आधारित प्रश्न

1. **निम्नलिखित गद्यांश को पढ़िए और उसके नीचे दिए गए प्रश्नों के उत्तर हिन्दी में लिखिए।**

'उस भीड़-भाड़ में अचानक उसकी भेंट अरुणा से हो गई।' 'रूनी कहकर चित्रा भीड़ की उपस्थिति को भूलकर अरुणा के गले लिपट गई'। **(ICSE Spec 2023)**

(i) अरुणा और चित्रा कहाँ पर मिली हैं और यहाँ क्यों आई हैं?

उत्तर अरुणा और चित्रा दोनों घनिष्ठ मित्र थी। अरुणा एक समाज सेविका है और चित्रा एक चित्रकार है। दिल्ली में चित्रा के चित्रों की विराट प्रदर्शनी का आयोजन किया गया था। उसका उद्घाटन करने के लिए चित्रा को ही आमन्त्रित किया गया था? इसलिए अरुणा चित्रा से मिलने अपने परिवार के साथ प्रदर्शनी देखने गई थी।

(ii) अरुणा के साथ कौन खड़े थे? चित्रा के पूछने पर अरुणा ने क्या बताया?

उत्तर अरुणा के साथ उसके दो बच्चे खड़े थे। लड़के की उम्र करीब दस वर्ष की थी और लड़की की उम्र आठ वर्ष थी। उन दोनों बच्चों को देखकर चित्रा ने अरुणा से पूछा कि क्या यह दोनों बच्चे तुम्हारे हैं। तब अरुणा ने चित्रा की बात सुनकर उत्तर दिया कि ये दोनों बच्चे उसी के हैं।

(iii) अरुणा ने बच्चों से क्या कहा? क्या चित्रा ने उन्हें प्यार किया?

उत्तर अरुणा ने बच्चों से चित्रा का परिचय कराते हुए कहा कि ये तुम्हारी मौसी है और बहुत अच्छे चित्र बनाती है। ये सारे चित्र इन्हीं के द्वारा बनाए हुए हैं। यह बताते हुए बच्चों से नमस्ते करने के लिए कहा। चित्रा बच्चों को देखकर चकित रह गई, वह कभी बच्चों की ओर देखती तो कभी अरुणा की ओर फिर जब अरुणा ने चित्रा को टोका तो उसने बच्चों के सिर पर प्यार से हाथ फेरा था।

(iv) बच्चों के बारे में अरुणा की बात सुनकर चित्रा क्या सोचने लगी?

उत्तर बच्चों के विषय में अरुणा की बात सुनकर चित्रा सोच में पड़ गई, क्योंकि वह विदेश से तीन वर्ष बाद लौटी थी और बच्चों की उम्र अधिक थी। चित्रा को भिखारिन और उसके दो बच्चे याद आते हैं, जिसकी तस्वीर बनाकर उसने प्रसिद्धि प्राप्त की और वह समझ जाती है कि ये भिखारिन के ही बच्चे हैं जिनको अरुणा ने गोद लेकर उनके जीवन में रंग भर दिया और फिर यह सब देखने के पश्चात् ही चित्रा को एहसास होता है कि सही मायने में अरुणा ही सच्ची कलाकार है।

2. निम्नलिखित गद्यांश को पढ़कर उसके नीचे दिए गए प्रश्नों के उत्तर हिंदी में लिखिए

विदेशों में उसके चित्रों की धूम मच गई। भिखारिन और दो अनाथ बच्चों के उस चित्र की प्रशंसा में तो अखबारों के कॉलम-के-कॉलम भर गए। शोहरत के ऊँचे शिखर पर बैठ चित्रा जैसे अपना सब कुछ भूल गई। (ICSE 2019)

(i) उसके चित्रों से क्या तात्पर्य है? समझाइए।

उत्तर उसके चित्रों से तात्पर्य कहानी की पात्र चित्रा द्वारा बनाए गए चित्रों से है। चित्रा के बनाए गए भिखारिन और उसके दो अनाथ बच्चों के चित्र से उसकी ख्याति विदेशों में फैल गई।

(ii) चित्रा कौन थी? उसके चरित्र की मुख्य विशेषता बताइए।

उत्तर चित्रा धनी परिवार की इकलौती पुत्री तथा अरुणा की सहेली थी। उसके चरित्र की मुख्य विशेषता यह थी कि वह उच्चकोटि की चित्रकार थी। चित्र बनाना ही उसका एकमात्र शौक था। वह दिन-रात रंग तूलिका लिए हुए चित्र बनाने में व्यस्त रहती थी। चित्रकारी में उसे दक्षता प्राप्त थी।

(iii) अरुणा कौन थी? जब उसे भिखारिन वाली घटना का पता चला तो उस पर क्या प्रभाव पड़ा और उसने क्या किया?

उत्तर अरुणा, चित्रा की सहेली तथा एक समाज-सेविका थी। जब अरुणा को भिखारिन वाली घटना का पता चला, तो उसका हृदय उनके प्रति संवेदना से भर गया। वह अत्यंत भावुक हो गई। उसने भिखारिन के दोनों बच्चों को गोद लेकर उनके पालन-पोषण की जिम्मेदारी ले ली।

(iv) चित्रकारिता और समाज-सेवा में आप किसे उपयोगी मानते हैं और क्यों? कहानी के माध्यम से समझाइए।

उत्तर चित्रकारिता तथा समाज-सेवा में से हम समाज-सेवा को अधिक उपयोगी मानते हैं, क्योंकि मानवता की सेवा ही सबसे बड़ी सेवा और सच्ची कला है। दुनिया की सारी कलाएँ इसके समक्ष निरर्थक और निराधार प्रतीत होती हैं।

कहानी के दोनों पात्रों चित्रा और अरुणा में से अरुणा सच्ची समाज-सेविका है, जो भिखारिन के दोनों बच्चों के प्रति संवेदना रखते हुए उनके पालन-पोषण की जिम्मेदारी उठाकर समाज-सेवा का कार्य करती है तथा उन बच्चों की समाज में पहचान बना देती है।

टीचर्स कमेंट्स

- प्रश्न (i) के उत्तर में अधिकांश छात्रों ने अनाथ बच्चों के चित्रों का आशय सही से स्पष्ट नहीं किया और न ही उन अनाथ बच्चों के बारे में कुछ लिखा।
- प्रश्न (ii) के उत्तर में अधिकांश छात्रों ने चित्रा की चारित्रिक विशेषताएँ नहीं लिखी तथा उसके स्थान पर चित्रा के चित्र की विशेषताएँ बताई।
- प्रश्न (iii) के उत्तर में सभी छात्रों ने अरुणा का परिचय सही लिखा। कुछ छात्र अरुणा पर पड़ने वाले प्रभाव का वर्णन ठीक प्रकार से नहीं कर पाए।
- प्रश्न (iv) के उत्तर में कुछ छात्रों ने चित्राकारिता का वर्णन तो किया परंतु समाज सेवा का महत्त्व नहीं बताया। इसका उत्तर लिखते समय छात्र भ्रमित हो गए।

स्टूडेंट्स के लिए एडवाइज़

- छात्रों को कहानी पढ़ते समय पात्रों के मुख्य बिंदुओं पर आधारित प्रश्नोत्तर का मौखिक व लिखित अभ्यास करते रहना चाहिए।
- छात्रों को कहानी में पात्र के चरित्र की सभी विशेषताओं को अवश्य याद करनी चाहिए।
- छात्रों को पढ़ते समय पात्रों की मुख्य विशेषताओं के बिंदुओं को रेखांकित कर लेना चाहिए और उन्हें याद रखना चाहिए।

3. निम्नलिखित गद्यांश को पढ़कर उसके नीचे दिए गए प्रश्नों के उत्तर हिंदी में लिखिए

"अरे, यह क्या? इसमें तो सड़क, आदमी, ट्राम, बस, मोटर, मकान सब एक-दूसरे पर चढ़ रहे हैं। मानो सबकी खिचड़ी पकाकर रख दी हो। क्या घनचक्कर बनाया है?"

(i) चित्रा ने चादर खींचकर सोती हुई अरुणा को क्यों उठा दिया? स्पष्ट कीजिए।

उत्तर चित्रा को चित्रकला में दक्षता प्राप्त थी, वह स्वयं को चित्रकारी में ही व्यस्त रखा करती थी, इसलिए अपने द्वारा बनाए गए चित्र को दिखाने के लिए 'चित्रा' ने सोती हुई 'अरुणा' को उठा दिया।

(ii) अरुणा ने चित्रा द्वारा बनाए गए चित्र पर विरोध क्यों प्रकट किया?

उत्तर अरुणा सो रही थी और 'चित्रा' ने 'अरुणा' की नींद खराब कर दी थी, इसलिए उसने चित्र पर विरोध प्रकट किया।

(iii) 'अरुणा' ने 'चित्रा' को चित्र पर क्या लिखने को कहा और क्यों?

उत्तर अरुणा ने चित्रा को उसके द्वारा बनाए गए चित्र पर नाम लिखने को कहा, क्योंकि चित्रा द्वारा बनाए गए चित्र से स्पष्ट पता नहीं चल पा रहा था कि आखिर चित्र किसका बनाया गया था? इसलिए अरुणा ने चित्र पर नाम लिखने के लिए कहा।

(iv) 'घनचक्कर' शब्द का अर्थ बताते हुए बताएँ कि अरुणा ने घनचक्कर किसे कहा है और क्यों?

उत्तर 'घनचक्कर' शब्द का अर्थ है- चक्कर में डालने वाला। अरुणा ने 'घनचक्कर' चित्रा द्वारा बनाए गए चित्र को कहा है, क्योंकि उसके चित्र में सड़क, आदमी, ट्राम, बस, मोटर, मकान सब एक-दूसरे पर चढ़ रहे थे, जिसे देख कुछ भी समझ नहीं आ रहा था, इसलिए 'अरुणा' ने 'चित्रा' द्वारा बनाए गए चित्र को 'घनचक्कर' कहा है।

4. **निम्नलिखित गद्यांश को पढ़कर उसके नीचे दिए गए प्रश्नों के उत्तर हिंदी में लिखिए**

"क्या ये बंदर पाल रखे हैं तूने?" फिर ज़रा हँसकर चित्रा बोली, "एक दिन तेरी पाठशाला का चित्र बनाना होगा। लोगों को दिखाया करेंगे कि हमारी एक मित्र साहिबा थीं, जो बस्ती के चौकीदारों, नौकरों और चपरासियों के बच्चों को पढ़ा-पढ़ाकर ही अपने को भारी पंडिताइन और समाज-सेविका समझती थीं।"

(i) **स्वयं द्वारा बनाए गए चित्र को 'चित्रा' ने किसका प्रतीक बताया है? अपने शब्दों में बताइए।**

उत्तर स्वयं द्वारा बनाए गए चित्र को 'चित्रा' ने कंफ्यूजन का प्रतीक बताया है, क्योंकि उस चित्र में सड़क, आदमी, ट्राम, बस, मोटर, मकान सब एक-दूसरे पर चढ़े रहते हैं। साथ ही अरुणा ने चित्रा के चित्रों को बेवकूफी का प्रतीक बताया है।

(ii) **बच्चे किसकी प्रतीक्षा कर रहे थे और क्यों?**

उत्तर बच्चे अरुणा की प्रतीक्षा कर रहे थे, क्योंकि अरुणा गरीब बच्चों को पढ़ाती थी, इसलिए पढ़ने के लिए बच्चे अरुणा की प्रतीक्षा कर रहे थे।

(iii) **"क्या ये बंदर पाल रखे हैं तूने?" यह किसने व किसे कहा है? यहाँ बंदर किसे कहा गया है?**

उत्तर "क्या ये बंदर पाल रखे हैं तूने?" यह चित्रा ने अरुणा से कहा। यहाँ बंदर शब्द बस्ती के चौकीदारों, नौकरों और चपरासियों के बच्चों को, जो अरुणा के पास पढ़ने आए थे, उन्हें कहा गया है।

(iv) **समाज-सेविका की संज्ञा किसे व क्यों दी गई है?**

उत्तर 'समाज-सेविका' की संज्ञा अरुणा को दी गई है, क्योंकि वह बस्ती के चौकीदारों, नौकरों व चपरासियों के बच्चों को पढ़ाकर समाज-सेवा का कार्य करती थी। अरुणा के हृदय में समाज-सेविका की भावना व्याप्त थी वह खाली समय में गरीब बच्चों को पढ़ाने में समय व्यतीत करने में विश्वास रखती थी।

5. **निम्नलिखित गद्यांश को पढ़कर उसके नीचे दिए गए प्रश्नों के उत्तर हिंदी में लिखिए**

"वह काम तो तेरे लिए छोड़ दिया। मैं चली जाऊँगी तो जल्दी से सारी दुनिया का कल्याण करने के लिए झंडा लेकर निकल पड़ना!" और चित्रा हँस पड़ी।

(i) **किसकी 'कला को निरर्थक' किसने व क्यों कहा है?**

उत्तर 'चित्रा' की कला को 'अरुणा' ने निरर्थक कहा है, क्योंकि उसकी दृष्टि में ऐसी कला का कोई महत्त्व नहीं, जो व्यक्ति को व्यक्ति न रहने दे।

(ii) **उपरोक्त पंक्तियों में 'मैं' शब्द किसके लिए प्रयोग किया गया है और दुनिया के कल्याण पर निकलने के लिए किसे कहा गया है?**

उत्तर उपरोक्त पंक्तियों में 'मैं' शब्द चित्रा के लिए प्रयोग किया गया है और दुनिया के कल्याण पर निकलने के लिए 'अरुणा' को कहा गया है।

(iii) **"वह काम तो तेरे लिए छोड़ दिया।" यह किसने व किससे कहा है? यहाँ किस काम की ओर संकेत किया गया है?**

उत्तर "वह काम तो तेरे लिए छोड़ दिया।" यह 'चित्रा' ने 'अरुणा' से कहा, यहाँ गरीबों की सेवा कर उनकी ज़िंदगी बनाने वाले काम की ओर संकेत किया गया है। अत: वह अपनी सुख-सुविधाओं को त्यागकर बाढ़-पीड़ितों की सहायता करती है, इसके साथ ही वह गरीब बच्चों को भी पूरी मेहनत व लगन से पढ़ाती भी है।

(iv) **'चित्रा' व 'अरुणा' के चरित्र पर प्रकाश डालिए।**

उत्तर 'चित्रा' धनी परिवार से संबंधित थी, उसे चित्रकला में दक्षता प्राप्त थी, उसे दुनिया से कोई मतलब नहीं था, वह अपने में रहना ही पसंद करती थी, वहीं दूसरी ओर साधारण परिवार से संबंधित 'अरुणा' परोपकारी व दयालु लड़की थी, वह हमेशा गरीबों की सेवा करने के लिए तत्पर रहती थी।

लघु उत्तरीय प्रश्न

1. **चित्रा की चित्रकारी के विषय में अरुणा के क्या विचार थे? क्या आप अरुणा के विचारों से सहमत हैं?** **(ICSE Sem II 2022)**

उत्तर अरुणा ने चित्रा की चित्रकारी पर टिप्पणी करते हुए कहा कि "कागज पर इन निर्जीव चित्रों को बनाने के बजाय दो-चार की जिंदगी क्यों नहीं बना देती। तेरे पास सामर्थ्य है, साधन है।" मेरे विचार से अरुणा ने चित्रा को सही ही कहा था।

मैं उसके विचारों से सहमत हूँ, क्योंकि यदि अपने सामर्थ्य और साधन को ख्याति प्राप्त न करने के उद्देश्य से नि:स्वार्थ होकर दूसरों के हित के लिए प्रयोग किया जाए तो वह कार्य महान कार्यों की श्रेणी में आता है। वस्तुत: सच्चा कलाकार वहीं होता है, जो समाज के साथ सहानुभूति और सरोकार रखता है।

2. **चित्रा एवं अरुणा कौन है? संक्षेप में उनका परिचय दीजिए।** **(ICSE Spec Sem II 2021-22)**

उत्तर चित्रा और अरुणा दोनों सहेली हैं। चित्रा धनी परिवार की इकलौती पुत्री तथा अरुणा की सहेली है। उसके चरित्र की मुख्य विशेषता यह है कि वह उच्चकोटि की चित्रकार थी। चित्रकारी में उसे दक्षता प्राप्त थी। अरुणा एक समाज सेविका थी। वह परोपकारी तथा दयालु लड़की थी। वह हमेशा गरीबों की सेवा करने के लिए तत्पर रहती थी।

अभ्यास प्रश्न

1. निम्नलिखित गद्यांश को पढ़िए और उसके नीचे लिखे प्रश्नों के उत्तर हिन्दी में लिखिए।

बस इतनी-सी बात! हमारे शेख साहब तो उनके भी गुरु हैं। **(बात अठन्नी की — सुदर्शन)**

(i) प्रस्तुत पंक्तियाँ किसने तथा किससे कही हैं?

(ii) गुरु शब्द किसके लिए प्रयोग किया गया है?

(iii) रमजान की बातें सुनकर रसीला के मन में क्या विचार आया?

(iv) 'हमारे शेख साहब उनके भी गुरु हैं' इस पंक्ति के आधार पर शेख साहब के चरित्र पर प्रकाश डालिए।

2. निम्नलिखित गद्यांश को पढ़िए और उसके नीचे लिखे प्रश्नों के उत्तर हिन्दी में लिखिए।

"अपनी योजना को सफल बनाने के लिए श्यामू ने अगले दिन अपने पिता विश्वेश्वर के कोट से एक रुपया निकाला और भोला को देते हुए कहा कि किसी को मालूम नहीं होना चाहिए। दो अच्छी-अच्छी रस्सियाँ मँगा दे, क्योंकि एक रस्सी तो छोटी पड़ेगी। **(काकी — सियाराम शरण गुप्त)**

(i) श्यामू ने विश्वेश्वर के कोट से क्या निकाला था?

(ii) श्यामू ने भोला को क्या दिया था?

(iii) श्यामू ने भोला से क्या मँगाया था?

(iv) रस्सियाँ मँगाने के पीछे श्यामू का उद्देश्य क्या था?

3. निम्नलिखित गद्यांश को पढ़िए और उसके नीचे लिखे प्रश्नों के उत्तर हिन्दी में लिखिए।

"सेठ अत्यंत दयालु प्रकृति के व्यक्ति थे। उनकी दयालुता केवल मनुष्य मात्र के लिए नहीं थी, अपितु वे किसी भी जीव को दुःखी नहीं देख सकते थे। कुत्ते को देख सेठ को दया आ गई और सेठ ने एक-एक कर अपनी सारी रोटियाँ बीमार पड़े कुत्ते को खिला दीं और स्वयं पानी पीकर आगे की यात्रा पर चल पड़े।" **(महायज्ञ का पुरस्कार — यशपाल)**

(i) सेठजी कैसी प्रवृत्ति के व्यक्ति थे?

(ii) कुत्ते की स्थिति कैसी थी?

(iii) कुत्ते की दुर्बलता को दूर करने के लिए सेठ ने क्या किया?

(iv) कुत्ते को देखकर सेठ के हृदय में कैसा भाव उत्पन्न हुआ? कहानी के आधार पर समझाइए।

4. निम्नलिखित गद्यांश को पढ़िए और उसके नीचे लिखे प्रश्नों के उत्तर हिन्दी में लिखिए।

" यह देखकर हालदार साहब आश्चर्यचकित हो गए, किंतु उन्हें यह विचार भी अच्छा लगा, मूर्ति कपड़े नहीं बदलती, किंतु चश्मा जरूर बदलती है।" **(नेताजी का चश्मा — स्वयं प्रकाश)**

(i) हालदार साहब क्या देखकर आश्चर्यचकित हो गए?

(ii) मूर्ति को देखकर हालदार साहब के मन में क्या विचार उत्पन्न हुए?

(iii) समय-समय पर हालदार साहब को मूर्ति में क्या बदलाव देखने को मिलता था?

(iv) मूर्ति का चश्मा बदलने का कारण अपने शब्दों में समझाइए?

5. निम्नलिखित गद्यांश को पढ़कर उसके नीचे दिए गए प्रश्नों के उत्तर हिंदी में लिखिए।

"शाम के समय कुछ ऐसा प्रतीत हो रहा था मानो भाप से बादल हमारे सिरों को छू-छूकर घूम रहे हों।" **(अपना अपना भाग्य — जैनेंद्र कुमार)**

(i) नैनीताल किस बात के लिए विश्वविख्यात है?

(ii) शाम के समय नैनीताल का मौसम कैसा रहता है?

(iii) प्रस्तुत गद्यांश के आधार पर बादलों को देखकर कैसा प्रतीत हो रहा था? समझाइए।

(iv) नैनीताल की सुंदरता का वर्णन अपने शब्दों में कीजिए।

6. निम्नलिखित गद्यांश को पढ़िए उसके नीचे लिखे प्रश्नों के उत्तर हिंदी में लिखिए।

"गाँव के पुराने तालाब, मंदिर, कुएँ आदि उन्हीं के द्वारा बनवाए गए थे।" **(बड़े घर की बेटी — मुंशी प्रेमचंद)**

(i) बेनीमाधव सिंह कौन थे?

(ii) बेनीमाधव सिंह ने अपने गाँव के विकास के लिए क्या-क्या कार्य किए थे?

(iii) बेनीमाधव सिंह की स्थिति के विषय में बताइए।

(iv) बेनीमाधव सिंह का चरित्र-चित्रण कीजिए।

7. निम्नलिखित गद्यांश को पढ़कर उसके नीचे दिए गए प्रश्नों के उत्तर हिन्दी में लिखिए।

"प्यार करना बड़ा कठिन है। तुम इस खेल को नहीं जानते। इसके चक्कर में पड़ना भी मत। हाँ एक दुखिया स्त्री तुमको अपनी सहायता के लिए बुला रही है जाओं, उसकी सहायता करके लौट आओ।"

(संदेह — जयशंकर प्रसाद)

(i) 'प्यार करना बड़ा कठिन है' यह कथन किसने और किससे कहा है?

(ii) रामनिहाल को किस बात का संदेह था और क्यों?

(iii) रामनिहाल के हाथ में चित्र देखकर श्यामा की क्या प्रतिक्रिया थी?

(iv) श्यामा ने रामनिहाल को कैसे समझाया?

8. निम्नलिखित गद्यांश को पढ़कर उसके नीचे दिए गए प्रश्नों के उत्तर हिन्दी में लिखिए।

'उम्र में मुझसे छोटे हैं, पर अपने घर में बच्चों की फौज खड़ी कर ली है।'

(भीड़ में खोया आदमी — लीलाधर शर्मा पर्वतीय)

(i) उम्र में कौन किससे छोटा है? दोनों के नाम बताइए और आपस में दोनों का क्या सम्बन्ध है?

(ii) बच्चों की फौज से क्या तात्पर्य है?

(iii) किसने घर में बच्चों की फौज खड़ी कर ली है? उसके विषय में लिखें।

(iv) क्या उसका परिवार एक सुखी परिवार है कैसे?

9. निम्नलिखित गद्यांश को पढ़कर उसके नीचे दिए गए प्रश्नों के उत्तर हिन्दी में लिखिए।

"जो यहाँ त्याग करेगा, वह लोक में पाएगा। जो यहाँ दु:ख भोगेगा, वह वहाँ सुख पाएगा। जो यहाँ राजा बनाएगा वह वहाँ राजा बनेगा। जो यहाँ वोट देगा वह वहाँ वोट पाएगा। इसलिए सब मिलकर भेड़िए को वोट दो। वे दानी है, परोपकारी हैं, संत हैं। मैं उनको प्रणाम करता हूँ।"

(भेड़ें और भेड़िए — हरिशंकर परसाई)

(i) भेड़िए व्यर्थ ही क्यों बदनाम थे?

(ii) बूढ़े सियार के अनुसार पीले सियार ने क्या कहकर भेड़िए की प्रशंसा की?

(iii) बूढ़े सियार ने बात को कैसे सँभाला?

(iv) हरे रंग के सियार ने क्या उपदेश दिया?

10. निम्नलिखित गद्यांश को पढ़कर उसके नीचे दिए गए प्रश्नों के उत्तर हिन्दी में लिखिए।

"जाने क्या था उस चित्र में, जो देखता चकित रह जाता।"

(दो कलाकार — श्रीमती मन्नू भंडारी)

(i) वाक्य का संदर्भ स्पष्ट कीजिए।

(ii) विदेश से लौटने पर चित्रा के चित्रों की प्रदर्शनी का आयोजन कहाँ किया गया तथा उसका उद्‌घाटन किसने किया?

(iii) उसी भीड़-भाड़ में चित्रा की भेंट किससे हुई? चित्रा ने उससे क्या पूछा?

(iv) चित्रा की बात सुनकर उसने क्या उत्तर दिया?

01

साखी

कबीरदास

लेखक परिचय

हिंदी के संत कवियों में कबीरदास जी का महत्त्वपूर्ण स्थान है। इनका नाम हिंदी की संत काव्यधारा की ज्ञानाश्रयी निर्गुण शाखा के प्रमुख कवियों में बड़े ही आदर से लिया जाता है। इनका जन्म **1398 ई. में वाराणसी** के पास लहरतारा नामक ग्राम में हुआ था। इनकी माता का नाम 'नीमा' तथा पिता का नाम 'नीरू' था।

कबीर प्राचीन संकीर्ण रूढ़ियों एवं अंधविश्वास के अत्यंत विरोधी थे। इन्होंने वैष्णव संत **'स्वामी रामानंद जी'** से दीक्षा ली। इन्हें सूफी संत शेख तकी का भी शिष्य माना जाता है। कबीर पढ़े-लिखे नहीं थे। वे निर्गुण भक्ति के उपासक थे। इन्होंने समाज में व्याप्त **मूर्ति पूजा, कर्मकांड,** बाहरी आडंबरों का खुलकर विरोध किया था। इन्होंने हिंदू और मुस्लिम एकता पर बल दिया तथा राम-रहीम की एकता पर विश्वास जगाने का बीड़ा उठाया।

बीजक कबीर की प्रसिद्ध रचना है, जो तीन भागों में विभाजित की गई है

1. साखी 2. सबद 3. रमैनी

इनकी भाषा को **सधुक्कड़ी** या **पंचमेल खिचड़ी** कहा जाता है। इनकी मृत्यु के विषय में एकमत नहीं है, किंतु कुछ विद्वानों के अनुसार, कबीरदास जी की मृत्यु 1495 ई. में 'मगहर' में हुई।

साखियों का सार

कबीरदास जी ने इन साखियों के माध्यम से समाज में व्याप्त बाहरी आडंबर, कर्मकांड आदि पर व्यंग्य करते हुए ईश्वर की निर्गुण भक्ति पर बल दिया है। इनके अनुसार, ईश्वर का कोई आकार नहीं है, वह निराकार है। इनका कथन है कि हमें सदैव अपने गुरु का कृतज्ञ होना चाहिए। गुरु ही है, जो हमारा मार्गदर्शन करता है, हमें राह दिखाता है। इनके अनुसार, मनुष्य को अहंकार का त्याग करना चाहिए और मन में ईश्वर के प्रति प्रेमभाव रखना चाहिए।

कबीरदास जी बाहरी आडंबरों पर व्यंग्य करते हुए कहते हैं कि मंदिर और मस्जिद बनाकर पत्थरों की पूजा करना मात्र दिखावा है। संसार की छोटी-से-छोटी वस्तु व जीव में ईश्वर का वास होता है। वे कहते हैं कि अगर पत्थरों को पूजने से ईश्वर की प्राप्ति संभव है, तो मैं पहाड़ को पूजने को तैयार हूँ। वे पत्थरों की पूजा के स्थान पर आटा पीसने की चक्की की पूजा करने को अधिक महत्त्व देते हैं। अंत में वे पुन: निर्गुण ईश्वर की महानता का बखान करते हुए कहते हैं कि ईश्वर की प्रशंसा शब्दों में करना असम्भव है।

संदर्भ-सहित व्याख्या

1. गुरु गोबिंद दोऊ खड़े काके लागू पायँ।
बलिहारी गुरु आपनो, जिन गोबिंद दियौ बताय।।

शब्दार्थ

गोबिंद *ईश्वर;* **दोऊ** *दोनों;* **पायँ** *पाँव;* **बलिहारी** *कृतज्ञ होना।*

संदर्भ प्रस्तुत पद्यांश हमारी पाठ्य-पुस्तक 'साहित्य सागर' के 'पद्य भाग' से लिया गया है। इसके रचयिता कबीरदास जी हैं। उपरोक्त पंक्तियाँ उनकी 'साखी' से उद्धृत हैं। 'साखी' दोहों में लिखी गई है।

प्रसंग युग प्रवर्तक संत कवि कबीरदास जी ने उपरोक्त पंक्तियों के माध्यम से व्यक्ति के जीवन में 'गुरु की महत्ता' को स्पष्ट करने का प्रयास किया है।

व्याख्या कबीरदास जी कहते हैं कि गुरु का महत्त्व हमारे जीवन में सर्वोपरि है। वे गुरु की तुलना ईश्वर से करते हुए कहते हैं कि गुरु ने ही हमें हरि के दर्शन कराए हैं अर्थात् ईश्वर से मिलाया है, इसलिए हमें सदैव अपने गुरु के प्रति कृतज्ञ भावना रखनी चाहिए। गुरु की महिमा का ज्ञान करते

हुए उनके चरणों में सदैव नतमस्तक रहना चाहिए। हमें अपने गुरु की महिमा का गुणगान करना चाहिए, क्योंकि गुरु ही है, जो हमारा मार्गदर्शन करता है, हमें राह दिखाता है और ईश्वर तक पहुँचाने का मार्ग प्रशस्त करता है।

2. जब मैं था तब हरि नहीं, अब हरि हैं मैं नाहिं।
प्रेम गली अति साँकरी, तामे दो न समाहिं।।

शब्दार्थ

मैं *अहंकार;* **अति** *बहुत अधिक;* **साँकरी** *तंग।*

संदर्भ पूर्ववत्।

प्रसंग युग प्रवर्तक संत कबीरदास जी उपरोक्त पंक्तियों के माध्यम से मनुष्य के अहंकार रहित ह्रदय की कल्पना करते हैं। अहंकार रहित मन को ही ईश्वर प्राप्ति का मार्ग बताते हैं।

व्याख्या कबीरदास जी अहंकारी मनुष्य पर व्यंग्य करते हुए कहते हैं कि मनुष्य को अहंकार रहित होना चाहिए, जब तक मनुष्य के मन में अहंकार का भाव विद्यमान रहता है, तब तक उसे ईश्वर की प्राप्ति नहीं हो सकती। ईश्वर की प्राप्ति तभी संभव है, जब मनुष्य का मन अहंकार रहित होगा। वे कहते हैं कि ईश्वर प्राप्ति का मार्ग बहुत ही तंग है। इसमें ईश्वर और अहंकार एक साथ विचरण नहीं कर सकते। अत: अहंकार के रहते हुए व्यक्ति ईश्वर की प्राप्ति के मार्ग की यात्रा नहीं कर सकता। इस मार्ग में वही व्यक्ति यात्रा करके सफलता प्राप्त कर सकता है, जिसका मन अहंकार से रहित हो।

3. काँकर पाथर जोरि कै, मसजिद लई बनाय।
ता चढ़ि मुल्ला बाँग दे, क्या बहरा हुआ खुदाय।।

शब्दार्थ

काँकर *कंकड़;* **बनाय** *बनाना।*

संदर्भ पूर्ववत्।

प्रसंग युग प्रवर्तक संत कबीरदास जी ने उपरोक्त पंक्तियों के माध्यम से उन लोगों पर कठोर व्यंग्य किया है, जो धर्म एवं पूजा के नाम पर दिखावा करते हैं।

व्याख्या कबीरदास जी कहते हैं कि मनुष्य ईश्वर की प्राप्ति के लिए तरह-तरह के आडंबर करता है। कंकड़-पत्थर जोड़कर मंदिर-मस्जिद की स्थापना करता है, किंतु क्या ईश्वर बहरा है? जो उसे अज़ान देने की आवश्यकता है अर्थात् कबीरदास जी ने इन्हें मात्र बाहरी आडंबर माना है। उनके अनुसार, ईश्वर किसी मंदिर-मस्जिद में निवास नहीं करता, वह तो मनुष्य के दिलों में वास करता है। मंदिर-मस्जिद बनाकर पत्थरों की पूजा करना मात्र दिखावा है। ईश्वर तो संसार की छोटी-से-छोटी वस्तु व जीवों में निवास करता है।

4. पाहन पूजे हरि मिले, तो मैं पूजूँ पहार।
ताते ये चाकी भली, पीस खाय संसार।।

शब्दार्थ

पाहन *पत्थर;* **पहार** *पहाड़;* **चाकी** *चक्की।*

संदर्भ पूर्ववत्।

प्रसंग युग प्रवर्तक संत कबीरदास जी ने उपरोक्त पंक्तियों के माध्यम से धर्म के नाम पर होने वाले बाहरी दिखावे पर व्यंग्य किया है।

व्याख्या कबीरदास जी कहते हैं कि यदि पत्थरों की पूजा करने से ईश्वर की प्राप्ति होती है, तो मैं पहाड़ की पूजा करने को तैयार हूँ। वे कहते हैं कि यदि पत्थरों की पूजा ही करनी है, तो चक्की की पूजा करो, जिसके पीसे हुए अनाज का मनुष्य सेवन करता है अर्थात् इन्होंने पत्थरों की पूजा के स्थान पर चक्की की पूजा को अधिक महत्त्व दिया है।

इन पंक्तियों के माध्यम से कबीरदास जी ने धर्म के नाम पर होने वाले बाहरी दिखावे का विरोध किया है।

5. सात समंद की मसि करौ, लेखनि सब बनराय।
सब धरती कागद करौं, हरि गुन लिखा न जाय।।

शब्दार्थ

समन्द *समुद्र;* **मसि** *स्याही;* **कागद** *कागज़;* **गुन** *गुण।*

संदर्भ पूर्ववत्।

प्रसंग युग प्रवर्तक संत कवि कबीरदास जी ने उपरोक्त पंक्तियों के माध्यम से निर्गुण ईश्वर की महानता और उनके गुणों का वर्णन किया है।

व्याख्या कबीरदास जी कहते हैं कि यदि सात समुद्रों के पानी को स्याही में बदल लिया जाए तथा सभी वनों की लकड़ी की कलम बना ली जाए और सम्पूर्ण पृथ्वी को कागज बनाकर हरि के गुणों का वर्णन करना संभव नहीं है, क्योंकि मनुष्य पर ईश्वर के इतने उपकार हैं जिनकी कोई सीमा नहीं है। वे सर्वगुणों से युक्त हैं, जिनका वर्णन स्याही कागज़ के माध्यम से नहीं किया जा सकता या यूँ कहें कि प्रभु के गुणों का वर्णन या उनकी प्रशंसा शब्दों के माध्यम से नहीं की जा सकती।

PYQs विगत वर्षों के प्रश्न व महत्त्वपूर्ण प्रश्न

बहुविकल्पीय प्रश्न

1. कबीरदास जी किस काल के कवि थे? **(ICSE Spec Sem I 2021-22)**

(a) आदिकाल (b) भक्तिकाल
(c) रीतिकाल (d) आधुनिक काल

उत्तर (b) भक्तिकाल

2. कबीरदास जी की भाषा कौन-सी थी? **(ICSE Spec Sem I 2021-22)**

(a) अवधि (b) ब्रज
(c) पंचमेल खिचड़ी (d) फारसी

उत्तर (c) पंचमेल खिचड़ी

3. 'मैं का क्या अर्थ है? **(ICSE Spec Sem I 2021-22)**

(a) अपना (b) अहंकार
(c) संकोच (d) मेरा

उत्तर (b) अहंकार

4. कबीरदास जी के अनुसार ईश्वर कहाँ होता है? **(ICSE Spec Sem I 2021-22)**

(a) खग में (b) मृग में
(c) मानव में (d) हृदय में

उत्तर (d) हृदय में

5. कबीरदास जी के गुरु का क्या नाम था? **(ICSE Spec Sem I 2021-22)**

(a) रामानंद (b) सदानंद
(c) शिवानंद (d) नरहरिदास

उत्तर (a) रामानंद

6. कबीरदास जी के दोहे में 'सांकरी' शब्द का अर्थ क्या है? **(ICSE Spec Sem I 2021-22)**

(a) प्रेम (b) संकल
(c) संकल्प (d) चौड़ा

उत्तर (a) प्रेम

पद्यांश पर आधारित प्रश्न

1. निम्नलिखित पद्यांश कोपढ़िए और उसके नीचे लिखे प्रश्नों के उत्तर हिंदी में लिखिए।

सात समंद की मसि करौं, लेखनी सब बनराय।
सब धरती कागद करौं, हरि गुण लिखा न जाए।। **(ICSE Spec 2022-23)**

(i) 'सात समंद' कहकर कवि क्या स्पष्ट करना चाहते हैं?

उत्तर 'सात समंद' कहकर कवि स्पष्ट करना चाहता है कि यदि सातों समुद्रों को स्याही बना लिया जाए और धरती के सभी वनों की लकड़ी को कलम बना लिया जाए और पूरी धरती का प्रयोग कागज के रूप में करें तब भी हम भगवान हरि के गुणों का वर्णन नहीं कर सकते हैं अर्थात् कवि कहना चाहता है कि भगवान की महिमा अनंत एवं अपार है।

(ii) निम्नलिखित शब्दों के अर्थ लिखिए।
मसि, बनराय, कागद, लेखनी

उत्तर

शब्द		अर्थ
मसि	-	स्याही
बनराय	-	जंगल
कागद	-	कागज
लेखनी	-	कलम

(iii) 'हरि गुण लिखा न जाए' कबीर ने ऐसा क्यों कहा?

उत्तर 'हरि गुण लिखा ना जाए' कबीर ने ऐसा इसलिए कहा है, क्योंकि हरि सर्वगुणों से युक्त है। वह इतने महान हैं कि हम उनकी महिमा का वर्णन किसी भी रूप में नहीं कर सकते हैं। ईश्वर की महिमा अनंत एवं अपार है।

यदि हम सातों समुद्रों के पानी को स्याही बना लें और पूरी धरती का प्रयोग कागज के रूप में करें तथा सारे वनों की लकड़ी की कलम बना लें फिर भी हम ईश्वर की महिमा का वर्णन नहीं कर सकते हैं।

(iv) कबीरदास जी का संक्षिप्त परिचय लिखिए।

उत्तर इस प्रश्न के उत्तर के लिए कवि परिचय देखें।

2. पाहन पूजे हरि मिले, तो मैं पूजूँ पहार।
ताते ये चाकी भली, पीस खाय संसार।।
सात समंद की मसि करौं, लेखनि सब बनराय।
सब धरती कागद करौं, हरि गुन लिखा न जाय।। **(ICSE 2020)**

(i) कबीरदास जी ने पहाड़ पूजने की बात क्यों कही है? इस दोहे के माध्यम से वे हमें क्या संदेश देना चाहते हैं? मूर्ति पूजा के बारे में उनके क्या विचार थे?

उत्तर कबीरदास जी ने पहाड़ पूजने की बात इसलिए कही है, क्योंकि यदि पत्थर पूजने से ही ईश्वर की प्राप्ति होती है, तो वह पहाड़ पूजने को भी तैयार हैं।

इस दोहे के माध्यम से वे हमें बाहरी आडंबर से बचने का संदेश देते हैं, क्योंकि वे मूर्ति पूजा को बाहरी आडंबर मानते थे।

(ii) उन्होंने चक्की की तुलना किससे की है? वे उसे अच्छा क्यों मानते हैं?

उत्तर कबीरदास जी ने चक्की की तुलना ईश्वर से की है। वे इसे पत्थर की मूर्ति की तुलना में अच्छा इसलिए मानते हैं, क्योंकि इससे अनाज पीसकर लोगों की भूख शांत होती है। पत्थर की मूर्ति के पूजन से ईश्वर की प्राप्ति नहीं होती।

(iii) उन्होंने 'स्याही' और 'लेखनी' किसे बनाने की बात कही है? वे किस पर हरि कथा लिखना चाहते हैं?

उत्तर कबीरदास जी ने सातों समुद्रों के पानी को स्याही तथा सभी वनों की लकड़ी को लेखनी (कलम) बनाने की बात कही है। वे ईश्वर की महिमा एवं उनके गुणों का वर्णन करने के लिए पूरी धरती को कागज बनाकर उस पर हरि कथा लिखना चाहते हैं।

कबीरदास जी के अनुसार, ईश्वर के गुणों का वर्णन करना असंभव कार्य है। ईश्वर के अनेक गुण हैं। उनकी कोई सीमा नहीं है।

(iv) 'हरि गुन लिखा न जाए' इस कथन से उनका क्या आशय है? समझाकर लिखिए। संत कबीर की भक्ति-भावना की विशेषताएँ बताइए और वह कैसे भगवान की पूजा करना चाहते थे?

उत्तर 'हरि गुन लिखा न जाए' से कबीरदास जी का आशय है कि यदि सातों समुद्रों की स्याही बना ली जाए और सभी वनों की लकड़ी को लेखनी (कलम) बना लिया जाए तथा धरती को कागज के रूप में प्रयोग किया जाए, तो भी ईश्वर के गुणों का वर्णन नहीं किया जा सकता। ईश्वर में अनेक गुण हैं, उनके गुणों का वर्णन करना आसान कार्य नहीं है।

कबीरदास जी ईश्वर के निराकार व निर्गुण स्वरूप के उपासक थे। वे बाहरी आडंबर, मूर्ति पूजा, कर्मकांड आदि का विरोध करते थे।

3. गुरु गोबिंद दोऊ खड़े काके लागू पायँ।
बलिहारी गुरु आपनो, जिन गोबिंद दियौ बताय।।
जब मैं था तब हरि नहीं, अब हरि हैं मैं नाहिं।
प्रेम गली अति साँकरी, तामे दो न समाहिं।। **(ICSE 2017)**

(i) कवि किसके बारे में क्या सोच रहे हैं?

उत्तर कवि गुरु के बारे में सोच रहे हैं कि गुरु का महत्त्व हमारे जीवन में सर्वोपरि है। हमें सदैव अपने गुरु के प्रति कृतज्ञ भावना रखनी चाहिए तथा उनके चरणों में सदैव नतमस्तक रहना चाहिए।

(ii) कवि किसके ऊपर न्योछावर (समर्पण) हो जाना चाहते हैं तथा क्यों?

उत्तर कवि गुरु के ऊपर न्योछावर (समर्पण) हो जाना चाहते हैं, क्योंकि गुरु ही है, जो हमारा मार्गदर्शन करता है, हमें सही राह दिखाता है और ईश्वर तक पहुँचने का मार्ग प्रशस्त करता है।

(iii) ईश्वर का वास कहाँ नहीं होता है? कवि हमें क्या त्यागने की प्रेरणा दे रहे हैं? कवि का संक्षिप्त परिचय देते हुए बताइए।

उत्तर जहाँ अहंकार होता है, वहाँ ईश्वर का वास नहीं होता है। कवि हमें अहंकार त्यागने की प्रेरणा दे रहे हैं, क्योंकि जब तक मनुष्य के मन में अहंकार रहता है, तब तक उसे ईश्वर की प्राप्ति नहीं हो सकती। हिंदी के संत कवियों में कबीरदास जी का नाम हिंदी संत काव्यधारा की ज्ञानाश्रयी निर्गुण शाखा के कवियों में आदर से लिया जाता है। वे प्राचीन संकीर्ण रूढ़ियों एवं अंधविश्वास के अत्यंत विरोधी थे। इन्होंने समाज में व्याप्त मूर्ति पूजा, कर्मकांड, बाहरी आडंबरों का खुलकर विरोध किया था। इन्होंने हिंदू और मुस्लिम एकता पर बल दिया।

(iv) 'साँकरी' शब्द का क्या अर्थ है? प्रेम गली से कवि का क्या तात्पर्य है? उसमें कौन दो एक साथ नहीं रह सकते हैं? समझाइए।

उत्तर 'साँकरी' शब्द का अर्थ है- तंग/संकरी। प्रेम गली से कवि का तात्पर्य ईश्वर प्राप्ति के मार्ग से है। कवि कहता है कि ईश्वर प्राप्ति का मार्ग अत्यंत ही तंग एवं संकरा है। यह मार्ग इतना तंग है कि उसमें अहंकार और ईश्वर दोनों एक साथ नहीं रह सकते हैं। इसलिए ईश्वर प्राप्ति के मार्ग में व्यक्ति का मन अहंकार से रहित होना चाहिए, तभी ईश्वर की प्राप्ति संभव है।

4. काँकर पाथर जोरि कै, मसजिद लई बनाय।
ता चढ़ि मुल्ला बाँग दे, क्या बहरा हुआ खुदाय।।
पाहन पूजे हरि मिले, तो मैं पूजूँ पहार।
ताते ये चाकी भली, पीस खाय संसार।।

(i) उपरोक्त पंक्तियों से कवि का क्या आशय है?

उत्तर उपरोक्त पंक्तियों से कवि का आशय यह है कि ईश्वर की साधना के लिए हमें किसी प्रकार के दिखावे व ढोंग की आवश्यकता नहीं है। ईश्वर तो हमारे अंतर्मन में निवास करता है। हमें उसे अपने मन में ढूँढ़ना चाहिए।

(ii) ''काँकर पाथर जोरि कै, मसजिद लई बनाय'' इस पंक्ति के माध्यम से कवि ने मनुष्य की किस प्रवृत्ति की ओर संकेत किया है?

उत्तर ''काँकर पाथर जोरि कै, मसजिद लई बनाय'' इस पंक्ति के माध्यम से कवि मनुष्य की दिखावे (आडंबर) की प्रवृत्ति की ओर संकेत करता है। मनुष्य, कंकड़ और पत्थरों को जोड़कर मंदिर, मस्जिद का निर्माण करता है, इस प्रकार वह दिखावे के लिए पूजा, अर्चना करता है।

(iii) ''पाहन पूजे हरि मिले, तो मैं पूजूँ पहार।'' इस पंक्ति का भाव स्पष्ट करते हुए बताइए कि कवि ने चक्की की पूजा को अधिक महत्त्व क्यों दिया है?

उत्तर ''पाहन पूजे हरि मिले, तो मैं पूजूँ पहार'' इस पंक्ति के द्वारा कवि का भाव यह है कि यदि पत्थर को पूजने से ईश्वर की प्राप्ति होती है या हरि के दर्शन होते हैं, तो मैं पहाड़ की पूजा करने को तैयार हूँ। यदि तुम्हें पत्थर की पूजा करनी ही है तो उस चक्की की करो, जिसके द्वारा पीसा हुआ अनाज खाकर मनुष्य जीवन प्राप्त करता है व अपनी भूख को शांत करता है, इसलिए कवि ने चक्की की पूजा को अधिक महत्त्व दिया है।

(iv) कबीरदास जी ने मनुष्य की मूर्ति पूजा व दिखावे की भावना का खंडन किया है, क्यों?

उत्तर कबीरदास जी समाज में व्याप्त मूर्ति पूजा, बाहरी आडंबर आदि के विरोधी थे। वे निर्गुण निराकार ईश्वर के भक्त थे। उनका मानना था कि ईश्वर का कोई आकार नहीं है, ईश्वर निराकार है। उनकी मूर्ति की पूजा करना, मंदिरों-मस्जिदों का निर्माण करना आदि मनुष्य के मात्र बाहरी दिखावे के साधन हैं। इनके द्वारा मनुष्य ईश्वर की प्राप्ति नहीं कर सकता। ईश्वर तो प्रत्येक व्यक्ति के मन में निवास करता है, इसलिए कवि ने मूर्ति पूजा व दिखावे की भावना का खंडन किया है।

02

गिरिधर की कुंडलियाँ

गिरिधर कविराय

लेखक परिचय

गिरिधर कविराय का जन्म श्री शिवसिंह के अनुसार, संवत् 1770 में हुआ। इनके बारे में विशेष प्रकार की कोई जानकारियाँ उपलब्ध नहीं हैं। ऐसा कहा जाता है कि वे पंजाब के रहने वाले थे, किंतु बाद में इलाहाबाद के आस-पास आकर बस गए। इनका कविता-काल 1800 ई.पू. के बाद ही माना जाता है। इनका वास्तविक नाम **हरिदास** था।

इन्होंने नीति, वैराग्य और अध्यात्म को ही अपनी कविता के विषय के रूप में चुना। इनके काव्य में व्यावहारिक पक्ष की प्रधानता देखने को मिलती है, जिसके कारण इनकी कविताएँ आम जनता में लोकप्रियता का कारण बनीं। इनकी **नीति-संबंधी कुंडलियाँ** जनमानस में बहुत लोकप्रिय हैं। इनकी लोकप्रियता का कारण इनकी सरल, सहज, व्यावहारिक व सीधी-सादी भाषा तथा नीतिपरक तथ्यों का कथन है। इन्होंने कुंडलियों में ही अपने समस्त काव्य की रचना की है। गिरिधर कविराय ग्रंथावली में इनकी पाँच सौ से अधिक कुंडलियाँ संकलित हैं।

कविता का सार

गिरिधर कविराय अपनी कुंडलियों के माध्यम से नीतिपरक विचारों का उल्लेख करते हुए कहते हैं कि लाठी की उपयोगिता को कोई नहीं आँक सकता। लाठी के सही समय पर सही उपयोग से हम स्वयं अपनी रक्षा कर सकते हैं। कवि कंबल की उपयोगिता बताते हुए कहते हैं कि कम मूल्य में आने वाला कंबल बहुत उपयोगी होता है तथा मनुष्य का मान रखता है। अतः सदैव हमें उसे अपने पास रखना चाहिए। कवि मनुष्य के गुणों का वर्णन करते हुए कहते हैं कि गुणवान लोगों की हर जगह पूछ होती है, किंतु गुणहीन व्यक्तियों को कोई नहीं पूछता। इसके साथ ही कवि मतलबी संसार पर व्यंग्य करते हुए कहते हैं कि यदि मनुष्य धनी है, तो सभी उसके मित्र बन जाते हैं, किंतु इसके विपरीत यदि मनुष्य निर्धन है, तो लोग उससे मित्रता करना पसंद नहीं करते।

गिरिधर कविराय का कथन है कि हमें कष्ट में धनवान व बलवान व्यक्तियों की ही शरण में जाना चाहिए अर्थात् धन-धान्य से परिपूर्ण व्यक्तियों से ही सहायता लेनी चाहिए। कवि उन लोगों को गुणी बताते हैं, जो सत्कर्मों में लगे रहते हैं, जो परोपकारी प्रवृत्ति के होते हैं तथा परोपकार में अपना जीवन व्यतीत करते हैं व अपने अच्छे व्यवहार से अपनी प्रतिष्ठा बढ़ाते हैं। अंत में कवि राजदरबार में कुलीन व्यवहार की बात करते हुए कहते हैं कि राजदरबार में किस प्रकार का व्यवहार शोभा देता है तथा किस प्रकार का व्यवहार दरबार में अपनी प्रतिष्ठा बढ़ाने में सहायता करता है।

संदर्भ-सहित व्याख्या

1.
लाठी में गुण बहुत हैं, सदा राखिये संग।
गहरि नदी, नारी जहाँ, तहाँ बचावै अंग।।
तहाँ बचावै अंग, झपटि कुत्ता कहँ मारै।
दुश्मन दावागीर, होयँ तिनहूँ को झारै।।
कह 'गिरिधर कविराय', सुनो हो धूर के बाठी।
सब हथियार न छाँड़ि, हाथ महँ लीजै लाठी।।

शब्दार्थ

गहरि *गहरी;* **अंग** *शरीर का हिस्सा;* **झपटि** *आक्रमण करना;* **छाँड़ि** छोड़कर।

संदर्भ प्रस्तुत पद्यांश हमारी पाठ्य-पुस्तक 'साहित्य सागर' के 'पद्य भाग' से लिया गया है। इसके कवि 'गिरिधर कविराय' हैं।

प्रसंग गिरिधर कविराय उपरोक्त पंक्तियों के माध्यम से लाठी के महत्त्व व उपयोगिता पर प्रकाश डालते हैं।

व्याख्या कवि कहते हैं कि लाठी अनेक गुणों से सम्पन्न है, इसलिए लाठी को सदैव पास रखना चाहिए। लाठी की उपयोगिता बताते हुए वे कहते हैं कि यदि कहीं गहरी नदी व नाला हो तो वहाँ लाठी ही हमारी सहायता करती है, क्योंकि लाठी की सहायता से हम पानी की गहराई आदि को नापकर अपनी यात्रा सफल व कष्ट रहित बना सकते हैं। इसी प्रकार, यदि राह चलते कभी कुत्ता काटने को झपटे, तब ऐसी स्थिति में भी हम अपनी रक्षा लाठी के माध्यम से कर सकते हैं। इसी प्रकार, यदि कोई अहंकारी व्यक्ति बल का प्रयोग करता है, तो लाठी उनको भी मार गिराती है अर्थात् लाठी के बल से दुश्मन के बल को भी चूर-चूर किया जा सकता है। गिरिधर कविराय लोगों को संबोधित करते हुए कहते हैं कि सब हथियारों को छोड़कर अपने हाथ में लाठी रखो। इसके सही उपयोग से हम स्वयं अपनी रक्षा कर सकते हैं।

2. कमरी थोरे दाम की, बहुतै आवै काम।
खासा मलमल वाफ्ता, उनकर राखै मान।।
उनकर राखै मान, बँद जहँ आड़े आवै।
बकुचा बाँधे मोट, राति को झारि बिछावै।।
कह 'गिरिधर कविराय', मिलत है थोरे दमरी।
सब दिन राखै साथ, बड़ी मर्यादा कमरी।।

शब्दार्थ

कमरी *कंबल;* ***दाम*** *मूल्य;* ***मान-मर्यादा*** *सम्मान, इज़्ज़त;* ***आड़े*** *बाधा।*

संदर्भ पूर्ववत्।

प्रसंग उपरोक्त पंक्तियों में गिरिधर कविराय ने कंबल के प्रकारों तथा मनुष्य के जीवन में कंबल की उपयोगिता के विषय में बताया है।

व्याख्या कवि कहते हैं कि कंबल अत्यधिक सस्ता होता है तथा कम मूल्य में आता है। मूल्य बेशक इसका कम हो, किंतु उपयोगिता इसकी अधिक है, यह मनुष्य के बहुत काम आता है। कंबल विभिन्न प्रकार के होते हैं—मलमल के कंबल से मनुष्य की मान-प्रतिष्ठा बढ़ती है। जहाँ एक ओर मलमल का कंबल व्यक्ति की मान-प्रतिष्ठा बढ़ाने में सहायक होता है, वहीं दूसरी ओर जब कोई बाधा आती है, तो इसके उपयोग से बाधा को भी दूर किया जाता है, जैसे अनाज को बाँधने के लिए कंबल का उपयोग गठरी के रूप में किया जा सकता है। इसी प्रकार कंबल का उपयोग रात को बिछाने के लिए भी किया जा सकता है। अंत में गिरिधर कविराय कहते हैं कि यह कंबल कम मूल्य में आता है। कम मूल्य का कंबल हमारा मान व सम्मान बढ़ाता है। अत: हमें सदैव इसे अपने पास रखना चाहिए।

3. गुन के गाहक सहस नर, बिन गुन लहै न कोय।
जैसे कागा कोकिला, शब्द सुनै सब कोय।।
शब्द सुनै सब कोय, कोकिला सबै सुहावन।
दोऊ को एक रंग, काग सब भये अपावन।।
कह 'गिरिधर कविराय', सुनो हो ठाकुर मन के।
बिनु गुन लहै न कोय, सहस नर गाहक गुन के।।

शब्दार्थ

सहस *सहस्र;* **कागा** *कौआ;* **सुवाहन** *सुंदर;* **अपावन** *अपवित्र;* **गुन** *गुण।*

संदर्भ पूर्ववत्।

प्रसंग उपरोक्त पंक्तियों के माध्यम से गिरिधर कविराय मनुष्यों के गुणों की तुलना करते हुए कहते हैं कि गुणवान व्यक्तियों की चर्चा सदैव होती है, किंतु गुणहीन व्यक्तियों की चर्चा कोई नहीं करता।

व्याख्या यहाँ कवि मनुष्य के गुणों पर प्रकाश डालते हुए कहते हैं कि गुणी व्यक्ति की चर्चा चारों ओर होती है, उसका सदैव मान-सम्मान किया जाता है, किंतु वहीं दूसरी ओर अवगुणी व्यक्ति को कोई भी नहीं पूछता अर्थात् गुणी व्यक्ति अपने गुणों के कारण चारों ओर चर्चा का विषय बनता है। जिस प्रकार कौआ और कोयल दोनों एक ही रंग के होते हुए भी समाज में अपनी अलग-अलग पहचान बनाए हुए हैं। उसी प्रकार लोग कोयल की आवाज़ भी सुनते हैं और कौए की भी, किंतु कोयल की मधुर आवाज़ सुनकर लोग कोयल की प्रशंसा करते हैं, वहीं दूसरी ओर कौए को सब घृणा की दृष्टि से देखते हैं। यहाँ अंतर यही है कि कोयल अपनी मधुर वाणी के कारण लोगों को प्रिय है, किंतु कौआ नहीं है। अत: गिरिधर कविराय कहते हैं कि गुणहीन व्यक्ति को समाज में कोई महत्त्व नहीं देता और गुणी व्यक्ति का गुणगान प्रत्येक व्यक्ति करता है, इसलिए हमें अच्छे गुणों को अपनाना चाहिए।

4. साँई सब संसार में, मतलब का व्यवहार।
जब लग पैसा गाँठ में, तब लग ताको यार।।
तब लग ताको यार, यार संग ही संग डोले।
पैसा रहे न पास, यार मुख से नहिं बोले।।
कह 'गिरिधर कविराय', जगत यहि लेखा भाई।
करत बेगरजी प्रीति, यार बिरला कोई साँई।।

शब्दार्थ

मतलब *स्वार्थ;* **जगत्** *संसार;* **लेखा** *विधि, भाग्य;* **प्रीति** *प्रेम;* **बिरला** *दुर्लभ।*

संदर्भ पूर्ववत्।

प्रसंग उपरोक्त पंक्तियों के माध्यम से 'गिरिधर कविराय' कहना चाहते हैं कि इस संसार में सभी अपने स्वार्थ के वशीभूत हैं, शायद ही कोई ऐसा व्यक्ति हो जो नि:स्वार्थ भाव से प्रेम करता हो।

व्याख्या कवि मनुष्यों को सम्बोधित करते हुए कहते हैं कि हे मनुष्यों! इस संसार में केवल मतलब का व्यवहार रह गया है। स्वार्थ ही मनुष्य के लिए सर्वोपरि है। जब तक तुम्हारे पास धन-दौलत है, तब तक ही तुम्हारा मित्र तुम को खोजेगा और तभी तक तुम्हारे साथ रहना पसंद करेगा, किंतु जब तुम्हारे पास पैसा नहीं रहेगा, तब तुम्हारा मित्र तुमसे बोलेगा भी नहीं अर्थात् यह संसार इतना मतलबी है कि जब तक उसका मतलब पूरा होता है, तभी तक मनुष्य, मनुष्य से बात करता है।

धन-धान्य से परिपूर्ण व्यक्तियों को ही समाज में पूछा जाता है, मित्र बनाया जाता है और धनी व्यक्तियों के साथ ही स्वार्थी मनुष्य मित्रता करना चाहता है, किंतु जब व्यक्ति के पास धन नहीं होता, तब मित्र भी साथ छोड़ देते हैं। मनुष्य की इसी प्रवृत्ति के कारण कवि ने संसार को मतलबी संसार की संज्ञा दी है। गिरिधर कविराय कहते हैं कि संसार की यही रीति है, यहाँ नि:स्वार्थ भाव से शायद ही कोई प्रेम करता हो।

5. रहिए लटपट काटि दिन, बरु घामे माँ सोय।
छाँह न बाकी बैठिए, जो तरु पतरो होय।।
जो तरु पतरो होय, एक दिन धोखा देहैं।
जा दिन बहै बयारि, टूटि तब जर से जैहैं।।
कह 'गिरिधर कविराय', छाँह मोटे की गहिए।
पाती 'सब झरि जायँ, तऊ छाया में रहिए।।

शब्दार्थ

लटपट *कष्टपूर्ण जीवन;* **घामे** *मंदिर;* **तरु** *पेड़;* **पतरो** *पतला;* **बयारि** *हवा;* **जर** *जड़ से;* **गहिए** *पकड़िए।*

संदर्भ पूर्ववत्।

प्रसंग गिरिधर कविराय उपरोक्त पंक्तियों के माध्यम से कहना चाहते हैं कि हमें दु:ख में धनवान व्यक्तियों की शरण ही लेनी चाहिए।

व्याख्या कवि कहते हैं कि अपने कष्टपूर्ण जीवन को बेशक मंदिर के आगे बैठकर व्यतीत कर लो, किंतु उस वृक्ष की छाँह में नहीं बैठना चाहिए, जो पतला हो, क्योंकि जो वृक्ष पतला होगा वह अवश्य ही एक दिन धोखा देगा, क्योंकि जिस दिन तेज़ हवा चलेगी, तब यह जड़ सहित टूट जाएगा। गिरिधर कविराय कहते हैं कि हमें मोटे वृक्ष की छाँह में बैठना चाहिए, ताकि तेज़ हवा चलने पर भी मोटे वृक्ष की पत्तियाँ बेशक झड़ जाएँ, किंतु वृक्ष की छाँह अवश्य मिलेगी अर्थात् कह सकते हैं कि यहाँ गिरिधर कविराय वृक्ष के माध्यम से धनवान व्यक्ति की शरण में जाने को कहते हैं।

हमें कष्टपूर्ण दिनों में गरीब व कमज़ोर व्यक्ति की अपेक्षा धनी व्यक्ति की शरण लेनी चाहिए। धनी व्यक्ति से सहायता माँगनी चाहिए, क्योंकि कष्ट के दिनों में एक कमज़ोर व्यक्ति अधिक दिनों तक हमारी सहायता नहीं कर सकता, इसलिए हमें धनवान व बलवान व्यक्तियों से सहायता लेनी चाहिए।

6. पानी बाढ़ै नाव में, घर में बाढ़े दाम।
दोऊ हाथ उलीचिए, यही सयानो काम।।
यही सयानो काम, राम को सुमिरन कीजै।
पर-स्वारथ के काज, शीश आगे धर दीजै।।
कह 'गिरिधर कविराय', बड़ेन की याही बानी।
चलिए चाल सुचाल, राखिए अपना पानी।।

शब्दार्थ

दाम *धन, पैसा;* **सयानो** *बुद्धिमान;* **पर-स्वार्थ** *परोपकार, कृपा;* **काज** *काम;* **शीश** *सिर;* **बड़ेन** *महान् लोग;* **सुचाल** *अच्छा व्यवहार;* **पानी** *मान-सम्मान।*

संदर्भ पूर्ववत्।

प्रसंग उपरोक्त पंक्तियों के माध्यम से गिरिधर कविराय उन व्यक्तियों को गुणी बताते हैं, जो सत्कर्मों में लगे रहते हैं तथा परोपकारी प्रवृत्ति के होते हैं।

व्याख्या कवि लोगों की बुद्धिमता की ओर संकेत करते हुए कहते हैं कि जिस प्रकार नाव में पानी आ जाने से स्वयं को डूबने से बचाने के लिए व्यक्ति दोनों हाथों से नाव के पानी को बाहर फेंकता है, ठीक उसी प्रकार घर में अत्यधिक धन के बढ़ जाने पर उसे सत्कर्मों में लगाना चाहिए, यही बुद्धिमान व्यक्ति की पहचान है। बुद्धिमान व्यक्ति ही सदैव राम का नाम लेते हैं और परोपकार के कार्यों में लगे रहते हैं। वे दानी प्रवृत्ति के होते हैं व सदैव दान-पुण्य के कार्यों में आगे रहते हैं। वे परमार्थ के कार्यों के लिए सदैव तत्पर रहते हैं तथा परोपकार के लिए अपना सिर भी आगे कर देते हैं।

गिरिधर कविराय कहते हैं कि बुद्धिमान लोगों की यही वाणी होती है, वे सत्य मार्ग पर चलकर सदैव अपनी प्रतिष्ठा बनाए रखते हैं।

7. राजा के दरबार में, जैये समया पाए।
साँई तहाँ न बैठिये, जहाँ कोउ देय उठाय।।
जहाँ कोउ देय उठाय, बोल अनबोले रहिए।
हँसिये नहीं हहाय, बात पूछे ते कहिए।।
कह 'गिरिधर कविराय', समय सों कीजै काजा।
अति आतुर नहिं होय, बहुरि अनखैहैं राजा।।

शब्दार्थ

कोउ *कोई;* **अनबोल** *चुपचाप रहना;* **हहाय** *ज़ोर से हँसना या कहकहे लगाना;* **काजा** *काम;* **आतुर** *विकल, बेचैनी* **अनखैहैं** *क्रोधित होना।*

संदर्भ पूर्ववत्।

प्रसंग उपरोक्त पंक्तियों के माध्यम से कवि राजदरबार में कुलीन व्यवहार की बात करते हुए बताते हैं कि राजदरबार में किस प्रकार का व्यवहार शोभा देता है व किस प्रकार का व्यवहार दरबार में अपनी प्रतिष्ठा बढ़ाने में सहायता करता है।

व्याख्या कवि कहते हैं कि राजा के दरबार में हमें समयानुसार ही जाना चाहिए। सदैव राजदरबार में आना-जाना उचित नहीं है। राजदरबार में काम होने पर ही जाना चाहिए। आगे कवि कहते हैं कि हमें वहाँ नहीं बैठना चाहिए, जहाँ से उठाए जाने का डर हो, क्योंकि कोई भी आकर उठा सकता है, इसके साथ ही राजदरबार में हमें ज़रूरत से ज़्यादा नहीं बोलना चाहिए, जितना उचित हो सदैव उतना ही बोलना चाहिए। ज़रूरत से ज़्यादा ठहाके मारकर हँसना भी नहीं चाहिए, क्योंकि ज़रूरत से ज़्यादा बोलना, ज़रूरत से ज़्यादा हँसना राजदरबार में हमारी छवि को बिगाड़ता है।

इसलिए अपनी एक अच्छी छवि बनाए रखने के लिए हमें राजदरबार में उतना ही बोलना चाहिए, जितना हमसे पूछा जाए। गिरिधर कविराय कहते हैं कि हमें समय के अनुसार ही अपने कार्य करने चाहिए, धैर्य रखना चाहिए, अधिक आतुरता नहीं दिखानी चाहिए अन्यथा राजा क्रोधित हो सकता है।

PYQs विगत वर्षों के प्रश्न व महत्त्वपूर्ण प्रश्न

बहुविकल्पीय प्रश्न

1. गिरिधर कवि ने किन्हें अपनी कविता का विषय बनाया? **(ICSE Sem I 2021-22)**

(a) नीति, वैराग्य और अध्यात्म को
(b) शृंगार एवं वात्सल्य को
(c) ईश्वर के निराकर रूप को
(d) भारत के गरिमापूर्ण अतीत को

उत्तर (a) नीति, वैराग्य और अध्यात्म को

2. कह 'गिरिधर कविराय', जगत यहि लेखा भाई।
करत बेगरजी प्रीति, यार बिरला कोई साँई।
इस दुनिया में कैसे लोग आसानी से नहीं मिलते? **(ICSE Sem I 2021-22)**

(a) निःस्वार्थ भाव से प्यार करने वाले
(b) बड़ों का सम्मान करने वाले
(c) बुजुर्गों की परवाह करने वाले
(d) देश के लिए बलिदान करने वाले

उत्तर (a) निःस्वार्थ भाव से प्यार करने वाले

पद्यांश पर आधारित प्रश्न

1. साँई सब संसार में, मतलब का व्यवहार।
जब लग पैसा गाँठ में, तब लग ताको यार।।
तब लग ताको यार, यार संग ही संग डोले।
पैसा रहे न पास, यार मुख से नहिं बोले।।
कह 'गिरिधर कविराय', जगत यहि लेखा भाई।
करत बेगरजी प्रीति, यार बिरला कोई साँई।। **(ICSE Spec 2022-23)**

(i) संसार में लोग कैसा व्यवहार करते हैं?

उत्तर प्रस्तुत पद्यांश के माध्यम से कवि कहता है कि इस संसार में सभी लोग केवल मतलब अर्थात् स्वार्थ का ही व्यवहार करते हैं। इस संसार में अब सभी रिश्ते-नाते मात्र स्वार्थ सिद्धी हेतु ही निभाए जाते हैं अर्थात् सभी लोग अपने मतलब के कारण ही मित्रता/रिश्ता रखते हैं।

(ii) लोग मित्र किसे बनाते हैं और क्यों?

उत्तर कवि के अनुसार, आज समाज की स्थिति ऐसी है जिन लोगों के पास धन है या जो लोग धन-धान्य से पूरिपूर्ण हैं लोभी और स्वार्थी लोग उन्हीं व्यक्तियों को अपना मित्र बनाते हैं तथा उन्हीं लोगों को समाज में प्राथमिकता दी जाती है अर्थात् कवि कहता है कि जब तक हमारे पास धन है तब तक लोग हमारे साथ मृदु व्यवहार करेंगें और जब धन नहीं होगा तो कोई हमसे बात तक नहीं करना चाहेगा।

(iii) लोग किन-से-बातें करना पसन्द नहीं करते और क्यों?

उत्तर जिन लोगों के पास धन नहीं होता उन लोगों को कोई अपना मित्र नहीं बनाना चाहता तथा उन लोगों से कोई बात भी नहीं करना चाहता है। आज इस संसार में सभी व्यक्ति मतलबी हो गए हैं, जो अपने-अपने स्वार्थ सिद्धि हेतु प्रेम का ढोंग और दिखावा करते हैं। यह दुनिया स्वार्थी और मतलबी होती जा रही है।

(iv) किस प्रकार के लोग बिरला होते हैं? समझाइए।

उत्तर प्रस्तुत पद्यांश में कवि ने बिरला शब्द उन लोगों के लिए प्रयुक्त किया है, जो बिना स्वार्थ, लोभ और कार्यसिद्धि के लिए सभी लोगों से समान व्यवहार करते हैं। कवि के अनुसार, दुर्लभ बिरला वह लोग हैं, जो किसी के धन और प्रतिष्ठा को कुछ भी न मानते हैं और धन-धान्य वाले लोगों के साथ भी वैसा ही व्यवहार करते हैं। जैसा कि वे सभी लोगों के साथ करते हैं।

2. निम्नलिखित पद्यांश को पढ़कर उसके नीचे दिए गए प्रश्नों के उत्तर हिंदी में लिखिए।

लाठी में गुण बहुत हैं, सदा राखिए संग।
गहरि नदी, नारी जहाँ, तहाँ बचावै अंग।।
तहाँ बचावै अंग, झपटि कुत्ता कहँ मारै।
दुश्मन दावागीर, होयँ तिनहूँ को झारै।।
कह 'गिरिधर कविराय' सुनो हो धूर के बाठी।
सब हथियार न छाँड़ि, हाथ महँ लीजै लाठी।। **(ICSE 2018)**

(i) इस कुंडली में किसकी उपयोगिता बताई गई है? कवि ने किस समय मनुष्य को लाठी रखने का परामर्श दिया है?

उत्तर इस कुंडली में लाठी की उपयोगिता बताई गई है। लाठी अनेक गुणों से संपन्न है, इसलिए लाठी को सदैव अपने पास रखना चाहिए।

(ii) लाठी हमारे शरीर की सुरक्षा किस प्रकार करती है?

उत्तर यदि राह चलते कभी कुत्ता काटने को झपटे, तब ऐसी स्थिति में हम लाठी के माध्यम से अपने शरीर की सुरक्षा कर सकते हैं।

(iii) लाठी किन तीनों से निपटने में सहायक होती है और किस प्रकार?

उत्तर लाठी गहरी नदी व नाले, कुत्ते तथा अहंकारी व्यक्ति से निपटने में सहायक होती है। यदि कहीं गहरी नदी व नाला हो, तो वहाँ लाठी ही हमारी सहायता करती है, क्योंकि लाठी की सहायता से हम पानी की गहराई आदि को नापकर अपनी यात्रा सफल बना सकते हैं।

इसी प्रकार यदि राह चलते कभी कुत्ता काटने को झपटे, तब ऐसी स्थिति में भी हम अपनी रक्षा लाठी के माध्यम से कर सकते हैं। यदि कोई अहंकारी व्यक्ति हम पर बल का प्रयोग करता है, तो लाठी के बल से हम उसके बल को भी चूर-चूर कर सकते हैं।

(iv) कवि सब हथियार छोड़कर लाठी लेने की बात क्यों कर रहे हैं? अपने विचार व्यक्त करते हुए कुंडलियाँ लेखन का उद्देश्य स्पष्ट कीजिए।

उत्तर कवि सब हथियार छोड़कर लाठी लेने की बात इसलिए कर रहे हैं, क्योंकि लाठी सबसे महत्त्वपूर्ण हथियार है। अतः अन्य सभी हथियारों को छोड़कर अपने हाथ में लाठी रखनी चाहिए।

इसके सही उपयोग से तुम स्वयं अपनी रक्षा कर सकते हो अर्थात् यह सदैव तुम्हारी रक्षा करेगी और इसमें कोई खतरा भी नहीं है। लाठी हमारी आत्मरक्षा के साथ-साथ और कई तरीकों से भी उपयोगी है।

कुंडलियों के माध्यम से कवि हमें शिक्षा दे रहा है। इनके साथ ही कवि ने हमें निःस्वार्थ भाव से अपना कर्म करने और हमें सामाजिक जीवन में उचित आचरण करने की सीख दी।

टीचर्स कमेंट्स

- प्रश्न (i) के उत्तर में अधिकांश छात्रों ने लाठी की उपयोगिता बताई, परंतु कुछ छात्र दूसरे भाग में भ्रमित दिखाई दिए। मुख्य बिंदुओं का अभाव पाया गया।
- प्रश्न (ii) के उत्तर के आवश्यक बिंदुओं को स्पष्ट करने में छात्र असफल रहे।
- प्रश्न (iii) का उत्तर लिखने में छात्र भ्रमित रहे। अधिकांश छात्र यह नहीं लिख पाए कि लाठी किन तीनों से निपटने में सहायक होती है। भाषा में भी त्रुटियाँ पाई गई।
- प्रश्न (iv) का उत्तर सभी छात्रों ने प्रश्न के दोनों भागों का उत्तर मिला जुलाकर लिख दिया। कुछ छात्र इस प्रश्न का उत्तर देने में असमर्थ प्रतीत हुए।

स्टूडेंट्स के लिए एडवाइज़

- छात्रों को शब्दार्थ तथा प्रश्नों का मौखिक व लिखित अभ्यास करते रहना चाहिए।
- छात्रों को काव्यांश पढ़ते समय उनके शब्दार्थ और उनकी पंक्तियों के अर्थ को लिखते रहना चाहिए।
- छात्रों को काव्यांश लिखते समय भाषा शैली और काव्य सौंदर्य को याद करना चाहिए।

3. कमरी थोरे दाम की, बहुतै आवै काम।
खासा मलमल वाफता, उनकर राखै मान।।
उनकर राखै मान, बँद जहँ आड़े आवै।
बकुचा बाँधे मोट, राति को झारि बिछावै।।
कह 'गिरिधर कविराय', मिलत है थोरे दमरी।
सब दिन राखै साथ, बड़ी मर्यादा कमरी ।।

(i) 'कमरी ' शब्द का अर्थ बताते हुए, बताइए कि कवि ने सदैव क्या पास रखने को कहा है?

उत्तर 'कमरी' शब्द का अर्थ है– -कंबल। कवि ने सदैव कंबल को पास रखने को कहा है, क्योंकि यह कम मूल्य में आता है तथा बहुत उपयोगी होता है।

(ii) प्रथम दो पंक्तियों से कवि का क्या आशय है?

उत्तर गिरिधर कविराय के अनुसार, कंबल बेशक सस्ता व कम मूल्य में आता हो, किंतु उपयोगिता इसकी अधिक है। यह मनुष्य के बहुत काम आता है। कंबल के विभिन्न प्रकारों में से मलमल का कंबल मनुष्य की मान-प्रतिष्ठा बढ़ाता है।

(iii) कमरी बाधा को दूर करने में किस प्रकार सहायक है?

उत्तर कमरी बाधा को दूर करने में सहायक होता है, क्योंकि एक ओर यह मनुष्य की मान-प्रतिष्ठा बढ़ाता है, तो दूसरी ओर कहीं-न-कहीं बाधाओं को भी दूर करने में सहायक होता है। अनाज को बाँधने के लिए कंबल का गठरी के रूप में प्रयोग किया जा सकता है। इसी प्रकार, यदि बिछाने के लिए हमारे पास कुछ न हो और कंबल पास हो, तो कंबल से हम बिछाने की समस्या का भी हल निकाल सकते हैं।

(iv) गिरिधर कविराय के अनुसार, कमरी को किस-किस रूप में उपयोग में लाया जा सकता है?

उत्तर गिरिधर कविराय के अनुसार, कमरी (कंबल) को अनेक रूपों में उपयोग में लाया जा सकता है। जब कोई समस्या आती है, तो इसका उपयोग करके समस्या का समाधान निकाला जा सकता है। कंबल में अनाज बाँधकर गठरी बनाई जा सकती है, रात में सोने के लिए बिस्तर न हो, तो कंबल को बिछाकर उस पर सोया जा सकता है। इस प्रकार कह सकते हैं कि कंबल हमारे लिए बहुत उपयोगी सिद्ध होता है।

4. निम्नलिखित पद्यांश को पढ़कर उसके नीचे दिए गए प्रश्नों के उत्तर हिंदी में लिखिए

रहिए लटपट काटि दिन, बरु घामे माँ सोय।
छाँह न बाकी बैठिये, जो तरु पतरो होय।।
जो तरु पतरो होय, एक दिन धोखा दैहैं।
जा दिन बहै बयारि, टूटि तब जर से जैहैं।।
कह 'गिरिधर कविराय', छाँह मोटे की गहिए।
पाती सब झरि जायँ, तऊ छाया में रहिए।।

(i) कवि के अनुसार, किस वृक्ष की छाँह में नहीं बैठना चाहिए?

उत्तर कवि के अनुसार, पतले वृक्ष की छाँह में नहीं बैठना चाहिए, क्योंकि तेज़ हवा से पतले वृक्ष जड़ सहित गिर जाते हैं।

(ii) कवि के अनुसार, किस प्रकार के वृक्ष की छाँह में बैठना चाहिए?

उत्तर कवि के अनुसार, मोटे तने वाले वृक्ष की छाँह में बैठना चाहिए, क्योंकि तेज़ हवा आने पर मोटे वृक्ष के पत्ते बेशक झड़ जाएँ, किंतु वृक्ष की छाँह अवश्य मिलेगी।

(iii) पतले व मोटे वृक्ष की संज्ञा किसे दी है व क्यों?

उत्तर प्रस्तुत पद्यांश में पतले व मोटे वृक्ष की संज्ञा धनी व कमज़ोर (निर्धन) व्यक्ति को दी गई है। कष्टपूर्ण दिनों में हमें गरीब व कमज़ोर व्यक्ति की अपेक्षा धनी व बलवान व्यक्ति की शरण लेनी चाहिए, क्योंकि कमज़ोर व्यक्ति अधिक समय तक हमारी सहायता नहीं कर सकता, इसलिए हमें धनवान व्यक्तियों की शरण में जाना चाहिए।

(iv) जो तरु पतरो होय, एक दिन धोखा दैहैं।
जा दिन बहै बयारि, टूटि तब जर से जैहैं।।
पंक्तियों का अर्थ स्पष्ट कीजिए।

उत्तर यहाँ कवि वृक्ष के माध्यम से धनी व कमज़ोर व्यक्ति की बात करते हुए कहते हैं कि हमें पतले वृक्ष की छाँह में नहीं बैठना चाहिए अर्थात् हमें दुःख की स्थिति में कमज़ोर व निर्धन व्यक्ति की सहायता नहीं लेनी चाहिए, क्योंकि जिस प्रकार तेज़ हवा से पतला वृक्ष जड़ सहित गिर जाता है, ठीक उसी प्रकार एक निर्बल व कमज़ोर व्यक्ति कठिनाई भरे दिनों में हमारी सहायता नहीं कर सकता।

03

स्वर्ग बना सकते हैं

रामधारी सिंह दिनकर

लेखक परिचय

राष्ट्रकवि की उपाधि से सम्मानित 'रामधारी सिंह दिनकर' का जन्म 30 सितंबर, 1908 को बिहार के मुंगेर जिले के सिमरिया गाँव में एक कृषक परिवार में हुआ। दिनकर जी जब दो वर्ष के थे, तब इनके पिता का निधन हो गया था तथा इनका पालन-पोषण पूर्णतः माता ने ही किया। मैट्रिक की परीक्षा में सर्वाधिक अंक प्राप्त करने पर इन्हें 'भूदेव स्वर्णपदक' मिला। इन्होंने बी.ए. (ऑनर्स) करने के उपरांत अध्यापक के पद पर कार्य किया। वर्ष 1950 में ये एक स्नातकोत्तर महाविद्यालय में हिंदी विभाग के अध्यक्ष बने। रामधारी सिंह दिनकर राज्यसभा के सदस्य भी रहे तथा भारत सरकार ने इन्हें 'पद्म भूषण' से भी सम्मानित किया।

दिनकर जी ने गद्य व पद्य दोनों में विशेष ख्याति प्राप्त की। इन्हें अपने काव्य 'उर्वशी' के लिए 'भारतीय ज्ञानपीठ पुरस्कार' से सम्मानित किया गया है। कुरुक्षेत्र, रेणुका, हुँकार, रसवंती, रश्मिरथी, परशुराम की प्रतीक्षा इनकी प्रसिद्ध काव्य रचनाएँ हैं तथा 'भारतीय संस्कृति के चार अध्याय' इनकी प्रमुख गद्य रचना है। इनकी रचनाओं में राष्ट्रीयता की गूँज चारों ओर दिखाई देती है। राष्ट्रकवि दिनकर जी का निधन 24 अप्रैल, 1974 को हुआ।

कविता का सार

इस कविता के माध्यम से रामधारी सिंह दिनकर अपनी धरती को स्वर्ग बनाने की बात करते हैं और यह तभी संभव होगा, जब धरती पर जन-जन का भेद समाप्त होगा। वे कहते हैं कि धरती किसी की खरीदी हुई दासी नहीं है, इस पर सभी का समान अधिकार है तथा सभी मनुष्यों को अपना जीवन जीने के लिए पर्याप्त समान सुविधाएँ व बाधारहित विकास की आवश्यकता है, किंतु कई बाधाएँ मनुष्य की राह रोककर खड़ी हो जाती हैं। जब तक देश के प्रत्येक मनुष्य को न्याय का सुख प्राप्त नहीं होता, तब तक पृथ्वी पर शांति की स्थापना नहीं की जा सकती। वे कहते हैं, जब तक पृथ्वी पर रहने वाले प्रत्येक व्यक्ति को समान दृष्टि से नहीं देखा जाएगा, तब तक धरती पर अशांति बनी रहेगी। यहाँ मनुष्य केवल अपने लिए ही सुख-साधनों को जुटाने में लगा है। कवि के अनुसार, प्रभु ने मनुष्य को असंख्य सुख धरती पर दिए हैं, किंतु इन सुखों को व्यक्ति तभी भोग सकता है, जब उसमें समानता, प्रेम और परोपकार की भावना व्याप्त हो, तभी मनुष्य धरती को स्वर्ग बना सकता है।

संदर्भ-सहित व्याख्या

1.

धर्मराज यह भूमि किसी की
नहीं क्रीत है दासी
हैं जन्मना समान परस्पर
इसके सभी निवासी।

शब्दार्थ

भूमि *ज़मीन;* **क्रीत** *खरीदी हुई;* **निवासी** *रहने वाला।*

संदर्भ प्रस्तुत पद्यांश हमारी पाठ्य-पुस्तक 'साहित्य-सागर' के 'पद्य-भाग' से लिया गया है। यह पंक्तियाँ रामधारी सिंह दिनकर द्वारा रचित कविता 'स्वर्ग बना सकते हैं' से ली गई हैं।

प्रसंग प्रस्तुत पंक्तियों के माध्यम से कवि स्पष्ट करना चाहता है कि धरती पर सबका समान अधिकार है और इस धरती पर जन्म लेने वाले सभी मनुष्य समान हैं।

व्याख्या कवि कहता है कि यह धरती किसी की खरीदी हुई दासी नहीं है, इस पर जन्म लेने वाले प्रत्येक व्यक्ति का समान अधिकार है तथा सभी इसके निवासी हैं। उपरोक्त पंक्तियों के माध्यम से

कवि का आशय यह है कि इस धरती पर जन्म लेने वाले प्रत्येक व्यक्ति का समान रूप से अधिकार है, क्योंकि सभी मनुष्य एक समान हैं। इस धरती को हम स्वर्ग तभी बना सकते हैं, जब सभी मनुष्यों को एक समान दृष्टि से देखा जाए, क्योंकि सभी इस पृथ्वी के निवासी हैं।

2. सबको मुक्त प्रकाश चाहिए
सबको मुक्त समीरण
बाधा रहित विकास, मुक्त
आशंकाओं से जीवन।

शब्दार्थ

मुक्त *स्वच्छंद;* **समीरण** *वायु, हवा;* **विकास** *प्रगति।*

संदर्भ पूर्ववत्।

प्रसंग प्रस्तुत पंक्तियों में कवि ने कहा है कि जब धरती पर जीवन व्यतीत करने वाले सभी प्राणियों का व्यवहार भेदभाव रहित होगा और सभी को समान अवसर प्राप्त होंगे, तभी इस धरती को स्वर्ग बनाया जा सकता है।

व्याख्या कवि कहता है कि इस धरती को स्वर्ग तभी बना सकते हैं, जब धरती पर व्याप्त सभी प्राणियों को अपना जीवन जीने के लिए समान अवसर व समान सुविधाएँ उपलब्ध होंगी। सभी को समान प्रकाश व मुक्त वायु मिलेगी अर्थात् जब सभी के लिए एकसमान वातावरण होगा। जब मनुष्य का जीवन सब आशंकाओं से रहित होगा एवं किसी प्रकार का संदेह मनुष्य के मन में विद्यमान नहीं होगा। किसी के विकास में कोई बाधा उत्पन्न नहीं होगी अर्थात् धरती पर जीवन व्यतीत करने वाले प्रत्येक प्राणी का व्यवहार भेदभाव रहित होगा, सभी को समान अवसरों की प्राप्ति होगी, तभी इस धरती को स्वर्ग बनाया जा सकता है।

3. लेकिन विघ्न अनेक अभी
इस पथ पर अड़े हुए हैं,
मानवता की राह रोककर
पर्वत खड़े हुए हैं।

शब्दार्थ

विघ्न *बाधा, रुकावट;* **पथ/राह** *मार्ग;* **मानवता** *मनुष्यता।*

संदर्भ पूर्ववत्।

प्रसंग प्रस्तुत पंक्तियों में कवि ने मनुष्य के मार्ग में आने वाली अनेक बाधाओं की चर्चा की है।

व्याख्या कवि कहता है कि मनुष्य के विकास के मार्ग में अनेक बाधाएँ हैं। विकास का मार्ग सदैव कठिनाइयों से घिरा हुआ है। इन कठिनाइयों तथा बाधाओं के कारण ही मनुष्य का विकास अवरुद्ध हो गया है। ये बाधाएँ पर्वत के समान मनुष्य के सामने आकर खड़ी हैं अर्थात् मानवता के विकास में पर्वत रूपी बाधाएँ राह रोककर खड़ी हैं, जिसके कारण मनुष्य प्रगति के मार्ग पर अग्रसर नहीं हो पा रहा है। हमें इन बाधाओं को जड़ से खत्म करना होगा, तभी मनुष्य प्रगति के पथ पर अग्रसर हो सकता है।

4. न्यायोचित सुख सुलभ नहीं
जब तक मानव-मानव को
चैन कहाँ धरती पर तब तक
शांति कहाँ इस भव को?

शब्दार्थ

न्यायोचित *न्यायपूर्ण;* **सुलभ** *आसान;* **चैन** *शांति;* **भव** *संसार।*

संदर्भ पूर्ववत्।

प्रसंग प्रस्तुत पंक्तियों के माध्यम से कवि ने मनुष्य के जीवन में न्याय के महत्त्व को उजागर किया है, साथ ही स्पष्ट किया है कि सच्चे न्याय से ही सुख और शांति मिलती है।

व्याख्या कवि कहता है कि इस संसार में व्यक्ति को न्याय का सुख प्राप्त नहीं है अर्थात् जब तक इस धरती पर रहने वाले सभी प्राणियों को न्यायरूपी सुख प्राप्त नहीं होगा, तब तक विकास का पथ अवरुद्ध ही रहेगा।

इस धरती पर व्याप्त सभी प्राणियों की सबसे बड़ी समस्या यही है कि यहाँ (धरती) पर सभी को न्यायपूर्ण सुख प्राप्त नहीं होता और जब तक व्यक्ति को न्यायपूर्ण सुख प्राप्त नहीं होगा, तब तक व्यक्ति को चैन नहीं मिलेगा और जब तक व्यक्ति को चैन नहीं मिलेगा, तब तक इस संसार में शांति की स्थापना नहीं हो सकेगी अर्थात् चारों ओर अशांति व्याप्त रहेगी। अतः कह सकते हैं कि मनुष्य के न्यायोचित सुख से ही संसार में सुख व शांति को स्थापित किया जा सकता है।

5. जब तक मनुज-मनुज का यह
सुख भाग नहीं सम होगा
शमित न होगा कोलाहल
संघर्ष नहीं कम होगा।

शब्दार्थ

सम *समान;* **कोलाहल** *शोर;* **संघर्ष** *परिश्रम।*

संदर्भ पूर्ववत्।

प्रसंग प्रस्तुत पंक्तियों के माध्यम से कवि ने स्पष्ट किया है कि जब तक समाज में समानता का भाव विद्यमान नहीं होगा, तब तक संसार में अशांति विद्यमान रहेगी।

व्याख्या कवि कहता है कि जब तक समाज में रहने वाले सभी प्राणियों में समानता का भाव विद्यमान नहीं होगा तथा सभी मनुष्यों को समाज में समान दृष्टि से नहीं देखा जाएगा, तब तक संसार में अशांति ही विद्यमान रहेगी। कवि धरती पर स्वर्ग बनाने पर बल देते हुए कहता है कि जब तक पृथ्वी पर व्याप्त सभी प्राणियों को समान दृष्टि से नहीं देखा जाएगा, तब तक पृथ्वी पर अशांति बरकरार रहेगी तथा समानता के लिए मनुष्य का संघर्ष निरंतर जारी रहेगा।

6. उसे भूल वह फँसा परस्पर
ही शंका में भय में
लगा हुआ केवल अपने में
और भोग-संचय में।

शब्दार्थ

शंका *संदेह;* **भय** *डर;* **संचय** *संग्रह करना।*

संदर्भ पूर्ववत्।

प्रसंग प्रस्तुत पंक्तियों में कवि ने व्यक्ति की स्वार्थ प्रवृत्ति के विषय में चर्चा की है। व्यक्ति अपने स्वार्थ के वशीभूत होकर भोग संचय में लगा रहता है।

व्याख्या कवि कहता है कि जब तक मनुष्य एक समतापूर्ण समाज की स्थापना नहीं करेगा, तब तक उसके जीवन का संघर्ष निरंतर जारी रहेगा, किंतु समतापूर्ण समाज की सच्चाई जानते हुए भी मनुष्य केवल स्वार्थ की पूर्ति में लगा हुआ है। वह अपने आदर्श को भूलकर स्वार्थ की पूर्ति में ऐसा फँ स गया है कि उसके मन में जीवन के प्रति एक भय व शंका निरंतर बनी रहती है, किंतु फिर भी वह भोग-संचय की प्रवृत्ति में निरंतर संलग्न रहता है अर्थात् कह सकते हैं कि मनुष्य परस्पर समानता के आदर्श को भूलकर अपने स्वार्थों की पूर्ति में लगा हुआ है और मनुष्य की इसी प्रवृत्ति के कारण सर्वथा उसका विकास रुका हुआ है।

7. प्रभु के दिए हुए सुख इतने
हैं विकीर्ण धरती पर
भोग सकें जो उन्हें जगत में,
कहाँ अभी इतने नर?

शब्दार्थ

प्रभु *ईश्वर;* **विकीर्ण** *बिखरा हुआ;* **जगत** *संसार।*

संदर्भ पूर्ववत्।

प्रसंग प्रस्तुत पंक्तियों में कवि ने ईश्वर द्वारा दिए गए सुखों का वर्णन किया है।

व्याख्या कवि कहता है कि इस धरती पर ईश्वर के असंख्य उपकार हैं अर्थात् धरती पर चारों ओर ईश्वर की कृपा ही फैली हुई है। धरती पर प्रभु की कृपा दृष्टि सदैव बनी रहती है। ईश्वर इतना दानी है कि मनुष्य के लिए उसने विस्तृत रूप में सुख-सुविधाओं का भंडार लगा रखा है, किंतु मनुष्य की प्रवृत्ति ही ऐसी है कि ईश्वर द्वारा प्रदान की गई सुख-सुविधाओं का वह सदुपयोग नहीं कर पाता। ईश्वर की इतनी कृपा इस संसार में विद्यमान है कि इस पृथ्वी पर रहने वाले लोग प्रभु द्वारा दी गई सुख-सुविधाओं को भोगने में भी कम प्रतीत होते हैं।

8. सब हो सकते तुष्ट, एक-सा
सब सुख पा सकते हैं
चाहें तो पल में धरती को
स्वर्ग बना सकते हैं।

शब्दार्थ

तुष्ट *प्रसन्न;* **धरती** *भूमि, पृथ्वी;* **स्वर्ग** *देवलोक।*

संदर्भ पूर्ववत्।

प्रसंग प्रस्तुत पंक्तियों में कवि ने स्पष्ट किया है कि स्वार्थरहित व प्रेमपूर्ण जीवन के माध्यम से हम धरती को भी स्वर्ग बना सकते हैं।

व्याख्या कवि कहता है कि प्रभु ने असंख्य सुख धरती पर मनुष्य को दिए हैं, किंतु इन सुखों को व्यक्ति तभी भोग सकता है, जब उसमें समानता, प्रेम तथा परोपकार की भावना विद्यमान हो। इसके साथ ही समानता के आदर्श के महत्त्व को समझकर तथा अपनी स्वार्थी प्रवृत्ति को त्यागकर मनुष्य धरती को स्वर्ग बनाने में अपनी महत्त्वपूर्ण भूमिका निभा सकता है। धरती पर जीवन व्यतीत करने वाले प्राणी संतुष्ट हो सकते हैं और सुख की प्राप्ति कर सकते हैं, परंतु यह तभी संभव है जब सभी में आपसी प्रेम-भाव, समानता आदि का भाव विद्यमान हो। कवि ने कहा भी है कि पृथ्वी पर जीवन व्यतीत करने वाले सभी प्राणी चाहें, तो अपने अथक परिश्रम से पलभर में पृथ्वी को स्वर्ग बना सकते हैं।

PYQs विगत वर्षों के प्रश्न व महत्त्वपूर्ण प्रश्न

बहुविकल्पीय प्रश्न

1. धर्मराज कौन है? **(ICSE Spec Sem I 2021-22)**
(a) सत्यवती के पुत्र (b) गांधारी के पुत्र
(c) कुंती के पुत्र (d) धृतराष्ट्र के पुत्र
उत्तर (c) कुंती के पुत्र

2. 'भव' का अर्थ बताइए। **(ICSE Spec Sem I 2021-22)**
(a) भावना (b) मूल्य (c) संसार (d) संकट
उत्तर (c) संसार

3. 'स्वर्ग बना सकते हैं' कविता किस प्रसिद्ध कवि की रचना है? **(ICSE Sem I 2021-22)**
(a) सोहन लाल द्विवेदी (b) रामधारी सिंह 'दिनकर'
(c) सूर्यकांत त्रिपाठी निराला (d) सुभद्रा कुमारी चौहान
उत्तर (b) रामधारी सिंह 'दिनकर'

4. रामधारी सिंह 'दिनकर' जी को ज्ञानपीठ पुरस्कार उनकी किस रचना पर मिला था? **(ICSE Sem I 2021-22)**
(a) उर्वशी (b) हुँकार (c) रेणुका (d) कुरुक्षेत्र
उत्तर (a) उर्वशी

5. मनुष्य को बाधारहित विकास के लिए किस बात की आवश्यकता होती है? 'स्वर्ग बना सकते हैं' कविता के आधार पर बताइए। **(ICSE Sem I 2021-22)**
(a) कर्त्तव्य विमुख जीवन (b) आशंकाओं से मुक्त जीवन
(c) मुक्त बाधाओं का जीवन (d) मुक्त प्रकाश का जीवन
उत्तर (b) आशंकाओं से मुक्त जीवन

पद्यांश पर आधारित प्रश्न

1. धर्मराज यह भूमि किसी की नहीं क्रीत है
दासी हैं जन्मना समान परस्पर
इसके सभी निवासी।
सबको मुक्त प्रकाश चाहिए
सबको मुक्त समीरण
बाधा रहित विकास, मुक्त
आशंकाओं से जीवन। **(ICSE Spec 2022-23)**

(i) यह कविता किसने किसको सुनाई है?
उत्तर यह कविता भीष्म पितामह ने युधिष्ठिर को अपने अंतिम उपदेश के रूप में सुनाई है।

(ii) कवि ने 'मुक्त प्रकाश' और मुक्त समीरण' की इच्छा किसके लिए प्रकट की है?
उत्तर कवि ने मुक्त प्रकाश और मुक्त समीरण की इच्छा सभी प्राणियों के लिए प्रकट की है। कवि का कहना है कि सभी प्राणियों को अपना जीवन जीने के लिए समान अवसर व समान सुविधाएँ मिलनी चाहिए तथा सभी को समान प्रकाश व मुक्त वायु मिलनी चाहिए, तभी सभी प्राणियों के लिए समान वातावरण होगा।

(iii) कवि ने मातृभूमि के बारे में क्या कहा है?
उत्तर कवि ने मातृभूमि के विषय में यह कहा है कि धरती किसी की खरीदी हुई दासी नहीं है। इस पर जन्म लेने वाले प्रत्येक व्यक्ति का इस पर समान अधिकार है तथा सभी इसके निवासी हैं।

(iv) इस धरती पर शान्ति लाने के लिए क्या आवश्यक है?

उत्तर इस धरती पर शांति स्थापित करने के लिए यह आवश्यक है कि सभी व्यक्तियों को समान अधिकार प्राप्त हों। कवि के अनुसार, जिस व्यक्ति ने इस धरती पर जन्म लिया है उन सबका इस पर समान अधिकार है। कवि कहते हैं कि धरती पर जीवन व्यतीत करने वाले प्रत्येक प्राणी का व्यवहार भेद-भाव रहित होना चाहिए तथा सभी को समान अवसरों की प्राप्ति होनी चाहिए। समानता की भावना रखने के पश्चात् ही इस धरती को स्वर्ग बनाया जा सकता है और शांति स्थापित की जा सकती है।

अथवा

(i) कवि ने धरती के विषय में क्या कहा है?

उत्तर कवि ने धरती के विषय में कहा है कि यह धरती किसी की खरीदी हुई दासी नहीं है, इस पर सबका समान अधिकार है, क्योंकि सभी मनुष्य एक समान है।

(ii) 'सबको' शब्द किसके लिए प्रयोग किया गया है?

उत्तर 'सबको' शब्द धरती पर जन्म लेने वाले प्रत्येक व्यक्ति अर्थात् प्रत्येक भारतवासी के लिए प्रयोग किया गया है।

(iii) कवि ने मुक्त प्रकाश व मुक्त समीरण की बात क्यों कही है? स्पष्ट कीजिए।

उत्तर कवि कहता है कि धरती किसी की खरीदी हुई दासी नहीं है। यहाँ जन्म लेने वाले प्रत्येक नागरिक का इस पर समान रूप से अधिकार है। सभी को समान प्रकाश व मुक्त वायु मिलेगी अर्थात् जब सभी के लिए एक समान वातावरण होगा तथा सभी को समान अवसरों की प्राप्ति होगी, तभी व्यक्ति विकास के मार्ग तक पहुँच सकता है, इसलिए कवि ने मुक्त प्रकाश व मुक्त समीरण की बात कही है।

(iv) कवि के अनुसार, धरती को स्वर्ग कैसे बनाया जा सकता है?

उत्तर कवि के अनुसार, जब सभी को एक समान वातावरण उपलब्ध होगा तथा मनुष्य का जीवन आशंकाओं से रहित होगा अर्थात् जब मनुष्य के मन में किसी प्रकार का संदेह विद्यमान नहीं होगा तथा सभी को समान अवसरों की प्राप्ति होगी, तभी इस धरती को स्वर्ग बनाया जा सकता है। अतः धरती को स्वर्ग बनाने के लिए समान अवसर व भेदभावरहित वातावरण उपलब्ध कराना होगा।

2. **निम्नलिखित पद्यांश को पढ़कर उसके नीचे दिए गए प्रश्नों के उत्तर हिंदी में लिखिए**

"न्यायोचित सुख सुलभ नहीं
जब तक मानव-मानव को
चैन कहाँ धरती पर तब तक
शांति कहाँ इस भव को?
जब तक मनुज-मनुज का यह
सुख भाग नहीं सम होगा
शमित न होगा कोलाहल
संघर्ष नहीं कम होगा।" **(ICSE 2019)**

(i) 'भव' शब्द का क्या अर्थ है? कवि के अनुसार, इस भव में शांति क्यों नहीं है?

उत्तर 'भव' शब्द का अर्थ संसार है। कवि के अनुसार, इस भव (संसार) में शांति इसलिए नहीं हैं, क्योंकि संसार में मनुष्य को समान रूप से न्याय का सुख नहीं मिल रहा है।

(ii) शब्दों के अर्थ लिखिए-न्यायोचित, सम, सुलभ, कोलाहल।

उत्तर 'न्यायोचित' का अर्थ न्याय संगत, 'सम' का अर्थ समान, 'सुलभ' का अर्थ सरल तथा 'कोलाहल' का अर्थ शोर है।

(iii) 'शमित न होगा कोलाहल संघर्ष नहीं कम होगा' पंक्ति का भावार्थ लिखिए।

उत्तर 'शमित न होगा कोलाहल संघर्ष नहीं कम होगा' पंक्ति का भावार्थ है कि समानता के लिए मनुष्य का संघर्ष निरन्तर गतिशील अवस्था में ही चलता रहेगा, वह कभी शांत नहीं होगा। प्रत्येक मनुष्य चाहता है कि उसको समान अवसर प्राप्त हो जिससे कि वह जीवन में आगे बढ़कर प्रगति कर सके, किंतु उसको वह अवसर नहीं मिल पाता और वह संघर्ष करता रहता है।

(iv) उपरोक्त पंक्तियाँ 'दिनकर जी' की किस प्रसिद्ध रचना से ली गई हैं? कविता का केन्द्रीय भाव लिखते हुए बताइए।

उत्तर प्रस्तुत पंक्तियाँ 'दिनकर जी' की 'स्वर्ग बना सकते हैं' प्रसिद्ध रचना से ली गई हैं। कविता का केंद्रीय भाव यह है कि धरती को तभी स्वर्ग बनाया जा सकता है जब धरती पर जन-जन का भेद समाप्त होगा तथा सभी को समान दृष्टि से देखा जाएगा। यदि ऐसा नहीं होता है तो समाज में सदैव अशांति तथा संघर्ष की स्थिति बनी रहेगी, जिसके कारण मनुष्य की उन्नति का रास्ता अवरुद्ध हो जाएगा। अतः अशांति को मिटाकर हम अपने उन्नति के द्वार खोल सकते हैं।

एक्सपर्ट्स कमेंट्स

- प्रश्न (i) के उत्तर में अधिकांश छात्रों ने 'भव' का अर्थ सही नहीं लिखा। छात्रों ने संसार में शांति क्यों नहीं है इसका उत्तर देने में छात्र अक्षम प्रतीत हुए।
- प्रश्न (ii) के उत्तर में कुछ छात्र शब्दों के अर्थ भी ठीक नहीं लिख पाए। कहीं-कहीं वर्तनी की त्रुटियाँ भी दृष्टिगोचर हुई।
- प्रश्न (iii) के उत्तर में अधिकांश छात्र 'शमित' शब्द की व्याख्या करने में असमर्थ रहे।
- प्रश्न (iv) के उत्तर में कुछ छात्र कविता का केंद्रिय भाव लिखने में असमर्थ थे।

स्टूडेंट्स के लिए एडवाइज़

- छात्रों को कविता पढ़ते समय कविता का भावार्थ तथा शब्दों को याद करते रहना चाहिए
- छात्रों को कठिन शब्दों के अर्थ को बार-बार लिखकर याद करना चाहिए।
- छात्रों को भावार्थ के साथ-साथ उसके केन्द्रीय भाव एवं रचनाओं को भी याद करना चाहिए।
- कविता के मूलसार के मुख्य बिंदुओं की विशेषताओं को रेखांकित करना चाहिए और उन्हें याद करना चाहिए।

3. निम्नलिखित पद्यांश को पढ़कर उसके नीचे दिए गए प्रश्नों के उत्तर हिंदी में लिखिए

लेकिन विघ्न अनेक अभी
इस पथ पर अड़े हुए हैं
मानवता की राह रोककर पर्वत खड़े हुए हैं।
न्यायोचित सुख सुलभ नहीं
जब तक मानव-मानव को
चैन कहाँ धरती पर तब तक
शांति कहाँ इस भव को?

(i) किस मार्ग में अनेक बाधाएं हैं तथा मानवता की राह रोककर कौन खड़ा है?

उत्तर मनुष्य के विकास के मार्ग में अनेक बाधाएँ हैं। इन कठिनाइयों व बाधाओं के कारण ही मनुष्य का विकास अवरुद्ध हो गया है तथा मानवता की राह रोककर पर्वत रूपी बाधाएँ खड़ी हैं।

(ii) संसार में व्यक्ति को कौन-सा सुख प्राप्त नहीं है?

उत्तर संसार में व्यक्ति को न्यायोचित सुख अर्थात् सभी प्राणियों को न्यायरूपी सुख प्राप्त नहीं है और जब तक व्यक्ति को न्यायपूर्ण सुख प्राप्त नहीं होगा तब तक संसार में शांति की स्थापना नहीं हो सकेगी अर्थात् संसार में असमानता व्याप्त रहेगी।

(iii) विकास के मार्ग में आने वाली किन समस्याओं का वर्णन कवि ने किया है?

उत्तर विकास का मार्ग सदैव कठिनाइयों से घिरा हुआ है। इस धरती पर जीवन व्यतीत करने वाले सभी प्राणियों की सबसे बड़ी समस्या ही यही है कि यहाँ पर सभी को न्यायपूर्ण सुख प्राप्त नहीं है।

जब तक व्यक्ति को न्यायपूर्ण सुख प्राप्त नहीं होगा, तब तक व्यक्ति को चैन नहीं मिलेगा और जब तक व्यक्ति को चैन नहीं मिलेगा, तब तक संसार में शांति कैसे स्थापित की जा सकती है। यही समस्याएँ व्यक्ति के विकास के मार्ग को अवरुद्ध करती हैं।

(iv) ''चैन कहाँ धरती पर तब तक, शांति कहाँ इस भव को?'' ऐसा क्यों कहा गया है?

उत्तर ''चैन कहाँ धरती पर तब तक, शांति कहाँ इस भव को?'' ऐसा इसलिए कहा गया है, क्योंकि जब तक व्यक्ति को समान अधिकार व न्यायोचित सुख प्राप्त नहीं होगा, तब तक उसे चैन व शांति नहीं मिलेगी अर्थात् मनुष्य के न्यायोचित सुख से ही संसार में चैन व शांति को स्थापित किया जा सकता है।

4. जब तक मनुज-मनुज का यह
सुख भाग नहीं सम होगा
शमित न होगा कोलाहल
संघर्ष नहीं कम होगा।

(i) कवि ने समाज में रहने वाले सभी प्राणियों में कौन-से भाव के विद्यमान होने की बात कही है?

उत्तर कवि ने समाज में रहने वाले सभी प्राणियों में समानता का भाव विद्यमान होने की बात कही है, क्योंकि समानता के भाव द्वारा ही विश्व में शांति स्थापित की जा सकती है तथा विकास के मार्ग पर अग्रसर हुआ जा सकता है।

(ii) 'सम' शब्द का अर्थ बताते हुए यह बताइए कि 'सुख भाग नहीं सम होगा' ऐसा क्यों कहा गया है?

उत्तर 'सम' शब्द का अर्थ है–समान। 'सुख भाग नहीं सम होगा' ऐसा इसलिए कहा गया है, क्योंकि जब तक जन-जन के मध्य भेदभाव की भावना समाप्त नहीं होगी, तब तक देश विकास के मार्ग पर अग्रसर नहीं हो सकता। प्रगति के लिए सभी में समानता का दृष्टिकोण होना चाहिए।

(iii) संघर्ष के कम न होने की बात क्यों कही गई है?

उत्तर संघर्ष के कम न होने की बात इसलिए कही गई है, क्योंकि जब तक सभी मनुष्यों को समाज में समान दृष्टि से नहीं देखा जाएगा, तब तक संसार में अशांति ही विद्यमान रहेगी।

समानता के लिए मनुष्य का संघर्ष निरंतर चलता रहता है। प्रत्येक मनुष्य चाहता है कि उसको भी समान अवसर प्राप्त हों, ताकि वह जीवन पथ पर आगे बढ़ सके, प्रगति कर सके, किंतु उसे यह अवसर नहीं मिल पाता और वह संघर्ष करता रहता है।

(iv) उपरोक्त पंक्तियों के माध्यम से कवि क्या कहना चाहते हैं?

उत्तर उपरोक्त पंक्तियों के माध्यम से कवि कहना चाहते हैं कि यदि धरती पर स्वर्ग बनाना है, तो हमें सभी के लिए समान दृष्टिकोण रखना होगा, सभी को समानता की दृष्टि से देखना होगा, किन्तु यदि ऐसा नहीं होता है, तो समाज में सदैव अशांति ही विद्यमान रहेगी व निरंतर संघर्ष की स्थिति बनी रहेगी, जिसके कारण मनुष्य प्रगति के पथ पर अग्रसर नहीं हो सकेगा।

5. उसे भूल वह फँसा परस्पर
ही शंका में भय में
लगा हुआ केवल अपने में
और भोग-संचय में।

(i) कवि ने मनुष्य की किस प्रवृत्ति पर व्यंग्य किया है?

उत्तर कवि ने मनुष्य की स्वार्थी प्रवृत्ति पर व्यंग्य किया है कि मनुष्य अपने स्वार्थ के वशीभूत होकर परस्पर समानता के आदर्श को भूल गया है तथा वह केवल भोग संचय की प्रवृत्ति में लीन रहता है।

(ii) 'उसे भूल वह फँसा परस्पर' 'वह' शब्द किसके लिए प्रयोग किया है तथा वह क्या भूलकर किसमें फँसा हुआ है?

उत्तर 'वह' शब्द प्रत्येक भारतवासी के लिए प्रयोग किया गया है। वह अपने आदर्श को भूलकर, स्वार्थ की पूर्ति में फँसा हुआ है।

(iii) 'शंका में भय में, लगा हुआ केवल अपने में' इन पंक्तियों के माध्यम से कवि किस ओर संकेत कर रहा है?

उत्तर 'शंका में भय में, लगा हुआ केवल अपने में' इन पंक्तियों के माध्यम से कवि स्वार्थी मनुष्य की ओर संकेत करते हुए कहता है कि मनुष्य परस्पर भोग-संचय की प्रवृत्ति में निरंतर संलग्न रहता है, उसके मन में जीवन के प्रति एक भय व शंका घर कर गई है, जिसके कारण उसके विकास का मार्ग अवरुद्ध हो गया है।

(iv) प्रस्तुत पद्यांश का भावार्थ स्पष्ट कीजिए।

उत्तर प्रस्तुत पद्यांश का मूल भाव स्वार्थरहित समतापूर्ण समाज की कल्पना करना है, किंतु मनुष्य समतापूर्ण समाज की सच्चाई जानते हुए भी अपने स्वार्थों की पूर्ति में लगा हुआ है और इसमें ऐसा फँस गया है कि जीवन के प्रति निराशा, शंका, भय उसके मन में घर कर गए हैं। मनुष्य की इसी प्रवृत्ति के कारण सर्वथा उसका विकास रुका हुआ है।

04

वह जन्मभूमि मेरी

रामधारी सिंह दिनकर

लेखक परिचय

सोहनलाल द्विवेदी का जन्म वर्ष 1905 में उत्तर प्रदेश के फतेहपुर जिले के **बिंदकी** नामक गाँव में हुआ था। वे संपन्न परिवार से संबंध रखते थे तथा इन्होंने हिंदी के साथ-साथ संस्कृत का भी अध्ययन किया।

द्विवेदी जी गाँधीवादी विचारों से प्रभावित थे। उनके काव्य में जगह-जगह राष्ट्रीय जागरण, भारत की गरिमापूर्ण संस्कृति, **हरिजन-उद्धार** आदि के दर्शन होते हैं। द्विवेदी जी एक समाज-सुधारक कवि के रूप में सामने आए।

इन्होंने वर्ष 1938 से 1942 तक दैनिक राष्ट्रीय पत्र **अधिकार** का लखनऊ से संपादन का कार्यभार भी सँभाला। इनके काव्य संग्रह पर नज़र डालें तो भैरवी, सेवाग्राम, जय-भारत आदि में इनकी कविताएँ संकलित हैं। **कुणाल** इनका एक ऐतिहासिक प्रबंध काव्य है तथा वासवदत्ता और विषपान इनके प्रसिद्ध आख्यान काव्य हैं। इन्होंने बाल साहित्य भी लिखा। दूध-बताशा, **बालभारती, बाँसुरी और झरना, बच्चों के बापू, शिशु भारती, हँसो-हँसाओ,** चाचा नेहरू इनकी बालोपयोगी रचनाएँ हैं। इनकी भाषा सरस व ओजपूर्ण है। इन्होंने आजीवन साहित्य सर्जना की। वर्ष 1988 में इनका निधन हो गया।

कविता का सार

कवि अपनी मातृभूमि को अनेक विशेषणों से सुसज्जित करते हुए, उसका गुणगान करता है तथा इस भूमि पर जन्म लेने वाले प्रत्येक व्यक्ति को धन्य मानता है। कवि अपनी जन्मभूमि की भौगोलिक सुंदरता का बखान करते हुए कहते हैं कि जहाँ एक ओर प्रहरी के रूप में खड़ा हिमालय पर्वत मेरे देश की शोभा बढ़ाता है, वहीं दूसरी ओर पवित्र नदियाँ बहकर मेरे देश की सुंदरता को और अधिक बढ़ा देती हैं।

कवि प्राकृतिक सौंदर्य का वर्णन करते हुए कहते हैं कि प्राकृतिक सौंदर्य ने मेरे देश की सुंदरता पर चार-चाँद लगा दिए हैं। कवि पुन: अपनी जन्मभूमि को पवित्र भूमि कहकर संबोधित करता है। कवि कहता है, मेरी मातृभूमि पर राम, कृष्ण, बुद्ध जैसे महापुरुषों ने जन्म लिया, यह प्रत्येक भारतवासी के लिए गौरव की बात है।

संदर्भ-सहित व्याख्या

1. वह जन्मभूमि मेरी, वह मातृभूमि मेरी
ऊँचा खड़ा हिमालय, आकाश चूमता है,
नीचे चरण तले पड़, नित सिंधु झूमता है।
गंगा, यमुना, त्रिवेणी, नदियाँ लहर रही हैं,
जगमग छटा निराली, पग-पग पर छहर रही है।
वह पुण्यभूमि मेरी, वह स्वर्णभूमि मेरी।
वह जन्मभूमि मेरी, वह मातृभूमि मेरी।

शब्दार्थ

चरण *पैर;* **तले** *नीचे;* **सिंधु** *समुद्र।*

संदर्भ प्रस्तुत पद्यांश हमारी पाठ्य-पुस्तक 'साहित्य-सागर' के 'पद्य भाग' में सोहनलाल द्विवेदी द्वारा रचित कविता 'वह जन्मभूमि मेरी' से उद्धृत है।

प्रसंग उपरोक्त पंक्तियों के माध्यम से कवि ने अपनी मातृभूमि पर गर्व करते हुए उसकी भौगोलिक सुंदरता का बखान किया है।

व्याख्या कवि कहता है कि मेरी मातृभूमि के एक ओर प्रहरी के रूप में खड़ा हिमालय विद्यमान है, तो दूसरी ओर समुद्र/सागर है, जो इसकी भौगोलिक सुंदरता को बढ़ाने में महत्त्वपूर्ण भूमिका निभाता हैं। हिमालय अपनी ऊँचाई के कारण ऐसा प्रतीत होता है, मानो आसमान को चूमता हो।

उत्तर में हिमालय पर्वत तो दक्षिण में समुद्र/सागर मेरी जन्मभूमि के चरणों को स्पर्श करते हुए प्रतीत होते हैं। इनके अतिरिक्त गंगा, यमुना, त्रिवेणी आदि पवित्र नदियाँ अपनी छटा बिखेरती हुई मेरी मातृभूमि की सुंदरता को पग-पग पर बढ़ाती हैं। कवि अपनी मातृभूमि की सुंदरता एवं महानता का वर्णन करते हुए इसे पवित्र व सुंदर बताता है तथा इस मातृभूमि पर गर्व करते हुए इसे पुण्यभूमि व स्वर्णभूमि कहकर संबोधित करता है।

2. झरने अनेक झरते, जिसकी पहाड़ियों में,
चिड़ियाँ चहक रही हैं, हो मस्त झाड़ियों में।
अमराइयाँ घनी हैं, कोयल पुकारती है।
बहती मलय पवन है, तन-मन सँवारती है।
वह धर्मभूमि मेरी, वह कर्मभूमि मेरी।
वह जन्मभूमि मेरी, वह मातृभूमि मेरी।

शब्दार्थ

अमराइयाँ *आम के बगीचे;* **घनी** *बहुत सारी;* **कर्मभूमि** *जिस भूमि के प्रति हमारा कार्य समर्पित हो;* **जन्मभूमि** *जन्म लेने का स्थान।*

संदर्भ पूर्ववत्।

प्रसंग प्रस्तुत पंक्तियों के माध्यम से कवि ने अपनी मातृभूमि के प्राकृतिक सौंदर्य का वर्णन किया है।

व्याख्या कवि कहता है कि मेरी मातृभूमि की पहाड़ियों के बीच से अनेक झरने बहते हैं और इसकी झाड़ियों में चिड़ियों की चहचहाट गूँजती है तथा आम के असंख्य बगीचों से कोयल की मधुर तान मेरे देश की सुंदरता में चार-चाँद लगा देती है। इसके साथ ही मलय पर्वत से आती सुगंधित पवन तन-मन को प्रसन्नता से विभोर कर देती हैं, जिससे तन-मन खिल उठता है। कहने का तात्पर्य यह है कि पहाड़ियों पर बहते झरने, चिड़ियों की चहचहाट, कोयल की मधुर तान तथा मलय पर्वत से आती सुगंधित पवन से जहाँ एक ओर तन-मन झूम उठता है, वहीं दूसरी ओर यह मेरी जन्मभूमि की सुंदरता को भी बढ़ाते हैं।

अत: हमें अपनी पवित्र भूमि की सेवा करनी चाहिए। यही हमारा धर्म व कर्म है, इसलिए कवि ने अपनी जन्मभूमि व मातृभूमि को धर्मभूमि व कर्मभूमि कहकर संबोधित किया है।

3. जन्मे जहाँ थे रघुपति, जन्मी जहाँ थी सीता,
श्रीकृष्ण ने सुनाई, वंशी पुनीत गीता।
गौतम ने जन्म लेकर, जिसका सुयश बढ़ाया,
जग को दया दिखाई, जग को दिया दिखाया।
वह युद्धभूमि मेरी, वह बुद्धभूमि मेरी।
वह जन्मभूमि मेरी, वह मातृभूमि मेरी।

शब्दार्थ

रघुपति *भगवान राम;* **पुनीत** *पवित्र;* **सुयश** *प्रसिद्धि;* **जग** *संसार।*

संदर्भ पूर्ववत्।

प्रसंग उपरोक्त पंक्तियों में कवि स्वयं को धन्य मानता है कि उसका जन्म उस भूमि पर हुआ है जहाँ राम, कृष्ण और गौतम बुद्ध जैसे महापुरुषों ने जन्म लिया है।

व्याख्या कवि अपनी भूमि को महान् युद्धभूमि और बुद्धभूमि कहकर संबोधित करते हुए कहते हैं कि मेरी मातृभूमि ऐसी पवित्र भूमि है, जहाँ रघुपति राम व जगत माता सीता ने जन्म लिया है। श्रीकृष्ण जिन्होंने अपनी मधुर बाँसुरी की तान से गोपियों को मोहित किया और अर्जुन को गीता का पाठ पढ़ाया तथा गौतम बुद्ध ने मेरी जन्मभूमि पर जन्म लेकर इसके सुयश को बढ़ाया।

बुद्ध ने भारतभूमि पर जन्म लेकर इस संसार को दया व प्रेम का संदेश दिया तथा संसार को एक नई राह दिखाकर भारतवासियों का मार्गदर्शन किया अर्थात् कवि के कहने का तात्पर्य यह है कि जिस भूमि पर भगवान राम, माता सीता तथा श्रीकृष्ण व गौतम बुद्ध जैसे महापुरुषों ने जन्म लिया, उस भूमि पर मेरा जन्म लेना मेरे लिए गौरव की बात है।

PYQs विगत वर्षों के प्रश्न व महत्त्वपूर्ण प्रश्न

बहुविकल्पीय प्रश्न

1. सभी को क्या सुहावना लगता है? **(ICSE Spec Sem I 2021-22)**

(a) कौवे की बोली (b) कोयल की बोली
(c) सियार की बोली (d) कौवे का रंग

उत्तर (b) कोयल की बोली

2. त्रिवेणी में किन-किन नदियों का संगम होता है? **(ICSE Sem I 2021-22)**

(a) गंगा, यमुना और सतलुज (b) गंगा, यमुना और गोदावरी
(c) गंगा, यमुना और सरस्वती (d) गंगा, यमुना और झेलम

उत्तर (c) गंगा, यमुना और सरस्वती

3. हमारे देश में पहाड़ियों से गिरते झरने किस बात का प्रतीक हैं? **(ICSE Sem I 2021-22)**

(a) नदियों का (b) चलते रहने का
(c) प्राकृतिक सौंदर्य का (d) गिरते रहने का

उत्तर (b) चलते रहने का

4. 'वह जन्मभूमि मेरी' कविता में 'अमराइयाँ' शब्द का क्या अर्थ है? **(ICSE Sem I 2021-22)**

(a) आम का पौधा
(b) आम के बगीचे
(c) आम की गुठलियाँ
(d) अंगडाइयाँ

उत्तर (b) आम के बगीचे

पद्यांश पर आधारित प्रश्न

1. निम्नलिखित पद्यांश को पढ़कर उसके नीचे दिए गए प्रश्नों के उत्तर हिंदी में लिखिए।

जन्मे जहाँ थे रघुपति, जन्मी जहाँ थीं सीता,
श्रीकृष्ण ने सुनाई, वंशी पुनीत गीता।
गौतम ने जन्म लेकर, जिसका सुयश बढ़ाया,
जग को दया दिखाई, जग को दिया दिखाया।
वह युद्धभूमि मेरी, वह बुद्धभूमि मेरी।
वह जन्मभूमि मेरी, वह मातृभूमि मेरी।

(ICSE Spec 2019, 2023)

(i) रघुपति कौन थे? उनका जन्म किस युग में हुआ था?

उत्तर रघुपति राम अयोध्या के राजा दशरथ के पुत्र थे। उनका जन्म त्रेता युग में हुआ था।

(ii) गीता में क्या उपदेश दिया गया है? यह उपदेश किसने दिया था?

उत्तर गीता में यह उपदेश दिया गया है कि प्रत्येक व्यक्ति को कर्म में विश्वास करना चाहिए, क्योंकि ये जगत ही कर्मलोक है। कर्म के अनुरूप परिणाम तय है। यह उपदेश श्रीकृष्ण जी ने दिए थे।

(iii) 'गौतम' का परिचय देते हुए बताइए कि उन्होंने संसार को क्या संदेश दिया था तथा मातृभूमि के यश को किस प्रकार से बढ़ाया था?

उत्तर गौतम बुद्ध का जन्म शाक्य गणराज्य की तत्कालीन राजधानी कपिलवस्तु के निकट लुंबिनी, नेपाल में पिता राजा शुद्धोधन और माता मायादेवी के घर हुआ था। उनका बचपन का नाम सिद्धार्थ था, लेकिन 'गौतम' गोत्र में जन्म लेने के कारण उन्हें गौतम बुद्ध नाम से पुकारा जाता है। उन्होंने जन-जन को दया, प्रेम और अहिंसा का पाठ पढ़ाया तथा जीवों पर दया करने का उपदेश दिया। उन्होंने संसार को यह संदेश दिया था कि हमें हर समस्या का समाधान प्रेम और दया भाव से करना चाहिए। इस प्रकार उन्होंने अपने उपदेशों से मातृभूमि के यश को भी बढ़ाया था तथा संसार को एक नई राह दिखाकर भारतवासियों का मार्गदर्शन भी किया था।

(iv) प्रस्तुत कविता में कवि ने इस देश की धरती को पुण्य भूमि तथा धर्मभूमि की संज्ञा क्यों दी है? इसको स्पष्ट करते हुए कविता में निहित देश की मुख्य विशेषताएँ भी लिखिए।

उत्तर प्रस्तुत कविता में कवि ने इस देश की धरती को पुण्य भूमि तथा धर्मभूमि की संज्ञा इसलिए दी है, क्योंकि इस भूमि पर भगवान राम, माता सीता तथा श्रीकृष्ण व गौतम बुद्ध जैसे महापुरुषों ने जन्म लिया। इन्होंने इस संसार को दया व प्रेम का संदेश दिया एवं संसार को एक नई राह दिखाकर भारतवासियों का मार्गदर्शन किया।

हमारे देश में पर्वत हैं, नदियाँ हैं तथा महापुरुष हैं, जिन्होंने इस देश को बिल्कुल ही बदल दिया है और ये सभी हमारे देश की मुख्य विशेषताएँ हैं। इसलिए कवि स्वयं को धन्य मानता है कि उसका जन्म इसी भूमि पर हुआ है।

अथवा

(i) प्रस्तुत पद्यांश में कवि ने कौन–कौन–से महापुरुषों के विषय में बताया है? गीता का ज्ञान किसने किसको दिया?

उत्तर प्रस्तुत पद्यांश में कवि ने श्रीराम, माता सीता, श्रीकृष्ण, गौतम बुद्ध आदि महापुरुषों के विषय में बताया है। गीता का ज्ञान भगवान श्रीकृष्ण ने अर्जुन को उसका मोह भंग करने के लिए दिया था।

(ii) जग को दया किसने और किस प्रकार दिखाई?

उत्तर जग को दया गौतम बुद्ध ने दिखाई। उन्होंने जन-जन को दया, प्रेम और अहिंसा का पाठ पढ़ाया तथा जीवों पर दया करने का उपदेश दिया। उनका मानना था कि हमें हर समस्या का समाधान प्रेम और दया भाव से करना चाहिए।

(iii) रघुपति राम तथा श्रीकृष्ण के महान् कार्यों का वर्णन कीजिए।

उत्तर रघुपति राम अयोध्या के राजा दशरथ के पुत्र थे। उन्होंने अहंकारी राजा रावण का वध किया तथा अपने माता-पिता की आज्ञा का पालन करते हुए 14 वर्ष तक का समय वन में बिताया।

श्रीकृष्ण जी वसुदेव और देवकी के पुत्र थे। उन्होंने अत्याचारी कंस का वध किया और महाभारत के समय अर्जुन को पवित्र गीता का उपदेश देकर उसका मोह भंग किया।

(iv) 'वह युद्धभूमि मेरी, वह बुद्धभूमि मेरी' से कवि का क्या आशय है?

उत्तर 'वह युद्धभूमि मेरी' से कवि का तात्पर्य है कि यहीं अर्थात् भारत भूमि पर कौरव-पांडव (महाभारत) युद्ध तथा राम-रावण युद्ध हुए, जो 'धर्म की अधर्म पर विजय' के प्रतीक थे। ऐसे महान् युद्धों की भूमि मेरी भारत भूमि है।

'वह बुद्धभूमि मेरी' से कवि का तात्पर्य है कि सारे जग को प्रेम, दया, अहिंसा का पाठ पढ़ाने वाले गौतम बुद्ध का जन्म, मेरी भूमि अर्थात् भारतभूमि पर ही हुआ है।

एक्सपर्ट्स कमेंट्स

- कुछ छात्र प्रश्न (i) का लिखने में भ्रमित दिखाई दिए। छात्रों ने देश की प्रशंसा के विषय में शब्द ही लिखे।
- कविता में युद्धभूमि तथा बुद्धभूमि का वर्णन किया गया जबकि छात्रों ने बुद्धभूमि को बुद्धि से जोड़कर उत्तर दिया। कुछ विद्यार्थी जन्मभूमि की प्राकृतिक विशेषताएँ भी नहीं लिख सके तथा कुछ छात्रों ने प्रकृति की विशेषता के स्थान पर महापुरुषों की विशेषताएँ लिख दी।
- अनेक छात्र कविता का केंद्रीय भाव नहीं लिख पाए। उत्तर में भाषा और मात्राओं की त्रुटियाँ पाई गईं।

स्टूडेंट्स के लिए एडवाइज़

- कविता में वर्णित एक–एक भाव का सटीक वर्णन छात्रों को करना चाहिए छात्रों को कविता का मूलभाव, भावार्थ आदि का लिखित अभ्यास करना चाहिए।
- छात्रों को भाषा वर्तनी के सुधार पर बल देना चाहिए, छात्रों को कविता का भावार्थ समझने के पश्चात् विशद व्याख्या करनी चाहिए। अर्थात् मौखिक अभ्यास करना चाहिए।

2. निम्नलिखित पद्यांश को पढ़िए और उसके नीचे लिखे प्रश्नों के उत्तर हिन्दी में लिखिए। **(ICSE Spec 2017)**

"झरने अनेक झरते जिनकी पहाड़ियों में
चिड़िया चहक रही हों जिन की झाड़ियों में"

(i) जन्मभूमि किसे कहते हैं? यह हमें क्या देती है?

उत्तर जिस भूमि पर जन्म लिया जाता है, उसे जन्मभूमि कहते हैं। यह हमें नदियाँ, झरने, सागर तथा पर्वत देती है। धरती अनाज के रूप में सोना उगलती है। अनाज से देश में खुशहाली आती है तथा देश प्रगति करता है।

(ii) कवि ने जन्मभूमि को अन्य किन-किन नामों से पुकारा है?

उत्तर कवि ने जन्मभूमि अर्थात् अपनी मातृभूमि का गौरव गान करते हुए इसे पुण्यभूमि, स्वर्णभूमि, धर्मभूमि, कर्मभूमि, युद्धभूमि, बुद्धभूमि आदि अनेक नामों से पुकारा है।

(iii) कवि ने मातृभूमि की विशेषताएँ किस प्रकार प्रकट की हैं?

उत्तर कवि ने मातृभूमि की विशेषताएँ प्रकट करते हुए कहा है कि उसके देश में पहाड़ों के बीच अनेक झरने बहते हैं। ये झरने प्राकृतिक सुंदरता में चार चाँद लगा देते हैं। चिड़ियाँ जब चहचहाती हैं, घनी अमराइयों में जब कोयल की आवाज़ गूँजती है तथा जब मलय पर्वत से होकर सुगंधित हवा आती है, तो हमारा तन-मन खिल उठता है। इस प्राकृतिक सौंदर्य से मन झूम उठता है। इसलिए कवि को गर्व है कि उसका जन्म भारत की भूमि पर हुआ है।

(iv) प्रस्तुत कविता का केन्द्रीय भाव लिखिए।

उत्तर प्रस्तुत कविता में कवि ने अपने देश के भौगोलिक, प्राकृतिक तथा आध्यात्मिक रूपों का वर्णन करते हुए इसे अनेक विशेषणों से संबोधित किया है। कवि अपने देश का गौरव-गान करते हुए हिमालय पर्वत, सागर, झरने तथा अमराइयों की प्रशंसा करता है। वह स्वयं को धन्य मानता है कि उसका जन्म उस भूमि पर हुआ है जहाँ राम, कृष्ण और बुद्ध जैसे महापुरुषों का जन्म हुआ।

3.
वह जन्मभूमि मेरी, वह मातृभूमि मेरी
ऊँचा खड़ा हिमालय, आकाश चूमता है,
नीचे चरण तले पड़, नित सिंधु झूमता है।
गंगा, यमुना, त्रिवेणी, नदियाँ लहर रही हैं,
जगमग छटा निराली, पग-पग पर छहर रही है।
वह पुण्यभूमि मेरी, वह स्वर्णभूमि मेरी।
वह जन्मभूमि मेरी, वह मातृभूमि मेरी।

(i) उपरोक्त पंक्तियों के माध्यम से कवि किसका बखान करता है?

उत्तर उपरोक्त पंक्तियों के माध्यम से कवि अपनी मातृभूमि की भौगोलिक सुंदरता का बखान करता है। अपनी मातृभूमि पर गर्व करते हुए इसे पुण्यभूमि तथा स्वर्णभूमि कहकर संबोधित करता है।

(ii) भारतभूमि पर स्थित हिमालय की प्रशंसा कवि ने किस प्रकार की है? अपने शब्दों में स्पष्ट कीजिए।

उत्तर भारतभूमि पर स्थित हिमालय की प्रशंसा करते हुए कवि कहते हैं कि हिमालय पर्वत अपनी ऊँचाई के कारण ऐसा प्रतीत होता है मानो आसमान को चूमता हो। इस प्रकार वह देश की सुंदरता को बढ़ाता है।

(iii) कवि ने अपनी जन्मभूमि को पुण्यभूमि व स्वर्णभूमि कहकर क्यों संबोधित किया है?

उत्तर कवि ने अपनी जन्मभूमि को पुण्यभूमि व स्वर्णभूमि कहकर इसलिए संबोधित किया है, क्योंकि भारत एक कृषि प्रधान देश है, यहाँ की भूमि अत्यधिक उपजाऊ भूमि है। दूसरी ओर यहाँ पर्वत, नदियाँ आदि को पूजा जाता है अर्थात् यहाँ पर्वत, पठार, नदियाँ सभी को पवित्र माना जाता है, इसलिए कवि ने भारतभूमि को पुण्यभूमि व स्वर्णभूमि कहकर संबोधित किया है।

(iv) उपरोक्त पद्यांश का भावार्थ स्पष्ट कीजिए।

उत्तर उपरोक्त पंक्तियों के माध्यम से कवि अपनी जन्मभूमि की भौगोलिक सुंदरता का बखान करते हुए कहता है कि जहाँ एक ओर प्रहरी के रूप में खड़ा हिमालय पर्वत मेरे देश की शोभा बढ़ाता है, वहीं दूसरी ओर पवित्र नदियाँ बहकर मेरे देश की सुंदरता को और अधिक बढ़ा देती हैं।

4.
झरने अनेक झरते, जिसकी पहाड़ियों में,
चिड़ियाँ चहक रही हैं, हो मस्त झाड़ियों में।
अमराइयाँ घनी हैं, कोयल पुकारती है।
बहती मलय पवन है, तन-मन सँवारती है।
वह धर्मभूमि मेरी, वह कर्मभूमि मेरी।
वह जन्मभूमि मेरी, वह मातृभूमि मेरी।

(i) बहते झरने व चिड़ियों के माध्यम से कवि क्या कहना चाहता है?

उत्तर बहते झरने व चिड़ियों के माध्यम से कवि अपनी मातृभूमि के प्राकृतिक सौंदर्य का बखान करना चाहता है। कवि के अनुसार, पहाड़ियों के बीच से अनेक झरने बहते हैं और इसकी झाड़ियों में चिड़ियों की चहचहाट गूँजती है, जो देश की सुंदरता में चार चाँद लगा देती है।

(ii) मलय पर्वत से आती सुगंध क्या करती है?

उत्तर मलय पर्वत से आती सुगंध तन-मन को प्रसन्नता से विभोर कर देती है, जिससे एक ओर तन-मन झूम उठता है, वहीं दूसरी ओर यह कवि की जन्मभूमि की सुंदरता को भी बढ़ाती है।

(iii) कवि द्वारा किए गए प्राकृतिक सौंदर्य का वर्णन अपने शब्दों में कीजिए।

उत्तर कवि ने अपनी मातृभूमि की सुंदरता की प्रशंसा करते हुए वहाँ के प्राकृतिक सौंदर्य का भी बहुत सुंदर वर्णन किया है। पर्वतों के बीच अनेक झरने बहते हैं। ये झरने प्राकृतिक सौंदर्य में चार चाँद लगा देते हैं। चिड़ियों की चहचहाट, कोयल की मधुर तान पूरे वातावरण में गूँज उठती है। मलय पर्वत से आने वाली सुगंधित पवन से जहाँ एक ओर मन झूम उठता है, वहीं दूसरी ओर यह मेरी जन्मभूमि की प्राकृतिक सुंदरता को और अधिक बढ़ा देती है।

(iv) प्रस्तुत पंक्तियों का भाव स्पष्ट कीजिए।

उत्तर प्रस्तुत पंक्तियों का भाव यह है कि कवि ने अपनी मातृभूमि को कर्मभूमि की संज्ञा दी है। मातृभूमि की सुंदरता का वर्णन करते हुए कवि ने प्राकृतिक सौंदर्य की भी चर्चा की है। प्राकृतिक वातावरण ने मातृभूमि की सुंदरता और अधिक बढ़ा दी है। कवि को गर्व है कि उसका जन्म भारतभूमि पर हुआ। वह मानता है कि इस पवित्र भूमि की सेवा करना ही हमारा धर्म है और भूमि की सेवा ही हमारा कर्म है।

05

मेघ आए

सर्वेश्वर दयाल सक्सेना

लेखक परिचय

हिंदी जगत् में महत्त्वपूर्ण स्थान रखने वाले **सर्वेश्वर दयाल सक्सेना** ने नई कविता के क्षेत्र में विशेष ख्याति प्राप्त की। इनका जन्म 15 सितंबर, 1927 को उत्तर प्रदेश के बस्ती जिले में हुआ था। इन्होंने काशी में अपनी उच्च शिक्षा प्राप्त की। सक्सेना जी पहले अध्यापन कार्य से जुड़े रहे, फिर आकाशवाणी में कार्यरत् रहे तत्पश्चात् वर्ष 1965 में इन्होंने **दिनमान** साप्ताहिक पत्रिका के उपसंपादक के पद का कार्यभार सँभाला। सक्सेना जी ने बालप्रिय व लोकप्रिय मासिक पत्रिका **पराग** के संपादन की ज़िम्मेदारी भी सँभाली।

काठ की घंटियाँ, बाँस का पुल, गर्म हवाएँ, एक सूनी नाव, कुआवो नदी, जंगल का दर्द, खूँटियों पर टँगे लोग-काव्य संग्रह, पागल कुत्तों का मसीहा, खोया हुआ जल-उपन्यास; बकरी-नाटक तथा लड़ाई इनके कहानी संग्रह हैं। इनके साथ-साथ सक्सेना जी ने बाल साहित्य में भी काम किया। दिनमान में प्रकाशित 'चरखे व चरचे' स्तंभ के लिए इन्हें अत्यधिक लोकप्रियता प्राप्त हुई। वर्ष 1983 में सक्सेना जी की आकस्मिक मृत्यु से हिंदी जगत में दुःख के बादल छा गए।

कविता का सार

इस कविता के माध्यम से कवि ने मेघ (बादल) का अतिथि के रूप में मानवीकरण करते हुए प्रकृति के परिवर्तित होते रूपों का वर्णन किया है। मेघ अतिथि के रूप में सज-धज कर बड़े ही सुंदर रूप में आते हैं, मानो कोई मेहमान सज-धज कर शहर से गाँव आया हो। मेघ के आते ही प्राकृतिक वातावरण में हलचल-सी होती प्रतीत होती है। कवि पेड़, आँधी, धूल, नदी आदि को मानवीकृत रूप में साकार करते हुए कहते हैं कि मेघों के आने पर पेड़ भी उत्सुकतापूर्ण अवस्था में नज़र आते हैं तथा आँधी चलने के कारण धूल भागती हुई-सी प्रतीत होती है और नदियाँ ऐसी प्रतीत होती हैं, मानो नई दुल्हन की भाँति घूँघट से छिपकर मेघों को निहार रही हों।

कवि प्रकृति के हर्षोल्लासित रूप का वर्णन करते हुए कहते हैं कि बूढ़ा पीपल का पेड़ मेघों के आने पर उनका अभिवादन करता है तथा तालाब-पोखरों में पानी भर जाता है, जिस प्रकार काफी दिनों के बाद आए अतिथि से मिलने पर खुशी के आँसू बहते हैं, उसी प्रकार मेघों के आने पर खुशी के आँसुओं की तुलना वर्षा की बूँदों से की गई है अर्थात् अब धैर्य का बाँध टूट गया है तथा वर्षा का पृथ्वी से मिलन हो गया है। मेघ के आने पर पूरी प्रकृति में प्रसन्नता का भाव स्पष्ट रूप से दिखाई देता है।

संदर्भ-सहित व्याख्या

1. मेघ आए बड़े बन-ठन के सँवर के।
आगे-आगे नाचती-गाती बयार चली,
दरवाज़े-खिड़कियाँ खुलने लगीं गली-गली,
पाहुन ज्यों आए हों, गाँव में शहर के।
मेघ आए बड़े बन-ठन के सँवर के।

शब्दार्थ

मेघ *बादल;* बयार *हवा;* पाहुन *मेहमान।*

संदर्भ प्रस्तुत पद्यांश हमारी पाठ्य-पुस्तक 'साहित्य सागर' के 'पद्य भाग' से सर्वेश्वर दयाल सक्सेना द्वारा रचित कविता 'मेघ आए' से उद्धृत है।

प्रसंग प्रस्तुत पंक्तियों के माध्यम से कवि ने बादलों के घिर आने पर प्रकृति के मनोहारी एवं सुंदर रूप का चित्रण किया है।

व्याख्या कवि कहता है कि मेघ के आने का संदेशा पाते ही हवा मदमस्त होकर नाचती-गाती-सी चलने लगती है। हवा के चलने पर गली में स्थित घरों के दरवाज़े व खिड़कियाँ खुलने लगते हैं। यहाँ कवि ने मेघ का मानवीकरण कर उसे अतिथि का रूप प्रदान किया है। कवि के अनुसार, मेघ जब वर्षाकाल में आकाश में छाने लगते हैं, तो वे ऐसे प्रतीत होते हैं, मानो कोई मेहमान तैयार होकर शहर से गाँव में आया हो। अतिथि के आने पर जिस प्रकार का हर्ष, उल्लास और खुशी लोगों के मन में होती है, उसी प्रकार मेघ के आने का संदेशा पाते ही हवा भी मदमस्त होकर मंद-मंद बहने लगती है मानो हवा मेघ के आने की सूचना दे रही हो।

2. पड़े झुक झाँकने लगे गरदन उचकाए,
आँधी चली, धूल भागी घाघरा उठाए,
बाँकी चितवन उठा नदी ठिठकी, घूँघट सरके।
मेघ आए बड़े बन-ठन के सँवर के।

शब्दार्थ

चितवन *दृष्टि*; **झाँकना** *ध्यान से देखना।*

संदर्भ पूर्ववत्।

प्रसंग प्रस्तुत पंक्तियों के माध्यम से कवि ने आँधी, धूल, पेड़ और नदी आदि का बहुत ही सुंदर मानवीकरण किया है।

व्याख्या कवि कहता है कि मेघ के आने पर पेड़ ऐसे प्रतीत होते हैं, मानो वे झुककर अपनी गर्दन उठा-उठाकर लगातार मेघों की ओर देख रहे हों। जिस प्रकार अतिथि के आने पर लोग उत्सुकता भरी नज़र से गर्दन उठा-उठाकर देखते हैं, ठीक उसी प्रकार यहाँ पेड़ भी उत्सुकतापूर्ण अवस्था में नज़र आते हैं। इसी प्रकार मेघों के आने पर आँधी चलने के कारण धूल भागती हुई-सी प्रतीत होती है अर्थात् जिस प्रकार अतिथि के आने पर गाँव की महिलाएँ स्वयं को छुपाने का प्रयास करती हुई इधर-उधर भागती हैं, ठीक उसी प्रकार धूल भी गाँव की स्त्रियों की भाँति ऐसी प्रतीत होती है मानो घाघरा उठाकर भाग रही हो। कवि नदी का मानवीकृत रूप में वर्णन करते हुए कहते हैं कि जिस प्रकार गाँव में अतिथि के आने पर ग्रामीण महिलाएँ अपने घूँघट से ही अतिथि को निहारती हैं, ठीक उसी प्रकार नदी भी मानो मेघों को निहार रही हो। अत: जिस प्रकार गाँव में शहर से अतिथि सज-धजकर आते हैं, ठीक उसी प्रकार मेघ भी ऐसे प्रतीत होते हैं मानो अतिथि के रूप में सज-धज कर आए हों।

3. बूढ़े पीपल ने आगे बढ़कर जुहार की 'बरस बाद सुधि लीन्हीं'
बोली अकुलाई लता ओट हो किवार की,
हरसाया ताल लाया पानी परात भर के।
मेघ आए बड़े बन-ठन के सँवर के।

शब्दार्थ

जुहार *अभिवादन*; **किवार** *किवाड़, दरवाज़ा*; **हरसाया** *खुश होना।*

संदर्भ पूर्ववत्।

प्रसंग प्रस्तुत पंक्तियों के माध्यम से कवि ने मेघों के आने पर प्रकृति के हर्षोल्लासित रूप का वर्णन किया है।

व्याख्या कवि कहता है कि जिस प्रकार अतिथि के आने पर घर के बड़े लोग उसका स्वागत/सत्कार करते हैं, ठीक उसी प्रकार मेघों के आने पर बूढ़े पीपल के वृक्ष ने आगे आकर मेघों का अभिवादन किया और लता को देख ऐसा प्रतीत हो रहा था, मानो दरवाज़े की ओट में छिपकर मेघों के बरसों बाद आने पर क्रोधित हो रही हो। जैसे अतिथि के आने पर घर की बहू-बेटियाँ दरवाज़े के पीछे छिपकर अपनी बातें व शिकायतें उनके सामने रखती हैं, उसी प्रकार लताएँ भी मेघों के देर से आने पर अपना क्रोध प्रकट करती हुई सी प्रतीत होती हैं तथा मेघों के आगमन से तालाब-पोखर ऐसे प्रतीत होते हैं, मानो अतिथि रूपी मेघों के आने पर उनके स्वागत के लिए परात भर कर पानी लाया गया हो अर्थात् मेघों के आने पर पोखर व तालाब खुशी से झूम उठे हैं।

4. क्षितिज अटारी गहराई दामिनी दमकी,
'क्षमा करो गाँठ खुल गई अब भरम की।'
बाँध टूटा झर-झर मिलन के अश्रु ढरके।
मेघ आए बड़े बन-ठन के सँवर के।

शब्दार्थ

क्षितिज *भूमि और आकाश का मिलन स्थान*; **दामिनी** *बिजली*; **भरम** *भ्रम, वहम*; **अश्रु** *आँसू।*

संदर्भ पूर्ववत्।

प्रसंग प्रस्तुत पंक्तियों के माध्यम से कवि ने बादल रूपी अतिथि के वर्षों बाद आने पर खुशी और मिलन के आँसू के रूप में वर्षा का यथार्थ वर्णन किया है।

व्याख्या कवि कहता है कि बादलों के छा जाने पर चमकती हुई बिजली ऐसी प्रतीत होती है, मानो बादलरूपी मेहमान क्षितिज रूपी अटारी पर छाए हुए हों अर्थात् मेघरूपी मेहमानों के सज-धजकर आने से आकाशरूपी क्षितिज पर अँधेरा-सा छा गया हो और बिजली चमकने लगी हो। अब विश्वास हो गया कि वर्षा का होना निश्चित है, जो एक प्रकार का भ्रम या संदेह लोगों के मन में विद्यमान है कि वर्षा होगी या नहीं, अब वह टूट गया।

जिस प्रकार वर्षों बाद घर आए अतिथि के प्रति क्रोध समाप्त हो जाता है, उसके प्रति मन से मैल दूर हो जाता है, ठीक उसी प्रकार अतिथि के रूप में आए मेघों के आने पर खुशी के आँसुओं की तुलना वर्षा की बूँदों से की गई है। अब सब्र का बाँध टूट गया तथा वर्षा का पृथ्वी से मिलन हो गया है अर्थात् जिस प्रकार बहुत दिनों बाद किसी से मिलने पर खुशी के आँसू निकल आते हैं, ठीक उसी प्रकार सज-धजकर आए बादलों के वर्षारूपी अश्रु का मिलन पृथ्वी से हो गया।

PYQs विगत वर्षों के प्रश्न व महत्त्वपूर्ण प्रश्न

बहुविकल्पीय प्रश्न

1. बयार का अर्थ बताइए **(ICSE Sem I 2021-22)**

(a) बाहर (b) हवा (c) अंदर (d) पत्तियाँ

उत्तर (b) हवा

पद्यांश पर आधारित प्रश्न

1. *निम्नलिखित पद्यांश को पढ़कर उसके नीचे दिए गए प्रश्नों के उत्तर हिंदी में लिखिए*

मेघ अए बड़े बन-ठन के सँवर के।
आगे-आगे नाचती-गाती बयार चली,
दरवाज़े-खिड़कियाँ खुलने लगीं गली-गली,
पाहुन ज्यों आए हों, गाँव में शहर के।
मेघ आए बड़े बन-ठन के सँवर के। **(ICSE 2017)**

(i) मेघ कहाँ आए हुए हैं? कवि को मेघ देखकर क्या प्रतीत हो रहा है?

उत्तर मेघ गाँव में आए हुए हैं। कवि को मेघ देखकर ऐसा प्रतीत हो रहा है मानो कोई मेहमान तैयार होकर गाँव में आया हो अर्थात् मेघ (बादल) अतिथि के समान सज-धजकर आए हैं।

(ii) 'बयार' शब्द से आप क्या समझते हैं? कवि इसके बारे में क्या बताना चाहता है?

उत्तर 'बयार' शब्द का अभिप्राय है-हवा। कवि बताता है कि मेघों के आने का संदेश पाते ही हवा मदमस्त होकर नाचती-गाती-सी चलने लगती है। वह मेघों के आने की सूचना अपने उत्साह, हर्ष और खुशी से अभिव्यक्त कर रही है।

(iii) दरवाजे-खिड़कियाँ क्यों खुलने लगी हैं? किसका स्वागत कहाँ पर किस प्रकार किया जाने लगा है? कवि के भाव स्पष्ट कीजिए।

उत्तर दरवाजे-खिड़कियाँ इसलिए खुलने लगे, क्योंकि तेज़ हवा चलने लगी। मेघों का स्वागत गाँव की गली-गली में किया जा रहा है। वर्षा ऋतु में जब मेघ आकाश में छाने लगते हैं, तब हवा मदमस्त रूप में चलने लगती है जिसके कारण दरवाजें-खिड़कियाँ खुलने लगते हैं। इन्हें देखकर ऐसा प्रतीत होता है, मानो दरवाजे-खिड़कियाँ अपने हाथ फैलाकर मेघों का स्वागत कर रहे हैं।

(iv) कविता का केंद्रीय भाव लिखिए।

उत्तर प्रस्तुत पंक्तियों के माध्यम से कवि मेघों का मानवीकरण कर उसे अतिथि का रूप प्रदान करते हुए कहते हैं कि वर्षाकाल में मेघों का स्वागत एक अतिथि के रूप में किया जाता है। मेघ अतिथि के समान सज-धजकर आते हैं और उनके आते ही हवा मदमस्त होकर चलने लगती है तथा दरवाजे व खिड़कियाँ खुलकर उनका स्वागत करते हैं अर्थात् कवि ने मेघों के आने पर प्रकृति में हुई हलचल व उत्साह का मनोहारी वर्णन किया है।

2. निम्नलिखित पद्यांश को पढ़कर उसके नीचे दिए गए प्रश्नों के उत्तर हिंदी में लिखिए

पड़े झुक झाँकने लगे गरदन उचकाए,
आँधी चली, धूल भागी घाघरा उठाए,
बाँकी चितवन उठा नदी ठिठकी, घूँघट सरके।
मेघ आए बड़े बन-ठन के सँवर के।

(i) मेघों के आने पर पेड़ कैसे प्रतीत हो रहे हैं?

उत्तर मेघों के आने पर पेड़ ऐसे प्रतीत होते हैं, मानो वे अपनी गर्दन उठा-उठाकर लगातार मेघों की ओर देख रहे हों अर्थात् पेड़ उत्सुकतापूर्ण अवस्था में नज़र आते हैं।

(ii) 'आँधी चली, धूल भागी घाघरा उठाए' धूल भागती हुई किसके समान प्रतीत हो रही है?

उत्तर 'आँधी चली, धूल भागी घाघरा उठाए' जिस प्रकार अतिथि के आने पर गाँव की महिलाएँ स्वयं को छिपाने का प्रयास करती हुई इधर-उधर भागती हैं, ठीक उसी प्रकार धूल भी गाँव की स्त्रियों की भाँति ऐसी प्रतीत होती है मानो घाघरा उठाकर भाग रही हो।

(iii) नदी किसकी भाँति बादलों को निहार रही है व क्यों?

उत्तर जिस प्रकार गाँव में अतिथि के आने पर गाँव की महिलाएँ अपने घूँघट से ही अतिथि को निहारती हैं, ठीक उसी प्रकार नदी भी मानो ग्रामीण महिलाओं की भाँति बादलों को निहार रही हो, क्योंकि बादल अतिथि के रूप में सज-धजकर आते हुए से प्रतीत होते हैं।

(iv) प्रस्तुत पद्यांश के माध्यम से कवि क्या कहना चाहता है? स्पष्ट कीजिए।

उत्तर प्रस्तुत पंक्तियों के माध्यम से कवि कहना चाहता है कि मेघों के आगमन से पूरी प्रकृति उत्सुकतापूर्ण अवस्था में प्रसन्नचित्त दिखाई देती है। पेड़ गर्दन झुकाकर, उठाकर मेघों को देखने लगे। आँधी के चलने पर धूल स्वयं ही भागने लगी तथा नदी भी प्रसन्नचित्त अवस्था में मेघों को निहारती हुई सी प्रतीत होने लगी और बादलों की दिशा में बहने लगी।

3. निम्नलिखित पद्यांश को पढ़कर उसके नीचे दिए गए प्रश्नों के उत्तर हिंदी में लिखिए

बूढ़े पीपल ने आगे बढ़कर जुहार की
बरस बाद सुधि लीन्हीं
बोली अकुलाई लता ओट हो किवार की,
हरसाया ताल लाया पानी परात भर के।
मेघ आए बड़े बन-ठन के सँवर के।

(i) बूढ़े पीपल को किसकी संज्ञा दी गई है?

उत्तर बूढ़े पीपल को घर के बूढ़े-बुजुर्ग व्यक्तियों की संज्ञा दी गई है। कवि के अनुसार, जिस प्रकार अतिथि के आने पर घर के बड़े लोग उनका स्वागत-सत्कार करते हैं। ठीक उसी प्रकार, मेघों के आने पर बूढ़े पीपल के वृक्ष ने आगे आकर मेघों का अभिवादन किया।

(ii) लताएँ मेघों पर क्रोध प्रकट करती हुई सी क्यों प्रतीत होती हैं?

उत्तर लताएँ मेघों पर इसलिए क्रोध प्रकट करती हुई सी प्रतीत होती हैं, क्योंकि वह मेघों के बरसों बाद अर्थात् देर से आने पर नाराज हैं तथा क्रोध प्रकट कर रही हैं।

(iii) मेघों के आने पर ताल-तलैया की प्रसन्नता का वर्णन कवि ने किस प्रकार किया है?

उत्तर मेघों के आने पर सूखे हुए ताल-तलैया पानी से लबालब भर उठते हैं अर्थात् मेघों के आगमन से तालाब-पोखर ऐसे प्रतीत होते हैं, मानो अतिथि रूपी मेघों के आने पर उनके स्वागत के लिए परात भरकर पानी लाया गया हो।

इस प्रकार मेघों के आने पर पोखर व तालाब खुशी से झूम उठते हैं।

(iv) प्रस्तुत पंक्तियों के माध्यम से कवि क्या कहना चाहता है? स्पष्ट कीजिए।

उत्तर प्रस्तुत पंक्तियों के माध्यम से कवि कहना चाहता है कि जिस प्रकार घर में आए अतिथि के आदर-सत्कार के लिए घर के बूढ़े-बुजुर्ग लोग आगे आकर उनका अभिवादन करते हैं, उसी प्रकार मेघरूपी अतिथियों के आगमन से पूरी प्रकृति उत्साहित हो उठी है तथा पेड़, पौधे, लताएँ और तालाब आदि सभी भिन्न-भिन्न प्रकार से अपनी प्रसन्नता को व्यक्त कर रहे हैं।

लघु उत्तरीय प्रश्न

1. 'मेघ आए' कविता में बूढ़े पीपल और लता को किस-किस का प्रतीक बताया गया है? **(ICSE Sem II 2021-22)**

उत्तर 'मेघ आए' कविता में बूढ़े पीपल को एक बूढ़े व्यक्ति की संज्ञा दी गई है, जो किसी गाँव में मेहमान के आने पर घर के बुजुर्ग व्यक्ति की तरह उसका स्वागत करते हैं। पीपल ने भी मेघों के आने पर उनका एक बुजुर्ग की तरह ही स्वागत किया। 'मेघ आए' कविता में 'लता' को प्रतीक्षारत नायिका के रूप में चित्रित किया गया है, जो बादलों को एक वर्ष बाद आने का उलाहना देती है कि तुमने हमारी इतने समय तक कोई परवाह ही नहीं की और हमारी कोई सुध ही नहीं ली।

2. पाहुन के आने से गाँव में क्या हलचल हुई? **(ICSE Spec Sem II 2021-22)**

उत्तर पाहुन अर्थात् दामाद के आने से गाँव में यह हलचल हुई कि शीतल हवा इस तरह चलने लगी जैसे कोई ग्रामीण लड़की खुशी से नाचती गाती आगे-आगे चल रही हो। हवा के चलने से घरों के दरवाजे तथा खिड़कियाँ तेजी से खुलने व बंद होने लगे। धूल भागती हुई गाँव की स्त्रियों के समान प्रतीत होने लगी। नदियाँ दुल्हन की भाँति अपने घूँघट से मेहमान को निहारने लगी।

06

सूर के पद

सूरदास

लेखक परिचय

वात्सल्य रस के सम्राट 'सूरदास' का हिंदी की कृष्णभक्ति शाखा के कवियों में महत्त्वपूर्ण स्थान है। इनके जन्म के समय और स्थान के संबंध में विद्वानों में मतभेद हैं, किंतु कुछ विद्वानों के अनुसार, इनका जन्म 1478 ई. में दिल्ली के निकट **सीही** नामक गाँव में हुआ था। इनका अंधापन भी हमेशा विवादित विषय रहा है। सूरदास, **महाप्रभु वल्लभाचार्य** जी के शिष्य थे। सूरदास जी को वात्सल्य व शृंगार रस में विशेष ख्याति प्राप्त थी। इन्होंने **श्रीकृष्ण** की बाल लीलाओं व प्रेम के संयोग-वियोग दोनों रूपों का वर्णन अपने काव्य में किया है। सूरदास की भक्ति-भावना में दास्य और साख्य दोनों प्रकार की भक्ति के रूप देखने को मिलते हैं। इनकी भाषा सरल तथा मधुरतम् **ब्रज** भाषा है। वल्लभाचार्य की शरण में जाने के बाद इनका सांसारिक जीवन के प्रति मोह समाप्त हो गया तथा ये कृष्ण की भक्ति में तल्लीन हो गए। इनके बाल वर्णन पर प्रसिद्ध आलोचक 'रामचंद्र शुक्ल' ने कहा है कि 'सूरदास वात्सल्य रस का कोना-कोना झाँक गए हैं।' इनके बाद के कवियों का बाल वर्णन 'सूर' की जूठन-सा जान पड़ता है। सूरदास की प्रसिद्ध रचनाएँ– **सूरसागर, साहित्य लहरी** और **सूर सारावली** हैं। इनका निधन पारसौली में 1583 ई. में हुआ था।

कविता का सार

सूरदास जी श्रीकृष्ण के परम भक्त हैं। प्रस्तुत पदों में इन्होंने श्रीकृष्ण के मनोहारी बाल रूप का वर्णन किया है। सूरदास कहते हैं कि यशोदा माता श्रीकृष्ण को सुलाने के लिए भिन्न-भिन्न प्रयास करती हैं, किंतु श्रीकृष्ण लुकाछिपी-सा खेल खेलते हुए उनके सभी प्रयासों को असफल कर देते हैं। सूरदास ने यशोदा माता द्वारा श्रीकृष्ण को सुलाने के प्रयास का बहुत ही सजीव वर्णन किया है।

अत: श्रीकृष्ण को सुलाने में जो आनंद व सुख की अनुभूति यशोदा माता को हो रही है, वह सुख ऋषि-मुनियों को भी प्राप्त नहीं होता। कवि श्रीकृष्ण के बाल रूप का यथार्थ चित्र प्रस्तुत करते हुए कहते हैं कि जब वे घुटनों के बल चलते हैं, तो उनके पैरों की पायलों की आवाज़ मन को मोह लेती है, साथ ही कभी वे अपनी तोतली भाषा में 'तात' कहकर पुकारते हैं।

श्रीकृष्ण के इस रूप को माता यशोदा क्षण-भर के लिए भी अपने से दूर नहीं करना चाहती हैं। कवि पुन: श्रीकृष्ण के बाल हठी रूप का चित्रण करते हुए कहते हैं कि कृष्ण चंद्रमा रूपी खिलौना पाने की ज़िद करते हुए एक ऐसे हठी बालक की भाँति प्रतीत होते हैं कि खिलौने को पाने के लिए सब कुछ त्यागने की बात करते हैं, किंतु माता द्वारा चंद्रमा से भी सुंदर दुल्हन की बात सुनकर तुरंत विवाह करने को तैयार हो जाते हैं।

संदर्भ-सहित व्याख्या

1.

जसोदा हरि पालने झुलावै।
हलरावै, दुलरावै मल्हावै, जोइ-सोइ कछु गावै।।
मेरे लाल को आउ निंदरिया, काहे न आनि सुवावै।
तू काहे नहिं बेगहिं आवै, तोको कान्ह बुलावै।।
कबहुँ पलक हरि मूँदि लेत हैं, कबहुँ अधर फरकावै।
सोवत जानि मौन ह्वै कै रहि, करि-करि सैन बतावै।।
इहिं अन्तर अकुलाइ उठे हरि, जसुमति मधुरै गावै।
जो सुख 'सूर' अमर मुनि दुरलभ, सो नँद भामिनी पावै।।

शब्दार्थ

हरि *ईश्वर;* **निंदरिया** *नींद;* **अधर** *होंठ;* **मौन** *चुपचाप।*

संदर्भ प्रस्तुत पद्यांश हमारी पाठ्य-पुस्तक के 'साहित्य सागर' के 'पद्य भाग' से सूरदास द्वारा रचित 'पद' से उद्धृत है।

प्रसंग उपरोक्त पंक्तियों के माध्यम से कवि ने श्रीकृष्ण के बाल रूप एवं माता यशोदा द्वारा उन्हें सुलाने के प्रयास का सजीव वर्णन किया है।

व्याख्या माता यशोदा श्रीकृष्ण को पालने में हिलाती हैं, झुलाती हैं, कभी श्रीकृष्ण के प्रति स्नेह भाव दिखाती हैं, कभी लोरियाँ गाती हुईं उन्हें सुलाने का प्रयास करती हैं, कभी नींद को कोसती हुई कहती हैं कि हे नींद ! तू ज़ल्दी से आती क्यों नहीं है? ज़ल्दी से आकर मेरे लाल को सुलाती क्यों नहीं है। तुझे स्वयं कान्हा बुलाता है, तू फिर भी नहीं आती है। दूसरी ओर कृष्ण कभी आँखें बंद कर लेते हैं, तो कभी अपने होंठ हिलाते हैं। कभी उन्हें मौन देख ऐसा जान पड़ता है, जैसे उन्हें निद्रा आ गई हो, किंतु अगले ही क्षण वे बोल उठते हैं अर्थात् श्रीकृष्ण लुका-छिपी का-सा खेल खेलते हुए कभी ऐसा दर्शाने का प्रयास करते हैं मानो सो गए हों, किंतु अगले ही क्षण उठ जाते हैं। अत: श्रीकृष्ण को जागता हुआ जान यशोदा माता पुन: लोरी गाने लगती हैं। कवि कहते हैं कि श्रीकृष्ण को भिन्न-भिन्न स्वांग रचकर सुलाने का प्रयत्न करती हुई माता यशोदा को जो सुख प्राप्त हो रहा है, वह सुख ऋषि-मुनियों को भी प्राप्त नहीं होता।

2. खीजत जात माखन खात।
अरुण लोचन, भौंह टेढ़ी, बार-बार जम्हात।।
कबहुँ रुनझुन चलत घुटुरन, धूर धूसर गात।
कबहुँ झुक कें अलक खेंचत, नैन जल भर लात।।
कबहुँ तुतरे बोल बोलत, कबहुँ बोलत तात।
'सूर' हरि की निरखि सोभा, निमिख तजत न मात।।

शब्दार्थ

लोचन *नेत्र;* **जम्हात** *जम्हाई लेना;* **घुटुरन** *घुटनों से;* **अलक** *बाल;* **निरखि** *देखना।*

संदर्भ पूर्ववत्।

प्रसंग उपरोक्त पंक्तियों के माध्यम से कवि ने श्रीकृष्ण के बाल रूप का यथार्थ चित्र प्रस्तुत किया है।

व्याख्या कवि कहते हैं कि श्रीकृष्ण के नेत्र अत्यंत ही सुंदर, मनमोहक व लाल हैं। इन्होंने अपनी भौंहें टेढ़ी कर चढ़ा ली हैं और बार-बार जम्हाई ले रहे हैं मानो नींद आ रही हो। (जब वे घुटने के बल चलते हैं, तो बजती हुई घुँघरू की आवाज़ इतनी मधुर प्रतीत होती है, मानो मन को मोह लेने वाली हो तथा घुटनों के बल चलने के कारण श्रीकृष्ण का सारा शरीर धूल से भर जाता है।)

वे स्वयं ही चलते हुए अपने बाल को खींच लेते हैं, जिसके कारण उनकी आँखों में आँसू भर जाते हैं। वे कभी अपनी तोतली भाषा में बोलते हैं, तो कभी वे 'तात' कहकर पुकारते हैं।

श्रीकृष्ण के कभी घुटनों के बल चलने, कभी धूल से सन जाने, कभी स्वयं ही अपने बालों को खींचना व आँखों में आँसू आ जाना, कभी अपनी तोतली भाषा में 'तात' कहकर पुकारना यह सब यशोदा माता को इतना मनमोहक लगता है कि वे श्रीकृष्ण की मधुरतम शोभा को क्षणभर के लिए भी स्वयं से दूर नहीं करना चाहती हैं। अत: वे श्रीकृष्ण को पलभर के लिए भी स्वयं की आँखों से ओझल नहीं होने देना चाहती।

3. मैया मेरी, चंद्र खिलौना लैहौं।।
धौरी को पय पान न करिहौं, बेनी सिर न गुथैहौं।
मोतिन माल न धरिहौं उर पर, झुंगली कंठ न लैहौं।।
जैहों लोट अबहिं धरनी पर, तेरी गोद न ऐहौं।
लाल कहैहौं नन्द बाबा को, तेरो सुत न कहैहौं।
कान लाय कछु कहत जसोदा, दाउहिं नाहिं सुनैहौं।
चन्दा हूँ ते अति सुंदर तोहिं, नवल दुलहिया ब्यैहौं।।
तेरी सौं मेरी सुन मैया, अबहीं ब्याहन जैहौं।
'सूरदास' सब सखा बराती, नूतन मंगल गैहौं।।

शब्दार्थ

चंद्र *चंद्रमा;* **पान** *पीना;* **बेनी** *बाल;* **धरनी** *धरती;* **सुत** *पुत्र।*

संदर्भ पूर्ववत्।

प्रसंग उपरोक्त पंक्तियों के माध्यम से कवि ने श्रीकृष्ण का हठी बालक के रूप में चित्रण किया है।

व्याख्या श्रीकृष्ण, चाँद को देख उसे खिलौना समझ माता यशोदा से उसे लेने की ज़िद करते हैं और कहते हैं यदि मुझे यह खिलौना नहीं मिला, तो न तो मैं कुछ खाऊँगा और न ही धौरी गाय का दूध पीऊँगा, न अपने बाल बँधवाऊँगा, न मोतियों की माला धारण करूँगा। श्रीकृष्ण अत्यधिक क्रोधित होते हुए कहते हैं कि यदि चंद्रमा उन्हें नहीं मिला, तो वे मिट्‌टी से भरी धरती पर लेट जाएँगे, माता की गोद में नहीं आएँगे। इसके साथ ही वे नंद-बाबा के पुत्र कहलाएँगे, माता के नहीं।

श्रीकृष्ण के हठी रूप को देख माता यशोदा श्रीकृष्ण को बहलाने का प्रयास करती हुई कहती हैं कि मैं तुझे कान में एक बात बताती हूँ, किंतु तू बलराम दाऊ को मत बताना। मैं तुम्हारी शादी चाँद से भी सुंदर दुल्हन से करा दूँगी। यह सुन बालकृष्ण कहते हैं कि मैं अभी तुरंत ही विवाह करने जाऊँगा। सूरदास कहते हैं कि श्रीकृष्ण के विवाह में उनके सभी साथी बराती बनकर मंगल गीत गाएँगे। कवि ने श्रीकृष्ण के बाल रूप का वर्णन करने के साथ-साथ एक अबोध बालक की मन: स्थिति का भी वर्णन किया है।

PYQs विगत वर्षों के प्रश्न व महत्त्वपूर्ण प्रश्न

बहुविकल्पीय प्रश्न

1. श्रीकृष्ण ने गीता किसे सुनाई थी? **(ICSE Spec Sem I 2021-22)**

(a) सहदेव को (b) नकुल को (c) अर्जुन को (d) भीम को

उत्तर (c) अर्जुन को

पद्यांश पर आधारित प्रश्न

1. निम्नलिखित पद्यांश को पढ़कर उसके नीचे दिए गए प्रश्नों के उत्तर हिंदी में लिखिए

खीजत जात माखन खात।।
अरुण लोचन, भौंह टेढ़ी, बार-बार जम्हात।।
कबहुँ रुनझुन चलत घुटुरन, धूर धूसर गात।
कबहुँ झुक कें अलक खेंचत, नैन जल भर लात।।
कबहुँ तुतरे बोल बोलत, कबहुँ बोलत तात।
'सूर' हरि की निरखि सोभा, निमिख तजत न मात।।

(ICSE Spec 2023)

(i) प्रस्तुत पद में सूरदास जी ने कृष्ण के किस रूप का चित्रण किया है तथा कृष्ण की झल्लाहट का क्या कारण है?

उत्तर प्रस्तुत पद में सूरदास जी ने कृष्ण के बाल रूप का चित्रण किया है तथा कृष्ण की झल्लाहट का कारण यह है कि उनको बहुत तेज नींद आ रही थी इसलिए वह चिढ़ते हुए और मचलते हुए माखन खा रहे हैं और झल्ला रहे हैं।

(ii) कृष्ण झल्लाहट में क्या-क्या कर रहे हैं?

उत्तर कृष्ण झल्लाहट में कभी घुटनों के बल चलते हैं जिससे उनके पैरों की पैंजनी के घुँघरु झन-झन करते हुए बजने लगते हैं व घुटनों के बल चलने से उनका पूरा शरीर धूल में सन गया है। कभी वे गुस्से से अपने ही बाल खींचने लगते हैं। कभी वे चिढ़कर अपनी तोतली भाषा में कुछ बोलते हैं तो कभी माता यशोदा से छुटकारा पाने के लिए अपने पिता को बुलाते हैं।

(iii) सूर की भक्ति-भावना बताते हुए उनका संक्षिप्त परिचय लिखिए।

उत्तर महाकवि सूरदास का जन्म 1478 ई. में दिल्ली के निकट सीही में हुआ था। सूरदास जी के जन्मांध होने में भी मतभेद है। यह महाप्रभु वल्लभाचार्य जी के शिष्य थे। इनकी रचनाओं में शृंगार रस की प्रधानता है। सूरदास जी की भक्ति-भावना अन्य सभी कृष्ण भक्त कवियों में अत्यधिक महत्त्वपूर्ण है। उनका भक्ति संबंधी दृष्टिकोण स्थिर न होकर गतिशील रहा है। दास भक्ति से आरंभ करके वे अन्तः रागानुगा भक्ति तक पहुँच गए थे।

(iv) पद के आधार पर निम्नलिखित शब्दों के अर्थ लिखिए।
लोचन, धूल-धूसर, गात, निरखि, तजत, घुटुरन।

उत्तर पद के आधार पर निम्नलिखित शब्दों के अर्थ निम्न प्रकार से हैं

लोचन	-	नेत्र
धूल-धूसर	-	धूल से सना
गात	-	शरीर
निरखि	-	देखना
तजत	-	छोड़ना
घुटुरन	-	घुटनों से

2. निम्नलिखित पद्यांश को पढ़कर और उसके नीचे दिए गए प्रश्नों के उत्तर हिंदी में लिखिए।

"मैया मेरी, चंद्र खिलौना लेहौं ॥
धौरी को पय पान न करिहौं, बेनी सिर न गुथैहौं।
मोतिन माल न धरिहौं उर पर झुंगली कंठ न लैहौं।
जैहौं लोट अबहिं धरनी पर, तेरी गोद न ऐहौं ॥
लाल कहैहौं नंद बाबा को, तेरो सुत न कहैहौं ॥"

(ICSE 2019)

(i) प्रस्तुत पद्य में कौन अपनी माता से ज़िद कर रहे हैं? वे क्या प्राप्त करना चाहते हैं?

उत्तर प्रस्तुत पद्य में बाल श्रीकृष्ण अपनी माता यशोदा से जिद कर रहे हैं। वे चन्द्रमा रूपी खिलौने को प्राप्त करना चाहते हैं अर्थात् वे आकाश में चमकते हुए चाँद को देखकर उसे खिलौना समझ माता यशोदा से उसे लेने की जिद कर रहे हैं।

(ii) उनकी माता कौन हैं? वे अपने पुत्र को देखकर कैसा अनुभव कर रही हैं? स्पष्ट कीजिए।

उत्तर उनकी माता (नन्द की पत्नी) यशोदा हैं। वे अपने पुत्र को देखकर अत्यन्त आनंद का अनुभव कर रही हैं। बाल कृष्ण की बातें माता यशोदा में हर्ष का संचार कर रही हैं, जिस कारण वे प्रसन्न हो रही हैं।

(iii) खिलौना न मिलने की स्थिति में बाल कृष्ण अपनी माँ को क्या-क्या धमकियाँ दे रहे हैं?

उत्तर खिलौना न मिलने की स्थिति में बाल कृष्ण अपनी माँ को धमकियाँ दे रहे हैं कि यदि तुमने मुझे यह खिलौना नहीं दिलाया तो न तो मैं कुछ खाऊँगा और न ही मैं धौरी गाय का दूध पीऊँगा, न अपने बाल बँधवाऊँगा, न मोतियों की माला धारण करूँगा। मैं धरती पर जाकर लेट जाऊँगा और केवल नन्द बाबा का पुत्र कहलाऊँगा यशोदा माता का नहीं।

(iv) रूठे हुए बालक को बहलाने के लिए माँ क्या कहती है? बालक पर उसका क्या प्रभाव पड़ता है? सूरदास जी की भक्ति-भावना का परिचय देते हुए समझाइए।

उत्तर रूठे हुए बालक को बहलाने के लिए माँ कहती है कि मैं तुम्हें एक बात बताती हूँ, उसे बलराम से मत कहना, मैं तेरा विवाह चंद्रमा से भी सुंदर दुल्हन से करवाऊँगी। बालक कृष्ण पर इस बात का यह प्रभाव पड़ा कि वे अत्यन्त खुश हो जाते हैं तथा उसी समय विवाह करने की बात कहते हैं। सूर की भक्ति-भावना वात्सल्य और माधुर्य भाव से युक्त है। उनकी भक्ति कृष्ण के लीला गान के रूप में उभरकर सामने आई है।

एक्सपर्ट्स कमेंट्स

- छात्रों ने कुछ स्थान पर यशोदा को यशोधरा लिखा तथा कहीं-कहीं देवकी का भी नाम लिख दिया। साथ ही साथ कुछ छात्रों ने भाषा में मात्राओं की त्रुटि की।
- "माता के द्वारा कैसा अनुभव किया जा रहा है?" इस प्रश्न का उत्तर छात्र भली प्रकार नहीं लिख पाए तथा वर्तनी तथा वाक्य संरचना की त्रुटियाँ पाई गईं।
- "सूर की भक्ति भावना कैसी थी?" इस प्रश्न के उत्तर देने में छात्र भ्रमित दिखाई दिए।

स्टूडेंट्स के लिए एडवाइज़

- छात्रों को कविता का भावार्थ, शब्दार्थ कविता, कवि परिचय इत्यादि पर आधारित अपनी सभी शंकाओं का निवारण कर लेना चाहिए। छात्रों को कविता पर आधारित प्रश्नों का लिखित रूप में अभ्यास करना चाहिए तथा पात्रों के नाम भी मौखिक रूप से कक्षा में याद करने चाहिए।
- छात्रों को वाक्य रचना, व्याकरण और वर्तनी से संबंधित त्रुटियाँ को दूर करने हेतु लिखित अभ्यास करना चाहिए।

3. "मेरे लाल को आउ निंदरिया, काहे न आनि सुलावै"।

(ICSE Spec 2017)

(i) यहाँ सूरदास जी ने यशोदा के किस प्रयास वर्णन किया है?

उत्तर यहाँ सूरदास जी ने यशोदा के द्वारा श्रीकृष्ण को सुलाने के प्रयास का वर्णन किया है। माता यशोदा विभिन्न प्रयासों के माध्यम से श्रीकृष्ण को सुलाने के लिए कभी उनके पालने को झुलाती हैं, कभी उनके प्रति स्नेह भाव दिखाती हैं तो कभी लोरियाँ गाती है।

(ii) यहाँ कवि ने श्रीकृष्ण की किन-किन क्रियाओं का रोचक चित्र प्रस्तुत किया है?

उत्तर यहाँ कवि ने श्रीकृष्ण की विभिन्न क्रियाओं का रोचक चित्र प्रस्तुत किया है। श्रीकृष्ण कभी अपनी आँखों को बंद कर ऐसा दर्शाते हैं कि मानो वे सो गए हों, कभी वे अपने होठ हिलाते हैं। कभी सोने का अभिनय करते हैं, तो दूसरे ही क्षण अपने जगे रहने का आभास कराते हैं।

(iii) प्रस्तुत पद में कवि सूरदास जी ने किस सुख की चर्चा की है तथा उस अनुभव की प्राप्ति किसे हो रही है?

उत्तर प्रस्तुत पद में कवि सूरदास जी ने वात्सल्य सुख की चर्चा की है तथा उस सुख की प्राप्ति माता यशोदा को हो रही है। श्रीकृष्ण को सुलाते हुए माता यशोदा को बाल कृष्ण के विविध क्रिया-कलापों को देखकर जो वात्सल्य सुख प्राप्त हो रहा है, उसे सूरदास जी ने देवताओं-मुनियों के लिए भी दुर्लभ बताया है, क्योंकि श्रीकृष्ण की बाल-सुलभ क्रियाएँ हृदय को परम सुख प्रदान करती हैं, जिसका अनुभव केवल माता यशोदा को हो रहा है।

(iv) कवि सूरदास जी के जीवन के विषय में बताते हुए उनका साहित्यिक परिचय दीजिए।

उत्तर जीवन परिचय भक्तिकालीन महाकवि सूरदास का जन्म 'रुनकता' नामक ग्राम में 1478 ई. में पंडित रामदास जी के घर हुआ था। पंडित रामदास सारस्वत ब्राह्मण थे। कुछ विद्वान् 'सीही' नामक स्थान को सूरदास का जन्म स्थल मानते हैं।

सूरदास जी एक बार वल्लभाचार्य जी के दर्शन के लिए मथुरा के गऊघाट आए और उन्हें स्वरचित एक पद गाकर सुनाया, वल्लभाचार्य ने तभी उन्हें अपना शिष्य बना लिया। सूरदास जी की मृत्यु 1583 ई. में गोवर्धन के पास 'पारसौली' नामक ग्राम में हुई थी।

साहित्यिक परिचय इन्होंने श्रीकृष्ण के सगुण रूप के प्रति सखा भाव की भक्ति का निरूपण किया है।

कृतियाँ भक्त शिरोमणि सूरदास जी ने लगभग सवा लाख पदों की रचना की थी, जिनमें से केवल आठ से दस हज़ार पद ही प्राप्त हो पाए हैं। 'काशी नागरी प्रचारिणी सभा' के पुस्तकालय में ये रचनाएँ सुरक्षित हैं। पुस्तकालय में सुरक्षित रचनाओं के आधार पर सूरदास जी के ग्रंथों की संख्या 25 मानी जाती है, किंतु इनके तीन ग्रंथ ही उपलब्ध हुए हैं सूरदास, सूरसारावली, साहित्य लहरी।

भाषा-शैली सूरदास जी ने अपने पदों में ब्रजभाषा का प्रयोग किया है तथा इनके सभी पद गीतात्मक हैं, जिस कारण इसमें माधुर्य गुण की प्रधानता है। इन्होंने सरल एवं प्रभावपूर्ण शैली का प्रयोग किया है।

4. निम्नलिखित पद्यांश को पढ़कर उसके नीचे दिए गए प्रश्नों के उत्तर हिंदी में लिखिए

जसोदा हरि पालने झुलावै।
हलरावै, दुलरावै मल्हावै, जोइ-सोइ कछु गावै।।
मेरे लाल को आउ निंदरिया, काहे न आनि सुवावै।
तू काहे नहिं बेगहिं आवै, तोको कान्ह बुलावै।।
कबहुँ पलक हरि मूँदि लेत हैं, कबहुँ अधर फरकावै।
सोवत जानि मौन ह्वै के रहि, करि-करि सैन बतावै।।
इहिं अन्तर अकुलाइ उठे हरि, जसुमति मधुरै गावै।
जो सुख 'सूर' अमर मुनि दुरलभ, सो नँद भामिनी पावै।।

(i) यशोदा माता नींद को कोसती हुई क्या कहती है?

उत्तर यशोदा माता नींद को कोसती हुई कहती है कि हे नींद! तू जल्दी से मेरे लाल को क्यों नहीं आती है? तुझे स्वयं कान्हा बुलाता है, तू फिर भी नहीं आती है।

(ii) प्रस्तुत पद्यांश में किस सुख के विषय में चर्चा की गई है?

उत्तर प्रस्तुत पद्यांश में वात्सल्य सुख के विषय में चर्चा की गई है। श्रीकृष्ण को सुलाते हुए माता यशोदा को बाल कृष्ण के विविध क्रियाकलापों को देखकर जो वात्सल्य सुख प्राप्त हो रहा है, वह ऋषि-मुनियों तथा देवताओं के लिए भी दुर्लभ है।

(iii) श्रीकृष्ण को सुलाने के लिए यशोदा माता क्या-क्या प्रयास करती हैं?

उत्तर श्रीकृष्ण को सुलाने के लिए यशोदा माता कभी उनके पालने को झुलाती है, कभी उनके प्रति स्नेह भाव दिखाती है। कभी लोरियाँ गाती हुई उनको सुलाने का प्रयास करती हैं, कभी नींद को कोसती हुई कहती हैं कि तू जल्दी से आकर मेरे लाल को सुलाती क्यों नहीं है।

(iv) उपरोक्त पंक्तियों का अर्थ स्पष्ट कीजिए।

उत्तर उपरोक्त पंक्तियों में कवि ने श्रीकृष्ण के बाल रूप का अत्यंत ही मनमोहक वर्णन किया है। श्रीकृष्ण कभी अपनी आँखों को बंद कर ऐसा दर्शाते हैं कि मानो सो गए हों, कभी वे अपने होंठ हिलाते हैं अर्थात् श्रीकृष्ण चुप रहकर यह दर्शाने का प्रयास करते हैं कि जैसे सो गए हों, किंतु अगले ही क्षण अपने जगे रहने का आभास कराते हैं।

लघु उत्तरीय प्रश्न

1. सूरदास जी ने अपने पद में यशोदा माता द्वारा कृष्ण को सुलाने का वर्णन किस प्रकार से किया है? **(ICSE Sem II 2021-22)**

उत्तर माता यशोदा श्रीकृष्ण को सुलाने के लिए अनेक प्रकार के यत्न करती है। वे उन्हें धीरे-धीरे पालने में झुलाती हैं, कभी उन्हें प्यार करती हैं, कभी लोरी गाकर उन्हें सुलाने का प्रयास करती हैं। कभी नींद को उलाहना देती है कि हे निंदिया! तू जल्दी से आकर मेरे कान्हा को क्यों नहीं सुलाती है? तुझे कान्हा बुला रहा है। जिस प्रकार माताएँ अपने छोटे बच्चे को सुलाने का प्रयास करती हैं, उसी प्रकार माता यशोदा भी श्रीकृष्ण को सुलाने का प्रयास कर रही हैं। जब श्रीकृष्ण को आँख बंद किए देखकर माता यशोदा सोचती हैं कि मेरा कान्हा अब सो गया है। तब वह स्वयं चुप हो जाती हैं तथा आस-पास के सभी लोगों को चुप रहने का इशारा करती हैं जिससे कान्हा की नींद न खुल जाए।

2. खिलौना न मिलने की स्थिति में श्रीकृष्ण यशोदा माता को क्या-क्या कहकर डरा रहे हैं? **(ICSE Spec Sem II 2021-22)**

उत्तर खिलौना न मिलने की स्थिति में श्रीकृष्ण यशोदा माता को यह कहकर डरा रहे हैं कि यदि मुझे यह खिलौना नहीं मिला तो मैं न तो कुछ खाऊँगा और न ही सफेद गाय का दूध पीऊँगा तथा न अपने बाल बंधवाऊँगा एवं न मोतियों की माला धारण करूँगा और न ही कुर्ता पहनूँगा। मैं मिट्टी में लेट जाऊँगा और माता की गोद में नहीं आऊँगा।

07

विनय के पद

गोस्वामी तुलसीदास

लेखक परिचय

हिंदी जगत में महत्त्वपूर्ण स्थान रखने वाले 'गोस्वामी तुलसीदास' जी भक्तिकाल की सगुण धारा के मुख्य प्रवर्तक के रूप में सामने आए। इनके जन्म स्थान के संबंध में प्रायः मतभेद हैं, किंतु कुछ विद्वानों के अनुसार, इनका जन्म उत्तर प्रदेश के बाँदा जिले के 'राजापुर' नामक गाँव में 1532 ई. में हुआ था। इनके पिता का नाम **आत्माराम दुबे** और माता का नाम **हुलसी** था। तुलसीदास को हिंदी जगत का प्राण-तत्त्व माना जाता है। **गुरु नरहरिदास** इनके गुरु थे, इन्होंने ही तुलसीदास जी को वेद, पुराण तथा अन्य शास्त्रों का अध्ययन करवाया था।

तुलसीदास के आराध्य देव **भगवान राम** हैं। इनकी कृति रामचरितमानस विश्व के प्रमुख ग्रंथों में से एक है तथा इनके साहित्य का कीर्तिस्तंभ है। इस रचना में इन्होंने नवधा भक्ति को स्वीकार किया है। तुलसीदास जी संस्कृत के प्रकांड विद्वान् थे। इन्होंने अपने काव्य में लोकहित भावना का समावेश किया है।

रामचरितमानस के अतिरिक्त **दोहावली, गीतावली, कवितावली, विनयपत्रिका**, जानकी मंगल, पार्वती मंगल, वैराग्य संदीपनी, बरवै रामायण, हनुमान बाहुक आदि इनके प्रमुख ग्रंथ हैं। इनके साहित्य की सर्वप्रमुख विशेषता समन्वय की भावना है। भाषा की बात करें तो तुलसीदास जी की **ब्रज** व **अवधी** दोनों ही भाषाओं में पकड़ थी। इनकी मृत्यु 1623 ई. में हुई।

कविता का सार

तुलसीदास जी श्रीराम के अनन्य भक्त थे। 'विनय के पद' में उन्होंने राम की महिमा का बखान किया है। इन्होंने श्रीराम को कृपालु, दयालु व मानवता का उद्धार करने वाले प्रभु के रूप में माना है।

गरीबों पर सदा प्रभु राम की कृपा बनी रहती है, उन्होंने ऋषियों, मुनियों द्वारा किए जाने वाले योग, जतन को त्याज्य मानते हुए प्रभु का नाम जपने को सर्वश्रेष्ठ माना है तथा मन को संबोधित करते हुए उसे राम के नाम में रम जाने के लिए कहते हैं।

कवि ऐसे व्यक्तियों का त्याग करने के लिए कहते हैं, जिनके मन में प्रभु राम व माता सीता के प्रति स्नेह भाव विद्यमान नहीं है। प्रह्लाद, विभीषण, भरत आदि की त्याग भावना का उदाहरण देते हुए कवि कहना चाहते हैं कि ईश्वरीय प्रेम के कारण हमें घनिष्ठ संबंधों का त्याग करने से भी पीछे नहीं हटना चाहिए।

कवि का मत है कि जिस मनुष्य का मन ईश्वर के प्रति पूर्णरूप से भक्ति-भाव में समर्पित होगा, उसका जीवन मंगलमय होगा। उस पर भगवान राम की कृपा सदैव बनी रहेगी।

संदर्भ-सहित व्याख्या

1. ऐसो को उदार जग माहीं।
बिनु सेवा जो द्रवै दीन पर राम सरिस कोउ नाहीं।।
जो गति जोग विराग जतन करि नहिं पावन मुनि ज्ञानी।
सो गति देत गीध सबरी कहूँ प्रभु न बहुत जिय जानी।।
जो संपति दस सीस अरप करि रावन सिव पहँ लीन्ही।
सो संपदा-विभीषण कहँ अति सकुच सहित प्रभु दीन्ही।।
तुलसीदास सब भाँति सकल सुख जो चाहसि मन मेरो।
तौ भजु राम, काम सब पूरन कर कृपानिधि तेरो।।

शब्दार्थ

उदार *दयावान;* **सरिस** *समान;* **विराग** *वैरागी, सांसारिक मामलों से अलग;* **अरप** *चढ़ाकर, देवता की भेंट;* **सकल** *सभी;* **भजु** *भजना।*

संदर्भ प्रस्तुत पद्यांश हमारी पाठ्य-पुस्तक 'साहित्य सागर' के 'पद्य भाग' से तुलसीदास द्वारा रचित 'विनय के पद' से उद्धृत है।

प्रसंग उपरोक्त पंक्तियों के माध्यम से कवि ने श्रीराम की उदारता का वर्णन किया है।

व्याख्या कवि कहते हैं कि इस जग में श्रीराम के समान उदार हित वाला कौन है अर्थात् उनके समान दयावान व कृपालु कौन है, जो बिना सेवा के गरीबों पर दया करता है? इस जग में ऐसे कृपालु राम के समान कोई नहीं है। तुलसीदास जी कहते हैं कि जो सुख ऋषि-मुनियों को अनेक जतन करने के परिणामस्वरूप भी प्राप्त नहीं होता, वह सुख भगवान राम की शरण में जाने से जटायु व शबरी को प्राप्त हुआ।

इसी प्रकार, रावण ने शिव की कृपा पाने के लिए अपने दसों सिरों का अर्पण किया, किंतु इसके विपरीत विभीषण ने बिना किसी जतन के प्रभु राम की कृपा प्राप्त की। यहाँ तुलसीदास श्रीराम की दयालु प्रवृत्ति का बखान करते हुए कहते हैं कि राम की शरण व राम की कृपा पाने के लिए हमें किसी भी प्रकार के त्याग की आवश्यकता नहीं है। आगे कवि मन को संबोधित करते हुए कहते हैं कि हे मन! यदि तुझे संसार के सभी सुखों से फलीभूत होना है अर्थात् सभी सुखों का आनंद प्राप्त करना है, तो तू राम के नाम का जप कर, उस कृपानिधि का नाम जपने मात्र से ही तेरे सारे काम पूर्ण हो जाएँगे।

2. जाके प्रिय न राम वैदेही।
तजिए ताहि कोटि वैरी सम जद्‌पि परम सनेही।।
तप्तयो पिता प्रह्लाद, विभीषण बंधु, भरत महतारी।
बलि गुरु तप्तयो, कन्त ब्रज बनितह्न, भए-मुद मंगलकारी।।
नाते नेह राम के मनियत, सुहृद सुसेव्य जहाँ लौं।
अंजन कहा आँख जेहि फूटै, बहु तक कहौं कहाँ लौं।
तुलसी सो सब भांति परमहित पूप्तय प्रान ते प्यारो।
जासों होय सनेह राम-पद, एतो मतो हमारो।।

शब्दार्थ

तजिए *त्याग करना;* **वैरी** *शत्रु;* **स्नेह** *प्रेम;* **कंत** *पति;* **बनितह्नि** *स्त्रियाँ।*

संदर्भ पूर्ववत्।

प्रसंग उपरोक्त पंक्तियों के माध्यम से कवि ने प्रभु राम के प्रति स्नेह भाव रखने वाले मनुष्यों के जीवन को मंगलमय बताया है।

व्याख्या कवि कहते हैं कि जिस मनुष्य के हृदय में प्रभु राम व सीता माता के प्रति प्रेम भाव विद्यमान नहीं है, वह मनुष्य हमें कितना ही प्रिय क्यों न हो, शत्रुओं के समान हमें उसका त्याग कर देना चाहिए। जिस प्रकार ईश्वर के प्रति भक्ति-भाव में लीन होने के कारण प्रह्लाद ने अपने पिता का, विभीषण ने अपने भाई रावण का, भरत ने अपनी माता का, राजा बलि ने अपने गुरु का तथा ब्रज की स्त्रियों ने अपने पतियों का त्याग किया था, क्योंकि उनके हृदय में प्रभु के प्रति स्नेह भाव विद्यमान था। कहने का तात्पर्य यह है कि ईश्वरीय प्रेम के कारण हमें घनिष्ठ संबंधों का त्याग करने से भी पीछे नहीं हटना चाहिए।

कवि के अनुसार, हमें राम का स्मरण रखने वाले व्यक्ति के प्रति ही प्रेम भाव रखना चाहिए। यहाँ कवि उदाहरण देते हुए कहते हैं कि ऐसे काजल का क्या उपयोग, जिसे लगाने से आँखें फूट जाएँ? इसलिए हमें ऐसे मनुष्यों का सर्वथा त्याग कर देना चाहिए, जिनके हृदय में प्रभु के प्रति स्नेह भाव विद्यमान न हो।

तुलसीदास जी का मत है कि जिस मनुष्य का मन ईश्वर के प्रति पूर्णरूप से भक्ति-भाव में समर्पित होगा, उसका जीवन मंगलमय होगा। भगवान राम की कृपा उस पर सदैव बनी रहेगी।

PYQs विगत वर्षों के प्रश्न व महत्त्वपूर्ण प्रश्न

पद्यांश पर आधारित प्रश्न

1. निम्नलिखित पद्यांश को पढ़कर उसके नीचे दिए गए प्रश्नों के उत्तर हिंदी में लिखिए।

जाके प्रिय न राम वैदेही।
तजिए ताहि कोटि वैरी सम जद्‌पि परम सनेही।।
तप्तयो पिता प्रह्लाद, विभीषण बंधु, भरत महतारी।
बलि गुरु तप्तयो, कंत ब्रज बनिति, भए-मुद मंगलकारी।।
नाते नेह राम के मनियत, सुहृद, सुसेव्य जहाँ लौं।
अंजन कहा आँख जेहि फूटै, बहु तक कहौं कहा लौं।।

(ICSE 2020)

(i) 'तजिए ताहि कोटि वैरी सम' से कवि क्या कहना चाहता है? स्पष्ट कीजिए।

उत्तर 'तजिए ताहि कोटि वैरी सम' से कवि यह कहना चाहता है कि हमें अपने उस परम स्नेही को भी जिसका श्रीराम व सीता माता के चरणों में अनुराग न हो, उसको अपना वैरी समझकर त्याग देना चाहिए।

(ii) राम की भक्ति में किन-किन लोगों ने किनका त्याग किया है?

उत्तर राम की भक्ति में प्रह्लाद ने अपने पिता हिरण्यकश्यप का, विभीषण ने अपने भाई रावण का, बलि ने अपने गुरु शुक्राचार्य का, भरत ने अपनी माता केकैयी का तथा ब्रज की गोपिकाओं ने अपने-अपने पतियों का त्याग कर दिया था, क्योंकि वे सभी ईश्वर भक्ति में बाधक थे।

(iii) 'अंजन कहा आँख जेहि फूटै, बहू तक कहौं कहाँ लौ।' पंक्ति की व्याख्या कीजिए।

उत्तर प्रस्तुत पंक्तियों में कवि उदाहरण देते हुए कहते हैं कि ऐसे काजल का क्या उपयोग जिसे लगाने से आँखें फूट जाएँ? अर्थात् उसे त्याग देना चाहिए उसी प्रकार ऐसे मनुष्यों का सर्वथा त्याग कर देना चाहिए, जिनके हृदय में प्रभु के प्रति स्नेह भाव विद्यमान न हो। अतः हमें राम का स्मरण रखने वाले व्यक्ति के प्रति ही प्रेम भाव रखना चाहिए।

(iv) कवि तुलसी के इष्ट प्रभु का नाम बताइए। उनकी भाषा और भक्ति-भावना का परिचय दीजिए।

उत्तर कवि तुलसी के इष्ट प्रभु का नाम श्रीराम है। तुलसी ने ब्रज और अवधी दोनों भाषाओं में रचनाएँ की हैं। 'रामचरितमानस' इनकी सर्वश्रेष्ठ काव्य रचना है। यह 'अवधी' में लिखी गई है तथा 'विनयपत्रिका' ब्रजभाषा में लिखी गई है।

तुलसी की भक्ति-भावना दास्य भाव की है। वे स्वयं को प्रभु श्रीराम का दास मानते हैं। वे श्रीराम के अनन्य भक्त हैं। उन्होंने श्रीराम को दयालु, कृपालु तथा मानवता का उद्धार करने वाले प्रभु के रूप में माना है।

2. ऐसो को उदार जग माहीं।
बिनु सेवा सो द्रवै दीन पर राम सरिस कोउ नाहीं।।
जो गति जोग बिराग जतन करि नहिं पावन मुनि ज्ञानी।
सो गति देत गीध सबरी कहूँ प्रभु न बहुत जिय जानी।।

(i) कवि ने किसकी महिमा का बखान करते हुए उन्हें उदार हित वाला बताया है और क्यों?

उत्तर कवि ने प्रभु श्रीराम की महिमा का बखान करते हुए उन्हें उदार हित वाला बताया है, क्योंकि प्रभु श्रीराम बिना सेवा के गरीबों पर दया करते हैं तथा उनका कल्याण करते हैं। ऐसा जगत में कृपालु राम के समान कोई नहीं है।

(ii) संसार में किसके समान कोई नहीं है और क्यों?

उत्तर संसार में प्रभु राम के समान दयालु व कृपालु कोई और नहीं है, क्योंकि वे सदैव गरीबों के उद्धार में लगे रहते हैं। अतः संसार में उनके समान कोई नहीं है।

(iii) "जो गति जोग बिराग जतन करि नहिं पावन मुनि ज्ञानी।" इस पंक्ति से कवि का आशय स्पष्ट कीजिए।

उत्तर "जो गति जोग बिराग जतन करि नहिं पावन मुनि ज्ञानी।" इस पंक्ति के माध्यम से कवि प्रभु राम की महानता का वर्णन करते हुए कहते हैं कि जो सुख ऋषि-मुनियों को अपनी वैराग्य भावना, योग, जतन आदि करने से प्राप्त नहीं होता, वह राम का नाम जपने से प्राप्त हो जाता है।

(iv) कवि ने श्रीराम की कल्याणकारी भावना का बखान किस प्रकार किया है?

उत्तर कवि ने श्रीराम की कल्याणकारी भावना का बखान करते हुए कहा है कि इस संसार में भगवान श्रीराम के समान दयालु प्रवृत्ति का कोई नहीं है, जो अपने भक्तों का सदैव कल्याण करते हैं तथा उन्होंने स्वयं की जाने वाली योग-साधना को प्रभु के नाम या प्रभु की शरण के सामने त्याज्य माना है।

कवि उदाहरण देते हुए कहते हैं कि जो सुख ऋषि-मुनि प्राप्त नहीं कर सके, वह सुख राम की शरण में जाने से जटायु व शबरी को प्राप्त हुआ।

3. जो संपति दस सीस अरप करि रावन सिव पहँ लीन्ही।
जो संपदा-विभीषण कहँ अति सकुच सहित प्रभु दीन्हीं।।
तुलसीदास सब भाँति सकल सुख जो चाहसि मन मेरो।
तौ भजु राम, काम सब पूरन कर कृपानिधि तेरो।।

(i) किसने और किसकी कृपा पाने के लिए दसों सिरों का अर्पण किया?

उत्तर रावण ने भगवान शिव की कृपा पाने के लिए अपने दसों सिरों का अर्पण किया था अर्थात् बहुत कठिन तपस्या की।

(ii) विभीषण ने प्रभु श्रीराम की कृपा पाने के लिए क्या किया?

उत्तर विभीषण ने प्रभु श्रीराम की कृपा पाने के लिए किसी भी प्रकार का जतन नहीं किया। उन्होंने केवल प्रभु श्रीराम का स्मरण किया। इस प्रकार, श्रीराम के स्मरण मात्र से ही उन्हें श्रीराम की कृपा प्राप्त हो गई।

(iii) श्रीराम की कृपा प्राप्ति के लिए कवि के अनुसार क्या करना चाहिए? अपने शब्दों में स्पष्ट कीजिए।

उत्तर कवि के अनुसार, भगवान श्रीराम की कृपा प्राप्त करने के लिए हमें किसी भी प्रकार के जतन करने की आवश्यकता नहीं है। राम की शरण में जाने और उनका नाम स्मरण करने से ही उनकी कृपा प्राप्त की जा सकती है अर्थात् सच्चे हृदय से प्रभु का ध्यान करने मात्र से ही प्रभु श्रीराम अपने भक्तों पर अपनी कृपा दृष्टि बनाए रखते हैं।

(iv) उपरोक्त पंक्तियों के माध्यम से कवि का क्या आशय है? स्पष्ट कीजिए।

उत्तर उपरोक्त पंक्तियों के माध्यम से कवि भगवान राम की महिमा का बखान तथा मन को संबोधित करते हुए कहते हैं कि हे मन! यदि तुझे संसार के सभी सुखों से फलीभूत होना है अर्थात् सभी सुखों का आनंद प्राप्त करना है, तो तू राम के नाम का जाप कर। कृपानिधि राम के नाम जपने मात्र से ही तेरे सारे कार्य पूर्ण हो जाएँगे।

लघुउत्तरीय प्रश्न

1. तुलसीदास जी की भक्ति किस प्रकार की थी? उन्होंने अपने राम की क्या-क्या विशेषताएँ बताई हैं और क्यों? (ICSE Sem II 2021-22)

उत्तर तुलसीदास जी की भक्ति दास्य भाव की है। वे स्वयं को प्रभु श्रीराम को दास मानते हैं। वे श्रीराम के अनन्य भक्त हैं। उन्होंने श्रीराम को दयालु, कृपालु तथा मानवता का उद्धार करने वाले प्रभु के रूप में माना है। उन्होंने श्रीराम को अत्यन्त दयालु व कृपालु बताया है, क्योंकि वे अपने भक्तों के द्वारा केवल उनके नाम का जाप अर्थात् स्मरण करने मात्र से ही प्रसन्न हो जाते हैं।

बड़े-बड़े ऋषि मुनि भी जिस गति अर्थात् मोक्ष को अपनी वैराग्य वृत्ति तथा योग साधना से भी प्राप्त नहीं कर पाते उसी मोक्ष की प्राप्ति श्रीराम ने बिना कोई प्रयत्न किए केवल उनके नाम का स्मरण करने मात्र से ही जटायु तथा शबरी को कराई थी। प्रभु श्रीराम बिना सेवा किए ही गरीबों पर दया करते हैं तथा उनका कल्याण करते हैं।

2. तुलसीदास जी का परिचय लिखिए। (ICSE Spec Sem II 2021-22)

उत्तर हिंदी जगत में महत्त्वपूर्ण स्थान रखने वाले गोस्वामी तुलसीदास जी भक्तिकाल की सगुण धारा की रामभक्ति शाखा के प्रमुख प्रवर्तक के रूप में सामने आए। इनके जन्म स्थान के संबंध में प्रायः मतभेद हैं, किंतु कुछ विद्वानों के अनुसार, इनका जन्म उत्तर प्रदेश के बाँदा जिले के राजापुर नामक गाँव में 1532 ई. में हुआ था। इनके पिता का नाम 'आत्माराम दुबे' तथा माता का नाम 'हुलसी' था।

इनके गुरु 'नरहरिदास' थे। इन्होंने ही तुलसीदास को वेद, पुराण और अन्य शास्त्रों का अध्ययन करवाया था। तुलसीदास को हिंदी जगत का सूर्य भी कहा जाता है। दोहावली, कवितावली, कृष्णगीतावली, विनयपत्रिका, रामचरितमानस आदि इनकी प्रसिद्ध कृतियाँ हैं।

08

भिक्षुक

सूर्यकांत त्रिपाठी निराला

लेखक परिचय

बहुमुखी प्रतिभा के धनी 'सूर्यकांत त्रिपाठी निराला' का जन्म 1897 ई. में बंगाल के मेदिनीपुर जिले में हुआ। इनके पिता का नाम पंडित 'रामसहाय त्रिपाठी' था तथा वे उत्तर प्रदेश के उन्नाव जिले में रहते थे। निराला जी का पारिवारिक जीवन बड़ा ही कष्टमय रहा। ढाई वर्ष की अल्पायु में ही इनकी माताजी का स्वर्गवास हो गया तथा इनके पालन-पोषण की ज़िम्मेदारी इनके पिता के कंधों पर आ गई। इन्होंने हाईस्कूल तक आते-आते हिंदी के साथ-साथ अंग्रेज़ी, संस्कृत व बांग्ला भाषा भी सीख ली थी। निराला जी ने कविता के अतिरिक्त उपन्यास, कहानी, समालोचना, संस्करण आदि भी लिखे हैं। वर्ष 1916 में इन्होंने **जूही की कली** की रचना की तथा वर्ष 1922 में रामकृष्ण मिशन के पत्र **समन्वय** का संपादन किया और वर्ष 1923-24 में **मतवाला** का संपादन किया तथा लखनऊ आने के बाद **गंगा पुस्तक माला** का संपादन करने लगे। परिमल, जूही की कली, गीतिका, अनामिका, राम की शक्ति पूजा, अपरा, तुलसीदास, कुकुरमुत्ता, अप्सरा, प्रभावती आदि इनकी प्रसिद्ध रचनाएँ हैं। इनकी भाषा संस्कृतनिष्ठ है तथा हिंदी में छंद मुक्त कविता के प्रवर्तक के रूप में पहचाने जाने वाले निराला जी का 15 अक्टूबर, 1961 को देहावसान हो गया।

कविता का सार

इस कविता के माध्यम से कवि भिखारी की दयनीय स्थिति का वर्णन करते हुए कहता है कि उसकी स्थिति इतनी दयनीय है कि वह स्वयं अपने भाग्य को कोसता है। भूख की व्याकुलता से उसका पेट व पीठ दोनों एक समान प्रतीत होते हैं। वह अपनी भूख को मिटाने के उद्देश्य से मुट्ठी भर दानों की तलाश में पछताता हुआ-सा मार्ग पर भटकता हुआ प्रतीत होता है।

कवि भिक्षुक व उसके बच्चों का अत्यंत ही मार्मिक चित्र प्रस्तुत करते हुए कहता है कि वह अपने बच्चों के साथ खाने की तलाश में दर-दर भटकता है, किंतु किसी की कृपा दृष्टि न पाकर वह स्वयं ही आँसुओं के घूँट पीकर रह जाता है।

जब भूखे भिखारी के पास अपनी भूख को शांत करने का कोई चारा नहीं बचता, तो वह सड़क के किनारे पड़ी पत्तलों की जूठन को खाने की सोचता है, किंतु गरीब भिखारी जूठन खाने का भी हकदार नहीं रहता, क्योंकि जूठन पर भी कुत्ते नज़र लगाए खड़े हैं।

अंत में भिक्षुक की दर्दनाक व दयनीय स्थिति को देखते हुए कवि को दया आ जाती है और कवि, भिक्षुक के प्रति सहानुभूति व्यक्त करते हुए कहता है कि मैं तुम्हारे दुःख-दर्द को बाँट लूँगा।

संदर्भ-सहित व्याख्या

1.

वह आता
दो टूक कलेजे के करता पछताता पथ पर आता।
पेट-पीठ दोनों मिलकर हैं एक,
चल रहा लकुटिया टेक,
मुट्ठी भर दाने को-भूख मिटाने को
मुँह फटी-पुरानी झोली का फैलाता
दो टूक कलेजे के करता पछताता पथ पर आता।

शब्दार्थ

टूक *टुकड़े;* **पछताता** *पश्चात्ताप करना;* **लकुटिया** *लाठी;* **पथ** *मार्ग, रास्ता।*

संदर्भ प्रस्तुत पद्यांश हमारी पाठ्य-पुस्तक 'साहित्य-सागर' के 'पद्य-भाग' में संकलित सूर्यकांत त्रिपाठी 'निराला' द्वारा रचित कविता 'भिक्षुक' से उद्धृत है।

प्रसंग उपरोक्त पंक्तियों के माध्यम से कवि ने भिक्षुक की दयनीय स्थिति का वर्णन किया है।

व्याख्या कवि कहता है कि वह (भिक्षुक) स्वयं अपने भाग्य को कोसता हुआ दु:खी व निराशा के भाव से मार्ग पर चलता हुआ आता है। उसे स्वयं अपनी स्थिति पर पछतावा होता है, किंतु फिर भी वह अपने कलेजे के दो टुकड़े करते हुए भी भीख माँगने को विवश है। उसकी स्थिति इतनी दयनीय है कि उसका पेट व पीठ दोनों सिकुड़ कर एक समान प्रतीत हो रहे हैं अर्थात् भिक्षुक को देखकर ऐसा प्रतीत हो रहा है मानो उसने कई दिनों से कुछ न खाया हो, इसलिए उसे आज भीख माँगनी पड़ रही है। उसमें इतना साहस नहीं रह गया है कि वह मार्ग पर या पथ पर बिना सहारे के चले। उसे चलने के लिए लाठी का सहारा लेना पड़ रहा है। उसे अपनी भूख मिटाने के लिए मुट्ठी भर दानों की तलाश में दर-दर भटकना पड़ रहा है। वह एक फटी-पुरानी झोली को लोगों के सामने फैलाता हुआ, भीख माँगता हुआ, पथ पर भटकता हुआ-सा प्रतीत होता है।

2. साथ दो बच्चे भी हैं सदा हाथ फैलाए,
बाएँ से वे मलते हुए पेट को चलते,
और दाहिना दया-दृष्टि पाने की ओर बढ़ाए।
भूख से सूख ओंठ जब जाते,
दाता-भाग्य, विधाता से क्या पाते?
घूँट आँसुओं के पीकर रह जाते।

शब्दार्थ

दया-दृष्टि *कृपा-दृष्टि;* **ओंठ** *होंठ;* **भाग्य** *किस्मत;* **विधाता** *भगवान।*

संदर्भ पूर्ववत्।

प्रसंग उपरोक्त पंक्तियों के माध्यम से कवि ने भिक्षुक की दीन-हीन दशा का वर्णन किया है तथा लोगों की संवेदनहीनता का परिचय दिया है।

व्याख्या कवि कहता है कि बेबस भिखारी के साथ भीख माँगते हुए, उसके दो बच्चे भी हैं, जो उसके साथ भीख माँगते हुए चलते हैं। उनका बायाँ हाथ पेट पर है तथा दाहिना हाथ भिक्षा माँगने के लिए लोगों के सामने फैलाया हुआ है अर्थात् बायाँ हाथ पेट पर रखकर वे लोगों के सामने अपने भूखे होने की स्थिति को दर्शा रहे हैं तथा दूसरी ओर दाहिना हाथ लोगों के सामने बढ़ाकर अपनी बेबस भरी स्थिति को बयान करते हैं।

भूख की व्याकुलता से उनके होंठ सूख गए हैं, किंतु किसी की कृपादृष्टि न बन पाने के कारण वह स्वयं आँसुओं के घूँट पीकर रह जाते हैं। उनकी दयनीय, बेबस व लाचारी भरी स्थिति को देखकर भी कोई उन पर अपनी दया-दृष्टि नहीं बनाता अर्थात् उनको अपनी भूख मिटाने के लिए मुट्ठी भर अनाज भी प्राप्त नहीं होता।

3. चाट रहे जूठी पत्तल वे कभी सड़क पर खड़े हुए,
और झपट लेने को उनसे कुत्ते भी हैं अड़े हुए।
ठहरो, अहो मेरे हृदय में है अमृत, मैं सींच दूँगा।
अभिमन्यु-जैसे हो सकोगे तुम,
तुम्हारे दु:ख मैं अपने हृदय में खींच लूँगा।

शब्दार्थ

जूठी *दूसरे की खाई हुई;* **सड़क** *मार्ग;* **झपट** *छीन लेना;* **अभिमन्यु** *अर्जुन का पुत्र।*

संदर्भ पूर्ववत्।

प्रसंग उपरोक्त पंक्तियों के माध्यम से कवि ने भिखारी की व्याकुलता का वर्णन करते हुए स्वयं उसके दु:ख-दर्द को बाँटने की बात की है।

व्याख्या जब भिखारी के पास अपनी भूख को शांत करने का कोई चारा नहीं बचता, तो वह सड़क के किनारे पड़ी पत्तलों की जूठन को खाने पर विवश हो जाता है, किंतु वे अपने भाग्य के चलते सड़क के किनारे पड़ी जूठन को भी खाने के हकदार नहीं थे, क्योंकि उस जूठन पर भी कुत्ते नज़र लगाए खड़े थे अर्थात् भिक्षुक की स्थिति इतनी दयनीय है कि उसे जूठन तक खाने को प्राप्त नहीं होती।

कवि भिक्षुक की दयनीय स्थिति को देखकर दु:खी होता है तथा भिखारी को उसकी स्थिति से उबारने के लिए व्याकुल हो उठता है। कवि ने भिखारी के दु:ख की तुलना अभिमन्यु से करते हुए कहा है कि जब तुम अभिमन्यु के समान दु:ख की अंतिम सीमा पर पहुँच जाओगे, तब मैं (कवि) तुम्हारे दु:खों को स्वयं अपना लूँगा अर्थात् कवि के मन में गरीब भिखारी के प्रति सहानुभूति का भाव विद्यमान है।

PYQs विगत वर्षों के प्रश्न व महत्त्वपूर्ण प्रश्न

पद्यांश पर आधारित प्रश्न

1. निम्नलिखित पद्यांश को पढ़िए और उसके नीचे लिखे प्रश्नों के उत्तर हिंदी में लिखिए।

साथ दो बच्चे भी हैं सदा हाथ फैलाए
बाएँ से वे मलते हुए पेट को चलते
और दाहिना दया दृष्टि पाने की ओर बढ़ाए।
भूख से सूख ओंठ जब जाते,
दाता-भाग्य, विधाता से क्या पाते?
घूँट-आँसुओं के पीकर रह जाते। **(ICSE 2023)**

(i) भिक्षुक के साथ कौन-कौन है और उनकी हालत कैसी है?

उत्तर भिक्षुक के साथ दो बच्चे हैं। उनकी हालत बहुत खराब है। वे भूख से अत्यंत व्याकुल हैं और पेट को मलते हुए भिक्षुक के साथ चल रहे हैं। वे भी अपना हाथ फैलाए भिक्षुक के समान भीख माँग रहे हैं।

(ii) 'दया दृष्टि' का क्या अर्थ है? उन्हें इसकी आवश्यकता क्यों है?

उत्तर दया-दृष्टि का अर्थ कृपा दृष्टि है। उन्हें इसकी आवश्यकता इसलिए हैं, क्योंकि वह बहुत गरीब हैं और भीख माँग रहे हैं, लेकिन कोई उनको भीख तक भी नहीं दे रहा है। जिसकी वजह से वह आँसुओं के घूँट पीकर रह जाते हैं। उनकी दयनीय स्थिति बहुत खराब है तथा भूख से तड़प रहे हैं इसलिए उन्हें अपनी भूख मिटाने के लिए दया दृष्टि की आवश्यकता है।

(iii) भिक्षुक को देखकर कवि को महाभारत का कौन-सा पात्र याद आता है और क्यों?

उत्तर भिक्षुक को देखकर कवि को महाभारत का अभिमन्यु याद आता है, क्योंकि जिस प्रकार अभिमन्यु ने अपने जीवन के अंत तक हार नहीं मानी और संघर्ष करता रहा, उसी प्रकार तुम (भिक्षुक) भी अभिमन्यु के समान इस समाज से संघर्ष करो और अपने समस्त कष्टों का निवारण करो।

(iv) 'घूँट आँसुओं के पीकर रह जाते' इस पंक्ति का भाव स्पष्ट करते हुए लिखिए कि लाचार और जरूरतमंदों के लिए मन में प्रेम और संवेदना होना क्यों आवश्यक है?

उत्तर 'घूँट आँसुओं के पीकर रह जाते' इस पंक्ति का भाव यह है कि भिक्षुक भूख से तड़प रहा है और किसी की कृपा दृष्टि न होने से वह दुखी है, क्योंकि उनकी दयनीय, बेबस व लाचार स्थिति को देखकर भी कोई उन पर अपनी दया दृष्टि नहीं दिखाता अर्थात् उनको अपनी भूख मिटाने के लिए मुट्ठी भर अनाज भी प्राप्त नहीं होता है।

लाचार और जरूरतमंदों की उम्मीदें हम लोगों से ही जुड़ी होती हैं। इसलिए सभी लोगों के मन में लाचार और जरूरतमंदों के लिए मन में प्रेम और संवेदना होना आवश्यक है।

2. निम्नलिखित पद्यांश को पढ़कर उसके नीचे दिए गए प्रश्नों के उत्तर हिंदी में लिखिए।

"चाट रहे जूठी पत्तल वे कभी सड़क पर खड़े हुए,
और झपट लेने को उनसे कुत्ते भी हैं, अड़े हुए।
ठहरो, अहो मेरे हृदय में है अमृत, मैं सींच दूँगा।
अभिमन्यु जैसे हो सकोगे तुम, तुम्हारे दु:ख मैं अपने हृदय में खींच लूँगा।

(ICSE 2018)

(i) पहली दो पंक्तियों में कवि ने क्या दृश्य प्रस्तुत किया है?

उत्तर पहली दो पंक्तियों में कवि ने दृश्य प्रस्तुत करते हुए कहता है कि जब भिक्षुक और उसके बच्चे सड़क पर पड़ी जूठी पत्तलों को चाटकर पेट भरने का प्रयास कर रहे हैं, तो कुत्ते भी पत्तलों को छीन लेने के लिए तैयार खड़े हैं।

(ii) इस भावुक दृश्य से हमारे हृदय में क्या भाव उत्पन्न होते हैं?

उत्तर इस भावुक दृश्य से हमारा हृदय भिक्षुक की दयनीय स्थिति देखकर दु:खी होता है तथा हम भिखारी को उसकी स्थिति से उबारने के लिए व्याकुल हो उठते हैं। अपने हृदय में संचित प्रेम से अमृत तत्त्व को उन भिखारी के बच्चों पर न्योछावर करना चाहते हैं।

(iii) क्या भिक्षुकों की मदद करना मानवीय धर्म नहीं है? यहाँ अभिमन्यु का उदाहरण कवि ने क्यों दिया है?

उत्तर भिक्षुकों की मदद करना हमारा मानवीय धर्म है। हमें मानवता के प्रति उनकी पूर्ण रूप से सहायता करनी चाहिए। यहाँ अभिमन्यु का उदाहरण कवि ने इसलिए दिया है, क्योंकि जिस प्रकार अभिमन्यु ने अपने जीवन के अंत तक हार नहीं मानी और संघर्ष करता रहा, उसी प्रकार तुम (भिक्षुक) भी अभिमन्यु के समान इस समाज से संघर्ष करो और अपने समस्त कष्टों का निवारण करो।

(iv) प्रस्तुत कविता का केंद्रीय भाव लिखिए।

उत्तर भिक्षुक कविता में कवि ने एक भिखारी और उसके दो बच्चों की दयनीय अवस्था का वर्णन किया है। भिखारी का पेट और पीठ भुखमरी के कारण एक हो गए हैं। वे अपनी भूख मिटाने के लिए भीख माँगते रहते हैं, सड़क पर चलते हुए जूठी पत्तलों को चाट रहे हैं, जिसके लिए उन्हें कुत्तों से भी छिना-झपटी करनी पड़ रही है। भिक्षुक की दीनता को देखकर कवि उनके प्रति अपनी सहानुभूति प्रकट करता है।

टीचर्स कमेंट्स

- कुछ छात्रों ने प्रश्न में दिए गए पद्यांश की पहली दो पंक्तियों के स्थान पर कविता की पहली दो पंक्तियों का भावार्थ लिख दिया। छात्रों ने प्रश्नों के उत्तर अपने शब्दों में न लिखकर पंक्तियों को ही उतार दिया।
- कुछ छात्रों ने प्रश्न के उत्तर सटीक नहीं लिखे और कहीं-कहीं विचारों की पुनरावृत्ति दृष्टिगोचर हुई।
- कहीं-कहीं छात्रों के द्वारा दिए गए उत्तर से प्रतीत होता है मानो छात्र कविता के प्रतीकात्मक अर्थ से अनभिज्ञ थे।
- अधिकांश छात्रों ने कविता का केंद्रीय भाव लिखने की अपेक्षा उसका सारांश लिख दिया। व्याकरण तथा वर्तनी संबंधी अशुद्धियाँ पाई गई।

स्टूडेंट्स के लिए एडवाइज

- छात्रों को प्रत्येक प्रश्न को ध्यानपूर्वक पढ़ना चाहिए तथा उसका उत्तर सटीकता के साथ देना चाहिए।
- छात्र को कविता पढ़ने से पहले कवि का परिचय, कविता का मूलभाव, सारांश तथा उद्देश्य को ध्यानपूर्वक समझना चाहिए।
- छात्रों को कठिन शब्दों को उनके अर्थ के साथ याद करते रहना चाहिए तथा पद्यांश की प्रत्येक पंक्ति का अर्थ समझना चाहिए।

3. वह आता
दो टूक कलेजे के करता पछताता पथ पर आता।
पेट-पीठ दोनों मिलकर हैं एक,
चल रहा लकुटिया टेक।

(i) स्वयं अपने भाग्य को कोसता हुआ, पछताता हुआ-सा, कौन चलता हुआ आता है?

उत्तर भिक्षुक स्वयं अपने भाग्य को कोसता हुआ, पछताता हुआ-सा निराशा के भाव से मार्ग पर चलता हुआ आता है।

(ii) "पेट-पीठ दोनों मिलकर हैं एक" ऐसा क्यों कहा गया है?

उत्तर गरीब भिक्षुक की स्थिति इतनी दयनीय है कि उसका पेट व पीठ दोनों सिकुड़कर एक समान प्रतीत हो रहे हैं अर्थात् उसे देखकर ऐसा लग रहा है, मानो उसने कई दिनों से कुछ खाया न हो।

(iii) 'चल रहा लकुटिया टेक' पंक्ति के आधार पर बताइए कि लाठी के सहारे कौन चल रहा है और क्यों?

उत्तर 'चल रहा लकुटिया टेक' पंक्ति में लाठी के सहारे गरीब भिक्षुक चल रहा है। वह लाठी के सहारे चलता हुआ आता है तथा वह दु:खी व निराश भी है। उसके चेहरे पर इस बात का पछतावा है कि उसे भीख माँगनी पड़ रही है। ऐसा लग रहा है, जैसे उसके कलेजे के दो टुकड़े हो गए हों। उसे देखकर यह भी प्रतीत हो रहा है, जैसे उसने कई दिनों से कुछ न खाया हो। उसमें इतनी भी शक्ति नहीं रह गई है कि वह बिना सहारे के चल सके। इसलिए उसे चलने के लिए लाठी का सहारा लेना पड़ रहा है।

(iv) उपरोक्त पंक्तियों के माध्यम से कवि का क्या आशय है?

उत्तर उपरोक्त पंक्तियों के माध्यम से कवि भिखारी का यथार्थ चित्र प्रस्तुत करते हुए उसकी दयनीय स्थिति का वर्णन करते हुए कहते हैं कि भिक्षुक अत्यधिक दु:ख के साथ स्वयं अपनी स्थिति पर पछताता हुआ भीख माँगने को विवश है।

वह इतना शक्तिहीन हो गया है कि बिना सहारे के चलने योग्य नहीं है। अत: चलने के लिए उसे सहारे की आवश्यकता पड़ती है। इन पंक्तियों के माध्यम से कवि ने भिखारी की दयनीय स्थिति को यथार्थ रूप में प्रस्तुत करने का प्रयास किया है।

4. मुट्ठी भर दाने को–भूख मिटाने को
मुँह फटी–पुरानी झोली का फैलाता
दो टूक कलेजे के करता पछताता पथ पर आता।

(i) मुट्ठी भर दानों की तलाश में कौन था और क्यों?

उत्तर मुट्ठी भर दानों की तलाश में भिक्षुक था, क्योंकि उसे कई दिनों से कुछ भी खाने को नहीं मिला था, इसलिए वह अपनी भूख मिटाने के लिए मुट्ठी भर दानों की तलाश में था।

(ii) ''मुँह फटी-पुरानी झोली का फैलाता'' पंक्ति का अर्थ स्पष्ट कीजिए।

उत्तर ''मुँह फटी-पुरानी झोली का फैलाता'' इस पंक्ति के माध्यम से कवि कहते हैं कि भिक्षुक अपनी भूख मिटाने के लिए अपनी फटी-पुरानी झोली को लोगों के सामने, कुछ मिल-पाने की आशा में फैलाता है।

(iii) ''दो टूक कलेजे के करता पछताता पथ पर आता'' कविता के आधार पर बताइए कि पछतावे की भावना भिक्षुक के मन में क्यों विद्यमान थी?

उत्तर ''दो टूक कलेजे के करता पछताता पथ पर आता'' कविता में भिक्षुक के मन में पछतावे की भावना इसलिए विद्यमान थी, क्योंकि अपने पेट को भरने के लिए उसे भीख माँगनी पड़ रही है। थोड़े-से भोजन के लिए दर-दर की ठोकरें खानी पड़ रही हैं। वह स्वयं अपने भाग्य को कोसता है तथा लाठी के सहारे चलता हुआ, दु:खी और निराश होता आगे बढ़ता है। उसके चेहरे पर पछतावे का भाव स्पष्ट दिखाई देता है।

(iv) उपरोक्त पंक्तियों के माध्यम से कवि का भावार्थ स्पष्ट कीजिए।

उत्तर उपरोक्त पंक्तियों के आधार पर कवि भिक्षुक की दीन-हीन स्थिति का वर्णन करता है तथा कहता है कि मुट्ठी भर दानों के लिए उसे किस प्रकार दर-दर की ठोकरें खानी पड़ती हैं, लोगों के सामने हाथ फैलाने पड़ते हैं, किंतु फिर भी उसे खाने को अर्थात् भूख मिटाने को कुछ भी प्राप्त नहीं होता। भिक्षुक की दयनीय स्थिति के साथ-साथ लोगों की खत्म होती संवेदना को भी कवि ने दिखाना चाहा है।

5. भूख से सूख ओंठ जब जाते,
दाता–भाग्य, विधाता से क्या पाते?
घूँट आँसुओं के पीकर रह जाते।

(i) भिक्षुक के बच्चे अपनी दयनीय स्थिति को किस प्रकार व्यक्त कर रहे हैं?

उत्तर भिक्षुक के बच्चों का एक हाथ पेट पर है तथा दूसरा हाथ भिक्षा माँगने के लिए लोगों के सामने फैला हुआ है, इसी प्रकार वे अपनी दयनीय स्थिति को व्यक्त कर रहे हैं।

(ii) 'ओंठ' किसके और क्यों सूख गए हैं?

उत्तर भिक्षुक व उसके बच्चों के होंठ भूख की व्याकुलता के कारण सूख गए हैं, क्योंकि उन्हें खाने को कुछ नहीं मिल रहा है। भोजन के लिए उन्हें भीख माँगने पर विवश होना पड़ रहा है।

(iii) आँसुओं का घूँट पीकर कौन और क्यों रह जाता है?

उत्तर आँसुओं का घूँट पीकर बेबस भिखारी और उसके साथ भीख माँगते हुए उसके बच्चे रह जाते हैं, क्योंकि भीख माँगने के बावजूद भी उन पर कोई अपनी कृपा-दृष्टि नहीं बनाता अर्थात् कोई भी आगे बढ़कर उनकी सहायता नहीं करता है।

(iv) प्रस्तुत पंक्तियों का आशय स्पष्ट कीजिए।

उत्तर प्रस्तुत पंक्तियों के माध्यम से कवि ने भिखारी की दीनता, हीनता, लाचारी व बेबसी का यथार्थ वर्णन करने के साथ-साथ भिखारी के प्रति समाज के अन्य लोगों की खत्म होती संवेदना को भी उजागर करने का प्रयास किया है।

09

चलना हमारा काम है

श्री शिवमंगल सिंह 'सुमन'

लेखक परिचय

श्री शिवमंगल सिंह 'सुमन' का जन्म 5 अगस्त, 1915 में उत्तर प्रदेश के उन्नाव जिले के 'झगरपुर' नामक गाँव में हुआ। इन्होंने बनारस हिंदू विश्वविद्यालय से स्नातकोत्तर तथा पीएच.डी. की उपाधि प्राप्त की। 'सुमन' जी अनेक उच्च पदों पर कार्यरत् रहे। हाईस्कूल के अध्यापक के पद से लेकर, हिंदी के प्राध्यापक, महाविद्यालय के प्राचार्य तथा विक्रम विश्वविद्यालय उप्तप्तौन के उपकुलपति पद पर कार्यरत् रहे। काफी समय तक नेपाल में भारतीय दूतावास के सांस्कृतिक सचिव के रूप में भी कार्य किया। इनकी कविताएँ अत्यंत सरल व प्रभावकारी हैं। अपनी कविताओं के माध्यम से इन्होंने साधारण शोषित मानव की पीड़ा व व्यथा को उजागर करने का प्रयास किया है। इसके साथ-साथ इन्होंने एकांत क्षणों की कोमल तथा मधुर अनुभूतियों को भी अपने गीतों में स्थान दिया है। इनकी रचनाओं की बात करें, तो हिल्लोल, जीवन के गान, प्रलय सृजन, मिट्टी की बारात, विश्वास बढ़ता ही गया, पर आँखें नहीं भरी इनकी प्रमुख रचनाएँ हैं तथा **विंध्य हिमाचल** इनका काव्य संग्रह, **प्रकृति पुरुष कालिदास** इनका नाटक और 'महादेवी की काव्य साधना' इनका आलोचना साहित्य है। इनको कई पुरस्कारों से सम्मानित भी किया गया। वर्ष 1974 में इनको अपनी कृति 'मिट्टी की बारात' के लिए साहित्य अकादमी पुरस्कार मिला तथा वर्ष 1974 में ही इन्हें पद्म श्री व सोवियत लैंड नेहरू अवॉर्ड से भी सम्मानित किया गया। इसके साथ ही इन्हें अपने काव्य संग्रह पर **देव पुरस्कार** तथा **पर आँखें नहीं भरी** पर नवीन पुरस्कार प्राप्त हुआ है। हिंदी के सशक्त गीतकार कहलाने वाले 'सुमन' जी का 27 नवंबर, 2002 को निधन हो गया।

कविता का सार

इस कविता के माध्यम से कवि जीवन-पथ को महत्त्व देते हुए कहते हैं कि जब तक मेरे पैरों में इतनी गति है कि मैं अपना लक्ष्य निर्धारित कर, निरंतर चलते हुए लक्ष्य को प्राप्त कर सकता हूँ, तो मुझे जगह-जगह भटकने की आवश्यकता नहीं है अर्थात् एक लक्ष्य साधकर सदैव उसकी प्राप्ति में लगे रहना चाहिए। कवि के अनुसार, जीवन की राह में कोई भी पराया नहीं है। हमें सदैव परस्पर सहयोग की भावना को मन में विद्यमान रखना चाहिए। कवि जीवन को अपूर्ण मानते हुए कहते हैं कि जीवन में सुख-दुःख, आशा-निराशा, हँसना-रोना आदि निरंतर बना रहता है, किंतु इन सबके चलते मनुष्य को हारकर नहीं बैठना चाहिए, अपितु निरंतर कर्म मार्ग पर चलते रहना चाहिए। इसके साथ ही कवि कहते हैं कि हमें अपनी परेशानियों का कारण विधाता को नहीं मानना चाहिए, अपितु ईश्वर पर विश्वास रखते हुए निरंतर कर्मपथ पर चलते रहना चाहिए। आगे कवि कहते हैं कि मनुष्य की पूर्णता की तलाश व्यर्थ ही है।

संसार में ऐसा कोई भी सुख नहीं है, जिसे पाकर मनुष्य की इच्छाएँ समाप्त हो जाएँ। अतः हमें पूरी मेहनत व लगन से निरंतर कठिनाइयों का सामना करते रहना चाहिए। जीवन का सुख उसे ही प्राप्त होगा, जो निरंतर कर्मपथ पर अग्रसर रहेगा। हार मानने वालों को सुख व सफलता प्राप्त नहीं होती। अतः सदैव पथ पर चलना ही हमारा कर्त्तव्य है।

संदर्भ-सहित व्याख्या

1.

गति प्रबल पैरों में भरी,
फिर क्यों रहूँ दर-दर खड़ा,
जब आज मेरे सामने
है रास्ता इतना पड़ा।
जब तक न मंजिल पा सकूँ,
तब तक मुझे न विराम है।
चलना हमारा काम है।

शब्दार्थ

गति *रफ्तार, चाल;* **मंजिल** *लक्ष्य;* **विराम** *रुकना।*

संदर्भ प्रस्तुत पद्यांश हमारी पाठ्य-पुस्तक 'साहित्य-सागर' के 'पद्य-भाग' में संकलित 'शिवमंगल सिंह सुमन' द्वारा रचित कविता 'चलना हमारा काम है' से उद्धृत है।

प्रसंग उपरोक्त पंक्तियों के माध्यम से कवि ने स्पष्ट किया है कि सदा कर्म में लगे रहना ही हमारा कर्त्तव्य है। जब तक जीवन में मंजिल न मिल जाए, कर्म करना नहीं छोड़ना चाहिए।

व्याख्या कवि कहता है कि मेरे पैरों में इतनी रफ्तार है कि मैं तेज़ गति से चल सकता हूँ , तो फिर मैं जगह-जगह क्यों खड़ा रहूँ? जब मेरे सामने इतना लंबा रास्ता पड़ा है। जब तक मुझे मंजिल नहीं मिल जाती, तब तक मेरी गति को विराम नहीं मिलेगा। सदैव चलना ही मेरा काम है अर्थात् कहने का तात्पर्य है कि जब मेरे पास इतनी शक्ति है कि मैं अपने लक्ष्य को प्राप्त कर सकता हूँ, तो मैं जगह-जगह क्यों ठहरूँ? कवि कर्म करने की प्रवृत्ति को प्रमुख मानते हुए कहते हैं कि हमें कर्म करना चाहिए, हार मानकर नहीं बैठना चाहिए। व्यक्ति को जीवन में एक लक्ष्य निर्धारित कर उसे प्राप्त करना चाहिए, फिर मार्ग में कितनी ही बाधाएँ क्यों न आएँ? हमें उन बाधाओं पर जगह-जगह रुकना नहीं चाहिए।

2. कुछ कह लिया, कुछ सुन लिया
कुछ बोझ अपना बँट गया,
अच्छा हुआ तुम मिल गईं
कुछ रास्ता ही कट गया।
क्या राह में परिचय कहूँ?
राही हमारा नाम है।
चलना हमारा काम है।

शब्दार्थ

रास्ता *मार्ग;* **परिचय** *पहचान;* **राही** *मुसाफिर, यात्री।*

संदर्भ पूर्ववत्।

प्रसंग उपरोक्त पंक्तियों के माध्यम से कवि ने जीवन पथ पर आगे बढ़ते हुए हर किसी से सहयोग लेने की बात कही है।

व्याख्या कवि कहता है कि हमें अपने सुख-दु:ख में परस्पर आदान-प्रदान की भावना रखनी चाहिए। राह में चलते हुए हमें स्वयं कुछ कहना भी चाहिए व दूसरों की सुननी भी चाहिए, इससे मन का बोझ कम हो जाता है। कवि राह चलते हुए सहयोगी के मिलने पर हर्ष प्रकट करते हैं कि अच्छा हुआ जो तुम मुझे राह में मिल गईं, यह रास्ता कुछ कट गया। राह में चलते हुए सभी राही कहलाते हैं। मैं तुम्हें अपना क्या परिचय दूँ? राही मेरा नाम है और सदा चलना मेरा काम है। कहने का तात्पर्य यह है कि जीवन की राह में कोई भी पराया नहीं है, हमें सदैव मिलकर रहना चाहिए। परस्पर सहयोग की भावना प्रत्येक राही के मन में विद्यमान होनी चाहिए, क्योंकि राह में चलने वाला प्रत्येक व्यक्ति 'राही' के नाम से ही जाना जाता है और 'राही' की पहचान ही सदैव मार्ग पर चलते रहने से है, रुकना उसका काम नहीं है।

3. जीवन अपूर्ण लिए हुए,
पाता कभी, खोता कभी
आशा-निराशा से घिरा,
हँसता कभी रोता कभी।
गति-मति न हो अवरुद्ध,
इसका ध्यान आठों याम है।
चलना हमारा काम है।

शब्दार्थ

अपूर्ण *अधूरा;* **अवरुद्ध** *रुका हुआ।*

संदर्भ पूर्ववत्।

प्रसंग उपरोक्त पंक्तियों के माध्यम से कवि ने जीवन पथ पर कर्म करते हुए निरंतर आगे बढ़ने की बात कही है।

व्याख्या कवि कहता है कि मनुष्य का जीवन अपूर्ण है, क्योंकि कभी वह कुछ पाता है, तो कभी वह कुछ खोता है। कभी उसका जीवन आशाओं से परिपूर्ण है, तो कभी उसका जीवन निराशाओं से घिरा है। कभी वह हँसता है, तो कभी वह रोता है। हमें सदैव इस बात को ध्यान में रखना चाहिए कि हमारी गति व बुद्धि में किसी प्रकार की रुकावट उपस्थित नहीं होनी चाहिए। सदैव कर्मपथ पर चलना ही हमारा काम है अर्थात् कहने का तात्पर्य यह है कि मनुष्य के जीवन में सुख-दु:ख, आशा-निराशा, हँसना-रोना आदि निरंतर चलता रहता है, किंतु इन सबके चलते मनुष्य को हारकर नहीं बैठना चाहिए, अपितु निरंतर कर्म मार्ग पर चलते रहना चाहिए।

4. इस विशद विश्व-प्रवाह में
किसको नहीं बहना पड़ा
सुख-दु:ख हमारी ही तरह
किसको नहीं सहना पड़ा।
फिर व्यर्थ क्यों कहता फिरूँ,
मुझ पर विधाता वाम है।
चलना हमारा काम है।

शब्दार्थ

विशद *बहुर सुंदर;* **व्यर्थ** *बेकार ही;* **वाम** *विरुद्ध।*

संदर्भ पूर्ववत्।

प्रसंग उपरोक्त पंक्तियों के माध्यम से कवि ने स्पष्ट किया है कि सभी के जीवन में दु:ख व परेशानियाँ आती हैं, परंतु उनके लिए ईश्वर को ज़िम्मेदार नहीं मानना चाहिए।

व्याख्या कवि कहता है कि इतने बड़े संसार में ऐसा कौन है, जिसे इस संसार की धारा में बहना नहीं पड़ता? हमारे ही समान सभी के जीवन में सुख-दु:ख का सिलसिला निरंतर गतिमान रहता है। ऐसा कौन है जिसे यह सहना नहीं पड़ता, फिर मैं बेकार ही क्यों अपने दु:खों व परेशानियों के लिए ईश्वर को दोषी ठहराऊँ? मैं राही हूँ और निरंतर चलते रहना ही मेरा काम है अर्थात् कहने का तात्पर्य यह है कि सुख-दु:ख सभी के जीवन में चलता रहता है, यह तो संसार की गति है, जिसमें सभी को बहना पड़ता है। कवि के अनुसार, हमें अपने दु:खों व परेशानियों के लिए ईश्वर को ज़िम्मेदार नहीं मानना चाहिए, अपितु निरंतर कर्म मार्ग पर चलते हुए समस्याओं का समाधान करना चाहिए।

5. मैं पूर्णता की खोज में
दर-दर भटकता ही रहा
प्रत्येक पग पर कुछ-न-कुछ
रोड़ा अटकता ही रहा
पर हो निराशा क्यों मुझे?
जीवन इसी का नाम है।
चलना हमारा काम है।

शब्दार्थ

पूर्णता *पूरे तौर से;* **निराशा** *आशा का न होना।*

संदर्भ पूर्ववत्।

प्रसंग उपरोक्त पंक्तियों के माध्यम से कवि ने स्पष्ट किया है कि जीवन में कर्मपथ पर आगे बढ़ते हुए, यदि समस्याओं का सामना करना पड़े तो भी हमें घबराना नहीं चाहिए।

व्याख्या कवि कहता है कि मैं पूर्णता की तलाश में सदैव दर-दर भटकता रहा, क्योंकि संसार में पूर्णता विद्यमान ही नहीं है। पूर्णता की तलाश में मेरा मार्ग सदैव कठिनाइयों से परिपूर्ण रहा। कवि के अनुसार, हमें मार्ग में आने वाली कठिनाइयों से निराश नहीं होना चाहिए। सुख-दुःख का आना-जाना तो लगा रहता है। हमें सदैव कठिनाइयों का सामना करते हुए निरंतर कर्मपथ पर अग्रसर रहना चाहिए। जीवन इसी का नाम है अर्थात् कहने का तात्पर्य यह है कि मनुष्य की पूर्णता की तलाश व्यर्थ ही है, क्योंकि मनुष्य की यह तलाश कभी पूर्ण हो ही नहीं सकती। संसार में ऐसी कोई वस्तु नहीं है, जिसे पाकर व्यक्ति संतुष्ट हो जाए या उसकी इच्छाएँ समाप्त हो जाएँ।

6. कुछ साथ में चलते रहे
कुछ बीच ही से फिर गए।
पर गति न जीवन की रुकी
जो गिर गए सो गिर गए
चलता रहे हरदम
उसी की सफलता अभिराम है।
चलना हमारा काम है।

शब्दार्थ

सफलता *कामयाबी;* **अभिराम** *सुखद, प्रिय।*

संदर्भ पूर्ववत्।

प्रसंग उपरोक्त पंक्तियों के माध्यम से कवि स्पष्ट करना चाहता है कि जीवन की सफलता का सुख उसे ही प्राप्त होता है, जो जीवन पथ पर सदा चलता रहता है अर्थात् कर्म करता रहता है।

व्याख्या कवि कहता है कि कठिनाइयों से पूर्ण जीवन में कुछ राही तो मेरे साथ चलते रहे, किंतु कुछ बीच से ही लौट गए अर्थात् कुछ लोगों ने उनका साथ आधे रास्ते में ही छोड़ दिया, किंतु क्या उनकी इस प्रवृत्ति से मेरे जीवन की गति रुक गई? कवि कहते हैं कि जो लोग आधे रास्ते से चले गए या फिर जीवन में आती कठिनाइयों से डर कर पीछे हट गए, वे सदैव पीछे ही रह जाते हैं और जो व्यक्ति निरंतर कठिनाइयों का सामना करते हुए मार्ग पर चलते रहते हैं, उन्हें ही जीवन में सफलता प्राप्त होती है अर्थात् जीवन का सुख उन्हें ही प्राप्त होता है। अतः हम राही हैं सदैव चलना ही हमारा काम है।

PYQs विगत वर्षों के प्रश्न व महत्त्वपूर्ण प्रश्न

पद्यांश पर आधारित प्रश्न

1. निम्नलिखित पद्यांश को पढ़कर उसके नीचे दिए गए प्रश्नों के उत्तर हिंदी में लिखिए

"मैं पूर्णता की खोज में दर-दर भटकता ही रहा
प्रत्येक पग पर कुछ-न-कुछ रोड़ा अटकता ही रहा
पर हो निराशा क्यों मुझे? जीवन इसी का नाम है।
चलना हमारा काम है।" **(ICSE 2018)**

(i) कवि ने मनुष्य के जीवन के बारे में क्या कहा है तथा क्यों?

उत्तर कवि ने मनुष्य के जीवन के बारे में कहा है कि मनुष्य का जीवन पूर्णता की तलाश में सदैव दर-दर भटकता रहता है, क्योंकि संसार में पूर्णता विद्यमान ही नहीं है।

(ii) कवि के अनुसार, जीवन का महत्त्व किसमें है? स्पष्ट कीजिए।

उत्तर जीवन में कर्मपथ पर आगे बढ़ते हुए, यदि समस्याओं का सामना करना पड़े, तो कभी हमें घबराना नहीं चाहिए। जीवन का महत्त्व इसी में है।

(iii) जीवन में सुख-दुःख और आशा-निराशा के प्रति हमारा क्या दृष्टिकोण होना चाहिए? अपने दुःखों और निराशा के लिए हमें किसको दोष देना उचित नहीं है तथा क्यों? समझाकर लिखिए।

उत्तर जीवन में सुख-दुःख और आशा-निराशा के प्रति हमारा सकारात्मक दृष्टिकोण होना चाहिए, क्योंकि जीवन में सुख-दुःख का आना-जाना तो लगा रहता है। हमें अपने दुःखों और निराशा के लिए किसी को दोष देना उचित नहीं है, क्योंकि यह प्रकृति का नियम है। जीवन में यदि सुख हमारी जिंदगी में आएँगे, तो दुःख भी तो हमें ही सहने चाहिए। दुःखों से हमें मार्ग में आने वाली कठिनाइयों से भी निराश नहीं होना चाहिए, अपितु दुःखों व निराशा का सामना करते हुए हमें निरंतर कर्मपथ पर अग्रसर रहना चाहिए।

(iv) प्रस्तुत कविता के माध्यम से कवि ने पाठकों को क्या संदेश दिया है?

उत्तर प्रस्तुत कविता के माध्यम से कवि संदेश देना चाहता है कि जब तक हमारे शरीर में जान है, हमें तब तक अपने जीवन पथ पर निरंतर बढ़ते रहना चाहिए। हमें बीच में किसी प्रकार का बहाना बनाकर नहीं रुकना चाहिए। कवि कहता है कि हमेशा चलते रहना ही हमारा कर्म व धर्म है। जीवन रूपी रास्ते में चलते हुए यदि कोई सहयोगी मिल जाए, तो हमें आपस में सुख-दुःख बाँट लेने चाहिए, इससे जीवन-पथ पर चलना आसान हो जाता है।

कवि के अनुसार, इस जीवन में दुःख तो आते हैं। अतः इन सबसे घबराकर निराश नहीं होना चाहिए। यदि हमने अपने जीवन-पथ को सफलतापूर्वक तय कर लिया तो उसके बाद जो सुख हमें मिलेगा, उसका वर्णन भी नहीं किया जा सकता। अतः भाव यही है कि हमें अपने लक्ष्यों की प्राप्ति के लिए हर कठिनाइयों का सामना करना चाहिए।

टीचर्स कमेंट्स

- बहुत कम छात्रों ने इस विकल्प को चुना। प्रश्न के द्वितीय भाग में छात्र 'क्यों' का उत्तर लिखने में असमर्थ प्रतीत हुए।
- छात्रों के उत्तर में विचारों की पुनरावृत्ति अनुभव हुई। छात्रों ने प्रश्न के मुख्य बिंदु का सही प्रकार से वर्णन नहीं किया।
- छात्र प्रश्न के तीनों भागों का उत्तर पूर्णता के साथ नहीं दे पाए।
- छात्रों द्वारा कहीं-कहीं मनगढ़ंत उत्तर दिया जाना तथा कहीं-कहीं वर्तनी अशुद्धियाँ भी दृष्टिगोचर हुई।

स्टूडेंट्स के लिए एडवाइज़

- कविता पढ़ते समय छात्रों को कविता के भावार्थ, मूलभाव व शाब्दिक अर्थ पर भी ध्यान देना चाहिए।
- छात्रों को कक्षा में मौखिक एवं लिखित प्रश्नों का अभ्यास नियमित रूप से करना चाहिए।
- छात्रों को स्वयं से कविता से संबंधित प्रश्न करने चाहिए, जिनका आधार कब, कहाँ, क्यों आदि शब्द हों।
- कविता पढ़ने के पश्चात् छात्रों को कविता से मिलने वाले संदेश, प्रेरणा एवं शिक्षा तथा कविता का उद्देश्य आदि को अपनी कॉपी में लिखना चाहिए तथा उसको याद करना चाहिए।

2. "सुख दु:ख हमारी ही तरह
किसको नहीं सहना पड़ता" **(ICSE Spec 2017)**

(i) कवि ने हमें क्या करने की प्रेरणा दी है और क्यों?

उत्तर कवि ने हमें जीवन में कर्म-पथ पर आगे बढ़ते हुए समस्याओं का सामना करने की प्रेरणा दी है, क्योंकि कवि कहता है कि यदि कर्म करते हुए कुछ समस्याओं का सामना भी करना पड़े तो घबराना नहीं चाहिए, बल्कि उन समस्याओं का सामना करना चाहिए, तभी हम अपने लक्ष्य तक पहुँच सकते हैं।

(ii) व्यक्ति को कब तक विश्राम नहीं करना चाहिए और क्यों?

उत्तर व्यक्ति को तब तक विश्राम नहीं करना चाहिए, जब तक वह अपने लक्ष्य को प्राप्त नहीं कर लेता, क्योंकि यदि लक्ष्य प्राप्त करने से पूर्व व्यक्ति विश्राम करता रहेगा, तो वह अपने लक्ष्य तक कभी नहीं पहुँच पाएगा। इस तरह वह अपने लक्ष्य से भटक जाएगा।

(iii) हमें हमेशा कौन-सी बातें याद रखनी चाहिए और क्यों?

उत्तर हमें हमेशा यह बात याद रखनी चाहिए कि इस जीवन में कुछ भी पूर्ण नहीं है। मनुष्य कभी कुछ पाता है तो कभी कुछ खोता भी है। कभी उसका जीवन आशा से भरा होता है, कभी निराशा से, कभी वह जीवन में हँसता है, तो कभी रोता है। इसलिए कवि ने जीवन को अपूर्ण कहा है। इस जीवन में सफलता-असफलता तो लगी रहती है। इसलिए व्यक्ति को कर्म-पथ पर आगे बढ़ते रहना चाहिए तथा मार्ग में आने वाली बाधाओं से घबराना नहीं चाहिए, बल्कि डटकर उनका सामना करना चाहिए।

(iv) घोर दु:ख में भी हमें क्यों नहीं यह कहना चाहिए कि विधाता हमारे विपरीत है?

उत्तर घोर दु:ख में भी हमें यह नहीं कहना चाहिए कि विधाता हमारे विपरीत है, क्योंकि इस संसार रूपी सागर में कोई मनुष्य ऐसा नहीं है जिसे दु:ख न सहना पड़ा हो, जिसके जीवन में कभी तकलीफ़ न आई हो। इसलिए यदि हमारे जीवन में थोड़ा कष्ट है भी तो इसके लिए ईश्वर को जिम्मेदार नहीं मानना चाहिए। अपने जीवन में आने वाले कष्टों के कारण ईश्वर को कोसना नहीं चाहिए।

3. गति प्रबल पैरों में भरी,
फिर क्यों रहूँ दर-दर खड़ा,
जब आज मेरे सामने
है रास्ता इतना पड़ा।
जब तक न मंजिल पा सकूँ ,
तब तक मुझे न विराम है।
चलना हमारा काम है।

(i) कवि जगह-जगह खड़ा क्यों नहीं रहना चाहता?

उत्तर कवि सदा जीवन-पथ पर आगे बढ़ते रहना चाहता है। इसलिए वह जगह-जगह रुकना नहीं चाहता, क्योंकि वह लक्ष्य को प्राप्त करने की कोशिश में निरंतर कर्म करते रहना चाहता है।

(ii) 'है रास्ता इतना पड़ा' ऐसा क्यों कहा गया है? अपने शब्दों में स्पष्ट कीजिए।

उत्तर 'है रास्ता इतना पड़ा' ऐसा इसलिए कहा गया है, क्योंकि जब हमारे सामने रास्ता है, उस पर चलने का साहस स्वयं हमें ही करना है अर्थात् जीवन में जब कर्म करने का मार्ग खुला है, तो हमें हार मानकर नहीं बैठना चाहिए।

(iii) कवि की गति को विराम कब तक नहीं मिलेगा व क्यों?

उत्तर कवि की गति को विराम तब तक नहीं मिलेगा, जब तक वह अपनी मंजिल को पूर्णत: प्राप्त नहीं कर लेता, क्योंकि उसके पैरों में इतनी गति है कि वह तेज़ गति से चल सकता है फिर चाहे कितना ही लंबा रास्ता क्यों न हो उसकी गति को विराम नहीं मिलेगा? अर्थात् कवि तब तक अपने पाँवों को विराम नहीं देना चाहता, जब तक उसे लक्ष्य प्राप्त नहीं हो जाता।

(iv) उपरोक्त पंक्तियों के माध्यम से कवि क्या कहना चाहता है?

उत्तर उपरोक्त पंक्तियों के माध्यम से कवि कहना चाहता है, जब हमारे पास अपने लक्ष्य को साधने की शक्ति विद्यमान है, तो हमें अपने पथ पर निरंतर गतिमान रहना चाहिए। हार मानकर नहीं बैठना चाहिए अर्थात् व्यक्ति को जीवन में एक लक्ष्य निर्धारित कर उसे प्राप्त करना चाहिए, फिर मार्ग में कितनी ही बाधाएँ क्यों न आएँ? हमें उन बाधाओं पर जगह-जगह रुकना नहीं चाहिए।

4. कुछ कह लिया, कुछ सुन लिया
कुछ बोझ अपना बँट गया,
अच्छा हुआ तुम मिल गईं,
कुछ रास्ता ही कट गया।
क्या राह में परिचय कहूँ?
राही हमारा नाम है,
चलना हमारा काम है।

(i) राह में चलते हुए कुछ कहने-सुनने की बात कवि ने क्यों कही है?

उत्तर राह में चलते हुए कुछ कहने-सुनने की बात कवि ने इसलिए कही है, क्योंकि इससे मन का बोझ कम हो जाता है। व्यक्ति अपने मन की बातें सहयोगी के साथ करके प्रसन्नता का अनुभव करता है।

(ii) कवि ने हर्ष क्यों प्रकट किया है? किसके मिलने पर कुछ रास्ता कट जाता है?

उत्तर कवि राह चलते हुए सहयोगी के मिलने पर हर्ष प्रकट करता है। राह चलते मिले सहयोगी के मिलने पर ही कुछ रास्ता कट जाता है, जिससे कवि को यात्रा का बोझ हल्का लगने लगता है।

(iii) "क्या राह में परिचय कहूँ, राही हमारा नाम है, चलना हमारा काम है" पंक्ति का अर्थ स्पष्ट करें।

उत्तर "क्या राह में परिचय कहूँ राही हमारा नाम है, चलना हमारा काम" – इस पंक्ति में जीवन पथ पर चलते हुए कवि को राह में कोई मिल जाता है और उसके सहयोग से कवि का कुछ रास्ता तय हो जाता है। उस सहयोगी को अपना परिचय देते हुए कवि कहता है कि राह में चलने वाला प्रत्येक व्यक्ति 'राही' के नाम से जाना जाता है। सदैव मार्ग पर चलना ही उसका काम होता है।

(iv) उपरोक्त पंक्तियों के माध्यम से कवि ने किस पर बल देने का प्रयास किया है और क्यों?

उत्तर उपरोक्त पंक्तियों के माध्यम से कवि ने परस्पर सहयोग की भावना के विकास पर बल देने का प्रयास किया है। उनके अनुसार, जीवन में कोई भी पराया नहीं है। जीवन पथ पर आगे बढ़ते हुए हमें हर किसी का सहयोग लेना-देना चाहिए। सदैव मिलकर रहना चाहिए। अतः राह में मिलने वाले राही का परस्पर सहयोग लेते हुए जीवन रूपी पथ पर आगे बढ़ना चाहिए।

5. जीवन अपूर्ण लिए हुए, पाता कभी, खोता कभी
आशा-निराशा से घिरा हँसता कभी रोता कभी।
गति-मति न हो अवरुद्ध, इसका ध्यान आठों याम है।
चलना हमारा काम है।

(i) कवि के अनुसार, मनुष्य का जीवन अपूर्ण है और क्यों?

उत्तर कवि के अनुसार, मनुष्य का जीवन अपूर्ण है, क्योंकि वह सदैव एक-सा नहीं रहता। वह कभी कुछ पाता है तो कभी कुछ खोता है। संसार में ऐसी कोई इच्छित वस्तु नहीं है, जिसे पाकर व्यक्ति शांति एवं खुशी से बैठ जाए।

(ii) किसका जीवन आशा व निराशा से घिरा है और क्यों?

उत्तर संसार में रहने वाले प्रत्येक व्यक्ति का जीवन आशा व निराशा से घिरा है, क्योंकि जीवन सदैव समान परिस्थितियों में नहीं रहता। सुख-दुःख, आशा-निराशा का आना-जाना लगा रहता है।

(iii) "गति-मति न हो अवरुद्ध। इसका ध्यान आठों याम है" पंक्ति का अर्थ स्पष्ट करो।

उत्तर "गति-मति न हो अवरुद्ध, इसका ध्यान आठों याम है" इस पंक्ति के माध्यम से कवि ईश्वर से प्रार्थना करता है कि जीवन पथ पर चाहे जितनी भी परेशानियाँ आएँ, परंतु मेरी गति नहीं रुकनी चाहिए और न कभी मेरे विचारों में कोई बाधा आनी चाहिए। मेरी गति और बुद्धि दोनों में किसी भी प्रकार की रुकावट उपस्थित नहीं होनी चाहिए। वह सदैव कर्मपथ पर चलता रहना चाहता है।

(iv) प्रस्तुत पंक्तियों से कवि का क्या आशय है?

उत्तर प्रस्तुत पंक्तियों के माध्यम से कवि का आशय यह है कि मनुष्य के जीवन में सुख-दुःख, आशा-निराशा, हँसना-रोना आदि निरंतर चलता रहता है, किंतु इन सबके चलते मनुष्य को हारकर नहीं बैठना चाहिए, अपितु निरंतर कर्मपथ पर चलते रहना चाहिए। जीवन पथ पर आगे बढ़ते हुए अगर समस्याओं का सामना करना पड़े तो भी घबराना नहीं चाहिए। सदैव आगे बढ़ते रहना चाहिए।

6. इस विशद विश्व-प्रवाह में
किसको नहीं बहना पड़ा
सुख-दुःख हमारी ही तरह
किसको नहीं सहना पड़ा
फिर व्यर्थ क्यों कहता फिरूँ
मुझ पर विधाता वाम है?
चलना हमारा काम है।

(i) कवि किस पर विश्वास रखने को कहते हैं व किस पथ पर सदा अग्रसर रहने को कहते हैं?

उत्तर कवि ईश्वर पर विश्वास रखने को कहते हैं व हमें सदैव कर्मपथ पर अग्रसर रहने को कहते हैं, क्योंकि कर्मपथ पर चलकर ही हम अपने लक्ष्य को प्राप्त कर सकते हैं।

(ii) विश्व की कौन-सी गति में सबको बहना पड़ता है?

उत्तर इस संसार रूपी सागर में ऐसा कोई व्यक्ति नहीं है, जिसके जीवन में कभी सुख न आया हो या कभी दुःख न आया हो अर्थात् यही विश्व की गति है, इसमें सभी को एक दिन बहना पड़ता है।

(iii) "सुख-दुःख हमारी ही तरह, किसको नहीं सहना पड़ा।" पंक्ति से कवि का क्या आशय है?

उत्तर इस पंक्ति के माध्यम से कवि समाज की गति की ओर संकेत करते हुए कहते हैं कि संसार में ऐसा कोई व्यक्ति नहीं है, जिसके जीवन में कष्ट न हो। अतः केवल यह मान लेना कि हमारे ही जीवन में कष्ट हैं परेशानी है, बेकार है, क्योंकि यह तो संसार की गति है सुख-दुःख का आना-जाना बना रहता है।

(iv) कवि के अनुसार, हमें अपने दुःखों के लिए किसे दोषी नहीं ठहराना चाहिए व क्यों?

उत्तर कवि के अनुसार, हमें अपने दुःखों के लिए ईश्वर को दोषी नहीं ठहराना चाहिए, क्योंकि सुख-दुःख सभी के जीवन में बने रहते हैं। ऐसा कौन व्यक्ति है, जिसके जीवन में सुख-दुःखों का सिलसिला नहीं चलता। आज सुख है, तो कल दुःख भी हो सकता है, क्योंकि यह तो संसार की गति है। अतः हमें इसके लिए ईश्वर को दोषी नहीं मानना चाहिए, अपितु निरंतर कर्म मार्ग पर चलते हुए समस्याओं का समाधान करना चाहिए।

10

मातृ-मंदिर की ओर

सुभद्रा कुमारी चौहान

लेखक परिचय

'सुभद्रा कुमारी चौहान' का जन्म 16 अगस्त, 1904 को इलाहाबाद के निकट 'निहालपुर' गाँव में हुआ था। सुभद्रा कुमारी चौहान देशभक्ति की भावना से ओत-प्रोत थीं। बचपन से ही इनकी रुचि काव्य-ग्रंथों के प्रति थी। इन्होंने अपनी शिक्षा प्रयाग में ही प्राप्त की। इनका विवाह खंडवा के 'ठाकुर लक्ष्मण सिंह' से हुआ। विवाह के पश्चात् देशभक्ति की भावना उनमें और प्रबल रूप में नज़र आने लगी। इन्होंने **असहयोग आंदोलन** में भी भाग लिया। ये मध्य प्रदेश की विधान सभा की सदस्या के रूप में भी रहीं।

इनका पहला काव्य संग्रह **मुकुल** वर्ष 1930 में प्रकाशित हुआ तथा इनकी प्रसिद्ध कविताएँ **त्रिधारा** में प्रकाशित हुई हैं। अनोखा दान, आराधना, इसका रोना, उपेक्षा, उल्लास, कोयल आदि इनकी प्रमुख कहानियाँ हैं। **झाँसी की रानी** इनकी बहुप्रसिद्ध रचना है। यह कविता उत्तर प्रदेश के घर-घर में गाई जाती है। इनकी कविताओं के माध्यम से हमें इनकी देशभक्ति की भावना की झलक देखने को मिलती है। इसके साथ ही इनकी पीड़ित, शोषित जनता के प्रति विशेष सहानुभूति थी, जो इनकी कविताओं के माध्यम से उजागर भी होती है। कविताओं के साथ-साथ इन्होंने कहानियाँ भी लिखीं। बिखरे मोती, उन्मादिनी, सीधे-सादे चित्र आदि इनकी प्रसिद्ध कहानियाँ हैं। इनकी कहानियाँ अत्यंत ही सरल व स्पष्ट हैं तथा पाठक के हृदय पर गहरा प्रभाव डालती हैं। दुर्भाग्यवश वर्ष 1948 में एक सड़क दुर्घटना में इनका स्वर्गवास हो गया।

कविता का सार

इस कविता में कवयित्री समाज में व्याप्त भेद-भाव की समस्या से अत्यंत दुःखी हैं तथा अपनी व्यथा को देवी माँ से बाँटने का प्रयास करती हैं, किंतु देवी माँ तक पहुँचने का मार्ग उसे अत्यंत ही कठिनाइयों से भरा हुआ प्रतीत होता है। वह स्वयं को वहाँ पहुँचने में असमर्थ पाती है तथा वह भगवान से सहायता की प्रार्थना करती है। वह माता के साथ अपने सुख-दुःख को बाँटना चाहती है। माँ के मंदिर का मार्ग दुर्गम जानकर भी मंदिर की जगमगाहट व बजते वाद्य यंत्रों की आवाज़ कवयित्री को अपनी ओर आकर्षित करती है। माता की मूर्ति सदा कवयित्री की आँखों में बसी रहती है। कवयित्री माँ के विशाल हृदय का बखान करती हुई अपनी फरियाद माँ के समक्ष रखना चाहती है। कवयित्री देशभक्ति की भावना से ओत-प्रोत है। वह देश में व्याप्त अत्याचार, हिंसा आदि के वातावरण का सदा के लिए नाश करना चाहती है तथा देश में समता-समानता व बंधुत्व की भावना का विकास करना चाहती हैं। तात्पर्य यह है कि यदि मातृभूमि की सेवा के लिए हमें अपने प्राणों का भी त्याग करना पड़े, तो हमें पीछे नहीं हटना चाहिए।

संदर्भ-सहित व्याख्या

1.

व्यथित है मेरा हृदय-प्रदेश,
चलूँ, उसको बहलाऊँ आज।
बताकर अपना सुख-दुःख उसे
हृदय का भार हटाऊँ आज।।

शब्दार्थ

व्यथित दुःखी; **भार** बोझ।

संदर्भ प्रस्तुत पद्यांश हमारी पाठ्य-पुस्तक 'साहित्य सागर' के 'पद्य भाग' में संकलित, 'सुभद्रा कुमारी चौहान' द्वारा रचित कविता 'मातृ मंदिर की ओर' से उद्धृत है।

प्रसंग उपरोक्त पंक्तियों के माध्यम से कवयित्री अपनी व्यथा को देवी माँ से बाँटने का प्रयास करती है।

व्याख्या कवयित्री कहती है कि मेरा हृदय व्यथित है, दुःखी है! चलो आज मैं देवी माँ के मंदिर जाकर अपने व्यथित मन को बहलाती हूँ। अपना सुख-दुःख माँ को बताकर अपने हृदय की पीड़ा,

व्यथा को कम करती हूँ अर्थात् कवयित्री का मन समाज में प्रचलित भेदभाव की समस्याओं से व्यथित है, दु:खी है तथा वह अपनी वेदना व दु:ख को देवी माँ के समक्ष रख अपने हृदय के बोझ को कम करने का प्रयास करती है।

2.

चलूँ माँ के पद-पंकज पकड़
नयन जल से नहलाऊँ आज।
मातृ-मंदिर में मैंने कहा....
चलूँ दर्शन कर आऊँ आज।।

शब्दार्थ

पद *पैर;* **पंकज** *कमल;* **नयन** *नेत्र।*

संदर्भ पूर्ववत्।

प्रसंग उपरोक्त पंक्तियों में कवयित्री देवी माँ के दर्शन कर अपनी सारी पीड़ा और दु:ख को माँ के चरणों में व्यक्त करना चाहती है।

व्याख्या कवयित्री कहती है कि माँ के कमलरूपी चरण पकड़कर अपने नयनरूपी जल से धो दूँ अर्थात् आज अपनी सारी व्यथा व दु:ख देवी माँ के चरणों में प्रकट कर दूँ। अत: मेरी यह इच्छा है कि आज जाकर देवी माँ के दर्शन कर ही लूँ। कहने का तात्पर्य यह है कि कवयित्री आज देवी माँ के दर्शन कर अपनी सारी पीड़ा व दु:ख को माँ के चरणों में प्रकट करना चाहती है अर्थात् माँ के चरणों में रोकर अपना दु:ख व्यक्त कर देना चाहती है।

3.

किंतु यह हुआ अचानक ध्यान
दीन हूँ, छोटी हूँ, अज्ञान।
मातृ-मंदिर का दुर्गम मार्ग
तुम्हीं बतला दो हे भगवान।।

शब्दार्थ

अचानक *सहसा;* **दीन** *गरीब, असमर्थ;* **अज्ञान** *नासमझ।*

संदर्भ पूर्ववत्।

प्रसंग उपरोक्त पंक्तियों में कवयित्री देवी माँ तक पहुँचने के मार्ग को दुर्गम जान कर माता से सहायता की गुहार लगाती है।

व्याख्या कवयित्री कहती है कि अचानक मुझे ज्ञात हुआ कि मैं तो दीन हूँ, छोटी हूँ, अज्ञानी हूँ और मातृ-मंदिर का मार्ग बड़ा ही दुर्गम है अर्थात् मातृ-मंदिर तक पहुँचना अत्यंत ही कठिन है, इसलिए कवयित्री स्वयं को दीन, हीन, अज्ञानी आदि मानते हुए ईश्वर को संबोधित करते हुए कहती है कि हे भगवान! इस दुर्गम मार्ग तक पहुँचने का मार्ग तुम ही मुझे दिखाओ अर्थात् कहने का तात्पर्य यह है कि कवयित्री देवी माँ के दर्शन करने को इच्छुक है, किंतु देवी माँ तक पहुँचने का मार्ग दुर्गम जानकर वह माता (भगवान) से ही सहायता की गुहार लगाती है।

4.

मार्ग के बाधक पहरेदार
सुना है ऊँचे-से सोपान।
फिसलते हैं ये दुर्बल पैर
चढ़ा दो मुझको हे भगवान।।

शब्दार्थ

बाधक *रुकावट डालने वाला;* **सोपान** *सीढ़ी।*

संदर्भ पूर्ववत्।

प्रसंग उपरोक्त पंक्तियों में कवयित्री स्वयं को माँ के मंदिर तक पहुँचने में असमर्थ पाती है और माँ से शक्ति माँगती है, ताकि वह मंदिर में पहुँच सके।

व्याख्या कवयित्री स्वयं को असहाय महसूस करती हुई कहती है कि माँ के मंदिर तक पहुँचने के मार्ग में पहरेदार बाधक रूप में खड़े हैं। मंदिर तक पहुँचने की सीढ़ियाँ अत्यंत ही ऊँची-ऊँची हैं। मेरे दुर्बल पैर उन सीढ़ियों पर फिसलते हैं। अत: भगवान से प्रार्थना करती हुई कहती है कि हे भगवान! तुम मुझे वहाँ तक चढ़ा दो अर्थात् कहने का तात्पर्य यह है कि कवयित्री स्वयं को निर्बल बताती है व भगवान से प्रार्थना करती है कि मुझे इतनी शक्ति व बल दो कि मैं रास्ते में आने वाली रुकावट को तोड़ते हुए माँ के मंदिर तक पहुँच सकूँ।

5.

अहा ! वे जगमग-जगमग जगीं
ज्योतियाँ दीख रही हैं वहाँ।
शीघ्रता करो वाद्य बज उठे
भला मैं कैसे जाऊँ वहाँ?

शब्दार्थ

ज्योतियाँ *प्रकाश;* **शीघ्रता** *ज़ल्दी।*

संदर्भ पूर्ववत्।

प्रसंग उपरोक्त पंक्तियों में कवयित्री मंदिर की सुंदरता का वर्णन करती है।

व्याख्या कवयित्री कहती है कि मंदिर में जलती हुई ज्योतियाँ जगमगा उठी हैं, जो दूर से ही मंदिर की शोभा को बढ़ाती हैं। मंदिर में बजते वाद्य यंत्रों की आवाज़ सुनकर शीघ्रातिशीघ्र मंदिर में पहुँचना चाहती है, लेकिन स्वयं से ही प्रश्न करती है कि मैं वहाँ कैसे जाऊँ? मंदिर में जलते हुए दीपकों की रोशनी को देख कवयित्री स्वयं ही मंदिर की ओर आकर्षित होती है और ज़ल्दी-से-ज़ल्दी वहाँ पहुँचना चाहती है, किंतु स्वयं ही माँ के मंदिर पहुँचने में संदेहपूर्ण अवस्था में है, वह कहती है कि मैं कैसे जाऊँ वहाँ?

6.

सुनाई पड़ता है कल-गान
मिला दूँ मैं भी अपनी तान।
शीघ्रता करो मुझे ले चलो,
मातृ मंदिर में हे भगवान।।

शब्दार्थ

गान *संगीत;* **तान** *आलाप।*

संदर्भ पूर्ववत्।

प्रसंग उपरोक्त पंक्तियों में कवयित्री द्वारा मंदिर की जगमगाहट व घंटियों की आवाज़ को सुनकर बढ़ती हुई उत्सुकता का वर्णन किया गया है।

व्याख्या कवयित्री कहती है कि माता के मंदिर में होता भजन उसे अपनी ओर आकर्षित करता है। वह स्वयं मंदिर में होने वाले भजन की ध्वनि में अपना स्वर मिलाना चाहती है। वह शीघ्र ही माता के मंदिर में पहुँचना चाहती हैं तथा भगवान से प्रार्थना करती हैं कि हे भगवान! मुझे शीघ्र ही मातृ मंदिर में पहुँचा दो। कहने का तात्पर्य यह है कि मंदिर से आते पवित्र भजनों व घंटी की आवाज़ सुन कवयित्री की मातृ मंदिर में जाने की उत्सुकता व इच्छा शक्ति और अधिक बढ़ जाती है और वह शीघ्रता से ही मंदिर पहुँचना चाहती हैं।

7.

चलूँ मैं जल्दी से बढ़-चलूँ
देख लूँ माँ की प्यारी मूर्ति।
अहा! वह मीठी-सी मुसकान
जगा जाती है, न्यारी स्फूर्ति।।

शब्दार्थ

मूर्ति *प्रतिकृति;* **मुसकान** *हल्का हँसना;* **स्फूर्ति** *फुर्ती।*

संदर्भ पूर्ववत्।

प्रसंग उपरोक्त पंक्तियों में कवयित्री माता के दर्शन करने को तत्पर है तथा अपनी इच्छा को प्रकट करती है।

व्याख्या कवयित्री कहती है कि ज़ल्दी-से-ज़ल्दी चल कर मैं देवी माँ के दर्शन कर लूँ और माँ की प्यारी-सी मूर्ति देख लूँ। आगे कवयित्री कहती हैं कि माँ की प्यारी-सी मुस्कान से मेरे हृदय में एक नई-सी स्फूर्ति जाग जाती है अर्थात् कहने का तात्पर्य यह है कि कवयित्री माँ के दर्शन करना चाहती हैं, क्योंकि माँ की मूर्ति उनकी आँखों में बसी हुई है। वह किसी भी तरह माता के दर्शन करना चाहती है, क्योंकि माता के दर्शन से उनका शरीर नई उमंग, नई चेतना, नए उत्साह से भर उठता है। अत: वह माता की प्यारी-सी मुस्कान के दर्शन करना चाहती है।

8. उसे भी आती होगी याद?
उसे, हाँ आती होगी याद।
नहीं तो रूठूँगी मैं आज
सुनाऊँगी उसको फरियाद।।

शब्दार्थ

.**फरियाद** *प्रार्थना, शिकायत।*

संदर्भ पूर्ववत्।

प्रसंग उपरोक्त पंक्तियों के माध्यम से कवयित्री अधिकारपूर्वक माता के सामने अपनी फरियाद को रखती हैं।

व्याख्या कवयित्री मन में विचार करती है कि जिस तरह उसे (कवयित्री) माँ की याद आती है, उसी तरह क्या माँ को भी उसकी याद आती होगी? आगे वह संदेह प्रकट करते हुए कहती हैं, अगर माता मुझे याद (स्मरण) नहीं करती होंगी, तो मैं आज माँ से रूठ जाऊँगी और अपनी फरियाद सुनाऊँगी।

कवयित्री माँ को संबोधित करती हुई कहती है कि जिस माँ के स्मरण मात्र से उसके शरीर में नई स्फूर्ति जाग जाती है यदि वह माँ उसे (कवयित्री) स्मरण नहीं करती, तो आज वह माँ से रूठकर अपनी फरियाद माँ के समक्ष रखेगी।

9. कलेजा माँ का, मैं संतान
करेगी दोषों पर अभिमान।
मातृ–वेदी पर हुई पुकार,
चढ़ा दो मुझको, हे भगवान।।

शब्दार्थ

दोष *कमी, अवगुण;* **अभिमान** *घमंड।*

संदर्भ पूर्ववत्।

प्रसंग उपरोक्त पंक्तियों के माध्यम से कवयित्री ने देशभक्ति की भावनाओं को प्रकट किया है।

व्याख्या कवयित्री कहती है कि माँ का हृदय बहुत ही विराट है। वह स्वयं को देवी माँ की संतान मानते हुए कहती हैं कि मैं भारत माता का अभिमान हूँ। यदि मातृभूमि की रक्षा की पुकार उठती है, तो हे भगवान! मैं अपने प्राणों को त्यागने के लिए तैयार हूँ। कवयित्री देवी माँ के हृदय की विराटता का बखान करते हुए कहती है कि जिस प्रकार एक माँ अपनी संतान के अवगुणों को अनदेखा करती है, उसी प्रकार देवी माँ का हृदय भी इतना विराट व विशाल है कि वे भी मुझ (कवयित्री) पर अभिमान करेंगी। वे भगवान को संबोधित करती हुई कहती हैं कि यदि मातृभूमि की रक्षा के लिए मुझे प्राणों का बलिदान भी करना पड़ा, तो मैं पीछे नहीं हटूँगी।

10. सुनूँगी माता की आवाज़
रहूँगी मरने को तैयार।
कभी भी उस वेदी पर देव,
न होने दूँगी अत्याचार।।

शब्दार्थ

आवाज़ *पुकार;* **अत्याचार** *क्रूरता।*

संदर्भ पूर्ववत्।

प्रसंग उपरोक्त पंक्तियों के माध्यम से कवयित्री ने देश पर मिटने की भावना को प्रकट किया है।

व्याख्या कवयित्री कहती है कि जब भी मैं अपनी मातृभूमि की पुकार सुनूँगी, तो सदैव उसकी रक्षा के लिए तैयार रहूँगी। कभी भी अपनी मातृभूमि पर अत्याचार नहीं होने दूँगी। कहने का तात्पर्य यह है कि जब भी मेरी मातृभूमि पर संकट के बादल छाएँगे, तब मैं सदैव उसकी रक्षा के लिए तत्पर रहूँगी। मातृभूमि की रक्षा के लिए मुझे अपने प्राणों को न्योछावर भी करना पड़े, तो मैं पीछे नहीं हटूँगी। अत: अपने प्राणों का त्याग कर दूँगी, किंतु अपनी मातृभूमि पर अत्याचार नहीं होने दूँगी।

11. न होने दूँगी अत्याचार
चलो, मैं हो जाऊँ बलिदान।
मातृ–मंदिर में हुई पुकार,
चढ़ा दो मुझको, हे भगवान।।

शब्दार्थ

बलिदान *समर्पण , परित्याग;* **पुकार** *ऊँचे से बुलावा।*

संदर्भ पूर्ववत्।

प्रसंग उपरोक्त पंक्तियों के माध्यम से कवयित्री ने देशभक्ति व देशप्रेम की भावना को प्रकट किया है।

व्याख्या कवयित्री कहती है कि मैं अपनी मातृभूमि पर अत्याचार नहीं होने दूँगी। मातृभूमि पर होते अत्याचार को खत्म करने के लिए मुझे अपने प्राणों का बलिदान भी देना पड़ा, तो मैं बलिदान के लिए तैयार हूँ। कवयित्री भगवान को संबोधित करती हुई कहती हैं कि हे भगवान ! जब भी मातृभूमि की रक्षा की पुकार उठे तो मुझे उस पर बलिदान कर देना। कहने का तात्पर्य यह है कि कवयित्री देश में व्याप्त अत्याचार, हिंसा आदि के वातावरण का सदा के लिए नाश करना चाहती है तथा देश में समता-समानता व बंधुत्व की भावना का विकास करना चाहती है।

PYQs विगत वर्षों के प्रश्न व महत्त्वपूर्ण प्रश्न

पद्यांश पर आधारित प्रश्न

1.

उसे भी आती होगी याद?
उसे हाँ आती होगी याद।
नहीं तो रूठूँगी मैं आज
सुनाऊँगी उसको फरियाद।।
कलेजा माँ का, मैं संतान,
करेगी दोषों पर अभिमान।
मातृ वेदी पर हुई पुकार,
चढ़ा दो मुझको, हे भगवान **(ICSE 2020)**

(i) कवयित्री किससे और क्या फरियाद करना चाहती है?

उत्तर कवयित्री देवी माँ से फरियाद करना चाहती है। जिस तरह उन्हें माँ की याद आती है उसी तरह क्या माँ भी उन्हें याद करती है, यदि माँ मुझे याद नहीं करती होगी तो मैं उनसे रूठ जाऊँगी और फरियाद सुनाऊँगी।

(ii) 'माँ का कलेजा' किस प्रकार का होता है? वह अपनी संतान के साथ किस प्रकार का व्यवहार करती है?

उत्तर माँ का कलेजा बहुत ही विराट होता है। वह अपनी संतान के अवगुणों को अनदेखा करती हुई उस पर अभिमान करती है।

(iii) 'मातृ वेदी पर हुई पुकार' इस पंक्ति का आशय स्पष्ट करते हुए लिखिए कि कवयित्री क्या कहना चाहती है?

उत्तर 'मातृ वेदी पर हुई पुकार' का आशय है कि मातृभूमि की रक्षा की पुकार उठती है। यदि मातृभूमि की रक्षा के लिए मुझे प्राणों का बलिदान भी करना पड़ता है तो मैं पीछे नहीं हटूँगी मैं प्राणों को त्यागने के लिए तैयार रहूँगी किंतु अपनी मातृभूमि पर अत्याचार नहीं होने दूँगी।

(iv) 'मातृ मंदिर की ओर' कविता से क्या प्रेरणा मिलती है? अपने शब्दों में लिखिए।

उत्तर 'मातृ मंदिर की ओर' कविता से हमें देशभक्ति व देश-प्रेम की भावना की प्रेरणा मिलती है।

यदि मातृभूमि की सेवा के लिए हमें अपने प्राणों का भी त्याग करना पड़े तो पीछे नहीं हटना चाहिए तथा देश में समता-समानता एवं बन्धुत्व की भावना का विकास करना चाहिए। देश में व्याप्त अत्याचार हिंसा के वातावरण का नाश करना चाहिए।

2. निम्नलिखित पद्यांश को पढ़कर उसके नीचे दिए गए प्रश्नों के उत्तर हिंदी लिखिए।

सुनूँगी माता की आवाज़
रहूँगी मरने को तैयार।
कभी भी उस वेदी पर देव
न होने दूँगी अत्याचार।
न होने दूँगी अत्याचार
चलो, मैं हों जाऊँ बलिदान
मातृ मंदिर से हुई पुकार,
चढ़ा दो मुझको, हे भगवान।। **(ICSE 2017)**

(i) 'मातृ मंदिर' से क्या तात्पर्य है? वहाँ से कवयित्री को क्या पुकार सुनाई दे रही है?

उत्तर 'मातृ मंदिर' से तात्पर्य देवी माँ के मंदिर से है। कवयित्री देवी माँ के मंदिर में जाकर अपने व्यथित मन को बहलाना चाहती है, ताकि अपना सुख-दुख माँ को बताकर अपने हृदय की पीड़ा को कम कर सके।

(ii) कवयित्री अपनी मातृभूमि की रक्षा के लिए क्या करने को तैयार है और क्यों?

उत्तर कवयित्री अपनी मातृभूमि की रक्षा के लिए अपने प्राणों का भी बलिदान करने को तैयार है, क्योंकि वह मातृभूमि पर होने वाले अत्याचार को समाप्त करना चाहती है। अतः वह कहती है कि जब भी मातृभूमि की रक्षा की पुकार उठे, तो मुझे उस पर बलिदान कर देना।

(iii) मंदिर तक पहुँचने के मार्ग में कवयित्री को किन-किन कठिनाइयों का सामना करना पड़ता है?

उत्तर मंदिर तक पहुँचने का मार्ग अत्यंत दुर्गम है। वहाँ पहुँचने में कवयित्री स्वयं को असहाय महसूस करती है। मंदिर तक पहुँचने के मार्ग में पहरेदार बाधक रूप में खड़े हैं। मंदिर तक पहुँचने की सीढ़ियाँ अत्यंत ही ऊँची-ऊँची हैं। कवयित्री के दुर्बल पैर उन सीढ़ियों पर फिसलते हैं। अतः वह भगवान से प्रार्थना करती हुई कहती है कि हे भगवान! तुम मुझे वहाँ तक चढ़ा दो अर्थात् मुझे इतनी शक्ति व बल दो कि मैं रास्ते में आने वाली कठिनाइयों तथा रुकावटों को तोड़ते हुए माँ के मंदिर तक पहुँच सकूँ।

(iv) प्रस्तुत पद्यांश में कवयित्री की किस भावना को दर्शाया गया है? वह इस कविता के माध्यम से पाठकों को क्या संदेश देता चाहती हैं?

उत्तर प्रस्तुत पद्यांश में कवयित्री की देशभक्ति एवं देशप्रेम की भावना को दर्शाया गया है। कवयित्री देश में व्याप्त अत्याचार, हिंसा आदि के वातावरण का सदा के लिए नाश करना चाहती है तथा देश में समता-समानता एवं बंधुत्व की भावना का विकास करना चाहती है। वह इस कविता के माध्यम से पाठकों को यह संदेश देना चाहती है कि मातृभूमि की सेवा के लिए हमें अपने प्राणों का भी त्याग करना पड़े, तो हमें पीछे नहीं हटना चाहिए।

3.

व्यथित है मेरा हृदय-प्रदेश,
चलूँ, उसको बहलाऊँ आज।
बताकर अपना सुख-दुख उसे
हृदय का भार हटाऊँ आज।।
चलूँ माँ के पद-पंकज पकड़
नयन जल से नहलाऊँ आज।
मातृ-मंदिर में मैंने कहा.....
चलूँ दर्शन कर आऊँ आज।

(i) कवयित्री देवी माँ के मंदिर जाकर अपने व्यथित मन को क्यों बहलाना चाहती है?

उत्तर कवयित्री देवी माँ के मंदिर में जाकर अपने व्यथित मन को बहलाना चाहती है, ताकि अपना सुख-दुःख माँ को बताकर अपने हृदय की पीड़ा, व्यथा आदि को कम कर सके।

(ii) कवयित्री किसके समक्ष अपने हृदय के बोझ को कम करने का प्रयास करती है?

उत्तर कवयित्री देवी माँ के समक्ष अपने दुःख व वेदना को रखकर हृदय के बोझ को कम करने का प्रयास करती है। वह देवी माँ के सामने अपने मन का सारा दुःख, वेदना अभिव्यक्त करना चाहती है।

(iii) कवयित्री की इच्छा क्या है? वह किसके दर्शन करना चाहती है? अपने शब्दों में बताइए।

उत्तर कवयित्री की इच्छा है कि वह आज जाकर देवी माँ के दर्शन करना चाहती है। कवयित्री आज देवी माँ के दर्शन कर अपनी सारी पीड़ा व दुःख माँ के चरणों में प्रकट करना चाहती हैं। अतः कवयित्री देवी माँ के ही दर्शन करने को आतुर है।

(iv) उपरोक्त पंक्तियों के माध्यम से कवयित्री का आशय स्पष्ट करें।

उत्तर उपरोक्त पंक्तियों के माध्यम से कवयित्री का मन समाज में प्रचलित भेदभाव की समस्याओं से दुःखी है तथा वह अपने दुःख को देवी माँ के समक्ष प्रस्तुत करना चाहती है अर्थात् वह माँ के चरणों में रोकर अपना दुःख व्यक्त करना चाहती हैं।

3. किंतु यह हुआ अचानक ध्यान दीन हूँ, छोटी हूँ, अज्ञान।
मातृ-मंदिर का दुर्गम मार्ग तुम्हीं बतला दो हे भगवान।
मार्ग के बाधक पहरेदार सुना है ऊँचे-से सोपान।
फिसलते हैं ये दुर्बल पैर; चढ़ा दो मुझको, हे भगवान।।

(i) कवयित्री को अचानक क्या ज्ञात हुआ?

उत्तर कवयित्री को अचानक ज्ञात हुआ कि मैं तो दीन-हीन हूँ, छोटी हूँ, अज्ञानी हूँ। अतः अपनी दीन-हीन स्थिति के कारण ही उन्हें माता के मंदिर का रास्ता दूर लग रहा था।

(ii) कवयित्री भगवान से ही सहायता की गुहार क्यों लगाती है?

उत्तर कवयित्री भगवान से ही सहायता की गुहार लगाती हैं, क्योंकि वह माँ के दर्शन करने को इच्छुक है तथा देवी माँ के मंदिर तक पहुँचने के मार्ग को दुर्गम जानकर वह भगवान से गुहार लगाती है।

(iii) कवयित्री स्वयं को कहाँ पहुँचने में अक्षम पाती है व क्यों?

उत्तर कवयित्री स्वयं को माँ के मंदिर तक पहुँचने में अक्षम (असमर्थ) पाती हैं, क्योंकि मंदिर तक पहुँचने के मार्ग में अनेक लंबी व ऊँची सीढ़ियाँ हैं, जो पहरेदार के रूप में उसके रास्ते पर बाधक बनकर खड़ी हैं। अतः उसके दुर्बल पैर उन सीढ़ियों पर फिसलते हैं, इसलिए कवयित्री स्वयं को माता के मंदिर तक पहुँचने में अक्षम पाती हैं।

(iv) उपरोक्त पंक्तियों के आधार पर बताओ कि कवयित्री स्वयं को निर्बल जान भगवान से क्या प्रार्थना करती है? अपने शब्दों में बताएँ।

उत्तर कवयित्री मंदिर तक जाना चाहती है, इसलिए वह भगवान से प्रार्थना करती है कि वे मार्ग की बाधाओं का सामना करने की शक्ति प्रदान करें। वह कहती है कि हे भगवान मुझे इतनी शक्ति और बल दो जिससे कि मैं रास्ते में आने वाली रुकावट को तोड़ते हुए देवी माँ के मंदिर तक पहुँचने में समर्थ हो सकूँ।

4. चलूँ मैं जल्दी से बढ़-चलूँ
देख लूँ माँ की प्यारी मूर्ति।
अहा! वह मीठी-सी मुसकान
जगा जाती है, न्यारी स्फूर्ति।।
उसे भी आती होगी याद?
उसे, हाँ आती होगी याद।
नहीं तो रूठूँगी मैं आज
सुनाऊँगी उसको फरियाद।।

(i) कवयित्री की इच्छा क्या है?

उत्तर कवयित्री की इच्छा है कि वह ज़ल्दी-से-ज़ल्दी चलकर देवी माँ के दर्शन कर ले और माता की प्यारी मूर्ति को देख ले, क्योंकि वह माता की प्यारी-सी मुस्कान के दर्शन करना चाहती है।

(ii) किस की प्यारी-सी मुस्कान से कवयित्री के शरीर में स्फूर्ति आ जाती है?

उत्तर कवयित्री कहती है कि माँ की प्यारी-सी मुस्कान से मेरे हृदय में नई-सी स्फूर्ति, जाग जाती है। अतः वह माता की प्यारी-सी मुस्कान के दर्शन करना चाहती है।

(iii) 'उसे भी आती होगी याद?' पंक्ति में उसे शब्द किसके लिए प्रयोग किया गया है व ऐसा क्यों कहा गया?

उत्तर 'उसे भी आती होगी याद' पंक्ति में उसे शब्द देवी माँ के लिए प्रयोग किया गया है। कवयित्री कहती है कि जिस तरह वह माता को याद कर रही है, उसी तरह माता भी उसे याद कर रही होगी। वह पुनः कहती है कि अगर माता उसको याद नहीं कर रही होगी, तो वह आज माता से रूठ जाएगी।

(iv) उपरोक्त पंक्तियों से कवयित्री का क्या आशय है?

उत्तर उपरोक्त पंक्तियों में कवयित्री को माता पर यकीन है कि माँ का हृदय कोमल होता है। अतः वे उसकी फरियाद को अवश्य सुन लेंगी। माँ उसकी गलतियों को क्षमा कर देंगी, इसलिए वह बार-बार भगवान से प्रार्थना करती हैं कि उसे शक्ति व बल दो ताकि वह माता के मंदिर तक पहुँच सके और अपनी फरियाद उनके समक्ष रख सकें।

अभ्यास प्रश्न

1. निम्नलिखित पद्यांश को पढ़िए और उसके नीचे लिखे प्रश्नों के उत्तर हिंदी में लिखिए।

काँकर पाथर जोरि कै, मसजिद लई बनाय।
ता चढ़ि मुल्ला बाँग दे, क्या बहरा हुआ खुदाय।।

(साखी — कबीरदास)

(i) प्रस्तुत पंक्तियों के माध्यम से कवि का क्या आशय है?
(ii) प्रस्तुत पंक्तियों में कबीरदास जी ने किसका विरोध किया है?
(iii) निम्नलिखित शब्दों के अर्थ लिखिए।
काँकर, जोरि कै, बनाय, मुल्ला
(iv) प्रस्तुत पंक्तियों में कबीरदास जी ने मनुष्य की किस प्रकृति की ओर संकेत किया है?

2. निम्नलिखित पद्यांश को पढ़कर उसके नीचे दिए गए प्रश्नों के उत्तर हिंदी में लिखिए।

राजा के दरबार में, जैये समया पाए।
साँई तहाँ न बैठिये, जहाँ कोउ देय उठाय।।
जहाँ कोउ देय उठाय, बोल अनबोले रहिए।
हँसिये नहीं हहाय, बात पूछे ते कहिए।।
कह गिरिधर कविराय, समय सों कीजै काज।
अति आतुर नहिं होय, बहुरि अनरवैहैं राजा।।

(गिरधर की कुंडलियाँ— गिरधर कवि राय)

(i) गिरिधर कविराय का साहित्यिक परिचय दीजिए।
(ii) हम अपनी अच्छी छवि किस प्रकार बना सकते हैं?
(iii) प्रस्तुत पंक्तियों के आधार पर राजा के क्रोध का कारण बताइए।
(iv) 'हँसिये नहीं हहाय, बात पूछे तो कहिए' पंक्ति का अर्थ स्पष्ट कीजिए।

3. निम्नलिखित पद्यांश को पढ़कर उसके नीचे दिए गए प्रश्नों के उत्तर हिंदी में लिखिए। **(स्वर्ग बना सकते हैं — रामधारी सिंह दिनकर)**

प्रभु के दिए हुए सुख इतने हैं विकीर्ण धरती पर
भोग सकें जो उन्हें जगत में, कहाँ अभी इतने नर?

(i) कवि के अनुसार मनुष्य सुखी क्यों नहीं है?
(ii) प्रस्तुत पंक्तियों में धरती पर प्रभु ने क्या बिखेर रखे हैं?
(iii) कवि ने क्या भोगने की चर्चा की है और क्यों?
(iv) प्रस्तुत पद्यांश का भावार्थ स्पष्ट कीजिए।

4. निम्नलिखित पद्यांश को पढ़कर उसके नीचे दिए गए प्रश्नों के उत्तर हिंदी में लिखिए। **(वह जन्मभूमि मेरी — सोहनलाल द्विवेदी)**

ऊँचा खड़ा हिमालय, आकाश चूमता है,
नीचे चरण तले पड़, नित सिंधु झूमता है।
गंगा, यमुना, त्रिवेणी, नदियाँ लहर रही हैं,
जगमग छटा निराली, पग-पग पर छहर रही है।

(i) भारत की उत्तर दिशा में स्थित पर्वत का नाम लिखिए और दक्षिण में पाए जाने वाले महासागर का नाम लिखिए।
(ii) "जग मग छटा निराली, पग-पग पर छहर रही है" पंक्ति का आशय स्पष्ट कीजिए।
(iii) भारत को पुण्य भूमि और स्वर्णभूमि क्यों कहा गया है?
(iv) कवि ने भारत को अपनी जन्मभूमि और मातृभूमि क्यों कहा हैं? समझाइए।

5. निम्नलिखित पद्यांश को पढ़कर उसके नीचे दिए गए प्रश्नों के उत्तर हिंदी में लिखिए। **(मेघ आए — सर्वेश्वर दयाल सक्सेना)**

क्षितिज अटारी गहराई दामिनी दमकी,
क्षमा करो गाँठ खुल गई अब भरम की।
बाँध टूटा झर-झर मिलन के अश्रु ढरके।
मेघ आए बड़े बन-ठन के सँवर के।

(i) प्रस्तुत पंक्ति 'क्षितिज अटारी गहराई दामिकी दमकी' का आशय स्पष्ट कीजिए।
(ii) मेघों के आगमन से क्षितिज कैसा दिखाई दे रहा था?
(iii) प्रस्तुत पंक्तियों में किसके टूटने की बात की गई है और क्यों?
(iv) कवि ने किस संदेह को दूर करने की बात कहीं है? स्पष्ट कीजिए।

6. निम्नलिखित पद्यांश को पढ़कर उसके नीचे दिए गए प्रश्नों के उत्तर हिंदी में लिखिए। **(विनय के पद — गोस्वामी तुलसीदास)**

नाते नेह राम के मनियत
सुहृद सुसेव्य जहाँ लौ।
अंजन कहा आँख जेहि फूटै,
बहु तक कहौं कहाँ लौं।।

(i) 'अंजन' शब्द का अर्थ स्पष्ट कीजिए।
(ii) कवि के अनुसार किसके बिना जीवन का कल्याण संभव नहीं है?
(iii) भगवान श्रीराम के विषय में कवि ने क्या बताया है?
(iv) कवि ने हमारा हितैषी किसको बताया है?

7. निम्नलिखित पद्यांश को पढ़कर उसके नीचे दिए गए प्रश्नों के (iii) हिंदी में लिखिए। **(भिक्षुक — सूर्यकांत त्रिपाठी निराला)**

साथ दो बच्चे भी हैं सदा हाथ फैलाए
बाएँ से वे मलते हुए पेट को चलते,
और दाहिना दया-दृष्टि पाने की ओर बढ़ाएँ।

(i) भिखारी के साथ कौन-कौन भीख माँग रहे हैं?
(ii) बच्चे पेट को मलते हुए क्यों चल रहे हैं?
(iii) प्रस्तुत गद्यांश में भिखारी की स्थिति का वर्णन किया गया है। स्पष्ट कीजिए।
(iv) प्रस्तुत पंक्तियों में भिखारी के बच्चों के हाथों की प्रक्रिया का वर्णन कीजिए।

8. निम्नलिखित पद्यांश को पढ़कर उसके नीचे दिए गए प्रश्नों के उत्तर हिंदी में लिखिए। **(मातृ-मंदिर की ओर — सुभद्रा कुमारी चौहान)**

मार्ग के बाधक पहरेदार
सुना है ऊँचे-से सोपान।
फिसलते हैं ये दुर्बल पैर,
चढ़ा दो मुझको, हे भगवान।।

(i) कवयित्री कहाँ पहुँचने में स्वयं को अक्षम पाती है?
(ii) कवयित्री भगवान से क्या प्रार्थना करती है?
(iii) कवयित्री को किस बात का अहसास होता है?
(iv) उपरोक्त पंक्तियों का आशय स्पष्ट कीजिए।

नया रास्ता

सुषमा अग्रवाल

अध्याय 1

सारांश

मानव समाज में मनुष्यों द्वारा निर्मित सामाजिक परंपराएँ एवं सामाजिक मूल्य ही कई बार मनुष्यों के हितों के विरुद्ध खड़े हो जाते हैं, जिन्हें हम सामाजिक रूढ़ियों या सामाजिक अवमूल्यन के रूप में देखते हैं। दहेज संबंधी रूढ़ियाँ या दहेज-प्रथा इसी श्रेणी में शामिल हैं। ईश्वर की अमूल्य देन 'जीवन' को नष्ट करने में उत्तरदायी, इस दहेजरूपी कुरीति को समाज से समूल नष्ट करना सभी बौद्धिक एवं विवेकशील व्यक्तियों का कर्त्तव्य होना चाहिए। प्रस्तुत उपन्यास इसी समस्या और इससे जुड़े मनोभावों को अत्यंत संवेदनशीलता के साथ सामने लाता है।

मीनू की प्रसन्नता

दर्पण में अपना चेहरा निहार रही नीलिमा की आँखें उसकी सहेली मीनू ने पीछे से आकर बंद कर दीं। सामने आने पर नीलिमा ने पूछा कि आज वो इतनी खुश क्यों है? मीनू अपनी प्रसन्नता को छिपाने की कोशिश करते हुए बोली कि शादी के लिए मेरठ वालों ने उसकी फोटो पसंद कर ली है। वे लोग कल उसके घर आ रहे हैं।

मीनू पर उदासी की छाया

मीनू के चेहरे की प्रसन्नता अचानक ही समाप्त हो गई, क्योंकि उसकी पुरानी यादें ताज़ा हो गई थीं। पहले भी कई लड़कों ने उसे देखने के बाद शादी से मना कर दिया था। किसी ने कद में छोटी होने को कारण बताया, तो किसी ने उसके साँवलेपन को। पुरानी बातों को याद कर मीनू की आँखों में आँसू आ गए।

नीलिमा द्वारा बात बदलना

मीनू का ध्यान बँटाने के लिए नीलिमा ने उसे अपने कई फोटो दिखाए। मीनू ने नीलिमा की सुंदरता की बहुत तारीफ़ की, जिससे नीलिमा भी अत्यंत प्रसन्न हो गई। नीलिमा की तारीफ़ करने तथा अपने चेहरे पर प्रसन्नता ज़ाहिर करने के बावजूद मीनू के दिल में उदासी व्याप्त ही रही। नीलिमा भी मीनू के दिल की उदासी के दर्द को समझ रही थी।

परीक्षा-परिणाम की घोषणा

मीनू एवं नीलिमा के कमरे में मीनू का भाई रोहित तथा नीलिमा की माँ ने प्रवेश किया। रोहित के हाथ में परीक्षा परिणाम वाला अख़बार था। उसने बताया कि एम. ए. की परीक्षा में मीनू प्रथम श्रेणी में तथा नीलिमा द्वितीय श्रेणी में उत्तीर्ण हुई है। माँ ने दोनों का मुँह मीठा कर उन्हें अपना आशीर्वाद दिया।

मीनू के चेहरे पर पुनः प्रसन्नता की रेखाएँ उभरना

अच्छा परीक्षा परिणाम सुनकर मीनू के हृदय में दबा दर्द थोड़ी देर के लिए गायब हो गया और उसके चेहरे पर प्रसन्नता की रेखाएँ फिर से उभर आईं। वह नीलिमा से लिपटकर झूम गई और खुश होकर भागती हुई अपने घर चली गई। नीलिमा की आँखों ने मीनू के हृदय की वास्तविकता को समझ लिया। 'कभी खुशी, कभी गम' वाली स्थिति को उसने स्पष्ट रूप से मीनू के चेहरे पर पढ़ लिया था।

शब्दार्थ

यौवन *जवानी;* **दहलीज़** *प्रवेश द्वार;* **दर्पण** *आइना;* **विस्मित** *आश्चर्य;* **एहसास** *अनुभव;* **प्रसन्नता** *खुशी;* **क्षण** *पल, सेकंड;* **अतीत** *प्राचीन, पुरानी;* **स्मृति** *यादें, स्मरण;* **मुद्रा** *भंगिमा;* **आकर्षक** *लुभावना;* **फुरसत** *अवकाश, खाली;* **पीड़ा** *दुःख;* **हीनभावना** *स्वयं को वंचित या पिछड़ा हुआ महसूस करने की भावना;* **प्रसन्नचित्त** *हृदय में व्याप्त खुशी, हर्ष;* **ओझल** *गायब।*

PYQs विगत वर्षों के प्रश्न व महत्त्वपूर्ण प्रश्न

बहुविकल्पीय प्रश्न

1. मीनू कौन है? **(ICSE Spec Sem I 2021)**

(a) मायाराम जी की बेटी (b) धनीमल की बेटी
(c) दयाराम जी की बेटी (d) दीपक की बहन

उत्तर (c) दयाराम जी की बेटी

2. मीनू ने किसकी आँखों पर अपने हाथ रख दिए? **(ICSE Spec Sem I 2021)**

(a) आशा की (b) माया की (c) नीलिमा की (d) मधु की

उत्तर (c) नीलिमा की

3. मीनू ने एम.ए की परीक्षा किस श्रेणी में पास की? **(ICSE Spec Sem I 2021)**

(a) द्वितीय श्रेणी (b) तृतीय श्रेणी (c) प्रथम श्रेणी (d) चतुर्थ श्रेणी

उत्तर (c) प्रथम श्रेणी

गद्यांश पर आधारित प्रश्न

1. निम्नलिखित अवतरण को पढ़िए और उसके नीचे लिखे प्रश्नों के उत्तर हिन्दी में लिखिए।

मीनू के हृदय में हीनभावना के कारण जो दुख के भाव थे, खुशी में परिवर्तित हो गए। प्रथम श्रेणी में पास होने पर फूली नहीं समाई। **(ICSE Spec 2023)**

(i) मीनू के हृदय में हीन-भावना ने क्यों स्थान बना लिया था?

उत्तर मीनू के हृदय में हीन भावना ने स्थान इसलिए बना लिया था, क्योंकि वह पढ़ी-लिखी तथा शिक्षित लड़की थी, परंतु जब भी कोई लड़का उसको शादी के लिए देखने आता था, तो उसके साँवले रंग को देखकर शादी करने के लिए मना कर देता था। तब से उसके मन में हीन-भावना ने स्थान बना लिया था जिसके परिणामस्वरूप उसे शादी के नाम से नफरत होने लगी थी।

(ii) मीनू को अपने परीक्षा परिणाम की सूचना किससे मिली थी?

उत्तर मीनू को अपने परीक्षा परिणाम की सूचना अपने भाई रोहित से मिली। रोहित बाहर से दौड़ा-दौड़ा आया और उसके हाथ में परीक्षा परिणाम वाला अखबार था। उसने बताया कि एम.ए. की परीक्षा में मीनू प्रथम श्रेणी से तथा नीलिमा द्वितीय श्रेणी से पास हुई हैं। यह बात सुनकर मीनू को इतनी प्रसन्नता हुई कि वह जिस गम में डूबी हुई थी वह भूलकर अपने जीवन में आगे बढ़ने के विषय में सोचने लगी।

(iii) नीलिमा और मीनू के बीच क्या सम्बन्ध थे? मीनू नीलिमा को किस बात की सूचना देने आई थी और क्यों?

उत्तर नीलिमा और मीनू दोनों बहुत अच्छी सहेली थीं दोनों के घर एक ही मोहल्ले में थे। मीनू नीलिमा को इस बात की सूचना देने वाली थी कि मेरठ से उसके लिए एक रिश्ता आया है। जिसमें मेरठ वालों को उसकी फोटो पसंद आ गई है और वह कल उसको देखने आ रहे हैं।

(iv) मीनू के मन में प्रसन्नता, उदासी और पुनः प्रसन्नता के भाव कब और किस प्रकार जाग्रत हुए?

उत्तर जब मीनू ने एम.ए. की परीक्षा में प्रथम आने की बात सुनी तो उसके मन में प्रसन्नता के भाव उत्पन्न हुए, लेकिन अपनी शादी की बात को सोचकर कि उसको दो लड़कों ने नापसंद कर दिया है। उसका चेहरा उदास हो गया, लेकिन उसने शादी की बात को भूलकर अपने प्रथम आने वाली बात को सोचा और भविष्य में आगे बढ़ने का निश्चय किया, यह बात सोचकर मीनू के मन में दोबारा से प्रसन्नता का भाव जाग्रत हो गया।

2. निम्नलिखित गद्यांश को पढ़कर उसके नीचे दिए गए प्रश्नों के उत्तर हिंदी में लिखिए

अमित मेज पर बैठा खाना खाने लगा। माँ भी उसके पास बैठ गई। बैठे-बैठे वह न जाने किन विचारों में खो गई और एकटक अमित की ओर ही देखती रहीं। **(ICSE 2018)**

(i) माँ अमित की तरफ देखते हुए क्या सोच रही थी?

उत्तर माँ अमित की तरफ देखते हुए यह सोच रही थी कि दीपक अमित से छोटा है, फिर भी उसका विवाह तय हो गया है, लेकिन अमित का विवाह अभी तक नहीं हो पाया है।

(ii) दीपक कौन है? उन्हें किस बात का कार्ड मिला?

उत्तर दीपक अमित की माँ का भतीजा है। उन्हें अपने भतीजे दीपक के विवाह का कार्ड मिला था, जिसे पाकर अमित की माँ अत्यधिक प्रसन्न हुई थी।

(iii) मधु के बारे में माँ ने अमित से क्या कहा?

उत्तर मधु के बारे में माँ ने अमित से कहा कि मधु भी विवाह योग्य हो गई है। मैं उसका भी विवाह करना चाहती हूँ, लेकिन मेरी इच्छा है कि मधु के विवाह से पूर्व तुम्हारा विवाह हो, क्योंकि मधु तुमसे आयु में छोटी है। मैं उसके विवाह के कार्य अकेले नहीं कर पाऊँगी, इसलिए तुम शीघ्र ही विवाह कर लो।

(iv) माँ को घर में बहू की कमी क्यों अखरती थी?

उत्तर अमित तथा मायाराम जी के कारखाने के लिए चले जाने तथा मधु के कॉलेज जाने के पश्चात् माँ घर में अकेली रह जाती थी। इस कारण उन्हें घर में बहू की कमी लगती थी। अतः वह चाहती थी कि अगर उनके बेटे का विवाह हो जाए तो बहू के आने से उनका अकेलापन दूर हो जाएगा।

i एक्सपर्ट्स कमेंट्स

- प्रश्न के उत्तर में मिली-जुली प्रतिक्रिया मिली। कुछ छात्रों ने मनगढ़त लिखकर उत्तर पूर्ण कर दिया तथा अभ्यास का अभाव दिखाई दिया।
- अधिकांश छात्र पात्रों के रिश्तों को लेकर भ्रमित दिखाई दिए। छात्रों ने सटीक उत्तर नहीं लिखा।
- कहीं-कहीं छात्रों ने उत्तर में कुछ अपने मन से भी विचार जोड़ दिए। कुछ छात्रों के उत्तर में मुख्य बिंदुओं का अभाव पाया गया तथा कुछ छात्रों ने विचारों की पुनरावृत्ति कर उत्तर का विस्तार कर दिया।

स्टूडेंट्स के लिए एडवाइज़

- छात्रों को एकाग्रचित्त के साथ उपन्यास को बार-बार पढ़ते समय उपन्यास के पिछले अंक को भी दोहराते रहना चाहिए।
- छात्रों को प्रत्येक अध्याय की मुख्य बातें जैसे-पात्रों के नाम व उनकी चारित्रिक विशेषताएँ, अध्ययन का केंद्रीय भाव अपनी नोटबुक में अवश्य लिखनी चाहिए तथा समय-समय पर उनको याद करते रहना चाहिए।
- उपन्यास से संबंधित प्रश्नों का लिखित एवं मौखिक अभ्यास करते रहना चाहिए।

3. निम्नलिखित गद्यांश को पढ़कर उसके नीचे दिए गए प्रश्नों के उत्तर हिंदी में लिखिए

दर्पण में निहारने पर यौवन की लालिमा उसके चेहरे पर छा गई। अपना चेहरा वह अभी दर्पण में निहार ही रही थी कि इतने में उसकी सहेली मीनू ने पीछे से आकर उसकी आँखों पर अपने हाथ रख दिए। मीनू के कोमल हाथों से आँखें मुँदने पर नीलिमा को कुछ अजीब-सा अहसास हुआ। दूसरे ही क्षण मीनू उसके सामने आ गई और खुशी से उसके हाथों को चूम लिया।

(i) दर्पण में अपना चेहरा कौन देख रही थी और देखते हुए वह मुस्कुरा क्यों रही थी?

उत्तर दर्पण में अपना चेहरा नीलिमा देख रही थी। वह अपने चेहरे की सुंदरता एवं यौवन को देख आत्म-मुग्ध हो रही थी। इसी आत्म-मुग्धता की स्थिति में वह मुस्कुरा रही थी।

(ii) नीलिमा को अजीब-सा अहसास क्यों हुआ?

उत्तर नीलिमा जब स्वयं को दर्पण में निहारने में मग्न थी, तभी अचानक उसकी सहेली मीनू ने पीछे से आकर उसकी आँखों पर अपने हाथ रख दिए। मीनू के कोमल हाथों से आँखें मूँदने पर नीलिमा को कुछ अजीब-सा अहसास हुआ।

(iii) 'चेहरे पर यौवन की लालिमा छाने' से क्या अभिप्राय है? स्पष्ट कीजिए।

उत्तर 'चेहरे पर यौवन की लालिमा छाने' से अभिप्राय यह है कि नवयुवती नीलिमा अपनी युवावस्था के प्रारंभिक दौर से गुजर रही थी। वह देखने में सुंदर थी, उसके नैन-नक्श आकर्षक थे, उसका रंग गोरा था। कहने का अभिप्राय यह है कि नीलिमा देखने में बहुत सुंदर थी और अपनी सुंदरता का अहसास उसे भी था। इस अहसास के कारण ही उसमें एक संकोच या लज्जा भाव भी व्याप्त था, जो लालिमा के रूप में चेहरे पर फैल गया। इसी को 'चेहरे पर यौवन की लालिमा छाने' के रूप में व्यक्त किया गया है।

(iv) मीनू की प्रसन्नता को नीलिमा ने कैसे भाँप लिया?

उत्तर नीलिमा की सहेली मीनू ने आते ही नीलिमा को चौंकाने के लिए अपने हाथों से उसकी आँखें ढक दीं। वह नीलिमा से आँख-मिचौली कर रही थी, जब कोई व्यक्ति आंतरिक रूप से प्रसन्न होता है, तो सामान्यतः उसकी गतिविधियाँ बढ़ जाती हैं। मीनू द्वारा अपनी सहेली नीलिमा की आँखों को ढकना इस बात का संकेत करता है कि मीनू की चंचलता उसकी प्रसन्नता के कारण है। मीनू द्वारा नीलिमा की आँखें ढकने से ही नीलिमा ने भाँप लिया कि मीनू अत्यधिक प्रसन्न है।

4. निम्नलिखित गद्यांश को पढ़कर उसके नीचे दिए गए प्रश्नों के उत्तर हिंदी में लिखिए

परंतु कुछ सोचते ही मीनू के चेहरे पर उदासी छा गई। मीनू को अपनी ज़िंदगी के कुछ क्षण याद आ गए। पहले भी कई लड़कों ने उसे देखा, पर किसी ने कद की छोटी व किसी ने साँवली बताते हुए उससे शादी करने से इनकार कर दिया। अतीत की स्मृतियों में डूब जाने पर उसकी आँखें छलछला पड़ीं। नीलिमा उसके हृदय की बात समझ रही थी।

(i) मीनू की प्रसन्नता का क्या कारण था?

उत्तर मीनू की प्रसन्नता का कारण यह था कि विवाह के लिए मेरठ में लड़के वालों को भेजा गया मीनू का फोटो उन्हें पसंद आ गया था और मेरठ वाले मीनू को देखने के लिए अगले दिन उसके घर आने वाले थे। मीनू की प्रसन्नता का वास्तविक कारण यही था।

(ii) मीनू के चेहरे पर अचानक उदासी क्यों छा गई?

उत्तर मीनू के चेहरे पर अचानक उदासी छाने का कारण यह था कि अतीत में भी कई लड़के वालों ने उसकी फोटो को पसंद किया था, लेकिन जब वे उसे देखने के लिए आते थे, तो किसी न किसी कारणवश उसे नापसंद कर देते थे। अतीत की इन्हीं स्मृतियों को याद करके मीनू का चेहरा उदास हो गया।

(iii) मीनू से शादी करने आए लड़कों ने शादी करने से इनकार क्यों किया?

उत्तर मीनू से शादी करने आए लड़कों ने मीनू को देखकर उसमें कुछ कमियाँ निकालीं। किसी ने उसके कम कद को बहुत बड़ी कमी माना, तो किसी ने उसके साँवले रंग को। लेखिका का मानना है कि शादी करने वाले लड़कों को प्रत्येक दृष्टि से एक ऐसी लड़की चाहिए थी, जिसमें किसी भी प्रकार की कोई कमी न हो, भले ही उनमें अनेक कमियाँ मौजूद हों।

(iv) नीलिमा किसके हृदय की बात समझ रही थी और कौन-सी बात?

उत्तर नीलिमा अपनी सहेली मीनू के हृदय की बात समझ रही थी। दोनों के बीच बहुत अच्छी मित्रता थी। अतीत में कई लड़के वाले मीनू को देखने आए थे और उसे नापसंद कर गए थे। नीलिमा को लग रहा था कि यदि अगले दिन मेरठ से आने वालों ने भी उसे नापसंद कर दिया, तो मीनू मानसिक रूप से पूरी तरह टूट सकती है। मीनू के अंदर इस संबंध में मौजूद हीन भावना की आशंका को नीलिमा अच्छी तरह समझ रही थी।

अध्याय 2

सारांश

मेहमानों के स्वागत की तैयारी

मेरठ वालों द्वारा मीनू का फोटो पसंद किए जाने के बाद मीनू के घर में खुशी का माहौल बन गया और आज मेरठ वालों का परिवार मीनू के घर उसे देखने आने वाला था। इस कारण सुबह से ही मीनू के घर पर मेहमानों के स्वागत की तैयारियाँ ज़ोर-शोर से चल रही थीं। मीनू के पिता दयाराम जी एक मध्यम श्रेणी के आर्थिक हैसियत वाले व्यक्ति थे और उसी हैसियत के अनुसार ड्राइंग-रूम को सजाया गया था। घर की सफाई अच्छे तरीके से की गई थी तथा मेहमानों के खाने के लिए विभिन्न प्रकार के व्यंजन बनाए गए थे। बाहर से कई प्रकार की मिठाइयाँ भी मँगवाई गई थीं।

मेहमानों का आगमन एवं उनका स्वागत-सत्कार

मीनू को देखने के लिए मेरठ वाले मीनू के घर पहुँचे, जहाँ मीनू के परिवार वालों ने उनका ज़ोरदार स्वागत किया। मेहमानों में शादी करने के लिए इच्छुक अमित, उसके पिता मायाराम जी, माताजी एवं छोटी बहन मधु शामिल हैं। उनकी खातिरदारी में मीनू के घरवालों ने किसी भी प्रकार की कमी नहीं छोड़ी थी। मीनू के परिवार के प्रत्येक सदस्य के मन में नया जोश एवं उमंग व्याप्त थी। मीनू के घरवालों को लग रहा था कि उनके घर कोई देवता पधारे हैं, जिनको किसी भी प्रकार की शिकायत का कोई मौका नहीं देना चाहिए।

मीनू एवं अमित के बीच वार्तालाप

थोड़ी देर बाद गुलाबी साड़ी पहने साँवले रंग की मीनू हाथ में सौंफ, इलायची लिए कमरे में प्रवेश करती है, जो शर्म से थोड़ी सकुचाई लग रही थी। अमित ने उससे बातचीत आरंभ करते हुए उसकी पढ़ाई-लिखाई एवं घर से संबंधित रुचियों के विषय में पूछा। वार्तालाप के द्वारा यह जानकर अमित को बड़ा अच्छा महसूस हुआ कि मीनू उसके माता-पिता के साथ संयुक्त परिवार में रहना पसंद करेगी।

अमित का भावी पत्नी के बारे में विचार

अमित अपनी भावी (होने वाली) पत्नी से यह अपेक्षा करता था कि वह संयुक्त परिवार के अंतर्गत उसके माता-पिता एवं अन्य सदस्यों के साथ मिल-जुलकर रहे। मीनू द्वारा सहमति देने के बाद अमित को बड़ी राहत महसूस हुई। मीनू को देखने के बाद अमित के हृदय में उसका भोला चेहरा समा गया था। अमित को मीनू जैसी पढ़ी-लिखी, सुशील पत्नी ही चाहिए थी।

मीनू की बहन आशा को माँ की डाँट लगना

आशा अपनी बड़ी बहन मीनू से अधिक सुंदर थी, इसलिए उसकी माँ चाहती थीं कि जब रिश्ते के लिए लड़के वाले आएँ, तो आशा उनके सामने नहीं आए, क्योंकि माँ को यह आशंका रहती थी कि आशा की सुंदरता देखकर लोगों को मीनू में कमियाँ नज़र आने लगेंगी। अमित एवं उसके माता-पिता द्वारा पूछे गए प्रश्नों का हँस-हँस कर आशा द्वारा उत्तर देना, उसकी माँ को अच्छा नहीं लगा, इसलिए उन्होंने आशा को कमरे से बाहर बुलाकर उसे डाँटा।

मेहमानों का जाना तथा दयाराम जी का निढाल हो जाना

थोड़ी देर बाद मीनू को देखने आए अमित एवं उसके घर वाले विदा लेकर चले गए और जाते समय उन्होंने कहा कि शादी के बारे में घर जाकर विचार करेंगे, उसके बाद पत्र लिखेंगे। उन लोगों के जाने के पश्चात् मीनू के माता-पिता दोनों के मन में तरह-तरह के विचार उठने लगे। दयाराम जी निढाल होकर सोफे पर बैठ गए और उन्होंने कहा कि जो ईश्वर को मंज़ूर होगा, वही होगा। देखते हैं, क्या होता है?

मीनू के मन में भी आशंका मौजूद

मीनू की बहन आशा ने उसकी सुंदरता की प्रशंसा की, तो मीनू बोली उसे सुंदर लगने से क्या होगा? जिन लोगों को वह सुंदर लगनी चाहिए थी, उनके बारे में तो पता ही नहीं चला कि उन्हें मैं सुंदर लगी या नहीं? उसे भी इस बात की आशंका थी कि पता नहीं वह अमित और उसके घरवालों को पसंद आई या नहीं?

शब्दार्थ

यथा स्थान *उचित स्थान;* **हैसियत** *क्षमता;* **बेताबी** *बेसब्री;* **आतिथ्य** *मेहमान नवाज़ी;* **रुचि** *पसंद;* **संयुक्त परिवार** *जहाँ कम-से-कम दो पीढ़ियाँ साथ रहती हों;* **आभास** *अहसास;* **अंतर्द्वंद्व** *अंतः संघर्ष;* **बचकानी** *बच्चों जैसी;* **निढाल होना** *सुस्त हो जाना।*

PYQs विगत वर्षों के प्रश्न व महत्त्वपूर्ण प्रश्न

बहुविकल्पीय प्रश्न

1. अमित और उसका परिवार मीरापुर क्यों गए थे? **(ICSE Spec Sem I 2021-22)**

(a) नीलिमा को देखने (b) मीनू को देखने
(c) सरिता को देखने (d) आशा को देखने

उत्तर (b) मीनू को देखने

गद्यांश पर आधारित प्रश्न

1. निम्नलिखित अवतरण को पढ़िए और उसके नीचे लिखे प्रश्नों के उत्तर हिन्दी में लिखिए।

"दूसरे दिन प्रातः होते ही दयाराम जी के घर में मेहमानों के स्वागत के लिए विभिन्न प्रकार की तैयारियाँ हो गई थीं। घर की सारी चीजें झाड़ पोंछकर यथास्थान लगा दी गई थी।" **(ICSE Spec 2017)**

(i) प्रस्तुत पंक्तियों में कौन किसके घर आ रहा है?

उत्तर प्रस्तुत पंक्तियों में मायाराम जी अपने बेटे अमित, पत्नी व बेटी के साथ दयाराम जी की बेटी मीनू को देखने उनके घर आ रहे हैं।

(ii) आने वाले मेहमान को विशेष महत्त्व क्यों दिया जा रहा है?

उत्तर मीनू को विवाह के लिए लड़के वाले देखने आने वाले थे। इससे पूर्व भी कई बार लड़के वाले मीनू को देखने आए, परंतु

उसके छोटे कद व साँवले रंग के कारण नापसंद कर गए थे। मीनू के परिवार वालों को आशा थी कि इस बार मीनू को पसंद कर लिया जाएगा। इसलिए आने वाले मेहमानों को विशेष महत्त्व दिया जा रहा है।

(iii) विभिन्न प्रकार की तैयारियाँ विशिष्ट संदर्भ में स्पष्ट कीजिए।

उत्तर मेरठ वालों ने मीनू का फोटो पसंद कर लिया था, इसलिए वे लोग मीनू को प्रत्यक्ष रूप से देखने के लिए दयाराम जी के घर आने वाले होते हैं। दयाराम जी व परिवार के अन्य सभी लोग उनके आतिथ्य की विभिन्न तैयारियों में संलग्न हो जाते हैं। घर की सभी वस्तुएँ झाड़-पोंछकर यथा स्थान लगा दी जाती हैं। मेहमानों के लिए बैठक भी एक मध्यम श्रेणी परिवार की क्षमता के अनुसार विशेष रूप से सुसज्जित किया गया था। घर में विभिन्न प्रकार के व्यंजन भी बनवाए गए तथा विभिन्न प्रकार की मिठाइयाँ भी बाज़ार से मँगवाई जाती हैं।

(iv) आने वाले मेहमान से परिवार के लोगों को क्या उम्मीद है?

उत्तर आज मेरठ वाले मीनू को देखने आने वाले थे, क्योंकि उन्हें उसका फ़ोटो पसंद आ गया था, इसलिए आने वाले मेहमान से मीनू के परिवार के लोगों को मीनू को पसंद किए जाने की उम्मीद है। मीनू एम. ए. में प्रथम श्रेणी से पास थी। वह घर के सभी घरेलू कामकाज; जैसे—सिलाई, कढ़ाई, बुनाई इत्यादि में भी निपुण थी, परंतु सभी लड़के वाले उसके बाहरी सौंदर्य के कारण उसे नापसंद कर जाते। उसके व्यक्तिगत गुणों को कोई न भाँपता केवल उसके साँवले रंग व छोटा कद होने के कारण कोई उसे पसंद न करता।

2. निम्नलिखित गद्यांश को पढ़कर उसके नीचे दिए गए प्रश्नों के उत्तर हिंदी में लिखिए

दूसरे दिन प्रातः होते ही दयाराम जी के घर पर मेहमानों के स्वागत के लिए विभिन्न प्रकार की तैयारियाँ प्रारंभ हो गई थीं। घर की सारी चीज़ें झाड़-पोंछकर यथा-स्थान लगा दी गई थीं। एक मध्यम श्रेणी के व्यक्ति की हैसियत के अनुसार बैठक को विशेष रूप से सुसज्जित किया गया था।

(i) दयाराम जी कौन थे, उनके घर पर किन मेहमानों के स्वागत की तैयारी की जा रही थी?

उत्तर दयाराम जी मीनू के पिता थे, उनके घर उनकी बेटी मीनू को देखने के लिए मेरठ से लड़के वाले आ रहे थे। यही कारण था कि उनके घर पर मेहमान के रूप में आने वाले अमित एवं उसके परिवार के अन्य सदस्यों के स्वागत की तैयारियाँ की जा रही थीं।

(ii) विभिन्न प्रकार की तैयारियों में कौन-कौन-सी तैयारियाँ की गई थीं?

उत्तर अमित एवं उसके परिवार वालों का स्वागत करने के लिए पूरे घर की अच्छी साफ-सफाई की गई थी। घर की बैठक को विशेष रूप से सजाया-सँवारा गया था। इतना ही नहीं, उन लोगों के स्वागत की तैयारी करते हुए विभिन्न प्रकार के व्यंजन भी बनाए गए थे तथा अनेक प्रकार की मिठाइयाँ बाज़ार से मँगवाई गई थीं।

(iii) मेहमानों का विशिष्ट स्वागत किए जाने के पीछे उनका क्या उद्देश्य था?

उत्तर मेहमानों का विशिष्ट स्वागत किए जाने के पीछे उनका उद्देश्य उन्हें हर तरह से खुश करना था, ताकि वे मीनू से विवाह करने के लिए सहमत हो जाएँ। आने वाले मेहमान चूँकि, मीनू को विवाह के लिए देखने आ रहे थे, इसलिए मीनू के घरवाले चाहते थे कि उन्हें किसी भी प्रकार की कमी का अहसास न होने दें।

लड़के वाले अपने सम्मान व सत्कार की व्यवस्था से पूर्णतः संतुष्ट हो सकें, ताकि मीनू की शादी पक्की हो जाए।

(iv) दयाराम जी के घरवाले अपने मेहमानों से किस प्रकार की अपेक्षा रखते थे?

उत्तर दयाराम जी के घरवाले मीनू को विवाह के लिए देखने आने वाले मेहमानों से यह अपेक्षा रखते थे कि वे अमित से मीनू के भावी विवाह को अपनी स्वीकृति प्रदान करें। वे उसकी बाह्य सुंदरता पर अधिक ध्यान न देकर उसकी आंतरिक योग्यता एवं गुण को अधिक महत्त्व दें। कहने का तात्पर्य यह है कि दयाराम जी के घरवाले अपने मेहमानों से मीनू को अपने घर की बहू बना लेने के लिए पसंद किए जाने की अपेक्षा रखते थे।

3. निम्नलिखित गद्यांश को पढ़कर उसके नीचे दिए गए प्रश्नों का उत्तर हिंदी में लिखिए

"मीनू, तुम्हारा एम. ए. का रिज़ल्ट आ गया है?" मीनू ने सहज भाव से उत्तर दिया, "जी, प्रथम श्रेणी में पास किया है।" वैरी गुड! कहकर अमित के चेहरे पर प्रसन्नता के भाव उभर गए। "तुम्हें घर के किन-किन कार्यों में रुचि है?" अमित ने दूसरा प्रश्न किया।

(i) मीनू से उसके एम. ए. के रिजल्ट के बारे में किसने पूछा और क्यों?

उत्तर मीनू से उसके एम.ए. के रिजल्ट के बारे में अमित ने पूछा, जो विवाह के लिए मीनू को पसंद करने आया था। अमित चूँकि, मीनू से मिलकर उसके बारे में जानना चाहता था, ताकि वह यह निर्णय कर सके कि मीनू से विवाह करके वह खुश रह सकेगा या नहीं।

(ii) अमित के चेहरे पर प्रसन्नता के भाव उभरने के क्या कारण थे?

उत्तर अमित के चेहरे पर प्रसन्नता के भाव उभरने के पीछे मुख्य कारण मीनू की शैक्षिक योग्यता थी। जब मीनू ने अमित को यह बताया कि उसने एम. ए. की परीक्षा प्रथम श्रेणी में पास की है, तो अमित को यह जानकर अच्छा लगा कि मीनू पढ़ने-लिखने में अच्छी है। उसे ऐसी ही पढ़ी-लिखी लड़की अपनी पत्नी के रूप में चाहिए थी।

(iii) संयुक्त परिवार में रहने के विषय पर अमित क्यों ज़ोर दे रहा था?

उत्तर संयुक्त परिवार में रहने के विषय पर अमित ज़ोर इसलिए दे रहा था, क्योंकि उसे अपनी पत्नी के रूप में ऐसी लड़की नहीं चाहिए थी, जो संयुक्त परिवार से अलग एकल या नाभिक परिवार में केवल अपने पति और बच्चों के साथ ही रहना पसंद करती हो। अमित इस मुद्दे पर ज़ोर इसलिए दे रहा था, क्योंकि उसकी इच्छा संयुक्त परिवार में ही रहने की थी। वह शादी के बाद अपने माता-पिता एवं बहन से अलग नहीं रहना चाहता था।

(iv) गद्यांश के आधार पर बताइए कि अमित किस प्रकार की पत्नी की अपेक्षा रखता है?

उत्तर गद्यांश के आधार पर कहा जा सकता है कि अमित को एक पढ़ी-लिखी एवं सुशील लड़की अपनी पत्नी के रूप में चाहिए थी, जो घर की ज़िम्मेदारियों को कुशलता के साथ सँभालने के अतिरिक्त घर के सभी सदस्यों का उचित ध्यान भी रख सके तथा उसके माता-पिता एवं छोटी बहन को सम्मान एवं प्यार दे सके और परिवार को एकसूत्र में बाँधकर रखे, जिससे किसी को भी उपेक्षा का अहसास न होने पाए।

4. निम्नलिखित गद्यांश को पढ़कर उसके नीचे दिए गए प्रश्नों के उत्तर हिंदी में लिखिए

जब लड़का-लड़की को देखने आए, तो यह समय एक परीक्षा का समय होता है। लड़की के हृदय में एक अंतर्द्वंद्व होता है कि वह इस परीक्षा में पास हो सकेगी या नहीं। मीनू इस परीक्षा में कई बार असफल हो चुकी थी, इसलिए उसके हृदय का अंतर्द्वंद्व और अधिक तीव्र हो गया था।

(i) मीनू को देखने कौन आ रहा था? उनके आने का उद्देश्य क्या था?

उत्तर मीनू को देखने मेरठ से लड़के वाले आ रहे थे, क्योंकि अमित के घरवालों को मीनू का फोटो पसंद आया था और वे लोग मीनू से अपने बेटे अमित का विवाह करना चाहते थे, लेकिन इससे पहले मीनू को प्रत्यक्ष रूप से देखना और उसके बारे में जानना आवश्यक था। इसी कारण वे लोग मीनू के घर आ रहे थे।

(ii) गद्यांश के अनुसार, लड़की के हृदय में किस तरह का अंतर्द्वंद्व होता है? स्पष्ट कीजिए।

उत्तर गद्यांश के आधार पर कहा जा सकता है कि जब किसी लड़की को विवाह के लिए पसंद या नापसंद करने के उद्देश्य से लड़के वाले देखने आते हैं, तो लड़की के हृदय में एक द्वंद्व चलता है। पसंद और नापसंद किए जाने के भँवर में वह फँसी रहती है। इसी को अंतर्द्वंद्व कहा जाता है।

(iii) मीनू के चेहरे पर व्याप्त उदासीनता एवं घबराहट का क्या कारण था?

उत्तर मीनू के चेहरे पर मौजूद उदासीनता एवं घबराहट का कारण लड़के वालों द्वारा उसे पसंद या नापसंद किए जाने से संबंधित था। पहले कई लड़कों ने उसे देखने के बाद शादी से मना कर दिया था। इसलिए पूर्व की भाँति कहीं इस बार भी लड़के वाले उसे विवाह के लिए नापसंद न कर दें, इसी चिंता के कारण उसके चेहरे पर उदासीनता एवं घबराहट थी।

(iv) रचनाकार का 'परीक्षा' से क्या अभिप्राय है? क्या यह लड़कों के लिए प्रासंगिक नहीं है?

उत्तर प्रस्तुत गद्यांश के रचनाकार का 'परीक्षा' से तात्पर्य विवाह के लिए लड़के वालों द्वारा मीनू को पसंद या नापसंद करने से है। यदि लड़के वालों ने मीनू को पसंद कर लिया, तो वह इस 'परीक्षा' में 'पास' हो जाएगी और यदि उन लोगों ने नापसंद कर दिया, तो वह इस परीक्षा में 'फेल' अर्थात् असफल हो जाएगी।

यह 'परीक्षा' हमारे पुरुष प्रधान समाज में लड़कों के लिए प्रासंगिक नहीं है, क्योंकि विवाह के लिए लड़कों को नापसंद करने वाली लड़कियाँ बहुत कम ही होती हैं। हमारे समाज के संस्कार और परंपरा में यह प्रचलन आम या सामान्य नहीं है।

अध्याय 3

सारांश

धनीमल जी द्वारा अपनी बेटी की शादी का प्रस्ताव रखना

दयाराम जी के यहाँ से मीनू को देखने के बाद अमित एवं उसके पिता मायाराम जी, जब अपने घर पहुँचे, तो वहाँ शहर के धनी व्यक्ति धनीमल जी उनकी प्रतीक्षा कर रहे थे। धनीमल जी अपनी बेटी सरिता का रिश्ता लेकर आए थे और अमित से शादी तय हो जाने पर वे पाँच लाख रुपये तक देने को तैयार थे। उन्होंने अपनी बेटी सरिता की शादी के लिए अमित के घरवालों के सामने दहेज का प्रलोभन भी दिया।

अमित के घरवालों का दहेज के प्रलोभन में आ जाना

अमित के पिता मायाराम जी दहेज के विरोधी थे। उन्होंने सोचा कि दहेज लेकर बेटे की शादी करना एक तरह से बेटे को बेचना है और ऐसा करने से उसके पाँवों में बेड़ियाँ पड़ जाएँगी। इसके बावजूद, जब धनीमल जी ने अपनी पूरी संपत्ति का लालच देते हुए कहा कि 'उनके मरने के बाद सब कुछ तो उनकी तीनों बेटियों को ही मिलना है', उनके इस प्रस्ताव पर अमित के घरवालों ने गंभीरता से विचार किया, लेकिन अमित की माताजी धन की तरफ कुछ अधिक झुक गईं।

अमित द्वारा दबे स्वर में विरोध

धनीमल जी द्वारा अपनी बेटी सरिता का अमित के साथ विवाह करने के लिए धन का प्रलोभन दिया गया, जिसका अमित ने दबे स्वर में विरोध किया। अमित ने धनी घर की लड़की का परिवार में घुलने-मिलने पर प्रश्न उठाते हुए, अपना विरोध जताया, पर माँ द्वारा सरिता के पक्ष में ज़ोर दिए जाने पर वह माँ से कुछ नहीं बोला।

अमित के घरवालों की कुटिल योजना

अमित के घरवालों ने मीनू के साथ विवाह करने से इनकार करने का एक नया मार्ग निकाला। अमित की माँ ने मीनू के पिताजी को पत्र लिखवाया कि उन्हें मीनू नहीं, बल्कि उसकी छोटी बहन आशा पसंद है। यह जानते हुए कि बड़ी बेटी के अविवाहित रहते वे छोटी बेटी की शादी के लिए राजी नहीं होंगे। मीनू से शादी के लिए इनकार करने हेतु अमित की माँ ने यह कुटिल योजना बनाई, जिसका अन्य घरवालों ने विरोध नहीं किया।

पत्र लिखते समय अमित के पिताजी को आत्मग्लानि होना

अमित की माँ ने अमित के पिताजी से अपनी योजना के मुताबिक पत्र तो लिखवा दिया, लेकिन उसे लिखते हुए अमित के पिताजी की मन:स्थिति अत्यंत विकल हो गई। उन्हें लड़की के घरवालों की पीड़ा का अहसास था। अपनी बेटी मधु को लेकर यदि कोई ऐसा व्यवहार करे, तो उन्हें कैसा लगेगा? यही सोचकर उन्हें पत्र लिखते समय आत्मग्लानि हो रही थी।

शब्दार्थ

सज्जन *सभ्य व्यक्ति*; **गुणवती** *गुणवान लड़की, योग्य लड़की*; **तौर-तरीका** *व्यवहार*; **तीखे** *तेज़*; **आभास** *अनुमान*; **मंज़ूर** *स्वीकार*; **अंतर्द्वंद्व** *आंतरिक संघर्ष*; **विस्मित** *आश्चर्यजनक*; **योजना** *सोची-समझी नीति*; **क्रूर** *कठोर*; **उकसाना** *भड़काना, उत्तेजित करना*; **मन:स्थिति** *मन की दशा*; **विकल** *बेचैन*; **पीड़ा** *दु:ख।*

PYQs विगत वर्षों के प्रश्न व महत्त्वपूर्ण प्रश्न

बहुविकल्पीय प्रश्न

1. 'नया रास्ता' नामक उपन्यास के पात्र मायाराम जी कहाँ के निवासी हैं? **(ICSE Sem I 2021)**

(a) मीरजापुर (b) मेरठ (c) हरियाणा (d) दिल्ली

उत्तर (b) मेरठ

2. 'नया रास्ता' नामक उपन्यास में मायाराम जी की पत्नी को क्या युक्ति सूझी? **(ICSE Sem I 2021)**

(a) अमित का विवाह मीनू से करवाने की
(b) अमित का विवाह नीलिमा से करवाने की
(c) अमित का विवाह आशा से करवाने की
(d) अमित का विवाह न करवाने की

उत्तर (c) अमित का विवाह आशा से करवाने की

3. 'नया रास्ता' नामक उपन्यास समाज में फैली किस समस्या पर आधारित है? **(ICSE Sem I 2021)**

(a) विधवा-विवाह की समस्या (b) अनमेल विवाह की समस्या
(c) दहेज प्रथा की समस्या (d) अशिक्षा की समस्या

उत्तर (c) दहेज प्रथा की समस्या

गद्यांश पर आधारित प्रश्न

1. निम्नलिखित गद्यांश को पढ़कर उसके नीचे दिए गए प्रश्नों के उत्तर हिंदी में लिखिए

मायाराम व धनीमल जी की कुछ समय तक बातें होती रहीं। धनीमल जी अपनी बेटी सरिता का रिश्ता लेकर आए थे। उन्होंने उसका फोटो मायाराम जी के सामने रख दिया। शादी में पाँच लाख रुपये लगाने के लिए कहा।

(i) मायाराम जी की प्रतीक्षा कौन कर रहा था? स्पष्ट कीजिए।

उत्तर मायाराम जी की प्रतीक्षा धनीमल जी उनके ही घर में कर रहे थे, जब मायाराम जी अपने बेटे अमित के साथ अपने घर पहुँचे, तब उन्होंने अपनी प्रतीक्षा कर रहे धनीमल जी से बात की। इन दोनों के बीच होने वाली बातें कुछ समय तक चलती रहीं।

(ii) धनीमल जी के उद्देश्य को स्पष्ट कीजिए।

उत्तर धनीमल जी, मायाराम जी के बेटे अमित के साथ अपनी बेटी सरिता की शादी के उद्देश्य से उनके घर आए थे। धनीमल ने अपनी बेटी सरिता का विवाह प्रस्ताव रखने के साथ-साथ अमित के पिता मायाराम को दहेज का प्रलोभन भी दिया, जिससे वह धन के लालच में आकर उनकी बेटी के साथ अपने बेटे का विवाह करने के लिए तैयार हो जाएँ।

(iii) शादी में पाँच लाख रुपये लगाने पर ज़ोर देने से धनीमल जी के बारे में क्या पता चलता है?

उत्तर धनीमल जी शहर के एक धनी व्यक्ति थे, जिनके पास पैसों की कमी नहीं थी। वे शादी में पाँच लाख रुपये खर्च करने पर ज़ोर देकर अमित के घरवालों को प्रलोभन देना चाहते थे, ताकि वे धन से प्रलोभित होकर विवाह के लिए अपनी स्वीकृति दे दें। इससे यह पता चलता है कि धनीमल जी पैसे को अत्यधिक महत्त्व देते थे तथा यह समझते थे कि दुनिया में अधिकांश चीज़ें पैसों के बल पर हो सकती हैं। वे व्यक्ति के गुणों को कम एवं पैसों को अधिक महत्त्व देते थे।

(iv) दहेज-प्रथा के बारे में अपने विचार संक्षेप में लिखिए।

उत्तर दहेज एक सामाजिक कुप्रथा है, जिससे आज हमारा पूरा समाज प्रभावित है। दहेज ने लाखों योग्य व गुणी लड़कियों के जीवन को नरक बना दिया है। दहेज-प्रथा के प्रचलन का सबसे नकारात्मक पक्ष यह है कि इसके कारण अनेक परिवार तबाह हो रहे हैं। पढ़ी-लिखी योग्य लड़कियों के माता-पिता दहेज से परेशान होकर लड़की को अभिशाप मानने लगे हैं। इस कुप्रथा को शीघ्र-अति-शीघ्र समाप्त किया जाना अत्यंत आवश्यक है।

2. निम्नलिखित गद्यांश को पढ़कर उसके नीचे दिए गए प्रश्नों के उत्तर हिंदी में लिखिए

"साधारण परिवार की है, तो क्या हुआ? पढ़ी-लिखी है, काफी गुणवती लगती है। उसके बात करने का तौर-तरीका मुझे बहुत पसंद आया।" माताजी शायद कुछ पैसे की तरफ झुक चुकी थीं। वह बोलीं, "रूप-रंग में कम धनीमल जी की लड़की भी नहीं है।"

(i) 'साधारण परिवार की है, तो क्या हुआ' यह किसने कहा एवं साधारण परिवार से संबंधित कौन थी?

उत्तर 'साधारण परिवार की है, तो क्या हुआ' यह अमित के पिता मायाराम जी द्वारा कहा गया है। अत: मीनू साधारण परिवार से संबंधित थी। वह अत्यधिक पढ़ी-लिखी एवं गुणवती भी थी। इसके साथ ही वह सिलाई, बुनाई, कढ़ाई, खाना बनाना, पेंटिंग करना आदि कई कामों में निपुण भी थी।

(ii) 'उसके बात करने का तौर-तरीका मुझे बहुत पसंद आया'। यह किसने, किसके लिए एवं किस उद्देश्य से कहा? स्पष्ट कीजिए।

उत्तर उसके बात करने का तौर-तरीका मुझे बहुत पसंद आया, यह अमित के पिताजी मायाराम जी ने मीनू के विषय में कहा। मीनू का समग्र व्यक्तित्व उन्हें बहुत पसंद आया था और वे चाहते थे कि मीनू उनके घर की बहू बने। इस कथन को कहने का उनका यही उद्देश्य था।

(iii) अमित की माताजी की आंतरिक इच्छा क्या थी?

उत्तर अमित की माताजी का वास्तव में, झुकाव पैसों की ओर था। वे अमित की शादी में धनीमल जी से पाँच लाख रुपये मिलने के लालच में आ गई थीं। उन्होंने धन के सपने देखने भी शुरू कर दिए थे। वे चाहती थीं कि अमित की शादी धनीमल जी की बेटी से ही हो, ताकि उनके घर धन आ सके और वे भी अमीरों की तरह जीवन-यापन कर सकें।

(iv) माताजी ने किसकी प्रशंसा की और प्रशंसा में क्या कहा?

उत्तर माताजी अपने बेटे अमित की शादी के लिए आए धनीमल जी की बेटी के रिश्ते से अत्यंत प्रभावित थीं, क्योंकि इस शादी में धनीमल जी पाँच लाख रुपये तक खर्च करने के लिए तैयार थे। अमित की माँ को इस धन के प्रति लालच आ गया। इसी कारण वे धनीमल जी की बेटी सरिता की प्रशंसा कर रही थीं और उसकी प्रशंसा करती हुई कहती भी हैं कि रूप-रंग की दृष्टि से सरिता किसी भी तरह मीनू की तुलना में कम नहीं है।

3. निम्नलिखित गद्यांश को पढ़कर उसके नीचे दिए गए प्रश्नों के उत्तर हिंदी में लिखिए

परंतु यह क्रूर योजना पिताजी की समझ में नहीं आई। वह किसी लड़की वाले का दिल नहीं दुखाना चाहते थे, परंतु जब सबकी यही इच्छा थी, तो उन्हें पत्र लिखना ही पड़ा।

(i) 'क्रूर योजना' से क्या तात्पर्य है तथा यह किसके द्वारा बनाई गई थी?

उत्तर 'क्रूर योजना' से तात्पर्य उस योजना से है, जिसके तहत मीनू के पिताजी दयाराम जी को एक पत्र लिखा जाना था, जिसमें मीनू की अपेक्षा उसकी छोटी बहन आशा पसंद है, ताकि वे स्वयं ही शादी के प्रस्ताव से पीछे हट जाएँ। यह 'क्रूर योजना' मूल रूप से अमित की माताजी द्वारा बनाई गई थी।

(ii) पिताजी क्या नहीं चाहते थे और क्यों?

उत्तर अमित के पिताजी अपनी पत्नी की क्रूर योजना को क्रियान्वित करना नहीं चाहते थे। वे यह नहीं चाहते थे कि मीनू की छोटी बहन आशा से विवाह करने की इच्छा व्यक्त कर मीनू के घरवालों को और दुःखी किया जाए, क्योंकि उनकी भी अपनी बेटी मधु थी, यदि कोई उनके परिवार के साथ भी ऐसा करता, तो उन्हें कितना बुरा लगता।

(iii) गद्यांश के आधार पर पिताजी के व्यक्तित्व की विशेषताओं को स्पष्ट कीजिए।

उत्तर गद्यांश के आधार पर कहा जा सकता है कि अमित के पिताजी का व्यक्तित्व अपनी पत्नी की तुलना में अधिक संवेदनशील एवं सुलझा हुआ था। उनके व्यक्तित्व में संवेदनशीलता के अतिरिक्त बौद्धिकता एवं तार्किकता भी मौजूद थी। वे एक समझदार पिता की भाँति सोच रहे थे और मीनू के गुणों एवं योग्यता की मन-ही-मन प्रशंसा कर रहे थे। उनका व्यक्तित्व एक सुलझे हुए व्यक्ति एवं संवेदनशील पिता की भाँति था।

(iv) अमित की माँ के व्यक्तित्व के बारे में आप क्या सोचते हैं? स्पष्ट कीजिए।

उत्तर अमित की माँ का व्यक्तित्व लालची एवं स्वार्थी प्रवृत्ति का था। वे नारी मन की कोमल भावनाओं को नज़रअंदाज कर देती हैं और धन के लालच में अपने बेटे की शादी उस लड़की से करना चाहती थीं, जिसके बारे में उन्हें भी पता है कि वह मीनू की अपेक्षा कम गुणवान एवं कम योग्य थी। वह परिवार को ठीक से सँभाल भी नहीं पाएगी और उनका बेटा अमित भी उसे पसंद नहीं करता था। इसके बावजूद, धन के लोभ में वे अंधी बन गई थीं।

4. निम्नलिखित गद्यांश को पढ़कर उसके नीचे दिए गए प्रश्नों के उत्तर हिंदी में लिखिए

पत्र लिखने के बाद पिताजी को लगा कि शायद उनसे कोई घोर अपराध हो गया है, उनकी मन: स्थिति विकल हो गई। उन्हें आभास था उस पीड़ा का, उस दुःख का, जो पत्र मिलने के बाद लड़की वालों को होना था।

(i) पिताजी को अपराध-बोध क्यों हो रहा था?

उत्तर अमित के पिताजी ने अपनी पत्नी की क्रूर योजना के अनुसार मीनू के पिता दयाराम जी को पत्र तो लिख दिया, लेकिन प्रारंभ से ही उन्हें यह महसूस हो रहा था कि यह उचित नहीं है। मीनू से अमित की शादी दहेज के कारण टूट रही थी, लेकिन दहेज की जगह मीनू की छोटी बहन आशा को मोहरा बनाया जा रहा था, इसलिए उन्हें अपराध-बोध हो रहा था।

(ii) पिताजी को पत्र लिखने के लिए किसने उकसाया और क्यों?

उत्तर अमित के पिताजी को पत्र लिखने के लिए उनकी पत्नी यानी अमित की माँ ने उकसाया, क्योंकि वे धन के लोभ में आकर अमित की शादी सरिता से कराना चाहती थीं, ताकि वह दहेज में अधिक-से-अधिक धन प्राप्त कर सकें और अपना जीवन सभी सुख-सुविधाओं के साथ व्यतीत कर सकें। इसलिए उन्होंने अमित के पिताजी को उकसा कर इससे संबंधित पत्र लिखवाया।

(iii) पिताजी को किस पीड़ा का आभास हो रहा था?

उत्तर पिताजी ने मीनू के घरवालों को रिश्ते के लिए मना करने के लिए पत्र लिखा था। पत्र लिखने के पश्चात् उन्हें अत्यंत आत्मग्लानि हो रही थी। यदि उनकी बेटी के साथ ऐसी क्रूर-योजना बनाई जाती, तो उन्हें भी उस पीड़ा व दुःख का आभास होता, जो मीनू के घरवालों को पत्र मिलने के बाद होना था, क्योंकि वह भी एक बेटी के पिता थे। इसलिए वह उस दुःख को भली-भाँति जानते थे।

(iv) आपकी दृष्टि से, क्या पिताजी द्वारा ऐसा पत्र लिखना उचित था? अपने शब्दों में स्पष्ट कीजिए।

उत्तर मेरी दृष्टि से, अमित के पिताजी द्वारा मीनू के घरवालों को ऐसा पत्र लिखना किसी भी दृष्टि से उचित नहीं था। विवाह करने के लिए दो वयस्क एवं समझदार लोगों का होना आवश्यक है।

इसके अतिरिक्त, लड़की को सामान की तरह देखकर पसंद-नापसंद किया जाना बहुत ही ओछी प्रवृत्ति है, जिसे शीघ्र ही समाप्त कर देना चाहिए। बड़ी लड़की के विवाह का प्रस्ताव लेकर जाने वाले छोटी लड़की को पसंद कर लेते हैं और इसके पीछे दहेज का कारण है, तो यह और भी निंदनीय है। दहेज जैसी सामाजिक कुप्रथा को समाज से पूरी तरह समाप्त किया जाना अत्यंत आवश्यक है।

अध्याय 4

सारांश

मेरठ वालों के पत्र की बेसब्री से प्रतीक्षा

मेरठ वालों यानी अमित एवं उसके परिवार के सदस्यों ने मीनू के पिताजी को कहा था कि घर जाकर विचार-विमर्श करके अपनी राय के बारे में पत्र लिखेंगे। मीनू के घरवाले उनके पत्र की बेसब्री से प्रतीक्षा कर रहे थे। उन्हें आशंका थी कि पता नहीं, वे लोग मीनू को पसंद करेंगे या नहीं? मीनू की माँ को लग रहा था कि संभवत: उन्हें यह रिश्ता स्वीकार नहीं है, इसलिए पत्र नहीं लिखा, जबकि पिताजी थोड़े आशान्वित थे। उन्हें लग रहा था कि पत्र अवश्य आएगा। मीनू भी अतीत की स्मृतियों के कारण घबरा रही थी। इतनी घबराहट तो उसे अपनी परीक्षा का परिणाम निकलने वाले दिन भी नहीं होती थी।

पत्र द्वारा मीनू को नापसंद किए जाने की सूचना मिलना

पोस्टमैन ने जब रोहित को पत्र दिया तो, सभी के दिल की धड़कन एकदम तेज़ हो गई, विशेषकर मीनू की। पत्र पढ़ने के बाद घर के सभी सदस्यों के चेहरे पर उदासी छा जाने पर मीनू समझ गई कि उसे एक बार फिर से नापसंद कर दिया गया है। उसका दिल रो पड़ा। वह समझ नहीं पा रही थी कि कुरूप नहीं होने के बावजूद उसमें कौन-सी कमी है, जिससे सभी लड़के वाले उसे नापसंद कर देते हैं।

हीन भावना से ग्रस्त मीनू द्वारा विवाह न करने का निर्णय लेना

अमित के घर वालों द्वारा नापसंद किए जाने के बाद मीनू के अंदर एक हीन भावना बैठ गई। उसे लगा कि संभवत: वह विवाह के योग्य है ही नहीं। अत: उसने विवाह न करने का निश्चय किया और तकिये में मुँह छिपाकर लेट गई। आज उसे स्वयं पर ही खीझ हो रही थी।

मेरठ वालों द्वारा मीनू की जगह आशा का हाथ माँगना

पत्र में यह स्पष्ट किया गया था कि उन लोगों को मीनू की जगह आशा पसंद है। अत: वे अमित का विवाह आशा से करना चाहते थे। इस प्रस्ताव से मीनू के माता-पिता असमंजस में पड़ गए। उन्हें समझ नहीं आ रहा था कि बड़ी बेटी मीनू के अविवाहित रहते छोटी बेटी आशा की शादी कैसे कर दी जाए? उन्हें अपनी बड़ी बेटी मीनू के प्रति अत्यधिक सहानुभूति होने लगी।

मीनू द्वारा विवाह नहीं करने के प्रति दृढ़ता दिखाना

मीनू अपने माता-पिता के उदास चेहरों को देखकर अत्यधिक दु:खी हो गई थी। मीनू ने अपने अंदर साहस एकत्र कर पिताजी से आशा की शादी कर देने की वकालत की। पिताजी द्वारा समाज का वास्ता देने पर मीनू ने कहा कि यह समाज हमारे लिए क्या करता है? ये समाज ही हमें इस तरह की परिस्थिति के लिए विवश करता है। समाज के बारे में सोचने से कोई लाभ नहीं। माँ के विरोध करने पर वह बोली कि मैं अब अपने पाँव पर खड़ी होना चाहती हूँ। मैंने अपनी शादी का विचार छोड़ दिया है, अब मैं अपने जीवन में कुछ करना चाहती हूँ।

मीनू के पिताजी का अमित के पिताजी से मिलने जाना

मीनू के माता-पिता ने उलझन से बाहर निकलकर यह निर्णय लिया कि एक बार मेरठ जाकर अमित के पिताजी से मिल लेना चाहिए। मीनू के पिताजी अमित के घर पहुँचे। वहाँ उन्हें धनीमल जी मिल गए। उन्होंने बताया कि अमित के साथ उनकी बेटी सरिता का रिश्ता पक्का हो गया है और वे इस विवाह पर ₹ 5 लाख खर्च कर रहे हैं। मीनू के पिताजी को यह समझते देर नहीं लगी कि अमित के पिताजी ने अपने बेटे को बेच दिया है। उन्हें ज्ञात हो गया कि पैसे के सामने इस दुनिया में इंसानियत, शर्म, लज्जा कुछ भी महत्त्वपूर्ण नहीं है। यह दुनिया बड़ी क्रूर है। दयाराम जी के परिवार के सभी सदस्यों के हृदय में अमित के परिवार के प्रति घृणा की भावना भर गई।

शब्दार्थ

शक *संदेह*; **मौन** *सन्नाटा, चुप्पी*; **कुरूप** *असुंदर*; **हीन भावना** *पिछड़ेपन या वंचित होने की भावना*; **कसूर** *अपराध, गलती*; **अंतर्द्वंद्व** *आंतरिक उथल-पुथल*; **सांत्वना** *धीरज, दिलासा*; **अभागन** *जिसका भाग्य अच्छा न हो*; **विवश** *मजबूर*; **रिवाज़** *परंपरा*; **अभिप्राय** *तात्पर्य, मतलब*; **उलझन** *असमंजस, ऊहापोह*; **घनिष्ठ** *गहरे*; **ज्ञात** *मालूम, जानकारी*; **ज़ालिम** *क्रूर*; **इंसानियत** *मानवता*; **वास्तविकता** *सच्चाई*; **घृणा** *नफरत।*

PYQs विगत वर्षों के प्रश्न व महत्त्वपूर्ण प्रश्न

गद्यांश पर आधारित प्रश्न

1. निम्नलिखित गद्यांश को पढ़कर उसके नीचे दिए गए प्रश्नों के उत्तर हिंदी में लिखिए

पढ़ाई के परीक्षाफल में वह हमेशा प्रथम आती थी, परंतु इस परीक्षा में वह समझ नहीं पा रही थी कि वह पास भी हो सकेगी या नहीं। तभी उसे रोहित की आवाज़ सुनाई दी, जोकि ज़ोर-ज़ोर से बोल रहा था कि मेरठ से पत्र आ गया है।

पिताजी ने पत्र पढ़ा, एक-एक करके सबने पत्र पढ़ा, परंतु पत्र पढ़ने के बाद सबके चेहरों पर उदासी छा गई। घर में सन्नाटा छा जाने से मीनू समझ गई थी कि यहाँ से भी वह नापसंद कर दी गई है। यह कल्पना कर उसका दिल रो पड़ा। वह समझ नहीं पा रही थी कि उसमें क्या कमी है। कुरूप तो नहीं है वह......।

(i) प्रस्तुत गद्यांश में किस परीक्षा के विषय में चर्चा की गई है?

उत्तर प्रस्तुत गद्यांश में मीनू के विवाह संबंधी परीक्षा की चर्चा की गई है। पढ़ाई की परीक्षा में हमेशा प्रथम आने वाली मीनू अपनी शादी संबंधी परीक्षा के दौर से गुज़र रही थी और उसे यह पता भी नहीं था कि इसमें वह सफल होगी भी या नहीं, क्योंकि इस परीक्षा का परिणाम उसके नियंत्रण से बाहर था।

(ii) मेरठ वालों ने पत्र में क्या लिखा था?

उत्तर मेरठ वालों ने पत्र में अमित की शादी मीनू की जगह उसकी छोटी बहन आशा से करने का प्रस्ताव रखा था। उनका कहना था कि उन लोगों को मीनू की अपेक्षा आशा अधिक पसंद आई है, इसलिए वे अमित की शादी आशा के साथ करना चाहते हैं।

(iii) **मीनू का दिल क्यों रो पड़ा? स्पष्ट कीजिए।**

उत्तर मेरठ वालों का पत्र आने के बाद मीनू के परिवार के सदस्यों के चेहरों पर छाई उदासी से मीनू समझ गई कि मेरठ वालों ने उसके साथ अमित के विवाह के प्रस्ताव को अस्वीकार कर दिया है। वह समझ नहीं पा रही थी कि कुरूप न होने के बावजूद भी उसमें ऐसी कौन-सी कमी है, जिसके कारण सभी लड़के वाले शादी से इनकार कर देते हैं। वह अपनी एवं घरवालों की दयनीय स्थिति से अत्यंत विचलित हो उठी। उसका हृदय दुःख से भरने के कारण रो पड़ा।

(iv) **मेरठ वालों द्वारा अस्वीकार किए जाने के बाद मीनू ने क्या निर्णय लिया?**

उत्तर मेरठ वालों ने जब अमित के साथ मीनू के विवाह के प्रस्ताव को अस्वीकार कर दिया, तो मीनू के अंदर एक हीनभावना बैठ गई। उसे लगने लगा कि संभवतः वह विवाह के योग्य है ही नहीं। वह विवाह के लिए कोशिश करके अनावश्यक ही स्वयं को एवं अपने घरवालों को दुःखी कर रही है। इसी हीनभावना के प्रभाव में आकर उसने मन-ही-मन निश्चय कर लिया कि अब वह कभी विवाह नहीं करेगी।

2. निम्नलिखित गद्यांश को पढ़कर उसके नीचे दिए गए प्रश्नों के उत्तर हिंदी में लिखिए

उसके हृदय में अंतर्द्वंद्व चल रहा था कि वह जो निर्णय ले रही है, वह उचित है कि नहीं। अंत में इसी निर्णय को उचित मानकर वह कमरे से बाहर निकली। पिताजी व माताजी के उदास चेहरों को देखकर उसकी आँखें दुःख से बोझल हो गईं। वह उनके दुःख को भली-भाँति समझ रही थी। कितनी अभागन थी वह, जिसके कारण उसके माता-पिता इतने परेशान थे।

(i) **किसके हृदय में अंतर्द्वंद्व चल रहा था और वह अंतर्द्वंद्व क्या था?**

उत्तर मीनू के हृदय में अंतर्द्वंद्व चल रहा था और अंतर्द्वंद्व यह था कि इतने लड़के वालों द्वारा नापसंद कर दिए जाने के बाद भी वह आगे अपने विवाह के लिए कोशिश करे या नहीं? वह इसी तरह नापसंद किए जाने के दुःख एवं क्षोभ को सहने के लिए तैयार रहे या नहीं? इन्हीं दुविधाओं के बीच उसके मन में अंतर्द्वंद्व चल रहा था।

(ii) **मीनू द्वारा लिया गया निर्णय क्या था? क्या उसके निर्णय से आप सहमत हैं?**

उत्तर मीनू ने विवाह नहीं करने का निर्णय लिया था। मीनू का निर्णय बहुत तार्किक है, क्योंकि किसी व्यक्ति के जीवन का उद्देश्य सिर्फ विवाह तक सीमित नहीं हो सकता। उसे अपने जीवन का एक व्यापक एवं ऊँचा लक्ष्य निर्धारित करना चाहिए। मीनू ने अपनी योग्यता एवं क्षमता को समझते हुए उचित निर्णय लिया।

(iii) **उसके माता-पिता का दुःख क्या था?**

उत्तर मीनू के माता-पिता को मीनू का विवाह न हो पाने का अत्यधिक दुःख था। उन्होंने अपनी बेटी को पढ़ाया-लिखाया और योग्य बनाया। जीवन के पड़ाव में एक पड़ाव विवाह का भी होता है, जिसे उसके माता-पिता सफलतापूर्वक संपन्न करना चाहते थे, लेकिन दुर्भाग्य से मीनू को विवाह के लिए देखने आने वाले लड़कों के परिवार वाले उसे पसंद नहीं कर रहे थे, जिसके कारण वे अत्यंत दुःखी थे।

(iv) **क्या उसका स्वयं को अभागन मानना उचित है? यदि नहीं, तो क्यों?**

उत्तर मीनू को लगने लगा कि वह अत्यंत दुर्भाग्यशाली है, जिसके कारण उसकी शादी नहीं हो पा रही है। उसकी शादी नहीं होने से उसके माता-पिता चिंतित एवं परेशान रहते हैं। अपने माता-पिता की चिंता या परेशानी का कारण मीनू स्वयं को मान रही है।

इसी भावना के कारण वह स्वयं को अभागन मानती है, जो किसी भी दृष्टि से उचित नहीं है। मीनू की शादी नहीं होने का एक बड़ा कारण दहेज भी है और इस सामाजिक कुप्रथा के लिए वह दोषी नहीं है।

3. निम्नलिखित गद्यांश को पढ़कर उसके नीचे दिए गए प्रश्नों के उत्तर हिंदी में लिखिए

"आप समाज की चिंता न करते हुए आशा की शादी कर दीजिए।" तभी पास बैठी माँ बोल पड़ी, "बेटी, हमारे यहाँ इस तरह का रिवाज़ नहीं है कि बड़ी बेटी के घर में रहते हुए छोटी की शादी हो।"

"माँ, तुम मेरी शादी की चिंता न करो। मैंने तो निश्चय कर लिया है कि मैं शादी नहीं करूँगी। मैं अपने पाँव पर खड़ी होना चाहती हूँ, जिससे मैं बोझ न बन सकूँ।" मीनू भरे कंठ से बोली।

(i) **समाज की चिंता नहीं करने का परामर्श कौन दे रहा है और क्यों?**

उत्तर समाज की चिंता नहीं करने का परामर्श मीनू द्वारा अपने पिताजी को दिया जा रहा है, क्योंकि मीनू का तर्क है कि यह समाज जब हम लोगों के बारे में नहीं सोचता है, तो फिर हम लोगों को भी उसके बारे में अधिक नहीं सोचना चाहिए।

(ii) **माँ किस तरह की परंपरा का हवाला दे रही थी? स्पष्ट कीजिए।**

उत्तर माँ सामाजिक परंपरा का हवाला दे रही थी कि हम लोगों के समाज में बड़ी बेटी के अविवाहित रहते हुए छोटी बेटी की शादी नहीं होती। यह रिवाज़ हमारे यहाँ बहुत पहले से ही प्रचलन में है।

(iii) **मीनू ने अपने किस दृढ़ निश्चय को व्यक्त किया?**

उत्तर मीनू ने विवाह न करने का दृढ़ निश्चय अपने माता-पिता के समक्ष व्यक्त किया। उसने यह दृढ़ निश्चय कर लिया था कि अब वह अपने पैरों पर खड़ी होगी, आत्मनिर्भर बनेगी और समाज में अपना एक स्थान प्राप्त करेगी।

वह विवाह के लिए परेशान न होकर अपनी ऊर्जा, क्षमता एवं समय को अपने लक्ष्य की प्राप्ति में लगाएगी। वह विवाह न करके इस समाज में अपना एक ऊँचा रुतबा, आदर-सम्मान स्थापित करेगी।

(iv) **'बोझ' से मीनू का क्या तात्पर्य है? उसके माता-पिता ने इस पर क्या प्रतिक्रिया व्यक्त की?**

उत्तर 'बोझ' से मीनू का तात्पर्य 'निर्भरता' से है। मीनू अब अपने पैरों पर खड़ी होकर आत्मनिर्भर और सफल बनना चाहती थी। वह इस समाज को अपनी योग्यता एवं क्षमता से परिचित कराना चाहती थी। मीनू द्वारा 'बोझ' शब्द का प्रयोग किए जाने पर उसके माता-पिता को अच्छा नहीं लगा।

उसकी माँ ने कहा कि तुमने ऐसा कैसे सोच लिया कि एक बेटी अपने माता-पिता के लिए बोझ है? लेकिन मीनू ने माँ को समझाते हुए कहा कि उसका तात्पर्य उस आत्मनिर्भरता से है, जो मनुष्य को स्वावलंबी बनाती है।

अध्याय 5

सारांश

दृढ़ता एवं साहस की प्रतिमूर्ति : मीनू

जीवन की विषम परिस्थितियों के कारण मीनू में हीन भावनाएँ उत्पन्न हो गई थीं, लेकिन मीनू बहुत समझदार लड़की थी। उसे इस बात का अहसास था कि जीवन का उद्देश्य केवल विवाह तक ही सीमित नहीं है। यदि विवाह नहीं होगा, तो क्या वह अपना जीवन व्यर्थ कर देगी? उसने अपनी दृढ़ता एवं साहस का परिचय देते हुए अपने जीवन का लक्ष्य निश्चित कर लिया।

वकील बनने की दिशा में आगे बढ़ना

मीनू की बचपन से ही वकील बनने की इच्छा थी, जिसे अब वह पूरा करना चाहती थी। उसकी लगन को देखते हुए उसके माता-पिता ने भी उसे वकालत पढ़ने की स्वीकृति दे दी। मीनू ने वकालत में दाखिला ले लिया। वह सफल होकर इतना पैसा कमाना चाहती थी कि समाज में उसका सिर ऊँचा रह सके, क्योंकि चारों ओर केवल पैसे वालों का ही महत्त्व दिखाई देता है।

पहली बार मीनू का माता-पिता से अलग होना

मीनू अभी तक अपने घर में माता-पिता के साथ रहकर ही पढ़ी थी। वह हॉस्टल में रहने के लिए पहली बार घर से अलग हो रही थी। वकील बनने के लिए उसके अंदर इतनी अदम्य इच्छाशक्ति जाग्रत हो गई थी कि वह किसी भी प्रकार की समस्या का सामना करने के लिए पूरी तरह तैयार थी। माता-पिता ने उसे अधिक-से-अधिक प्यार देकर अपने दिल को सांत्वना दी। माता-पिता का आशीर्वाद एवं छोटे भाई-बहन का प्यार साथ लेकर वह अपने जीवन के सबसे महत्त्वपूर्ण लक्ष्य को प्राप्त करने के लिए घर से निकल पड़ी।

हॉस्टल के शुरुआती दिन

हॉस्टल के शुरुआती कुछ दिनों में तो मीनू का मन वहाँ बिल्कुल भी नहीं लगा। वह अपना अधिकांश समय पुस्तकों के साथ ही व्यतीत करती थी। कई बार वह अपने बचपन की स्मृतियों में खो जाती।

बचपन में किस तरह वह वकील बनने की इच्छा व्यक्त करती और उसकी माँ बोलती कि ''इतना कौन पढ़ाएगा तुझे? इससे पहले ही तेरी शादी कर देंगे।''

हॉस्टल में मीनू से मिलने के लिए पिताजी का आना

एक दिन मीनू अतीत की स्मृतियों में खोई हुई थी, तभी उसकी एक सहेली ने आकर बताया कि उसके पिताजी आए हैं। मीनू उछलकर भागी और पिताजी से मिलने पहुँची। हॉस्टल जाने के दो दिन बाद ही उसके पिताजी मिलने आए थे, पर मीनू को ऐसा लग रहा था, मानो कितने लंबे समय के बाद वह अपने पिताजी से मिल रही है।

लगभग एक घंटा रुककर पिताजी वापस चले गए, लेकिन जाते-जाते वह मीनू की घरवालों के साथ स्नेह भरी स्मृतियों को ताज़ा कर गए।

शब्दार्थ

परिस्थितियाँ *हालात;* **व्यर्थ** *बेकार;* **होनहार** *तेज़;* **दृढ़ता** *मज़बूती;* **लगन** *इच्छाशक्ति;* **पुलकित** *प्रसन्न;* **व्यंजन** *पकवान;* **दैदीप्यमान** *चमकता हुआ;* **प्रकाशमय** *प्रकाश से परिपूर्ण;* **उद्देश्य** *लक्ष्य;* **पूर्ति** *पूरा करना;* **ठेस** *चोट।*

PYQs विगत वर्षों के प्रश्न व महत्त्वपूर्ण प्रश्न

गद्यांश पर आधारित प्रश्न

1. निम्नलिखित गद्यांश को पढ़कर उसके नीचे दिए गए प्रश्नों के उत्तर हिंदी में लिखिए

वह स्वयं ही दृढ़ता व साहस की मूर्ति थी। उतार-चढ़ाव तो हर इंसान की ज़िंदगी में आते ही रहते हैं। उसने साहस से काम लिया। उसने विवाह का सपना देखना ही छोड़ दिया। उसके सामने इतनी लंबी ज़िंदगी पड़ी थी, जिसको वह एक क्षण भी व्यर्थ नहीं होने देना चाहती थी।

(i) दृढ़ता एवं साहस की मूर्ति किसे कहा गया है और क्यों?

उत्तर दृढ़ता एवं साहस की मूर्ति मीनू को कहा गया है, क्योंकि मीनू समाज के विरुद्ध उठ खड़ी हुई थी, उसने स्पष्ट घोषणा कर दी थी कि अभी वह विवाह नहीं करेगी और समाज में वकील बनकर पहले स्वयं को प्रतिष्ठित करेगी।

(ii) उसने अपने जीवन का लक्ष्य क्या बनाया और क्यों?

उत्तर मीनू ने अपने जीवन में एक प्रतिष्ठित वकील के रूप में प्रसिद्ध होने का लक्ष्य बनाया। वह विवाह के पीछे अपनी ऊर्जा एवं समय का अपव्यय नहीं करना चाहती थी। पैसों के पीछे भागने वाली दुनिया को वह इतने पैसे कमाकर दिखाना चाहती थी कि दुनिया उसे स्वतः ही आदर-सम्मान देने लगे।

(iii) मीनू अपना एक क्षण भी व्यर्थ नहीं करना चाहती थी, क्यों?

उत्तर मीनू अपना एक क्षण भी व्यर्थ इसलिए नहीं करना चाहती थी, क्योंकि उसने अपने जीवन का जो लक्ष्य निर्धारित किया था, उसके लिए उसे अत्यंत कठिन परिश्रम की आवश्यकता थी। अपने लक्ष्य को प्राप्त करने के लिए वह कुछ भी करने के लिए तैयार थी और उसके लिए उसके पास बहुत अधिक समय नहीं था। अपने लक्ष्य को प्राप्त करने के लिए उसे अत्यधिक समय व मेहनत की आवश्यकता थी।

(iv) क्या उसके माता-पिता उसे हॉस्टल में रखने के लिए तैयार थे? यदि नहीं, तो क्यों?

उत्तर मीनू के माता-पिता मीनू को हॉस्टल में नहीं भेजना चाहते थे, क्योंकि बाल्यावस्था से ही मीनू घर में रहकर पढ़ी थी। वह कभी अपने माता-पिता से दूर नहीं रही। मीनू के माता-पिता के लिए यह एक नया अनुभव था कि उनकी बेटी उनसे दूर, घर से दूर हॉस्टल में रहे। वे आज के समय में समाज में फैली अव्यवस्थाओं से भी डरते थे। उन्हें हॉस्टल में बेटी को रखना बहुत सुरक्षित नहीं लग रहा था, इसलिए वे उसे हॉस्टल नहीं भेजना चाहते थे।

2. निम्नलिखित गद्यांश को पढ़कर उसके नीचे दिए गए प्रश्नों के उत्तर हिंदी में लिखिए

अपने पाँव पर खड़े होकर वह इतना पैसा कमा लेना चाहती थी कि जिससे वह समाज में सिर ऊँ चा करके रह सके। इस समाज में चारों ओर पैसे वालों की तो इज्जत है... हर जगह पैसे का ही बोल-बाला है। बस पैसा...पैसा...पैसा...। हर व्यक्ति इसी होड़ में जुटा है।

(i) अपने पाँव पर खड़े होने से क्या तात्पर्य है? स्पष्ट कीजिए।

उत्तर अपने पाँव पर खड़े होने से तात्पर्य आत्मनिर्भर होने से है। मीनू समाज में स्वयं को प्रतिष्ठित करना चाहती थी। उसकी इच्छा थी कि वह एक बड़ी वकील बने और चारों ओर उसकी इतनी प्रसिद्धि व प्रशंसा हो कि उसके पास दुनिया की हर सुविधा उपलब्ध हो।

(ii) वह समाज में सिर ऊँचा किस प्रकार करना चाहती थी?

उत्तर मीनू पैसे के महत्त्व को अच्छी तरह समझ गई थी, इसलिए उसे लगता था कि जब तक पैसा नहीं आएगा, तब तक वह समाज में प्रतिष्ठित नहीं हो पाएगी। वह एक बड़ी वकील बनकर तथा पैसा कमाकर समाज में अपना सिर ऊँचा करना चाहती थी।

(iii) हर व्यक्ति कौन-सी होड़ में जुटा है? स्पष्ट कीजिए।

उत्तर समाज का हर व्यक्ति पैसे कमाने की होड़ में जुटा है। चारों ओर सिर्फ पैसे का ही बोल-बाला है, जिसे देखो! वही पैसे के पीछे भागा जा रहा है। समाज में चारों ओर पैसे वालों की ही इज्जत है। बिना पैसे वाले योग्य होते हुए भी समाज के हाशिए पर पड़े हैं। मीनू यह बात अच्छी तरह जान गई थी कि यदि उसके पिताजी के पास दहेज में देने के लिए पाँच लाख रुपये होते, तो अमित के घरवाले कभी भी उसे नापसंद नहीं करते।

(iv) मीनू किससे अलग हो रही थी और क्यों?

उत्तर मीनू अपने जीवन के लक्ष्य को प्राप्त करने के लिए वकालत पढ़ने जा रही थी, क्योंकि उसे एक प्रसिद्ध वकील बनना था। वकालत पढ़ने के लिए उसे हॉस्टल में रहना था, इसलिए वह अपने परिवार एवं घर से अलग हो रही थी। वह हॉस्टल जा रही थी, जहाँ उसे अपना पूरा समय एवं ध्यान अपनी वकालत की पढ़ाई में लगाना था। वकालत पढ़कर वकील बनने के लिए ही वह अपने घर से, अपने माता-पिता तथा भाई-बहन से अलग हो रही थी।

3. निम्नलिखित गद्यांश को पढ़कर उसके नीचे दिए गए प्रश्नों के उत्तर हिंदी में लिखिए

"बेटी, एक दैदीप्यमान नक्षत्र बनकर तुम जग को प्रकाशमय कर दो। जीवन की सारी खुशियाँ तुम्हारे पास हों, तुम अपने उद्देश्य की प्राप्ति में सफल हो, यही ईश्वर से मेरी प्रार्थना है।"

अपने माता-पिता का आशीर्वाद और छोटे भाई-बहन का प्यार साथ लिए मीनू ऐसी डगर पर चली जा रही थी, जहाँ उसे यह ज्ञात नहीं था कि कितने परिश्रम के बाद उसे सफलता मिल सकेगी, परंतु अपने जीवन का एक उद्देश्य बनाकर उसकी पूर्ति के लिए वह अपने कदम बढ़ाए जा रही थी।

(i) माँ ने अपनी बेटी को क्या आशीर्वाद दिया और क्यों?

उत्तर माँ ने अपनी बेटी मीनू को नक्षत्र की भाँति चमकने का आशीर्वाद दिया, ताकि वह अपनी चमक से दुनिया के अँधेरे को दूर कर सके, क्योंकि अब वही मीनू के जीवन का उद्देश्य था। माँ चाहती थी कि उसकी बेटी के पास जीवन की सारी खुशियाँ हों तथा वह अपने लक्ष्य को प्राप्त करने में सफल हो जाए।

(ii) मीनू कौन-सी सफलता की खोज में जा रही थी और कहाँ?

उत्तर मीनू वकालत की पढ़ाई के लिए घर से निकल कर हॉस्टल जा रही थी, क्योंकि वह एक प्रसिद्ध वकील बनकर इस दुनिया में खूब पैसा एवं यश कमाना चाहती थी। वह अपने जीवन के लक्ष्य को प्राप्त करने में सफल होना चाहती थी।

(iii) 'जग को प्रकाशमय' करने से क्या अभिप्राय है?

उत्तर 'जग को प्रकाशमय' करने से तात्पर्य यह है कि मीनू एक चमकता हुआ सितारा बनकर अपने उज्ज्वल प्रकाश से इस संसार को प्रकाशित करे। इस जग में अनेक क्षेत्रों में अंधकार व्याप्त है। सामाजिक कुरीतियाँ, संकीर्ण परंपराएँ, अमीर-गरीब का अंतर, स्त्री-पुरुष का लिंग-भेद आदि क्षेत्रों में अत्यंत अंधकार व्याप्त है। मीनू द्वारा आत्मनिर्भरता व स्वावलंबन की ओर बढ़ना इन सामाजिक कुरीतियों के क्षेत्र में प्रकाश फैलाने की ओर एक नया कदम है।

(iv) मीनू कैसी डगर पर चल पड़ी थी? स्पष्ट कीजिए।

उत्तर मीनू अपने जीवन में एक नई डगर पर चल पड़ी थी। वह डगर थी एक प्रसिद्ध वकील बनकर समाज में प्रतिष्ठित पद पर विराजमान होना। मीनू को यह ज्ञात ही नहीं था कि इस डगर में उसे कितनी ही कठिनाइयों का सामना कर कड़ी मेहनत करनी होगी, परंतु वह अतीत की घटनाओं से इतनी आहत थी कि वह पीड़ा उसे उन सभी कठिनाइयों को पीछे छोड़ कड़ी मेहनत कर अपने लक्ष्य की प्राप्ति के लिए निरंतर आगे बढ़ते जाने की प्रेरणा दे रही थी।

4. निम्नलिखित गद्यांश को पढ़कर उसके नीचे दिए गए प्रश्नों के उत्तर हिंदी में लिखिए

"अरे हट ! वकील वगैरह कुछ नहीं बनना है। कौन पढ़ाएगा तुझे इतना? बस, अट्ठारह साल की उम्र में शादी कर देंगे। फिर लड़कियों को कौन पढ़ाता है इतना। लड़कों की बात और है।"

(i) वकील बनने की इच्छा किसकी है और किसे यह पसंद नहीं है?

उत्तर वकील बनने की इच्छा मीनू की है, जब भी बचपन में उसके पिताजी उससे पूछते थे कि वह बड़ी होकर क्या बनना चाहती है? तो हमेशा वह अपनी वकील बनने की इच्छा व्यक्त करती थी। मीनू की वकील बनने की इच्छा उसकी माँ को बिलकुल पसंद नहीं थी।

(ii) "लड़कों की बात और है" यह किसने, किससे कहा? प्रस्तुत पंक्ति का अभिप्राय स्पष्ट करें।

उत्तर "लड़कों की बात और है" यह मीनू की माँ ने मीनू से कहा। वाक्य का अभिप्राय यह है कि लड़कों की स्थिति लड़कियों की अपेक्षा अधिक उच्च है, क्योंकि लड़कियों को तो अंततः घर गृहस्थी ही सँभालनी है। लड़के घर के उत्तराधिकारी होते हैं। लड़कों एवं लड़कियों की स्थिति में बहुत अंतर है।

(iii) गद्यांश की पंक्तियाँ कौन कह रहा है तथा उसकी मानसिकता किस प्रकार की है?

उत्तर गद्यांश में उपरोक्त पंक्तियाँ मीनू की माँ द्वारा कही जा रही हैं। उनकी मानसिकता लड़कियों की अपेक्षा लड़कों को अधिक महत्त्व देने की है। वे पुरुष प्रधान समाज की मानसिकता से जुड़ी हुई हैं, जहाँ लड़कियों को निम्न स्तर का नागरिक माना जाता है। इसी कारण लड़के एवं लड़कियों के बीच भेद-भाव किया जाता है। उनकी नैतिकता दोनों के लिए अलग-अलग है।

(iv) लड़के-लड़कियों में भेद-भाव करना समाज के लिए कितना हितकर है?

उत्तर लड़के-लड़कियों के बीच भेद-भाव करना किसी भी दृष्टि से समाज के लिए हितकर नहीं है। समाज के दोनों अंग-स्त्री एवं पुरुष समान हैं तथा किसी भी सभ्य समाज में उनका महत्त्व भी समान है।

अध्याय 6

सारांश

अमित के घर का माहौल

अमित के घर में धनीमल जी एवं उनकी बेटी सरिता की ही चर्चा चलती रहती थी। अमित की माँ हमेशा धनीमल जी की प्रशंसा करती रहती थीं, लेकिन अमित इन बातों में अधिक रुचि नहीं लेता था। वह इस बात को समझता था कि वास्तव में, यह शादी नहीं हो रही, बल्कि उसे बेचा जा रहा है और वह स्वयं को बेचना नहीं चाहता था। अमित के मन को मीनू भा गई थी। उसे मीनू के प्रति सच्ची एवं गहरी संवेदना थी।

अमित द्वारा मीनू की खुलकर तरफ़दारी करना

एक दिन अमित ने अपनी माँ से पूछ ही लिया कि वह सरिता को घर लाने में क्यों रुचि ले रही हैं? सरिता की तुलना में मीनू अच्छी क्यों नहीं है? मीनू में कौन-सी कमी है? वह अधिक अच्छी पत्नी साबित हो सकती है। मीनू के दिल को हम लोगों ने बहुत ठेस पहुँचाई है। हम लोगों को ऐसा नहीं करना चाहिए था।

अमित द्वारा मौसी का उदाहरण सामने रखना

अमित ने अपनी माँ को बड़े घर की लड़की की कमियों को बताते हुए अपनी मौसी का उदाहरण सामने रखा। उसने कहा कि जिस तरह मौसी की लाड़ली बहू घर के कार्यों से दूर रहती है और सारा काम मौसी को ही करना पड़ता है, ठीक उसी तरह अमीर घर की लड़की सरिता भी करेगी। वह घर की ज़िम्मेदारियों को नहीं सँभाल सकती। उसे काम करने या ज़िम्मेदारी उठाने की आदत ही नहीं होगी, जिस तरह मौसी बुखार में तपने के बावजूद घर का काम करने के लिए मज़बूर रहती हैं, वही स्थिति तुम्हारी भी हो सकती है।

धनीमल जी द्वारा अमित के घर फल की पेटी लाना

धनीमल जी के घर आने पर पिताजी की अनुपस्थिति में अमित ने ही उनका स्वागत सत्कार किया। धनीमल जी अपने साथ कश्मीर के सेब की एक पेटी भी लाए थे। अमित को यह उचित नहीं लगा। उसने सोचा कि जब अभी रिश्ता पक्का ही नहीं हुआ है, तो फिर फल की पेटी लाने का क्या अर्थ है? यह तो प्रलोभन देना है। जब तक वह अपने क्रोध को व्यक्त करता, तब तक उसके पिताजी आ गए और अमित वहाँ से उठकर अपनी माँ के पास चला गया।

माँ द्वारा अमित के क्रोध को शांत करने की कोशिश

अमित इस बात से क्रोधित था कि धनीमल जी सेब की पेटी लेकर उनके घर क्यों आए? अमित के क्रोध को शांत करने की कोशिश करते हुए उसकी माँ ने कहा कि वे सरिता को दिखाने के लिए तिथि निश्चित करने आए हैं और हमारे यहाँ एक परंपरा है कि जब संबंध जुड़ जाता है, तब खाली हाथ नहीं जाया जाता। उन्होंने तो इसी परंपरा का पालन किया है। इसमें गुस्सा करने की आवश्यकता नहीं है। अमित को लग गया कि उसकी माँ ने सरिता को इस घर में लाने की ठान रखी है। वह गुस्से में बड़बड़ाता हुआ समाचार-पत्र देखने लगा।

शब्दार्थ

स्वाभिमान *आत्मसम्मान*; **सलोनी** *प्यारी*; **उतावलापन** *व्याकुल होना*; **गृहिणी** *पत्नी*; **आकर्षित** *मोह लेना*; **आभास** *अनुमान, कल्पना*; **सिलसिला** *क्रम*; **कुशल-क्षेम** *कुशलता*; **अनुपस्थिति** *गैर-हाज़िरी*; **कर्तव्य** *दायित्व*; **भाना** *अच्छा लगना, पसंद आना।*

PYQs विगत वर्षों के प्रश्न व महत्त्वपूर्ण प्रश्न

बहुविकल्पीय प्रश्न

1. 'नया रास्ता' नामक उपन्यास में सेठ धनीमल की पुत्री से रिश्ता करने के लिए सबसे अधिक उतावलापन कौन दिखा रहा था? **(ICSE Sem I 2021-22)**

(a) अमित की माँ
(b) अमित के पिता
(c) अमित की मौसी
(d) अमित की बहन

उत्तर (a) अमित की माँ

2. धनीमल जी अपने साथ किस फल की पेटी लेकर अमित के घर आए? **(ICSE Sem I 2021-22)**

(a) आम
(b) कश्मीरी सेब
(c) अँगूर
(d) संतरा

उत्तर (b) कश्मीरी सेब

गद्यांश पर आधारित प्रश्न

1. निम्नलिखित गद्यांश को पढ़कर उसके नीचे दिए गए प्रश्नों के उत्तर हिंदी में लिखिए

"माँ को लगा, शायद अमित सरिता के रिश्ते को तैयार नहीं है। इसलिए वह बोली, "बेटे, व्यवहार का तो किसी का भी पता नहीं है। न सरिता के बारे में ही कुछ कहा जा सकता है और न ही मीनू के बारे में, व्यवहार का तो साथ रहने पर ही पता चलता है।" **(ICSE 2017)**

(i) माँ को कैसे पता चलता है कि अमित सरिता के रिश्ते के लिए तैयार नहीं है?

उत्तर जब अमित ने माँ से प्रश्न किया कि "माँ बड़े घर की लड़की क्या तुम्हारे साथ रह सकेगी? क्या हमारे घर के वातावरण में घुल-मिल सकेगी?" तब माँ को पता लगा कि अमित सरिता के रिश्ते के लिए तैयार नहीं है।

(ii) अमित के पिता मायाराम जी सरिता के रिश्ते को क्यों नहीं स्वीकार करना चाहते हैं?

उत्तर अमित के पिता मायाराम जी सरिता के रिश्ते को इसलिए स्वीकार नहीं करना चाहते थे, क्योंकि अमित ने सरिता के साथ विवाह करवाने की बात पर असंतोष प्रकट किया था, जिसके कारण मायाराम के मन में बेटे की ज़िंदगी के साथ खिलवाड़ न करने का भाव उठा।

(iii) अमित और सरिता का रिश्ता तय होने के लिए माँ किसको और क्यों उकसाती है? माँ की ऐसी धारणा से उनके स्वभाव के बारे में क्या पता चलता है? समझाकर लिखिए।

उत्तर अमित और सरिता का रिश्ता तय होने के लिए माँ अमित के पिताजी को पत्र लिखने के लिए उकसाती है, क्योंकि वह चाहती है कि वे पत्र लिखकर मीनू के रिश्ते के लिए मना कर दें, ताकि अमित और सरिता का रिश्ता हो सके। माँ की ऐसी धारणा से उनके स्वभाव के बारे में यह पता चलता है कि वे लालची और स्वार्थी प्रवृत्ति की महिला थीं। वे नारी मन की कोमल भावनाओं को नज़रअंदाज कर देती हैं।

(iv) शादी के विषय में समाज की क्या परंपरा है? आप इससे कहाँ तक सहमत हैं? स्पष्ट कीजिए।

उत्तर शादी के विषय में समाज की यह परंपरा रही है कि वधू पक्ष की ओर से वर पक्ष को दहेज के रूप में धन दिया जाता रहे। हम इस तर्क से बिलकुल भी सहमत नहीं है, क्योंकि दहेज एक सामाजिक कुप्रथा है, जिससे आज हमारा पूरा समाज प्रभावित है। दहेज ने लाखों योग्य व गुणी लड़कियों के जीवन को नरक बना दिया है। पढ़ी-लिखी योग्य लड़कियों के माता-पिता दहेज से परेशान होकर अपनी लड़की को अभिशाप मानने लगे हैं। इस कुप्रथा को शीघ्र ही समाप्त किया जाना अत्यंत आवश्यक है।

2. निम्नलिखित गद्यांश को पढ़कर उसके नीचे दिए गए प्रश्नों के उत्तर हिंदी में लिखिए

अमित की माँ के मुँह से तो हमेशा धनीमल जी की ही प्रशंसा सुनाई देती, परंतु अमित को इन बातों में कोई रुचि नहीं थी।

अमित धनी घर की लड़की से शादी करके स्वयं को बेचना नहीं चाहता था। आखिर उसका भी तो कोई स्वाभिमान है। अभी हाल ही में उसने एक फैक्ट्री लगाई है। ईश्वर की कृपा से पैसे की भी कमी नहीं। फिर सब पैसे वाले घर की लड़की क्यों लाना चाहते हैं?

(i) अमित के घर में हमेशा किसकी चर्चा होती रहती थी और क्यों?

उत्तर धनीमल जी शहर के धनी व्यक्तियों में शामिल थे और उनकी संपत्ति से आकर्षित होने के कारण ही अमित का विवाह सरिता से कराए जाने का विचार किया जा रहा था, इसलिए अमित के घर में हमेशा धनीमल जी व उनकी बेटी सरिता की चर्चा होती रहती थी।

(ii) धनीमल जी की बेटी के बारे में अमित की क्या सोच थी?

उत्तर धनीमल जी की बेटी सरिता के बारे में अमित की सोच नकारात्मक थी, क्योंकि अमित मीनू को प्रत्येक गुण में सरिता की तुलना में श्रेष्ठ पाता था, जिस कारण उसे सरिता पसंद नहीं थी।

(iii) अमित ने मीनू के बारे में अपनी माँ से क्या कहा?

उत्तर अमित मीनू के पक्ष में अपना मत प्रकट करते हुए, माँ से कहता है कि मीनू में ऐसी कौन-सी कमी है, जिसके कारण वे उसका विवाह मीनू से नहीं करना चाहती हैं? जबकि मीनू हर तरह से अच्छी है। वह सुशिक्षित है, अच्छे परिवार से संबंध रखती है एवं प्रत्येक कार्य को करने में निपुण भी है, जिस वजह से मीनू एक सुशील गृहिणी की भूमिका बेहतर ढंग से निभा सकती है।

(iv) अमित अपने मन की इच्छा व्यक्त क्यों नहीं कर पाता था?

उत्तर अमित अपने मन की इच्छा को अप्रत्यक्ष रूप से उजागर करता था, लेकिन अपने माता-पिता के सामने खुलकर नहीं बोल पाता था। उसे अपनी माँ एवं पिताजी से अपनी भावी पत्नी के बारे में बातें करते हुए संकोच होता था। यही कारण है कि वह अपने घर में अपनी पसंद की लड़की मीनू का भी खुलकर पक्ष नहीं ले सका और मीनू को घर वालों द्वारा नापसंद कर दिया गया।

3. निम्नलिखित गद्यांश को पढ़कर उसके नीचे दिए गए प्रश्नों के उत्तर हिंदी में लिखिए

एक दिन उसने माँ के सामने कहने का साहस किया— " माँ, तुम सरिता से ही मेरी शादी क्यों करना चाहती हो। क्या तुमने उसे देखा है, जो तुम इतनी उतावली हो उसे घर में लाने के लिए?"

"नहीं, मैंने उसे देखा नहीं है, परंतु उसकी फोटो तो अच्छी है। क्या बुरी है देखने में?" माँ ने जवाब दिया।

(i) अमित की माँ अमित की शादी सरिता से करने के पक्ष में हैं क्यों?

उत्तर अमित की माँ अमित की शादी सरिता से ही करने के पक्ष में इसलिए हैं, क्योंकि सरिता एक अमीर पिता की बेटी है। शादी में अमित की माँ को दहेज के रूप में अत्यधिक धन मिलने की आशा है। इतना ही नहीं, धनीमल जी की केवल तीन बेटियाँ ही हैं। अतः उनके मरने के बाद उनकी संपत्ति बेटियों के बीच ही बँटेगी। यह प्रलोभन भी अमित की माँ को है।

(ii) मीनू के व्यक्तित्व में कौन-कौन-सी प्रमुख विशेषताएँ हैं?

उत्तर मीनू के व्यक्तित्व में कई विशेषताएँ मौजूद थीं। मीनू न केवल पढ़ने-लिखने में बहुत तेज़ थी, बल्कि सिलाई-कटाई, कढ़ाई-बुनाई आदि में भी वह अधिक निपुण थी। वह संयुक्त परिवार के माहौल में अच्छी तरह रम जाती और एक कुशल गृहिणी साबित होती।

(iii) अमित, सरिता से विवाह करने का इच्छुक क्यों नहीं है?

उत्तर अमित, सरिता से विवाह करने का इच्छुक इसलिए नहीं है, क्योंकि मीनू को देखने के बाद उसका साँवला-सलोना चेहरा अमित को बहुत भा गया था। अमित उसे मन-ही-मन में पसंद करने लगा था। इसके अतिरिक्त, उसे यह भी लगता था कि मीनू उसके घर को अधिक बेहतर तरीके से सँभाल सकती है। उसकी शिक्षा, गुण, योग्यता सब कुछ सरिता से बेहतर है, इसलिए वह सरिता से विवाह करने का इच्छुक नहीं था।

उसे लगता था कि सरिता विवाह के बाद उसके घर के माहौल में रम नहीं पाएगी और माता-पिता की सेवा भी नहीं कर पाएगी।

(iv) अमित ने मीनू का पक्ष लेते हुए क्या कहा?

उत्तर अमित ने मीनू का पक्ष लेते हुए, उसके पढ़ी-लिखी होने एवं प्रत्येक कार्य को करने में उसकी निपुणता जैसे उसके गुणों एवं योग्यताओं को तो सामने रखा ही, साथ ही उसने अपनी माँ से कहा कि हम लोगों के घर में जितनी अच्छी तरह मीनू रम सकती है, उतनी अच्छी तरह सरिता नहीं। इसके अतिरिक्त, अमित को इस बात का भी अफ़सोस था कि मीनू को नापसंद किए जाने से उसके दिल को अत्यधिक ठेस पहुँची होगी।

4. निम्नलिखित गद्यांश को पढ़कर उसके नीचे दिए गए प्रश्नों के उत्तर हिंदी में लिखिए

"बस इतनी-सी बात सोच रहा है। अमित, तुम हमारे एकमात्र पुत्र हो। एक ही बहू घर में आनी है। दो-चार जगह से पसंद करके ही तो ली जाएगी और फिर शादी गुड्डे-गुड़िया का खेल तो नहीं है, जो जब चाहे कर ले और जब चाहे छोड़ दे? ज़िंदगी में एक बार ही होता है विवाह?" माँ ने गर्दन हिलाते हुए कहा।

(i) प्रस्तुत पंक्तियों में किसकी तरफ़दारी की जा रही है और क्यों?

उत्तर प्रस्तुत पंक्तियों में अमित की माँ द्वारा अप्रत्यक्ष रूप से सरिता की तरफदारी की जा रही है। अमित की माँ, अमित को समझाते हुए कहती हैं कि आखिर विवाह तो एक ही बार होता है, तो उसे ठीक से जाँच-परखकर करना चाहिए। धन की लोलुपता के कारण उन्हें सरिता में कोई कमी दिखाई नहीं दे रही है, इसलिए वे सरिता का पक्ष ले रही हैं।

(ii) "दो-चार जगह से पसंद करने" से क्या तात्पर्य है?

उत्तर "दो-चार जगह से पसंद करने" से तात्पर्य यह है कि शादी करने से पहले कुछ प्रस्तावों पर विचार अवश्य करना चाहिए, उन्हें देखना भी चाहिए और उसके बाद सभी का मूल्यांकन करके उनमें से किसी एक का चयन करना चाहिए। शादी तो जीवन में एक ही बार होती है, जिसे पूर्णतः जाँच-परखकर करनी चाहिए।

(iii) अमित विवाह करने के संबंध में क्या तर्क देता है और क्यों?

उत्तर अमित विवाह करने के संबंध में तर्क देता है कि शादी जीवन में एक बार ही होती है। अतः शादी वहीं करनी चाहिए, जहाँ लड़की अधिक पसंद हो, क्योंकि लड़की का गुणवान एवं सुशील होना अधिक ज़रूरी है। वह घर के कार्यों में हाथ बटाए तथा घर के लोगों का ध्यान रखे। बड़े घर की लड़की यह सब नहीं कर पाती। अमित यह तर्क इसलिए रखता है, क्योंकि वह मीनू से विवाह करना चाहता था, लेकिन उसके माता-पिता उसका विवाह धनीमल जी की बेटी सरिता से करवाने के पक्ष में थे, इसलिए अमित अप्रत्यक्ष रूप से अपनी इच्छा प्रकट करते हुए यह तर्क प्रस्तुत करता है।

(iv) अमित की माँ अपने पक्ष में क्या तर्क देती हैं?

उत्तर अमित की माँ का अपना तर्क है कि शादी कोई गुड्डे-गुड़िया का खेल नहीं है कि जब मन करे और जिससे मन करे, उससे शादी कर ली जाए। शादी करने से पहले लड़की के घर वालों एवं उनकी हैसियत को देखना भी आवश्यक है। माँ यह तर्क इसलिए रखती हैं, क्योंकि वे अमित का विवाह शहर के धनी व्यक्तियों में शामिल सेठ धनीमल की बेटी से करवाना चाहती थीं, क्योंकि वे गुणों की अपेक्षा धन को अधिक महत्त्व दे रहीं थीं और सेठ धनीमल ने विवाह में पाँच लाख रुपये का दहेज देने का भी वचन दिया था, इसलिए उन्होंने यह तर्क दिया था।

5. निम्नलिखित गद्यांश को पढ़कर उसके नीचे दिए गए प्रश्नों के उत्तर हिंदी में लिखिए

घर में अमित के पिताजी नहीं थे, इसलिए अमित ने ही उनकी कुशल-क्षेम पूछकर उन्हें सम्मान के साथ बिठाया। पिताजी की अनुपस्थिति में उसका ही कर्तव्य था कि वह घर आए मेहमान का स्वागत करे। धनीमल जी के साथ आई फल की पेटी अमित को एक आँख भी नहीं भा रही थी। वह समझता था कि वे अपने पैसे का जादू डालकर सबको मोह लेना चाहते हैं, जब अभी रिश्ता पक्का नहीं हुआ तो फल किस बात के। अमित से रहा नहीं गया। उसने धनीमल जी से पूछ ही लिया, "ये फल क्यों ले आए हैं आप ! इन सबकी क्या ज़रूरत थी?"

(i) अमित ने किनका कुशल-क्षेम पूछा और स्वागत किया?

उत्तर अमित ने अपने घर आए धनीमल जी का कुशल-क्षेम पूछा और उनका स्वागत किया, क्योंकि उस समय अमित के पिताजी घर पर नहीं थे, इसलिए अमित को ही यह दायित्व निभाना पड़ा। यह एक सामान्य शिष्टाचार है, जिसे सामान्यतः सभी घरों में निभाया जाता है।

(ii) धनीमल जी अपने साथ क्या लाए थे और क्यों?

उत्तर धनीमल जी अपने साथ कश्मीरी सेब की एक पेटी लेकर आए थे, ताकि वे अमित के घरवालों पर अपना प्रभाव छोड़ पाएँ। वे अपनी बेटी की शादी अमित से करने को इच्छुक थे, इसलिए वे चाहते थे कि अमित के घर वाले उनसे प्रसन्न रहें।

(iii) धनीमल जी द्वारा लाए गए उपहार का अमित पर क्या प्रभाव पड़ा?

उत्तर धनीमल जी द्वारा लाए गए उपहार के कारण अमित को गुस्सा आ रहा था, चूँकि अमित को उनकी बेटी सरिता पसंद नहीं थी, उसे लग रहा था जैसे वह अमीर घर की बेटी के हाथों में बेचा जा रहा है। अभी अमित और सरिता का रिश्ता पक्का भी नहीं हुआ था।

मीठे सेबों को खाने के प्रस्ताव से अमित को क्रोध आ गया तथा धनीमल की प्रतिक्रियाओं से उसके स्वाभिमान को ठेस पहुँच रही थी। इसलिए वह नहीं चाहता था कि दोनों घरों का संबंध आगे बढ़े। वह इस प्रकार के प्रलोभन को भली-भाँति समझ रहा था।

(iv) अमित धनीमल जी के पास से उठकर कहाँ चला गया और क्यों?

उत्तर अमित धनीमल जी के पास से उठकर अपनी माँ के पास चला गया, क्योंकि तब तक उसके पिताजी बाहर से आ गए थे और वह धनीमल जी और अपने पिताजी की बातों को सुनने एवं जानने में दिलचस्पी नहीं रखता था। अमित धनीमल की लोलुप व मीठी-मीठी बातें सुनकर खीझ रहा था। धनीमल अपनी धन-दौलत का ऐश्वर्य दिखाकर अमित के परिवार को पूर्णतः फाँस चुका था, जिससे आहत होकर वह वहाँ से उठकर अपनी माँ के पास आकर बैठ गया।

अध्याय 7

सारांश

अमित का निरुत्साहित होना

आज अमित और उसका परिवार धनीमल जी के घर जाने वाला था, जिस कारण घर में सभी उत्साहित नज़र आ रहे थे। अमित की माताजी विशेष रूप से उत्साहित थीं, उनके उत्साह को देखते हुए पिताजी भी इस रिश्ते से प्रसन्न थे। केवल अमित इस रिश्ते के लिए निरुत्साहित था। उसे ऐसा लग रहा था कि उसके माता-पिता चंद रुपयों के कारण उसे धनी घर की लड़की के हाथों बेचना चाह रहे हैं। सभी नए वस्त्र पहनकर तैयार होते हैं। धनीमल जी का ड्राइवर उनके घर आता है और वे सभी गाड़ी में बैठकर उनके घर पहुँचते हैं। ड्राइवर जब कार का दरवाज़ा खोलता है, तो मायाराम जी स्वयं को अफसर के समान समझने लगते हैं।

कोठी को देखकर आश्चर्यचकित होना

मायाराम जी का परिवार धनीमल की कोठी देखकर आश्चर्यचकित हो उठता है। उन्हें वहाँ स्वर्ग-सी अनुभूति होती है। लॉन में मखमल के समान बिछी घास व बेंत की रंग-बिरंगी सुंदर कुर्सियाँ तथा फूलों के गमले कोठी की शोभा को बढ़ा रहे थे। बैठक कक्ष का द्वार खुलने पर धनीमल जी बाहर आते हैं और उनका स्वागत करते हैं। धनीमल जी, मायाराम जी व उनके परिवार के खाने के लिए विभिन्न प्रकार की मिठाइयाँ व फल रखते हुए घर के सदस्यों से सरिता को बुलाने के लिए कहते हैं।

कक्ष में सरिता का प्रवेश

सरिता अपनी चाची के साथ बैठक कक्ष में प्रवेश करती है। अमित, सरिता को देखता है, लेकिन वह उसे पसंद नहीं आती। वह उसकी तुलना मीनू से करने लगता है और सोचता है कि नैन-नक्श और रंग में भी मीनू , सरिता से कहीं अधिक सुंदर थी। सरिता को माताजी के पास बैठाया जाता है, वे उससे बहुत स्नेह से बात करती हैं। माँ को इस प्रकार बात करते देख अमित को बिल्कुल अच्छा नहीं लगता और उसके दिमाग में अनेक प्रश्न उठते हैं कि माँ को सरिता पसंद आई या उसका पर्स।

अमित का सरिता से बात करना

धनीमल जी, मायाराम जी से अमित व सरिता को आपस में बात करने का अवसर देने के विषय में कहते हुए बाहर चले जाते हैं। अमित सरिता से उसकी रुचि व घर के काम के बारे में प्रश्न पूछता है। सरिता बिना किसी हिचकिचाहट के कहती है कि उसे पेंटिंग और कार ड्राइविंग में रुचि है तथा उसे घर के काम नहीं आते, इसलिए पिताजी शादी के बाद उसके साथ एक नौकर भी भेजेंगे, जिसे सुनकर अमित आश्चर्यचकित हो उठता है। वह सरिता से उसकी शिक्षा के संबंध में पूछता है, तो वह बताती है कि उसने बी. ए. द्वितीय श्रेणी से पास किया है।

कमरे में अन्य सदस्यों का प्रवेश

अमित और सरिता की आपस में बातचीत चल रही थी, उसी समय कमरे में परिवार के अन्य सदस्य भी प्रवेश करते हैं। धनीमल जी बड़े ही आदर-सत्कार के साथ सभी को खाना खिलाते हैं। अमित खाना न खाने की इच्छा व्यक्त करता है, किंतु धनीमल जी के आग्रह करने पर उसे खाना ही पड़ता है।

सरिता के प्रति अमित के परिवार वालों का अपने विचार अभिव्यक्त करना

धनीमल जी के घर से आने के उपरांत सभी सरिता के बारे में अपने-अपने विचार व्यक्त करते हैं। माँ को सरिता पसंद आती है और वह कहती हैं कि केवल रंग गिरा हुआ है, वह भी शादी के बाद निखर जाएगा। पिताजी, धनीमल जी द्वारा दिए जाने वाले रुपयों के कारण सरिता की प्रशंसा करते हैं और दुनिया में दो ही रंग होने की बात कहते हैं। मधु बीच में ही कहती है कि ज़रूरी नहीं कि हमारे घर काली भाभी ही आए। पिताजी उसे चुप होने के लिए कहते हुए अमित से अपनी राय प्रकट करने के लिए कहते हैं। अमित उदासी भरे स्वर में कहता है कि जब आपने धनीमल जी की बेटी से मेरा विवाह करने की ठान ही ली है, तो मुझसे पूछना व्यर्थ है, वैसे मुझे वह बिल्कुल पसंद नहीं है।

माँ का अमित के विचारों पर कटाक्ष करना

अमित की इच्छा सुनने के उपरांत जहाँ पिताजी अनुभव करते हैं कि उसके साथ ज़बरदस्ती हो रही है और उसकी ज़िंदगी के साथ कोई खिलवाड़ नहीं करना चाहिए। वहीं माँ, अमित की इच्छा पर कटाक्ष करते हुए कहती हैं कि आज के समय के लड़के-लड़कियों को आपस में मिलवाने से वे एक-दूसरे में कमियाँ निकालना शुरू कर देते हैं, थोड़ा रुकने के पश्चात् माँ कहती हैं आज के लड़के-लड़कियों का दिमाग खराब हो गया है। अमित, माँ की बातें सुनता रहता है और एक शिक्षित युवक होने के उपरांत भी वह उनका विरोध नहीं कर पाता और उठकर अपने कमरे में चला जाता है।

शब्दार्थ

उत्सुक *इच्छुक*; **एकांत** *अकेले में*; **तपाक्** *शीघ्रता से*; **नि:संकोच** *बिना किसी हिचकिचाहट के*; **भौचक्का** *आश्चर्यचकित*; **आग्रह** *अनुरोध करना*; **मौन** *चुप्पी*; **व्यंग्य** *ताना कसना*।

PYQs विगत वर्षों के प्रश्न व महत्त्वपूर्ण प्रश्न

बहुविकल्पीय प्रश्न

1. 'नया रास्ता' नामक उपन्यास में सरिता को देखने जाने वाले लोगों में निम्नलिखित में से कौन नहीं था? **(ICSE Sem I 2021)**

(a) मायाराम जी (b) अमित (c) अमित की माँ (d) नीलिमा

उत्तर (d) नीलिमा

गद्यांश पर आधारित प्रश्न

1. निम्नलिखित गद्यांश को पढ़िए और उसके नीचे लिखे प्रश्नों के उत्तर हिंदी में लिखिए

आखिर सरिता को देखने का दिन आ ही गया। अमित के घर में विशेष चहल-पहल थी। अमित की माताजी में विशेष उत्साह नजर आ रहा था। माताजी के कहने में आकर उसके पिता भी इस रिश्ते में रुचि लेने लगे थे। अमित की बहन मधु भी अपनी होने वाली भाभी को देखने के लिए उत्सुक थी। **(ICSE 2019)**

(i) अमित कौन है उसका संक्षिप्त परिचय दीजिए।

उत्तर अमित उपन्यास का प्रमुख पुरुष पात्र है, जो अपने माता-पिता का आज्ञाकारी पुत्र है। वह चाहकर भी मीनू से विवाह के लिए हाँ नहीं कर पाता, परंतु अंत में अपनी भूल सुधार लेता है। मीनू का हाथ माँगने वह मीनू के घर जाता है तथा उसी से विवाह करता है।

(ii) विशेष चहल-पहल का क्या कारण था, इस अवसर पर अमित की स्थिति स्पष्ट कीजिए।

उत्तर घर में विशेष चहल-पहल का कारण अमित के विवाह के लिए सरिता को देखने जाना था। घर के सभी सदस्य खुश थे। इस अवसर पर अमित उदास था। वह इस रिश्ते के लिए निरुत्साहित था उसे लग रहा था कि उसके माता-पिता कुछ पैसों के लिए उसे धनी घर की लड़की के हाथों बेच रहे हैं।

(iii) मायाराम जी को स्वर्ग की अनुभूति कहाँ और कैसे होती है और क्यों होती है?

उत्तर मायाराम जी को स्वर्ग की अनुभूति धनीराम की कोठी देखकर हो रही थी। कोठी के लॉन में मलमल के समान बिछी घास व बेंत की रंग-बिरंगी कुर्सियाँ तथा फूलों के गमले कोठी की शोभा को बढ़ा रहे थे। उन्हें वहाँ स्वर्ग की अनुभूति इसलिए हो रही थी, क्योंकि उनके स्वागत के लिए विभिन्न प्रकार की मिठाइयाँ व फल रखे गए थे। वहाँ का वातावरण तथा वैभव उन्हें स्वर्ग की भाँति लग रहा था।

(iv) अमित और सरिता के बीच हुई बातचीत को संक्षेप में लिखिए।

उत्तर अमित और सरिता के बीच बातचीत का आरंभ हुआ तो अमित ने सरिता से उसकी पढ़ाई, शोक तथा काम से संबंधित प्रश्न पूछे। सरिता ने जो उत्तर दिए, उन्हें सुनकर अमित को काफी हैरानी हुई। सरिता पढ़ाई में तो कमजोर थी ही, उसे घर के काम भी नहीं आते थे। वह पूरी तरह से नौकरों पर ही निर्भर थी।

एक्सपर्ट्स कमेंट्स

- छात्रों द्वारा दिए गए उत्तर में अपूर्णता विद्यमान थी तथा उत्तरों में सटीकता का अभाव पाया गया।
- वर्तनी तथा वाक्य रचना संबंधी त्रुटियाँ भी दृष्टिगोचर हुई।
- कहीं-कहीं उत्तर में मुख्य बिंदुओं का अभाव पाया गया।

स्टूडेंट्स के लिए एडवाइज़

- छात्रों को उपन्यास का अध्ययन करते समय घटनाक्रम को क्रमबद्ध याद रखना चाहिए। वर्तनी सुधार के लिए कठिन शब्दों का श्रुतलेखन करना चाहिए।
- छात्रों को उपन्यास बार-बार पढ़ना चाहिए तथा उपन्यास की पिछली घटना की भी पुनरावृत्ति करते रहना चाहिए।
- छात्रों को उपन्यास की सभी घटनाएँ मौखिक एवं लिखित प्रश्नोत्तर के माध्यम से याद करनी चाहिए।

2. निम्नलिखित गद्यांश को पढ़कर उसके नीचे दिए गए प्रश्नों के उत्तर हिंदी में लिखिए

कोठी का दरवाज़ा खुलते ही जैसे ही उन सबने अंदर प्रवेश किया। उन्हें लगा मानो स्वर्ग में आ गए हों। कोठी के बाहर लॉन में घास मखमल के समान बिछी थी। लॉन में बेंत की सुंदर रंग-बिरंगी कुर्सियाँ पड़ी थीं। रंग-बिरंगे फूलों के गमले कोठी की शोभा में चार चाँद लगा रहे थे।

(i) कोठी में किस-किस ने प्रवेश किया और क्यों?

उत्तर कोठी में मायाराम जी, उनकी पत्नी, उनका बेटा अमित व बेटी मधु ने प्रवेश किया। मायाराम जी अपने परिवार के साथ अपने बेटे अमित का धनीमल जी की बेटी सरिता के साथ विवाह की बात करने के लिए आए थे।

(ii) माताजी व पिताजी इस रिश्ते से प्रसन्न क्यों थे? कारण देते हुए स्पष्ट कीजिए।

उत्तर इस रिश्ते से अमित को छोड़कर सभी लोग खुश थे। अमित की माताजी शादी में धनीमल जी द्वारा दिए जाने वाले पाँच लाख रुपये के खर्च की बात सुनकर खुश थीं तो पिताजी, माताजी के व्यावहारिक तर्कों के कारण रिश्ते में रुचि लेने लगे थे।

(iii) अमित इस रिश्ते से असंतुष्ट क्यों था? स्पष्ट कीजिए।

उत्तर अमित इस रिश्ते से पूर्णतः असंतुष्ट था, क्योंकि अमित को मीनू, सरिता की अपेक्षा अधिक गुणकारी और संस्कारी लगती थी। उसकी आँखों में मीनू का साँवला-सलोना चेहरा समा गया था तथा मीनू उसे सुंदर व सुशील लगी। वहीं दूसरी ओर, वह अपने माता-पिता के व्यवहार से भी असंतुष्ट था, क्योंकि उसको ऐसा लग रहा था कि उसके माता-पिता शादी के नाम पर उसे एक धनी लड़की के हाथों बेच रहे हैं।

(iv) कोठी किसकी थी? कोठी का संक्षिप्त विवरण दीजिए।

उत्तर कोठी शहर के एक बहुत बड़े व्यक्ति धनीमल जी की थी। कोठी के बाहर लॉन में मखमल के समान घास बिछी थी तथा बेंत की रंग-बिरंगी सुंदर कुर्सियाँ रखी हुई थीं। रंग-बिरंगे फूलों के गमले उसकी शोभा को और अधिक बढ़ा रहे थे, जिससे वह स्वर्ग के समान प्रतीत होती थी। घर के सभी नौकर खाकी वर्दी में थे। अनेक प्रकार के मिष्टान्न, फल व मेवा उनके सामने रखे गए।

3. निम्नलिखित गद्यांश को पढ़कर उसके नीचे दिए गए प्रश्नों के उत्तर हिंदी में लिखिए

अभी उनकी बातें चल ही रही थीं कि सभी लोगों ने कमरे में प्रवेश किया। इसके बाद खाने-पीने का कार्यक्रम चला। धनीमल जी विशेष आग्रह के साथ सबको खिला-पिला रहे थे। अमित का दिल अंदर

से कुछ भी खाने के लिए नहीं कर रहा था, परंतु उन सबके विशेष आग्रह पर उसे खाना पड़ा।

(i) अमित ने सरिता से किन विषयों पर प्रश्न पूछे थे?

उत्तर अमित ने सरिता से उसकी रुचि, उसकी शिक्षा तथा उसे घर के काम करने आते हैं या नहीं जैसे विषयों पर प्रश्न पूछे थे।

(ii) सभी लोग कहाँ और क्यों एकत्रित हुए थे?

उत्तर मायाराम जी अपनी पत्नी, बेटा अमित तथा बेटी मुध सभी एक साथ धनीमल जी की कोठी में अमित और सरिता के रिश्ते की बात करने के लिए एकत्रित हुए थे।

(iii) अमित क्या सुनकर भौचक्का रह गया?

उत्तर अमित द्वारा प्रश्न पूछे जाने पर सरिता ने निःसंकोच जवाब दिए कि मुझे पेंटिंग व कार ड्राइविंग में विशेष रुचि है। मुझे घर के काम नहीं आते। वैसे भी मुझे घर के कामों में विशेष रुचि नहीं है। यदि शादी हुई, तो मेरे पिताजी शादी के बाद मेरे साथ एक नौकर भेज देंगे। सरिता के ये सभी जवाब सुनकर अमित भौचक्का रह गया।

(iv) अमित भोजन क्यों नहीं करना चाहता था? कारण बताइए।

उत्तर अमित को मीनू रूप-रंग में सरिता से अधिक सुंदर लगी थी तथा सरिता से बातें करने के उपरांत अमित को सरिता का स्वभाव भी पसंद नहीं आया था, जिस कारण उसका हृदय अपने माता-पिता के निर्णय से दुःखी था, इसलिए अमित भोजन नहीं करना चाहता था।

4. **निम्नलिखित गद्यांश को पढ़कर उसके नीचे दिए गए प्रश्नों के उत्तर हिंदी में लिखिए**

पिताजी के मुँह से भी धनीमल जी के द्वारा दिए जाने वाले पाँच लाख रुपये बोल रहे थे, "देखो जी लड़की तो देखने में अच्छी है। क्या बुराई है उसमें, जहाँ तक रंग की बात है, इस दुनिया में दो ही रंग होते हैं—गोरा या काला। शादी तो सभी की होती है।"

(i) गद्यांश में किसके बारे में बातें हो रही हैं?

उत्तर गद्यांश में धनीमल जी की बेटी सरिता के बारे में बातें हो रही हैं, क्योंकि अमित के विवाह के लिए मायाराम जी और उनकी पत्नी ने सरिता को पसंद किया था। सभी परिवार वाले सरिता को देखते हैं, किसी को भी वह पसंद नहीं आई थी, परंतु धन के लालच में वह सुंदर न होते हुए भी परिवार वालों को वह सुंदर लगी।

(ii) वक्ता कौन है और उसने अपनी क्या राय प्रकट की?

उत्तर वक्ता अमित के पिताजी मायाराम हैं। सरिता से मिलने के उपरांत उन्हें उसमें कोई दोष नज़र नहीं आया। उनका मानना था कि दुनिया में केवल दो ही रंग होते हैं और उसके आधार पर किसी के अच्छे या बुरे होने का निर्णय नहीं करना चाहिए, वैसे भी शादी सभी की होती है चाहे काला हो या गोरा।

(iii) माताजी ने अपनी क्या इच्छा प्रकट की और क्यों?

उत्तर सरिता से मिलने के बाद जब मायाराम जी व उनका परिवार घर पहुँचकर सरिता के प्रति अपने-अपने विचार प्रकट कर रहे थे, तब अमित की माताजी कहती हैं कि उन्हें सरिता दिखने में अच्छी लगी थी और केवल उसका रंग गहरा था, जो विवाह के उपरांत निखर जाएगा, इसलिए उन्हें सरिता से अमित का विवाह करवाने पर कोई आपत्ति नहीं है। माताजी के यह विचार केवल धनीराम जी द्वारा विवाह में किए जाने वाले पाँच लाख रुपये के खर्च के बारे में जानने के कारण थे, इसलिए उन्हें सरिता पसंद आई थी।

(iv) सभी अपने-अपने विचार क्यों प्रकट कर रहे थे? अमित के सरिता के प्रति क्या विचार थे?

उत्तर सभी अपने-अपने विचार इसलिए प्रकट कर रहे थे, क्योंकि अमित व सरिता के माता-पिता उनका विवाह करवाना चाहते थे और वे आज ही सरिता को देखकर आए थे, इसलिए वे अपने विचार प्रकट कर रहे थे। अमित को सरिता बिल्कुल भी पसंद नहीं थी। उसे वह न तो संस्कारी मालूम हुई और न ही गुणी, उसकी घर के कार्यों में भी रुचि नहीं थी, जिस कारण वह अमित को पसंद नहीं आई थी।

5. **निम्नलिखित गद्यांश को पढ़कर उसके नीचे दिए गए प्रश्नों के उत्तर हिंदी में लिखिए**

बेटे के ये शब्द सुनकर मायाराम जी को लगा कि बेटे के साथ ज़बरदस्ती की जा रही है। एक बार पिता के नाते उनके हृदय में यह भाव उठा कि बेटे की ज़िंदगी के साथ खिलवाड़ करना उचित नहीं है। अभी इसी भाव में डूबे थे कि दूसरी ओर से उनकी पत्नी ने अपने विचार प्रकट करने शुरू किए।

(i) मायाराम जी के मन में पिता होने के नाते कौन-सा भाव उठा?

उत्तर अमित का सरिता के साथ विवाह करवाने की बात पर उसके द्वारा असंतोष प्रकट करने के कारण मायाराम जी के मन में बेटे की ज़िंदगी के साथ खिलवाड़ न करने का भाव उठा। उन्हें लग रहा था कि कहीं वह अपने बेटे के साथ ज़बरदस्ती तो नहीं कर रहे।

(ii) मायाराम जी की पत्नी ने क्या विचार प्रकट किए और क्यों?

उत्तर अमित के द्वारा सरिता से विवाह करवाने पर असंतोष प्रकट करने के कारण मायाराम जी की पत्नी ने अमित पर कटाक्ष करते हुए कहा कि आजकल की पीढ़ी को थोड़ी आज़ादी देने से उनका दिमाग खराब हो जाता है, जबकि हमारी पीढ़ी में तो लड़के-लड़कियों को एक-दूसरे को दिखाया तक नहीं जाता था।

(iii) बेटे के कौन-से शब्द सुनकर मायाराम जी को लगा कि बेटे के साथ जबरदस्ती हो रही है?

उत्तर अमित जब सरिता को नापसंद करने की बात कहकर और अपने माता-पिता के निर्णय पर असंतोष प्रकट करते हुए कहता है कि जब आपने मेरी शादी धनीमल जी की बेटी से करने की ठान ही ली है, तो कर लीजिए। मुझे तो सरिता बिल्कुल पसंद नहीं है। अमित के यह शब्द सुनकर मायाराम जी को लगा कि बेटे के साथ ज़बरदस्ती हो रही है।

(iv) घर में किसके संबंध में विचार प्रकट किए जा रहे थे और क्यों?

उत्तर घर के सभी सदस्य आज सरिता से मिलकर आए थे, जिस वजह से वह उसके विषय में अपनी पसंद-नापसंद के विचार प्रकट कर रहे थे, क्योंकि इसके उपरांत ही अमित व सरिता का विवाह करवाने का निर्णय लिया जाना था, जहाँ परिवार के सभी सदस्य विवाह के पक्ष में थे, वहीं अमित सरिता से विवाह नहीं करना चाहता था, क्योंकि सरिता उसके अनुकूल गुणी व संस्कारी नहीं थी।

अध्याय 8

सारांश

लड़कियों का हॉस्टल के आँगन में घूमना

कॉलेज में हड़ताल होने के कारण आज सभी की छुट्टी थी, इसलिए सभी लड़कियाँ छात्रावास के आँगन में घूम रही थीं। वहीं बारिश की बूँदें पड़ने के कारण मौसम सुहावना हो गया था, जिस कारण मीनू अपनी सहेलियों के साथ बाहर घूमने जाने की योजना बनाती है।

डाकिए का छात्रावास में प्रवेश

मीनू और उसकी सहेलियाँ बाहर जाने की योजना बना ही रही थीं, तभी छात्रावास में डाकिया प्रवेश करता है और सभी लड़कियाँ उसे घेर लेती हैं। सभी को अपने-अपने पत्रों की प्रतीक्षा थी। लेकिन मीनू दूर ही खड़ी रही, क्योंकि उसका पत्र कल ही आ गया था। सभी लड़कियाँ अपने पत्र की प्रतीक्षा कर रही थीं, कुछ के पत्र आए थे और कुछ के नहीं, जिनके आए थे वे प्रसन्न थीं और जिनके नहीं आए थे वे उदास थीं। मीनू की सहेली माया का भी पत्र नहीं आया था, जिस कारण वह उदास होने के साथ-साथ चिंतित भी थी कि कहीं उसके माता-पिता की तबीयत खराब न हो। माया को उदास देखकर मीनू उसे चुटकुले सुनाकर हँसाने का प्रयास करती है, जिस कारण उसके चेहरे पर हँसी झलक आई थी।

छात्रावास के बाहर की कैंटीन से चाय मँगवाना

मीनू और उसकी सहेलियों ने बाहर जाने की योजना बनाई ही थी कि बारिश तेज़ हो गई, इसलिए उन्होंने छात्रावास की कैंटीन के नौकर को बुलवाकर उससे ही बाहर की कैंटीन से चाय-समोसे मँगवा लिए थे। सभी लड़कियाँ नौकर की प्रतीक्षा कर रही थीं कि एक टैक्सी छात्रावास के बाहर आकर रुकती है, जिसमें से मीनू की घनिष्ठ सहेली नीलिमा उतरती है। नीलिमा के आने से मीनू अत्यधिक प्रसन्नता का अनुभव करती है। उसकी अन्य सहेलियों ने भी नीलिमा का स्वागत किया, जिसे देखकर नीलिमा को अपनत्व का अहसास होता है और वह अत्यधिक प्रसन्न होती है।

नीलिमा द्वारा मीनू को निमंत्रण-पत्र देना

चाय पीने के उपरांत मीनू, नीलिमा को अपने कमरे में ले जाती है, जहाँ नीलिमा उसे अपनी शादी का निमंत्रण-पत्र देती है। निमंत्रण-पत्र देखकर मीनू आश्चर्यचकित हो जाती है और उससे विवाह के बारे में न बताने का कारण पूछती है। नीलिमा उसे विस्मित करने की बात कहते हुए, उससे विवाह में अवश्य आने का आग्रह करती है। मीनू, नीलिमा से कहती है कि वही उसकी सब कुछ है, इसलिए वह विवाह में अवश्य आएगी।

मीनू का सुरेंद्र के विषय में पूछना

मीनू, नीलिमा से लड़के के विषय में प्रश्न पूछती है कि वह क्या करते हैं? कहाँ रहते हैं और दिखने में कैसे हैं? जिस पर नीलिमा उसे धैर्य रखने के लिए कहते हुए उसे बताती है कि उनका नाम सुरेंद्र है, वे मेरठ में रहते हैं, उनकी अपनी फैक्ट्री है और उनके नयन-नक्श भी अच्छे हैं। नीलिमा उसे बताती है कि उसके भैया अशोक डॉक्टर बन गए हैं और दिल्ली में ही कार्य करते हैं।

मीनू का अतीत की यादों में खोना

बातों में मग्न नीलिमा घड़ी की ओर देखते ही शीघ्रतापूर्वक उठकर, घर के लिए देरी होने की बात कहते हुए जाने लगती है। नीलिमा के जाने के बाद मीनू विवाह के निमंत्रण-पत्र को देखकर अतीत की स्मृतियों में खो जाती है। वह सोचती है कई लड़कों ने उसे विवाह के लिए नापसंद किया, जिस वजह से आज वह स्वयं को भाग्यहीन समझने लगी है। वह अत्यधिक भावुक हो उठती है, परंतु स्वयं को सँभालते हुए वह अपनी सहेलियों के साथ बाहर चली जाती है।

शब्दार्थ

***झुण्ड** समूह; **घनिष्ठ** बहुत गहरा; **कल्पना** सोचना; **प्रफुल्लित** बहुत खुश होना; **क्षण** थोड़ा-सा समय; **अतीत** बीता हुआ समय; **स्मृतियाँ** यादें; **अभागन** भाग्यहीन।*

PYQs विगत वर्षों के प्रश्न व महत्त्वपूर्ण प्रश्न

बहुविकल्पीय प्रश्न

1. निमंत्रण पत्र मीनू के हॉस्टल कौन लेकर आया था? **(ICSE Spec Sem I 2021-22)**

(a) सरिता (b) नीलिमा
(c) मधु (d) अशोक

उत्तर (b) नीलिमा

गद्यांश पर आधारित प्रश्न

1. निम्नलिखित अवतरण को पढ़िए और उसके नीचे लिखे प्रश्नों के उत्तर हिंदी में लिखिए।

"वह समझ नहीं पा रही थी कि हमारे समाज में स्त्री और पुरुष में इतना भेद क्यों? यदि कोई लड़का अकेला रहता है, तो समाज उस पर अँगुलियाँ नहीं उठाता।" **(ICSE Spec 2017)**

(i) किसकी बातें सुनकर वक्ता इतनी परेशान है?

उत्तर मीनू पड़ोस की मौसी व पास बैठी महिला की स्त्रियों से संबंधित विचारधारा सुनकर वक्ता (मीनू) परेशान हो जाती है।

(ii) समाज में स्त्री व पुरुष में इतना भेद क्यों है?

उत्तर समाज में स्त्रियों को सदैव हाशिए पर रखा गया है। भारतीय समाज में तो स्त्रियों व पुरुषों की जीवन-शैली ही भिन्न है। पुरुषों के लिए अलग नियम तथा स्त्रियों के लिए अलग नियम बने हुए हैं। जहाँ पुरुष सत्तात्मक समाज होता है, वहाँ स्त्रियों को स्वयं उनके अनुसार जीवन जीने का अधिकार ही नहीं दिया जाता। स्त्रियों के साथ सामाजिक, शारीरिक, मानसिक सभी स्तरों पर भेदभाव विद्यमान हैं, क्योंकि वर्षों से चली आ रही परंपराओं में स्त्रियों को केवल पुरुषों के आश्रय पर ही जीवित रहना पड़ता है, जिसका आज तक पालन किया जा रहा है। इसी कारण स्त्री व पुरुष में इतना भेद माना जाता है।

(iii) लड़की के जीवन में इतनी कठिनाइयाँ क्यों आती हैं?

उत्तर लड़कियों को उनके बचपन से ही सिखाया जाता है कि वह लड़की है, उन्हें अपनी जीवन-शैली पुरुषों के अनुरूप ही व्यतीत करनी है। पुरुष सत्तात्मक समाज कभी नहीं चाहेगा कि उनका प्रभुत्व कभी कम या नष्ट हो, जिसके फलस्वरूप कोई भी स्त्री यदि अपना जीवन स्वतंत्र रूप से व्यतीत करना चाहती भी है, तो यह समाज उसे व्यंग्यात्मक व कटु बातें कहकर उनका जीना दूभर कर देता है। जैसे मीनू के स्वावलंबन पर समाज के द्वारा व्यंग्य किए जाते हैं, इसलिए इस पुरुष प्रधान समाज में लड़की के जीवन में इतनी कठिनाइयाँ आती हैं।

(iv) प्रस्तुत पंक्तियों का भाव स्पष्ट कीजिए।

उत्तर प्रस्तुत पंक्तियों का भाव यह है कि हमारे समाज में स्त्री और पुरुष में प्रत्येक स्तर पर इतना भेद क्यों है कि कोई भी लड़का अपनी इच्छा से जैसे चाहे वैसे रह सकता है, परंतु कोई लड़की यदि अपनी स्वतंत्रता से जीवन जिए तो उस पर तरह-तरह के कटाक्ष व दोषारोपण किए जाने लगते हैं। लेखिका ने पुरुष प्रधान समाज की कुरीतियों व नियमों के विरुद्ध प्रश्न खड़े किए हैं, जिससे स्त्रियों की अस्मिता व स्वावलंबन का प्रश्न पाठकों के समक्ष रखा गया है।

2. निम्नलिखित गद्यांश को पढ़कर उसके नीचे दिए गए प्रश्नों के उत्तर हिंदी में लिखिए

मीनू, माया की परेशानी भली-भाँति समझ रही थी। वह जानती थी कि बाहर हॉस्टल में माता-पिता से अलग रहकर सिर्फ चिट्ठियाँ ही तो एक मात्र सहारा रह जाती हैं। माया को प्रसन्न करने के लिए मीनू ने चुटकुले सुनाने शुरू कर दिए।

(i) डाकिए के आने के उपरांत मीनू अन्य लड़कियों की अपेक्षा निश्चिंत क्यों थी?

उत्तर मीनू के लिए कल ही उसके माता-पिता का पत्र आ गया था, जिस कारण आज उसे किसी के पत्र की प्रतीक्षा नहीं थी, इसलिए आज मीनू डाकिए के आने के उपरांत भी अन्य लड़कियों की अपेक्षा निश्चिंत थी।

(ii) लड़कियाँ हॉस्टल में क्यों घूम रही थीं और उन्होंने क्या योजना बनाई?

उत्तर कॉलेज में हड़ताल होने के कारण कॉलेज की छुट्टी थी, इसलिए लड़कियाँ हॉस्टल में घूम रही थीं। छुट्टी होने और मौसम सुहावना होने के कारण लड़कियों ने हॉस्टल के बाहर वाले कैंटीन में जाकर चाय और समोसे खाने की योजना बनाई थी।

(iii) हॉस्टल में किसको आता देख सभी लड़कियाँ खुश थीं और क्यों?

उत्तर हॉस्टल में डाकिए को आता देखकर सभी लड़कियाँ खुश थीं, क्योंकि हॉस्टल में अपने घर वालों एवं परिजनों से दूर होने के कारण वे केवल चिट्ठियों के द्वारा ही अपने माता-पिता व सगे संबंधियों की कुशल-क्षेम प्राप्त कर व भेज सकती थीं और डाकिया ही इसका एकमात्र माध्यम था, इसलिए उसे आता देख सभी लड़कियाँ खुश थीं।

(iv) माया क्यों परेशान थी? मीनू ने उसके लिए क्या किया?

उत्तर हॉस्टल में डाकिए द्वारा लाए गए पत्रों में अपना पत्र न पाने के कारण माया अपने माता-पिता के स्वास्थ्य के प्रति चिंतित हो उठती है, जिस कारण से वह परेशान हो गई थी। माया को परेशान एवं अपने माता-पिता के बारे में चिंतित देखकर मीनू ने माया को हँसाने की योजना बनाते हुए, उसे चुटकुले सुनाने शुरू कर दिए, जिससे उसके चेहरे पर हँसी झलक आई।

3. निम्नलिखित गद्यांश को पढ़कर उसके नीचे दिए गए प्रश्नों के उत्तर हिंदी में लिखिए

चाय पीने के बाद मीनू, नीलिमा को अपने कमरे में ले गई। कमरे में पहुँचने पर नीलिमा ने अपना पर्स खोलकर एक कार्ड निकाला और मीनू को दिया।

(i) मीनू ने नीलिमा का स्वागत किस प्रकार किया और नीलिमा की उस पर क्या प्रतिक्रिया थी?

उत्तर नीलिमा के आने पर मीनू ने प्रसन्नता से उसे गले लगाकर और चाय-समोसे खिलाकर उसका स्वागत किया। नीलिमा छात्रावास की लड़कियों के आदर भाव से अपनत्व को महसूस कर रही थी, जिस कारण वह अत्यधिक प्रसन्न हुई।

(ii) नीलिमा और मीनू में कैसे संबंध थे?

उत्तर नीलिमा और मीनू के संबंध अत्यधिक मधुर थे। दोनों ही घनिष्ठ सहेलियाँ थीं और अपनी सभी बातें एक-दूसरे को बताया करती थीं।

(iii) नीलिमा ने मीनू को क्या दिया था? मीनू की उस पर क्या प्रतिक्रिया थी?

उत्तर नीलिमा और मीनू बहुत ही घनिष्ठ सहेलियाँ थीं, जिस कारण नीलिमा मीनू के छात्रावास आकर उसे अपने विवाह में आमंत्रित करने के लिए विवाह का निमंत्रण-पत्र देती है। निमंत्रण-पत्र देखकर मीनू आश्चर्यचकित हो जाती है और नीलिमा द्वारा विवाह के बारे में न बताने पर वह अपनी नाराज़गी व्यक्त करती है।

(iv) मीनू ने निमंत्रण-पत्र देखकर नीलिमा से किस विषय में प्रश्न पूछे?

उत्तर मीनू, नीलिमा के विवाह के निमंत्रण-पत्र को देखकर आश्चर्यचकित हो उठती है। मीनू नीलिमा से नाराज़गी प्रकट करते हुए उससे विवाह के बारे में न बताने का कारण पूछती है। साथ ही वह नीलिमा से सुरेंद्र के संबंध में उनके व्यवसाय, उनके रंग-रूप इत्यादि के विषय में भी विभिन्न प्रश्न पूछती है कि वह क्या करते हैं? कहाँ रहते हैं और दिखने में कैसे हैं?

4. निम्नलिखित गद्यांश को पढ़कर उसके नीचे दिए गए प्रश्नों के उत्तर हिंदी में लिखिए

तू ही मेरी एकमात्र सहेली है, जिसको कि मैं अपना सब कुछ समझती हूँ। तुझसे ही मैं अपने दिल की हर बात कह सकती हूँ।

(i) गद्यांश के वक्ता और श्रोता कौन हैं?

उत्तर गद्यांश की वक्ता मीनू तथा श्रोता नीलिमा है। दोनों अत्यधिक घनिष्ठ सहेलियाँ थीं, जिस कारण नीलिमा मीनू से मिलने उसके छात्रावास आ गई थी।

(ii) श्रोता ने वक्ता से क्या आग्रह किया था?

उत्तर श्रोता अर्थात् नीलिमा ने मीनू को विवाह में आने का निमंत्रण देते हुए, उससे विवाह में ज़रूर आने तथा कुछ दिन पहले आने का आग्रह किया था। नीलिमा ने मीनू से शादी में न पहुँचने पर उससे कभी बात न करने की बात भी कही थी।

(iii) श्रोता के आग्रह पर वक्ता ने क्या प्रतिक्रिया दी और क्यों?

उत्तर वक्ता अर्थात् मीनू, नीलिमा के आग्रह पर भावुक हो उठती है और उससे कहती है कि वही उसकी एकमात्र सहेली है, जिसको वह अपना सब कुछ समझती है और उसी से वह अपने दिल की प्रत्येक बात कह सकती है, क्योंकि वे दोनों बहुत घनिष्ठ सहेलियाँ हैं, जिस कारण उनके संबंध अत्यधिक मधुर हैं और उसी का ही परिणाम है कि नीलिमा, मीनू से मिलने उसके छात्रावास में आती है।

(iv) श्रोता, वक्ता से मिलने क्यों आई थी? वे किस विषय पर बातें कर रहे थे?

उत्तर श्रोता अर्थात् नीलिमा, मीनू को अपनी शादी का निमंत्रण-पत्र देने के लिए उसके छात्रावास आई थी। नीलिमा ने मीनू से विवाह में आने का विशेष आग्रह किया था, जिस पर मीनू उसे अपना सब कुछ समझने की बात कहते हुए उससे विवाह में अवश्य पहुँचने का वायदा करती है। मीनू, नीलिमा से लड़के के संबंध में भी अनेक प्रश्न पूछती है, इस प्रकार दोनों आपस में बहुत सारी बातें करती हैं।

5. निम्नलिखित गद्यांश को पढ़कर उसके नीचे दिए गए प्रश्नों के उत्तर हिंदी में लिखिए

तभी नीलिमा एक झटके के साथ खड़ी हो उठी। घड़ी में पाँच बज चुके थे। उसे मेरठ से अपने घर भी वापस आना था। मीनू उसे छोड़ने के लिए बाहर तक आई। चलते-चलते भी नीलिमा उससे वादा कराकर गई थी कि उसे शादी में ज़रूर आना है।

(i) नीलिमा ने मीनू को क्या बताया था?

उत्तर नीलिमा ने मीनू को अपनी शादी की बात बताते हुए उसे शादी में आने का निमंत्रण दिया और यह भी बताया कि उसके अशोक भैया डॉक्टर बन गए हैं और आजकल वह दिल्ली में ही हैं।

(ii) नीलिमा शीघ्रता के साथ क्यों उठ खड़ी हुई?

उत्तर नीलिमा को मेरठ से वापस घर भी आना था और वह लेट हो रही थी, इसलिए वह शीघ्रता के साथ उठ खड़ी हुई।

(iii) नीलिमा, मीनू से किस बात का वादा करवाकर गई थी?

उत्तर मीनू और नीलिमा बहुत ही घनिष्ठ सहेलियाँ थीं। नीलिमा का विवाह तय हो चुका था, जिस कारण वह मीनू को अपने विवाह में आमंत्रित करने के लिए उसके छात्रावास आई थी और उसे निमंत्रण-पत्र देकर आमंत्रित करती है। नीलिमा जब वापस घर के लिए जा रही थी, तो वह मीनू से विवाह में अवश्य आने का वादा करवाकर गई थी कि उसे शादी में ज़रूर आना है।

(iv) नीलिमा के जाने के बाद मीनू की मनोदशा किस प्रकार की थी?

उत्तर नीलिमा के जाने के उपरांत मीनू अपनी अतीत की स्मृतियों को याद करने लगी और विवाह के लिए उसे देखने आए युवकों द्वारा उसे नापसंद करने के विषय में सोचने लगी, जिससे वह अत्यधिक भावुक एवं अत्यंत दुःखी होकर स्वयं को भाग्यहीन समझने लगती है।

अध्याय 9

सारांश

पढ़ाई में मीनू की व्यस्तता तथा स्त्री संबंधी विचार

मीनू बचपन से ही पढ़ाई में होशियार थी और उसे पढ़ने का शौक भी था। वकालत में भी प्रथम श्रेणी प्राप्त करने के लिए वह अपना अधिकतम समय अपनी पढ़ाई में ही व्यतीत करती थी। वर्तमान परिस्थितियों के कारण उसमें विशेष उत्साह था, इसलिए उसने अपने पैरों पर खड़े होकर और कुछ बनकर दिखाने की ठानी हुई थी।

वह हमेशा सोचती थी कि क्या नारी सदैव पुरुष की दासी बनकर ही रहेगी? क्या वह सदा ही माता-पिता के लिए अभिशाप बनी रहेगी? मीनू इन विचारों में व्यस्त थी, तभी उसे ख्याल आया कि उसे तो अपनी सहेली नीलिमा की शादी में मीरापुर जाना है। मीनू एक सुंदर-सी दीवार घड़ी खरीदकर उसे नीलिमा को उपहार स्परूप देने का निर्णय करती है।

मीनू का अपने घर पहुँचना

नीलिमा के विवाह में शामिल होने के लिए मीनू मीरापुर स्टेशन पहुँचती है। स्टेशन से अपने घर पहुँचने के लिए वह रिक्शे की प्रतीक्षा कर रही थी कि उसे वहाँ पर नीलिमा के भैया अशोक मिलते हैं, जो अपनी मौसी को लेने स्टेशन पर आए थे, किंतु मौसी के न आने के कारण वह मीनू से उसे घर तक छोड़ने की बात कहते हैं। रास्ते में वह मीनू से कई प्रकार के प्रश्न पूछते हैं, जिनसे मीनू के प्रति उनका विशेष स्नेह स्पष्टत: दिखाई दे रहा था, लेकिन मीनू अशोक के प्रति कोई प्रतिक्रिया प्रकट नहीं करती। घर पर पहुँचते ही सभी उसका गर्मजोशी के साथ स्वागत करते हैं। आशा और रोहित उसके घर पहुँचते ही उसके गले लगकर अपनी प्रसन्नता प्रकट करते हैं। माँ ने भी उसके आने की खुशी में उसकी पसंद के बेसन के लड्डू बनाए थे।

नीलिमा के घर से मीनू के लिए बुलावा आना

मीनू घर पहुँच कर चाय पी रही थी, तभी नीलिमा के घर से उनका नौकर उसे बुलाने के लिए आ पहुँचता है। मीनू, माँ को नीलिमा के घर जाने की बात कहकर उसके घर के लिए निकल पड़ती है, जहाँ वे दोनों इस प्रकार से गले लगती हैं, जैसे बहुत दिनों के बाद आपस में मिली हों।

नीलिमा और मीनू कमरे में पहुँचती हैं जहाँ मीनू नीलिमा से उसके होने वाले जीजा जी की फोटो दिखाने के लिए कहती है, लेकिन नीलिमा मज़ाक करते हुए कहती है कि वह विवाह के दिन ही उन्हें देख लें। मीनू जब नीलिमा से फोटो दिखाने की ज़िद करती है, तो नीलिमा फोटो दिखाते हुए उससे पूछती है कि वे उसे कैसे लगे? मीनू, सुरेंद्र और नीलिमा दोनों की ही सुंदरता की प्रशंसा करती है। माँ के कहने के उपरांत नीलिमा, मीनू को अपनी शादी की साड़ियाँ व अन्य सामान दिखाने लगती है।

मीनू का देर रात घर पहुँचना

रात के नौ बज चुके थे, मीनू अनुभव करती है कि सुबह आने के उपरांत भी वह अपने माता-पिता से बातें नहीं कर पाई, इसलिए वह नीलिमा से घर जाने की बात कहती है। नीलिमा का भाई अशोक मीनू को छोड़ने उसके घर आता है। जहाँ पर मीनू के पिताजी अत्यधिक रात के कारण उसकी प्रतीक्षा कर रहे थे। मीनू अपनी माँ के कमरे में पहुँचती है, जहाँ वे दोनों देर रात तक बातें करती हैं।

मीनू का नीलिमा के विवाह में जाने के लिए तैयार होना

सुबह उठते ही मीनू को जब माँ चाय देती है, तो वह अत्यधिक प्रसन्न होती है और उसे छात्रावास का स्मरण हो उठता है, जहाँ उसे स्वयं उठकर ही चाय बनानी पड़ती है। स्नान इत्यादि करने के उपरांत मीनू, माँ के हाथ से बने नाश्ते को बड़े ही चाव से खाती है।

मीनू आज अत्यधिक प्रसन्नता का अनुभव कर रही थी, किंतु तभी वह अचानक से अतीत की स्मृतियों का स्मरण कर दु:खी हो उठती है और सोचती है कि काश वह भी नीलिमा जैसी ही रूपवती होती, तभी कुछ शब्द उसके कानों में पड़ते हैं, जो उसकी विचारमग्नता को तोड़ते हैं। वह देखती है, तो उसके सामने नीलिमा के भैया अशोक खड़े थे, जो उसे बुलाने के लिए आए थे। मीनू अपने हरे रंग का सलवार-सूट पहनकर तैयार होती है और स्वयं को शीशे में निहारती है, किंतु जो हीन भावना उसके हृदय में घर कर चुकी थी, उसी कारण वह स्वयं को कभी सुंदर समझ ही नहीं पाई थी। मीनू शीशे के सामने से हटकर माँ से आज्ञा लेते हुए नीलिमा के घर चली गई।

नीलिमा की विचित्र मनोस्थिति

मीनू, नीलिमा के घर पहुँचती है, तो पूरा घर मेहमानों से भरा हुआ था। वह, नीलिमा के कमरे में जैसे ही पहुँची तो नीलिमा उससे लिपटकर रोने लगी, क्योंकि वह जानती थी कि अब वह इस घर के लिए पराई होने वाली है। नीलिमा अपने मेंहदी से रचे हुए हाथ मीनू को दिखाती है, जिस पर मीनू उसकी मेंहदी की प्रशंसा करते हुए कहती है कि उसका पति उसे अत्यधिक प्रेम करेगा, तभी मीनू को स्मरण होता है कि वह नीलिमा के लिए उपहार स्वरूप खरीदी गई घड़ी घर पर ही भूल आई है, वह तुरंत घर जाकर उपहार लाती है और नीलिमा को भेंट स्वरूप प्रदान करती है। उसी समय नीलिमा की माता जी कमरे में प्रवेश करती हैं और नीलिमा से कहती हैं कि कुछ रस्में पूरी करनी हैं। अत: तुम कमरे से बाहर आ जाओ।

नीलिमा व मीनू दोनों बाहर आती हैं, तभी एक बच्चा बताता है कि बारात आ गई है, जिसे सुनकर नीलिमा के हृदय की गति और अधिक बढ़ जाती है, जहाँ एक ओर वह जीवनसाथी के मिलने से खुशी की अनुभूति कर रही थी, वहीं दूसरी ओर अपने घर से बिछुड़ने की कल्पना करने मात्र से ही उसके चेहरे पर उदासी छा गई थी और वह सुख एवं दु:ख की अनुभूति एक साथ करने लगती है।

बारात का घर पहुँचना

सभी रस्में पूरी होने के उपरांत मीनू अपने घर पहुँचकर तैयार होना आरंभ करती है। एक गुलाबी रंग की साड़ी पहनने एवं थोड़ा-सा मेकअप करने के उपरांत वह अत्यधिक सुंदर लगने लगी थी और उसकी माँ उसकी प्रशंसा करती है। प्रशंसा सुनकर वह आत्मविभोर होती हुई प्रसन्नता से झूम उठती है।

नीलिमा अपने कमरे में तैयार हो रही थी। सभी औरतें उसे देखने के लिए उत्सुक थीं। तैयार होने के उपरांत वह एक परी के समान प्रतीत हो रही थी। बैंड की ध्वनि जितनी स्पष्ट होती जाती, नीलिमा की धड़कन उतनी ही तीव्र गति से बढ़ने लगती और अब बारात भी घर के पास आ गई थी, दूसरी ओर सभी मेहमान बारात और दूल्हे को देखने के लिए बेचैन हो रहे थे। बारात के घर पहुँचने पर सभी दूल्हे की प्रशंसा करते हैं।

मीनू का उदास होना

जयमाला की रस्म होने के बाद मीनू अपनी मधुर आवाज़ में गीत गाती है, सभी उसकी आवाज़ की प्रशंसा करते हैं। उसी वक्त एक नवयुवक भी उसके गीत की प्रशंसा करता है, जैसे ही वह ऊपर देखती है, तो पाती है कि यह वही लड़का अमित है, जिसके परिवार वालों ने दहेज के लिए उसका रिश्ता अस्वीकार किया था। अमित की प्रशंसा से मीनू और अधिक व्यथा का अनुभव करती है और बिना बात किए अंदर चली जाती है। इस घटना से उसकी अतीत की स्मृतियाँ एक बार फिर ताज़ा हो गई थीं।

अमित भी अनुभव करता है कि उसके परिवार द्वारा किए गए कुकृत्य की वजह से वह उससे नाराज़ है। मीनू जब घर पहुँचती है, तो माँ उसका उदास चेहरा देख अंदाजा लगाती है कि इसके साथ कोई अप्रिय घटना अवश्य घटी है। माँ के मस्तिष्क में विभिन्न प्रकार के विचार आने लगते हैं, परंतु वे कुछ भी समझने में असमर्थ रहती हैं।

वहीं, दूसरी ओर मीनू अमित के बारे में सोचती है कि जिस दिन वह उसे देखने आया था, उस दिन कितने अच्छे ढंग से बात कर रहा था, लेकिन चंद पैसों की खातिर उसने रिश्ते को अस्वीकार कर दिया। वह सोचती है कि उसमें इतनी हिम्मत भी नहीं थी कि वह अपने माता-पिता का विरोध कर पाता। इस प्रकार के कई प्रश्न उसके मस्तिष्क में घूमने लगे, लेकिन उनके उत्तर पाने में वह असमर्थ रहती है।

मीनू का कॉलेज के लिए लौटना

मीनू के घर चले जाने के बाद नीलिमा उसे ढूँढ़ती है, वह अपने भैया अशोक से भी उसके बारे में पूछती है, किंतु काम में व्यस्तता की बातें कहकर वे मीनू के बारे में पता न होने की बात कहते हैं। विदाई के समय नीलिमा, मीनू के न मिलने से दु:खी होती है। रातभर अमित के बारे में सोचने पर मीनू सुबह लेट उठती है, तो देखती है कि विदाई का समय हो गया है। मीनू के वहाँ पहुँचते ही नीलिमा उससे लिपटकर रो पड़ती है। मीनू घर आकर अपना सारा सामान बाँधती है और मेरठ जाने की तैयारी करने लगती है। माँ उसे रुकने के लिए कहती हैं, तो वह शादी में आने को मजबूरी बताते हुए कॉलेज के लिए निकल जाती है।

शब्दार्थ

व्यतीत *समय बिताना;* **तल्लीन** *एकाग्र होना, ध्यान-मग्न;* **साक्षात्** *सामने से;* **प्रशंसा** *तारीफ करना;* **आभास** *किसी बात को महसूस करना;* **आग्रहपूर्वक** *हठ के साथ, जोर देकर कहना;* **नि:स्वार्थ** *बिना किसी लालच के;* **निश्छल** *बिना किसी छल-कपट के;* **सलोना** *सुंदर;* **हीन भावना** *स्वयं को दूसरों से कमतर मानते हुए तनाव ग्रसित होना;* **दर्पण** *आईना, शीशा;* **पुलकित** *रोमांचित;* **प्रयास** *कोशिश;* **सांत्वना** *ढाँढ़स;* **उमंग** *उत्साह;* **प्रस्तुत** *पेश करना;* **आश्चर्यचकित** *हैरानी;* **द्वेष** *घृणा;* **अकुला** *दु:खी;* **मस्तिष्क** *दिमाग।*

PYQs विगत वर्षों के प्रश्न व महत्त्वपूर्ण प्रश्न

बहुविकल्पीय प्रश्न

1. मीनू ने नीलिमा को उपहार में क्या दिया? **(ICSE Spec Sem I 2021-22)**

(a) किताब (b) साड़ी (c) दीवार घड़ी (d) झुमके

उत्तर (c) दीवार घड़ी

2. मीनू के मधुर गीत की प्रशंसा किसने की? **(ICSE Spec Sem I 2021-22)**

(a) अशोक ने (b) सरिता ने (c) मधु ने (d) अमित ने

उत्तर (d) अमित ने

गद्यांश पर आधारित प्रश्न

1. निम्नलिखित अवतरण को पढ़िए और उसके नीचे लिखे प्रश्नों के उत्तर हिंदी में लिखिए। **(ICSE 2023)**

उसके हृदय में तूफान उठता कि वह एक लड़की जरूर है, परन्तु उसके अंदर हिम्मत तथा साहस है। मीनू अभी अपनी पढ़ाई में तल्लीन थी कि अचानक उसे ख्याल आया कि परसो उसे नीलिमा की शादी में जाना है।

(i) मीनू बचपन से पढ़ाई में कैसी थी? अभी वह कौन-सी पढ़ाई कर रही थी?

उत्तर मीनू बचपन से ही पढ़ाई में होशियार थी उसे पढ़ने का बहुत शौक था। अभी वह वकालत की पढ़ाई कर रही थी। जिसमें प्रथम श्रेणी प्राप्त करने के लिए वह अपना अधिकतम समय अपनी पढ़ाई में ही व्यतीत करती थी।

(ii) मीनू ने नीलिमा की शादी में कितने दिन पहले जाने का निश्चय किया? तथा विवाहोपलक्ष्य में उसे भेंट देने के लिए मीनू ने क्या खरीदा?

उत्तर मीनू ने नीलिमा की शादी में एक दिन पहले जाने का निश्चय किया, क्योंकि वह अपनी पढ़ाई नहीं छोड़ सकती थी तथा विवाहोपलक्ष्य मे उसे भेंट देने के लिए मीनू ने घड़ी खरीदी थी।

(iii) नीलिमा कौन थी? उसकी शादी कहाँ हो रही थी? मीनू के पूछने पर उसने अपने होने वाले पति के बारे में क्या-क्या बताया?

उत्तर नीलिमा और मीनू बहुत ही घनिष्ठ सहेलियाँ थीं। नीलिमा स्वभाव से बहुत अच्छी और समझदार लड़की थी। उसकी शादी मेरठ में हो रही थी। मीनू के पूछने पर उसने अपने होने वाले पति के बारे में यह बताया कि उनका नाम सुरेंद्र है एवं वे देखने में भी अच्छे हैं तथा मेरठ में रहते हैं और उनकी अपनी फैक्ट्री है।

(iv) नीलिमा के विवाह में मीनू द्वारा गाए गए मधुर गीत की प्रशंसा करने वाला नवयुवक कौन था? उसके मुँह से अपनी प्रशंसा सुनकर मीनू प्रसन्न क्यों नहीं हुई?

उत्तर नीलिमा के विवाह में मीनू द्वारा गाए गए मधुर गीत की प्रशंसा करने वाला नवयुवक अमित था। अमित को देखकर उसे याद आ जाता है कि इनके परिवार वालों ने दहेज के लिए उसका रिश्ता अस्वीकार किया था। उसकी अतीत की स्मृतियाँ एक बार फिर ताजा हो गई इसलिए वह अमित के मुँह से अपनी प्रशंसा सुनकर प्रसन्न नहीं हुई।

2. निम्नलिखित गद्यांश को पढ़कर उसके नीचे दिए गए प्रश्नों के उत्तर हिंदी में लिखिए

हमारे भारतीय समाज में क्या नारी सदैव पुरुषों की दासी बनकर ही रहेगी? क्या हर लड़की अपने माता-पिता के लिए अभिशाप बनकर रह जाएगी? क्या लड़की को यह भी अधिकार नहीं है कि वह अपना जीवन अपने ढंग से व्यतीत कर सके? ऐसे अनेक प्रश्न मीनू के मस्तिष्क में उठते। उसके हृदय में तूफ़ान उठता कि वह एक लड़की ज़रूर है, परंतु उसके अंदर इतनी हिम्मत, इतना साहस अवश्य है कि वह भी कुछ बन सके।

(i) मीनू के अनुसार भारतीय समाज में नारी की स्थिति कैसी है?

उत्तर मीनू के अनुसार, भारतीय समाज में नारी की स्थिति अत्यंत दयनीय है। उसे सदा ही पुरुष की दासी और माता-पिता पर अभिशाप समझा जाता है तथा उसे इतना अधिकार भी नहीं दिया जाता कि वह अपना जीवन अपनी इच्छानुसार व्यतीत कर सके।

(ii) मीनू अन्य लड़कियों से किस प्रकार अलग है?

उत्तर मीनू साहसी, दृढ़ निश्चयी, अन्याय के विरुद्ध आवाज़ उठाने वाली एवं हिम्मती लड़की थी, क्योंकि मीनू को विवाह के लिए बार-बार लड़के वालों द्वारा नापसंद करने पर वह सहनशील व धैर्य और संयम से काम लेती है। वह अपने जीवन के लिए एक नया रास्ता चुनती है, जो उसको अन्य लड़कियों से भिन्न बनाता है।

(iii) "क्या लड़की को यह अधिकार भी नहीं कि वह अपना जीवन अपने ढंग से व्यतीत कर सके?" पंक्ति का आशय स्पष्ट कीजिए।

उत्तर उपरोक्त पंक्ति समाज में महिलाओं की दयनीय स्थिति को रेखांकित करती है। समाज में पुरुष सदैव ही महिलाओं पर अपना अधिकार तथा उनको अपनी उपभोग की वस्तु समझते आए हैं। हमारे पुरुष सत्तात्मक समाज में आज भी स्त्रियों को पुरुष अपने अनुकूल बनाना चाहते हैं। कहने भर के लिए ही महिलाओं के अधिकारों की चर्चा होती है, न अन्यथा व्यावहारिक रू प में तो उनका स्वरू प गौण ही है। महिलाओं को समाज की रूढ़ियों में बाँधकर उनको स्वयं की इच्छानुसार जीवन जीने का अधिकार तक नहीं देते।

(iv) मीनू कौन है? गद्यांश के आधार पर उसकी विशेषताएँ बताइए।

उत्तर मीनू उपन्यास की नायिका है। वह एक बुद्धिमान व संस्कारी लड़की है, जो परीक्षा में सदैव ही प्रथम श्रेणी से उत्तीर्ण होती है। मीनू समाज की रूढ़ियों के विरुद्ध खड़ी होने वाली नवयुवती है।

अपने इसी स्वभाव के कारण ही रिश्ता टूटने के उपरांत वह विवाह करने से मना करते हुए पढ़ने के लिए मेरठ पहुँचती है। उसमें आत्मविश्वास कूट-कूटकर भरा हुआ है, उसी का परिणाम है वह कुछ बनकर दिखाने एवं अपने पैरों पर खड़ी होने की इच्छा रखती है। इस प्रकार मीनू एक साहसी, परिश्रमी, दृढ़ निश्चयी, आत्मविश्वासी इत्यादि गुणों से परिपूर्ण है।

3. निम्नलिखित गद्यांश को पढ़कर उसके नीचे दिए गए प्रश्नों के उत्तर हिंदी में लिखिए

अभी उसने चाय पी ही थी कि नीलिमा ने अपने नौकर को बुलाने के लिए भेज दिया। मीनू का मन था कि वह उड़कर नीलिमा के पास पहुँच जाए। अपने पिताजी तथा माँ की आज्ञा लेकर वह नीलिमा के घर पहुँच गई। मीनू के आते ही नीलिमा ने उसे गले लगा लिया। ऐसा लग रहा था कि मानो दोनों सहेलियाँ एक लंबे समय के बाद मिल रही हों।

(i) माँ ने मीनू के लिए क्या बनाया था और क्यों?

उत्तर मीनू को बेसन के लड्डू अत्यधिक पसंद थे, इसलिए माँ ने उसके लिए बेसन के लड्डू बनाए थे, क्योंकि मीनू छात्रावास जाने के उपरांत पहली बार घर आई थी, इसलिए माँ ने उसकी पसंद की चीज़ बनाई थी।

(ii) नीलिमा ने किसको और कहाँ भेजा था?

उत्तर नीलिमा को जैसे ही पता चला कि मीनू मेरठ आ गई है, उसने अपने नौकर को मीनू को बुलवाने के लिए उसके घर भेज दिया था।

(iii) मीनू को किसके घर पहुँचने की आतुरता थी और क्यों?

उत्तर मीनू को नीलिमा के घर पहुँचने की आतुरता थी, क्योंकि नीलिमा और मीनू अत्यधिक घनिष्ठ सहेलियाँ थीं और नीलिमा का विवाह होने वाला था। मीनू, नीलिमा के विवाह में शामिल होने के लिए ही कॉलेज से छुट्टियाँ लेकर मीरापुर आई थी, ताकि वह उससे बातें कर सके, इसलिए मीनू को नीलिमा के घर पहुँचने की आतुरता थी।

(iv) लेखिका ने क्यों कहा कि मानो दोनों सहेलियाँ एक लंबे समय के बाद मिल रही हों?

उत्तर लेखिका ने यह इसलिए कहा, क्योंकि मीनू को नीलिमा के घर पहुँचने की अत्यधिक आतुरता थी और जब मीनू नीलिमा के घर पहुँची, तो दोनों ने ही अपनी-अपनी प्रसन्नता प्रकट करते हुए एक-दूसरे को गले लगा लिया था। उनकी आपस में मिलने की आतुरता को देखकर ही लेखिका ने कहा कि ऐसा लग रहा था कि मानो दोनों सहेलियाँ लंबे समय के बाद मिली हों।

4. निम्नलिखित गद्यांश को पढ़कर उसके नीचे दिए गए प्रश्नों के उत्तर हिंदी में लिखिए

सड़क पर घोर अंधकार था। शायद सड़क पर लगी बिजली की ट्यूबें खराब हो गई थीं। अंधकार में मीनू अशोक के पीछे-पीछे चलने लगी, मीनू का पैर एक पत्थर पर पड़ने से उसका संतुलन बिगड़ गया तभी उसने अपने को सँभाला, दो कदम पर उसका घर था।

(i) मीनू कहाँ से आ रही थी?

उत्तर मीनू, नीलिमा के घर से आ रही थी, जहाँ पर नीलिमा के विवाह की तैयारी हो रही थी, जिस कारण मीनू नीलिमा से मिलने उसके घर गई हुई थी।

(ii) मीनू को क्या आभास हुआ और उसने क्या किया?

उत्तर मेरठ से मीरापुर पहुँचने के उपरांत मीनू शीघ्र ही नीलिमा के घर पहुँच गई थी और अपने माता-पिता के साथ थोड़ा समय भी व्यतीत नहीं कर पाई थी, इसी बात का आभास मीनू को नीलिमा के घर पर हुआ था और वह नीलिमा को घर पर माता-पिता की प्रतीक्षा करने की बात कहकर घर के लिए लौट आई।

(iii) मीनू को छोड़ने कौन आया था? उसका संक्षिप्त परिचय दीजिए।

उत्तर मीनू को छोड़ने के लिए अशोक आया था। अशोक, नीलिमा के भैया थे। वे पेशे से डॉक्टर थे, जो दिल्ली के ही एक अस्पताल में कार्यरत थे। अशोक के हृदय में मीनू के लिए विशेष स्थान था अर्थात् वह मीनू को पसंद करते थे। वे मीनू को छोड़ने इसलिए आए थे, क्योंकि नीलिमा का विवाह होने वाला था और इसलिए वह मीनू को अपनी साड़ियाँ एवं अन्य सामान दिखा रही थी, जिस कारण मीनू को उसके घर पर अत्यधिक देर हो गई थी, इसलिए वे मीनू को छोड़ने उसके घर आए थे।

(iv) मीनू के देरी से आने का कारण बताते हुए बाहरी परिवेश का वर्णन कीजिए।

उत्तर मीनू अपनी प्रिय सखी नीलिमा के घर गई हुई थी जहाँ दोनों ही आपस में खूब बातें कर रही थीं। नीलिमा ने मीनू को सुरेंद्र का फोटो और विवाह के लिए खरीदी गई साड़ियाँ दिखाईं, जिस कारण मीनू को घर के लिए देर हो गई। बाहर पूरी तरह अंधकार छाया हुआ था। रात्रि के नौ बज चुके थे और सड़कों पर लगी हुई बिजली की ट्यूबें भी खराब थीं, जिस कारण कुछ भी देखने देने में कठिनाई हो रही थी।

5. निम्नलिखित गद्यांश को पढ़कर उसके नीचे दिए गए प्रश्नों के उत्तर हिंदी में लिखिए

शीशे के सामने खड़ी होकर मीनू ने सुंदर ढंग से अपने केश सँवारे। इससे उसका रूप और सलोना हो उठा। गेहुँआ रंग होने पर भी उसके तीखे नाक-नक्श उसकी सुंदरता में चार चाँद लगा रहे थे, परंतु मीनू के हृदय में जो हीन भावना घर कर गई थी, उसके कारण वह कभी अपने को सुंदर समझ ही न सकी।

(i) मीनू कहाँ जाने के लिए तैयार हो रही थी?

उत्तर मीनू की सहेली नीलिमा का आज विवाह था और उसका भाई अशोक भी मीनू को बुलाने उसके घर आ गया था, जिस कारण मीनू बड़ी ही शीघ्रता से उसके घर जाने के लिए तैयार हो रही थी।

(ii) "रूप और सलोना हो उठा" पंक्ति का अर्थ बताते हुए इसका संदर्भ स्पष्ट कीजिए।

उत्तर प्रस्तुत पंक्ति का अर्थ है–अत्यधिक सुंदर दिखना। मीनू जब नीलिमा के घर जाने के लिए तैयार होते हुए अपने केश सँवारती है, तो उसका रंग गेहुँआ होने के उपरांत भी वह अत्यधिक सुंदर दिखाई दे रही थी।

(iii) मीनू में हीनभावना क्यों घर कर गई थी? उसका उस पर क्या असर पड़ा?

उत्तर मीनू एक गुणवती, शिक्षित व समझदार लड़की थी, किंतु दहेज के कारण उसके कई बार रिश्ते टूट गए थे। जिस कारण उसे यह अनुभव होने लगा था कि वह सुंदर नहीं है जिससे उसके रिश्ते टूट रहे हैं, इसलिए उसमें हीनभावना घर कर गई थी। इसी हीनभावना से ग्रसित होकर वह स्वयं को कभी सुंदर समझ ही न पाई।

(iv) तैयार होने के उपरांत मीनू ने क्या अनुभव किया और माताजी की इस पर क्या प्रतिक्रिया थी?

उत्तर नीलिमा के घर जाने के लिए मीनू ने हरे रंग का सलवार-सूट पहना था और बहुत ही सुंदर ढंग से अपने केशों को सँवारा था, जिस कारण उसका साँवला-सलोना रू प और भी निखर गया था। इस प्रकार सजी-सँवरी होने के उपरांत जब मीनू ने स्वयं को दर्पण में भली-भाँति निहारा तो उसे अनुभव हुआ कि वह बदसूरत नहीं है। बेटी को इस तरह से सजा हुआ देखकर उसकी माताजी को भी बेहद अच्छा लग रहा था।

अध्याय 10

सारांश

मीनू का वापस कॉलेज पहुँचना

नीलिमा की विदाई करवाने के उपरांत मीनू ने अपना सामान बाँधा और वापस कॉलेज के लिए निकल गई । कॉलेज पहुँचने पर मीनू को पता चलता है कि कॉलेज का वार्षिकोत्सव मनाया जाने वाला है और कॉलेज में विभिन्न प्रकार के सामूहिक नृत्य, गीत व नाटक इत्यादि कार्यक्रमों की तैयारियाँ चल रही हैं। माया व अन्य लड़कियाँ मीनू से वार्षिकोत्सव में कत्थक नृत्य प्रस्तुत करने के लिए कहती हैं, कत्थक सीखे होने का ज़िक्र उसने एक बार माया से किया था।

मीनू ने अपने विद्यालयों एवं महाविद्यालयों में कई बार कत्थक नृत्य की प्रस्तुति दी थी और पुरस्कार भी प्राप्त किए थे। सभी के आग्रह करने पर वह मना न कर सकी। यात्रा में हुई थकान को दूर करने के लिए वह अपने कमरे में चली गई और पलंग पर लेटे-लेटे बचपन के बारे में सोचने लगी।

मीनू द्वारा बचपन को याद करना

मीनू बचपन की यादों को याद करती हुई सोचती है कि कस्बे में जब एक कत्थक सिखाने का स्कूल खुला था, तो वही वहाँ पर सबसे पहले पहुँची थी। अपनी लगन और परिश्रम से उसने दो वर्षों में ही नृत्य में निपुणता प्राप्त कर ली थी। उसने अपने विद्यालय के वार्षिकोत्सव में भी कत्थक नृत्य प्रस्तुत किया था। अपनी माँ की सुनहरी साड़ी पहनकर जब वह नृत्य के लिए तैयार हुई, तो वह उत्साह और उमंग से भरी हुई थी। उसके नृत्य को देखकर सभी मोहित हो उठे और मुख्य अतिथि ने भी पुरस्कार देते हुए उसकी प्रशंसा की। घर पहुँचने पर मीनू ने अपनी माँ को पुरस्कार दिखाया था और उनके गले लग गई थी।

कॉलेज वार्षिकोत्सव के लिए कत्थक का अभ्यास करना

मीनू अपनी यादों में खोई हुई थी, तभी माया कमरे में प्रवेश करती है और नीलिमा की शादी के बारे में पूछती है। दोनों कुछ देर तक बातें करती हैं, उसके बाद मीनू अपनी पढ़ाई के लिए बैठ जाती है। कॉलेज वार्षिकोत्सव में दस दिन शेष थे, इस बात को ध्यान में रखकर मीनू कत्थक नृत्य का अभ्यास करने का निर्णय करती है। वह निश्चय करती है कि वह कॉलेज में ही नृत्य का अभ्यास करेगी।

मीनू को टेलीग्राम मिलना

मीनू नृत्य का अभ्यास कर रही थी, तभी चपरासी आकर बताता है कि उसका टेलीग्राम आया है, जिसको सुनते ही वह घबरा जाती है। टेलीग्राम से उसे पता चलता है कि उसके पिताजी बीमार हैं। पिताजी के बीमार होने की ख़बर सुनते ही मीनू व्याकुल हो उठती है और छात्रावास पहुँचकर घर जाने की तैयारी करने लगती है। मीनू को उदास व सामान बाँधते हुए देखकर माया उसके उदास होने का कारण पूछती है। मीनू , माया को पिताजी के बीमार होने के विषय में बताती है। अँधेरा होने की वजह से माया उसे सुबह जाने के लिए कहती है। मीनू जब बाहर झाँकती है, तो बाहर अत्यधिक अँधेरा होने के कारण वह सुबह जाने का निश्चय करती हुई पलंग पर लेट जाती है। व्याकुल और बेचैन मीनू के लिए रात गुज़ारना बड़ा ही कष्टपूर्ण था। वह तो केवल सुबह की प्रतीक्षा कर रही थी।

शब्दार्थ

कुशलतापूर्वक *दक्षता के साथ;* **ध्येय** *लक्ष्य;* **अभ्यास** *एक ही कार्य को बार-बार दोहराना;* **मुखरित** *प्रदर्शित हो जाना;* **निरंतर** *लगातार;* **मुद्रा** *भंगिमा;* **निहारना** *देखना;* **थिरकन** *नाचते समय पैरों को तेज़ी से चलाना;* **नाज़ुक** *कोमल;* **टेलीग्राम** *तार अर्थात् संदेश को अतिशीघ्र भेजने का माध्यम;* **परतंत्र** *गुलाम।*

PYQs विगत वर्षों के प्रश्न व महत्त्वपूर्ण प्रश्न

बहुविकल्पीय प्रश्न

1. मीनू को किस नृत्य में निपुणता मिली थी? **(ICSE Spec Sem I 2021-22)**

(a) भरतनाट्यम (b) कुचिपड़ी
(c) कत्थक (d) लावणी

उत्तर (c) कत्थक

2. टेलीग्राम में क्या संदेश था? **(ICSE Spec Sem I 2021-22)**

(a) माताजी बीमार हैं
(b) पिताजी बीमार हैं
(c) नीलिमा बीमार हैं
(d) आशा की शादी तय हो गई

उत्तर (b) पिताजी बीमार हैं

गद्यांश पर आधारित प्रश्न

1. निम्नलिखित गद्यांश को पढ़कर उसके नीचे दिए गए प्रश्नों के उत्तर हिंदी में लिखिए

यद्यपि वह अब इन सब बातों में विशेष रुचि नहीं रखती थी। इस समय उसके सामने एक ध्येय था, एक मंजिल थी, जिस पर पहुँचने के लिए उसे विशेष परिश्रम की आवश्यकता थी और फिर अब नीलिमा की शादी में भी उसके तीन दिन बेकार हो गए थे।

(i) कॉलेज पहुँचने पर मीनू ने क्या दृश्य देखा?

उत्तर छात्रावास पहुँचने पर मीनू को ज्ञात हुआ कि कॉलेज का वार्षिकोत्सव मनाया जाना है और छात्रावास की लगभग सभी लड़कियाँ वार्षिकोत्सव में होने वाले विभिन्न कार्यक्रमों में भाग ले रही थीं, जिस कारण छात्रावास में अत्यधिक चहल-पहल का दृश्य था।

(ii) मीनू अब किन बातों में विशेष रुचि नहीं रखती थी?

उत्तर मीनू ने बचपन में कत्थक नृत्य सीखा था और एक अच्छी नृत्यांगना होने के कारण कई पुरस्कार भी जीते थे, किंतु वकालत की पढ़ाई करने के कारण अब उसकी रुचि नृत्य, गीत, नाटक इत्यादि में कम हो गई थी।

(iii) गद्यांश में मीनू की किन विशेषताओं को रेखांकित करता है?

उत्तर गद्यांश से मीनू की निम्न विशेषताओं का पता चलता है; जैसे–वह एक कुशल नृत्यांगना, समय के महत्त्व को समझने वाली व अपने लक्ष्य की ओर दृढ़ निश्चयी होकर बढ़ने वाली युवती है। वह हमेशा प्रथम आती है, जिससे पता चलता है कि वह पढ़ाई में बहुत होशियार है।

(iv) मीनू का ध्येय क्या था और क्यों?

उत्तर मीनू का एकमात्र लक्ष्य वकालत प्रथम श्रेणी से उत्तीर्ण कर स्वयं को स्थापित करते हुए कुछ बनकर दिखाने का था, क्योंकि समाज में व्याप्त कुरीतियों के कारण नारी की स्थिति अत्यधिक दयनीय थी और बेटियों को माता-पिता पर अभिशाप समझा जाता था। मीनू अपने दम पर वकील बनकर समाज की इस धारणा को बदलना चाहती थी।

2. निम्नलिखित गद्यांश को पढ़कर उसके नीचे दिए गए प्रश्नों के उत्तर हिंदी में लिखिए

नृत्य करते समय उसके पैरों की ताल व हाथों की थिरकन विशेष देखने योग्य थी। अपने नाज़ुक बदन को वह हर दिशा में आसानी से मोड़ लेती थी। उसका नृत्य समाप्त होने पर पूरा हॉल तालियों की गड़गड़ाहट से गूँज उठा था। प्रत्येक उसके नृत्य की प्रशंसा कर रहा था।

(i) मीनू ने नृत्य कहाँ से सीखा था?

उत्तर मीनू ने अपने ही कस्बे मीरापुर से कत्थक नृत्य सीखा था। वह अपने कत्थक विद्यालय की प्रथम विद्यार्थी थी। उसने अपनी लगन और परिश्रम से दो वर्षों में ही नृत्य में दक्षता प्राप्त कर ली थी।

(ii) विद्यालय के वार्षिकोत्सव के लिए मीनू ने क्या-क्या तैयारियाँ की थीं?

उत्तर विद्यालय के वार्षिकोत्सव के लिए मीनू ने कई दिनों तक कत्थक नृत्य का अभ्यास किया और अपनी माँ की हरे रंग की जरी की सुनहरी साड़ी पहनकर, सज-सँवर कर वार्षिकोत्सव में नृत्य प्रस्तुत किया था।

(iii) मीनू ने कौन-सा नृत्य किया था? दर्शकों ने उसके नृत्य पर कैसी प्रतिक्रियाएँ दीं?

उत्तर मीनू ने विद्यालय के वार्षिकोत्सव पर कत्थक नृत्य प्रस्तुत किया था। दर्शक मीनू द्वारा कुशलतापूर्वक एवं निपुणता से किए गए नृत्य पर मंत्रमुग्ध हो उठे और पूरा हॉल उनकी तालियों की गड़गड़ाहट से गूँज उठा था। मुख्य अतिथि ने भी पुरस्कार देते हुए उसकी प्रशंसा की। इस प्रकार, दर्शकों की ओर से मिले सकारात्मक दृष्टिकोण ने मीनू का उत्साह और अधिक बढ़ा दिया।

(iv) नृत्य की समाप्ति पर मीनू की मन:स्थिति कैसी थी? कोई दो कारण बताते हुए स्पष्ट कीजिए।

उत्तर नृत्य की समाप्ति पर मीनू अत्यधिक प्रसन्न एवं उत्साहित नज़र आ रही थी। मीनू की प्रसन्नता का एक कारण दर्शकों एवं मुख्य अतिथि द्वारा उसके नृत्य की प्रशंसा करना था, वहीं दूसरी ओर उसकी अध्यापिका ने मुख्य अतिथि से उसकी प्रशंसा करते हुए उसके सदैव पढ़ाई में प्रथम आने और प्रत्येक कार्य में कुशल होने की बात कही थी। अध्यापिका के मुख से अपनी प्रशंसा सुनकर मीनू का हृदय प्रसन्नता से झूम उठा।

3. निम्नलिखित गद्यांश को पढ़कर उसके नीचे दिए गए प्रश्नों के उत्तर हिंदी में लिखिए

काश, उसके पंख होते तो वह उड़कर अपने घर पहुँच जाती। इस समय उसकी दशा पिंजरे में बंद एक पक्षी की तरह थी। उसके हृदय में उड़ जाने के लिए छटपटाहट-सी थी। एक परतंत्र पक्षी के समान अपनी स्थिति जानकर उसकी आँखों में आँसू छलक आए।

(i) मीनू को अपने पिताजी के बारे में किस प्रकार और क्या मालूम हुआ?

उत्तर मीनू कॉलेज के वार्षिकोत्सव के लिए नृत्य का अभ्यास कर रही थी, तभी चपरासी मीनू को उसका टेलीग्राम देता है, जिसे पढ़ कर उसे अपने पिताजी के बीमार होने की ख़बर मालूम हुई।

(ii) मीनू को घर पहुँचने की जल्दी क्यों थी?

उत्तर मीनू कुछ दिनों पहले ही घर में सभी से मिलकर आई थी और वह जानती थी कि अगर पिताजी की तबीयत अत्यधिक खराब न होती, तो उसे टेलीग्राम भेजकर घर न बुलाया जाता, इसलिए उसे घर जाने की ज्यादा जल्दी थी।

(iii) मीनू की तुलना पिंजरे में बंद एक पक्षी से क्यों की गई?

उत्तर जिस प्रकार एक पक्षी पिंजरे में बंद होने के उपरांत चाहकर भी परिस्थितिवश उससे बाहर नहीं निकल पाता, उसी प्रकार बाहर अँधेरा होने और रास्ता खराब होने के कारण मीनू के समक्ष ऐसी परिस्थिति निर्मित होती है कि वह चाहकर भी घर नहीं जा पाती, इसलिए मीनू की तुलना पिंजरे में बंद पक्षी से की गई।

(iv) छात्रावास में रुकने पर मीनू की मनोदशा का वर्णन कीजिए।

उत्तर पिताजी की तबीयत खराब होने के कारण मीनू घर जाने के लिए तैयार होती है, किंतु बाहर अँधेरा होने के कारण उसे रात को छात्रावास में ही रुकना पड़ता है, जिस कारण उसके मस्तिष्क में अनेक प्रकार के विचार आने लगते हैं और वह स्वयं को एक परतंत्र पक्षी के समान समझने लगती है, जो चाहकर भी कुछ नहीं कर पाता।

मीनू अत्यधिक व्याकुल और परेशान हो जाती है और दु:खी होने के कारण उसकी आँखों से आँसू छलक पड़ते हैं।

अध्याय 11

सारांश

परिवार वालों द्वारा मीनू की प्रतीक्षा करना

मीनू के पिताजी की हालत काफ़ी गंभीर थी, इसलिए डॉक्टरों ने उन्हें बात करने से मना करते हुए पूर्ण आराम करने के लिए कहा था। परिवार के सभी सदस्य उनकी सेवा में लगे रहते थे। माँ उनकी यह स्थिति देखकर बहुत दुःखी होती थीं और जब भी वह मीनू और आशा के विवाह के बारे में सोचती तो वे और अधिक व्याकुल हो उठतीं। पिताजी को मीनू से विशेष स्नेह था, इसलिए जब भी होश आता उसके बारे में पूछते। सभी जान-पहचान वाले उनकी तबीयत के बारे में सुनकर उनसे मिलने आ रहे थे। मेरठ से पहली बस के आने का समय हो गया था सभी मीनू की प्रतीक्षा कर रहे थे। पिताजी ने रोहित से मीनू के बारे में पूछा, किंतु उसके न में जवाब देने पर उन्होंने पुनः आँखें मूँद ली थीं।

मीनू का घर पहुँचना

माँ रसोई में काम कर रही थीं, लेकिन उनका सारा ध्यान दरवाज़े पर ही था। तभी उन्होंने मीनू को रिक्शे से उतरते हुए देखा। मीनू अंदर आते ही माँ से लिपटते हुए, पिताजी की तबीयत के बारे में पूछती है, जिसे सुनकर माँ रुँधे कंठ से उनके कमरे में अंदर लेटे होने के बारे में बताती हैं। मीनू माँ से पिताजी की तबीयत खराब होने का कारण पूछती है, तो उसे पता चलता है कि उन्हें दिल का दौरा पड़ा था।

मीनू पिताजी से मिलने के लिए कमरे में प्रवेश करती है, जहाँ रोहित बैठा हुआ था, वह मीनू को वहाँ बैठने के लिए कहता है। पिताजी को सोए हुए देख मीनू उन्हें जगाना उचित नहीं समझती और समाचार-पत्र पढ़ने लगती है। कुछ देर बाद जब पिताजी जागते हैं, तो वे मीनू को अपने कमरे में बैठा हुआ देखकर उससे आने के बारे में पूछते हैं, किंतु अत्यधिक कमज़ोरी के कारण उन्हें बोलने में अत्यधिक कठिनाई हो रही थी। मीनू उनकी यह स्थिति देखकर बहुत दुःखी होती है और उसके मस्तिष्क में अनेक विचार घूमने लगते हैं। समाचार-पत्र को पढ़ते-पढ़ते उसकी नज़र कत्थक नृत्य करने वाली प्रसिद्ध नृत्यांगना की तस्वीर की ओर गई। तस्वीर को देखकर मीनू को अपने कॉलेज के वार्षिकोत्सव का स्मरण हो उठता है, जहाँ आज उसको कत्थक नृत्य की प्रस्तुति देनी थी।

माँ और मीनू का आपस में बातें करना

आशा कमरे में प्रवेश करती हुई मीनू से कहती है कि दीदी आपको माँ ने खाना खाने बुलाया है। मीनू माँ के पास पहुँचती है और माँ को भूख न होने की बात कहते हुए खाना खाने से मना करती है। माँ उसकी मनोदशा को समझते हुए कहती है कि जिस दिन तेरे पिताजी की तबीयत खराब हुई थी, उस दिन तो रसोई में खाना ही नहीं बना था। माँ मीनू को खाना खाने के लिए समझाती हुई कहती हैं कि यदि तुम खाना नहीं खाओगी तो पिताजी की सेवा कैसे कर पाओगी। पिताजी की गंभीर स्थिति को देखते हुए परिवार का एक सदस्य सदैव उनके पास ही रहता था, जिस कारण अब उनकी स्थिति में बहुत सुधार आ गया था और अब वे बैठने व बातें भी करने लगे थे।

बुआजी का आना

सुबह के लगभग नौ बजे थे। बाहर हल्की-हल्की बारिश हो रही थी, तभी मीनू की बुआजी और फूफाजी, पिताजी से मिलने घर पहुँचते हैं। पिताजी की कुशल-क्षेम पूछने के उपरांत बुआजी व्यर्थ की बातें करने लगती हैं। मीनू को बुआजी का इस प्रकार व्यर्थ की बातें करना अच्छा नहीं लगता, क्योंकि इस कारण पिताजी को भी बातें करनी पड़ रही थीं और डॉक्टर ने उन्हें बातें करने से मना किया था। मीनू का मन तो किया कि वह बुआजी को बात करने से मना कर दे, किंतु उनके बड़े होने का आदर कर वह कुछ न बोली। फूफाजी के इशारा करने पर भी जब बुआजी न मानी, तो मीनू ने उन्हें कहा कि आप सफर से थकी होंगी, इसलिए पहले खाना खा लीजिए, तब तक पिताजी भी आराम कर लेंगे।

बुआजी का मीनू व आशा के विवाह के बारे में कहना

फूफाजी को फैक्ट्री में काम होने के कारण वे वापस दिल्ली जाने की तैयारी करते हैं। बुआजी पिताजी के कमरे में जाकर उनसे मीनू व आशा के जवान होने और बेटियों को एक बड़ी ज़िम्मेदारी बताते हुए उनका शीघ्र-अति-शीघ्र विवाह करने के लिए कहते हुए रोहित के विषय में अधिक चिंतित न होने को कहती हैं। बुआजी, पिताजी को बेटियों के लिए लड़का ढूँढने व अपनी ज़िम्मेदारी कम करने की बात कहते हुए बाहर निकल आती हैं। पिताजी को छोड़कर अन्य सभी सदस्य उन्हें गाड़ी तक विदा करने जाते हैं।

पिताजी का चिंतित होना

बुआजी की बातों को सुनकर पिताजी गहरी चिंता में डूब जाते हैं। उनकी दोनों बेटियों में मीनू एम. ए. करने के बाद वकालत कर रही थी, तो आशा भी बी.ए. कर चुकी थी। पिताजी इन्हीं विचारों में खोए हुए थे कि माताजी कमरे में प्रवेश करती हैं। पिताजी, माताजी से अपनी चिंता प्रकट करते हुए कहते हैं कि अगर मुझे कुछ हो गया तो तुम बेटियों की शादी किस प्रकार करोगी, क्योंकि रोहित लड़का है, इसलिए मुझे उसकी चिंता नहीं है।

माँ पिताजी की बात सुनकर दुःखी होती हैं और उन्हें ऐसी अशुभ बातें न करने के लिए कहती हैं। पिताजी अपनी चिंता प्रकट करते हुए कहते हैं कि तुम मेरी मनोदशा नहीं समझ सकती और जब तक मैं अपनी बेटियों का विवाह न कर दूँ मुझे शांति नहीं मिलेगी। माँ विवाह के संबंध में अपने विचार रखती हुई कहती हैं कि अच्छे लड़के मिलना भी कोई आसान बात नहीं है और यदि अच्छे लड़के मिलते भी हैं, तो वे लड़की में ही कमी निकालते हैं। इसके साथ ही माँ, मीनू को वकालत में पढ़ने और शादी के लिए तैयार न होने की बात कहती हुई उसे अपने कमरे में बुलाती हैं।

मीनू को शादी करने के लिए कहना

मीनू कमरे में प्रवेश करती है पिताजी उससे बात करने की इच्छा व्यक्त करते हुए उसे कुर्सी पर बैठने के लिए कहते हैं। पिताजी अपनी इच्छा व्यक्त करते हुए कहते हैं कि मैं चाहता हूँ कि तुम शादी कर लो, क्योंकि आशा का भी विवाह करना है और ऐसे हालातों में अगर मेरी मृत्यु हुई तो मैं चैन से मर भी न पाऊँगा। मीनू पिताजी से ऐसी बातें न करने के लिए कहती है।

पिताजी मीनू से अपनी इच्छा प्रकट करने के लिए कहते हैं। मीनू उनसे कहती है कि मेरी वकालत के दो वर्ष शेष हैं, अगर मैंने शादी कर ली तो मेरी पढ़ाई पूरी न हो पाएगी। तब माँ कहती है कि अगर इच्छा हो, तो शादी के बाद भी पढ़ाई पूरी की जा सकती है। मीनू स्वयं के द्वारा निर्धारित लक्ष्य तक पहुँचने के लिए कड़े परिश्रम करने की बात कहती है। माँ अपनी चिंता प्रकट करते हुए आशा का विवाह भी करने की बात कहती है, परंतु मीनू

विवाह करने से इनकार करते हुए आशा का विवाह करवाने के लिए कहती है। पिताजी मीनू का विरोध करते हुए कहते हैं कि ऐसे कार्य के लिए उनका हृदय उनका साथ नहीं देगा।

मीनू पिताजी को समझाते हुए कहती है कि प्रत्येक उचित कार्य के लिए हृदय साथ देता है और अगर मैं अपने लक्ष्य को बीच में ही छोड़कर शादी कर लूँ, तो उसमें न ही आपका और न ही मेरा हृदय साथ देगा, लेकिन अगर मैं अपने लक्ष्य पर चलते हुए सफल होती हूँ, तो मेरे साथ ही आप भी खुशी का अनुभव करेंगे। मीनू की बातें सुन माँ व पिताजी दोनों ही स्वयं को दुविधा की स्थिति में अनुभव करते हैं।

मीनू का कॉलेज जाने के लिए आज्ञा लेना

मीनू को घर आए एक सप्ताह से अधिक हो गया था और पिताजी की तबीयत में भी अब बहुत सुधार था, इसलिए वह कॉलेज वापस जाने के बारे में सोचती है। शाम के समय माँ रसोई में कार्य कर रही थी तब मीनू, माँ से कॉलेज वापस जाने की इच्छा व्यक्त करती है। माँ उसको अगले दिन जाने की आज्ञा देती हैं।

मीनू कमरे में जाकर अपना सामान बाँधना शुरू करती है। मीनू रात को अपने पलंग पर लेटी थी, लेकिन उसके मन में सुबह शादी को लेकर हुई बातें घूमी जा रही थीं। एक क्षण वह सोचती है कि उसकी बातों से उसके माता-पिता आहत तो नहीं हुए? तो दूसरे क्षण उसे अपने लक्ष्य का स्मरण हो उठता है। इसी उधेड़-बुन में उसे कब नींद आई उसे स्वयं ही पता नहीं चला। सुबह माँ आकर उसे चाय देते हुए उठाती हैं।

मीनू मेरठ जाते समय पिताजी से मिलती है और दु:खी होती है, क्योंकि अपनी पढ़ाई के कारण उसे जाना पड़ रहा था अन्यथा वह तो पिताजी की सेवा करना चाहती थी। माँ उसके मंगल भविष्य की कामना करते हुए उसे आशीर्वाद देती है।

शब्दार्थ

विचलित *दु:खी;* **मंद** *धीरे से;* **तल्लीन** *ध्यानमग्न होना;* **मन:स्थिति** *मनोदशा;* **रुचि** *इच्छा;* **यत्न** *मेहनत;* **गवाही** *साक्ष्य;* **सायंकाल** *दिन ढलने का समय;* **व्यस्त** *किसी काम में लगे हुए होना;* **प्रस्ताव** *सुझाव।*

PYQs विगत वर्षों के प्रश्न व महत्त्वपूर्ण प्रश्न

गद्यांश पर आधारित प्रश्न

1. निम्नलिखित गद्यांश को पढ़कर उसके नीचे दिए गए प्रश्नों के उत्तर हिंदी में लिखिए

तभी उन्होंने मीनू को रिक्शे से उतरते हुए देखा। जैसे ही मीनू अंदर आई, माँ को देखकर उसका दिल भर आया।

(i) मीनू घर क्यों आई थी?

उत्तर मीनू के पिताजी की तबीयत अत्यधिक खराब थी, उन्हें दिल का दौरा पड़ा था, इसलिए वह अपने पिताजी से मिलने घर आई थी।

(ii) माँ क्या कर रही थीं और उनकी नज़र दरवाज़े की ओर क्यों थी?

उत्तर माँ रसोई में काम कर रही थीं और मीनू मेरठ से घर आने वाली थी, जिसकी घर में बेसब्री से प्रतीक्षा हो रही थी, इसलिए माँ की नज़रें दरवाज़े पर थीं।

(iii) घर में मीनू की प्रतीक्षा क्यों हो रही थी?

उत्तर घर में पिताजी की तबीयत अत्यधिक खराब थी और मीनू को इस बारे में टेलीग्राम देकर सूचित भी किया जा चुका था, लेकिन सड़क पर घोर अंधकार होने के कारण वह घर देर से पहुँची थी, इसलिए पिताजी बार-बार उसके बारे में प्रश्न कर रहे थे तथा घर के सभी लोग मीनू की प्रतीक्षा कर रहे थे।

(iv) 'दिल भर आया' से क्या अभिप्राय है? स्पष्ट कीजिए

उत्तर 'दिल भर आना' का अर्थ है अत्यधिक भावुक हो जाना। मीनू पिताजी की तबीयत खराब होने के कारण चिंतित होती है, किंतु जैसे ही वह माँ को देखती है, वह अत्यधिक भावुक हो उठती है और भावावेश में अनियंत्रित होकर माँ से लिपट जाती है। अतः कहने का अभिप्राय यह है कि अत्यधिक भावुक होने के कारण उसका दिल भर आया था।

2. निम्नलिखित गद्यांश को पढ़कर उसके नीचे दिए गए प्रश्नों के उत्तर हिंदी में लिखिए

मीनू चुपचाप बैठी समाचार-पत्र पढ़ने लगी। फिर भी उसकी एक नज़र समाचार-पत्र की ओर थी और दूसरी नज़र पिताजी की ओर।

(i) मीनू को पिताजी की तबीयत के बारे में किसने और क्या बताया था?

उत्तर मीनू जब घर पहुँचती है, तो वह माँ को देखकर अत्यधिक भावुक हो उठती है। उसके पूछने पर माँ बताती हैं कि उनको दिल का दौरा पड़ा था और डॉक्टरों ने बोलने के लिए मना किया है तथा पूर्ण आराम करने के लिए कहा है।

(ii) मीनू को कौन और कहाँ बैठाकर गया था?

उत्तर मीनू जब पिताजी से मिलने कमरे में जाती है, तो रोहित वहाँ पहले से बैठा होता है और मीनू के प्रवेश करते ही रोहित उसे पिताजी के पास बैठने के लिए कहता है।

(iii) मीनू क्या पढ़ रही थी और क्यों?

उत्तर मीनू समाचार-पत्र पढ़ रही थी, क्योंकि जब माँ ने उसे यह बताया कि उसके पिताजी की तबीयत खराब होने के बाद भी वह उसे बार-बार याद कर रहे थे, तो मीनू व्याकुल होकर पिताजी से मिलने उनके कमरे में जाती है, जहाँ अत्यधिक तबीयत खराब होने के कारण व दवाइयों का नशा होने के कारण वे सोए हुए थे, इसलिए मीनू ने उन्हें जगाना उचित न समझा और उनसे मिलने के लिए उनके जागने की प्रतीक्षा करते हुए वह उनके पास में ही बैठकर समाचार-पत्र पढ़ने लगी।

(iv) "उसकी एक नज़र समाचार-पत्र की ओर थी और दूसरी पिताजी की ओर।" पंक्ति से क्या अभिप्राय है?

उत्तर "उसकी एक नज़र समाचार-पत्र की ओर थी और दूसरी पिताजी की ओर" प्रस्तुत पंक्ति मीनू की पिताजी से मिलने के

लिए, उनसे बात करने के लिए उसकी व्याकुलता बेचैनी व आतुरता को व्यक्त करती है। मीनू जब घर पहुँची थी, तो माँ ने पिताजी के द्वारा उसे बार-बार याद करने के बारे में बताया था। मीनू की पिताजी से मिलने की इसी छटपटाहट को व्यक्त करते हुए लेखिका ने लिखा कि उसकी एक नज़र समाचार-पत्र की ओर थी और दूसरी पिताजी की ओर।

3. **निम्नलिखित गद्यांश को पढ़कर उसके नीचे दिए गए प्रश्नों के उत्तर हिंदी में लिखिए**

उन्हें देखकर वे बोले, "मीनू की माँ, यदि मुझे कुछ हो गया तो मीनू और आशा की शादी कैसे करोगी तुम? रोहित लड़का है। उसकी शादी की मुझे इतनी चिंता नहीं।"

(i) कमरे में कौन आया था और उसने क्या देखा?

उत्तर कमरे में मीनू की माँ ने प्रवेश किया था और प्रवेश करने पर उन्होंने देखा कि मीनू के पिताजी परेशान होने के कारण विचारों में खोए हुए थे।

(ii) पिताजी किन विचारों में खोए हुए थे?

उत्तर पिताजी मीनू और आशा के विवाह की चिंता में खोए हुए थे, क्योंकि उनकी दोनों ही बेटियाँ बड़ी हो गई थीं और उनकी तबीयत भी बहुत अच्छी नहीं थी, जिस कारण पिताजी विचारों में खोए हुए थे।

(iii) उपरोक्त पंक्तियों का वक्ता कौन है? ये पंक्तियाँ उसकी किस मनोदशा को प्रकट करती हैं?

उत्तर उपरोक्त पंक्तियों का वक्ता मीनू के पिता दयाराम जी हैं। प्रस्तुत पंक्तियों से दयाराम जी की चिंताग्रस्त, निराशा एवं हताशा भरी मनोदशा प्रकट होती है, जिसका कारण उनका स्वयं का स्वास्थ्य और दोनों बेटियों का अभी तक अविवाहित होना था, जिस विषय पर बुआजी भी उन्हें समझाकर गई थीं।

(iv) प्रस्तुत गद्यांश समाज की किस मनोदशा को प्रकट करता है?

उत्तर प्रस्तुत गद्यांश समाज की एक अपरिपक्व मानसिकता को प्रकट करता है, जिसमें लड़के-लड़कियों में अंतर समझा जाता है, बेटियों को माता-पिता पर बोझ व ज़िम्मेदारी समझा जाता है। बेटियों के विवाह को उनके आत्मनिर्भर बनने और उनके शिक्षित होने से अधिक महत्त्व दिया जाता है। महिलाओं को पुरुषों की अपेक्षा कमज़ोर व असमर्थ समझा जाता है। पिताजी को रोहित की चिंता नहीं थी, क्योंकि वह एक लड़का है, समाज की इसी मानसिकता को पुष्ट करता है।

4. **निम्नलिखित अवतरण को पढ़िए उसके नीचे लिखे प्रश्नों के उत्तर हिंदी में लिखिए।**

आशा को देखने के लिए इंजीनियर आलोक, उसके मम्मी-पापा व उसकी बड़ी भाभी आए। (ICSE Spec 2023)

(i) आशा कौन है? क्या लड़के वालों ने उसे पसंद कर लिया?

उत्तर आशा मायाराम जी की छोटी बेटी है तथा मीनू उसकी बड़ी बहन है। आशा अपनी बड़ी बहन मीनू से अधिक सुदंर थी और लड़के वालों ने उसको देखते ही पसंद कर लिया था।

(ii) लड़के वालों को आशा की बड़ी बहन के बारे में क्या बात बताई गई?

उत्तर आशा को देखने के लिए आलोक, उसके माता-पिता व उसकी भाभी आते हैं और आशा को देखकर वह रिश्ता पक्का कर देते हैं। तब लड़के वालों को वे मीनू के विषय में बताते हैं कि मीनू आशा से बड़ी है और वह अभी वकालत पढ़ रही है इसलिए उसने अभी विवाह न करने का निश्चय कर रखा है।

(iii) बुआ ने इस लड़के की बात पहले किसके लिए चलाई थी उस लड़की ने क्या कहा?

उत्तर बुआ ने इस लड़के की बात पहले मीनू के लिए चलाई थी, लेकिन मीनू ने शादी करने के लिए मना कर दिया और कहा कि आप मेरी जगह आशा की बात कर लो आशा उनको जरूर पसंद आ जाएँगी।

(iv) उस लड़की की बात सुनकर पिताजी क्यों दुखी हुए? समझाइए।

उत्तर जब मीनू ने अपनी बुआ से अपनी शादी की बात न करके अपनी छोटी बहन आशा की शादी की बात चलाने के लिए कहा, तो यह सुनकर पिताजी दु:खी हो गए, क्योंकि उनको हमेशा यह लगता था कि बड़ी बेटी घर में अविवाहित बैठी है और छोटी बेटी की शादी की बात कर रहे हैं। यह बात सोचकर मायाराम जी दु:खी हो रहे थे।

5. **निम्नलिखित गद्यांश को पढ़कर उसके नीचे दिए गए प्रश्नों के उत्तर हिंदी में लिखिए (ICSE 2020)**

धनीमल जी व मायाराम जी ने आपस में कुछ बातें की और सब वहाँ से उठकर चल दिए। अमित व सरिता को एकांत में बात करने का अवसर दिया गया। अमित ने सरिता से कुछ प्रश्न किए।

(i) धनीमल जी और मायाराम जी का परिचय देते हुए बताइए कि उनमें किस विषय पर बातचीत हो रही थी?

उत्तर धनीमल एक संपन्न व्यक्ति तथा सरिता के पिता है। मायाराम जी अमित के पिता हैं। धनीमल जी मायाराम जी के घर अपनी बेटी सरिता के विवाह का प्रस्ताव उनके बेटे अमित के लिए लेकर आए है इसी विषय पर उनकी बातचीत हो रही है।

(ii) सरिता को देखकर अमित के मन में क्या विचार आए थे? स्पष्ट कीजिए।

उत्तर सरिता को देखकर अमित के मन में विचार आते हैं कि मीनू उसके घर को अधिक बेहतर तरीके से सँभाल सकती है उसकी शिक्षा, गुण, योग्यता सब कुछ सरिता से बेहतर हैं। उसे लगता था कि सरिता विवाह के बाद उसके घर के माहौल में रम नहीं पाएगी और माता-पिता की सेवा नहीं कर पाएगी।

(iii) अमित के माता-पिता उसका रिश्ता सरिता के साथ क्यों करना चाहते थे? इस सम्बन्ध में उन्होंने क्या तर्क दिए?

उत्तर अमित के माता-पिता उसका रिश्ता सरिता से इसलिए करना चाहते थे क्योंकि धनीमल जी शादी में पाँच लाख रुपये दे रहे थे। किंतु अमित इस रिश्ते के लिए तैयार नहीं था। वह मीनू से विवाह करना चाहता था तब उसके माता-पिता ने तर्क दिया कि शादी से पहले किसी भी लड़की के व्यवहार का पता नहीं चलता वह तो साथ रहने के उपरांत ही चलता है तो तुम मीनू के व्यवहार को अच्छा कैसे कह सकते हो।

(iv) मेहमानों के स्वागत के लिए क्या-क्या तैयारियाँ की गईं?

उत्तर मेहमानों के स्वागत के लिए ड्रांइग रूम को सजाया गया घर की साफ-सफाई अच्छे तरीके से की गई तथा मेहमानों के खाने के लिए विभिन्न प्रकार के व्यंजन बनाए गए बाहर से भी मिठाइयाँ मँगवाई गई थी। मेहमानों के स्वागत की तैयारियाँ बड़े जोर शोर से कि गई।

अध्याय 12

सारांश

अमित के विवाह की तैयारियाँ

अमित के विवाह में एक महीना शेष था, इसलिए मायाराम जी व उनकी पत्नी विवाह की तैयारियों में लगे हुए थे। गहने और वस्त्र सभी कुछ अभी ही बनवाने थे। कितने कार्ड छपवाए जाएँगे? विवाह में किन-किन को बुलाना होगा और उनके आने के उपरांत उन्हें भेंट स्वरूप क्या उपहार दिए जाएँगे? सभी बातें निश्चित की जा रही थीं।

प्रीतिभोज करवाने का निर्णय

मायाराम जी अपनी पत्नी से विवाह के बाद होने वाले प्रीतिभोज के विषय में पूछते हैं। जिस पर उनकी पत्नी कहती हैं कि उनके यहाँ तो प्रीतिभोज नहीं करवाया जाता, अपितु विवाह से पूर्व संध्या पर ही रिश्तेदारों और परिचितों को भोजन करवा दिया जाता है। मायाराम जी विवाह के उपरांत दावत देने के प्रचलन की बात कहते हुए कहते हैं कि दावत न देने पर दुनिया वाले क्या कहेंगे और वैसे भी एक बड़े घर की बेटी आ रही है। दावत देने की बात स्वीकारते हुए उनकी पत्नी उन्हें अमित से बात करने के लिए कहती हैं, इस पर मायाराम जी कहते हैं–अमित तो कुछ बता ही नहीं रहा है। बस इतना कह देता है कि जैसा उपयुक्त हो आप वैसा ही करें।

जेवर चढ़ाने पर विचार-विमर्श

मायाराम जी की पत्नी उनसे बहू के लिए जेवर और कपड़े खरीदने के विषय में पूछती हैं, जिस पर वह सोने के दो सेट और चार कंगन चढ़ाने की बात कहते हैं। उनकी पत्नी को जेवर कम-सा लगा, इसलिए वह एकदम बोल पड़ीं कि एक ही बेटा है हमारा क्या इतना ही जेवर चढ़ाओगे?

वह कहती हैं कि हमारे समय में तो एक-दो किलो सोना चढ़ाया जाता था, जिस पर मायाराम जी क्रोधित होते हुए कहते हैं कि इतना सोना कम-से-कम ढाई लाख रुपयों का आएगा, उनकी पत्नी चौंकते हुए महँगाई के अत्यधिक बढ़ जाने की बात कहती हैं और उन्हें सुझाव देती हैं कि जितने जेवर खरीद सकते हैं खरीद लें और वे अपने जेवर भी दे देंगी, जिससे सरिता के लिए नए गहने बनाए जा सकें। मायाराम जी अपनी पत्नी को बुढ़ापे के लिए गहने सँभालने की बात समझाते हुए कहते हैं कि जब अपने पास धन होता है, तो बच्चे लालच के कारण ही सेवा करते हैं, उनकी पत्नी अपने बेटे को लोभी न होने की बात कहती हैं, किंतु फिर भी उनकी पत्नी उनकी बातें समझते हुए उन्हें सामर्थ्य के अनुसार जेवर बनाने की बात कहती हैं।

साड़ियाँ देने पर विचार-विमर्श

मायाराम जी की पत्नी उनसे बहू को विवाह में चढ़ाई जाने वाली साड़ियों के विषय में पूछती हैं, वह बहू को ग्यारह साड़ियाँ चढ़ाने की बात कहते हैं, जिस पर उनकी पत्नी कम-से-कम इक्कीस साड़ियाँ चढ़ाने के लिए कहती हैं, साथ ही वह धनीमल जी द्वारा विवाह में खर्च किए जाने वाले पाँच लाख रुपयों के विषय में भी उन्हें स्मरण कराती हैं। मायाराम जी रुपयों की बात सुनते ही क्रोधित हो उठते हैं, वे कहते हैं कि वे चाहे कुछ भी दें हमने उनसे कुछ नहीं माँगा और हमसे जितना बन पड़ेगा, हम उतना ही जेवर और कपड़ा चढ़ाएँगे। मायाराम जी को क्रोधित होता देखकर अमित और मधु कमरे में आते हैं। पिताजी, अमित व मधु से विवाह के कार्ड के विषय में सलाह लेने लगते हैं।

धनीमल जी का आना

परिवार के सदस्य विवाह के निमंत्रण-पत्रों के विषय में बातें कर रहे थे, उसी समय दरवाज़े की घंटी बजती है। मधु दरवाज़ा खोलती है, तो देखती है धनीमल जी आए हैं, वह उन्हें बैठक कक्ष में बैठने के लिए कहती है। धनीमल जी मायाराम जी से कहते हैं कि वह विवाह में होने वाले लेन-देन के विषय में बात करने आए हैं और वह अपनी इच्छा बता दें कि वे रुपये किस प्रकार खर्च करवाना चाहते हैं, धनीमल जी के उक्त वचनों पर मायाराम जी असहमति प्रकट करते हुए कहते हैं कि उनके घर में सुख-सुविधा का पूर्ण सामान है।

धनीमल द्वारा फ्लैट देने की बात कहना

धनीमल जी ने मायाराम जी को कहा कि वह अपनी बेटी को विवाह में तीन लाख रुपये का फ्लैट देना चाहते हैं, उन की बात सुनकर मायाराम जी ने कहा कि उनका अपना बड़ा मकान है और सरिता को वहाँ कोई परेशानी नहीं होगी। धनीमल जी कहते हैं कि उन्होंने अपनी दोनों बेटियों को भी फ्लैट दिया था और सरिता को भी देना चाहते हैं। मायाराम जी उनकी चालाकी समझते हुए पूछते हैं कि क्या उनकी बेटी को यहाँ रहने में परेशानी होगी, जिस पर धनीमल जी सरिता को कभी काम न करने और लाड़-प्यार में पले होने की बात कहते हैं। मायाराम जी क्रोधित होकर अमित के भी लाड़-प्यार में पले होने की बात कहते हैं। वे कहते हैं, उन्हें एक सुशील बहू चाहिए, जो घर में प्रेम से रह सके। धनीमल जी जाने के लिए उठते हुए उनसे कहते हैं कि वे अपनी बेटी को फ्लैट तो देंगे ही और दो लाख रुपये वे किस तरह खर्च करवाना चाहते हैं, वे सोच लें।

मायाराम जी का परेशान होना

मायाराम जी धनीमल जी की बातों से परेशान हो उठते हैं और स्वयं को दुविधा में पाते हैं। उनकी पत्नी उन्हें देखकर उनकी परेशानी का कारण पूछती हैं, वे बताते हैं कि धनीमल जी अपनी बेटी को तीन लाख रुपये का फ्लैट देना चाहते हैं, जिसे सुनकर उनकी पत्नी भी क्रोधित होकर कहती हैं उन्होंने यह बात कहने का साहस कैसे किया और ''वह क्या जानें बेटे के अलग होने का दुःख।''

अमित का कमरे में प्रवेश करना

माता-पिता की बातें सुनकर अमित कमरे में प्रवेश करता है। अमित को आता देखकर मायाराम जी उसे धनीमल जी द्वारा रखे गए प्रस्ताव के विषय में बताते हैं। उनकी बात सुनकर अमित क्रोधित होकर पिताजी से पूछता है कि आपने उनके प्रस्ताव का क्या जवाब दिया। मायाराम जी कहते हैं, उन्होंने, उन्हें तो कोई जवाब नहीं दिया, लेकिन वे उनकी मंशा को भली-भाँति पहचान गए हैं और वे चाहते हैं, ''मैं अपने बेटे को उनके व उनकी बेटी के हाथों बेच दूँ।'' वे अमित से कहते हैं कि अब सब कुछ तुम्हारे निर्णय पर निर्भर करता है ''तुम जैसा उचित समझो वैसा करो।'' इस घटना के उपरांत अमित के हृदय में तूफ़ान उठ रहा था, उसके मस्तिष्क में अनेक विचार घूम रहे थे, आज उसे अपने जीवन का एक महत्त्वपूर्ण निर्णय लेना था, जिस पर उसका भविष्य निर्भर था।

शब्दार्थ

प्रीतिभोज *दावत;* **उत्तेजित** *क्रुद्ध;* **आमंत्रित** *बुलाना;* **अभिवादन** *आदर करना;* **गृहस्थी** *परिवार;* **दोराहे** *दुविधा।*

PYQs विगत वर्षों के प्रश्न व महत्त्वपूर्ण प्रश्न

बहुविकल्पीय प्रश्न

1. सेठ धनीमल अपनी पुत्री को शादी में क्या देना चाहता थे? **(ICSE Sem I 2021)**

(a) तीन लाख का एक फ्लैट (b) तीन लाख की एक गाड़ी
(c) तीन लाख का जेवर (d) तीन लाख नकद

उत्तर (a) तीन लाख का एक फ्लैट

गद्यांश पर आधारित प्रश्न

1. निम्नलिखित गद्यांश को पढ़कर उसके नीचे दिए गए प्रश्नों के उत्तर हिंदी में लिखिए

''परंतु तुम ये तो सोचो कि आजकल शादी के बाद ही दावत दी जाती है। यदि हम प्रीतिभोज नहीं देंगे तो दुनिया वाले क्या कहेंगे और फिर बड़े घर की लड़की आ रही है। दावत नहीं देंगे तो सब लोग बात बनाएँगे।'' **(ICSE 2018)**

(i) उपरोक्त कथन किसने, किस अवसर पर कहा था?

उत्तर उपरोक्त कथन मायाराम जी ने अपनी पत्नी से कहा था। उन्होंने अपने बेटे अमित के विवाह की तैयारियों के अवसर पर विवाह के उपरांत प्रीतिभोज के संदर्भ में यह कथन कहा था।

(ii) 'बड़े घर की लड़की' किसको कहा गया है? उसका संक्षिप्त परिचय दीजिए।

उत्तर 'बड़े घर की लड़की' सरिता को कहा गया है। सरिता सेठ धनीमल जी की बेटी है। वह केवल व्यर्थ घूमना तथा अपनी इच्छाओं की पूर्ति करना ही पसंद करती है। अतः वह एक धनी सेठ की बिगड़ी हुई लड़की है।

(iii) उपरोक्त कथन के विषय में अमित के क्या विचार हैं? वह इस शादी से सहमत क्यों नहीं है? धनीमल जी ने शादी के प्रस्ताव के साथ क्या लालच दिया था?

उत्तर उपरोक्त कथन के विषय में अमित के विचार यह थे कि वे सरल स्वभाव का व्यक्ति था तथा दिखावा करने का सख्त विरोधी था। वह नहीं जानता था कि लोगों को दिखाने के लिए विवाह के उपरांत प्रीतिभोज कराया जाए। वह इस शादी से सहमत नहीं था, क्योंकि वह दहेज का विरोधी था। धनीमल जी ने शादी के प्रस्ताव के साथ पाँच लाख रुपए तथा एक फ्लैट देने का लालच दिया था।

(iv) आजकल के मध्यमवर्गीय परिवारों में विवाह आदि रीति-रिवाज़ों के अवसर पर होने वाले फिजूलखर्चे पर अपने विचार लिखिए।

उत्तर आजकल के मध्यवर्गीय परिवारों में विवाह आदि रीति-रिवाजों के अवसर पर बहुत फिजूलखर्चे किए जाते हैं। पंडाल की सजावट में चंद घंटों की चकाचौंध के लिए हजारों रुपए खर्च करके पैसों की बर्बादी की जाती है, साथ ही खाने के लिए विभिन्न प्रकार के व्यंजन बनाने से पैसे और भोजन दोनों की बर्बादी होती है। अतः हमें इस प्रकार की फिजूलखर्ची नहीं करनी चाहिए।

एक्सपर्ट्स कमेंट्स

- छात्र वक्ता तथा श्रोता में भ्रमित दिखाई दिए कुछ छात्रों ने मनगढ़ंत पात्रों के नाम लिखे। छात्रों ने सरिता का नाम भी ठीक प्रकार से नहीं लिखा कुछ छात्र ''धनीमल द्वारा दिया गया लालच'' भी स्पष्ट रूप से समझाने में असमर्थ रहे।
- छात्रों के उत्तर में भाषा संबंधी अशुद्धियों का बाहुल्य रहा मुख्य बिंदुओं का अभाव नजर आया। छात्रों ने फिजूलखर्ची की बात तो की परंतु स्वतंत्रतापूर्वक अपने विचार प्रकट नहीं कर पाए।

स्टूडेंट्स के लिए एडवाइज़

- छात्र को परिच्छेद या पाठ पढ़ते समय मुख्य बिंदुओं, वक्ताओं तथा नामों को ध्यान रखने हेतु उन्हें रेखांकित करना चाहिए। छात्र को यह ध्यान रखना चाहिए कि नाम आदि के लिए अंक निर्धारित होते हैं।
- छात्रों को अध्याय में वर्णित एक-एक पहलू पर विशेष रूप से ध्यान देना चाहिए तथा मुख्य बिंदु का लिखित में अभ्यास करते रहना चाहिए।
- छात्रों को विचारात्मक प्रश्नों का अभ्यास लिखित रूप में करना चाहिए जिससे छात्रों की योग्यता में वृद्धि हो।

2. निम्नलिखित गद्यांश को पढ़कर उसके नीचे दिए गए प्रश्नों के उत्तर हिंदी में लिखिए

वैसे हमारे यहाँ शादी के बाद तो दावत होती नहीं है। पहले ही मढ़े पर सब बिरादरी वालों और जान-पहचान वालों को खाना खिला देते हैं।

(i) वक्ता कौन है? वह किसके प्रश्न का जवाब दे रही है?

उत्तर वक्ता मायाराम जी की पत्नी व अमित की माताजी हैं, जो मायाराम जी द्वारा प्रीतिभोज के संबंध में पूछे गए प्रश्न का जवाब दे रही हैं।

(ii) वक्ता और श्रोता किसके विवाह के बारे में बातें कर रहे हैं?

उत्तर वक्ता अर्थात् मायाराम जी की पत्नी और श्रोता अर्थात् मायाराम जी हैं वे अपने बेटे अमित व सरिता के विवाह के बारे में बातें कर रहे हैं।

(iii) वक्ता और श्रोता विवाह के लिए क्या योजनाएँ बना रहे थे?

उत्तर अमित के विवाह में एक महीना ही शेष बचा था, इसलिए मायाराम जी व उनकी पत्नी दुल्हन को दिए जाने वाले गहने व कपड़े, विवाह में आमंत्रित किए जाने वाले अतिथियों तथा उनको भेंट स्वरूप दिए जाने वाले उपहार एवं विवाह के उपरांत दी जाने वाली दावत इत्यादि के संबंध में योजनाएँ बना रहे थे।

(iv) वक्ता और श्रोता किस विषय के संबंध में बातें कर रहे थे?

उत्तर वक्ता और श्रोता विवाह के संबंध में योजनाएँ बना रहे थे, तभी मायाराम जी विवाहोपरांत किए जाने वाले प्रीतिभोज के विषय में अपनी पत्नी से प्रश्न करते हैं कि प्रीतिभोज करना है या नहीं, जिस पर उनकी पत्नी प्रीतिभोज की रस्म न होने की बात कहते हुए कहती हैं कि उनके यहाँ मढ़े पर ही रिश्तेदारों और परिचितों को खाना खिला दिया जाता है। बहुत विचार-विमर्श करने के उपरांत वे दावत देने का निर्णय करते हैं।

3. निम्नलिखित गद्यांश को पढ़कर उसके नीचे दिए गए प्रश्नों के उत्तर हिंदी में लिखिए

"कुछ सोना मैं अपने पास से दे दूँगी। सरिता के लिए नए फ़ैशन के जेवर उस सोने से बनवा देना।"

"तुम अपना सोना दोगी चढ़ाने के लिए? नहीं-नहीं अपने बुढ़ापे के लिए रखो अपना सोना।"

(i) वक्ता ने क्यों कहा कि कुछ सोना मैं अपने पास से दे दूँगी?

उत्तर मायाराम जी की पत्नी कुछ सोना अपने पास से देने की बात इसलिए कहती हैं, ताकि दुल्हन को विवाह में दिया जाने वाला जेवर भी चढ़ा दिया जाए और उन पर खर्च का अत्यधिक बोझ भी न पड़े एवं समाज में उनका सम्मान भी बना रहे।

(ii) सरिता कौन थी? उसके लिए जेवर क्यों बनवाए जा रहे थे?

उत्तर सरिता धनीमल जी की बेटी थी। जिसका विवाह अमित से तय हुआ था। विवाह के अवसर पर बहू के लिए गहने लड़के वालों द्वारा बनवाए जाते हैं, इसलिए सरिता के लिए जेवर बनवाए जा रहे थे।

(iii) "अपने बुढ़ापे के लिए रखो अपना सोना" किसने कहा और क्यों कहा?

उत्तर प्रस्तुत पंक्ति मायाराम जी ने कही, क्योंकि अमित का विवाह सरिता से सुनिश्चित हुआ था और उसको देने के लिए जेवर बनाए जाने थे। मायाराम जी द्वारा सरिता के लिए बनाए जाने वाले गहने उनकी पत्नी को कम लगते हैं, इसलिए वह अपने गहने देने की बात कहती हैं, तब मायाराम जी गहनों को बुढ़ापे के लिए बचाए रखने के लिए कहते हैं, क्योंकि उनका मानना था कि जब बुढ़ापे में उनके पास धन होगा, तभी बच्चे उनकी सेवा करेंगे अन्यथा नहीं, इसलिए वे अपनी पत्नी को सोना बुढ़ापे के लिए बचाए रखने को कहते हैं।

(iv) "तुम अपना सोना दोगी चढ़ाने के लिए?" इस पंक्ति से क्या अभिप्राय है? स्पष्ट कीजिए।

उत्तर विवाह में दुल्हन को उसके ससुराल वाले जो गहने देते हैं, उसे जेवर चढ़ाना कहा जाता है। मायाराम जी जब सरिता के लिए सोने के दो सेट और चार कंगन देने की बात कहते हैं, तो उनकी पत्नी को यह कम लगते हैं और वह एक-दो किलो देने की बात कहती हैं, जिस पर मायाराम जी उत्तेजित होकर कहते हैं कि इतना सोना ढाई लाख से कम का न बनेगा, जिसे सुनकर उनकी पत्नी आश्चर्यचकित होकर महँगाई बढ़ने की बात कहती हैं और अपने गहने देकर सरिता के लिए नए फैशन के जेवर बनाने को कहती हैं, तब मायाराम जी कहते हैं कि तुम अपना सोना दोगी चढ़ाने के लिए।

4. निम्नलिखित गद्यांश को पढ़कर उसके नीचे दिए गए प्रश्नों के उत्तर हिंदी में लिखिए

"जितना जेवर तुम खरीद सकते हो, उतना ही चढ़ा देना। पर हाँ, एक बात का ध्यान रखना, बड़े घर की लड़की आ रही है। थोड़ा ज़्यादा जेवर ही खरीद लेना। कम जेवर चढ़ाएँगे तो हमारी नाक नहीं कटेगी?"

(i) दुल्हन को कितना जेवर दिया जा रहा था?

उत्तर घर में शादी के अवसर पर दुल्हन को जेवर चढ़ाया जाता है, इसलिए मायाराम जी सरिता को सोने के दो सेट और चार कंगन देने की बात कहते हैं।

(ii) मायाराम जी की पत्नी ने अपने बेटे के विषय में क्या कहा था?

उत्तर मायाराम जी के द्वारा अपने जेवर बुढ़ापे के लिए बचाए रखने की बात कहने पर उनकी पत्नी ने अपने बेटे अमित के लिए कहा था कि वह एक अच्छा लड़का है और वह उनका ध्यान रखता है तथा वह बुढ़ापे में हमारी सेवा करेगा।

(iii) मायाराम जी की पत्नी को क्या समझ आ गया था? उसके उपरांत उन्होंने क्या कहा?

उत्तर मायाराम जी के द्वारा यह कहने पर की धन होने पर ही बच्चे सेवा करते हैं। उनकी बात न मानते हुए उनकी पत्नी अपने बेटे को एक अच्छा बेटा सिद्ध करते हुए कहती हैं कि वह बुढ़ापे में भी हमारी सेवा करेगा, जिसके उपरांत मायाराम जी कहते हैं कि वह अवश्य सेवा करने वाला हो, किंतु घर में प्रवेश करने वाली बहू के विषय में कुछ नहीं कहा जा सकता अगर वह तेज हुई, तो बेटा भी कुछ नहीं कर पाएगा। उनकी यह बात समझते हुए उनकी पत्नी सामर्थ्य के अनुसार जेवर देने की बात कहते हुए कहती हैं कि अगर हम जेवर कम चढ़ाएँगे तो हमारा सम्मान कम होगा, इसलिए जेवर थोड़ा अधिक ही खरीदना।

(iv) "कम जेवर चढ़ाएँगे, तो हमारी नाक नहीं कटेगी?" पंक्ति से वक्ता का क्या अभिप्राय है?

उत्तर पंक्ति से वक्ता का अभिप्राय यह है कि सरिता एक धनी एवं संपन्न परिवार की लड़की है और अगर विवाह में हमारे द्वारा उसको जेवर कम चढ़ाया गया, तो समाज में हमारे सम्मान में कमी होगी। उसके पिता विवाह में पाँच लाख रुपये भी खर्च कर रहे हैं, इसलिए कम जेवर देने पर हमारी इज़्ज़त कम न हो जाए।

5. निम्नलिखित गद्यांश को पढ़कर उसके नीचे दिए गए प्रश्नों के उत्तर हिंदी में लिखिए

जैसे ही उसने दरवाज़ा खोला तो दरवाज़े पर धनीमल जी खड़े थे। मधु ने उनका अभिवादन किया और अंदर बुलाकर बैठने को कहा।

(i) दरवाज़ा किसने खोला और उसे किसकी प्रतीक्षा थी?

उत्तर दरवाज़ा मायाराम जी की बेटी मधु ने खोला था। उसे डाकिए की प्रतीक्षा थी, क्योंकि उसने सोचा था कि उसकी सहेली रेखा का पत्र आया होगा।

(ii) मधु को कितने कार्ड चाहिए थे और क्यों?

उत्तर मधु को अमित के विवाह के तीस निमंत्रण-पत्र चाहिए थे, क्योंकि उसने अपने भैया के विवाह में अपनी सभी सहेलियों को आमंत्रित करना था।

(iii) अतिथि के आने से पूर्व घर में क्या कार्य किया जा रहा था?

उत्तर अतिथि के आने से पूर्व घर में विवाह की तैयारियों की योजना बन रही थी कि दुल्हन को क्या जेवर-कपड़े दिए जाएँगे और विवाह में किसे-किसे बुलाया जाएगा? साथ ही मायाराम जी अमित व मधु को अपने पास बुलवाकर निमंत्रण-पत्र छपवाने के विषय में उनकी सलाह ले रहे थे।

(iv) दरवाज़े पर कौन था और वह क्यों आए थे?

उत्तर मधु के द्वारा दरवाज़ा खोलने पर वह पाती है कि दरवाज़े पर सेठ धनीमल जी आए हैं। सेठ धनीमल जी की बेटी का विवाह मायाराम जी के बेटे अमित से होना तय हुआ था, इसलिए वह उनके विवाह में किए जाने वाले खर्च एवं लेन-देन अर्थात् दहेज के विषय में बात करने आए थे।

6. निम्नलिखित गद्यांश को पढ़कर उसके नीचे दिए गए प्रश्नों के उत्तर हिंदी में लिखिए

धनीमल जी ने कुछ सँभलकर कहा, "बात ऐसी है, मैंने अपनी दोनों बड़ी बेटियों को भी एक-एक फ्लैट शादी में दिया था। इससे उन्हें शादी के बाद गृहस्थी बसाने में किसी प्रकार की समस्या का सामना नहीं करना पड़ा।"

(i) धनीमल जी मायाराम जी के यहाँ क्यों आए थे?

उत्तर धनीमल जी मायाराम जी के यहाँ विवाह में किए जाने वाले लेन-देन के विषय में बात करने आए थे। कि वे किस-किस प्रकार से अपनी बेटी के विवाह में रुपये खर्च करेंगे जिसमें वे धनीमल जी अपनी बेटी सरिता को विवाह में 4 लाख रुपये का फ्लैट देना चाहते थे।

(ii) मायाराम जी नाराज़ क्यों हुए थे?

उत्तर धनीमल जी द्वारा अपनी बेटी को अलग गृहस्थी बसाने के लिए फ्लैट देने की इच्छा पर मायारामजी नाराज़ हुए थे। क्योंकि अलग फ्लैट देने का प्रयोजन मायाराम जी से उनके बेटे को अलग करना है।

(iii) धनीमल जी किसे फ्लैट देना चाहते थे और क्यों?

उत्तर धनीमल जी अपनी बेटी सरिता को तीन लाख रुपये का फ्लैट देना चाहते थे, क्योंकि उन्होंने अपनी दोनों बड़ी बेटियों को भी अलग से गृहस्थी बसाने के लिए फ्लैट दिया था, इसलिए वह अपनी बेटी सरिता को भी फ्लैट देना चाहते थे, ताकि उसे अलग गृहस्थी बसाने में किसी प्रकार की समस्या न हो।

(iv) धनीमल जी की बातें सुनकर मायाराम जी ने क्या प्रतिक्रिया प्रकट की?

उत्तर धनीमल जी की बातें सुनकर मायाराम जी आश्चर्यचकित होते हुए अत्यधिक क्रोधित हो उठे और अपनी नाराज़गी प्रकट करते हुए कहते हैं कि हमने अपने बेटे को क्या इसी दिन के लिए पाला था कि वह विवाह के उपरांत अलग गृहस्थी बसा ले। वह धनीमल जी की चालाकी भी समझने लगे थे कि वह अमित को उनसे अलग करना चाहते हैं।

अध्याय 13

सारांश

मीनू की तबीयत खराब होना

छात्रावास का वातावरण आजकल शांत-सा था। परीक्षाएँ आरंभ होने वाली थीं, इसलिए सभी छात्राएँ अपनी पढ़ाई में व्यस्त थीं। मीनू जो पढ़ाई में विशेष रुचि रखती थी, वह बेसुध होकर दिन भर परीक्षा की तैयारी में लगी रहती थी और जब पढ़ते-पढ़ते थक जाती, तो अपनी सहेली माया से बातें कर लेती।

सिर में दर्द और थकान महसूस करने के कारण मीनू तकिए के सहारे लेट गई। मीनू को इस प्रकार लेटा हुआ देखकर माया, मीनू के पास आती है और उसके माथे को छूते ही वह दंग रह जाती है, मीनू का शरीर अत्यधिक बुखार होने के कारण तप रहा था और उसका चेहरा बुखार के कारण तमतमा रहा था। मीनू को बुखार से तपता हुआ देखकर माया स्वयं ही उसके लिए दवाई लेने चली जाती है।

माँ की याद आना

मीनू अपने कमरे में अकेली थी और बुखार होने के कारण पूरे शरीर में दर्द था, तभी उसे अपनी माँ का स्मरण हो उठता है। बिस्तर पर लेटे-लेटे ही वह सोचती है कि जब वह आठवीं कक्षा में थी और उसे अत्यधिक तेज़ बुखार आया था, जिस कारण उसने बड़बड़ाना आरंभ कर दिया था, जिसे देखकर माँ की आँखों में आँसू आ गए थे और डॉक्टर के कहे अनुसार उन्होंने पूरी रात जागकर उसके माथे पर बर्फ की पट्टियाँ रखी थीं।

सुबह माँ के चेहरे पर रात भर जागने की थकान दिखाई दे रही थी, लेकिन मीनू का बुखार कम होने का संतोष भी स्पष्ट दिखाई दे रहा था। शरीर में दर्द होने के कारण वह सोच रही थी कि अगर माँ होती तो उसकी कितनी सेवा करती, किंतु यहाँ तो वह किसी से कुछ कह भी नहीं सकती।

माया द्वारा मीनू की सेवा करना

माया भी मीनू की अत्यधिक सेवा करती है। मीनू को बुखार से तपता हुआ देखकर ही माया स्वयं ही डॉक्टर से उसके लिए दवाई लेकर आ गई थी। माया, मीनू के लिए चाय बनाती है और उसे दवाई देकर उसका सिर दबाने के लिए बैठ जाती है। माया के व्यवहार में आए इस अपनत्व को देखकर मीनू अत्यधिक प्रसन्नता का अनुभव कर रही थी और माया के प्रति उसका मन स्नेह से भर गया था। माया के द्वारा सिर दबाने पर उसे अत्यधिक आराम व सुकून का अनुभव हुआ था और रात को वह कब सोई, उसे स्वयं ही पता न चला था।

सुबह जागने पर उसने अनुभव किया कि उसका बुखार कम और शरीर का दर्द अब समाप्त हो गया था। मीनू माया को देख रही थी, आज माया के प्रति मीनू के हृदय में अत्यधिक प्रेम उमड़ रहा था। उसने महसूस किया कि परिवार से दूर रहकर दूसरे लोग भी अपने हो जाते हैं, तभी माया उठकर मीनू को दवाई देती है।

मीनू को घर लौटने की आतुरता

मीनू का बुखार अब उतर गया था, लेकिन वह अत्यधिक कमज़ोर हो गई थी। कुछ दिनों के उपरांत ही उसकी परीक्षाएँ आरंभ हो गईं और उसकी मेहनत और लगन से उसके सभी पेपर अच्छे हो रहे थे। उसे केवल प्रतीक्षा थी, तो परीक्षाओं के समाप्त होने की, ताकि वह अपने घर जा सके, आखिरकार कितना समय बीत गया था उसे अपने घर गए। आज मीनू अत्यधिक प्रसन्न थी, क्योंकि उसकी परीक्षाएँ समाप्त हो गई थीं और अब वह अपने घर लौट सकती थी।

वह अत्यधिक उत्साहित एवं प्रसन्न होते हुए अपने कमरे में आकर अपना सामान बाँधना आरंभ करती है। परीक्षाओं में व्यस्तता के कारण वह अपने कपड़े नहीं धो पाई थी, इसलिए उसने गंदे कपड़े ही बैग में रख लिए थे।

माया भी घर जाने के लिए अपना सामान बाँधती है। मीनू को मीरापुर जाना था, तो माया को अलीगढ़, इसलिए दोनों घर के लिए छात्रावास से एक साथ निकलती तो अवश्य हैं, लेकिन वहीं से ही एक-दूसरे को विदा कर अपने-अपने घर के लिए चली जाती हैं।

शब्दार्थ

महसूस *अनुभव करना;* **ज्वर** *बुखार;* **बड़बड़ाना** *अपने आप से ही बातें करना;* **स्पष्ट** *साफ;* **स्नेह** *प्रेम;* **प्रात:काल** *सुबह;* **पश्चात्** *बाद में;* **उत्साह** *जोश।*

PYQs विगत वर्षों के प्रश्न व महत्त्वपूर्ण प्रश्न

गद्यांश पर आधारित प्रश्न

1. निम्नलिखित गद्यांश को पढ़कर उसके नीचे दिए गए प्रश्नों के उत्तर हिंदी में लिखिए

वह अपनी किताब पेट पर रखकर तकिए के सहारे लेट-सी गई। मीनू का चेहरा बुखार के कारण तमतमा रहा था। माया अपने पलंग से उठकर मीनू के पास आई और उसके माथे पर हाथ रखा, तो दंग रह गई। उसका शरीर ज्वर से तप रहा था।

(i) छात्रावास का वातावरण शांत क्यों था?

उत्तर सभी लड़कियों की परीक्षाएँ आरंभ होने वाली थीं, जिस कारण सभी अपनी-अपनी पढ़ाई में व्यस्त थीं, इसलिए छात्रावास का वातावरण शांत था।

(ii) मीनू कॉलेज क्यों नहीं जा रही थी?

उत्तर मीनू की वकालत की परीक्षाएँ शुरू होने वाली थीं और कॉलेज में परीक्षा से पूर्व का अवकाश चल रहा था, जिस कारण मीनू कॉलेज नहीं जा रही थी। वह हॉस्टल में ही अपनी परीक्षाओं की तैयार कर रही थी।

(iii) कौन तकिए के सहारे लेट गई थी और क्यों?

उत्तर मीनू तकिए के सहारे लेट गई थी, क्योंकि मीनू के सिर में तेज़ दर्द और बुखार था, जिस कारण वह आज कुछ अधिक थकान महसूस कर रही थी, इसलिए वह किताब पेट पर रखकर तकिए के सहारे लेट गई थी।

(iv) माया क्या देखकर दंग रह गई और उसके पश्चात् उसने क्या किया?

उत्तर मीनू को तकिए के सहारे लेटा हुआ देखकर जब माया ने उसके माथे को छुआ, तो उसका शरीर बुखार से तप रहा था और उसका चेहरा बुखार के कारण तमतमा रहा था, जिसे देखकर माया दंग रह गई। मीनू को बुखार में तड़पता देखकर माया उसके लिए स्वयं ही दवाई लेने चली जाती है।

2. निम्नलिखित गद्यांश को पढ़कर उसके नीचे दिए गए प्रश्नों के उत्तर हिंदी में लिखिए

सारी रात माँ उसी के पास बैठी रही। सुबह जब उसकी आँखें खुलीं, तो माँ के चेहरे पर सारी रात जागने की थकान स्पष्ट दिखाई दे रही थी, परंतु उस समय तक मीनू का ज्वर उतर चुका था। इस बात का उन्हें संतोष था।

(i) माँ सारी रात किसके समीप बैठी रही?

उत्तर मीनू जब आठवीं कक्षा में पढ़ती थी, तब उसे अत्यधिक तेज़ बुखार हुआ था, जिस कारण सारी रात उसके समीप बैठकर माँ ने बर्फ की पट्टियाँ उसके सिर पर रखीं तथा निरंतर उसकी सेवा करती रही थीं।

(ii) आँखें खुलने पर वक्ता ने क्या पाया?

उत्तर वक्ता अर्थात् मीनू की जब सुबह आँखें खुली तो उसने पाया कि माँ के चेहरे पर पूरी रात जागने की थकान स्पष्ट दिखाई दे रही थी। मीनू का ज्वर उतर चुका था, इसी बात का संतोष उनके चेहरे पर दिखाई पड़ रहा था।

(iii) माँ की आँखों में आँसू क्यों आए थे और उन्होंने क्या किया?

उत्तर मीनू जब छोटी थी, तो उसे अत्यधिक तेज़ ज्वर आया था, जिस वजह से उसने बड़बड़ाना तक आरंभ कर दिया था। मीनू की इस अस्थिर हालत को देखकर माँ परेशान हो गई थी, जिस कारण उनकी आँखों में आँसू छलक आए थे। बेटी की नाजुक हालत को देखते हुए वे सारी रात जागकर उसके समीप बैठी रही और डॉक्टर के कहे अनुसार, उसके माथे पर बर्फ की पट्टियाँ रखकर उसकी सेवा करती रहीं।

(iv) माँ को किस बात का संतोष था और क्यों?

उत्तर माँ को मीनू के ज्वर के कम होने के कारण उसके स्वास्थ्य में आई स्थिरता से संतोष था, क्योंकि रात को बहुत अधिक तबीयत खराब होने के कारण उसने बड़बड़ाना शुरू कर दिया था, जिस कारण माँ बहुत परेशान एवं व्याकुल हो उठी थीं और माँ ने पूरी रात जागकर मीनू की देखभाल की थी, जिसकी थकान उनके चेहरे पर स्पष्ट रूप से दिखाई दे रही थी। माँ के अथक परिश्रम के कारण ही उन्होंने अपनी बेटी के प्राणों की रक्षा की थी, इसलिए माँ संतुष्ट दिखाई दे रही थी।

3. निम्नलिखित गद्यांश को पढ़कर उसके नीचे दिए गए प्रश्नों के उत्तर हिंदी में लिखिए

मीनू को ज्वर से पीड़ित देखकर वह स्वयं ही दवाई लेने चली गई थी। जैसे ही मीनू ने करवट लेने की कोशिश की वैसे ही माया ने कमरे में प्रवेश किया।

(i) मीनू को माँ की याद क्यों आई थी?

उत्तर मीनू को अत्यधिक तेज़ बुखार होने के कारण उसके सिर में बहुत तेज दर्द था, किंतु छात्रावास में होने के कारण वह किसी को सिर दबाने के लिए नहीं कह सकती थी, जबकि माँ स्वयं ही उसकी सेवा के लिए तत्पर हो उठती थीं, इसलिए उसे माँ की याद आ रही थी।

(ii) माया कहाँ गई थी और क्यों?

उत्तर मीनू की तबीयत खराब थी, जिस वजह से उसका पूरा शरीर दर्द कर रहा था और उसका चेहरा बुखार के कारण तमतमा रहा था, इसलिए माया, मीनू के लिए दवा लेने डॉक्टर के पास गई थी।

(iii) माया ने मीनू की सेवा किस प्रकार की?

उत्तर जब मीनू की तबीयत खराब हुई और डॉक्टर के पास जाने में वह असमर्थ थी, तो माया स्वयं ही उसके लिए डॉक्टर के पास जाकर दवाई लाई थी तथा मीनू का पूरा ध्यान रखते हुए उसके खान-पान का भी ध्यान रखती थी, उसको दवाई खिलाती थी। माया देर रात तक जागकर अपनी पढ़ाई छोड़कर मीनू की सेवा में लगी रहती थी।

(iv) माया द्वारा सेवा करने के उपरांत मीनू की क्या प्रतिक्रिया थी?

उत्तर माया द्वारा कठिन समय में मीनू की सेवा करने से वह अत्यधिक प्रसन्न थी और उसे माया के व्यवहार से अपनत्व के अहसास का अनुभव हो रहा था। माया की सेवा का ही परिणाम था कि मीनू दो दिन में ठीक हो गई थी और माया के द्वारा निःस्वार्थ रूप से की गई सेवा के कारण माया के प्रति मीनू के हृदय में उसके लिए अत्यंत प्रेमभाव उमड़ रहा था और आज उसे घर से बाहर रहकर भी अपनों का सा अहसास हो रहा था।

4. निम्नलिखित गद्यांश को पढ़कर उसके नीचे दिए गए प्रश्नों के उत्तर हिंदी में लिखिए

प्रात:काल जब मीनू की आँखें खुलीं, तो उसके शरीर का दर्द समाप्त हो गया था। ज्वर भी कम लग रहा था। माया अभी सो रही थी। शायद रात देर तक पढ़ी होगी। मीनू ने करवट बदली और माया की ओर मुँह करके लेट गई। सोती हुई माया को देखकर मीनू के हृदय में उसके लिए प्यार उमड़ पड़ा।

(i) किसे व क्यों लगा कि माया देर रात तक पढ़ी होगी?

उत्तर माया द्वारा मीनू का सिर दबाने पर उसे अत्यधिक आराम हुआ था और उसे नींद आ गई थी, किंतु सुबह उठने पर उसने माया को सोया हुआ पाया, जिस कारण मीनू को लगा कि माया देर रात तक पढ़ी होगी।

(ii) सुबह जागने पर मीनू ने क्या अनुभव किया?

उत्तर सुबह जागने पर मीनू ने अनुभव किया कि उसका बुखार भी कम था और उसके शरीर का दर्द भी खत्म हो गया था।

(iii) मीनू के हृदय में किसके लिए प्यार उमड़ पड़ा और क्यों?

उत्तर मीनू के हृदय में माया के लिए प्यार उमड़ आया था, क्योंकि जब मीनू की अत्यधिक तबीयत खराब थी और शरीर ज्वर से तप रहा था, उस समय माया ने निःस्वार्थ एवं निश्छल भाव से उसकी सेवा की थी। माया की इस निःस्वार्थता के कारण ही मीनू को उसके व्यवहार से अपनत्व का-सा अहसास हुआ था। माया की अपनत्व एवं पूर्ण निःस्वार्थ सेवा के कारण मीनू के हृदय में उसके लिए प्यार उमड़ आया था।

(iv) माया द्वारा की गई सेवा का क्या परिणाम हुआ?

उत्तर माया द्वारा की गई, सेवा का यह परिणाम हुआ कि मीनू का ज्वर दो दिन में उतर गया था और मीनू शीघ्र ही स्वस्थ हो गई। मीनू की अस्वस्थ अवस्था में माया मीनू को इस बात की अनुभूति नहीं होने देती कि वह घर से दूर हॉस्टल में रह रही है अर्थात् कहने का तात्पर्य यह है कि माया द्वारा की गई सेवा से मीनू को इस बात की अनुभूति हुई कि घर से बाहर रहने पर पराए लोग भी अपने हो जाते हैं।

अध्याय 14

सारांश

मीनू का घर पहुँचना

घर पहुँचने पर मीनू देखती है कि पिताजी अब पूरी तरह से स्वस्थ हैं। माँ, मीनू को गले से लगा लेती हैं, तो आशा और रोहित उसे अपनी बातें बताने लगते हैं, वह प्रसन्नतापूर्वक उनकी बातें सुनती है। माँ, मीनू से उसकी परीक्षाओं के विषय में पूछती हैं, मीनू पेपर अच्छे होने और परीक्षा परिणाम पर सब कुछ निर्भर होने की बात माँ से कहती है। माँ विश्वास के साथ कहती हैं कि हमेशा की तरह ही तुम इस बार भी प्रथम श्रेणी से पास हो जाओगी, तब मीनू माँ से कहती है कि उनके आशीर्वाद की वजह से ही उसे लक्ष्य तक पहुँचने की प्रेरणा मिली है। लेकिन माँ लगन और परिश्रम को सफलता का मार्ग प्रशस्त करने वाला कारक बताते हुए बाहर चली जाती हैं।

पिताजी का बुआजी के पत्र के बारे में बताना

मीनू अपने कमरे में साप्ताहिक पत्रिका पढ़ रही थी, तभी पिताजी कमरे में प्रवेश कर कुर्सी पर बैठते हुए उसे बुआजी के पत्र के बारे में बताते हुए कहते हैं कि बुआजी ने दिल्ली में एक लड़का देखा है, जो इंजीनियर है और उसका वेतन तीन हज़ार रुपये महीना है। मीनू पिताजी की बात पूरी होने से पहले ही पढ़ाई छोड़कर शादी करने से मना कर देती है। पिताजी लड़का अच्छा होने की बात कहते हैं, किंतु मीनू, आशा के सुंदर होने के कारण उसके विवाह की बात चलाने के लिए कहती है। पिताजी उदास होकर ऐसा करने में अपनी असमर्थता प्रकट करते हैं। मीनू विश्वासपूर्वक आशा के विवाह की बात करने के लिए कहती है, जिस पर माँ भी रसोईघर से बाहर आकर उसका समर्थन करती है।

पिताजी का दिल्ली जाना

सबकी सलाह पर पिताजी आशा का फोटो लेकर दिल्ली जाते हैं, उन्हें लड़का पसंद आता है। लड़के वालों को भी आशा पसंद आती है और वे कहते हैं कि उन्हें दहेज के रूप में केवल सुंदर लड़की चाहिए थी। आशा को देखने के लिए आलोक, उसके माता-पिता व उसकी भाभी आते हैं। आशा सुंदर तो थी ही, आज साड़ी पहनने और बिंदी लगाने से वह अत्यधिक सुंदर लग रही थी। आशा का रिश्ता तय हो जाने पर दयाराम जी मीनू के विषय में भी बताते हैं कि वह आशा से बड़ी है और वकालत में पढ़ रही है, इसलिए उसका विवाह नहीं हुआ है। विवाह की तिथि चार माह पश्चात् की तय होने के बाद सभी उसकी तैयारियों में लग जाते हैं।

नीलिमा के आने की सूचना मिलना

मीनू घर में टेलीविजन देख रही थी, तभी अशोक आकर बताता है कि मेरठ से नीलिमा आई है और वह उससे मिलना चाहती है। मीनू अत्यधिक प्रसन्न हो उठती है, किंतु माँ के घर पर न होने के कारण उसका अभी वहाँ जाना असंभव था। माँ के आते ही मीनू माँ को बताकर नीलिमा के घर चली जाती है।

मीनू व नीलिमा का मिलना

मीनू, नीलिमा से मिलकर अत्यधिक प्रसन्न होती है और दोनों बातें करने के लिए कमरे में चली जाती हैं। मीनू, नीलिमा की उदासी देखकर उसकी उदासी का कारण पूछती है, वह उसे बताती है कि उसकी तबीयत खराब है एवं उसे उल्टियाँ भी हो रही हैं, जिसे सुनते ही मीनू हँसते हुए कहती है कि वह खुशखबरी सुनाने जा रही है तभी अशोक कमरे में प्रवेश करता है और तीनों बातें करने लगते हैं। मीनू जो अशोक से बातें करने में लज्ज़ा का अनुभव करती थी, अब छात्रावास में रहने के कारण वह उससे नि:संकोच भाव से बातें कर रही थी।

नीलिमा द्वारा आशा के विवाह के विषय में पूछना

अशोक के जाने के उपरांत नीलिमा, मीनू से उसके अभी विवाह न करने के विषय में पूछते हुए आशा के विवाह के तय होने के बारे में पूछती है। मीनू, नीलिमा को बताती है कि आशा का विवाह तय हो गया है और लड़का इंजीनियर है। नीलिमा, मीनू से उसके विवाह न करने का कारण पूछती है, वह बताती है कि वह अब विवाह को लेकर निराश हो गई है, क्योंकि उसे लगता है कि कोई उससे विवाह नहीं करना चाहता।

नीलिमा द्वारा अशोक के विषय में बताना

मीनू की बात सुनकर नीलिमा बताती है कि अशोक भैया हर समय तुम्हारी प्रशंसा करते रहते हैं, मीनू मुस्कुराते हुए कहती है ''चल कोई तो है अपनी प्रशंसा करने वाला भी।'' नीलिमा कहती है कि अगर वह तैयार हो जाए, तो वह मुस्कुराते उसका विवाह अशोक भैया से करवा देगी। मीनू वकालत पूरी होने और अपने लक्ष्य को प्राप्त करने के उपरांत ही विवाह करने के बारे में सोचने की बात कहती है। नीलिमा ने उसे समझाते हुए कहा कि वह विवाह के उपरान्त भी पढ़ाई कर सकती है, किंतु मीनू विवाह के बाद उतने ही लगन से पढ़ पाने में अपनी असमर्थता प्रकट करती है। मीनू की हठ के आगे आज नीलिमा भी असफल होती है।

मीनू की दुविधा की स्थिति

घर पहुँचने के उपरांत मीनू को बार-बार नीलिमा के कहे शब्दों का स्मरण हो आता और उसका हृदय प्रसन्न हो उठता, क्योंकि अन्य लड़कियों की तरह उसे भी अपनी प्रशंसा सुनना अच्छा लगता था। नीलिमा के शब्दों ने आज उसे दुविधा में डाल दिया था।

वह यह नहीं समझ पा रही थी कि उसे अपने लक्ष्य को प्राप्त करने के लिए आगे बढ़ना चाहिए या उसे बीच में ही छोड़कर विवाह कर लेना चाहिए। इसी उधेड़-बुन में उसे कब नींद आ गई उसे उसका आभास नहीं हुआ।

शब्दार्थ

प्रेरणा *उत्साह;* **समर्थन** *सहयोग करना;* **निखरना** *बढ़ना;* **बेचैन** *उत्सुक;* **संकोच** *शर्म;* **प्रशंसा** *तारीफ करना;* **हठ** *ज़िद।*

PYQs विगत वर्षों के प्रश्न व महत्त्वपूर्ण प्रश्न

गद्यांश पर आधारित प्रश्न

1. निम्नलिखित गद्यांश को पढ़कर उसके नीचे दिए गए प्रश्नों के उत्तर हिंदी में लिखिए

पिताजी अभी वाक्य पूरा कर भी न पाए थे कि मीनू बोल पड़ी, "पिताजी, मैंने आपसे पहले भी कहा था कि मैं अभी अपनी पढ़ाई बीच में ही छोड़कर शादी नहीं करूँगी।'' "बेटी यह बात तो ठीक है, परंतु लड़का बहुत अच्छा है। ऐसे लड़के रोज़-रोज़ कहाँ मिलते हैं।''

(i) पिताजी मीनू को क्या बता रहे थे?

उत्तर पिताजी मीनू को बुआजी द्वारा भेजे गए पत्र के विषय में बता रहे थे, जिसमें बुआजी ने दिल्ली में रहने वाले एक लड़के का वर्णन किया था, जो इंजीनियर था और तीन हज़ार रुपये महीना वेतन पाता था।

(ii) पिताजी अपना वाक्य पूरा क्यों नहीं कर पाए थे?

उत्तर पिताजी जब बुआजी के द्वारा भेजे गए पत्र में वर्णित लड़के के विषय में मीनू से चर्चा कर रहे थे, तब मीनू, पिताजी की उस लड़के से अपना विवाह करवाने की मंशा को भाँपते हुए उनके वाक्य के पूरा होने से पूर्व ही विवाह न करने की अपनी इच्छा व्यक्त कर देती है। जिस कारण वह अपना वाक्य पूरा नहीं कर पाए थे।

(iii) मीनू ने पिताजी के सम्मुख क्या प्रस्ताव रखा था और क्यों?

उत्तर पिताजी के द्वारा पुन: विवाह के विषय में चर्चा करने के कारण मीनू ने विवाह न करने की इच्छा प्रकट करते हुए पिताजी के सम्मुख अपनी छोटी बहन आशा का विवाह करवाने का प्रस्ताव रखा था। मीनू पढ़ाई को बीच में ही छोड़कर विवाह करने की इच्छुक नहीं थी और न ही वह यह चाहती थी कि उसकी वजह से आशा के विवाह में देरी हो, इसलिए वह पिताजी के सम्मुख आशा का विवाह करवाने का प्रस्ताव रखती है।

(iv) पिताजी ने क्यों कहा कि ऐसे लड़के रोज़-रोज़ कहाँ मिलते हैं?

उत्तर पिताजी द्वारा कहे गए इस कथन का यह अभिप्राय था कि बुआजी द्वारा पत्र में, जिस लड़के का वर्णन किया गया था वह दिल्ली में इंजीनियर था और तीन हज़ार रुपये महीना वेतन पाता था, जिस कारण पिताजी, मीनू का विवाह उसके साथ करवाना चाहते थे, किंतु मीनू अपने विवाह न करने के दृढ़ निश्चय पर अडिग थी, इसलिए पिताजी उस पर विवाह के लिए दबाव डालते हुए कहते हैं कि ऐसे लड़के रोज़-रोज़ कहाँ मिलते हैं।

2. निम्नलिखित गद्यांश को पढ़कर उसके नीचे दिए गए प्रश्नों के उत्तर हिंदी में लिखिए

नीलिमा का नाम सुनते ही वह खुशी से झूम उठी और अपनी प्रिय सखी से मिलने के लिए बेचैन हो गई। इस समय माँ घर में नहीं थी। पड़ोस में किसी के घर गई थी, इसलिए इस समय उसका जाना संभव न था।

(i) कौन खुशी से झूम उठी थी और क्यों?

उत्तर नीलिमा के मेरठ से आने की ख़बर सुनकर मीनू अत्यधिक प्रसन्नता के कारण खुशी से झूम उठी थी, क्योंकि दोनों घनिष्ठ सहेलियाँ थीं और उनको आपस में मिले हुए भी काफी समय बीत गया था।

(ii) नीलिमा कहाँ से आई थी और उसके आने की सूचना किसने दी?

उत्तर नीलिमा अपने ससुराल मेरठ से अपने मायके आई थी। नीलिमा के आने की सूचना उसके भैया अशोक ने मीनू को दी थी, जिस कारण वह उससे मिलने के लिए अत्यधिक उत्सुक थी।

(iii) "खुशी से झूम उठी" प्रस्तुत पंक्ति से क्या अभिप्राय है?

उत्तर "खुशी से झूम उठी" प्रस्तुत पंक्ति से अभिप्राय है– बहुत अधिक आनंदित या प्रसन्नता का अनुभव करना। उपन्यास में नायिका अर्थात् मीनू जब कॉलेज में अवकाश होने के कारण घर आई हुई थी, तब उसे उसकी सहेली के भैया बताते हैं कि उसकी सहेली नीलिमा घर आई हुई है और उसे याद कर रही है। इस ख़बर को सुनते ही मीनू अत्यधिक प्रसन्नता का अनुभव करती हुई खुशी से झूम उठती है।

(iv) किसका कहाँ जाना संभव नहीं था और क्यों?

उत्तर मीनू का नीलिमा के घर जा पाना संभव नहीं था, क्योंकि मीनू को जब नीलिमा के आने का समाचार मिला तो वह अत्यधिक आनंदित हो उठी थी और उससे मिलने के लिए उत्सुक हो गई थी , लेकिन उस समय माँ के पड़ोस में जाने के कारण उसका नीलिमा के घर जाना असंभव था।

3. निम्नलिखित गद्यांश को पढ़कर उसके नीचे दिए गए प्रश्नों के उत्तर हिंदी में लिखिए

तभी नीलिमा ने मीनू से शादी के बारे में पूछ लिया, "मीनू, तू शादी नहीं कर रही है अभी? मैंने सुना है आशा का रिश्ता हो गया है।" "हाँ नीलिमा! आशा का रिश्ता हो गया है। लड़का इंजीनियर है। घर भी अच्छा है।"

"पर मीनू, तू अभी शादी के लिए तैयार क्यों नहीं है?" नीलिमा ने पूछा। "नीलिमा अब मैं कुछ निराश-सी हो गई हूँ। कौन करेगा मुझसे शादी?"

(i) नीलिमा ने मीनू से क्या प्रश्न पूछे थे?

उत्तर नीलिमा ने मीनू से उसके विवाह न करने का कारण पूछते हुए आशा के विवाह के तय होने के संबंध में प्रश्न पूछे थे।

(ii) मीनू विवाह के लिए तैयार क्यों नहीं थी?

उत्तर मीनू , नीलिमा को विवाह न करने के लिए कारण बताते हुए कहती है कि अब उसमें विवाह के प्रति एक उदासीनता एवं निराशा-सी व्याप्त हो गई है, जिस कारण उसे ऐसा लगता है कि कोई उससे विवाह नहीं करना चाहता, इसलिए वह विवाह नहीं करना चाहती थी।

(iii) "अब मैं कुछ निराश-सी हो गई हूँ" प्रस्तुत पंक्ति से वक्ता की किस मनःस्थिति का पता चलता है?

उत्तर प्रस्तुत पंक्ति वक्ता अर्थात् मीनू की हताशा एवं हीन भावना से ग्रसित उसकी मानसिकता को अभिव्यक्त करती है। मीनू जिसको कई लड़के विवाह के लिए देखने आए थे, किंतु कोई-न-कोई कारण बताकर उन्होंने मीनू से विवाह करने के लिए मनाकर दिया था, जिस वजह से आज उसमें विवाह के प्रति एक हताशा एवं उदासीनता घर कर गई थी।

नीलिमा द्वारा विवाह न करने का कारण पूछने पर इसी हताश मानसिकता के कारण वह कहती है कि वह अब निराश-सी हो गई है, क्योंकि उसे ऐसा लगता है कि कोई उससे विवाह नहीं करेगा।

उपर्युक्त आधार पर कहा जा सकता है कि वह विवाह के प्रति एक हताश मन:स्थिति से ग्रसित हो चुकी थी।

(iv) मीनू द्वारा निराशा व्यक्त करने पर नीलिमा ने क्या इच्छा प्रकट की?

उत्तर मीनू जब विवाह के प्रति अपनी अनिच्छा प्रकट करती है, तब नीलिमा उसे अपने भैया अशोक के विषय में बताती है कि वह मीनू से प्रेम करते हैं और प्रत्येक क्षण उसकी प्रशंसा करते रहते हैं। वह कहती है कि अगर वह विवाह के लिए तैयार हो, तो वह उन दोनों का विवाह करवा सकती है।

4. निम्नलिखित गद्यांश को पढ़कर उसके नीचे दिए गए प्रश्नों के उत्तर हिंदी में लिखिए

यह बात सुनकर मीनू के चेहरे पर कुछ मुस्कुराहट-सी झलकी। मुस्कुराते हुए वह बोली, "चल कोई तो है अपनी प्रशंसा करने वाला भी।" "मीनू, मैं मज़ाक नहीं कर रही हूँ। तू तैयार हो जा, तेरी शादी अशोक भैया से करा दूँगी।" नीलिमा ने बड़े विश्वास से कहा।

(i) मीनू के चेहरे पर मुसकुराहट क्यों थी?

उत्तर नीलिमा के द्वारा यह बताने पर कि उसके अशोक भैया मीनू को पसंद करते हैं और हर समय उसकी प्रशंसा करते रहते हैं। नीलिमा के इस कथन को सुनकर मीनू के चेहरे पर मुस्कुराहट आ गई।

(ii) "कोई तो है अपनी प्रशंसा करने वाला भी" किसने कहा और क्यों?

उत्तर प्रस्तुत उक्ति मीनू द्वारा कही गई। मीनू को जब नीलिमा बताती है कि उसके भैया उसकी प्रशंसा करते रहते हैं, तब मीनू ने मुस्कुराते हुए कहा कि चल कोई तो है अपनी प्रशंसा करने वाला भी।

(iii) नीलिमा ने विश्वासपूर्वक क्या कहा था और क्यों?

उत्तर मीनू द्वारा विवाह करने के लिए अनिच्छा प्रकट करने के उपरांत नीलिमा ने विश्वासपूर्वक कहा था कि अगर वह विवाह के लिए तैयार हो जाती है, तो वह उसका विवाह अपने भैया से करवा देगी, क्योंकि उसे इस तथ्य की जानकारी थी कि उसके भैया मीनू को पसंद करते हैं और मीनू द्वारा तैयार होने पर उनका विवाह सुगमतापूर्वक करवाया जा सकता है।

(iv) मीनू ने नीलिमा के प्रस्ताव का क्या जवाब दिया था?

उत्तर नीलिमा द्वारा अशोक भैया से विवाह करवाने का प्रस्ताव रखने पर मीनू ने उसे अस्वीकार करते हुए कहा कि वह अभी वकालत पढ़ रही है और वकालत का उसका अभी केवल एक ही वर्ष पूरा हुआ है और वह अपने जिस लक्ष्य को लेकर आगे बढ़ी है, उसके पूरा होने के उपरांत ही वह विवाह के बारे में सोचेगी।

अध्याय 15

सारांश

मीनू का परीक्षाफल

आज मीनू का परीक्षाफल आया था और हमेशा की तरह ही उसने इस बार भी प्रथम श्रेणी से परीक्षा उत्तीर्ण की थी, जिस वजह से वह आज प्रसन्न थी। वह अनुभव कर रही थी कि मंजिल का पहला पड़ाव वह पार कर चुकी है। उसकी छुट्टियाँ समाप्त हो गई थीं, इसलिए आशा के विवाह की तैयारी छोड़कर वह अपने कॉलेज जाने की तैयारी करने लगी। दो महीने की छुट्टियाँ घर में बिताने के कारण उसे अब घर छोड़कर जाने में एक अज़ीब-सी अनुभूति हो रही थी।

मीनू का छात्रावास पहुँचना

छात्रावास पहुँचने पर मीनू को कई नई छात्राएँ दिखाई दीं, किंतु माया को देखते ही वह प्रसन्न हो उठी। माया उसे प्रथम श्रेणी से पास होने के लिए बधाई देती है। कॉलेज में पढ़ाई आरंभ हो गई थी, मीनू नियमित रूप से पढ़ने के कारण ही सदैव प्रथम श्रेणी से पास होती थी।

मीनू को अमित का अचानक दिखना

माँ ने मीनू को आशा के लिए साड़ियाँ व चप्पल खरीदने के लिए रुपये दिए थे। मीनू के आग्रह करने पर माया और वह बाज़ार चले जाते हैं। मीनू, आशा के लिए साड़ियाँ खरीदने के उपरांत चप्पल खरीदने एक दुकान में प्रवेश करती है, जहाँ मीनू को अमित दिखाई देता है, जो अपनी छोटी बहन के साथ आया था। मीनू को देखते ही वह उसे एकटक देखने लगा था।

अमित का मीनू से बात करने के लिए बेचैन होना

अमित, मीनू से बात करना चाहता है, किंतु अवसर न मिलने के कारण वह उससे बात नहीं कर पा रहा था। मीनू , अमित को अपनी ओर आता देख कर माया से उसे चप्पलें पसंद न आने की बात कहते हुए चलने के लिए कहती है, किंतु माया उसकी बातें न समझते हुए वहीं से चप्पलें खरीदने की ज़िद करती है। मीनू वहाँ से दो जोड़ी चप्पलें खरीदकर बाहर चली जाती है। माया, मीनू की व्याकुलता को महसूस तो अवश्य करती है, किंतु उसका कारण समझने में असमर्थ होती है। मीनू जब भी अमित को देखती, उसे उसके घरवालों के द्वारा दिए गए धोखे का स्मरण हो आता और उसके हृदय में एक अजीब-सी द्वेष भावना भर जाती थी।

मीनू का छात्रावास पहुँचना

छात्रावास पहुँचने पर सभी लड़कियाँ उसकी खरीदी हुई साड़ियों को देखती हैं। सभी लड़कियाँ उससे मज़ाक करते हुए कई प्रश्न पूछती हैं, पहली लड़की साड़ियों की प्रशंसा करते हुए प्रश्न पूछती है क्या अपने विवाह के लिए लाई है, तो दूसरी लड़की विवाह के तय होने और उन्हें न बताने के बारे में प्रश्न करती है, तीसरी लड़की जहाँ ठिठोली करते हुए जीजाजी का फोटो दिखाने के लिए कहती है, तो चौथी लड़की उनके काम के विषय में पूछती है, पाँचवीं लड़की उससे विवाहोपरांत कहाँ जाने के बारे में पूछती है? तभी सभी एक साथ हँस पड़ती हैं।

कई प्रश्नों के एक साथ पूछे जाने पर मीनू जवाब नहीं दे पाती, किंतु सबके शांत होने पर वह बताती है कि उसकी छोटी बहन का विवाह है और उसने यह सब उसी के लिए खरीदा है। उसका जवाब सुनकर सभी चुप हो जाती हैं और कुछ पूछने का साहस नहीं कर पातीं। मीनू व अन्य सभी लड़कियाँ अपने-अपने कमरे में चली जाती हैं।

शब्दार्थ

व्यस्त *किसी कार्य में पहले से लगे हुए होना;* **मोह** *लगाव;* **नियमित** *रोजाना;* **सदैव** *हमेशा ही;* **आग्रह** *निवेदन;* **एकटक** *लगातार;* **यद्यपि** *फिर भी;* **घृणा** *द्वेषभाव;* **साहस** *हिम्मत;* **उत्तेजित** *जोश;* **कटाक्ष** *व्यंग्य;* **एकत्रित** *इकट्ठा;* **संयम** *साहस, ढाँढस;* **अव्यवस्थित** *बिगड़ा हुआ स्वरूप;* **अनुमति** *आज्ञा।*

PYQs विगत वर्षों के प्रश्न व महत्त्वपूर्ण प्रश्न

गद्यांश पर आधारित प्रश्न

1. **निम्नलिखित गद्यांश को पढ़कर उसके नीचे दिए गए प्रश्नों के उत्तर हिंदी में लिखिए**

आखिर मेरठ जाने का दिन आ ही गया। दो महीने घर में सबके साथ रहने पर घर के प्रति मोह और अधिक बढ़ गया था। कितना अजीब-सा लग रहा था, उसे घर छोड़कर जाना।

(i) जाने से पूर्व मीनू किन कार्यों में व्यस्त थी?

उत्तर आशा के विवाह में एक महीना शेष था, इसलिए मीनू जाने से पूर्व आशा के विवाह की तैयारियों में लगी हुई थी।

(ii) कहाँ जाने का दिन आ गया था और क्यों?

उत्तर मीनू के मेरठ जाने का दिन आ गया था, क्योंकि उसकी परीक्षाओं का परिणाम आने के साथ-साथ उसकी परीक्षाओं के उपरांत का अवकाश भी समाप्त हो गया था और उसकी वकालत की कक्षाएँ आरंभ होने वाली थीं।

(iii) किसे घर छोड़ने पर अजीब-सा लग रहा था और क्यों?

उत्तर मीनू को घर छोड़ने पर अजीब-सा लग रहा था, क्योंकि परीक्षा के बाद मिलने वाले दो माह के अवकाश में मीनू ने अपना पूरा समय घर में रहकर ही व्यतीत किया था और घर में आशा के विवाह की तैयारियाँ भी चल रही थीं, जिस कारण प्रत्येक समय घर के सदस्यों के साथ रहने से घर के प्रति मीनू का मोह और अधिक बढ़ गया था, इसलिए उसे घर छोड़ने में अजीब लग रहा था।

(iv) "घर के प्रति मोह और अधिक बढ़ गया था" पंक्ति से क्या अभिप्राय है?

उत्तर मीनू की परीक्षाओं के उपरांत का अवकाश समाप्त हो गया था और उसे अब पुन: वापस छात्रावास जाना था, किंतु अवकाश के दौरान परिवार के सदस्यों के साथ अपना समय व्यतीत करने के कारण परिवार के सदस्यों के प्रति उसका लगाव और अधिक बढ़ गया था और उनसे बिछुड़ने के कारण उसे

एक अजीब-सी अनुभूति भी हो रही थी। इसी लगाव को अभिव्यक्त करते हुए लेखिका मीनू की स्थिति का वर्णन करते हुए कहती है कि घर के प्रति मोह और अधिक बढ़ गया था।

2. **निम्नलिखित गद्यांश को पढ़कर उसके नीचे दिए गए प्रश्नों के उत्तर हिंदी में लिखिए**

उसने आशा के लिए चार साड़ियाँ खरीदीं। उसके बाद वे दोनों चप्पलों की दुकान पर पहुँचीं। अभी वे दोनों चप्पल पसंद कर ही रही थीं कि मीनू को सामने अमित दिखाई दे गया।

(i) माया, मीनू के साथ क्यों गई थी?

उत्तर मीनू को अपनी छोटी बहन आशा के विवाह के लिए बाज़ार से सामान खरीदना था और वह अकेले जाकर खरीदारी नहीं कर सकती थी। अतः उसने माया से साथ चलने का आग्रह किया था, इसलिए माया, मीनू के साथ गई थी।

(ii) कौन-कौन बाज़ार गए थे और उन्होंने क्या खरीदा?

उत्तर मीनू और माया बाज़ार गए थे और उन्होंने आशा के लिए चार साड़ियाँ तथा दो जोड़ी चप्पलें खरीदी थीं।

(iii) साड़ियाँ किसने और क्यों खरीदीं?

उत्तर मीनू ने अपनी छोटी बहन आशा के लिए साड़ियाँ खरीदीं, क्योंकि मीनू की माँ ने मीनू को छात्रावास जाते समय आशा के विवाह के लिए साड़ियाँ और चप्पलें खरीदने के लिए रुपये दिए थे, इसलिए मीनू ने साड़ियाँ खरीदी थीं।

(iv) मीनू को कौन दिखाई दिया और वह कहाँ आया हुआ था?

उत्तर मीनू जब साड़ियाँ खरीदने के उपरांत चप्पलें खरीदने के लिए दुकान में प्रवेश करती है, तो मीनू को अमित दिखाई देता है। अमित स्वयं अपनी छोटी बहन मधु को चप्पल दिलवाने के लिए बाज़ार आया हुआ था। मीनू को देखने के उपरांत अमित, मीनू को एकटक देखने लगा।

3. **निम्नलिखित गद्यांश को पढ़कर उसके नीचे दिए गए प्रश्नों के उत्तर हिंदी में लिखिए**

अमित को अपनी ओर आता देखकर तथा लगातार एकटक देखते हुए पाकर मीनू, माया से बोली, "चलो माया, यहाँ चप्पलें कुछ पसंद नहीं आ रही हैं।" माया उसकी बात समझ नहीं पाई थी, इसलिए वह बोली, "नहीं मीनू यहाँ तो बहुत सुंदर-सुंदर चप्पलें हैं, इन्हीं में से पसंद कर लो।"

(i) मीनू ने कहाँ से और किसे चलने के लिए कहा तथा क्यों?

उत्तर मीनू ने माया से दुकान से बाहर चलने के लिए कहा, क्योंकि दुकान में अमित भी उपस्थित था, इसलिए मीनू, माया से बाहर चलने के लिए कहती है।

(ii) माया क्या बात नहीं समझ पाई थी?

उत्तर दुकान में अमित की उपस्थिति से मीनू स्वयं को असहज स्थिति में महसूस करती है, साथ ही अमित द्वारा लगातार एकटक देखना व बात करने के लिए पास आता हुआ देखकर मीनू, माया से चलने के लिए कहती है, किंतु माया उसकी असहजता के कारण को समझ नहीं पाती।

(iii) अमित किसे एकटक देख रहा था और क्यों?

उत्तर अमित, मीनू को एकटक देख रहा था। मीनू को दुकान में देखने के उपरांत वह मीनू से बात करने के लिए बेचैन हो उठता है, क्योंकि वह मीनू को उसके प्रति अपने लगाव एवं अपने माता-पिता के द्वारा किए गए कुकृत्य के लिए उससे माफ़ी माँगना चाहता था और उससे बात करने का अवसर ढूँढ़ता है, किंतु अवसर न मिल पाने के कारण वह उसे लगातार एकटक देख रहा था।

(iv) प्रस्तुत गद्यांश के आधार पर मीनू की मन:स्थिति का विश्लेषण कीजिए।

उत्तर अमित को देखने के उपरांत मीनू व्याकुल एवं बेचैन होने के कारण स्वयं को असहज मन:स्थिति में पाती है। अमित को देखने के उपरांत उसकी अतीत की स्मृतियाँ उसे पुनः स्मरण हो उठती हैं, जिससे उसमें अमित के परिवार के प्रति घृणा एवं द्वेष-भाव उत्पन्न हो उठता है। इसी बेचैन एवं असहज मन:स्थिति के कारण वह स्वयं ही दुकान से बाहर आ जाती है।

4. **निम्नलिखित गद्यांश को पढ़कर उसके नीचे दिए गए प्रश्नों के उत्तर हिंदी में लिखिए**

इतने सारे प्रश्नों की एक साथ बौछार! मीनू को बोलने का किसी ने अवसर ही नहीं दिया। जब सब चुप हो गईं, तब मीनू ने शांत स्वर में बताया कि ये साड़ियाँ मैंने अपनी छोटी बहन के लिए खरीदी हैं।

(i) लड़कियों ने किससे प्रश्न किए थे और क्यों?

उत्तर मीनू के छात्रावास पहुँचने पर सभी लड़कियाँ उससे कई प्रश्न पूछती हैं, क्योंकि मीनू जब साड़ियाँ खरीदकर छात्रावास पहुँचती है, तो लड़कियों में उसके द्वारा साड़ियाँ खरीदने का कारण जानने की उत्सुकता थी।

(ii) मीनू को बोलने का अवसर क्यों नहीं मिल पाया था?

उत्तर मीनू जब छात्रावास पहुँचती है, तो सभी लड़कियाँ उसके द्वारा खरीदी हुई साड़ियों को देखते हुए मीनू से कई प्रश्न एक साथ पूछ लेती हैं, जिससे उसे उनका जवाब देने का अवसर नहीं मिल पाया था।

(iii) "इतने सारे प्रश्नों की एक साथ बौछार!" पंक्ति का अर्थ स्पष्ट कीजिए।

उत्तर साड़ियाँ खरीदने के उपरांत जब मीनू उन्हें लेकर छात्रावास पहुँचती है, तो सभी लड़कियाँ उसे घेर लेती हैं और उसके द्वारा खरीदी गई साड़ियों को खरीदने का कारण जानने के लिए सभी लड़कियाँ साड़ियाँ देखते हुए उससे लगातार कई प्रश्न पूछती हैं? कुछ साड़ी की प्रशंसा करते हुए स्वयं के लिए खरीदी हुई होने का प्रश्न पूछती हैं, तो कुछ विवाह तय होने की बात न बताने का कारण पूछती हैं। लड़कियाँ ऐसे ही कई प्रश्न उससे बिना किसी विराम के पूछ डालती हैं, इसलिए लेखिका लगातार पूछे गए प्रश्नों के कारण "इतने सारे प्रश्नों की एक साथ बौछार" होने की बात कहती है।

(iv) मीनू ने क्या बताया था और उसके उपरांत उनकी क्या प्रतिक्रिया हुई?

उत्तर छात्रावास की लड़कियाँ जब मीनू से साड़ियों के खरीदे जाने का कारण जानने के लिए कई सारे प्रश्न एक साथ ही पूछती हैं, तब मीनू सबके शांत होने के उपरांत उन्हें बताती है कि उसने यह साड़ियाँ अपनी छोटी बहन आशा के विवाह के लिए खरीदी हैं। मीनू का जवाब पाकर सभी लड़कियाँ चुप हो जाती हैं और कोई उससे और प्रश्न पूछने का साहस भी नहीं जुटा पाती और अपने-अपने कमरों में चली जाती हैं।

अध्याय 16

सारांश

विवाह की तैयारी

आशा के विवाह में दो दिन शेष थे, इसलिए मीनू भी तीन दिन पूर्व ही मेरठ से घर आ गई थी और विवाह की तैयारियों में माँ का हाथ बँटा रही थी। घर में अब भी काफ़ी काम शेष बचा हुआ था, जो अगले दो दिनों में किया जाना था। आशा मीनू से छोटी थी, किंतु उसे कभी इस बात का दुःख न था कि आशा का विवाह उससे पहले हो रहा है।

पिताजी का बुआजी को समझाना

बुआजी भी घर पहुँच गई थीं। मीनू के माँ-पिताजी उनके स्वभाव से परिचित थे, इसलिए उन्हें आशंका थी कि कहीं वे कुछ ऐसे शब्द न कह दें, जिन्हें सुनकर मीनू दुःखी हो उठे। दयाराम जी अवसर पाकर बुआजी को समझाते हैं कि वह मीनू से उसकी शादी के विषय में कुछ न पूछें। बुआजी उनकी बात मानते हुए, उनसे प्रश्न करती हैं कि आखिर वे आशा का विवाह मीनू से पहले क्यों कर रहे हैं? जबकि यह करना उचित नहीं है। पिताजी बताते हैं कि वह अभी वकालत की पढ़ाई कर रही है, इसलिए अभी उसका विवाह करना असंभव था और यह कहकर विवाह के कार्यों में व्यस्त हो जाते हैं।

विवाह संबंधी रस्म अदायगी

विवाह की रस्में आरंभ हो चुकी थीं। एक रस्म के अनुसार, बड़ी बहन को आरती उतारनी थी। बुआजी प्रश्न करती हैं कि यह रस्म कौन करेगा? माँ, मीनू को रस्म अदायगी के लिए कहती हैं। तभी बुआजी उत्तेजित होकर कहती हैं कि यह रस्म केवल विवाहित बहनें ही करती हैं, इसलिए मीनू यह रस्म कैसे कर सकती है? मीनू बुआजी की बात सुनकर उदास हो जाती है, लेकिन माँ उसकी उदासी को समझते हुए कहती हैं कि ''आजकल कौन मानता है इन सब रस्मों को। मीनू ही करेगी सारी रस्में'' और थाल सजाने लगती हैं।

मीनू का दुःखी होना

मीनू जैसे ही रस्में करना शुरू करती है, सभी महिलाओं द्वारा उसको कटाक्ष पूर्ण नज़रों से देखने व आपस में बातें करने से वह दुःखी हो उठती है, उसका मन हो रहा था कि वह थाल छोड़कर कमरे में जाकर खूब रोये, लेकिन वह धैर्यपूर्वक रस्म पूरी करती है और अपने कमरे में चली जाती है। एकांत में पहुँचने पर उसका संयम टूट जाता है और उसकी आँखों से आँसू बहने लगते हैं। कुछ समय उपरांत आशा कमरे में प्रवेश करती है, उसे देखकर मीनू स्वयं को संयमित करते हुए उससे बातें करने लगती है।

आशा को तैयार करना

घर में काफ़ी मेहमान आ गए थे। बारात भी आने वाली थी, इसलिए चहल-पहल बढ़ गई थी। एक ओर बच्चे समूह में खेल रहे थे, तो दूसरी ओर सभी बड़े अपने कार्यों में व्यस्त थे। कुछ रस्में पूरी करने के बाद आशा को ऊपर कमरे में भेज दिया, जहाँ मीनू व आशा की सहेलियाँ उसको तैयार करती हैं। सजने के उपरांत आशा बहुत सुंदर दिखाई दे रही थी, सभी उसके रंग-रूप की प्रशंसा करते हैं।

मीनू का तैयार होना

मीनू ने विवाह के लिए हरे रंग की साड़ी खरीदी थी। साड़ी सँभालना उसके लिए थोड़ा कठिन था, लेकिन उसने विवाह के लिए विशेष रूप से साड़ी खरीदी थी, इसलिए उसने साड़ी ही पहनी। मीनू साड़ी में अत्यधिक सुंदर दिख रही थी। थोड़ा सजने के उपरांत उसका रूप और भी निखर गया था। साड़ी सँभालने के लिए उसने कई पिन लगा रखी थीं, ताकि उसे कोई असुविधा न हो। तैयार होकर नीचे आने के बाद उसने घर में आए मेहमानों का स्वागत किया और आशा की सहेलियों से बातें करने लगी। बातें करते समय उसका ध्यान दो महिलाओं की ओर आकर्षित हुआ।

महिलाओं का मीनू के विषय में बातें करना

विवाह में आई महिलाएँ मीनू के विषय में बातें कर रही थी कि दयाराम जी की बड़ी बेटी कौन-सी है, जो अभी तक अविवाहित है? तभी एक महिला मीनू की ओर इशारा करती है। एक अन्य महिला द्वारा मीनू की सुंदरता की प्रशंसा करते हुए, उसके विवाह न करने का कारण पूछने पर पहली महिला लड़कियों के विवाह को लेकर कई नखरे होने की बात कहती है। पास ही में खड़ी एक परिचित महिला उन्हें बताती है कि मीनू वकालत की पढ़ाई कर रही है, इसलिए उसने विवाह करने से मना कर दिया। पहली महिला कटाक्ष करते हुए कहती है कि कौन पढ़ाई के चक्कर में अपनी बेटियों को घर में रखता है, उनकी आधी उम्र तो पढ़ाई के चक्कर में ही निकल जाती है।

मीनू का विचलित होना

महिलाओं की बातें सुनकर मीनू सोचती है कि इस समाज में क्या कोई स्वेच्छा से जी भी नहीं सकता? कोई विवाह करे या न करे कोई क्यों चिंता करता है? महिलाओं की बातों से वह दुःखी हो उठती है, लेकिन कोई उसकी पीड़ा समझ नहीं पाता। अपनी सहनशक्ति के कारण वह अपनी पीड़ा व दुःख को चेहरे पर नहीं आने देती।

आशा की विदाई

मीनू विवाह के प्रत्येक कार्यक्रम में बढ़-चढ़कर भाग ले रही थी। विदाई के समय मीनू , आशा से लिपट कर रोती है। मीनू के माँ-पिताजी भी अत्यधिक भावुक हो उठते हैं और उनके आँसू बहने लगते हैं। मीनू सोचती है कि कैसी अजीब घड़ी है जिस बेटी को माता-पिता बचपन से लाड़-प्यार के साथ पालते हैं और अंत में उसे किसी दूसरे को सौंप देते हैं। साथ रहने वाली बेटी के लिए घर पराया हो जाता है और घर ही क्या बेटी ही पराया धन हो जाती है। आशा के विदा होते ही माँ फूट-फूटकर रोने लगती हैं, पिताजी की आँखों में भी आँसू थे, किंतु उन्होंने स्वयं पर धैर्य रखकर स्वयं को अन्य कार्यों में व्यस्त कर लिया था।

मीनू का माँ के प्रति स्नेह उमड़ना

माँ को दुःखी देखकर मीनू सोचती है कि वह सदैव माँ के पास ही रहेगी और विवाह नहीं करेगी। वह सोचती है कि माँ हमारे लिए कितने ही कष्ट सहती है, हमारी खुशियों के लिए अपनी सुख-सुविधाएँ छोड़ देती है और बीमारी में भी उन्हें हमारी चिंता सताती है, लेकिन यह कैसा रिश्ता है कि कुछ समय में ही बेटी पराई हो जाती है और माँ से अलग हो जाती है।

मीनू द्वारा माँ को सांत्वना देना

मीनू माँ को सांत्वना देती हुए कहती है कि आप न रोएँ, आपकी एक ही बेटी विदा हुई है और दूसरी आपको छोड़कर कहीं नहीं जाएगी, सदैव आपके पास ही रहेगी। माँ मीनू को गले लगा लेती हैं और रुआँसे स्वर में कहती है कि वह ऐसा न कहे, बेटी तो पराया धन होती है और वह अपने घर में ही शोभा देती है, तभी दयाराम जी आते हैं और अपनी पत्नी को किसी काम से बुलाकर ले जाते हैं।

मेरठ जाने की अनुमति लेना

विवाह के कारण घर अव्यवस्थित हो गया था, मीनू ने माँ के साथ मिलकर घर को पुनः व्यवस्थित किया। विवाह के कार्यों में व्यस्त होने के कारण उसका ध्यान पढ़ाई की ओर नहीं गया था, किंतु विवाह संपन्न होते ही उसे पढ़ाई का ध्यान हो आया था। उसने सोचा उसे अब अधिक परिश्रम से पढ़ना होगा, क्योंकि उसकी काफ़ी छुट्टियाँ हो गई थीं। उसका माँ को छोड़कर मेरठ जाने का मन न था, किंतु पढ़ाई के लिए उसे जाना ही पड़ा। वह माँ से मेरठ जाने की अनुमति माँगती है, माँ उसे अनुमति दे देती है, क्योंकि वे जानती हैं कि विवाह के कारण उसकी अत्यधिक छुट्टियाँ हो गई हैं।

शब्दार्थ

शंका *संदेह*; **नम्रतापूर्वक** *प्रेम से*; **मुरझाना** *उदास होना*; **मनःस्थिति** *मनोदशा*; **संयम** *धैर्य*; **एकांत** *अकेले होना*; **संयत** *नियंत्रित करना*; **विचित्र** *अज़ीब*; **सांत्वना** *ढाँढस बँधाना*; **अव्यवस्थित** *अस्त-व्यस्त होना*।

PYQs विगत वर्षों के प्रश्न व महत्त्वपूर्ण प्रश्न

गद्यांश पर आधारित प्रश्न

1. निम्नलिखित गद्यांश को पढ़िए और उसके नीचे लिखे प्रश्नों के उत्तर हिंदी में लिखिए

"मीनू .... अरे मीनू कैसे कर सकती है? यह रस्म तो शादीशुदा बहन ही कर सकती है। मीनू की तो अभी शादी भी नहीं हुई।" **(ICSE 2019)**

(i) उपयुक्त कथन की वक्ता कौन है उसका परिचय दीजिए।

उत्तर उपयुक्त कथन की वक्ता मीनू की बुआजी हैं। मीनू की बुआजी पुराने एवं घटिया विचारों वाली महिला हैं, जिनके कटु शब्द मीनू को आहत कर देते हैं।

(ii) वक्ता ने क्यों कहा कि मीनू यह रस्म नहीं कर सकती? यहाँ किस रस्म की बात हो रही है?

उत्तर वक्ता ने इसलिए कहा कि मीनू यह रस्म नहीं कर सकती, क्योंकि मीनू का विवाह नहीं हुआ था और विवाहित महिला ही यह रस्म कर सकती थी। यहाँ मीनू की बहन के विवाह के समय आरती उतारने की रस्म की बात हो रही है।

(iii) वक्ता की बात सुनकर मीनू तथा मीनू की माँ की स्थिति का वर्णन करते हुए बताइए कि क्या उसके द्वारा वह रस्म पूरी की गई थी? स्पष्ट कीजिए।

उत्तर वक्ता की बात सुनकर मीनू उदास हो जाती है तथा माँ उसकी उदासी को समझते हुए कहती है कि आजकल कौन मानता है इन सब बातों को, मीनू ही सारी रस्में करेगी। अंत में मीनू द्वारा ही वह रस्म पूरी की गई थी, परंतु रस्म पूरी करने के बाद वह अपने कमरे में जाकर रोने लगती है। बुआजी की कटु बातें उसे अंदर तक दुःखी कर देती हैं।

(iv) "एक अविवाहित स्त्री को समाज में उचित सम्मान नहीं मिलता।" उपन्यास के आधार पर अपने विचार लिखिए।

उत्तर "एक अविवाहित स्त्री को समाज में उचित सम्मान नहीं मिलता" यह बात सत्य है। उपन्यास में अविवाहित मीनू को अनेक समस्याओं का सामना करना पड़ता है समाज में उसे हेय दृष्टि से देखा जाता है। उसे अपनी बहन के विवाह में होने वाली रस्में करने से रोका जाता है जोकि किसी भी दृष्टि से उचित नहीं है। अतः उसे समाज में वह सम्मान नहीं मिलता, जो मिलना चाहिए।

एक्सपर्ट्स कमेंट्स

- कुछ छात्रों ने बुआ के स्थान पर मौसी शब्द का प्रयोग किया तथा कुछ छात्र वक्ता का सह-परिचय लिखने में विफल रहे।
- कुछ छात्र मीनू द्वारा रस्म अदा नहीं करने की बात को स्पष्ट नहीं कर पाए तथा कुछ छात्र मीनू और मीनू की माँ की स्थिति को स्पष्ट कर पाने में असमर्थ रहे मुख्य बिंदुओं का अभाव रहा।
- अधिकांश छात्रों ने अविवाहित स्त्री के सम्मान के बारे में तर्कसंगत उत्तर नहीं लिखे।

स्टूडेंट्स के लिए एडवाइज़

- छात्रों को उपन्यास के पात्रों के नाम तथा उनकी चारित्रिक विशेषताओं से संबंधित प्रश्नोत्तर का लिखित अभ्यास करना चाहिए।
- छात्रों को एकाग्रचित होकर उपन्यास को पढ़ना, उसमें वर्णित घटनाओं का बिन्दुवार विश्लेषण, जैसे-कारण तथा परिणाम को विस्तारपूर्वक समझना चाहिए तथा कक्षा में इसके विषय में चर्चा करनी चाहिए।
- छात्रों को विचारात्मक तथा तर्कपूर्ण प्रश्नों का अधिकाधिक अभ्यास करना चाहिए।

2. निम्नलिखित अवतरण को पढ़िए और उसके नीचे लिखे प्रश्नों के उत्तर हिंदी में लिखिए।

''यह कैसी विचित्र घड़ी होती है। माता-पिता जिस बेटी का लालन-पालन इतने वर्षों तक लाड़-प्यार से करते हैं, उसी बेटी को सदा के लिए दूसरों के हाथों में सौंप देते हैं।''

(ICSE Spec 2017)

(i) यहाँ विचित्र घड़ी से क्या उद्देश्य है?

उत्तर मीनू की छोटी बहन आशा का विवाह हो रहा था, जैसे ही उसकी विदाई का समय समीप आया मीनू की माँ के धैर्य का बाँध टूट गया और बेटी की विदाई देखकर वह रो पड़ीं।

लेखिका ने बेटी की विदाई से स्पष्ट किया है कि जिस बेटी को माता-पिता बचपन से लाड़-प्यार से पालते हैं उसे एक दिन अपने ही हाथों से विदा करना पड़ता है। समाज की इसी विचित्र परंपरा को विचित्र घड़ी कहा गया है।

(ii) 'बेटी पराया धन होती है' का अर्थ स्पष्ट कीजिए।

उत्तर 'बेटी पराया धन होती है' का अर्थ यह है कि समाज में बेटियों को हमेशा से ही पराया धन समझा जाता रहा है। मीनू अपनी माँ की भावातिरेक स्थिति देखकर आहत होकर स्वयं कभी उन्हें छोड़कर न जाने का वादा करती है। तब मीनू को समझाते हुए माँ स्पष्ट करती है कि बेटी तो पराया धन होती हैं और वह अपने घरों में ही अच्छी लगती हैं।

(iii) वर्षों के प्यार-दुलार के बाद लड़की को बिछड़ना क्यों पड़ता है?

उत्तर प्रत्येक माता-पिता अपनी बेटियों का लालन-पालन बड़े लाड़-प्यार से करते हैं, परंतु विवाह उपरांत उन्हें अपने हाथों से विदा कर देते हैं। पीढ़ियों से चलते आ रहे नियमों के अनुसार बेटियों का विवाह कर दूसरों अर्थात् अपने पति के घर जाना होता है, इसलिए वर्षों के प्यार-दुलार के बाद प्रत्येक लड़की को बिछड़ना पड़ता है।

(iv) प्रस्तुत उपन्यास का उद्देश्य स्पष्ट कीजिए।

उत्तर प्रस्तुत उपन्यास एक साँवली-सलोनी लड़की मीनू के जीवन पर आधारित उपन्यास है। उपन्यास की नायिका मीनू है, जिसके जीवन के इर्द-गिर्द संपूर्ण कथा चलती है। उपन्यास में बार-बार मीनू को लड़के वालों के नापसंद किए जाने पर मीनू के जीवन की हताशा व निराशा को प्रस्तुत किया गया है, परंतु वह निराशा आशावादी है।

मीनू अपनी कमज़ोरी को अपनी ताकत बनाती है तथा स्वयं आत्मनिर्भर व स्वावलंबी बनने का निर्णय करती है। वह जीवन की प्रतिकूल परिस्थितियों का डटकर सामना करती हैं, जो अन्य लड़कियों के लिए एक प्रेरणास्रोत बनती है। यही इस उपन्यास का उद्देश्य है।

3. निम्नलिखित गद्यांश को पढ़कर उसके नीचे दिए गए प्रश्नों के उत्तर हिंदी में लिखिए

यह बात सुनकर सामने बैठी मीनू का चेहरा मुरझा गया। मीनू के मुरझाए चेहरे को देखकर माँ उसकी मनःस्थिति समझ गईं और बुआजी से बोलीं, ''आजकल कौन मानता है इन सब बातों को। मीनू ही करेगी सारी रस्में।'' यह कहकर माँ पूजा का थाल सजाने लगीं।

(i) मीनू का चेहरा क्यों मुरझाया हुआ था?

उत्तर बुआजी ने जब मीनू को विवाह की रस्म करने से मना कर दिया, तब मीनू उदास हो गई थी, इसी कारण उसका चेहरा मुरझाया हुआ था।

(ii) माँ क्या समझ गई थी?

उत्तर बुआजी द्वारा रस्म अदायगी के लिए मना करने के कारण मीनू उदास एवं दु:खी हो जाती है, जो उसके मुरझाए हुए चेहरे से स्पष्ट प्रतीत हो रहा था, इसलिए माँ उसके दु:खी एवं उदास होने की मनःस्थिति को समझ गई थी।

(iii) माँ ने बुआजी को क्या कहा और क्यों?

उत्तर मीनू उदास थी, क्योंकि बुआजी ने उसे बड़ी बहन के द्वारा की जाने वाली रस्म करने से रोका था, जिसका कारण उन्होंने यह बताया कि यह रस्म केवल विवाहित बहनों के द्वारा ही की जाती है।

बुआजी द्वारा यह बात कहने के उपरांत माँ ने उन्हें समझाते हुए कहा था कि ''आजकल कौन मानता है, इन सब बातों को। मीनू ही करेगी सारी रस्में'' अर्थात् भले ही मीनू का विवाह न हुआ हो, लेकिन बड़ी बहन होने के नाते वह बड़ी बहन की सारी रस्मों की अदायगी करेगी।

(iv) मीनू को रस्म करते समय किन-किन स्थितियों का सामना करना पड़ा?

उत्तर माँ के द्वारा मीनू को ही रस्में पूरी करने के लिए कहने पर मीनू जब रस्म अदायगी करना शुरू करती है, तो आस-पास की सभी महिलाएँ उसे कटाक्ष भरी निगाहों से देखने लगती हैं, जिससे मीनू बेचैन हो उठती है और उसका मन करता है कि वह रस्म पूरी किए बिना ही वहाँ से उठ जाए, जो उसके अत्यधिक दु:खी एवं परेशान होने की स्थिति को प्रकट करता है।

4. निम्नलिखित गद्यांश को पढ़कर उसके नीचे दिए गए प्रश्नों के उत्तर हिंदी में लिखिए

एकांत में उसका हृदय रो पड़ा। उसके नेत्रों से आँसू टपक पड़े। इतने में ही आशा ने कमरे में प्रवेश किया। आशा को देखकर उसने झटपट अपने आँसू पोंछे और अपने को संयम करके आशा से बातें करनी शुरू कर दीं।

(i) कौन एकांत में रो रहा था और क्यों?

उत्तर मीनू एकांत में रो रही थी, क्योंकि आशा के विवाह में उसके द्वारा की गई रस्म को करते समय सभी महिलाएँ उसे कटाक्ष भरी नज़रों से देख रही थीं, जिस कारण वह अत्यंत दु:खी हो उठी और स्वयं को न सँभालते हुए कमरे में चली जाती है, जहाँ उसका धैर्य व संयम का बाँध टूट जता है।

(ii) कमरे में किसने प्रवेश किया और उस पर मीनू की क्या प्रतिक्रिया हुई?

उत्तर कमरे में मीनू की छोटी बहन आशा ने प्रवेश किया। आशा के कमरे में प्रवेश करते ही मीनू जल्दी से अपने आँसू पोंछती है और स्वयं को संयमित करते हुए आशा से बातें करना शुरू कर देती है। जैसे उस पर उन महिलाओं की बातों का कोई प्रभाव ही ना पड़ा हो।

(iii) ''एकांत में उसका हृदय रो पड़ा।'' पंक्ति से क्या अभिप्राय है?

उत्तर 'हृदय के रोने' से अभिप्राय है, जब व्यक्ति अत्यधिक दुःख और पीड़ा के कारण भावावेश में बहते हुए अनियंत्रित होकर रो पड़े। उपन्यास में मीनू जब अपनी छोटी बहन आशा के विवाह की रस्में पूरी कर रही थी, तो बुआजी और विवाह में सम्मिलित अन्य महिलाओं द्वारा उसके अविवाहित होने की बात कहने तथा उसे कटाक्ष भरी नज़रों से देखने के कारण मीनू अत्यंत दुःखी और आहत होती है। रस्म पूरी करते ही कमरे में जाकर वह भावावेश में आकर रोने लगती है।

(iv) किसने स्वयं को संयमित किया और क्यों?

उत्तर मीनू अत्यधिक दुःखी होने के कारण कमरे में रो रही होती है, लेकिन आशा के कमरे में पहुँचते ही, वह स्वयं को सँभालते हुए जल्दी से आँसू पोंछकर संयमित करती है। मीनू ऐसा इसलिए करती है, क्योंकि वह अपने दुःख एवं अपनी पीड़ा को अपने माता-पिता व आशा के सम्मुख प्रकट नहीं करना चाहती थी।

5. निम्नलिखित गद्यांश को पढ़कर उसके नीचे दिए गए प्रश्नों के उत्तर हिंदी में लिखिए

इस तरह की बातें सुनकर मीनू का चंचल हृदय बेचैन हो उठा उसके हृदय की पीड़ा को कोई नहीं समझ पाता था। फिर भी मीनू के अंदर बहुत सहन शक्ति थी। अपने दिल की पीड़ा को वह चेहरे तक न आने दे रही थी।

(i) किसका हृदय बेचैन हो उठा और क्यों?

उत्तर मीनू का हृदय बेचैन हो उठा था, क्योंकि आशा के विवाह में आई हुई कुछ महिलाएँ मीनू के द्वारा विवाह न करने पर विभिन्न प्रकार की बातें कर रहीं थीं, साथ ही उसके माता-पिता पर पढ़ाई करवाने के कारण बेटियों का विवाह न करवाने का आरोप भी लगा रही थीं, जिससे दुःखी होकर मीनू का हृदय बेचैन हो उठा।

(ii) महिलाओं की बातें सुनकर मीनू ने क्या सोचा?

उत्तर महिलाओं की बातें सुनकर मीनू सोचती है कि समाज किसी को भी स्वेच्छा से जीवन व्यतीत करने का अधिकार नहीं देता। समाज प्रत्येक क्षण उनके जीवन में हस्तक्षेप करता रहता है। कोई विवाह करे अथवा न करे, किसी को भी इस बात की चिंता नहीं होनी चाहिए, लेकिन समाज अपनी हस्तक्षेप की प्रवृत्ति के कारण किसी भी व्यक्ति को चैन से जीने नहीं देता।

(iii) 'मीनू के अंदर बहुत सहन शक्ति थी', लेखिका ने ऐसा क्यों कहा?

उत्तर मीनू के अंदर बहुत सहन शक्ति थी, लेखिका ने यह बात इसलिए कही, क्योंकि मीनू अपने अंदर के दुःख और पीड़ा को चेहरे पर कभी व्यक्त नहीं करती थी। विवाह में सम्मिलित महिलाओं की व्यर्थ की बातों और माता-पिता पर लगाए जाने वाले लांछनों से वह आहत ज़रूर होती है, परंतु वह किसी की भी बात का जवाब नहीं देती। ये उसकी सहनशीलता का ही परिणाम है कि वह किसी को पलटकर जवाब नहीं देती और मन-ही-मन दुःखी होकर सभी कटाक्षों को सहजता से सहन कर लेती है।

(iv) मीनू अपनी पीड़ा को चेहरे पर क्यों नहीं आने दे रही थी?

उत्तर मीनू अपनी पीड़ा को चेहरे पर इसलिए प्रदर्शित नहीं होने दे रही थी, क्योंकि उसकी पीड़ा के प्रदर्शित होने से, जहाँ उसके माता-पिता व आशा दुःखी होते, वहीं घर में विवाह के कारण प्रसन्नता का जो माहौल बना हुआ था, उसमें भी व्यवधान उत्पन्न होता। इस व्यवधान का कारण न बनने एवं अपने माता-पिता को दुःखी न करने के लिए ही वह अत्यधिक दुःख एवं पीड़ा महसूस करने के उपरांत भी उसको अपने चेहरे पर प्रदर्शित नहीं होने दे रही थी।

लघु उत्तरीय प्रश्न

1. आशा के विवाह में आई दूसरी महिलाएँ मीनू के बारे में क्या बातें कर रही थीं? (ICSE Spec Sem II 2021)

उत्तर आशा के विवाह में आई दूसरी महिलाएँ मीनू के बारे में बातें कर रही थीं कि दयाराम जी की बड़ी बेटी कौन-सी है जो अभी तक अविवाहित है। उसका विवाह अब तक क्यों नहीं हुआ है पढ़ाई के चक्कर में कौन अपनी बेटियों को घर में रखता है, उनकी आधी उम्र तो पढ़ाई के चक्कर में ही निकल जाती है।

अध्याय 17

सारांश

माँ द्वारा मीनू को पत्र भेजना

आशा के विवाह को हुए पाँच माह बीत गए थे। माँ मीनू को पत्र भेजा करती थी, जिसे पढ़कर मीनू को उनके अकेले होने का आभास होता था। मीनू के पास माँ-पिताजी के जब भी पत्र आते तब उसकी, उनसे मिलने के लिए व्याकुलता और बढ़ जाती। माँ पत्र में हमेशा कहती कि वह लगन से पढ़ाई करे, क्योंकि उसे अपने पैरों पर खड़ा होना है। आज भी माँ का पत्र आया था। पत्र में लिखे प्रत्येक शब्द से उनका ममत्व झलक रहा था, जिससे उसके हृदय में माँ के प्रति श्रद्धा बढ़ गई थी।

सुरेंद्र द्वारा मीनू को नामकरण का निमंत्रण देना

मीनू जैसे ही पत्र पढ़कर रख रही थी, उसी समय सुरेन्द्र उसके कमरे में प्रवेश करता है। उसे देखकर वह आश्चर्यचकित होकर आने का कारण पूछती है। वह उसे बताते हैं कि नीलिमा ने पुत्र को जन्म दिया है और वह उसी के नामकरण संस्कार का निमंत्रण-पत्र देने आए हैं। मीनू प्रसन्न होकर अवश्य आने की बात कहती है। सुरेंद्र के जाने के बाद वह निमंत्रण-पत्र उठाकर नीलिमा के विषय में सोचने लगती है कि उसे एक अच्छा पति मिला और अब वह एक पुत्र की माँ भी बन गई है, वह कितनी सौभाग्यशाली है।

मीनू का नामकरण संस्कार में पहुँचना

मीनू कॉलेज से अवकाश लेकर बच्चे के लिए उपहार खरीदकर नीलिमा के घर पहुँच जाती है। नीलिमा मीनू को देखकर बहुत प्रसन्न होती है और दोनों अपनी बातों में खो जाती हैं। दोनों बातों में मग्न होती हैं, तभी सुरेंद्र के मित्र कमरे में प्रवेश करते हैं। उनमें सुरेंद्र का घनिष्ठ मित्र अमित भी था, जो नीलिमा से सुरेंद्र के विषय में पूछता है, नीलिमा सुरेंद्र के बाहर काम में व्यस्त होने की बात कहती है। मीनू अमित का नाम सुनते ही पीछे देखती है, तो वह दंग रह जाती है। अमित का सामना न करना पड़े, इसलिए बाज़ार में दुकान से तो वह किसी तरह निकल गई थी, किंतु यहाँ से जाना मुश्किल था। अमित को देखकर उसके मन में पुनः एक अजीब-सी घृणा उत्पन्न हो आती है।

नीलिमा द्वारा मीनू को अमित के विषय में बताना

सुरेंद्र के सभी मित्र वहाँ से जा चुके थे, लेकिन मीनू सोच में डूबी हुई थी। नीलिमा मीनू को अमित का रिश्ता टूटने के विषय में बताती है, जिस पर वह चौंकते हुए रिश्ता टूटने का कारण पूछती है। नीलिमा उसे बताती है कि लड़की वालों ने कुछ अनुचित बातें कहीं, जिस कारण इन्हें रिश्ता तोड़ना पड़ा। मीनू कहती है कि उन्होंने कुछ तीखे वचन कहे होंगे, वरना रिश्ता तोड़ना सरल कार्य नहीं है।

नीलिमा, मीनू को बताती है कि लड़की वाले अपनी बेटी को फ्लैट देना चाहते थे, ताकि वह अलग गृहस्थी बसा सके। साथ में वह, ये बात भी कहती है कि अमित तो पहले ही यह विवाह नहीं करना चाहते थे, लेकिन आरंभ में वे अपने माता-पिता का विरोध न कर पाए थे, परंतु लड़की वालों के अनुचित कृत्यों को देखकर उनके पिताजी ने अमित को ही निर्णय करने के लिए कह दिया था। नीलिमा मीनू को बताती है कि अमित को मीरापुर में कोई लड़की पसंद थी और वे उसी से विवाह करना चाहते हैं।

मीनू के व्यवहार में अमित के प्रति परिवर्तन आना

मीनू को जब नीलिमा से इस बात का पता चला कि अमित, धनी लड़की से विवाह नहीं करना चाहता था और लड़की पक्ष की ओर से फ्लैट देने तथा गृहस्थी अलग बसाने की बात पर अमित द्वारा रिश्ता तोड़ दिया गया। इस तथ्य ने मीनू की नज़रों में अमित का स्थान ऊँचा कर दिया था। अब मीनू का व्यवहार अमित के प्रति बदल रहा था। अभी तक अगर मीनू को कभी अमित दिखाई देता या उसकी कोई बात होती, तो उसके हृदय में अमित के लिए घृणा भर जाती थी, लेकिन आज उसे उसके विषय में जानकर भी बुरा नहीं लगा था। घर में आए सभी अतिथियों ने बच्चे को शुभाशीश प्रदान किए। कार्यक्रम समाप्त हो गया था और रात बहुत हो चुकी थी, इसलिए सुरेंद्र मीनू को छात्रावास छोड़ने चले गए थे।

अमित की मीनू से मिलने की उत्सुकता

अमित पूरे दिन कार्य में व्यस्त था, जब वह मीनू से बात करने के लिए उसे ढूँढने नीलिमा के पास आया, तो वह उसे कहीं नज़र नहीं आई। इस प्रकार आज फिर वह अपने हृदय की बात मीनू को न बता सका था।

मीनू के विषय में जानने की उत्सुकता

अमित, मीनू के विषय में जानने के लिए उत्सुक था, इसलिए वह नीलिमा के पास जाकर मीनू के विषय में पूछता है, वह मीनू के छात्रावास चले जाने के बारे में बताती है। अमित जब मीनू की पढ़ाई के विषय में पूछता है, तो वह बताती है कि डेढ़ वर्ष पूर्व एक लड़के ने उससे विवाह करने से मना कर दिया था, जिसके कारण उसमें निराशा उत्पन्न हो गई थी और उसने आत्मनिर्भर बनने का निर्णय किया था, ताकि वह अपने पैरों पर खड़े होकर आत्म-सम्मान के साथ जीवन व्यतीत कर सके।

अमित को आत्मग्लानि होना

नीलिमा की बातें सुनकर अमित को आत्मग्लानि अनुभव होने लगी, वह स्वयं को मीनू की निराशा एवं दुःख का कारण समझने लगता है। वह नीलिमा को यह नहीं बताता कि वही वह लड़का है, जिसने उसे विवाह के लिए अस्वीकार कर दिया था और घर चला जाता है। नीलिमा उसे बैठने के लिए कहती है, किंतु वह उदास स्वर में रात अधिक होने की बात कहकर चला जाता है। पूरे रास्ते उसके मस्तिष्क में मीनू का मासूम चेहरा घूमता रहा, जिसने प्रथम मुलाकात में ही अमित का दिल मोह लिया था।

शब्दार्थ

आभास *प्रतीत;* **व्याकुल** *बेचैन;* **आश्चर्यचकित** *हैरान होना;* **भाग्यशाली** *सौभाग्य;* **तल्लीन** *किसी कार्य में मग्न होना;* **भंग** *टूटना;* **विरुद्ध** *विरोध में;* **निर्णय** *फ़ैसला;* **दुर्भाग्यवश** *बदकिस्मती से;* **नामंजूर** *अस्वीकार करना;* **आत्मग्लानि** *पछतावा।*

PYQs विगत वर्षों के प्रश्न व महत्त्वपूर्ण प्रश्न

गद्यांश पर आधारित प्रश्न

1. निम्नलिखित अवतरण को पढ़िए और उसके नीचे लिखे प्रश्नों के उत्तर हिन्दी में लिखिए।

'इतने में नीलिमा के पति सुरेंद्र जी ने कमरे में प्रवेश किया उन्हें देखकर मीनू आश्चर्यचकित रह गई। **(ICSE Spec 2023)**

(i) मीनू इस समय कहाँ पर है? नीलिमा के पति को देखकर वह आश्चर्यचकित क्यों हो गई?

उत्तर अवतरण के अनुसार, मीनू इस समय अपने हॉस्टल के कमरे में बैठकर अपनी माँ का पत्र पढ़ रही है। नीलिमा के पति को देखकर वह आश्चर्यचकित इसलिए हो गई, क्योंकि वह अकेले आए थे।

(ii) क्यों, क्या हुआ नीलिमा को? मीनू के इस प्रश्न का सुरेंद्र ने क्या उत्तर दिया?

उत्तर नीलिमा के पति सुरेन्द्र को अकेला देखकर मीनू ने सुरेंद्र से पूछा कि नीलिमा कैसी है। इस प्रश्न के उत्तर में सुरेंद्र ने उत्तर दिया कि वह पूर्णआराम में है। यह सुनकर मीनू घबरा गई कि क्यों, क्या हुआ नीलिमा को, तब सुरेन्द्र ने बताया कि नीलिमा ने एक पुत्र को जन्म दिया है यह बात सुनकर मीनू खुश हो गई।

(iii) यह शुभ समाचार सुनकर मीनू की क्या प्रतिक्रिया हुई?

उत्तर जब मीनू को पता चला कि नीलिमा ने पुत्र को जन्म दिया है तो यह बात सुनकर मीनू अत्यधिक खुश हुई और सुरेंद्र द्वारा उसके बेटे का नामकरण संस्कार में आने का निमंत्रण तुरंत स्वीकार कर लिया और आने का वादा भी किया।

(iv) मीनू ने नीलिमा के घर जाने से पहले क्या तैयारी की? वहाँ किसे देखकर मीनू आश्चर्यचकित रह गई?

उत्तर मीनू ने नीलिमा के घर जाने से पहले अपने हॉस्टल से छुट्टी ली और उसके बाद नीलिमा के पुत्र के लिए उपहार खरीदे, उपहार खरीदकर वह सीधे ही नीलिमा के घर पहुँच गई परन्तु अमित को वहाँ देखकर मीनू आश्चर्यचकित रह गई।

2. निम्नलिखित गद्यांश को पढ़कर उसके नीचे दिए गए प्रश्नों के उत्तर हिंदी में लिखिए

अमित का नाम सुनते ही दरवाजे की ओर पीठ किए बैठी मीनू ने मुड़कर देखा, तो वह आश्चर्यचकित रह गई। मीनू जब भी अमित को देखती, उसके मन में अजीब-सी घृणा उत्पन्न हो जाती। अमित व उसके सभी मित्र वहाँ आ चुके थे, परंतु मीनू अभी भी सोच में डूबी हुई थी। **(ICSE 2017)**

(i) मीनू इस समय कहाँ थी? वहाँ अमित से उसकी मुलाकात कैसे हो गई?

उत्तर मीनू इस समय अपनी सहेली नीलिमा के बेटे के नामकरण में उसके घर आई हुई थी। नीलिमा के मुँह से अमित का नाम सुनते ही जब मीनू ने पीछे मुड़कर दरवाजे की ओर अमित को खड़ा देखा, तो आश्चर्यचकित रह गई। इस प्रकार वहाँ अमित से उसकी मुलाकात हुई।

(ii) मीनू और अमित के बीच क्या संबंध था? वह उससे घृणा क्यों करती थी?

उत्तर मीनू के विवाह के लिए अमित और उसके परिवार के सदस्य उसे देखने आए थे। उन्होंने झूठ बोलकर मीनू का विवाह प्रस्ताव त्याग दिया था। मीनू को जब पता चला कि धनी सेठ की लड़की से विवाह करने के लिए उससे तथा उसके परिवार से झूठ बोला गया है, तब वह दु:खी और निराश हो गई। इसी कारण वह अमित से घृणा करती थी।

(iii) उसे वहाँ किस सच्चाई का पता चला? उन बातों का उस पर क्या प्रभाव पड़ा?

उत्तर मीनू को नीलिमा ने अमित के विवाह टूटने के विषय में बताया कि किस प्रकार लड़की वालों की अनुचित इच्छाएँ व्यक्त करने पर अमित का विवाह टूट गया था। इस प्रकार उसे इस सच्चाई का पता चला कि अमित धनी लड़की से विवाह नहीं करना चाहता था और लड़की पक्ष की ओर से फ्लैट देने तथा अलग गृहस्थी बसाने की बात पर अमित द्वारा रिश्ता तोड़ दिया गया। इन बातों का मीनू पर यह प्रभाव पड़ा कि उसकी नज़रों में अमित का स्थान ऊँचा हो गया। अब मीनू का व्यवहार अमित के प्रति बदल रहा था।

(iv) "मीनू परिस्थितियों से हार मानने वाली कोई साधारण नारी नहीं थी।" स्पष्ट कीजिए कि उसने अपने जीवन को कैसे नई दिशा दी?

उत्तर जीवन की विषम परिस्थितियों के कारण मीनू में पहले हीन भावना उत्पन्न हो गई थी, लेकिन वह बहुत समझदार लड़की थी। उसे इस बात का अहसास हो गया था कि जीवन का उद्‌देश्य केवल विवाह तक ही सीमित नहीं है। उसने अपनी दृढ़ता और साहस का परिचय देते हुए अपने जीवन का लक्ष्य निश्चित किया। उसने अपनी मेहनत व लगन से प्रथम श्रेणी से वकालत पास की तथा ख्याति प्राप्त वकील बन गई।

उसने अपने लक्ष्य को प्राप्त कर लिया। इस प्रकार स्पष्ट है कि मीनू परिस्थितियों से हार मानने वाली कोई साधारण नारी नहीं थी।

3. निम्नलिखित गद्यांश को पढ़कर उसके नीचे दिए गए प्रश्नों के उत्तर हिंदी में लिखिए

जिस समय भी माँ या पिताजी का कोई पत्र उसके पास आता, उस समय उसका हृदय व्याकुल हो उठता। उसे घर जाने की बेचैनी होने लगती, परंतु माँ सदैव उसे अपने पत्र में यही शिक्षा देती थीं कि उसे लगन से पढ़कर अपने पाँव पर खड़ा होना है।

(i) किसका हृदय व्याकुल हो उठता और कब?

उत्तर जब भी मीनू को माँ अथवा पिताजी के द्वारा भेजा गया पत्र प्राप्त होता, तो उस समय उसे पाकर मीनू का हृदय व्याकुल हो उठता था और घर जाने की बेचैनी होने लगती।

(ii) पत्र कौन भेजता था और उसमें क्या लिखा होता था?

उत्तर मीनू के माता-पिता उसे पत्र भेजा करते थे। माँ जब भी पत्र भेजा करती, तो सदैव ही मीनू को लगन से पढ़कर अपने पाँव पर खड़े होने की शिक्षा देती थी। माँ के लिखे एक-एक शब्द में मीनू को प्यार झलकता प्रतीत होता, जिन्हें पढ़कर उसके हृदय में माँ के प्रति श्रद्धा उमड़ आती थी।

(iii) 'पाँव पर खड़े होने' से क्या तात्पर्य है? माँ सदैव मीनू को यह शिक्षा क्यों देती थी?

उत्तर 'पाँव पर खड़े होने' से तात्पर्य है आत्मनिर्भर एवं स्वावलंबी बनना। गद्यांश में कहा गया है कि मीनू की माँ सदैव पत्र में उसे मन लगाकर पढ़ने और अपने पैरों पर खड़े होने की बात लिखती थीं, ताकि मीनू का मनोबल बना रहे और वह अपने लक्ष्य को प्राप्त कर सके। वह किसी पर बोझ नहीं बनना चाहती थी और समाज में आत्मसम्मान के साथ जीना चाहती थी।

(iv) पत्र पढ़कर मीनू की क्या मन:स्थिति होती और क्यों?

उत्तर जब कभी भी मीनू की माँ या पिताजी का पत्र आता, तो उसका हृदय व्याकुल हो उठता, वह छात्रावास को छोड़कर घर पहुँचने के लिए बेचैन होने लगती। मीनू की घर पहुँचने की इस बेचैनी, इस आतुरता का कारण उसकी माँ के द्वारा भेजे जाने वाले पत्र थे, जिन्हें पढ़कर उसे सदैव ही यह प्रतीत होता था कि दोनों बेटियों मीनू व आशा के बिना वे अकेली-सी हो गई हैं।

4. **निम्नलिखित गद्यांश को पढ़कर उसके नीचे दिए गए प्रश्नों के उत्तर हिंदी में लिखिए**

अमित का नाम सुनते ही दरवाज़े की ओर पीठ किए बैठी मीनू ने मुड़कर देखा तो वह आश्चर्यचकित रह गई। अरे! यह तो वही अमित है। बाज़ार में उस दुकान से तो वह झटपट निकल भागी थी, परंतु अब घर से कहाँ जाएगी।

(i) मीनू कहाँ आई हुई थी और क्यों?

उत्तर मीनू अपनी सहेली नीलिमा के घर आई हुई थी। नीलिमा ने एक पुत्र को जन्म दिया था और जिसके नामकरण संस्कार के लिए नीलिमा के पति सुरेंद्र ने मीनू को आमंत्रित किया था, इसलिए मीनू बच्चे के नामकरण संस्कार में शामिल होने के लिए आई थी।

(ii) कौन आश्चर्यचकित हुआ और क्यों?

उत्तर मीनू आश्चर्यचकित हुई थी, क्योंकि नीलिमा के मुँह से अमित नाम सुनते ही जब मीनू पीछे मुड़कर दरवाज़े की ओर देखती है, तो वह अमित को देखकर आश्चर्यचकित हो उठती है, क्योंकि वह वही लड़का था, जो उसे नापसंद कर गया था।

(iii) अमित कौन था? मीनू उसे किस प्रकार जानती थी?

उत्तर अमित, सुरेंद्र का मित्र था, मीनू के विवाह के लिए अमित का रिश्ता आया था उन्होंने झूठ बोलकर मीनू का विवाह प्रस्ताव त्याग दिया था। धनी सेठ की लड़की से विवाह करने के लिए उनसे झूठ बोला गया, तो वह दु:खी एवं निराश हो गई थी यही कारण था कि वह अमित को जानती थी।

(iv) लेखिका ने क्यों लिखा कि "दुकान से तो वह झटपट निकल भागी थी, परंतु अब घर से कहाँ जाएगी?" स्पष्ट कीजिए।

उत्तर मीनू जब कभी भी अमित के विषय में कोई बात सुनती या उसे देखती तो उसके मन में अमित के प्रति घृणा भाव उत्पन्न हो जाता था और वह दु:खी हो उठती थी। कुछ समय पहले जब मीनू अपनी बहन के लिए सामान खरीदने दुकान में गई थी, तो वहाँ उसे अमित दिखाई दिया था।

लेकिन उस समय उसे देखकर मीनू झटपट दुकान से बाहर निकल गई थी, किंतु आज उसका नीलिमा के घर से निकलना मुश्किल था, क्योंकि वह नीलिमा के बेटे के नामकरण में आई हुई थी, इसलिए लेखिका ने कहा कि दुकान से तो वह झटपट निकल भागी थी, परंतु अब घर से कहाँ जाएगी।

5. **निम्नलिखित गद्यांश को पढ़कर उसके नीचे दिए गए प्रश्नों के उत्तर हिंदी में लिखिए**

"परंतु अमित भैया उस लड़की से शादी करने के इच्छुक नहीं थे। जब उस लड़की से रिश्ता हुआ था, तब वे अपने माता–पिता के विरुद्ध न बोल सके। परंतु लड़की वालों की ये सब हरकतें देखकर अमित के पिताजी ने अमित के ऊपर ही सौंप दिया था कि वह इस बात का निर्णय स्वयं ही करे कि यहाँ शादी करनी है या नहीं।"

(i) नीलिमा मीनू को किस विषय में बता रही थी?

उत्तर नीलिमा मीनू को अमित के विवाह टूटने के विषय में बता रही थी कि किस प्रकार लड़की वालों की अनुचित इच्छाएँ व्यक्त करने पर अमित का विवाह टूट गया था।

(ii) मीनू ने अमित के विवाह टूटने की ख़बर सुनकर क्या प्रतिक्रिया व्यक्त की थी?

उत्तर अमित के विवाह के टूटने की ख़बर सुनते ही मीनू चौंक पड़ती है और कारण जानने की कोशिश करते हुए कहती है कि लड़की वालों ने कुछ तीखे वचन कह दिए होंगे, तभी रिश्ता टूटा है, वरना रिश्ता टूटना आसान काम नहीं है।

(iii) अमित पिताजी को क्या नहीं बोल पाया था?

उत्तर अमित को धनीमल जी की बेटी सरिता पसंद नहीं थी, इसलिए वह उससे विवाह नहीं करना चाहता था, किंतु अपने माता-पिताजी की इच्छा एवं उनके द्वारा सरिता से विवाह के लिए दबाव डालने पर, वह इस विवाह के लिए अपनी अनिच्छा को माता-पिता से न बोल पाया था।

(iv) पिताजी ने अमित को क्या निर्णय लेने के लिए कहा था और क्यों?

उत्तर पिताजी ने अमित को विवाह करने या न करने के लिए निर्णय लेने के लिए कहा था, क्योंकि लड़की वालों के द्वारा विवाह में अपनी बेटी को फ्लैट देने की इच्छा प्रकट करने के उपरांत पिताजी को उनके कृत्य अनुचित जान पड़े थे और इसलिए उन्होंने अमित के ऊपर ही निर्णय छोड़ दिया था कि वह सरिता से शादी करना चाहता है या नहीं।

6. निम्नलिखित गद्यांश को पढ़कर उसके नीचे दिए गए प्रश्नों के उत्तर हिंदी में लिखिए

उसे लगा कि उसने मीनू के हृदय को पीड़ा पहुँचाई है। उसी के कारण मीनू जीवन में इतनी निराश हो चुकी है। अमित ने नीलिमा को नहीं बताया कि अमित ही वह लड़का है, जिसने मीनू के दिल को ठेस पहुँचाई है। अब उसे वहाँ एक पल बैठना भी मुश्किल लगा। इसलिए वह वहाँ से उठ खड़ा हुआ और जाने लगा।

(i) किसे लगा की उसने मीनू को दु:ख पहुँचाया है और क्यों?

उत्तर अमित को लगा कि उसने मीनू को दु:ख पहुँचाया है, क्योंकि अमित को जब नीलिमा से पता चलता है कि एक लड़के के द्वारा विवाह के लिए अस्वीकार करने के कारण मीनू निराश हो गई थी, इसलिए उसे लगा कि उसने ही मीनू को पीड़ा पहुँचाई है, जिसके कारण मीनू में जीवन के प्रति उदासीनता उत्पन्न हो गई है।

(ii) नीलिमा से किसने और क्या छिपाया था?

उत्तर नीलिमा से अमित अपने विषय में यह छिपाता है कि वही वह युवक है, जिसने मीनू को विवाह के लिए अस्वीकार किया था और उसी ने मीनू के हृदय को ठेस पहुँचाई थी।

(iii) नीलिमा मीनू के विषय में अमित को क्या बताती है?

उत्तर नीलिमा मीनू के विषय में अमित को बताती है कि एक युवक के द्वारा विवाह के लिए अस्वीकार किए जाने पर मीनू के हृदय में निराशा उत्पन्न हो गई थी, जिस कारण उसके हृदय को अत्यधिक पीड़ा की अनुभूति हुई थी। इस निराशा से मुक्ति पाने के लिए उसने पढ़-लिखकर अपने पाँव पर खड़े होने का निर्णय लिया था, जिससे वह समाज में आत्मसम्मान पा सके और आत्मनिर्भर होकर अपना जीवन व्यतीत कर सके।

(iv) कौन उठ खड़ा हुआ था और क्यों?

उत्तर नीलिमा के द्वारा मीनू के बारे में जानने के पश्चात् अमित स्वयं को मीनू की निराशा, हताशा एवं पीड़ा के लिए ज़िम्मेदार मानने लगता है और आत्मग्लानि महसूस करने लगता है। स्वयं को पश्चात्ताप की अग्नि में जलता हुआ पाकर उसके लिए नीलिमा के पास बैठना अत्यंत मुश्किल हो गया, इसलिए वह वहाँ से उठ खड़ा हुआ और घर जाने लगा।

लघु उत्तरीय प्रश्न

1. **क्या अमित मेरठ वाली लड़की से शादी करने के लिए इच्छुक था? यदि नहीं, तो शादी तय कैसे हो गई?**

(ICSE Spec Sem II 2021)

उत्तर अमित मेरठ की लड़की सरिता से शादी करने के लिए इच्छुक नहीं था, क्योंकि उसे मीनू पसंद थी। सरिता के पिता द्वारा अमित के परिवार वालों को दहेज का लालच दिया था। अमित की माँ धन की लालची थी। धन के लिए उसने सरिता का रिश्ता स्वीकार कर लिया था। इसलिए शादी तय हो गई थी।

2. **अमित को नीलिमा से क्या ज्ञात हुआ था? उसे सुनकर उसने क्या निर्णय लिया था?** **(ICSE Spec Sem II 2021)**

उत्तर अमित को नीलिमा से यह ज्ञात हुआ कि डेढ़ वर्ष पूर्व एक लड़के ने मीनू से विवाह करने से मना कर दिया था। इस कारण उसमें निराशा उत्पन्न हो गई और उसने आत्मनिर्भर बनने का निर्णय लिया, जिससे वह अपने पैरों पर खड़ी होकर आत्मसम्मान के साथ जीवन व्यतीत कर सके। यह सुनकर अमित को आत्मग्लानि अनुभव होने लगी। वह स्वयं को मीनू की निराशा एवं दु:ख का कारण समझने लगा। उसने यह निर्णय लिया कि वह मीनू से मिलकर सारी बातें स्पष्ट कर देगा और उससे माफी माँग लेगा।

अध्याय 18

सारांश

महाविद्यालय में खेलकूद की प्रतियोगिताओं का आयोजन

मीनू ने द्वितीय वर्ष भी प्रथम श्रेणी से उत्तीर्ण किया था और अब वह अंतिम वर्ष की परीक्षा के लिए और अधिक लगन एवं मेहनत से तैयारी कर रही थी। अपने लक्ष्य को प्राप्त करने के लिए उसे इस वर्ष अत्यधिक परिश्रम करने की आवश्यकता थी। महाविद्यालय में खेलकूद की प्रतियोगिताएँ आयोजित की गई थीं, जिस वजह से महाविद्यालय में पढ़ाई नहीं हो पा रही थी, इसलिए मीनू नीलिमा से मिलने उसके घर जाने का निर्णय करती है।

मीनू का नीलिमा के घर पहुँचना

नीलिमा के घर पहुँचने पर मीनू ने देखा कि नीलिमा अस्वस्थ थी और उसका शरीर ज्वर से तप रहा था। सुरेंद्र नीलिमा के लिए दवाइयाँ खरीदने गए हुए थे, जिस वजह से उस समय घर में कोई न था। अपने बेटे अनूप को रोता हुआ देखकर नीलिमा कँपकँपाते स्वर में मीनू से उसे अपने समीप लिटाने के लिए कहती है, किंतु मीनू अनूप को उसके पालने में ही सुला देती है।

सुरेंद्र का दवाइयाँ लेकर आना

नीलिमा के पति सुरेंद्र नीलिमा की दवाई ले आए थे। सुरेंद्र मीनू को घर में देखकर सोचते हैं कि यदि वे मीनू को नीलिमा के पास बैठने के लिए कह दें, तो वे फैक्ट्री देखने के लिए जा सकेंगे। सुरेंद्र नीलिमा को दवाई देने के उपरांत मीनू के समक्ष आग्रहपूर्वक अपनी इच्छा प्रकट करते हैं, जिसे मीनू शीघ्र ही प्रसन्नतापूर्वक स्वीकार कर लेती है।

सुरेंद्र का फैक्ट्री के लिए चले जाना

नीलिमा की अस्वस्थता को देखकर मीनू को उससे बातें करना अनुचित लगा, इसलिए वह पास में ही रखी हुई पत्रिका को उठाकर पढ़ने लगती है। कुछ समय के उपरांत नीलिमा आश्चर्यपूर्वक उठते हुए मीनू से कहती है कि अकेले बैठने के कारण वह बोर हो गई होगी, लेकिन मीनू के न में जवाब देने एवं उससे, उसकी तबीयत के विषय में पूछने पर वह पहले से बेहतर महसूस करने की बात कहती है।

नीलिमा का मीनू से पढ़ाई के विषय में पूछना

नीलिमा मीनू से उसकी पढ़ाई के विषय में पूछती है कि अंतिम वर्ष होने के कारण वह अपनी पढ़ाई में अधिक व्यस्त होगी। मीनू बताती है कि दोनों वर्ष तो वह प्रथम श्रेणी से उत्तीर्ण हुई है और इस वर्ष का भविष्य में ही पता चलेगा। नीलिमा मीनू को शुभकामनाएँ देते हुए परिश्रम का फल अवश्य मिलने की बात कहती है।

नीलिमा द्वारा मीनू को अशोक के विषय में बताना

नीलिमा अपने भैया अशोक के दो वर्ष के लिए अमेरिका जाने की बात मीनू को बताती है। मीनू उनके जाने का कारण पूछती है, तो वह बताती है कि वह पढ़ने के लिए गए हैं, साथ में वह यह भी कहती है कि एक बार विदेश जाने के उपरांत सभी वहीं बस जाते हैं, कोई लौटकर नहीं आता।

मीनू अपने विचार प्रकट करते हुए कहती है कि वह इस पक्ष में बिल्कुल भी नहीं है। हमारी सरकार हमारी शिक्षा पर अत्यधिक खर्च करती है और बुद्धिमान व्यक्तियों का चंद रुपयों के लिए विदेश में बसने से देश का विकास कैसे हो सकता है, नीलिमा उसका समर्थन करते हुए कहती है कि इन बातों को प्रत्येक व्यक्ति नहीं समझता।

मीनू का छात्रावास के लिए जाना

मीनू और नीलिमा आपस में बातें कर रहे थे, तभी अनूप रोने लगता है, मीनू उसे उठाकर चुप करवाती है। सुरेंद्र भी फैक्ट्री से घर आ गए थे। घड़ी पर दृष्टि पड़ते ही मीनू उठती हुई छात्रावास जाने के लिए तैयार हो जाती है। नीलिमा मीनू से सुरेंद्र द्वारा छोड़ आने के लिए कहती है, किंतु नीलिमा के स्वास्थ्य को देखते हुए वह अकेले ही छात्रावास के लिए चली जाती है।

शब्दार्थ

कँपकँपाती आवाज़ *स्वर में कंपन होना;* **आग्रहपूर्ण** *निवेदन करना;* **सहर्ष** *प्रसन्नतापूर्वक;* **बुद्धिजीवी** *बुद्धिमान;* **वार्तालाप** *बातचीत।*

PYQs विगत वर्षों के प्रश्न व महत्त्वपूर्ण प्रश्न

गद्यांश पर आधारित प्रश्न

1. निम्नलिखित गद्यांश को पढ़कर उसके नीचे दिए गए प्रश्नों का उत्तर हिंदी में लिखिए

उसने सोचा कि आज नीलिमा के घर जाकर मिल आँऊ। पढ़ते-पढ़ते थक चुकी थी, इसलिए वह उठी और नीलिमा के घर पहुँचने पर उसने देखा कि नीलिमा बिस्तर पर पड़ी थी। मीनू ने उसके सिर पर हाथ रखकर देखा, उसका शरीर ज्वर से तप रहा था।

(i) मीनू कॉलेज क्यों नहीं जा रही थी?

उत्तर कॉलेज में खेलकूद की प्रतियोगिताओं का आयोजन किया गया था, जिस कारण कॉलेज में पढ़ाई नहीं हो रही थी, इसलिए मीनू कॉलेज नहीं जा रही थी।

(ii) कौन पढ़ते-पढ़ते थक गई थी और उसने क्या किया?

उत्तर मीनू पढ़ते-पढ़ते थक गई थी, इसलिए उसने अपनी प्रिय सहेली नीलिमा से मिलने का निर्णय किया, जो मेरठ में ही रहती थी।

(iii) नीलिमा के घर जाने का विचार किसे आया और क्यों?

उत्तर नीलिमा के घर जाने का विचार मीनू को आया था। मीनू के महाविद्यालय में खेलकूद की प्रतियोगिता आयोजित की गई थी, जिस कारण महाविद्यालय में पढ़ाई नहीं हो रही थी। मीनू ने खेल प्रतियोगिता में भाग भी नहीं लिया था। वह पढ़ते-पढ़ते थक गई थी, इसलिए उसके मस्तिष्क में नीलिमा के घर जाने का विचार आया।

(iv) नीलिमा के घर पहुँचने पर मीनू ने क्या देखा?

उत्तर मीनू जब नीलिमा के घर पहुँची, तो उसने देखा कि अत्यधिक ज्वर होने के कारण नीलिमा का शरीर ज्वर से तप रहा था, जिस कारण वह बिस्तर पर लेटी हुई थी। उसके पति सुरेंद्र दवाई लेने के लिए गए हुए थे, जिस कारण उस समय घर में कोई भी न था।

2. निम्नलिखित गद्यांश को पढ़कर उसके नीचे दिए गए प्रश्नों का उत्तर हिंदी में लिखिए

मीनू को लगा कि नीलिमा तीव्र ज्वर से पीड़ित है, इसलिए उससे बातें करना उचित नहीं। उसने पास पड़ी एक पत्रिका उठाकर पढ़नी शुरू कर दी। नीलिमा को दवाई मिलने से कुछ आराम हुआ और उसे झपकी आ गई। मीनू उस पत्रिका को पढ़ने में व्यस्त रही।

(i) मीनू को क्या अनुचित लगा और क्यों?

उत्तर मीनू को नीलिमा से बात करना अनुचित लग रहा था, क्योंकि नीलिमा की तबीयत खराब थी, उसे आराम की आवश्यकता थी, जिस कारण मीनू को उससे बात करना अनुचित लगा था।

(ii) किसे झपकी आ गई थी और क्यों?

उत्तर नीलिमा को बुखार था, जिस कारण वह अस्वस्थ थी। सुरेंद्र के द्वारा लाई गई दवाइयाँ खाने के पश्चात् उसे आराम महसूस हुआ था और उसे झपकी आ गई थी।

(iii) नीलिमा के घर में मीनू किस प्रकार अकेली थी? स्पष्ट कीजिए।

उत्तर नीलिमा अस्वस्थ थी और सुरेंद्र के द्वारा लाई हुई दवाइयाँ खाने के उपरांत उसने थोड़ा आराम महसूस किया था एवं उसे झपकी आ गई थी। वहीं दवाइयाँ लाते समय मीनू को घर में आया हुआ देखकर सुरेंद्र के मस्तिष्क में विचार आया था कि वह उसे नीलिमा के पास बैठने के लिए कहकर अपनी फैक्ट्री का निरीक्षण कर आएगा, जिसे मीनू ने सहर्ष ही स्वीकार कर लिया था। इस प्रकार नीलिमा के सोने और सुरेंद्र के कारखाने के लिए गए होने के कारण मीनू घर में अकेली थी, इसलिए उसने पास में ही रखी पत्रिका उठाकर पढ़नी शुरू कर दी थी।

(iv) जागने के उपरांत नीलिमा की क्या प्रतिक्रिया थी और मीनू ने उससे क्या पूछा?

उत्तर नीलिमा आश्चर्य के साथ जागी, तो उसने मीनू को अपने पास बैठा हुआ पाया। वह मीनू को दवाई खाने के उपरांत नींद आने के विषय में बताते हुए मीनू से उसके अकेले बैठने के कारण बोर होने के विषय में पूछती है। मीनू नीलिमा की तबीयत के विषय में पूछती है कि वह अब कैसा महसूस कर रही है, जिस पर नीलिमा पहले से आराम महसूस होने की बात कहते हुए बताती है कि अब उसका बदन दर्द भी कम हो गया है।

3. निम्नलिखित गद्यांश को पढ़कर उसके नीचे दिए गए प्रश्नों का उत्तर हिंदी में लिखिए

मैं तो आराम से बैठी पत्रिका पढ़ रही थी। हाँ .... ये तो बता, "अब तेरी तबीयत कैसी है?" अब तो कुछ आराम महसूस हो रहा है। बदन में दर्द भी कम है। नीलिमा ने धीमी आवाज़ में कहा—"और मीनू तुम्हारी पढ़ाई कैसी चल रही है? आजकल तो खूब व्यस्त होगी पढ़ने में।

(i) पत्रिका कौन पढ़ रही थी और क्यों?

उत्तर मीनू पत्रिका पढ़ रही थी, क्योंकि नीलिमा ज्वर से अत्यधिक पीड़ित होने के कारण आराम कर रही थी, जिस कारण मीनू को उससे बात करना अनुचित लगा था, इसलिए मीनू पास में रखी हुई पत्रिका पढ़ने लगी थी।

(ii) वक्ता ने किसकी तबीयत के विषय में पूछा और उसने क्या उत्तर दिया?

उत्तर वक्ता ने अपनी सहेली नीलिमा से उसकी तबीयत के विषय में प्रश्न पूछा था। नीलिमा अपने स्वास्थ्य के विषय में बताते हुए कहती है कि अब वह कुछ आराम महसूस कर रही है एवं उसके शरीर का दर्द भी कम है।

(iii) नीलिमा ने किससे और क्या प्रश्न पूछा?

उत्तर नीलिमा ने अपनी सहेली मीनू से उसकी पढ़ाई के संबंध में प्रश्न पूछा था। नीलिमा मीनू से पूछती है कि तुम्हारी पढ़ाई कैसी चल रही है, साथ ही उसने मीनू से वकालत की पढ़ाई का अंतिम वर्ष होने के कारण पढ़ाई को लेकर उसकी सजगता एवं उसकी व्यस्तता के संबंध में भी प्रश्न पूछे।

(iv) वक्ता ने क्यों और किससे कहा कि "आजकल तो खूब व्यस्त होगी पढ़ने में?"

उत्तर वक्ता अर्थात् नीलिमा ने मीनू से कहा कि 'आजकल तो खूब व्यस्त होगी पढ़ने में।' नीलिमा का मीनू को यह कथन कहने से अभिप्राय था कि मीनू की वकालत की पढ़ाई का यह अंतिम वर्ष था और मीनू को अपने लक्ष्य को प्राप्त करने के लिए अत्यधिक परिश्रम करने की आवश्यकता थी, इसलिए नीलिमा मीनू से आजकल पढ़ाई में खूब व्यस्त होने का प्रश्न पूछती है।

4. निम्नलिखित गद्यांश को पढ़कर उसके नीचे दिए गए प्रश्नों का उत्तर हिंदी में लिखिए

परंतु मैं तो इस पक्ष में ज़रा भी नहीं हूँ। हमारी भारत सरकार हमारी पढ़ाई पर कितना पैसा खर्च करती है और चंद पैसों के कारण विदेशों में जाकर बस जाएँ। यदि सभी बुद्धिजीवी विदेशों में जाकर बस जाएँगे, तो हमारे देश की उन्नति किस प्रकार संभव हो सकेगी।

(i) उपरोक्त गद्यांश में किसके, कहाँ जाने की बात कही गई है?

उत्तर गद्यांश में पढ़ने के लिए अशोक के अमेरिका जाने की बात कही गई है।

(ii) वक्ता और श्रोता की वार्ता का आधार क्या था?

उत्तर वक्ता और श्रोता अर्थात् मीनू व नीलिमा की वार्ता का आधार देशवासियों का पढ़ने के लिए विदेशों में जाना और सदैव के लिए वहीं का निवासी बनकर पुनः वापस न आने की प्रवृत्ति का वर्णन था।

(iii) मीनू किस बात के पक्ष में न थी?

उत्तर नीलिमा मीनू को जब यह बताती है कि अशोक भैया अमेरिका गए हैं और एक बार विदेश जाने के उपरांत पुनः वहाँ से लौटकर वापिस कोई नहीं आता और सदैव के लिए वहीं रहने लगते हैं। नीलिमा की बात सुनकर मीनू खिन्नता का भाव प्रकट करती है और कहती है कि वह कभी-भी देश में शिक्षा ग्रहण करने के उपरांत हमेशा के लिए विदेश में बसने की लोगों की नीति के पक्ष में बिलकुल भी नहीं है।

(iv) देश की उन्नति किस प्रकार असंभव थी?

उत्तर मीनू के अनुसार देश की उन्नति तब तक संभव न थी, जब तक लोग शिक्षा ग्रहण करने के उपरांत विदेशों में जाकर सदैव के लिए वहाँ बस जाने की अपनी प्रवृत्ति त्याग न दें।

मीनू का मानना था कि सरकार प्रत्येक व्यक्ति की शिक्षा पर अत्यधिक खर्च करती है और थोड़े रुपयों के लिए अगर बुद्धिजीवी वर्ग अपने देश को छोड़कर विदेशों में निवास करने लगेंगे, तो देश का विकास एवं उन्नति दोनों असंभव हैं।

लघु उत्तरीय प्रश्न

1. मीनू ने विदेश जाकर बसने वाले भारतीय बुद्धिजीवियों के बारे में क्या-क्या विचार व्यक्त किए थे? आप उन विचारों से कहाँ तक सहमत हैं? **(ICSE Sem II 2022)**

उत्तर जब मीनू की सहेली उसे अपने भाई अशोक के अमेरिका जाने के बारे में बताती है तो मीनू विदेश जाकर बसने वाले भारतीय बुद्धिजीवियों के बारे में कहती है कि मैं विदेश में जाकर बस जाने के पक्ष में बिलकुल नहीं हूँ। वह कहती है कि सरकार हमारी पढ़ाई पर कितना पैसा खर्च करती है और हम चंद पैसों के कारण विदेशों में जाकर बस जाते हैं। उसके अनुसार यह सब गलत है।

मीनू कहती है कि यदि सभी बुद्धिजीवी विदेशों में जाकर बस जाएँगे तो हमारे देश की उन्नति किस प्रकार संभव होगी। यहाँ मीनू के विचारों से पूर्णरूपेण सहमत हैं। इससे सभी प्रतिभाशाली व्यक्ति विदेश में बस जाएँगे और हमारे देश का विकास अवरुद्ध हो जाएगा।

अध्याय 19

सारांश

अमित के विवाह को लेकर माँ की इच्छाएँ

अमित का विवाह टूटने से घर में उदासी का माहौल था। अमित के विवाह को लेकर माँ ने कई सारे सपने देखे थे। उन्होंने सोचा था कि बहू के घर आने से घर में रौनक बढ़ेगी, इसके अतिरिक्त भी अमित के विवाह से उनकी कई इच्छाएँ थीं। परिवार के सदस्यों की अपनी-अपनी व्यस्तताएँ होने के कारण माँ को अकेलेपन में बहू की कमी विशेषरूप से अखरती थी। उन्होंने कई बार अमित से विवाह के विषय में कहा, लेकिन वह हमेशा ही उनकी बातों को नज़रअंदाज़ करता और उन्हें कोई संतोषपूर्ण जवाब भी न देता था।

माँ का प्रसन्न होना

सुबह लगभग ग्यारह बजे का समय था, तभी डाकिए ने दरवाज़े की घंटी बजाई। मधु कॉलेज के लिए तैयार हो रही थी, इसलिए माँ ने ही दरवाज़ा खोला। डाकिया विवाह का निमंत्रण-पत्र लेकर आया था, अपने भतीजे दीपक के विवाह का निमंत्रण-पत्र पाकर माँ अत्यधिक प्रसन्न हुईं। माँ को अपने भाई से मिले हुए कई वर्ष बीत गए थे, इसलिए उन्होंने सोचा था कि इस बार वह कुछ दिनों तक वहाँ अवश्य ठहरेंगी।

मधु का उदास होना

मधु ने माँ से पत्र के विषय में पूछा, तो उन्होंने बताया कि दीपक का विवाह शनिवार को है, जिसका तुम्हारे मामा ने निमंत्रण-पत्र भेजा है। माँ की बात सुनकर मधु उदास स्वर में परीक्षाएँ शुरू होने की बात कहते हुए विवाह में जाने पर अपनी असमर्थता व्यक्त करती हैं।

माँ मधु की बात सुनकर चिंतित होती हैं कि वे मधु की परीक्षाएँ शुरू होने के कारण कैसे जा पाएँगी? मधु माँ से विवाह में अवश्य जाने के लिए कहती है। वह कहती है कि उसे दीपक भैया के विवाह की बहुत दिनों से प्रतीक्षा थी, लेकिन परीक्षाओं की वजह से वह नहीं जा पाएगी और उसे मामाजी के घर गए हुए भी बहुत समय हो गया है। यह कहते हुए वह कॉलेज के लिए चली जाती है। माँ विवाह में जाने या न जा पाने के विषय में सोचने लगती हैं।

अमित का दोपहर में घर आना

दोपहर के एक बजे थे, अमित भोजन करने के लिए घर आता है। मेज़ पर रखे हुए कार्ड को देखकर, वह माँ से कार्ड के विषय में पूछता है। माँ अमित को दीपक के विवाह का निमंत्रण-पत्र होने की बात कहकर उसे स्वयं ही पढ़ने के लिए कहती हैं। अमित निमंत्रण-पत्र को मेज़ पर ही रखकर अत्यधिक तेज़ भूख लगने की बात कहकर, रसोईघर में पहुँच जाता है। माँ अमित के लिए भोजन परोसती हैं, अमित भोजन करते हुए अनुभव करता है कि माँ विचारों में खोई हुई हैं और उसे एकटक निहारे जा रही हैं।

अमित व माँ के मध्य वार्तालाप

अमित माँ से उनके निरंतर एकटक होकर देखने का कारण पूछता है। माँ उदासी भरे स्वर में कहती हैं कि दीपक आयु में उससे छोटा है फिर भी उसका विवाह तय हो गया है, लेकिन तुम्हारा अभी तक विवाह नहीं हो पाया है। अमित उनसे कहता है कि वर्तमान में उसने विवाह करने का विचार छोड़ दिया है।

माँ उसे समझाती हैं कि मधु भी विवाह योग्य हो गई है और वे उसका भी विवाह करना चाहती हैं, लेकिन उनकी इच्छा है कि मधु के विवाह से पूर्व तुम्हारा विवाह हो, क्योंकि मधु तुमसे आयु में छोटी है, और वह उसके विवाह के कार्य अकेले नहीं कर पाएँगीं। अमित माँ से कहता है कि उसका अभी विवाह का इरादा नहीं है और वे मधु का विवाह कर दें। माँ अमित से विवाह न करने का कारण जानने की वजह पूछते हुए कहती हैं कि उन्हें दीपक के विवाह में भी जाना है, उस दौरान वह मधु को किसके पास छोड़कर जाएँगी। अमित उनसे सभी समस्याओं का समाधान हो जाने की बात कहकर काम पर चला जाता है।

माँ का विचारमग्न होना

अमित के व्यवहार से माँ आश्चर्यचकित रह जाती हैं। अमित उनकी किसी बात को नहीं टालता था, लेकिन अमित के व्यवहार में अचानक से आए इस परिवर्तन को माँ समझ नहीं पातीं। अमित के इस परिवर्तित व्यवहार से माँ के मस्तिष्क में अनेक विचार उत्पन्न होने लगते हैं।

वे सोचती हैं कि कहीं अमित ने विवाह का विचार तो नहीं छोड़ दिया या फिर उसने कोई लड़की तो पसंद नहीं कर ली है। विचारों में तल्लीन माँ के दिमाग में अचानक से सुरेंद्र से मिलकर अमित के इस बदले हुए व्यवहार के विषय में जानने का विचार आता है और वह एक-दो दिन में उससे मिलने का निश्चय करती हैं।

शब्दार्थ

रौनक *चमक*; **अरमान** *इच्छाएँ*; **अखरना** *चुभना*; **प्रीतिभोज** *दावत*; **एकटक** *निरंतर*; **निहारना** *देखना*; **तल्लीनता** *ध्यानमग्न होना*; **दृढ़तापूर्वक** *निश्चय के साथ*; **विस्मित-सी** *आश्चर्यपूर्वक*; **अवगत** *जानना*।

PYQs विगत वर्षों के प्रश्न व महत्त्वपूर्ण प्रश्न

गद्यांश पर आधारित प्रश्न

1. निम्नलिखित गद्यांश को पढ़कर उसके नीचे दिए गए प्रश्नों के उत्तर हिंदी में लिखिए

अमित मेज पर बैठा खाना खाने लगा। माँ भी उसके पास बैठ गई। बैठे-बैठे वह न जाने किन विचारों में खो गई और एकटक अमित की ओर ही देखती रहीं। **(ICSE 2018)**

(i) माँ अमित की तरफ देखते हुए क्या सोच रही थी?

उत्तर माँ अमित की तरफ देखते हुए यह सोच रही थी कि दीपक अमित से छोटा है, फिर भी उसका विवाह तय हो गया है, लेकिन अमित का विवाह अभी तक नहीं हो पाया है।

(ii) दीपक कौन है? उन्हें किस बात का कार्ड मिला?

उत्तर दीपक अमित की माँ का भतीजा है। उन्हें अपने भतीजे दीपक के विवाह का कार्ड मिला था, जिसे पाकर अमित की माँ अत्यधिक प्रसन्न हुई थी।

(iii) मधु के बारे में माँ ने अमित से क्या कहा?

उत्तर मधु के बारे में माँ ने अमित से कहा कि मधु भी विवाह योग्य हो गई है। मैं उसका भी विवाह करना चाहती हूँ, लेकिन मेरी इच्छा है कि मधु के विवाह से पूर्व तुम्हारा विवाह हो, क्योंकि मधु तुमसे आयु में छोटी है।

मैं उसके विवाह के कार्य अकेले नहीं कर पाऊँगी, इसलिए तुम शीघ्र ही विवाह कर लो।

(iv) माँ को घर में बहू की कमी क्यों अखरती थी?

उत्तर अमित तथा मायाराम जी के कारखाने के लिए चले जाने तथा मधु के कॉलेज जाने के पश्चात् माँ घर में अकेली रह जाती थी। इस कारण उन्हें घर में बहू की कमी लगती थी। अतः वह चाहती थी कि अगर उनके बेटे का विवाह हो जाए, तो बहू के आने से उनका अकेलापन दूर हो जाएगा।

एक्सपर्ट्स कमेंट्स

- कुछ छात्रों ने मनगढ़त लिखकर उत्तर की इतिश्री कर दी उत्तरों का अवलोकन करते समय अभ्यास का अभाव प्रतीत हुआ छात्रों को उपन्यास के पात्रों के मध्य रिश्तों में भ्रमित स्वभाव प्रतीत हुआ।
- छात्रों के उत्तर में मनगढ़त अधिकता पाई गई तथा कुछ छात्रों ने विचारों की पुनरावृत्ति कर उत्तर का विस्तार कर दिया।

2. निम्नलिखित गद्यांश को पढ़कर उसके नीचे दिए गए प्रश्नों के उत्तर हिंदी में लिखिए

अकेलेपन में उन्हें बहू की कमी विशेष रूप से अखरती थी। कितनी ही बार उन्होंने अमित को शादी के लिए तैयार करने की कोशिश की, परंतु अमित चुपचाप उनकी बातें सुनकर इधर-उधर हो जाता। उनकी बातों का सही ढंग से उत्तर नहीं देता था।

(i) माँ ने क्या सपने सँजोए थे?

उत्तर माँ ने अमित के विवाह को लेकर सपने सँजोए थे कि अगर उसका विवाह हो जाएगा, तो घर में बहू के आने से रौनक

बढ़ जाएगी और इसी प्रकार की कई अन्य इच्छाएँ एवं आशाएँ भी उन्होंने हृदय में सँजोई हुई थीं।

(ii) माँ को कब व किसकी कमी अखरती थी?

उत्तर अमित व मायाराम जी के कारखाने के लिए चले जाने एवं मधु के कॉलेज जाने के पश्चात् माँ को अकेलेपन में बहू की कमी विशेष रूप से अखरती थी।

(iii) माँ अमित पर किस बात का दबाव डालती थीं? उस पर अमित की क्या प्रतिक्रिया होती?

उत्तर माँ अमित पर विवाह करने के लिए दबाव डालती थीं, क्योंकि माँ ने अमित के विवाह को लेकर कई सपने सँजोए हुए थे। परिवार के सभी सदस्यों का अपने-अपने कार्यों में व्यस्त होने के कारण उन्हें अकेलापन अखरता था। माँ ने कितनी ही बार अमित को विवाह करने के लिए मनाने की कोशिश की थी, लेकिन अमित उनकी बातों को सुनकर उन्हें महत्त्व न देते हुए उन्हें नज़रअंदाज़ कर देता था एवं उनकी बातों का जवाब भी नहीं देता था।

(iv) 'बातें सुनकर इधर-उधर हो जाने' से क्या अभिप्राय है? स्पष्ट कीजिए।

उत्तर बातें सुनकर इधर-उधर हो जाने से अभिप्राय है कि किसी की बातों को महत्त्व न देना या उन्हें अनसुना कर नज़रअंदाज़ कर देना। अमित विवाह नहीं करना चाहता था, इसलिए माँ के द्वारा बार-बार विवाह के लिए दबाव डालने के उपरांत वह उनकी बातों को सुनकर भी महत्त्व न देता और नज़रअंदाज़ करते हुए इधर-उधर हो जाता।

3. निम्नलिखित गद्यांश को पढ़कर उसके नीचे दिए गए प्रश्नों के उत्तर हिंदी में लिखिए

मैं यहाँ पर ही रुक जाऊँगी। परीक्षा होने के कारण मेरा तो जाना संभव नहीं हो सकेगा। वैसे मैं तो बहुत दिनों से प्रतीक्षा कर रही थी कि दीपक भैया की शादी में ज़रूर जाऊँगी।

(i) माँ की प्रसन्नता का क्या कारण था?

उत्तर अपने भतीजे दीपक के विवाह के निमंत्रण-पत्र को पाकर माँ अत्यधिक प्रसन्न थीं, क्योंकि विवाह के कारण ही उन्हें कई वर्षों के बाद अपने भाई के घर जाने का अवसर मिल पाया था।

(ii) मैं यहाँ पर रुक जाऊँगी किसने व क्यों कहा?

उत्तर मधु ने कहा था कि मैं यहाँ रुक जाऊँगी, क्योंकि उसके मामाजी के बेटे दीपक के विवाह का उन्हें निमंत्रण आया था, लेकिन उन्हीं दिनों उसकी परीक्षाएँ आरंभ होनी थीं, इसलिए उसने माँ से विवाह में शामिल होने के लिए कहते हुए स्वयं यहीं रुकने का निर्णय लिया था।

(iii) मधु को किस बात की प्रतीक्षा थी और क्यों?

उत्तर मधु अपने मामाजी के बेटे दीपक के विवाह का निमंत्रण-पत्र आने की ख़बर सुनकर अत्यधिक प्रसन्नता का अनुभव करती है, लेकिन परीक्षाएँ होने के कारण उसका विवाह में जाना संभव नहीं था, इसलिए विवाह में न जा पाने की अपनी उदासी को अभिव्यक्त करते हुए वह माँ से कहती है कि उसे बहुत दिनों से दीपक भैया के विवाह का प्रतीक्षा थी, ताकि वह इसी बहाने अपने मामाजी के घर भी जा सके, क्योंकि उसे वहाँ गए हुए कई वर्ष बीत गए थे।

(iv) माँ क्या सोचकर बेचैन थीं और क्यों?

उत्तर माँ को जैसे ही पता चलता है कि उनकी बेटी मधु की परीक्षाएँ भी विवाह के दिनों में ही होंगी, जिस कारण मधु ने विवाह में शामिल होने पर अपनी असमर्थता प्रकट कर दी थी। मधु द्वारा विवाह में जाने पर अपनी असमर्थता प्रकट करने के कारण ही माँ बेचैन एवं परेशान हो उठती हैं, क्योंकि मधु को अकेले घर पर छोड़कर जाना उनके सामर्थ्य में न था, इसलिए उन्हें संदेह होता है कि वह अपने भतीजे दीपक के विवाह में शामिल हो भी पाएँगी या नहीं।

4. निम्नलिखित गद्यांश को पढ़कर उसके नीचे दिए गए प्रश्नों के उत्तर हिंदी में लिखिए

जब अमित ने महसूस किया कि माँ एकटक उसी की ओर निहारे जा रही हैं, तो उससे रहा न गया।

वह उनसे पूछ ही बैठा, "मम्मी, आप क्या देख रही हैं?" यह सुनकर उनकी तल्लीनता भंग हो गई और वह चौंककर बोलीं, कुछ नहीं बेटे, कुछ....नहीं।

(i) अमित ने क्या महसूस किया?

उत्तर अमित जब दोपहर में भोजन कर रहा था, तो उसने महसूस किया कि उसकी माँ उसे लगातार एकटक होकर निहार रही थीं।

(ii) कौन व किसे एकटक होकर निहार रही थी?

उत्तर माँ अमित के भोजन करते समय उसके समीप ही बैठ गई थीं और विचारमग्न होकर अमित को एकटक निहार रहीं थीं।

(iii) अमित को घर पहुँचने पर क्या पता चला था?

उत्तर अमित जब दोपहर में भोजन करने के लिए घर आया, तो मेज़ पर विवाह का निमंत्रण-पत्र रखा हुआ पाता है। माँ से पूछने के उपरांत उसे मालूम हुआ कि उसके मामाजी के बेटे दीपक का विवाह है और यह उसी विवाह का निमंत्रण-पत्र है।

(iv) उपरोक्त कथन के अनुसार कौन क्या सोच रहा था?

उत्तर माँ निरंतर विचारमग्न होकर अमित को एकटक निहार रही थीं। माँ की विचारमग्नता का कारण अमित के विवाह के विषय में सोचना था, क्योंकि दीपक उनके बेटे से आयु में दो वर्ष छोटा था, और आज ही उनके पास उसके विवाह का निमन्त्रण-पत्र आया था, लेकिन दीपक से बड़े होने के कारण अभी तक अमित का विवाह न हो पाया था, जिस वजह से माँ अमित के विवाह के विषय में सोचते हुए विचारमग्न थीं।

अध्याय 20

सारांश

छात्राओं की प्रसन्नता

मीनू ने पूरे वर्ष अत्यधिक लगन एवं कठोर परिश्रम के साथ परीक्षाओं की तैयारी की थी, जिसका परिणाम था कि उसके सभी पेपर अच्छे गए थे और आज उसका अंतिम पेपर था। परीक्षा-कक्ष से बाहर आने के उपरांत मीनू स्वयं को सभी बंधनों से मुक्त हुआ अनुभव करती है। मीनू सोचती है कि अब वह पिंजरे में बंद पक्षी के समान जीवन व्यतीत न करेगी, अपितु स्वतंत्र होकर उन्मुक्त भाव से आकाश में विचरण करेगी।

सभी लड़कियाँ परीक्षाओं के समाप्त होने के कारण आज अत्यधिक प्रसन्न थीं, यद्यपि उनके चेहरों पर रात-दिन जगे होने के कारण थकान स्पष्ट दिखाई दे रही थी, लेकिन फिर भी परीक्षाओं के समाप्त होने की प्रसन्नता उनके चेहरों पर स्पष्ट रूप से दिखाई दे रही थी। मीनू परीक्षा-कक्ष के बाहर खड़ी होकर माया की प्रतीक्षा कर रही थी, जैसे ही माया परीक्षा-कक्ष से बाहर निकली उसके चेहरे पर भी प्रसन्नता का भाव स्पष्ट दिखाई दे रहा था।

मीनू और माया का पिक्चर देखने के लिए जाना

परीक्षा-कक्ष से बाहर आने के उपरांत माया मीनू से पिक्चर देखने के लिए कहती है, लेकिन मीनू उसे बताती है कि वह नीलिमा के घर जाने की सोच रही थी, किंतु माया के आग्रह करने पर मीनू पिक्चर देखने का निर्णय करती है। माया मीनू से उसके घर जाने के विषय में पूछती है, मीनू माया को बताती है कि उसने माँ को पहले ही पत्र लिखकर सूचित कर दिया था कि वह परीक्षाओं के समाप्त होने के दो दिन बाद घर आएगी, क्योंकि उसे नीलिमा से मिलने के लिए भी जाना है और उसे घर के लिए भी कुछ सामान खरीदना है।

मीनू की बात सुनकर माया उदास होकर कहती है कि अच्छा है मीनू कि हम दो दिन और साथ में रह सकेंगे, फिर अलग होने के बाद न जाने कब मिलना हो। माया और मीनू बातें करते-करते छात्रावास पहुँच जाती हैं और तीन बजे की पिक्चर देखने का निश्चय करती हैं। रातभर जागने के कारण कमरे में पहुँचकर जैसे ही मीनू पलंग पर बैठी, उसे नींद आ गई।

कुछ समय उपरांत माया ने मीनू को पिक्चर का समय होने की बात कहकर जगा दिया और वे दोनों तैयार होकर पिक्चर देखने चली गईं। वहाँ पहुँचने पर वे देखती हैं कि उनके कई सहपाठी भी पिक्चर देखने आए हुए थे। पिक्चर देखने के उपरांत वे दोनों बाहर ही भोजन करने का निर्णय करती हैं। आज दोनों अत्यधिक प्रसन्न थीं, क्योंकि आज उन्हें पढ़ाई नहीं करनी थी और वे निश्चिंत होकर सो सकती थीं।

नीलिमा और सुरेंद्र का मीनू के छात्रावास आना

छात्रावास पहुँचने के उपरांत मीनू अपने कमरे का ताला खोल ही रही थी कि उसे नीलिमा और सुरेंद्र आते हुए दिखाई दिए। नीलिमा को देखकर मीनू बहुत प्रसन्न होती है और उसे बताती है कि वह आज उसके घर आने वाली थी, लेकिन उनका पिक्चर देखने का प्रोग्राम बनने के कारण वह न आ पाई, इसलिए वह कल उसके घर ज़रूर आएगी।

नीलिमा, मीनू से कहती है कि वह तो उससे मिलने पहले ही आ गई होती, लेकिन उसके आने से उसकी पढ़ाई में विघ्न उत्पन्न होता, इसलिए वह नहीं आई। सुरेंद्र के उदास चेहरे को देखकर मीनू, नीलिमा से उनकी उदासी का कारण पूछती है। नीलिमा उदासी भरे स्वर में मीनू को बताती है कि सुरेंद्र के घनिष्ठ मित्र अमित का तीन दिन पूर्व एक्सीडेंट हो गया था और उनकी स्थिति अत्यधिक गंभीर बनी हुई है।

मीनू यह ख़बर सुनकर आश्चर्य से चौंक पड़ी और नीलिमा से एक्सीडेंट का कारण पूछती है। नीलिमा ने मीनू को बताया कि अमित की कार के ब्रेक फेल हो गए थे और उनकी कार पेड़ से जा टकराई। जिस कारण वह गंभीर रूप से घायल हुए हैं, मीनू यह सुनकर उदास हो जाती है। नीलिमा उसे बताती है कि अमित उसे याद कर रहे थे, अगर वह उचित समझे तो उनसे मिलकर आ जाए। मीनू के पूछने पर नीलिमा बताती है कि अमित मेडिकल कॉलेज में भर्ती है। मीनू कुछ देर सोचने के बाद कल सुबह मिलने जाने की बात कहती है।

मीनू का व्याकुल होना

नीलिमा और सुरेंद्र के जाने के बाद मीनू सोने की कोशिश करती है, लेकिन वह सो न सकी। अब से चार माह पूर्व जिस अमित के लिए मीनू के हृदय में घृणा व्याप्त थी, आज उसी हृदय के एक कोने में अमित के लिए स्नेह भाव उत्पन्न हो गया था, इसलिए अमित के विषय में जानकर मीनू का हृदय बेचैन हो गया था। मीनू सोने की कोशिश करती, लेकिन अमित का चेहरा उसकी आँखों के सामने आ जाता, जो उससे कुछ कहने के लिए बेचैन था। मीनू कभी सोती, कभी चौंककर जाग जाती, रातभर वह इसी तरह बेचैन होकर करवटें बदलती रही और सुबह तैयार होकर अमित से मिलने के लिए अस्पताल चली गई।

मीनू का अस्पताल पहुँचना

मीनू अमित से शीघ्रातिशीघ्र मिलना चाहती थी। इसलिए वह सुबह नौ बजे ही अस्पताल पहुँच गई थी, किंतु दस बजे से पूर्व मरीजों से मिलने की अनुमति नहीं थी। अमित से मिलने की व्याकुलता के कारण उसके लिए एक-एक क्षण व्यतीत करना कठिन हो रहा था। जब मीनू अमित से मिलने उसके कमरे में पहुँची तो उसे देख अमित के चेहरे पर प्रसन्नता की लहर दौड़ आई। मीनू द्वारा तबीयत के विषय में पूछने पर वह बताता है कि उसकी तबीयत अभी ठीक नहीं है। जब मीनू उससे दुर्घटना का कारण जानने की कोशिश करती है, तो वह स्वयं के कर्मों के फल की बात कहता है।

अमित की आत्मग्लानि तथा व्याकुलता

अमित, मीनू से उसकी भावनाओं को ठेस पहुँचाने एवं दुःख के लिए स्वयं को ज़िम्मेदार मानता है। अमित कहता है कि तुम्हारे हृदय में मेरे लिए बहुत घृणा है और मैंने तुमसे इस संबंध में कई बार बात करनी चाही, लेकिन दुर्भाग्यवश कभी अवसर ही नहीं मिला। मीनू उसे चुप करवाने की कोशिश करती है, लेकिन वह बहुत दिनों बाद ऐसा अवसर मिले होने की बात कहकर उसे अपने दिल की हर बात बताने की अपनी आतुरता को प्रकट करता है।

मीनू के प्रति अमित का लगाव

अमित ने मीनू को बताया कि मैंने जब तुम्हें पहली बार देखा, तो उसे लगा कि वही उसकी मंज़िल है और वह हमेशा के लिए उसे पा लेना चाहता था, लेकिन माता-पिता के द्वारा एक धनी व्यक्ति की बेटी से विवाह तय करने के कारण ऐसी परिस्थितियाँ निर्मित हुईं कि वह उनसे बाहर न निकल पाया। अमित बताता है कि उसकी अनिच्छा के बावजूद उसका विवाह करवाया जा रहा था, जिसका वह विरोध न कर पाया था और यही उसकी सबसे बड़ी भूल थी। अमित ने मीनू को बताया कि उस लड़की से रिश्ता टूटने के बाद से उसने कोई और लड़की देखने का प्रयास नहीं किया, जिस वजह से उसके माता-पिता भी बहुत दुःखी हैं। अमित बताता है कि उसने उसे अपनी जीवन-संगिनी मान लिया था, इसलिए वह अभी तक उसकी प्रतीक्षा कर रहा है।

अमित कहता है कि जब उसे मालूम हुआ कि तुम वकालत की पढ़ाई कर रही हो, तो मैं नहीं चाहता था कि तुम्हारी पढ़ाई बीच में ही छूटे, इसलिए मैंने तुमसे कुछ न कहा, परंतु आज जब तुम्हारी वकालत पूरी हुई, तो ईश्वर ने मुझे इस योग्य न छोड़ा। अमित की बातें सुनकर मीनू की आँखों में आँसू आ गए।

अमित द्वारा क्षमा-याचना करना

अमित स्वयं को नियंत्रित करते हुए मीनू से कहता है कि उसने अपने हृदय की बात बताने के लिए उसे यहाँ बुलाया था, जिससे तुम उसे क्षमा कर सको, वैसे ईश्वर तो उसे दंडित कर चुका है, लेकिन वह चाहता है कि वह उसे क्षमा कर दे। अमित की आँखों में आँसू बह रहे थे। अमित की बातें सुनकर मीनू का दिल भर आया, वह अमित से कहती है कि ''अमित भाग्य ने हमारे साथ धोखा किया है। इसमें तुम्हारा कोई दोष नहीं है और जहाँ तक क्षमा करने की बात है, जब तुमने कोई अपराध ही नहीं किया, तो क्षमा किस बात की। अमित मीनू से कहता है कि वह मृत्यु शैय्या पर लेटा है और अगर वह उसे क्षमा न करेगी, तो वह चैन से मर भी न पाएगा।''

अमित की माँ का अस्पताल पहुँचना

मीनू अमित को सांत्वना देते हुए कहती है कि वह ऐसा न कहे, ईश्वर की कृपा से वह ठीक हो जाएगा। अमित उदास स्वर में कहता है कि अगर वह ठीक हुआ भी तो पूरी तरह ठीक न हो पाएगा, तभी अमित की माँ कमरे में प्रवेश करती हैं। वे मीनू को पहचान न सकीं, अपितु उन्हें यह आभास अवश्य हुआ था कि वे उसे पहले कहीं देख चुकी हैं। मीनू ने माँ को नमस्कार किया। अमित माँ को बताता है कि यह मीरापुर वाली मीनू है।

माँ द्वारा उसके मेरठ में होने का कारण पूछने पर, वह बताती है कि वह वकालत की पढ़ाई कर रही है और अब उसके अंतिम वर्ष का परीक्षाफल भी आने वाला है। माँ भावुक होते हुए कहती हैं कि मेरे बेटे पर न जाने कौन-सी घड़ी आ गई है कि उसकी यह हालत हो गई है।

मीनू द्वारा अमित की माँ को सांत्वना देना

मीनू अमित की माँ को सांत्वना देते हुए कहती है कि वे ठीक हो जाएँगे। अमित की इस हालत को देखकर मीनू के हृदय में अमित के प्रति दया एवं प्रेम उमड़ पड़ता है। वह चाहती थी कि वहीं रुककर अमित की सेवा करे, उसे लगने लगा जैसे उसका और अमित का रिश्ता कितना पुराना है। उसके मस्तिष्क में अनेक विचार आने लगे कि क्या उसका यहाँ रहना उचित होगा? मीनू वहाँ से जाने का निर्णय लेती है, किंतु उसको जाता देख अमित का चेहरा उदास हो जाता है। अमित चाहता था कि मीनू उसके पास ही रहे। मीनू उसके भावों को समझती है, किन्तु अस्पताल में और अधिक न रुककर वह चली जाती है।

शब्दार्थ

परतंत्र *दूसरे पर आश्रित होना;* **दृष्टिगोचर** *दिखाई पड़ने योग्य;* **विघ्न** *बाधा;* **निर्दोष** *दोष रहित;* **वर्जित** *प्रतिबंधित;* **व्यतीत** *बिताना;* **दुर्भाग्यवश** *दुर्भाग्य से;* **प्रतिष्ठित** *माननीय;* **जीवन संगिनी** *पत्नी।*

PYQs विगत वर्षों के प्रश्न व महत्त्वपूर्ण प्रश्न

गद्यांश पर आधारित प्रश्न

1. निम्नलिखित गद्यांश को पढ़कर उसके नीचे दिए गए प्रश्नों के उत्तर हिंदी में लिखिए

''एक घंटे का समय कहाँ व्यतीत करें, उसकी कुछ समझ में नहीं आ रहा था। तभी उसने एक पत्रिका खरीदी और पास में पड़ी एक बेंच पर बैठकर पढ़ने लगी। हर दस मिनट के बाद उसकी नज़र घड़ी पर चली जाती। एक-एक पल काटना कठिन हो रहा था।''

(ICSE 2023)

(i) यहाँ कौन कहाँ इंतजार कर रहा है?

उत्तर प्रस्तुत गद्यांश में मीनू अस्पताल में बैठकर अमित से मिलने का इंतजार कर रही है।

(ii) उसे यह समय बहुत लंबा क्यों लग रहा है?

उत्तर उसे वह समय बहुत लंबा इसलिए लग रहा है, क्योंकि जब नीलिमा ने उसे अमित के एक्सीडेंट के विषय में बताया तो वह उससे मिलने अस्पताल गई थी, जहाँ पर मरीजों से मिलने का समय सुबह के दस बजे से था और उस समय सिर्फ नौ बजे हुए थे।

(iii) इस इंतजार का वास्तविक उद्देश्य क्या है? स्पष्ट करें।

उत्तर इस इंतजार का वास्तविक उद्देश्य यह है कि मीनू के मन में अमित के प्रति जो घृणा थी वह अब स्नेह में बदल गई है इसलिए वह अमित के एक्सीडेंट की खबर सुनकर बैचेन हो जाती है और जल्द से जल्द उससे मिलना चाहती है।

(iv) प्रस्तुत उपन्यास के शीर्षक की सार्थकता सिद्ध करें।

उत्तर 'नया रास्ता' उपन्यास 'सुषमा अग्रवाल' द्वारा लिखा गया एक प्रसिद्ध उपन्यास है। इस उपन्यास में दहेज प्रथा जैसी कुरीतियों पर चोट की गई है और इस प्रथा से प्रभावित युवतियों को इसके कुप्रभावों से निकलने के लिए एक प्रेरणा दी गई है। यह उपन्यास स्त्रियों के लिए एक नवचेतना और नवप्रेरणा प्रदान करता है।

2. निम्नलिखित गद्यांश को पढ़कर उसके नीचे दिए गए प्रश्नों के उत्तर हिंदी में लिखिए

"माया, मैंने अपनी माँ को पत्र में लिख दिया था कि मैं परीक्षा समाप्त होने के दो दिन बाद मीरापुर आऊँगी, क्योंकि एक दिन नीलिमा के पास मिलने के लिए जाना है और दूसरे दिन घर के लिए कुछ सामान खरीदना है।"

(i) मीनू घर क्यों जा रही थी?

उत्तर मीनू की वकालत की अंतिम वर्ष की परीक्षाएँ समाप्त हो गई थीं, जिस वजह से परीक्षोपरांत की छुट्टियाँ पड़ने वाली थीं, इसलिए मीनू घर जा रही थी।

(ii) माया और मीनू ने कहाँ जाने का निर्णय किया था?

उत्तर माया और मीनू दोनों ही परीक्षाओं के समाप्त होने के कारण अत्यधिक प्रसन्न थीं और परीक्षाओं के दौरान निरंतर पढ़ने से दोनों ही अत्यधिक थकावट महसूस कर रही थीं, इसलिए दोनों मिलकर फिल्म देखने का निर्णय करती हैं।

(iii) मीनू ने माया को क्या बताया था?

उत्तर माया मीनू से उसके घर जाने के विषय में प्रश्न पूछती है, जिस पर मीनू माया को बताती है कि उसने अपनी माँ को पहले ही पत्र भेजकर सूचित कर दिया था कि वह परीक्षा के समाप्त होने के दो दिन बाद मीरापुर आएगी, क्योंकि उसे अपनी सहेली नीलिमा से भी मिलने जाना है और अपने घर के लिए सामान भी खरीदना है।

(iv) मीनू की बात सुनकर माया ने क्या प्रतिक्रिया व्यक्त की?

उत्तर मीनू से दो दिन के बाद घर वापिस जाने की बात सुनकर माया उदास हो जाती है और मीनू से कहती है कि मीनू यह अच्छा है कि तुम दो दिन और यहाँ रुकोगी, इसी वजह से हम कुछ समय और एक साथ रह सकेंगे, क्योंकि इसके बाद तो हम अलग हो जाएँगे और न जाने फिर कब मिलना हो।

3. निम्नलिखित गद्यांश को पढ़कर उसके नीचे दिए गए प्रश्नों के उत्तर हिंदी में लिखिए

"मीनू, मैं तो पहले ही तुम्हारे पास आ गई होती, परंतु इसलिए नहीं आई, क्योंकि मेरे आने पर तुम्हारी पढ़ाई में विघ्न पड़ता। वैसे मैं यहाँ बहुत देर से तुम्हारी प्रतीक्षा कर रही थी।" सुरेंद्र जी को कुछ उदास देखकर मीनू से रहा न गया। वह नीलिमा से पूछ ही बैठी, "नीलिमा, आज तुम लोग कुछ उदास लग रहे हो, क्या बात है स्वास्थ्य तो ठीक है न सबका।"

(i) नीलिमा से मिलने पर मीनू की क्या प्रतिक्रिया थी?

उत्तर नीलिमा से मिलने पर मीनू अत्यधिक प्रसन्नता का अनुभव करती है, उसकी प्रसन्नता उसके चेहरे पर स्पष्ट रूप से नज़र आ रही थी।

(ii) नीलिमा ने मीनू से क्या कहा?

उत्तर नीलिमा मीनू से कहती है कि वह उसकी परीक्षाएँ होने के कारण उससे मिलने न आई, क्योंकि वह उससे मिलने आती, तो उसकी पढ़ाई में विघ्न उत्पन्न होता।

(iii) मीनू ने नीलिमा से क्या पूछा था?

उत्तर मीनू सुरेंद्र की उदासी को देखकर स्वयं को रोक नहीं पाती और नीलिमा से सुरेंद्र की उदासी का कारण जानने की कोशिश करते हुए सबके स्वास्थ्य के विषय में पूछती है कि "नीलिमा, आज तुम लोग कुछ उदास लग रहे हो, क्या बात है स्वास्थ्य तो ठीक है न सबका।"

(iv) सुरेंद्र की उदासी का क्या कारण था?

उत्तर मीनू के द्वारा सुरेंद्र की उदासी का कारण पूछने पर नीलिमा मीनू को बताती है कि सुरेंद्र के मित्र अमित का तीन दिन पूर्व कार के ब्रेक फेल होने के कारण अत्यधिक गंभीर रूप से एक्सीडेंट हुआ था, जिसमें उनके हाथ-पैरों की हड्डियाँ टूट गई हैं और अन्य कई गंभीर चोटें भी उन्हें लगी हैं। अमित की इसी गंभीर स्थिति के कारण सुरेंद्र उदास था।

4. निम्नलिखित गद्यांश को पढ़कर उसके नीचे दिए गए प्रश्नों के उत्तर हिंदी में लिखिए

जैसे ही मीनू सोने की कोशिश करती, उसकी आँखों के सामने अमित का वह चेहरा घूम जाता, जो उससे कुछ कहने के लिए बेचैन था। उसके वे नेत्र, जो अपनी मूक भाषा में कहना चाहते थे कि वह निर्दोष है। रातभर मीनू इसी तरह बेचैनी में करवटें बदलती रही। कभी झपकी लग जाती, तो कभी चौंककर आँखें खुलतीं और उसके सामने अमित का वही चेहरा घूम जाता।

(i) अमित के प्रति मीनू में क्या परिवर्तन आ रहे थे?

उत्तर अमित के परिवार द्वारा विवाह के लिए मीनू के रिश्ते को झूठ बोलकर अस्वीकार किए जाने के कारण जहाँ पहले मीनू के हृदय में अमित के लिए द्वेष एवं घृणा का भाव था, वहीं अब उसके हृदय में अमित के प्रति स्नेह का भाव उत्पन्न हो गया था।

(ii) मीनू की आँखों के सामने किसका चेहरा आ जाता व क्यों?

उत्तर मीनू की आँखों के सामने अमित का चेहरा आ जाता था, क्योंकि अमित की अत्यधिक गंभीर स्थिति के विषय में जानकर मीनू के हृदय में उसके लिए स्नेह भाव उत्पन्न हो गया था, जिस कारण अमित का चेहरा मीनू की आँखों के सामने बार-बार आ जाता था।

(iii) अमित का चेहरा देखते ही मीनू को क्या आभास होता?

उत्तर जब भी मीनू सोने की कोशिश करती, तो उसकी आँखों के सामने अमित का चेहरा आ जाता, जिसे देखकर मीनू को सदैव यह आभास होता कि वह उससे कुछ कहने के लिए व्याकुल है। इसके साथ ही मीनू को ऐसा भी प्रतीत होता कि अमित के नेत्र अपनी मूक भाषा से स्वयं के निर्दोष होने की बात कहना चाहते हैं कि वह उसकी दु:ख एवं पीड़ा का कारण न था।

(iv) मीनू की बेचैनी का क्या कारण था?

उत्तर मीनू के हृदय में अमित के लिए उत्पन्न स्नेह भाव के कारण ही मीनू अमित के साथ हुई दुर्घटना के विषय में सुनकर बेचैन हो उठी थी। अमित के प्रति उत्पन्न स्नेह भाव ही था कि मीनू की आँखों के सामने अमित का चेहरा आ जाता, जो हमेशा उसे अपने निर्दोष होने की बात कहता, जिस कारण मीनू रातभर बेचैन होकर करवटें बदलती रही।

अध्याय 21

सारांश

मीनू का घर आना

मीनू को आज नीलिमा के घर जाना था, लेकिन आज वह कुछ उदास एवं परेशान-सी थी। उसे जिस व्यक्ति से आज तक घृणा थी, उसी के लिए वह इतनी परेशान क्यों? इस बात को वह स्वयं न समझ पा रही थी। इस असमंजस की स्थिति के कारण उसकी मेरठ में एक पल के लिए भी रुकने की इच्छा न हुई और वह अपने सामान को एकत्रित कर मीरापुर के लिए चल दी। मीनू के एक दिन पूर्व ही घर पहुँचने पर सभी उसे देखकर आश्चर्यचकित हुए। सभी ने मीनू से उसका हाल-चाल पूछा।

विचारों में खोई हुई मीनू से माँ, उसकी परीक्षाओं के बारे में पूछती हैं, मीनू चौंककर परीक्षाओं के अच्छे होने की बात कहती है। माँ, मीनू से उसकी उदासी का कारण जानने की कोशिश करती है, लेकिन मीनू को थका हुआ जानकर माँ उसे आराम करने के लिए कहती हैं।

मीनू की उदासी

मीनू को घर आए हुए लगभग दो महीने हो गए थे, लेकिन वह कभी भी प्रसन्न न दिखाई दी। माँ, मीनू से उसके उदास होने का कारण जानने की कोशिश करती है, लेकिन ''कुछ नहीं, माँ'' कहकर मीनू उनकी बात टाल देती है। माँ, मीनू को समझाते हुए कहती हैं कि माँ केवल माँ ही नहीं होती, अपितु वह बच्चों की मित्र भी होती है, इसलिए उसे अपनी समस्या उन्हें बतानी चाहिए, शायद वे उसकी कुछ सहायता कर पाएँ। माँ के इस व्यवहार से मीनू अनुभव करती है कि माँ, माँ होने के साथ-साथ एक सच्ची मित्र भी हैं।

पिताजी का कमरे में प्रवेश

माँ और मीनू बातों में व्यस्त थीं, तभी पिताजी ने कमरे में प्रवेश किया और मीनू से पूछा ''अब पढ़ाई के समाप्त होने के बाद उसका विवाह के विषय में क्या विचार है?'' मीनू कुछ क्षण सोचने के उपरांत कहती है कि वह अभी प्रैक्टिस करना चाहती है और उसके बाद ही विवाह के विषय में विचार करेगी। मीनू की बात सुनकर पिताजी कहते हैं कि यदि उसका विवाह हो जाता, तो वे चिंतामुक्त हो जाते, क्योंकि अब उनकी तबीयत भी ठीक नहीं रहती। मीनू ने पिताजी से उसकी चिंता न करने के लिए कहते हुए कहा कि वह अपनी बेटी पर विश्वास रखें, वह हमेशा उनका मस्तक ऊँचा ही रखेगी।

पिताजी, कहते हैं कि वह उनकी बेटी न होकर होनहार बेटा है, किंतु समाज के नियमों से बँधे होने के कारण जब तक बेटी का विवाह न हो, तब तक माता-पिता को चैन नहीं मिलता। मीनू पिताजी की बातों को पलटते हुए उसके परीक्षाफल आने और प्रैक्टिस के लिए रजिस्ट्रेशन करवाने की इच्छा व्यक्त करती है। पिताजी उसकी इच्छा को स्वीकारते हुए उससे पूछते हैं कि वह प्रैक्टिस कहाँ करना चाहती है, जिस पर मीनू मेरठ का नाम लेती है। पिताजी उसकी खुशी में ही अपनी खुशी की बात कहते हुए, वहाँ से चले गए।

माँ को अमित के बारे में बताना

पिताजी के जाने के बाद माँ, मीनू से अपनी परेशानी का कारण बताने के लिए कहती है। मीनू माँ को अमित के एक्सीडेंट के बारे में बताती है, जिस पर माँ को अमित के परिवार द्वारा दिए गए धोखे एवं उसका विवाह तय होने की बात स्मरण हो आती है। मीनू ने बताया कि रिश्ता टूटने के कारण अभी तक उसका विवाह नहीं हुआ है। माँ, मीनू से पूछती है, कि तुम्हें ये सब बातें कैसे पता चलीं। मीनू बताती है कि वह नीलिमा के पति सुरेंद्र का घनिष्ठ मित्र है और उन्हीं के घर वह उससे मिली थी। नीलिमा ने उसे अमित के बारे में बताया था, इसलिए वह घर आने से पहले अमित से मिली थी और अमित ने ही उसे इस विषय में बताया था। माँ अमित के अभी तक विवाह न करने का कारण जानने की कोशिश करती है, तो मीनू बताती है कि उनके द्वारा रिश्ता अस्वीकार किए जाने के बाद उसे अत्यधिक दुःख हुआ था और इस कारण आज तक उसने विवाह नहीं किया।

मीनू का परीक्षाफल

माँ रोहित से उसकी प्रसन्नता का कारण पूछती है, जिस पर वह मीनू का परीक्षाफल आने की बात बताता है। परीक्षाफल के विषय में सुनकर मीनू बहुत प्रसन्न होती है और वह महसूस करती है कि वह अब अबला नहीं, बल्कि उनमें भी कुछ करने की क्षमता है। माँ भी मीनू की सफलता से प्रसन्न होती हैं, माँ से ही उसे प्रत्यनशील होकर आगे बढ़ने की प्रेरणा मिली थी। पिताजी ने प्रसन्न होकर मिठाई से मीनू का मुँह मीठा कराया और उज्ज्वल भविष्य के लिए शुभकामनाएँ दीं।

मीनू का प्रैक्टिस के लिए जाना

मीरापुर में रहकर अपने उज्ज्वल भविष्य के बारे में मीनू को संशय था, इसलिए उसने मेरठ को चुनकर वहाँ प्रैक्टिस के लिए रजिस्ट्रेशन करवा लिया था और आज उसे मेरठ जाना था, जब मीनू पढ़ने के लिए गई थी, तो उसके साथ केवल कपड़े और कुछ ज़रूरी सामान था, लेकिन आज वह घर-गृहस्थी के सभी सामान ले जा रही थी। मीनू जब छात्रावास में थी, तो सभी सुख-सुविधाएँ थीं, लेकिन अब उसे अलग घर बसाकर रहना था।

पिताजी ने नीलिमा के पति से कहकर कमरे का इंतज़ाम करवा दिया था, जहाँ जाकर मीनू को अब रहना था। माँ को चिंता थी कि मीनू को न जाने कैसे पड़ोसी मिलें, इसलिए उन्होंने अपनी नौकरानी की छोटी बेटी को उसके साथ भेजने का निश्चय किया, ताकि उसे अकेलापन भी महसूस न हो और घर के कुछ कार्य भी हो जाएँगे। आज माँ, मीनू के जाने से दुःखी न होकर प्रसन्न थी, क्योंकि आज उनकी बेटी इस योग्य बन चुकी थी कि वह समाज में अपना ऊँचा स्थान बनाकर रह सके।

शब्दार्थ

कुशल-क्षेम *हाल-चाल;* **सांत्वना** *ढाँढ़स;* **धूमिल-सी** *अस्पष्ट;* **आत्मग्लानि** *हीन-भावना;* **प्रत्यनशील** *आगे की ओर बढ़ने वाला;* **प्रेरणा** *उत्साह बढ़ना;* **कामना** *इच्छा;* **उज्ज्वल** *प्रकाशमय;* **प्रस्थान** *जाना/छोड़ना;* **महरी** *नौकरानी।*

PYQs विगत वर्षों के प्रश्न व महत्त्वपूर्ण प्रश्न

गद्यांश पर आधारित प्रश्न

1. निम्नलिखित गद्यांश को पढ़कर उसके नीचे दिए गए प्रश्नों के उत्तर हिंदी में लिखिए

आज मीनू को नीलिमा के घर जाना था, पर वह आज कुछ अधिक उदास-सी थी। उसके मस्तिष्क में एक अजीब-सी परेशानी थी, जिससे आज तक वह इतनी घृणा करती थी, उसी के लिए आज इतनी परेशान क्यों........? वह स्वयं ही कुछ नहीं समझ पा रही थी। हॉस्टल पहुँचने पर उसने अपना सब सामान एकत्रित करना प्रारम्भ कर दिया। अब उसका यहाँ एक पल के लिए भी दिल नहीं लग रहा था। वह अपने सब सामान सहित मीरापुर के लिए चल दी।

(i) मीनू को कहाँ जाना था, लेकिन वह क्यों न गई?

उत्तर मीनू को अपनी सहेली नीलिमा के घर उससे मिलने जाना था, लेकिन एक दिन पूर्व अमित से मिलने के कारण आज वह उदास एवं परेशान थी, जिसके कारण वह नीलिमा से मिलने के लिए नहीं गई।

(ii) मीनू क्या नहीं समझ पा रही थी?

उत्तर एक दिन पूर्व ही अमित से मिलने के कारण वह आज स्वयं को असमंजस की स्थिति में महसूस कर रही थी। आज तक वह जिस व्यक्ति से घृणा करती थी, आज उसी व्यक्ति के लिए वह चिंतित एवं परेशान थी। स्वयं की इस दुविधा की स्थिति को ही वह समझ नहीं पा रही थी।

(iii) मीनू किससे घृणा करती थी और उसकी परेशानी का क्या कारण था?

उत्तर मीनू अमित से घृणा करती थी, जिसका कारण उसके माता-पिता के द्वारा झूठ बोलकर विवाह के लिए मीनू को अस्वीकार करना था, परंतु आज मीनू अमित के लिए परेशान थी, क्योंकि अमित से अस्पताल में मिलने के कारण उसने अमित के पश्चाताप एवं आत्मग्लानि के भाव को महसूस किया था, जिस वजह से अमित के प्रति उसके हृदय में दया एवं प्रेम भाव उत्पन्न हो गया था और इसलिए आज तक जिस अमित से वह घृणा करती थी, उसी के लिए आज वह परेशान थी।

(iv) मीनू ने क्या निर्णय किया था और क्यों?

उत्तर मीनू ने अपने सामान को एकत्रित कर एक दिन पहले ही मेरठ से अपने घर मीरापुर जाने का निर्णय किया, क्योंकि मीनू स्वयं को आज दुविधा की स्थिति में महसूस कर रही थी, जिस कारण आज वह अपनी सहेली नीलिमा से मिलने उसके घर भी न जा पाई और अब उसका एक पल के लिए भी छात्रावास में रहने का मन नहीं था।

2. निम्नलिखित गद्यांश को पढ़कर उसके नीचें दिए गए प्रश्नों के उत्तर हिंदी में लिखिए

मीनू पिताजी के इस प्रश्न का तुरंत उत्तर न दे सकी। वह कुछ क्षण बाद सोच-विचार कर बोली, "पिताजी, मैं अपनी प्रैक्टिस शुरू करने के बाद ही विवाह के बारे में विचार करूँगी।"

"बेटी, यह बात ठीक है, परंतु हम चाहते हैं कि तुम्हारा विवाह हो जाता, तो हम अपनी चिंता से मुक्त हो जाते। मेरी भी तबीयत कुछ ठीक-सी नहीं रहती है।"

(i) पिताजी ने मीनू से क्या प्रश्न पूछा था?

उत्तर पिताजी ने मीनू से उसके विवाह के संबंध में प्रश्न पूछा था। पिताजी ने मीनू से पूछा कि अब उसकी पढ़ाई भी समाप्त हो गई है और अब उसका विवाह करने के विषय में क्या विचार है?

(ii) मीनू ने पिताजी के प्रश्न का क्या उत्तर दिया था?

उत्तर पिताजी के द्वारा विवाह करने के विषय में प्रश्न पूछने पर, मीनू उनसे कहती है कि वह अभी अपनी वकालत की प्रैक्टिस करना चाहती है और उसके उपरांत ही वह विवाह करने के विषय में विचार करेगी।

(iii) पिताजी को क्या चिंता थी और क्यों?

उत्तर पिताजी को मीनू के विवाह की चिंता थी। उनका मानना था कि अगर मीनू विवाह कर ले, तो वह एक पिता होने के नाते विवाह करवाने के उपरांत चिंता मुक्त हो जाते, क्योंकि अब उनकी तबीयत भी ठीक नहीं रहती थी, वे समाज के बंधनों में बँधे होने के कारण कहते हैं कि समाज के भी अपने कुछ नियम हैं, जिनके अनुरूप सभी को चलना होता है और जब तक माता-पिता अपनी बेटियों का विवाह नहीं करते, तब तक उन्हें चैन नहीं मिलता।

(iv) मीनू विवाह क्यों नहीं करना चाहती थी?

उत्तर मीनू ने अभी अपनी वकालत की पढ़ाई पूरी की थी और उसने पढ़ाई आरंभ करते समय अपने पैरों पर खड़े होकर आत्मनिर्भर बनने का लक्ष्य निर्धारित किया था। आज जब उसकी वकालत की पढ़ाई पूरी हो गई, तो उसने अपने लक्ष्य तक पहुँचने के लिए मेरठ जाकर प्रैक्टिस करने का निर्णय लिया, इसलिए वह अभी विवाह नहीं करना चाहती थी।

3. निम्नलिखित गद्यांश को पढ़कर उसके नीचे दिए गए प्रश्नों के उत्तर हिंदी में लिखिए

"एक बार तो नीलिमा ने ही मुझे अमित के विषय में बताया था। वैसे जिस दिन मैं यहाँ आई थी, उस दिन अमित से अस्पताल में मिलकर आई थी। उस दिन उसने मुझे सारी बातें बताई थीं।"

"अच्छा, पर इस बात को तो तीन वर्ष हो चुके हैं। उसने अभी तक शादी क्यों नहीं की?"

(i) वक्ता और श्रोता किस विषय पर बातें कर रहे थे?

उत्तर वक्ता और श्रोता अर्थात् मीनू व उसकी माँ अमित से मीनू के मिलने एवं उसके एक्सीडेंट के विषय में बातें कर रहे थे। मीनू अपनी माँ को वे सभी पुरानी बातें बता रही थी, जिससे उसकी माँ अवगत नहीं थी।

(ii) नीलिमा ने अमित के विषय में क्या बताया था?

उत्तर नीलिमा ने अमित के विषय में मीनू को बताया था कि उसका एक धनी सेठ की बेटी से विवाह तय हो गया था और अमित अनिच्छा के बावजूद अपने माता-पिता से इसका विरोध न कर पाया था, परंतु कुछ समय उपरांत ही उसका रिश्ता टूट गया था।

(iii) मीनू कहाँ गई थी और वहाँ जाकर उसे क्या पता चला?

उत्तर मीनू अमित से मिलने अस्पताल गई थी, वहाँ जाकर उसे अमित के विषय में पता चलता है। अमित उसके समक्ष अपने हृदय की भावनाओं को व्यक्त करते हुए उसके प्रति लगाव की बात बताता है। साथ ही अपने माता-पिता द्वारा एक धनी सेठ की बेटी से विवाह के प्रस्ताव में अपनी अनिच्छा को भी बताता है। वह कहता है कि तुम्हारा रिश्ता अस्वीकार करके मैंने तुम्हें बहुत दुःख पहुँचाया है, जिसके कारण मुझे अत्यधिक आत्मग्लानि महसूस हुई।

(iv) किस बात को तीन वर्ष हो गए थे और किसने अभी तक विवाह नहीं किया था?

उत्तर अमित व उसके माता-पिता मीनू को देखने के लिए उसके घर तीन वर्ष पहले आए थे और उन्होंने मीनू के परिवार से झूठ बोलकर मीनू से विवाह के लिए मना कर दिया था, इस बात को तीन वर्ष हो गए थे। माता-पिता के द्वारा मीनू से विवाह के लिए मना किए जाने के उपरांत अमित ने भी अभी तक विवाह नहीं किया था।

4. निम्नलिखित गद्यांश को पढ़कर उसके नीचे दिए गए प्रश्नों के उत्तर हिंदी में लिखिए

पिताजी ने नीलिमा के पति को पत्र लिखकर एक कमरे की व्यवस्था करा ली थी। मीनू को अब उसी कमरे में जाकर अपना छोटा-सा घर बसाना था। माँ को इस बात की चिंता थी कि न जाने मीनू को कैसे पड़ोसी मिलेंगे। अब तो मीनू को वहाँ पर अकेले ही रहना पड़ेगा। उन्होंने अपनी महरी की छोटी बेटी राजो को भी मीनू के साथ भेजने का निश्चय किया, जिससे मीनू अकेली भी न रहे और वह उसका घर का कार्य भी कर दे।

(i) मीनू कहाँ जा रही थी और क्यों?

उत्तर मीनू ने अपनी वकालत की पढ़ाई पूरी कर ली थी। इसके उपरांत वह प्रैक्टिस करना चाहती थी, इसलिए वह अपनी वकालत की प्रैक्टिस करने के लिए मेरठ जा रही थी।

(ii) पिताजी ने नीलिमा के पति को पत्र क्यों लिखा?

उत्तर मीनू को अपनी प्रैक्टिस करने के लिए मेरठ जाना था, इसलिए पिताजी ने नीलिमा के पति सुरेंद्र को मेरठ में मीनू के लिए एक कमरे की व्यवस्था करने के लिए पत्र लिखा था।

(iii) मीनू द्वारा पहले मेरठ जाने और इस बार मेरठ जाने पर क्या अंतर था? स्पष्ट कीजिए।

उत्तर मीनू जब पिछली बार मेरठ गई थी, तो वह वकालत की पढ़ाई करने गई थी, जहाँ उसे छात्रावास में रहना था और खाने-पीने की सभी सुविधाएँ उसे सहज ही उपलब्ध हो जाती थी, किंतु इस बार मीनू स्वयं को सिद्ध करने एवं समाज में अपना एक अलग स्थान बनाने के उद्देश्य से मेरठ जा रही थी। मीनू जब पहले मेरठ गई थी, तो माँ मीनू के प्रति अत्यधिक चिंतित एवं उसके जाने से दुःखी थी, लेकिन इस बार माँ अत्यधिक प्रसन्न थी, क्योंकि इस बार उनकी बेटी इस काबिल बनकर मेरठ जा रही थी कि वह समाज में अपना एक अलग अस्तित्व बना सके।

(iv) माँ को किस बात की चिंता थी और उन्होंने क्या किया?

उत्तर माँ, मीनू के मेरठ में अकेले रहने के विषय में चिंतित थी एवं उन्हें चिंता थी कि वहाँ उसे न जाने किस प्रकार के पड़ोसी मिलेंगे, इसलिए माँ ने अपनी नौकरानी की सबसे छोटी बेटी राजो को मीनू के साथ रहने के लिए भेजने का निश्चय किया, ताकि मीनू को अकेलेपन का अहसास भी न हो और उसे घर के कार्यों में भी मदद मिल सकेगी।

अध्याय 22

सारांश

मीनू का मेरठ पहुँचना

मीनू का कमरा मेरठ की एक साफ़-सुथरी बस्ती में था, जो पूरी तरह व्यवस्थित था। कमरे को व्यवस्थित करने में नीलिमा ने मीनू व राजो की पूर्ण रूप से सहायता की थी। राजो उम्र में छोटी अवश्य थी, लेकिन उसके साथ में रहने से मीनू को कभी अकेलापन महसूस नहीं हुआ था। वह सुबह कचहरी जाती और शाम को आती, यदि कभी अकेलापन ज्यादा महसूस करती, तो नीलिमा से मिलने उसके घर चली जाती। मीनू को नीलिमा से अमित के अभी भी अस्पताल में होने की ख़बर मिल गई थी, इसलिए उसने निश्चय किया कि वह शाम को अमित से मिलने अस्पताल जाएगी।

आज कचहरी में अधिक व्यस्तता के कारण वह थक गई थी, इसलिए उसका मन हुआ कि वह घर जाकर आराम करे, लेकिन उसके कदम स्वयं ही अस्पताल की ओर बढ़ चले। मीनू दुविधा की स्थिति में थी कि वह अस्पताल जाए या न जाए, लेकिन वह कोई फैसला न कर पाई और स्वयं को उसने अस्पताल के सामने खड़ा पाया।

मीनू का अमित से मिलना

मीनू ने अमित से मिलने के लिए जैसे ही कमरे में प्रवेश किया, उसने पाया कि अमित और उसकी माँ बातें कर रहे थे। मीनू को देखकर दोनों प्रसन्न होते हैं और अमित की माँ उसे बैठने के लिए कहते हुए उसकी पढ़ाई के विषय में पूछती हैं। मीनू ने उन्हें बताया कि उसने वकालत प्रथम श्रेणी से पास कर ली है और अब मेरठ में ही प्रैक्टिस कर रही है।

मीनू के मेरठ में प्रैक्टिस करने की बात सुनकर अमित व उसकी माँ दोनों ही प्रसन्न होते हैं, लेकिन अमित के हृदय में व्याप्त हीनभावना ने उसे उदास कर दिया। क्या वह पूर्णरूप से स्वस्थ हो पाएगा और क्या उसके शरीर के अंग पहले की तरह कार्य कर पाएँगे, आदि अनेक प्रश्न उसके मस्तिष्क में घूमने लगे?

अमित की उदासी

स्वास्थ्य संबंधी प्रश्नों के मस्तिष्क में आने से वह उदास हो गया, उसकी उदासी को भाँपते हुए मीनू उसकी तबीयत के बारे में पूछती है। तबीयत में थोड़ा सुधार होने की बात कहते हुए उसके चेहरे पर उदासी छा गई थी। माँ

मीनू से कहती है कि डॉक्टर अपनी ओर से पूरा प्रयत्न कर रहे हैं, लेकिन सब कुछ ईश्वर के हाथ में है और इसे दवा और दुआ दोनों की ही आवश्यकता है। अमित की माँ को उदास देखकर मीनू भी उदास हो जाती है और उनसे पूछती है कि अभी अमित को कितने समय तक यहाँ रहना होगा, जिस पर माँ चार माह और रहने के विषय में बताती हैं। वे भाग्य को कोसते हुए कहती हैं कि समय का चक्र किसी को समझ नहीं आता। घड़ी में शाम के छः बज गए थे, खिड़की से बाहर देखने पर बिजली का प्रकाश दिखाई दे रहा था, उसने अमित की माँ से आज्ञा ली और घर के लिए चली गई।

राजो का अपनत्व

मीनू के कमरे पर पहुँचने पर राजो उससे देरी से आने एवं उसे कचहरी में बहुत काम होने के विषय में पूछती है, जिसे सुनकर मीनू को गुस्सा आ गया था कि वह कौन होती है, उससे कुछ पूछने वाली? तभी मीनू को ध्यान आया कि वही तो इस समय उसका एकमात्र सहारा है और अगर वह न होती तो मीनू किस प्रकार यहाँ अकेले रह पाती। राजो मीनू को खाने की थाली देते हुए कहती है कि उसने पहले ही खाना बना लिया था, ताकि आप जल्दी से खाकर आराम कर लें।

मीनू को राजो के व्यवहार से अपनत्व का अहसास हुआ और वह उससे कहती है कि वह उसका बहुत ध्यान रखती है, जिस पर राजो कहती है कि इस परदेश में यदि वह उसका ध्यान नहीं रखेगी, तो कौन रखेगा? मीनू उसकी बातें सुनकर उसे अपने लिए भी खाना लाने की बात कहती है और दोनों साथ भोजन करती हैं। राजो घर के कार्य समाप्त करने और मीनू कुछ देर पढ़ने के उपरांत अपने-अपने बिस्तर पर लेट जाती हैं।

मीनू की विचारमग्नता

सारे दिन काम करने के उपरांत राजो गहरी नींद में सो रही थी, तो मीनू अभी-भी जगी हुई थी, उसके मस्तिष्क में केवल अमित का उदास चेहरा घूम रहा था। अमित स्वयं की हालत से बहुत निराश था, तभी मीनू को ध्यान आया कि अमित ने मीनू की प्रतीक्षा में ही इतने वर्षों तक विवाह न किया, जबकि उसे अन्य कोई अच्छी लड़की मिल सकती थी।

इसी विचारमग्नता में उसे एक विचार व्याकुल कर जाता है कि यदि अमित अपाहिज हो गया, तो उसे उसके साथ विवाह करना चाहिए या नहीं, परंतु यह दुर्घटना तो विवाह के बाद भी घटित हो सकती थी। मीनू सोचती है कि यदि अमित उसका इतने वर्षों तक इंतज़ार कर सकता है, तो क्या इस दुर्घटना के कारण उसे अमित की इच्छाओं को ठुकरा देना चाहिए। ऐसे ही अनेक विचार मीनू को व्याकुल कर गए और वह लेटी-लेटी करवटें बदल रही थी। कुछ समय के बाद उसे भी नींद आ गई।

शब्दार्थ

स्मृति *यादें,* **अंतर्द्वंद्व** *दुविधा की स्थिति,* **अंतःप्रेरणा** *सहज प्रवृत्ति,* **व्याकुल** *बेचैन, परेशान,* **कचहरी** *अदालत।*

PYQs विगत वर्षों के प्रश्न व महत्त्वपूर्ण प्रश्न

गद्यांश पर आधारित प्रश्न

1. *निम्नलिखित गद्यांश को पढ़कर उसके नीचे दिए गए प्रश्नों के उत्तर हिंदी में लिखिए*

"मीनू ने अमित के कमरे में प्रवेश किया, तो देखा कि अमित अपने पलंग पर लेटा हुआ है। मीनू को देखकर उन्होंने उसे प्रेमपूर्वक बैठाया। उसे देखकर अमित के मुरझाए चेहरे पर भी खुशी की लहर दौड़ गई।" **(ICSE 2017)**

(i) मीनू अमित को देखने कहाँ गई थी? जाते समय वह मन में क्या सोच रही थी?

उत्तर मीनू अमित को देखने अस्पताल गई थी। वहाँ जाते समय वह मन में सोच रही थी कि उसका अमित से मिलने के लिए अस्पताल जाना उचित होगा या नहीं। मीनू की अंतरात्मा उसे वापस घर जाने के लिए प्रेरित करती, तो वहीं दूसरी ओर उसने अमित से मिलने का निश्चय किया हुआ था। इस प्रकार उसके मन में अंतर्द्वंद्व चल रहा था।

(ii) कमरे में प्रवेश करते ही उसने क्या देखा? अमित की माँ ने मीनू से क्या पूछा? उसने क्या उत्तर दिया?

उत्तर कमरे में प्रवेश करते ही मीनू ने देखा कि अमित पलंग पर लेटा हुआ है और अपनी माँ से बातें कर रहा है। अमित की माँ ने मीनू से पूछा कि "तुम्हारी वकालत पूरी हो गई है न?" मीनू ने उत्तर दिया, "हाँ आंटी! मैंने प्रथम श्रेणी में वकालत पास कर ली है और अब यहाँ मेरठ में ही प्रैक्टिस भी शुरू कर दी है।"

(iii) मीनू के वकालत पास करने पर अमित की माँ को विशेष खुशी क्यों हो रही थी? क्या उन्हें अपनी गलती का अहसास हो गया था? तर्कपूर्ण उत्तर दीजिए।

उत्तर मीनू के वकालत पास करने पर अमित की माँ को विशेष खुशी इसलिए हो रही थी, क्योंकि अब मीनू अपने पैरों पर खड़ी हो गई थी। उन्हें लगा कि अब वह उनके बेटे अमित से विवाह कर लेगी। अमित की माँ को अपनी गलती का अहसास हो गया था, इसलिए वे भाग्य को कोसती हुई कहती हैं कि समय का चक्र किसी को समझ नहीं आता। वे अत्यंत दुःखी हो जाती हैं। उन्हें उदास देखकर मीनू भी उदास हो जाती है।

(iv) मीनू के हृदय में बचपन से ही किसके प्रति दया की भावना थी? वह उनकी किस प्रकार सहायता करने का निश्चय कर रही है?

उत्तर मीनू के हृदय में बचपन से ही अपाहिजों के प्रति दया की भावना थी। वह उनकी सहायता करने के लिए निश्चय करती है कि अपने विवाह में होने वाले फिजूल खर्च के पैसे बचाकर अपाहिज मनोहर की सहायता करेगी। मनोहर के लिए दुकान खुलवाकर मीनू ने उसका जीवन सुधार दिया था।

वह सोचती है कि हमारे देश में कितने ही अपाहिज लोग हैं। यदि प्रत्येक संपन्न व्यक्ति किसी एक अपाहिज की सहायता कर दे, तो देश से अपंग व्यक्तियों की बेरोज़गारी की समस्या समाप्त हो जाएगी।

2. निम्नलिखित गद्यांश को पढ़कर उसके नीचे दिए गए प्रश्नों के उत्तर हिंदी में लिखिए

परंतु दूसरे ही क्षण मीनू के कदम अस्पताल की ओर बढ़ चले। उसके हृदय में एक अंतर्द्वंद्व था। उसका अस्पताल जाना उचित होगा या नहीं। कई बार अंत:प्रेरणा ने उसे वापस मुड़ जाने के लिए प्रेरित किया, परंतु वह इस अंतर्द्वंद्व में फैसला नहीं कर पाई। उसके कदम अस्पताल की ओर बढ़ते गए। उसने देखा कि वह अस्पताल के सामने खड़ी थी।

(i) मीनू के हृदय में अंतर्द्वंद्व क्यों था?

उत्तर कचहरी में आज अत्यधिक व्यस्तता के कारण मीनू बहुत थक गई थी और उसका मन हुआ कि वह घर जाकर आराम करे, लेकिन अमित से मिलने के लिए जाने का निश्चय किए होने के कारण वह अंतर्द्वंद्व की स्थिति में थी कि वह उससे मिलने जाए या नहीं।

(ii) अस्पताल पहुँचने पर मीनू के प्रति सबकी क्या प्रतिक्रिया थी?

उत्तर अस्पताल पहुँचने पर मीनू ने देखा कि अमित पलंग पर लेटा हुआ है और अपनी माँ से बातें कर रहा था। मीनू को अस्पताल आया हुआ देखकर, अमित व उसकी माँ दोनों प्रसन्न होते हैं।

(iii) मीनू कहाँ जा रही थी और क्यों?

उत्तर मीनू अमित से मिलने के लिए अस्पताल जा रही थी, क्योंकि मीनू को नीलिमा से ज्ञात हुआ था कि अमित अभी भी अस्पताल में है। आज अमित की याद आने के कारण उसने अमित से मिलने का निश्चय किया था। मन में अंतर्द्वंद्व होने के बाद भी वह घर और अस्पताल जाने का फैसला करती रही, परंतु वह प्रयासरहित अस्पताल के समक्ष पहुँच गई और अमित से मिली।

(iv) मीनू क्या फैसला नहीं कर पाई थी?

उत्तर मीनू अंतर्द्वंद्व की स्थिति में थी कि उसका अमित से मिलने के लिए अस्पताल जाना उचित होगा या नहीं। मीनू की अंतरात्मा उसे वापस घर जाने के लिए प्रेरित करती, तो वहीं दूसरी ओर उसने आज अमित से मिलने के लिए जाने का निश्चय किया हुआ था, जिस वजह से वह स्वयं को दुविधा की स्थिति में महसूस कर रही थी, इसलिए वह इस बात का निश्चय अर्थात् फैसला नहीं कर पा रही थी कि उसे अमित से मिलने जाना चाहिए या नहीं।

3. निम्नलिखित गद्यांश को पढ़कर उसके नीचे दिए गए प्रश्नों के उत्तर हिंदी में लिखिए

मीनू ने मेरठ में ही प्रैक्टिस शुरू कर दी है, यह जानकर अमित ने भी प्रसन्नता का अनुभव किया, परंतु दूसरे ही क्षण उसके हृदय की हीन भावना ने उसे उदास कर दिया। अब क्या वह पूर्णरूप से स्वस्थ हो सकेगा? क्या उसके शरीर के सभी अंग पहले की तरह कार्य कर सकेंगे? आदि अनेक प्रश्न उसके मस्तिष्क में घूमने लगे।

(i) अमित से मिलने कौन आया था और क्यों?

उत्तर अमित से मिलने के लिए मीनू अस्पताल आई हुई थी, क्योंकि उसे अमित से मिले हुए भी काफी समय बीत चुका था एवं आज उसका स्मरण होने पर उसने अमित से मिलने का निर्णय किया था।

(ii) अमित की प्रसन्नता का क्या कारण था?

उत्तर मीनू का अमित से मिलने अस्पताल आना एवं उसके द्वारा यह बताना कि उसने मेरठ में ही अपनी वकालत की प्रैक्टिस आरंभ कर दी है, यही अमित की प्रसन्नता का कारण था।

(iii) अमित उदास क्यों हो गया था?

उत्तर अमित के माता-पिता के द्वारा मीनू को विवाह के लिए अस्वीकार किए जाने के बाद अमित के प्रति मीनू के हृदय में घृणा भाव उत्पन्न हो गया था, लेकिन अमित के साथ घटी दुर्घटना के उपरांत मीनू के हृदय में उसके लिए स्नेह भाव उत्पन्न हो गया था। आज मीनू वकालत की प्रैक्टिस कर आत्मनिर्भर बन गई थी, वहीं अमित इस दुर्घटना के बाद चल-फिर सकने में भी असमर्थ हो गया था, जिस वजह से उसमें हीनभावना व्याप्त हो गई और इसी हीनभावना के कारण वह उदास हो गया था।

(iv) अमित के मस्तिष्क में क्या विचार आने लगे थे?

उत्तर अमित हीनभावना से ग्रसित होने के कारण उदास हो गया था और उसके मस्तिष्क में कई नकारात्मक विचार आने लगे थे। अपने स्वास्थ्य के प्रति चिंतित होने के कारण उसके मस्तिष्क में स्वयं के पूर्ण रूप से स्वस्थ होने एवं उसके शरीर के सभी अंग पहले की तरह कार्य करने में समर्थ होंगे या नहीं, जैसे अनेक विचार उसके दिमाग में आने लगे थे।

4. निम्नलिखित गद्यांश को पढ़कर उसके नीचे दिए गए प्रश्नों के उत्तर हिंदी में लिखिए

जैसे ही मीनू कमरे पर पहुँची तो राजो ने उससे पूछा, दीदी आज आपको बहुत देर हो गई है। क्या आज कचहरी में बहुत काम था आपको?'' राजो की यह बात सुनकर मीनू को क्रोध भी आया कि यह नन्हीं बच्ची कौन होती है उससे ये बात पूछने वाली। दूसरे ही क्षण उसे ध्यान आया कि राजो ही तो इस समय उसका एकमात्र सहारा है। यदि राजो न होती तो क्या वह अकेली यहाँ रह सकती थी?

(i) राजो कौन थी और वह मीनू के साथ क्यों रहती थी?

उत्तर राजो मीनू के घर की नौकरानी की छोटी बेटी थी। मीनू के वकालत की प्रैक्टिस करने के लिए मेरठ आते समय माँ ने मीनू के अकेले मेरठ में रहने के कारण राजो को मीनू के साथ भेज दिया था, जिस वजह से वह मीनू के साथ रहती थी।

(ii) मीनू देर से क्यों आई थी?

उत्तर मीनू कचहरी से मुक्त होने के उपरांत अमित से मिलने के लिए अस्पताल गई थी, जिस वजह से उसे घर आने में देर हो गई थी।

(iii) राजो द्वारा मीनू के देर से आने का कारण पूछने पर मीनू की क्या प्रतिक्रिया थी एवं उसमें क्या परिवर्तन आया?

उत्तर मीनू अमित से मिलने के उपरांत जब देर से घर पहुँचती है, तो राजो मीनू से उसके देर से घर आने का कारण जानने की कोशिश करती है। मीनू राजो के प्रश्न को सुनकर आग बबूला होते हुए अत्यधिक क्रोधित होकर यह सोचने लगती है कि वह छोटी-सी लड़की उससे यह प्रश्न कैसे पूछ सकती है और वह किस अधिकार से उससे यह प्रश्न पूछ रही है? जैसे विचार मीनू के मस्तिष्क में आने लगे, लेकिन दूसरे ही क्षण उसे विचार आया कि वही तो यहाँ मेरठ में उसका एकमात्र सहारा है, अन्यथा वह यहाँ अकेले कैसे रह सकती थी।

(iv) राजो किस प्रकार मीनू का एकमात्र सहारा थी? स्पष्ट कीजिए।

उत्तर मीनू अपने घर से दूर मेरठ में अकेली रहती थी और उसके प्रत्येक सुख-दुःख में उसके साथ केवल राजो ही थी, जिसे माँ ने मीनू के साथ भेजा था ताकि मीनू को मेरठ में अकेलेपन का अहसास न हो और वह उसकी घर के कार्यों में भी मदद कर सके।

राजो अपने कर्त्तव्यों का पूर्ण रूप से निर्वाह कर रही थी और उसके द्वारा मीनू का अत्यधिक ध्यान रखने के कारण मीनू को उसके व्यवहार से अपनत्व का एहसास होता था, इसलिए मीनू को लगा कि वही तो उसका मेरठ में एकमात्र सहारा है।

लघु उत्तरीय प्रश्न

1. अमित का परिचय देते हुए उसके चरित्र की दो विशेषताएँ भी लिखिए। **(ICSE Sem II 2021-22)**

उत्तर अमित 'नया रास्ता' उपन्यास का नायक है। वह मेरठ के मायाराम का पुत्र है। वह गुणों और संस्कारों वाली स्त्री को पत्नी के रूप में पाना पसंद करता है। वह धन को अधिक महत्त्व नहीं देता। वह गुण ग्राही है। वह लालची नहीं है। वह मीनू के गुणों से प्रभावित हो जाता है। लेकिन वह माँ-बाप के विरुद्ध भी नहीं जा पाता। उनके दबाव के कारण ही वह सेठ धनी मल की पुत्री को देखने जाता है। अतः अमित एक उत्तम प्रेमी, आदर्श पति और योग्य पुत्र है।

अध्याय 23

सारांश

मीनू की प्रसिद्धि

आठ माह के भीतर ही मीनू ने स्वयं को वकालत के क्षेत्र में स्थापित कर लिया था। मीनू दिखने में अवश्य छोटी एवं पतली थी, लेकिन उसके जोश, उत्साह एवं लगन से उसकी कामयाबी के चर्चे चारों ओर फैल गए थे। उसकी प्रभावमयी आवाज़ ने सबको मोहित कर लिया था, उसे देखकर कोई विश्वास नहीं कर सकता था कि वह इतनी साहसी होगी। पिछले आठ माह में मीनू अमित से केवल चार बार ही मिली थी वह भी एक हितैषी के रूप में, जबकि पिछले दो माह में तो वह उससे मिल ही न सकी थी और न ही उसका कोई समाचार उसे मिला था। रविवार होने के कारण आज वह स्वयं को स्वतंत्र अनुभव कर रही थी, इसलिए उसने आज नीलिमा के घर जाने का निश्चय किया था। मीनू जैसे ही जाने के लिए तैयार हुई, तभी आशा अपने पति एवं अपने बेटे के साथ मीनू से मिलने उसके घर आ गई थी।

आशा का प्रवेश

आशा से लगभग आठ माह के उपरांत मिलने पर मीनू ने अनुभव किया कि आशा में कितना अधिक परिवर्तन आ गया है। आशा मीनू से छोटी थी, लेकिन मीनू उससे छोटी प्रतीत हो रही थी। आशा का बेटा बहुत प्यारा था और उसका रंग रूप आशा के समान ही था। मीनू ने उसे अपनी गोद में ले लिया, लेकिन उसकी गोद में आते ही उसने रोना शुरू कर दिया था। उसको रोता देख आशा के पति ने मज़ाक में कहा था कि ''बेटे रोते नहीं हैं और आप इस समय मौसी की गोद में हो और मौसी तो माँ-सी ही होती है।'' उनकी बात को सुनकर सभी खिलखिला कर हँसने लगे। रोते हुए बच्चे को आशा ने अपनी गोद में लेकर सुला दिया था। आशा की गोद में बच्चे को देखकर मीनू में मातृत्व की भावना जाग उठी थी और वह सोचने लगी कि कितना सुखद अनुभव है माँ बनना और आशा कितनी भाग्यशाली है। आशा के पति के बाज़ार जाने के बाद दोनों बहनें कई घंटों तक आपस में बातें करती रहीं।

आशा का मीनू को समझाना

आशा मीनू के भविष्य को लेकर चिंतित थी, इसलिए मीनू को समझाती हुई कहती है कि ज़िंदगी बहुत लंबी है और एक अवस्था ऐसी आती है, जब अपने पति और बच्चों का ही सहारा होता है।

आशा का इशारा वृद्धावस्था की ओर था, जब इंसान को अपनों की सबसे अधिक आवश्यकता होती है, किंतु अभी इतनी जल्दी क्या है? फिर सोच लेंगे की बात कहते हुए मीनू वहाँ से उठ कर चली जाती है।

आशा द्वारा चर्चा का विषय बदलना

आशा को लगता है कि मीनू को उसके विवाह की बात अच्छी नहीं लगी, तो उसने अपनी बातचीत का विषय बदल दिया और परिवार के सदस्यों की कुशलक्षेम पूछने लगी। मीनू ने उसे बताया कि पिताजी का स्वास्थ्य ठीक है और माँ भी ठीक हैं और वह पूरे दिन घर के कार्यों में ही व्यस्त रहती हैं, रोहित इंजीनियरिंग पूरी करने के बाद दिल्ली में ही नौकरी कर रहा है, जहाँ उसे तीन हज़ार रुपये महीना मिलता है।

आशा अपनी अप्रसन्नता प्रकट करते हुए कहती है कि रोहित ने उसे पत्र नहीं लिखा, लेकिन कल दिल्ली जाने के पश्चात् वह उससे मिलने जाएगी। रविवार का दिन किस प्रकार बीत गया मीनू को उसका अहसास ही न हुआ। अगले दिन आशा भी दिल्ली चली गई। घर से सभी के जाने के बाद घर में शांति-सी छा गई थी।

शब्दार्थ

उत्साह *जोश*; **हितैषी** *हित चाहने वाला*; **मातृत्व** *ममत्व*; **लापरवाही** *असावधानी*।

PYQs विगत वर्षों के प्रश्न व महत्त्वपूर्ण प्रश्न

गद्यांश पर आधारित प्रश्न

1. निम्नलिखित गद्यांश को पढ़कर उसके नीचे दिए गए प्रश्नों के उत्तर हिंदी में लिखिए

इन आठ महीनों में उसने अपनी धाक जमा ली थी। दिखने में पतली, छोटी-सी लगने वाली मीनू की आवाज़ में कितना जोश था, कितना उत्साह था, उसकी बुलंदी के चर्चे चारों ओर फैल गए थे। उसकी रौबीली आवाज़ सबके मन को मोह गई थी। मीनू को साधारण रूप से देखने वाला व्यक्ति विश्वास ही नहीं कर सकता था कि वह इतनी साहसी होगी।

(i) उपरोक्त कथन के अनुसार, किसने व कहाँ अपनी धाक जमा ली थी?

उत्तर मीनू ने मेरठ में अपनी वकालत की प्रैक्टिस आरंभ की थी और आठ माह के अल्प समय में ही उसने अपनी मेहनत एवं लगन से वकालत के क्षेत्र में अपनी धाक जमा ली थी।

(ii) मीनू के प्रसिद्ध होने का क्या कारण था?

उत्तर छोटी एवं पतली-सी दिखने वाली मीनू अपने कर्त्तव्य के प्रति निष्ठावान एवं ईमानदार थी। अपने जोश एवं उत्साह के कारण ही वह बुलंदियों पर पहुँची थी और यही उसकी प्रसिद्धि का कारण था।

(iii) एक साधारण व्यक्ति क्या विश्वास नहीं कर सकता था और क्यों?

उत्तर मीनू को देखकर कोई व्यक्ति यह विश्वास नहीं कर सकता था कि वह इतनी साहसी होगी कि आठ माह के भीतर वकालत के क्षेत्र में अपनी धाक जमा लेगी, क्योंकि एक साधारण-सी, छोटी एवं दुबली-पतली-सी दिखने वाली लड़की को देखकर कोई भी यह विश्वास नहीं कर सकता था कि उसमें वह जोश, वह उत्साह और जुनून होगा, जो वकालत के क्षेत्र के लिए अनिवार्य है।

(iv) गद्यांश के आधार पर मीनू की चारित्रिक विशेषताएँ बताइए।

उत्तर मीनू एक साधारण रूप में असाधारण व्यक्तित्व वाली युवती थी। वह अपने कर्त्तव्य के प्रति निष्ठा, ईमानदारी एवं लगन के कारण ही आज वकालत के क्षेत्र की बुलंदियों पर पहुँची थी। मीनू अपनी जोशीली एवं प्रभावमयी आवाज़ से सबको अपने वश में कर लेती थी, सभी उसकी रौबीली आवाज़ पर मोहित थे। मीनू का अपने लक्ष्य तक पहुँचने के लिए उत्साह एवं उमंग उसके लक्ष्य तक पहुँचने की ललक को उजागर करते थे। अतः उपर्युक्त तथ्यों के आधार पर कह सकते हैं कि मीनू साधारण रूप में असाधारण व्यक्तित्व की धनी युवती थी।

2. निम्नलिखित गद्यांश को पढ़कर उसके नीचे दिए गए प्रश्नों के उत्तर हिंदी में लिखिए

तभी मज़ाक करते हुए आशा के पति बोले, "बेटे रोते नहीं हैं। आप इस समय मौसी की गोद में हो और मौसी तो माँ-सी ही होती है।" उनकी इस बात को सुनकर सब हँस पड़े, परंतु वह बच्चा रोता ही रहा। फिर आशा ने उसे अपनी गोद में लेकर सुला दिया। आशा की गोद में उस नन्हें को देखकर मीनू का हृदय मातृत्व की भावना से अभिभूत हो उठा। कितना भला लगता है माँ बनना भी! आशा कितनी भाग्यशाली है।

(i) मीनू के घर कौन-कौन आया था?

उत्तर मीनू जब नीलिमा के घर जाने की तैयारी कर रही थी, तभी उसके घर उसकी छोटी बहन आशा, अपने पति एवं अपने बच्चे के साथ आई थी।

(ii) बच्चे ने रोना क्यों शुरू कर दिया था?

उत्तर आशा के बच्चे का रंग-रूप आशा की तरह ही था। मीनू ने जब उसे आशा की गोद से ले लिया तो, मीनू को अंजान जानकर बच्चे ने रोना शुरू कर दिया था।

(iii) सब क्यों हँस पड़े थे?

उत्तर आशा का बेटा बहुत ही प्यारा था उसे देख मीनू उसे (बच्चे) अपनी गोद में उठाए बिना नहीं रह सकी और उसने बच्चे को गोद में उठा लिया। बच्चे ने मीनू की गोद में जाते ही रोना शुरू कर दिया, तब आशा के पति ने कहा कि "बेटे, रोते नहीं हैं। आप इस समय मौसी की गोद में हो और मौसी तो माँ-सी ही होती है।" आशा के पति द्वारा यह उक्ति कहने पर सभी हँसने लगे थे।

(iv) आशा की गोद में बच्चे को देखकर मीनू ने क्या महसूस किया?

उत्तर आशा ने रोते हुए बच्चे को गोद में लेकर सुला दिया। अतः आशा की गोद में बच्चे को देखकर मीनू का हृदय मातृत्व की भावना से अभिभूत हो गया था, उसमें ममत्व का भाव जाग उठा था। मीनू सोचने लगी थी कि माँ बनना कितना सुखद अनुभव है एवं आशा कितनी भाग्यशाली है।

3. निम्नलिखित गद्यांश को पढ़कर उसके नीचे दिए गए प्रश्नों के उत्तर हिंदी में लिखिए

बातों-बातों में आशा मीनू से पूछ बैठी, "दीदी, अब तो आपकी वकालत पूरी हो गई है और आपने प्रैक्टिस भी शुरू कर दी है। अब आगे आपका क्या विचार है?" "आगे क्या विचार है, इस बारे में तो अभी मैंने कुछ सोचा नहीं है।" मीनू ने बड़ी लापरवाही से आशा के प्रश्न का उत्तर दिया। "दीदी, इतनी लंबी ज़िंदगी पड़ी है। एक अवस्था ऐसी आती है, जब अपने पति और बच्चों का ही सहारा होता है।" आशा ने मीनू को समझाते हुए कहा।

(i) आशा ने मीनू से क्या पूछा था?

उत्तर आशा ने मीनू से उसकी वकालत की पढ़ाई पूरी होने एवं भविष्य के विषय में उसका क्या विचार है के संबंध में प्रश्न पूछा, दूसरे शब्दों में कहें, तो वह उससे विवाह करने के विषय में उसकी राय जानना चाहती थी।

(ii) मीनू ने आशा के प्रश्न का क्या जवाब दिया?

उत्तर मीनू आशा के द्वारा विवाह के संबंध में प्रश्न पूछे जाने पर बड़ी ही लापरवाही के साथ जवाब देते हुए कहती है, अभी उसने इस बारे में कुछ सोचा नहीं है कि उसे आगे क्या करना है।

(iii) ''इतनी लंबी ज़िंदगी पड़ी है। एक अवस्था ऐसी आती है, जब अपने पति और बच्चों का ही सहारा होता है।'' उक्त पंक्ति किसने, किससे व क्यों कही? स्पष्ट कीजिए।

उत्तर उक्त पंक्ति आशा ने मीनू से कही, क्योंकि वह मीनू के भविष्य को लेकर चिंतित थी तथा चाहती थी कि मीनू भी विवाह के लिए तैयार हो जाए, इसलिए वह वृद्धावस्था की ओर इशारा करते हुए मीनू को समझाने का प्रयास करती है कि एक समय (अवस्था) ऐसा आता है, जब अपने पति व बच्चों का ही सहारा होता है, इसलिए उसे विवाह के विषय में सोचना चाहिए।

(iv) गद्यांश का भावार्थ स्पष्ट कीजिए।

उत्तर मीनू आशा से बड़ी थी, लेकिन अभी तक उसने विवाह नहीं किया था और अपने लक्ष्य को प्राप्त करने के लिए पूरी लगन से जुटी हुई थी। मीनू से जब आशा ने विवाह करने के विषय में उसकी इच्छा पूछी, तो उसने बड़ी ही लापरवाही के साथ कुछ न सोचने की बात कही थी।

मीनू की विवाह के प्रति उदासीनता को देखते हुए आशा उसे विवाह करने के लिए समझाती है कि जीवन बहुत बड़ा है और उसमें कोई-न-कोई ऐसी अवस्था या क्षण ऐसा आता है, जब व्यक्ति को केवल अपने पति या बच्चों का ही भरोसा होता है, इसलिए उसे भी विवाह के प्रति उदासीनता को छोड़कर विवाह करने के विषय में सोचना चाहिए।

4. निम्नलिखित गद्यांश को पढ़कर उसके नीचे दिए गए प्रश्नों के उत्तर हिंदी में लिखिए

रविवार का पूरा दिन किस प्रकार व्यतीत हो गया, मीनू को उसका कुछ पता ही न चला। अगले दिन प्रात: काल ही आशा दिल्ली चली गई। आशा के पति को दिल्ली किसी आवश्यक कार्य से जाना था। आशा ने सोचा कि वह भी जाकर रोहित से मिल आएगी। आशा के जाने के बाद घर में सन्नाटा छा गया। सबके बोलने की आवाज़ व छोटे बच्चे के रोने के स्वर से सारा कमरा गूँजता था।

(i) मीनू ने आशा को रोहित के विषय में क्या बताया था?

उत्तर मीनू ने आशा को रोहित के विषय में बताया कि रोहित ने इंजीनियरिंग पूरी कर ली है और वह तीन हजार रुपये महीने की तनख्वाह पर दिल्ली में नौकरी कर रहा है।

(ii) रविवार के दिन के बीतने का मीनू को क्यों पता नहीं चला था?

उत्तर मीनू की बहन आशा उससे मिलने के लिए उसके घर मेरठ आई हुई थी। दोनों के पास बहुत-सी बातें एक-दूसरे को बताने के लिए थीं, इसी कारण दोनों बातों में इतनी ज़्यादा व्यस्त हो गई थीं कि दिन के बीतने का पता ही नहीं चला।

(iii) आशा कहाँ गई थी व क्यों?

उत्तर आशा मीनू से मिलने के उपरांत अगले दिन सुबह दिल्ली के लिए चली गई थी, क्योंकि उसके पति को दिल्ली में कोई आवश्यक कार्य था, जिस वजह से उन्हें दिल्ली जाना था। आशा का दिल्ली जाने का दूसरा कारण अपने भाई रोहित से मिलना था, जो दिल्ली में ही नौकरी करता था।

(iv) घर में सन्नाटा क्यों छाया हुआ था?

उत्तर घर में सन्नाटा छाने का कारण आशा व उसके बच्चे का चला जाना था। एक दिन पूर्व जब आशा मीनू से मिलने अपने परिवार के साथ उसके घर आई थी, तो घर में चहल-पहल का वातावरण निर्मित हो गया था। घर में बच्चे की किलकारियाँ गूँजने से घर का माहौल और अधिक खुशनुमा हो गया था, किंतु आज सुबह जब आशा अपने पति और बच्चे के साथ दिल्ली के लिए चली गई, तो घर में मीनू व राजो के अतिरिक्त और कोई न था, जिस वजह से घर में सन्नाटा छाया हुआ था।

अध्याय 24

सारांश

रोहित के लिए विवाह के रिश्ते आना

इंजीनियरिंग पूरी करने के बाद रोहित की दिल्ली में एक अच्छी कंपनी में नौकरी लग गई थी, जिस वजह से उसके लिए रिश्ते आने शुरू हो गए थे, लेकिन पिताजी पहले बड़ी बेटी का विवाह करने की बात कहकर सबको मना कर देते। रोहित के लिए दिल्ली से एक रिश्ता आया था। माँ और पिताजी को लड़की तो पसंद आई थी, लेकिन वे पहले बड़ी बेटी का विवाह करना चाहते थे, इसलिए उन्होंने सज्जन को यह कहते हुए मना किया कि अभी वे रोहित का विवाह करने के पक्ष में नहीं हैं। उन सज्जन के जाने के बाद माँ व पिताजी दोनों ही चिंतित होकर मीनू द्वारा विवाह के लिए असहमत होने के विषय में सोचने लगे थे।

मीनू को विवाह के लिए समझाने के लिए कहना

पिताजी, माँ से मीनू को विवाह के लिए समझाने को कहते हैं, माँ उनकी बातों को स्वीकारते हुए कहती हैं कि वह उसे समझाने की कोशिश करेंगी, लेकिन उसके स्वाभिमानी होने के कारण वह नहीं जानती की वह विवाह के लिए तैयार होगी या नहीं। पिताजी माँ से एक बार कोशिश करने के लिए कहते हैं कि क्या पता उसका विचार बदल जाए और वह विवाह के लिए तैयार हो जाए।

लोगों की कटाक्षपूर्ण बातें

माँ कहती हैं कि उसे अब विवाह के लिए तैयार हो जाना चाहिए, जब तक वह उसका कन्यादान नहीं कर देतीं, तब तक उन्हें सुख नहीं मिलेगा और वैसे समाज भी तो चैन से नहीं रहने देता। माँ बताती हैं कि वह जहाँ कहीं जाती हैं कोई-न-कोई उनसे उसके विवाह के विषय में पूछ ही लेता है।

कई लोग यहाँ तक कहते हैं कि लड़कियों को इतना अधिक नहीं पढ़ाना चाहिए, क्योंकि इससे उनका दिमाग खराब हो जाता है और वे लड़कों को पसंद नहीं करतीं।

मायाराम जी व अमित का आना

माँ और पिताजी अपनी बातों में मग्न थे कि दरवाज़े पर किसी ने घंटी बजाई। दरवाजा खोलते ही दयाराम जी, मायाराम जी व अमित को देखकर आश्चर्यचकित हो उठते हैं, उन्हें विश्वास नहीं हो रहा था कि ये वास्तविकता है या स्वप्न, ध्यान आने पर पिताजी उनका स्वागत करते हैं। अमित को देखकर माँ हैरान थीं, क्योंकि अमित के बारे में जो कुछ मीनू ने बताया था, अमित उसके विपरीत पूर्णतः स्वस्थ दिख रहा था। माता जी अमित से उसकी तबीयत के विषय में पूछती हैं, जिस पर अमित ने आत्मीयता के साथ स्वयं के ठीक होने की बात कही, तभी मायाराम जी बताते हैं कि ईश्वर की कृपा से अमित ठीक हो गया, अन्यथा यह तो अत्यधिक गंभीर स्थिति में था। ईश्वर ने सब ठीक ही किया कहकर, माँ रसोईघर में चली जाती हैं।

अमित से मीनू के विवाह का प्रस्ताव

मायाराम जी को दयाराम जी से बात करने में थोड़ा संकोच हो रहा था, किंतु साहस करने के उपरांत उन्होंने दयाराम जी से कहा कि चार वर्ष पूर्व जो कुछ भी हुआ था, उसके लिए वे क्षमा माँगते हैं। दयाराम जी उन्हें ऐसा न कहने की बात कहते हैं, जिस पर मायाराम जी कहते हैं कि उनसे भूल हो गई थी और उसका उन्हें पछतावा भी है और आज प्रायश्चित करते हुए आपसे मीनू का हाथ माँगने आए हैं।

दयाराम जी अधिक समय न लेते हुए शीघ्रता से कहते हैं कि मीनू अभी विवाह नहीं करना चाहती और उसकी सहमति के बिना वे कुछ नहीं कह सकते। मायाराम जी विवाह में लड़के-लड़की की स्वीकृति होने पर ही विवाह करने की बात करते हुए बताते हैं कि अमित के लिए भी कई रिश्ते आए, लेकिन इसने किसी रिश्ते को स्वीकार नहीं किया।

दयाराम जी उनकी बात को सुनकर मीनू की इच्छा को जानकर, उन्हें सूचित करने की बात कहते हैं। मायाराम जी उनका समर्थन करते हैं। उनके जाने के बाद आज दयाराम जी को महसूस हो रहा था, जैसे किसी ने दु:खी हृदय को सांत्वना दे दी हो।

शब्दार्थ

स्वाभिमानी *आत्मसम्मान वाला;* **आत्मीयता** *अपनेपन का भाव;* **नाजुक** *कमज़ोर, असामान्य;* **संकोच–सा** *हिचकिचाहट;* **क्षमा–प्रार्थी** *क्षमा माँगने वाला।*

PYQs विगत वर्षों के प्रश्न व महत्त्वपूर्ण प्रश्न

गद्यांश पर आधारित प्रश्न

1. निम्नलिखित गद्यांशों को पढ़कर उसके नीचे दिए गए प्रश्नों के उत्तर हिंदी में लिखिए

तभी चिंतित स्वर में दयाराम बोले, "मीनू की माँ, समझाकर तुम ही मीनू को विवाह करने के लिए तैयार करो।"

"मीनू को मैं समझाने की कोशिश तो करूँगी, पर वह बहुत स्वाभिमानी लड़की है। पता नहीं वह विवाह के लिए तैयार होगी या नहीं।"

"उसको तुम समझाकर तो देखो। हो सकता है, अब उसका विचार बदल गया हो। वह अब शादी के लिए तैयार हो जाए।"

(i) दयाराम जी की चिंता का क्या कारण था?

उत्तर दयाराम जी की चिंता का कारण मीनू का विवाह न करना था, क्योंकि मीनू अभी-भी विवाह के लिए सहमत न थी और वे बिना उसकी इच्छा के उसका विवाह नहीं करवाना चाहते थे।

(ii) दयाराम जी ने मीनू की माँ से उसे क्या समझाने की बात कही?

उत्तर दयाराम जी ने मीनू की माँ से मीनू को विवाह करने के लिए समझाने की बात कही, क्योंकि उनके बेटे रोहित के लिए भी विवाह के रिश्ते आने लगे थे और बड़ी बेटी के अविवाहित होने पर वे उसका विवाह नहीं करना चाहते थे।

(iii) मीनू की माँ ने दयाराम जी की बात का क्या जवाब दिया था?

उत्तर माँ ने दयाराम जी की बात का जवाब देते हुए कहा कि वे मीनू को विवाह के लिए समझाने की कोशिश करेंगी, लेकिन मीनू एक स्वाभिमानी लड़की है, इसलिए वे पूर्णरूप से निश्चित होकर यह नहीं कह सकती हैं कि वह विवाह के लिए उनके प्रस्ताव को स्वीकृत कर ही लेगी अर्थात् उन्हें संदेह है कि वह उनकी बातों को सुनने के पश्चात् विवाह के लिए तैयार होगी भी या नहीं।

(iv) वक्ता ने क्यों कहा कि "हो सकता है अब उसका विचार बदल गया हो?" स्पष्ट कीजिए।

उत्तर वक्ता अर्थात् दयाराम जी ने यह कथन इसलिए कहा, क्योंकि उन्हें आशा थी कि उन्होंने अभी तक मीनू की सभी बातें अर्थात् वकालत की पढ़ाई करने एवं उसके उपरांत प्रैक्टिस करने की इच्छाओं को सहजता से स्वीकार कर लिया था एवं मीनू को विवाह के लिए अस्वीकार किए जाने वाली घटना को भी काफ़ी समय हो गया था, इसलिए दयाराम जी को संदेह था कि हो सकता है, अब उसका विचार बदल गया हो और वह अब विवाह के लिए तैयार हो जाए।

2. निम्नलिखित गद्यांश को पढ़कर उसके नीचे दिए गए प्रश्नों के उत्तर हिंदी में लिखिए

"और हमारा समाज भी तो चैन से नहीं रहने देता। मैं जहाँ भी कहीं जाती हूँ, कोई-न-कोई मुझसे पूछ ही लेता है कि अभी बड़ी बेटी की शादी नहीं कर रही हो। क्या बात है? क्या उसके योग्य कोई पढ़ा-लिखा लड़का नहीं मिल रहा है? कोई कहती है कि आजकल लड़कियों को इतना नहीं पढ़ाना चाहिए, पढ़ने के बाद उनका दिमाग खराब हो जाता है, फिर लड़कियों को लड़के पसंद नहीं आते।"

वे दोनों चिंतित स्वर में अपने-अपने विचार व्यक्त कर रहे थे कि इतने में दरवाज़े पर किसी ने घंटी बजाई। दयाराम जी दरवाज़ा खोलने के लिए उठे।

(i) गद्यांश में वक्ता-श्रोता के मध्य क्या बातें हो रही थीं?

उत्तर गद्यांश में वक्ता और श्रोता अर्थात् दयाराम जी व उनकी पत्नी समाज द्वारा प्रत्येक कार्य में दखल देने एवं लोगों का उनकी बेटी के विवाह के बारे में उनसे बार-बार प्रश्न पूछने के विषय में बातें हो रही थीं।

(ii) वक्ता ने क्यों कहा कि हमारा समाज भी चैन से नहीं रहने देता?

उत्तर वक्ता ने यह इसलिए कहा, क्योंकि हमारे समाज में बेटी को पराया धन समझा जाता है और उसके विवाह योग्य होने के उपरांत अगर वह किन्हीं वजहों से विवाह न करें, तो समाज के लोग विभिन्न प्रकार के प्रश्न पूछने लगते हैं।

(iii) मीनू की माता जी कहीं जाती, तो उनके साथ क्या घटना घटती?

उत्तर मीनू की माता जी मीनू का विवाह न होने पर अपनी व्यथा प्रकट करते हुए कहती हैं कि वे जहाँ कहीं भी जाती हैं, कोई-न-कोई व्यक्ति उनसे मीनू के विवाह के विषय में प्रश्न पूछ ही लेता है। कोई उनसे बड़ी बेटी का विवाह न करने का कारण जानने की कोशिश करता है, तो कोई योग्य वर न मिल पाने का प्रश्न करता है। कई लोग तो उन्हें बेटियों को इतना अधिक न पढ़ाने की बात कहते हैं, क्योंकि उनका मानना है कि इससे लड़कियों का दिमाग खराब हो जाता है और वे लड़कों को पसंद नहीं करतीं।

(iv) दरवाज़े पर कौन आया था और उसे देखने पर वक्ता की क्या प्रतिक्रिया हुई?

उत्तर दयाराम जी व उनकी पत्नी, मीनू के विवाह के विषय में चर्चा कर रहे थे कि तभी दरवाज़े की घंटी बजती है, दयाराम जी दरवाज़ा खोलते हैं, तो देखते हैं कि मायाराम जी और उनका बेटा अमित उनके घर आए हैं। मायाराम जी व अमित को देखकर वे आश्चर्यचकित हो जाते हैं, उन्हें विश्वास ही नहीं हो रहा था कि ये वास्तविकता है या स्वप्न, वे स्तब्ध होकर खड़े रह जाते हैं।

3. **निम्नलिखित गद्यांश को पढ़कर उसके नीचे दिए गए प्रश्नों के उत्तर हिंदी में लिखिए**

मायाराम जी को दयाराम जी से बात करने में कुछ संकोच-सा हो रहा था। फिर उन्होंने साहस एकत्र करके बात करनी शुरू की।

"......भाई साहब, लगभग चार वर्ष पहले जो कुछ भी हुआ था, उसके लिए हम क्षमा-प्रार्थी हैं। आशा है, आप हमें क्षमा कर देंगे।"

"नहीं, भाई साहब! इसमें क्षमा की क्या बात है।" दयाराम जी बात को सँभालते हुए बोले।

"नहीं, हमसे जो कुछ भूल हुई थी, उसके लिए हमें बहुत समय तक पछतावा रहा, परंतु जैसी होनी होती है, वैसा ही दिमाग भी हो जाता है।"

(i) मायाराम जी को संकोच क्यों हो रहा था?

उत्तर मायाराम जी अपने बेटे अमित के लिए चार वर्ष पूर्व मीनू का रिश्ता अस्वीकार कर चुके थे, लेकिन आज वह फिर से दयाराम जी के समक्ष अमित के साथ मीनू का विवाह करवाने का प्रस्ताव लेकर आए थे, इसलिए विवाह का प्रस्ताव रखने में मायाराम जी को संकोच हो रहा था।

(ii) मायाराम जी क्षमा क्यों माँग रहे थे?

उत्तर मायाराम जी ने चार वर्ष पूर्व झूठ बोलकर अमित के साथ मीनू का विवाह करने से मना कर दिया था, जिससे मीनू के साथ-साथ दयाराम जी व उनके परिवार को अत्यधिक दुःख एवं पीड़ा की अनुभूति हुई थी। आज मायाराम जी अपने इसी कुकृत्य के लिए क्षमा माँग रहे थे।

(iii) मायाराम जी की बातों पर दयाराम जी ने क्या प्रतिक्रिया प्रकट की?

उत्तर मायाराम जी आज दयाराम जी के पास पुनः अमित व मीनू का विवाह करवाने का प्रस्ताव लेकर आए थे, जबकि चार वर्ष पूर्व इसी रिश्ते को उन्होंने झूठ बोलकर अस्वीकार कर दिया था और आज अपने कुकृत्य के लिए दयाराम जी से क्षमा याचना कर रहे थे। मायाराम जी को इस प्रकार क्षमा याचना करते हुए देख दयाराम जी नेक दिली के साथ उन्हें क्षमा याचना न करने के लिए कहते हैं।

(iv) मायाराम जी से क्या भूल हुई थी?

उत्तर मीनू एक पढ़ी-लिखी, समझदार, सुशील व बड़ों का आदर करने वाली लड़की थी, जिससे अपने बेटे के रिश्ते की बात करने मायाराम जी चार वर्ष पूर्व भी आए थे, किंतु तब दहेज के प्रलोभन में आकर मीनू को विवाह के लिए अस्वीकार कर एक धनीसेठ की बेटी से अमित का रिश्ता तय किया था और बाद में वहाँ से रिश्ता टूट गया था। चार वर्ष पूर्व वे धन के लालच में आकर मीनू के गुणों को पहचान न पाए थे, जिस वजह से उन्होंने दयाराम जी के परिवार को दुःख पहुँचाया था और अपनी इसी भूल का आज उन्हें पछतावा था।

4. **निम्नलिखित गद्यांश को पढ़कर उसके नीचे दिए गए प्रश्नों के उत्तर हिंदी में लिखिए**

दयाराम जी आश्चर्ययुक्त स्वर में बोले, "अच्छा .... ऐसी बात है। ठीक है, जब मीनू यहाँ आएगी, तब उससे बातें कर लेंगे और जैसा भी निश्चित होगा, हम आपको सूचना दे देंगे।"

मायाराम जी ने कहा, "ठीक है, मीनू की स्वीकृति लेना अनिवार्य है। उसके बाद आप हमें सूचित कर दें।"

कुछ देर बैठने के बाद मायाराम जी और अमित चले गए, परंतु आज दयाराम जी को अवश्य यह एहसास हो रहा था कि जैसे किसी ने उनके दुःखी हृदय को सांत्वना दे दी हो।

(i) वक्ता और श्रोता के मध्य क्या बातचीत चल रही थी?

उत्तर वक्ता और श्रोता अर्थात् दयाराम जी व मायाराम जी के मध्य अमित व मीनू के विवाह की बातचीत चल रही थी।

(ii) दयाराम जी आश्चर्यचकित क्यों हुए थे?

उत्तर मायाराम जी ने जब यह बताया कि अमित के लिए न जाने कितने ही रिश्ते आए, लेकिन अमित ने किसी रिश्ते के लिए हाँ नहीं की। मायाराम जी की यह बात सुनकर दयाराम जी आश्चर्यचकित हो उठे थे।

(iii) दयाराम जी ने मीनू से क्या पूछकर बताने की बात कही?

उत्तर मायाराम जी द्वारा अमित से मीनू के विवाह का प्रस्ताव रखने पर दयाराम जी ने मीनू से विवाह के लिए उसकी इच्छा जानने की बात कही, क्योंकि मीनू अभी विवाह नहीं करना चाहती थी और वह एक स्वाभिमानी लड़की थी, जो अपने पैरों पर खड़ी होना चाहती थी। वैसे भी मायाराम जी एक बार

विवाह के लिए मीनू को अस्वीकार कर चुके थे, इसलिए मीनू की स्वीकृति और अधिक अनिवार्य हो गई थी।

(iv) दयाराम जी को क्यों लगा कि "जैसे किसी ने उनके दुःखी हृदय को सांत्वना दे दी हो"? स्पष्ट कीजिए।

उत्तर दयाराम जी मीनू के विवाह को लेकर हमेशा ही चिंतित रहते थे, लेकिन आज जब मायाराम जी पुनः अपने बेटे अमित के लिए मीनू के विवाह का प्रस्ताव लेकर उनके घर आए, तो दयाराम जी के हृदय में मीनू का विवाह न करने का दुःख व्याप्त था।

आज उस दुःख को मायाराम जी ने अमित और मीनू के विवाह को करवाने की इच्छा व्यक्त करते हुए कम कर दिया था, इसलिए आज उन्हें लग रहा था कि जैसे किसी ने उनके दुःखी हृदय को सांत्वना दे दी हो।

अध्याय 25

सारांश

मीरापुर जाने का निर्णय

मीनू का शनिवार व रविवार का अवकाश था व उसे घर गए हुए भी बहुत समय हो गया था, इसलिए वह घर जाने का निर्णय करती है। मीनू के निर्णय से राजो भी प्रसन्न होती है, क्योंकि जब से वह आई थी, तब से वह पहली बार घर जा रही थी। उसकी माँ ने उसे पत्र लिखकर घर बुलाया भी था, किंतु मीनू को छोड़कर जाने के बारे में उसने कभी न सोचा था। दोनों घर जाने के लिए बस में चढ़ी ही थीं, तभी मीनू को पड़ोस की मौसी दिखाई दी मीनू उन्हीं के आगे की सीट पर जाकर बैठ जाती है।

मौसी से बातें करना

मीनू मौसी का अभिवादन करती है। मौसी मीनू से पूछती है कि वकालत पूरी होने के उपरांत अब वह क्या कर रही है? जिस पर मीनू उन्हें मेरठ में प्रैक्टिस करने के बारे में बताती है। मौसी के पूछने पर वह बताती है कि उसने वहीं घर ले रखा है और राजो उसके साथ ही रहती है, जिस पर मौसी व्यंग्यपूर्वक कहती है ''जब तक अपने घर का कोई न रहता हो तब तक क्या?'', जो बात मीनू को बुरी लगती है। वह समझ जाती है कि यदि उसने उनसे कुछ देर और अधिक बात की तो वह कोई-न-कोई पीड़ादायक बात कहेंगी, इसलिए वह अपने बैग से उपन्यास निकाल कर पढ़ना शुरू कर देती है।

मौसी की कटु व व्यंग्यात्मक बातें

मीनू को मौसी से बातें करते देखकर उनके साथ बैठी महिला उसके विषय में पूछती है। मौसी बताती हैं कि वह उनके पड़ोस में रहती है और माता-पिता के द्वारा अत्यधिक स्वतंत्रता दिए जाने के कारण उसका दिमाग खराब हो गया है, जिस वजह से वह विवाह करने को तैयार नहीं है। मौसी बताती है कि उनके द्वारा बताए गए लड़के को भी इसने मना कर दिया था। वह महिला उनकी बात का समर्थन करते हुए कहती हैं कि लड़कियों को इतना सिर पर नहीं बैठाना चाहिए, वरना भविष्य में बहुत परेशानियाँ होती हैं। मौसी उस महिला को कहती है कि इसकी छोटी बहन का भी विवाह हो गया है और एक दिन भाई भी विवाह कर लेगा, लेकिन यह कुँआरी ही रहेगी। मौसी के ये शब्द सुनकर मीनू अत्यधिक दुःखी हो उठती है और वह सोचने लगती है कि क्या इस समाज में कोई लड़की अपनी इच्छा के अनुरूप जीवन व्यतीत नहीं कर सकती। एक लड़की को हमेशा असहाय समझ कर कुएँ में धकेलने की कोशिश की जाती है। मौसी की बातें सुनकर मीनू का हृदय रो पड़ता है। मौसी मीनू के माता-पिता पर कटाक्ष करते हुए कहती हैं कि इसके माता-पिता ने जवान बेटी को इस तरह अकेला छोड़ा हुआ है, भला कोई इस प्रकार बेटी को अलग रखता है। उनके साथ बैठी हुई महिला भी उनका समर्थन करते हुए बोलती है कि यदि कहीं कोई ऊँच-नीच हो गई, तो जीवनभर के लिए मुँह काला हो जाएगा।

मीनू की संयमशीलता

मौसी की कटाक्ष पूर्ण बातें सुनकर मीनू सोचती है कि वह उन्हें जवाब दे दे, लेकिन अपनी सभ्यता एवं संस्कारों के कारण उसने यह उचित न समझा और चुपचाप उनकी बातें सुनती रहती है। मौसी की बातों से मीनू बेचैन हो उठती है। वह समाज के द्वारा स्त्री-पुरुष में भेद करने की परंपरा को समझने की कोशिश करती है, लेकिन समझ नहीं पाती। वह सोचने लगती है कि एक पुरुष इस समाज में अकेले रहकर कुछ भी करे। समाज उसे कुछ नहीं कहता, लेकिन एक स्त्री कितने ही संयम के साथ जीवन व्यतीत करे उस पर दोषारोपण शुरू कर ही देते हैं। इन्हीं विचारों में मग्न मीनू मीरापुर पहुँच जाती है। उसका मन घृणा से भरा हुआ था, इसलिए वह सीधे घर की ओर चली जाती है।

माताजी की प्रसन्नता

मीनू को देखकर माँ प्रसन्न होती हैं और उसके आने के विषय में पूछते हुए उसे बताती है कि उसके पिताजी उससे मिलने के लिए कल मेरठ आने वाले थे। मीनू माँ की बात का उत्तर देते हुए उन्हें बताती हैं कि उसकी दो दिन की छुट्टियाँ थीं और घर आए बहुत दिन हो गए थे, इसलिए वह चली आई। माँ कहती है कि उन्हें उससे कुछ आवश्यक बातें करनी है, लेकिन पहले तुम कुछ खा-पी लो। सफर की थकान और मौसी की बातों से मीनू के सिर में दर्द होने लगा था, इसलिए वह आराम करने के लिए कमरे में चली गई, लेकिन मौसी और उस महिला की बातें उसके मस्तिष्क में गूँजने लगती है और उसे ऐसा प्रतीत होता है जैसे आज उसका सिर इन प्रतिध्वनियों की गूँज से फट जाएगा, इसलिए वह स्वयं को नियंत्रित करते हुए माँ के पास चली गई।

मीनू की सफलता

मीनू को देखकर माँ उससे उसकी प्रैक्टिस के बारे में पूछती हैं। मीनू उन्हें बताती है कि पिछले दो माह में उसने तीन-चार हज़ार रुपये महीना कमा लिया है और आशा है कि आगे उसकी वकालत और अच्छी चलेगी।

माँ कहती है कि यह तेरी मेहनत का फल है, क्योंकि ईश्वर उन्हीं की सहायता करते हैं, जो स्वयं अपनी सहायता करते हैं। मीनू माँ से कहती है कि उसकी सफलता में उनका भी योगदान है, अगर उनका सहयोग न होता तो वह इस योग्य न बन पाती।

मायाराम जी के विषय में बताना

माँ मीनू से कहती है वह अवश्य आत्मनिर्भर बन गई है, पैसे भी कमा रही है, लेकिन जीवन यहीं तक सीमित नहीं है, उसमें कितनी ही योग्यताएँ हों, लेकिन वह एक लड़की है। मीनू माँ से कहती है कि लड़की होना गुनाह तो नहीं, जिस पर माँ कहती हैं कि लड़की होना गुनाह नहीं है, लेकिन जब तक उसका विवाह न हो जाए समाज उसे चैन नहीं लेने देता। एक कुँवारी लड़की को देखकर सभी उस पर अँगुलियाँ उठाने लगते हैं। मीनू माँ की मंशा को समझते हुए उनसे पूछती है कि उनकी क्या इच्छा है कि वह विवाह कर ले। माँ उसे हाँ में जवाब देते हुए बताती हैं कि मायाराम जी व उनका बेटा अमित तुम्हारा हाथ माँगने के लिए आए थे और वह अपनी पिछली गलती पर बहुत शर्मिंदा थे। माँ उसे यह भी बताती हैं कि अमित ने प्रायश्चित्त करने के लिए ही अभी तक विवाह नहीं किया। माँ की बातें सुनने के बाद मीनू उनसे कहती है कि वह जैसा उचित समझें वैसा ही करें। माँ को मीनू के जवाब से उसकी स्वीकृति स्पष्ट दिखाई देती है और वह सुकून की साँस लेती हैं, लेकिन मीनू पिताजी से कहती है कि वह विवाह में फिजूलखर्ची पसंद नहीं करेगी।

शब्दार्थ

अभिवादन *बधाई देना;* **संक्षिप्त-सा** *अतिलघु;* **दोषारोपण** *दोष लगाना;* **तल्लीन** *विचारमग्नता;* **प्रतिध्वनि** *अनुगूँज;* **गुनाह** *पाप;* **प्रायश्चित्त** *पछतावा होना।*

PYQs विगत वर्षों के प्रश्न व महत्त्वपूर्ण प्रश्न

गद्यांश पर आधारित प्रश्न

1. निम्नलिखित गद्यांश को पढ़कर उसके नीचे दिए गए प्रश्नों के उत्तर हिंदी में लिखिए

मौसी की यह बात मीनू के हृदय में चुभ गई। शायद उन्हें मीनू पर विश्वास नहीं था। मीनू ने सोचा कि यदि मौसी से थोड़ी देर बात की गई, तो वे कुछ-न-कुछ और ऐसी बात कह देंगी, जो उसके दिल को पीड़ा पहुँचाएगी। इसलिए उसने अपने बैग से उपन्यास निकालकर पढ़ना शुरू कर दिया।

(i) मीनू ने क्या निश्चय किया और क्यों?

उत्तर मीनू ने मेरठ से अपने घर मीरापुर जाने का निश्चय किया था, क्योंकि शनिवार व रविवार होने के कारण कचहरी दो दिन के लिए बंद थी और मीनू को घर गए हुए भी बहुत समय हो गया था, इसलिए उसने घर जाने का निश्चय किया था।

(ii) राजो कौन थी? उसकी प्रसन्नता का क्या कारण था?

उत्तर राजो मीनू के परिवार की महरी की छोटी बेटी थी, जो मेरठ में मीनू के साथ ही रहती थी। राजो की प्रसन्नता का कारण उसका मेरठ आने के उपरांत पहली बार घर वापिस जाना था। उसकी माँ ने उसे कई बार पत्र लिखकर बुलाया भी था, लेकिन वह मीनू को छोड़कर घर जाने का साहस न कर पाती थी।

(iii) ''कुछ भी हो, जब तक अपने घर का कोई न रहता हो तब तक क्या?'' प्रस्तुत पंक्ति किसने किससे व क्यों कही?

उत्तर ''कुछ भी हो, जब तक अपने घर का कोई न रहता हो, तब तक क्या?'' प्रस्तुत पंक्ति मीनू की पड़ोस में रहने वाली मौसी ने मीनू से कही थी। मीनू को मौसी बस में मिली थी, जहाँ उन्होंने मीनू से वकालत के बारे में पूछते हुए उसके मेरठ में अकेले रहने के विषय में पूछा था, जिस पर मीनू ने उन्हें बताया था कि वह मेरठ में अकेले नहीं रहती, बल्कि राजो उसके साथ रहती है। मीनू की यह बात सुनकर मौसी ने कटाक्ष भरे स्वर में मीनू से कहा था कि ''कुछ भी हो, जब तक अपने घर का कोई न रहता हो, तब तक क्या?''

(iv) मौसी की कौन-सी बात मीनू के हृदय में चुभ गई तथा उसके उपरान्त मीनू ने क्या किया?

उत्तर मौसी राजो की उपेक्षा करते हुए परिवार के किसी सदस्य के बिना मेरठ में रहने के कारण मीनू से व्यंग्य पूर्वक ''कुछ भी हो, जब तक अपने घर का कोई न रहता हो, तब तक क्या?'' की उक्ति कहती है मौसी के द्वारा यह कथन कहने पर मीनू के हृदय में उनकी यह बात चुभ गई थी और वह समझ गई थी कि यदि उसने कुछ अधिक समय तक उनसे बातें करी, तो वह कोई-न-कोई अप्रिय बात अवश्य कह देंगी, जिससे उसको दुःख होगा, इसलिए मीनू ने उनसे बात न करना ही उचित समझ कर अपने बैग से उपन्यास निकालकर पढ़ना शुरू कर दिया था।

2. निम्नलिखित गद्यांश को पढ़कर उसके नीचे दिए गए प्रश्नों के उत्तर हिंदी में लिखिए

उन दोनों की ये बातें मीनू के कानों तक पहुँच रही थीं। मौसी के ये शब्द मीनू के हृदय में तीर की भाँति चुभ गए। उसकी समझ में नहीं आ रहा था कि क्या समाज में अपनी इच्छा से जीने का किसी भी लड़की को कोई अधिकार नहीं। एक लड़की को अबला जानकर उसे कुएँ में धकेलने की कोशिश की जाती है।

ये सब कैसे नियम हैं समाज के? मीनू का हृदय ये सब बातें सुनकर रो पड़ा।

(i) साथ बैठी हुई महिला को मौसी ने मीनू के विषय में क्या बताया था? स्पष्ट कीजिए।

उत्तर मौसी के साथ बैठी हुई महिला के द्वारा मीनू के बारे में पूछने पर मौसी ने उन्हें बताया कि वह उनके पड़ोस में रहने वाली एक लड़की है और माता-पिता के द्वारा अत्यधिक स्वतंत्रता दिए जाने के कारण इसका दिमाग खराब हो गया है और इसी वजह से यह विवाह करने के लिए तैयार नहीं होती। वे बताती हैं कि उन्होंने भी मीनू के लिए रिश्ता बताया था, लेकिन इसने उसे मना कर दिया था।

(ii) महिला ने मौसी की किस बात का समर्थन किया था? स्पष्ट कीजिए।

उत्तर मौसी जब मीनू व उसके माता-पिता की आलोचना करते हुए साथ बैठी हुई महिला को बताती है कि इसके माता-पिता के अत्यधिक लाड़-प्रेम करने एवं इसकी प्रत्येक बात को मानने के कारण अब इसने विवाह करने से मना कर दिया है। मौसी के द्वारा की गई इस आलोचना का ही उनके साथ बैठी हुई महिला ने समर्थन किया था।

(iii) "ये सब कैसे नियम हैं समाज के?" प्रस्तुत कथन किसने व क्यों कहा?

उत्तर "ये सब कैसे नियम हैं समाज के?" प्रस्तुत पंक्ति मीनू के द्वारा कही गई थी। मीनू के द्वारा यह कथन कहने का कारण मौसी व उनके साथ बैठी हुई महिला के द्वारा निरंतर मीनू की आलोचना करना था, जिसे सुनकर मीनू को अत्यधिक दुःख एवं पीड़ा की अनुभूति हुई थी।

कि क्या इस समाज में किसी महिला को स्वतंत्र होकर अपनी इच्छा के अनुरूप आत्मनिर्भर होकर जीने का अधिकार नहीं है। समाज क्यों एक महिला को निर्बल समझकर उसे कुएँ में धकेलने की कोशिश करता रहता है। इन्हीं विचारों के कारण खिन्नता से भरने के उपरान्त उसने कहा कि ये सब कैसे नियम हैं समाज के?

(iv) "मीनू का हृदय क्यों रो पड़ा?" अपने शब्दों में स्पष्ट कीजिए।

उत्तर मौसी व उनके साथ बैठी महिला के द्वारा लगातार मीनू के विवाह के विषय में बातें करने एवं मौसी के द्वारा उनका मीनू की आलोचना करते हुए यह कहना कि "इसकी छोटी बहन की शादी हो गई है। इसके भाई की भी शादी हो जाएगी। बस, यही कुँआरी बैठी रहेगी।" जिन्हें सुनकर मीनू के हृदय में उनके शब्द तीर की भाँति चुभ गए थे। मौसी के इन्हीं शब्दों को सुनकर मीनू का हृदय रो पड़ा था और वह समाज में नारी की दयनीय स्थिति के विषय में सोचने लगती है।

3. निम्नलिखित गद्यांश को पढ़कर उसके नीचे दिए गए प्रश्नों के उत्तर हिंदी में लिखिए

अभी वह इन विचारधाराओं में तल्लीन थी कि बस मीरापुर के बस स्टेशन पर आकर रुक गई। जैसे ही उसने अपना सूटकेस उठाया, उसकी नज़र मौसी पर पड़ी। उन्हें देख मीनू का हृदय घृणा से भर गया। उनकी ओर बिना देखे ही वह अपने घर की ओर चल दी।

(i) मीनू का हृदय किसकी बातों से बेचैन हो रहा था और क्यों? स्पष्ट कीजिए।

उत्तर मौसी और उनके साथ बैठी महिला जब मीनू के अकेले मेरठ में रहने के विषय में बात करते हुए कहती हैं कि उसके माता-पिता ने जवान लड़की को अकेले मेरठ में छोड़ रखा है, यदि कल को कोई ऊँच-नीच हो गई, तो जीवनपर्यंत किसी को मुँह न दिखा पाएँगे। उनकी इन बातों को सुनकर मीनू का हृदय बेचैन हो रहा था।

(ii) मीनू किन विचारों में तल्लीन थी?

उत्तर मीनू , मौसी और उनके साथ बैठी महिला के द्वारा निरंतर उसकी आलोचना करने के कारण वह समाज में स्त्री-पुरुष के बीच होने वाले भेदभाव के विषय में सोचने के कारण विचारों में तल्लीन थी।

(iii) मौसी को देखकर मीनू का हृदय घृणा से क्यों भर गया था?

उत्तर मौसी और मीनू मेरठ से मीरापुर के लिए एक ही बस से आ रहे थे और पूरे रास्ते में मौसी के द्वारा साथ में बैठी महिला से मीनू के विवाह न करने, उसके माता-पिता के द्वारा उसको स्वतंत्रता दिए जाने, उसके मेरठ में अकेले रहने इत्यादि जैसी बातों पर उसकी आलोचना करने के कारण मीनू को अत्यधिक दुःख हुआ और इसी कारण मौसी के प्रति उसके हृदय में घृणा भर गई थी।

(iv) "फिर भी समाज उस पर दोषारोपण करता है।" प्रस्तुत पंक्ति किसने व क्यों कही तथा पंक्ति में 'उस' शब्द किसके लिए प्रयोग किया गया है?

उत्तर "फिर भी समाज उस पर दोषारोपण करता है।" प्रस्तुत पंक्ति मीनू के द्वारा कही गई। यह उक्ति समाज में स्त्री-पुरुष के बीच भेदभाव करने वाली मानसिकता के कारण उपजी थी।

मौसी व उनके साथ बैठी महिला मीनू के मेरठ में अकेले रहने के कारण उस पर विभिन्न प्रकार की शंकाएँ प्रकट करती हैं, जिन्हें सुनकर मीनू सोचने लगती है कि एक पुरुष अगर अकेले रहता है, तो उस पर कोई प्रश्न नहीं उठाता भले ही वह कितने ही अपराध क्यों न करे, लेकिन एक महिला कितने ही संयम के साथ अपना जीवन व्यतीत करे, लेकिन फिर भी उस पर समाज दोषारोपण करना आरंभ कर देता है। प्रस्तुत पंक्ति में 'उस' शब्द नारी समाज के लिए प्रयोग किया गया है।

4. निम्नलिखित गद्यांश को पढ़कर उसके नीचे दिए गए प्रश्नों के उत्तर हिंदी में लिखिए

उसे आभास हुआ कि कहीं उस गुंजन की प्रतिध्वनि से उसके मस्तिष्क की नसें न फट जाएँ। उसने अपने को संयमित किया और माँ के पास चली गई।

(i) माँ क्यों प्रसन्न थी और माँ ने मीनू को क्या बताया था?

उत्तर मीनू के मेरठ से कई महीने के बाद घर वापिस लौटने के कारण माँ प्रसन्न थी। मीनू के घर पहुँचने पर माँ ने उसे बताया था कि उसके पिताजी कल उससे मिलने के लिए मेरठ जाने के विषय में सोच रहे थे।

(ii) मीनू के सिरदर्द का क्या कारण था? अपने शब्दों में स्पष्ट कीजिए।

उत्तर मीनू के सिरदर्द का कारण मेरठ से मीरापुर आने की थकान एवं पूरे रास्ते मौसी व उनके साथ बैठी हुई महिला के द्वारा उसकी जीवनशैली पर आलोचनात्मक दृष्टिकोण रखते हुए उसकी अप्रत्यक्ष रूप से बुराई करना था।

(iii) "उसे आभास हुआ कि कहीं उस गुंजन की प्रतिध्वनि से उसके मस्तिष्क की नसें न फट जायें।" प्रस्तुत पंक्ति का अर्थ स्पष्ट करते हुए बताइए कि 'उसे' शब्द किसके लिए प्रयोग किया गया है?

उत्तर "उसे आभास हुआ कि कहीं उस गुंजन की प्रतिध्वनि से उसके मस्तिष्क की नसें न फट जाएँ" प्रस्तुत पंक्ति से तात्पर्य यह है कि मीनू के मस्तिष्क में मौसी व उनके साथ बैठी महिला की हृदय को चोट पहुँचाने वाली बातें गूँज रही थी, जिस कारण उसके सिर में अत्यधिक तेज़ दर्द होने लगा था, इसलिए उसे लगा कि कहीं उस गुंजन से उसके मस्तिष्क की नसें न फट जाएँ। प्रस्तुत पंक्ति में 'उसे' शब्द मीनू के लिए प्रयोग किया गया है।

(iv) मीनू माँ के पास क्यों चली गई थी?

उत्तर मीनू के मस्तिष्क में मौसी की वह हृदय में तीर के समान चुभने वाली बातें बार-बार गूँज रही थीं, जिससे उसके सिर में अत्यधिक तेज़ दर्द होने लगा था। मीनू स्वयं को इन आघात पहुँचाने वाली बातों से दूर करने के लिए स्वयं को संयमित करते हुए माँ के पास चली गई थी, ताकि माँ के साथ बात करने से उसे मौसी की बातों का स्मरण न हो।

अध्याय 26

सारांश

मीनू द्वारा फिज़ूलखर्ची का विरोध करना

मीनू के विवाह की तैयारियाँ शुरू हो गई थीं। मीनू को जब यह पता चलता है कि पंडाल की सजावट के लिए दस हज़ार रुपये खर्च किए जा रहे हैं, तो वह दु:खी हो उठती है, क्योंकि चंद घंटों की चका-चौंध के लिए पैसों की बर्बादी उसे पसंद न थी। शाम को जब पिताजी घर आए तो मीनू उनसे पूछती है कि कुछ देर की रौनक के लिए आप पैसों की बर्बादी क्यों कर रहे हैं? इससे बेहतर होगा कि हम पाँच हज़ार रुपये किसी ज़रूरतमंद को दे दें, जिससे वह जीवन भर आपको दुआएँ देगा। मीनू की बातें सुनकर पिताजी कुछ देर सोचने के बाद कहते हैं कि इस दुनियादारी के लिए बहुत कुछ करना पड़ता है और बिना सजावट के रौनक कहाँ आती है। मीनू पिताजी से स्पष्ट रूप से कहती है कि वह इस तरह से पैसे बर्बाद नहीं करेगी।

मनोहर को देखकर मीनू का दु:खी होना

विवाह में दस दिन शेष थे और मीनू बाहर बैठकर सिलाई मशीन से काम कर रही थी, तभी उसे नमस्ते दीदी का स्वर सुनाई देता है। वह जैसे ही ऊपर देखती है मनोहर को देखकर आश्चर्यचकित रह जाती है। मनोहर का एक पैर व दाहिने हाथ की दो अँगुलियाँ कटी हुई थीं, उसे देखकर मीनू अत्यधिक दु:खी होती है और वह मनोहर को बैठने के लिए कहती है। मनोहर दीवार के सहारे बैसाखी रखकर पलंग पर बैठ जाता है।

मीनू उससे कुशलता पूछते हुए, उसके साथ घटी दुर्घटना के विषय में पूछती है। मनोहर बताता है कि उसे एक फैक्ट्री में नौकरी मिल गई थी, जिसे पाकर वह बहुत खुश था, लेकिन एक दिन काम करते समय उसका पैर और हाथ की अँगुलियाँ मशीन में आने से कट गईं। मीनू यह सब जानकर बहुत दु:खी होती है। मनोहर मुस्कुराते हुए मीनू से कहता है कि उसने सोचा कि घर में कुछ काम होगा, तो वह कुछ कर देगा। मीनू उससे पूछ बैठती है कि वह क्या कर सकता है? तभी उसे अपनी गलती का अहसास होता है और वह सँभलते हुए उससे पूछती है कि तुम आजकल क्या कर रहे हो? वह लाचारी से अपने खाली होने की बात कहता है। उसके शब्दों से उसकी बेबसी स्पष्ट झलक रही थी।

मीनू का मनोहर की सहायता करने का निश्चय

मीनू के हृदय में बचपन से ही अपाहिज़ों के लिए दया भावना थी और मनोहर को वह बचपन से जानती थी, जिस कारण वह उसकी इस स्थिति को नहीं देख पा रही थी। वह निश्चय करती है कि वह विवाह में होने वाले फिज़ूल खर्च से पैसे बचाकर मनोहर की सहायता करेगी। मीनू बिस्तर पर लेटे हुए यह सोचने लगती है कि हमारे देश में कितने ही अपाहिज़ लोग हैं। यदि प्रत्येक संपन्न व्यक्ति किसी भी एक अपाहिज़ की सहायता कर दे, तो देश से अपंग व्यक्तियों की बेरोज़गारी की समस्या समाप्त हो जाएगी।

मीनू सोचती है कि अमीर लोग अपने नाम के लिए धन लुटा देते हैं, लेकिन गरीबों की सहायता नहीं करते। मीनू पूरी रात यही सोचती रही कि मनोहर की सहायता किस प्रकार से की जाए, उसको पैसे दिए जाएँ या फिर कोई कार्य करवाया जाए, क्योंकि वह सभी कार्य भी तो नहीं कर सकता था, तभी मीनू के मस्तिष्क में विचार आता है कि मनोहर के लिए पान की दुकान खोली जा सकती है, क्योंकि वह चल-फिर नहीं सकता, लेकिन दुकान पर बैठकर कार्य अवश्य कर सकता है और पाँच हज़ार रुपयों में दुकान भी सरलता से खोली जा सकती थी। मीनू सुबह होते ही मनोहर की सहायता के लिए सोचा हुआ सुझाव माता-पिता को बताती है, उन्हें भी मीनू का सुझाव पसंद आता है।

माता-पिता का गौरवान्वित महसूस करना

मीनू के माता-पिता को अपनी बेटी पर गर्व था कि उन्हें इतनी स्वाभिमानी व उदार गुणों वाली बेटी मिली है और उसे पाकर वे स्वयं को धन्य महसूस कर रहे थे। मनोहर के लिए दुकान खुलवाकर मीनू ने उसका जीवन सुधार दिया था।

आज मीनू का विवाह था। विवाह न होने के कारण मीनू ने कितने ही अपशब्द सुने थे, लेकिन दुल्हन के रूप में आज वह बहुत सुंदर दिखाई दे रही थी। आज दुल्हन बनकर मीनू अपने ससुराल के लिए चल दी थी और उसे पाकर अमित भी स्वयं को खुशनसीब महसूस कर रहा था। दुल्हन के रूप में सजी मीनू कोई सामान्य या साधारण मीनू नहीं थी, अपितु अपनी मेहनत व लगन से, ख्याति प्राप्त प्रसिद्ध वकील थी और आज मीनू ने अपने अंतिम लक्ष्य को भी प्राप्त कर लिया था, जहाँ उसे पहुँचना था।

शब्दार्थ

रौनक *चमक;* **विस्मित-सी** *आश्चर्यपूर्वक;* **संकल्प** *किसी कार्य को दृढ़तापूर्वक करने का निश्चय करना;* **सुझाव** *प्रस्ताव;* **उदार** *दयालु;* **अपशब्द** *कड़वे शब्द;* **ख्याति** *प्रसिद्धि।*

PYQs विगत वर्षों के प्रश्न व महत्त्वपूर्ण प्रश्न

गद्यांश पर आधारित प्रश्न

1. *निम्नलिखित गद्यांश को पढ़कर उसके नीचे दिए गए प्रश्नों के उत्तर हिंदी में लिखिए*

मीनू आज दुल्हन के रूप में कितनी सुन्दर लग रही थी, मीनू दुल्हन बनी, उसकी डोली सजी और अपने पिया संग ससुराल को चल दी।

(ICSE 2020)

(i) मीनू ने पहले शादी से क्यों मना कर दिया था?

उत्तर मीनू ने पहले शादी करने से मना इसलिए कर दिया था क्योंकि रंग साँवला होने या उसके कद में छोटी होने के कारण पहले कई लड़कों ने उससे शादी करने के अस्वीकार कर दिया था। वह जानती थी कि समाज में शादी करने के लिए लड़की के गुण नहीं अपितु उसका रंग एवं धन देखा जाता है। वह अपने पैरों पर खड़ी होना चाहती थी।

(ii) मीनू अब शादी करने के लिए क्यों तैयार हो गई?

उत्तर मीनू अब शादी करने को तैयार इसलिए हो गई थी क्योंकि वह अब समाज में प्रतिष्ठित वकील बन गई थी। वह पढ़-लिखकर एक सशक्त महिला बन गई थी। वह अब अपने पैरों पर खड़ी थी। उसने अपने बचपन का सपना पूरा कर लिया था। इसके कारण ही जब उसकी माताजी विवाह के विषय में पूछती है, तो वह उसके लिए तैयार हो जाती है।

(iii) पहले की मीनू और अब की मीनू में क्या अंतर है?

उत्तर पहले की मीनू और अब की मीनू में बहुत अंतर है। पहले की मीनू भावात्मक एवं मानसिक रूप से कमजोर थी। वह स्वयं को भाग्यशाली नहीं मानती थी। वह यह मानती थी कि उसका रंग रूप उसके दुर्भाग्य के कारण ही ऐसा है। इस कारण कोई उससे शादी करने के लिए राज़ी नहीं होता है। जब लड़के वाले उससे शादी करने से मना कर देते थे, तो वह हीन-भावना से ग्रस्त हो जाती थी और अपने जीवन से निराश भी होने लगती थी। वह सदैव दुःखी व उदास रहने लगी थी। उसे आत्मग्लानी होने लगती थी।

लेकिन अब की मीनू बिलकुल बदल गई है। वह आत्मविश्वास से परिपूर्ण लगती है। अब वह प्रतिष्ठित वकील बन गई। वह अपने व्यक्तित्व के कारण बेहद प्रसिद्ध हो गई थी। अब वह किसी पर निर्भर नहीं थी। वह एक स्वाभिमानी एवं उदार चरित्र की महिला थी।

(iv) हमारे समाज में फैली 'दहेज की कुप्रथा' पर एक टिप्पणी लिखिए।

उत्तर हमारे समाज में दहेज एक अभिशाप है। यह एक ऐसी बुराई है, जो विष की भाँति फैल रहा है। समाज में दहेज के कारण विवाह दो व्यक्तियों या परिवार के मिलने की अपेक्षा व्यापार का रूप लेता जा रहा है। प्राचीन काल में व्यक्ति अपनी पुत्री को स्वेच्छानुसार उपहारस्वरूप कुछ धन, आभूषण या जमीन उसकी शादी में देते थे, जिसे 'स्त्री धन' कहा जाता था। यही प्रथा आगे चलकर कुप्रथा बन गई। अब विवाह लड़के या लड़की की इच्छानुसार नहीं अपितु वर पक्ष के दहेज के अनुसार किया जाता है। वर पक्ष के लोग कन्या पक्ष से विवाह में जो धनराशि या वस्तु दहेज देने के लिए कहते हैं

2. निम्नलिखित गद्यांश को पढ़कर उसके नीचे दिए गए प्रश्नों के उत्तर हिंदी में लिखिए

मीनू के हृदय में बचपन से ही अपंगों के लिए दया की भावना थी, परंतु मनोहर को तो वैसे भी वह बचपन से जानती थी, इसलिए उसकी यह हालत उससे देखी नहीं जा रही थी। मीनू ने मन ही मन निश्चय दिया कि वह किसी न किसी रूप में मनोहर की सहायता अवश्य करेगी। विवाह के फालतू खर्च में से कुछ रुपये बचाकर अपाहिज मनोहर की सहायता करने का उसने संकल्प लिया।

(i) मनोहर कौन था? वह मीनू के पास क्यों आया था?

उत्तर मनोहर राजो का चचेरा भाई था, जो फैक्ट्री में काम करते हुए अपाहिज हो गया था। वह मीनू के पास इसलिए आया था, क्योंकि मीनू का विवाह था, उसने सोचा कि शादी वाले घर में काम होगा तो वह भी कुछ काम कर देगा।

(ii) उसकी यह दशा कैसे हो गई थी? संक्षेप में समझाइए।

उत्तर उसकी (मनोहर) यह दशा फैक्ट्री में काम करते हुए एक दुर्घटना के कारण हो गई थी। एक दिन काम करते समय उसका पैर और हाथ की अंगुलियाँ मशीन में आने से कट गई थीं। इस कारण वह अपाहिज हो गया था।

(iii) मीनू ने मन ही मन क्या निश्चय किया और मनोहर की सहायता कैसे की?

उत्तर मीनू ने मन ही मन यह निश्चय किया कि वह किसी-न-किसी रूप से मनोहर की सहायता अवश्य करेगी, इसलिए मीनू संकल्प लेती है कि वह विवाह में होने वाले फिजूल के खर्चों में से पैसा बचाकर मनोहर की सहायता अवश्य करेगी। इस प्रकार मीनू ने मनोहर के लिए पान की दुकान खुलवाकर उसकी सहायता की।

(iv) मीनू के इस कार्य से आपको क्या प्रेरणा मिलती है? क्या आपने भी कभी किसी की इस प्रकार से सहायता की है समझाइए।

उत्तर मीनू के इस कार्य से हमें यह प्रेरणा मिलती है कि विवाह आदि उत्सवों में होने वाले फिजूल खर्चों को कम करके उन पैसों से किसी असहाय व्यक्ति की सहायता की जा सकती है। हाँ, मैंने भी इस प्रकार से किसी की सहायता की है। दीपावली के अवसर पर पिताजी ने मुझे पटाखों के लिए 500 रुपये दिए, जिसमें से मैंने कुछ रुपयों से मिठाई खरीद कर फुटपाथ पर घूमने वाले असहाय व बेसहारा बच्चों में बाँट दी। यह कार्य करके मुझे आत्मिक संतुष्टि हुई।

3. निम्नलिखित गद्यांश को पढ़कर उसके नीचे दिए गए प्रश्नों के उत्तर हिंदी में लिखिए

उसकी ये सब बातें सुनकर दयाराम जी कुछ सोच-विचार में पड़ गए। कुछ क्षण बाद वे बोले, ''मीनू बेटी, दुनियादारी के लिए भी बहुत कुछ करना पड़ता है। बिना सजावट के आजकल शादी में रौनक कहाँ आती है?''

(i) पैसों की बर्बादी किसे पसंद नहीं थी? स्पष्ट कीजिए।

उत्तर मीनू को पैसों की बर्बादी पसंद नहीं थी, क्योंकि उसका मानना था कि पैसों को कुछ समय की चका-चौंध के लिए सजावट इत्यादि पर खर्च कर देने से कुछ प्राप्त नहीं होता, इसलिए पैसों की बर्बादी नहीं करनी चाहिए।

(ii) किसकी बातें सुनकर दयाराम जी सोच–विचार में पड़ गए व क्यों?

उत्तर दयाराम जी के घर आने पर मीनू ने उनसे पण्डाल पर किए जाने वाले अत्यधिक खर्च को पैसों की बर्बादी कहते हुए उनसे कहा था कि इसे किसी ज़रूरतमंद को देकर उसकी सहायता की जा सकती है। मीनू के इस मत को सुनकर दयाराम जी सोच-विचार में पड़ गए थे।

(iii) ''दुनियादारी के लिए भी बहुत कुछ करना पड़ता है।'' प्रस्तुत पंक्ति का अर्थ स्पष्ट करते हुए बताइए कि यह किसने, किससे व क्यों कहा था?

उत्तर मनुष्य एक सामाजिक प्राणी है मनुष्य को समाज में अपनी उपस्थिति बनाए रखने के लिए कई इच्छित एवं अनिच्छित कार्य करने पड़ते हैं। प्रस्तुत पंक्तियों के माध्यम से दयाराम जी अपनी बेटी को यही समझाना चाहते हैं कि दुनियादारी के लिए भी बहुत कुछ करना पड़ता है। दयाराम जी ने मीनू से यह इसलिए कहा, क्योंकि मीनू दयाराम जी द्वारा पंडाल के लिए खर्च किए जाने वाले दस हज़ार रुपयों को पैसों की बर्बादी एवं फिज़ूल खर्च बताती है, इसलिए उन्होंने कहा कि दुनियादारी के लिए भी बहुत कुछ करना पड़ता है।

(iv) ''बिना सजावट के आजकल शादी में रौनक कहाँ आती है।'' प्रस्तुत गद्यांश में ऐसा क्यों कहा गया है? स्पष्ट कीजिए।

उत्तर प्रस्तुत गद्यांश में ऐसा इसलिए कहा गया, क्योंकि मीनू के पिताजी उसके विवाह में सजावट इत्यादि पर अत्यधिक खर्च कर रहे थे, जिसका वह विरोध करती है और उनके द्वारा सजावट पर किए जाने वाले खर्च को रुपये की बर्बादी कहती है। मीनू के विचारों को जानने के उपरांत पिताजी उसे समझाते हुए कहते हैं कि दुनियादारी के लिए भी बहुत कुछ करना पड़ता है और बिना सजावट के आजकल शादी में रौनक भी नहीं आती है, इसलिए वे सजावट के लिए जो पैसे खर्च कर रहे हैं, वे फिज़ूल खर्च नहीं हैं।

4. निम्नलिखित गद्यांश को पढ़कर उसके नीचे दिए गए प्रश्नों के उत्तर हिंदी में लिखिए

''ये सब समय का फेर है, दीदी! मेरे भाग्य में यही सब लिखा था। मुझे एक फैक्ट्री में नौकरी मिल गई थी। मैं अपने को बहुत खुशनसीब समझ रहा था कि मुझे इतनी छोटी उम्र में ही नौकरी मिल गई, परंतु ईश्वर को यह सब मंजूर नहीं था। एक दिन काम करते–करते मेरा पैर मशीन में आ गया। साथ ही सीधे हाथ की दो अँगुलियाँ भी कट गईं।''

(i) मीनू विस्मित–सी होकर किसे देखती रह गई और क्यों?

उत्तर मीनू राजो के चचेरे भाई मनोहर को विस्मित-सी होकर देखती रह गई, क्योंकि मीनू जब पिछली बार उससे मिली थी तो वह पूर्णतः स्वस्थ था, लेकिन इस बार जब वह घर आया तो मीनू ने देखा कि मनोहर का एक पैर एवं दाहिने हाथ की दो अँगुलियाँ कटी हुई हैं।

(ii) मीनू किसकी हालत देखकर परेशान हो गई और उसने उदास स्वर में मीनू को क्या बताया था?

उत्तर मीनू मनोहर के एक पैर व दाहिने हाथ की दो अँगुलियों के कटने से उसकी हालत को देखकर परेशान हो गई थी।

मीनू के द्वारा कुशल-क्षेम पूछने पर उसने उदासी भरे स्वर में अप्रत्यक्ष रूप से स्वयं के दु:खी होने के विषय में मीनू को बताया था।

(iii) 'ये सब समय का फेर है' यह किसने, किससे व क्यों कहा? स्पष्ट कीजिए।

उत्तर 'ये सब समय का फेर है' प्रस्तुत पंक्ति मनोहर ने मीनू के द्वारा उसके अपाहिज़ होने का कारण जानने के लिए पूछे प्रश्न के उत्तर में कही थी। मीनू ने मनोहर से उसके अपंग होने का कारण पूछते हुए उससे प्रश्न पूछा था कि ये सब क्या हो गया, जिस पर मनोहर ने अपने भाग्य के प्रति हताशा एवं निराशा प्रकट करते हुए कहा कि 'ये सब समय का फेर है।'

(iv) ''मैं अपने को बहुत खुशनसीब समझ रहा था'' प्रस्तुत पंक्ति में 'मैं' शब्द किसके लिए प्रयोग किया गया है तथा वह स्वयं को खुशनसीब क्यों समझ रहा था? स्पष्ट कीजिए।

उत्तर ''मैं अपने को बहुत खुशनसीब समझ रहा था'' प्रस्तुत पंक्ति में वक्ता अर्थात् मनोहर ने स्वयं के लिए 'मैं' शब्द का प्रयोग किया है। मनोहर के स्वयं को बहुत खुशनसीब समझने का कारण उसका अल्पायु में ही एक फैक्ट्री में नौकरी मिल जाना था, जिसे पाकर मनोहर अत्यधिक प्रसन्न था, इसलिए मनोहर ने कहा कि वह यह नौकरी मिलने के उपरांत स्वयं को बहुत खुशनसीब समझ रहा था।

लघु उत्तरीय प्रश्न

1. मनोहर कौन है? उसे क्या हो गया था? उसकी यह स्थिति कैसे हुई थी? **(ICSE Spec Sem II 2021-22)**

उत्तर मनोहर राजो का चचेरा भाई था। वह फैक्ट्री में काम करते हुए अपाहिज हो गया था। एक दिन फैक्ट्री में काम करते समय उसका पैर और हाथ की अँगुलियाँ मशीन में आने से कट गई थीं।

मीनू यह सब जानकार दु:खी हो जाती है। वह मनोहर को अपनी शादी के पैसों में से कुछ पैसे बचाकर उसकी पान की दुकान खुलवा देती है।

अभ्यास प्रश्न

1. निम्नलिखित अवतरण को पढ़िए और उसके नीचे लिखे प्रश्नों के उत्तर हिंदी में लिखिए।
मीनू के मुँह से अपनी प्रशंसा सुनकर नीलिमा दिल-ही-दिल में प्रसन्न हो उठी, परंतु उसे मीनू के दिल में छिपी पीड़ा का आभास था, तभी मीनू के भाई रोहित व नीलिमा की माँ ने कमरे में प्रवेश किया।

(i) मीनू ने नीलिमा की प्रशंसा किस तरह की थी?
(ii) आभास का अर्थ बताइए। नीलिमा ने मीनू का ध्यान उसकी छिपी पीड़ा से हटाने के लिए क्या किया?
(iii) मीनू के भाई रोहित व नीलिमा की माँ के कमरे में प्रवेश होते ही वातावरण में किस प्रकार का परिवर्तन आ गया?
(iv) मीनू प्रसन्नचित होकर भागी-भागी अपने घर क्यों चली गई? समझाकर लिखिए।

2. निम्नलिखित अवतरण को पढ़िए और उसके नीचे लिखे प्रश्नों के उत्तर हिंदी में लिखिए।
मीनू के मुँह से अपनी प्रशंसा सुनकर नीलिमा दिल-ही-दिल में प्रसन्न हो उठी, परंतु उसे मीनू के दिल में छिपी पीड़ा का आभास था, तभी मीनू के भाई रोहित व नीलिमा की माँ ने कमरे में प्रवेश किया।

(i) मीनू ने नीलिमा की प्रशंसा किस तरह की थी?
(ii) आभास का अर्थ बताइए। नीलिमा ने मीनू का ध्यान उसकी छिपी पीड़ा से हटाने के लिए क्या किया?
(iii) मीनू के भाई रोहित व नीलिमा की माँ के कमरे में प्रवेश होते ही वातावरण में किस प्रकार का परिवर्तन आ गया?
(iv) मीनू प्रसन्नचित होकर भागी-भागी अपने घर क्यों चली गई? समझाकर लिखिए।

3. निम्नलिखित गद्यांश को पढ़कर उसके नीचे दिए गए प्रश्नों के उत्तर हिंदी में लिखिए।
शायद अमित सरिता के रिश्ते को तैयार नहीं है इसलिए वह बोली, बेटे! व्यवहार का तो किसी का भी पता नहीं है।

(i) अमित के पिता सरिता के रिश्ते के लिए तैयार क्यों नहीं थे?
(ii) किसको पता चलता है कि अमित सरिता से रिश्ते के लिए तैयार नहीं है?
(iii) व्यवहार के विषय में अमित की माँ ने अमित को क्या समझाया?
(iv) सरिता कैसे परिवार की लड़की थी?

4. निम्नलिखित गद्यांश को पढ़कर उसके नीचे दिए गए प्रश्नों के उत्तर हिंदी में लिखिए।
मीनू उसे छोड़ने के लिए बाहर तक आई।
चलते-चलते भी नीलिमा उससे वादा कराकर गई थी।

(i) मीनू से मिलने के लिए कौन आया था?
(ii) नीलिमा, मीनू को किस विषय में बताती है?
(iii) नीलिमा मीनू को क्या देने आई थी?
(iv) नीलिमा और मीनू का आपस में कैसा संबंध था?

5. निम्नलिखित गद्यांश को पढ़कर उसके नीचे दिए गए प्रश्नों के उत्तर हिन्दी में लिखिए।
मीनू का चेहरा बुखार के कारण तप रहा था। माया अपने पलंग से उठकर मीनू के पास आई और उसके माथे पर हाथ रखा तो दंग रह गई उसका शरीर ज्वर से तप रहा था उसे इस हालत में देखकर माया स्वयं ही उसके लिए दवाई लेने चली गई।

(i) किसका शरीर बुखार से तप रहा था?
(ii) मीनू के पास कौन आया था?
(iii) माया और मीनू का आपस में क्या सम्बन्ध था?
(iv) दवाई लेने कौन गया था? और क्यों?

6. निम्नलिखित गद्यांश को पढ़कर उसके नीचे दिए गए प्रश्नों के उत्तर हिंदी में लिखिए।
उन्होंने हमारी हर खुशी व सुख-सुविधा का ध्यान रखा है अपनी बीमारी में भी सदैव उन्हें हमारी ही चिंता रहती है, पर यह कैसा रिश्ता होता है, जोकि पलभर में बेटी को माँ से अलग कर देता है।

(i) यह कैसा रिश्ता है, जोकि पलभर में बेटी को माँ से अलग कर देता है। इस पंक्ति का आशय स्पष्ट कीजिए।

(ii) माँ को रोता देखकर मीनू के मन में किस प्रकार के विचार आ रहे थें?

(iii) मीनू के हृदय में किसके प्रति स्नेह उमड़ रहा था?

(iv) उन्होंने हमारी हर खुशी व सुख-सुविधा का ध्यान रखा है। पंक्ति में 'उन्होंने' शब्द किसके लिए व किस सदंर्भ में प्रयुक्त हुआ है?

7. निम्नलिखित गद्यांश को पढ़कर उसके नीचे दिए गए प्रश्नों के उत्तर हिंदी में लिखिए।

मधु भी अब शादी के योग्य हो गई है उसकी भी अब शादी करना चाहती हूँ, परंतु मैं यह चाहती हूँ कि पहले तुम्हारी शादी हो जाती तो अच्छा था, क्योंकि तुम आयु में भी मधु से सात वर्ष बड़े हो और दूसरी बात यह है कि मधु की शादी में भी मैं सब काम अकेले नहीं कर पाऊँगी। बहू घर में होगी तो काफी काम कर देगी।

(i) वक्ता किसे समझा रही थी व समझाने के लिए उसने क्या तर्क प्रस्तुत किए?

(ii) "उसने अभी विवाह का विचार छोड़ दिया है" यह कथन किसने कहा है और क्यों?

(iii) अमित ने माँ के विचारों पर क्या प्रतिक्रिया व्यक्त की?

(iv) "मधु भी अब शादी के योग्य हो गई है" यह किसने कहा और क्यों?

8. निम्नलिखित गद्यांश को पढ़कर उसके नीचे दिए गए प्रश्नों के उत्तर हिंदी में लिखिए।

अमित को उदास देखकर मीनू ने पूछा, "अब आपकी तबीयत कैसी है" तबीयत! तबीयत तो बस यूँ ही है। वैसे पहले से कुछ सुधार हुआ है। यह बताते-बताते अमित के चेहरे पर उदासी-सी छा गई।

(i) मीनू ने अमित से क्या पूछा था?

(ii) अमित के चेहरे पर उदासी का क्या कारण था?

(iii) तबीयत तो बस यूँ ही है यह बात किसने तथा किसको बताई थी?

(iv) मीनू किसकी तबीयत की जानकारी लेने के लिए हॉस्पिटल गई थी?

9. निम्नलिखित गद्यांश को पढ़कर उसके नीचे दिए गए प्रश्नों के उत्तर हिंदी में लिखिए।

मीनू आशा से लगभग आठ महीने बाद मिली थी, कितना परिवर्तन आ गया था आशा में। माँ बनने के बाद काफी मोटी हो गई थी। यद्यपि वह मीनू से छोटी थी, परंतु मीनू उसके सामने काफी छोटी प्रतीत हो रही थी।

(i) माँ बनने के बाद कौन बदल गई थी?

(ii) मीनू आशा से कितने दिन बाद मिली थी?

(iii) दोनों बहनों के मध्य कैसा संबंध था? स्पष्ट कीजिए।

(iv) मीनू और आशा में से बड़ी कौन थी? तथा किसका विवाह पहले हुआ था और क्यों?

10. निम्नलिखित गद्यांश को पढ़कर उसके नीचे दिए गए प्रश्नों के उत्तर हिंदी में लिखिए।

उन्हें अपनी बेटी पर गर्व था। इतनी स्वाभिमानी व उदार चरित्र की बेटी पाकर वे अपने को धन्य महसूस कर रहे थें। मनोहर को मीनू ने घर के सामने ही पान की दुकान खुलवा दी थी। मीनू की दया भावना ने मनोहर की जिंदगी सुधार दी।

(i) मीनू मनोहर के लिए कार्य तलाशने में दुविधा से घिरी हुई क्यों थी? स्पष्ट कीजिए।

(ii) मीनू द्वारा सोचा गया सुझाव क्या था? अपने शब्दों में स्पष्ट कीजिए।

(iii) मीनू किस सोच में डूबी हुई थी?

(iv) उपरोक्त गद्यांश के आधार पर मीनू के चरित्र की विशेषताएँ बताते हुए बताइए कि उसने मनोहर की जिंदगी किस प्रकार सुधार दी?

01

संस्कार एवं भावना

विष्णु प्रभाकर

एकांकीकार का परिचय

विष्णु प्रभाकर जी का जन्म उत्तर प्रदेश में वर्ष 1912 में हुआ था। इन्होंने प्रारंभिक शिक्षा ग्रहण करने के उपरांत स्नातक की परीक्षा उत्तीर्ण की। इन्होंने कुछ समय तक पंजाब सरकार के कृषि विभाग में कार्य किया, परंतु बाद में नौकरी छोड़कर पूर्णरूप से लेखन-कार्य में संलग्न हो गए। विष्णु प्रभाकर जी बहुमुखी प्रतिभा से संपन्न साहित्यकार थे। इन्होंने साहित्य की विभिन्न विधाओं; जैसे–कहानी, उपन्यास, नाटक, एकांकी आदि पर अपनी लेखनी चलाई। इनके द्वारा रचित रचनाएँ निम्न प्रकार हैं

कहानी धरती अब भी घूम रही है, पुल टूटने से पहले, मेरा वतन।

उपन्यास निशिकांत, अर्द्धनारीश्वर, स्वप्नमयी।

नाटक डॉक्टर, समाधि, कुहरा और किरण इत्यादि।

प्रभाकर जी को अपनी उत्कृष्ट लेखनी के कारण अर्द्धनारीश्वर (उपन्यास) के लिए वर्ष 2009 में साहित्य अकादमी पुरस्कार से सम्मानित किया गया। इनकी सभी रचनाओं में मानवतावादी दृष्टिकोण मुखरित हुआ है। इनकी एकांकी समस्या प्रधान तथा मानव प्रकृति से ओत-प्रोत एवं भावनात्मक गहराई से संबंधित है।

संक्षिप्त सार

प्रस्तुत एकांकी एक मध्यवर्गीय परिवार के संस्कार और भावनाओं को आधार बनाकर लिखी गई है। एक मध्यवर्गीय परिवार, जिसमें एक माँ अपने छोटे बेटे अतुल एवं उसकी पत्नी उमा के साथ रहती है। बड़े बेटे अविनाश ने एक विजातीय लड़की से विवाह किया था, जो माँ को अस्वीकार था। इसलिए उन्होंने अविनाश से संबंध तोड़ लिए थे, जिस कारण माँ स्वयं भी दु:खी रहा करती थीं। माँ को जब यह पता चलता है कि छोटी बहू और अतुल भी अविनाश और बड़ी बहू से मिलते हैं, तो वे अत्यधिक परेशान हो उठती हैं। माँ अब तक जिन संस्कारों के साथ रह रही थीं, आज वे संस्कार ही उनके और अविनाश के बीच उत्पन्न दूरियों के कारण थे।

जब माँ को पड़ोस की मिसरानी से यह पता चलता है कि उनका बेटा अविनाश बहुत बीमार था, लेकिन उनकी बहू के अथक प्रयासों के कारण ही जीवित है, किंतु अब उनकी बहू मरणासन्न स्थिति में है और उसके बचने की आशा कम ही है। इस ख़बर को सुनकर माँ उद्विग्न (व्याकुल) हो जाती हैं, क्योंकि वे जानती हैं कि अगर उनकी बहू को कुछ होता है, तो अविनाश भी नहीं बचेगा। उसके मन में बेटे के प्रति ममता और स्नेह की भावना जाग उठती है। अंतत: माँ उस रूढ़िवादी मानसिकता को छोड़ते हुए अविनाश के घर जाने और बड़ी बहू को स्वीकार करने के लिए तैयार हो जाती हैं।

मुख्य पात्रों का चरित्र-चित्रण

माँ

माँ प्रस्तुत एकांकी के प्रमुख पात्रों में से एक अहम पात्र है और संपूर्ण घटनाचक्र इनके आस-पास ही घटित होता है। माँ एक रूढ़िवादी विचारों में जकड़ी हुई एक वृद्धा हैं। इनका संपूर्ण जीवन रूढ़िवादी विचारों के साथ गुज़रा है। माँ के जातीय और ऊँच-नीच के आधार पर भेदभाव करने के कारण ही आज उनका बड़ा बेटा उनसे अलग रहता है।

माँ का चरित्र अवश्य अपने रूढ़िवादी विचारों से निर्मित है, किंतु उनके चरित्र का दूसरा पक्ष उनका कोमल हृदय, ममत्व से परिपूर्ण चरित्र भी है। माँ सुकोमल हृदयी है इसका पता

तब चलता है, जब उन्हें मिसरानी से यह ज्ञात होता है कि उनका बेटा अविनाश कुछ समय पहले अस्वस्थ था, जिसको सुनकर वे व्याकुल हो उठती हैं।

माँ ने सामाजिक बंधनों के चलते और अपने संस्कारों के कारण अवश्य ही अपने बेटे से संबंध तोड़ लिए थे, किंतु वे सदैव अपने इस निर्णय से दुःखी रहती थीं। अतः माँ एक रूढ़िवादी संस्कारों से जकड़ी हुई परंपरावादी विचारों की महिला हैं, जो साथ में कोमल हृदयी एवं ममत्व के भावों से भी परिपूर्ण हैं।

अतुल

अतुल एकांकी का प्रमुख पुरुष पात्र है, जो आधुनिक विचारों वाला, रूढ़िवादी तथा परंपराशील विचारों के विरुद्ध मुखर होकर बोलने वाला पुरुष पात्र है। अतुल अपने से बड़ों के प्रति सम्मान भाव रखता है, तभी वह कभी-भी अपनी रूढ़िवादी विचारों से ग्रसित माँ का अनादर नहीं करता और न ही उनके विचारों, उनके संस्कारों के विरुद्ध उनकी कोई शिकायत ही प्रकट करता है, लेकिन अपने आधुनिक विचार रखने वाले बड़े भाई अविनाश से अवश्य मिलता है। वह जानता है कि उसकी भाभी एक निम्न जाति की महिला हैं, किंतु वह उनका भी सदैव सम्मान करता है।

अतुल एक कोमल हृदयी पुरुष है, वह कभी नहीं चाहता कि उसकी वजह से किसी को भी दुःख पहुँचे। इसका स्पष्ट प्रमाण यह है कि वह अपने बड़े भाई अविनाश से मिलता है, लेकिन इस बात की ख़बर अपनी रूढ़िवादी माँ को नहीं होने देता, क्योंकि वह जानता है कि अगर माँ को इस बात का पता चलता है, तो वह बहुत दुःखी होंगी।

सारांशतः कहा जा सकता है कि अतुल एक आधुनिक विचारों, कोमल हृदयी, बड़ों का सम्मान करने वाला एवं परंपरावादी विचारों का विरोधी जैसे गुणों से युक्त पात्र है।

उमा

उमा आधुनिक विचारों वाली एवं खुली मानसिकता वाली महिला है। वह पठनशील, चिंतनशील, बड़ों का सम्मान करने वाली, दयालु स्वभाव की महिला है। उमा, माँ को बड़े बेटे अविनाश के वियोग में दुःखी देखकर अविनाश की पत्नी को समझाने के लिए जाती है, जो उसकी दयालु प्रवृत्ति की महिला होने का प्रमाण है। वह बड़ी भाभी से मिलती है, जो दूसरी जाति से संबंध रखती हैं, लेकिन वह उनका भी आदर करती है, क्योंकि वह जानती है कि बड़ी भाभी गुणवान स्त्री हैं। उमा का एक गुण उसका पठनशील होना है, जिसका प्रमाण ये पंक्तियाँ हैं, जिन्हें वह एकांकी के आरंभ में पढ़ती है, ''जिन बातों का हम प्राण देकर भी विरोध करने को तैयार रहते हैं, एक समय आता है, जब वे ही बातें हम चुपचाप स्वीकार कर लेते हैं।''

सारांशतः कहा जा सकता है कि उमा एक खुली मानसिकता, दयालु हृदय, चिंतनशील, बड़ों का आदर करने वाली महिला है।

गौण-पात्रों का चरित्र-चित्रण

अविनाश

अविनाश एक आधुनिक मानसिकता रखने वाला, स्वाभिमानी और अपनी पत्नी से अत्यधिक प्रेम करने वाला पुरुष है। अविनाश की आधुनिक मानसिकता का परिचय उसके द्वारा विजातीय लड़की से विवाह करने पर प्राप्त होता है, जिसके लिए वह अपनी माँ के परंपरावादी विचारों को तोड़ने से भी नहीं हिचकता। वहीं अविनाश एक स्वाभिमानी व्यक्तित्व वाला पुरुष है, वह विपत्ति के समय पर भी अपने छोटे भाई अतुल की मदद स्वीकार नहीं करता, जो उसके स्वाभिमानी व्यक्तित्व के धनी होने का परिचायक है।

अविनाश अपनी पत्नी से अत्यधिक प्रेम करता है, जिसका प्रमाण माँ के विचारों से प्राप्त होता है। माँ को जब पता चलता है कि बहू बीमार है और वह मरणासन्न स्थिति में है, तो वह अपने संस्कारों को तोड़ने से भी पीछे नहीं हटती, क्योंकि वह जानती हैं कि अगर बहू को कुछ होता है, तो उनका बेटा अविनाश भी जीवित नहीं बचेगा।

अतः कह सकते हैं कि अविनाश एक स्वाभिमानी, आधुनिक विचारों वाला और अपनी पत्नी से अत्यधिक प्रेम करने वाला पुरुष है।

बड़ी बहू

बड़ी बहू आधुनिक विचारों वाली, सहृदयी, कोमल स्वभाव और निश्छल स्वभाव की आधुनिक महिला है। उनके कोमल एवं निश्छल स्वभाव का प्रमाण छोटी बहू उमा के विचारों से मिलता है, जिसमें वह कहती है कि ''उनमें शैशव की भोली मुसकराहट, मोहनी व्यक्तित्व है, जो उनसे मिल ले, तो वह उनके गुणों की प्रशंसा किए बगैर नहीं रह सकता।''

अतः कहा जा सकता है कि बड़ी बहू सहृदयी, कोमल स्वभाव और आधुनिक विचारों वाली महिला है।

एकांकी का सार

माँ को अविनाश की बीमारी का पता लगना

एक मध्यवर्गीय परिवार, जिसमें एक माँ अपने छोटे बेटे अतुल और बहू उमा के साथ रहती है। माँ का बड़ा बेटा अविनाश, जिसने एक विजातीय बंगाली लड़की से विवाह किया है, जिस कारण माँ ने अविनाश से अपने संबंध तोड़ लिए हैं, क्योंकि यह माँ के संस्कारों के अनुरूप नहीं है। एक दिन माँ को पड़ोसन मिसरानी से पता चलता है कि कुछ दिनों पहले अविनाश की तबीयत बहुत अधिक खराब हो गई थी, जिसे सुनकर माँ व्याकुल हो जाती हैं कि आज उनके बेटे की बीमारी की ख़बर उन्हें दूसरों से पता चल रही है।

माँ कहती हैं कि बचपन में कभी अगर अविनाश बीमार होता था, तो वह दिन-रात एक करके उसकी सेवा करती थी। उमा, माँ को रोकते

हुए उनसे पूछती हैं कि आखिर उन्हें हुआ क्या था? जिस पर माँ उसे बताती है कि उसे हैजा हुआ था और अत्यधिक तबीयत खराब होने के कारण वह दफ्तर भी न जा पाया था। उमा आश्चर्यपूर्वक कहती है कि उन्हें अर्थात् अतुल को भी इसकी जानकारी नहीं हुई, जिस पर माँ कहती है कि यदि उसे पता भी होता, तो वह उन्हें न बताता।

माँ कहती हैं कि मैं अपने बेटों को अच्छी तरह जानती हूँ, ये भाव रहित हैं। इनके लिए देश, धर्म और कर्तव्य भावनाओं से अधिक महत्त्वपूर्ण हैं। इनके पिता भी ऐसे ही निर्मम थे। माँ बताती हैं कि बचपन में जब अतुल की बहुत ज़्यादा तबीयत खराब हुई थी, तो इसके पिता उसे धरती पर लिटाने के लिए सामान हटाने लगे थे, जिसे देखकर सभी आश्चर्यचकित हो गए थे। माँ बताती हैं कि मेरे भावुक होने की इन्होंने सदैव ही निंदा की है।

उमा का बड़ी भाभी से मिलना

माँ को अविनाश की बीमारी का पता चलने एवं स्वयं को आत्मग्लानि से व्याकुल होता देख उमा, माँ को बताती है कि कुछ दिनों पहले आप अविनाश भइया से गुस्सा होने के कारण दुःखी थीं, तो आपके दुःख से दुःखी होकर मैं बड़ी भाभी को समझाने उनके घर गई थी। मैंने भाभी से कहा कि वह बड़े भइया अर्थात् अविनाश को छोड़ दें, लेकिन भाभी ने स्वयं मुझसे प्रश्न किया कि क्या मैं अतुल को छोड़ सकती हूँ? जिसे मैं अत्यधिक प्रेम करती हूँ?

उनके प्रश्न को सुनकर मैं आश्चर्यचकित हो उठी थी और मैंने उन्हें न में जवाब दिया था। उमा कहती है कि मुझे जब यह पता चला कि अतुल भी वहाँ गया था, तो मैं स्वयं आश्चर्यचकित हो उठी थी। वह बताती है कि बड़ी भाभी कोमल और मृदु स्वभाव की आकर्षक व्यक्तित्व वाली महिला हैं।

माँ का अपने रूढ़िग्रस्त संस्कारों को धिक्कारना

माँ को जब यह पता चलता है कि अतुल व उमा भी अविनाश एवं बड़ी बहू से मिलते हैं, तो वह बहुत दुःखी होती हैं। माँ अपने संस्कारों को धिक्कारते हुए कहती हैं कि अतुल व उमा भी उनसे मिलकर आते हैं, केवल मैं अपने संस्कारों की दासता से मुक्त नहीं हो पाती। इन रूढ़िग्रस्त संस्कारों के कारण ही आज मेरा बेटा अविनाश मुझसे दूर है।

अतुल का माँ के संस्कारों पर कटाक्ष करना

अतुल जब घर आता है, तो माँ अतुल से अविनाश से मिलने की बात के विषय में पूछती है, तब अतुल मिलने की बात स्वीकारते हुए माँ के रूढ़िग्रस्त संस्कारों पर कटाक्ष करता है। अतुल कहता है कि अगर वह उन्हें बता भी देता, तो भी वह उनके पास न जा पातीं, क्योंकि उनकी रूढ़िवादी मानसिकता, उनके परंपरावादी संस्कार जिनके कारण उन्होंने अविनाश की पत्नी को स्वीकार नहीं किया, उन्हीं संस्कारों के कारण आज अविनाश उनसे अलग रहता है। वह कहता है तुम्हारे भीतर इतनी सामर्थ्य नहीं कि तुम रूढ़िवादी संस्कारों से मुक्त हो सको या उन्हें तोड़ सको।

माँ का परंपरावादी संस्कारों को तोड़ना

माँ को जब पता चलता है कि अविनाश को तो बड़ी बहू ने अपने अथक परिश्रम से बचा लिया था, किंतु अब बहू की तबीयत खराब है और वह मरणासन्न स्थिति में है, तो माँ का हृदय पसीज़ उठता है, क्योंकि वह जानती है कि अगर बहू को कुछ होता है, तो उनका बेटा भी जीवित नहीं बचेगा। माँ अपनी परंपरावादी विचारधारा को तोड़ते हुए, अपनी बड़ी बहू को स्वीकारने की बात कहती हैं।

शब्दार्थ

निर्मम *निर्दय*; **कोसा** *बुरा–भला कहना*; **कपोल** *गाल*; **भौंचक** *हैरान*; **साक्षी** *गवाही*; **वरण** *चुनना, चयन करना* **दासता** *गुलामी*; **परितोष** *पूर्ण संतोष*; **विजातीय** *दूसरी जाति का*; **विद्रूप** *उपहास*; **उद्विग्न** *व्याकुल*; **अवाक** *आश्चर्यचकित*।

PYQs विगत वर्षों के प्रश्न व महत्त्वपूर्ण प्रश्न

बहुविकल्पीय प्रश्न

1. मिसरानी की बातें सुनकर कौन शर्म से गड़ गया? **(ICSE Spec Sem I 2021)**

(a) माँ (b) अतुल
(c) उमा (d) इनमें से कोई नहीं

उत्तर (a) माँ

2. उमा कौन है? **(ICSE Spec Sem I 2021)**

(a) अविनाश की पत्नी (b) अतुल की पत्नी
(c) अविनाश की बहन (d) इनमें से कोई नहीं

उत्तर (b) अतुल की पत्नी

3. अविनाश कौन है? **(ICSE Spec Sem I 2021)**

(a) उमा का पति (b) अतुल का भाई
(c) कुमार का पुत्र (d) कुमार का भाई

उत्तर (b) अतुल का भाई

4. 'संस्कार और भावना' नामक एकांकी किस समस्या पर आधारित है? **(ICSE Sem I 2021)**

(a) दहेज-प्रथा पर
(b) बाल विवाह पर
(c) अंतर्जातीय विवाह पर
(d) घरेलू हिंसा पर

उत्तर (c) अंतर्जातीय विवाह पर

5. 'संस्कार और भावना' नामक एकांकी में माँ को किसके घर से और किसके द्वारा बड़े पुत्र की बीमारी का पता चला? **(ICSE Sem I 2021)**

(a) स्वयं के घर में अतुल द्वारा
(b) कुमार के घर में मिसरानी द्वारा
(c) स्वयं के घर में उमा द्वारा
(d) मिश्रा जी के घर में मिसरानी द्वारा

उत्तर (a) स्वयं के घर में अतुल द्वारा

6. 'संस्कार और भावना' नामक एकांकी में अविनाश ने 'संतान का लालन-पालन करना' कौन-सा कर्त्तव्य बताया है? **(ICSE Sem I 2021)**

(a) सामाजिक कर्त्तव्य (b) मौलिक कर्त्तव्य
(c) पारिवारिक कर्त्तव्य (d) नैतिक कर्त्तव्य

उत्तर (d) नैतिक कर्त्तव्य

7. एकांकी के अनुसार, अविनाश व अतुल की माँ किस आधार पर अविनाश से अलग रहती है? **(ICSE Sem I 2021)**

(a) परंपराओं के आधार पर
(b) धन के आधार पर
(c) सेवा के आधार पर
(d) व्यवहार के आधार पर

उत्तर (a) परंपराओं के आधार पर

गद्यांश पर आधारित प्रश्न

1. निम्नलिखित अवतरण को पढ़िए और उसके नीचे लिखे प्रश्नों के उत्तर हिंदी में लिखिए। **(ICSE Spec 2023)**

मैं जानती हूँ, मेरे ही तो बेटे हैं। माया ममता किसी को छू नहीं गई है। हर बात में देश, धर्म और कर्त्तव्य की दुहाई देना उन्होंने सीखा है।

(i) वक्ता अपने बेटों के विषय में क्या जानती है?

उत्तर वक्ता अपने बेटों के विषय में यह जानती है कि उसके बेटे भावरहित हैं। इनके लिए देश,धर्म और कर्त्तव्य भावनाओं से अधिक महत्त्वपूर्ण है।

(ii) 'माया ममता किसी को छू नहीं गई है'। इस कथन का क्या आशय है?

उत्तर ''माया ममता किसी को छू नहीं गई है'' इस कथन का आशय यह है कि उसके बेटों के लिए सबसे बढ़कर कर्त्तव्य है, भावनाओं का उनके लिए कोई महत्त्व नहीं है। वे अपने व्यक्तिगत कष्टों की चर्चा किसी से भी नहीं करते थें। इस विषय में उन्होंने अपने दिल को बहुत कठोर बना लिया था। इसलिए अविनाश ने अपनी बीमारी की सूचना अपनी माँ को भी नहीं दी थी।

(iii) बेटे हर बात में किस की दुहाई देते हैं और यह उन्होंने किस से सीखा है?

उत्तर बेटे हर बात में धर्म और कर्त्तव्य की दुहाई देते हैं। उनके अनुसार, उनकी व्यक्तिगत समस्याएँ इससे बढ़कर नहीं हो सकती। इसलिए व्यक्तिगत परेशानियों में मनुष्य को कमजोर नहीं पड़ना चाहिए, यह उन्होंने अपने पिता से ही सीखा है।

(iv) अतुल के पिता का चरित्र चित्रण करें।

उत्तर वक्ता (माँ) ने बेटों के पिता के विषय में बताया कि वे भी बहुत निर्मम व्यक्ति थे। उनके लिए भी देश, धर्म और कर्त्तव्य भावनाओं से अधिक महत्त्वपूर्ण है। वह बताती है कि बचपन में जब अतुल की बहुत ज्यादा तबीयत खराब हुई थी, तो इसके पिता उसे धरती पर लिटाने के लिए सामान हटाने लगे थे जिसे देखकर सभी आश्चर्यचकित हो गए थे। इससे ज्ञात होता है कि उनके पिता अपनी व्यक्तिगत परेशानियों में विचलित नहीं होते थें, बल्कि मेरे भावुक होने की भी इन्होंने सदैव ही निंदा की है।

2. निम्नलिखित गद्यांश को पढ़कर उसके नीचे दिए गए प्रश्नों के उत्तर हिंदी में लिखिए

''काश कि मैं निर्मम हो सकती, काश कि मैं संस्कारों की दासता से मुक्त हो सकती। हो पाती तो कुल, धर्म और जाति का भूत मुझे तंग न करता और मैं अपने बेटे से न बिछुड़ती।'' **(ICSE 2018)**

(i) वक्ता कौन है? यह वाक्य वह किसे कह रही है?

उत्तर प्रस्तुत गद्यांश की दी गई पंक्तियों की वक्ता 'माँ' है। यह वाक्य वह अपनी छोटी बहू उमा से कह रही है।

(ii) ''संस्कारों की दासता सबसे भयंकर शत्रु है'', यह कथन एकांकी में किसका है? उसने ऐसा क्यों कहा?

उत्तर ''संस्कारों की दासता सबसे भयंकर शत्रु है'', यह कथन एकांकी में बड़े बेटे अविनाश का है। उसने ऐसा इसलिए कहा था, क्योंकि उसकी माँ अपने संस्कारों के कारण उसे दूसरी जाति की लड़की से विवाह नहीं करने दे रही थी।

(iii) संस्कारों की दासता के कारण वक्ता को किन-किन कठिनाइयों का सामना करना पड़ा?

उत्तर संस्कारों की दासता के कारण वक्ता अर्थात् माँ को अनेक कठिनाइयों का सामना करना पड़ा। अपने रूढ़िवादी विचारों और संस्कारों के चलते दूसरी जाति की बहू को स्वीकार नहीं कर पाती, जिसके कारण वह अपने बेटे व बहू से दूर रहने के लिए विवश होती है। इसके चलते उसे समाज की आलोचना का शिकार होना पड़ा।

(iv) प्रस्तुत एकांकी द्वारा एकांकीकार ने क्या संदेश दिया है?

उत्तर प्रस्तुत एकांकी द्वारा एकांकीकार ने यह संदेश दिया है कि समय व परिस्थितियों के बदलने पर हमें अपनी सोच में भी परिवर्तन लाना होगा। जाति व धर्म पर आधारित पुरानी मान्यताओं से ऊपर उठकर मानवता व मानवीय मूल्यों को स्थापित करना होगा। जातिवाद की पुरानी सोच को त्याग कर संबंधों को बनाए रखना चाहिए।

i एक्सपर्ट्स कमेंट्स

- अधिकांश छात्र वक्ता एवं श्रोता को सही रूप से पहचान पाने में असमर्थ रहे। छात्रों ने वक्ता को श्रोता तथा श्रोता को वक्ता लिख दिया।
- छात्रों की उत्तर पुस्तिका में एकांकी तथा प्रश्न ध्यानपूर्वक न पढ़ने की लापरवाही दिखाई दी। छात्रों को विचारात्मक प्रश्न का उत्तर लिखने में कठिनाई हुई तथा भाषागत त्रुटियाँ भी लेखन में पाई गई।

स्टूडेंट्स के लिए एडवाइज़

- छात्रों को पुन:-पुन: एकांकी पढ़नी चाहिए तथा एकांकी का मंचन करना चाहिए, जिससे छात्र को एकांकी में वर्णित श्रोता, वक्ता एवं प्रसंग का सटीक ज्ञान हो जाए।
- छात्रों को एकांकी के उद्देश्य, प्रेरणा, शिक्षा, शीर्षक की सार्थकता, मुख्य पात्रों के चरित्र-चित्रण आदि पर विशेष ध्यान देना चाहिए। छात्रों को भाषा सुधार हेतु लिखित अभ्यास पर बल देना चाहिए।
- छात्रों को प्रश्न हेतु आबंटित अंकों के अनुसार प्रश्नोत्तर में मुख्य बिंदुओं पर बल देना चाहिए।
- विचारात्मक प्रश्नों का कक्षा में मौखिक एवं लिखित अभ्यास करना चाहिए।

3. **निम्नलिखित अवतरण को पढ़िए और उसके नीचे लिखे प्रश्नों के उत्तर हिंदी में लिखिए।**

"हाँ उमा, अतुल मैं ठीक कह रही हूँ, वह नहीं बचेगा। उसे बचाने की शक्ति मुझी में है, केवल मुझी में।" **(ICSE Spec 2017)**

(i) कथन के वक्ता तथा श्रोता का परिचय दीजिए।

उत्तर कथन में वक्ता 'माँ' है, जो इस एकांकी की मुख्य पात्र है। वह रूढ़िवादी विचारों से जकड़ी हुई एक वृद्ध महिला है। गद्यांश में श्रोता 'अतुल' है, जो माँ का छोटा बेटा है। वह आधुनिक विचारों वाला, रूढ़िवादी तथा परंपराशील विचारों के विरुद्ध मुखर होकर बोलने वाला पुरुष पात्र है।

(ii) प्रस्तुत कथन किसके संबंध में है? उसे क्या हो गया है? वह क्यों नहीं बचेगा?

उत्तर प्रस्तुत कथन बड़े बेटे अविनाश के संबंध में है। उसकी पत्नी अत्यधिक बीमार है तथा मरणासन्न स्थिति में है। वह अपनी पत्नी से अत्यंत प्रेम करता है। इसलिए यदि उसकी पत्नी को कुछ हो गया, तो वह भी नहीं बचेगा।

(iii) वक्ता यह क्यों कहती है कि सिर्फ़ वही उसे बचा सकती है? क्या वह उसे बचा पाती है?

उत्तर वक्ता (माँ) जानती है कि यदि बड़ी बहू को कुछ हो गया, तो अविनाश भी जीवित नहीं रहेगा। वह अपने प्राण त्याग देगा। इसलिए वह कहती है कि सिर्फ़ वही उसे बचा सकती है, क्योंकि बड़ी बहू की बीमारी में उसकी सेवा करके वह उसे स्वस्थ कर देगी तथा उसे अपनाकर अपने घर वापस ले आएगी। अतः वह उसे बचा पाती है। इस प्रकार, माँ अपनी रूढ़िवादी मानसिकता को छोड़ते हुए अविनाश के घर जाने और बड़ी बहू को स्वीकार करने के लिए तैयार हो जाती है।

(iv) अतुल माँ से क्या चाहता है? इसके लिए वह माँ को क्या चेतावनी देता है? इस चेतावनी पर माँ की क्या प्रतिक्रिया होती है?

उत्तर अतुल माँ से चाहता है कि वह अपनी बड़ी बहू तथा बेटे से मिल ले। इसके लिए वह माँ को चेतावनी देता है कि एक बार फिर से सोच लो। यदि तुम उस नीच कुल की विजातीय भाभी को इस घर में नहीं ला सकी, तो जाने से कोई लाभ नहीं होगा। इस चेतावनी पर माँ प्रतिक्रिया व्यक्त करते हुए कहती है कि जानती हूँ अतुल। इसलिए तो जा रही हूँ, ताकि अपनी बहू को घर वापस ला सकूँ।

4. **निम्नलिखित गद्यांश को पढ़कर उसके नीचे दिए गए प्रश्नों के उत्तर हिंदी में लिखिए**

मेरे ही तो बेटे हैं। माया-ममता किसी को नहीं छू गई है। हर बात में देश, धर्म और कर्तव्य की दुहाई देना उन्होंने सीखा है। आखिर इनका बाप भी तो ऐसा ही निर्मम था, मुझे याद है, जिस समय अतुल छोटा-सा था। बचने की कोई आशा न थी, उस समय वे शांत मन से उसको धरती पर लिटाने के लिए सामान हटा रहे थे।

(i) "मेरे ही तो बेटे हैं" यह पंक्ति किसने, किससे कही तथा क्यों?

उत्तर "मेरे ही तो बेटे हैं" यह पंक्ति 'माँ' ने 'उमा' (छोटी बहू) से कही, क्योंकि उमा के आश्चर्यचकित होकर बोलने पर कि बड़े भाई अविनाश की बीमारी की ख़बर उसके पति अतुल को नहीं हुई, तब माँ कहती है कि यदि उसे पता भी होता, तो वह उन्हें नहीं बताता। इस प्रकार स्पष्ट है कि माँ अपने बेटों के स्वभाव को भली-भाँति जानती है। इस कारण वह कहती है कि मेरे ही तो बेटे हैं।

(ii) "माया-ममता किसी को नहीं छू गई है।" प्रस्तुत पंक्ति का वक्ता कौन है और उसने यह पंक्ति किनके लिए कही? स्पष्ट कीजिए।

उत्तर "माया-ममता किसी को नहीं छू गई है।" प्रस्तुत पंक्ति का वक्ता 'माँ' है और उसने यह पंक्ति अपने बेटों अविनाश एवं अतुल के लिए कही, क्योंकि दोनों बेटों में मोह-माया और ममता जैसे गुणों का अभाव था। स्वभाव से वे दोनों अपने पिता की ही तरह थे। इसलिए माँ ने कहा कि माया-ममता किसी को नहीं छू गई है।

(iii) "आखिर उनका बाप भी तो ऐसा ही निर्मम था।" पंक्ति का अर्थ स्पष्ट करें।

उत्तर "आखिर उनका बाप भी तो ऐसा ही निर्मम था" ऐसा माँ ने अविनाश एवं अतुल के पिता का स्वभाव बताने के लिए कहा था। माँ स्पष्ट करना चाह रही थी कि जिस प्रकार जब उनका छोटा बेटा अतुल बीमार था और वह उसकी अस्वस्थता को लेकर चिंतित थीं, उस समय में भी अतुल के पिता शांत चित्त होकर अतुल को ज़मीन पर लिटाने के लिए सामान हटा रहे थे। ठीक उसी प्रकार, आज अविनाश का लगाव अपनी माँ से अधिक अपनी पत्नी के प्रति था, इसलिए माँ ने कहा– आखिर इनका बाप भी तो ऐसा ही निर्मम था।

(iv) "हर बात में देश, धर्म और कर्तव्य की दुहाई देना उन्होंने सीखा है।" पंक्ति का आशय स्पष्ट कीजिए।

उत्तर प्रस्तुत पंक्ति का आशय यह है कि माँ ने जब भी अपने बेटों को अपने संस्कारों के अनुरूप चलने को कहा है या उन्हें, माँ के प्रति कर्तव्यों का बोध कराने की चेष्टा की है, तो उन्होंने सदैव ही मोह-ममता, भावनाओं को देश, धर्म एवं अपने कर्त्तव्यों से नीचे स्थान दिया है। उनके लिए देश एवं उनके कर्त्तव्य, भावनाओं से अधिक महत्त्वपूर्ण हैं।

5. **निम्नलिखित गद्यांश को पढ़कर उसके नीचे दिए गए प्रश्नों के उत्तर हिंदी में लिखिए**

मैं जानती हूँ, तुम उन्हें प्यार करती हो। सोचो, कोई तुमसे कहे–तुम अतुल को छोड़ दो, क्योंकि उनकी माँ या उनका परिवार इस विवाह से नाराज़ है, तो क्या तुम, मैं आगे न सुन सकी। मैंने चिल्लाकर कहा, "भाभी, बस करो पर उन्होंने बात पूरी करके दम लिया, बोली, तो क्या तुम उन्हें छोड़ दोगी, बोलो ....।"

(i) उमा वक्ता से मिलने क्यों गई थी?

उत्तर उमा वक्ता (बड़ी बहू) से मिलने इसलिए गई थी, क्योंकि उसने माँ को अविनाश के वियोग में दु:खी होते देखा था, जिस कारण उमा (बड़ी बहू) को समझाने के लिए गई थी कि वह अविनाश का साथ छोड़ दे, ताकि अविनाश पुनः अपने परिवार के साथ रह सके और उसकी (अविनाश) माँ खुशी से जीवन व्यतीत कर सके।

(ii) वक्ता से मिलने के उपरांत उमा के हृदय में वक्ता की कैसी छवि अंकित हुई?

उत्तर वक्ता (बड़ी बहू) से मिलने के उपरांत उमा के हृदय में वक्ता (बड़ी बहू) के लिए रूपवती, गुणवान, संस्कारी, कोमल हृदयी एवं स्नेहशील नारी की छवि अंकित हुई।

(iii) वक्ता का संक्षेप में चरित्र-चित्रण कीजिए।

उत्तर वक्ता (बड़ी बहू) अविनाश की पत्नी थी, जोकि एक बंगाली परिवार से संबंध रखती थी, उसने अविनाश से विजातीय विवाह किया था, जिस कारण माँ ने उनसे अपने संबंध तोड़ लिए थे। बड़ी बहू रूपवान, गुणी, संस्कारी और दयालु थी, साथ ही वह एक साहसी महिला भी थीं, जिसने संकट के समय अकेले होते हुए भी अपने पति अर्थात् अविनाश के प्राणों की रक्षा की थी।

(iv) वक्ता ने उमा से अतुल को छोड़ने के लिए प्रश्न क्यों किया?

उत्तर वक्ता (बड़ी बहू) ने उमा से अतुल को छोड़ने के लिए प्रश्न इसलिए किया, क्योंकि वह जानती थी कि उमा, अतुल को बहुत प्रेम करती थी। यदि वह अतुल को नहीं छोड़ सकती, तो मैं (बड़ी बहू) किस प्रकार अविनाश को छोड़ सकती हूँ। इस बात का अहसास कराने के लिए उसने उमा से प्रश्न किया कि क्या वह अतुल को छोड़ सकती है, जिससे वह अत्यधिक प्रेम करती है?

6. **निम्नलिखित गद्यांश को पढ़कर उसके नीचे दिए गए प्रश्नों के उत्तर हिंदी में लिखिए**

चेतन से अचेतन अधिक शक्तिशाली है। उसमें अधिक आकर्षण है। इसलिए तुम एक-दूसरे के प्रति खिंचे। चाहे वह प्रेम था, घृणा थी, पर असल बात रक्त के खिंचाव की थी, वह होकर रही।

(i) वक्ता कौन है? 'वक्ता' का संक्षिप्त परिचय दीजिए।

उत्तर उपरोक्त गद्यांश में माँ वक्ता है। माँ एक रूढ़िवादी संस्कारों वाली महिला है, जो ऊँच-नीच, जातिवाद, भेदभाव के विचारों से ग्रसित है। माँ रूढ़िवादी संस्कारों से युक्त अवश्य है, परंतु साथ ही वह एक दयालु, कोमल हृदयी ममत्व से परिपूर्ण महिला भी है।

(ii) माँ को किससे पता चला था कि अतुल अविनाश से मिलता है?

उत्तर माँ को छोटी बहू उमा से पता चला था कि अतुल, अविनाश से मिलता है। छोटी बहू, माँ को बताती है कि वह बड़ी बहू से मिलने गई थी। बड़ी बहू ने ही उसे बताया कि अतुल अविनाश से मिलता है।

(iii) ''असल बात रक्त के खिंचाव की थी।'' वक्ता ने यह क्यों कहा?

उत्तर ''असल बात रक्त के खिंचाव की थी।'' वक्ता (माँ) ने यह इसलिए कहा, क्योंकि उन्हें पता चलता है कि अतुल व छोटी बहू उमा भी अविनाश और उसकी पत्नी से मिल चुके हैं। माँ कहती है कि भले ही अतुल दफ़्तर के काम से और उमा माँ के दु:ख की वजह से मिले हों, लेकिन इसके पीछे उनका आपसी प्रेम अर्थात् लगाव था, जिसके कारण वे स्वयं को अविनाश से मिलने से रोक न पाए थे।

(iv) ''चेतन से अचेतन अधिक शक्तिशाली है।'' इस पंक्ति का आशय स्पष्ट कीजिए।

उत्तर प्रस्तुत पंक्ति का आशय है कि चेतन अवस्था में व्यक्ति अपनी बुद्धिमत्ता से अपने हित-अहित, लाभ-हानि का आकलन करता है, लेकिन अचेतन अवस्था में व्यक्ति केवल अपनी भावनाओं से संचालित होता है। वे भावनाएँ जिनके द्वारा वे एक-दूसरे से जुड़े होते हैं, जिनमें वे हित-अहित, लाभ-हानि का आकलन नहीं करते। इसलिए माँ ने कहा कि ''चेतन से अचेतन अधिक शक्तिशाली है।''

7. **निम्नलिखित गद्यांश को पढ़कर उसके नीचे दिए गए प्रश्नों के उत्तर हिंदी में लिखिए**

''मिसरानी कह रही थी'' बहू कैसी भी हो, पर अपने प्राण देकर उसने पति को बचा लिया है, अकेली थी, पर किसी के आगे हाथ पसारने नहीं गई। **(ICSE 2020)**

(i) 'बहू अकेली थी' ऐसा क्यों कहा गया है?

उत्तर 'बहू अकेली थी' ऐसा इसलिए कहा गया, क्योंकि विजातीय होने के कारण उसकी सास ने उसे स्वीकार नहीं किया था। वह अपने पति के साथ अकेली घर परिवार से अलग रहती थी।

(ii) बहू की किन विशेषताओं ने सास को कुछ सोचने पर विवश कर दिया?

उत्तर बड़ी बहू सहृदय, कोमल स्वभाव और आधुनिक विचारों वाली महिला है जिसने अकेले रहते हुए अपने बीमार पति के प्राणों की रक्षा की। वह एक साहसी महिला भी थी उसके इन्हीं गुणों के कारण सास को कुछ सोचने पर विवश किया।

(iii) माँ का चरित्र-चित्रण कीजिए।

उत्तर प्रस्तुत एकांकी में माँ एक रूढ़िवादी विचारों में जकड़ी हुई एक वृद्धा है, उनके जातीय और ऊँच-नीच के आधार पर भेदभाव के कारण उनका बड़ा बेटा उनसे अलग रहता है, किंतु उनके चरित्र का दूसरा पक्ष उनका कोमल हृदय, ममत्व से परिपूर्ण है जो अपने पुत्र के अस्वस्थ होने की खबर सुनकर सुकोमल हृदय व्याकुल हो उठता है।

(iv) समाज के लिए जातिवाद किस प्रकार अहितकर है?

उत्तर एक मध्यमवर्गीय परिवार में उनका पुत्र विजातीय लड़की से विवाह कर लेता है तो परिवार तथा समाज के द्वारा उसे अस्वीकार किया जाता है। रूढ़िवादी विचार और सामाजिक बंधनों के कारण उसके साथ इस प्रकार का व्यवहार किया गया जो समाज के लिए अहितकर है। जातिवाद की पुरानी सोच का त्याग कर मानवता व मानवीय मूल्यों को स्थापित किया जाना चाहिए।

02

बहू की विदा

विनोद रस्तोगी

एकांकीकार का परिचय

हिन्दी साहित्य के प्रसिद्ध नाटककार एवं एकांकीकार विनोद रस्तोगी का जन्म उत्तर प्रदेश के फर्रूखाबाद जिले के शमसाबाद गाँव में वर्ष 1923 में हुआ था। विनोद रस्तोगी ने प्रारंभिक शिक्षा फर्रूखाबाद से तथा स्नातक स्तरीय शिक्षा कानपुर से प्राप्त की। रस्तोगी जी ने हिंदी विषय में एम.ए. करने के उपरांत आकाशवाणी के इलाहाबाद केंद्र में नाट्य निर्देशक के पद पर कार्य करना आरंभ किया।

रस्तोगी जी ने साहित्य की अनेक विधाओं में अपने रचना कौशल से साहित्य को समृद्ध किया। उनकी प्रसिद्ध रचनाएँ हैं–बर्फ की मीनार, गोपा का दान, आज़ादी के बाद, नए हाथ, भगीरथ के बेटे, दरारें इत्यादि।

रस्तोगी जी ने अपने लेखन कौशल के माध्यम से जीवन की समस्याओं को समाज के सामने प्रस्तुत किया।

संक्षिप्त सार

प्रस्तुत एकांकी समाज में व्याप्त दहेज की कुप्रथा पर आधारित है। प्रमोद अपनी बहन कमला को लेने के लिए उसके ससुराल आता है। जहाँ पर उसकी भेंट कमला के ससुर जीवनलाल से होती है, जो एक लोभी प्रवृत्ति का व्यक्ति है। जीवनलाल, कमला की विदाई करने से मना कर देता है और कहता है कि अगर बहन की विदाई करवाना चाहते हो, तो पहले मरहम अर्थात् पाँच हज़ार रुपये का दहेज दो।

प्रमोद पाँच हज़ार रुपये की व्यवस्था करने की बात स्वीकार लेता है। कमला ने अपने ससुर जीवनलाल और प्रमोद की बातें सुन ली थीं, जिस कारण कमला, प्रमोद को अपने सुख-सुहाग की सौगंध देकर उसे रोकने का प्रयास करती है। इसी बीच उनकी बातें कमला की सास राजेश्वरी सुन लेती है। वह कमला को तिजोरी में से पाँच हज़ार रुपये लाकर प्रमोद को देने के लिए कहती हैं और साथ ही प्रमोद से कहती हैं कि वह इन रुपयों को जीवनलाल को देकर कमला की विदाई करवा ले।

इसी दौरान, जीवनलाल का पुत्र रमेश जो अपनी बहन गौरी को लेने उसके ससुराल गया हुआ था, अकेले ही घर लौटता है। जीवनलाल जब रमेश से अकेले लौटने का कारण पूछता है, तब रमेश कहता है, उनका (गौरी के ससुराल वालों का) कहना है कि हमने दहेज पूरा नहीं दिया। यह बात सुनते ही जीवनलाल सकपकाकर रह (हिचकिचाकर) जाता है। उसे अपनी गलती का एहसास होता है और वह अपनी बहू (कमला) की विदाई के लिए तैयार हो जाता है।

मुख्य पात्रों का चरित्र-चित्रण

जीवनलाल

जीवनलाल एक पचास वर्षीय गंभीर स्वभाव का समृद्ध धनी व्यापारी है। वह एक लोभी, अहंकारी, भावनाशून्य व्यक्ति है, जो संबंधों की अपेक्षा धन को अधिक महत्त्व देता है। जीवनलाल अपनी लोभी प्रवृत्ति के कारण ही कमला को मायके के लिए विदा करने से मना कर देता है। जीवनलाल में अहंकार कूट-कूटकर भरा हुआ है। उसके अहंकारी स्वभाव का

पता तब चलता है, जब वह अपनी बेटी गौरी के विवाह का स्वयं बखान करने लगता है और दंभ भरते हुए प्रमोद को लज्जित करता है।

वह भावनाओं से रहित पुरुष है, जिसका अनुमान इस बात से लगाया जा सकता है कि वह अपनी बेटी गौरी के घर वापिस आने को लेकर तो उत्साहित है, लेकिन अपनी बहू कमला को उसके घर नहीं जाने देता। अत: कह सकते हैं कि जीवनलाल एक अहंकारी, भावनाशून्य, धनाढ्य होते हुए भी एक लोभी पुरुष है।

राजेश्वरी

राजेश्वरी, जीवनलाल की पत्नी है, जो कि छियालीस वर्षीय महिला है। राजेश्वरी एक सहृदयी, ममतामयी, भावनाओं से परिपूर्ण तथा बेटी और बहू को एक समान समझने वाली महिला है। राजेश्वरी की सहृदयता तब स्पष्ट होती है, जब वह प्रमोद की असमंजस की अवस्था को समझते हुए कमला को तिजोरी में से पाँच हज़ार रुपये लाकर प्रमोद को देने के लिए कहती है। राजेश्वरी जितनी उत्साहित अपनी बेटी गौरी के घर लौटकर आने के लिए है, उतना ही दु:ख उसे कमला के अपने मायके न जा पाने के लिए भी है।

वह बेटी और बहू को एक समान समझने वाली महिला है, जिसका प्रमाण तब मिलता है, जब रमेश अकेले ही घर लौटकर आता है, तब वह जीवनलाल को बेटी व बहू में भेद करने का परिणाम स्पष्ट कराती है कि जिस प्रकार गौरी के न आने से आपको दु:ख हुआ, उसी प्रकार कमला के घर न जाने पर उसकी माँ को भी दु:ख होगा, क्योंकि जो व्यवहार आप अपनी बेटी के लिए चाहते हो, वही दूसरे की बेटी को भी दो। इस प्रकार कह सकते हैं कि राजेश्वरी एक सहृदयी, ममतामयी महिला है, जो बेटी और बहू को एक समान समझने वाली भावनाओं से परिपूर्ण है।

रमेश

रमेश, जीवनलाल एवं राजेश्वरी का पुत्र है, जोकि बाईस वर्षीय युवक है। वह पिता का आज्ञाकारी पुत्र, खुली विचारधाराओं वाला एक सहृदयी युवक है। रमेश की खुली अर्थात् विस्तृत मानसिकता का प्रमाण यह है कि जीवनलाल के द्वारा कमला को विदा करने से मना करने पर प्रमोद को रमेश पर इतना विश्वास है कि अगर वो इस समय यहाँ उपस्थित होता तो स्थिति सँभाल लेता।

वह पिता का आज्ञाकारी पुत्र है, जो प्रत्येक स्थिति को जानता एवं समझता अवश्य है, परंतु पिता के विरुद्ध जाने की चेष्टा नहीं कर पाता। उसकी सहृदयता का प्रमाण यह है कि जीवनलाल, कमला को जब मायके जाने की अनुमति देता है, तो वह उतना ही खुश होता है, जितना की प्रमोद। अत: कह सकते हैं कि रमेश आधुनिक विचारों वाला, पिता का आज्ञाकारी पुत्र एवं सहृदयी युवक है।

कमला

कमला, रमेश की पत्नी है, जोकि एक उन्नीस वर्षीय नवयुवती है। कमला बड़ों का आदर करने वाली, सभ्य एवं संस्कारी बहू है, जो अपने परिवार की खुशियों के लिए अपनी खुशियाँ न्यौछावर करने के लिए तत्पर रहती है।

कमला का अपने बड़ों के प्रति आदर भाव इस बात से स्पष्ट होता है कि उसके ससुर अर्थात् जीवनलाल के विदा करने से मना करने के उपरांत भी वह उनके चरित्र पर किसी प्रकार का दोष नहीं मढ़ती, अपितु उन्हें जिद्दी स्वभाव का बतलाकर प्रमोद को शांत करती है, यही उसके संस्कारी होने का भी प्रमाण है।

वह एक नि:स्वार्थी युवती है। कमला जानती है कि प्रमोद घर बेचकर जीवनलाल को पाँच हज़ार रुपये देने की सोच रहा है, उस समय वह अपनी नि:स्वार्थता को प्रमाणित करते हुए उसे अपने सुख-सुहाग की सौगंध देते हुए ऐसा न करने के लिए कहती है। अत: कहा जा सकता है कि कमला एक नि:स्वार्थी, संस्कारी, बड़ों का सम्मान करने वाली एवं आदर्श बहू है।

प्रमोद

प्रमोद, कमला का भाई है, जो उसकी ससुराल में उसे विदा करवाने के लिए आया है। वह एक स्वाभिमानी, संस्कारी, सहृदयी और बड़ों का सम्मान करने वाला युवक है। जीवनलाल द्वारा अपमानित एवं लज्जित करने के उपरांत भी उन्हें अपशब्द नहीं बोलता, अपितु उनके द्वारा रखी गई माँग को पूरा करने का वचन देता है, जो उसके संस्कारी एवं बड़ों का सम्मान करने वाले गुण को दर्शाता है।

वह स्वाभिमानी है, जिसका प्रमाण यह है कि वह जीवनलाल को दहेज के पैसे देने के लिए अपना घर बेच सकता है, लेकिन राजेश्वरी द्वारा दिए जाने वाले रुपयों को स्वीकार नहीं करेगा। अत: कहा जा सकता है कि प्रमोद एक स्वाभिमानी, संस्कारी, सहृदयी एवं बड़ों का आदर करने वाला युवक है।

गौण-पात्रों का चरित्र-चित्रण

गौरी

गौरी एकांकी की गौण-पात्र है। वह जीवनलाल की बेटी है। वह एक सहृदयी, हँसमुख एवं अच्छे स्वभाव की लड़की है, जिसका प्रमाण कमला के मुख से प्रमोद के सम्मुख गौरी की प्रशंसा सुनने पर मिलता है। कमला, उसकी प्रशंसा करते हुए कहती है कि गौरी एक बहुत अच्छे स्वभाव, हर समय खुश रहने वाली एवं सभी से शीघ्र ही मिलनसार होने वाली लड़की है।

एकांकी का सार

जीवनलाल द्वारा कमला की विदाई करने से मना करना

प्रमोद अपनी बहन कमला के ससुराल में उसे विदा करवाने अर्थात् लेने के लिए आता है, जहाँ कमला का ससुर कमला की विदाई करने से मना कर देता है और कहता है कि जब तक प्रमोद और उसका परिवार दहेज नहीं देंगे, तब तक कमला की विदाई नहीं हो सकती।

प्रमोद जब अपनी क्षमता एवं सामर्थ्य के अनुसार, दहेज देने की बात करता है, तो जीवनलाल उसे प्रताड़ित करते हुए कहता है–अगर तुम्हारी सामर्थ्य कम थी, तो अपनी बराबरी का घर देखते। जीवनलाल, प्रमोद पर आरोप

लगाते हैं कि तुम्हारे कारण ही समाज में भरी बिरादरी ने हमारी हँसी उड़ाई है और हमारे सम्मान को चोट पहुँचाई है। इस चोट पर मरहम केवल दहेज के पाँच हज़ार रुपये देकर ही लगाया जा सकता है।

कमला एवं राजेश्वरी का प्रमोद को समझाना

जीवनलाल द्वारा कमला की विदाई करने से मना करने के उपरांत जब प्रमोद, कमला से मिलता है, तो वह घर बेचकर दहेज के पाँच हज़ार रुपये देने एवं कमला की विदाई करवाने की बात कहता है। कमला प्रमोद को समझाती है एवं अपने सुख-सुहाग की सौगंध देते हुए ऐसा करने से मना करती है। इसी बीच कमला की सास राजेश्वरी वहाँ आकर प्रमोद की समस्या को समझते हुए कमला को तिजोरी की चाबियाँ देते हुए प्रमोद को पाँच हज़ार रुपये देने के लिए कहती हैं, जिसे स्वाभिमानी प्रमोद लेने से मना कर देता है।

रमेश का अकेले ही लौटना

तभी जीवनलाल कमरे में प्रवेश कर राजेश्वरी से गौरी के स्वागत के लिए तैयारी करने के लिए कहते हैं और प्रमोद पर व्यंग्य कसते हुए कहते हैं कि यह भी देखें कि नाक वाले किस प्रकार अपनी बेटी का स्वागत करते हैं। प्रमोद उन्हें जवाब देते हुए कहता कि आपने उचित कहा, आज के समय में धन से ही व्यक्ति का सम्मान होता है, जीवनलाल का बेटा एवं कमला का पति रमेश अपनी बहन गौरी की विदाई करवाने के लिए उसके ससुराल गया होता है, जहाँ से वह अकेले ही लौटता है और बताता है कि उन्होंने दहेज कम देने के कारण गौरी की विदाई करने से मना कर दिया है, जिसे सुनकर जीवनलाल चकित रह जाता है, क्योंकि उसने तो अपने जीवन की संपूर्ण कमाई गौरी के विवाह में लगा दी थी।

राजेश्वरी द्वारा जीवनलाल को समझाना

जीवनलाल हतप्रभ होकर गौरी के ससुराल वालों को अपशब्द कहने लगते हैं, तब राजेश्वरी जीवनलाल को समझाते हुए कहती हैं कि जो व्यवहार अपनी बेटी के लिए तुम दूसरों से चाहते हो, वही दूसरे की बेटी को भी दो।

राजेश्वरी के कहने का आशय यह है कि जिस प्रकार एक बेटी के पिता होने के नाते तुमने अपने संपूर्ण सामर्थ्य का प्रयोग कर अपनी बेटी को दहेज दिया, लेकिन उसके ससुराल वालों की इच्छाएँ संतुष्ट नहीं कर पाए, उसी प्रकार तुम अपनी बहू के साथ भी वही व्यवहार कर रहे हो, जो तुम्हारी बेटी के साथ उसके ससुराल वालों ने किया। राजेश्वरी के समझाने के उपरांत जीवनलाल, कमला को मायके जाने की अनुमति दे देता है।

शब्दार्थ

समृद्धि *संपन्नता;* **विनम्र** *विनीत;* **सामर्थ्य** *योग्यता;* **बिरादरी** *भ्रातृभाव;* **उत्तेजित** *जोश से भरा हुआ;* **सरासर** *पूरी तरह से;* **घटा** *बादल;* **आर्द्र** *नम;* **कामना** *इच्छा;* **मौन** *चुप;* **गूढ़** *गहरा;* **उतावला** *तेज़ी करने वाला;* **नेपथ्य** *रंगमंच के परदे के पीछे का वह स्थान, जहाँ अभिनेता-अभिनेत्री अपनी वेशभूषा आदि बदलते हैं;* **हतप्रभ** *चकित;* **शराफ़त** *सज्जनता;* **लज्जित** *शर्मिंदा;* **यवनिका;** *रंगमंच का परदा।*

PYQs विगत वर्षों के प्रश्न व महत्त्वपूर्ण प्रश्न

बहुविकल्पीय प्रश्न

1. जीवनलाल कौन था? **(ICSE Spec Sem I 2021)**

(a) राजेश्वरी का पति (b) विमला का पति
(c) प्रमोद का पिता (d) कमला का पति

उत्तर (a) राजेश्वरी का पति

2. प्रमोद कौन था? **(ICSE Spec Sem I 2021)**

(a) कमला का पति (b) राजेश्वरी का पति
(c) जीवनलाल का बेटा (d) इनमें से कोई नहीं

उत्तर (d) इनमें से कोई नहीं

3. कमला को मायके ले जाने कौन आया था? **(ICSE Spec Sem I 2021)**

(a) रमेश (b) प्रमोद (c) जीवनलाल (d) राजेश्वरी

उत्तर (b) प्रमोद

4. "हम गौने में आपकी हर माँग पूरी करेंगे" किसने कहा? **(ICSE Spec Sem I 2021)**

(a) प्रमोद ने
(b) रमेश ने
(c) मोहन ने
(d) राजेश ने

उत्तर (a) प्रमोद ने

5. 'बहू की विदा' नामक एकांकी में राजेश्वरी को ऐसा क्यों लगा कि प्रमोद झूठ बोल रहा है? **(ICSE Sem I 2021)**

(a) प्रमोद के हाव-भाव से
(b) अपने पति के स्वभाव की जानकारी होने से
(c) भाई-बहन की बातों से
(d) कमला के बोलने से

उत्तर (b) अपने पति के स्वभाव की जानकारी होने से

गद्यांश पर आधारित प्रश्न

1. निम्नलिखित अवतरण को पढ़िए और उसके नीचे लिखे प्रश्नों के उत्तर हिंदी में लिखिए।

'मुझे और लज्जित ना करो'। मेरी चोट का इलाज बेटी की ससुराल वालों ने दूसरी चोट से कर दिया है। **(ICSE Spec 2023)**

(i) 'मुझे और लज्जित ना करो' किसने कहा? उसका संक्षिप्त परिचय लिखिए।

उत्तर 'मुझे और लज्जित ना करो' यह जीवनलाल ने कहा है। जीवनलाल एक पचास वर्षीय गंभीर स्वभाव का धनवान व्यापारी है। वह एक लोभी, अहंकारी भावनाओं से रहित व्यक्ति है, जो संबंधों की अपेक्षा धन को अधिक महत्त्व देता है। वह बहू और बेटी में बहुत फर्क करता है। अपनी बेटी से उसे बहुत प्यार है, किंतु अपनी बहू की भावनाओं को सम्मान नहीं देता। घटनाक्रम के अनुसार, अंत में उसकी आँखें खुलती हैं और उसका हृदय परिवर्तित हो जाता है।

(ii) 'मेरी चोट' से क्या आशय है? उसने ऐसा क्यों कहा?

उत्तर वक्ता जीवनलाल दहेज कम मिलने के कारण अपनी बहू को विदा नहीं कर रहा था। वह अपनी बहू के यहाँ से उसकी इच्छा अनुसार दहेज ना मिलने से अपने ऊपर चोट मानता है और प्रमोद (बहू का भाई) से दहेज रूपी मरहम की माँग करता है। उसे इस बात का बहुत घमंड था कि उसने अपनी बेटी को बहुत दहेज दिया है इसलिए उसकी बेटी के ससुराल वाले उसकी बेटी की विदाई बड़े मान-सम्मान से करेंगे, किंतु जब उनका बेटा रमेश अपनी बहन को ससुराल से बिना लिए वापस लौटकर आया तो उन्हें बहुत दुःख हुआ।

(iii) जीवन लाल के मन में पश्चाताप् का भाव कब पैदा हुआ?

उत्तर जब जीवनलाल की बेटी के ससुराल वालों ने उसको भेजने से मना कर दिया, तब जीवनलाल के मन में पश्चाताप् का भाव पैदा हुआ, क्योंकि पहले वह अपनी बहु के मायके वालो से दहेज की माँग करता है और जब खुद की बेटी के साथ ऐसा होता है तो उसकी आँखें खुल जाती हैं और उसको अपने किए पर पश्चाताप् होता है। इसके पश्चात् वह बहू और बेटी के बीच का भेद समाप्त कर देता है।

(iv) इस अवतरण के आधार पर एकांकी के उद्देश्य को स्पष्ट कीजिए।

उत्तर इस एकांकी का उद्देश्य यह है कि हमें कभी भी अपनी बेटी और बहू में कोई फर्क नहीं करना चाहिए, क्योंकि दूसरो के घर की बेटी हमारे घर बहू बनकर आती है तो हमारी बेटी भी दूसरों के घर बहू बनकर जाती है। हमें हमेशा दोनों को समान समझना चाहिए। हमें अपनी बहू-बेटियों का सम्मान करना चाहिए, उनकी भावनाओं का सम्मान करना चाहिए। अतः हमें समाज से दहेज जैसी सामाजिक बुराई को जड़ से उखाड़ फैकना चाहिए।

2. निम्नलिखित गद्यांश को पढ़कर उसके नीचे दिए गए प्रश्नों के उत्तर हिंदी में लिखिए

अब भी आँखें नहीं खुली? जो व्यवहार अपनी बेटी के लिए दूसरों से चाहते हो वही दूसरे की बेटी को भी दो। जब तक तुम बहू और बेटी को एक-सा नहीं समझोंगे, न तुम्हें सुख मिलेगा न शांति। **(ICSE 2019)**

(i) वक्ता का परिचय देते हुए कथन का संदर्भ लिखिए।

उत्तर प्रस्तुत कथन की वक्ता राजेश्वरी है, जो जीवनलाल की पत्नी तथा कमला की सास है। वह एक सरल हृदय वाली दयालु एवं ममतामयी माँ है। यह कथन जीवनलाल के दोहरे व्यवहार तथा उसकी लोभी प्रवृत्ति के कारण दहेज माँगने के संदर्भ में कहा गया है।

(ii) "अब भी आँखें नहीं खुली?" कहने से वक्ता का क्या अभिप्राय है? पाठ के संदर्भ में समझाइए।

उत्तर 'अब भी आँखें नहीं खुली' कहने से वक्ता का अभिप्राय यह है कि तुम (जीवनलाल) अब भी सच्चाई से अवगत नहीं हुए हो। जीवनलाल अपनी बहू कमला को दहेज पूरा न देने के कारण उसकी विदाई करने से मना कर देता है और अपनी बेटी गौरी की उसके ससुराल वालों के द्वारा विदाई न करने से आहत होकर उन्हें बुरे शब्द कहता है। इसी संदर्भ में उसकी पत्नी राजेश्वरी ने यह पंक्ति कही है।

(iii) एकांकी के अंत में श्रोता क्या फैसला लेता है और क्यों? समझाइए।

उत्तर एकांकी के अंत में श्रोता जीवनलाल अपनी बहू कमला को विदा करने का फैसला लेता है, क्योंकि उसे अपनी गलती का अहसास हो जाता है कि जो व्यवहार वह अपनी बहू के साथ कर रहा है वह उचित नहीं है। अतः राजेश्वरी (पत्नी) के समझाने के बाद जीवनलाल प्रमोद से कमला को मायके ले जाने के लिए कह देता है।

(iv) इस एकांकी से आपको क्या शिक्षा मिलती है? एकांकी को उदाहरणसहित स्पष्ट कीजिए।

उत्तर इस एकांकी से यह शिक्षा मिलती है कि हमें दहेज जैसी कुप्रथा का विरोध करना चाहिए तथा बेटी और बहू को समान समझना चाहिए। एकांकी में जीवनलाल अंत में इस सत्य से अवगत हो जाता है कि हमें दहेज के कारण बेटी तथा बहू में अंतर नहीं करना चाहिए तथा बहू को बेटी के समान ही समझना चाहिए।

एक्सपर्ट्स कमेंट्स

- छात्र पात्रों के नाम में भ्रमित होते दिखाई दिए जैसे–राजेश्वरी को रामेश्वरी लिख दिया। छात्रों ने परिचय तो लिखा परंतु संदर्भ नहीं लिखा। छात्र "अब भी आंखें नहीं खुली" इस वाक्य का आशय स्पष्ट नहीं कर पाए, छात्र विचारात्मक प्रश्नों का उत्तर भी नहीं लिख पाए तथा जहाँ छात्रों को उदाहरण सहित उत्तर देने के लिए कहा गया वहाँ छात्र उदाहरण सहित उत्तर देने में असमर्थ थे।

स्टूडेंट्स के लिए एडवाइज़

- पाठ का अध्ययन करते समय छात्रों को वक्ताओं तथा श्रोताओं के नाम ध्यानपूर्वक याद करने चाहिए। छात्रों को एकांकी का मंचन करना चाहिए तथा पाठ पर आधारित प्रश्नोत्तर का अध्ययन करते रहना चाहिए।
- छात्रों को प्रश्न का उत्तर लिखते समय घटनाक्रम का तर्कसहित तथा प्रश्न पर आतंरिक अंक के अनुसार ही उत्तर लिखना चाहिए।

3. निम्नलिखित गद्यांश को पढ़कर उसके नीचे दिए गए प्रश्नों के उत्तर हिंदी में लिखिए

"दहेज देना तो दूर, बारात की खातिर भी ठीक से नहीं की गई। मेरे नाम पर जो धब्बा लगा, मेरी शान में जो ठेस पहुँची, भरी बिरादरी में जो हँसी हुई, उस करारी चोट का घाव आज भी हरा है। जाओ कह देना अपनी माँ से कि अगर बेटी को विदा कराना चाहती हैं, तो पहले उस घाव के लिए मरहम भेजें।" **(ICSE 2017)**

(i) प्रस्तुत कथन किसने, किससे कहा? संदर्भ सहित उत्तर लिखिए।

उत्तर प्रस्तुत कथन जीवनलाल ने प्रमोद से कहा। प्रमोद अपनी बहन कमला को उसके सुसराल से मायके ले जाने के लिए आया था, जहाँ कमला के ससुर प्रमोद से दहेज की माँग करते हुए कमला की विदाई करने से मना कर देते हैं। इसी संदर्भ में उन दोनों के मध्य बातचीत हो रही है।

(ii) 'मरहम' का क्या अर्थ है? यहाँ मरहम से क्या तात्पर्य है? स्पष्ट कीजिए।

उत्तर 'मरहम' शब्द का अर्थ है- 'घाव पर लगाने की दवा'। गद्यांश में 'मरहम' से तात्पर्य दहेज जैसी कुप्रथा से है। जीवनलाल, प्रमोद की बहन कमला की विदाई एवं उनके द्वारा दहेज कम देने और बारात की ठीक प्रकार से खातिरदारी न करने के कारण उनके सम्मान पर लगी चोट का इलाज पाँच हजार रुपये के दहेज रूपी 'मरहम' को बताता है।

(iii) वक्ता के चरित्र का वर्णन कीजिए।

उत्तर प्रस्तुत गद्यांश का वक्ता जीवनलाल है। वह गंभीर स्वभाव का समृद्ध धनी व्यापारी है। वह एक लोभी, अहंकारी, भावनाशून्य व्यक्ति है, जो संबंधों की अपेक्षा धन को अधिक महत्त्व देता है। जीवनलाल अपनी लोभी प्रवृत्ति के कारण ही कमला को मायके के लिए विदा करने से मना कर देता है। उसके अहंकारी स्वभाव का पता तब चलता है, जब वह अपनी बेटी गौरी के विवाह का स्वयं बखान करने लगता है व दंभ भरते हुए प्रमोद को लज्जित करता है।

वह भावनारहित पुरुष है, क्योंकि अपनी बेटी गौरी के घर वापिस आने से उत्साहित है, परंतु बहू कमला को उसके घर नहीं जाने देता।

(iv) प्रस्तुत एकांकी में किस समस्या को उठाया गया है? उस समस्या को दूर करने के लिए क्या-क्या कदम उठाए जा रहे हैं? अपने विचार दीजिए।

उत्तर प्रस्तुत एकांकी में 'दहेज प्रथा' की समस्या को उठाया गया है। दहेज की समस्या को दूर करने के लिए सरकार ने 'दहेज निषेध' अधिनियम के अंतर्गत दहेज के दोषी को कड़ा दंड देने का विधान रखा है। इसे रोकने के लिए समाज में कई संस्थाएँ भी बनी हैं। दहेज प्रथा की समस्या रोकने के लिए युवाओं को आगे आना होगा और दहेज रहित विवाह को बढ़ावा देना होगा। उन्हें प्रण करना होगा कि न दहेज लेंगे और न दहेज देंगे। इस प्रकार इस समस्या से बचा जा सकता है।

4. निम्नलिखित गद्यांश को पढ़कर उसके नीचे दिए गए प्रश्नों के उत्तर हिंदी में लिखिए

मेरे नाम पर जो धब्बा लगा, मेरी शान को जो ठेस पहुँची, भरी बिरादरी में जो हँसी हुई, उस करारी चोट का घाव आज भी हरा है। जाओ, कह देना अपनी माँ से कि अगर बेटी को विदा कराना चाहती हैं, तो पहले उस घाव के लिए मरहम भेजें।

(i) गद्यांश में वक्ता और श्रोता कौन हैं? उनके मध्य बातचीत का आधार क्या था?

उत्तर गद्यांश में वक्ता जीवनलाल एवं श्रोता प्रमोद है। प्रमोद अपनी बहन कमला को उसके ससुराल से मायके ले जाने के लिए आया था, जहाँ कमला के ससुर प्रमोद से दहेज की माँग करते हुए कमला की विदाई करने से मना कर देते हैं। यही विषय उन दोनों के मध्य बातचीत का आधार था।

(ii) "मेरे नाम पर जो धब्बा लगा।" प्रस्तुत पंक्ति से क्या तात्पर्य है और किसके नाम पर धब्बा लगा था?

उत्तर "मेरे नाम पर जो धब्बा लगा।" प्रस्तुत पंक्ति से तात्पर्य है समाज में अपमानित होना। वक्ता (जीवनलाल) के अनुसार, कमला के परिवार द्वारा पूरा दहेज न दिए जाने व अच्छी तरह से खातिरदारी न किए जाने के कारण उनके नाम पर धब्बा लगा था।

(iii) "घाव के लिए मरहम भेजें।" प्रस्तुत पंक्ति का आशय स्पष्ट कीजिए।

उत्तर "घाव के लिए मरहम भेजें" पंक्ति का आशय यह है कि जीवनलाल को यह लगता है कि प्रमोद एवं उसके परिवार वालों ने बेटी वाले होने का पूरी तरह से फ़र्ज नहीं निभाया अर्थात् उन्होंने कमला को पूरा दहेज नहीं दिया और बारात की खातिरदारी भी ठीक प्रकार से नहीं की। जिस कारण जीवनलाल को पूरे समाज के सामने शर्मिंदा होना पड़ा है और उसके सम्मान को ठेस पहुँची है। जीवनलाल के अनुसार, इस चोट का केवल दहेज के पाँच हज़ार रुपये देकर ही उपचार किया जा सकता है और यही दहेज घाव के लिए मरहम के समान है।

(iv) प्रस्तुत गद्यांश में किस समस्या की ओर संकेत किया गया है तथा उससे कैसे बचा जा सकता है?

उत्तर प्रस्तुत गद्यांश में 'दहेज प्रथा' की समस्या की ओर संकेत किया है। गद्यांश से पता चलता है कि जीवनलाल एक स्वार्थी प्रवृत्ति का व्यक्ति है, जो दहेज को अधिक महत्त्व देता है। बेटे के विवाह में मिले दहेज की कमी को अपने दिल पर लगी ठेस बताता है। दहेज प्रथा की समस्या को समाप्त करने के लिए युवाओं को आगे आना होगा और दहेज रहित विवाह को बढ़ावा देना होगा। उन्हें प्रण करना होगा कि न दहेज लेंगे तथा न देंगे। इस प्रकार इस समस्या से बचा जा सकता है।

5. निम्नलिखित गद्यांश को पढ़कर उसके नीचे दिए गए प्रश्नों के उत्तर हिंदी में लिखिए

पागल मत बनो, कमला! रोओ मत, मैं कहता हूँ। रोओ मत, इन मोतियों का मूल्य समझने वाला यहाँ कोई नहीं है। पानी से पत्थर नहीं पिघल सकता।

(i) गद्यांश में मुहावरा छाँटकर उसका अर्थ स्पष्ट कीजिए।

उत्तर मोतियों का मूल्य समझना–निश्छल एवं सद्‌गुणों का महत्त्व समझना।

(ii) वक्ता एवं कमला के बीच क्या संबंध है? वक्ता कहाँ आया हुआ था?

उत्तर वक्ता (प्रमोद) और कमला के बीच भाई-बहन का संबंध है। वक्ता (प्रमोद) कमला को मायके ले जाने के लिए उसके ससुराल आया हुआ था।

(iii) वक्ता ने क्यों कहा कि "पानी से पत्थर नहीं पिघल सकता।"

उत्तर वक्ता (प्रमोद) ने यह इसलिए कहा, क्योंकि कमला के ससुर ने दहेज पूरा न देने की बात कहकर कमला की विदाई करने से मना कर दिया। जिस पर प्रमोद, जीवनलाल की तुलना पत्थर से करते हुए कहता है कि यह कठोर हृदयी, लोभी एवं भावशून्य व्यक्ति तुम्हारे आँसुओं से नहीं पिघल सकता, इसलिए वक्ता (प्रमोद) ने कहा कि पानी से पत्थर नहीं पिघल सकता।

(iv) कमला क्यों रो रही थी?

उत्तर कमला इसलिए रो रही थी, क्योंकि उसके ससुर ने दहेज पूरा न देने की बात कहकर कमला के भाई को लज्जित करते हुए कहा कि तुम्हारे कारण ही समाज में भरी बिरादरी ने हमारी हँसी उड़ाई है और हमारे सम्मान को चोट पहुँचाई है। इस चोट पर मरहम केवल दहेज के पाँच हज़ार रुपये देकर ही लगाया जा सकता है। उन्होंने कमला की विदाई करने से मना कर दिया था। भाई द्वारा घर को बेचकर दहेज की रकम देने की बात सुनकर कमला रोये जा रही थी।

6. निम्नलिखित गद्यांश को पढ़कर उसके नीचे दिए गए प्रश्नों के उत्तर हिंदी में लिखिए

अब भी आँखें नहीं खुलीं, जो व्यवहार अपनी बेटी के लिए तुम दूसरों से चाहते हो, वही दूसरे की बेटी को भी दो। जब तक बहू और बेटी को एक समान नहीं समझोगे, न तुम्हें सुख मिलेगा और न शांति।

(i) वक्ता की मनोदशा को स्पष्ट कीजिए।

उत्तर वक्ता (राजेश्वरी) जीवनलाल के दोहरे व्यवहार से दुःखी थी। वह अपने पति (जीवनलाल) की लोभी प्रवृत्ति और दहेज माँगने की बात से व्यथित थी।

(ii) श्रोता का संक्षिप्त परिचय दीजिए।

उत्तर श्रोता (जीवनलाल) एक गंभीर, लोभी तथा दोहरे चरित्र वाला संपन्न धनी व्यापारी था, जो संबंधों की अपेक्षा धन को अधिक महत्त्व देता था। वह भावनाओं से रहित पुरुष है। अहंकारी होने के साथ-साथ वह एक स्वार्थी प्रवृत्ति का मनुष्य है।

(iii) वक्ता ने क्यों कहा कि बहू और बेटी को एक समान समझो?

उत्तर वक्ता (राजेश्वरी) ने जीवनलाल के चरित्र में शामिल दोहरेपन की प्रवृत्ति से खिन्न होने के कारण कहा कि बहू व बेटी को एक समान समझो, क्योंकि जीवनलाल अपनी बेटी गौरी की उसके ससुराल वालों के द्वारा विदाई न करने से आहत होकर उन्हें अपशब्द कहता है, वहीं वह स्वयं अपनी बहू कमला को दहेज पूरा न देने के कारण उसकी विदाई करने से मना कर देता है, जो उसके चरित्र के दोहरेपन को दर्शाता है। इसी दोहरेपन की प्रवृत्ति को जानकर राजेश्वरी, जीवनलाल से कहती है कि बहू और बेटी को एक समान समझो।

(iv) "न तुम्हें सुख मिलेगा और न शांति।" पंक्ति का अर्थ स्पष्ट कीजिए।

उत्तर राजेश्वरी, जीवनलाल के चारित्रिक गुणों पर प्रश्न-चिह्न अंकित करते हुए कहती है कि तुम्हारे लोभी स्वभाव, दोहरेपन और धन को मनुष्य से अधिक महत्त्व देने वाली कुप्रवृत्तियों के कारण हमारी स्वयं की बेटी (गौरी) के साथ भी वही हुआ, जो तुमने अपनी बहू (कमला) के साथ किया। इसलिए जो व्यवहार तुम अपनी बेटी के लिए दूसरों से चाहते हो, वही दूसरे की बेटी को भी दो। जब तक बहू और बेटी को एक समान नहीं समझोगे, तब तक न तुम्हें सुख मिलेगा और न शांति।

7. निम्नलिखित गद्यांश को पढ़कर उसके नीचे दिए गए प्रश्नों के उत्तर हिंदी में लिखिए

मैं जल्द ही फिर आऊँगा। विश्वास रखें, इस बार आपकी चोट के लिए मरहम लाना नहीं भूलूँगा। ठहरो प्रमोद! मुझे और अधिक लज्जित न करो, मेरी चोट का इलाज बेटी की ससुराल वालों ने दूसरी चोट से कर दिया है।

(i) प्रमोद ने फिर से आने की बात क्यों कही?

उत्तर जीवनलाल ने अपनी लोभी प्रवृत्ति के कारण अपनी बहू कमला की विदाई करने से मना कर दिया था और विदाई करवाने के लिए पाँच हज़ार रुपये के दहेज की माँग रखी थी, जिसको स्वीकारते हुए प्रमोद ने पाँच हज़ार रुपये देने का वचन दिया था। इसी कारण प्रमोद ने फिर से आने की बात कही थी।

(ii) 'मरहम' का अर्थ स्पष्ट कीजिए।

उत्तर गद्यांश में 'मरहम' का प्रयोग दहेज जैसी कुप्रथा के लिए किया गया है। जीवनलाल, प्रमोद की बहन कमला की विदाई एवं उनके द्वारा दहेज कम देने और बारात की ठीक प्रकार से खातिरदारी न करने के कारण उसके सम्मान पर लगी चोट का इलाज पाँच हज़ार रुपये के दहेज रूपी 'मरहम' को बताता है।

(iii) जीवनलाल ने लज्जित होने की बात क्यों कही?

उत्तर जीवनलाल कम दहेज मिलने की बात कहकर अपनी बहू कमला की विदाई करने से मना कर देता है। वहीं दूसरी ओर जीवनलाल की बेटी गौरी को उसके ससुराल वाले दहेज कम देने की बात कहकर विदा नहीं करते, तब राजेश्वरी द्वारा समझाए जाने पर उसे अपनी लोभी प्रवृत्ति का अहसास होता है। इसके उपरांत प्रमोद फिर से आने और मरहम के रूप में दहेज के पाँच हज़ार रुपये देने की बात कहता है, जिसे सुनकर जीवनलाल को अपनी गलती का अहसास होता है और वह प्रमोद से और अधिक लज्जित न करने की बात कहता है।

(iv) जीवनलाल की किस चोट का इलाज बेटी के ससुराल वालों ने कर दिया था?

उत्तर जीवनलाल की बेटी गौरी के ससुराल वाले उसे दहेज़ कम देने की वजह से विदा नहीं करते, जिससे वह बहुत दुःखी होता है।

इससे पहले वह स्वयं अपनी बहू कमला के भाई प्रमोद से दहेज की माँग करता है, जिसको वह अपने सम्मान पर लगी चोट का मरहम बताता है, लेकिन जब उसकी बेटी के साथ यही घटना घटित होती है, तो उसका पूरा अहंकार टूट जाता है, तब वह प्रमोद से कहता है कि मेरी चोट का इलाज मेरी बेटी के ससुराल वालों ने कर दिया है।

03

मातृभूमि का मान

हरिकृष्ण 'प्रेमी'

एकांकीकार का परिचय

हरिकृष्ण 'प्रेमी' जी का जन्म वर्ष 1908 में मध्य प्रदेश के गुना शहर में हुआ था। 'प्रेमी' जी ने एक पत्रकार के रूप में अपने साहित्यिक जीवन का आरंभ किया। इन्होंने नाटक एवं एकांकी जैसी साहित्यिक विधाओं के विकास में महत्त्वपूर्ण योगदान दिया। इनके लेखन कौशल की उत्कृष्टता का ही परिणाम है कि वे एक सफल एवं प्रसिद्ध नाटककार के रूप में विख्यात हैं। 'प्रेमी' जी की प्रमुख रचनाएँ निम्न प्रकार हैं

नाटक स्वर्ण विहान, पाताल विजय, छाया, ममता, रक्षाबंधन, प्रतिशोध, शिवसाधना, बंधन, आहुति, विषपान इत्यादि।

एकांकी मातृ मंदिर, राष्ट्र मंदिर, मान मंदिर, वाणी मंदिर, बेड़ियाँ, बादल के पार, न्याय मंदिर, नया समाज, निष्ठुर न्याय इत्यादि।

इन्होंने सामाजिक, ऐतिहासिक तथा पौराणिक विषयों को अपनी रचना का आधार बनाया। 'प्रेमी' जी ने देशभक्ति, साहस, राष्ट्रीयता, वीरता, मानवीय प्रेम आदि जैसे मानवीय मूल्यों को अपनी रचना के आधार बिंदु बनाते हुए साहित्य सृजन किया। इनका निधन वर्ष 1974 में हुआ।

संक्षिप्त सार

'मातृभूमि का मान' चार दृश्यों में विभक्त एक देशभक्ति, राष्ट्रप्रेम, राष्ट्रीय सम्मान, वीरता एवं पराक्रम के गुणों से सुसज्जित एकांकी है। एकांकी का आरंभ बूँदी नरेश रावहेमू और मेवाड़ के सेनापति अभय सिंह के संवादों से होता है। अभय सिंह मेवाड़ के शासक महाराणा लाखा का संदेश लेकर बूँदी नरेश रावहेमू के दरबार में आता है और कहता है कि बूँदी प्रदेश मेवाड़ की अधीनता स्वीकार कर ले। बूँदी नरेश रावहेमू, महाराणा के इस प्रस्ताव को अस्वीकार करते हुए कहते हैं कि हाड़ा वंश किसी की गुलामी स्वीकार नहीं करेगा। अभय सिंह जब महाराणा को बूँदी नरेश रावहेमू का जवाब बताता है, तो महाराणा बूँदी प्रदेश पर चढ़ाई करने की भीषण प्रतिज्ञा लेते हुए कहते हैं कि जब तक वह बूँदी प्रदेश में ससैन्य प्रवेश नहीं कर लेते, तब तक वह अन्न-जल ग्रहण नहीं करेंगे।

चारणी, महाराणा से युद्ध न करने की प्रार्थना करती है और उन्हें प्रतिज्ञा पूरी करने के लिए एक नकली बूँदी गढ़ बनवाने एवं उस पर आक्रमण कर अपनी प्रतिज्ञा पूरी करने का सुझाव देती है। चारणी के सुझाव को स्वीकारते हुए महाराणा नकली दुर्ग बनवाने का आदेश देते हैं।

नकली दुर्ग में एक छद्‌म युद्ध के लिए कुछ सैनिकों को भेजा जाता है, जिनका नेतृत्व सिपाही वीर सिंह करता है, जो स्वयं बूँदी प्रदेश का है। वह इस प्रकार छद्‌म युद्ध में बूँदी की पराजय को स्वयं एवं अपनी मातृभूमि के सम्मान से जोड़ता है और प्रतिज्ञा करता है कि वह इस छद्‌म युद्ध को वास्तविक युद्ध में परिवर्तित कर देगा और अपनी मातृभूमि के सम्मान की रक्षा के लिए अंतिम क्षण तक युद्ध करेगा। वीर सिंह की वीरता को देखकर महाराणा गौरवान्वित होते हुए अपने निर्णय अर्थात् बूँदी को अपने अधीन करने के निर्णय पर पश्चात्ताप प्रकट करते हैं और बूँदी प्रदेश के साथ मैत्रीपूर्ण संबंध स्थापित करने का रास्ता खोजने की बात कहते हैं, तभी बूँदी नरेश रावहेमू आकर कहते हैं कि हम युगों से एक हैं और एक रहेंगे। वीर सिंह ने हमें अपनी मातृभूमि की रक्षा करना सिखाया है। अंत में सभी वीर सिंह के शव के आगे अपना मस्तक झुकाते हुए उसकी वीरता को श्रद्धांजलि अर्पित करते हैं।

मुख्य पात्रों का चरित्र-चित्रण

रावहेमू

रावहेमू बूँदी के शासक हैं। ये एक निर्भीक, साहसी, स्वाभिमानी, विवेकशील एवं चतुर कूटनीतिज्ञ एवं प्रशासक हैं। इनके चारित्रिक गुणों का प्रमाण यह है कि ये इस बात से भली-भाँति परिचित हैं कि मेवाड़ एक समृद्ध एवं शक्तिशाली राज्य है, किंतु वह अपने साहस एवं पराक्रम का परिचय देते हुए मेवाड़ की अधीनता अस्वीकार करते हुए अप्रत्यक्ष रूप से युद्ध करने का प्रस्ताव रखते हैं।

ये जानते हैं कि मेवाड़ एक शक्ति संपन्न राज्य है, लेकिन एक शासक होने के नाते बिना युद्ध किए अधीनता स्वीकार करना इनके आत्मसम्मान तथा स्वाभिमान पर आघात है, जिसको ये सहन नहीं कर सकते। इनकी विवेकशीलता का ही परिचय है कि महाराणा लाखा बूँदी का नकली दुर्ग बनवाकर बूँदी प्रदेश पर मेवाड़ की पताका फहराने के लिए आतुर हैं, लेकिन रावहेमू युद्ध करने की बजाय मिलकर एक साथ रहने की वकालत करते हैं।

अभय सिंह

अभय सिंह मेवाड़ के शासक महाराणा लाखा का एक विश्वासपात्र सेनापति है, जो महाराणा का संदेश लेकर बूँदी नरेश के पास जाता है। अभय सिंह एक चतुर, समझदार, वफादार, महाराणा का एक अच्छा सलाहकार, वीरता एवं साहस का सम्मान करने वाला वीर योद्धा है। अभय सिंह एक समझदार सेनापति है। उसकी समझदारी का अनुमान इस बात से लगाया जा सकता है कि जब महाराणा लाखा रावहेमू से मिली पराजय का दोषी स्वयं को मानकर ग्लानिभाव से भर जाता है, तब अभय सिंह महाराणा लाखा को ग्लानि से मुक्त करते हुए कहता है कि उसमें महाराणा का नहीं, बल्कि मेरा ही दोष है।

बूँदी को पराजित करने के लिए जब महाराणा बड़ी कठोर प्रतिज्ञा लेते हैं, तब भी वह उन्हें शांतिपूर्वक समझाता है। महाराणा लाखा के द्वारा बनवाए गए नकली दुर्ग में जब वीर सिंह वीरता से लड़ते हुए वीरगति को प्राप्त होता है, तब वह वीर सिंह के पराक्रम की प्रशंसा करता है। अत: कह सकते हैं कि अभय सिंह एक बुद्धिमान, वफादार, साहसी तथा वीरता का सम्मान करने वाला वीर योद्धा है।

महाराणा लाखा

महाराणा लाखा मेवाड़ के शासक हैं। ये पराक्रमी, साहसी, विवेकशील तथा वीरता का सम्मान करने वाले शासक हैं। महाराणा लाखा के साहस का अनुमान केवल उनके द्वारा ली गई कठोर प्रतिज्ञा से ही लगाया जा सकता है, जिसमें वे तब तक अन्न-जल ग्रहण न करने की प्रतिज्ञा लेते हैं, जब तक वे बूँदी प्रदेश में ससैन्य प्रवेश नहीं कर लेते। महाराणा लाखा की विवेकशीलता का प्रमाण यह है कि जब उन्हें लगता है कि उन्होंने आवेश में आकर अपने शुभचिंतकों के विरुद्ध एक कठोर प्रतिज्ञा ले ली है, तो वह चारणी के सुझाव को शीघ्र ही स्वीकार कर लेते हैं और नकली दुर्ग बनवाने का आदेश देते हैं तथा युद्ध की विभीषिका से दोनों राज्यों को बचा लेते हैं। महाराणा लाखा वीरों का सम्मान करने वाले शासक हैं, जब वीर सिंह, जो नकली दुर्ग में छद्म युद्ध को भी वास्तविक युद्ध में बदलकर महाराणा लाखा से विश्वासघात करता है, तब भी वे उसकी वीरता का सम्मान करते हैं।

वीर सिंह

वीर सिंह मेवाड़ का सिपाही है, किंतु उसकी मातृभूमि बूँदी प्रदेश है। वह अपने नाम की तरह वीर, साहसी, मातृभूमि का रक्षक, निर्भीक एवं देशभक्ति की भावना से परिपूर्ण सिपाही है। वीर सिंह के द्वारा एक छद्म युद्ध को वास्तविक युद्ध में बदलकर अंतिम साँस तक युद्ध करना, उसकी वीरता का परिचायक है। वीर सिंह के भीतर मातृभूमि की रक्षा की भावना कूट-कूटकर भरी हुई है, तभी वह निर्भीकता के साथ अपनी मातृभूमि की रक्षा के लिए अपनी कर्मभूमि के साथ विश्वासघात करने से भी पीछे नहीं हटता और मातृभूमि की रक्षा करते हुए वीरगति को प्राप्त होता है। अत: कह सकते हैं कि वीर सिंह अनेक गुणों से युक्त एक वीर सिपाही है।

एकांकी का सार

अभय सिंह का बूँदी नरेश के दरबार में आना

मेवाड़ का सेनापति अभय सिंह बूँदी नरेश के दरबार में महाराणा लाखा का संदेश लेकर आता है। अभय सिंह बूँदी नरेश रावहेमू को महाराणा लाखा के संदेश के अनुसार, मेवाड़ की अधीनता स्वीकार करने के लिए कहता है। अभय सिंह कहता है कि महाराणा लाखा राजपूतों की असंगठित एवं बिखरी हुई शक्तियों को विदेशी आक्रमण से बचने के लिए एकत्रित एवं संगठित करना चाहते हैं, जिसके लिए बूँदी को मेवाड़ की अधीनता स्वीकार करनी होगी। अभय सिंह की बात सुनकर रावहेमू जवाब देते हैं कि बूँदी के राजपूतों ने आज तक किसी की गुलामी स्वीकार नहीं की है।

बूँदी एक छोटा एवं स्वतंत्र राज्य है। वह किसी की गुलामी स्वीकार नहीं करेगा। वह विदेशी शक्ति हो या फिर मेवाड़। रावहेमू, महाराणा को हृदय में अहंकार न पालने को कहते हैं तथा महाराणा लाखा को अप्रत्यक्ष रूप से युद्ध करने की चुनौती देते हैं।

महाराणा लाखा द्वारा भीषण प्रतिज्ञा लेना

बूँदी नरेश रावहेमू द्वारा मेवाड़ की गुलामी अस्वीकार करने पर महाराणा लाखा इसे स्वयं के आत्मसम्मान पर प्रहार-सा अनुभव करते हैं और बूँदी प्रदेश को पराजित करने के लिए एक भीषण प्रतिज्ञा लेते हुए कहते हैं कि जब तक वह बूँदी प्रदेश में ससैन्य प्रवेश नहीं कर लेते, तब तक वह अन्न-जल ग्रहण नहीं करेंगे। अभय सिंह, महाराणा को इतनी कठोर प्रतिज्ञा लेने से मना करता है, लेकिन महाराणा लाखा सूर्यवंश के गौरव एवं वचन प्रतिबद्धता की याद दिलाते हुए कहते हैं कि सूर्यवंशी कभी भी अपने दिए हुए वचन से नहीं पलटते, अपितु उसे पूरा करने के लिए अपने प्राण तक न्योछावर कर देते हैं।

चारणी का युद्ध न करने का सुझाव देना

चारणी देश एवं राजपूतों की एकता को बनाए रखने तथा इस एकता की माला को न तोड़ने का गीत गाते हुए दरबार में प्रवेश करती है। चारणी को जब पता चलता है कि महाराणा लाखा ने बूँदी प्रदेश को पराजित करने की भीषण प्रतिज्ञा कर ली है, तब वह महाराणा लाखा को समझाते हुए कहती है कि बूँदी के राजपूतों ने विपदा के प्रत्येक समय में मेवाड़ की सहायता की है, इसलिए मेवाड़ को युद्ध नहीं करना चाहिए। चारणी महाराणा लाखा की प्रतिज्ञा पूरी करवाने के लिए सुझाव देती है कि वे बूँदी का नकली दुर्ग बनवाकर उस पर अपना परचम फहराकर अपनी प्रतिज्ञा पूरी कर लें।

वीर सिंह द्वारा सिपाहियों को मातृभूमि की रक्षा के लिए प्रोत्साहित करना

महाराणा लाखा, चारणी के नकली दुर्ग के सुझाव को स्वीकार करते हुए, नकली दुर्ग बनवाते हैं और सिपाही वीर सिंह को कुछ सिपाहियों के साथ छद्‌म युद्ध करने के लिए नकली दुर्ग में भेजते हैं। वीर सिंह, जिसकी मातृभूमि बूँदी प्रदेश है। वह अपनी मातृभूमि की रक्षा के लिए अन्य सिपाहियों को प्रोत्साहित करता है।

वह उनसे कहता है कि बूँदी की पराजय हमारी मातृभूमि का अपमान है, जब एक सिपाही महाराणा लाखा के साथ इस प्रकार छल करने के औचित्य पर प्रश्न उठाता है, तब वीर सिंह कहता है कि हम इस मातृभूमि में खेलकर बड़े हुए हैं। यह मातृभूमि हमें अपने प्राणों से भी अधिक प्रिय है, इसकी पराजय हमें स्वीकार नहीं हो सकती, इसलिए जब तक हमारे शरीर में प्राण हैं, तब तक हम मेवाड़ की प्रतिज्ञा पूर्ण नहीं होने देंगे।

वीर सिंह का वीरगति को प्राप्त होना

वीर सिंह अत्यधिक वीरता एवं साहस के साथ लड़ता हुआ वीरगति को प्राप्त करता है। उसकी वीरता एवं साहस को देखकर महाराणा एवं अभय सिंह भी उसकी प्रशंसा करते हैं। महाराणा लाखा अपने निर्णय एवं अपनी प्रतिज्ञा पर अफसोस प्रकट करते हुए कहते हैं कि उनके द्वारा लिए गए अविवेकपूर्ण निर्णय के कारण आज वीर सिंह जैसे कितने ही सिपाही मारे गए।

महाराणा कहते हैं कि वीर सिंह ने उनकी आँखें खोल दी हैं, क्योंकि ऐसी वीर जाति किसी की अधीनता स्वीकार नहीं कर सकती और इसकी इच्छा रखना भी व्यर्थ है। महाराणा अपने इस निर्णय द्वारा आत्मग्लानि से भर जाते हैं और वीर सिंह के शव के पास बैठकर अपने अपराध के लिए क्षमा माँगते हैं। रावहेमू, महाराणा लाखा को पश्चात्ताप से भरा देखकर उन्हें आश्वासन देते हैं कि राजपूत युग-युग से एक हैं और भविष्य में भी एक रहेंगे।

शब्दार्थ

अधीनता *गुलामी*; **आश्रित** *निर्भर*; **नाज़** *गर्व*; **धमनी** *नाड़ी*; **अपयश** *बदनामी*; **दुर्ग** *किला*; **धृष्टता** *उद्दंडता*; **शृंखला** *कड़ी*; **विद्वेष** *ईर्ष्या*; **विध्वंस** *नाश*; **बाध्य** *विवश*; **बाधा** *रुकावट*; **छूँछा** *खाली*; **व्याघात** *रुकावट*; **आभा** *चमक*।

PYQs विगत वर्षों के प्रश्न व महत्त्वपूर्ण प्रश्न

बहुविकल्पीय प्रश्न

1. राव हेमू कौन थे? **(ICSE Spec Sem I 2021-22)**

(a) मेवाड़ का शासक
(b) बूँदी का शासक
(c) मेवाड़ का सेनापति
(d) मेवाड़ का एक सिपाही

उत्तर (b) बूँदी का शासक

2. .... ने अपना बलिदान देकर उन्हे सोचने पर विवश कर दिया कि बूँदी पर विजय प्राप्त करने का उनका निर्णय कितना गलत था। **(ICSE Spec Sem I 2021-22)**

(a) अभय सिंह (b) चारणी (c) राव हेमू (d) वीर सिंह

उत्तर (c) राव हेमू

3. ऐसी वीर जाति को अपने अधीन करने की इच्छा करना ही .... का चिह्न है। **(ICSE Spec Sem I 2021-22)**

(a) देश-भक्ति (b) प्रेम और स्नेह
(c) अहंकार (d) पागलपन

उत्तर (d) पागलपन

4. मातृभूमि का मान नामक एकांकी में राव हेमू कहाँ का शासक था? **(ICSE Sem I 2021-22)**

(a) मेवाड़ (b) मालवा (c) बूँदी (d) चितौड़

उत्तर (c) बूँदी

5. महाराणा लाखा और राव हेमू के बीच युद्ध किस मैदान में हुआ था? **(ICSE Sem I 2021-22)**

(a) हल्दीघाटी (b) नीमरा
(c) कुरुक्षेत्र (d) पानीपत

उत्तर (b) नीमरा

6. "अपमान की वेदना में विवेकहीन प्रतिज्ञा कर डाली थी, उससे तो छुटकारा मिल ही जाएगा।" महाराणा की इस प्रतिज्ञा को पूरी करवाने के लिए क्या प्रबंध किया गया था? **(ICSE Sem I 2021-22)**

(a) बूँदी के राजा की मूर्ति तैयार करवाई गई
(b) बूँदी के सेनापति की मूर्ति तैयार करवाई गई
(c) बूँदी का नकली दुर्ग तैयार करवाया गया
(d) बूँदी का नकली मंदिर तैयार करवाया गया

उत्तर (c) बूँदी का नकली दुर्ग तैयार करवाया गया

गद्यांश पर आधारित प्रश्न

1. निम्नलिखित अवतरण को पढ़िए और उसके नीचे लिखे प्रश्नों के उत्तर हिंदी में लिखिए।

"तुम कुछ गा रही थी? तुम संपूर्ण राजस्थान को एकता की शृंखला में बाँधकर देश की स्वाधीनता के लिए कुछ करने का आदेश दे रही थी। किंतु मैं तो इस शृंखला को तोड़ने जा रहा हूँ। दोनों जातियों में जानी-दुश्मनी पैदा करने जा रहा हूँ।" **(ICSE 2023)**

(i) प्रस्तुत कथन का वक्ता कौन है? श्रोता वक्ता को अपने गीत के माध्यम से क्या कहना चाह रही है?

उत्तर प्रस्तुत कथन का वक्ता महाराजा लाखा है एवं श्रोता चारणी है। वह महाराणा लाखा को अपने गीत के माध्यम से सारे राजपूतों को एकता के सूत्र में बाँधकर देश की स्वाधीनता के लिए प्रयासरत होने के लिए कहना चाह रही है।

(ii) वक्ता उस शृंखला को तोड़ने के लिए इच्छुक क्यों है?

उत्तर वक्ता महाराणा लाखा उस शृंखला को तोड़ने के इच्छुक इसलिए है, क्योंकि महाराणा लाखा बूँदी के द्वारा मेवाड़ की पराजय को लेकर अत्यंत चिंतित व दुःखी थे। वे चाहते थे कि बूँदी भी मेवाड़ की अधीनता स्वीकार कर लें, किंतु बूँदी नरेश ने उनकी अधीनता स्वीकार करने से साफ इंकार कर दिया, क्योंकि वे स्वयं को अपमानित महसूस कर रहे थे।

(iii) यहाँ किन दो जातियों का उल्लेख किया गया है? उनकी विशेषताएँ लिखिए।

उत्तर प्रस्तुत अवतरण में जिन दो जातियों की बात की गई है, उनमें से एक मेवाड़ के शासक महाराणा लाखा की सूर्यवंशी जाति तथा दूसरी बूँदी नरेश की हाड़ा जाति है। दोनों जातियों में कुशल सेनानायक थे तथा सभी लोगों में राष्ट्रीयता की भावना कूट-कूट कर भरी है।

(iv) प्रस्तुत एकांकी के किस पात्र ने आपको सबसे अधिक प्रभावित किया? नाम लिखते हुए एकांकी का उद्देश्य लिखिए।

उत्तर प्रस्तुत एकांकी में हमें सबसे अधिक प्रभावित चारणी एक महिला पात्र ने किया है। वह चाहती है कि सभी आपस में मिलकर रहे, क्योंकि वह मेवाड़ और बूँदी के मध्य एकता स्थापित करना चाहती है। मातृभूमि का मान एकांकी का उद्देश्य यह है कि हमें अपनी मातृभूमि के लिए अपने प्राणों की बलि देने में तनिक भी संकोच नहीं करना चाहिए। जैसे एकांकी में राजपूतों ने दिखाया है कि वे अपनी मातृभूमि को किसी अन्य राज्य के अधीन नहीं देख सकते वैसे पूरी एकांकी में राजपूतों की मातृभूमि के प्रति निष्ठा को दिखाया गया है। हमारे जीवन का उद्देश्य यही होना चाहिए कि "पहले देश का मान, तब अपनी जान।"

2. निम्नलिखित गद्यांश को पढ़कर उसके नीचे दिए गए प्रश्नों के उत्तर हिंदी में लिखिए।

आपके विवेक पर सबको विश्वास है। मैं आपसे निवेदन करने आई हूँ कि यद्यपि समय के फेर से आज हाड़ा, शक्ति और साधनों में मेवाड़ के उन्नत राज्य से छोटे हैं, फिर भी वे वीर हैं। मेवाड़ को विपत्ति के दिनों से सहायता देते रहे हैं। यदि उनसे कोई धृष्टता बन पड़ी हो, तो महाराणा उसे भूल जाएँ और राजपूत शक्तियों में स्नेह का सम्बन्ध बना रहने दें। **(ICSE 2019)**

(i) प्रस्तुत कथन किसने, किससे कहा है? स्पष्ट कीजिए।

उत्तर प्रस्तुत कथन चारणी ने महाराणा लाखा से कहा है। चारणी को जब पता चलता है कि महाराणा लाखा ने बूँदी प्रदेश को पराजित करने की कठोर प्रतिज्ञा ली है तब वह महाराणा से निवेदन करने आती है कि वे बूँदी प्रदेश पर आक्रमण न करें।

(ii) मेवाड़ को विपत्ति के दिनों में किसने सहायता दी है? चारणी यह बात क्यों याद दिलाती है? स्पष्ट कीजिए।

उत्तर मेवाड़ को विपत्ति के दिनों में हाड़ाओं ने सहायता दी है। चारणी यह बात इसलिए याद दिलाती है, क्योंकि वह इस तथ्य से अवगत थी कि हाड़ा वंश वीर है और वे किसी की अधीनता स्वीकार नहीं करेंगे, जिस कारण राजपूतों के मध्य जो एकता का सूत्र बँधा हुआ है वह टूट जाएगा।

(iii) चारणी ने महाराणा को अपनी प्रतिज्ञा पूरी करने का क्या उपाय बताया? यह कितना उचित था, इस संदर्भ में अपने विचार दीजिए।

उत्तर चारणी ने महाराणा को अपनी प्रतिज्ञा पूरी करने का यह उपाय बताया कि वे बूँदी का नकली दुर्ग बनवाकर उस पर अपना ध्वज फहराकर अपनी प्रतिज्ञा पूरी कर लें। यह उपाय उचित नहीं था, क्योंकि इस उपाय के कारण एक वीर यौद्धा (वीर सिंह) को अपने प्राणों का बलिदान देना पड़ा। अंत में महाराणा को अपने निर्णय एवं प्रतिज्ञा पर अफसोस होता है, जिसके कारण वीर सिंह जैसे सिपाही मारे गए।

(iv) 'मातृभूमि का मान' कैसी एंकाकी है? शीर्षक की सार्थकता सिद्ध करते हुए बताइए।

उत्तर 'मातृभूमि का मान' राष्ट्रप्रेम की भावना को व्यक्त करती एकांकी है। प्रस्तुत एकांकी 'मातृभूमि का मान' में महाराणा लाखा मेवाड़ की शक्ति को संगठित करने के लिए बूँदी को मेवाड़ के अधीन करने की कोशिश करते हैं, परंतु बूँदी के शासक राव हेमू अधीनता स्वीकार नहीं करते। महाराणा लाखा बूँदी का नकली दुर्ग बनाकर उस पर अपना ध्वज फहराना चाहते हैं, लेकिन मेवाड़ की सेना का एक हाड़ा सिपाही वीर सिंह मातृभूमि का मान रखने के लिए महाराणा लाखा से लड़ते हुए शहीद हो जाता है। पूरे एकांकी में मातृभूमि के मान का महत्त्व बताया गया है। अतः शीर्षक उपयुक्त और प्रभावशाली के साथ-साथ सार्थक है।

एक्सपर्ट्स कमेंट्स

- कुछ छात्र, वक्ता और श्रोता को पहचानने में भ्रमित दिखाई दिए, क्योंकि छात्रों ने चारणी और महाराणा लाखा के स्थान पर एकांकी के अन्य पात्रों के नामों का उल्लेख कर दिया।
- छात्रों ने प्रश्न (ii) के द्वितीय भाग 'याद दिलाने का कारण' का उत्तर संतोषजनक नहीं लिखा तथा कुछ छात्रों ने इस भाग का उत्तर ही नहीं दिया।
- छात्रों ने उत्तर लिखते समय अनावश्यक बिंदुओं का उल्लेख किया तथा मुख्य बिंदुओं को छोड़ दिया।
- कुछ छात्र शीर्षक की सार्थकता लिखने में असफल रहे अर्थात् किस तरह की एकांकी है–वह इसे समझाने में असमर्थ रहें।

स्टूडेंट्स के लिए एडवाइज़

- छात्रों को एकांकी में वर्णित श्रोता, वक्ता एवं प्रसंग का पूर्ण ज्ञान रखने के लिए एकांकी का बार-बार अध्ययन करना चाहिए। शुद्ध भाषा तथा वर्तनी सुधार पर भी बल देना चाहिए। छात्रों को प्रश्न के प्रत्येक भाग का उत्तर लिखने का अभ्यास करने रहना चाहिए, क्योंकि प्रश्न के प्रत्येक भाग का अपना अलग महत्त्व होता है।

3. निम्नलिखित गद्यांश को पढ़कर उसके नीचे दिए गए प्रश्नों के उत्तर हिंदी में लिखिए–

'प्राण जाएँ पर वचन न जाएँ'– हमारे जीवन का मूलमंत्र है। ''जो तीर तरकश से निकलकर कमान से छूट गया, उसे बीच में लौटाया नहीं जा सकता। मेरी प्रतिज्ञा कठिनाई से पूरी होगी, यह मैं जानता हूँ और इस बात की हाल के युद्ध में पुष्टि भी हो चुकी है कि हाड़ा जाति वीरता में हम लोगों से किसी प्रकार हीन नहीं है।''

(ICSE 2017)

(i) उपरोक्त कथन के वक्ता और श्रोता का संक्षिप्त परिचय दीजिए।

उत्तर उपरोक्त कथन के वक्ता महाराणा लाखा हैं। वे मेवाड़ के शासक हैं। वे पराक्रमी, साहसी, विवेकशील तथा वीरता का सम्मान करने वाले शासक हैं। इस कथन में श्रोता अभय सिंह है। वे मेवाड़ के शासक महाराणा लाखा का एक विश्वासपात्र सेनापति है, जो महाराणा का संदेश लेकर बूँदी नरेश के पास जाता है।

(ii) वक्ता ने क्या प्रतिज्ञा ली थी? कारण सहित लिखिए।

उत्तर वक्ता यानी महाराणा लाखा ने यह प्रतिज्ञा ली कि जब तक बूँदी के दुर्ग में ससैन्य प्रवेश नहीं करूँगा, तब तक अन्न-जल ग्रहण नहीं करूँगा। इस कठिन प्रतिज्ञा लेने का कारण बूँदी नरेश रावहेमू द्वारा मेवाड़ की गुलामी को अस्वीकार करना था।

(iii) हाड़ा वंश के राजा कौन थे? हाड़ा लोगों की क्या विशेषताएँ थीं? उन पर प्रकाश डालिए।

उत्तर हाड़ा वंश के राजा 'राव हेमू' थे। हाड़ा वंश के विषय में राव हेमू बताता है कि हाड़ा वंश किसी की गुलामी नहीं करेगा। चाहे वह विदेशी शक्ति हो, चाहे मेवाड़ का महाराणा हो। प्रेम का अनुशासन मानने को हाड़ा वंश सदा तैयार है, शक्ति का नहीं। हाड़ा वंश के लोग शक्ति और साधनों में अवश्य कमतर हैं, लेकिन वे वीर हैं। हाड़ाओं ने विपत्ति के समय सदैव मेवाड़ शासकों की सहायता की है।

(iv) ''प्राण जाएँ पर वचन न जाएँ''– इस कहावत का क्या अर्थ है? एकांकी के संदर्भ में समझाइए।

उत्तर ''प्राण जाएँ पर वचन न जाएँ'', कहावत का अर्थ है कि भले ही प्राण चले जाएँ, परंतु अपने कहे गए वचन पर टिके रहना। एकांकी में जब बूँदी नरेश राव हेमू द्वारा मेवाड़ की गुलामी अस्वीकार कर दी जाती है, तो महाराणा लाखा इसे स्वयं के आत्मसम्मान पर प्रहार समझकर कठोर प्रतिज्ञा ले लेते हैं। अभयसिंह, महाराणा को इतनी कठोर प्रतिज्ञा लेने से मना करता है, लेकिन महाराणा लाखा सूर्यवंश के गौरव एवं वचन प्रतिबद्धता की याद दिलाते हुए कहते हैं कि सूर्यवंशी कभी भी अपने वचन से नहीं पलटते, अपितु उसे पूरा करने के लिए अपने प्राण तक न्योछावर कर देते हैं।

4. निम्नलिखित गद्यांश को पढ़कर उसके नीचे दिए गए प्रश्नों के उत्तर हिंदी में लिखिए

प्रत्येक राजपूत को अपनी ताकत पर नाज़ है। इतने बड़े दंभ को मेवाड़ अपने प्राणों में आश्रय न दे, इसी में उसका कल्याण है। रह गई बात एक माला में गूँथने की, सो वह माला तो बनी है। हाँ, माला को तोड़ने का श्रीगणेश हो गया है।

(i) गद्यांश का श्रोता कौन है? वह कहाँ आया हुआ था?

उत्तर गद्यांश का श्रोता मेवाड़ का सेनापति अभय सिंह है। वह महाराणा लाखा के संदेश अर्थात् बूँदी द्वारा मेवाड़ की अधीनता स्वीकार करने का प्रस्ताव लेकर बूँदी नरेश रावहेमू के दरबार में आया था।

(ii) वक्ता ने क्यों कहा प्रत्येक राजपूत को अपनी ताकत पर नाज़ है?

उत्तर वक्ता ने यह इसलिए कहा, क्योंकि मेवाड़ के शासक महाराणा ने वक्ता अर्थात् बूँदी नरेश रावहेमू को मेवाड़ की अधीनता स्वीकार करने के लिए कहा था, जिससे उनके स्वाभिमान को ठेस पहुँची थी।

(iii) ''उस माला को तोड़ने का श्रीगणेश हो गया है।'' पंक्ति का आशय स्पष्ट कीजिए।

उत्तर प्रस्तुत पंक्ति का आशय यह है कि अभी तक, जो राजपूत शक्ति अलग-अलग दिखते हुए भी एकत्रित एवं संगठित थी, जो एक प्रदेश पर विपदा आने पर सहायता के लिए तत्पर रहती थी, उस एकता की माला को आज महाराणा लाखा ने बूँदी नरेश रावहेमू को मेवाड़ की अधीनता स्वीकार करने के लिए कहकर तोड़ने की शुरुआत कर दी है।

(iv) वक्ता कौन है? वक्ता ने क्यों कहा कि इतने बड़े दंभ को मेवाड़ अपने प्राणों में आश्रय न दे?

उत्तर प्रस्तुत गद्यांश में दी गई पंक्तियों का वक्ता बूँदी प्रदेश का शासक रावहेमू है। रावहेमू ने मेवाड़ के शासक महाराणा लाखा द्वारा मेवाड़ की अधीनता स्वीकार करने वाले संदेश का जवाब देते हुए कहा था कि बूँदी प्रदेश एक छोटा एवं स्वतंत्र राज्य है और यहाँ के राजपूतों ने किसी के अधीन रहकर जीना नहीं सीखा।

मेवाड़ एक विशाल साम्राज्य अवश्य है, किंतु वह इतना शक्तिशाली नहीं है कि बूँदी के राजपूतों को सरलता से हरा सके। इसलिए रावहेमू ने महाराणा लाखा को सलाह देने के स्वर में कहा कि मेवाड़ अपने सर्वशक्तिमान होने एवं सभी पर शासन करने का झूठा अहंकार अपने हृदय में न पाले।

5. निम्नलिखित गद्यांश को पढ़कर उसके नीचे दिए गए प्रश्नों के उत्तर हिंदी में लिखिए

जिनकी खाल मोटी होती है, उनके लिए किसी भी बात में कोई भी अपयश, कलंक या अपमान का कारण नहीं होता, किंतु जो आन को प्राणों से बढ़कर समझते आए हैं, वे पराजय का मुख देखकर भी जीवित रहें, यह कैसी उपहासजनक बात है?

(i) महाराणा लाखा प्राणों से बढ़कर किसे मानते हैं और क्यों?

उत्तर महाराणा लाखा प्राणों से बढ़कर मान-सम्मान को मानते हैं, क्योंकि वीर एवं पराक्रमी योद्धा, युद्ध में प्राणों के मोह में बँधकर रणभूमि से पीछे नहीं हटते, अपितु वे तो रणभूमि में शहीद होकर अपने मान-सम्मान को बढ़ाते हैं।

(ii) "जिनकी खाल मोटी होती है" पंक्ति का अर्थ स्पष्ट कीजिए।

उत्तर "जिनकी खाल मोटी होती है" पंक्ति का अर्थ है–वे व्यक्ति, जिन्हें अपने आत्मसम्मान और अपने गौरव की परवाह नहीं होती और वे अपमानित एवं कलंकित जीवन जीने से भी नहीं हिचकते।

(iii) श्रोता कौन है? वक्ता श्रोता से किस विषय पर बात कर रहा है?

उत्तर प्रस्तुत गद्यांश में श्रोता मेवाड़ का सेनापति अभय सिंह है। वक्ता अर्थात् महाराणा, अभय सिंह से बूँदी प्रदेश से मिली पराजय का बदला लेने के विषय में बात कर रहे हैं, क्योंकि एक राजपूत का युद्ध में शहीद होना, एक पराजित एवं कलंकित जीवन जीने से कहीं अधिक बेहतर है।

(iv) वक्ता कौन है? वक्ता की चारित्रिक विशेषताएँ बताइए।

उत्तर प्रस्तुत गद्यांश में वक्ता मेवाड़ के शासक महाराणा लाखा हैं। वक्ता एक वीर, साहसी, पराक्रमी, विवेकशील, शासक एवं योद्धा है, जिनका प्रमाण उनके वक्तव्यों से मिलता है। जिनमें वे एक योद्धा का युद्धभूमि में प्राप्त वीरगति को, मैदान से पीठ दिखाकर अपने प्राणों की रक्षा करने से श्रेष्ठकर मानते हैं।

6. निम्नलिखित गद्यांश को पढ़कर उसके नीचे दिए गए प्रश्नों के उत्तर हिंदी में लिखिए

मैं आपसे निवेदन करने आई हूँ कि यद्यपि समय के फेर से हाड़ा शक्ति और साधनों में मेवाड़ के उन्नत राज्य से छोटे हैं, फिर भी वे वीर हैं। मेवाड़ को उसकी विपत्ति के दिनों में सहायता देते रहे हैं। यदि उनसे कोई धृष्टता बन पड़ी हो, तो महाराणा उसे भूल जाएँ और राजपूत शक्तियों में स्नेह का संबंध बना रहने दें।

(i) वक्ता कौन है? वह किससे व क्या निवेदन करने आई थी?

उत्तर प्रस्तुत गद्यांश में वक्ता चारणी है। चारणी महाराणा लाखा से बूँदी प्रदेश पर आक्रमण न करने का निवेदन करने आई थी, क्योंकि बूँदी ने सदैव मेवाड़ को विपत्ति के समय में सहायता दी थी।

(ii) वक्ता ने हाड़ाओं के विषय में क्या बताया था?

उत्तर वक्ता ने हाड़ाओं के विषय में बताया है कि वह शक्ति और साधनों में हमसे अवश्य कमतर हैं, लेकिन वे वीर हैं। वह बताती है कि हाड़ाओं ने विपदा के समय में कई बार मेवाड़ शासकों की सहायता की है।

(iii) वक्ता ने क्यों कहा कि "राजपूत शक्तियों में स्नेह का संबंध बना रहने दें?" स्पष्ट कीजिए।

उत्तर वक्ता अर्थात् चारणी ने यह इसलिए कहा क्योंकि महाराणा लाखा ने बूँदी पर ससैन्य आक्रमण कर उसको अपने अधीन करने का निर्णय लिया था और चारणी इस तथ्य से अवगत थी कि हाड़ा वंश वीर है और वे किसी की अधीनता स्वीकार नहीं करेंगे, जिस कारण राजपूतों के मध्य जो एकता का सूत्र बँधा हुआ था वह टूट जाएगा। इसी एकता के सूत्र को बचाए रखने के लिए उसने महाराणा से कहा था कि "राजपूत शक्तियों में स्नेह का संबंध बना रहने दें।"

(iv) प्रस्तुत गद्यांश का संदर्भ स्पष्ट कीजिए।

उत्तर महाराणा लाखा अपने अपमान का प्रतिशोध लेने के लिए बूँदी पर आक्रमण करने का निर्णय करते हैं। महाराणा की प्रतिज्ञा को जानने के उपरांत चारणी उन्हें ऐसा करने से रोकने के लिए समझाती है कि बूँदी प्रदेश वीरों की भूमि है और वे किसी की अधीनता स्वीकार नहीं करेंगे और इस प्रकार दो राजपूत वंशों के आपस में युद्ध करने से उनके मध्य आपसी प्रेम और एकता के टूटने का भी डर है।

इसलिए महाराणा को इस एकता को बनाए रखने के लिए बूँदी प्रदेश पर आक्रमण करने का विचार त्याग देना चाहिए।

7. निम्नलिखित गद्यांश को पढ़कर उसके नीचे दिए गए प्रश्नों के उत्तर हिंदी में लिखिए

तुम अग्निकुल के अंगारे हो, अपने वंश की आभा को क्षीण न होने देना। प्रतिज्ञा करो कि प्राणों के रहते हम इस नकली दुर्ग पर मेवाड़ की राज्य-पताका को स्थापित न होने देंगे।

(i) वक्ता कौन है, वह किनसे आभा क्षीण न होने देने की बात कह रहा है?

उत्तर वक्ता वीर सिपाही वीर सिंह हैं। वह युद्ध में आए सिपाहियों को आभा क्षीण न होने देने की बात कह रहे हैं तथा अपने सिपाहियों को प्रतिज्ञा लेने के लिए कहता है कि वह नकली दुर्ग पर भी मेवाड़ की विजय नहीं होने देंगे।

(ii) वक्ता की चारित्रिक विशेषताएँ बताइए।

उत्तर वीर सिंह एक वीर, साहसी तथा मातृभूमि का सम्मान करने वाला पराक्रमी योद्धा है। वीर सिंह अपनी मातृभूमि के सम्मान के लिए अपनी कर्मभूमि से विश्वासघात करने से भी पीछे नहीं हटता।

(iii) "राज्य-पताका को स्थापित नहीं होने देंगे।" प्रस्तुत पंक्ति का भाव बताते हुए बताइए कि वक्ता ने ऐसा क्यों कहा?

उत्तर "राज्य-पताका को स्थापित नहीं होने देने" का भाव है–अंतिम क्षण तक स्वतंत्र एवं मुक्त रहना और किसी की अधीनता स्वीकार न करना। वक्ता अर्थात् वीर सिंह ने ऐसा इसलिए कहा, क्योंकि महाराणा ने अपनी प्रतिज्ञा पूरी करने के लिए बूँदी प्रदेश का नकली दुर्ग बनवाया था, जो वीर सिंह की मातृभूमि थी। इसलिए वीर सिंह ने कहा कि हम नकली दुर्ग पर भी मेवाड़ की राज्य-पताका स्थापित नहीं होने देंगे।

(iv) "अग्निकुल के अंगारे" का भाव स्पष्ट कीजिए।

उत्तर वीर सिंह, सिपाहियों को अग्निकुल के अंगारे कहता है, क्योंकि जिस प्रकार एक अंगारा अंतिम क्षण तक प्रकाशमान रहता है और अपने ज्वलनशीलता के गुण को नहीं छोड़ता, उसी तरह तुम वीर सिपाहियों को अपनी अंतिम साँस तक बूँदी प्रदेश के गौरव को बचाने के लिए लड़ते रहना होगा, क्योंकि यह हमारा मूल कर्त्तव्य है।

04

सूखी डाली

उपेंद्रनाथ 'अश्क'

एकांकीकार का परिचय

उपेंद्रनाथ 'अश्क' हिंदी के प्रसिद्ध कथाकार हैं। 'अश्क जी' का जन्म पंजाब के जालंधर में वर्ष 1910 में हुआ था। स्नातक की डिग्री लेने के पश्चात् उन्होंने अध्यापक के रूप में अपना व्यावसायिक जीवन आरंभ किया। उपेंद्रनाथ 'अश्क' ने उर्दू भाषा में साहित्य लिखकर अपने साहित्यिक जीवन का आरंभ किया, लेकिन उन्हें प्रसिद्धि हिंदी के साहित्यकार के रूप में प्राप्त हुई। इन्होंने सिनेमा के लिए भी पटकथाएँ, संवाद और गीत लिखे। अश्क जी को उनके उत्कृष्ट लेखन कार्य के लिए वर्ष 1972 में 'सोवियत लैंड नेहरू पुरस्कार' से भी सम्मानित किया गया। इन्होंने उपन्यास, कहानी, नाटक, एकांकी जैसी कई विधाओं में लेखन कार्य किया। इनकी प्रसिद्ध रचनाएँ निम्न प्रकार हैं

उपन्यास गिरती दीवारें, गर्म राख, बड़ी-बड़ी आँखें, पत्थर अल पत्थर।

कहानी अंकुर, नासूर, डावी, पिंजरा, गोखरू इत्यादि।

नाटक अंजो दीदी, अंधी गली, पैंतरे, तौलिए इत्यादि।

एकांकी देवताओं की छाया में, चरवाहे, तूफान से पहले इत्यादि।

19 जनवरी, 1996 को उपेंद्रनाथ 'अश्क' जी का निधन हो गया।

संक्षिप्त सार

उपेंद्रनाथ 'अश्क' द्वारा रचित यह एकांकी एक संयुक्त परिवार के बनते-बिगड़ते आपसी संबंधों तथा परंपरावादी एवं आधुनिक विचारों के बीच उत्पन्न जटिलताओं पर आधारित है। एकांकी में नई सदस्य छोटी बहू , जो अभी कुछ ही दिनों पहले घर में आई है। वह छोटी-छोटी बातों पर घर की तुलना अपने मायके से करने लगती है, जिस कारण घर की अन्य महिला सदस्य उसे पसंद नहीं करतीं। परेश जोकि छोटी बहू बेला का पति है, दादाजी से मिलता है और बताता है कि बेला का इस घर में मन नहीं लग रहा है और वह स्वतंत्र होकर जीना चाहती है, जहाँ किसी प्रकार का कोई बंधन न हो। परेश को समझाते हुए दादाजी कहते हैं कि उनके जीवित रहने तक यह परिवार वट वृक्ष की भाँति एक रहेगा।

परिवार के मुखिया दादाजी ने पूरे परिवार को एक सूत्र में बाँध रखा है। वे परिवार के सदस्यों को वट वृक्ष की कहानी के माध्यम से समझाते हैं कि जिस प्रकार वृक्ष अपनी डालियों को साथ रखने के लिए कुछ भी कर सकता, क्योंकि डालियाँ साथ रहती हैं, तो हरी-भरी रहती हैं। पेड़ से अलग हो जाने या टूट जाने पर वे सूख जाती हैं। उनका कोई अस्तित्व नहीं रहता। उसी प्रकार परिवार के सदस्यों को भी मिलकर रहना चाहिए, क्योंकि घर, परिवार के सदस्यों के मिलकर रहने से बनता है। इस प्रकार, दादाजी परिवार के सदस्यों को अलग होने से रोकते हैं। अंततः घर में एकता बनी रहती है।

मुख्य पात्रों का चरित्र-चित्रण

दादाजी

अपने जीवन के 72 बसंत देखने वाले दादाजी इस संयुक्त परिवार एवं एकांकी के सबसे वरिष्ठ पात्र हैं। साहस, परिश्रम, निष्ठा और दूरदर्शिता दादाजी की चारित्रिक विशेषताएँ हैं। दादाजी का परिवार में एकछत्र राज है, कोई भी उनके निर्णय के विरुद्ध जाने की चेष्टा नहीं करता। उन्होंने एक वट वृक्ष की भाँति पूरे परिवार को एक सूत्र में बाँधे रखने का कार्य किया है। 72 वर्ष की आयु में भी उनका शरीर झुका नहीं है।

दादाजी के साहस एवं परिश्रम का ही प्रमाण है कि बड़े बेटे की मृत्यु देखने के बाद भी उन्होंने धैर्य नहीं खोया और अपने परिश्रम से उन्होंने एक मुरब्बे से दस मुरब्बे की संपत्ति

जोड़ ली है। अपनी दूरदर्शिता का प्रमाण देते हुए उन्होंने परेश की बातों को सुनकर शीघ्र ही परिवार के सदस्यों को समझाकर भविष्य में आने वाली समस्या का निपटान करके अपने घर को विभाजित होने से बचा लिया। उन्होंने परिवार में एक तानाशाह की भूमिका निभाई है, जिसके कारण ही आज उनका परिवार संयुक्त है।

छोटी बहू बेला

छोटी बहू बेला एकांकी की प्रमुख महिला पात्र है। कथानक का संपूर्ण घटनाचक्र बेला के इर्द-गिर्द ही घूमता है। बेला परिवार की सबसे छोटी बहू है। वह एक संपन्न एवं प्रतिष्ठित परिवार की बेटी एवं शिक्षित और आधुनिक विचारों वाली युवती है। वह निश्छल हृदय वाली है, किंतु उसे मायके की संपन्नता का अहंकार है, जिस वजह से घर की कोई भी महिला उसे पसंद नहीं करती। उसके निश्छल स्वभाव का प्रमाण यह है कि दादाजी के समझाने के उपरांत परिवार के सदस्यों के व्यवहार में आए परिवर्तन से बेला अत्यधिक दुःखी हो उठती है।

वह एक आधुनिक विचारों वाली युवती है, जिसका प्रमाण उसके द्वारा पुराने फर्नीचरों को घर से बाहर निकालना और परेश से संयुक्त परिवार की जगह एकल परिवार में रहने की बात करना है। अतः कह सकते हैं कि बेला निश्छल हृदय, शिक्षित और आधुनिक विचारों से परिपूर्ण महिला है।

परेश

परेश दादाजी का सबसे छोटा पोता है। वह एक शिक्षित और संस्कारी युवक है। वह एक सरकारी नौकर है, जिसकी अभी-अभी नायब तहसीलदार के रूप में अपने ही कस्बे में नियुक्ति हुई है। उसका विवाह लाहौर के एक संपन्न एवं प्रतिष्ठित परिवार की सुशिक्षित, बुद्धिमान और संस्कारी लड़की से हुआ है। वह एक बुद्धिमान युवक है, जिसका प्रमाण यह है कि छोटी बहू जब उससे एकल परिवार में रहने की बात करती है, तो वह उसके प्रस्ताव को शीघ्र ही स्वीकार नहीं करता, अपितु घर में उसको होने वाली परेशानियों को वह परिवार के वरिष्ठ सदस्य दादाजी को बताता है।

बेला जब परेश को परिवार के सदस्यों के बदले हुए व्यवहार के विषय में बताती है, तो वह बेला को ही उसकी असमंजस की स्थिति से अवगत कराता है। इस प्रकार कहा जा सकता है कि परेश एक शिक्षित, संस्कारी और परिवार में सामंजस्य स्थापित करने वाला पुरुष पात्र है।

इंदु

इंदु छोटी भाभी की बेटी और परेश की बहन है। वह दादाजी की लाडली है। इंदु ने केवल प्राथमिक विद्यालय तक ही शिक्षा ग्रहण की है, जिस कारण छोटी बहू के आने से पहले तक वह घर की सबसे अधिक शिक्षित महिला थी। इंदु को बेला का बार-बार अपने मायके की तारीफ़ करना पसंद नहीं था, जिस कारण उन दोनों के बीच नोंक-झोंक होती रहती है।

वह बड़ों का सम्मान करने वाली युवती है, जिसका प्रमाण यह है कि छोटी बहू को छोड़कर वह सभी का कहा मानती है और जब दादाजी उसे समझाते हैं, तो वह छोटी बहू का भी सम्मान करना शुरू कर देती है। वह एक सहृदयी युवती है, जिसका प्रमाण तब मिलता है, जब छोटी बहू रजवा को नौकरी से निकाल देती हैं, तब इंदु ही छोटी बहू को समझाने की कोशिश करते हुए रजवा के पक्ष में उनसे लड़ बैठती है। अतः कह सकते हैं कि इंदु शिक्षित, सहृदयी, अन्याय के विरुद्ध खड़ी होने वाली एक हठी स्वभाव वाली युवती है।

कर्मचंद

कर्मचंद दादाजी का मँझला बेटा है। वह पितृभक्त, शांत स्वभाव और पिताजी का आज्ञाकारी पुत्र है। कर्मचंद घर की समस्याओं को पिताजी के सम्मुख रखकर उनका समाधान खोजने की कोशिश करता है। उसकी पितृभक्ति का प्रमाण दूसरे दृश्य के आरंभ में ही मिलता है, जब वह दादाजी के पास बैठकर उनके पाँव दबा रहा होता है। वह अपने छोटे भाई के साथ ज़मीन, फार्म, डेयरी और चीनी के कारखाने के काम की देखभाल भी करता है।

बड़ी भाभी

बड़ी भाभी घर की सबसे बड़ी बहू हैं, जिनके पति वर्ष 1914 के विश्वयुद्ध में शहीद हो गए थे। वह एक शांत स्वभाव, सहृदयी और नौकरों को भी घर का सदस्य समझने वाली महिला है। उनकी सहृदयता का पता तब चलता है, जब उन्हें मालूम होता है कि छोटी बहू ने घर की पुरानी नौकरानी रजवा को काम से निकाल दिया है, जिससे वह आश्चर्यचकित होने के साथ-साथ दुःखी भी होती है।

मँझली बहू

मँझली बहू एक हँसमुख स्त्री है और यही उनकी अपरिपक्वता को भी दर्शाता है। मँझली बहू की अपरिपक्वता का प्रमाण तब मिलता है, जब दादाजी उन्हें समझाते हुए कहते हैं कि ''मँझली बहू, तुम अपनी हँसी को उन लोगों तक ही सीमित रखो बेटा, जो उसे सहन कर सकते हैं। बाहर के लोगों पर घर में बैठकर हँसा जा सकता है, किंतु घर के लोगों को तब तक हँसी का निशाना नहीं बनाना चाहिए, जब तक वे पूर्णतया घर का अंग न बन जाएँ।''

रजवा

रजवा अथवा मिश्रानी घर की नौकरानी है। उनकी कई पीढ़ियाँ इसी घर में काम कर चुकीं हैं। रजवा से पहले उसकी सास इस घर में काम करती थीं और अब रजवा की बहू भी इसी घर में काम करती है। वह एक समझदार, विश्वसनीय और आज्ञाकारी नौकरानी होने के साथ एक भावुक स्त्री भी है। रजवा के उपरोक्त गुण उसके घर के प्रति आदरभाव एवं अपनत्व को दर्शाते हैं।

छोटी भाभी

छोटी भाभी बेला की सास एवं परेश की माँ है। वह एक भावुक, सहृदयी, कर्मठ एवं शांत स्वभाव की महिला है, जिनका संयुक्त परिवार की परंपरा पर अटूट विश्वास है। उनकी सहृदयता और भावुकता का परिचय तब मिलता है, जब वह छोटी बहू को समझाते हुए कहती हैं कि ''रजवा की कई पीढ़ियाँ इस घर में काम करती आई हैं। वह समझदार, विश्वसनीय और आज्ञाकारी है, तुम उसे एक बार झाड़ना-बुहारना सिखा दो, फिर वह गलती नहीं करेगी।'' उनको अपने

परिवार पर गर्व है, जिसका वर्णन करते हुए वह कहती हैं कि हमारे घर में तो मिलकर रहना, बड़ों का आदर करना, नौकरों पर दया करना उनके परिवार के संस्कार हैं। अत: कह सकते हैं कि छोटी भाभी एक भावुक, सहृदयी, शांत स्वभाव व कर्मठ महिला हैं।

मँझली भाभी

मँझली भाभी कर्मचंद की पत्नी है। वह बड़ों का सम्मान एवं आदर करने वाली और भावुक स्त्री है। मँझली भाभी दादाजी के दिए हुए आदेश का पूरी निष्ठा के साथ पालन करती हैं और साथ ही वह रजवा को लेकर चिंतित भी हैं, जो उनके भावुक एवं सहृदयी होने का परिचायक है। अत: कह सकते हैं कि मँझली भाभी भावुक एवं सहृदयी होने के साथ बड़ों का सम्मान करने वाली स्त्री है।

एकांकी का सार

छोटी बहू का रजवा को नौकरी से निकालना

इंदु आज सुबह से ही नाराज़ होकर बैठी है। जब बड़ी बहू, इंदु के नाराज़ होने का कारण पूछती है, तो वह बताती है कि छोटी बहू ने रजवा को नौकरी से निकाल दिया है और कहती है कि उसे काम करने का सलीका नहीं है। इंदु बताती है कि जब उसने छोटी बहू को समझाने का प्रयास किया, तो वह उसे अपने मायके का घमंड दिखाने लगीं।

छोटी बहू का पुराने फर्नीचर को बाहर फेंकना

मँझली बहू बाहर से हँसते हुए प्रवेश करती है, तब इंदु उनसे हँसने का कारण पूछती है। वह बताती है कि आज छोटी बहू ने कमरे में रखे पुराने फर्नीचर को कमरे से बाहर निकाल दिया, जब परेश ने उनसे फर्नीचर निकालने का कारण पूछा, तो उन्होंने फर्नीचर के टूटे हुए एवं पुराने होने की बात कहकर फर्नीचर कमरे में रखने से मना कर दिया। परेश ने छोटी बहू को समझाने की बहुत कोशिश की, लेकिन छोटी बहू न मानी। तब इंदु बताती है कि दादाजी ने छोटी बहू को कपड़े धोने के लिए दिए थे, लेकिन छोटी बहू ने उनके कपड़े नहीं धोए, जो अभी तक गुसलखाने (स्नानघर) में पड़े हुए हैं।

कर्मचंद द्वारा दादाजी को घर की स्थिति के विषय में बताना

कर्मचंद दादाजी को बताता है कि घर का आंतरिक परिवेश ठीक नहीं है। वह बताता है कि अभी तक हम जो एक संयुक्त परिवार में रहते हैं, उस परिवार के टूटने के आसार बन रहे हैं। दादाजी जब कर्मचंद से कारण पूछते हैं, तो वह बताते हैं कि छोटी बहू को अपने मायके का घमंड ज़रूरत से ज़्यादा है, जिस वजह से घर की महिलाएँ उसे पसंद नहीं करतीं।

दादाजी का परेश से मिलना

कर्मचंद से घर की आंतरिक स्थिति का पता चलने के बाद दादाजी परेश से मिलते हैं। परेश उन्हें बताता है कि छोटी बहू का इस घर में मन नहीं लग रहा है, क्योंकि वह आधुनिक विचारों वाली महिला है। वह स्वतंत्र एवं मुक्त भाव से जीना चाहती है, जहाँ किसी प्रकार का कोई बंधन न हो, जहाँ वह स्वेच्छापूर्वक जीवन व्यतीत कर सके। दादाजी परेश को समझाते हुए कहते हैं कि उनके जीवित रहने तक यह परिवार वट वृक्ष की भाँति एक रहेगा। वे परेश को आश्वासन देते हैं कि वह घर के सभी सदस्यों को समझा देंगे।

दादाजी का परिवार के सदस्यों को समझाना

परेश की बातें सुनने के बाद दादाजी घर के सभी सदस्यों को बुलाते हैं और उन्हें समझाते हैं कि छोटी बहू एक संपन्न परिवार की सुशिक्षित युवती है, जो अपने घर पर अत्यधिक आदर-सत्कार प्राप्त करती थी, किंतु यहाँ वह आदर में सबसे छोटी है, जिस कारण उसे सबकी बातें माननी पड़ती हैं। दादाजी कहते हैं कि वह आयु में हमसे छोटी अवश्य है, किंतु बुद्धि और योग्यता में हमसे कहीं अधिक बड़ी है, इसलिए हमें उसकी योग्यताओं का लाभ उठाना चाहिए और उसका आदर करना चाहिए। दादाजी इंदु और मँझली बहू को विशेष रूप से समझाते हुए छोटी बहू का आदर करने के लिए कहते हैं।

घर के सदस्यों के व्यवहार में आए परिवर्तन से छोटी बहू का दु:खी होना

दादाजी के समझाने के बाद छोटी भाभी और मँझली भाभी बेला के पास आती हैं और उसे समझाती हैं कि रजवा का परिवार कई पीढ़ियों से हमारे घर में काम कर रहा है और वह एक समझदार, विश्वसनीय और आज्ञाकारी स्त्री है। बेला उनके व्यवहार में आए परिवर्तन से आश्चर्यचकित होती है। घर की अन्य महिलाएँ बरामदे में बैठकर हँस रही होती हैं, किंतु छोटी बहू के वहाँ आने से सभी चुप हो जाती हैं और उसका अत्यधिक आदर-सत्कार करने लगती हैं, जिससे छोटी बहू को परायेपन का अहसास होता है और वह दु:खी होकर अपने कमरे में चली जाती है।

बेला, परेश को घर के सदस्यों के व्यवहार में आए परिवर्तन के विषय में बताती है, जिस पर परेश, बेला पर ही क्रोधित होते हुए कहता है कि तुम स्वयं असमंजस की स्थिति में हो, तुम स्वयं यह नहीं जानती कि तुम लोगों से कैसे व्यवहार की अपेक्षा रखती हो? परेश के इस व्यवहार से बेला अत्यधिक दु:खी होती है।

इंदु द्वारा बेला को दादाजी के निर्णय के विषय में बताना

इंदु, बेला के कमरे में आती है और उसे दु:खी देखती है। इंदु, बेला को बताती है कि दादाजी ने घर के सदस्यों को तुम्हारा आदर-सत्कार करने के लिए कहा था, जिस कारण तुम्हारे प्रति सभी के व्यवहार में परिवर्तन हुआ। तब बेला दु:खी होते हुए दादाजी से कहती है कि आप संयुक्त परिवार बनाए रखने के लिए इस परिवार से किसी को अलग होता हुआ नहीं देख सकते, लेकिन क्या आप यह देख सकते हैं कि कोई इन परिस्थितियों में दम तोड़ दे। बेला के इन्हीं संवादों के साथ एकांकी का अंत होता है।

शब्दार्थ

तानाशाह *अराजक*; **आच्छादित** *ढका हुआ*; **कोलाहल** *शोर*; **निस्तब्धता** *स्थिरता*; **भृकुटी** *भौंह*; **बिफरी** *नाराज़ होना*; **स्तंभित** *आश्चर्यचकित*; **दर्प** *अभिमान*; **हस्तक्षेप** *अनावश्यक दखल*; **उद्विग्नता** *व्याकुलता*; **अन्यमनस्कता** *दूसरी ओर ध्यान लगाए हुए*; **तिरस्कार** *अपमान*; **विटप** *वृक्ष*; **उद्यत** *तत्पर*; **वृथा** *अनावश्यक*; **दयानतदार** *ईमानदार*; **ड्योढ़ी** *दहलीज*; **नीरवता** *मौन*; **खिन्न** *उदास*; **निढाल** *बहुत थका हुआ।*

PYQs विगत वर्षों के प्रश्न व महत्त्वपूर्ण प्रश्न

गद्यांश पर आधारित प्रश्न

1. निम्नलिखित अवतरण को पढ़िए और उसके नीचे लिखे प्रश्नों के उत्तर हिंदी में लिखिए।

ना बेटा, मैं अपने जीते जी यह सब ना होने दूँगा। तुम चिंता ना करो। मैं सबको समझा दूँगा। **(ICSE Spec 2023)**

(i) वट वृक्ष को देखकर दादाजी के मन में कौन-सी कल्पनाएँ जाग जाती हैं?

उत्तर वट वृक्ष को देखकर दादाजी के मन में अपने इस बड़े परिवार की कल्पनाएँ जाग जाती हैं। इस परिवार में दादाजी सहित चार पीढ़ियाँ रहती हैं, इनके अपने-अपने व्यक्तित्व और विचार हैं उनमें विरोध है, किंतु वे आपस में प्रेम के अनुशासन में बंध कर रहते हैं। दादाजी चाहते हैं कि यह सब कुछ उनके जीवन में वैसे ही चलता रहे।

(ii) दादाजी का मन क्या सोच कर सिहर उठता है? वे किस चिंता में डूबे हैं?

उत्तर दादाजी का मन हमेशा यह सोचकर सिहर उठता है कि जिस परिवार को उन्होंने अपने खून और पसीने से सीचा है। जिसे उन्होंने प्रेम के अनुशासन, सहयोग और सहनशीलता आदि के द्वारा आगे बढ़ाया है बाद में वह नष्ट न हो जाए। इस बात की चिंता में वह हमेशा डूबे रहते हैं कि उनका परिवार हमेशा उनके बनाए गए नियमों पर ही चलता रहेगा या नहीं। इस प्रक्रिया को कैसे आगे बढ़ाया जाए।

(iii) दादा जी कैसे विचारों के व्यक्ति हैं? उनकी क्या अभिलाषा है?

उत्तर दादाजी बहुत उदार हृदय और सुलझे हुए विचारों के व्यक्ति हैं। वह सामूहिक अनुशासन के साथ ही व्यक्तिगत स्वतंत्रता और सम्मान को महत्त्व देते हैं। उनका विचार है कि व्यक्ति की उम्र के स्थान पर अनुभव को महत्त्व मिलना चाहिए। उनका विश्वास है कि घृणा ही घृणा को जन्म देती है उसे उदारता और प्रेम से ही समाप्त किया जा सकता है। उनकी अभिलाषा पारिवारिक एकता, प्रेम और त्याग करना है वह अपने परिवार के स्वरूप को नष्ट होने से रोकना चाहते हैं।

(iv) अपनी छोटी बहू के विषय में दादाजी के क्या विचार हैं?

उत्तर दादाजी की छोटी बहु के विषय में विचार हैं कि वह एक संपन्न एवं प्रतिष्ठित परिवार की बेटी एवं शिक्षित और आधुनिक विचारों वाली युवती है। वह निश्छल हृदय वाली है, किंतु उसे अपने मायके की संपन्नता का अहंकार है। इस कारण नए परिवार और परिस्थिति में वह स्वयं को स्थापित करने में आरम्भ में कुछ कठिनाई का अनुभव करती है। इसलिए दादाजी का विचार है कि इस दशा में सम्मान और सहानुभूति देकर ही हम छोटी बहु का मन सरलता से जीत सकते हैं।

2. निम्नलिखित गद्यांश को पढ़कर उसके नीचे दिए गए प्रश्नों के उत्तर हिंदी में लिखिए

बेटा, बड़प्पन बाहर की वस्तु नहीं-बड़प्पन तो मन का होना चाहिए और फिर बेटा घृणा को घृणा से नहीं मिटाया जा सकता। बहू तभी पृथक् होना चाहेगी जब उसे घृणा के बदले घृणा दी जाएगी, लेकिन यदि उसे घृणा के बदले स्नेह मिले तो उसकी समस्त घृणा धुँधली पड़कर लुप्त हो जाएगी। **(ICSE 2019)**

(i) प्रस्तुत कथन का वक्ता कौन है? उसका संक्षिप्त परिचय दीजिए।

उत्तर प्रस्तुत कथन का वक्ता दादाजी (मूलराज) हैं। दादाजी एकांकी के सबसे वरिष्ठ पात्र हैं। 72वर्ष की आयु के पश्चात् भी उनका शरीर अभी तक झुका नहीं है और उनकी सफेद दाढ़ी वट की लंबी-लंबी जटाओं की भाँति उनकी नाभि तक पहुँच चुकी है। वे साहसी, परिश्रम, निष्ठावान और दूरदर्शी है, उनके इन्हीं गुणों के कारण आज तक उनका परिवार संयुक्त है।

(ii) श्रोता ने वक्ता को छोटी बहू के संबंध में क्या बताया था?

उत्तर श्रोता ने वक्ता को छोटी बहू के संबंध में यह बताया कि छोटी बहू को अपने मायके का घमंड जरूरत से अधिक है और वह हमारे घर को घृणा की दृष्टि से देखती है, जिसके कारण घर की महिलाएँ उसे पसंद नहीं करती हैं।

(iii) वक्ता ने परिवार में एकता बनाए रखने का क्या उपाय निकाला? क्या वे इसमें सफल हुए? स्पष्ट कीजिए।

उत्तर वक्ता ने परिवार की एकता बनाए रखने का यह उपाय निकाला कि छोटी बहू का कोई अपमान नहीं करेगा। वह आयु में हमसे छोटी अवश्य है, परंतु बुद्धि और योग्यता में हमसे कही अधिक बड़ी है, इसलिए हमें उसकी योग्यताओं का लाभ उठाना चाहिए तथा उसका आदर करना चाहिए।

यदि कोई छोटी बहू का अनादर करे तो वे अपना नाता इस घर से सदा के लिए तोड़ लेंगे। इस उपाय में वे पूर्णतः सफल हुए तथा सभी छोटी बहू का आदर करने लगें।

(iv) प्रस्तुत एकांकी किस प्रकार की एकांकी है? इस एकांकी लेखन का क्या उद्देश्य है?

उत्तर प्रस्तुत एकांकी एक संयुक्त परिवार के बनते-बिगड़ते आपसी संबंधों तथा परंपरावादी व आधुनिक विचारों के बीच उत्पन्न जटिलाओं पर आधारित है। इस एकांकी लेखन का उद्देश्य संयुक्त परिवार का महत्त्व बताना रहा है। इस एकांकी में एकल परिवार की अपेक्षा संयुक्त परिवार को श्रेष्ठ बताया गया है।

एक्सपर्ट्स कमेंट्स

- छात्र पात्रों के नाम याद रखने में असमर्थ प्रतीत हुए। छात्रों ने परेश और छोटी बहू का परिचय बहुत ही कम शब्दों में दिया। छात्रों ने एकता बनाए रखने का वर्णन तो कर दिया परंतु मुख्य बिंदुओं का अभाव पाया गया। छात्रों ने अति संक्षिप्त उत्तर लिखे तथा भाषागत त्रुटियों की भी अधिकता रही। कुछ छात्र एकांकी का उद्देश्य लिखने में असमर्थ हुए तथा एकांकी का उद्देश्य भी नहीं बता पाए।

स्टूडेंट्स के लिए एडवाइज़

- पात्र-परिचय, चारित्रिक विशेषताएँ और उनके द्वारा किए गए कार्य का छात्रों को पूर्ण रूप से स्मरण करना चाहिए। एकांकी को याद रखने हेतु मनोरंजक तरीके से उसका मंचन करना चाहिए। छात्रों को चरित्र-चित्रण तथा पात्रों की विशेषताएँ समझकर लिखित रूप से उसका अभ्यास करना चाहिए।
- छात्रों को कक्षा में एकांकी का उद्देश्य, प्रेरणा, शिक्षक आदि को विस्तारपूर्वक चर्चा करनी चाहिए।
- छात्रों को एकांकी की मुख्य बातों तथा घटनाओं का पुन:-पुन: अभ्यास करना चाहिए।

3. निम्नलिखित गद्यांश को पढ़कर उसके नीचे दिए गए प्रश्नों के उत्तर हिंदी में लिखिए

"मेरी आकाँक्षा है कि सब डालियाँ साथ-साथ फलें-फूलें, जीवन की सुखद, शीतल वायु के स्पर्श से झूमे और सरसराएँ। विटप से अलग होने वाली डाली की कल्पना ही मुझे सिहरा देती है।" **(ICSE 2017)**

(i) उपर्युक्त कथन कौन, किससे, किस संदर्भ में कह रहा है?

उत्तर उपर्युक्त कथन दादाजी ने इंदु तथा मँझली बहू से कहे। दादाजी चाहते हैं कि उनका परिवार पृथक् न हो। इसलिए वे इंदु तथा मँझली बहू को विशेष रूप से समझाते हुए छोटी बहू का आदर करने के लिए कहते हैं।

(ii) सब डालियाँ साथ-साथ फलने-फूलने से क्या आशय है? 'डालियाँ' शब्द किसके लिए प्रयुक्त हुआ है?

उत्तर 'डालियाँ' शब्द परिवार के सदस्यों के लिए प्रयुक्त हुआ है। 'सब डालियाँ साथ-साथ फलने-फूलने' से आशय यह है कि परिवार के सभी सदस्य साथ-साथ रहें तथा सुखपूर्वक जीवन व्यतीत करें।

(iii) किसकी आकांक्षा है कि सब खुशहाल रहें और क्यों? इस एकांकी से आपको क्या शिक्षा मिलती है?

उत्तर दादाजी की आकांक्षा है कि सब खुशहाल रहें, क्योंकि वे चाहते हैं कि जैसे अभी तक उन्होंने अपने संयुक्त परिवार को एकता के सूत्र में बाँधकर एकजुट बनाए रखा है, वैसे ही आगे भी यह परिवार एकजुट होकर रहे। इस एकांकी से हमें यह शिक्षा मिलती है कि जिस प्रकार पेड़ से अलग हो जाने या टूट जाने पर उसकी डालियाँ सूख जाती हैं, उनका कोई वजूद नहीं रहता, उसी प्रकार परिवार के सदस्यों का अलग होकर रहने से कोई वजूद नहीं रहता। इसलिए परिवार के सदस्यों को मिलकर रहना चाहिए, क्योंकि घर, परिवार के सदस्यों के साथ मिलकर रहने से बनता है।

(iv) प्रस्तुत कथन से वक्ता की किस चारित्रिक विशेषता का पता चलता है? अपने विचार भी प्रस्तुत कीजिए।

उत्तर प्रस्तुत कथन के वक्ता दादाजी हैं। उनके इस कथन से पता चलता है कि दादाजी अपने परिवार को संयुक्त परिवार के रूप में देखना चाहते हैं। जहाँ परिवार के सभी सदस्य खुशहाल जीवन व्यतीत करें। परिवार के सदस्यों के अलग होने की कल्पना मात्र से ही वे सिहर उठते हैं। अपनी दूरदर्शिता के कारण ही उन्होंने परेश की बातें सुनते ही परिवार के सदस्यों को समझाने का प्रयास किया, ताकि भविष्य में आने वाली समस्या का निवारण करके अपने परिवार को विभाजित होने से बचाया जा सके।

4. निम्नलिखित गद्यांश को पढ़कर उसके नीचे दिए गए प्रश्नों के उत्तर हिंदी में लिखिए

इस पर पूर्णरूप से अपना प्रभुत्व जमाए, उस महान् वट की भाँति अटल खड़े हैं, जिसकी लंबी-लंबी डालियाँ उनके आँगन में एक बड़े छाते की भाँति धरती को आच्छादित किए हुए, अगणित घोंसलों को अपने पत्तों में छिपाए, वर्षों से तूफान और आँधियों का सामना किए जा रही हैं।

(i) दादाजी की तुलना वट वृक्ष से क्यों की गई?

उत्तर दादाजी की तुलना वट वृक्ष से इसलिए की गई, क्योंकि वट वृक्ष की भाँति ही उन्होंने अभी तक अपने परिवार को एकता के सूत्र में बाँधकर अपने संयुक्त परिवार को बचाए रखा था। वे चाहते थे कि उनका परिवार कभी पृथक् न हो।

(ii) गद्यांश में किसके संबंध में बात हो रही हैं?

उत्तर गद्यांश में एकांकी के वरिष्ठ पात्र दादाजी अर्थात् मूलराज के संबंध में बातें हो रही हैं, जो इस एकांकी के सबसे वरिष्ठ पात्र हैं। उन्होंने अपने पूरे परिवार को एक वृक्ष की भाँति एकजुट किया हुआ है।

(iii) "उस महान् वट की भाँति अटल खड़े हैं।" पंक्ति किसके विषय में कही गई है और क्यों कही गई?

उत्तर प्रस्तुत पंक्ति दादाजी के विषय में कही गई है, क्योंकि जिस प्रकार वट वृक्ष की कई शाखाएँ हैं और वे सब अलग-अलग होते हुए भी एक वृक्ष के कारण आपस में जुड़ी हुई हैं। उसी प्रकार दादाजी ने अपने विशाल परिवार को एकता के सूत्र में बाँधा हुआ है, उसी का परिणाम है कि उनका परिवार आज तक संयुक्त है।

(iv) "पूर्णरूप से अपना प्रभुत्व जमाए" प्रस्तुत पंक्ति का आशय स्पष्ट करते हुए बताइए कि किसने और किस प्रकार अपना प्रभुत्व जमाए रखा?

उत्तर "पूर्णरूप से अपना प्रभुत्व जमाने" का अर्थ है किसी वस्तु पर अपना एकछत्र अधिकार करना। संपूर्ण एकांकी में दादाजी ने परिवार पर अपना एकाधिकार स्थापित किया हुआ है। दादाजी एक तानाशाह की भाँति परिवार के प्रत्येक सदस्य से अपनी बातें मनवाते हैं। कोई भी उनके निर्णय के विरुद्ध जाने की चेष्टा तक नहीं करता। इस प्रकार दादाजी ने घर पर अपना प्रभुत्व जमा रखा है।

5. निम्नलिखित गद्यांश को पढ़कर उसके नीचे दिए गए प्रश्नों के उत्तर हिंदी में लिखिए

उस बेचारी ने कहा भी कि मैं दस पाँच दिन में सब कुछ सीख जाऊँगी। भला कितने दिन हुए हैं मुझे आपका काम करते? किंतु बहुरानी न मानी। झाड़न उन्होंने उसके हाथ से छीन लिया और कहा कि हट तू, मैं सब कुछ कर लूँगी।

(i) बहुरानी कौन थी? बहुरानी की अप्रसन्नता का कारण बताइए।

उत्तर बहुरानी घर की छोटी बहू बेला थी। वह एक संपन्न एवं प्रतिष्ठित परिवार की बेटी एवं शिक्षित और आधुनिक विचारों वाली युवती थी। छोटी बहू घर की नौकरानी के द्वारा किए जाने वाले कार्य से संतुष्ट नहीं थी, जिस कारण वह अप्रसन्न थी।

(ii) 'बेचारी' शब्द किसके लिए प्रयुक्त हुआ है? बेचारी की घर में क्या स्थिति थी?

उत्तर 'बेचारी' शब्द घर की नौकरानी रजवा के लिए प्रयुक्त हुआ है, जो घर में साफ़-सफ़ाई, बर्तन साफ़ करने, कपड़े धोने आदि का काम काफ़ी समय से करती चली आ रही है। रजवा की स्थिति यह है कि वह घर में एक आज्ञाकारी, विश्वसनीय और समझदार नौकरानी के रूप में जानी जाती है।

(iii) गद्यांश का वक्ता कौन है? उसकी चारित्रिक विशेषताएँ बताइए।

उत्तर गद्यांश की वक्ता इंदु है। इंदु दादाजी की लाडली पोती है। वह छोटी बहू के आने से पहले तक घर की सबसे अधिक साक्षर स्त्री पात्र थी। वह बड़ों का सम्मान करने वाली, अन्याय के विरुद्ध बोलने वाली और सभी को एक समान समझने वाली युवती है।

(iv) झाड़न किसने और किससे छीनी और क्यों?

उत्तर छोटी बहू बेला ने घर में काम करने वाली नौकरानी रजवा से झाड़न छीनी, क्योंकि छोटी बहू के अनुसार, रजवा को काम करने का तरीका नहीं आता, जिस कारण वे रजवा से नाराज़ थीं और उन्होंने उसे काम से निकाल दिया।

6. निम्नलिखित गद्यांश को पढ़कर उसके नीचे दिए गए प्रश्नों के उत्तर हिंदी में लिखिए

यदि कोई शिकायत थी, तो उसे मिटा देना चाहिए था। हल्की-सी खरोंच भी, यदि उस पर तत्काल दवाई न लगा दी जाए, बढ़कर एक बड़ा घाव बन जाता है और यही घाव नासूर हो जाता है, फिर लाख मरहम लगाओ ठीक नहीं होता।

(i) गद्यांश में किसको शिकायत थी और क्यों?

उत्तर गद्यांश में छोटी बहू को शिकायत थी, क्योंकि घर की महिलाएँ उसके साथ परायों-सा व्यवहार करती थी उन सब के बीच वह स्वयं को अकेला महसूस करती थी। इसीलिए उसका घर में मन नहीं लग रहा था।

(ii) श्रोता कौन है? श्रोता की चारित्रिक विशेषताएँ बताइए।

उत्तर श्रोता दादाजी का मँझला बेटा कर्मचंद है। वह पितृभक्त, शांत स्वभाव और पिताजी का आज्ञाकारी पुत्र है। कर्मचंद घर की समस्याओं को पिताजी के सम्मुख रखकर उनका समाधान खोजने की कोशिश करता है।

(iii) श्रोता ने ऐसा क्या कहा कि वक्ता को उपरोक्त वक्तव्य कहने के लिए विवश होना पड़ा?

उत्तर श्रोता (कर्मचंद) दादाजी को बताता है कि घर का आंतरिक वातावरण बिगड़ रहा है, जिसका कारण वह छोटी बहू के अहंकारी स्वभाव और उसका घर के सदस्यों के साथ समायोजित न होने को कहता है। कर्मचंद बताता है कि छोटी बहू शायद परिवार से अलग रहने का विचार बना रही है, जिसको सुनकर दादाजी छोटी बहू की शिकायत का समाधान ढूँढने और समस्या को शीघ्र खत्म करने की बात कहते हैं।

(iv) वक्ता कौन है? वक्ता की चारित्रिक विशेषताएँ बताइए।

उत्तर वक्ता अर्थात् मूलराज या कहें दादाजी एकांकी के सबसे वरिष्ठ पात्र हैं। 72 वर्ष की आयु के पश्चात् भी उनका शरीर अभी तक झुका नहीं है और उनकी सफ़ेद दाढ़ी वट की लंबी-लंबी जटाओं की भाँति उनकी नाभी तक पहुँच चुकी है। दादाजी साहसी, परिश्रमी, निष्ठावान और दूरदृष्टा हैं, उनके इन्हीं गुणों के कारण आज तक उनका परिवार संयुक्त है। घर में वह एक तानाशाह की भूमिका का निर्वाह करते हैं, जिस कारण घर का कोई सदस्य उनके किए गए निर्णय के विरुद्ध जाने की चेष्टा नहीं करता।

7. निम्नलिखित गद्यांश को पढ़कर उसके नीचे दिए गए प्रश्नों के उत्तर हिंदी में लिखिए

कोई तुम्हारा आदर नहीं करता, अब सब तुम्हारा आदर करते हैं। तुम्हें शिकायत थी कि तुम्हें सबसे दबना पड़ता है, अब सब तुमसे दबते हैं। तुम्हें शिकायत थी कि तुम सबका काम करती हो, अब सब तुम्हारा काम करते हैं। आदर, सत्कार, आराम—न जाने तुम क्या चाहती हो?

(i) वक्ता कौन है? वक्ता ने क्यों कहा कि "मैं नहीं समझता तुम क्या चाहती हो?

उत्तर वक्ता परेश है। परेश ने यह कथन इसलिए कहा, क्योंकि बेला घर के सदस्यों के व्यवहार में आए परिवर्तन से अचंभित एवं दुःखी होती है। बेला के इस प्रकार आदर पाने के बाद भी दुःखी होने का कारण परिवार के सदस्यों को बताए जाने पर, परेश कहता है कि "मैं नहीं समझता तुम क्या चाहती हो?"

(ii) शिकायत किसे थी तथा क्यों? स्पष्ट कीजिए।

उत्तर परेश की पत्नी व घर की छोटी बहू बेला को शिकायत थी कि घर के सदस्य उसका आदर नहीं करते तथा उसे अपने कार्य करने का आदेश देते हैं, जिससे उसे यह महसूस होता था कि वे उससे कार्य करवाकर उसे दबाकर रखना चाहते हैं। परिवार के सदस्यों के इन्हीं कृत्यों के कारण उसे उनसे शिकायत थी।

(iii) "कोई तुम्हारा आदर नहीं करता, अब सब तुम्हारा आदर करते हैं।" वक्ता ने यह कथन किसे कहा? प्रस्तुत पंक्ति में 'सब' शब्द किनके लिए प्रयोग किया गया उनके व्यवहार में परिवर्तन क्यों था?

उत्तर "कोई तुम्हारा आदर नहीं करता, अब सब तुम्हारा आदर करते हैं।" वक्ता परेश ने यह कथन अपनी पत्नी बेला से कहे थे। प्रस्तुत पंक्ति में 'सब' शब्द परिवार के सदस्यों के लिए प्रयोग किया गया है। परिवार के सदस्यों के व्यवहार में परिवर्तन दादाजी के द्वारा बेला के साथ औचित्यपूर्ण व्यवहार एवं उसका आदर करने के लिए कहने के उपरांत आया था। अब परिवार के सभी सदस्य बेला का आदर-सत्कार करते थे।

(iv) वक्ता ने क्यों व किससे कहा कि "आदर, सत्कार, आराम-न जाने तुम क्या चाहती हो?

उत्तर वक्ता अर्थात् परेश ने अपनी पत्नी बेला से यह संवाद कहा था। बेला घर के सदस्यों के व्यवहार में अचानक आए परिवर्तन से हैरान एवं परेशान थी, क्योंकि अभी तक परिवार के जो सदस्य उसे आदेश दिया करते थे, आज वह उसका आदेश पाने के लिए तत्पर थे। बेला कोई कार्य करने जाती, तो उसे स्वयं करने लगते, जिससे दुःखी होकर वह पुनः परिवार के सदस्यों के व्यवहार के प्रति असंतोष प्रकट करते हुए उनकी शिकायत परेश से करती है, जिस वजह से परेश बेला की असमंजस की स्थिति पर व्यंग्य करते हुए कहता है कि "आदर-सत्कार, आराम-न जाने तुम क्या चाहती हो।"

लघु उत्तरीय प्रश्न

1. 'सूखी डाली' एकांकी में छोटी भाभी अपने घर के विषय में इंदु से क्या-क्या कहती है? **(ICSE Sem II 2022)**

उत्तर 'सूखी डाली' एकांकी में छोटी भाभी इंदु से अपने मायके की तारीफ करती है। वह इंदु के सामने अपने मायके की संपन्नता का बखान करती है। वह हर बात में अपने मायके का रौब जमाती है। वह इंदु को कहती है कि नौकरों से काम भी वही ले सकता है, जिसे काम की परख हो। उसके मायके में ऐसी गँवार रज़वा दो दिन छोड़, दो घड़ी भी नहीं टिक सकती।

2. 'सूखी डाली' एकांकी में बेला ने ससुराल के फर्नीचर के विषय में क्या-क्या कहा था? यह बात कौन बता रहा था? **(ICSE Spec Sem II 2021)**

उत्तर 'सूखी-डाली' एकांकी में बेला ने ससुराल के फर्नीचर के विषय में कहा था कि यह फर्नीचर टूटा हुआ तथा पुराना हो गया है। इसलिए उसे कमरे में रखने से मना कर दिया। यह बात मँझली बहू बता रही है।

3. 'सूखी डाली' एकांकी में इंदु कौन है? उसने मिसरानी के विषय में बेला से क्या-क्या कहा था? यह बात उसने किसके समक्ष कही थी? **(ICSE Spec Sem II 2021)**

उत्तर 'सूखी डाली' एकांकी में इंदु छोटी भाभी की बेटी और परेश की बहन है। उसने मिसरानी के विषय में बेला से कहा था कि मिसरानी हमारे घर में दस वर्षों से काम कर रही है जिसके कारण वह एक आज्ञाकारी, विश्वसनीय और समझदार होने के रूप में जानी जाती है। यह बात उसने बेला के समक्ष कही थी।

05

महाभारत की एक साँझ

भारत भूषण अग्रवाल

एकांकीकार का परिचय

भारत भूषण अग्रवाल हिंदी साहित्य में बहुमुखी प्रतिभा से संपन्न एक अविस्मरणीय कथाकार रहे हैं। इनका जन्म वर्ष 1910 में हुआ। इन्होंने साहित्य की लगभग सभी विधाओं में उत्कृष्ट रचना की। वे मुख्य रूप से एक कवि थे। उनकी साहित्य एवं लेखन की उत्कृष्टता का ही परिणाम था कि वर्ष 1978 में उन्हें उनकी कृति 'उतना बस सूरज हूँ' के लिए साहित्य अकादमी पुरस्कार से सम्मानित किया गया।

इनकी भाषा सरल, सरस और प्रभावमयी थी। इनकी रचनाओं की विषय-वस्तु जीवन की सामान्य घटनाओं से निकलती है।

संक्षिप्त सार

'महाभारत की एक साँझ' युधिष्ठिर और दुर्योधन के बीच हुए संवादों पर आधारित है। दोनों ही महाभारत के युद्ध के लिए एक-दूसरे को ज़िम्मेदार ठहराते हुए अपने निर्णयों को सार्थक एवं औचित्यपूर्ण सिद्ध करने की कोशिश करते हैं। एकांकी का आरंभ धृतराष्ट्र एवं संजय के संवादों से होता है। धृतराष्ट्र युद्ध में मारे गए अपने पुत्रों के लिए किसी अज्ञात के पापों का परिणाम कहकर शोक मना रहे होते हैं, तब संजय उन्हें सांत्वना देते हुए व्यर्थ का शोक मनाने से मना करते हैं। धृतराष्ट्र को पता चलता है कि दुर्योधन अपने प्राणों की रक्षा के लिए जलाशय में छिपा हुआ है, लेकिन युधिष्ठिर और भीम को उसके जलाशय में छिपे होने का पता चल गया है।

युधिष्ठिर और भीम, दुर्योधन को जलाशय से बाहर निकलने और युद्ध करने के लिए ललकारते हैं, लेकिन दुर्योधन बाहर निकलने से मना कर देता है। दुर्योधन, युधिष्ठिर और भीम द्वारा कायर कहे जाने पर जलाशय से बाहर निकल आता है और युद्ध करने के लिए तैयार होता है। भीम और दुर्योधन में भीषण युद्ध होता है। दुर्योधन अपने संपूर्ण सामर्थ्य और पराक्रम से युद्ध लड़ रहा होता है तब भीम, कृष्ण के कहे अनुसार, दुर्योधन की जंघा पर प्रहार कर उसे पराजित कर देते हैं और उसे रणभूमि में छोड़कर अपने शिविर को लौट आते हैं।

दुर्योधन पितामह भीष्म, विदुर इत्यादि को कायर बताते हुए कहता है कि वे सब तुम्हारी वीरता से डरते थे। दुर्योधन, युधिष्ठिर पर स्वार्थी, अहंकारी, अधर्मी और अन्यायी होने का आरोप लगाता और युधिष्ठिर को युद्ध करवाने के लिए ज़िम्मेदार ठहराता है। दुर्योधन अपने आचरण को शुद्ध बताते हुए युधिष्ठिर पर महत्त्वाकांक्षी होने का आरोप लगाता है। साथ ही वह युधिष्ठिर को निर्लज्ज कहते हुए कहता है कि उसे अपने किसी कृत्य पर कोई पश्चाताप नहीं है और न ही उसने कोई भूल की, जिसका परिणाम है कि आज वह वीरगति को प्राप्त कर स्वर्ग पहुँचेगा। वह कहता है कि उसे केवल दु:ख है, तो इस बात का कि उसके पिता अंधे क्यों हुए? इस प्रकार 'महाभारत की एक साँझ' दुर्योधन के अंतिम युद्ध और मृत्यु काल का सजीव चित्र प्रस्तुत करती है।

मुख्य पात्रों का चरित्र-चित्रण

धृतराष्ट्र

धृतराष्ट्र हस्तिनापुर के राजा और कौरवों के पिता थे। धृतराष्ट्र जन्मांध थे। उनकी सबसे बड़ी कमी उनका पुत्र मोह था, जिस कारण अपने पुत्र कौरवों द्वारा किए जाने वाले अनुचित कार्यों का कभी विरोध नहीं किया। धृतराष्ट्र ने अपने पुत्रों के अनैतिक कृत्यों में कभी उनका साथ तो नहीं दिया, किंतु उन्होंने कभी उनको रोकने की चेष्टा भी नहीं की। वे हस्तिनापुर के राजा अवश्य थे, किंतु उन्होंने कभी एक राजा के अधिकारों का प्रयोग नहीं किया। जन्मांधता के कारण वे सदा ही दूसरों पर निर्भर रहे। वे कौरवों के कृत्यों से दु:खी अवश्य होते थे, किन्तु कभी उन्हें ऐसा करने से रोक न पाए और युद्ध के साक्षी बने। अत: कह सकते हैं कि धृतराष्ट्र एक पुत्र मोही, असफल राजा और अविरोधी स्वभाव के व्यक्ति थे।

संजय

संजय, धृतराष्ट्र का मंत्री था, उसके पास एक दिव्य दृष्टि थी, जिसके माध्यम से वह अदृश्य घटनाओं को भी देख सकता था। संजय, धृतराष्ट्र का अत्यंत निकटस्थ एवं विश्वसनीय मंत्री था, जिसकी बातों पर धृतराष्ट्र बिना किसी संदेह के भरोसा करते हैं, इसलिए महाभारत के युद्ध का संपूर्ण विवरण संजय अपनी दिव्य दृष्टि के माध्यम से धृतराष्ट्र को सुनाते थे। अत: उपरोक्त विवरण के आधार पर सारांशत: कहा जा सकता है कि संजय एक विश्वसनीय और दिव्य दृष्टि जैसे गुणों से युक्त धृतराष्ट्र का मंत्री एवं सहायक था।

दुर्योधन

दुर्योधन एकांकी के प्रमुख पात्रों में से एक था। दुर्योधन, धृतराष्ट्र के पुत्रों में से सबसे ज्येष्ठ पुत्र था। वह एक कुशल योद्धा था, जो गदा युद्ध विधा में अत्यंत निपुण था। दुर्योधन अहंकारी स्वभाव का था। उसके अहंकार का ही परिणाम था कि अपनी गलतियों पर पश्चात्ताप करने के स्थान पर वह उन्हें न्यायोचित ठहराने के लिए कुतर्क तक करता था। वह एक सत्तालोलुप और अनैतिक आचरण वाला पात्र था। अपने सत्तालोलुप आचरण के कारण ही वह पांडवों को सूई की नोंक के बराबर तक की भूमि देने से इनकार कर देता है और अपने अनैतिक आचरण के कारण वह भरी सभा में अपनी भाभी द्रौपदी का चीरहरण करता है। दुर्योधन अपनी कूटनीति के द्वारा पांडवों को तेरह वर्ष का वनवास दिलवाता है। सारांशत: कहा जा सकता है कि दुर्योधन एक अहंकारी, सत्तालोलुप, अनैतिक आचरण वाला, कुशल कूटनीतिज्ञ जैसी कुप्रवृत्तियों के साथ-साथ गदा युद्ध में निपुण योद्धा भी था।

युधिष्ठिर

युधिष्ठिर, पांडु-कुंती के ज्येष्ठ पुत्र थे। वे धर्मराज के रूप में प्रसिद्ध थे। वे दयालु प्रवृत्ति के पुरुष थे, उनकी दयालुता का प्रमाण यह है कि वे दुर्योधन जैसे दुष्ट व्यक्ति से भी एक बड़े भाई होने के नाते उससे युद्धभूमि में जहाँ वह असहाय एवं बेबस होकर तड़प रहा होता है, मिलने जाते हैं। युधिष्ठिर सदाचारी गुणों के धनी हैं, उनकी सदाचारिता का इसी से अनुमान लगाया जा सकता है कि दुर्योधन द्वारा उन्हें अपशब्द कहने के उपरांत भी वह उसे सांत्वना देने की कोशिश करते हैं और शांत होने के लिए कहते हैं। वे निर्लोभी, शांति के पक्षधर व न्यायप्रेमी हैं। उनकी निर्लोभिता और न्यायप्रियता का ही परिणाम है कि वे संपूर्ण राज्य की जगह आधे राज्य की माँग करते हैं। युधिष्ठिर शांतिप्रिय व्यक्ति हैं, तभी वे अंतिम समय तक युद्ध की विभीषिका से दोनों पक्षों को बचाने की कोशिश करते हैं।

उपरोक्त विवेचन के आधार पर कहा जा सकता है कि युधिष्ठिर दयालु, सदाचारी, निर्लोभी, न्यायप्रेमी, शांति के पक्षधर जैसे गुणों के स्वामी थे।

भीम

भीम, कुंती के दूसरे पुत्र और युधिष्ठिर के छोटे भाई थे। भीम बलवान, गदा युद्ध में पारंगत वीर योद्धा थे। वह दृढ़ निश्चयी थे। उनकी दृढ़ निश्चयता का ही परिणाम है कि उन्होंने दुर्योधन के द्वारा भरी सभा में अपमानित करने के उपरांत ली गई प्रतिज्ञा को पूरा किया। भीम के बल एवं वीरता से पूरा कौरव पक्ष भयभीत रहता था। गदा युद्ध में अपनी निपुणता को पहचानते हुए ही उन्होंने दुर्योधन जैसे वीर योद्धा को गदा युद्ध के लिए आमंत्रित किया था। अत: कहा जा सकता है कि भीम दृढ़ निश्चयी, बलवान, वीर और उग्र स्वभाव के योद्धा थे।

पाठ का सार

दुर्योधन का जलाशय में छिपना

धृतराष्ट्र को जब यह पता चलता है कि पांडवों को दुर्योधन के जलाशय में छिपे होने की ख़बर लग गई है, तब वह अपने अतीत का मूल्यांकन करते हुए शोक व्यक्त करते हैं तथा पांडवों के वहाँ पहुँचने की ख़बर से चिंतित होते हैं। युधिष्ठिर और भीम जलाशय पर पहुँचकर दुर्योधन को ललकारते हुए जलाशय से बाहर आने और युद्ध करने की चुनौती देते हैं। दुर्योधन पांडवों को रक्त पिपासु कहते हुए, निहत्थे से युद्ध करने को अन्याय और अधर्म की नीति कहता है। भीम, दुर्योधन को धर्म की नीति का पाठ न पढ़ाने के लिए कहते हुए उसे स्मरण करवाता है कि किस प्रकार उन्होंने अभिमन्यु का वध किया था?

दुर्योधन एवं भीम के बीच युद्ध होना

दुर्योधन अपनी कूटनीति को व्यर्थ होता देख जलाशय से बाहर निकल आता है और कहता है कि मैं तो शांति और मेल-मिलाप से जीवन व्यतीत करना चाहता हूँ, किंतु तुम्हारी हिंसात्मक प्रवृत्ति के कारण मेरी यह कामना भी पूर्ण न हो सकी। युधिष्ठिर, दुर्योधन को अस्त्र-शस्त्र देते हुए युद्ध करने को कहते हैं। दुर्योधन और भीम के बीच भीषण युद्ध होता है, लेकिन भीम, कृष्ण के कहे अनुसार, दुर्योधन की जंघा पर प्रहार कर उसे पराजित कर देते हैं। संजय अपनी दिव्य दृष्टि से पूरी घटना का विवरण धृतराष्ट्र को सुनाते हैं।

युधिष्ठिर का दुर्योधन से मिलने के लिए आना

पराजित दुर्योधन जब रणभूमि में निस्सहाय स्थिति में पड़ा हुआ होता है, तब युधिष्ठिर, दुर्योधन से मिलने के लिए रणभूमि में आते हैं। युधिष्ठिर को रणभूमि में आया देखकर दुर्योधन, युधिष्ठिर पर आरोप

लगाते हुए कहता है कि तुम मुझे तड़पकर मरते हुए देखने के लिए आए थे। तुम मेरी मृत्यु का पर्व मनाने के लिए आए थे। युधिष्ठिर जब दुर्योधन को समझाते हुए कहते हैं कि वह अर्थ का अनर्थ न करें, वे तो केवल उसे सांत्वना देने और पश्चाताप के दु:ख को कम करने आए थे, किंतु दुर्योधन उनकी बातों पर विश्वास न करते हुए उन्हें स्वार्थी, अभिमानी, ढोंगी कहते हुए गुरुजनों की हत्या करवाने का आरोप लगाता है।

युधिष्ठिर को युद्ध का दोषी ठहराना

दुर्योधन, युधिष्ठिर पर अपनी स्वार्थपूर्ति और साम्राज्य प्राप्त करने के लिए अधर्म और अन्याय का सहारा लेते हुए महाभारत का युद्ध करवाने का दोषी ठहराता है। वह युधिष्ठिर पर बिना किसी अधिकार के राज्याधिकार माँगने का आरोप लगाता है। वह कहता है कि मेरे पिता के जन्मांध होने के कारण उनके पिता को राज-पाट सौंपा गया था, अन्यथा उनका इस पर कोई अधिकार नहीं था।

युधिष्ठिर उसकी बातों को उसका निजी मत बताते हुए कहते हैं कि पितामह भीष्म, कृपाचार्य, महात्मा विदुर ने कभी ऐसी कोई बात नहीं कही है, तब दुर्योधन उन्हें कायर बताते हुए कहता है कि वे सब तुम्हारे गुणों से प्रभावित थे और तुम्हारी वीरता से डरते थे। दुर्योधन कहता है कि मैं धर्म और न्याय की ओर था, तभी सब योद्धा मेरी ओर से लड़े और कृष्ण तक ने मुझे सैनिक सहायता प्रदान की।

युधिष्ठिर का दुर्योधन को समझाना

युधिष्ठिर, दुर्योधन को समझाने की कोशिश करते हुए कहते हैं कि वे तो केवल उसके दु:ख को कम करने और उसे सांत्वना देने आए थे। वे कहते हैं कि दुर्योधन तुम अपनी सुध-बुध खो चुके हो, तुम्हारी समझने की क्षमता क्षीण हो चुकी है, इसलिए तुम ऐसी बातें कर रहे हो और तुम्हारी बातों पर कोई विश्वास नहीं करेगा, तब दुर्योधन कहता है कि उसके पास पूरे प्रमाण हैं, लेकिन तुम अपने सामर्थ्य से किसी को विश्वास न करने दोगे।

युधिष्ठिर द्वारा दुर्योधन के कृत्यों पर प्रश्नचिह्न अंकित करना

युधिष्ठिर, दुर्योधन के कृत्यों पर प्रश्नचिह्न अंकित करते हुए कहते हैं कि जिस प्रकार तुमने भरी सभा में द्रौपदी को अपमानित किया और अभिमन्यु का रणभूमि में अधर्म से वध किया, ये कार्य किस प्रकार न्यायोचित थे? इस पर दुर्योधन द्रौपदी को जीती हुई दासी कहते हुए बताते हैं कि रणभूमि में प्रत्येक कृत्य को धर्म-अधर्म, न्याय-अन्याय की नज़र से देख पाना संभव नहीं है।

युधिष्ठिर, दुर्योधन से कहते हैं कि तुम वास्तव में, सत्य-असत्य में भेद करना भूल गए हो। दुर्योधन, युधिष्ठिर को महत्त्वाकांक्षी बताते हुए कहता है कि तुमने जीवनपर्यंत तो मुझे सुख से जीने नहीं दिया, अब मेरे अंतिम क्षणों में भी मुझे दु:खी करते हो। वह कहता है कि अब तुम उस रक्त-रंजित सिंहासन पर बैठो, जिसके लिए तुमने यह सब षड्यंत्र रचा और अब मैं तुम्हारे मार्ग से सदा के लिए हटता हूँ।

शब्दार्थ

अहेरी *शिकारी*; **दुरात्मा** *बुरी आत्मा*; **कालाग्नि** *प्रलयकाल की आग*; **क्षीण** *कमज़ोर*; **अनायास** *बिना परिश्रम के*; **स्मरण** *याद करना*; **पामर** *दुराचारी*; **कूटनीति** *गुप्तचाल*; **बधिक** *हत्यारा*; **चीत्कार** *चीख*; **पश्चात्ताप** *पछतावा*; **षड्यंत्र** *साजिश*; **शोणित** *रक्त*; **प्रतिष्ठा** *सम्मान*; **ध्वन्स** *विनाश*; **असंभव** *जो घटित न हो सकता हो*; **तिरस्कृत** *अपमानित*; **निष्पक्ष** *पक्षपात से हीन*; **कटु सत्य** *कड़वा सच*; **अंतर्यामी** *अंदर की बात जानने वाला*; **अभिषेक** *राज्य प्राप्ति के लिए स्नान*; **वीरगति** *युद्धभूमि में प्राण देना।*

PYQs विगत वर्षों के प्रश्न व महत्त्वपूर्ण प्रश्न

गद्यांश पर आधारित प्रश्न

1. **निम्नलिखित अवतरण को पढ़िए और उसके नीचे लिखे प्रश्नों के उत्तर हिंदी में लिखिए।**

"भविष्य को भी तुम चाहो तो बहका सकते हो युधिष्ठिर पर दुर्योधन को नहीं बहका सकते, क्योंकि उसने अपने बचपन से लेकर अब तक की एक-एक घड़ी तुम्हारे ईर्ष्या के रथ की गड़गड़ाहट सुनते हुए बिताई है। तुम्हारी तैयारियों ने उसे एक रात भी चैन से सोने नहीं दिया।" **(ICSE Spec 2017)**

(i) **कथन के वक्ता का परिचय देते हुए बताइए कि 'भविष्य को भी चाहो तो बहका सकते हो' इस पंक्ति का क्या अभिप्राय है?**

उत्तर प्रस्तुत अवतरण का वक्ता दुर्योधन है। यहाँ दुर्योधन अपने कुकृत्यों पर पर्दा डालते हुए महाभारत के युद्ध का दोषी युधिष्ठिर को ठहराता है। इसी संदर्भ में युधिष्ठिर अपना पक्ष रखते हैं, परंतु दुर्योधन को उनकी सभी बातें मिथ्या प्रतीत होती हैं। दुर्योधन कहता है कि तुम चाहो तो भविष्य को भी जाल में फँसा लो, लेकिन मुझे नहीं बहका सकते। अत: दुर्योधन स्वयं को सही व युधिष्ठिर को गलत साबित करना चाहता है।

(ii) **'ईर्ष्या के रथ' से क्या अभिप्राय है? ईर्ष्या किसे होती है? यहाँ इसका उल्लेख क्यों किया जा रहा है?**

उत्तर जब व्यक्ति का स्वयं के भावों पर कोई अधिकार नहीं रह पाता और वह उसके अधीन हो जाता है तथा ईर्ष्या आदि भाव के रथ पर सवार हो जाता है। तो ज्वलनशील प्रवृत्ति के लोगों को ईर्ष्या होती है और इस भाव के कारण वह अपना सर्वस्व खो बैठता है। दुर्योधन में बाल्यावस्था से ही ईर्ष्या भाव की प्रवृत्ति घर कर गई थी और इसी कारण अंत में वह सर्वस्व खो चुका था।

(iii) 'तुम्हारी तैयारियों ने उसे एक रात भी चैन से सोने नहीं दिया।' यह वाक्य कब कहा गया है तथा दुर्योधन की किस मन:स्थिति को प्रकट करता है?

उत्तर जब दुर्योधन पराजित होकर पस्त पड़ा था, तब युधिष्ठिर सायंकाल में उसे सांत्वना देने हेतु गए थे, परंतु दुर्योधन को युधिष्ठिर की यह भावना छलावा लगी और उसने कहा कि मैंने अपने बचपन से लेकर अब तक की एक-एक घड़ी तुम्हारी ईर्ष्या के रथ की गड़गड़ाहट सुनकर बिताई है। तुम्हारी खुशियों ने मुझे एक रात भी चैन से सोने नहीं दिया। आज जब मैं इस अवस्था में हूँ, तब तो मुझे चैन से मोक्ष प्राप्त करने दो। यहाँ दुर्योधन की ईर्ष्या के भाव का प्रकटीकरण हुआ है।

(iv) प्रस्तुत कथन की युधिष्ठिर पर क्या प्रतिक्रिया होती है और क्यों? समझाइए।

उत्तर प्रस्तुत कथन युधिष्ठिर को क्रुद्धकर देता है। जब दुर्योधन, युधिष्ठिर को महाभारत के युद्ध का दोषी मानता है तथा उन्हें युद्ध को भीषण बनाने का भागी बताता है, तो युधिष्ठिर कहते हैं कि तुम अपनी सुध-बुध खो बैठे हो, तुम प्रलाप कर रहे हो जो अब निरर्थक है। इसका कोई लाभ नहीं है। तुमने जो पांडवों के साथ छल किया, ये उसी का परिणाम है कि आज तुम पराजित हो। जो पांडव तुमसे तिरस्कृत होकर घर-घर भीख माँगते फिरे, वन-जंगलों की धूल छानते फिरे, जिनका अधिकार तुमने छल से छीना। इन सभी कुकृत्यों के पश्चात् तुम्हारी बातों पर कोई विश्वास नहीं करेगा।

2. निम्नलिखित गद्यांश को पढ़कर उसके नीचे दिए गए प्रश्नों के उत्तर हिंदी में लिखिए

लज्जा! उस पापी को लज्जा! भीमसेन ऐसी अनहोनी बात की तुमने कल्पना कैसे की? जो अपने सगे-संबंधियों को गाजर-मूली की भाँति कटवा सकता है, जो अपने भाइयों को जीवित जलवा देने में भी नहीं हिचकता, जो आदमी अपनी भाभी को भरी सभा में अपमानित करने में आनंद ले सकता है, उसका लज्जा से क्या परिचय?

(i) वक्ता कौन है? वह किससे और किसके बारे में बात कर रहे हैं?

उत्तर गद्यांश में वक्ता युधिष्ठिर हैं, जो अपने छोटे भाई भीमसेन से दुर्योधन के विषय में बात कर रहे हैं। वे भीम को समझाते हुए कहते हैं कि इस पापी को लज्जा कैसे होगी। यह तुम्हारी बात तो कल्पना के समान है। जिसने अपने परिजनों को मौत के मुँह में धकेला, जिसने माँ समान स्त्री को अपमानित करके आनंद की प्राप्ति की उसके लिए लज्जा नाम का कोई भाव सार्थक नहीं है।

(ii) गद्यांश में पापी किसको कहा गया है और क्यों?

उत्तर गद्यांश में पापी दुर्योधन को कहा गया है, क्योंकि दुर्योधन ने अपनी स्वार्थता, अपने अहंकार के कारण युद्ध की पृष्ठभूमि रची, जिस कारण कितने ही वीर योद्धा मारे गए थे और दोनों पक्षों को जान-माल की हानि हुई थी।

(iii) ''जो अपने सगे-संबंधियों को गाजर-मूली की भाँति कटवा सकता है'' वक्ता ने ऐसा क्यों कहा? वक्ता के इस कथन का प्रसंग स्पष्ट कीजिए।

उत्तर वक्ता ने यह कथन इसलिए कहा, क्योंकि दुर्योधन ने अपने झूठे अभिमान, हठी स्वभाव और लोभी प्रवृत्ति के कारण महाभारत के युद्ध की नींव रखी, ये वही दुर्योधन है जिसने अपनी स्वार्थपूर्ति व लोलुपता के कारण अपने भाइयों, गुरुओं व अन्य सगे-संबंधियों को युद्ध-क्षेत्र में खड़ा करवाया और उनकी मृत्यु का भागीदार बना। लेकिन आज वह कायरों की भाँति युद्ध करने के स्थान पर जलाशय में छिपकर अपने प्राणों की भीख माँग रहा है।

(iv) भरी सभा में किसको अपमानित किया गया और क्यों?

उत्तर भरी सभा में द्रौपदी को अपमानित किया गया था। दुर्योधन पांडवों को दिए गए आधे राज्य को भी हड़पना चाहता था, इसलिए उसने युधिष्ठिर को जुआ खेलने के लिए आंमत्रित किया, जिसमें युधिष्ठिर अपना राज-पाट हारने के साथ-साथ अपने भाइयों और अपनी पत्नी द्रौपदी को भी हार जाते हैं, जिस कारण दुर्योधन, द्रौपदी से अपने अपमान का प्रतिशोध लेने और पांडवों को अपमानित करने के लिए द्रौपदी को अपमानित करता है।

3. निम्नलिखित गद्यांश को पढ़कर उसके नीचे दिए गए प्रश्नों के उत्तर हिंदी में लिखिए

पहले वीरता का दंभ और अंत में करुणा की भीख! कायरों का यही नियम है, परंतु दुर्योधन! कान खोलकर सुन लो। हम तुम्हें दया करके छोड़ेंगे भी नहीं और तुम्हारी भाँति अधर्म से हत्या कर बधिक भी न कहलाएँगे।

(i) ''पहले वीरता का दंभ और अंत में करुणा की भीख।'' पंक्ति का वक्ता कौन है और उसने यह उक्ति किसके लिए कही?

उत्तर प्रस्तुत पंक्ति का वक्ता युधिष्ठिर है और उसने यह उक्ति दुर्योधन के लिए कही। दुर्योधन युद्ध करने के लिए पहले अपनी वीरता पर घमंड दिखाता था और युद्ध के अंत में वह अपने प्राणों की रक्षा के लिए जलाशय में छिपकर दया की भीख माँगता है, इसलिए युधिष्ठिर ने ये पंक्तियाँ कहीं कि ''पहले वीरता का दंभ और अंत में करुणा की भीख।''

(ii) ''तुम्हारी भाँति अधर्म से हत्या कर बधिक भी न कहलाएँगे।'' वक्ता कौन है? उसने दुर्योधन के लिए यह कथन क्यों कहा स्पष्ट कीजिए?

उत्तर वक्ता कुंती और पांडु का ज्येष्ठ पुत्र युधिष्ठिर है। युधिष्ठिर ने ऐसा इसलिए कहा, क्योंकि दुर्योधन के महारथियों ने निहत्थे अभिमन्यु को अधर्म एवं युद्धनीति के विरुद्ध जाकर चक्रव्यूह में फँसाकर मार दिया था, इसलिए युधिष्ठिर ने दुर्योधन से कहा कि ''तुम्हारी भाँति अधर्म से हत्या कर बधिक भी न कहलाएँगे।''

(iii) वक्ता ने दुर्योधन को कायर क्यों कहा?

उत्तर वक्ता ने दुर्योधन को कायर उसके स्वार्थी चरित्र के कारण कहा, क्योंकि आज तक दुर्योधन अपनी वीरता के दंभ के कारण महाभारत के युद्ध का सूत्रधार बना, किंतु जब वीरत्व को प्रदर्शित करने का समय आया, तो वह प्राणों के मोह में ग्रसित होकर जलाशय में छिप गया और अपने प्राणों की भीख माँगने लगा और धर्म-अधर्म, न्याय-अन्याय की बातें करने लगा, इसलिए वक्ता ने दुर्योधन को कायर कहा।

(iv) वक्ता की मनोदशा स्पष्ट कीजिए।

उत्तर वक्ता अर्थात् युधिष्ठिर, दुर्योधन के प्रत्येक कुकृत्य का, जिनके कारण पांडवों को वनवास जाना पड़ा तथा द्रौपदी को अपमानित होना पड़ा और वीर अभिमन्यु को अल्पायु में वीरगति प्राप्त हुई, उन सभी का धर्म, न्याय के रास्ते चलते हुए प्रतिशोध लेने की मनोदशा के साथ वह जलाशय पर आया है।

4. निम्नलिखित गद्यांश को पढ़कर उसके नीचे दिए गए प्रश्नों के उत्तर हिंदी में लिखिए

"जानता हूँ युधिष्ठिर भली-भाँति जानता हूँ। किंतु सोच लो, मैं थककर चूर हो गया हूँ, मेरी सभी सेना तितर-बितर हो गई है, मेरा कवच फट गया है, मेरे शस्त्रास्त्र चूक गए हैं। मुझे समय दो युधिष्ठिर! क्या भूल गए मैंने तुम्हें तेरह वर्ष का समय दिया था।"

(ICSE 2019)

(i) वक्ता कौन है? वह क्या जानता था?

उत्तर प्रस्तुत अवतरण का वक्ता दुर्योधन है। जो धृतराष्ट्र का सबसे ज्येष्ठ पुत्र है। वह यह जानता है कि पांडव उसकी कूटनीतिपूर्ण बातों में नहीं आएँगे और उसके प्राण लिए बिना शांत नहीं होंगे।

(ii) वक्ता इस समय असहाय क्यों हो गया था? क्या वह वास्तव में असहाय था?

उत्तर वक्ता अर्थात् दुर्योधन इस समय असहाय इसलिए हो गया था, क्योंकि वह थककर चूर हो गया था। उसकी सेना तितर-बितर हो गई थी, उसका कवच फट गया था तथा शस्त्रास्त्र खत्म हो गए थे। वह वास्तव में असहाय नहीं था, अपितु वह केवल कूटनीति चाल चल रहा था, ताकि स्वयं की रक्षा कर सके।

(iii) श्रोता कौन है? श्रोता को तेरह वर्ष का समय किसने दिया था? इस कथन को आप कितना सही मानते हैं?

उत्तर प्रस्तुत कथन का श्रोता युधिष्ठिर है। युधिष्ठिर को तेरह वर्ष का समय धृतराष्ट्र की शर्त के अनुसार दुर्योधन ने जुए में हारने के कारण दिया था। धृतराष्ट्र ने कौरवों और पांडवों को जुआ खेलने की आज्ञा दी। जिसमें तय यह हुआ कि एक ही दाँव रखा जाएगा और जो भी उसमें हारेगा वह बारह वर्ष वनवास और एक वर्ष अज्ञातवास में रहेगा। दुर्योधन ने शकुनी के साथ मिलकर धोखे से बाजी जीत ली और युधिष्ठिर सहित पांडवों को 12 वर्ष का वनवास और एक वर्ष अज्ञातवास मिला। इसी संदर्भ में दुर्योधन ने कहा कि मैंने तुम्हें तेरह वर्ष का समय दिया था। इस कथन को हम बिलकुल भी सही नहीं मानते हैं।

(iv) वक्ता ने जो समय दिया था उसका उद्देश्य क्या था? क्या वह अपने उद्देश्य में सफल हो सका? स्पष्ट कीजिए।

उत्तर वक्ता यानी दुर्योधन ने पांडवों को जो समय दिया था उसका उद्देश्य पांडवों को राजमहल से दूर करना तथा उन्हें कष्ट पहुँचाना था। इस उद्देश्य की पूर्ति के लिए उसने कई तरीके अपनाए, ताकि वह पांडवों को मारकर संपूर्ण राज्य पर स्वयं अधिकार कर सके, परंतु वह अपने उद्देश्य में सफल नहीं हो सका। पांडव 12 वर्ष का वनवास और एक वर्ष का अज्ञातवास पूरा करके पुनः लौट आए।

एक्सपर्ट्स कमेंट्स

- कहीं-कहीं छात्र अपने भावों को अभिव्यक्त नहीं कर सके। मुख्य बिंदुओं का अभाव पाया गया। अपने उत्तर में छात्र भ्रमित दिखाई दिए। भाषागत त्रुटियों का बाहुल्य रहा। अधिकांश छात्र प्रश्न के प्रत्येक भाग का उत्तर सटीकता से नहीं दे पाए।

स्टूडेंट्स के लिए एडवाइज़

- विद्यार्थियों को एकांकी का अध्ययन बार-बार करना चाहिए। एकांकी के मुख्य बिंदुओं का पुरावरण करते रहना चाहिए तथा प्रश्नों का मौखिक अभ्यास भी करते रहना चाहिए। छात्रों को एकांकी की मुख्य घटनाओं की चर्चा बार-बार करते रहना चाहिए। भाषा संबंधी त्रुटियों को दूर करने के लिए कक्षा में अभ्यास पर बल देना चाहिए।

5. निम्नलिखित गद्यांश को पढ़कर उसके नीचे दिए गए प्रश्नों के उत्तर हिंदी में लिखिए

हाय रे मिथ्याभिमानी! अब भी दया का ढोंग नहीं छोड़ा। पर युधिष्ठिर! तनिक अपनी ओर तो देखो। पश्चात्ताप तो तुम्हें होना चाहिए। मैं क्यों पश्चात्ताप करूँगा? मैंने ऐसा कौन-सा पाप किया है? मैंने अपने मन के भावों को गुप्त नहीं रखा, मैंने षड्यंत्र नहीं किया, मैंने गुरुजनों का वध नहीं किया।

(i) वक्ता कौन है? उसकी चारित्रिक विशेषताएँ बताइए।

उत्तर वक्ता धृतराष्ट्र और गांधारी का ज्येष्ठ पुत्र दुर्योधन है। दुर्योधन एक अहंकारी, सत्तालोलुप आचरण वाला, कुशल कूटनीतिज्ञ, हठी आदि कुप्रवृत्तियों के साथ-साथ गदा युद्ध में निपुण योद्धा भी था।

(ii) वक्ता किस षड्यंत्र की बात कर रहा है?

उत्तर दुर्योधन, युधिष्ठिर पर आरोप लगाता है कि उसने धर्म और न्याय की बातें करके राज्याधिकार की माँग की और सभी आत्मजनों को अपनी ओर मिलाकर युद्ध की नींव रखी और षड्यंत्र रचकर महाभारत का युद्ध करवाया।

(iii) वक्ता ने मिथ्याभिमानी किसको कहा और क्यों?

उत्तर वक्ता ने युधिष्ठिर को मिथ्याभिमानी और ढोंगी कहा, क्योंकि जब युधिष्ठिर युद्ध की साँझ को दुर्योधन से मिलने रणभूमि में जाते हैं, तो दुर्योधन को लगता है कि वह उसे तड़पते हुए मरने के लिए देखने आया है, लेकिन जब युधिष्ठिर कहते हैं कि वह उसे सांत्वना देने आए हैं, तो वह उन्हें मिथ्याभिमानी और ढोंगी कहता है।

(iv) वक्ता ने क्यों कहा कि मैंने गुरुजनों का वध नहीं किया?

उत्तर वक्ता अर्थात् दुर्योधन ने यह इसलिए कहा, क्योंकि उसका मानना है कि युधिष्ठिर ने अपने स्वार्थ के कारण युद्ध लड़ा और अधर्म व अन्याय का उपयोग करते हुए अपने सगे-संबंधियों को पराजित किया। अपने स्वार्थ के कारण ही उसने अपने आदरणीय पितामह और बचपन से युद्धनीति और अस्त्र-शस्त्र की शिक्षा देने वाले गुरुजनों को भी नहीं बख्शा, जो कौरवों अर्थात् धर्म की ओर से युद्ध लड़ रहे थे।

6. निम्नलिखित गद्यांश को पढ़कर उसके नीचे दिए गए प्रश्नों के उत्तर हिंदी में लिखिए

यही तो मुझे दुःख है युधिष्ठिर कि तथ्य तक पहुँचने की किसी ने भी चेष्टा नहीं की। एक अन्याय की प्रतिष्ठा के लिए इतना ध्वन्स किया

गया और सब अंधों की भाँति उसे स्वीकार करते गए। सबने मेरा हठ ही देखा, मेरे पक्ष का न्याय किसी ने न देखा और जानते हो इसका कारण क्या था?

(i) वक्ता ने किनके लिए कहा कि तथ्य तक पहुँचने की किसी ने भी चेष्टा नहीं की?

उत्तर वक्ता ने पितामह भीष्म, महात्मा विदुर, गुरु कृपाचार्य और महाराजा धृतराष्ट्र के लिए कहा कि किसी ने भी तथ्य तक पहुँचने की चेष्टा नहीं की और सभी ने मेरा हठ ही देखा अर्थात् मेरे हठी स्वभाव के पीछे किसी ने संपूर्ण सत्य को जानने का प्रयास ही नहीं किया।

(ii) वक्ता किस अन्याय की प्रतिष्ठा की बात कर रहा है?

उत्तर वक्ता युधिष्ठिर का राज्याभिषेक करते हुए उसको राजा बनाने के निर्णय को अन्याय की प्रतिष्ठा कहता है। दुर्योधन अपने कुकृत्यों को भुलाकर युधिष्ठिर को अधर्मी, लोभी, सत्तालोलुप आदि की संज्ञा देता है।

(iii) 'ध्वंस' का कथा के संदर्भ में अर्थ स्पष्ट करते हुए बताइए ध्वंस का कारण क्या था?

उत्तर 'ध्वंस' का कथा के संदर्भ में अर्थ है–''महाभारत का युद्ध।'' युद्ध का मुख्य कारण कौरवों और पांडवों में राज सिंहासन प्राप्त करने की प्रबल इच्छा तथा दुर्योधन का हठी और लोभी स्वभाव था, जिसके कारण वह पांडवों को सूई की नोंक के बराबर भी ज़मीन देने के लिए तैयार न था।

(iv) वक्ता और श्रोता के बीच संबंध बताते हुए श्रोता की चारित्रिक विशेषताएँ बताइए।

उत्तर वक्ता अर्थात् दुर्योधन और श्रोता अर्थात् युधिष्ठिर चचेरे भाई थे। युधिष्ठिर सत्यवादी, अहिंसक, धर्मप्रिय और न्यायप्रिय थे। युधिष्ठिर की धर्मप्रियता और न्यायप्रियता के कारण ही उन्हें 'धर्मराज' की संज्ञा प्रदान की गई। उनकी वीरता के कारण ही उनके गुणों से सभी आत्मीयजन उनसे प्रभावित थे।

7. निम्नलिखित गद्यांश को पढ़कर उसके नीचे दिए गए प्रश्नों के उत्तर हिंदी में लिखिए

सत्य को ढकने का प्रयत्न न करो युधिष्ठिर! उसे निष्पक्ष होकर जाँचो। मेरे पास प्रमाणों की कमी नहीं है। आधा राज्य पाकर भी तुमने चैन न लिया। तुमने अर्जुन को चारों ओर दिग्विजय के लिए भेजा। राजसूय यज्ञ के बहाने तुमने जरासंध और शिशुपाल को समाप्त किया। यहाँ तक कि जुए में खेल-खेल में भी तुम अपनी ईर्ष्या न भूले और तुमने झट से अपना राज्य दाँव पर लगा दिया कि यदि तुम जीते तो तुम्हें मेरा राज्य अनायास ही मिल जाए। बनवास उसी महत्त्वाकांक्षा का परिणाम था, मेरा उसमें कोई हाथ न था।

(i) ''सत्य को ढकने का प्रयत्न न करो'' पंक्ति में वक्ता कौन है और वह ऐसा क्यों कह रहा है?

उत्तर ''सत्य को ढकने का प्रयत्न न करो'' पंक्ति में वक्ता दुर्योधन है। वह ऐसा इसलिए कह रहा है, क्योंकि वह जानता था कि यदि, उसके पिता धृतराष्ट्र अंधे न होते, तो वही राज्य का उत्तराधिकारी होता।

(ii) किसके पास प्रमाणों की कमी नहीं है?

उत्तर दुर्योधन के पास प्रमाणों की कमी नहीं है। वह अपने उन प्रमाणों को सत्य मान रहा है, जो उसके लालच और हठ का प्रतीक हैं।

(iii) गद्यांश के आधार पर स्पष्ट कीजिए कि ''आधा राज्य पाकर भी तुमने चैन न लिया'' यह पंक्ति किसने, किसके संदर्भ में कही थी?

उत्तर ''आधा राज्य पाकर भी तुमने चैन न लिया'' यह पंक्ति दुर्योधन ने युधिष्ठिर से कही थी। ऐसा दुर्योधन ने इसलिए कहा, क्योंकि आधे राज्य पर राज करते हुए भी पांडव चैन से नहीं बैठे और उन्होंने अर्जुन को दिग्विजय के लिए भेजा और राजसूय यज्ञ के बहाने जरासंध और शिशुपाल जैसे राजाओं को मार डाला, साथ ही यह भी आरोप लगाता है कि जुआ खेलते समय तुरंत अपना राज्य इसलिए दाँव पर लगा दिया, ताकि कौरवों की हार होते ही तुम्हें सारा राज्य मिल जाए।

(iv) प्रस्तुत गद्यांश का मूल-भाव स्पष्ट कीजिए।

उत्तर प्रस्तुत गद्यांश में दुर्योधन, युधिष्ठिर को संबोधित करते हुए, सत्य की जाँच, निष्पक्ष होकर करने के लिए कहता है, साथ ही वह पांडवों को दोषी मानते हुए उन पर लांछन लगाता है कि आधा राज्य प्राप्त कर लेने पर भी उन्हें संतुष्टि नहीं हुई और पूरा राज्य प्राप्त करने के लिए जुआ खेला और शर्त लगाई, ताकि मेरी हार होते ही तुम्हें सारा राज्य मिल जाए।

8. निम्नलिखित गद्यांश को पढ़कर उसके नीचे दिए गए प्रश्नों के उत्तर हिंदी में लिखिए

आत्मरक्षा का और कोई उपाय न देखकर महाबली सुयोधन द्वैत वन के सरोवर में घुस गए और उसके जल स्तंभ में छिपकर बैठे रहे। पर न जाने कैसे पांडवों को इसकी सूचना मिल गई और वे तत्काल रथ पर चढ़कर वहाँ पहुँच गए। **(ICSE 2020)**

(i) वक्ता, श्रोता कौन-कौन हैं? दोनों में ये बातें कहाँ और किस संदर्भ में हो रही है?

उत्तर प्रस्तुत गद्यांश में वक्ता तथा श्रोता युधिष्ठिर तथा भीम है। जब दुर्योधन अपने प्राणों की रक्षा के लिए जलाशय में छिप जाता है वहाँ युधिष्ठिर तथा भीम आते हैं और उसे युद्ध के लिए ललकारते हैं।

(ii) द्वैत वन कहाँ स्थित है? पांडव वहाँ क्यों पहुँचे?

उत्तर द्वैत वन मैनपुरी (घिरोर) जनपद में है यह दुर्वासा, दत्तात्रेय, च्यवन मारकण्डेय आदि ऋषियों की जन्मस्थली है। दुर्योधन अपने ज्येष्ठ भ्राताओं को खेल के द्वारा छल से हरा देता है जिसमें वे अपना राजपाठ, पत्नी सब कुछ हार जाते हैं इसलिए उन्हें द्वैत वन में जाना पड़ता है।

(iii) सुयोधन किसे कहा गया है? उसने आत्मरक्षा के लिए क्या उपाए किया? क्या वह सफल हो पाया? स्पष्ट कीजिए।

उत्तर सुयोधन दुर्योधन को कहा गया है वह आत्मरक्षा के लिए जलाशय में छिपकर बैठ गया किंतु युधिष्ठिर तथा भीम को जलाशय में छिपने का पता चल गया और वे उसे युद्ध के लिए ललकारते हैं और कायर कहते हैं जिसे सुनकर वह बाहर निकल आता है। इस प्रकार वह छिपने में असफल हो जाता है।

(iv) महाभारत युद्ध किनके बीच हुआ था? एकांकी के शीर्षक के औचित्य को समझाइए।

उत्तर महाभारत का युद्ध कौरवों तथा पांडवों के मध्य हुआ था। एकांकी का शीर्षक ''महाभारत की एक साँझ'' में महाभारत की समाप्ति पर घटी एक अंतिम घटना को साँझ कहकर संबोधित किया गया है। महाभारत के युद्ध का समापन दुर्योधन की पराजय एवं उसकी मृत्यु से हुआ। इसी घटना को महाभारत की एक साँझ कहा गया है।

06

दीपदान

डॉ. रामकुमार वर्मा

एकांकीकार का परिचय

बहुमुखी प्रतिभा के धनी डॉ. रामकुमार वर्मा का जन्म 15 नवंबर, 1905 को मध्य प्रदेश के सागर जिले के एक संपन्न परिवार में हुआ। वर्मा जी ने आरंभिक शिक्षा सागर में तथा उच्च शिक्षा प्रयाग विश्वविद्यालय से प्राप्त की। इन्होंने नागपुर विश्वविद्यालय से पीएच. डी. की उपाधि प्राप्त की। इनको भारत सरकार ने वर्ष 1963 में पद्म भूषण पुरस्कार से सम्मानित किया।

वर्मा जी हिंदी के बहुमुखी प्रतिभा संपन्न साहित्यकार हैं। कविता, नाटक, एकांकी, आलोचना आदि साहित्यिक विधाओं में इन्होंने अपने रचना कौशल को प्रदर्शित किया है। इन्होंने हिंदी एकांकी के प्रवर्तक एवं श्रेष्ठ एकांकीकार के रूप में प्रसिद्धि प्राप्त की। इनकी प्रसिद्ध रचनाएँ निम्न प्रकार हैं

एकांकी बादल की मृत्यु, शिवाजी, रम्यरास, रेशमी टाई आदि।

नाटक सत्य का स्वप्न, अशोक का शोक, महाराणा प्रताप।

कविता संग्रह अभिशाप, चित्र रेखा, चंद्रकिरण, रूपराशि आदि।

इनकी भाषा सरल, सरस, प्रभावमयी होने के साथ-साथ कथा के अनुरूप है। डॉ. रामकुमार वर्मा का निधन वर्ष 1991 में हुआ।

संक्षिप्त सार

'दीपदान' एकांकी में एक ऐसी राजपूत क्षत्राणी के त्याग की गाथा प्रस्तुत की गई है, जिसने राजकुमार की रक्षा के लिए अपने पुत्र का बलिदान दिया था। एकांकी का आरंभ नेपथ्य के गीत, संगीत और नृत्यध्वनियों की आती सम्मिलित गूँज से होता है। जहाँ नृत्यांगनाएँ तुलजा भवानी के सम्मुख कुंड में दीपदान करने के पश्चात् तुलजा भवानी के आगे नृत्य कर रही हैं, जिन्हें नृत्य करता देख कुँवर उदय सिंह उनके नृत्य पर मोहित हो जाते हैं और पन्नाधाय से उनका नृत्य देखने के लिए कहते हैं। पन्नाधाय के मना करने के उपरांत कुँवर रूठकर सोने चले जाते हैं, तभी सोना जो सरूप सिंह की पुत्री है, कक्ष में प्रवेश करती है और कुँवर के विषय में पूछती हुई रंग उत्सव की भव्यता का वर्णन करते हुए कुँवर को साथ ले जाने के लिए पन्नाधाय से अनुरोध करती है, लेकिन धाय माँ के मना करने के बाद वह अकेले ही लौट जाती है।

सामली, धाय माँ को बताती है कि कुँवर के प्राण संकट में हैं तथा बनवीर ने महाराणा विक्रमादित्य की हत्या कर दी है और वह कुँवर की हत्या करने के लिए किसी भी समय उनके कक्ष में प्रवेश कर सकता है। यह सुनते ही पन्नाधाय चिंतित हो उठती हैं और कुँवर के प्राणों की रक्षा के लिए युक्ति खोजने लगती हैं। कीरत बारी को पूरी परिस्थिति से परिचित कराते हुए कुँवर को उसकी टोकरी में छिपाकर महल से बाहर निकलवाने की योजना बनाती हैं और उसे बेरिस नदी पर मिलने के लिए कहती हैं, साथ ही वह अपने पुत्र चंदन को कुँवर की शय्या पर सुला देती हैं, तब कुछ समय के उपरांत बनवीर मदिरा के नशे में लड़खड़ाते हुए कुँवर के कक्ष में प्रवेश करता है और पन्नाधाय को एक जागीर देने और उनका मंदिर बनवाने का प्रलोभन देते हुए अपनी योजना में शामिल होने का प्रस्ताव देता है, लेकिन पन्नाधाय उसके प्रस्ताव को अस्वीकार कर देती हैं।

बनवीर महाराणा विक्रमादित्य के रक्त से सनी हुई तलवार निकालते हुए पन्नाधाय के पुत्र चंदन की जो कुँवर की शय्या पर सोया हुआ था, प्रहार कर हत्या कर देता है, जिसे देखकर पन्नाधाय मूर्च्छित होकर गिर जाती हैं।

मुख्य पात्रों का चरित्र-चित्रण

कुँवर उदय सिंह

कुँवर उदय सिंह एकांकी के प्रमुख पात्रों में से एक हैं। कुँवर चित्तौड़ के स्वर्गीय राजा महाराणा साँगा के सबसे छोटे पुत्र हैं और चित्तौड़ साम्राज्य के एकमात्र उत्तराधिकारी हैं। उनकी आयु केवल 14 वर्ष है, उनके अवयस्क होने के कारण ही महाराणा विक्रमादित्य को राज-पाट सौंपा गया है। उनमें बालहठ है, जिसका प्रमाण पन्नाधाय के नृत्य देखने से मना करने पर उनका रूठकर भूखे पेट जमीन पर सो जाना है। अत: कहा जा सकता है कि कुँवर उदय सिंह में बाल सुलभ हठ होने के साथ-साथ, गीत-संगीत में भी उनकी रुचि है।

पन्ना (धाय माँ)

पन्ना खीचो जाति की तीस वर्षीय राजपूतानी महिला है। वह उदय सिंह की संरक्षिका हैं। पन्नाधाय कर्तव्यनिष्ठ और चित्तौड़ के लिए अपना सर्वस्व न्योछावर करने वाली महिला है, जिसका प्रमाण पन्नाधाय द्वारा राज्य उत्तराधिकारी कुँवर उदय सिंह के प्राणों की रक्षा के लिए अपने पुत्र चंदन को बलिदान करने से भी न हिचकना है। पन्नाधाय एक धैर्यवान और दूरदर्शिता का गुण रखने वाली क्षत्राणी है। उनके धैर्यवान होने का ही प्रमाण है कि विपत्ति के विकट क्षणों में भी वह संयम बनाए रखती हैं और बौद्धिक क्षमता का प्रयोग करते हुए कुँवर के प्राणों की रक्षा करती हैं। उपरोक्त विवरण के आधार पर कहा जा सकता है कि पन्नाधाय कर्तव्यनिष्ठ, धैर्यवान, दूरदर्शी और एक वीर राजपूतानी महिला हैं।

सोना

सोना, रावल सरुप सिंह की पुत्री है। वह अत्यंत सुंदर, नटखट व कुशल नृत्यांगना है। उसके सौंदर्य व नृत्य को देखकर कुँवर उदय सिंह उसकी ओर आकर्षित होते हैं। सोना अत्यधिक वाचाल महिला पात्र है। उसकी वाक्पटुता का परिचय तब मिलता है, जब वह अपने तर्कों से पन्नाधाय को मनाने का प्रयत्न करती है। सोना के नटखट स्वभाव का प्रमाण तब मिलता है, जब चंदन कक्ष में प्रवेश करते हुए प्रश्न करता है कि ये कविता बनाने वाली, गीत गाने वाली, नाचने वाली इतनी गुमसुम क्यों है? अत: कहा जा सकता है कि सोना एक सोलह वर्षीय अत्यंत सुंदर, नटखट, कुशल नृत्यांगना और वाक्पटुता के गुणों से परिपूर्ण महिला पात्र है।

चंदन

चंदन, पन्नाधाय का तेरह वर्षीय पुत्र है। उसमें बालपन है, क्योंकि वह केवल इस बात से दु:खी एवं परेशान हो उठता है कि कुँवर आजकल उसके साथ नहीं खेलते। चंदन में बालपन अवश्य है, किंतु उसमें साहस, वीरत्व और शौर्य की कमी नहीं है, जिसका प्रमाण उसकी कही ये पंक्तियाँ देती हैं, जिनमें वह कहता है कि ''धावा करने वाले कहीं नाच देखते हैं?'' चंदन अपनी माँ से अत्यधिक प्रेम करता है, इसलिए वह अपनी माँ का मंदिर बनवाने की बात कहता है।

अत: उपरोक्त वर्णन के आधार पर कह सकते हैं कि चंदन में बाल सुलभ गुण होने के साथ-साथ वह एक साहसी, वीर और अपनी माँ एवं कुँवर उदय सिंह से अत्यधिक प्रेम करने वाला पात्र है।

सामली

सामली चित्तौड़ के अंत:पुर की 28 वर्षीय परिचारिका है। यह राजवंश के प्रति वफ़ादार और पन्नाधाय की विश्वासपात्र महिला पात्र है। सामली की वफ़ादारी का ही परिणाम है कि पन्नाधाय समय रहते कुँवर उदय सिंह के प्राणों को बचाने का उपाय खोज पाई। सामली, पन्नाधाय की विश्वासपात्र है तथा कीरत बारी के अतिरिक्त केवल सामली को ही पन्नाधाय की रणनीति का पता होता है। अत: कह सकते हैं कि सामली एक विश्वसनीय और वफादारी जैसे गुणों से युक्त महिला पात्र है।

कीरत बारी

कीरत बारी एक चालीस वर्षीय जूठे पत्तल उठाने वाला पुरुष पात्र है। वह भी सामली की तरह राजवंश का वफादार है। वह जूठे पत्तल उठाने का कार्य अवश्य करता है, लेकिन उसमें वीरत्व का भाव कूट-कूटकर भरा है। वह अपनी कार्यकुशलता का परिचय देते हुए कुँवर उदय सिंह को अपनी टोकरी में छिपाकर बनवीर से उनके प्राणों की रक्षा करता है। उसमें वीरत्व के गुण भी व्याप्त हैं।

अत: उपरोक्त तथ्यों के आधार पर कहा जा सकता है कि कीरत बारी एक वफादार, विश्वसनीय, कार्यकुशल एवं वीरता के गुणों से युक्त पुरुष पात्र है।

बनवीर

'बनवीर' महाराणा के भाई पृथ्वीराज का दासी पुत्र है। वह 32 वर्षीय क्रूर, विलासी, प्रपंचबुद्धि वाला पुरुष पात्र है। बनवीर की क्रूरता का परिचय उसके द्वारा राजसिंहासन हथियाने के लिए निर्ममता से किए महाराणा विक्रमादित्य और चंदन के वध से मिलता है। उसकी विलासिता का परिचय सोना के वक्तव्य से मिलता है, जिसमें वह कहती है कि बनवीर महाराणा विक्रमादित्य के अंत:पुर में ही पूरा समय व्यतीत करते हैं तथा बनवीर के द्वारा आयोजित महोत्सव भी उसकी विलासिता को परिलक्षित करता है।

वह एक प्रपंचबुद्धि वाला पात्र है, जो षड्यंत्र रचकर संपूर्ण साम्राज्य पर अधिकार करना चाहता है। वह एक विश्वासघाती प्रवृत्ति का पात्र है। अत: उपरोक्त विवरण के आधार पर कहा जा सकता है कि बनवीर एक विलासी, विश्वासघाती, प्रपंचबुद्धि और क्रूर प्रवृत्ति वाला पात्र है।

गौण पात्रों का चरित्र-चित्रण

महाराणा साँगा

महाराणा साँगा का एकांकी में कोई संवाद भले न हो, लेकिन अन्य पात्रों के माध्यम से मिली जानकारी के आधार पर कहा जा सकता है कि महाराणा साँगा एक वीर, शौर्यवान आदि गुणों से युक्त पात्र हैं।

महाराणा विक्रमादित्य

विक्रमादित्य एक विलासी, असफल शासक, असफल संरक्षक और मल्लक्रीड़ा के प्रशंसक हैं।

पाठ का सार

कुँवर उदय सिंह का पन्नाधाय से रूठना

महल में नृत्यांगनाएँ तुलजा भवानी के सम्मुख दीप अर्पण कर नृत्य कर रही हैं, जिन्हें नृत्य करता देख कुँवर उदय सिंह अत्यधिक प्रसन्न होते हैं। कुँवर, पन्नाधाय को भी उनका नृत्य देखने के लिए कहते हैं, लेकिन पन्नाधाय उन्हें मना कर देती हैं। कुँवर जब अकेले ही जाने की बात करते हैं, तो पन्नाधाय उन्हें मना करते हुए कहती हैं कि बाहर जहरीले साँप घूम रहे हैं, जो किसी भी समय तुम्हें डस सकते हैं, साथ ही वह कहती हैं कि तुम चित्तौड़ के सूरज हो अर्थात् तुम चित्तौड़ के भावी नरेश हो, पूरा चित्तौड़ तुम्हारे निर्णयों पर संचालित होगा, इसलिए तुम्हें अँधेरे में बाहर नहीं जाना चाहिए। कुँवर पन्नाधाय से रूठकर भोजन न करने की ज़िद करते हुए सोने चले जाते हैं और ज़मीन पर ही सो जाते हैं।

सोना द्वारा कुँवर को नृत्य महोत्सव के लिए आमंत्रित करना

सोना जो रावल सरूप सिंह की बेटी है, वह कुँवर के कक्ष में प्रवेश करती हुई कुँवर को नृत्य महोत्सव में आमंत्रित करती है, किंतु पन्नाधाय सोना को मना करते हुए कहती हैं कि वे सो रहे हैं। सोना, पन्नाधाय को कहती है कि उन्होंने अपने कर्तव्य के आगे अपने मातृत्व को भुला दिया है अर्थात् कुँवर की संरक्षिका होने के कर्तव्य को तो वह भली-भाँति निभा रही हैं, किंतु अपने पुत्र चंदन का ध्यान नहीं रखती। सोना, पन्नाधाय से कहती है कि बनवीर उनकी तुलना अरावली पर्वत से करता है। वह कहता है कि पन्नाधाय ने कर्तव्यों के बोझ से स्वयं को जड़ बना दिया है। सोना, पन्नाधाय से कहती है कि पहाड़ बनकर जिओगी तो बोझ समझी जाओगी, लेकिन अगर नदी बनकर रही, तो तुम्हारा बोझ भी सभी उठाएँगे। इसलिए सभी बंधनों को तोड़ते हुए तुम्हें नदी के समान बहना चाहिए।

बनवीर के सत्य को उजागर करने का प्रयास

सोना द्वारा स्वयं को महल पर बोझ कहे जाने पर पन्नाधाय, सोना से कहती हैं कि बनवीर के अनुग्रह ने उसे पागल बना दिया है। जिस पर सोना तर्क देती हुई कहती है कि सभी किसी-न-किसी आदत के कारण पागल होते हैं, कोई किसी का स्नेह पाकर पागल होता है, कोई किसी की कृपा पाकर और कोई अपने शौक के कारण और यह पागलपन कभी खत्म नहीं होता, बढ़ता ही रहता है। वह कहती हैं कि तुम धाय माँ थी और केवल धाय माँ ही रहोगी।

पन्नाधाय इसे भाग्य की बात कहती है, किंतु सोना उन्हें कहती है कि भाग्य मनुष्य स्वयं निर्मित करता है। पन्नाधाय, सोना को समझाते हुए अति उत्साहित न होने और बनवीर के अनुग्रह से मुक्त होकर स्वतंत्र जीवन जीने के लिए कहती हैं। पन्नाधाय कहती हैं कि चित्तौड़ इन महोत्सवों का आदी नहीं है, अपितु यह तो शूरवीरों का गढ़ है, जो रण में आत्म बलिदान माँगता है।

चंदन द्वारा माँ को कुँवर के विषय में बताना

पन्नाधाय का पुत्र चंदन कक्ष में प्रवेश करते हुए सोना के गुमसुम होकर जाने के विषय में पूछता है और साथ ही कुँवर के विषय में बताता है कि आजकल वे हमारे साथ नहीं खेलते और सोना को नृत्य करते हुए देखते रहते हैं। पन्नाधाय, चंदन को भोजन करने के लिए कहती हैं, लेकिन वह अकेले भोजन न करने की जिद करता है, किंतु माँ के समझाने के उपरांत वह मान जाता है।

सामली द्वारा बनवीर के विषय में सूचित करना

चंदन के जाने के उपरांत सामली कक्ष में प्रवेश करते हुए पन्नाधाय को बताती है कि कुँवर के प्राण संकट में हैं। धाय माँ जब उससे पूछती हैं, तो वह बताती है कि बनवीर ने महाराणा विक्रमादित्य की हत्या कर दी है और वह कुँवर की हत्या करने के लिए कभी-भी आक्रमण कर सकता है। सामली बताती है कि बनवीर राज सिंहासन पर बिना किसी बाधा के अधिकार करना चाहता है, इसलिए वह सिंहासन के किसी भी उत्तराधिकारी को जीवित नहीं छोड़ेगा। सामली की बातें सुनकर पन्नाधाय चिंतित हो उठती हैं और कुँवर के प्राणों की रक्षा के लिए उपाय खोजने लगती हैं।

कीरत बारी का कुँवर को बचाना

कीरत बारी महल में जूठे पत्तल उठाने का कार्य करता है। वह जैसे ही कुँवर के कक्ष में प्रवेश करता है, तो उसे पूरी घटना का पता चलता है। पन्नाधाय, कुँवर को बचाने की युक्ति निकालते हुए कीरत बारी को कुँवर के प्राण बचाने का निर्देश देते हुए कहती हैं कि वह कुँवर को अपनी टोकरी में छिपाकर महल से बाहर ले जाएगा और बेसिन नदी पर उनसे मिलेगा। कीरत बारी, पन्नाधाय की आज्ञा का पालन करते हुए उनके कहे अनुसार, कुँवर को सुरक्षित महल से बाहर ले जाता है।

पन्नाधाय का चंदन को कुँवर की शैया पर सुलाने का निर्णय

कीरत बारी के द्वारा कुँवर को महल से सुरक्षित बाहर ले जाने के उपरांत सामली पन्नाधाय से कहती है कि अगर बनवीर को कुँवर न मिले, तो वह आपके प्राण ले लेगा और आपके जीवित न रहने के उपरांत कुँवर भी जीवित न रह पाएँगे। तब पन्नाधाय इस समस्या का समाधान खोजते हुए निर्णय करती हैं कि वे अपने पुत्र चंदन को कुँवर की शय्या पर सुलाएँगी और अपने पुत्र को अपने कर्तव्यों के लिए बलिदान कर देंगी। तब चंदन कक्ष में प्रवेश करता है और पन्नाधाय से कहता है कि आज उससे अकेले खाना नहीं खाया गया। तब पन्नाधाय चंदन से कुँवर की शय्या पर सोने के लिए कहती हैं।

बनवीर द्वारा चंदन की हत्या करना

चंदन के सोने के पश्चात् बनवीर मदिरा के नशे में लड़खड़ाते हुए कक्ष में प्रवेश करता है और नृत्य महोत्सव की भव्यता का बखान करता है। बनवीर, पन्नाधाय से कुँवर उदय सिंह के विषय में पूछता है, तो वह उनके सोए हुए होने की बात कहती हैं। बनवीर, पन्नाधाय को अपनी कूटनीति में शामिल होने के लिए प्रलोभन देते हुए उन्हें एक जागीर देने और उनका मंदिर बनवाने का लालच देता है, किंतु वह बनवीर के

प्रलोभन को अस्वीकार करते हुए उससे कहती हैं कि राजपूत क्षत्राणी व्यापार नहीं करती, वे तो केवल युद्ध करती हैं या जौहर कर चिता पर चढ़ती हैं।

बनवीर अपनी रक्त से सनी हुई तलवार निकालते हुए कुँवर के कक्ष की ओर जाने लगता है, पन्नाधाय, बनवीर को रोकते हुए कुँवर के प्राणों की भिक्षा माँगती हैं। बनवीर अत्यधिक क्रूर होते हुए कुँवर की शय्या के पास पहुँचते हुए पन्नाधाय को आगे से हटने के लिए कहता है और कठोर प्रहार करते हुए चंदन की हत्या कर देता है।

शब्दार्थ

धाय *बच्चे को पालने वाली सेविका*; **उत्तराधिकारी** *वारिस*; **कक्ष** *कमरा*; **अंत:पुर** *स्त्रियों के रहने का स्थान*; **अतृप्त** *अपूर्ण इच्छाएँ*; **धावा** *हमला*; **कुसमय** *बुरा समय*; **निष्कंटक** *बाधा रहित*; **परिचारिका** *सेविका*; **पैसारा** *प्रवेश*; **ब्यारू** *संध्या समय किया जाने वाला भोजन*; **सगर जहान** *सारा संसार*; **शमशान** *मृतकों को जलाने का स्थान, मरघट*; **आखेट** *शिकार*; **शूल** *काँटा*; **लोरियाँ** *सुलाने के लिए गाया जाने वाला गीत*; **कंटक** *काँटा।*

PYQs विगत वर्षों के प्रश्न व महत्त्वपूर्ण प्रश्न

गद्यांश पर आधारित प्रश्न

1. निम्नलिखित अवतरण को पढ़िए और उसके नीचे लिखे प्रश्नों के उत्तर हिंदी में लिखिए।

"रूठ गए कुँवर! रूठने से राजवंश नहीं चलते। जाओ विश्राम करो। देखो, तुम्हारे कपड़ों पर धूल छा रही है। दिनभर तलवार से खेलते रहे, थक गए होंगे। जाओ, शैया पर सो जाओ। मैं तुम्हारी तलवार अलग रख दूँगी।" **(ICSE 2023)**

(i) 'कुँवर का प्रयोग किसके लिए किया गया है?' उनके रूठने का कारण बताइए।

उत्तर कुँवर का प्रयोग एकांकी के प्रमुख पात्र उदयसिंह के लिए किया गया है। कुँवर, पन्ना धाय से नृत्य उत्सव में चलने के लिए कहते हैं, लेकिन पन्ना धाय जाने के लिए मना कर देती है, जिसकी वजह से कुँवर रूठ जाते हैं।

(ii) उदयसिंह का ध्यान उत्सव से हटाने के लिए वक्ता ने उसे मनाते हुए बहलाते हुए क्या कहा?

उत्तर उदयसिंह का ध्यान उत्सव से हटाने के लिए वक्ता उन्हें सताते हुए बहलाते हुए कहती है कि तुम दिन में चित्तौड़ के सूरज व रात में राजवंश के दीपक हो, इसलिए तुम्हें अँधेरे में बाहर नहीं जाना चाहिए तथा वह कहती है बाहर जहरीले साँप घूम रहे हैं जो किसी भी समय तुम्हें डस सकते हैं। यह सुनकर कुँवर पन्ना धाय से रूठकर भोजन न करने की जिद करते हुए सोने चले जाते हैं और जमीन पर ही सो जाते हैं।

(iii) वक्ता का परिचय देते हुए उसकी दो चारित्रिक विशेषताएँ लिखिए।

उत्तर प्रस्तुत गद्यांश की वक्ता पन्ना धाय है जो खीचो जाति की तीस वर्षीय राजपूतानी महिला है। वह उदयसिंह की संरक्षिका है। पन्ना धाय कर्त्तव्यनिष्ठ और चित्तौड़ के लिए अपना सर्वस्व न्यौछावर करने वाली महिला है। पन्ना धाय एक धैर्यवान, दूरदर्शिता और विपत्ति के विकट क्षणों में भी संयम रखने वाली क्षत्राणी है।

(iv) वक्ता कुँवर को दीपदान का उत्सव देखने से क्यों रोकना चहाती थी? एकांकी के अंत में उसने देशभक्ति तथा राजभक्ति किस प्रकार से दिखाई थी?

उत्तर वक्ता कुँवर को दीपदान का उत्सव देखने से रोकना चाहती थी, क्योंकि उसको आभास हो गया था कि बनवीर ने यह आयोजन उदयसिंह की हत्या करने के लिए किया था। उसकी योजना थी कि जब सभी उत्सव देखने में लीन होंगे तब वह रात्रि के अंधकार में जाकर उदयसिंह की हत्या कर देगा और उसके राजा बनने का मार्ग प्रशस्त हो जाएगा।

एकांकी के अन्त में उसने कुँवर के बदले अपने बेटे का बलिदान देकर देशभक्ति और राजभक्ति दिखाई थी।

2. निम्नलिखित गद्यांश को पढ़कर उसके नीचे दिए गए प्रश्नों के उत्तर हिंदी में लिखिए

मैं ही क्या, सारे नगर-निवासी यह त्योहार मना रहे हैं, नहीं मना रही हो तो तुम! धाय माँ तुम! पहाड़ बनने से क्या होगा? राजमहल पर बोझ बनकर जाओगी, बोझ! और नदी बनो तो तुम्हारा बहता हुआ बोझ पत्थर भी अपने सिर पर धारण करेंगे, पत्थर भी! **(ICSE 2020)**

(i) वक्ता का संक्षिप्त परिचय दीजिए।

उत्तर प्रस्तुत पंक्तियों की वक्ता सोना है। ये पंक्तियाँ सोना ने पन्ना धाय से उस समय कही थीं जब उसने कुँवर को नृत्य महोत्सव में जाने से मना कर दिया था। सोना, रावल स्वरूप सिंह की पुत्री है। वह अत्यंत सुंदर, नटखट व कुशल नृत्यांगना है। उसके सौंदर्य व नृत्य को देखकर कुँवर उदयसिंह उसकी ओर आकर्षित हो जाते हैं।

(ii) 'पहाड़' और 'नदी' से वक्ता का क्या तात्पर्य है? वह श्रोता को क्या सुझाव देती है?

उत्तर 'पहाड़' और 'नदी' से वक्ता का तात्पर्य है कि वह पन्ना धाय को राजमहल पर पहाड़ जैसा बोझ समझती है। जिस प्रकार पहाड़ अपने देश की रक्षा में डटकर रहता है, उसी प्रकार पन्ना भी कुँवर की रक्षा करने के लिए बनवीर के रास्ते में डटकर खड़ी है।

सोना (वक्ता) पन्ना (श्रोता) को यह सुझाव देती है कि यदि तुम नदी बनकर रहोगी तो तुम्हारे जीवन में आनंद और मंगल का प्रवाह बना रहेगा। सोना के अनुसार, पन्ना को बनवीर का साथ देना चाहिए।

(iii) वक्ता के सुझाव पर श्रोता की क्या प्रतिक्रिया होती है? समझाकर उत्तर लिखिए।

उत्तर सोना, द्वारा स्वयं को महल पर बोझ कहे जाने पर पन्ना धाय सोना से कहती है कि बनवीर के अनुग्रह ने उसे पागल बना दिया है। पन्ना एक अनुभवी महिला है, उसे इस बात का आभास होता है कि इस प्रकार के उत्सवों के पीछे कोई-न-कोई षड्यंत्र अवश्य होता है।

इन उत्सवों के बहाने ही सत्ता परिवर्तन या किसी की हत्या जैसे कार्य किए जाते हैं। वह इस उत्सव में न तो स्वयं जाती है और न ही कुँवर उदयसिंह को भेजती है। वह सोना का आमंत्रण स्वीकार नहीं करती। यहाँ तक कि पन्ना, सोना को भी समझाते हुए कहती है कि 'चित्तौड़' रास-रंग की भूमि नहीं, जौहर की भूमि है।

(iv) श्रोता का चरित्र किस प्रकार प्रेरणादायक है? एकांकी के आधार पर समझाइए।

उत्तर प्रस्तुत पंक्ति में श्रोता पन्ना धाय है। उनका चरित्र लोगों के लिए प्रेरणादायक है। वह एक धैर्यवान, दूरदर्शिता और विपत्ति के विकट क्षणों में भी संयम रखने वाली क्षत्राणी है। वह अपने देश चित्तौड़ के लिए अपना सर्वस्व न्यौछावर करने वाली महिला है। उनसे लोगों को देश-प्रेम की भावना सीखनी चाहिए। वह कुँवर उदयसिंह की संरक्षिका है। बनवीर से कुँवर की रक्षा करने के लिए वह अपने पुत्र चंदन की बलि दे देती है। उसकी कर्त्तव्यनिष्ठा की भावना सबके लिए प्रेरणादायक है।

3. निम्नलिखित गद्यांश को पढ़कर उसके नीचे दिए गए प्रश्नों के उत्तर हिंदी में लिखिए

"आज कुसमय नाच-रंग की बात सुनकर मेरे मन में शंका हुई थी। इसलिए मैंने कुँवर को वहाँ जाने से रोक दिया था। संभव था कि कुँवर वहाँ जाते और बनवीर अपने सहायकों से कोई कांड रच देता।" **(ICSE 2018)**

(i) उपरोक्त कथन का वक्ता कौन है? उसका संक्षिप्त परिचय दीजिए।

उत्तर उपरोक्त कथन का वक्ता 'पन्नाधाय' है। 'पन्ना' खीचो जाति की तीस वर्षीय राजपूतानी महिला है। वह उदय सिंह की संरक्षिका है। वह एक धैर्यवान, दूरदर्शिता और विकट क्षणों में भी संयम रखने वाली महिला है।

(ii) नाच-रंग का आयोजन किसने और किस उद्देश्य से किया था?

उत्तर नाच-रंग का आयोजन बनवीर ने किया था। उसने यह सब इसलिए किया ताकि नगर निवासियों का ध्यान नाच-रंग में ही रहे और वह मौका देखकर कुँवर उदय सिंह की हत्या कर सके। अतः उसने उदय सिंह की हत्या करने के उद्देश्य से ऐसा किया।

(iii) बनवीर कौन है? उसका परिचय देते हुए उसका चरित्र-चित्रण कीजिए।

उत्तर 'बनवीर' महाराणा के भाई पृथ्वीराज का दासी पुत्र है। वह 32 वर्षीय क्रूर, विलासी, छल-कपट करने वाला पुरुष पात्र है। बनवीर की क्रूरता का परिचय उसके द्वारा राज-सिंहासन हथियाने के लिए निर्ममता से किए महाराणा विक्रमादित्य और चंदन की हत्या से मिलता है। वह छल से षड्यंत्र रचकर संपूर्ण साम्राज्य पर अधिकार करना चाहता है। इस प्रकार वह एक विश्वासघाती प्रवृत्ति का पात्र है। एकांकी में उसका क्रूर एवं स्वार्थी चरित्र उभर कर आता है।

(iv) 'दीपदान' एकांकी के शीर्षक की सार्थकता बताइए तथा एकांकी के माध्यम से एकांकीकार ने क्या शिक्षा दी है?

उत्तर दीपदान एकांकी का आरंभ दीपदान के उत्सव से होता है। बनवीर, कुँवर उदय सिंह के शयनकक्ष में पहुँचकर कहता है कि "मैं भी यमराज को इस दीपक का दान करूँगा। यमराज! लो इस दीपक को। यह मेरा दीपदान है।" वहीं दूसरी तरफ पन्नाधाय महाराणा परिवार के कुलदीपक को बचाने के लिए अपने पुत्र चंदन को बलिवेदी पर चढ़ा देती है। अतः इस एकांकी का शीर्षक 'दीपदान' सर्वथा उपयुक्त है।

इस एकांकी के माध्यम से एकांकीकार ने यह शिक्षा दी है कि हमें भी पन्ना धाय की तरह स्वामिभक्ति और देशभक्ति की भावना को अपनाना चाहिए।

एक्सपर्ट्स कमेंट्स

- अधिकांश छात्रों ने उत्तर सटीक लिखा परंतु कुछ छात्र पन्ना का संक्षिप्त परिचय देने में असफल रहे। वाक्य संरचना तथा वर्तनी में त्रुटियाँ दृष्टिगोचर हुई।
- अधिकांश छात्र आयोजन का उद्देश्य, बलवीर का परिचय स्पष्ट करने में विफल रहे। मुख्य बिंदुओं का अभाव पाया गया।
- कुछ छात्र शीर्षक की सार्थकता लिखने में असफल रहे तथा कुछ एकांकी से मिलने वाली शिक्षा का वर्णन करने में असमर्थ थे।

स्टूडेंट्स के लिए एडवाइज़

- पाठ पढ़ते समय एकांकी में वर्णित सभी पात्रों का परिचय याद करना चाहिए। एकांकी पर आधारित प्रश्नोत्तर का लिखित अभ्यास करना चाहिए।
- छात्रों को विचारात्मक प्रश्नों का उत्तर लिखने का अभ्यास प्रतिदिन करना चाहिए तथा उनमें निहित मुख्य बिंदुओं का सटीकता के साथ उत्तर लिखना चाहिए।
- छात्रों को शीर्षक की सार्थकता, उद्देश्य तथा शिक्षा जैसे प्रश्नों का प्रचुर मात्रा में अभ्यास करना चाहिए।

4. निम्नलिखित अवतरण को पढ़िए और उसके नीचे लिखे प्रश्नों के उत्तर हिंदी में लिखिए।

"तुम कभी रात में अकेले नहीं जाओगे। चारों तरफ़ जहरीले सर्प घूम रहे हैं। किसी समय भी तुम्हें डस सकते हैं।" **(ICSE Spec 2017)**

(i) वक्ता एवं श्रोता का परिचय देते हुए बताइए कि यहाँ कौन किसको रात में अकेले जाने को मना कर रहा है?

उत्तर प्रस्तुत अवतरण में वक्ता पन्नाधाय एवं श्रोता कुँवर उदयसिंह हैं। यहाँ पन्नाधाय, कुँवर उदयसिंह को रात में अकेले जाने को मना कर रही है।

(ii) 'चारों तरफ़ ज़हरीले सर्प घूम रहे हैं' वक्ता का आशय स्पष्ट कीजिए।

उत्तर 'चारों तरफ़ ज़हरीले सर्प घूम रहे हैं' से वक्ता अर्थात् पन्नाधाय का आशय यह है कि कुँवर उदयसिंह भवन में भी सुरक्षित नहीं हैं। बनवीर और उसकी सेना ज़हरीले सर्प के रूप में कुँवर को डसने के लिए घूम रहे हैं।

(iii) वक्ता श्रोता के प्रति हमेशा चिंतित क्यों रहती है? समझाइए।

उत्तर वक्ता अर्थात् पन्नाधाय कुँवर उदयसिंह (श्रोता) के प्रति सदैव चिंतित रहती हैं, क्योंकि कुँवर उदयसिंह की धाय माँ होने के साथ-साथ उसकी संरक्षिका भी हैं। बनवीर राजगद्दी तक पहुँचने में कुँवर उदयसिंह को बाधा मानता है, जिस कारण वह उसे मारना चाहता है। इसी कारण कुँवर उदयसिंह की सुरक्षा हेतु पन्नाधाय हमेशा चिंतित रहती हैं।

(iv) प्रस्तुत एकांकी के शीर्षक का औचित्य स्पष्ट कीजिए।

उत्तर प्रस्तुत एकांकी का शीर्षक 'दीपदान' है। यहाँ 'दीप' का प्रयोग पन्नाधाय के पुत्र चंदन का प्रतीक है। पन्नाधाय का सर्वोच्च धर्म-कुँवर उदयसिंह के प्राणों की रक्षा करना है। जब पन्नाधाय को ज्ञात हुआ कि बनवीर कुँवर उदयसिंह के प्राणों का प्यासा है, वह उसकी हत्या करना चाहता है, तब उनकी रक्षा के लिए पन्ना को एक युक्ति सूझी। इस युक्ति ने पन्ना के समक्ष धर्म संकट उत्पन्न कर दिया। उसने कुँवर उदयसिंह को महल से दूर भेज दिया और चंदन को कुँवर की शैया पर सुला दिया। बनवीर ने शैया पर सोए बालक को कुँवर उदयसिंह समझकर उसके प्राण ले लिए। इस प्रकार, कुँवर की रक्षा हेतु पन्नाधाय ने अपने पुत्र रूपी दीपक का दान दे दिया।

5. **निम्नलिखित गद्यांश को पढ़कर उसके नीचे दिए गए प्रश्नों के उत्तर हिंदी में लिखिए**

कुँवर का रूठना भी मुझे अच्छा लगता है। मना लूँगी। नाच-गान, दीप-दान। इसी से चित्तौड़ की रक्षा होगी। चित्तौड़ में यह बहुत हो चुका, बहुत हो चुका और अब तो बनवीर का राज्य है।

(i) वक्ता कौन है और कुँवर क्यों रूठ गए थे?

उत्तर प्रस्तुत गद्यांश में वक्ता पन्नाधाय है। कुँवर, पन्नाधाय से नृत्य उत्सव में चलने के लिए कहते हैं, लेकिन पन्नाधाय द्वारा मना करने पर कुँवर पन्नाधाय से रूठकर ज़मीन पर ही सो जाते हैं।

(ii) वक्ता का कुँवर से क्या संबंध था? कुँवर का संक्षिप्त परिचय दीजिए।

उत्तर वक्ता अर्थात् पन्ना, कुँवर की धाय माँ होने के साथ-साथ उनकी संरक्षिका भी थीं। कुँवर चित्तौड़ के उत्तराधिकारी थे, किंतु अवयस्क होने के कारण महाराणा विक्रमादित्य राजपाट चलाते थे। कुँवर हठी स्वभाव के थे।

(iii) ''नाच-गान। दीप-दान। इसी से चित्तौड़ की रक्षा होगी।'' वक्ता ने यह क्यों कहा?

उत्तर वक्ता ने यह उक्ति इसलिए कही, क्योंकि चित्तौड़ जो वीरों, रणबाँकुरों और योद्धाओं का गढ़ था। उस स्थान पर उत्सव मनाया जा रहा था, इसलिए पन्नाधाय ने ऐसे शासकों पर कटाक्ष करने के लिए उपरोक्त उक्ति कही थी।

(iv) ''अब तो बनवीर का राज्य है।'' वक्ता का यह कहने का क्या आशय है?

उत्तर वक्ता का प्रस्तुत पंक्ति को कहने का यह आशय है कि बनवीर जो एक लोभी, भोगी, षड्यंत्रकारी और विश्वासघाती चरित्र का व्यक्ति है बनवारी के द्वारा आयोजित महोत्सव उसकी विलासिता को परिलक्षित करता है वह एक प्रपंचबुद्धि वाला पात्र है जो संपूर्ण साम्राज्य पर अधिकार करना चाहता है और अगर ऐसे दुश्चरित्र वाले व्यक्ति शासन करेंगे, तो नगर में अव्यवस्था का होना स्वाभाविक है।

6. **निम्नलिखित गद्यांश को पढ़कर उसके नीचे दिए गए प्रश्नों के उत्तर हिंदी में लिखिए**

महल में धाय माँ अरावली पहाड़ बनकर बैठ गई है। अरावली पहाड़ (हँसती है) तो तुम लोग बेसिन नदी बनकर बहो न! खूब नाचो गाओ। यों आज कोई उत्सव का दिन नहीं था, फिर भी उन्होंने कहा, मेरे बनवाए हुए मयूर पक्ष कुंड में दीप-दान करो।

(i) वक्ता कौन है तथा किसके विषय में बातें हो रही हैं?

उत्तर प्रस्तुत गद्यांश का वक्ता रावल सरूप सिंह की पुत्री सोना है। पन्नाधाय द्वारा सोना के आमंत्रण को ठुकराने के बाद का वर्णन इस गद्यांश में किया गया है।

(ii) वक्ता की चारित्रिक विशेषताएँ बताइए।

उत्तर सोना रावल सरूप सिंह की बेटी है। वह अत्यंत सुंदर तथा कुशल नृत्यांगना है। उसके सौंदर्य व नृत्य को देखकर कुँवर उदय सिंह उसकी ओर आकर्षित होते हैं। वह वाक्पटु व नटखट स्वभाव वाली युवती है तथा अत्यधिक वाचाल भी।

(iii) किसने पन्नाधाय की तुलना अरावली पहाड़ से की और क्यों?

उत्तर पन्नाधाय की तुलना बनवीर ने अरावली पहाड़ से की, क्योंकि वह अपनी सभी भावनाओं को जड़ बनाकर अपनी कर्तव्यनिष्ठता की ओर अग्रसर थीं। वहीं दूसरा कारण यह था कि बनवीर, कुँवर उदय सिंह की हत्या करना चाहता था और पन्नाधाय उसकी राह में पहाड़ की तरह अडिग होकर उसकी मंशाओं को पूर्ण नहीं होने दे रही थीं।

(iv) कोई उत्सव न होने पर भी उत्सव मनाया गया, उसका कारण क्या था?

उत्तर कोई उत्सव न होने पर भी उत्सव मनाने का कारण यह था कि बनवीर चित्तौड़ पर अधिकार करना चाहता था। कुँवर चित्तौड़ के उत्तराधिकारी थे, कुँवर की हत्या किए बिना उसकी मंशा का पूरा होना मुश्किल था, इसलिए उसने उत्सव का आयोजन कर, एकांत का लाभ उठाकर कुँवर की हत्या करने की योजना बनाई थी।

7. **निम्नलिखित गद्यांश को पढ़कर उसके नीचे दिए गए प्रश्नों के उत्तर हिंदी में लिखिए**

''आज कुसमय नाच-रंग की बात सुनकर मेरे मन में शंका हुई थी। इसलिए मैंने कुँवर को वहाँ जाने से रोक दिया था। संभव था कि कुँवर वहाँ जाते और बनवीर अपने सहायकों से कोई कांड रच देता।''

(i) प्रस्तुत गद्यांश का वक्ता कौन है? वह किससे यह कथन कह रही है?

उत्तर प्रस्तुत गद्यांश की वक्ता 'पन्नाधाय' है। वह सामली से यह कथन कह रही है, क्योंकि पन्नाधाय को संदेह होता है कि कोई कुँवर की हत्या का षड्यंत्र न रच दे।

(ii) नाच-रंग का आयोजन किसने किया था तथा क्यों?

उत्तर नाच-रंग का आयोजन बनवीर ने किया था। उसने यह सब इसलिए किया, ताकि नगर-निवासियों का ध्यान नाच-रंग में ही रहे और वह मौका देखकर कुँवर उदय सिंह की हत्या कर सके।

(iii) किसने कुँवर को नाच-रंग में जाने से रोका? इसके पीछे उसका क्या कारण था?

उत्तर पन्नाधाय ने कुँवर को नाच-रंग में जाने से रोका, क्योंकि कुसमय में नाच-रंग की बात को सुन उसे शंका हो गई थी कि ज़रूर कोई षड्यंत्र रचा जा रहा है, यदि कुँवर वहाँ जाते, तो बनवीर अपने सैनिकों की सहायता लेकर कुँवर को मार डालता, यही कारण था कि कुँवर के प्राणों की रक्षा के लिए पन्नाधाय ने उन्हें वहाँ जाने से रोक लिया था।

(iv) बनवीर षड्यंत्र क्यों रचना चाहता था? इससे उसके चरित्र की कौन-सी विशेषता उभर कर आती है? स्पष्ट कीजिए।

उत्तर बनवीर राज्य की लोलुपता में पहले महाराणा विक्रमादित्य की हत्या कर देता है फिर वह कुँवर उदय सिंह को मारना चाहता है, ताकि वह चित्तौड़ पर राज्य कर सके।

उदय सिंह को मारने के लिए वह षड्यंत्र रचना चाहता था, उसे मारकर अपनी राजा बनने की चाह को पूरा करना ही उसका लक्ष्य है, जिससे ज्ञात होता है कि वह क्रूर तथा स्वार्थी चरित्र वाला व्यक्ति है।

लघु उत्तरीय प्रश्न

1. 'दीपदान' नामक एकांकी में पन्ना धाय कौन है? वह उदयसिंह को उसके नाम के विषय में क्या कहकर बहलाती है? **(ICSE Sem II 2021-22)**

उत्तर पन्ना खीचो जाति की तीस वर्षीय राजपूतानी महिला है। वह उदयसिंह की संरक्षिका है। पन्ना धाय उदयसिंह को उसके नाम के विषय में कहती है कि तुम बहुत अच्छे हो। तुम तो चित्तौड़ के सूरज हो। वे कहती हैं कि तुम महाराज साँगा के छोटे कुँवर हो। तुम्हारा उदय सूरज की तरह हुआ है। इसी कारण तो तुम्हारा नाम कुँवर उदयसिंह रखा गया है। इस प्रकार पन्ना धाय कुँवर उदयसिंह को उसके नाम के विषय में बहलाती है।

2. 'दीपदान' एकांकी के शीर्षक की सार्थकता को स्पष्ट कीजिए। **(ICSE Sem II 2021-22)**

उत्तर 'दीपदान' एकांकी का शीर्षक सोद्देश्य व सार्थक है। एकांकी का समस्त कथानक दीपदान शीर्षक के चारों ओर घूमता है। एकांकी में घटित समस्त घटनाओं का संबंध चित्तौड़ में होने वाले दीपदान से अवश्य है। बनवीर ने मयूर पक्ष नामक कुंड में तुलजा भवानी की पूजा के लिए दीपदान का आयोजन किया तथा पन्ना धाय के पुत्र चंदन को उदयसिंह समझकर यमराज को उसका दीपदान किया। पन्ना कुँवर उदयसिंह की रक्षा के लिए अपने कुल के दीपक चंदन का दान कर देती है। इस प्रकार शीर्षक अत्यंत उपयुक्त तथा सटीक है।

3. 'दीपदान' एकांकी में सोना कौन थी ? वह बनवीर की प्रशंसा करते हुए पन्नाधाय से क्या कहती है? **(ICSE Spec Sem II 2022)**

उत्तर 'दीपदान' एकांकी में सोना रावल सरूप सिंह की पुत्री है। वह अत्यंत सुंदर, नटखट व कुशल नृत्यांगना है। उसके सौंदर्य एवं नृत्य को देखकर कुँवर उदयसिंह उसकी ओर आकर्षित होते हैं। वह अत्यधिक वाचाल महिला है। वह बनवीर की प्रशंसा करते हुए पन्नाधाय से कहती है कि ओहो बनवीर! उन्हें श्री महाराणा बनवीर कहो। हमारे लिए वे एक रेशम की झूल लाए थे। उसे सिर पर ओढ़कर नाचने से ऐसा लगता था, जैसे मकड़ी के जाल के आस-पास चंद्रमा की किरणें थिरक रही हैं।

4. दीपदान एकांकी के शीर्षक की सार्थकता स्पष्ट कीजिए। **(ICSE Spec Sem II 2022)**

उत्तर दीपदान ऐतिहासिक तथ्यों पर आधारित एक एकांकी है। दीपदान एकांकी का आरंभ दीपदान उत्सव से होता है। बनवीर इसी उत्सव की चकाचौंध में नगरवासियों को डालकर राणा साँगा के छोटे पुत्र और चित्तौड़ के उत्तराधिकारी कुँवर उदयसिंह को समाप्त करने का षड्यंत्र रचता है। कुँवर उदयसिंह के शयन कक्ष में पहुँचकर वह कहता है, ''मैं भी यमराज को इस दीपक का दान करूँगा। यमराज! लो इस दीपक को। यह मेरा दीपदान है।''

वहीं दूसरी ओर पन्ना धाय महाराणा परिवार के कुलदीपक को बचाने के लिए अपने पुत्र चंदन को बलिवेदी पर चढ़ा देती है। अतः शीर्षक 'दीपदान' सर्वथा उपर्युक्त है।

अभ्यास प्रश्न

1. निम्नलिखित गद्यांश को पढ़कर उसके नीचे दिए गए प्रश्नों के उत्तर हिंदी में लिखिए।
जिन बातों का हम प्राण देकर भी विरोध करने को तैयार रहते हैं एक समय आता है जब चाहे किसी कारण से भी हो, हम उन्हीं बातों को चुपचाप स्वीकार कर लेते हैं। **(संस्कार एवं भावना — विष्णु प्रभाकर)**

(i) अविनाश का अपने परिवार वालों से किस बात पर विरोध था?
(ii) माँ की मनोवृत्ति बदलने में अतुल और उमा ने क्या भूमिका निभाई?
(iii) अतुल का चरित्र-चित्रण कीजिए।
(iv) प्रस्तुत एकांकी का सारांश अपने शब्दों में लिखिए।

2. निम्नलिखित गद्यांश को पढ़कर नीचे दिए गए प्रश्नों के उत्तर हिंदी में लिखिए। **(बहू की विदा — विनोद रस्तोगी)**
ठीक ही कहा आपने! आज के युग में पैसा ही नाक और मूँछ है, जिसके पास पैसा नहीं वह नाक-मूँछ होते हुए भी नकटा है, मूँछकटा है।

(i) धन को रिश्तों का आधार बनाना कितना उपयुक्त है? स्पष्ट कीजिए।
(ii) प्रस्तुत कथन किसने, किससे व किस संदर्भ में कहा है?
(iii) प्रस्तुत गद्यांश में वर्तमान समय की किस प्रवृत्ति पर तीखा प्रहार किया गया है?
(iv) प्रस्तुत गद्यांश में नाक और मूछँ को किस संदर्भ में प्रयुक्त किया गया है?

3. निम्नलिखित गद्यांश को पढ़कर उसके नीचे दिए गए प्रश्नों के उत्तर हिंदी में लिखिए। **(मातृभूमि का मान — हरिकृष्ण 'प्रेमी')**
वीरसिंह और हम जिस जन्मभूमि की धूल में खेलकर बड़े हुए हैं, उसका अपमान भी कैसे सहन किया जा सकता है। हम महाराणा के नौकर हैं तो क्या हमने अपनी आत्मा भी उन्हें बेच दी है जब कभी मेवाड़ की स्वतंत्रता पर आक्रमण हुआ है हमारी तलवार ने उनके नमक का बदला दिया है?

(i) वीरसिंह के बलिदान ने राजपूतों को क्या सिखा दिया है?
(ii) वीरसिंह ने अपनी मातृभूमि के प्रति प्रेम किस तरह दिखाया है?
(iii) वीरसिंह की मातृभूमि कौन-सी थी और वह मेवाड़ में क्यों रहता था?
(iv) 'मातृभूमि का मान' एकांकी का उद्देश्य स्पष्ट कीजिए।

4. निम्नलिखित गद्यांश को पढ़कर उसके नीचे दिए गए प्रश्नों के उत्तर हिंदी में लिखिए। **(सूखी डाली — उपेंद्रनाथ 'अश्क')**
तुम भी बहन, बस क्या इतना पढ़-लिखकर छोटी बहू कपड़े धोएगी।

(i) छोटी बहू कौन है? वह किस पारिवारिक परिवेश से आई है?
(ii) वह परिवार से क्यों अलग होना चाहती थी?
(iii) उपर्युक्त वाक्य किसने, किससे, किस संदर्भ में कहा है?
(iv) छोटी बहू बात-बात में किस बात की चर्चा करती रहती है।

5. निम्नलिखित गद्यांश को पढ़कर नीचे दिए गए प्रश्नों के उत्तर हिंदी में लिखिए। **(महाभारत की एक साँझ — भारत भूषण अग्रवाल)**
विफलता के इस मरुस्थल में एक बूँद आएगी भी तो सूखकर खो जाएगी। यदि तुम्हें इसी में संतोष हो कि तुम्हारी महत्त्वकांक्षा मेरी मृत देह पर ही अपना जयस्तम्भ उठाए तो फिर यही सही।

(i) विफलता के इस मरुस्थल में एक बूँद आएगी भी तो सूखकर खों जाएगी। आशय स्पष्ट कीजिए।
(ii) प्रस्तुत गद्यांश का वक्ता कौन है? संदर्भ स्पष्ट कीजिए।
(iii) 'यदि तुम्हें इसी में संतोष हो' कथन का अर्थ बताइए।
(iv) 'महाभारत की एक साँझ' एकांकी के शीर्षक की सार्थकता पर प्रकाश डालिए।

6. निम्नलिखित गद्यांश को पढ़कर नीचे दिए गए प्रश्नों के उत्तर हिंदी में लिखिए। **(दीपदान — डॉ. रामकुमार वर्मा)**
सर्प की भाँति उसकी भी दो जीभें हैं जो एक रक्त से नहीं बुझेगी। उसे दूसरा रक्त भी चाहिए।

(i) 'सर्प की तरह उसकी भी दो जीभें हैं' इस पंक्ति का आशय स्पष्ट कीजिए।
(ii) प्रस्तुत गद्यांश का वक्ता और श्रोता कौन है तथा वे किस विषय में बात कर रहे हैं?
(iii) वक्ता की चारित्रिक विशेषताओं पर प्रकाश डालिए।
(iv) प्रस्तुत एकांकी से हमें क्या शिक्षा मिलती है?

ICSE

खण्डवार अध्यायवार
प्रश्न बैंक

ICSE प्रतिदर्श प्रश्न-पत्र
(1-3)

ICSE

प्रतिदर्श प्रश्न-पत्र 1

हल सहित

हिंदी

समय : 3 घंटे
पूर्णांक : 80

सामान्य निर्देश

1. इस प्रश्न-पत्र में दो खंड हैं 'क' और 'ख'।
2. खंड 'क' के सभी प्रश्न करने अनिवार्य हैं।
3. खंड 'ख' से कोई भी चार प्रश्न करने अनिवार्य हैं, जिनमें दो प्रश्न पाठ्यपुस्तक से होंगे तथा अन्य दो किसी अन्य पुस्तक से होंगे।

खंड-'क'

1. निम्नलिखित विषयों में से किसी एक विषय पर हिंदी में लगभग 250 शब्दों में संक्षिप्त लेख लिखिए **15**

(i) जीवन में योग का महत्त्व प्रतिपादित करते हुए वर्णन करें कि योग आधुनिक तनावग्रस्त जीवन के लिए एक सही विकल्प है। योग से होने वाले लाभों का भी वर्णन करें।

(ii) विद्यार्थी जीवन में समय का महत्त्व सर्वाधिक है। समय-नियोजन विद्यार्थी जीवन की सफलता की कुंजी है। आज का काम कल करने से अच्छा कल का काम आज करना है। इस विषय पर अपने विचार प्रस्तुत करें।

(iii) भारतीय संस्कृति में "अतिथि को देवता के समान माना जाता है।" वर्तमान परिस्थितियों में यह मान्यता कहाँ तक सत्य के रूप में दिखाई देती है? विचारों द्वारा समझाइए।

(iv) इस सृष्टि के संचालक परमपिता परमात्मा सर्वोच्च है। उनकी कृपा सर्वोपरि है। इस संदर्भ में "जाको राखे साइयाँ, मार सके न कोय" उक्ति को आधार बनाते हुए एक मौलिक कहानी लिखिए।

(v) नीचे दिए गए चित्र को ध्यानपूर्वक देखिए और चित्र को आधार बनाकर वर्णन कीजिए अथवा कहानी लिखिए, जिसका सीधा व स्पष्ट संबंध चित्र से होना चाहिए।

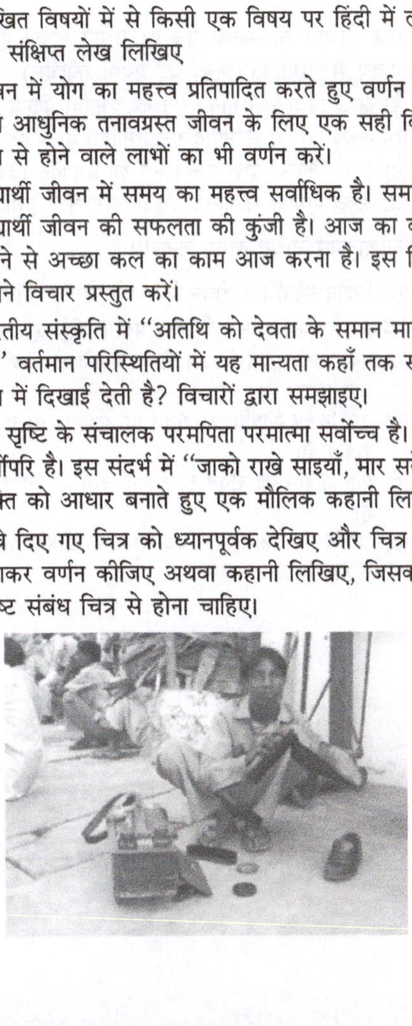

2. निम्नलिखित में से किसी एक विषय पर हिंदी में लगभग 120 शब्दों में पत्र लिखिए **7**

(i) पर्वतीय क्षेत्र की प्राकृतिक सुषमा एवं शोभा निराली होती है। आप पिछले दिनों अपने मित्रों के साथ किसी पर्वतीय क्षेत्र की यात्रा के लिए गए थे। वहाँ के प्राकृतिक सौंदर्य का वर्णन करते हुए अपनी माता जी को पत्र लिखिए।

(ii) अपने विद्यालय के प्रधानाचार्य को पत्र लिखकर उनसे छात्रवृत्ति प्रदान करने की प्रार्थना कीजिए। पत्र में यह भी स्पष्ट कीजिए कि आपको छात्रवृत्ति की आवश्यकता क्यों है?

3. निम्नलिखित गद्यांश को ध्यान से पढ़िए तथा नीचे लिखे प्रश्नों के उत्तर हिंदी में लिखिए। उत्तर यथासंभव आपके अपने शब्दों में होने चाहिए **10**

बालक के विकास को माता-पिता के बाद विद्यालय का शिक्षक सबसे अधिक प्रभावित करता है। बालक घर का आँगन लाँघने के बाद विद्यालय पहुँचता है, जहाँ अभिभावक की भूमिका में उसका शिक्षक होता है। बालक को स्नेह, प्रेम, सहानुभूति आदि की आवश्यकता होती है। बालक के मनोभावों को समझने की आवश्यकता होती है और इस भूमिका को शिक्षक अच्छी तरह से निभाता है। मांटेसरी कहती थी कि "शिक्षक को बाल मनोविज्ञान का ज्ञान होना चाहिए, जिससे बालक को समझने में वह गलती न करे।" शिक्षक अभिभावकों की कमी को पूरा करते हैं, उन्हें स्नेह एवं प्रेम के माध्यम से ज्ञान देते हैं। शिक्षक का कार्य केवल पुस्तकीय ज्ञान देना ही नहीं है, वरन् बालक का शारीरिक, मानसिक, संवेगात्मक, सामाजिक आदि क्षेत्रों में अधिकाधिक विकास करना है। शिक्षक प्रेरणा देने का, रुचियों के विकास का, अच्छे चरित्र और नैतिकता का, अच्छी आदतों का तथा समग्र व्यक्तित्व के विकास का कार्य करता है। वह बालक को नवीन एवं

अद्भुत संसार से परिचित कराता है तथा उस संसार में रहने के लिए उसमें विभिन्न कौशलों का विकास करता है।

शिक्षक बालक के विकास की सबसे महत्त्वपूर्ण कड़ी है। कहा जाता है कि जिसे अच्छा शिक्षक मिल जाता है, उसे आत्मसाक्षात्कार करने का अवसर मिल जाता है। श्री रामकृष्ण परमहंस से मिलकर विवेकानंद को ज्ञान हुआ, स्वामी विरजानंद से मिलकर दयानंद सरस्वती को ज्ञान हुआ। वास्तव में, इतिहास के गर्भ में अनेक ऐसे उदाहरण हैं, जो प्रमाणित करते हैं कि व्यक्ति के सृजन के पीछे किसी गुरु (शिक्षक) का हाथ था। अच्छा शिक्षक अंत:तम में छिपी शक्तियों को जाग्रत करता है।

असफलताओं पर उसे निरुत्साहित नहीं करता, वरन् उनमें पुन: नई शक्ति का संचार करता है। अपने शिष्यों को आशावादी दृष्टि से देखता है तथा उनमें सकारात्मक सोच उत्पन्न करता है। शिक्षक लक्ष्य की प्राप्ति के प्रति विश्वास और संकल्प उत्पन्न करने का कार्य करता है। शिक्षक बिना किसी बाह्य अनुशासन (दंड) के छात्रों में आंतरिक अनुशासन की भावना उत्पन्न करने का कार्य करता है। इसके लिए शिक्षक में आत्मसंयम, आत्मविश्वास, आत्मज्ञान, विषयज्ञान तथा उच्चादर्श की आवश्यकता होती है।

बालक दीपक की भाँति है, जिसमें तेल तो परिवार से भर जाता है, लेकिन उसे प्रज्वलित करने का कार्य शिक्षक ही कर सकता है। टैगोर कहते हैं—"जिसमें स्वयं का प्रकाश होता है, वही दीपक को जला सकता है तथा तिमिर को दूर कर सकता है।"

शिक्षक की भूमिका एक कलाकार की तरह होती है, जो अपनी वस्तु (छात्र) को तराशने का कार्य करता है। कठोर व्यवहार से शिक्षक यह कार्य नहीं कर पाता है। इसके लिए उदार व्यवहार की आवश्यकता होती है। फ्रोबेल ने तो शिक्षक को एक माली के रूप में चित्रित किया है, जो पौधरूपी बालक के स्वाभाविक विकास में सहायक की भूमिका निभाता है।

निम्नलिखित प्रश्नों के उत्तर यथासंभव अपने शब्दों में लिखिए।

(i) किसी बालक की विकास प्रक्रिया में शिक्षक की क्या भूमिका होती है? **2**

(ii) "जिसमें स्वयं का प्रकाश होता है, वही दीपक को जला सकता है तथा तिमिर को दूर कर सकता है।" इस कथन में निहित भाव को स्पष्ट कीजिए। **2**

(iii) अच्छे शिक्षक के क्या-क्या गुण बताए गए हैं? **2**

(iv) प्रस्तुत गद्यांश का मूल भाव स्पष्ट करते हुए उपयुक्त शीर्षक बताइए। **2**

(v) "शिक्षक की भूमिका एक कलाकार की तरह होती है" कैसे? स्पष्ट कीजिए। **2**

4. *निम्नलिखित प्रश्नों के उत्तर निर्देशानुसार लिखिए*

(i) 'स्थावर' का विलोम बताइए। **1**

(a) सचल (b) चंचल
(c) चेतन (d) जंगम

(ii) 'अनुपम' का पर्यायवाची बताइए। **1**

(a) स्वर्गीय (b) लौकिक
(c) पार्थिव (d) अद्वितीय

(iii) 'अधिक' की भाववाचक संज्ञा बताइए। **1**

(a) अधिकता (b) कमी
(c) ज्यादा (d) आवधिक

(iv) 'प्रतिष्ठा' का विशेषण बताइए। **1**

(a) प्रतिष्ठावान (b) प्रतिष्ठित
(c) प्रतिष्ठामान (d) प्रतिष्ठ

(v) 'अभिष्ट' का शुद्ध रूप बताइए। **1**

(a) अभीष्ठ (b) अभिष्ठ
(c) अभीष्ठ (d) आभीष्ट

(vi) 'कलेजा ठंडा होना' मुहावरे का अर्थ बताइए। **1**

(a) ठंड पड़ना (b) प्रशंसा करना
(c) संतुष्ट एवं शांत होना (d) हृदय जलना

(vii) निर्देशानुसार उचित वाक्य बताइए। **1**

अच्छे विचारों का मानव मन पर प्रभाव पड़ता है।
(वाक्य में 'प्रभावित' शब्द का प्रयोग कीजिए)

(a) अच्छे विचारों ने मानव मन को प्रभावित किया
(b) अच्छे विचारों से मानव मन प्रभावित होता है
(c) अच्छे विचारों द्वारा मानव मन को प्रभावित किया गया
(d) अच्छे विचारों से मानव मन को प्रभावित किया गया

(viii) निर्देशानुसार उचित वाक्य बनाइए। **1**

एक विशेष औषधि के सेवन से आपके रोग का निदान संभव है।
(वाक्य में 'कर सकता है' का प्रयोग कीजिए)

(a) एक सामान्य औषधि का सेवन आपके रोग का निदान संभव कर सकता है।
(b) एक विशेष औषधि का सेवन ही आपके रोग का निदान कर सकता है।
(c) एक औषधि का सेवन ही आपके रोग का निदान कर सकता है।
(d) आपके रोग का निदान एक सामान्य औषधि का सेवन ही कर सकता है।

खंड-'ख'

साहित्य सागर—संक्षिप्त कहानियाँ

5. निम्नलिखित गद्यांश को पढ़िए और उसके नीचे लिखे प्रश्नों के उत्तर हिंदी में लिखिए

"तो मालिक से पेशगी माँग लो।"

"कहते हैं, एक पैसा भी न दूँगा।"

रमज़ान ने ठंडी साँस भरी। उसने रसीला को ठहरने का संकेत किया और स्वयं कोठरी में चला गया। थोड़ी देर बाद उसने कुछ रुपये रसीला की हथेली पर रख दिए। रसीला के मुँह से एक शब्द भी न निकला। सोचने लगा, "बाबू साहब की मैंने इतनी सेवा की, पर दु:ख में उन्होंने साथ न दिया। रमज़ान को देखो गरीब है, परंतु आदमी नहीं, देवता है। ईश्वर उसका भला करे।"

बात अठन्नी की—सुदर्शन

(i) रसीला उदास क्यों था? उसकी चारित्रिक विशेषताएँ बताइए। 2

(ii) रसीला को किसने व क्या सलाह दी? 2

(iii) रमज़ान कौन था एवं उसने रसीला की सहायता किस प्रकार की? 3

(iv) रमज़ान और रसीला के संबंध कैसे थे? रमज़ान द्वारा सहायता करने पर रसीला ने क्या प्रतिक्रिया व्यक्त की? 3

6. निम्नलिखित गद्यांश को पढ़िए और उसके नीचे लिखे प्रश्नों के उत्तर हिंदी में लिखिए

सुनकर पहले तो सेठ बहुत दु:खी हुए, पर बाद में अपनी तंगी का विचार कर एक यज्ञ बेचने के लिए तैयार हो गए। सेठ के यहाँ से दस-बारह कोस की दूरी पर कुंदनपुर नाम का एक नगर था, जिसमें एक बहुत बड़े सेठ रहते थे। लोग उन्हें 'धन्ना सेठ' कहते थे। यह अफवाह थी कि उनकी सेठानी को कोई दैवीय शक्ति प्राप्त है, जिससे वह तीनों लोकों की बात जान लेती हैं।

महायज्ञ का पुरस्कार—यशपाल

(i) यज्ञ के पुण्य को बेचने का निर्णय किसने व क्यों लिया? 2

(ii) 'धन्ना सेठ' के नाम से कौन प्रसिद्ध थे एवं क्यों? 2

(iii) धन्ना सेठ की पत्नी के विषय में क्या अफवाह फैली हुई थी? उनका संक्षिप्त परिचय दीजिए। 3

(iv) सेठ की चारित्रिक विशेषताएँ उल्लेखित कीजिए। 3

7. निम्नलिखित गद्यांश को पढ़िए और उसके नीचे लिखे प्रश्नों के उत्तर हिंदी में लिखिए

मैं असमंजस में रहा। तब वह प्रेत गति से एक ओर बढ़ा और कुहरे में जाकर मिल गया। हम भी होटल की ओर बढ़े।

अपना-अपना भाग्य—जैनेंद्र कुमार

(i) लेखक के मित्र ने वकील साहब को क्या बताया था और उस पर उनकी क्या प्रतिक्रिया थी? 2

(ii) लेखक का मित्र असमंजस की स्थिति में क्यों था? प्रस्तुत कथन में 'मैं' शब्द किसके लिए प्रयुक्त किया गया है? 2

(iii) लेखक ने 'वह' शब्द का प्रयोग किसके लिए किया है एवं उसने क्यों कहा कि "तब वह प्रेत गति से एक ओर बढ़ा और कुहरे में जाकर मिल गया"? स्पष्ट कीजिए। 3

(iv) लेखक के मित्र का संक्षिप्त परिचय दीजिए। 3

साहित्य सागर—पद्य भाग

8. *निम्नलिखित पद्यांश को पढ़िए और उसके नीचे लिखे प्रश्नों के उत्तर हिंदी में लिखिए।*

काँकर पाथर जोरि कै, मसजिद लई बनाय।
ता चढ़ि मुल्ला बाँग दे, क्या बहरा हुआ खुदाय।।
पाहन पूजे हरि मिले, तो मैं पूजूँ पहार।
ताते ये चाकी भली, पीस खाय संसार।।

साखी—कबीरदास

(i) उपरोक्त पंक्तियों के आधार पर बताइए कि कवि ईश्वर साधना के लिए क्या आवश्यक मानता है? 2

(ii) उपरोक्त पंक्तियों के माध्यम से कवि समाज की किस विद्रूपता की ओर इशारा करता है? 2

(iii) "पाहन पूजे हरि मिले, तो मैं पूजूँ पहार।" प्रस्तुत पंक्ति के माध्यम से कवि क्या संदेश देना चाहता है? स्पष्ट कीजिए। 3

(iv) कवि समाज में व्याप्त बाह्य आडंबर का किस प्रकार विरोध करता है? स्पष्ट कीजिए। 3

9. निम्नलिखित पद्यांश को पढ़िए और उसके नीचे लिखे प्रश्नों के उत्तर हिंदी में लिखिए

न्यायोचित सुख सुलभ नहीं
जब तक मानव-मानव को
चैन कहाँ धरती पर तब तक
शांति कहाँ इस भव को?

स्वर्ग बना सकते हैं—रामधारी सिंह 'दिनकर'

(i) कवि ने बाधाओं की तुलना किससे की है? 2

(ii) "न्यायोचित सुख सुलभ नहीं" से क्या तात्पर्य है? 2

(iii) मनुष्य के विकास में न्याय के महत्त्व को रेखांकित कीजिए। 3

(iv) "चैन कहाँ धरती पर तब तक, शांति कहाँ इस भव को?" प्रस्तुत पंक्ति से क्या अभिप्राय है? 3

10. निम्नलिखित पद्यांश को पढ़िए और उसके नीचे लिखे प्रश्नों के उत्तर हिंदी में लिखिए

झरने अनेक झरते, जिसकी पहाड़ियों में,
चिड़ियाँ चहक रही हैं, हो मस्त झाड़ियों में।
अमराइयाँ घनी हैं, कोयल पुकारती है।
बहती मलय पवन है, तन-मन सँवारती है।
वह धर्मभूमि मेरी, वह कर्मभूमि मेरी।
वह जन्मभूमि मेरी, वह मातृभूमि मेरी।
वह जन्मभूमि मेरीसोहनलाल द्विवेदी

वह जन्मभूमि मेरी—सोहनलाल द्विवेदी

(i) कवि बहते झरने व चिड़ियों के माध्यम से किसके सौंदर्य का बखान करना चाहता है? 2

(ii) किसकी सुगंध तन-मन को प्रसन्नता से भर देती है? 2

(iii) कवि ने अपनी मातृभूमि की प्रशंसा करने के लिए किन-किन प्राकृतिक तत्त्वों का प्रयोग किया है? स्पष्ट कीजिए। 3

(iv) कवि अपनी मातृभूमि को क्या-क्या कहता है? स्पष्ट कीजिए। 3

एकांकी संचय

11. निम्नलिखित अवतरण को पढ़िए और उसके नीचे लिखे प्रश्नों के उत्तर हिंदी में लिखिए

चेतन से अचेतन अधिक शक्तिशाली है। उसमें अधिक आकर्षण है, इसलिए तुम एक-दूसरे के प्रति खिंचे। चाहे वह प्रेम था, घृणा थी, पर असल बात रक्त के खिंचाव की थी, वह होकर रही।

संस्कार और भावना—विष्णु प्रभाकर

(i) वक्ता कौन है? उसकी चारित्रिक विशेषताएँ बताइए। 2

(ii) अतुल के विषय में माँ को क्या पता चला? 2

(iii) "असल बात रक्त के खिंचाव की थी।" उक्ति के कथ्य को स्पष्ट कीजिए। 3

(iv) "चेतन से अचेतन अधिक शक्तिशाली है।" वक्ता ने यह उक्ति क्यों कही? 3

12. निम्नलिखित अवतरण को पढ़िए और उसके नीचे लिखे प्रश्नों के उत्तर हिंदी में लिखिए

यदि कोई शिकायत थी, तो उसे मिटा देना चाहिए था। हल्की-सी खरोंच भी, यदि उस पर तत्काल दवाई न लगा दी जाए, बढ़कर एक बड़ा घाव बन जाता है और यही घाव नासूर हो जाता है, फिर लाख मरहम लगाओ ठीक नहीं होता।

सूखी डाली—उपेंद्रनाथ 'अश्क'

(i) किसका मन घर में नहीं लग रहा था और क्यों? 2

(ii) कर्मचंद का संक्षिप्त परिचय दीजिए। 2

(iii) कर्मचंद ने दादाजी को क्या बताया एवं उस पर उन्होंने क्या प्रतिक्रिया व्यक्त की? 3

(iv) दादाजी का परिचय देते हुए बताइए कि घर में उनकी क्या स्थिति थी? 3

13. निम्नलिखित अवतरण को पढ़िए और उसके नीचे लिखे प्रश्नों के उत्तर हिंदी में लिखिए

लज्जा! उस पापी को लज्जा! भीमसेन ऐसी अनहोनी बात की तुमने कल्पना कैसे की? जो अपने सगे-संबंधियों को गाजर-मूली की भाँति कटवा सकता है, जो अपने भाइयों को जीवित जलवा देने में भी नहीं हिचकता, जो आदमी अपनी भाभी को भरी सभा में अपमानित करने में आनंद ले सकता है, उसका लज्जा से क्या परिचय?

महाभारत की एक साँझ—भारत भूषण अग्रवाल

(i) उपर्युक्त गद्यांश में वक्ता कौन है? उसकी मनोदशा का वर्णन कीजिए। 2

(ii) अवतरण में दुर्योधन को पापी कहने का क्या कारण था? 2

(iii) "जो अपने सगे-संबंधियों को गाजर-मूली की भाँति कटवा सकता है" वक्ता के द्वारा कहे गए इस कथ्य का आधार क्या था? 3

(iv) दुर्योधन ने युधिष्ठिर को चौसर खेलने के लिए क्यों आमंत्रित किया था एवं पांडवों के हारने के उपरांत उनके साथ कैसा व्यवहार किया था? 3

नया रास्ता (सुषमा अग्रवाल)

14. निम्नलिखित अवतरण को पढ़िए और उसके नीचे दिए गए प्रश्नों के उत्तर हिंदी में लिखिए

परंतु कुछ सोचते ही मीनू के चेहरे पर उदासी छा गई। मीनू को अपनी ज़िंदगी के कुछ क्षण याद आ गए। पहले भी कई लड़कों ने उसे देखा, पर किसी ने कद की छोटी व किसी ने साँवली बताते हुए उससे शादी करने से इनकार कर दिया।

अतीत की स्मृतियों में खो जाने पर उसकी आँखें छलछला पड़ीं। नीलिमा उसके हृदय की बात समझ रही थी।

(i) मीनू के घर कौन आने वाले थे? 2

(ii) मीनू को अतीत की कौन-सी बातें स्मरण हो आई थीं? 2

(iii) मीनू का विवाह क्यों नहीं हो पाया था? 3

(iv) मीनू के हृदय की कौन-सी बात नीलिमा समझ रही थी? 3

15. निम्नलिखित अवतरण को पढ़िए और उसके नीचे लिखे प्रश्नों के उत्तर हिंदी में लिखिए

पत्र लिखने के बाद पिताजी को लगा कि शायद उनसे कोई घोर अपराध हो गया है, उनकी मन:स्थिति विकल हो गई। उन्हें आभास था उस पीड़ा का, उस दु:ख का, जो पत्र मिलने के बाद लड़की वालों को होना था।

(i) "पिताजी को लगा कि शायद उनसे कोई घोर अपराध हो गया" लेखक ने यह उक्ति क्यों कही? 2

(ii) माताजी ने पिताजी से क्या कहा व क्यों? 2

(iii) अमित के घरवालों द्वारा भेजे गए पत्र को पाने के उपरांत मीनू के परिवार वालों ने क्या प्रतिक्रिया व्यक्त की? 3

(iv) दहेज को आधार बनाकर विवाह के लिए रिश्ते को अस्वीकार करना कितना उचित है? स्पष्ट कीजिए। 3

16. निम्नलिखित अवतरण को पढ़िए और उसके नीचे लिखे प्रश्नों के उत्तर हिंदी में लिखिए

"आप समाज की चिंता करते हुए आशा की शादी कर दीजिए।" तभी पास बैठी माँ बोल पड़ी, "बेटी, हमारे यहाँ इस तरह का रिवाज़ नहीं है कि बड़ी बेटी के घर में रहते हुए छोटी की शादी हो।"

"माँ, तुम मेरी शादी की चिंता न करो। मैंने तो निश्चय कर लिया है कि मैं शादी नहीं करूँगी। मैं अपने पाँव पर खड़ी होना चाहती हूँ, जिससे मैं बोझ न बन सकूँ।" मीनू भरे कंठ से बोली।

(i) मीनू ने पिताजी से क्या कहा व क्यों? 2

(ii) माँ ने समाज की किस रीति के विषय में बताया? 2

(iii) किसने व क्या निर्णय किया था? 3

(iv) "मैं बोझ न बन सकूँ।" उक्ति में 'बोझ' से क्या अभिप्राय है? वक्ता की इस उक्ति पर परिवार वालों ने क्या प्रतिक्रिया अभिव्यक्त की? स्पष्ट कीजिए। 3

व्याख्या सहित उत्तर

1. (i) **योग का महत्त्व**

योग शब्द संस्कृति के 'युज्' धातु से बना है, जिसका अर्थ है–जोड़ना, मिलना आदि। महर्षि पतंजलि ने योगशास्त्र में कहा है–'योगश्चित्तवृत्ति निरोध'। अतः योग जीवन में मन व चित्त को नियंत्रित करने में सहायता करता है। डॉ. सर्वपल्ली राधाकृष्णन के अनुसार, ''योग वह पुरातन पथ है, जो व्यक्ति को अँधेरे से प्रकाश में लाता है।'' इससे स्पष्ट होता है कि योग का हमारे जीवन में अत्यंत महत्त्वपूर्ण स्थान है। 'योग' को आध्यात्मिक क्षेत्र में आत्मा का परमात्मा से मिलन की संज्ञा दी गई है। यह मन को शुद्ध रखने में महत्त्वपूर्ण भूमिका निभाता है। योग करने से शरीर में शक्ति व स्फूर्ति आती है। यह मोक्ष प्राप्त करने का साधन है। इसका संबंध शारीरिक क्रियाओं से है, जिससे शरीर और मन दोनों रोगमुक्त रहते हैं। आज योग के प्रचार-प्रसार एवं महत्त्व को बताने में बाबा रामदेव एवं अन्य प्रसिद्ध व्यक्तियों द्वारा सार्थक प्रयास किए जा रहे हैं।

जगह-जगह पर योग शिविर लगाकर योग के महत्त्व को बताया जा रहा है। योग शिविर लगाने का उद्देश्य ही यह है कि योग के लाभ से अधिक-से-अधिक लोगों को अवगत कराया जाए, जिससे उसके लाभों को जानकर मनुष्य उसे अपने जीवन में नियमित रूप से अपना सकें।

दिसंबर, 2011 में योग गुरु श्री श्री रविशंकर और अन्य योग गुरुओं ने पुर्तगाली योग परिसंघ के प्रतिनिधिमंडल के समर्थन से दुनिया को एक साथ योग दिवस के रूप में '21 जून' घोषित करने के लिए संयुक्त राष्ट्र को सुझाव दिया था। प्रधानमंत्री श्री नरेंद्र मोदी ने 21 जून, 2015 का दिन अंतर्राष्ट्रीय योग दिवस के रूप में घोषित किया एवं इसे उत्साह से मनाया। यह दिन पूरे उत्तरी गोलार्द्ध में 'लंबा दिन' होने के साथ-साथ काफी महत्त्वपूर्ण भी है। राष्ट्रीय स्वयं सेवक संघ के संस्थापक श्री केशव बलिराम हेडगेवर की पुण्य-तिथि होने के कारण यह दिन अंतर्राष्ट्रीय योग दिवस के रूप में घोषित किया गया।

योग के महत्त्व को हमारे पूर्वजों ने पहले ही जान लिया था, इसलिए यह भारतीय संस्कृति का एक महत्त्वपूर्ण अंग रहा है। योग शारीरिक रूप से लाभदायक है। यह शरीर की कार्यक्षमता बढ़ाने में उपयोगी है।

योग से हमारी श्वसन क्रिया अच्छी रहती है व योग पाचन-क्रिया को सही रखने में सहयोग देता है। योग करने से हड्डी व मांसपेशियों में शक्ति आती है। योग मानसिक रूप से स्वस्थ रखने में भी उपयोगी है। यह मन की चंचलता को स्थिर करता है।

मानसिक परेशानियों से दूर रहने में योग हमारी सहायता करता है। योग क्रोध को नियंत्रित करता है तथा नैतिक सद्विचार एवं आदतों को विकसित करता है। संक्षेप में कहा जाए, तो योग शारीरिक, मानसिक, नैतिक और आध्यात्मिक; प्रत्येक क्षेत्र में लाभकारी है, इसलिए कहा भी गया है

''आसन विजितं येन जितं तेन जगत् त्रयम्।
अनेन विधिनायुक्तः प्राणायाम सदा कुरु।।''

अर्थात् जिसने आसन को जीत लिया, उसने तीनों लोकों को जीत लिया, इसलिए विधि-विधान अनुरूप योग का अभ्यास करना चाहिए।

(ii) **काल करै सो आज कर**

किसी भी व्यक्ति के जीवन की सफलता का रहस्य होता है–समय की सदुपयोगिता। चाहे वह राजा-रंक, विद्वान्-मूर्ख, शत्रु-मित्र, धनी-निर्धन, गुरु-शिष्य या भगवान-भक्त कोई भी हो। समय का महत्त्व सभी के लिए समान रूप से है। यह एक कटु सत्य है कि काम को कल पर टालने से मन का भारीपन बढ़ता है, जबकि कल करने वाले काम को आज ही पूरा कर लेने से हमारी कार्यक्षमता बढ़ती है और मानसिक संतोष भी प्राप्त होता है। संत कबीरदासजी ने समय की उपयोगिता को वर्णित करते हुए कहा है

''काल करै सो आज कर, आज करै सो अब।
पल में परलै होयगी, बहुरि करोगे कब।।''

किसी भी कारण से समय पर कार्य न करने से दोबारा कभी अवसर की प्राप्ति नहीं होती। कहा भी गया है–''आषाढ़ का चूका किसान और डाल का चूका बंदर कहीं का नहीं रहता।''

व्यक्ति के विद्यार्थी जीवन में समय का सर्वाधिक महत्त्व है, इसलिए कहा गया है''क्षण त्यागे कुतो विद्या'' अर्थात् एक भी क्षण का त्याग किया तो विद्या कहाँ। प्रसिद्ध विद्वान् 'फ्रैंकलिन' ने भी समय के महत्त्व को प्रतिपादित करते हुए कहा, ''यदि तुम्हें अपने जीवन से प्रेम है, तो समय को व्यर्थ मत गँवाओ, क्योंकि जीवन इसी से बना है।''

अतः विद्यार्थी को ध्यान रखना चाहिए कि उसका अमूल्य समय व्यर्थ न जाए, क्योंकि समय के सही उपयोग के बिना न तो वह अपने परिवार से सहयोग प्राप्त कर पाता है और न ही विद्यालय के कार्यों को पूरा कर पाता है। अतः विद्यार्थी समय के सदुपयोग से ही अपने जीवन में उन्नति कर सकता है और पूर्व निर्धारित लक्ष्य की प्राप्ति कर सकता है। विश्व के सभी महान् व्यक्तित्व वाले लोग समय का सदुपयोग करके ही महान् बन सके हैं।

(iii) **भूमिका** भारतीय संस्कृति अपने उच्च एवं उदात्त मूल्यों के कारण विश्वभर में प्रसिद्ध है। 'अतिथि देवो भवः' अर्थात् अतिथि को देवता के समान मानना भारतीय संस्कृति का एक ऐसा ही मूल्य है, जो इसकी महानता को प्रदर्शित करता है। हमारे यहाँ प्राचीनकाल से ही अतिथि को आदरणीय मानते हुए उसे देवता तुल्य समझा गया है। भारतीय संस्कृति में सेवा करने को बहुत महत्त्व दिया गया है। अतिथि को देवता मानना इसी सेवा-भाव का विस्तारित रूप है।

अतिथि-सत्कार का मनुष्य पर प्रभाव दूसरों की सेवा करने का अवसर बड़े सौभाग्य से मिलता है और यह अवसर यदि अनायास ही मिल जाए तो इससे अधिक खुशी की बात क्या हो सकती है। अतिथि का उचित आदर-सत्कार करने से न केवल अतिथि प्रसन्नता एवं अपनेपन का अनुभव करता है, बल्कि हमें स्वयं भी अच्छा लगता है और मन में संतुष्टि का भाव आता है। अतिथि को सम्मान देने वाले व्यक्ति के यश में वृद्धि होती है, उसके घर में सुख-समृद्धि का वास रहता है और वह सज्जनों के आशीर्वाद का पात्र बनता है, इसलिए भारतीय संस्कृति में अतिथि को देवता मानकर उसकी सेवा करने की सीख दी गई है।

वर्तमान परिस्थितियों में बदलती मान्यता वर्तमान समय में बहुत-सी प्राचीन मान्यताएँ और आदर्श बदल रहे हैं। 'अतिथि देवो भवः' का आदर्श भी अब धीरे-धीरे परिवर्तित हो रहा है। आजकल प्रायः सभी व्यक्तियों की जीवन शैली बहुत व्यस्त हो गई है। बढ़ती महँगाई के कारण अपनी आवश्यकताओं को पूरा करना एवं जीवन के एक निर्दिष्ट-स्तर को बनाए रखना किसी चुनौती से कम नहीं है। ऐसे में लोगों के पास दूसरों के लिए तो क्या स्वयं के लिए भी समय नहीं है। अतः आज लोगों के पास अतिथि के सेवा-सत्कार के लिए पर्याप्त समय ही नहीं है, लेकिन फिर भी लोग अपने अतिथियों का ध्यान रखने की कोशिश करते हैं।

प्रायः यह देखने में आता है कि लोग दो-तीन दिन तक मेहमानों की खूब आवभगत करते हैं, परंतु यदि इसके बाद भी अतिथि जाने का नाम न ले तो अतिथि बोझ बन जाता है। कई बार आवश्यकता न होने पर भी लोग अतिथि बनकर दूसरों के यहाँ कई दिनों तक ठहरे रहते हैं, जिससे पूरा परिवार प्रभावित होता है। अतिथि बनने वाले व्यक्ति के लिए घर के सभी सदस्यों को उसकी सेवा में तत्पर रहना पड़ता है, जो सदैव संभव नहीं हो पाता।

उपसंहार अतः अतिथि की भी एक मर्यादा होनी चाहिए। आज के समय में अतिथि बनने वाले व्यक्ति को अपने संबंधी की व्यावहारिक कठिनाइयों को समझना चाहिए। उसे छोटी-मोटी ग़लतियों या भूलों को दिल से नहीं लगाना चाहिए और अपना मंतव्य पूरा हो जाने के बाद आतिथ्य करने वाले परिवार या व्यक्ति का धन्यवाद करते हुए समय पर विदा लेनी चाहिए। तभी अतिथि का मान बना रहता है।

(iv) **''जाको राखे साइयाँ, मार सके न कोय।''**

संसार में अच्छे और बुरे हर तरह के इंसान हैं। इंसानों के कर्मों के आधार पर ही उनका जीवन सार्थक और निरर्थक बनता है।

पिछले वर्ष मैं सपरिवार केदारनाथ की यात्रा पर गया था। हम बस में सवार थे। बस में लगभग 25 यात्री थे। मेरे सामने वाली सीट पर एक दंपति अपने 6 माह के बेटे के साथ बैठे थे। मेरे पीछे सीट पर दो अस्त-व्यस्त वेशभूषा वाले युवक बैठे थे। उनके क्रियाकलापों से मुझे उन पर कुछ शक हुआ।

बस दुर्गम पहाड़ियों से गुज़र रही थी। कभी-कभी भय से शरीर में कंपन-सा होता था। अचानक रात 4 बजे के आस-पास मुझे कुछ हिलने का आभास हुआ। मैंने देखा, पीछे वाली सीट पर बैठा एक युवक महिला के गहने चुरा रहा था। मेरे शोर मचाने पर उन युवकों की पिटाई की गई और बस से उतार दिया गया।

बस अपने गंतव्य स्थल की ओर चल पड़ी, तभी 6 बजे बस अचानक चलते-चलते रुक गई, क्योंकि सड़क पर पत्थर पड़ा था। हम कुछ समझ पाते इससे पहले ही 4-5 युवकों ने बस पर धावा बोल दिया, उनमें वे 2 युवक भी शामिल थे। इस हाथापाई में ड्राइवर ने बस चला दी, ताकि 2 किमी दूर स्थित पुलिस चौकी तक पहुँच सकें, पर युवकों ने ड्राइवर को मारा और लूटपाट करने लगे। इसी घटनाक्रम में बस का नियंत्रण बिगड़ गया और बस खाई में फँस गई।

उनमें से 2 युवक और दंपति का बालक बस से नीचे गिर गए। दोनों युवक गहराई में गिरने पर प्राण गँवा बैठे, परंतु बालक एक झाड़ी में फँस गया और उसकी जान बचा ली गई।

तभी किसी के द्वारा सूचना देने के कारण, वहाँ पुलिस पहुँच गई और बाकी लुटेरों को गिरफ्तार करके ले गई। मुझे और ड्राइवर को थोड़े उपचार के बाद अस्पताल से जाने दिया गया। ड्राइवर और हम सभी यात्री पुनः केदारनाथ की ओर रवाना हो गए। सब यात्री उस बच्चे में साक्षात् परमात्मा का अनुभव कर रोमांचित थे। दंपति के चेहरे पर भय प्रतीत हो रहा था, परंतु दंपति के सच्चे भक्ति भावों ने उनके बच्चे की ज़िंदगी बचा ली और उन पापकर्मी युवकों को अपने कर्मों की सजा भोगनी पड़ी।

उस बालक को सुरक्षित देखकर मुझे पूर्ण विश्वास हो गया कि

''जाको राखे साइयाँ, मार सके न कोय।
बाल न बाँका कर सके, जो जग बैरी होय।।''

इस घटना के उपरांत परमपिता के प्रति मेरी श्रद्धा और विश्वास में और वृद्धि हो गई।

(v) प्रस्तुत चित्र में एक बालक पूर्ण निष्ठा के साथ किसी व्यक्ति के जूतों पर पॉलिश कर रहा है। यह बालक 15-16 वर्ष का प्रतीत हो रहा है, परंतु अपने मज़बूत इरादों और इच्छाशक्ति से वह अपने कार्य में लीन है। संभवतः यह दृश्य किसी रेलवे स्टेशन का दिखाई दे रहा है।

एक समय की बात है, एक स्त्री अपने 15-16 वर्ष के पुत्र के साथ रहती थी। स्त्री के पति का देहांत हो चुका था। पुत्र के पालन-पोषण का भार पूरी तरह उसी पर था। वह स्त्री आस-पास के घरों में मज़दूरी आदि करके घर चलाती थी और अपने पुत्र का पालन-पोषण करती थी। अतिरिक्त समय मिलने पर वह घर पर ही सिलाई का कार्य करती थी, ताकि बेटे को शिक्षित कर सके और कामयाब बना सके। इतनी मेहनत करने पर भी वह पर्याप्त धन नहीं जुटा पाती थी। वह बालक की शिक्षा के खर्च को वहन करने में भी कठिनाई महसूस कर रही थी। अपनी माता की इस चिंता व निराशा का आभास होने पर उस बालक ने माता की मदद करने का निर्णय लिया, इसलिए विद्यालयी शिक्षा के साथ-साथ अतिरिक्त समय में वह जूते पॉलिश करने का कार्य करने लगा, जिससे कि माता का आर्थिक सहयोग कर सके तथा अपनी पढ़ाई के खर्चे को पूरा कर सके।

वार्षिक परीक्षा में कठिन मेहनत करके बालक ने कक्षा में सर्वोच्च स्थान प्राप्त किया। वह विद्यालय में मन लगाकर पढ़ाई करता और विद्यालय से आने के बाद जूते पॉलिश करता। उसका कठिन परिश्रम रंग लाया और वह अपनी कक्षा के मेधावी विद्यार्थियों में गिना जाने लगा। लगातार मेधावी प्रदर्शन से उसे छात्रवृत्ति प्राप्त होने लगी। इसके उपरांत समय बीतता गया और वह आगे बढ़ता गया। कॉलेज की पढ़ाई पूरी करने के बाद उसने प्रशासनिक सेवा की परीक्षा उत्तीर्ण की और प्रशासनिक सेवा में उच्च पद पाया। वह बालक अधिकारी बन गया।

इस कहानी से यह विश्वास मज़बूत होता है कि दृढ़ इच्छाशक्ति तथा मेहनत से किसी भी लक्ष्य को पाया जा सकता है। संसाधनों का अभाव भी मज़बूत इरादों को रोक नहीं पाता। शायर मोहम्मद इकबाल ने सही कहा है कि

''खुदी को कर बुलंद इतना, कि हर तकदीर से पहले।
खुदा बंदे से खुद पूछे, बता तेरी रज़ा क्या है?''

अतः अपने जीवन के उद्देश्य को पूरा करने के लिए छोटे से छोटा काम करने में भी हिचकिचाना नहीं चाहिए।

2. (i) श्रीराम छात्रावास,
दिल्ली।

दिनांक 06.05.20XX

पूजनीय माताजी,
सादर प्रणाम।

मैं यहाँ कुशलपूर्वक हूँ तथा कामना करता हूँ कि आप भी सपरिवार सकुशल होंगी। आपका स्वास्थ्य ठीक है ना, आपकी बड़ी याद आती है। माताजी, मैंने आपको बताया था कि इस बार मेरी और मेरे मित्रों की वार्षिक परीक्षा अच्छी हुई, इसलिए इस बार हम कुछ मित्रों ने मनाली जाने का निश्चय किया।

हम सब तय कार्यक्रम के अनुसार इस पर्वतीय प्रदेश की यात्रा हेतु वहाँ पहुँच गए थे। वहाँ का मौसम बहुत ही ठंडा तथा मनमोहक था। पर्वतीय क्षेत्रों में कार द्वारा यात्रा करना बहुत ही रोमांचकारी व मज़ेदार अनुभव सिद्ध हुआ। पहले दिन हम प्रातःकाल ही हिडिंबा मंदिर में गए। वहाँ के अप्रतिम सौंदर्य, शांति और देवदार के वृक्षों ने हृदय को बड़ा सुकून प्रदान किया। उसके बाद हम रोहतांग दर्रे पर बर्फीले पहाड़ों पर पहुँचे तथा वहाँ की सुंदरता का आनंद लिया। दूसरे दिन हमने वैली तथा बाज़ार जाने की योजना बनाई और कुछ खरीदारी भी की। वैली के साथ ही बहती व्यास नदी के नाद-सौंदर्य

से सहसा ही निम्न पंक्ति स्मरण हो आई-'कहाँ ढूँढे नदी-सा बहता हुआ दिन'।

अच्छा, अब पत्र का समापन करता हूँ। समय मिले तो आप भी पिताजी सहित इस शहर के प्राकृतिक सौंदर्य का आनंद अवश्य लेना। पिताजी को प्रणाम व गुड़िया को प्यार।

आपका पुत्र

क. ख. ग.

(ii) सेवा में,

प्रधानाचार्य महोदय,

बाल भारती विद्यालय, दिल्ली।

दिनांक 21.08.20XX

विषय छात्रवृत्ति प्रदान करने हेतु प्रार्थना-पत्र।

महोदय,

सविनय निवेदन है कि मैं आपके विद्यालय का कक्षा दसवीं 'ब' का छात्र हूँ । मेरे पिताजी एक फैक्ट्री में मज़दूर हैं तथा उनकी मासिक आय 4 हज़ार है। इस थोड़ी-सी आय में घर के पाँच सदस्यों का पालन-पोषण करना बहुत कठिन है। इस महँगाई के समय में इतनी कम आय में घर का निर्वाह नहीं हो पाता। मैं विद्यालय का एक उच्च विद्यार्थी रहा हूँ। हर साल अपनी कक्षा में प्रथम आता हूँ। विद्यालय में आयोजित सभी प्रतियोगिता में भाग लेता हूँ और मैंने कई पुरस्कार भी प्राप्त किए हैं। मेरे पिताजी मेरी पढ़ाई का खर्च नहीं उठा पा रहे हैं। मैं आगे पढ़ना चाहता हूँ।

अतः आपसे विनम्र निवेदन है कि मेरी पारिवारिक स्थिति (आर्थिक स्थिति) और मेरी योग्यताओं को ध्यान में रखते हुए मुझे छात्रवृत्ति प्रदान करने का कष्ट करें, जिससे मैं अपनी पढ़ाई जारी रख सकूँ । उम्मीद है आप मुझे निराश नहीं करेंगे।

धन्यवाद सहित।

आपका आज्ञाकारी शिष्य

क. ख. ग.

कक्षा-10 'ब'

3. (i) किसी बालक की विकास प्रक्रिया में माता-पिता के बाद सबसे अहम भूमिका शिक्षक की ही होती है। एक बच्चे के लिए विद्यालय में अभिभावक की भूमिका शिक्षक ही निभाता है। वह बच्चे के शारीरिक, मानसिक, सामाजिक, संवेगात्मक आदि क्षेत्रों में अधिकाधिक विकास हेतु सहायता करता है। वह बालक के विकास की सबसे महत्त्वपूर्ण कड़ी है।

(ii) जिस शिक्षक के व्यक्तित्व में समुचित विशेषताएँ होती हैं, जिसमें पर्याप्त महत्त्वपूर्ण गुण विद्यमान होते हैं, वही शिक्षक अपने गुणों को अपने शिष्यों तक हस्तांतरित कर सकता है। यदि किसी गुण से शिक्षक स्वयं ही वंचित है, तो वह उस गुण से अपने शिष्य को प्रकाशमान नहीं कर सकता। इसी संदर्भ में कहा गया है कि ''जिसमें स्वयं प्रकाश होगा, वही दीपक जलाकर अंधकार को दूर कर सकता है।''

(iii) अच्छा शिक्षक, छात्र के अंतरतम में छिपी शक्तियों को जगाता है। असफलताओं पर उसे निरुत्साहित नहीं करता, बल्कि पुनः नई शक्ति का संचार करता है। लक्ष्य की प्राप्ति के प्रति विश्वास और संकल्प उत्पन्न करने का कार्य करता है। अतः शिक्षक में आत्मसंयम, आत्मविश्वास, आत्मज्ञान, विषयज्ञान तथा उच्चादर्श जैसे गुण होना आवश्यक है।

(iv) इस गद्यांश में 'शिक्षक की भूमिका' को स्पष्ट करते हुए यह बताने का प्रयास किया गया है कि बालक के विकास के लिए योग्य शिक्षक का होना अत्यावश्यक है। शिक्षक उस कलाकार की भाँति होता है, जो अपनी कला को तराशने का कार्य करता है। शिक्षक उस माली की तरह होता है, जो पौधरूपी बालक के स्वाभाविक विकास में सहायक की भूमिका निभाता है। अतः इसका उपयुक्त शीर्षक शिक्षक की भूमिका हो सकता है।

(v) शिक्षक की भूमिका एक कलाकार की तरह होती है, क्योंकि जिस प्रकार एक कलाकार अपनी वस्तु को तराशने का कार्य करता है तथा उसे सही रूप और आकार प्रदान करता है, ठीक उसी प्रकार एक शिक्षक भी अपने छात्र को तराशने का कार्य करता है, छात्र के अंदर छिपी शक्तियों को जाग्रत करता है। वह अपने छात्रों को सकारात्मक दृष्टिकोण से देखता है तथा उनमें सकारात्मक सोच उत्पन्न करता है। यह कार्य कठोर व्यवहार से संभव नहीं है, इसके लिए शिक्षक को उदार व्यवहार की आवश्यकता होती है।

4. (i) (d) जंगम (ii) (d) अद्वितीय
(iii) (a) अधिकता (iv) (b) प्रतिष्ठित
(v) (c) अभीष्ठ (vi) (c) संतुष्ट एवं शांत होना
(vii) (b) अच्छे विचारों से मानव मन प्रभावित होता है
(viii) (b) एक विशेष औषधि का सेवन ही आपके रोग का निदान कर सकता है

5. (i) रसीला की उदासी का कारण घर से आया खत था, जिसमें उसके बच्चे के बीमार होने की ख़बर थी। वह रमज़ान को अपनी परेशानी नहीं बता पा रहा था, जिससे उसके संकोची स्वभाव का पता चलता है।

(ii) रमज़ान ने रसीला को मालिक से पेशगी माँगने की सलाह दी, ताकि उस पैसों से रसीला के बच्चे का इलाज़ हो सके, क्योंकि रसीला को पैसों की अत्यंत आवश्यकता थी।

(iii) रमज़ान इंजीनियर बाबू के पड़ोसी शेख सलीमुद्दीन का चौकीदार व रसीला का मित्र था। रसीला की उदासी का कारण तथा उसकी समस्या सुनकर उससे रहा नहीं गया। थोड़ी देर बाद रमज़ान ने कुछ लाकर उसकी हथेली पर रख दिया। रसीला कुछ बोल नहीं पाया।

(iv) रमज़ान एवं रसीला अत्यंत घनिष्ठ मित्र थे और दोनों के संबंध अत्यधिक मधुर थे। दोनों घंटों साथ बैठकर बातें किया करते थे। रमज़ान ने रसीला की मदद कर अपनी मित्रता का परिचय दिया था। रमज़ान ने गरीब होते हुए भी रसीला की सहायता की। इस पर प्रतिक्रिया व्यक्त करते हुए रसीला ने रमज़ान की तुलना देवता से की थी।

6. (i) यज्ञ के पुण्य को बेचने का निर्णय सेठ व सेठानी ने किया, क्योंकि उनकी आर्थिक स्थिति बहुत खराब हो गई थी। अपनी गरीबी को दूर करने के लिए उन्होंने यज्ञ के फ ल को बेचने का विचार किया, जिसके द्वारा प्राप्त धन से वे अपनी स्थिति में सुधार करना चाहते थे।

(ii) धन्ना सेठ कुंदनपुर का एक बड़ा धनी सेठ था। उसके पास अपार धन-संपत्ति थी। इस कारण लोग उन्हें 'धन्ना सेठ' कहते थे। धन्ना सेठ की संपत्ति ही उसकी प्रसिद्घि का कारण थी।

(iii) धन्ना सेठ की पत्नी के विषय में यह अफवाह थी कि उन्हें दैवीय शक्ति प्राप्त है, जिसके द्वारा वे भूत व भविष्य जान लेती हैं। वे स्वभाव से धार्मिक विचारों वाली महिला थीं। वे सदा धर्म-कर्म के कार्यों में विशेष रुचि दिखाती थीं।

(iv) सेठ उदार, विनम्र स्वभाव तथा धार्मिक प्रवृत्ति के व्यक्ति थे। वे अत्यंत दानी भी थे। अपनी इसी प्रवृत्ति के कारण सेठ ने न जाने कितना धन दीन-दु:खियों में बाँट दिया था। उन्होंने अनेक यज्ञ किए थे। उनकी धर्मपरायणता दूर-दूर तक फैली हुई थी, जो भी साधु-संत उनके द्वार पर आता वह निराश होकर कभी न जाता।

7. (i) लेखक के मित्र ने वकील साहब को यह बताया कि यह लड़का अन्य सभी काम करने वाले लड़कों-सा नहीं निकलेगा। यह बात सुनने के उपरांत उस पर प्रतिक्रिया व्यक्त करते हुए वकील साहब यह मानने को तैयार न थे उनका मानना था कि पहाड़ी बड़े शैतान होते हैं। बच्चे-बच्चे में अवगुण छिपे रहते हैं।

(ii) वकील साहब द्वारा पहाड़ी गरीब बच्चे को काम के लिए मना करने पर लेखक का मित्र क्या करूँ या क्या न करूँ यानि असमंजस की स्थिति में था। प्रस्तुत कथन में 'मैं' शब्द लेखक के मित्र के लिए प्रयुक्त किया गया है।

(iii) यहाँ 'वह' शब्द गरीब बच्चे के लिए प्रयोग किया गया है। लेखक का मित्र गरीब बच्चे की सहायता करना चाहता था, इसलिए वह उस बच्चे को वकील साहब के पास ले गया था, किंतु वकील साहब द्वारा काम पर न रखने पर, वह गरीब बच्चा कुहरे में जाकर अदृश्य हो गया, जिसे लेखक के मित्र ने 'कुहरे में जाकर मिल गया' कहकर व्यक्त किया।

(iv) लेखक का मित्र बहुत ही भावुक व संवेदनशील प्रवृत्ति का व्यक्ति था। उसे गरीब बच्चे को देखकर दया आ गई थी। वह परोपकारी स्वभाव का था, इसलिए वह बच्चे की सहायता करने के उद्देश्य से उसे वकील साहब के पास ले जाता है, किंतु वह सहायता करने में असफल होता है, जिस कारण वह दु:ख की अनुभूति करता है।

8. (i) प्रस्तुत पंक्तियों के माध्यम से कवि कहता है कि ईश्वर की साधना के लिए अपने अंतर्मन की स्वच्छता की आवश्यकता है। अत: हमें किसी प्रकार के दिखावे व ढोंग की आवश्यकता नहीं है। ईश्वर तो हमारे अंतर्मन में निवास करता है, इसलिए हमें मन से अहंकार को त्याग कर सभी प्राणियों के प्रति प्रेम भाव रखना चाहिए।

(ii) प्रस्तुत पंक्तियों के माध्यम से कवि मनुष्य के दिखावे की प्रवृत्ति की ओर संकेत करता है कि मनुष्य, कंकड़ और पत्थरों को जोड़कर मंदिर-मस्ज़िदों का निर्माण कर लेता है, लेकिन ईश्वर प्राप्ति के लिए अपने अंतर्मन की स्वच्छता की ओर ध्यान नहीं देता।

(iii) ''पाहन पूजे हरि मिले, तो मैं पूजूँ पहार।'' इस पंक्ति के माध्यम से कवि यह संदेश देना चाहता है कि यदि पत्थर को पूजने से ईश्वर की प्राप्ति होती है या हरि के दर्शन होते हैं, तो मैं पहाड़ की पूजा करने को तैयार हूँ।

कवि कहता है कि पत्थर की पूजा करना व्यर्थ ही समय गँवाना है, यदि तुम्हें पूजा करनी ही है, तो उस चक्की की करो, जिसके द्वारा पीसा हुआ अनाज खाकर मनुष्य जीवन प्राप्त करता है व अपनी भूख को शांत करता है, इसलिए कवि चक्की की पूजा को अधिक महत्त्व देता है।

(iv) कबीरदास जी समाज में व्याप्त मूर्तिपूजा, बाहरी आडंबर आदि के विरोधी थे। वे निर्गुण निराकार ईश्वर के भक्त थे। उनका मानना था कि ईश्वर का कोई आकार नहीं है, ईश्वर निराकार है। मूर्तिपूजा करना, मंदिर-मस्ज़िदों का निर्माण करना आदि मनुष्य के मात्र बाहरी दिखावे के साधन हैं। इनके द्वारा मनुष्य ईश्वर की प्राप्ति नहीं कर सकता। ईश्वर को प्राप्त करने के लिए किसी प्रकार के बाहरी आडंबर की आवश्यकता नहीं है। ईश्वर तो प्रत्येक व्यक्ति के अंतर्मन में निवास करता है, इसलिए कवि ने मूर्तिपूजा व बाहरी आडंबरों का विरोध किया है।

9. (i) कवि ने बाधाओं की तुलना पर्वतों से की है। मनुष्य के विकास के मार्ग में अनेक बाधाएँ हैं और ये बाधाएँ मानवता की राह रोककर उसके सम्मुख पर्वत के समान खड़ी हैं। कहने का अभिप्राय यह है कि हमारे सामने अत्यंत कठिन चुनौतियाँ हैं, जिन्हें पर्वत के समान विशाल माना गया है।

(ii) ''न्यायोचित सुख सुलभ नहीं'' से तात्पर्य है कि संसार में सभी प्राणियों को न्यायरूपी सुख प्राप्त नहीं है। विकास का मार्ग सदैव कठिनाइयों से घिरा हुआ है। इस धरती पर जीवन व्यतीत करने वाले सभी प्राणियों की सबसे बड़ी समस्या ही यही है कि यहाँ पर सभी को न्यायपूर्ण सुख प्राप्त नहीं है।

(iii) मनुष्य के जीवन में न्याय के सुख का बहुत अधिक महत्त्व होता है, इसलिए सबको समान रूप से न्याय मिलना चाहिए। जब तक व्यक्ति को न्यायपूर्ण सुख प्राप्त नहीं होगा, तब तक व्यक्ति को चैन नहीं मिलेगा और जब तक व्यक्ति को चैन नहीं मिलेगा, तब तक संसार में शांति कैसे स्थापित की जा सकती है। यही व्यक्ति के विकास के मार्ग को अवरुद्ध करते हैं।

(iv) ''चैन कहाँ धरती पर तब तक, शांति कहाँ इस भव को?'' ऐसा इसलिए कहा गया है, क्योंकि जब तक व्यक्ति को समान अधिकार व न्यायोचित सुख प्राप्त नहीं होगा, तब तक उसे चैन व शांति नहीं मिलेगी अर्थात् मनुष्य के न्यायोचित सुख से ही संसार में चैन व शांति को स्थापित किया जा सकता है। अत: कवि ने ऐसे संसार की कल्पना की है, जहाँ सभी को न्यायोचित सुख के साथ-साथ चैन और शांति भी मिल सके।

10. (i) बहते झरने व चिड़ियों के माध्यम से कवि अपनी मातृभूमि के प्राकृतिक सौंदर्य का बखान करना चाहता है। कवि कहता है कि मेरी मातृभमि में पहाड़ों के बीच अनेक झरने झरते (बहते) हैं। ये झरने प्राकृतिक सुंदरता में चार चाँद लगा देते हैं। चिड़ियों के चहचहाने से संपूर्ण वातावरण में मधुरता फै ल जाती है।

(ii) मलय पर्वत से आती सुगंध से तन-मन खिल उठता है अर्थात् उसकी सुगंध तन-मन को प्रसन्नता से भर देती है। वहीं दूसरी ओर यह सुगंध मातृभूमि के प्राकृतिक सौंदर्य को और भी अधिक बढ़ा देती है।

(iii) कवि ने अपनी मातृभूमि की सुंदरता की प्रशंसा करते हुए वहाँ के प्राकृतिक सौंदर्य का भी बहुत सुंदर वर्णन किया है। पर्वतों के बीच अनेक झरने बहते हैं। ये झरने प्राकृतिक सौंदर्य में चार चाँद लगा देते हैं। चिड़ियों की चहचहाट और कोयल की मधुर तान पूरे वातावरण में गूँज उठती है।

मलय पर्वत से आने वाली सुगंधित पवन से जहाँ एक ओर मन झूम उठता है, वहीं दूसरी ओर यह मेरी जन्मभूमि की प्राकृतिक सुंदरता को और अधिक बढ़ा देती है।

(iv) कवि ने अपनी मातृभूमि को कर्मभूमि की संज्ञा दी है। मातृभूमि की सुंदरता का वर्णन करते हुए कवि ने प्राकृतिक सौंदर्य की भी चर्चा की है। प्राकृतिक वातावरण ने मातृभूमि की सुंदरता और अधिक बढ़ा दी है। कवि को गर्व है कि उसका जन्म भारतभूमि पर हुआ है। वह मानता है कि इस पवित्र भूमि की सेवा करना ही हमारा धर्म है और मातृ भूमि की सेवा ही हमारा कर्म है।

11. (i) प्रस्तुत अवतरण की वक्ता माँ हैं। माँ एक रूढ़िवादी संस्कारों वाली महिला हैं जो ऊँच-नीच, जातिगत भेदभाव के विचारों से ग्रसित हैं।

माँ रूढ़िवादी विचारों से युक्त अवश्य हैं, किंतु साथ ही वह एक दयालु, कोमल हृदयी एवं ममत्व के गुणों से परिपूर्ण महिला हैं।

(ii) माँ को छोटी बहू से पता चला कि अतुल अविनाश से मिलता है। छोटी बहू ने माँ को बताया कि वह बड़ी बहू से मिलने गई थी। उन्होंने ही कहा कि अतुल उनके यहाँ आता है और बड़े भाई अविनाश से मिलता है, किंतु वे दोनों दफ्तर के काम के विषय में ही चर्चा करते हैं।

(iii) ''असल बात रक्त के खिंचाव की थी'' वक्ता अर्थात् माँ ने यह इसलिए कहा, क्योंकि उन्हें पता चलता है कि अतुल व छोटी बहू उमा भी अविनाश और उसकी पत्नी से मिल चुके हैं। माँ कहती हैं कि भले ही अतुल दफ़्तर के काम से और उमा माँ के दुःख की वजह से मिले हों, लेकिन इसके पीछे उनका आपसी प्रेम अर्थात् लगाव था, जिसके कारण वे स्वयं को अविनाश से मिलने से रोक न पाए थे।

(iv) वक्ता अर्थात् माँ ने यह उक्ति इसलिए कही, क्योंकि चेतन अवस्था में व्यक्ति अपनी बुद्धिमत्ता से अपने हित-अहित, लाभ-हानि का आकलन करता है, लेकिन अचेतन अवस्था में व्यक्ति केवल अपनी भावनाओं से संचालित होता है। वे भावनाएँ जिनके द्वारा वे एक-दूसरे से जुड़े होते हैं, जिनमें वे हित-अहित, लाभ-हानि का आकलन नहीं करते, इसलिए माँ ने कहा कि ''चेतन से अचेतन अधिक शक्तिशाली है।''

12. (i) छोटी बहू बेला का मन घर में नहीं लग रहा था, क्योंकि घर की महिलाओं का उसके साथ परायों-सा व्यवहार करना था। इस कारण उन सब के बीच वह स्वयं को अकेला महसूस करती थी।

(ii) कर्मचंद दादा का मँझला पुत्र है वह पितृभक्त, शांत स्वभाव और पिताजी का आज्ञाकारी पुत्र है। कर्मचंद घर की समस्याओं को पिताजी के सम्मुख रखकर उनका समाधान खोजने की कोशिश करता है।

(iii) कर्मचंद ने दादाजी को बताया कि घर का आंतरिक वातावरण बिगड़ रहा है, जिसका कारण वह छोटी बहू के अहंकारी स्वभाव और उसका घर के सदस्यों के साथ समायोजित न होने को बताता है। कर्मचंद बताता है कि छोटी बहू शायद परिवार से अलग रहने का विचार बना रही है, जिसको सुनकर दादाजी ने छोटी बहू की शिकायत का समाधान ढूँढने और समस्या को शीघ्र खत्म करने की बात कही।

(iv) वक्ता मूलराज या कहें दादाजी एकांकी के सबसे वरिष्ठ पात्र है। 72 वर्ष की आयु के पश्चात् भी उनका शरीर अभी तक झुका नहीं है और उनकी सफेद दाढ़ी वट की लंबी-लंबी जटाओं की भाँति उनकी नाभी तक पहुँच चुकी है। दादाजी साहसी, परिश्रमी, निष्ठावान और दूरदृष्टा हैं। उनके इन्हीं गुणों के कारण आज तक उनका परिवार संयुक्त है। घर में वह एक तानाशाह की भूमिका का निर्वाह करते हैं, जिस कारण घर का कोई सदस्य उनके किए गए निर्णय के विरुद्ध जाने की चेष्टा नहीं करता।

13. (i) उपर्युक्त गद्यांश का वक्ता युधिष्ठिर हैं। उनकी मनोदशा व्याकुल और उत्तेजित है। उन्हें महाभारत का युद्घ रचने वाले दुर्योधन पर अत्यधिक क्रोध आ रहा है, जिसने दूसरों की जान को जान नहीं समझा। उन्हें मरने के लिए महाभारत के युद्घ में छोड़ दिया। अब उनके मर जाने पर वह अपनी जान बचाने के लिए छिपा बैठा है।

(ii) प्रस्तुत अवतरण में दुर्योधन को पापी इसलिए कहा गया है, क्योंकि दुर्योधन ने अपनी स्वार्थता, अपने अहंकार के कारण युद्ध की पृष्ठभूमि रची, जिस कारण कितने ही वीर योद्धा मारे गए थे और दोनों पक्षों को जान-माल की हानि हुई थी।

(iii) वक्ता ने यह कथन इसलिए कहा, क्योंकि दुर्योधन ने अपने झूठे अभिमान, हठी स्वभाव और लोभी प्रवृत्ति के कारण महाभारत के युद्ध की नींव रखी, लेकिन आज वह कायरों की भाँति युद्ध करने के स्थान पर जलाशय में छिपकर अपने प्राणों की भीख माँग रहा है।

(iv) दुर्योधन ने युधिष्ठिर को चौसर खेलने के लिए इसलिए बुलाया, क्योंकि वह पांडवों को दिए गए आधे राज्य को भी हड़पना चाहता था, इसलिए उसने युधिष्ठिर को जुआ खेलने के लिए आमंत्रित किया, जिसमें युधिष्ठिर अपना राजपाट हारने के साथ-साथ अपने भाइयों और अपनी पत्नी द्रौपदी को भी हार जाते हैं, जिस कारण दुर्योधन, द्रौपदी से अपने अपमान का प्रतिशोध लेने और पांडवों को अपमानित करने के लिए द्रौपदी को अपमानित करता है।

14. (i) मीनू के विवाह के लिए मेरठ में लड़के वालों अर्थात् अमित तथा उसके परिवार को भेजी गई फोटो उन्हें पसंद आ गई थी, इसलिए मेरठ वाले अगले दिन मीनू को देखने के लिए उनके घर पर आने वाले थे।

(ii) अतीत में भी कई लड़के वालों द्वारा उसकी फोटो को पसंद किया गया था, लेकिन जब वे उसे देखने आते, तो किसी-न-किसी कारणवश उसे नापसंद कर देते थे। अतीत की यही बातें उसे स्मरण हो आई थीं।

(iii) मीनू को विवाह के लिए देखने आए लड़कों ने उसे देखकर उसमें कुछ कमियाँ निकालीं। किसी ने उसके कम कद को बहुत बड़ी कमी माना, तो किसी ने उसके साँवले रंग को। इस वजह से सभी लड़कों ने विवाह के लिए इनकार कर दिया था, इसीलिए अभी तक मीनू का विवाह न हो पाया था।

(iv) नीलिमा अपनी सहेली मीनू के हृदय की बात समझ रही थी। अतीत में कई लड़के वाले मीनू को देखने आए थे और उसे नापसंद कर गए थे। नीलिमा को लग रहा था कि यदि अगले दिन मेरठ से आने वालों ने भी उसे नापसंद कर दिया, तो मीनू मानसिक रूप से पूरी तरह टूट सकती है। मीनू के अंदर इस संबंध में मौजूद हीन भावना की आशंका को नीलिमा अच्छी तरह समझ रही थी।

15. (i) अमित के पिताजी ने उसकी माताजी की क्रूर योजना के अनुसार मीनू के पिताजी को पत्र लिख दिया, लेकिन आरंभ से ही उन्हें यह महसूस हो रहा था कि यह उचित नहीं है, इसलिए उन्हें अपराध-बोध हो रहा था। पिताजी की इस स्थिति को व्यक्त करते हुए लेखक ने लिखा कि ''पिताजी को लगा कि शायद उनसे कोई घोर अपराध हो गया।''

(ii) अमित की माताजी ने उसके पिताजी को दयाराम जी को पत्र लिखने के लिए कहा, क्योंकि वे धन के लोभ में आकर अमित की शादी सरिता से करवाना चाहती थीं।

इसलिए उन्होंने पत्र में मीनू की छोटी बहन आशा का रिश्ता अपने बेटे अमित के लिए माँगा, ताकि वे लोग बिना किसी कारण इस रिश्ते के लिए मना कर दें और वह अमित का विवाह धनी सेठ की बेटी सरिता से करा सकें।

(iii) अमित के घरवालों द्वारा भेजे गए पत्र को पाने के उपरांत मीनू के माता-पिता बड़े ही दुःखी एवं असमंजस में थे। वे समझ नहीं पा रहे थे कि अमित के घरवालों ने अमित के लिए बड़ी बेटी मीनू की जगह

छोटी बेटी आशा का हाथ क्यों माँगा? वह तो अभी बहुत छोटी है और विवाह के योग्य भी नहीं है।

घर के सभी लोगों को पत्र मिलने पर बड़ी ही निराशा हुई और वे अत्यधिक दुःखी हुए। इसके साथ ही मीनू के अंदर एक हीन भावना भी घर कर गई और उसे लगने लगा कि संभवतः वह किसी से विवाह करने के योग्य नहीं है।

(iv) मेरी दृष्टि में, दहेज को आधार बनाकर विवाह के लिए रिश्ते को अस्वीकार करना किसी भी दृष्टि से उचित नहीं है। विवाह करने के लिए दो वयस्क एवं समझदार लोगों की आवश्यकता होती है।

वयस्क लड़की को सामान की तरह देखकर पसंद-नापसंद किया जाना बहुत ही कुप्रवृत्ति है, जिसे शीघ्र ही समाप्त कर देना चाहिए। बड़ी लड़की के विवाह का प्रस्ताव लेकर जाने वाले छोटी लड़की को पसंद कर लेते हैं और इसके पीछे दहेज का कारण है, तो यह और भी निंदनीय है। दहेज जैसी सामाजिक कुप्रथा को समाज से पूरी तरह समाप्त किया जाना अत्यंत आवश्यक है।

16. (i) मीनू अपने पिताजी को समाज की चिंता न करने के लिए कहती है, क्योंकि मीनू का तर्क है कि यह समाज जब हम लोगों के बारे में नहीं सोचता है, तो फिर हम लोगों को भी इसके बारे में अधिक नहीं सोचना चाहिए।

(ii) माँ समाज की रीति के बारे में बताते हुए कहती हैं कि हम लोगों के समाज में बड़ी बेटी के अविवाहित रहते हुए छोटी बेटी की शादी नहीं होती। यह परंपरा हमारे यहाँ बहुत प्राचीन समय से प्रचलन में है।

(iii) मीनू ने विवाह न करने का निर्णय लिया था। उसने यह निश्चय किया था कि अब वह अपने पैरों पर खड़ी होगी, आत्मनिर्भर बनेगी और समाज में अपना एक स्थान हासिल करेगी। वह विवाह के लिए परेशान न होकर अपनी ऊर्जा, क्षमता एवं समय को अपने मुख्य लक्ष्य की प्राप्ति में लगाएगी। वह विवाह न करके इस समाज में अपना एक रुतबा, आदर-सम्मान स्थापित करेगी।

(iv) 'बोझ' से मीनू का अभिप्राय 'निर्भरता' से है। मीनू अब अपने पैरों पर खड़ी होकर आत्मनिर्भर और सफल बनना चाहती थी। वह इस समाज को अपनी योग्यता एवं क्षमता से परिचित कराना चाहती थी। मीनू द्वारा 'बोझ' शब्द का प्रयोग किए जाने पर उसके माता-पिता को अच्छा नहीं लगा। उसकी माँ ने कहा कि तुमने ऐसा कैसे सोच लिया एक बेटी अपने माता-पिता के लिए बोझ है? लेकिन मीनू ने माँ को समझाते हुए कहा कि उसका तात्पर्य निर्भरता से है, अब वह आत्मनिर्भर बनना चाहती है।

ICSE

प्रतिदर्श प्रश्न-पत्र 2

हल रहित

हिंदी

समय : 3 घंटे
पूर्णांक : 80

सामान्य निर्देश

1. इस प्रश्न-पत्र में दो खंड हैं 'क' और 'ख'।
2. खंड 'क' के सभी प्रश्न करने अनिवार्य हैं।
3. खंड 'ख' से कोई भी चार प्रश्न करने अनिवार्य हैं, जिनमें दो प्रश्न पाठ्यपुस्तक से होंगे तथा अन्य दो किसी अन्य पुस्तक से होंगे।

खंड-'क'

1. निम्नलिखित विषयों में से किसी एक विषय पर हिंदी में लगभग 250 शब्दों में संक्षिप्त लेख लिखिए **15**

(i) आप अपने परिवार के किसी ऐसे सदस्य का वर्णन कीजिए, जिसने आपको प्रभावित किया हो। उस व्यक्ति के आपके ऊ पर पड़े प्रभाव ने आपके जीवन को किस प्रकार प्रभावित किया? आपके गुणों को निखारने में और अवगुणों को दूर करने में उस व्यक्ति ने आपकी किस प्रकार सहायता की?

(ii) प्रात:काल का समय अत्यंत सुहावना होता है। प्राय: लोग प्रात:कालीन सैर के लिए जाते हैं। क्या आप भी प्रात:काल में सैर के लिए जाते हैं? प्रात:कालीन भ्रमण के लाभों का वर्णन अपने शब्दों में कीजिए।

(iii) त्योहार हमें उमंग एवं उल्लास से भरकर अपनी संस्कृति से जोड़े रखते हैं। आजकल लोगों में त्योहारों को मनाने के प्रति उत्साह एवं आस्था का अभाव देखा जाता है। लोगों की इस मानसिकता के कारण बताते हुए जीवन में त्योहारों के महत्त्व का वर्णन कीजिए।

(iv) "अभिमान विनाश का कारण है" इस उक्ति को आधार बनाकर कहानी लिखिए।

(v) नीचे दिए गए चित्र को ध्यानपूर्वक देखिए और चित्र को आधार बनाकर वर्णन कीजिए अथवा कहानी लिखिए, जिसका सीधा व स्पष्ट संबंध चित्र से होना चाहिए।

2. निम्नलिखित में से किसी एक विषय पर हिंदी में लगभग 120 शब्दों में पत्र लिखिए **7**

(i) आपके मोहल्ले में रात में सड़कों पर रोशनी नहीं होती है, जिसके कारण चोरी आदि दुर्घटनाएँ घटित हो रही हैं। अपने क्षेत्र में सड़कों पर रोशनी न होने के कारण फैले अंधकार को दूर करवाने हेतु अपेक्षित प्रबंध के लिए प्रार्थना करते हुए नगर निगम अधिकारी को पत्र लिखिए।

(ii) आपका नाम संजीव चौधरी है और आप G 582, पुराना किला, नई दिल्ली के निवासी हैं। आपके विद्यालय में आए नए प्रधानाचार्य की विशेषताओं का उल्लेख करते हुए अपने मित्र अंकित को पत्र लिखिए।

3. निम्नलिखित गद्यांश को ध्यान से पढ़िए तथा नीचे लिखे प्रश्नों के उत्तर हिन्दी में लिखिए। उत्तर यथासंभव आपके अपने शब्दों में होने चाहिए **10**

दुर्भाग्य की बात है कि लोग अवकाश का ठीक तरह से उपयोग करना नहीं जानते। हममें से अधिकांश लोग अपने खाली समय को व्यर्थ में गँवा देते हैं। हम समझते हैं कि कुछ न करना भी अपने खाली समय का एक अच्छा उपयोग है, परंतु इससे हमारी बेचैनी बढ़ती है। ऐसा कहा जाता है कि बेकार आदमी का मस्तिष्क भूत का बंगला होता है, संभवत: यह सत्य प्रतीत होता है। यदि हम खाली बैठते हैं, तो हमारी इच्छाएँ और कल्पनाएँ अपना कार्य शुरू कर देती हैं। उनको नियंत्रित करने का एकमात्र उपाय यह है कि उन्हें किसी-न-किसी प्रकार के श्रम के द्वारा नियंत्रित किया जाए, इसलिए यह आवश्यक है कि जो समय हमें खाली मिले, उसे चुपचाप अथवा बेकार बैठकर नहीं गँवाना चाहिए।

अवकाश के समय को गुजारने के लोकप्रिय तरीके उपन्यास पढ़ना, सिनेमा देखना, शिकार खेलना आदि हैं। यदि ये सब काम केवल समय काटने के लिए किए जाएँ तो अच्छे हैं, परंतु भय यह है कि हम इनके दास बन जाते हैं। इसके अतिरिक्त हमारे शौक केवल अवकाश के समय को बिताने हेतु एक उपाय मात्र नहीं होने चाहिए, बल्कि ये ऐसे होने चाहिए, जिससे समय उपयोगी ढंग से बीते।

ऐसा कहा जाता है कि विश्व के पूर्वी देशों का जीवन आराम का है। यह बात सच है। पश्चिम में समय ही पैसा है और समय का हिसाब मिनटों और सेकंडों में रखा जाता है। संभवत: यही कारण है कि कई क्षेत्रों में पश्चिम बहुत आगे है। भारत के लोगों ने हाल ही में समय के मूल्य को पहचानना शुरू किया है। यदि हम एक प्रगतिशील राष्ट्र का निर्माण करना चाहते हैं, तो हमें अपने समय का वर्तमान की अपेक्षा युक्तिसंगत ढंग से सदुपयोग करना होगा। यदि प्रत्येक नागरिक राष्ट्र-निर्माण की गतिविधियों में अपने अवकाश का समय लगाए, चाहे उसका योगदान कितना ही कम क्यों न हो, तो इसमें संदेह नहीं है कि हमारी योजनाओं के सफल होने की संभावनाएँ काफी बढ़ जाएँगी।

निम्नलिखित प्रश्नों के उत्तर यथासंभव अपने शब्दों में लिखिए।

(i) खाली बैठने के क्या परिणाम होते हैं? **2**

(ii) खाली समय बिताने के क्या तरीके बताए गए हैं? **2**

(iii) पश्चिमी देशों ने किस प्रकार प्रगति की है? **2**

(iv) बेकार बैठे व्यक्ति के मस्तिष्क को 'भूत का बंगला' क्यों कहा है? **2**

(v) प्रस्तुत गद्यांश से हमें क्या शिक्षा मिलती है? **2**

4. निम्नलिखित प्रश्नों के उत्तर निर्देशानुसार लिखिए।

(i) बहिरंग का विलोम बताइए। **1**

(a) अंतरंग (b) रंगारंग
(c) जलतरंग (d) रागरंग

(ii) 'मृगेन्द्र' का पर्यायवाची बताइए। **1**

(a) शार्दूल (b) अहि
(c) हिरन (d) कुरंग

(iii) 'मिलना' की भाववाचक संज्ञा बताइए। **1**

(a) मिलाप (b) मिलनसार
(c) मिलीभगत (d) मेल

(iv) 'उपज' का विशेषण बताइए। **1**

(a) उपजाऊपन (b) ऊपजाऊ
(c) उपजाऊ (d) ऊपज

(v) 'इकट्टा' का शुद्ध रूप बताइए। **1**

(a) इकठ्रा (b) इकट्ठा
(c) एकत्र (d) इकट्ठाँ

(vi) 'आव देखा न ताव' मुहावरे का अर्थ बताइए। **1**

(a) बिना सोचे-समझे कार्य करना
(b) आगा-पीछा करना
(c) चुगली करना
(d) कठिनाई उत्पन्न करना

(vii) निर्देशानुसार उचित वाक्य बताइए। **1**

ध्रुव के आगे यक्षों की एक न चली और अंत में उन्होंने घुटने टेक दिए।
(वाक्य में 'क्योंकि' शब्द का प्रयोग कीजिए)

(a) अंत में यक्षों ने घुटने टेक दिए, क्योंकि ध्रुव के आगे उनकी एक न चली।
(b) ध्रुव के आगे यक्षों की एक न चली, क्योंकि अंत में उन्होंने घुटने टेक दिए।
(c) यक्षों की एक न चल पाई उन्होंने अन्त में ध्रुवों के आगे घुटने टेक दिए थे।
(d) अंत में ध्रुव के आगे यक्षों की एक न चली, क्योंकि उन्होंने घुटने टेक दिए थे।

(viii) निर्देशानुसार उचित वाक्य बताइए। **1**

मोहन बिना किसी को साथ लिए अकेला ही सड़क पर गया।
(वाक्य में 'चला गया' शब्द का प्रयोग कीजिए)

(a) मोहन बिना कोई को साथ लिए अकेला ही सड़क पर चला गया।
(b) मोहन किसी को बिना लिए साथ में अकेला ही सड़क पर चला गया।
(c) मोहन किसी को लिए ही अकेला सड़क पर चला गया।
(d) मोहन बिना किसी को साथ लिए अकेला ही सड़क पर चला गया।

खंड-'ख'

साहित्य सागर–संक्षिप्त कहानियाँ

5. निम्नलिखित गद्यांश को पढ़िए तथा उसके नीचे लिखे प्रश्नों के उत्तर हिंदी में लिखिए

मैं यह पतंग ऊपर राम के यहाँ भेजूँगा। इसे पकड़कर काकी नीचे उतरेंगी। मैं लिखना नहीं जानता, नहीं तो इस पर उनका नाम लिख देता। ***काकी—सियारामशरण गुप्त***

(i) पतंग देखकर कौन प्रसन्न हुआ एवं उसने अपने पिता से क्या इच्छा प्रकट की? 2

(ii) कौन अन्यमनस्क स्थिति में था एवं क्यों? 2

(iii) कौन पतंग के लिए उत्साहित था एवं उसने अपनी इच्छा कैसे पूरी की? 3

(iv) गद्यांश में 'मैं' शब्द किसके लिए प्रयुक्त किया गया है? वह पतंग कहाँ एवं क्यों भेजना चाहता था? स्पष्ट कीजिए। 3

6. निम्नलिखित गद्यांश को पढ़िए और उसके नीचे लिखे प्रश्नों के उत्तर हिंदी में लिखिए

तीन गज की दूरी से दिख पड़ा, एक लड़का, सिर के बड़े-बड़े बाल खुजलाता चला आ रहा था। नंगे पैर, नंगे सिर, एक मैली-सी कमीज़ लटकाए है। ***अपना-अपना भाग्य—जैनेंद्र कुमार***

(i) सड़क के किनारे रखी बेंच से कौन उठकर गए एवं क्यों? 2

(ii) कुहरे में किसकी मूर्ति दिखाई देती थी? 2

(iii) नैनीताल की सुंदरता का वर्णन अपने शब्दों में कीजिए। 3

(iv) गद्यांश के आधार पर लड़के की कौन-सी स्थिति उजागर होती है? स्पष्ट कीजिए। 3

7. निम्नलिखित गद्यांश को पढ़िए और उसके नीचे लिखे प्रश्नों के उत्तर हिंदी में लिखिए

मेरे एक अभिन्न मित्र हैं-बाबू श्यामला कांत। सीधे-सादे, परिश्रमी, ईमानदार, किंतु निजी जिंदगी में बड़े लापरवाह। आयु में मुझसे छोटे हैं, पर अपने घर में बच्चों की फौज खड़ी कर ली है।

भीड़ में खोया आदमी—लीलाधर शर्मा पर्वतीय

(i) लेखक ने अपने मित्र को लापरवाह क्यों कहा है? 2

(ii) 'बच्चों की फौज खड़ी करने' से लेखक का क्या आशय है? 2

(iii) आपके अनुसार क्या सच में अधिक संतान निजी जीवन में लापरवाही है? 3

(iv) 'भीड़ में खोया आदमी' पाठ के आधार पर बताइए कि लेखक ने किस समस्या को उजागर किया है? 3

साहित्य सागर–पद्य भाग

8. निम्नलिखित पद्यांश को पढ़िए और उसके नीचे लिखे प्रश्नों के उत्तर हिंदी में लिखिए

गुरु गोविंद दोऊ खड़े, काके लागू पायँ।
बलिहारी गुरु आपने, जिन गोविंद दियौ बताय।।
जब मैं था तब हरि नहीं, अब हरि हैं मैं नाहि।
प्रेम गली अति साँकरी, तामे दो न समाहि।। ***साखी—कबीरदास***

(i) उपरोक्त पंक्तियों के रचयिता कौन हैं एवं कवि गुरु के विषय में क्या कहता है? 2

(ii) गुरु के महत्त्व को कवि किस प्रकार पुष्ट करता है? 2

(iii) "जब मैं था तब हरि नहीं, अब हरि हैं मैं नाहिं" प्रस्तुत पंक्ति के आधार पर स्पष्ट कीजिए कि कवि ईश्वर साधना के लिए क्या आवश्यक मानता है? 3

(iv) 'साँकरी' शब्द का अर्थ स्पष्ट करते हुए बताइए कि कवि ने 'प्रेम' के विषय में क्या कहा है? 3

9. निम्नलिखित पद्यांश को पढ़िए और उसके नीचे लिखे प्रश्नों के उत्तर हिंदी में लिखिए

वह जन्मभूमि मेरी, वह मातृभूमि मेरी,
ऊँचा खड़ा हिमालय, आकाश चूमता है,
नीचे चरण तले पड़, नित सिंधु झूमता है।
गंगा, यमुना, त्रिवेणी, नदियाँ लहर रही हैं,
जगमग छटा निराली, पग-पग पर छहर रही हैं।
वह पुण्यभूमि मेरी, वह स्वर्णभूमि मेरी।
वह जन्मभूमि मेरी, वह मातृभूमि मेरी।

वह जन्मभूमि मेरी—सोहनलाल द्विवेदी

(i) प्रस्तुत पंक्तियों में कवि किसकी सुंदरता का बखान करता है? 2

(ii) कवि हिमालय की प्रशंसा करते हुए क्या कहता है? 2

(iii) "वह पुण्यभूमि मेरी, वह स्वर्णभूमि मेरी" प्रस्तुत पंक्ति के माध्यम से कवि किसे संबोधित करता है एवं क्यों? 3

(iv) कवि अपनी जन्मभूमि की किन-किन विशेषताओं का बखान करता है? 3

10. निम्नलिखित पद्यांश को पढ़िए और उसके नीचे लिखे प्रश्नों के उत्तर हिंदी में लिखिए

कबहुँ पलक हरि मूँदि लेत हैं, कबहुँ अधर फरकावै।
सोवत जानि मौन ह्वै कै रहि, करि-करि सैन बतावै।।

सूर के पद—सूरदास

(i) 'सोवत जानि मौन ह्वै कै रहि' पंक्ति का भाव स्पष्ट कीजिए। 2

(ii) नींद को कोसते हुए माता क्या कहती हैं? 2

(iii) यशोदा माता श्रीकृष्ण को सुलाने के लिए क्या-क्या प्रयास करती हैं? 3

(iv) कवि सूरदास कृष्ण के बाल रूप का वर्णन किस प्रकार करते हैं? 3

एकांकी संचय

11. *निम्नलिखित अवतरण को पढ़िए और उसके नीचे लिखे प्रश्नों के उत्तर हिंदी में लिखिए*

मैं जल्द ही फिर आऊँगा। विश्वास रखें, इस बार आपकी चोट के लिए मरहम लाना नहीं भूलूँगा। ठहरो प्रमोद! मुझे और अधिक

लज्जित न करो, मेरी चोट का इलाज़ बेटी की ससुराल वालों ने दूसरी चोट से कर दिया है। *बहू की विदा—विनोद रस्तोगी*

(i) प्रमोद ने जीवनलाल से क्या कहा एवं क्यों? 2

(ii) अवतरण में 'मरहम' से क्या अभिप्राय था? स्पष्ट कीजिए। 2

(iii) कौन स्वयं को लज्जित अनुभव कर रहा था एवं क्यों? 3

(iv) जीवनलाल का अहंकार कैसे टूटा एवं उस पर उन्होंने क्या प्रतिक्रिया अभिव्यक्त की? स्पष्ट कीजिए। 3

12. निम्नलिखित अवतरण को पढ़िए और उसके नीचे लिखे प्रश्नों के उत्तर हिंदी में लिखिए

मैं नहीं समझता तुम क्या कहती हो? तुम्हें शिकायत थी कि कोई तुम्हारा आदर नहीं करता, अब सब तुम्हारा आदर करते हैं। तुम्हें शिकायत थी कि तुम्हें सबसे दबना पड़ता है, अब सब तुमसे दबते हैं। तुम्हें शिकायत थी कि तुम सबका काम करती हो, अब सब तुम्हारा काम करते हैं। आदर, सत्कार, आरामन जाने तुम क्या चाहती हो? *सूखी डाली—उपेंद्रनाथ 'अश्क'*

(i) वक्ता कौन है? वक्ता ने बेला से क्या कहा? 2

(ii) बेला की क्या शिकायत थी? स्पष्ट कीजिए। 2

(iii) "कोई तुम्हारा आदर नहीं करता, अब सब तुम्हारा आदर करते हैं।" किसने, किसे एवं क्यों कहा? स्पष्ट कीजिए। 3

(iv) "आदर, सत्कार, आरामन जाने तुम क्या चाहती हो?" प्रस्तुत कथन का वक्ता कौन है एवं उसने यह क्यों कहा? स्पष्ट कीजिए। 3

13. निम्नलिखित अवतरण को पढ़िए और उसके नीचे लिखे प्रश्नों के उत्तर हिंदी में लिखिए

सत्य को ढकने का प्रयत्न न करो युधिष्ठिर! उसे निष्पक्ष होकर जाँचो। मेरे पास प्रमाणों की कमी नहीं है। आधा राज्य पाकर भी तुमने चैन न लिया। तुमने अर्जुन को चारों ओर दिग्विजय के लिए भेजा। राजसूय यज्ञ के बहाने तुमने जरासंध और शिशुपाल को समाप्त किया। यहाँ तक कि जुए में खेल-खेल में भी तुम अपनी ईर्ष्या न भूले और तुमने झट से अपना राज्य दाँव पर लगा दिया कि यदि तुम जीते तो तुम्हें मेरा राज्य अनायास ही मिल जाए। बनवास उसी महत्त्वाकांक्षा का परिणाम था, मेरा उसमें कोई हाथ न था। *महाभारत की एक साँझ —भारत भूषण अग्रवाल*

(i) किसने व क्यों कहा कि "सत्य को ढकने का प्रयत्न न करो"? 2

(ii) "मेरे पास प्रमाणों की कमी नहीं है।" प्रस्तुत उक्ति किसने कही एवं उसके प्रमाण किसके प्रतीक हैं? 2

(iii) "आधा राज्य पाकर भी तुमने चैन न लिया।" दुर्योधन ने यह उक्ति किससे व क्यों कही? स्पष्ट कीजिए। 3

(iv) प्रस्तुत अवतरण में दुर्योधन ने युधिष्ठिर पर दोषारोपण करते हुए क्या कहा और क्यों? स्पष्ट कीजिए। 3

नया रास्ता *(सुषमा अग्रवाल)*

14. निम्नलिखित अवतरण को पढ़िए और उसके नीचे लिखे प्रश्नों के उत्तर हिंदी में लिखिए

जैसे ही मीनू सोने की कोशिश करती, उसकी आँखों के सामने अमित का वह चेहरा घूम जाता, जो उससे कुछ कहने के लिए बेचैन था। उसके वे नेत्र, जो अपनी मूक भाषा में कहना चाहते थे कि वह निर्दोष है। रातभर मीनू इसी तरह बेचैनी में करवटें बदलती रही। कभी झपकी लग जाती, तो कभी चौंककर आँखें खुलतीं और उसके सामने अमित का वही चेहरा घूम जाता।

(i) किसमें व किसके लिए परिवर्तन आ रहे थे? 2

(ii) अमित का चेहरा किसकी आँखों के सामने आ जाता एवं क्यों? 2

(iii) अमित का चेहरा देखने पर मीनू को हमेशा क्या अहसास होता? स्पष्ट कीजिए। 3

(iv) कौन बेचैन था एवं क्यों? स्पष्ट कीजिए। 3

15. निम्नलिखित अवतरण को पढ़िए और उसके नीचे लिखे प्रश्नों के उत्तर हिन्दी में लिखिए

बातों-बातों में आशा मीनू से पूछ बैठी, "दीदी, अब तो आपकी वकालत पूरी हो गई है और आपने प्रैक्टिस भी शुरू कर दी है। अब आगे आपका क्या विचार है?" "आगे क्या विचार है, इस बारे में तो अभी मैंने कुछ सोचा नहीं है।" मीनू ने बड़ी लापरवाही से आशा के प्रश्न का उत्तर दिया। "दीदी, इतनी लंबी जिंदगी पड़ी है। एक अवस्था ऐसी आती है, जब अपने पति और बच्चों का ही सहारा होता है।" आशा ने मीनू को समझाते हुए कहा।

(i) आशा मीनू की किस विषय में राय जानना चाहती थी? 2

(ii) मीनू ने विवाह के विषय में आशा के सम्मुख क्या विचार रखा? 2

(iii) किसने व क्यों कहा कि "इतनी लंबी जिंदगी पड़ी है। एक अवस्था ऐसी आती है, जब अपने पति और बच्चों का ही सहारा होता है"? स्पष्ट कीजिए। 3

(iv) अवतरण का आशय स्पष्ट कीजिए। 3

16. निम्नलिखित अवतरण को पढ़िए और उसके नीचे लिखे प्रश्नों के उत्तर हिंदी में लिखिए

विवाह के फालतू खर्च में से कुछ रुपये बचाकर अपाहिज मनोहर की सहायता करने का उसने संकल्प लिया। रात में बिस्तर पर पड़े-पड़े मीनू यही सोचती रही कि न जाने हमारे देश में ऐसे कितने अपंग लोग हैं। यदि प्रत्येक संपन्न व्यक्ति अपनी जिंदगी में किसी एक की सहायता कर उसे छोटा-सा काम करा दे, तो हमारे देश में इन अपंगों की बेरोज़गारी की समस्या दूर हो जाएगी।

(i) मीनू के घर कौन एवं क्यों आया? 2

(ii) मीनू किसकी हालत को देखकर दु:खी हो रही थी? 2

(iii) मीनू ने क्या निर्णय लिया था? स्पष्ट कीजिए। 3

(iv) विकलांग व्यक्तियों की बेरोज़गारी को दूर करने के विषय में मीनू के क्या विचार थे? स्पष्ट कीजिए। 3

उत्तरमाला

4.(i) (a) **(ii)** (a) **(iii)** (a) **(iv)** (c) **(v)** (b) **(vi)** (a) **(vii)** (a) **(viii)** (d)

ICSE

प्रतिदर्श प्रश्न-पत्र 3

हल रहित

हिंदी

समय : 3 घंटे
पूर्णांक : 80

सामान्य निर्देश

1. इस प्रश्न-पत्र में दो खंड हैं 'क' और 'ख'।
2. खंड 'क' के सभी प्रश्न करने अनिवार्य हैं।
3. खंड 'ख' से कोई भी चार प्रश्न करने अनिवार्य हैं, जिनमें दो प्रश्न पाठ्यपुस्तक से होंगे तथा अन्य दो किसी अन्य पुस्तक से होंगे।

खंड-'क'

1. निम्नलिखित विषयों में से किसी एक विषय पर हिंदी में लगभग 250 शब्दों में संक्षिप्त लेख लिखिए **15**

(i) भारतीय तथा पाश्चात्य संस्कृति की अपनी अलग महत्ता है। पाश्चात्य संस्कृति की कुछ अपनाने योग्य बातों पर प्रकाश डालिए।

(ii) "वर्तमान युग में इंटरनेट अपनी उपयोगिता के कारण एक आवश्यकता बनता जा रहा है।" इस विषय पर अपने विचार प्रकट कीजिए और बताइए कि इंटरनेट का हमारे जीवन में क्या उपयोग है?

(iii) कल्पना कीजिए कि आप 'कौन बनेगा करोड़पति' में पाँच करोड़ रुपये जीत गए हैं, उससे आपको कोई तीन कार्य करने हैं। आप कौन-कौन-से कार्य करेंगे, जिससे आपको अधिकतम संतुष्टि हो सके?

(iv) "दूर के ढोल सुहावने" उक्ति को आधार बनाकर एक मौलिक कथा का सृजन कीजिए।

(v) नीचे दिए गए चित्र को ध्यानपूर्वक देखिए और चित्र को आधार बनाकर वर्णन कीजिए अथवा कहानी लिखिए, जिसका सीधा व स्पष्ट संबंध चित्र से होना चाहिए।

2. निम्नलिखित में से किसी एक विषय पर हिंदी में लगभग 120 शब्दों में पत्र लिखिए **7**

(i) आपके विद्यालय में कुछ अतिथि आए थे, जिनकी देखभाल की ज़िम्मेदारी आपको सौंपी गई थी। अपनी माताजी को पत्र लिखकर बताइए कि वे अतिथि विद्यालय में क्यों आए थे और आपने उनके लिए क्या-क्या किया?

(ii) आप किसी स्थान विशेष की यात्रा करना चाहते हैं। उस स्थान की जानकारी प्राप्त करने के लिए पर्यटन विभाग के अधिकारी को पत्र लिखिए।

3. निम्नलिखित गद्यांश को ध्यान से पढ़िए तथा नीचे लिखे गए प्रश्नों के उत्तर हिंदी में लिखिए। उत्तर यथासंभव आपके शब्दों में होने चाहिए **10**

झूरी काछी के दोनों बैलों के नाम थे—हीरा और मोती। दोनों पछाईं जाति के थे—देखने में सुंदर, काम में चौकस, डील में ऊँचे। बहुत दिनों साथ रहते-रहते दोनों में भाईचारा हो गया था। दोनों आमने-सामने या आस-पास बैठे हुए एक-दूसरे से मूक भाषा में विचार-विनिमय करते थे। एक-दूसरे के मन की बात कैसे समझ जाते थे, हम नहीं कह सकते। अवश्य ही उनमें कोई ऐसी गुप्त शक्ति थी, जिससे जीवों में श्रेष्ठता का दावा करने वाला मनुष्य वंचित है। दोनों एक-दूसरे को चाटकर और सूँघकर अपना प्रेम प्रकट करते, कभी-कभी दोनों सींग भी मिला लिया करते थे—विग्रह के नाते से नहीं, केवल विनोद के भाव से, आत्मीयता के भाव से, जैसे दोस्तों में घनिष्ठता होते ही धौल-धप्पा होने लगता है। इसके बिना दोस्ती कुछ फुसफुसी, कुछ हल्की-सी रहती है, जिस पर अधिक विश्वास नहीं किया जा सकता। जिस वक्त ये दोनों बैल हल या गाड़ी में जोत दिए जाते और गर्दन हिला-हिलाकर चलते, उस वक्त हर एक की यही चेष्टा होती थी

कि अधिक-से-अधिक बोझ मेरी ही गर्दन पर रहे। दिनभर के बाद दोपहर या संध्या को दोनों खुलते, तो एक-दूसरे को चाट-चाटकर अपनी थकान मिटा लिया करते। नाँद में खली-भूसा पड़ जाने के बाद दोनों साथ उठते, साथ नाँद में मुँह डालते और साथ ही बैठते थे। एक मुँह हटा लेता, तो दूसरा भी हटा लेता था।

संयोग की बात, झूरी ने एक बार गोईं को ससुराल भेज दिया। बैलों को क्या मालूम, वे क्यों भेजे जा रहे हैं? समझे, मालिक ने हमें बेच दिया। अपना यों बेचा जाना उन्हें अच्छा लगा या बुरा, कौन जाने? पर झूरी के साले गया को घर तक गोईं ले जाने में दाँतों पसीना आ गया। पीछे से हाँकता तो दोनों दाएँ-बाएँ भागते, पगहिया पकड़कर आगे से खींचता, तो दोनों पीछे को ज़ोर लगाते। मारता तो दोनों सींग नीचे करके हुँकारते। अगर ईश्वर ने उन्हें वाणी दी होती, तो झूरी से पूछतेतुम हम गरीबों को क्यों निकाल रहे हो? हमने तो तुम्हारी सेवा करने में कोई कसर नहीं उठा रखी है। अगर इतनी मेहनत से काम नहीं चलता था, तो और काम ले लेते। हमें तो तुम्हारी चाकरी में मर जाना कबूल था। हमने कभी दाने-चारे की शिकायत नहीं की। तुमने जो कुछ खिलाया, वह सिर झुकाकर खा लिया, फिर तुमने हमें इस जालिम के हाथ क्यों बेच दिया?

संध्या समय दोनों बैल अपने नए स्थान पर पहुँचे। दिनभर के भूखे थे, लेकिन जब नाँद में लगाए गए, तो एक ने भी उसमें मुँह न डाला। दिल भारी हो रहा था। जिसे उन्होंने अपना घर समझ रखा था, वह आज उनसे छूट गया था। यह नया घर, नया गाँव, नए आदमी, उन्हें बेगानों-से लगते थे।

दोनों ने अपनी मूक भाषा में सलाह की, एक-दूसरे को कनखियों से देखा और लेट गए। जब गाँव में सोता पड़ गया, तो दोनों ने ज़ोर मारकर पगहे तुड़ा डाले और घर की तरफ़ चले। पगहे बहुत मज़बूत थे। अनुमान न हो सकता था कि कोई बैल उन्हें तोड़ सकेगा, पर इन दोनों में इस समय दूनी शक्ति आ गई थी। एक-एक झटके में रस्सियाँ टूट गईं।

झूरी प्रात:काल सोकर उठा, तो देखा कि दोनों बैल चरनी पर खड़े हैं। दोनों की गर्दनों में आधा-आधा गराँव लटक रहा है। घुटने तक पाँव कीचड़ से भरे हैं और दोनों की आँखों में विद्रोहमय स्नेह झलक रहा है।

झूरी बैलों को देखकर स्नेह से गद्‌गद् हो गया। दौड़कर उन्हें गले लगा लिया। प्रेमालिंगन और चुंबन का वह दृश्य बड़ा ही मनोहर था।

निम्नलिखित प्रश्नों के उत्तर यथासंभव अपने शब्दों में लिखिए।

(i) बैल किसके थे? बैलों की विशेषताओं का वर्णन कीजिए। **2**

(ii) दोनों बैलों के आपसी संबंध के विषय में अपने विचार लिखिए। **2**

(iii) झूरी ने बैलों को कहाँ भेजा? गया को बैलों को घर ले जाने में किन कठिनाइयों का सामना करना पड़ा? **2**

(iv) नए घर में जाने पर भी बैल खुश क्यों नहीं थे? **2**

(v) इस गद्यांश के मूल कथ्य को अपने शब्दों में स्पष्ट कीजिए। **2**

4. निम्नलिखित प्रश्नों के उत्तर निर्देशानुसार लिखिए।

(i) 'भूषण' का विलोम बताइए। **1**

(a) विष्णु (b) भूशक (c) दूषण (d) भूषा

(ii) 'दामिनी' का पर्यायवाची बताइए। **1**

(a) वर्षा (b) नीरद
(c) बादल (d) विद्युत

(iii) 'पूर्ण' की भाववाचक संज्ञा बताइए। **1**

(a) पूरा (b) पूर्णरूप
(c) पूर्णता (d) पूर्णरूपेण

(iv) 'रसायन' का विशेषण बताइए। **1**

(a) रासायन (b) रसानिक
(c) रासायनिक (d) रसतापूर्ण

(v) 'तिथी' का शुद्ध रूप बताइए। **1**

(a) तिथ् (b) तिथि (c) तीर्थ (d) तीथ

(vi) 'कान खड़े होना' मुहावरे का अर्थ बताइए। **1**

(a) सतर्क होना (b) उदास होना
(c) चुगली करना (d) बाधा डालना

(vii) निर्देशानुसार उचित वाक्य बताइए। **1**

अंत में विद्यार्थी निराश होगा।

(वाक्य में 'आशा' शब्द का प्रयोग कीजिए।)

(a) अंत में विद्यार्थी को आशा न मिली
(b) अंत में विद्यार्थी ने आशा की
(c) अंत में विद्यार्थी को आशा न रही
(d) उपरोक्त में से कोई नहीं

(viii) निर्देशानुसार उचित वाक्य बताइए। **1**

मूर्तिकार ने मूर्ति में संगमरमर का चश्मा लागया।

(वाक्य में 'लगा दिया' का प्रयोग कीजिए।)

(a) मूर्तिकार ने मूर्ति में लोहे का चश्मा लगा दिया।
(b) मूर्तिकार ने मूर्ति में सरकंडे का चश्मा लगा दिया।
(c) मूर्तिकार ने मूर्ति के ऊपर चश्मा लगा दिया।
(d) मूर्तिकार ने मूर्ति में संगमरमर का चश्मा लगा दिया।

खंड-'ख'

साहित्य सागर—संक्षिप्त कहानियाँ

5. निम्नलिखित गद्यांश को पढ़िए तथा उसके नीचे लिखे प्रश्नों के उत्तर हिंदी में लिखिए

वह सोचता, "यहाँ इतने सालों से हूँ। अमीर लोग नौकरों पर विश्वास नहीं करते, किंतु मुझ पर यहाँ कभी किसी ने संदेह नहीं किया। यहाँ से जाऊँ तो शायद कोई ग्यारह-बारह दे दे, पर ऐसा आदर न मिलेगा।"

बात अठन्नी की—सुदर्शन

(i) रसीला कौन था? उसका परिवार कहाँ रहता था? **2**

(ii) रसीला की पारिवारिक परिस्थितियों का वर्णन कीजिए। **2**

(iii) गद्यांश में 'वह' शब्द किसके लिए प्रयुक्त किया गया है एवं अमीरों के लिए उसकी क्या मानसिकता थी? **3**

(iv) गद्यांश के आधार पर रसीला की चारित्रिक विशेषताएँ बताइए। **3**

6. निम्नलिखित गद्यांश को पढ़िए तथा उसके नीचे लिखे प्रश्नों के उत्तर हिंदी में लिखिए

मूर्ति को देखते ही 'दिल्ली चलो' और 'तुम मुझे खून दो.....' वगैरह नारे याद आने लगते थे। इस दृष्टि से यह सफल और सराहनीय प्रयास था। केवल एक चीज़ की कसर थी, जो देखते ही खटकती थी।

नेताजी का चश्मा—स्वयं प्रकाश

(i) चौराहे पर किसने व किसकी प्रतिमा बनवाई? **2**

(ii) नगरपालिका किस प्रकार के कार्य करवाती थी? उनका वर्णन कीजिए। **2**

(iii) चौराहे पर लगी प्रतिमा से हालदार साहब को क्या याद आने लगता था? स्पष्ट कीजिए। **3**

(iv) लेखक को प्रतिमा की कौन-सी चीज़ अखरती थी तथा क्यों? स्पष्ट कीजिए। **3**

7. निम्नलिखित गद्यांश को पढ़िए तथा उसके नीचे लिखे प्रश्नों के उत्तर हिंदी में लिखिए

किशोरी ने आकर हल्ला मचा दिया—"भाभी, अरे भाभी! देखा नहीं तूने न! निहाल बाबू रो रहे हैं। अरे, तू चल भी।"

संदेह—जयशंकर प्रसाद

(i) रामनिहाल ने क्या पकड़ा हुआ था? **2**

(ii) कौन असमंजस की स्थिति में था और क्यों? **2**

(iii) कमरे में रखी प्रतिमाओं से क्या प्रतीत होता था? स्पष्ट कीजिए। **3**

(iv) किशोरी ने 'हल्ला मचाना' क्यों शुरू कर दिया था? स्पष्ट कीजिए। **3**

साहित्य सागर—पद्य भाग

8. निम्नलिखित पद्यांश को पढ़िए और उसके नीचे लिखे प्रश्नों के उत्तर हिंदी में लिखिए

वह आता
दो टूक कलेजे के करता पछताता पथ पर आता।
पेट-पीठ दोनों मिलकर हैं एक,
चल रहा लकुटिया टेक।

भिक्षुक—सूर्यकांत त्रिपाठी 'निराला'

(i) कवि ने भिक्षुक के आने का वर्णन किस प्रकार किया है? **2**

(ii) कवि ने भिक्षुक की दयनीय स्थिति का वर्णन किस प्रकार किया है? **2**

(iii) "चल रहा लकुटिया टेक" प्रस्तुत पंक्ति के आधार पर भिक्षुक की दारुण दशा का वर्णन कीजिए। **3**

(iv) उपरोक्त पंक्तियों का भावार्थ स्पष्ट कीजिए। **3**

9. निम्नलिखित पद्यांश को पढ़िए और उसके नीचे लिखे प्रश्नों के उत्तर हिंदी में लिखिए

है रास्ता इतना पड़ा।
जब तक न मंजिल पा सकूँ,
तब तक मुझे न विराम है।
चलना हमारा काम है।

चलना हमारा काम है—शिवमंगल सिंह 'सुमन'

(i) कवि जीवन पथ पर आगे बढ़ने के लिए क्या करना चाहता है? **2**

(ii) "है रास्ता इतना पड़ा" प्रस्तुत पंक्ति के माध्यम से कवि क्या कहना चाहता है? **2**

(iii) "जब तक न मंजिल पा सकूँ, तब तक मुझे न विराम है।" प्रस्तुत पंक्तियों के माध्यम से कवि अपनी क्या इच्छा प्रकट करता है? **3**

(iv) उपरोक्त पंक्तियों के माध्यम से कवि समाज को क्या संदेश देता है? स्पष्ट कीजिए। **3**

10. निम्नलिखित पद्यांश को पढ़िए और उसके नीचे लिखे प्रश्नों के उत्तर हिंदी में लिखिए

सुनाई पड़ता है कल-गान
मिला दूँ मैं भी अपनी तान।
शीघ्रता करो मुझे ले चलो,
मातृ मंदिर में है भगवान।।

मातृ मंदिर की ओर—सुभद्राकुमारी चौहान

(i) कौन मंदिर की ओर आकर्षित होती है और क्यों? **2**

(ii) कवयित्री को क्या संदेह था और क्यों? **2**

(iii) कवयित्री ईश्वर से शीघ्र मंदिर ले जाने के लिए प्रार्थना क्यों करती है? **3**

(iv) उपरोक्त पंक्तियाँ कवयित्री की किस प्रबल इच्छा को प्रकट करती हैं? **3**

एकांकी संचय

11. निम्नलिखित अवतरण को पढ़िए और उसके नीचे लिखे प्रश्नों के उत्तर हिंदी में लिखिए

प्रत्येक राजपूत को अपनी ताकत पर नाज है। इतने बड़े दंभ को मेवाड़ अपने प्राणों में आश्रय न दे, इसी में उसका कल्याण है। रह गई बात एक माला में गूँथने की, सो वह माला तो बनी है। हाँ, माला को तोड़ने का श्रीगणेश हो गया है।

मातृभूमि का मान—हरिकृष्ण प्रेमी

(i) श्रोता कौन है एवं वह मेवाड़ क्यों आया था? 2

(ii) महाराणा के प्रस्ताव को सुनकर वक्ता ने क्या प्रतिक्रिया व्यक्त की? 2

(iii) किसने व क्यों कहा कि "उस माला को तोड़ने का श्रीगणेश हो गया है"? स्पष्ट कीजिए। 3

(iv) राव हेमू ने किसे एवं क्यों कहा कि "इतने बड़े दंभ को मेवाड़ अपने प्राणों में आश्रय न दे"? स्पष्ट कीजिए। 3

12. निम्नलिखित अवतरण को पढ़िए और उसके नीचे लिखे प्रश्नों के उत्तर हिंदी में लिखिए

इस पर पूर्णरूप से अपना प्रभुत्व जमाए, उस महान् वट की भाँति अटल खड़े हैं, जिसकी लंबी-लंबी डालियाँ उनके आँगन में एक बड़े छाते की भाँति धरती को आच्छादित किए हुए, अगणित घोंसलों को अपने पत्तों में छिपाए, वर्षों से तूफान और आँधियों का सामना किए जा रही हैं।

सूखी डाली—उपेंद्रनाथ 'अश्क'

(i) किसकी तुलना वट वृक्ष से की गई एवं क्यों? 2

(ii) अवतरण में अप्रत्यक्ष रूप से किसके संबंध में बात हो रही है? 2

(iii) दादाजी ने वट वृक्ष की भाँति किस प्रकार अपने परिवार को एकता के सूत्र में बाँधा हुआ है? स्पष्ट कीजिए। 3

(iv) 'प्रभुत्व' का अर्थ स्पष्ट करते हुए बताइए कि किसने घर पर अपना प्रभुत्व जमाया हुआ है तथा क्यों? 3

13. निम्नलिखित अवतरण को पढ़िए और उसके नीचे लिखे प्रश्नों के उत्तर हिंदी में लिखिए

"आज कुसमय नाच-रंग की बात सुनकर मेरे मन में शंका हुई थी, इसलिए मैंने कुँवर को वहाँ जाने से रोक दिया था। संभव था कि कुँवर वहाँ जाते और बनवीर अपने सहायकों से कोई कांड रच देता।"

दीपदान—डॉ. रामकुमार वर्मा

(i) वक्ता कौन है? उसने यह उक्ति किससे कही? 2

(ii) बनवीर ने क्या आयोजित किया था और क्यों? 2

(iii) पन्नाधाय ने कुँवर को कहाँ जाने से रोका और क्यों? स्पष्ट कीजिए। 3

(iv) बनवीर ने षड्यंत्र क्यों रचा था? उसके इस कृत्य से उसके चरित्र का कौन-सा पक्ष उभरकर आता है? स्पष्ट कीजिए। 3

नया रास्ता *(सुषमा अग्रवाल)*

14. निम्नलिखित अवतरण को पढ़िए और उसके नीचे लिखे प्रश्नों के उत्तर हिंदी में लिखिए

बेटे के ये शब्द सुनकर मायाराम जी को लगा कि बेटे के साथ जबरदस्ती की जा रही है। एक बार पिता के नाते उनके हृदय में यह भाव उठा कि बेटे की जिंदगी के साथ खिलवाड़ करना उचित नहीं है। अभी इसी भाव में डूबे थे कि दूसरी ओर से उनकी पत्नी ने अपने विचार प्रकट करने शुरू किए।

(i) किसके मन में भाव उठा कि "बेटे की जिंदगी के साथ खिलवाड़ करना उचित नहीं है"? 2

(ii) अमित की बातें सुनकर उसकी माताजी ने क्या प्रतिक्रिया व्यक्त की? 2

(iii) अमित की बातों को सुनकर पिताजी ने क्या अनुभव किया? स्पष्ट कीजिए। 3

(iv) अमित के परिवार वाले सरिता के विषय में बातें क्यों कर रहे थे? स्पष्ट कीजिए 3

15. निम्नलिखित अवतरण को पढ़िए और उसके नीचे लिखे प्रश्नों के उत्तर हिंदी में लिखिए

नीलिमा का नाम सुनते ही वह खुशी से झूम उठी और अपनी प्रिय सखी से मिलने के लिए बेचैन हो गई। इस समय माँ घर में नहीं थी। पड़ोस में किसी के घर गई थी, इसलिए इस समय उसका जाना संभव न था।

(i) मीनू की प्रसन्नता का क्या कारण था? 2

(ii) मीनू को अशोक ने क्या बताया था? 2

(iii) "खुशी से झूम उठी" प्रस्तुत पंक्ति से क्या अभिप्राय है? 3

(iv) अशोक की बातें सुनने के उपरांत मीनू का नीलिमा के घर जाना क्यों संभव न था? स्पष्ट कीजिए। 3

16. निम्नलिखित अवतरण को पढ़िए और उसके नीचे लिखे प्रश्नों के उत्तर हिंदी में लिखिए

"अच्छे लड़कों का मिलना भी तो आसान नहीं है और जब लड़के अच्छे मिलते हैं, तो लड़की में कमी निकाल देते हैं।" कहते-कहते माँ भी उदास हो गई।

"लड़के तो देखने ही पड़ेंगे, फिर अपनी मीनू को तो समझा लो।"

(i) वक्ता और श्रोता की बातों का विषय क्या था? 2

(ii) माताजी ने उदासी भरे स्वर में क्या कहा? 2

(iii) "जब लड़के अच्छे मिलते हैं, तो लड़की में कमी निकाल देते हैं।" माताजी के इस वक्तव्य का क्या आशय है? स्पष्ट कीजिए। 3

(iv) पिताजी ने माताजी से क्या कहा एवं क्यों? स्पष्ट कीजिए। 3

उत्तरमाला

4. (i) (c) **(ii)** (d) **(iii)** (c) **(iv)** (c) **(v)** (b) **(vi)** (a) **(vii)** (a) **(viii)** (b)

ICSE

खण्डवार अध्यायवार

प्रश्न बैंक

ICSE सॉल्वड पेपर 2024

ICSE

सॉल्वड पेपर 2024

हिंदी

समय : 3 घंटे
पूर्णांक : 80

सामान्य निर्देश

1. इस प्रश्न-पत्र में दो खंड हैं 'क' और 'ख'।
2. खंड 'क' के सभी प्रश्न करने अनिवार्य हैं।
3. खंड 'ख' से कोई भी चार प्रश्न करने अनिवार्य हैं, जिनमें दो प्रश्न पाठ्यपुस्तक से होंगे तथा अन्य दो किसी अन्य पुस्तक से होंगे।

खंड 'क'

1. निम्नलिखित विषयों में से किसी एक विषय पर लगभग 250 शब्दों में संक्षिप्त हिंदी लेख लिखिए। **[15]**

(i) कुछ समय पहले किसी अवकाश के समय आप सपरिवार किसी पहाड़ी स्थान पर घूमने गए, दुर्भाग्यवश पर्यटकों की भीड़ के कारण आपको बहुत-सी विकट समस्याओं का सामना करना पड़ा। अपने इस अनुभव का वर्णन प्रस्ताव के रूप में लिखिए।

(ii) तकनीकी विकास ने हमारा जीवन सरल तथा सुगम बना दिया है। किसी एक तकनीक के विषय में विस्तार से बताते हुए यह भी स्पष्ट कीजिए कि यह तकनीक हमारे देश के विकास में सहयोगी कैसे है?

(iii) आज महानगरों में बड़े-बड़े 'शॉपिंग मॉल' स्थान-स्थान पर दिखाई देते हैं। इतने शॉपिंग मॉल बनने के कारणों पर प्रकाश डालते हुए एक प्रस्ताव लिखिए कि जब आप अपने परिवार के साथ किसी मॉल में घूमने के लिए गए तो आपको वहाँ किन-किन चीजों ने सबसे अधिक आकर्षित किया तथा वहाँ से आपने क्या-क्या खरीदा?

(iv) आपने वहाँ की स्थिति देखी और आपके मुँह से निकला अरे! ऐसा भी होता है क्या? इस वाक्य से आरंभ अथवा अंत करते हुए एक मौलिक कहानी लिखिए।

(v) नीचे दिए गए चित्र को ध्यान से देखिए और चित्र को आधार बनाकर उसका परिचय देते हुए, कोई लेख, घटना अथवा कहानी लिखिए, जिसका सीधा व स्पष्ट संबंध चित्र से होना चाहिए।

2. निम्नलिखित में से किसी एक विषय पर हिंदी में लगभग 120 शब्दों में पत्र लिखिए। **[7]**

(i) आपके एक मित्र ने हाल ही में किसी नए विद्यालय में प्रवेश लिया है, लेकिन वहाँ के कुछ पुराने विद्यार्थी उसे परेशान कर रहे हैं। इस स्थिति का हिम्मतपूर्वक सामना करने की सलाह देते हुए अपने मित्र को एक पत्र लिखिए।

(ii) आप गाँव में स्थित किसी विद्यालय में गए, वहाँ की बुरी स्थिति देखकर उसके सुधार हेतु शिक्षामंत्री को पत्र लिखिए।

3. निम्नलिखित गद्यांश को ध्यान से पढ़िए और उसके नीचे लिखे प्रश्नों के उत्तर हिंदी में लिखिए। उत्तर यथासंभव आपके अपने शब्दों में होने चाहिए।

दक्षिण पूर्वी एशिया के दो छोटे किंतु महत्त्वपूर्ण देश हैं कंबोडिया और लाओस। कई वर्ष पहले की बात है इन दोनों देशों में पहले अच्छी मित्रता हुआ करती थी, लेकिन अब ये दो पड़ोसी देश आपस में युद्ध करने की तैयारी कर रहे थे। झगड़ा दोनों देशों में बहने वाली एक नदी को लेकर था। नदी का नाम 'मीकांग' था, जो लाओस से निकलकर कंबोडिया में बहती थी। दोनों देशों के लिए यह नदी बहुत महत्त्वपूर्ण थी। साथ ही दोनों देशवासी उसे पूजते भी थे। नदी के पानी की सिंचाई से दोनों देशों के खेत हरे-भरे रहते थे। दोनों देश मीकांग को जीवनदायिनी समझते थे। दोनों का उस पर दावा था। इस मामले को लेकर स्थिति इतनी बिगड़ गई कि एक बार वे एक-दूसरे पर हमला करने को तैयार हो गए और अपनी-अपनी सेनाएँ लेकर आमने-सामने खड़े हो गए। अचानक महात्मा बुद्ध वहाँ युद्ध भूमि में पहुँच गए। उन्होंने युद्ध के लिए तैयार देशों की विशाल सेनाएँ देखीं। महात्मा बुद्ध को इस प्रकार वहाँ अचानक देखकर दोनों की सेनाओं में खलबली मच गई। बुद्ध ने दोनों देशों के राजाओं, मंत्रियों तथा अन्य अधिकारियों को अपने पास बुलाया। दोनों सेनाओं के बीच खड़े होकर उन्होंने उन सभी से प्रश्न किया कि वे लोग आपस में युद्ध करने क्यों जा रहे हैं? बुद्ध को दोनों सेनाओं से यही जवाब मिला कि उनके जीवन की आधार 'मीकांग' नदी के जल के लिए यह युद्ध होने जा रहा है। बुद्ध ने पुन: प्रश्न किया कि नदी के जल और मानव के रक्त दोनों में से कौन अधिक मूल्यवान है? एक स्वर में दोनों ओर से जवाब मिला कि मानव का रक्त निस्संदेह नदी के जल से अधिक मूल्यवान है। भगवान बुद्ध ने दोनों पक्षों को समझाते हुए कहा कि शायद दोनों देशों की आपसी ईर्ष्या के कारण स्थिति इतनी बिगड़ गई थी कि उन्हें लगने लगा था कि इस नदी के जल को बाँटने की समस्या का हल केवल युद्ध से ही हो सकता है। बुद्ध ने उन्हें समझाया कि समस्याओं का हल युद्ध के द्वारा निकालना सम्भव नहीं है। महात्मा बुद्ध की बातों को सुनकर दोनों सेनाओं में शांति छा गई और दोनों पक्षों के लोग सोच में पड़ गए। महात्मा बुद्ध के सुझाव के अनुसार, उन दोनों देशों ने मिलकर एक शांति सभा बनाई। उस शांति सभा ने दोनों देशों के दावे को ध्यान से सुना। उन्होंने दोनों देशों में जाकर असली स्थिति को अपनी आँखों से स्वयं देखा और समझा कि यह नदी तो इन दोनों के लिए ही समान महत्त्व रखती है। फिर इसके लिए विवाद कैसा? इसी विषय पर खूब सोच-विचार करने के बाद, अंत में उस सभा ने एक दिन ऐसा निर्णय दिया कि दोनों देश मान गए। आखिरकार उनके बीच होने वाला युद्ध टल गया और दोनों देशों में फिर से मित्रता हो गई। इसलिए कहते हैं कि मनुष्य का विवेक और समझ एक ऐसी शक्ति होती है, जिसके द्वारा मानव हिंसात्मक और सर्वनाशकारी युद्धों तक को रोक सकता है और शांति के साथ प्रेमपूर्वक जीवन बिता सकता है तथा दूसरों के लिए प्रेरणा भी बन सकता है।

(i) कंबोडिया और लाओस कहाँ स्थित हैं और पहले इन दोनों देशों के आपसी संबंध कैसे थे? **[2]**

(ii) कौन-सी नदी इन दोनों देशों के लिए बहुत महत्त्वपूर्ण थी और क्यों? **[2]**

(iii) एक दिन अचानक महात्मा बुद्ध कहाँ पहुँच गए थे? वहाँ जाकर उन्होंने अपने पास किसे और क्यों बुलाया? **[2]**

(iv) अंत में कंबोडिया और लाओस के बीच की समस्या को किस प्रकार सुलझाया गया? **[2]**

(v) इस कहानी से मिलने वाली उन शिक्षाओं को लिखिए, जो आज के समय में भी विश्व में शांति बनाए रखने में काम आ सकती हैं। **[2]**

4. निम्नलिखित प्रश्नों के उत्तर निर्देशानुसार लिखिए। **[8]**

(i) 'आहार' का विलोम बताइए

(a) शाकाहार (b) निराहार
(c) मांसाहार (d) उपहार

(ii) 'दिन' के उचित पर्यायवाची शब्द बताइए

(a) निशि-वासर (b) दिवा-देव
(c) दिवस-वार (d) रजनी-रमणी

(iii) 'कमाना' की भाववाचक संज्ञा बताइए

(a) कम (b) कमी
(c) कमाऊ (d) कमाई

(iv) 'पत्थर' का विशेषण बताइए

(a) पथरी (b) पाथरी
(c) पत्थरशिला (d) पथरीला

(v) 'पतीवरता' शब्द का शुद्ध रूप बताइए

(a) पतीव्रता (b) पतिव्रता
(c) पतिवर्ता (d) प्रतिव्रता

(vi) 'उन्नीस बीस का अंतर' मुहावरे का अर्थ बताइए

(a) अत्यधिक अंतर होना (b) गिनती का अंतर होना
(c) एक समान होना (d) बहुत कम अंतर होना

(vii) निर्देशानुसार उचित वाक्य बताइए
कई बार देश की रक्षा से जुड़े फैसलों को <u>गुप्त रखा जाना</u> आवश्यक होता है।
(रेखांकित वाक्यांश हेतु उपयुक्त शब्द का प्रयोग किस विकल्प में हुआ है?)

(a) कई बार देश की रक्षा से जुड़े फैसले रहस्यमयी होते हैं।
(b) कई बार देश की रक्षा से जुड़े फैसले गुप्तचर होते हैं।
(c) कई बार देश की रक्षा से जुड़े फैसले गोपनीय होते हैं।
(d) कई बार देश की रक्षा से जुड़े फैसले अल्पचर्चित होते हैं।

(viii) निर्देशानुसार उचित वाक्य बताइए
रोगी की <u>दिशा</u> ठीक नहीं है।
(रेखांकित शब्द के स्थान पर उचित शब्द का प्रयोग कीजिए।)

(a) रोग (b) दशा
(c) दया (d) बीमारी

खंड 'ख'

साहित्य सागर-संक्षिप्त कहानियाँ

5. निम्नलिखित गद्यांश को पढ़िए और उसके नीचे लिखे प्रश्नों के उत्तर हिंदी में लिखिए।

"चुपचाप बैठे तंग हो रहा था, कुढ़ रहा था कि मित्र अचानक बोले "देखो वह क्या है?"
मैंने देखा कि कोहरे की सफेदी में कुछ ही हाथ दूर से एक काली-सी मूर्ति हमारी तरफ आ रही थी, मैंने कहा-'होगा कोई।'"

अपना-अपना भाग्य-श्री जैनेंद्र कुमार

(i) 'मैंने' शब्द से किसकी ओर संकेत किया गया है? वह इस समय किस स्थान पर है? **[2]**

(ii) 'काली-सी मूर्ति' किसकी थी? लेखक ने उसकी दशा का वर्णन किस प्रकार किया है? **[2]**

(iii) बालक कहाँ का रहने वाला था? उसने अपने तथा अपने परिवार के विषय में क्या जानकारी दी? **[3]**

(iv) प्रस्तुत कहानी मनुष्य की संवेदनहीनता का यथार्थ चित्रण प्रस्तुत करती है। कहानी का उदाहरण देकर इस कथन को सिद्ध कीजिए। **[3]**

6. निम्नलिखित गद्यांश को पढ़िए और उसके नीचे लिखे प्रश्नों के उत्तर हिंदी में लिखिए।

बेनी माधव सिंह पुराने आदमी थे। इन भावों को ताड़ गए। उन्होंने निश्चय किया कि चाहे कुछ भी क्यों न हो, इन द्वेषियों को ताली बजाने का अवसर न दूँगा, तुरंत कोमल शब्दों में बोले "बेटा, मैं तुमसे बाहर नहीं हूँ। तुम्हारा जो जी चाहे करो, अब तो लड़के से अपराध हो गया।"

बड़े घर की बेटी-प्रेमचंद

(i) कथन के वक्ता एवं श्रोता का परिचय दीजिए। **[2]**

(ii) 'इन भावों को ताड़ गए' कथन किस संदर्भ में कहा गया है? श्रोता ने उसे क्यों नहीं समझा था? स्पष्ट कीजिए। **[2]**

(iii) किस लड़के से, कौन-सा अपराध हो गया था और क्यों? समझाकर लिखिए। **[3]**

(iv) क्या श्रोता ने अपराध के लिए माफ किया? श्रोता का हृदय-परिवर्तन कराने में कौन, किस प्रकार सहायक था? **[3]**

7. निम्नलिखित गद्यांश को पढ़िए और उसके नीचे लिखे प्रश्नों के उत्तर हिंदी में लिखिए।

वह भी अच्छी तरह से किस-किस को देखें। "आज-कल तो ऐसा लगता है, मानो पूरा शहर ही अस्पताल में उमड़ आया है। समझ में नहीं आता, ऐसी भीड़ क्यों है?" *भीड़ में खोया आदमी-लीलाधर शर्मा पर्वतीय*

(i) प्रस्तुत पंक्तियाँ किस संदर्भ में कही गई हैं? **[2]**

(ii) श्रोता कहाँ गया था और क्यों? **[2]**

(iii) पाठ में वर्णित भीड़ का क्या कारण है? इस भीड़ का क्या परिणाम सहना पड़ रहा है? **[3]**

(iv) इस भीड़ से कैसे बचा जा सकता है? लेखक अपने मित्र को भीड़ का रहस्य क्यों समझाना नहीं चाहते हैं? उदाहरण सहित बताइए। **[3]**

साहित्य सागर : पद्य भाग

8. निम्नलिखित पद्यांश को पढ़िए और उसके नीचे लिखे प्रश्नों के उत्तर हिंदी में लिखिए।

क्या राह में परिचय कहूँ, राही हमारा नाम है।
चलना हमारा काम है।
जीवन अपूर्ण लिए हुए, पाता कभी, खोता कभी, आशा-निराशा से घिरा, हँसता कभी, रोता कभी।
गति-मति न हो अवरूद्ध, इसका ध्यान आठों याम है।

चलना हमारा काम है- शिवमंगल सिंह सुमन

(i) 'राही' किसे कहा गया है और क्यों? **[2]**

(ii) कवि के अनुसार प्रत्येक व्यक्ति को जीवन में किस-किस प्रकार के अनुभवों का सामना करना पड़ता है? **[2]**

(iii) 'आठों याम' से कवि का क्या अभिप्राय है? इस समय में कवि प्रभु से क्या प्रार्थना करता है और क्यों? **[3]**

(iv) जीवन में निरंतर चलते रहना क्यों आवश्यक है? यदि मनुष्य के दिल में लगातार चलने की चाह ही न रहे, तो इसके क्या-क्या दुष्परिणाम हो सकते हैं? कविता के आधार पर बताइए। **[3]**

9. निम्नलिखित पद्यांश को पढ़िए और उसके नीचे लिखे प्रश्नों के उत्तर हिंदी में लिखिए।

ऐसो को उदार जग माही।
बिनु सेवा जो द्रवै दीन पर राम सरिस कोउ नाही।
जो गति जोग विराग जतन करि, नहि पावत मुनि-ज्ञानी।
सो गति देते गीध, सबरी कहुँ, प्रभु न बहुत जिय जानी।
जो संपति दस सीस अरप करि, रावन सिव वहँ लीन्ही।
सो संपदा विभीषण कहँ अति सकुच सहित प्रभु दीन्ही।
तुलसीदास सब भाँति परम सुख, जो चाहसि मन मेरो।
तौ भजु राम, काम सब पूरन करै, कृपानिधि तेरो।

विनय के पद-तुलसीदास

(i) तुलसीदास जी किस काल एवं शाखा के कवि थे? उनकी भक्ति-भावना पर प्रकाश डालिए। **[2]**

(ii) प्रस्तुत पद में 'गति' शब्द से क्या तात्पर्य है? राम ने गीध और सबरी को यह गति कब प्रदान की थी? **[2]**

(iii) विभीषण का परिचय दीजिए। राम ने उसे कौन-सी संपदा प्रदान कर अपनी उदारता दिखाई तथा उदारता दिखाते समय उनका भाव किस प्रकार का था? **[3]**

(iv) पद की अंतिम दो पंक्तियों का भाव स्पष्ट कीजिए। **[3]**

10. निम्नलिखित पद्यांश को पढ़िए और उसके नीचे लिखे प्रश्नों के उत्तर हिंदी में लिखिए।

मेघ आए बड़े बन-ठन के सँवर के।
आगे-आगे नाचती-गाती बयार चली,
दरवाजे-खिड़कियाँ खुलने लगीं गली-गली,
पाहुन ज्यों आए हो, गाँव में शहर के।
मेघ आए बड़े बन-ठन के सँवर के।
पेड़ झुक झाँकने लगे गरदन उचकाए,
आँधी चली, धूल भागी घाघरा उठाए,
बाँकी चितवन उठा नदी ठिठकी, घूँघट सरकाए
मेघ आए बड़े बन-ठन के सँवर के। ***मेघ आए-सर्वेश्वर दयाल सक्सेना***

(i) मेघ कहाँ आए हैं और कब आए हैं? **[2]**

(ii) बयार को किसका प्रतीक बताया गया है? उसके आने पर गाँव वालों की क्या स्थिति थी? **[2]**

(iii) पेड़, धूल भरी आँधी तथा नदी को किस-किस का प्रतीक बताया गया है? समझाइए। **[3]**

(iv) प्रस्तुत कविता में किस अलंकार का प्रयोग किया गया है तथा जिस ऋतु के विषय में बताया गया है उसके विषय में चार पंक्तियाँ लिखिए। **[3]**

नया रास्ता : सुषमा अग्रवाल

11. निम्नलिखित अवतरण को पढ़िए और उसके नीचे लिखे प्रश्नों के उत्तर हिंदी में लिखिए।

लगभग एक सप्ताह यही क्रम चलता रहा। हर समय एक व्यक्ति उनके पास बैठा रहता। कभी माँ तो कभी मीनू, कभी रोहित तो कभी आशा। उन सबकी सेवा व ईश्वर के आशीर्वाद से पिताजी की दशा में काफी सुधार हो गया। अब वे धीरे-धीरे अपने आप बैठने भी लगे थे, और थोड़ी देर बातें भी कर लेते थे। प्रातः लगभग नौ बजे का समय था। उस समय हल्की-हल्की वर्षा की बूँदें पड़ रही थीं। तभी घर के बाहर एक कार आकर रुकी।

(i) 'पिताजी' को क्या हुआ था? डॉक्टर ने उन्हें क्या सलाह दी थी? **[2]**

(ii) कार से कौन आए थे और क्यों? **[2]**

(iii) बुआजी जाते-जाते अपने भैया को क्या-क्या सलाह दे गईं? क्या उपर्युक्त अवसर पर उनकी यह सलाह उचित थी? समझाइए। **[3]**

(iv) पिताजी द्वारा मीनू को शादी का सुझाव दिए जाने पर मीनू ने उन्हें क्या कहकर समझाया? **[3]**

12. निम्नलिखित अवतरण को पढ़िए और उसके नीचे लिखे प्रश्नों के उत्तर हिंदी में लिखिए।

''परंतु मैं तो इस पक्ष में जरा भी नहीं हूँ। हमारी भारत सरकार हमारी पढ़ाई पर कितना पैसा खर्च करती है और हम चंद पैसों के कारण विदेशों में जाकर बस जाएँ? यदि सभी बुद्धिजीवी विदेशों में जाकर बस जाएँगे तो हमारे देश की उन्नति किस प्रकार संभव हो सकेगी?''

(i) वक्ता इस समय किससे मिलने आई है? वक्ता के यहाँ आने का कारण भी बताइए। **[2]**

(ii) इस समय यहाँ किस व्यक्ति के विषय में और क्या बात की जा रही है, जिसे सुनकर वक्ता ने यह सब कहा था? **[2]**

(iii) प्रस्तुत पंक्तियों के आधार पर वक्ता के चरित्र की 'तीन' विशेषताओं पर प्रकाश डालिए। **[3]**

(iv) विद्यार्थियों में अपने देश के बजाय विदेश में शिक्षा प्राप्त करने की बढ़ती चाह के कारण भविष्य में देश को किन-किन समस्याओं का सामना करना पड़ सकता है? समझाकर लिखिए। **[3]**

13. निम्नलिखित अवतरण को पढ़िए और उसके नीचे लिखे प्रश्नों के उत्तर हिंदी में लिखिए।

''यह सब समय का फेर है, दीदी! मेरे भाग्य में यही सब लिखा था। मुझे एक फैक्ट्री में नौकरी मिल गई थी। मैं स्वयं को बहुत खुशनसीब समझ रहा था कि मुझे इतनी छोटी-सी उम्र में ही नौकरी मिल गई।''

(i) 'दीदी' कहकर किसे संबोधित किया गया है? वक्ता का संक्षिप्त परिचय दीजिए। **[2]**

(ii) 'समय का फेर' किसे कहा जा रहा है और इस समय के फेर से वक्ता पर क्या प्रभाव पड़ा था? **[2]**

(iii) 'दीदी' ने वक्ता की सहायता क्यों, कब और किस प्रकार से की थी? **[3]**

(iv) अवतरण में दी गई पंक्तियों के आधार पर उदाहरण सहित सिद्ध कीजिए कि मुसीबत में पड़े व्यक्ति की सहायता करना ही मनुष्य का सबसे बड़ा धर्म और कर्त्तव्य होता है। **[3]**

एकांकी संचय

14. निम्नलिखित अवतरण को पढ़िए और उसके नीचे लिखे प्रश्नों के उत्तर हिंदी में लिखिए।

''मुझे न जाने क्या हो रहा था? मेरा अंतर्मन काँपने लगा था। मैं उन्हें देखती थी, तो जैसे मोहिनी-सी छा जाती थी। मैं थी भी और नहीं भी। मोहग्रस्त आदमी होता भी है और नहीं भी होता, पर हुआ यही, मैं वहाँ न ठहर सकी।'' ***संस्कार और भावना-विष्णु प्रभाकर***

(i) किसका अंतर्मन कब काँपने लगा था? **[2]**

(ii) किन्हें देखकर वक्ता को मोहिनी-सी छा गई थी और क्यों? **[2]**

(iii) अंत में माँ का हृदय परिवर्तन कब क्यों और किस प्रकार हुआ? **[3]**

(iv) 'संस्कारों की दासता' से आप क्या समझते हैं? आधुनिक युग में हमारे लिए संस्कार अधिक महत्त्वपूर्ण हैं या भावनाएँ ज्यादा महत्त्व रखती हैं? तर्क सहित उत्तर लिखिए। **[3]**

15. निम्नलिखित अवतरण को पढ़िए और उसके नीचे लिखे प्रश्नों के उत्तर हिंदी में लिखिए।

'पश्चाताप तो तुम्हें होना चाहिए। मैं क्यों पश्चाताप करूँगा? मैंने ऐसा कौन-सा पाप किया है? मैंने अपने मन के भावों को गुप्त नहीं रखा, मैंने षड्यंत्र नहीं किया, मैंने गुरुजनों का वध नहीं किया।''

महाभारत की एक साँझ- भारत भूषण अग्रवाल

(i) प्रस्तुत पंक्तियों के वक्ता और श्रोता का परिचय दीजिए। **[2]**

(ii) वक्ता पश्चाताप क्यों नहीं करना चाहता? वह अपने पक्ष में कौन-कौन से तर्क रखता है? **[2]**

(iii) आपके अनुसार, पश्चाताप किसे होना चाहिए था? वक्ता को या श्रोता को, तर्कसहित लिखिए। **[3]**

(iv) श्रोता वक्ता के पास क्यों आया था? अंत में वक्ता का क्या हाल होता है और क्यों? **[3]**

16. निम्नलिखित अवतरण को पढ़िए और उसके नीचे लिखे प्रश्नों के उत्तर हिंदी में लिखिए।

"मुझे किसी ने बताया तक नहीं यदि कोई शिकायत थी तो उसे मिटा देना चाहिए था। हल्की सी खरोंच भी, यदि उस पर तत्काल दवाई ना लगा दी जाए, तो बढ़कर एक बड़ा घाव बन जाती है और यही घाव नासूर हो जाता है, फिर लाख मरहम लगाओ ठीक नहीं होता।"

सूखी डाली-उपेंद्रनाथ अश्क

(i) कथन का वक्ता कौन है? उसका परिचय दीजिए। **[2]**

(ii) कथन का श्रोता कौन है? श्रोता ने ऐसा क्या कहा था कि वक्ता को उपर्युक्त बात कहनी पड़ी? **[2]**

(iii) 'नासूर' शब्द का अर्थ लिखकर बताइए कि इस समस्या के समाधान के लिए वक्ता के क्या विचार हैं? **[3]**

(iv) 'सूखी डाली' एकांकी किस पृष्ठभूमि पर आधारित है? इसके शीर्षक की सार्थकता पर भी प्रकाश डालिए। **[3]**

व्याख्या सहित उत्तर

1. (i) पहाड़ी क्षेत्रों की प्राकृतिक सुंदरता और शांत वातावरण में घूमने का अहसास मात्र ही एक अलग आनंद की अनुभूति कराता है। मैंने भी हाल ही में अपने परिवार के साथ एक पहाड़ी स्थान पर घूमने का अनुभव किया और यह एक अन्योन्य अनुभव बन गया।

पिछले साल जुलाई में, हमारे परिवार ने एक छुट्टी का फैसला किया और पहाड़ों की ओर यात्रा करने का निर्णय लिया। हमने एक प्राकृतिक और शांतिपूर्ण स्थान का चयन किया था, जहाँ पर्यटकों की अधिक भीड़ नहीं होती थी।

हमारी यात्रा की शुरुआत बहुत ही उत्साहजनक और आनंदमयी थी। हमने पहाड़ों की सुंदरता के मध्य एक छोटे से गाँव में अपना कैंप सेट किया जिससे गाँव की शांति का अनुभव कर सकें। वहाँ पहाड़ी क्षेत्र पर एक प्रसिद्ध मंदिर था, जो काफी लोकप्रिय और विख्यात था। तो हम सब ने अगले दिन वहीं जाने का निश्चय किया। दूसरे दिन हम सुबह जल्दी ही परिवार के साथ मंदिर दर्शन के लिए चल पड़े, लेकिन जैसे ही हम वहाँ पहुँचे, हमें यह देखकर बहुत आश्चर्य हुआ कि भोर के समय भी वहाँ मंदिर में अधिक संख्या में दर्शनार्थियों की भीड़ थी और इतनी लंबी कतार लगी हुई थी। माँ के दर्शन के लिए हम सब भी कतार में खड़े हो गए। सब ठीक चल रहा था, परंतु जैसे-जैसे भोर की लाली छँटती जा रही थी, भीड़ उतने ही पाँव पसार रही थी। साँस लेना मुश्किल हो रहा था। परिस्थिति यह थी कि अब भीड़ को चीरकर बाहर भी नहीं जा सकते थे। भीड़ हमें अनायास ही अपनी गति से आगे ढकेले जा रही थी। माँ के दर्शन करते उससे पहले ही अचानक वहाँ भगदड़ मच गई। सब ओर अफरा-तफरी और हाहाकार मच गया। भगदड़ में लोग एक-दूसरे को कुचलते हुए भाग रहे थे। मैंने परिवार के सभी सदस्यों को हाथ-पकड़कर साथ खड़े रहने के लिए बोला। परंतु इस भगदड़ में मेरे पिताजी गिर गए उन्हें चोट लग गई। मैंने शीघ्रता दिखाई और उन्हें उठाया। इधर, दादाजी की तबीयत भी खराब हो गई।

पिताजी और दादाजी को जल्दी से डॉक्टर के पास ले जाना चाहता था, परंतु परिस्थिति इतनी विकट बन जाएगी सोचा भी नहीं था। भीड़ कम होने का नाम ही नहीं ले रही थी बस चारों ओर से चीख-पुकार की आवाज ही आ रही थी। तभी इस विकट परिस्थिति को संभालने के लिए शीघ्र ही प्रशासन और बचाव राहत कार्यकर्ता आ गए। उन्होंने तुरंत ही कार्यवाही शुरु कर दी। बचाव दल भीड़ में फँसे हुए लोगों को निकालने लगी। काफी लोग बहुत गंभीर हालत में थे। प्रशासन ने परिस्थिति को सामान्य किया। जिनको गंभीर चोटें आई थीं, उन्हें डॉक्टर ने प्राथमिक उपचार करके निकट के अस्पताल में भेज दिया। जिनकों गंभीर चोटें नहीं आई उनका वहीं प्राथमिक उपचार कर दिया गया। दादाजी को डॉक्टर ने दवाई दे दी जिससे उनकी तबीयत में सुधार आया और पिताजी का प्राथमिक उपचार कर दिया। दोनों को ही डॉक्टर ने कुछ दिन आराम करने के लिए कहा। ईश्वर की कृपा हैं की किसी की जान-माल की हानि नहीं हुई। हमनें ईश्वर को असीम कृपा के लिए बहुत-बहुत धन्यवाद दिया।

जब हम अपने कैंप में पहुँचे, हमें यह महसूस हुआ कि गर्मियों की छुट्टियों के दौरान यहाँ की भीड़ और हलचल कितनी अधिक होती है। छुट्टियों में घूमने का यह अनुभव हमारे लिए बहुत ही अप्रिय रहा। हम खुद को अपने कैंप में भी असहज महसूस कर रहे थे। इसलिए अगले दिन ही हम घर के लिए रवाना हो गए।

अंत में, हमारी यात्रा का अनुभव भले ही विपरीत प्रतीत हो, लेकिन हमने इससे बहुत कुछ सीखा। हमने यह समझा कि आने वाले समय में हमें यात्रा की योजना बनाने के लिए विशेषतः पर्यटकों की भीड़ को भी ध्यान में रखना चाहिए। हमने यह भी समझा कि जीवन में कई बार हमें आशा के विपरीत परिस्थितियों का सामना भी करना पड़ सकता है, लेकिन हमें उनके साथ सहयोगी और विचारशील होना चाहिए। इस अनुभव ने हमें यह भी शिक्षा दी कि आगामी यात्राओं में हमें सोच-विचार कर निर्णय लेना चाहिए, जिससे हम सुरक्षित रहें और अपनी यात्रा का आनंद उठा सकें।

(ii) विज्ञान और तकनीक उन विभागों में से एक हैं जो हमारे जीवन को सरल और सुगम बनाने में महत्त्वपूर्ण भूमिका निभाते हैं। तकनीकी उन्नति ने हमें नई संभावनाओं का सामना कराया है और दिन-प्रतिदिन के कार्यों में सहजता और सुविधा प्रदान की है। यह न केवल हमारे व्यक्तिगत जीवन को सुगम बनाती है, बल्कि देश के समृद्धि और विकास में भी महत्त्वपूर्ण योगदान देती है।

एक तकनीकी उन्नति जिसने हमारे जीवन को प्रभावित किया है, वह है इंटरनेट। इंटरनेट ने हमें एक विश्वव्यापी गणराज्य में जोड़ा है और विभिन्न क्षेत्रों में अद्वितीय संभावनाओं का द्वार खोला है। इंटरनेट ने संचार, शिक्षा, व्यापार, सामाजिक जीवन और कई अन्य क्षेत्रों में अद्वितीय संभावनाओं का निर्माण किया है।

वर्तमान में, इंटरनेट ने संचार के क्षेत्र में क्रांति ला दी है। वह सभी को एक साथ जोड़ता है, चाहे वो पास हों या देश के अन्य कोने में रहते

हों। आज लोग ई-मेल, विडियो कॉलिंग, सोशल मीडिया जैसे साधनों का उपयोग करके आसानी से अपने संबंधियों से संपर्क में रह सकते हैं। इसने संचार के क्षेत्र में सुधार करके हमारे समुदाय में संवाद को बढ़ावा दिया है और लोगों के बीच नई मित्रता और संबंधों का निर्माण किया है। दूसरे, शिक्षा के क्षेत्र में भी इंटरनेट से क्रांति आई है। यह छात्रों को आत्मनिर्भर बनाता है और उन्हें विशेषज्ञता प्राप्त करने का अवसर प्रदान करता है। विभिन्न ऑनलाइन पोर्टल और शैक्षिक वेबसाइट्स के माध्यम से छात्रों को बोर्ड परीक्षाओं, प्रतियोगी परीक्षाओं और अन्य प्रतियोगिताओं के लिए तैयारी करने का मौका मिलता है। विद्यार्थियों को उच्च शिक्षा के क्षेत्र में विभिन्न ऑनलाइन कोर्सेज और मूल्यांकन साधनों का लाभ भी मिलता है।

तीसरे, व्यापार के क्षेत्र में भी इंटरनेट ने महत्त्वपूर्ण योगदान दिया है। आधुनिक दुनिया में ई-कॉमर्स का आगमन होने से अन्य विधाओं के साथ ऑनलाइन व्यापार में क्रांति आई है, जिसने व्यापारिक गतिविधियों को सरल और आसान बना दिया है। अब लोग अपने घर से ही ऑनलाइन खरीदारी कर सकते हैं और विभिन्न उत्पादों और सेवाओं के विकल्पों का उपयोग करके सामग्री खरीद सकते हैं। इससे व्यापारिक संचार की गति में वृद्धि हुई है और व्यापारियों को अधिक उपभोग्य और ग्राहकों की पसंद को समझने में सुविधा मिली है।

सम्मिलित, सामाजिक जीवन के क्षेत्र में भी इंटरनेट से क्रांति आई है। यह सोशल मीडिया और वेबसाइटों के माध्यम से लोगों को अपने सामाजिक सम्पर्कों को बढ़ाने, विचारों को साझा करने और विभिन्न सामाजिक मुद्दों पर चर्चा करने का अवसर देता है। इससे लोग अपने परिवार और दोस्तों के साथ संपर्क में रह सकते हैं, साथ ही उन्हें अपनी शिक्षा, साहित्य, कला और अन्य विषयों में जानकारी और संदेश मिलते रहते हैं।

इस तरह, इंटरनेट ने हमारे समाज को एक नई दिशा दी है और हमारे संगठन को भी अधिक सक्षम और सुगम बनाया है। इसने हमें नए और बेहतर साधनों के साथ संचार, शिक्षा, व्यापार और सामाजिक जीवन में वृद्धि का मार्ग प्रदान किया है। इस प्रकार, इंटरनेट हमारे देश के विकास में महत्त्वपूर्ण योगदान देता है और हमें अधिक उन्नत और समृद्ध भविष्य की दिशा में अग्रसर करने में सहायक होता है।

(iii) आज के युग में, महानगरों में शॉपिंग मॉलों का प्रसार तेजी से बढ़ रहा है। ये मॉल लोगों को विभिन्न आवश्यकताओं के साथ-साथ मनोरंजन के लिए भी समायोजित करते हैं। इस विकास के कई कारण हैं; जैसे- समय की कमी, विकास के साथ-साथ बढ़ती आधुनिकता और लोगों की बदलती खरीदारी की आदतें।

महानगरों में बढ़ती जनसंख्या और बढ़ती आधुनिकता के साथ, लोगों की जीवन शैली में भी परिवर्तन आया है। ज्यादातर लोग अपने घरों के बाहर घूमने का समय नहीं निकाल पाते हैं और इसलिए उन्हें अपनी आवश्यकताओं को पूरा करने के लिए मॉल जैसे एक ही स्थान पर सभी चीजों की खरीदारी की सुविधा मिलती है। इसके अलावा, लोगों की खरीदारी की आदतें भी बदल गई हैं। अब वे बाजारों में घूमने की बजाय एक ही स्थान पर अपनी जरूरतों को पूरा करने के लिए शॉपिंग मॉलों से खरीदारी करना पसंद करते हैं।

जब मैं अपने परिवार के साथ किसी मॉल में घूमने जाता हूँ, तो मुझे वहाँ की सजावट और विज्ञापन आकर्षक लगते हैं। पहले, मुझे उनकी व्यापारिक सुविधाएँ अपनी ओर खिंचती हैं, जैसे कि बड़े ब्रांड की दुकानें, रेस्तराँ, सिनेमा हॉल, गेमिंग जोन और इतनी सारी अन्य सुविधाएँ। इन सभी सुविधाओं के साथ-साथ, मॉलों में शॉपिंग करने की विविधता भी होती है, जहाँ लोगों को उनकी पसन्द की वस्तुओं की शॉपिंग करने का अवसर मिलता है। मैं भी इस विविधता का पूरा लाभ उठाता हूँ और अपने परिवार के साथ शॉपिंग के दौरान उनकी इच्छानुसार कपड़े, जूते, गिफ्ट्स और अन्य सामान खरीदता हूँ।

शॉपिंग मॉलों का प्रसार व्यापारिक और सामाजिक मानकों में एक महत्त्वपूर्ण परिवर्तन लाया है। ये मॉल लोगों को अपनी जरूरतों को पूरा करने के लिए एक ही स्थान पर सारी सुविधाएँ प्रदान करते हैं, जो उनके जीवन को सरल और सुगम बनाती हैं। मैं भी अपने परिवार के साथ विभिन्न सुविधाओं का आनंद उठाता हूँ।

शॉपिंग मॉलों का विकास हमारे समाज में व्यापार में, भारतीय सांस्कृतिक विरासत और लोगों के जीवन में महत्त्वपूर्ण बदलाव लाया है। आधुनिक जीवन शैली के साथ-साथ यहाँ आते समय मैंने अपने परिवार के साथ विभिन्न मॉलों से शॉपिंग की है। वहाँ की ब्रांडेड दुकानों ने मेरा ध्यान खींचा। विशेष रूप से, मेरी एक विदेशी ब्रांड की नई जैकेट पर नजर पड़ी जो मुझे बहुत अच्छी लगी। इसके बाद, रेस्तराँ में अपने परिवार के साथ मैंने विभिन्न स्वादिष्ट व्यंजनों का आनंद लिया। अगले कदम पर, मैंने गेमिंग जोन में बच्चों के साथ मस्ती की और वहाँ छोटे-छोटे बच्चों को खिलौनों का आनंद लेते देखा। अंत में, हमने उन सभी चीजों को खरीदा जो परिवार के लिए आवश्यक थीं; जैसे कि कपड़े, जूते और अन्य उपहार।

इस प्रकार, मेरा शॉपिंग मॉल में घूमने का अनुभव बहुत ही यादगार और आनंदमय रहा। इसके अलावा, शॉपिंग मॉल आधुनिक भारतीय समाज का एक प्रमुख बदलाव भी हैं, जो लोगों को विभिन्न विकल्पों के साथ-साथ अधिकतम सुविधा प्रदान करते हैं।

(iv) विक्रम एक साधारण लड़का था वह अपने परिवार के साथ एक छोटे से गाँव में रहता था। वह पढ़ाई में बिल्कुल भी रुचि नहीं लेता था। उसके पिता माधव एक किसान थे। वे दिन-रात बहुत मेहनत करते थे, क्योंकि उनका एकमात्र सपना अपने परिवार को समृद्धि और खुशहाली का जीवन प्रदान करना था।

बहुत मेहनत करने के बाद भी विक्रम के पिता अच्छी फसल प्राप्त नहीं कर पाते थे, जिस कारण वे हताश और निराश रहते थे। एक दिन विक्रम अपने पिता के साथ खेतों में काम करने चला गया, उसने अपने पिता को खेत की फसल की हालत देख रोते और बड़बड़ाते हुए देखा। यह दृश्य विक्रम के दिल को छू गया। उसने सोचा, ''अरे! ऐसा भी होता है क्या? इतनी मेहनत के बाद भी फसल अच्छी नहीं हो रही है। क्या हमें सुख नहीं मिलेगा? क्या मुझे, मेरे पिता को हमेशा ऐसे ही चिंता में देखना होगा?''

विक्रम का दिल अपने पिता के लिए दुखी हो गया। वह अपने परिवार और पिता को खुश देखना चाहता था। लेकिन इस घटना ने उसे समझाया कि जीवन में हर बार सबकुछ आसान नहीं होता। उसने निश्चय कर लिया कि वह अपने परिवार और अपने पिता के सपनों को पूरा करने के लिए मन लगाकर पढ़ाई करेगा। वह अध्ययन करके एक बड़ा वैज्ञानिक बन गया। उसने कृषि क्षेत्र में नए-नए अनुसंधान किए जिससे उन्नत पैदावार प्राप्त हो सकें।

विक्रम ने अपने पिता को जीवन में नई उम्मीद और नई राह दिखाई। उसने अपनी किसानी की नई तकनीकों को खेतों में प्रयोग किया। अब गाँव में सभी की फसल बहुत अच्छी होने लगी। गाँव में विक्रम का यशगान होने लगा। समय के साथ, उसके पिता के चेहरे पर फिर से मुस्कान लौट आई। उसके पिता के सपने पूरे होने लगे और उनका परिवार खुशहाली से जीने लगा। माधव को अपने पुत्र पर गर्व हुआ।

अतः इस कहानी से हमें यह शिक्षा मिलती है कि यदि हम निश्चय कर लें तो हम अपनी मेहनत और संघर्ष से अपने सपनों को पूरा कर सकते हैं।

(v) यह एक गाँव का दृश्य है जहाँ चारों ओर पानी ही पानी दिखाई दे रहा है। उसमें दो टूटे हुए कच्चे मकान दिखाई दे रहे हैं तथा झोंपड़ियाँ

टूटकर तहस-नहस हो चुकी हैं दो व्यक्ति उन टूटी झोंपड़ियों को साफ करने में लगे हुए हैं। चारों ओर फैले पानी को देखकर यह प्रतीत होता है कि निश्चय ही यहाँ बाढ़ आई होगी। जो कि एक प्राकृतिक आपदा है।

यह चित्र बाढ़ की प्राकृतिक आपदा का दुखद चित्रण करता है, जो गाँव के निवासियों के जीवन को प्रभावित करती है। चारों ओर पानी के बहाव ने इस स्थान को अत्यधिक प्रभावित किया है, जैसा कि टूटे हुए कच्चे मकान और टूटी हुई झोंपड़ियों से प्रतीत होता है। यहाँ के व्यक्तियों की संघर्ष की कहानी उनकी अवस्था को दिखाती है, जब वे टूटे घरों को समेटने और सामान को बचाने में लगे हुए हैं। चित्र के माध्यम से हमें यह अनुभव होता है कि यहाँ के लोग किस प्रकार की मुश्किलों का सामना कर रहे हैं, जब बाढ़ ने उनके क्षेत्र को नष्ट कर दिया है। इस आपदा के कारण, यहाँ के लोगों की जीवन शैली पर क्या असर पड़ेगा और उन लोगों को अपने जीवन को बचाने के लिए अत्यधिक प्रयास करने पड़ेंगें।

प्राकृतिक आपदाओं में से एक आपदा बाढ़ हमारे समाज के लिए एक बड़ी चुनौती है, जो जीवन और सम्पत्ति को खतरे में डाल सकती है। बाढ़ के प्रभावों को अनुभव करने वाले लोगों के लिए यह एक अत्यंत पीड़ादायक और अविस्मरणीय समय होता है। बाढ़ एक प्राकृतिक आपदा है, जो अक्सर भारी वर्षा का परिणाम होती है। बाढ़ में किसी भी क्षेत्र में जल बहाव और उचित जल निकासी व्यवस्था की कमी के कारण अत्यधिक पानी जमा हो जाता है। बाढ़ के कई अन्य प्राकृतिक कारण भी हैं; जैसे-नदियों और समुद्रों में पानी का अतिप्रवाह, बाँधों के टूटने से समतल क्षेत्रों में पानी का अतिप्रवाह, ग्लेशियरों के अचानक पिघलने से तटीय क्षेत्रों में पानी का प्रवाह, तूफान और सुनामी इत्यादि। अन्य प्राकृतिक आपदाओं की तरह बाढ़ भी विनाश का कारण बन जाती है।

आजतक दुनियाभर में कई देशों के नगरों, कस्बों और गाँवों को भयंकर बाढ़ का सामना करना पड़ा। जिसने कई हजारों-लाखों जीवों का जीवन छीन लिया तथा कई बहुमूल्य सम्पदाएँ, पेड़-पौधों आदि को नष्ट कर दिया। बाढ़ से लोगों का जीवन बहुत अव्यवस्थित हो जाता है। जहाँ गम्भीर बाढ़ आती है वहाँ जन-धन की हानि तो होती ही है, अपितु सबकुछ पुनर्जीवित होने में महीनों लग जाते हैं। किसी स्थान विशेष पर कई दिनों से जमा हुआ पानी भी विभिन्न बीमारियों के फैलने का कारण बनता है। बाढ़ आने से अकाल का खतरा भी बढ़ जाता है। बाढ़ के प्रभावों में मानवीय, सामाजिक और आर्थिक नुकसान सम्मिलित होते हैं। बाढ़ के दौरान, लोगों को अपने घरों को छोड़कर सुरक्षित स्थानों की तलाश करनी पड़ती है, जो उनके लिए अतिरिक्त कष्टदायक होता है। संपत्ति का नुकसान होने के कारण लोगों की आर्थिक स्थिति पर भी प्रभाव पड़ता है, क्योंकि बाढ़ के कारण कई लोग अपनी मूल्यवान संपत्ति खो देते हैं।

बाढ़ से बचाव के उपायों को अपनाकर हम अपने समुदाय को सुरक्षित बना सकते हैं। हालाँकि वर्तमान में सरकार इस मुद्दे को गंभीरता से ले रही है और समस्या को नियंत्रित करने के कठोर कदम उठाए जा रहे हैं। सरकार को बाढ़ की समस्या और प्रभावित क्षेत्रों में क्षति से बचने के लिए अच्छी जल निकासी व्यवस्था का निर्माण करना चाहिए।

2. (i) परीक्षा भवन

नई दिल्ली।

दिनांक-21 मार्च, 20XX

प्रिय मित्र सुदेश,

मुझे खुशी है कि तुमने हाल ही में एक नए विद्यालय में प्रवेश लिया है। मुझे यह जानकर दु:ख भी हुआ कि तुम्हें वहाँ के कुछ पुराने विद्यार्थियों की तरफ से परेशानी का सामना करना पड़ रहा है। यह स्थिति सहनीय नहीं है, लेकिन इसका सामना करना आवश्यक है। पहले तुम अपने अनुसार प्रेमपूर्वक उन्हें समझाने का प्रयास करो।

यदि फिर भी वे ना सुधरे तो अध्यापक, स्कूल काउंसलर या अन्य किसी शिक्षक से भी यह बात कर सकते हो। वह विद्यालय के नियम और नीतियों के अनुसार तुम्हारे अधिकारों को संरक्षित करने में तुम्हारी मद्द करेंगे।

सबसे महत्त्वपूर्ण बात, तुम्हें बिल्कुल भी डरना या घबराना नहीं है। हमेशा यह याद रखना है कि किसी भी विकट परिस्थिति में तुम्हारा परिवार और तुम्हारे मित्र, तुम्हारे साथ हैं।

अपना ध्यान रखना और हिम्मत बनाए रखना। यदि तुम्हें कोई भी समस्या हो तो तुम मुझे बेझिझक बता सकते हो। मैं तुम्हारे साथ हूँ।

तुम्हारा प्रिय मित्र

सुनील।

(ii) परीक्षा भवन

राजस्थान।

दिनांक 21 मार्च, 2024

सेवा में,

माननीय शिक्षा मंत्री,

शिक्षा मंत्रालय,

जयपुर, राजस्थान।

विषय विद्यालय की चिंताजनक स्थिति की जानकारी एवं सुधार हेतु।

महोदय,

मैं राम शर्मा गाँव-रामपुरा, जिला-जयपुर (राजस्थान) का निवासी हूँ। इस पत्र के माध्यम से मैं आपका ध्यान इस ओर आकर्षित करना चाहता हूँ कि राजकीय बाल मंदिर उच्च माध्यमिक स्कूल नामक विद्यालय हमारे गाँव में स्थित है और मुझे यह बताते हुए खेद है कि उसकी वर्तमान स्थिति अत्यंत चिंताजनक है। विद्यालय की दीवारें और कमरें जर्जर अवस्था में हैं। शौचालय भी बहुत ही गंदे और बदबूदार हैं। जहाँ से हमेशा दुर्गंध आती रहती है। विद्यालय में शिक्षकों का अभाव है। शिक्षकों के अभाव के कारण अध्यापन की गुणवत्ता में कमी हो रही है तथा छात्रों को उचित मार्गदर्शन नहीं मिल पा रहा है।

यहाँ के विद्यार्थियों को पूर्ण रूप से व्यक्तित्व विकास और विज्ञान, गणित और सामाजिक विज्ञान में उच्च स्तर की शिक्षा प्राप्त करने का अवसर नहीं मिल पा रहा है। यह गाँव के बच्चों के भविष्य के लिए अत्यंत चिंताजनक बात है।

अतः मेरा आपसे अनुरोध है कि आप इस मुद्दे पर गंभीरता से ध्यान दें और विद्यालय के सुधार हेतु आवश्यक कदम उठाएँ। शिक्षा मंत्रालय की सहायता के बिना, विद्यालय की स्थिति में सुधार करना संभव नहीं होगा। इसके लिए उचित संसाधनों की प्राप्ति और शिक्षा के क्षेत्र में उत्कृष्टता की सुनिश्चितता की जानी चाहिए।

आपकी कार्यवाही से हम सभी गाँववासी आपके आभारी रहेंगे।

धन्यवाद।

भवदीय

राम शर्मा

3. (i) कंबोडिया और लाओस दक्षिण पूर्वी एशिया में स्थित हैं। पहले इन दोनों देशों के आपसी संबंध बहुत अच्छे थे दोनों में बहुत अच्छी मित्रता हुआ करती थी।

(ii) 'मीकांग' नदी इन दोनों देशों के लिए बहुत महत्त्वपूर्ण थी, क्योंकि इसके जल की सिंचाई से उनके खेत हरे-भरे रहते थे और दोनों देश इसे जीवनदायिनी मानकर पूजते थे।

(iii) महात्मा बुद्ध अचानक युद्ध भूमि में पहुँच गए थे। वहाँ जाकर उन्होंने दोनों देशों के राजाओं, मंत्रियों और अन्य अधिकारियों को अपने पास बुलाया, क्योंकि वे युद्ध के लिए तैयार थे और महात्मा बुद्ध मानव हिंसात्मक और सर्वनाशकारी युद्धों को रोकना चाहते थे।

(iv) अंत में, महात्मा बुद्ध ने उन्हें समझाया कि नदी के जल से मानव का रक्त अधिक मूल्यवान है और उन्हें युद्ध करके रक्त नहीं बहाना चाहिए। दोनों देशों के बीच एक शांति सभा का आयोजन हुआ, जिसमें समस्या के बारे में सोच-विचार करने के बाद, अंत में सभा ने एक ऐसा निर्णय दिया कि दोनों देश मान गए।

(v) इस कहानी से हमें यह सीखने को मिलता है कि शांति और सहमति के रास्ते हमेशा उत्तम होते हैं। विवादों को समझ और सहमति से हल किया जा सकता है और यह सिर्फ युद्ध से ही नहीं, बल्कि विवेक और समझ के द्वारा भी हो सकता है। मानवता के लिए शांति और सहमति को हमेशा प्राथमिकता देनी चाहिए।

4. (i) (b) निराहार

(ii) (c) दिवस-वार

(iii) (d) कमाई

(iv) (d) पथरीला

(v) (b) पतिव्रता

(vi) (d) बहुत कम अंतर होना

(vii) (c) कई बार देश की रक्षा से जुड़े फैसले गोपनीय होते हैं।

(viii) (b) दशा

5. (i) 'मैंने' शब्द से लेखक की ओर संकेत किया गया है। लेखक अपने किरदार के रूप में इस समय वहाँ मौजूद हैं। वह इस समय पहाड़ी क्षेत्र नैनीताल में हैं। जहाँ उन्हें एक पहाड़ी बालक मिलता है।

(ii) 'काली-सी मूर्ति' पहाड़ी बालक की थी। प्रस्तुत गद्यांश में पहाड़ी बालक के संदर्भ में कहा गया है। पहाड़ी बालक रात के अंधेरे में नंगे पैर, नंगे सिर, शरीर पर केवल एक लंबी सी कमीज़ पहने अपने लंबे-लंबे बालों को खुजलाता हुआ चुँगी की लालटेन की रोशनी में आता हुआ दिखाई दे रहा था इन सभी दशाओं को देखकर उसकी स्थिति दयनीय प्रतीत हो रही थी।

(iii) बालक नैनीताल से पंद्रह कोस दूर गाँव में रहता था। बालक ने अपने घर-परिवार के संबंध में बताया कि वह बहुत गरीब है, गरीबी के कारण उसके घर में खाने की उचित व्यवस्था नहीं थी। घर के मुखिया अर्थात् पिता को भी कोई मजदूरी नहीं मिलती थी तथा माँ भी रोती रहती थी और सभी सदस्य अधिकतर भूखे रहते थे। इन सभी विकट दशाओं को पहाड़ी बच्चे ने लेखक के मित्र के सामने रखा।

(iv) प्रस्तुत कहानी एक गरीब पहाड़ी बालक के चारों ओर घूमती है। कहानी के प्रारंभ में लेखक और उसका मित्र एक गरीब बालक से मिलते हैं, जिसकी स्थिति बहुत खराब है। लेखक का मित्र उसके प्रति सहानुभूति दिखाता है और उसे अपने वकील दोस्त के यहाँ नौकरी पर लगवाने के लिए ले जाता है, परंतु वकील साहब उसे नौकरी पर नहीं रखते हैं। लेखक और उसका मित्र उस बालक को बिना कुछ खिलाए और बिना कपड़े दिलाए अगले दिन होटल आने के लिए कहकर उसे वहाँ से भेज देते हैं। ठंड से ठिठुरकर एक पेड़ के नीचे उस बालक की मौत हो जाती है। लेखक और उसका मित्र इस समाचार को सुनकर उसे उसके भाग्य का दोष बताते हैं और अपना-अपना भाग्य कहकर अपना पीछा छुड़ा लेते हैं। यहाँ लेखक ने इस ओर ध्यान आकर्षित किया है कि समाज के संपन्न लोग गरीबों के प्रति सहानुभूति तो दिखाते हैं, किंतु उनकी किसी भी प्रकार से सहायता नहीं करते और उन्हें भाग्य के भरोसे छोड़ देते हैं। अतः स्पष्ट है कि प्रस्तुत कहानी मनुष्य की संवेदनहीनता का यथार्थ चित्रण प्रस्तुत करती है। यहाँ प्रस्तुत कहानी 'अपना-अपना भाग्य' में लेखक ने समाज में व्याप्त स्वार्थपरता, हृदयहीनता और संवेदनशून्यता का मार्मिक चित्रण प्रस्तुत किया है।

6. (i) गद्यांश के अनुसार कथन के वक्ता बेनी माधव सिंह थे एवं श्रोता बेनी माधव सिंह के बड़े पुत्र श्रीकंठ और गाँव के कुछ लोग थे, जो हुक्का-चिलम के बहाने उनका झगड़ा देखने आए थे।

(ii) 'इन भावों को ताड़गए' अर्थात् बेनी माधव सिंह गाँव वालों के इस भाव को समझ गए कि वे गाँव वाले उनके और उनके पुत्र के मध्य हो रही बहसबाजी और लड़ाई को देखकर मजे लेने आए हैं। अतः गाँव वालों की मंशा को भाँपकर बेनी माधव सिंह ने बेटे को प्यार से समझाने का प्रयास किया, श्रोता उसे समझ नहीं पाया, क्योंकि उसे इन सबका अनुभव नहीं था उसने बाहर जाकर पढ़ाई-लिखाई की थी, इसलिए गाँव वालों की कुटिलता उसे समझ नहीं आई।

(iii) बेनी माधव सिंह के छोटे पुत्र लालबिहारी से अपराध हो गया था, गुस्से में लालबिहारी ने अपनी भाभी आनंदी पर खड़ाऊँ फेंकी थी।

एक दिन लालबिहारी सिंह द्वारा आनंदी से मांस पकाने के लिए कहने पर उसने सारा घी मांस में डाल दिया। जब लालबिहारी खाना खाने बैठा तो उसकी दाल में घी डला हुआ नहीं था। क्रोध में उसने आनंदी के घरवालों को बुरा-भला बोल दिया। इस कारण लालबिहारी एवं उसकी भाभी आनंदी में नोंक-झोंक हो गई जिसके परिणामस्वरूप लालबिहारी को गुस्सा आ गया और उसने आनंदी पर खड़ाऊँ फेंककर मार दी।

(iv) हाँ, श्रोता श्रीकंठ ने अपने छोटे भाई लालबिहारी को क्षमा कर दिया। श्रोता श्रीकंठ का हृदय परिवर्तन कराने में उसकी पत्नी आनंदी सहायक थी, क्योंकि आनंदी दयावती थी इसलिए लालबिहारी के माफी माँगने पर उसका क्रोध मानो कहीं खो जाता है और वह उसे माफ कर देती है। लालबिहारी को रोते हुए घर छोड़कर जाता देख आनंदी अपने पति श्रीकंठ को उसे रोकने के लिए कहती है। लालबिहारी को माफी माँगते हुए और रोता देखकर श्रीकंठ का हृदय भी अधिक समय तक कठोर नहीं रह पाता और दोनों भाई फूट-फूटकर रोकर गले लग जाते हैं। इस तरह आनंदी की कोशिश से दोनों भाइयों का पुनः मिलाप हो जाता है।

7. (i) प्रस्तुत पंक्तियाँ डॉक्टर के तथा वर्तमान में भीड़ (जनसंख्या वृद्धि) के कारण अस्पताल की जो हालत है उसी के संदर्भ में कही गई हैं। जब लेखक के द्वारा श्यामला जी की पत्नी को पूछने पर कि कब से अस्वस्थ हैं? डॉक्टर से इलाज नहीं करा रहे क्या? तब श्यामला जी

मुस्कुराकर कहती हैं अस्पताल में इतनी भीड़ रहती है। सब डॉक्टर को चारों ओर से घेरे रहते हैं; जैसे- मधुमक्खी का छत्ता हो। इस परिस्थिति में डॉक्टर भी सबको ढंग से कैसे देखे।

(ii) यहाँ श्रोता लेखक है। लेखक हरिद्वार गया था, क्योंकि लेखक का मित्र श्यामला कांत की पुत्री का विवाह था। उसी विवाह में सम्मिलित होने के लिए लेखक हरिद्वार श्यामला के घर आया था। जहाँ हरिद्वार स्टेशन पर लेखक को श्यामला कांत का बड़ा पुत्र दीनानाथ लेने आया।

(iii) लेखक कहता है कि सब जगह बढ़ रही भीड़ का कारण बढ़ती हुई जनसंख्या है। बढ़ती जनसंख्या के कारण अनुशासन नहीं रहता, दुर्घटनाएँ बढ़ती हैं। यातायात के साधनों की कमी, आवास की कमी, भोजन की कमी, स्वास्थ्य तथा चिकित्सा सुविधाओं की कमी, उपभोक्ता सेवाओं की कमी आदि को जनसंख्या वृद्धि बढ़ावा दे रही है। इसके कारण घरों, दफ्तरों, राशन की लाइनों, स्टेशनों, सड़कों आदि पर लोगों की भीड़ बढ़ती जा रही है जिससे अनेक समस्याएँ उत्पन्न हो रही हैं।

(iv) जनसंख्या वृद्धि को रोककर इस भीड़ से बचा जा सकता है। लेखक के अनुसार यदि समय रहते जनसंख्या वृद्धि को रोकने के उपाय नहीं किए गए, तो वह दिन दूर नहीं जब हम स्वयं इस भीड़ तथा इससे उत्पन्न समस्याओं में खो जाएँगे। देश की खुशहाली और प्रगति के लिए आवश्यक है कि जनसंख्या वृद्धि की समस्या का समय रहते ही उचित समाधान किया जाए। लेखक अपने मित्र को इस भीड़ का रहस्य इसलिए नहीं समझाना चाहते थे, क्योंकि उनके मित्र इस रहस्य को जानते थे और वे स्वयं इस विपदा को झेल रहे थे। बाबू श्यामला कांत के सात बच्चे हैं। बड़ा परिवार होने के कारण वे सभी सुख-सुविधाओं से वंचित हैं।

8. (i) राह पर चलने वाले को राही कहा गया है। पद्यांश के अनुसार कवि ने राह में चलने वाले प्रत्येक व्यक्ति को 'राही' बताया है, क्योंकि सदैव मार्ग पर चलना ही उसका काम होता है।

(ii) कवि के अनुसार, मनुष्य का जीवन अपूर्ण है, क्योंकि जीवन सदैव एकसमान नहीं रहता। मनुष्य अपने जीवन में कभी कुछ पाता है, तो कभी कुछ खोता है। संसार में ऐसी कोई इच्छित वस्तु नहीं है, जिसे पाकर व्यक्ति संतुष्ट हो जाए। संसार में रहने वाले प्रत्येक व्यक्ति का जीवन आशा व निराशा से घिरा हुआ है, क्योंकि जीवन में परिस्थितियाँ सदैव समान नहीं रहती, सुख-दुःख, आशा-निराशा का आना-जाना लगा ही रहता है, प्रत्येक व्यक्ति को इन सभी अनुभवों का सामना करना पड़ता है। इसलिए उसे सदैव आगे बढ़ते रहना चाहिए।

(iii) 'आठों याम' से कवि का अभिप्राय आठ पहर से है। इस समय कवि ईश्वर से प्रार्थना करता है कि जीवन पथ पर चाहे जितनी भी परेशानियाँ आएँ, परंतु मेरी गति नहीं रुकनी चाहिए और न ही कभी मेरे विचारों में कोई बाधा आनी चाहिए अर्थात् मेरी गति और बुद्धि दोनों में किसी भी प्रकार की रुकावट नहीं आनी चाहिए, क्योंकि वह सदैव कर्मपथ पर आठों पहर चलते रहना चाहता है।

(iv) प्रस्तुत पद्यांश में कवि कहता है कि जब तक हमारे शरीर में जान है, तब तक हमें अपने जीवन पथ पर निरंतर बढ़ते रहना चाहिए। हमें बीच में किसी प्रकार का बहाना बनाकर नहीं रुकना चाहिए। हमेशा चलते रहना ही हमारा कर्म व धर्म है। जीवन रूपी रास्ते में चलते हुए यदि कोई सहयोगी मिल जाए, तो हमें आपस में सुख-दुःख बाँट लेने चाहिए, इससे जीवन-पथ पर चलना आसान हो जाता है। इस जीवन में दुःख तो आते हैं। अतः इन सबसे घबराकर निराश नहीं होना चाहिए। यदि हमने अपने जीवन-पथ को सफलतापूर्वक तय कर लिया तो उसके बाद जो सुख हमें मिलेगा, उसका वर्णन भी नहीं किया जा सकता। अतः भाव यही है कि हमें अपने लक्ष्यों की प्राप्ति के लिए सभी कठिनाइयों का सामना करना चाहिए।

यदि मनुष्य के दिल में लगातार चलने की चाह ही नहीं रही तो, उसका जीवन स्थिर और जड़वत हो जाएगा। उसके जीवन का ना कोई लक्ष्य होगा ना ही आधार। उसका विकास रुक जाएगा। वह अपनी क्षमताओं को जान नहीं पाएगा, आलसी और स्वार्थी बन जाएगा। उसका जीवन नीरस हो जाएगा, जिसमें न कोई रोमांच होगा और न कोई उत्साह। वह न सिर्फ अपने लिए बल्कि अपने परिवार और समाज के लिए भी अनुपयोगी बन जाएगा। उसका जीवन एक बोझ बन जाएगा।

9. (i) 'गोस्वामी तुलसीदास जी' भक्तिकाल की सगुण धारा की रामभक्ति शाखा के मुख्य प्रवर्तक के रूप में सामने आए। इनका जन्म उत्तर प्रदेश के बाँदा जिले के 'राजापुर' नामक गाँव में 1532 ई. में हुआ था। इनके पिता का नाम 'आत्माराम दुबे' और माता का नाम 'हुलसी' था।

तुलसीदास जी श्रीराम के अनन्य भक्त थे। 'विनय के पद' में इन्होंने राम की महिमा का वर्णन किया है। इन्होंने श्रीराम को कृपालु, दयालु व मानवता का उद्धार करने वाले प्रभु के रूप में माना है। तुलसीदास जी कहते हैं कि श्रीराम जी ने हमेशा दीन-हीनों का ही उद्धार किया है। अतः कठोर तप साधना न करके केवल राम नाम के सुमिरन से ही प्रभु खुश हो जाते हैं।

(ii) प्रस्तुत पद में 'गति' शब्द का तात्पर्य 'मोक्ष' है। जब गीध और सबरी ने राम का नाम जप किया तभी भगवान राम ने उन्हें गति (मोक्ष) प्रदान कर दी थी। कवि के अनुसार प्रभु बिना किसी सेवा के ही दीन-हीन पर प्रसन्न हो जाते हैं। जिस गति अर्थात् मोक्ष को ऋषि-मुनि अपनी वैरागी वृत्ति, अनेक तप, साधना जैसे यत्न करके भी प्राप्त नहीं कर पाते, उस गति को गिद्ध (जटायु) और शबरी ने श्रीराम का नाम जपकर ही प्राप्त कर लिया। प्रभु राम की लीला अपार है। उन्होंने सहज ही अपने अनेक साधारण भक्तों का उद्धार किया है।

(iii) विभीषण राक्षस जाति के बहुत ही बड़े राम भक्त थे। वह ऋषि पुलस्त्य के पुत्र ऋषिविश्रवा और केकसी के सबसे छोटे पुत्र थे। विभीषण रावण के सबसे छोटे भाई थे। उन्होंने लंका में रहते हुए भी राम भक्ति की, जहाँ भगवान श्री राम का शत्रु रावण का राज था। कवि के अनुसार जिस संपत्ति अर्थात् स्वर्ण नगरी श्रीलंका को रावण ने भगवान शिव को अपने दस सिरों को अर्पण करके प्राप्त किया था, उस संपत्ति को भगवान राम ने विभीषण को सहज ही निःसंकोच के साथ प्रदान कर दिया।

(iv) पद की अंतिम दो पंक्तियों में तुलसीदास जी मन को संबोधित करते हुए कहते हैं कि हे मन! यदि तुझे संसार के सभी सुखों से फलीभूत होना है अर्थात् सभी सुखों का आनंद प्राप्त करना है, तो तू राम के नाम का जप कर, उस कृपानिधि का नाम जपने मात्र से ही तेरे सारे कार्य पूर्ण हो जाएँगे।

10. (i) वर्षा ऋतु में मेघ बहुत समय बाद गाँव में आए हैं। कवि के अनुसार आकाश में छाए हुए मेघों को देखकर कवि को ऐसा प्रतीत हो रहा है मानों मेघ रूपी मेहमान, सज-सँवरकर शहर से गाँव में आए हों।

(ii) बयार को 'हवा' का प्रतीक बताया गया है। कवि के अनुसार बादलों के आने से पहले चलने वाली शीतल हवा ऐसे चल रही है, मानों कोई ग्रामीण कन्या अर्थात् गाँव की कोई किशोरी खुश होकर नाच-गा रही हो। हवा के चलने से गाँव की प्रत्येक गली में घरों के खिड़की-दरवाज़े इस तरह खुल रहे हैं, मानों बादल रूपी मेहमान, जो शहर से गाँव आए हैं, को देखने के लिए ग्रामवासियों ने अपने घरों के खिड़की व दरवाज़े खोल दिए हों।

(iii) कवि के अनुसार मेघ के आने पर पेड़ ऐसे प्रतीत होते हैं, मानों वे झुककर अपनी गर्दन उठा-उठाकर लगातार मेघों की ओर देख रहे हों। जिस प्रकार अतिथि के आने पर लोग उत्सुकता भरी नज़र से गर्दन उठा-उठाकर देखते हैं, ठीक उसी प्रकार यहाँ पेड़ भी उत्सुकतापूर्ण अवस्था में नज़र आ रहे हैं। मेघों के आने पर आँधी चलने के कारण धूल भागती हुई-सी प्रतीत होती है अर्थात् जिस प्रकार अतिथि के आने पर गाँव की महिलाएँ स्वयं को छिपाने का प्रयास करते हुए इधर-उधर भागती हैं, ठीक उसी प्रकार धूल भी गाँव की महिलाओं की भाँति ऐसी प्रतीत होती है। जिस प्रकार गाँव में शहर से अतिथि सज-धजकर आते हैं, ठीक उसी प्रकार मेघ भी ऐसे प्रतीत होते हैं, जैसे अतिथि के रूप में सज-धज कर आए हों।

(iv) जब प्राकृतिक वस्तुएँ; जैसे- पेड़-पौधे, बादल आदि मानवीय भावनाओं का वर्णन करते हैं, अर्थात् निर्जीव वस्तुओं को भी मानवीकृत करके सजीव दिखाया जाता है, तब वह मानवीकरण अलंकार कहलाता है।

यहाँ वर्षा ऋतु के विषय में बताया गया है। वर्षा ऋतु में चारों तरफ वातावरण हर्षमय और खुशनुमा हो जाता है तथा प्रकृति मनोरम दिखाई पड़ती है। सभी लोग हर्ष-उल्लास के साथ वर्षा ऋतु का स्वागत करते हैं। यह ऋतु प्रकृति को नई जीवन शैली और प्राकृतिक सौंदर्य प्रदान करती है। बारिश की बूँदें सुगंधित मिट्टी की खुशबू, हरियाली और शांति लाती हैं। यह ऋतु कृषि, वन्यजीव और जलवायु के लिए अत्यंत महत्त्वपूर्ण है।

11. (i) मीनू के पिताजी को दिल का दौरा पड़ा था। मीनू के पिताजी की हालत काफी गंभीर थी, इसलिए डॉक्टरों ने उन्हें बात करने से मना करते हुए पूर्ण आराम करने की सलाह दी थी। परिवार के सभी सदस्य उनकी सेवा में लगे रहते थे।

(ii) सुबह के लगभग नौ बजे थे। बाहर हल्की-हल्की बारिश सी हो रही थी। तभी कार से मीनू की बुआजी और फूफाजी आए थे, वे मीनू के पिताजी से मिलने आए थे।

(iii) बुआजी जी जाते-जाते अपने भैया को मीनू व आशा के जवान होने और जवान बेटियों को एक बड़ी जिम्मेदारी बताते हुए उनका विवाह शीघ्र अति शीघ्र (जल्दी से) करने की सलाह देती हैं। वे रोहित के विषय में अधिक चिंतित न होने को कहती हैं। बुआजी, पिताजी को बेटियों के लिए लड़का ढूँढ़ने व अपनी जिम्मेदारी कम करने की बात कहते हुए बाहर निकल आती हैं।

नहीं, इस उपर्युक्त अवसर पर उनकी यह सलाह उचित नहीं थी, क्योंकि उनके भाई को अभी- अभी दिल का दौरा पड़ा था, जिससे उनकी स्थिति काफी गंभीर थी। डॉक्टरों ने भी उन्हें बात करने से मना करते हुए पूर्ण आराम करने के लिए कहा था। तो इस परिस्थिति में कोई भी चिंताजनक बात करना उचित नहीं था। इससे उनकी तबीयत फिर से बिगड़ सकती थी।

(iv) पिताजी द्वारा मीनू को शादी का सुझाव दिए जाने पर मीनू विवाह न करने की बात कहते हुए आशा का विवाह करवाने के लिए कहती है। पिताजी मीनू का विरोध करते हुए कहते हैं कि ऐसे कार्य के लिए उनका हृदय उनका साथ नहीं देगा। तब मीनू, पिताजी को समझाते हुए कहती है कि प्रत्येक उचित कार्य के लिए हृदय साथ देता है। वह कहती है कि अगर मैं अपने लक्ष्य को बीच में ही छोड़कर शादी कर लूँ, तो उसमें न ही आपका और न ही मेरा हृदय साथ देगा, लेकिन अगर मैं अपने लक्ष्य पर चलते हुए सफल होती हूँ, तो मेरे साथ-साथ आप भी खुशी का अनुभव करेंगे। मीनू की बातें सुन माँ व पिताजी दोनों ही स्वयं को दुविधा की स्थिति में महसूस करते हैं।

12. (i) वक्ता (मीनू) इस समय नीलिमा से मिलने आई है। महाविद्यालय में खेलकूद की प्रतियोगिताएँ आयोजित किए जाने से महाविद्यालय में पढ़ाई नहीं हो पा रही थी, इसलिए मीनू, नीलिमा से मिलने उसके घर जाने का निर्णय करती है।

(ii) इस समय यहाँ अशोक भैया की बात की जा रही है। नीलिमा अपने भैया अशोक के बारे में बताती है कि वह दो वर्ष के लिए अमेरिका गए हैं। मीनू उनके जाने का कारण पूछती है, तो वह बताती है कि वे पढ़ने के लिए गए हैं। वह यह भी कहती है कि एक बार विदेश जाने के बाद सभी वहीं बस जाते हैं, कोई लौटकर नहीं आता।

(iii) वक्ता (मीनू) स्वाभिमानी, उदार, मेहनती, कर्त्तव्यनिष्ठ, कठिन परिश्रम करने वाली और अनेक चारित्रिक गुणों से परिपूर्ण युवती थी। प्रस्तुत पंक्तियों के आधार पर वक्ता (मीनू) के चरित्र की 'तीन' विशेषताएँ निम्नलिखित हैं

प्रगतिशील युवा महिला मीनू, परिपक्व विचारों वाली एक युवा महिला है। दहेज के कारण उसकी शादी हो पाने के कारण वह अपनी पढ़ाई जारी रखती है, जबकि उसकी छोटी बहन आशा उसकी शादी में बाधा नहीं बनती है, वह उसे शादी करने के लिए मनाती है। पड़ोसी महिलाओं के व्यंग्य बाणों की परवाह किए बिना वह अपनी प्रगतिशीलता की मिसाल देती रही।

सहयोगी स्वभाव व सबका ध्यान रखने वाली मीनू का हृदय बहुत ही कोमल था। वह बहुत सहयोगी स्वभाव की थी। किसी को परेशानी होने पर वह उनकी सहायता करती थी तथा वह सबका ध्यान भी रखती थी।

देश के प्रति कर्त्तव्यपरायणता प्रस्तुत पंक्तियों से स्पष्ट है कि वह अपने देश के प्रति कर्त्तव्यनिष्ठ है, वह पढ़-लिखकर देश में रहकर देश की उन्नति और विकास में अपना योगदान देना चाहती है।

(iv) विद्यार्थियों में विदेश में शिक्षा प्राप्त करने की चाह का बढ़ते चलन के कारण देश को कई समस्याओं का सामना करना पड़ सकता है। कुछ मुख्य समस्याएँ निम्नलिखित हैं

तकनीकी और वैज्ञानिक विकास का नुकसान विदेश में पढ़ने वाले अधिकांश छात्र तकनीकी और वैज्ञानिक क्षेत्रों का अध्ययन करते हैं। यदि वे बाद में अपने देश नहीं लौटे तो उनकी ज्ञानमीमांसीय क्षमताओं का उपयोग उनके देश के विकास के लिए नहीं किया जा सकेगा।

विदेश में नौकरी प्राप्त करना विदेश में शिक्षा प्राप्त करने के बाद, छात्रों को वहां नौकरी मिलने की सम्भावना होती है, जिससे अपने देश लौटने की उनकी भावना कम हो सकती है। इससे वे अपने देश के विकास में योगदान नहीं कर पाते हैं।

भौगोलिक और सांस्कृतिक संघर्ष विदेश में पढ़ाई के बाद छात्रों को दूसरे देशों की भाषा, संस्कृति और समाज को समझने का अवसर मिलता है। इसके परिणामस्वरूप, वे अपने देश की भाषा, संस्कृति, और मूल्यों को भूल सकते हैं और इससे भौगोलिक और सांस्कृतिक संघर्ष उत्पन्न हो सकता है।

देश में शिक्षा संस्थानों के प्रति विश्वास की कमी विदेश में शिक्षा प्राप्त करने के बाद, छात्रों को अपने देश में शिक्षा संस्थानों के प्रति भरोसा कम हो सकता है। इससे उनमें अपने देश के उच्च शिक्षा संस्थानों के लाभों को नज़रअंदाज़ करने की कुछ प्रवृत्ति हो सकती है।

इन समस्याओं का सामना करते हुए, सरकारों को विदेशों में शिक्षा को प्रोत्साहित करने के साथ-साथ छात्रों को अपने देश में शिक्षा प्राप्त करने के लिए प्रेरित करने के लिए नई नीतियाँ अपनाने की आवश्यकता है।

13. (i) यहाँ मनोहर द्वारा मीनू को दीदी कहकर संबोधित किया गया है। वक्ता मनोहर राजो का चचेरा भाई था। उसका एक पैर कटा हुआ था और सीधे हाथ की दो अंगुलियाँ गायब थीं। वह बैसाखी के सहारे चलता था।

(ii) मीनू ने मनोहर से उसके अपंग होने का कारण पूछा था कि ये सब क्या हो गया, जिस पर मनोहर ने अपने भाग्य के प्रति हताशा एवं निराशा प्रकट करते हुए कहा कि ''ये सब समय का फेर है।'' यहाँ समय का फेर समय के पलटने की अवस्था को कहा गया है जिस समय मनोहर अपने आपको खुशनसीब समझ रहा था उसी समय उसके साथ ऐसा हादसा हुआ कि उसका पूरा जीवन बदल गया। वह फैक्ट्री में काम करते हुए अपाहिज हो गया था, जिसमें उसने एक पैर और सीधे हाथ की दो अंगुलियाँ गवाँ दी थीं। अब वह बेरोजगार था।

(iii) 'दीदी' ने वक्ता की सहायता इसलिए की, क्योंकि वह अब अपाहिज हो चुका था। उसके पास कोई काम नहीं था, वह बेरोजगार था। मीनू के घर में विवाह की तैयारियाँ चल रही थीं। जिस कारण घर में कई तरह के काम थे। अतः मनोहर ने सोचा था कि शादी वाले घर में काम होगा, तो वह भी कुछ कर आएगा, इसलिए मनोहर, मीनू के घर आया था। मनोहर की इस दशा को देख मीनू ने मन-ही-मन यह निश्चय किया कि वह किसी-न-किसी रूप में मनोहर की सहायता अवश्य करेगी, इसलिए मीनू संकल्प लेती है कि वह विवाह में होने वाले फिजूल के खर्चों में से पैसा बचाकर मनोहर की सहायता अवश्य करेगी। अतः मीनू ने मनोहर के लिए पान की दुकान खुलवाकर उसकी सहायता की।

(iv) इस अवतरण में मीनू ने विवाह आदि उत्सवों में होने वाले फिजूल खर्चों को कम करके उन पैसों से मनोहर जैसे अपाहिज असहाय व्यक्ति की सहायता की। मीनू के अनुसार, यदि प्रत्येक संपन्न व्यक्ति अपनी जिंदगी में किसी एक अपंग बेरोजगार की सहायता कर उसे छोटा-सा रोजगार उपलब्ध करवा दे, तो हमारे देश से अपंग व्यक्तियों की बेरोजगारी की समस्या समाप्त हो जाएगी। इससे यह सिद्ध होता है कि मुसीबत में पड़े व्यक्ति की सहायता करना मानवता का सबसे बड़ा धर्म और कर्त्तव्य होता है।

हमारा सबसे बड़ा कर्त्तव्य है कि हम अपने समाज के उत्थान और समृद्धि में सहायक बनें, विशेष रूप से उनके लिए जो मुश्किल परिस्थितियों में हैं। मुसीबत में पड़े व्यक्ति की सहायता करना ही हमारा सबसे बड़ा धर्म और कर्त्तव्य है, जो हमें अपने मानवीय मूल्यों के प्रति सजग और समर्पित बनाता है।

14. (i) उमा का अंतर्मन काँपने लगा था जब भाभी(बड़ी बहु कोमल) ने उसे प्यार से अंदर आने के लिए कहा। भाभी की सुंदरता, व्यवहार और संस्कार से वह बहुत प्रभावित हो गई थी। उमा भाभी से लड़ने गई थी पर उनके रूप और व्यवहार ने उसे मंत्रमुग्ध कर दिया जैसे ही भाभी ने उसे अंदर आने के लिए कहा तो वह घबराकर वापस आ गई।

(ii) अविनाश की पत्नी अर्थात् उमा की भाभी कोमल को देखकर उमा को मोहिनी-सी छा गई। बड़ी बहू कोमल मृदुस्वभाव की आकर्षक व्यक्तित्व वाली महिला थी। वह बहुत गुणी, रूपवान, संस्कारी व दयालु थी। इसके साथ ही वह एक साहसी महिला थी, जिसने संकट के समय अपने पति के प्राणों की रक्षा की थी। वह आधुनिक विचारों वाली महिला थी, जो अपने सरल स्वभाव से किसी का भी हृदय मोह लेती थी। बड़ी बहू की इन्हीं विशेषताओं ने सास को कुछ सोचने पर विवश कर दिया। उमा ने कोमल के बारे में बताया कि वह बहुत भोली और प्यारी थी। जो एक बार देख लेता है, वह फिर उस रूप को नहीं भुला सकता। बार-बार देखने को मन करता है। उसकी बड़ी-बड़ी काली आँखें, उनमें शैशव की भोली मुसकुराहट, अनजान में ही लज्जा से लाल हुए कपोलों पर रहने वाली हँसी ने उमा के मन को मोह लिया था।

(iii) माँ को जब पता चलता है कि अविनाश को तो बड़ी बहू ने अपने कठोर परिश्रम से बचा लिया था, किंतु अब बहू की तबीयत खराब है और वह मरने की स्थिति में है, तो माँ का हृदय पसीज़ उठता है, क्योंकि वह जानती है कि यदि बहू को कुछ होता है, तो उनका बेटा भी जीवित नहीं बचेगा। माँ अपनी परंपरावादी विचारधारा को तोड़ते हुए अपनी बड़ी बहू को स्वीकार कर लेती हैं।

(iv) 'संस्कारों की दासता' से यह तात्पर्य है कि व्यक्ति अपनें रूढ़िवादी विचारों व संस्कारों के आगे किसी की भी भावनाओं को कोई महत्त्व नहीं देते चाहे वह उचित ही क्यों ना हो, वह अपने रूढ़िवादी संस्कारों का दास ही बना रहता है तथा जातिवाद की पुरानी सोच को त्याग कर नए संबंधों को स्वीकार नहीं कर पाता।

आधुनिक युग में हमारे लिए संस्कार से अधिक भावनाएँ महत्त्व रखती हैं। समय व परिस्थितियों के बदलने पर हमें अपनी सोच में भी परिवर्तन लाना होगा। जाति व धर्म पर आधारित पुरानी मान्यताओं से ऊपर उठकर मानवता व मानवीय मूल्यों को स्थापित करना होगा। जातिवाद की पुरानी सोच का त्याग करके संबंधों को अच्छा बनाए रखना चाहिए।

15. (i) प्रस्तुत पंक्तियों में वक्ता धृतराष्ट्र और गांधारी का ज्येष्ठ पुत्र दुर्योधन है और श्रोता पांडु और कुंती का ज्येष्ठ पुत्र युधिष्ठिर है।

(ii) दुर्योधन हठी, अहंकारी, स्वार्थी, लोभी और गदा युद्ध में निपुण योद्धा है। वह पश्चाताप इसलिए नहीं करना चाहता था, क्योंकि दुर्योधन मानता था कि उसने कोई पाप नहीं किया। दुर्योधन के अनुसार उसने कुछ भी नहीं छुपाया उसने कोई षडयंत्र भी नहीं किया और ना ही पांडवों की तरह उसने अपने गुरुजनों को मारा था।

(iii) हमारे अनुसार वक्ता दुर्योधन को पश्चाताप होना चाहिए था, क्योंकि जो महाभारत युद्ध हुआ था उसका कारण ही दुर्योधन का हठ और राज्य के प्रति लोभ था। दुर्योधन हठी, अहंकारी, स्वार्थी और लोभी था। दुर्योधन ने अपनी माँ समान भाभी का भरी सभा में चीरहरण कर उसका अपमान किया जो अक्षम्य है। उसने अपने भाइयों को लाक्षागृह में जलाने का प्रयास किया वह बल और छल से युद्ध में विजय प्राप्त करना चाहता था। अपने हठ के आगे उसने अपने से बड़े गुरुजनों का भी अपमान किया और देशप्रेम, कर्त्तव्य के नाम पर उन्हें भी अन्याय का साथ देने के लिए विवश किया। दुर्योधन हमेशा अधर्म के रास्ते पर चलता रहा।

(iv) पराजित दुर्योधन जब युद्धभूमि में घायल अवस्था में पड़ा था तब श्रोता युधिष्ठिर, दुर्योधन से मिलने के लिए युद्धभूमि में आते हैं। युधिष्ठिर तो केवल उसे सांत्वना देने और पश्चाताप के दुःख को कम करने आए थे, किंतु दुर्योधन उनकी बातों पर विश्वास न करते हुए उन्हें स्वार्थी, अभिमानी, ढोंगी कहते हुए उन पर गुरुजनों की हत्या करवाने का आरोप लगाता है। दुर्योधन हठी, अहंकारी, स्वार्थी, लोभी और गदा युद्ध में निपुण योद्धा है इसलिए उसे इतिहास में अपनी दुर्गति व भीषण नरसंहार का जिम्मेदार माना जाता है। दुर्योधन अन्याय और अधर्म करता है जिसका अंत बुरा होता है। दुर्योधन और भीम के बीच भीषण युद्ध होता है, लेकिन भीम, कृष्ण के कहे अनुसार, दुर्योधन की जंघा पर प्रहार कर उसे पराजित कर देते हैं। अंत में दुर्योधन युद्धभूमि में घायल अवस्था में पड़ा रहता है तथा अपनी मृत्यु की प्रतीक्षा करता रहता है।

16. (i) कथन के वक्ता दादाजी हैं। उनकी उम्र 72 वर्ष है। एकांकी में दादाजी इस संयुक्त परिवार के सबसे वरिष्ठ पात्र हैं। साहस, परिश्रम, निष्ठा और दूरदर्शिता दादाजी की चारित्रिक विशेषताएँ हैं। दादाजी का परिवार में एकछत्र राज है, कोई भी उनके निर्णय के विरुद्ध जाने का प्रयास नहीं करता। उन्होंने एक वट वृक्ष की भाँति पूरे परिवार को एक सूत्र में बाँधे रखने का कार्य किया है।

(ii) कथन का श्रोता कर्मचंद है। कर्मचंद दादाजी का मँझला बेटा है। वह पितृभक्त, शांत स्वभाव और पिताजी का आज्ञाकारी पुत्र है। कर्मचंद घर की समस्याओं को पिताजी के सम्मुख रखकर उनका समाधान खोजने की कोशिश करता है। जब कर्मचंद ने यह बताया कि शायद अब इस पेड़ से एक डाली टूटकर अलग हो जाए। परेश की पत्नी छोटी बहु को तकलीफ है यहाँ रहने से तब दादाजी को उपर्युक्त बात कहनी पड़ी।

(iii) 'नासूर' का अर्थ है, ऐसा घाव, जो कभी ठीक न होता हो। इस समस्या के समाधान के लिए वक्ता के विचार हैं कि यदि एक हल्की सी खरोंच का अगर तुरंत इलाज न किया जाए तो वह बड़े घाव में बदल सकती है और नासूर बन सकती है। इसलिए छोटी सी खरोंच का भी तुरंत इलाज करना चाहिए। वैसे ही घर के सदस्यों के बीच उत्पन्न हुई दूरियों और उनके मध्य द्वेष-भाव है, यदि समय रहते इनको दूर कर दिया गया तो ऐसी समस्या उत्पन्न ही नहीं होगी। दादाजी का मानना है कि छोटी बहू बेला व घर के अन्य सदस्यों के बीच द्वेष भाव को यदि शुरुआत में ही नहीं सुलझाया गया, तो यह कभी ठीक न होने वाले घाव के समान हो जाएगा, इसलिए इनकी समस्याओं का समाधान करना आवश्यक है।

(iv) उपेंद्रनाथ 'अश्क' द्वारा रचित यह एकांकी एक संयुक्त परिवार के बनते-बिगड़ते आपसी संबंधों तथा परंपरावादी एवं आधुनिक विचारों के बीच उत्पन्न जटिलताओं पर आधारित है।

इस एकांकी में एकल परिवार की अपेक्षा संयुक्त परिवार को श्रेष्ठ ठहराया गया है। दादाजी इस परिवार के मुखिया हैं, जो परिवार को बरगद के पेड़ के समान मानते हैं। उनका मानना है कि एक बार वृक्ष से डाली टूट जाए तो उसे लाख पानी दो, उसमें वह सरसता नहीं आएगी और डाली सूख जाएगी।

बेला एकल परिवार की पक्षधर है और दादा जी संयुक्त परिवार के पक्षधर हैं, परंतु दादाजी अपने आदर्श को उस पर थोपते नहीं, बल्कि पारिवारिक परिस्थितियों को नियंत्रित करके उसे संयुक्त परिवार का महत्त्व समझाते हैं। बेला दादाजी से कहती है कि आपको पेड़ से किसी डाली का टूटकर अलग होना पसंद नहीं, पर क्या वे चाहेंगे कि पेड़ से लगी डाल सूखकर मुरझा जाए। अतः वह सूखी डाली नहीं बनना चाहती जो पेड़ के विकास में अपना कोई योगदान न दे सके। इस प्रकार एकांकी का शीर्षक 'सूखी डाली' सर्वथा उचित है।

ICSE

खण्डवार अध्यायवार
प्रश्न बैंक

ICSE सॉल्वड पेपर
2025

ICSE

सॉल्वड पेपर 2025

हिंदी

समय : 3 घंटे
पूर्णांक : 80

सामान्य निर्देश

1. इस प्रश्न-पत्र में दो खंड हैं 'क' और 'ख'।
2. खंड 'क' के सभी प्रश्न करने अनिवार्य हैं।
3. खंड 'ख' से कोई भी चार प्रश्न करने अनिवार्य हैं, जिनमें दो प्रश्न पाठ्यपुस्तक से होंगे तथा अन्य दो किसी अन्य पुस्तक से होंगे।

खंड 'क'

1. निम्नलिखित विषयों में से किसी एक विषय पर हिंदी में लगभग 250 शब्दों में संक्षिप्त लेख लिखिए। **[15]**

(i) आधुनिक समय में विज्ञापन हमें कहाँ-कहाँ किस रूप में दिखाई देते हैं? उनका हमारे जीवन पर क्या प्रभाव पड़ता है? इस विषय पर अपने विचार निबंध रूप में लिखिए।

(ii) वर्षा ऋतु मनुष्यों के साथ-साथ सभी प्राणियों के मन को खुशियों से भर देती है। आप भी किसी ऐसे वर्षा ऋतु के दिन का वर्णन कीजिए जब आपने अपने परिवार और मित्रों के साथ खूब आनंद मनाया।

(iii) आधुनिक युग में भूमंडलीय ऊष्मीकरण (Global Warming) किसे कहा गया है? यह हमारी धरती के साथ-साथ मनुष्यों के लिए भी अत्यंत हानिकारक है। इस ग्लोबल वार्मिंग को मनुष्यों तथा सरकार के संयुक्त प्रयासों से कैसे नियंत्रित किया जा सकता है? इसके कारण तथा इससे होने वाले नुकसानों पर अपने विचार प्रस्ताव रूप में लिखिए।

(iv) एक मौलिक कहानी लिखिए, जिसका आरंभ इस वाक्य से हो- 'यह मेरे लिए अत्यंत खुशी का पल था।

(v) नीचे दिए गए चित्र को ध्यान से देखिए और चित्र को आधार बनाकर उसका परिचय देते हुए कोई लेख, घटना अथवा कहानी लिखिए, जिसका सीधा संबंध चित्र से होना चाहिए।

2. निम्नलिखित में से किसी एक विषय पर हिंदी में लगभग 120 शब्दों में पत्र लिखिए। **[7]**

(i) आपके विद्यालय में 'विज्ञान प्रदर्शनी' का आयोजन किया गया था जिसमें आपने भी बढ़-चढ़कर भाग लिया था, इसके परिणामस्वरूप आपको क्या लाभ मिला था? इस विषय पर अपने मित्र को पत्र लिखकर बताइए।

(ii) आपको आधार कार्ड बनवाने की आवश्यकता पड़ गई है, उस आवश्यकता को स्पष्ट करते हुए अपना आधार कार्ड बनवाने के लिए जनसेवा केंद्र के अधिकारी को अनुरोध-पत्र लिखिए।

3. निम्नलिखित गद्यांश को ध्यानपूर्वक पढ़कर उसके नीचे दिए गए प्रश्नों के उत्तर हिंदी में दीजिए। उत्तर यथासंभव आपके अपने शब्दों में होने चाहिए।

एक उथला तालाब मछलियों से भरपूर था। उसमें तीन विशालकाय मछलियाँ भी रहती थीं, जो पक्की सखियाँ थीं। इनमें पहले वाली मछली दूरदर्शी एवं दीर्घकाल की बात सोचने वाली थी, दूसरी मछली की प्रतिभा ठीक समय पर काम करने वाली थी, परंतु तीसरी मछली आलसी और प्रत्येक काम को देरी से करने वाली थी। एक दिन कुछ मछुआरों ने इस कम गहराई वाले तालाब से पानी की छोटी-बड़ी नालियाँ बनाकर पानी को नीचे वाली भूमि की ओर प्रवाहित करना प्रारंभ कर दिया, ताकि पानी कम होने से वे सुगमता से वहाँ की मछलियाँ तथा दूसरे जल-जीवों को पकड़ सकें।

सरोवर के घटते जलस्तर को देखकर दूरदर्शी मछली ने अपनी दोनों सखियों से कहा-"सखियों! ऐसा जान पड़ता है कि हमारे ऊपर संकट के बादल घिरने लगे हैं। जब तालाब का पानी कम हो जाएगा, तो मछुआरे हमें शेष मछलियों के साथ आसानी से पकड़ सकते हैं, अत: हमें जलाशय का पानी कम होने से पूर्व ही किसी अन्य सरोवर में पहुँचने का मार्ग ढूँढना चाहिए। बुद्धिमान वही है, जो आने वाले संकट को पहले से ही अपनी नीति द्वारा मिटा देता है।" इस पर साधारण बुद्धि वाली मछली कहने लगी- "हे सखियों! तुम्हारी बात सर्वथा उचित है, परंतु मेरे विचारानुसार हमें अभी तालाब छोड़ने की शीघ्रता नहीं करनी चाहिए।" उसी समय तीसरी मछली अपनी सखियों से कहने लगी— "जब मेरे ऊपर संकट आएगा तो उसी समय मैं अपने बचाव का उपाय करूँगी। अभी तो मैं जी भरकर अन्य छोटे जीवों तथा मछलियों को खाकर आराम से सोना चाहती हूँ। बाद में जो होगा देखा जाएगा।"

जब तीनों सखियाँ संकट की इस घड़ी में भी एक मत नहीं हो सकीं, तो परम बुद्धिमान दूरदर्शी मछली रात को ही वहीं से पानी की नालियों द्वारा निकलकर किसी दूसरे गहरे जलाशय में चली गई। कुछ समय पश्चात् मछुआरों ने देखा कि तालाब का सारा पानी लगभग बाहर निकल चुका है, तो उन्होंने अपना जाल बिछाकर अनेक मछलियों सहित दोनों मछलियों को भी उसमें फँसा लिया। दूसरी मछली जब जाल में फँस गई तो उसने जान-बूझकर अपनी श्वास रोक ली तथा निश्चल होकर मरने का ढोंग करने लगी। जब मछुआरों ने देखा कि वह मछली तो मर चुकी है, तो उन्होंने उसे अपने जाल से निकालकर फेंक दिया। वह किसी तरह घिसटती हुई एक जलाशय में समा गई और इस प्रकार उसने अपने प्राणों की रक्षा की, परंतु आलसी तथा मूर्ख तीसरी मछली भाग्य पर भरोसा करती हुई जाल में फँसी तड़पती रही। मुसीबत के समय उसे अपनी मृत्यु को निकट आते देख कुछ भी सूझ नहीं रहा था। मछुआरों ने आते ही अन्य मछलियों के साथ उसे भी जाल से निकाला और उसे उठाकर बाजार में बेचने के लिए चल पड़े।

ऋषियों तथा विद्वानों ने धर्म शास्त्रों में लिखा है, जो प्राणी संकट आने से पहले ही अपने बचाव के लिए उपाय सोचे, उसे दूरदर्शी और जो ठीक समय आने पर आत्मरक्षा के बारे में विचार करे, उसे साधारण बुद्धि कहा जाता है। एक अन्य प्रकार का जीव भी होता है जिसे दीर्घसूत्री कहा जाता है। ऐसा व्यक्ति अपने आलस्य के कारण घोर संकट को प्राप्त करता है।

जो व्यक्ति सोच समझकर सावधान होकर कार्य करता है वह निश्चय ही अपनी इच्छानुसार फल प्राप्त करता है। कार्य को भविष्य पर छोड़ने वाला व्यक्ति जीवन में उन्नति नहीं कर सकता। सच है 'आलस्य मनुष्य का सबसे बड़ा शत्रु है।'

निम्नलिखित प्रश्नों के उत्तर यथासंभव अपने शब्दों में लिखिए

(i) तीनों मछलियाँ कहाँ रहती थीं? प्रत्येक की विशेषता बताइए। **[2]**

(ii) मछुआरों ने जलाशय के जल को किस ओर प्रवाहित कर दिया और क्यों ? **[2]**

(iii) दूरदर्शी मछली ने अपनी दोनों सखियों को क्या सलाह दी? क्या उन्होंने उसकी बात मानी? स्पष्ट कीजिए। **[2]**

(iv) पहली और दूसरी मछली ने अपनी जान कैसे बचाई? **[2]**

(v) तीसरी मछली को किस संकट का सामना करना पड़ा? प्रस्तुत गद्यांश में निहित संदेश भी लिखिए। **[2]**

4. निम्नलिखित प्रश्नों के उत्तर निर्देशानुसार लिखिए।

(i) 'निर्मल' का विलोम चुनकर लिखिए **[1]**

(a) कोमल (b) निर्बल (c) दुर्बल (d) मलिन

(ii) 'वस्त्र' के उचित पर्यायवाची शब्दों का जोड़ा चुनकर लिखिए **[1]**

(a) पट - वसन (b) आवरण - पर्दा
(c) अस्त्र - शस्त्र (d) अंबर - आकाश

(iii) 'मूर्ख' की भाववाचक संज्ञा चुनकर लिखिए। **[1]**

(a) अज्ञानी (b) बेवकूफ
(c) मौखिक (d) मूर्खता

(iv) 'शक्ति' का विशेषण चुनकर लिखिए : **[1]**

(a) शक्तिपूर्वक (b) शक्तिशाली
(c) शक्तिदायी (d) शक्तिमय

(v) 'मिठाईयाँ' शब्द का शुद्ध रूप चुनकर लिखिए : **[1]**

(a) मीठाइयाँ (b) मिठाईया
(c) मीठाइया (d) मिठाइयाँ

(vi) 'रंग उड़ना' मुहावरे का अर्थ चुनकर लिखिए : **[1]**

(a) उड़कर भाग जाना (b) रंग चला जाना
(c) भाग जाना (d) चेहरा फीका पड़ना

(vii) निम्नलिखित रेखांकित वाक्यांश हेतु उचित एक शब्द चुनकर लिखिए: **[1]**

ताजमहल <u>देखने योग्य</u> है।

(a) ताजमहल दर्शनीय है। (b) ताजमहल अद्भुत है।
(c) ताजमहल अदर्शनीय है। (d) ताजमहल प्रदर्शनी है।

(viii) निर्देशानुसार उचित वाक्य बताइए : **[1]**

'आजकल महँगाई <u>चर्म</u> सीमा पर है।'

(रेखांकित शब्द के स्थान पर उचित शब्द का प्रयोग चुनकर लिखिए।)

(a) ऊँची (b) चरम (c) चोटी (d) नीची

खंड 'ख'

साहित्य सागर-संक्षिप्त कहानियाँ

5. निम्नलिखित गद्यांश को पढ़िए और उसके नीचे लिखे प्रश्नों के उत्तर हिंदी में लिखिए।

सोचने लगा, 'यह दुनिया न्याय नगरी नहीं, अंधेर नगरी है। चोरी पकड़ी गई तो अपराध हो गया। असली अपराधी बड़ी बड़ी कोठियों में बैठकर दोनों हाथों से धन बटोर रहे हैं। उन्हें कोई नहीं पकड़ता।'

बात अठन्नी की - सुदर्शन

(i) उपर्युक्त कथन को सोचने वाला व्यक्ति कौन है? इस कथन का संदर्भ स्पष्ट कीजिए। **[2]**

(ii) किस व्यक्ति से क्या अपराध हो गया था? कारण स्पष्ट कीजिए। **[2]**

(iii) दोनों हाथों से धन बटोरने वाले लोग कौन हैं? पाठ के आधार पर उनकी मानसिकता पर प्रकाश डालते हुए बताइए कि उनके न पकड़े जाने का क्या कारण है? **[3]**

(iv) 'यह दुनिया न्याय नगरी नहीं, अंधेर नगरी है' इस कथन का अर्थ स्पष्ट करते हुए कहानी का उद्देश्य बताइए। **[3]**

6. निम्नलिखित गद्यांश को पढ़िए और उसके नीचे लिखे प्रश्नों के उत्तर हिंदी में लिखिए।

आज चित्रा को जाना था। अरुणा सवेरे से ही उसका सारा सामान ठीक कर रही थी। एक-एक करके चित्रा सबसे मिल आई। बस, गुरुजी से मिलना रह गया था सो उनका आशीर्वाद लेने चल पड़ी। तीन बज गए थे पर, वह लौटी नहीं। पाँच बजे की गाड़ी से वह जाने वाली थी। अरुणा ने सोचा वह स्वयं जाकर देख आए कि आखिर बात क्या हो गई। तभी बड़बड़ाती-सी चित्रा ने प्रवेश किया, 'बड़ी देर हो गई ना।'

दो कलाकार - मन्नू भण्डारी

(i) चित्रा को कहाँ जाना था और क्यों? **[2]**

(ii) चित्रा तथा अरुणा का परिचय दीजिए। **[2]**

(iii) चित्रा को आने में देर क्यों हो गई थी? विस्तार से लिखिए। **[3]**

(iv) पाठ के शीर्षक के अनुसार चित्रा और अरुणा दोनों कलाकार हैं। कहानी के माध्यम से स्पष्ट कीजिए कि आपकी दृष्टि में कौन सच्चा कलाकार है। **[3]**

7. निम्नलिखित गद्यांश को पढ़िए और उसके नीचे लिखे प्रश्नों के उत्तर हिंदी में लिखिए।

भोला ने कहा, 'इन्होंने मँगाई थी। कहते थे, इनसे पतंग तानकर काकी को राम के यहाँ से नीचे उतारेंगे।' विश्वेश्वर हतबुद्धि होकर वहीं खड़े रह गए। उन्होंने फटी हुई पतंग उठाकर देखी। उस पर चिपके हुए कागज पर लिखा हुआ था — काकी।

काकी - सियारामशरण गुप्त

(i) भोला कौन था? उसके अनुसार किसने पतंग मँगाई थी? **[2]**

(ii) पतंग माँगने का क्या कारण था? स्पष्ट करें। **[2]**

(iii) मृत्यु के बाद विश्वेश्वर का परिचय देते हुए बताएँ कि उनके हतबुद्धि होकर खड़े रह जाने का क्या कारण था? **[3]**

(iv) यह कहानी बच्चों के स्वभाव की किन विशेषताओं को प्रकट करती है? उदाहरण सहित बताइए। **[3]**

साहित्य सागर : पद्य भाग

8. निम्नलिखित पद्यांश को पढ़िए और उसके नीचे लिखे प्रश्नों के उत्तर हिंदी में लिखिए।

"जब मैं या तब हरि नहीं, अब हरि हैं मैं नाहि।
प्रेम गली अति साँकरी, तामे दो न समाहि।।"

साखी - कबीरदास

(i) ये पंक्तियाँ किस भाषा में रचित हैं? उक्त पंक्ति में 'मैं' शब्द का प्रयोग किस अर्थ में हुआ है? **[2]**

(ii) प्रथम पंक्ति में कवि ने क्या कहना चाहा है? स्पष्ट करें। **[2]**

(iii) 'तामे दो न समाहि' का क्या अभिप्राय है? कवि यहाँ किस बात पर बल देते हैं? **[3]**

(iv) कबीरदास को कवि से अधिक समाज सुधारक क्यों माना जाता है? पठित पाठ के आधार पर बताइए कि उनकी भक्ति भावना कैसी थी? **[3]**

9. निम्नलिखित पद्यांश को पढ़िए और उसके नीचे लिखे प्रश्नों के उत्तर हिंदी में लिखिए।

लेकिन विघ्न अनेक अभी
इस पथ पर अड़े हुए हैं
मानवता की राह रोककर
पर्वत अड़े हुए हैं।

न्यायोचित सुख सुलभ नहीं
जब तक मानव-मानव को
चैन कहाँ धरती पर तब तक
शांति कहाँ इस भव को?

स्वर्ग बना सकते हैं - रामधारी सिंह 'दिनकर'

(i) इस कविता में 'धर्मराज' कहकर किसे संबोधित किया गया है तथा धर्मराज को यह संदेश कौन दे रहा है? **[2]**

(ii) कवि के अनुसार मनुष्य का जीवन कैसा होना चाहिए? कविता के आधार पर बताइए। **[2]**

(iii) मानव जीवन के विकास में कौन-कौन सी बाधाएँ और आशंकाएँ उपस्थित हैं? ये बाधाएँ और आशंकाएँ कैसे दूर हो सकती हैं? **(3)**

(iv) 'भव' शब्द का अर्थ लिखकर कविता का उद्देश्य स्पष्ट कीजिए। **[3]**

10. निम्नलिखित पद्यांश को पढ़िए और उसके नीचे लिखे प्रश्नों के उत्तर हिंदी में लिखिए।

व्यथित है मेरा हृदय प्रदेश,
चलूँ उसको बहलाऊँ आज।
बताकर अपना सुख-दु:ख उसे,
हृदय का भार हटाऊँ आज।।
चलूँ माँ के पद पंकज पकड़,
नयन जल से नहलाऊँ आज।
मातृ-मंदिर में मैने कहा...
चलूँ दर्शन कर आऊँ आज।।

मातृ मंदिर की ओर - श्रीमती सुभद्रा कुमारी चौहान

(i) 'व्यथित' शब्द का अर्थ लिखकर बताइए कि यहाँ किसका हृदय व्यथित है? **[2]**

(ii) कवयित्री अपना सुख-दु:ख किसके साथ साझा करना चाहती हैं और किस प्रकार? **[2]**

(iii) कविता के आधार पर बताइए कि मातृ मंदिर का मार्ग दुर्गम किस प्रकार है? उसे पार करने हेतु कवयित्री किससे सहायता की प्रार्थना करती है? **[3]**

(iv) कविता का मूल-भाव बताते हुए इसमें निहित संदेश लिखिए। **[3]**

एकांकी संचय

11. निम्नलिखित अवतरण को पढ़िए और उसके नीचे लिखे प्रश्नों के उत्तर हिंदी में लिखिए।

'शिकायत आपको हमसे है, उस भोली-भाली लड़की ने आपका क्या बिगाड़ा है, जो विदा न करके आप उससे बदला ले रहे हैं।'

बहू की विदा - विनोद रस्तोगी

(i) जीवनलाल को किस व्यक्ति से शिकायत थी और क्या शिकायत थी? **[2]**

(ii) भोली-भाली लड़की कौन है? उसके पति का नाम बताइए। **[2]**

(iii) क्या जीवनलाल ने अपनी बहू को विदा किया? यदि हाँ, तो उनके हृदय परिवर्तन का कारण बताइए। **[3]**

(iv) जीवनलाल की पत्नी कौन थी? जीवनलाल एवं उनकी पत्नी के चरित्र का तुलनात्मक विश्लेषण कीजिए। **[3]**

12. निम्नलिखित अवतरण को पढ़िए और उसके नीचे लिखे प्रश्नों के उत्तर हिंदी में लिखिए।

ताकत की बात छोड़ो, अभय सिंह! प्रत्येक राजपूत को अपनी ताकत पर नाज़ है। इतने बड़े दंभ को मेवाड़ अपने प्राणों में आश्रय न दें, इसी में उसका कल्याण है। रह गई बात एक माला गूँथने की, तो वह माला तो बनी हुई है। हाँ, उस माला को तोड़ने का श्रीगणेश हो गया है। *मातृभूमि का मान - हरिकृष्ण 'प्रेमी'*

(i) अभय सिंह कौन है? वे राव हेमू के पास किसका, क्या संदेश लेकर आए हैं? **[2]**

(ii) उपर्युक्त कथन का वक्ता कौन है? इस कथन के पीछे उनका क्या आशय है? **[2]**

(iii) राव हेमू की तीन चारित्रिक विशेषताओं पर प्रकाश डालिए। **[3]**

(iv) 'मातृभूमि का मान' एकांकी का उद्देश्य स्पष्ट कीजिए। **[3]**

13. निम्नलिखित अवतरण को पढ़िए और उसके नीचे लिखे प्रश्नों के उत्तर हिंदी में लिखिए।

'चली गई। ऐसा मैं नहीं सुन सकूँगी। जो मुझे करना है वह सामली सुन भी न सकेगी। भवानी तुमने मेरे हृदय को कैसा कष्ट दिया? मुझे बल दो कि मैं राजवंश की रक्षा में अपना रक्त दे सकूँ।'

दीपदान - डॉ. रामकुमार वर्मा

(i) यहाँ किस राजवंश की बात की जा रही है? उस पर कौन-सा संकट आया था? **[2]**

(ii) वक्ता क्या करना चाहता था तथा क्यों करना चाहता था? **[2]**

(iii) राजवंश की रक्षा किसने किस प्रकार की? वर्णन कीजिए। **[3]**

(iv) 'दीपदान' का अर्थ क्या है? एकांकीकार ने 'दीपदान' से क्या संदेश देना चाहा है? **[3]**

नया रास्ता-सुषमा अग्रवाल

14. निम्नलिखित अवतरण को पढ़िए और उसके नीचे लिखे प्रश्नों के उत्तर हिंदी में लिखिए।

आखिर मीनू का हॉस्टल जाने का दिन आ ही गया उसके सामने एक उद्देश्य था, एक सपना था, जो पूरा करना ही था। घर छोड़ते समक्ष मीनू की आँखों में आँसू छलछला पड़े। कितना अजीब लग रहा था उसे घर छोड़ना। अपनी माँ से, भाई-बहन से पहली बार अलग हो रही थी।

(i) मीनू अपने किस उद्देश्य की पूर्ति के लिए कहाँ जा रही थी? **[2]**

(ii) हॉस्टल जाने से पूर्व मीनू के मन में क्या भाव उठे? उसकी आँखें क्यों छलछला पड़ीं? **[2]**

(iii) मीनू के जाने से पहले उसकी माँ और पिताजी हर रोज क्या बनाकर एवं क्या लाकर अपना स्नेह प्रदर्शित करते थे? माँ ने जाते समय मीनू को क्या आशीर्वाद दिया? **[3]**

(iv) मीनू ने विवाह का सपना देखना क्यों छोड़ दिया था? उसका यह फैसला उसकी किस चारित्रिक विशेषता की ओर संकेत करता है? **(3)**

15. निम्नलिखित अवतरण को पढ़िए और उसके नीचे लिखे प्रश्नों के उत्तर हिंदी में लिखिए।

'यह कैसी विचित्र घड़ी होती है। माता-पिता जिस बेटी का लालन-पालन इतने वर्षों तक लाड-प्यार से करते हैं, उसी बेटी को सदा के लिए दूसरे के हाथों सौंप देते हैं। हर पल साथ रहने वाली बिटिया के लिए घर पराया हो जाता है। घर ही क्या बिटिया भी तो पराया धन ही हो जाती है।

(i) प्रस्तुत अवतरण का उल्लेख किसकी शादी के संदर्भ में किया गया है? उसकी शादी कहाँ और किसके साथ हो रही थी? **[2]**

(ii) 'बेटी पराया धन होती है' भारतीय परंपरा को आधार मानकर इस कथन का अर्थ स्पष्ट कीजिए। **[2]**

(iii) विदाई के बाद माँ को फूट-फूटकर रोता देख मीनू के मस्तिष्क में कौन-से विचार घूमने लगे? **[3]**

(iv) 'आशा के विवाह में मीनू एक आदर्श बहन तथा योग्य बेटी की भूमिका निभाने में पूर्णतया सफल रही' — इस कथन को उदाहरण देकर स्पष्ट कीजिए। **[3]**

16. निम्नलिखित अवतरण को पढ़िए और उसके नीचे लिखे प्रश्नों के उत्तर हिंदी में लिखिए।

धनीमल जी के साथ आई फल की पेटी अमित को एक आँख भी नहीं भा रही थी। वह समझता था कि वे अपने पैसे का जादू डालकर सबको मोह लेना चाहते हैं। जब अभी रिश्ता पक्का नहीं हुआ तो फल किस बात के। अमित से रहा नहीं गया। उसने धनीमल से पूछ ही लिया, "ये फल क्यों ले आये हैं आप! इस सब की क्या जरूरत थी?"

(i) धनीमल जी कौन हैं तथा वे वहाँ क्यों आए थे? **[2]**

(ii) अमित का परिचय देते हुए बताएँ कि उसे फल की पेटी एक आँख भी क्यों नहीं भा रही थी? **[2]**

(iii) यहाँ किस रिश्ते की बात हो रही है? क्या अमित इस रिश्ते से प्रसन्न था? यदि नहीं, तो क्यों? स्पष्ट करें। **[3]**

(iv) अमित द्वारा फल की पेटी लाने के पीछे उद्देश्य पूछने पर धनीमल जी ने क्या उत्तर दिया? उनके उत्तर को सुनकर अमित की क्या प्रतिक्रिया हुई? **[3]**

व्याख्या सहित उत्तर

1. (i) आधुनिक समय में विज्ञापन और उनका प्रभाव

प्रस्तावना

आज के समय में विज्ञापन हमारे जीवन का एक अभिन्न अंग बन चुके हैं। हम जहाँ भी जाते हैं, किसी न किसी रूप में विज्ञापन हमें दिखाई दे जाते हैं। ये केवल अखबारों और टेलीविज़न तक ही सीमित नहीं रहे, बल्कि अब सोशल मीडिया, मोबाइल एप्लिकेशन, वेबसाइटस्, होर्डिंग्स, बसों, ट्रेनों, रेडियो और यहाँ तक कि मोबाइल नोटिफिकेशन के माध्यम से भी हम तक पहुँच जाते हैं।

विज्ञापन के विभिन्न रूप

विज्ञापन अनेक रूपों में हमारे सामने आते हैं। टीवी और रेडियो पर ये ऑडियो-वीडियो के माध्यम से हमें आकर्षित करते हैं। सोशल मीडिया और गूगल जैसे प्लेटफार्म पर ये हमारी रुचि के अनुसार प्रदर्शित होते हैं। शॉपिंग मॉल में डिस्काउंट ऑफ़र, न्यूज़पेपर में बड़े-बड़े विज्ञापन, सड़कों पर लगे विशाल होर्डिंग्स हर जगह हमें इनका प्रभाव दिखता है।

विज्ञापनों का हमारे जीवन पर प्रभाव

विज्ञापनों का हमारे जीवन पर गहरा प्रभाव पड़ता है। ये हमें नई चीज़ों से परिचित कराते हैं, लेकिन कई बार हमें अनावश्यक खर्च के लिए भी प्रेरित कर देते हैं।

सकारात्मक प्रभाव

- विज्ञापनों के कारण उपभोक्ताओं को नए उत्पादों की जानकारी मिलती है।
- व्यापार और उद्योग का विकास होता है, जिससे रोज़गार के अवसर बढ़ते हैं।
- सामाजिक संदेशों वाले विज्ञापन; जैसे-स्वच्छता अभियान, पर्यावरण संरक्षण आदि जन-चेतना बढ़ाते हैं।

नकारात्मक प्रभाव

- आकर्षक विज्ञापन हमें ज़रूरत से ज्यादा खर्च करने के लिए प्रेरित कर सकते हैं।
- कई बार भ्रामक विज्ञापनों के कारण लोग गलत उत्पाद खरीद लेते हैं।
- बच्चों पर कार्टून और जंक फूड के विज्ञापनों का नकारात्मक प्रभाव पड़ता है।

विज्ञापन हमारे आधुनिक जीवन का एक महत्त्वपूर्ण हिस्सा बन गए हैं। यदि इन्हें सही तरीके से उपयोग किया जाए, तो ये उपभोक्ताओं और कंपनियों दोनों के लिए लाभदायक हो सकते हैं। लेकिन हमें यह समझदारी रखनी होगी कि हम इनके प्रभाव में आकर अनावश्यक खर्च न करें और जागरूकता के साथ सही उत्पादों का चुनाव करें।

(ii) **वर्षा ऋतु का आनंददायक दिन**

वर्षा ऋतु प्रकृति का वह अनुपम उपहार है, जो सभी प्राणियों के मन को प्रसन्नता से भर देता है। तपती गर्मी के बाद जब पहली बारिश की फुहार धरती पर पड़ती है, तो चारों ओर हरियाली छा जाती है और मौसम सुहावना हो जाता है। वर्षा न केवल खेतों और जंगलों को जीवन देती है, बल्कि हमारे मन को भी उत्साह और उल्लास से भर देती है। मुझे वर्षा ऋतु का हर दिन प्रिय है, लेकिन एक विशेष दिन की याद आज भी मेरे मन में ताजा है, जब मैंने अपने परिवार और मित्रों के साथ वर्षा का खूब आनंद लिया था।

यह घटना पिछले वर्ष की है। जुलाई का महीना था और आसमान में काले-काले बादल उमड़ रहे थे। मैं अपने परिवार के साथ घर की छत पर खड़ा होकर बारिश का इंतजार कर रहा था। कुछ ही देर में तेज हवाएँ चलने लगीं और अचानक मूसलाधार बारिश शुरू हो गई। जैसे ही पानी की बूँदें हम पर पड़ीं, हमारा मन आनंद से झूम उठा। मैंने और मेरे छोटे भाई-बहनों ने छत पर ही भीगने का निश्चय किया और नाचने-कूदने लगे। हमारे माता-पिता भी हमारी खुशी देखकर मुस्कुरा रहे थे।

कुछ देर बाद हमने योजना बनाई कि पास के हरे-भरे मैदान में जाकर वर्षा का आनंद लिया जाए। मेरे कुछ मित्र भी वहाँ पहले से ही मौजूद थे। हमने मिलकर बारिश में फुटबॉल खेला और कीचड़ में लोटपोट होकर खूब मस्ती की। चारों ओर पानी की बूँदें मोतियों की तरह चमक रही थीं, पक्षी भी बारिश में नहाकर चहक रहे थे। चारों तरफ का नजारा ही कुछ निराला था।

घर लौटने के बाद माँ ने हमारे लिए गरमा-गरम पकौड़े बनाएँ। बारिश में गरम पकौड़े खाने का आनंद ही कुछ और था। हम सभी बरामदे में

बैठकर बारिश की रिमझिम फुहारों का आनंद लेते रहे और हँसी-मजाक करते रहे। वह दिन मेरे जीवन के सबसे यादगार दिनों में से एक है। वर्षा ऋतु न केवल प्रकृति को हरा-भरा बनाती है, बल्कि हमारे जीवन में भी खुशियों की वर्षा कर देती है।

(iii) **भूमंडलीय ऊष्मीकरण (Global Warming) : एक गंभीर संकट**

भूमंडलीय उष्मीकरण (Global Warming) आधुनिक युग की एक गंभीर समस्या है, जो पूरे विश्व को प्रभावित कर रही है। यह वह प्रक्रिया है जिसमें पृथ्वी का औसत तापमान धीरे-धीरे बढ़ रहा है, जिससे जलवायु परिवर्तन और प्राकृतिक आपदाएँ उत्पन्न हो रही हैं। इसका मुख्य कारण मानव गतिविधियों से निकलने वाली ग्रीनहाउस गैसें (कार्बन डाइऑक्साइड, मीथेन, नाइट्रस ऑक्साइड आदि) हैं, जो वायुमंडल में गर्मी को रोककर पृथ्वी के तापमान को बढ़ाती हैं।

ग्लोबल वार्मिंग के प्रमुख कारण

- **औद्योगीकरण और प्रदूषण** कारखानों, वाहनों और बिजली संयंत्रों से निकलने वाले धुएँ में ग्रीनहाउस गैसें होती हैं, जो वायुमंडल को हानि पहुँचाती हैं।
- **वनों की कटाई** पेड़-पौधे कार्बन डाइऑक्साइड को अवशोषित करते हैं और ऑक्सीजन गैस छोड़ते हैं, लेकिन वनों की अत्यधिक कटाई के कारण ग्रीनहाउस गैसें वायुमंडल में अधिक मात्रा में फैलती जा रही हैं।
- **प्राकृतिक संसाधनों का अत्यधिक दोहन** कोयला, पेट्रोल और डीजल जैसे ईंधनों का अधिक प्रयोग ग्लोबल वार्मिंग को बढ़ाता है।
- **वाहनों और परिवहन का अत्यधिक उपयोग** आधुनिक जीवनशैली में निजी वाहनों का उपयोग बढ़ गया है, जिससे कार्बन उत्सर्जन भी बढ़ रहा है। पेट्रोल-डीजल आधारित वाहनों से निकलने वाला धुआँ ग्लोबल वार्मिंग को बढ़ाने में महत्त्वपूर्ण भूमिका निभाता है।

ग्लोबल वार्मिंग के दुष्परिणाम

- **जलवायु परिवर्तन** ग्लोबल वार्मिंग के कारण अत्यधिक गर्मी, असामान्य वर्षा और बर्फबारी की घटनाएँ बढ़ रही हैं।
- **ग्लेशियरों का पिघलना** हिमखंडों के पिघलने से समुद्र का जलस्तर बढ़ रहा है, जिससे तटीय शहरों के डूबने का खतरा है।
- **सूखा और बाढ़** असंतुलित जलवायु के कारण कहीं सूखा पड़ रहा है, तो कहीं भारी बाढ़ आ रही है।
- **जीव-जंतुओं पर प्रभाव** ग्लोबल वार्मिंग के कारण जीव-जंतुओं पर बहुत नकारात्मक प्रभाव पड़ रहा है तथा कई प्रजातियाँ तो विलुप्त होने के कगार पर हैं, जिससे पारिस्थितिक संतुलन भी बिगड़ रहा है।

ग्लोबल वार्मिंग को नियंत्रित करने के उपाय

- **पेड़-पौधे अधिक लगाएँ** ग्लोबल वार्मिंग को नियंत्रित करने के लिए वनों की रक्षा करनी चाहिए और अधिक-से-अधिक पेड़-पौधे लगाए जाने चाहिए।
- **नवीकरणीय ऊर्जा अपनाएँ** सौर और पवन ऊर्जा का उपयोग करें, ताकि जीवाश्म ईंधन की खपत कम हो।
- **प्रदूषण को नियंत्रित करें** वाहनों का कम उपयोग करें, सार्वजनिक परिवहन अपनाएँ और कार्बन उत्सर्जन को कम करें।
- **प्लास्टिक का कम उपयोग करें** ग्लोबल वार्मिंग को नियंत्रित करने के लिए प्लास्टिक का कम उपयोग करना चाहिए और पुनः उपयोग और पुनर्चक्रण (Recycling) को बढ़ावा देना चाहिए।
- **सरकार के प्रयास** सरकार को पर्यावरण संरक्षण कानूनों को सख्ती से लागू करना चाहिए और जागरुकता अभियान चलाने चाहिए।

भूमंडलीय उष्मीकरण आज एक वैश्विक समस्या है, जिसका समाधान केवल सरकार ही नहीं, बल्कि प्रत्येक नागरिक की जिम्मेदारी भी है। यदि हम सभी मिलकर अपने पर्यावरण की रक्षा करें और जागरूक बनें, तो इस संकट को नियंत्रित किया जा सकता है। यह न केवल हमारी धरती बल्कि आने वाली पीढ़ियों के लिए भी आवश्यक है।

(iv) **यह मेरे लिए अत्यंत खुशी का पल था।**

आज मेरी मेहनत रंग लाई और मैं अपनी आँखों पर विश्वास नहीं कर पा रहा था। मैं हमेशा से एक अच्छा चित्रकार बनना चाहता था, लेकिन आर्थिक समस्याओं के कारण महँगे रंग और कैनवास खरीद पाना मेरे लिए संभव नहीं था। फिर भी, जहाँ मौका मिलता, मैं दीवारों पर, पुराने कागज़ों पर और कभी-कभी मिट्टी पर भी चित्र बनाता। मेरी कला के प्रति यह जुनून मेरे अंदर आत्मविश्वास भरता था।

एक दिन हमारे स्कूल में चित्रकला प्रतियोगिता की घोषणा हुई। यह मेरे लिए एक सुनहरा अवसर था, लेकिन समस्या यह थी कि मेरे पास अच्छे रंग और कैनवास नहीं थे। माँ ने अपनी छोटी-सी बचत से मुझे कुछ रंग और एक सफेद कागज़ दिलाया। मैंने अपनी पूरी मेहनत और लगन से एक चित्र बनाया, जिसमें प्रकृति की सुंदरता और इंसान के संघर्ष को दर्शाया गया था। लेकिन मन में संशय था कि क्या मेरा चित्र दूसरों से अच्छा होगा? क्या मेरी मेहनत रंग लाएगी? यही सोचकर मेरा आत्मविश्वास कभी बढ़ता, तो कभी डगमगा जाता।

प्रतियोगिता के परिणाम के दिन मेरी धड़कनें तेज हो गई थीं। जब परिणाम घोषित हुआ, तो मैं स्तब्ध रह गया, क्योंकि मुझे पहला स्थान प्राप्त हुआ था। मेरी खुशी का तो कोई ठिकाना ही नहीं रहा। मंच पर मेरा नाम पुकारा गया और प्रधानाचार्य जी ने मुझे ट्रॉफी और प्रमाणपत्र दिया। सभी ने ताली बजाकर मेरा हौसला बढ़ाया।

घर पहुँचकर जब मैंने यह खबर माँ-पापा को सुनाई, तो उनकी आँखों से खुशी के आँसू छलक आए। वह दिन मेरे जीवन का सबसे अनमोल पल था, जिसने मुझे सिखाया कि मेहनत, जुनून और आत्मविश्वास से कोई भी सपना पूरा किया जा सकता है।

(v) इस चित्र में दो छोटे बच्चे सीढ़ियों पर बैठे हैं। एक बच्चा दूसरे बच्चे के बालों में कंघी कर रहा है, जिससे यह प्रतीत होता है कि वे एक-दूसरे की देखभाल कर रहे हैं। यह चित्र स्नेह, अपनापन और संघर्ष भरे जीवन की झलक को दर्शाता है।

रवि और उसकी छोटी बहन गुड़िया सड़क के किनारे बनी सीढ़ियों पर बैठे थे। उनके माता-पिता रोज़ की तरह काम पर चले गए थे और घर की सारी ज़िम्मेदारी रवि पर आ गई थी। हालाँकि वह खुद भी बहुत छोटा था, लेकिन अपनी बहन की देखभाल में कोई कमी नहीं छोड़ता था।

गुड़िया सुबह से परेशान थी, उसके बाल उलझे हुए थे और वह बार-बार रो रही थी। रवि को समझ नहीं आ रहा था कि वह अपनी बहन को कैसे शांत कराए। तभी उसे पास में पड़ी एक पुरानी कंघी मिली। उसने बड़े प्यार से गुड़िया के बाल सँवारने शुरू कर दिए। गुड़िया भी चुपचाप बैठी रही। बाल सँवारते-सँवारते रवि ने हल्के से गुड़िया के सिर पर थपकी दी और मुस्कुराकर बोला, 'देख, अब तू कितनी सुंदर लग रही है!' यह सुनकर गुड़िया बहुत खुश हो गई। शायद यही दुनिया का सबसे अनमोल व बिना किसी स्वार्थ का रिश्ता था।

रवि को यह एहसास था कि जीवन कठिन है, लेकिन अपनी बहन की मुस्कान उसकी सबसे बड़ी खुशी थी। उसे पढ़ाई भी करनी थी, घर के छोटे-छोटे काम भी सँभालने थे, लेकिन उसके लिए सबसे महत्त्वपूर्ण था - अपनी बहन का ख्याल रखना। उसे यह पता था कि उसके

माता-पिता कड़ी मेहनत कर रहे हैं, इसलिए वह उनके काम में किसी भी तरह की परेशानी नहीं बढ़ाना चाहता था।

भले ही वे बच्चे थे, लेकिन परिस्थितियों ने उन्हें समय से पहले ही बड़ा बना दिया था। उनके पास महँगे खिलौने या शानदार कपड़े नहीं थे, लेकिन उनके पास आपसी प्रेम, समझदारी और एक-दूसरे के प्रति समर्पण की भावना थी।

2. (i) गली नंबर 15, शास्त्री नगर,
जयपुर।
दिनांक 11 मार्च, 20XX
प्रिय मयंक,
सस्नेह नमस्ते!

कैसे हो मित्र? आशा करता हूँ तुम और तुम्हारा परिवार कुशलपूर्वक होंगे। मैं तुम्हें हमारे विद्यालय में आयोजित विज्ञान प्रदर्शनी के बारे में बताना चाहता हूँ, जिसमें मैंने बढ़-चढ़कर भाग लिया।

इस प्रदर्शनी में मैंने 'सौर ऊर्जा से चलने वाली कार' का मॉडल प्रस्तुत किया। इसे तैयार करने में काफी मेहनत लगी, लेकिन इससे मुझे विज्ञान के व्यावहारिक पहलुओं को समझने का अवसर मिला। मेरे प्रदर्शन को निर्णायकों ने खूब सराहा और मुझे सर्वश्रेष्ठ मॉडल का पुरस्कार भी मिला।

इस अनुभव ने मेरा आत्मविश्वास और बढ़ा दिया है । अब विज्ञान के प्रति मेरी रुचि और गहरी हो गई है। मैं अब और नए-नए प्रयोग करने के लिए उत्साहित हूँ। अगली बार तुम भी इसमें जरूर भाग लेना। तुम्हारे पत्र की प्रतीक्षा रहेगी।

तुम्हारा मित्र
मोहित।

(ii) परीक्षा भवन,
नई दिल्ली।
दिनांक 11 मार्च, 20XX
सेवा में,
जनसेवा केंद्र अधिकारी,
कश्मीरी गेट,
नई दिल्ली।
विषय आधार कार्ड बनवाने हेतु अनुरोध-पत्र।
मान्यवर,

सविनय निवेदन है कि मुझे अपने व्यक्तिगत और शैक्षणिक कार्यों के लिए आधार कार्ड बनवाने की आवश्यकता है। मेरा नाम रवींद्र कुमार शर्मा है और मैं दरियागंज, दिल्ली का निवासी हूँ। अभी तक मेरा आधार कार्ड नहीं बना है, जिसके कारण मुझे विभिन्न सरकारी और निजी कार्यों में कठिनाइयों का सामना करना पड़ रहा है।

आज के समय में आधार कार्ड एक आवश्यक दस्तावेज़ बन चुका है। मुझे बैंक खाता खोलने, परीक्षा फॉर्म भरने, सरकारी योजनाओं का लाभ प्राप्त करने तथा अन्य महत्त्वपूर्ण कार्यों के लिए इसकी आवश्यकता पड़ रही है। अतः आपसे अनुरोध है कि कृपया मुझे आधार कार्ड बनवाने की प्रक्रिया में सहायता करें तथा आवश्यक दस्तावेज़ों की जानकारी प्रदान करें।

कृपया मेरे आवेदन को शीघ्र स्वीकृत करने की कृपा करें। आपकी सहायता के लिए मैं सदा आभारी रहूँगा।

सधन्यवाद।
भवदीय
क.ख.ग ।

3. (i) तीनों मछलियाँ एक उथले तालाब में रहती थीं। पहली मछली दूरदर्शी थी और भविष्य में आने वाले संकट को पहले से भाँपकर उसका हल निकालने में सक्षम थी। दूसरी मछली साधारण बुद्धि वाली थी, जो समय आने पर निर्णय लेने में सक्षम थी। तीसरी मछली आलसी और लापरवाह थी, जो हर कार्य को टालती रहती थी और संकट आने पर ही उपाय करने की सोचती थी।

(ii) मछुआरों ने जलाशय के जल को नालियों द्वारा नीचे की ओर प्रवाहित कर दिया, ताकि तालाब का जलस्तर कम हो जाए और वे वहाँ की मछलियों तथा अन्य जलजीवों को आसानी से पकड़ सकें।

(iii) दूरदर्शी मछली ने अपनी सखियों को सलाह दी कि तालाब का जल कम होने से पहले ही किसी अन्य सुरक्षित जलाशय में चले जाना चाहिए, क्योंकि जब पानी सूख जाएगा तो मछुआरे उन्हें पकड़ लेंगे। दूसरी मछली ने उसकी बात को आंशिक रूप से माना और तालाब छोड़ने में जल्दबाज़ी नहीं की। तीसरी मछली ने उसकी बात को पूरी तरह नज़रअंदाज़ कर दिया और आलस्य में पड़कर कहा कि वह संकट आने पर उपाय करेगी।

(iv) पहली मछली ने अपनी दूरदर्शिता का परिचय देते हुए रात में ही जल की नालियों के माध्यम से दूसरे जलाशय में पहुँचकर अपनी जान बचा ली। दूसरी मछली ने संकट के समय अपनी चतुराई का परिचय दिया। जब वह जाल में फँसी, तो उसने अपनी श्वास रोककर मरी हुई होने का ढोंग किया। मछुआरों ने उसे मरा समझकर जाल से निकालकर फेंक दिया और वह किसी तरह घिसटती हुई जलाशय में जाकर बच गई।

(v) तीसरी मछली आलसी और लापरवाह थी, उसने संकट को पहले से भाँपकर कोई उपाय नहीं किया। जब मछुआरों ने जाल डाला, तो वह उसमें फँसकर तड़पती रही, उसे कोई उपाय न सूझा। अंततः मछुआरों ने उसे पकड़ लिया और उसे बाज़ार में बेचने के लिए ले गए।

इस गद्यांश का मुख्य संदेश यह है कि हमें आने वाले संकट का पूर्वानुमान लगाकर पहले से ही उसका समाधान ढूँढ लेना चाहिए। दूरदर्शी व्यक्ति ही सफलता प्राप्त करता है, जबकि आलसी और लापरवाह व्यक्ति संकट में फँसकर नष्ट हो जाता है। कार्य को टालने वाला आलसी व्यक्ति जीवन में उन्नति नहीं कर सकता, क्योंकि आलस्य मनुष्य का सबसे बड़ा शत्रु है।

4. (i) (d) मलिन।

निर्मल का अर्थ होता है- स्वच्छ या पवित्र, जबकि मलिन का अर्थ होता है- गंदा या अशुद्ध। अतः 'निर्मल' का विलोम 'मलिन' होगा।

(ii) (a) पट-वसन

वस्त्र के पर्यायवाची शब्द पट और वसन होते हैं, जिनका अर्थ कपड़ा या परिधान होता है। अन्य विकल्प इस संदर्भ में असंगत हैं।

(iii) (d) मूर्खता

मूर्खता भाववाचक संज्ञा है, जो मूर्ख होने की अवस्था को दर्शाती है। अन्य विकल्प विशेषण या संज्ञा शब्द के रूप में प्रयुक्त होते हैं। जिस संज्ञा शब्द से वस्तुओं की अवस्था, गुण-दोष, धर्म आदि का बोध हो, उसे भाववाचक संज्ञा कहते हैं; जैसे - मोटापा, सुंदरता, मित्रता आदि।

(iv) (b) शक्तिशाली

शक्तिशाली वह होता है जिसमें शक्ति होती है, जो विशेषण के रूप में प्रयुक्त होता है। अन्य तीनों विकल्प भिन्न अर्थ रखते हैं। विशेषण, संज्ञा या सर्वनाम की विशेषता बताता है। यह संज्ञा या सर्वनाम के गुण, मात्रा, अवस्था, रंग, रूप आदि का बोध कराता है।

(v) (d) मिठाइयाँ

मिठाईयाँ शब्द का सही वर्तनी रूप मिठाइयाँ ही होता है। अन्य तीनों विकल्प अशुद्ध हैं।

(vi) (d) चेहरा फीका पड़ना।

रंग उड़ना का अर्थ होता है भय या चिंता के कारण चेहरा फीका पड़ जाना।

वाक्य प्रयोग- परीक्षा में आए कठिन प्रश्नपत्र को देखते ही छात्रों के रंग उड़ गए।

(vii) (a) ताजमहल दर्शनीय है

दर्शनीय का अर्थ होता है देखने योग्य, इसलिए सही विकल्प 'ताजमहल दर्शनीय है' होगा, जबकि अन्य तीनों विकल्प असंगत हैं।

(viii) (b) चरम

यहाँ 'चर्म' शब्द का प्रयोग गलत है, सही शब्द चरम होगा, जिसका अर्थ होता है उच्चतम स्तर, जबकि चर्म का अर्थ होता है - त्वचा (खाल) या चमड़ा।

साहित्य सागर - संक्षिप्त कहानियाँ

5. (i) उपर्युक्त कथन को सोचने वाला व्यक्ति 'रसीला' है। प्रस्तुत कथन उस समय का है जब रसीला को अपने मालिक इंजीनियर बाबू जगत सिंह के लिए मिठाई लाने हेतु उसमें से अठन्नी चुराए जाने के आरोप में गिरफ्तार कर लिया जाता है, तब इस कथन द्वारा रसीला दुनिया की अन्यायपूर्ण न्याय व्यवस्था पर अपनी निराशा व्यक्त करता है।

(ii) रसीला से अपराध हो गया था, क्योंकि उसने अपने मालिक के लिए मिठाई लाने के समय अठन्नी चुराई थी। अठन्नी चुराए जाने का कारण यह था कि रसीला का वेतन बहुत कम था, जिससे उसके परिवार की जरूरतें पूरी नहीं हो पा रही थीं। वह अपने मालिक से वेतन बढ़ाने की गुहार लगा चुका था, किंतु फिर भी उन्होंने उसकी बात नहीं सुनी थी, इसलिए विवशतावश उसने अठन्नी चुराई थी।

(iii) दोनों हाथों से धन बटोरने वाले लोग समाज के भ्रष्ट व शक्ति संपन्न वर्ग के लोग हैं, जो अपनी शक्ति का दुरुपयोग करके अनुचित तरीके से धन कमाते हैं जैसे कि इंजीनियर बाबू जगतसिंह। वे स्वयं को कानून से ऊपर मानते हैं उन्हें विश्वास है कि वे अपनी शक्ति के प्रभाव से बच सकते हैं। उनके न पकड़े जाने का कारण यही है कि उनके पास शक्ति, पैसा व प्रभुत्व है, जिसके कारण वे कानून को अपने अनुरूप चला सकते हैं।

(iv) 'यह दुनिया न्याय नगरी नहीं, अंधेर नगरी है' प्रस्तुत कथन का आशय यह है कि दुनिया में न्याय व्यवस्था निष्पक्ष है, क्योंकि यहाँ गरीबों व कमजोर वर्ग को छोटे-से-छोटे अपराध के लिए भी दंडित किया जाता है, जबकि अमीर शक्तिशाली व प्रभुत्वसम्पन्न वर्ग बड़े-से-बड़े अपराध के लिए भी बच जाते हैं।

प्रस्तुत कहानी का उद्देश्य समाज में व्याप्त न्याय व्यवस्था व भ्रष्टाचार को उजागर करना है। यह कहानी हमें यह सोचने पर विवश करती है कि क्या वास्तव में हमारी न्याय व्यवस्था निष्पक्ष है?

6. (i) चित्रा को चित्रकारी में महारत हासिल करने के लिए विदेश जाना था। अरुणा उसके लिए सवेरे से ही सामान ठीक कर रही थी।

(ii) **चित्रा** वह एक चित्रकार है। उसके जीवन का उद्देश्य है कि वह विश्व प्रसिद्ध चित्रकार बने (वह अरुणा की अच्छी मित्र है पर अरुणा की समाज सेवा उसे समझ नहीं आती।)

अरुणा वह चित्रा की सहेली व एक व्यावहारिक लड़की है। (वह भौतिकता को महत्त्व न देकर व्यावहारिक जीवन को महत्त्व देती है। छात्रा होते हुए भी वह समाज सेवा के प्रति समर्पित दिखाई देती है।)

(iii) चित्रा को विदेश जाना है उसकी गाड़ी पाँच बजे की थी। वह गुरुजी का आशीर्वाद लेने गई थी लेकिन वह तीन बजे तक भी नहीं आई थी, इस कारण चित्रा को बहुत देर हो गई थी।

(iv) पाठ के शीर्षक के अनुसार चित्रा व अरुणा दोनों ही कलाकार हैं चित्रा जो कि चित्रकार है वह अपनी कला में डूबी रहती है व अपनी भावनाओं को कैनवस पर उतारती है तथा अरुणा एक ऐसी महिला है, जो दूसरों की सहायता करने में विश्वास रखती है, वह जीवन को सेवा भाव से पूरा करती है।

मेरी दृष्टि में अरुणा एक सच्ची कलाकार है, क्योंकि वह दूसरों की सेवा व मदद करके अपनी कला का प्रदर्शन करती है। वह परोपकारी है, इस कारण अरुणा सार्थक कलाकार के रूप में सामने आती है।

7. (i) भोला सुखिया दासी का लड़का व श्यामू का समवयस्क था। उसके अनुसार पतंग श्यामू ने मंगवाई थी, ताकि काकी को राम के यहाँ से नीचे उतारा जा सके।

(ii) पतंग माँगने का कारण काकी को राम को यहाँ से अर्थात् स्वर्ग से वापस नीचे उतारना था। बच्चों को लगा था कि वे पतंग की सहायता से काकी को नीचे वापस ला पाएँगे।

(iii) विश्वेश्वर काकी के पति व श्यामू के पिता थे। वे भी अपनी पत्नी की असमय मृत्यु से दुःखी थे।

विश्वेश्वर के हतबुद्धि होकर खड़े रह जाने का कारण यह था कि जब उन्होंने श्यामू की मासूमियत, अकेलेपन व काकी के प्रति अटूट प्यार देखा तो वे आश्चर्यचकित व भावुक हो गए। उन्हें यह देखकर गहरा आघात लगा कि श्यामू अपनी दिगवंत माँ को वापस लाने के लिए कितना व्याकुल था कि उसने पतंग से अपनी माँ को नीचे लाने की योजना बनाई।

(iv) यह कहानी बच्चों के निम्न स्वभाव को व्यक्त करती है-

मासूमियत व भोलापन बच्चों का पतंग के द्वारा अपनी काकी को स्वर्ग से वापिस नीचे लाना उनकी मासूमियत व भोलेपन को दर्शाता है।

भावात्मक लगाव बच्चों का अपनी काकी से बहुत प्यार था। वे उनकी मृत्यु से बेहद दुःखी हैं, इसलिए उन्हें वापस लाने का प्रयास करते हैं।

कल्पनाशीलता बच्चे कल्पना करते हैं कि वे काकी को राम के यहाँ स्वर्ग में देखते हैं और उन्हें वापस लाने के लिए पतंग का सहारा लेते हैं।

8. (i) ये पंक्तियाँ सधुक्कड़ी भाषा में रचित हैं। उक्त पंक्ति में 'मैं' शब्द का प्रयोग अहंकार अथवा अभिमान के अर्थ में हुआ है।

(ii) प्रथम पंक्ति में कवि कहना चाहते हैं कि जब तक उनके हृदय में 'मैं' अर्थात् अहंकार था तब तक उन्हें ईश्वर का साक्षात्कार नहीं हुआ था और अब जब उनके भीतर से अहंकार समाप्त हो गया है, तब उन्हें ईश्वर की प्राप्ति हुई है अर्थात् अहंकार और ईश्वर का साथ-साथ वास नहीं हो सकता।

(iii) 'तामे दो न समाहि' का अभिप्राय है कि प्रेमरूपी गली इतनी सँकरी अर्थात् तंग है कि उसमें दो चीजें एक साथ नहीं समा सकती। यहाँ कवि अहंकार और ईश्वर दोनों के एक साथ रहने की असंभवता पर बल देते हैं। कवि यहाँ यह समझाना चाहते हैं कि ईश्वर को पाने के लिए अहंकार का त्याग करना अनिवार्य है।

(iv) कबीरदास को कवि से अधिक समाज-सुधारक इसलिए माना जाता है, क्योंकि उन्होंने अपनी रचनाओं के माध्यम से समाज में व्याप्त बुराइयों; जैसे- आडंबर, पाखंड, जातिवाद, धार्मिक भेदभाव पर तीखे प्रहार किए हैं। उन्होंने समाज की विसंगतियों को देखकर अपनी वाणी द्वारा समाज को सुधारने का प्रबल आग्रह किया।

पठित पाठ में भी कबीरदास जी ने निर्गुण भक्ति पर बल देते हुए आडंबर और कर्मकांडों का विरोध किया है। वे ईश्वर को निराकार, निर्विकार व सर्वव्यापी मानते हैं तथा प्रेम व समर्पण को ईश्वर प्राप्ति का मार्ग बताते हैं।

9. (i) इस कविता में कवि ने भीष्म पितामह के माध्यम से धर्मराज कहकर 'युधिष्ठिर' को संबोधित किया है। धर्मराज को यह उपदेश भीष्म पितामह दे रहे हैं।

(ii) कवि रामधारी सिंह 'दिनकर' के अनुसार, मनुष्य का जीवन न्याय और समानता पर आधारित होना चाहिए। जब तक इस धरती पर रहने वाले सभी प्राणियों को न्यायोचित सुख प्राप्त नहीं होगा, तब तक विकास का मार्ग अवरूद्ध ही रहेगा। मनुष्य को मानवता के मार्ग पर चलते हुए सभी बाधाओं को पार करना चाहिए।

(iii) मानव जीवन के विकास में अनेक बाधाएँ हैं; जैसे- न्याय व समानता की कमी, मनुष्यों के बीच आपसी भेदभाव व असमानता की स्थिति। इन बाधाओं के कारण मनुष्य के विकास का मार्ग रूका हुआ है। ये बाधाएँ और आशंकाएँ मनुष्य के आपसी सहयोग, न्यायपूर्ण व्यवहार और मानवता के मार्ग पर चलने से दूर हो सकती हैं।

(iv) 'भव' शब्द का अर्थ है- संसार। प्रस्तुत कविता का उद्देश्य यह है कि कवि मनुष्य को न्याय और समानता के महत्त्व को समझाना चाहते हैं। इस संसार में शांति स्थापित तब तक नहीं होगी जब तक इस संसार में व्यक्ति को न्याय का सुख प्राप्त नहीं होगा तब तक शांति व चैन संभव नहीं है। कवि प्रस्तुत कविता के माध्यम से मनुष्य को एक आदर्श जीवन जीने और समाज को बेहतर बनाने की प्रेरणा देते हैं।

10. (i) 'व्यथित' शब्द का अर्थ- दुःख, परेशान आदि है। यहाँ कवयित्री 'सुभद्रा कुमारी चौहान' का हृदय व्यथित है।

(ii) कवयित्री अपना सुख-दुःख अपनी माँ अर्थात् मातृभूमि के साथ साझा करना चाहती हैं। यह अपनी माँ के चरणों को पकड़कर अपने आँसुओं से उनके चरणों को धोकर और उनसे अपने मन की बात को कहकर अपने हृदय का भार हल्का करना चाहती हैं।

(iii) कविता में मातृ मंदिर के मार्ग को दुर्गम बताया गया है, क्योंकि कवयित्री कहती हैं कि मैं तो दीन हूँ, छोटी हूँ और अज्ञानी हूँ इसलिए यह मातृ-मंदिर का मार्ग बड़ा ही दुर्गम है। उसे पार करने हेतु कवयित्री ईश्वर को संबोधित करते हुए सहायता की प्रार्थना करती है कि हे भगवान! अब इस दुर्गम मार्ग को पार करने का मार्ग अर्थात् भारत माता की सेवा करने का उचित मार्ग आप ही दिखाओ।

(iv) प्रस्तुत कविता में कवयित्री आशा-निराशा के झूले में झूलती अत्यंत दुःखी है। वे अपने मन को शांत करने के लिए भारत माता के मंदिर जाकर उनके दर्शन करना चाहती है। उनके कमल रूपी चरणों को अपने अश्रु जल से धोना चाहती है। वे कहती हैं कि वह भारतमाता की एक आवाज पर अपना संपूर्ण जीवन बलिदान कर सकती हैं। इस कविता द्वारा कवयित्री ने जन-जन में देश भक्ति की भावना को जाग्रत करने का प्रयास किया है।

11. (i) जीवनलाल को कमला के भाई प्रमोद से शिकायत थी। उसे यह शिकायत थी कि उसने दहेज के रूप में कम पैसे दिए हैं, जिससे जीवनलाल की समाज में इज्जत कम हो रही है।

(ii) भोली-भाली लड़की जीवनलाल की बहू है। उसके पति का नाम रमेश है।

(iii) हाँ जीवनलाल ने अपनी बहू कमला को विदा किया था। उसके हृदय परिवर्तन का कारण उनकी पत्नी राजेश्वरी का भावनात्मक दबाव, बहू की मासूमियत व उसकी बेटी के साथ भी हुआ वही व्यवहार था। राजेश्वरी ने समझाया कि जो तुम्हारी बेटी के साथ उसके ससुराल वालों ने किया है वही व्यवहार तुम अपनी बहू के साथ भी कर रहे हो तब जीवनलाल को अपनी गलती का अहसास होता है।

(iv) जीवनलाल की पत्नी राजेश्वरी थी।

जीवनलाल एक कठोर व अहंकारी व्यक्ति है, तो उसकी पत्नी दयालु व समझदार महिला है। जीवनलाल अपनी बात मनवाने और बदला लेने के स्वभाव का है, तो दूसरी ओर राजेश्वरी अपनी बहू के साथ सहानुभूति रखती है वह भावनात्मक रूप से मजबूत है, तभी वह जीवनलाल को प्रभावित कर उसका हृदय-परिवर्तन कर पाती है।

12. (i) अभयसिंह मेवाड़ के शासक महाराणा लाखा के विश्वासपात्र सेनापति हैं। वे शव हेमू के पास मेवाड़ के महाराणा का संदेश लेकर आए हैं। संदेश में उन्होंने मेवाड़ के गौरव को बनाए रखने और दंभ को त्यागने की बात कही है।

(ii) उपर्युक्त कथन का वक्ता राव हेमू है। इस कथन के पीछे उनका आशय है कि प्रत्येक राजपूत अपनी ताकत पर गर्व करता है, लेकिन मेवाड़ को अपने गौरव को बनाए रखने के लिए दंभ त्याग देना चाहिए। 'माला' से उनका तात्पर्य राजपूतों की एकता बनी रहने से है, लेकिन वह अब टूटने लगी हैं।

(iii) **स्पष्टवादी** राव हेमू अपनी बात को स्पष्ट रूप से कहने में संकोच नहीं करते हैं, चाहे वह कितना भी कठोर क्यों न हो।

दूरदर्शी वे भविष्य की चुनौतियों को समझते हैं, साथ ही मेवाड़ की एकता को बनाए रखने के महत्त्व को जानते हैं।

स्वाभिमानी राव हेमू स्वाभिमानी राजपूत हैं, जो अपनी ताकत और गौरव पर गर्व करते हैं।

(iv) 'मातृभूमि का मान' एकांकी का उद्देश्य देशभक्ति और त्याग की भावना जागृत करना है। यह एकांकी हमें सिखाती है कि हमें अपनी मातृभूमि के सम्मान के लिए हमेशा तत्पर रहना चाहिए, साथ ही व्यक्तिगत अहंकार का त्याग कर देना चाहिए। यह एकांकी हमें राजपूतों की एकता और गौरव की याद दिलाती है।

13. (i) यहाँ मेवाड़ के राजवंश की बात की जा रही है। उस पर बनवीर का संकट आया था।

(ii) वक्ता पन्ना धाय अपने राजकुमार उदयसिंह की रक्षा करना चाहती थी। वह ऐसा इसलिए करना चाहती थी, क्योंकि वह राजकुमार की धाय माँ थी और उसे राजवंश की रक्षा का दायित्व सौंपा गया था।

(iii) राजवंश की रक्षा पन्ना धाय ने की। उसने अपने पुत्र चंदन का बलिदान देकर राजकुमार उदय सिंह को बचाया। पन्नाधाय ने कुँवर को कीरत बानी की टोकरी में छिपाकर महल से बाहर निकलवा दिया तथा चंदन को उनकी शैय्या पर सुलाकर कुँवर के प्राणों की रक्षा की। इस प्रकार पन्ना ने अपने पुत्र चंदन का बलिदान देकर राजवंश की रक्षा की।

(iv) दीपदान का अर्थ है- दीपों का दान। एकांकीकार डॉ. रामकुमार वर्मा ने 'दीपदान' एकांकी के माध्यम से त्याग, बलिदान और कर्त्तव्यनिष्ठा का संदेश देना चाहा है। साथ ही उन्होंने यह भी दिखाया है कि एक माँ अपने बच्चे के प्रति कितना त्याग कर सकती है और किस प्रकार पुत्र के प्राणों के बलिदान से कर्त्तव्य को निभा सकती है।

14. (i) मीनू अपने सपने को पूरा करने के लिए हॉस्टल जा रही थी। यद्यपि उसे घर छोड़ना अच्छा नहीं लग रहा था तथापि उसे अपने सपने को पूरा करने हेतु हॉस्टल जाना ही था।

(ii) हॉस्टल जाने से पूर्व मीनू भावुक हो गई। उसे घर छोड़ना अजीब लग रहा था, क्योंकि वह पहली बार अपने परिवार से दूर जा रही थी अपने परिवार से दूर जाने के कारण उसकी आँखें छलछला पड़ीं।

(iii) मीनू के जाने से पहले उसकी माँ और पिताजी हर रोज उसके लिए विशेष नाश्ता व लंच बनाते थे और उसके लिए कुछ विशेष चीजें जैसे पसंदीदा खिलौने, किताबे आदि लाकर अपना स्नेह प्रकट करते थे। वे उससे प्यार से बातें करते थे और उसकी हर बात को ध्यान से सुनते थे। माँ ने जाते समय मीनू को सीने से लगाकर आशीर्वाद और उज्जवल भविष्य की शुभकामनाएँ दीं।

(iv) मीनू ने विवाह का सपना देखना इसलिए छोड़ दिया था, क्योंकि वह अपने जीवन में आत्मनिर्भर बनना चाहती थी। वह एक मजबूत, दृढ़ व स्वतंत्र महिला थी, जो अपने लक्ष्यों को प्राप्त करने के लिए प्रतिबद्ध थी। मीनू का फैसला निम्नलिखित चारित्रिक विशेषताओं की ओर संकेत करता है

दृढ़ इच्छाशक्ति मीनू अपने लक्ष्यों को प्राप्त करने के लिए दृढ़ थी, उसने विवाह के दबाव के आगे झुकने से मना कर दिया था।

आत्मनिर्भरता मीनू जीवन में आत्मनिर्भर बनना चाहती थी। वह किसी और पर निर्भर नहीं रहना चाहती थी।

15. (i) प्रस्तुत अवतरण का उल्लेख आशा की शादी के संदर्भ में किया गया है। उसकी शादी दिल्ली के एक इंजीनियर लड़के आलोक के साथ होती है।

(ii) भारतीय परंपरा में 'बेटी पराया धन होती है' इसका अर्थ है कि विवाह के बाद बेटी अपने माता-पिता का घर छोड़कर अपने पति के घर चली जाती है। हिंदू धर्म में इस विवाह को एक संस्कार माना जाता है। माता-पिता कन्यादान करके मोक्ष प्राप्ति करते हैं। इसलिए बेटी को पराया धन कहा जाता है।

(iii) विदाई के बाद माँ को फूट-फूटकर रोता हुआ देख मीनू के मस्तिष्क में ये विचार घूमने लगे कि यह कैसी विचित्र घड़ी है जब माता-पिता अपनी बेटी को इतने सालों तक प्यार से पालने के बाद हमेशा के लिए किसी और को सौंप देते हैं। जिस बेटी के साथ वे हर पल रहते थे वे सब लोग व उसका अपना घर पराया हो गया तब उसे महसूस हुआ कि बेटी को पराया धन क्यों कहा जाता है।

(iv) **बहन के रूप में** आशा के विवाह में मीनू ने एक आदर्श बहन की भूमिका बखूबी निभाई। वह अपनी बहन की खुशियों के लिए हर संभव प्रयास करती है व उसे आत्मनिर्भर बनने में सहायता करती है।

बेटी के रूप में मीनू हमेशा से ही अपने परिवार के प्रति समर्पित रहीं है।

मीनू अपनी माँ और बहन के प्रति संवेदनशील है और उनकी जरूरतों का ध्यान रखती है। आशा की विदाई के समय वह माँ को सँभालती है व बहन आशा के लिए भी एक मजबूत भावनात्मक सहारा बनती है।

इस प्रकार आशा के विवाह में मीनू एक आदर्श बहन तथा योग्य बेटी की भूमिका निभाने में पूर्णतया सफल रही है।

16. (i) धनीमल जी शहर के एक धनी व्यक्ति हैं। वे अपनी पुत्री सरिता का रिश्ता मायाराम जी के पुत्र अमित से पक्का करने के लिए उनके घर आए थे।

(ii) अमित युवक था, जो धनीमल जी द्वारा लाए गए उपहार (फलों की पेटी) को देखकर असहज महसूस कर रहा था। उसे लग रहा था कि धनीमल जी अपने पैसों का दिखावा कर रहे हैं और सबको प्रभावित करने का प्रयास कर रहे हैं, क्योंकि जब अभी रिश्ता तय ही नहीं हुआ है, तो उन्हें यह लाने की क्या आवश्यकता थी। उसे वह प्रलोभन समझ रहा था।

(iii) यहाँ अमित के विवाह के रिश्ते की बात हो रही है अमित धनीमल की बेटी सरिता के विवाह संबंधी प्रस्ताव से प्रसन्न नहीं था, क्योंकि उसे लग रहा था कि धनीमल जी पैसे का दिखावा कर रहे हैं और रिश्ता पक्का होने से पहले ही उपहार देकर सबको लुभाने की कोशिश कर रहे हैं।

(iv) अमित द्वारा फल की पेटी लाने के पीछे उद्देश्य पूछने पर धनीमल जी ने उत्तर दिया कि वह केवल एक सामान्य उपहार है, जो वह अपने संभावित दामाद के परिवार के लिए लाए हैं। यह मात्र एक सामान्य शिष्टाचार है, इसमें कोई विशेष उद्देश्य नहीं है। धनीमल जी के इस जवाब को सुनकर अमित को और भी बुरा लगा और वह उनके पास से उठकर अपनी माँ के पास चला गया।